HANDBUCH DES GEOGRAPHIEUNTERRICHTS

HANDBUCH DES GEOGRAPHIE-UNTERRICHTS

Gründungsherausgeber:
Helmuth Köck, Bockenem

Koordinierende Herausgeber:
Dieter Böhn, Kitzingen; *Dieter Börsch*, Urbar; *Helmuth Köck*, Bockenem

Die Herausgeber der einzelnen Bände:
Volker Albrecht, Dietzenbach; *Dieter Böhn*, Kitzingen; *Dieter Börsch*, Urbar; *Wolf Gaebe*, Königswinter; *Helmuth Köck*, Bockenem; *Hartmut Leser*, Basel; *Heinz Nolzen*, Stegen; *Eike W. Schamp*, Frankfurt/M.; *Wolfgang Taubmann*, Bremen; *Dieter Uthoff*, Stromberg

Wissensch. Redakteur:
Diether Stonjek, Georgsmarienhütte

Mitarbeiter:
Volker Albrecht, Dietzenbach; *Ulrich Ante*, Würzburg; *Gerhard Bahrenberg*, Bremen; *Josef Birkenhauer*, Seefeld; *Hans-Heinrich Blotevogel*, Bochum; *Hans Böhm*, St. Augustin; *Dieter Böhn*, Kitzingen; *Dieter Börsch*, Urbar; *Peter Bratzel*, Stutensee; *Jochen Bürkner*, Göttingen; *Ekkehard Buchhofer*, Marburg; *Horst Eichler*, Heidelberg; *Edgar Enzel*, Mülheim-Kärlich 2; *Gerd Feller*, Bremen; *Wolf Gaebe*, Königswinter; *Folkwin Geiger*, Merzhausen; *Hermann Goßmann*, St. Peter; *Wulf Habrich*, Krefeld; *Friedhelm Hädrich*, Kirchzarten; *Josef Härle*, Wangen; *Roswitha Hantschel*, Langen; *Jürgen Hasse*, Bunderhee; *Günter Heinritz*, München; *Wilfried Heller*, Göttingen; *Lutz Holzner*, Milwaukee; *Manfred Hommel*, Bochum; *Armin Hüttermann*, Marbach; *Dieter Jesgarz*, Meckenheim; *Franz-Josef Kemper*, Bonn; *Gerhard Kirchlinne*, Bonn; *Peter Knoth*, Bonn; *Helmuth Köck*, Bockenem; *Ekkehart Köhler*, Neuss; *Wolfgang Kuls*, Bonn; *Heinrich Lamping*, Frankfurt/M.; *Hans-Dieter Laux*, Meckenheim-Merl; *Hartmut Leser*, Basel; *Christoph Leusmann*, Bonn; *Ulrich Lipperheide*, Bonn; *Jörg Maier*, Bayreuth; *Wolfgang Matthies*, Pinneberg; *Bernhard Metz*, Teningen; *Holger Möller*, Dresden; *Heinz Nolzen*, Stegen; *Wilfried Nübler*, Gundelfingen; *Reinhard Paesler*, Gröbenzell; *Gert Ratz*, Weingarten; *Theo Rauch*, Berlin; *Wolfgang Reimann*, Niederkassel-Rheidt; *Wolfgang Riedel*, Eckernförde; *Hans-Gottfried von Rohr*, Hamburg; *Dietrich Soyez*, Saarbrücken; *Hans-Joachim Späth*, Norman; *Ludwig Schätzl*, Hannover; *Eike Wilhelm Schamp*, Frankfurt/M.; *Irmgard Schickhoff*, Frankfurt/M.; *Konrad Schliephake*, Würzburg; *Karl-Ludwig Schmidt*, Frankenthal; *Fritz Schmithüsen*, Baden-Baden; *Hermann Schrand*, Münster; *Jürgen Schultz*, Aachen; *Jörg Stadelbauer*, Mainz; *Wolfgang Taubmann*, Bremen; *Elke Tharun*, Frankfurt/M.; *Ulrich Theißen*, Dortmund; *Günter Thieme*, Königswinter; *Eckhard Thomale*, Karlsruhe; *Dieter Uthoff*, Stromberg; *Stefan Waluga*, Bochum; *Jürgen Weber*, Bayreuth; *Herbert Wetzler*, Staufen; *Wilfried Wittenberg*, Karlsruhe

AULIS VERLAG DEUBNER & CO KG · KÖLN

HANDBUCH DES GEOGRAPHIE-UNTERRICHTS

BAND 4

STÄDTE UND STÄDTESYSTEME

Herausgegeben von:
Helmuth Köck

Verfaßt von:
Hans Heinrich Blotevogel, Wolf Gaebe, Günter Heinritz, Lutz Holzner, Manfred Hommel, Helmuth Köck, Christoph Leusmann, Holger Möller, Reinhard Paesler, Hermann Schrand, Wolfgang Taubmann, Elke Tharun, Stefan Waluga

AULIS VERLAG DEUBNER & CO KG · KÖLN

Die Deutsche Bibliothek – CIP-Einheitsaufnahme

Handbuch des Geographieunterrichts / Gründungshrsg.:
Helmuth Köck. Koordinierende Hrsg.: Dieter Böhn ... Mitarb.:
Volker Albrecht ... – Köln : Aulis-Verl. Deubner.
Teilw. mit der Angabe Mitarb.: Ulrich Ante ... –
NE: Köck, Helmuth [Hrsg.]; Ante, Ulrich; Albrecht, Volker

Städte und Städtesysteme / verf. von: Hans Heinrich Blotevogel
... – 1992
ISBN 3-7614-1356-4
NE: Blotevogel, Hans Heinrich

Zu den Autoren

Blotevogel, Hans Heinrich, Prof. Dr.
Geographisches Institut der Universität/Gesamthochschule Duisburg
Gaebe, Wolf, Prof. Dr.
Geographisches Institut der Universität Mannheim
Heinritz, Günter, Prof. Dr.
Geographisches Institut der Technischen Universität München
Holzner, Lutz, Prof. Dr.
Geographisches Institut der Universität Wisconsin-Milwaukee
Hommel, Manfred, Prof. Dr.
Geographisches Institut der Universität Bochum
Köck, Helmuth, Prof. Dr.
Institut für Geographie und Geschichte der Universität Hildesheim
Leusmann, Christoph, Dr.
Sekretariat der Kultusministerkonferenz, Bonn
Möller, Holger, Dr.
Technologiezentrum Dresden
Paesler, Reinhard, Dr.
Institut für Wirtschaftsgeographie der Universität München
Schrand, Hermann, Dr.
Institut für Didaktik der Geographie der Universität Münster
Taubmann, Wolfgang, Prof. Dr.
Geographisches Institut der Universität Bremen
Tharun, Elke, Prof. Dr.
Institut für Kulturgeographie der Universität Frankfurt
Waluga, Stefan, Dr.
Geographisches Institut der Universität Bochum

Das vorliegende Werk wurde sorgfältig erarbeitet. Dennoch übernehmen Autoren, Herausgeber und Verlag für die Richtigkeit von Angaben, Hinweisen und Ratschlägen sowie für eventuelle Druckfehler keine Haftung.

Best.-Nr. 8104
© AULIS VERLAG DEUBNER & CO KG · Köln · 1992
Einbandgestaltung: Atelier Warminski, Büdingen
Gesamtherstellung: Konrad Triltsch, Graph. Betrieb GmbH, 8700 Würzburg
ISBN 3-7614-1356-4

Inhaltsverzeichnis

1	**Einführender Teil** (*Helmuth Köck*)	1
1.1	Die Stadt als Gegenstand des Geographieunterrichts	2
1.2	Die Stadt als Forschungsobjekt der Geographischen Wissenschaft	9
2	**Allgemeingeographischer Teil**	18
2.1	*Raumsystem Stadt (Helmuth Köck)*	18
2.1.1	Geographischer Stadtbegriff	18
2.1.2	Funktional- und sozialräumliche Strukturen	22
2.1.2.1	Viertelsbildung als universales Prinzip	22
2.1.2.2	Tertiärwirtschaftliche Raumstrukturen	23
2.1.2.3	Sekundärwirtschaftliche Raumstrukturen	29
2.1.2.4	Sozialräumliche Strukturen	32
2.1.2.5	Die gesamtstädtische räumliche Ordnung	36
2.1.3	Räumliche Dynamik	38
2.1.3.1	Räumliches Wachstum	39
2.1.3.2	Standortverändernde Prozesse	41
2.1.3.3	Aktionsräumliches Verhalten	45
2.1.4	Raumsystemare Beziehungen	48
2.1.4.1	Die Stadt als raumfunktionales Verflechtungssystem	48
2.1.4.2	Geoökologische Systembeziehungen	48
2.1.4.3	Sozioökonomische Systembeziehungen	52
2.1.5	Raumstrukturelle Probleme	53
2.1.5.1	Probleme (in) der Stadt – unvermeidlich und immanent	53
2.1.5.2	Geoökologische Probleme	54
2.1.5.3	Sozioökonomische Probleme	56
2.1.6	Raumplanerische Beeinflussung der Stadt	58
2.1.6.1	Aufgabe, Anfänge und Entwicklung der Stadtplanung	58
2.1.6.2	Instrumente und rechtliche Grundlagen der Stadtplanung heute	60
2.1.6.3	Planungsbereiche und räumliche Konzepte	62
2.2	*Stadt und Umland*	67
2.2.1	Zentralörtliche Stadt-Umland-Beziehungen (*Günter Heinritz*)	67
2.2.1.1	Die Grundgedanken Christallers	67
2.2.1.2	Das System der zentralen Orte nach dem Versorgungsprinzip	69
2.2.1.3	Empirische Zentralitätsforschung	72
2.2.1.4	Zentrale Orte als Planungskonzept	74
2.2.2	Pendlerverflechtungen zwischen Stadt und Umland (*Reinhard Paesler*)	75
2.2.2.1	Entwicklung und heutige Bedeutung des Pendlerverkehrs	75
2.2.2.2	Formen und Typen von Pendlerverflechtungen	77
2.2.2.3	Probleme des Pendlerverkehrs in Stadt und Umland	81
2.2.3	Die Stadt als Ziel- und Quellgebiet von Wanderungen (*Reinhard Paesler*)	82
2.2.3.1	Land-Stadt-Wanderung	82
2.2.3.2	Stadt-Rand-Wanderung (Suburbanisierung)	83
2.2.4	Stadt-Umland-Beziehungen im Naherholungsverkehr (*Reinhard Paesler*)	85
2.3	*Verdichtungsräume*	86
2.3.1	Merkmale der Verdichtungsräume (*Wolf Gaebe*)	86
2.3.2	Entwicklungsphasen der Verdichtungsräume (*Wolf Gaebe*)	90

2.3.2.1	Urbanisierungs- oder Konzentrationsphase	90
2.3.2.2	Suburbanisierungs- oder Dekonzentrationsphase	92
2.3.2.3	Deurbanisierungsphase	95
2.3.2.4	Reurbanisierungsphase	95
2.3.3	Erklärung der Entwicklungsprozesse (*Wolf Gaebe*)	96
2.3.3.1	Urbanisierungsphase	96
2.3.3.2	Suburbanisierungsphase	97
2.3.3.3	Deurbanisierungsphase	100
2.3.3.4	Reurbanisierungsphase	100
2.3.4	Probleme der Verdichtungsräume (*Elke Tharun*)	101
2.3.4.1	Gesamtraum: Umweltsituation	101
2.3.4.2	Kerngebiet	102
2.3.4.3	Suburbaner Raum	106
2.3.5	Instrumente der Gegensteuerung (*Elke Tharun*)	108
2.3.5.1	Arten von Instrumenten	108
2.3.5.2	Übergreifende Konzepte zur Verbesserung der Umweltsituation	110
2.3.5.3	Konzepte für das Kerngebiet	111
2.3.5.4	Konzepte für die Suburbia	112
2.4	*Regionale und nationale Städtesysteme* (*Hans H. Blotevogel* und *Holger Möller*)	114
2.4.1	Fragestellung und Forschungsschwerpunkte	114
2.4.2	Arten von Beziehungen zwischen den Elementen eines Städtesystems	116
2.4.3	Indikatoren zur Erfassung von Interaktionen zwischen Städten	118
2.4.4	Hauptstrukturtypen von Städtesystemen	119
2.5	*Die Verstädterung der Erde* (*Hermann Schrand*)	122
2.5.1	Problemstellung und Begriffsklärung	122
2.5.2	Der Verstädterungsprozeß bis etwa 1920	123
2.5.3	Die weltweite Verstädterung seit 1920	129
3	**Regionalgeographischer Teil**	134
3.1	*Raumsystem Stadt* (*Lutz Holzner*)	134
3.1.0	Kulturgenetische Stadttypen als Darstellungskonzept	134
3.1.1	Die US-amerikanische Stadt	136
3.1.1.1	Das Credo der amerikanischen Stadtgeographie als notwendiger Kontext	136
3.1.1.2	Modellvorstellungen zur inneren Struktur der US-amerikanischen Stadt	137
3.1.1.3	‚Stadtland' USA	142
3.1.2	Die westeuropäische Stadt	147
3.1.2.1	Kulturgenetische Eigenständigkeit und räumliche Abgrenzung	147
3.1.2.2	Individualität	148
3.1.2.3	Das multi-funktionale Stadtzentrum	149
3.1.2.4	Viertelsbildung in der kompakten Stadt	152
3.1.3	Die ostmitteleuropäische und sowjetische Stadt	156
3.1.3.1	Zentralistische Staatsplanung als alles beherrschendes Element	156
3.1.3.2	Kollektive Interessen und Stadtstruktur	157
3.1.3.3	Sozio-ökonomische Merkmale und Umformungen	159
3.1.4	Die orientalische Stadt	161
3.1.4.1	Zur Rolle des Islams bei der Prägung der orientalischen Stadt	161
3.1.4.2	Die innere Struktur der orientalischen Stadt	164
3.1.5	Die südafrikanische Stadt	166

3.1.5.1	Rassenvielfalt und Rassentrennung (Apartheid)	166
3.1.5.2	Geschichtliche Entwicklung	168
3.1.5.3	Die Pretoria Witwatersrand Vereeniging-Konurbation	171
3.1.5.4	Soweto	172
3.1.5.5	Ein südafrikanisches Stadtmodell	176
3.1.6	Die lateinamerikanische Stadt	176
3.1.6.1	Zur Orientierung	176
3.1.6.2	Push und Pull: Landflucht und das Locken der Stadt	178
3.1.6.3	Entwicklungsphasen	179
3.1.6.4	Ein vereinfachtes beschreibendes Modell	181
3.1.6.5	Ein Beispiel: Mexiko Stadt	182
3.2	*Stadt und Umland* (*Manfred Hommel* und *Stefan Waluga*)	185
3.2.1	Stadt und Umland in vorindustrieller Zeit, dargestellt am Beispiel des Raumes Schaffhausen	186
3.2.2	Das Subsystem Nürnberg als Beispiel eines zentralörtlichen Systems nach W. Christaller (1933)	188
3.2.3	Zentrale Orte und Zentralitätsindikatoren	190
3.2.3.1	Zentralörtliches System und tertiäre Ausstattung in der Region Karlsruhe	190
3.2.3.2	Ein praxisorientierter Ansatz am Beispiel Nordrhein-Westfalens	193
3.2.4	Zentrale Orte und zentralörtliche Bereiche	199
3.2.4.1	Die empirische Umlandmethode am Beispiel Nordrhein-Westfalens	199
3.2.4.2	Zentrale Versorgungsorte, -bereiche und -orientierung in Nordwürttemberg	201
3.2.4.3	Zentrenattraktivität und Zentrenausrichtung im östlichen Ruhrgebiet	204
3.2.5	Das Zentrale Orte-Konzept in Raumordnung und Landesplanung	209
3.2.5.1	Zentrale Orte-Konzepte und kommunale Neugliederung in Nordrhein-Westfalen	210
3.2.5.2	Das Zentrale Orte-Konzept in der bayerischen Landesplanung	211
3.2.6	Wanderungen und Pendlerströme zwischen Stadt und Umland	213
3.2.6.1	Wanderungs- und Pendlerverflechtungen in der Region München	213
3.2.6.2	Pendlerverflechtungen am Beispiel des Verdichtungsraumes Rhein-Main	215
3.3	*Verdichtungsräume*	216
3.3.1	Entwicklung des Verdichtungsraumes Tokyo (*Wolf Gaebe*)	216
3.3.1.1	Bevölkerungs- und Siedlungsentwicklung	216
3.3.1.2	Entwicklung der Industrie	221
3.3.1.3	Entwicklung des Versorgungsangebotes	224
3.3.1.4	Fehlende Planungskonzepte	227
3.3.2	Probleme des Verdichtungsraumes ‚Rhein-Main' (*Elke Tharun*)	227
3.3.2.1	Problemfeld ‚Gesamtraum': Umweltsituation	227
3.3.2.2	Problemfeld ‚Kerngebiet'	231
3.3.2.3	Problemfeld ‚suburbaner Raum'	237
3.3.3	Planerische Gegensteuerung im Verdichtungsraum ‚Rhein-Main' (*Elke Tharun*)	239
3.3.3.1	Konzepte für das Kerngebiet	239
3.3.3.2	Konzepte für die Suburbia	241
3.4	*Regionale und nationale Städtesysteme*	244
3.4.1	Struktur und Entwicklung des Städtesystems der Bundesrepublik Deutschland (*Hans H. Blotevogel* und *Holger Möller*)	244
3.4.1.1	Das System der höchstrangigen Zentren in Deutschland vor Ausbruch des Zweiten Weltkrieges	244

3.4.1.2	Die deutsche Teilung als wesentliche Determinante des Städtesystems der Bundesrepublik, aufgezeigt an Wirkungen Berlins	245
3.4.1.3	Hauptstrukturmerkmale des Städtesystems der Bundesrepublik: 1970 als Stichjahr	247
3.4.1.4	Persistenz und Dynamik innerhalb des Städtesystems der Bundesrepublik Deutschland – einige aktuellere empirische Befunde	248
3.4.2	Städtesysteme in der Sowjetunion und in der VR China (*Wolfgang Taubmann*)	250
3.4.2.1	Das vorindustrielle Städtesystem	250
3.4.2.2	Industrielle Veränderung bzw. Transformation	253
3.4.2.3	Neuere Entwicklung und gegenwärtige Struktur	256
3.4.3	Das Städtesystem in Kenia (*Hans H. Blotevogel* und *Holger Möller*)	270
3.4.3.1	Ausmaß und Dynamik der Verstädterung in Kenia	270
3.4.3.2	Die räumliche Verteilung städtischer Siedlungen auf der Makroebene des Städtesystems	270
3.4.3.3	Struktur und Entwicklung der Siedlungsgrößenverteilung	272
3.5	*Die Verstädterung der Erde (Hermann Schrand)*	274
3.5.1	Der Verstädterungsprozeß in Deutschland	274
3.5.1.1	Die Entwicklung bis 1800	274
3.5.1.2	Der Verstädterungsprozeß im 19. Jahrhundert	275
3.5.1.3	Der Verstädterungsprozeß in der Bundesrepublik ab 1950	281
3.5.1.4	Der Verstädterungsprozeß in der DDR	281
3.5.2	Der Verstädterungsprozeß in den USA	284
3.5.2.1	Die historische Entwicklung	284
3.5.2.2	Jüngere Entwicklungen	286
3.5.3	Der Verstädterungsprozeß in Südamerika	290
4	**Unterrichtspraktischer Teil**	**296**
4.0	*Vorbemerkungen (Hermann Schrand)*	296
4.1	*(Groß-)Stadterleben (Christoph Leusmann)*	297
4.1.1	Begründung und Strukturierung	297
4.1.2	Materialien	298
4.2	*Stadtentwicklung und Wohnen – ein Schlaglicht auf Frankfurt a. M. (Christoph Leusmann)*	309
4.2.1	Begründung	309
4.2.2	Mögliche Verlaufsstruktur	310
4.2.3	Materialien	312
4.3	*Eine Stadt und ihre Funktion – das Beispiel Bonn (Christoph Leusmann)*	323
4.3.1	Leitende Ideen	323
4.3.2	Ein Vorschlag zur Strukturierung	324
4.3.3	Materialien	325
4.4	*Kern-Rand-Wanderung/Bevölkerungssuburbanisierung (Hermann Schrand)*	343
4.4.1	Allgemeine Zielorientierung	343
4.4.2	Didaktische Strukturierung	344
4.4.3	Kern-Rand-Wanderung am Beispiel Münster	344
4.4.4	Suburbanisierung im Nordosten der USA	346
4.4.5	Randstad Holland	346
4.4.6	Beschreibungsmodell der Bevölkerungsentwicklung in Verdichtungsräumen	347
4.4.7	Materialien	348
4.5	*Verstädterung in Industrie- und Entwicklungsländern (Hermann Schrand)*	366

4.5.1	Allgemeine Zielorientierung	366
4.5.2	Didaktische Strukturierung	366
4.5.3	Ziel-/Inhaltsbereiche	367
4.5.4	Resümee	369
4.5.5	Materialien	369
5	**Literatur**	380
6	**Glossar**	408
7	**Register**	416

Gliederung des Gesamtwerkes
HANDBUCH DES GEOGRAPHIEUNTERRICHTS

Band 1: Grundlagen des Geographieunterrichts
  Herausgeber *Helmuth Köck*

Band 2: Bevölkerung und Raum
  Herausgeber *Dieter Börsch*

Band 3: Industrie und Raum
  Herausgeber *Wolf Gaebe*

Band 4: Städte und Städtesysteme
  Herausgeber *Helmuth Köck*

Band 5: Agrarwirtschaftliche und ländliche Räume
  Herausgeber *Wolfgang Taubmann*

Band 6: Freizeit- und Tourismusräume
  Herausgeber *Dieter Uthoff*

Band 7: Politische Räume – Staaten, Grenzen, Blöcke
  Herausgeber *Volker Albrecht*

Band 8: Entwicklungsräume
  Herausgeber *Dieter Böhn*

Band 9: Großräumige Verflechtungen
  Herausgeber *Eike W. Schamp*

Band 10: Physische Geofaktoren (Teilbände I und II)
  Herausgeber *Heinz Nolzen*

Band 11: Umwelt: Geoökosysteme und Umweltschutz
  Herausgeber *Hartmut Leser*

Band 12: Geozonen
  Herausgeber *Heinz Nolzen*

1 Einführender Teil (*Helmuth Köck*)

Wenn Band 4 des Handbuchs des Geographieunterrichts den Titel „Städte und Städtesysteme" trägt, so soll dadurch ausgedrückt werden, daß Städte, obgleich isolierte Raumerscheinungen, immer auch Mitglieder, Elemente je bestimmter Systeme von Städten sind, bzw. daß je bestimmte Gruppen von Städten Städtesysteme bilden. Andererseits aber stellt auch jede einzelne Stadt selbst ein System dar. Als Elemente fungieren dann die verschiedenen innerstädtischen Erscheinungen wie Gebäude, Baublöcke, Viertel, Straßen, Grünflächen, Boden, Gewässer, Einzelpersonen, Personengruppen etc. Die Beziehungen zwischen den Elementen, aufgrund derer erst Ordnungssysteme zu Verflechtungs- und damit Verhaltenssystemen werden, sind auf beiden Systemebenen (Städtesysteme, Städte als Systeme) vor allem Verkehrsströme, wirtschaftliche Verflechtungen, ökologische Wechselwirkungen, aktionsräumliche Verhaltensweisen, personale Interaktionen etc. Auf der Ebene der Städtesysteme bestehen diese Beziehungen dann zwischen je bestimmten Städten, auf der Ebene der Einzelstädte dagegen zwischen je bestimmten Erscheinungen innerhalb von Städten.

Beide Ebenen systemtheoretischer Stadtbetrachtung miteinander verknüpft zu haben, ist das Verdienst *Berry*s und speziell seiner Arbeit „Cities as Systems within Systems of Cities" (1964). In dieser Verknüpfung beider Ebenen, vor allem aber in der Anwendung der systemtheoretischen Betrachtung auf die je einzelne Stadt, ist der Systemgedanke innerhalb der Stadtgeographie verhältnismäßig jung. Was dagegen die zwischenstädtische Ebene betrifft, so hat bereits *Ratzel* (1891) den Begriff ‚Städtesysteme' gekannt und im heutigen systemtheoretischen Sinn verstanden wie auch Systembeziehungen zur Erklärung der geographischen Lage und Entwicklung von Städten herangezogen. In diesem Sinn schrieb *Ratzel* u. a. (S. 472, 473): „Eine Zusammengehörigkeit der Städte zu *Städtesystemen* ergibt sich aus ihren Verkehrsbeziehungen. ... Es gibt Städte, die so eng durch ihre Verkehrsbeziehungen verbunden sind, daß sie schwer voneinander getrennt gedacht werden können./ Noch inniger ist der Zusammenhang der Städte, welchen bei der Teilung der demselben Ziele zustrebenden Arbeit verschiedene, einander ergänzende Funktionen zugewiesen worden sind."

Wenn die Stadt aus geographischer Sicht somit sowohl einzeln als auch im Verbund mit anderen Städten als System betrachtet werden kann, so läßt sich durch Einführung der Kriterien ‚Art' und ‚Größe' eine Gliederung für eine geographische Stadtbetrachtung entwickeln, wie sie in diesem Band den Teilen 2 und 3 zugrunde liegt. Danach geht es in diesen beiden Teilen jeweils

– zunächst um die Stadt als System („Raumsystem Stadt"; 2.1 und 3.1),
– danach um Stadt-Umland-Systeme („Stadt und Umland"; 2.2 und 3.2),
– sodann um in besonderem Maße verdichtete städtische Systeme („Verdichtungsräume"; 2.3 und 3.3),
– weiter um Städtesysteme regionaler und nationaler Größenordnung („Regionale und nationale Städtesysteme"; 2.4 und 3.4),
– schließlich um das Städtesystem der Erde insgesamt („Die Verstädterung der Erde"; 2.5 und 3.5).

Während dieses Konzept im Teil 2 *allgemein*geographisch durchgearbeitet wird, geschieht dies im Teil 3 *regional*geographisch, d. h. im 3. Teil werden regionale Beispiele zu den im 2. Teil jeweils entwickelten allgemeinen stadtgeographischen Strukturen dargestellt. Aufgabe des 4. Teils ist es dann, auf der Grundlage der Ausführungen der Teile 2 und 3 Unterrichtsvorschläge zu erarbeiten. Demgegenüber geht es in diesem einführenden Teil darum, die Rolle der Stadt zunächst als Gegenstand des Geographieunterrichts, danach als Forschungsobjekt der geographischen Wissenschaft zu bestimmen.

1.1 Die Stadt als Gegenstand des Geographieunterrichts

Vor dem Hintergrund der Forderung, der Schüler solle im Geographieunterricht vor allem solche Raumkategorien und -beispiele kennenlernen, die für sein gegenwärtiges und zukünftiges Leben und speziell dessen räumliche Dimension von Bedeutung sind oder sein werden, kommt der Raumkategorie ‚Stadt‘ eine zentrale Stellung zu.

Dies ergibt sich schon aus rein quantitativer Sicht. Denn zunehmend mehr wird die Welt eine verstädterte Welt sein. „Verstädterung ist ein universaler Prozeß: sie ergreift ein Land nach dem anderen, wenn auch in größeren Zeitabständen./Kein Land kann sich dem Prozeß auf Dauer entziehen" (*Pfeil* ²1972, S. 115, 116). Im Sinne einer Modellvorstellung dürfte die Verstädterung dabei generell einen annähernd S-förmigen Verlauf nehmen (vgl. Abb. 1/1).

Welches Ausmaß die Verstädterung mittlerweile tatsächlich erreicht und welchen Verlauf sie seit 1925 genommen hat bzw. bis zum Jahre 2025 voraussichtlich nehmen wird, zeigt Tabelle 1/1 (im übrigen vgl. hierzu Kap. 2.5 und 3.5):

Tab. 1/1: Anteil der Stadtbevölkerung an der Gesamtbevölkerung der Erde und Erdregionen 1925 bis 2025 (in %)

Erdregion	1925	1950	1975	2000	2025
Europa (ohne UdSSR)	48	55	67	79	88
UdSSR	18	39	61	76	87
Nordamerika	54	64	77	86	93
Lateinamerika	25	41	60	74	85
Ostasien	10	15	30	46	63
Südasien	9	15	23	35	51
Afrika	8	13	24	37	54
Australien/Ozeanien	54	65	71	77	87
Welt insgesamt	21	28	39	50	63

Quelle: Grimm 1982, S. 313; nach UNO

Deutlich geht aus dieser Tabelle die zeitliche Phasenverschiebung im Erreichen jeweils vergleichbarer Verstädterungsgrade in den einzelnen Erdregionen (und entsprechend auch Staaten) hervor. Mithin ist es nur eine Frage der Zeit und kein Argument gegen die Verstädterungskurve in Abbildung 1/1,

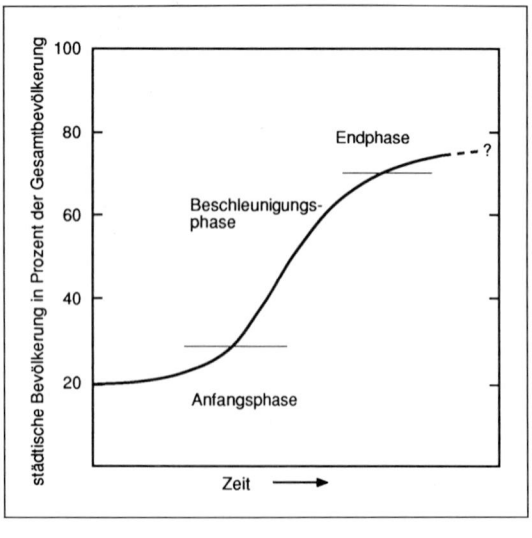

Abb. 1/1
S-förmige Verstädterungskurve
Quelle: Northam 1975, S. 53

bis die Verstädterungsgrade der weniger entwickelten Regionen, die mit Ausnahme Lateinamerikas heute noch deutlich unter denen der entwickelte(re)n Regionen liegen (vgl. auch UNO 1976, stat. Anh., S. 54), letztere erreicht haben werden. Was speziell die für das Jahr 2025 prognostizierten Verstädterungsgrade betrifft, so liegen diese vereinzelt bereits über dem von *Northam* (1975, S. 53; vgl. Abb. 1/1) angenommenen Endwert von etwa 75%, desgleichen auch über dem von *Schwarz* (1970, S. 163) für die weitere Zukunft erwarteten Wert von etwa 80%.

Gegen diese global zunehmende Verstädterung spricht auch nicht der zuerst wohl von *Berry* (1976; vgl. auch 1978; 1980) so genannte und mittlerweile vielfach untersuchte Prozeß der „Counterurbanization". Denn zum einen ist dieser im wesentlichen auf entwickelte, industrialisierte, bereits hoch verstädterte Länder und Regionen beschränkt; zum anderen führt er dort keineswegs zu einer Entstädterung, sondern lediglich zu einem stärkeren Wachstum vor allem der mittelgroßen Städte zuungunsten und anstatt der großen Städte, die ihrerseits bis zu Beginn der 70er Jahre das Hauptwachstum verzeichneten und seitdem Bevölkerungsverlust und Suburbanisierung erfahren (vgl. *Johnston* 1984, S. 143–145; *Perry* et al. 1986, v. a. S. 2–10, 199–219). In den weniger entwickelten und großenteils noch weniger verstädterten Ländern dagegen wachsen gerade die Großstädte und Metropolen weiterhin und zudem in dramatischem Tempo und Ausmaß (vgl. etwa AJL 3/1982; *Drakakis-Smith* Hrsg. 1986; *Taubmann* 1985). Damit einher geht die Verlagerung der mittleren geographischen Breite der Millionenstädte „towards the equator with the acceleration of the urban revolution in tropical Third World countries" (*Mountjoy* 1986, S. 246, 247).

Geht man nun von diesen gegebenen bzw. zu erwartenden Verstädterungsquoten aus, so wird ersichtlich, daß die Raumkategorie Stadt weithin heute schon *der* Lebensraum schlechthin des Menschen ist und dies künftig global sein wird. Entsprechend stellt die Stadt auch „das unmittelbarste Erfahrungsfeld im täglichen Umgang des Heranwachsenden" dar (*Geipel* 1969, S. 251; vgl. auch *Geiger* 1979; *Hasch* 1968, S. 17/18; *Kammermeier* 1979; *Kreibich* 1977; *Taubmann* 1975, S. 3). Von daher ist es zwingend, daß der Geographieunterricht die Schüler für ein Leben (auch) in städtischen Räumen befähigt und ihnen die dafür notwendigen raumbezogenen Qualifikationen vermittelt, mithin die Stadt zu einem zentralen Unterrichtsgegenstand macht.

Nun sind mit dem Lebensraum Stadt allerdings auch qualitative Merkmale verbunden, die dessen unterrichtliche Relevanz begründen. Einer solcher qualitativen Merkmalskomplexe umfaßt die mit der Stadt verbundenen Probleme. Dazu zählen vor allem die Engpässe in der Infrastruktur-, Wohnungs-, Energie-, Wasserversorgung, die Verknappung des Bodens verbunden mit Bodenspekulation, Grundstückskonkurrenz, überhöhten Immobilienpreisen, die z.T. extreme soziale Segregation in Form vor allem der Ghettoisierung der Armut durch Slumbildung und Marginalisierung, der sozioökonomische Abstieg der Innenstädte (‚filtering down'), die Überalterung der Bausubstanz sowie die dadurch notwendig gewordene Sanierung und Stadterneuerung, die Beeinträchtigung der ökologischen Situation der Stadt und dadurch der Lebensqualität ihrer Bewohner, die Verkehrsprobleme, die innerstädtischen räumlichen Disparitäten, die Land-Stadt-Wanderung bzw. Land-Flucht mit ihren vielfach auftretenden Folgen des explosiven Stadtwachstums und der ‚wilden' Siedlungen, die räumliche Konzentration/Ballung von (Groß)Städten, die vielfach unausgewogene Struktur regionaler und nationaler Städtesysteme und die hierdurch bedingte Ungleichwertigkeit der Versorgung der jeweiligen Räume mit lebensnotwendigen Gütern und Diensten, u. v. a. m. (vgl. z. B. *Albers* 1972, S. 7–12; *Fürst* 1977, S. 1, 18–33; Global 2000 ^{10}1981, S. 519–529; *Herold* 1972, S. 123–255; *Mountjoy* 1986; *Pröckl* 1975, S. 13–17; *Ragon* 1963 (1970); 1972; *Schramke/Strassel* Hrsg. 1979; *Spiegel* 1977; *Toynbee* 1975). Dabei sind diese Probleme im allgemeinen um so größer, je schneller die Städte wachsen, je größer, teils auch je älter die Städte sind oder/und je entwickelter bzw. auch je weniger entwickelt die betreffenden Staaten und Regionen sind (wobei diese Faktoren allerdings teilweise miteinander zusammenhängen wie z. B. Unterentwicklung und schnelleres (Groß)Stadtwachstum (vgl. *Dwyer* 1979, v. a. S. 87–89; Global 2000 ^{10}1981, S. 42; UNO 1976, stat. Anh.).

Sollen die Schüler nun befähigt werden, gegenwärtig wie zukünftig sowohl zur Lösung als auch zur Vermeidung stadträumlicher Probleme und dadurch zur Schaffung wie Erhaltung ausgewogener stadträumlicher Lebensbedingungen beizutragen, dann ist gerade auch eine Auseinandersetzung mit der Beschaffenheit, den Ursachen und den Lösungs- wie den Vermeidungsmöglichkeiten der Probleme der Stadt unumgänglich und die Stadt mithin schon bzw. auch von daher notwendiger Unterrichtsgegenstand. In diesem Sinne gilt das, was *Pfeil* (^{2}1972, S. 2) als Leitmotiv speziell der Großstadtforschung ansieht, uneingeschränkt auch für schulgeographische Stadterkenntnis, nämlich „*Daseinsaufhellung zum Zwecke der Daseinsmeisterung*".

Nun korrespondiert mit der Problembeladenheit der Stadt auf der einen Seite aber ihre je regionale wie globale gesellschaftlich-kulturelle Bedeutung und Funktion auf der anderen Seite. In diesem Sinne schrieb bereits *Ratzel* 1876 (zit. in *Hassert* 1907, S. 2/3): „In den Städten strahlt zusammen, verdichtet und beschleunigt sich das Leben eines Volkes nicht bloß mit dem Erfolge, daß es wirksamer und reicher wird, sondern auch mit dem, daß es deutlicher sein Wesen ausprägt und dauernde Zeugnisse desselben hinstellt und der Nachwelt übergibt. Sie bringen das größte, beste und eigentümlichste desselben zur vollsten Geltung." Dreißig Jahre später bezeichnete *Hassert* (1907, S. 2) die Städte als „die Hauptbrennpunkte des politischen, wirtschaftlichen und geistigen Lebens." Treffende jüngere und dabei geographisch relevantere Charakterisierungen der Stadt lieferte z. B. *Schöller*, indem er die Städte als „verdichtete Brennpunkte der Lebenskräfte ihrer Region" (1967, S. 1) bzw. „als die Steuerungszentren der menschlichen Organisation der Erdräume" (1973.1, S. 29) bezeichnete. Von ähnlicher geographischer Bedeutung ist die Feststellung *Jaschke*s (1981, S. 129), wonach Städte, und insbesondere die Stadtregionen, die „Aktivräume" sind, „die als Innovations- und Steuerungszentren das prozessuale Geschehen ihrer Einzugsbereiche bestimmen." Wie für Innovationen vergangener Epochen, so trifft dies gerade auch für die gegenwärtige Innovation und Diffusion der Mikroelektronik und deren Raumwirksamkeit zu.

Wenn sich im Städtewesen somit aber „die wesentlichen Strukturen und bestimmenden Prozesse unseres Lebens" verdichten (*Schöller* 1973.1, S. 29), wenn „no significant aspect of our society, however remote from the physical presence of towns, is untouched by urban life and the organisation and control focused there" (*Davies* 1970, S. 1), dann macht gerade auch dies die geographieunterrichtliche Beschäftigung mit der Stadt und ihrer lebensräumlichen Bedeutung unumgänglich.

Vor dem Hintergrund dieser Begründungsansätze ist es nur folgerichtig, wenn „das Thema Stadt" *Becker/Schrand* (1978, S. 28) zufolge innerhalb der Schulgeographie „seit langem einen festen Platz" hat und „aus dem Lehrkanon nicht mehr fortzudenken" ist. „In den Richtlinien wird es von der Primarstufe bis zur Sekundarstufe II mit steigendem Schwierigkeits- und Komplexitätsgrad für die unterrichtliche Behandlung empfohlen, in der fachdidaktischen Literatur findet es in zunehmendem Maße Berücksichtigung, und alle neuen geographischen Schulbücher bringen eine Fülle an Materialien und Aufgaben zum Problemfeld Stadt."

Folgt man *Sperling* (1981, S. 916), so ist „die Betrachtung von Städten im geographischen Unterricht [sogar; Vf.] . . . so alt wie dieser selbst." Dabei unterscheidet *Sperling* drei Phasen der geographieunterrichtlichen Stadtbetrachtung: „Die erste Phase der Behandlung von Städten im Geographieunterricht ist gekennzeichnet durch die reine Aufzählung von Städten, [die] Identifizierung ihrer Lage und Größe sowie einige[] enzyklopädische[] Merkmale[]. . . . Die weiteren Informationen beschränken sich im wesentlichen auf Hinweise für Stadtentstehung und Stadtgeschichte, auf die Verkehrsdeutung, die Kunstdenkmäler und die Produktion. . . . Die Erörterung stadtgeographischer Probleme, auch vom Stand der damaligen stadtgeographischen Forschung aus gesehen, wurde indessen nicht angestrebt./ In einer zweiten Phase des länderkundlichen Erdkundeunterrichts, etwa in den zwanziger Jahren, wird dann versucht, die Stadt auch mit Erlebnisqualitäten zu versehen. Zu den lexikalischen Angaben treten illustrierende Texte, etwa eine Wanderung durch die Stadt oder der Besuch einer

Sehenswürdigkeit. ... Besonders das Leben in exotischen Städten wird in dieser Form lebendig geschildert, auf die sozialen Probleme des Lebens in den Städten wird hingewiesen. In dieser Phase deuten sich auch schon erste Ansätze zu stadtgeographischen Betrachtungen an. .../ Die heutige Entwicklung der Behandlung stadtgeographischer Fragen im geographischen Unterricht ist gekennzeichnet durch den Verzicht auf den länderkundlichen Durchgang ..., durch die Einführung eines lernzielorientierten geographischen Curriculums ..., durch lebensnahe Fragestellungen mit dem Ziel, die gewonnenen Erkenntnisse auch operationalisieren zu können."

Geht man nun vom Status der Stadt als Unterrichtsgegenstand aus, so gelangt man, im Unterschied zu *Sperling*s inhaltsbezogener *Drei*phasengliederung, eher zu einer *Zwei*phasigkeit, und zwar der länderkundlichen Phase bis etwa 1967/70 sowie der allgemeingeographisch-thematischen Phase danach. Dabei hatte die Stadt im länderkundlichen Unterricht nicht den Status einer eigenständigen Raumkategorie bzw. eines eigenständigen Unterrichtsgegenstandes; vielmehr interessierte sie nur als je bestimmtes Individuum in ihrem individuellen regionalen Zusammenhang. Als eigenständige/r Raumkategorie/Unterrichtsgegenstand mit geographisch wie geographiedidaktisch relevanten, d. h. vor allem allgemeingeographisch-thematisch-problemorientiertem und nicht zuletzt zielorientiertem Betrachtungsansatz tritt die Stadt dagegen erst um 1967/70 in den Blickpunkt. Damit aber spiegelt dieser stadtgeographische Status- und Paradigmenwechsel die allgemeine Wende vom länderkundlichen zum allgemeingeographisch-thematisch-zielorientierten Geographieunterricht, wie sie sich ab 1967 vollzog, bzw. erklärt er sich aus eben dieser allgemeinen Reform des Geographieunterrichts (*Becker/Schrand* 1978, S. 37–39; *Bünstorf* 1975, S. 111–119). Initiiert hat diese Wende, wie auch die Wende des Geographieunterrichts überhaupt, Robert *Geipel*. Denn 1967, wenngleich erst 1969 publiziert, stellte *Geipel* im Rahmen seines Einleitungsreferates zur Sitzung „Stadtgeographie im Schulunterricht" des „Deutschen Geographentages Bad Godesberg 1967" das Reformkonzept *Robinsohn*s als Grundlage der Reform des Geographieunterrichts vor und das Thema dieser Sitzung in diesen übergeordneten Zusammenhang hinein. Unabhängig davon erschienen allerdings auch in der Umbruchphase ab 1967 noch ‚klassische' stadtgeographische, d. h. stoff- bzw. inhaltsorientierte Arbeiten zur Stadt (vgl. z. B. *Krämer* 1968).

Belegt man diesen Wandel nun etwa auf der Grundlage des geographiedidaktischen Schrifttums, so eignet sich die Anzahl stadtbezogener Publikationen als ein erster Indikator (Abb. 1/2). Danach war die Stadt bis zum Beginn der Reform lediglich vereinzelt und dabei periodisch auftretend eigenständiger Gegenstand geographiedidaktischer Veröffentlichungen. Nach Einsetzen der Reform dagegen ist die Stadt einerseits kontinuierlich Gegenstand von Veröffentlichungen; andererseits steigt deren Anzahl zumindest bis 1979 in erheblichem Maße, wohingegen die Jahre 1980–82 einen starken Einbruch aufweisen. Wie dieser auch immer zu erklären sein mag: jedenfalls spiegelt er keinen entsprechenden Einbruch auch der tatsächlichen unterrichtlichen Bedeutung der Stadt wider.

Dabei waren die in den Beiträgen aus der Zeit vor der Reform geäußerten Ziele (als weiterer Indikator), entsprechend der damals herrschenden Stofforientierung, noch eindeutig stofflicher Art, indem sie „allgemeine Einsichten in die räumliche Organisation von Städten und ihren Regionen" (vgl. *Bünstorf* 1975, S. 120), stadtbezogenes und -begründetes „Weltverständnis" (*Gerlach* 1967, S. 8) oder „die Einsicht in wirtschaftliche Zusammenhänge, Rentabilitätsfragen der Geschäftswelt und Verkehrsprobleme einer Großstadt" (*Geipel* 1960, S. 31) forderten. Ansatzweise wurde jedoch bereits auch die Befähigung zu stadtraumbezogenem Handeln und Verhalten intendiert, so etwa, wenn *Gerlach* (1967, S. 8), noch unter dem Vorzeichen der Stofforientierung, feststellte, daß das stadtbezogene Weltverständnis dazu dienen kann, „die notwendige Anpassung an die Daseinsbedingungen der Gegenwart zu fördern", oder daß die „gewonnenen Einsichten in die städtische Problematik zugleich zum Anlaß" genommen werden können, u. a. dafür zu sensibilisieren, „daß es das Vorgefundene nicht einfach hinzunehmen gilt, sondern die Gestaltung des Lebensraumes der Mitwirkung auch und nicht zuletzt des Bürgers bedarf" (ähnlich bereits auch *Geipel* 1960, S. 33/34 sowie *Hoffmann* 1964, S. 383; vgl. dazu auch *Bünstorf* 1975, S. 120).

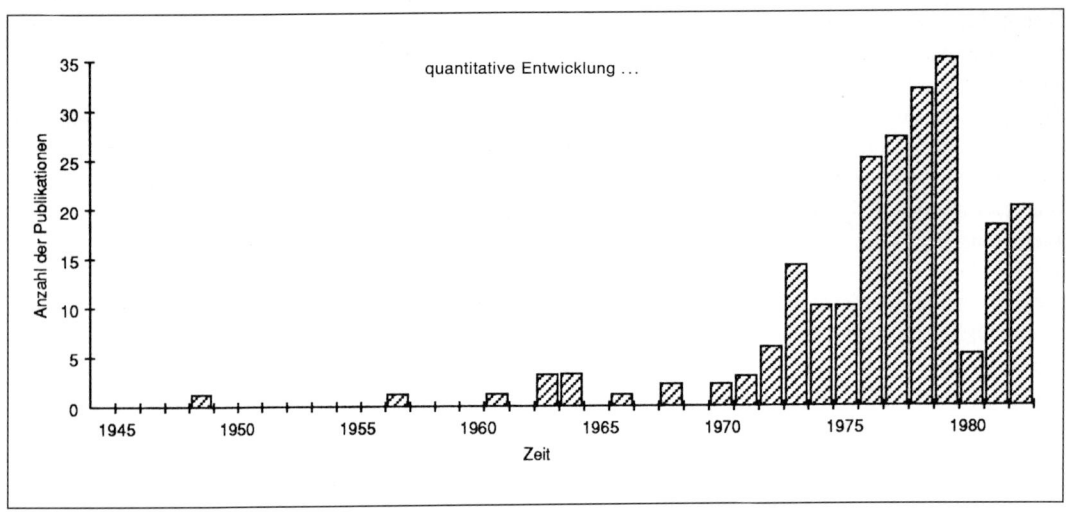

Abb. 1/2
Zur quantitativen Entwicklung des deutschsprachigen geographiedidaktischen Schrifttums zur Stadt (einschließlich Heimatkunde/Sachunterricht)
Entwurf: H. *Köck* auf der Grundlage der Auszählung der entsprechenden Titel in *Schmidt* (Hrsg.): Reihe A, Bd. 8 (1970), Reihe B, Bd. 8 (1974), Reihe C, Jahresbände 1968–1982

Anmerkung: Publikationen, deren Erscheinungdatum mehrere Jahre enthält (z. B. 1968/69), wurden den betreffenden Jahren anteilig zugerechnet (in diesem Beispiel: je 0,5 zu 1968 bzw. 1969).
Ausgezählt wurden die Stichworte „Stadt", „Stadtgeographie", „Stadtplanung" (einschließlich der relevanten Unter- und Verweisstichworte), jedoch nur, soweit die Titel schulgeographisch/geographiedidaktisch ausgerichtet waren.
Mit dem Berichtsjahr 1982 endet der Pädagogische Jahresbericht (= Reihe C). Da das Fortsetzungsorgan ZEUS (Zentralblatt für Erziehungswissenschaft und Schule) keine sachsystematische Entsprechung aufweist, endet auch das Diagramm mit dem Berichtsjahr 1982.

Quelle: Eigener Entwurf auf der Grundlage der eigenen Auszählung der entsprechenden Titel in *Schmidt* (Hrsg.): Reihe A, Bd. 8 (1970), Reihe B, Bd. 8 (1974), Reihe C, Jahresbände 1968–1982

Mit Beginn der Reform steht dagegen, dem nun geltenden verhaltenszielorientierten Konsens folgend, die Verhaltensorientierung der Ziele im Vordergrund. Dabei geht es (nach *Bünstorf* 1975, S. 119–124; *Ceisig/Knübel* 1974, S. 444; *Jäger* 1969, S. 264, 266, 267; *Pröckl* 1976, S. 28–29; *Taubmann* 1975, S. 3, 4) vor allem um

— Sensibilisierung für die räumlichen Probleme der Städte einschließlich der jeweiligen Ursachen, für die Notwendigkeit planerischer Eingriffe zur Lösung der Probleme, kritische Sensibilisierung aber auch gegenüber den Planungszielen, -instrumentarien und -prozessen selbst;
— Motivierung und Befähigung zur Partizipation an der planerischen Lösung städtischer Probleme;
— Befähigung zur Gestaltung der raumgebundenen Daseinsbereiche.

Formuliert man die jeweils intendierten Qualifikationen in stärkerer Korrespondenz zu städtischen Strukturen und Kategorien, so verhilft die Stadtgeographie nach *Becker/Schrand* (1978, S. 26) dazu, „komplexe *Funktionen, Prozesse* und *Beziehungen* sozialer und räumlicher Faktoren zu erkennen, *Strukturen* komplexer Siedlungsräume gliedern zu können,
Ursachen und *Zusammenhänge* der Stadtentwicklung erkennen zu können,
Probleme der Stadtentwicklung und der Landschaftszersiedlung benennen zu können,
Raumplanungsinstrumente zu kennen und an praktizierte Raumplanung wertend herantragen zu können.

Durch die Beschäftigung mit der Stadtgeographie wird das amorphe Gebilde Stadt deutlicher strukturiert, in seinen komplexen inneren und äußeren Beziehungen einsichtig und zum Gegenstand bewußter Handlungen im Raum."
Zusammenfassend geht es all diesen und weiteren ähnlichen Zielsetzungen darum, den Schüler zu kompetentem Handeln und Verhalten im Lebensraum Stadt zu befähigen.
Um dies zu erreichen, sind zahlreiche Inhalts- und Themenkataloge (ein dritter Indikator) vorgeschlagen worden, so etwa durch *Bünstorf* (1975, S. 119–124), *Hahn* (1976), *Haubrich* (1973), *Jäger* (1969, S. 259, 260–265, 273), *Knübel* (1978, S. 2), *Osnabrücker Projektgruppe* „Interdisziplinäres Curriculum" (1976, S. 51). Am weitestgehend ist davon der an der fachwissenschaftlichen Forschung orientierte, zwischen mehr klassisch-statischen und modern-dynamischen Themen unterscheidende Vorschlag *Knübel*s (1978, S. 2), weshalb dieser nachfolgend wiedergegeben wird:

klassisch-statisch:
– Der Stadtbegriff. Grundsätzliches über das Wesen der Stadt. Definitionen. Die Klassifizierung der Städte. Methoden der Stadtbehandlung.
– Lage der Stadt. Untergrund und Geländelage. Großlage. Verkehrslage.
– Entstehung und Entwicklung, Genese der Stadt.
– Grundriß der Stadt. Ursachen der Grundrißgestaltung.
– Aufriß. Physiognomie. Das Bild der Stadt. Die bauliche Gestaltung.
– Die Funktion der Stadt. Der Lebensinhalt. Die Aufgabe der Stadt. Die Wirtschaft. Versorgung und Entsorgung.
– Die Stadtgliederung. Die innere Differenzierung. Die Stadtstruktur, das Stadtgefüge. Stadtvierteluntersuchungen.
– Die soziale Struktur und Gliederung der Stadt, ihre Ausprägungen und Folgen.
– Der Stadtverkehr. Die verschiedenen Verkehrsträger und ihre Aufgaben in der Stadt. Der ruhende und fließende Verkehr.
– Die Stadt als Kulturträger. Bildungs- und Kultureinrichtungen. Das kulturelle Leben in der Stadt.
– Die Verwaltung der Stadt. Die Kommunalpolitik und die Stadtgestaltung. Stadtplanung.
– Stadt und Umland. Die Stadt-Umland-Beziehungen.
– Die Stadt im regionalen Städtesystem. Die Hierarchie der Städte. Die Stadt im System der zentralen Orte.
– Stadttypen. Vergleichende Stadtgeographie. Die Stadt in anderen Kulturkreisen.

modern-dynamisch/prozessual:
– Der Wandel der City. Auszug der Wohnbevölkerung. Konzentration der Geschäfts- und Verwaltungsfunktion. Parkplatznot in der Stadt und die Entstehung von Einkaufszentren am Stadtrand. Versuch der Aufwertung der City durch Fußgängerzonen und eine neue Citygestaltung.
– Migrationsvorgänge in der Stadt. Stadtflucht ins grüne Umland. Zuwanderung von Gastarbeitern. Segregation der sozialen Gruppen. Verhalten von Altersgruppen.
– Der Verfall von Altbauvierteln. Einströmen der Gastarbeiter in diese Gebiete. Stadtsanierungsmaßnahmen. Denkmalschutz.
– Verkehrsprobleme. Der Pendelverkehr in der Stadt. Parkplatzprobleme. Die öffentlichen Verkehrsmittel und das Auto. Verkehr in zwei Ebenen.
– Veränderungen im Stadtumland. Neue Wohnviertel, Schlafstädte, Trabantenstädte, neue Einkaufszentren.
– Stadt und Umweltschutz. Das Stadtklima. Durchgrünung der Stadt. Grüngürtel und Erholungsgebiete. Freizeiteinrichtungen.
– Der Einfluß der Stadt auf das weitere Umland. Vorgänge in der Stadtregion.
– Prozesse der kommunalen Neugliederung.

Einzelne solcher Themen sind mittlerweile Gegenstand ganzer Themenhefte geographiedidaktischer Zeitschriften wie *geographie heute* (32/1985: „Verstädterung in der Dritten Welt"; 59/1988: „Alte Städte – Altstädte"; 60/1988: „Stadtökologie"), *Geographie und Schule* (18/1982: „Urbanisierung"; 36/1985: „Stadtklima"; 42/1986: „Neue Städte"; 56/1988: „Regionalplanung in Ballungsräumen"; 61/1989: „Metropolisierung") oder *Beiheft Geographische Rundschau/Praxis Geographie* (1/1978: „Stadt und Umland im Geographieunterricht"; 5/1979: „Stadtsanierung"; 5/1984: „Städte in Entwicklungsländern"; 9/1984: „Weltstädte"; 3/1985: „Stadterkundung"; 3/1987: „Stadt und Umland"). Daneben erfuhr das Spektrum stadtbezogener Themen jedoch auch eine allerdings überwiegend S II-bezogene lehr- oder/und arbeitsbuchmäßige Aufarbeitung vor allem in Form von Reihen-Bänden, so beispielsweise durch *Dahm/Schöpke* (1988), *Heineberg* (1986), *Mai* (1981), *Pröckl* (1976), *Temlitz* (1985).

Ein unmittelbarer Vergleich mit inhaltlichen Themenkreisen im Schrifttum der Zeit vor der Reform ist kaum möglich, da die wenigen diesbezüglichen stadtbezogenen Beiträge etwa zur Hälfte heimatkundlich ausgerichtet sind und sich im übrigen vor allem auf die Sekundarstufe II beziehen. Wie die Sekundarstufe II aber auch schon zu Zeiten des länderkundlichen Unterrichts weithin allgemeingeographisch orientiert war (darüber hinaus allenfalls teilweise noch der (jeweilige) Abschlußjahrgang der Sekundarstufe I), so sind auch ihre stadtgeographischen Inhalte allgemeingeographisch geprägt. Entsprechend verwundert es nicht, daß die betreffenden Beiträge großenteils das inzwischen klassische Themenrepertoire geographischer Stadtbetrachtung aufarbeiten, so etwa Viertelsbildung, funktionale Gliederung, Citybildung, sozialräumliche Struktur, Altstadtprobleme, innerstädtische Zentren, die Stadt als zentraler Ort, Stadt-Umland-Beziehung, agrarische Nutzung des Stadtumlandes, Wachstum von Städten, Stadtverkehr, Stadtentstehung und -entwicklung, Trabantenstädte (vgl. v. a. *Geipel* 1957; 1960; *Gerlach* 1967; *Hasch* 1968; *Hoffmann* 1964; *Krämer* 1968).

Obwohl die Stadt vor der Reform noch nicht eigenständiger und durchgängiger Unterrichtsgegenstand ist, und obwohl das Konzept der curricularen Hierarchisierung (als letzter hier herangezogener Indikator) der Ziele und Inhalte erst konstitutives Merkmal des reformierten Geographieunterrichts ist, schlägt bereits 1960 *Geipel* vor, „das Thema Stadtgeographie in gewisser Weise ‚leitmotivisch' durchzuführen und schon früh im Unterricht anklingen zu lassen" (S. 31). In diesem Sinne entwickelt er denn auch ein Konzept, nach dem die Stadt von der Sexta bis zur Oberprima unter je neuen Aspekten behandelt werden sollte, allerdings, entsprechend den damaligen lehrplanmäßigen Rahmenbedingungen, noch integriert (mit Ausnahme von Teilen der Sekundarstufe II) in den jeweiligen länderkundlich-regionalen Zusammenhang bzw. Gang über die Erde (S. 31–33).

Für die curriculare Hierarchisierung des Themas Stadt im reformierten Geographieunterricht spielt die regionale Zuordnung dagegen zunächst keine Rolle. Vielmehr werden die entsprechenden Hierarchisierungskonzepte zunächst unter rein allgemeingeographisch-thematischem Zugriff entwickelt, und erst im Zuge der Auswahl jeweils geeigneter Raumbeispiele kommt die Frage des regionalen Zusammenhangs bzw. der regionalen Zuordnung ins Spiel. Von den Hierarchisierungsvorschlägen zum Thema Stadt (vgl. z. B. *Raster* 1980, S. 10–15; *Vosshage* 1978, S. 3–4) sei nachfolgend der von der Primarstufe bis zur Sekundarstufe II reichende Vorschlag *Vosshages* wiedergegeben. Unter Anwendung vor allem der Kriterien ‚zunehmende Komplexität' und ‚zunehmende Abstraktheit' wird der Themenbereich Stadt dabei wie folgt auf die einzelnen Schulstufen verteilt (S. 3):

Stufe	Rahmen	Einzelstichworte
S II	Stadtregion und ihre Dynamik	Stadtplanung, Regionalplanung, Stadtstrukturen, Stadtprobleme, Sanierung, Standortentwicklung, Innerstädtische Mobilität
9/10	Komplexe Probleme und Problemketten	Stadtplanung, Regionalplanung, Funktion, Funktionale Differenzierung, Zentrale Orte (Stadt-Um-

		land), Städte – Verstädterung – Städteballung, Sanierung
7/8	Stadtstrukturen und Prozesse aus aller Welt	Räumliche Prozesse bei Verstädterung, Geographie einer mobilen Gesellschaft, Standortfragen, Stadt gründen, ordnen, entwickeln
5/6	Beispiele aus fremden Ländern Stadtteilgeographie (Ortsgeographie)	Orientierung in fremder Stadt, Daseinsgrundfunktionen am Beispiel des eigenen Stadtteils
3/4	Einzelfragen zur Heimatstadt oder zum Heimatort	Zentrale Funktionen, Wohnen, Einkaufen, Arbeiten, Verkehr
1/2	Einzelfragen zum Stadtviertel oder Ort	Einkaufen, Spielplätze, Hausbau, Schule

Den Wandel hinsichtlich Stellung und Erschließung der Stadt im Geographieunterricht nun auch noch anhand der ‚Lehrpläne'/‚Curricula' und ‚Schulbücher' belegen zu wollen, würde zum einen den begrenzten Rahmen dieser Einführung übersteigen. Andererseits jedoch ist dies auch nicht erforderlich. Denn hinsichtlich der oben entwickelten allgemeinen Merkmale (unselbständiger und dabei regional integrierter Unterrichtsgegenstand vor, selbständige Raumkategorie nach der Reform; idiographisch-lexikalische, regional integrierte Betrachtung vor, problem-, handlungs- und verhaltensorientierte nomologisch-allgemeingeographische Erschließung nach der Reform; etc.) ergäbe sich dabei kein neues Bild. Lediglich auf der Ebene der Konkretisierung und Operationalisierung wären – freilich unwesentliche – weitere Variationen vorzustellen (vgl. etwa *Basislehrplan* 1980 pass.; *Birkenhauer/Haubrich* 1971, pass.; *Brockmann* 1976, S. 346/347; *Bünstorf* 1975, S. 110–113, 119, 124–127; *Hagel* et al. 1980, S. 340/341; *Köck* 1979.1, S. 60; *Raster* 1980, S. 8/9 zur Frage der Lehrpläne/Curricula sowie *Bünstorf* 1975, S. 110 113, 119, 127–131; *Geipel* 1960, S. 27; *Mai* 1981; *Mittelstädt* 1978; *Vosshage* 1978, S. 4–8 zur Frage der Schulbücher/Arbeitshefte). Von Bedeutung ist dabei allenfalls, daß sich diese Wende in Lehrplänen/Curricula und Schulbüchern erst mit einer Verzögerung von zwei bis drei Jahren gegenüber dem geographiedidaktischen Schrifttum niederschlägt.

Wie diese kurze Analyse nun gezeigt hat, haben Stellenwert und Erschließungstiefe wie -breite der Stadt im Geographieunterricht heute einen Stand erreicht, wie er der tatsächlichen quantitativen wie qualitativen Bedeutung des Lebensraumes Stadt angemessen ist. Möglich aber wurde dies erst vor dem Hintergrund der Umorientierung des Geographieunterrichts von der länderkundlich getragenen Stoffvermittlung der Zeit bis etwa 1967/70 hin zur allgemeingeographisch-thematisch getragenen Vermittlung von Verhaltens- und Handlungskompetenz der Zeit danach.

1.2 Die Stadt als Forschungsobjekt der geographischen Wissenschaft

Sieht man einmal von der geographisch allenfalls propädeutischen, vor allem auf topographische und demographische Daten, Sehenswürdigkeiten und Kuriositäten, Produktenkunde und Superlativphänomene etc. abzielende lexikalisch-erwähnende Berücksichtigung von Städten schon seit der Zeit der griechischen Geographen ab, so setzte die im engeren Sinn geographische Beschäftigung mit Städten einerseits erst, andererseits schon in der ersten Hälfte des 19. Jahrhunderts ein (vgl. *Carter* 1980, S. 38–40; *Dörries* 1930, S. 310; *Hassert* 1907, S. 1; *Hettner* 1895, S. 361–362; *Mayer* 1943, S. 447; *Schwarz* [4]1988, I, S. 4–6). Worin aber sah bzw. sieht man das spezifisch *Geographische* der Stadtforschung und mithin das Spezifikum der Stadt*geographie*?

Zunächst betrachtete man, insbesondere in den Arbeiten *Kohl*s (1841; 1874) sowie einer Reihe ihm folgender Arbeiten, die Erfassung und Erklärung vor allem der Lage der Siedlungen/Städte als das eigentlich Geographische (vgl. auch *Schlüter* 1899, S. 66). Unabhängig davon hob allerdings bereits *Kohl* (1841, S. 166–188) ausdrücklich auch auf die innere Struktur („innere Structur", „Ordnung", „Anordnung", „Organisation") der Stadt ab, sah er das Prinzip der Konzentration („Concentration", „Concentrirung") als die (neben dem Prinzip der „Expansion") für die innerstädtische räumliche Organisation wichtigste Kraft an und deduzierte er durch deren Projektion auf die bauliche, funktional- und sozialräumliche Struktur von Städten sowie Verknüpfung mit dem Bodenpreismechanismus wohl als erster und zudem weit vor *Burgess* das Prinzip/Modell der ‚konzentrischen' Ringe: „Es folgt hieraus der allgemeine Satz, *daß alle Städte sich in Kreisen zu erfüllen streben* und ihre Häuserringe auf ähnliche Weise absetzen wie ein Baum seine jährlichen Holzringe." Damit aber war *Kohl* vermutlich auch der erste, der das chorologische Paradigma, wenngleich es sich allgemein erst wesentlich später durchsetzte, zudem in dieser Stringenz auf die Stadt bezog.

Vor dem Hintergrund seiner Beobachtung, daß „die geographische Charakteristik der Städte ... zu einer Aufzählung und Beschreibung aller Sehenswürdigkeiten und zu einer Chronik aller denkwürdigen geschichtlichen Ereignisse ausgeartet [war], so daß kaum etwas so sehr wie gerade die Städtebeschreibungen der geographischen Handbücher den wissenschaftlichen Charakter der Geographie in Mißkredit gebracht hat", wies dann *Hettner* (1895, S. 361) der regionalen Geographie (jeder „Landeskunde") die Aufgabe zu, „die menschlichen Ansiedelungen nach ihrem wirtschaftlichen Beruf, ihrer Größe, ihrer Lage, ihrem Bauplan, ihrer Bauweise und ihren übrigen Eigentümlichkeiten zu beschreiben und zu erklären", während er die stadtbezogene Aufgabe der „allgemeinen Geographie oder vergleichenden Länderkunde" darin sah, „die Ansiedelungen verschiedener Länder nach diesen Gesichtspunkten zu vergleichen und die Ursachen der Verschiedenheiten aufzusuchen."

*Schlüter*s (1899) Sicht der Aufgabe der Siedlungs(Stadt)geographie war offensichtlich zwiespältig: So meinte er, im Sinne seines vielbeschriebenen (auch) kulturmorphologischen Betrachtungsansatzes, einerseits, „das Geographische an den Siedelungen" erschöpft sich nicht in deren „Größe und Lage", und forderte, „auch das sinnlich wahrnehmbare Bild der menschlichen Ansiedelungen", „die äußere Erscheinung der Siedelungen in die geographische Betrachtung mit hineinzuziehen", wobei „durch typische Gliederung das Ähnliche vereint, das Verschiedene getrennt werden". Andererseits jedoch definierte er den geographischen Betrachtungsansatz der Stadt, entsprechend seinem Verständnis der Geographie als der „Wissenschaft von der räumlichen Anordnung der Dinge", eindeutig chorologisch. In diesem Sinne erkannte er, ähnlich *Kohl* und ebenfalls noch weit vor *Burgess*, in der Stadt einschließlich ihres näheren Umraumes „vom Standpunkte des Geographen aus *vier konzentrische Kreise*" und sah „die erste Aufgabe der Siedelungskunde" folgerichtig darin „zu untersuchen, wie diese Verhältnisse sich in der Wirklichkeit gestalten; in jedem Falle Form und Ausdehnung der verschiedenen Gürtel festzustellen und zu erklären", eben „den inneren Bau" zu untersuchen (S. 65–69).

Ähnlich gespalten war auch *Geisler*s Auffassung von der Aufgabe der Stadtgeographie. So versuchte er 1924, „*Richtlinien aufzufinden, nach denen die Stadt* [einerseits; Vf.] *in ihrer körperlichen Erscheinung und* [andererseits; Vf.] *in der räumlichen Anordnung ihrer einzelnen Teile darzustellen ist*" (S. 365/366). Den hierin enthaltenen morphologisch-physiognomischen Aspekt sah *Geisler* allerdings bereits 1920 (S. 275) als die Aufgabe der Stadtgeographie an („eine möglichst allseitige Schilderung des Landschaftsbildes der Stadt zu geben").

Nach *Carlberg* (1926, S. 153) zielt „die Fragestellung" der stadtgeographischen Forschung „auf die Erfassung von vier Punkten: der geographischen, der topographischen Lage, der Entwicklung des Stadtkörpers (Geschichte) und der Beschreibung der gegenwärtigen Erscheinungsform". Die eigentliche Aufgabe des Geographen sah *Carlberg* jedoch in der Erfassung der „körperliche[n] Erscheinungsform der Stadt", in der „Untersuchung des Stadtbildes", wogegen „die drei ersten Punkte" von ihm „als propädeutisch gewertet" wurden.

Eine deutlich weiterführende Vorstellung von der Aufgabe der Stadtgeographie entwickelte *Bobek* (1927, S. 214): „Denn so wichtig auch die Betrachtung der Stadt als eines Stückes Kulturlandschaft mit einer ganz bestimmten, eigenartigen Formenwelt ist, so empfinden wir doch, daß sich darin das geographische Wesen einer Stadt nicht erschöpft. Eine andere, wichtige Seite bleibt fast völlig unberücksichtigt, es fallen nur wenige Streiflichter auf sie, sei es bei Besprechung der geographischen Lage, sei es bei der Darstellung der geschichtlichen Entwicklung. Und doch ist sie nicht minder, ja vielleicht in höherem Grade geographisch interessant, die eine ganze Welt noch unerforschter geographischer Probleme in sich birgt: *Die Rolle der Stadt als eines lebendigen Wirtschaftskörpers innerhalb des Wirtschaftsgetriebes der Landschaft.*"

Gewissermaßen als Synthese dieser funktionalen sowie der dieser vorausgehenden kulturmorphologischen wie aber ansatzweise bereits auch räumlich-chorologischen Stadtbetrachtung ist dann *Schöllers* Bestimmung der Aufgabe der Stadtgeographie aus dem Jahre 1953 (S. 161) zu verstehen: „Denn darum geht es doch letztlich bei aller geographischen Städtekunde: Gefüge, Bild und Funktion der städtischen Landschaft als Ganzes zu sehen und zu werten, die siedlungsmorphologische und funktionale Einheit in Lage, Entwicklung und Wechselbeziehungen zum landschaftlichen Bereich. Diese übergeordnete Zielsetzung darf nicht verloren gehen. Ohne sie gibt es Stadtforschung, aber keine Stadtgeographie."

Ob damit aber das spezifisch Geographische der Stadtforschung offengelegt ist, bleibt gleichwohl zu bezweifeln. Dies scheint in den beiden nachfolgend zitierten Positionen eher der Fall zu sein. So definiert *Mayer* (1965, S. 101; auch 1969, S. 10/11): „The significant contributions that geography is making to urban studies are defined by its emphasis on the spatial organization of cities on the one hand, and on city-external relations on the other." Und analog wie zudem in deutlicher Abgrenzung zu anderen mit Stadtforschung befaßten Wissenschaften stellt *Davies* (1970, S. 2) fest: „The distinctiveness of urban geography from other urban specialisms stems from the spatial viewpoint that is both the hallmark and *raison d'être* of all geography. In dealing with urbanism the urban geographer stresses the spatial arrangements and distributions that he finds, and identifies the spatial organisations and processes that operate in his search for spatial differentiation and spatial integration." Eben dieses räumliche Paradigma als Konstituente geographischer Stadtbetrachtung heben in jüngster Zeit u. a. *Clark* (1982, S. 2) und *Heineberg* (1988, S. 6) hervor. So schreibt *Clark* u. a.: Urban Geography „seeks to add a spatial dimension to our understanding of urban places and urban problems. Urban geographers are concerned to identity and account for the distribution of towns and cities and the spatial similarities and contrasts that exist within and between them." Und nach *Heineberg* hat „Stadtgeographie oder Geographische Stadtforschung ... die raumbezogene Analyse städtischer Strukturen, Funktionen, Prozesse und Probleme zum Gegenstand." Erinnert man sich in diesem Zusammenhang nun an die eingangs zitierte Formel *Berry*s, wonach Städte Systeme innerhalb von Systemen von Städten sind (vgl. dazu auch *Beaujeu-Garnier* 1980, S. 25–39; *Northam* 1975, S. 3), so besteht die Fragestellung der geographischen Stadtforschung bzw. der Stadtgeographie letztlich darin, die chorologische Struktur (inner- wie zwischen-)städtischer Systeme zu erfassen und zu erklären.

Inwieweit sie dem Anspruch, stadträumliche Strukturen außer zu beschreiben auch zu erklären, dabei tatsächlich immer gerecht geworden ist oder wird, steht hier nicht zur Debatte. Skeptisch stimmt zumindest *Johnston*s (1983, S. 11) Feststellung, daß die Stadtgeographie, jedenfalls während der ‚quantitativen Periode' der 60er und 70er Jahre, „long on description but short on explanation" war und daß es vermehrt auf eine „transformation from description to explanation" ankomme. Daß es speziell zur Erklärung der jeweiligen stadträumlichen Strukturen der Befragung zahlreicher nichtgeographischer Wissenschaften bedarf, ist evident. In diesem Sinne schrieb bereits *Schöller* (1953, S. 161): „Die Sorge, die Grenzen der geographischen Wissenschaft zu überschreiten, darf nicht den Blick beengen, alle für das Verständnis der städtischen Wesenseinheit wichtigen Faktoren als Erklärungen heranzuziehen und den Wert ihrer Wirksamkeit kritisch zu prüfen."

Wie die Stadtgeographie somit Aussagen anderer Wissenschaften benötigt, um ‚eigene' Aussagen erklären zu können, so benötigen umgekehrt allerdings auch andere Wissenschaften stadträumliche/

-geographische Aussagen, um ihrerseits ‚eigene' stadtbezogene Aussagen erklären zu können. Somit aber stellt sich die Frage, unter welchen Bedingungen räumliche Aussagen über die Stadt geographische oder nichtgeographische Aussagen sind. Geht man diesbezüglich von der allgemeinen wissenschaftstheoretischen Regel aus, wonach konstitutiv für eine Wissenschaft nur die durch sie erklärten/ zu erklärenden Aussagen sind, so bedeutet das für diesen Zusammenhang: Nur in ihrer tatsächlichen oder möglichen Rolle als zu erklärende Aussagen sind chorologische Aussagen über die Stadt konstitutiv für die Stadt-/Geographie, und nur die Stadt-/Geographie. In ihrer Rolle als erklärende Aussagen sind sie dagegen von universaler Relevanz.

Fragt man nun nach den sachinhaltlichen Aspekten wie auch den Betrachtungsansätzen, um die es innerhalb dieser paradigmatischen Leitvorstellungen im einzelnen ging bzw. heute geht, so kann diesbezüglich auf eine stattliche Anzahl von meist eigenständigen (vgl. hierzu die einschlägigen Titel im Literaturverzeichnis), vereinzelt jedoch auch integrierten (so z. B. *Berry/Horton* 1970, S. 1–9; *Clark* 1982, S. 1–16; *Herbert/Thomas* 1982, S. 11–52; *Pfeil* ²1972, S. 27–112; *Schwarz* ⁴1988, I, S. 1–17; *Vetter* (in *Carter* 1980, S. 2–18)) Literatur- und Forschungsberichten zurückgegriffen werden. Hinzu kommen u. a. die seit den 70er Jahren in der Zeitschrift „Progress in Human Geography" jährlich erscheinenden Forschungsberichte (auch) zur jeweils aktuellen Stadtgeographie (so beispielsweise von *Johnston, Palm, Whitehand*). Für die hier verfolgte Fragestellung werden aus dieser Fülle von Forschungs- und Literaturberichten solche ausgewählt und entsprechend den in ihnen ausgegliederten Forschungsaspekten referiert, die sich auf einen je bestimmten und eindeutig begrenzten Zeitraum beziehen und zusammengenommen das Kontinuum der stadtgeographischen Forschung ab etwa 1890 zeitlich, wenngleich nicht (sprach)räumlich lückenlos widerspiegeln. Auf dieser Grundlage ergeben sich für die jeweils genannten Zeitabschnitte/Epochen entsprechend den jeweils genannten Autoren die folgenden Aspekte und Ansätze stadtgeographischer Forschung:

1891–1907
(nach *Friedrich* 1908, S. 449–451: internat. Lit.)
Allgemeines – Lage der Siedlungen – Größe und Wachstum – Grundriß und Baufläche – Verschiedenes

1908–1938
(nach *Dörries* 1940, S. 37–38: internat., jedoch überw. deutschspr. Lit.; weltweiter Bezug; nicht vollständig)
Lage – Größe – Geschichte – topographische Entwicklung – wirtschaftliche Bedeutung – topographische, wirtschaftliche, bevölkerungsmäßige Gegenwart und Vergangenheit – Stadt als Bestandteil der Kulturlandschaft – Städtebildung oder Stadtentstehung – Citybildung – Stadttypen – meteorologische Grundlagen des Städtebaues – Stadtklima – Stadtplan als topographische Grundlage des Stadtkörpers – Stadtbild – Prozeß der Wanderung, Verstädterung – Zukunft der Städte – regionale Verbreitung – Funktion als Hauptstadt, Hafen, Kulturmittelpunkt, Wirtschaftszentrum – Struktur – Stadtlandschaft(skunde) – regionale, lokale Stadtbetrachtung

1938–1952
(nach *Schöller* 1953: internat., jedoch überw. deutschspr. Lit.; weltweiter Bezug; nicht vollständig)
Allgemeine zusammenfassende Darstellungen – Natürliche und geschichtliche Grundlagen der Stadtentwicklung – Wachstum und Ausdehnung der Städte – Die innere Gliederung der räumlichen Grundstruktur von Städten – Funktionstypen und Klassifizierung der Städte – Die funktionalen Stadt-Land-Beziehungen – Stadtindividualität, Stadttypen und internationale Nivellierung

1950/52−1970
− (nach *Strand* 1973: 1950−1970: 72 geogr. Periodika aus N-Am, GB, Skand., NL; weltweiter Bezug; vollständig)
urbanism: past and present − morphology and townscape − size, spacing, location, and systems of cities − functional and economic structure − demographic and social structure − suburbia, the rural-urban fringe, urban agriculture, and decentralization of urban activities − migration and mobility: perception and behavior − transportation − cities as ports − general descriptive and historical studies of the industrial city: world, national, regional and individual city surveys − urban planning and the future city − climatology and environmental aspects

− (nach *Schöller* 1973.1, S. 28; 1973.3, S. 33; vgl. auch *Schöller* et al. 1973, S. XII, 1−123: 1952−1970: deutschspr. Lit.; weltweiter Bezug; vollständig)
Bibliographien, Literatur- und Forschungsberichte − Gesamtdarstellungen, Arbeiten zu Theorie und Methodik − Städtesysteme größerer Räume − Städtegruppen und Städtetypen − spezielle Studien zum Städtevergleich − umfangreichere Städtemonographien − kürzere Arbeiten zu einzelnen Städten − Struktur und innere Differenzierung − Stadtmitte und innerstädtische Zentren − Wohngebiete, Stadtrand und Vororte − wirtschaftliche Basisfunktionen − Stadtbevölkerung und städtisches Leben − Genese und Entwicklung der Stadt − physiogeographische Faktoren und Elemente − Stadtplanung, Wiederaufbau, Stadterneuerung − Theorie und Methodik der Zentralitätsforschung − zentralörtliche Organisation einzelner Räume − zentrale Funktionen einzelner Städte − spezielle Zentralfunktionen − Verstädterung und Wanderungen − Ballungen, Stadtregionen und ihre Planung − Stadtstatistik, Stadtverwaltung

1970−1980
(nach *Vetter* 1980, S. 2−18: mittel-/kontinentaleurop. Lit.)
Gesamtdarstellungen und Bibliographien − quantitativ ausgerichtete Arbeiten − Einzelstadtanalysen, beschreibende Monographien − Prozeß der Verstädterung − Pendlerwesen − Verkehr − Tourismus − innere Differenzierung von Stadt und Stadtregion − äußere Differenzierung und Klassifikation von Städten − analytische Arbeiten − vergleichende Fallstudien − Planungs-, Raumordnungsprobleme − Umweltbelastung, -schutz − Themen auf Landesebene − Mobilitätsvorgänge − Wachstum der Verdichtungsräume − Hauptstadtfragen − Industrieansiedlung − Systemtheorie − sozialkritische Arbeiten − Stadtstruktur − Sozialstruktur − Hafen-, Küstenstädte − Modellanalysen − Hinterlandabgrenzungen − theoretische Themen über Städtesysteme − Funktionen und Wachstum von Städten

---

Betrachtet man dieses verschachtelte Kontinuum stadtgeographischer Forschungsaspekte nun in seiner Vielfalt einerseits wie zeitlichen Streuung, Überlagerung und Wiederkehr der einzelnen Aspekte andererseits, so erscheint es kaum möglich, daraus trennscharfe Phasen der stadtgeographischen Forschung auszugliedern, wie dies etwa *Denecke* (1973) und *Stewig* (1983) im Kontext des geographischen Stadtbegriffs (vgl. dazu 2.1.1) oder *Becker/Schrand* (1978, S. 36), *Hasch* (1968, S. 9), *Hofmeister* ([4]1980.1, S. 10−14) u. a. m. für die Stadtgeographie überhaupt versucht haben. Am ehesten noch wird dieser Situation *Heineberg*s (1988) Vorschlag gerecht, insofern dieser einerseits von einer Parallelität statt einer zeitlichen Reihung der sukzessive auftretenden Forschungsrichtungen ausgeht (wie Vf. dies auch im Blick auf den geographischen Stadtbegriff tut, vgl. 2.1.1) und andererseits das System der stadtgeographischen Forschungsrichtungen in den weiteren systematischen wie disziplinären Kontext der Stadtgeographie integriert. Daher wird nachfolgend *Heineberg*s Systematik bzw. Chronologie der stadtgeographischen Forschungsrichtungen wiedergegeben. Danach können etwa die folgenden sukzessive einsetzenden und jeweils mehr oder weniger kontinuierlich weiterbestehenden Forschungsrichtungen unterschieden werden (Abb. 1.3; vgl. auch 2.1.1):

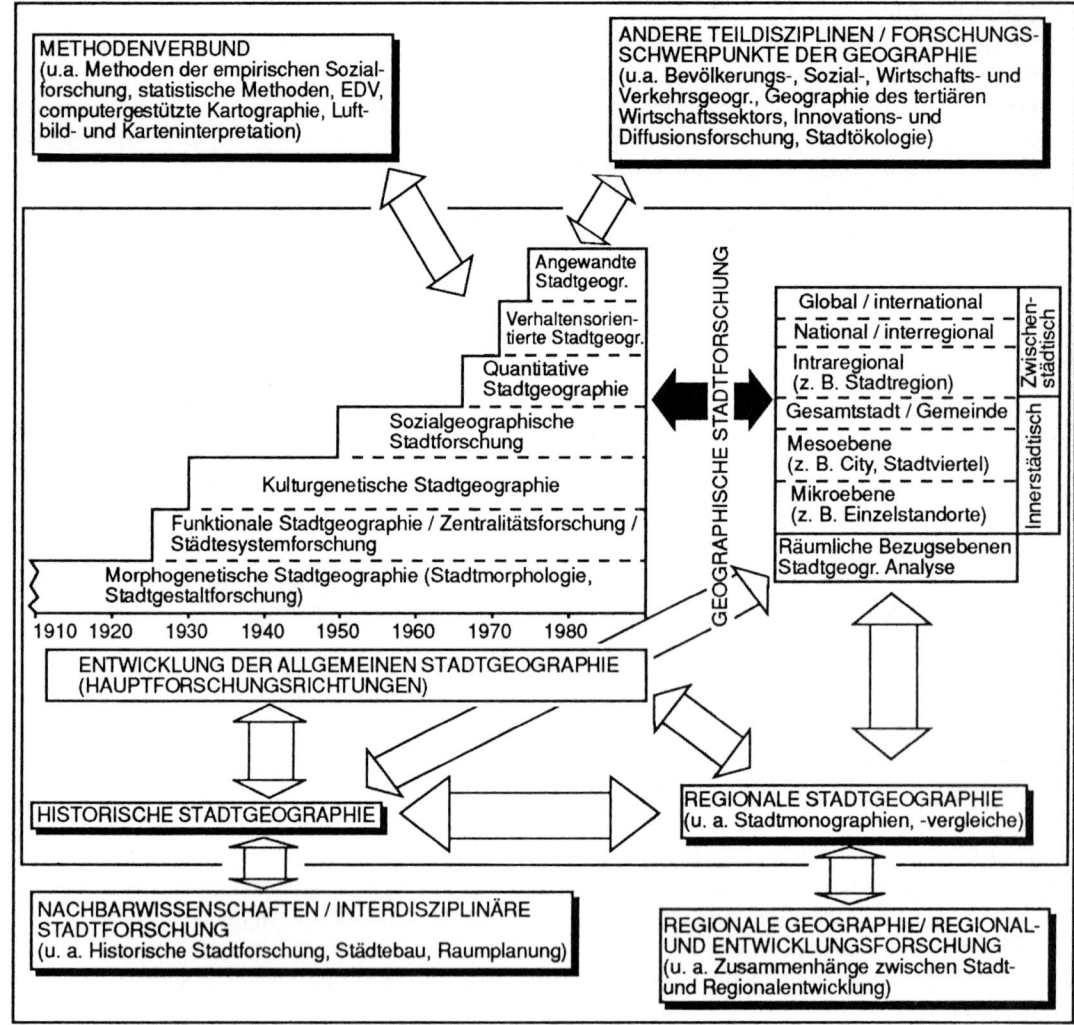

Abb. 1/3
Forschungsrichtungen in der Stadtgeographie und ihr disziplinärer Kontext
Quelle: Heineberg 1988, S. 7

- Morphogenetische Stadtgeographie/Stadtmorphologie oder Stadtgestaltforschung:
  Analyse der Grund- und Aufrißelemente sowie der Genese der einzelnen Formenelemente wie auch der daraus resultierenden Stadtgestalt;
- Funktionale Stadtgeographie:
  Analyse funktionaler Raumeinheiten innerhalb der Städte einschließlich ihres Gefüges und Wandels;
- Zentralitätsforschung/Städtesystemforschung (aus systematischer Sicht von *Heineberg* im Rahmen der textlichen Darstellung, im Unterschied zur graphischen Darstellung in Abbildung 1/3, nach Ansicht des Vf. zu Recht von der funktionalen Stadtgeographie abgetrennt, wenngleich im wesentlichen zeitgleich mit dieser einsetzend):
  Analyse zentralörtlicher Stadt-Umland-Beziehungen/Systeme wie auch von Siedlungs- bzw. Städtesystemen überhaupt;

- Kulturgenetische Stadtgeographie:
  Analyse der allgemein ähnlichen Struktur, Genese und Entwicklung der Städte vor dem Hintergrund der regional je besonderen kulturellen Voraussetzungen;
- Sozialgeographische Stadtforschung:
  Analyse der sozialräumlichen Strukturen, Prozesse, Verhaltensmuster etc. in der Stadt;
- Quantitative (und theoretische) Stadtgeographie:
  Analyse städtischer Strukturen vor allem unter Anwendung quantitativer, speziell EDV-gestützter Methoden mit dem Ziel der Modell- und Theoriebildung und -prüfung;
- Verhaltensorientierte Stadtgeographie:
  Analyse der raumrelevanten verhaltensbestimmten Aktivitäten in der Stadt;
- Angewandte Stadtgeographie:
  Analyse stadträumlicher Erscheinungen unter dem Gesichtspunkt des Planungs- und Anwendungsbezuges.

Geht man nun davon aus, daß diese Forschungsrichtungen, wie in Abbildung 1/3 dargestellt, einander nicht ablösen, sondern nach ihrer Etablierung jeweils fortbestehen und sich mithin überlagern, so manifestiert sich darin eine kontinuierliche Zunahme der inneren Differenziertheit und damit Komplexität der stadtgeographischen Forschung. Weitere Ausdifferenzierung und Komplexitätssteigerung erfährt die Stadtgeographie durch die Verknüpfung je bestimmter ihrer inhaltlichen Forschungsaspekte etwa mit solchen anderer Disziplinen, mit je bestimmten Maßstabs- und Betrachtungsebenen, mit je bestimmten Methoden (vgl. z. B. die „Quantitative Stadtgeographie" in o. Systematik) o. ä. m. Dabei versteht es sich, daß die hier ausgegliederten Forschungsrichtungen in den einzelnen Arbeiten in der Regel nicht in jeweils analytischer Reinheit, sondern eher in je bestimmter Kombination realisiert werden (*Heineberg* 1988, S. 7). Versuche, auf der Grundlage der Forschungsrichtungen der Stadtgeographie eine disziplininterne Systematik zu entwerfen, haben z. B. *Carter* (1980, S. 46) und *Lichtenberger* (1980.1, S. 122) unternommen.

Diese sukzessive Ausweitung und Ausdifferenzierung der stadtgeographischen Forschungsaspekte und -ansätze korrespondiert nun mit einer entsprechenden Entwicklung des stadtgeographischen Schrifttums einerseits, der disziplinären Stellung und Bedeutung der Stadtgeographie andererseits, wobei es hier dahingestellt bleiben muß, wie die Ursache-Folge-Beziehungen dabei im einzelnen beschaffen waren.

Was das stadtgeographische Schrifttum betrifft, so wird dessen quantitative Entwicklung, insbesondere seit dem Zweiten Weltkrieg, durch ein progressives Wachstum gekennzeichnet (vgl. Tab. 1/2). Dies belegen die in Tabelle 1/2 wiedergegebenen Zahlen, wenngleich die dieser Auszählung zugrundeliegenden Literaturberichte/Bibliographien aufgrund ihrer unterschiedlichen berücksichtigten Sprach-/Erdräume wie bibliographischen Vollständigkeitsgrade nicht direkt miteinander vergleichbar sind. Weitere Belege für das starke Wachstum des stadtgeographischen Schrifttums findet man u. a. bei *Dörries* (1930; v. a. Mitteleuropa), *Schöller* et al. (1973: weltweiter Bezug), *Jones* (1973, S. 9: Vereinigtes Königreich und Irland), *Müller* (1973, S. 53: portugiesischer Sprachraum), *Kiuchi/Masai* (1973, S. 65/66: Japan), *Mayer* (1965, S. 81: USA), *Simmons* (1967; S. 341/342: Kanada). Vor diesem Hintergrund kann die Stadtgeographie mit *Lichtenberger* (1980.1, S. 103) zu Recht „als echte Wachstumsdisziplin" bezeichnet werden. Spezielle Wachstumslinien stellen innerhalb dieses generellen Wachstums des stadtgeographischen Schrifttums weiterhin u. a. dar: zunehmender Anteil der Stadtgeographie zunächst in anthropogeographischen, dann in siedlungsgeographischen Lehrwerken, zunehmende Anzahl seit 1907 schon eigenständiger stadtgeographischer Lehrwerke, insbesondere seit dem Zweiten Weltkrieg (vgl. hierzu das Literaturverzeichnis mit im wesentlichen allerdings nur den jüngeren Stadtgeographien), schließlich Aufkommen und Zunahme stadtgeographischer Sammelbände etwa seit den späten 60er Jahren, wie sie beispielsweise von *Brill* (1967), *Schöller* (1969; 1972), *Putnam* et al. (1970), *Bourne* (1971), *Herlyn* (1974), *Pehnt* (1974), *Fürst* (1977), *Bourne/Simmons*

Tab. 1/2: Zur quantitativen Entwicklung des stadtgeographischen Schrifttums (Anzahl Publikationen je Jahr)

1908–38 (*Dörries* 1940) 1) 4) 6) 7) 9)				1938–52 (*Schöller* 1953) 2) 4) 6) 7) 9)		1950–70 (*Strand* 1973) 3) 5) 6) 8) 9)		
1908	5	1929	34,5	1938	12,5	1950	51	[1] ausgez. wurden die Abschnitte über die städtische Siedlung
1909	10	1930	36,5	1939	10	1951	65,5	[2] ohne die Titel vor 1938 und nach 1952
1910	16	1931	29	1940	16	1952	53	[3] ohne die Titel vor 1950
1911	10	1932	33	1941	26,5	1953	48,5	[4] internationale, vorwiegend jedoch deutschsprach. Lit.
1912	14	1933	27	1942	16,5	1954	70	[5] 72 geogr. Periodika aus N-Am, GB, Skand., NL
1913	12	1934	39,5	1943	10,5	1955	112,5	[6] weltweiter Bezug
1914	24,5	1935	24,5	1944	9	1956	117,5	[7] Überblick, ohne bibliogr. Vollständigkeit
1915	18,2	1936	40,5	1945	10	1957	104	[8] vollständig
1916	13,7	1937	59,5	1946	8,5	1958	106,2	[9] Publikationen, deren Erscheinungsdatum mehrere Jahre enthält (z. B. 1968/69, 1968–70), wurden den betreffenden Jahren anteilig zugerechnet (hier mit je 0,5 bzw. 0,33)
1917	12,7	1938	55	1947	18	1959	121,2	
1918	11,9			1948	18,5	1960	150,2	
1919	9,1			1949	39,5	1961	131,2	
1920	21,4			1950	58	1962	160,7	
1921	20,9			1951	55,5	1963	164,5	
1922	12,4			1952	34	1964	155,5	
1923	27,7					1965	187,5	
1924	29,7					1966	168,5	
1925	43					1967	249	
1926	32					1968	209,5	
1927	53,5					1969	301,5	
1928	37,5					1970	205,5	

Quelle: Eigene Auszählung auf der Grundlage der o.g. Literaturberichte/Bibliographien

(1978), *Friedrichs* (1978), *Herbert/Johnston* (1978), *French/Hamilton* (1979), *Herbert/Smith* (1979), *Brunn/Williams* (1983), *Teuteberg* (1983), *Agnew* et al. (1984), *Heinritz* (1985) herausgegeben wurden. Gegründet auf die in diesem Wachstum des stadtgeographischen Schrifttums sich manifestierende Forschungsleistung, hat die Stadtgeographie innerhalb der Geographie und speziell Anthropogeographie durchgehend eine bedeutende bis herausgehobene Stellung innegehabt. Entsprechende Äußerungen einiger Zeitzeugen mögen dies belegen. So schrieb 1895 *Hettner* (S. 361): „Die Städtekunde ... hat immer, bei den Geographen des Altertums ebensowohl wie in der Neuzeit, einen wichtigen Bestandteil geographischer Darstellungen gebildet; ja sie hat zeitweise die übrigen Zweige der Geographie ganz überwuchert. ... Die neuere Geographie ... räumt den menschlichen Ansiedelungen auch weiterhin einen hervorragenden Platz in ihren Darstellungen ein; ... die Geographie der Ansiedelungen ist im ganzen mehr als die übrigen Zweige der Geographie des Menschen gepflegt worden." 1930 stellte dann *Dörries* fest (S. 311): „In keiner Epoche der modernen Anthropogeographie hat die Geographie der Städte intensivere Pflege und stärkere Förderung erfahren als im verflossenen Nachkriegsjahrzehnt", wobei diese „letzten Jahre besonders emsiger stadtgeographischer Forschung nichts anderes darstellen als die organische Fortentwicklung der Stadtgeographie der Vorkriegszeit." Zu einem ähnlichen Befund kam 1968 *Schöller* (S. VII): „Wenige Teilgebiete der geographischen Wissenschaft haben in den letzten Jahrzehnten eine ähnliche starke Entwicklung erfahren wie die Stadtgeographie." Und 1973.1 (S. 29) stellte *Schöller* fest: „Unter allen Teilgebieten der geographischen Wissenschaft hat sich in den letzten Jahrzehnten die Stadtgeographie besonders schnell und breit entwickelt. Stand die geographische Stadtforschung einige Jahre nach Kriegsende mit der Zahl und dem Gewicht ihrer Publikationen noch durchaus in einer Reihe mit der Agrargeographie und der historisch-geographischen Erforschung ländlicher Siedlungen, so hat sie sich seitdem an die Spitze aller kulturgeographischen Teilgebiete gestellt." Entsprechend rechnet auch *a.d. Heide* (1979, S. 73) die Stadtgeographie „zu den bedeutenden Zweigen des Gesamtfaches Geographie". Dabei dürfte diese durchgängige quantitative wie qualitative Bedeutung wie Bedeutungssteigerung der Stadtgeographie letztlich ein Spiegelbild der vor allem seit der Industrialisierung rasant gestiegenen Bedeutung der Stadt als Bestandteil gesellschaftlich-räumlicher Realität sein (vgl. *Johnston* 1984, S. 15). Welche disziplinsystematische Stellung hat/-te die Stadtgeographie nun innerhalb der Geographie? Wenngleich der Terminus ‚Stadtgeographie' mindestens seit 1920 (*Geisler*) in Gebrauch ist, das erste stadtgeographische Lehrbuch bereits 1907 erschien (*Hassert*) und die Stadtgeographie schon 1920 von *Geisler* (S. 274) als „ein junger" bzw. 1927 von *Bobek* (S. 213) als ein „gar nicht so junge[r] Zweig der geographischen Wissenschaft" bezeichnet wurde, so war die Stadtgeographie bzw. die geographische Stadtforschung dennoch von Anfang an Teil der übergeordneten „Siedlungsgeographie' und ist sie dies bis in die jüngere Zeit geblieben (vgl. z. B. *Ratzel* 1891; *Hassinger* 1933; *Hettner 1947;* *Bobek* 1957; *Uhlig* 1970; *Lienau* 1975). Jedoch hat sie in der universitären Lehr- und Forschungspraxis aufgrund ihrer „stürmische[n] Entwicklung" (*Hofmeister* [4]1980.1, S. 7) vor allem in den 70er Jahren mittlerweile einen Stand erreicht, der sie als quasiselbständige Disziplin der Geographie erscheinen läßt (vgl. auch *Carter* 1980, S. 38, 41, 43, 44; *Hofmeister* [4]1980.1, S. 9; *Johnston* 1984, S. 13/14), während unter ‚Siedlungsgeographie' dann die Geographie nur der ‚ländlichen Siedlungen' verstanden wird. Begriffs- und klassenlogisch bleibt sie jedoch gleichwohl eine Subdisziplin der ‚Siedlungsgeographie'.

2 Allgemeingeographischer Teil

2.1 Raumsystem Stadt (*Helmuth Köck*)

Aufgabe dieses Kapitels ist es, allgemeine räumliche Merkmale der Stadt darzustellen. Doch stellt sich sogleich die in der geographischen Stadtforschung intensiv diskutierte Frage, ob das Phänomen ‚Stadt' angesichts der zahlreichen regionalspezifischen kulturellen, sozialen, historischen, wirtschaftlichen, physischen etc. Bedingungen wie auch seiner raumzeitlich phasenverschobenen Entstehung und Entwicklung überhaupt allgemeine, also überall gleiche oder wenigstens ähnliche Merkmale aufweist (*Hofmeister* 1982, S. 488). In diesem Sinn stellt etwa *Mayer* (1969, S. 11) fest: „The difficulty lies in the nature of the phenomena themselves, for, in spite of some common characteristics, cities and urbanization, as spatial phenomena and process, exhibit many interregional and international differences, rendering comparative studies of cities in different areas and at different times extremely difficult." Ähnlich sieht es *König* (1974, S. 11/12; vgl. auch *Schöller* 1967, S. 2 sowie bereits auch *Mayer* 1943, S. 446): „Es steht nämlich keineswegs fest, ob es überhaupt ein einheitliches Phänomen Stadt bzw. Großstadt gibt, ob das Phänomen Stadt eine einheitliche Struktur besitzt, ... Mit anderen Worten: Sind städtische Phänomene in Asien, Europa, Nordamerika, Lateinamerika miteinander vergleichbar? Sind städtische Phänomene der Vergangenheit vergleichbar mit den gegenwärtigen?"

Nun setzt allerdings zumindest die Existenz des Begriffes ‚Stadt' voraus, daß es offenbar Gebilde gibt, deren Merkmalsgemeinsamkeit eben diesen Begriff konstituiert. Daß man solche gemeinsamen Merkmale in der Wirklichkeit tatsächlich wiederfindet, betont besonders *Holzner* in diesem Band (Kap. 3.1.0). Entsprechend sieht er auch keinen Gegensatz zwischen den „kulturgenetischen Sonderheiten", die er zur Leitidee seiner regionalgeographischen Stadtdarstellung macht, und „den allgemeinen stadtgeographischen Strukturprinzipien", um die es in diesem Kapitel geht (vgl. auch *Hofmeister* 1982, S. 484/485). „Vielmehr sind die regionalen Sonderheiten der inneren Struktur von Städten als kulturbedingte Modifikationen der universalen stadtgeographischen Strukturprinzipien und Prozesse zu verstehen, welche abstrakt gesehen und im Prinzip überall auf dieser Welt gelten" (S. 135; vgl. auch *Hofmeister* 1982, S. 488). Ähnlich kommt auch *Mayer* (1969, S. 11) – trotz seiner oben wiedergegebenen Skepsis – zu dem Ergebnis, daß „the characteristics which all cities share render the attempts to compare them not entirely futile" bzw. daß „cities throughout the world exhibit certain common characteristics which we identify as „urban", and which therefore help us to define the cities".

Vor diesem Hintergrund wird im folgenden zunächst der geographische Stadtbegriff entfaltet (2.1.1). Daran schließt sich die Frage nach der räumlichen Verteilung und Ordnung der Funktionen in der Stadt an (2.1.2). Danach sind die von diesen ausgehenden oder diese betreffenden Prozesse (2.1.3) und Beziehungen (2.1.4) aufzuzeigen. Spätestens an dieser Stelle stößt man dann auf die Probleme, die aus den innerstädtischen Strukturen, Prozessen und Beziehungen erwachsen (2.1.5). Dies wiederum führt zu der Frage, wie diese Probleme gelöst bzw. die innerstädtischen Strukturen, Prozesse und Beziehungen dementsprechend planerisch beeinflußt werden können (2.1.6).

2.1.1 Geographischer Stadtbegriff

Der geographische Stadtbegriff ist nur einer neben zahlreichen weiteren wie z. B. dem statistisch-administrativen, dem historisch-juristischen, dem soziologischen, dem volkswirtschaftlichen, dem verkehrswissenschaftlichen etc. Stadtbegriff (*Stewig* 1983, S. 18–31). Dabei stammt die erste deutschsprachige geographische Definition der Stadt nach *Denecke* (1973, S. 35) und *Mayer* (1943, S. 447) aus dem Jahre 1841 (*Kohl*), nach unveröffentlichten Untersuchungen des Verfassers jedoch erst aus dem Jahre 1891 (*Ratzel*), während die Hauptphase der Diskussion um den geographischen Stadtbegriff im ersten Drittel dieses Jahrhunderts lag. Einen endgültigen Abschluß hat diese Diskussion, entgegen *Dörries* (1930, S. 314) und *Gorki* (1974, S. 33/34), allerdings bis heute nicht gefunden (vgl. *Bobek* 1927, S. 240; *Mayer* 1943, S. 446; *Hofmeister* 1984, S. 197–201), wiewohl der Standard der als geographisch konstitutiv erachteten Stadtmerkmale relativ stabil geblieben ist.

Letztere hat *Denecke* (1973, S. 35) auf der Grundlage deutschsprachiger geographischer Stadtdefinitionen in einer Übersicht zusammengestellt (vgl. Tab. 2.1/1).

Danach sind einerseits fast durchweg Kombinationen mehrerer Merkmale, andererseits vielfach wechselnde und zudem jeweils unterschiedlich gewichtete Merkmale bzw. Merkmalskombinationen zur geographischen Definition der Stadt herangezogen worden (*Denecke* 1973, S. 34; vgl. auch *Gorki* 1974, S. 34; *Hofmeister* ^{4}1980.1, S. 178/179 sowie bereits auch *Bobek* 1927, S. 214, 215; *Mayer* 1943, S. 447–448; *Klöpper* 1956/57, S. 454). So unterscheidet *Denecke* (1973, S. 34–36) in der Entwicklung des Begriffsinhalts und der dementsprechenden geographischen Betrachtungsweise städtischer Siedlungen vier Phasen (vgl. Tab. 2.1/1): Für die erste Phase (vor 1900) war die „physiognomisch-landschaftskundliche[ ] Betrachtung und Kennzeichnung der Stadt als eines formal und funktional besonderen Siedlungstyps" kennzeichnend (*Schlüter*). In der zweiten Phase (etwa 1900 bis 1920) trat „deutlich die soziologische, ökonomische und funktionale Betrachtungsweise in den Vordergrund, mit dem erst viel später wieder beachteten Merkmal einer städtischen Siedlung als gewerblich ausgerichteter Mittelpunkt einer ländlichen Umgebung" (*Hassinger, Gradmann*). In der dritten Phase (20er Jahre) sah man die „topographische[ ] und geographische[ ] Lage sowie die physiognomisch erfaßbaren formalen Elemente von Grundriß und Aufriß" als stadttypische Merkmale an (*Geisler, Dörries*). In der vierten Phase schließlich (ab etwa 1930) wurden dann die „funktionalen Elemente" „wieder ins Zentrum der Betrachtung gerückt", so daß sie auch „heute die moderne Stadtgeographie beherrschen" (*Bobek, Klöpper, Schwarz, Schöller, Hofmeister*).

Eine hiervon deutlich abweichende Phasengliederung zum geographischen Stadtbegriff hat *Stewig* (1983, S. 31–37) unterbreitet. Danach sind zu unterscheiden:

– vor 1900 eine die topographische wie geographische Lage von Städten, nicht jedoch die Städte selbst betonende Phase (*Kohl, Schlüter*);
– 1900 bis zum Ersten Weltkrieg die „morphogenetische Phase", in der die Physiognomie (Grundriß, Aufriß) der Stadt im Mittelpunkt stand (*Schlüter, Geisler, Dörries*);
– zwischen den beiden Weltkriegen die funktionale bzw. funktional-strukturelle Phase, die die Stadt von ihren Funktionen für ihr Umland und der mit jenen jeweils korrespondierenden inneren funktionalräumlichen Gliederung her sieht (*Blanchard, Bobek* als Initiatoren);
– nach dem Zweiten Weltkrieg die „sozialraumanalytische Phase", die den handelnden, interagierenden und sozialräumlich organisierten Menschen zum Ausgangspunkt geographischer Stadtbetrachtung macht.

Unveröffentlichte Untersuchungen des Verfassers zum geographischen Stadtbegriff im deutschsprachigen Schrifttum führen jedoch zu Abweichungen von den hier referierten Phasengliederungen und ebenso von derjenigen *Hofmeister*s (1984, S. 201–206). So ergibt die den folgenden Ausführungen zugrundeliegende Inhaltsanalyse von 23 großenteils auch bei *Denecke* berücksichtigten deutschsprachigen geographischen Stadtdefinitionen, daß die funktionale Dimension mit Ausnahme dreier Fälle von Anfang an durchgehend besetzt ist. Dabei werden die der Stadt jeweils zugesprochenen Funktionen zunächst (von *Ratzel* 1891 bis *Hassinger* 1933) je einzeln aufgeführt und umfassen in abnehmender Nennungshäufigkeit vor allem Verkehr, Handel, Gewerbe und Kultur, Handwerk, Markt und Verwaltung. Seit *Bobek*s Stadtdefinition aus dem Jahre 1938 bis einschließlich *Hofmeister* (^{4}1980.1; 1984) werden sie dagegen durch generalisierende, übergeordnete Begriffe ersetzt. Einer davon ist das ‚städtische Leben' (vgl. hierzu auch den formallogischen Einwand *Gorki*s 1974, S. 34), das seit seiner Einführung durch *Bobek* mit Ausnahme zweier Fälle in jeder Stadtdefinition explizit oder, mittels seines Äquivalentes ‚tertiärwirtschaftlich', implizit genannt und dabei verstanden wird als „die Summe der in der Stadt sinnfällig werdenden Tätigkeiten, Verkehrsbewegungen, Einrichtungen, die

Tab. 2.1/1: Übersicht über die im Laufe der Forschungsgeschichte zur geographischen Definition des Begriffes 'Stadt' herangezogenen Definitionsmerkmale

wissenschaftsgeschichtl. Phase	herangezogene Darstellungen Verfasser	Seite	räumliche – formale – statistische Merkmale										soziologische – ökonomische – funktionale Merkmale					
			topographische Lage (Geländelage), Schutzlage	bebaute Fläche größer als bei Dörfern	dauernde Konzentration von Wohnstätten und Bevölkerung	oft planvolle, geschlossene Ortsform mit deutlichem Kern	"städtische" Hausform, geschlossene Bauweise, Befestigung	konzentrische Steigerung der Bebauungsintensität	vielfältiges Gesamtbild, innere Differenzierung	Einwohnerzahl allgemein größer als bei Dörfern	Zuwachs vornehmlich durch Zuwanderung	überwiegend gewerblich/industrielle Berufsstruktur	"städtisches" Leben; administrative Funktionen, Kulturprodukt	Konzentration von Gewerbe u. Industrie; Überproduktion	Handelsfunktionen; dichter Verkehr	Abfall der Nutzungsintensität nach außen	Verkehrslage: Zentrum bedeutender Verkehrswege	Versorgung des Umlandes mit Gütern und Dienstleistungen: "zentrale Funktionen"
I	1841 Kohl	68 ff.	▲															
	1899 Schlüter	95				▲	▲									▲	●	
	1902 Hettner	37		▲	▲			●		▲		●						
	1903 Ratzel	262 f.		▲								▲					▲	
	1903 Wäntig	4			●	▲	(▲)					●						
II	1904/8 v. Richthofen	292				▲						▲	▲	▲	▲		(▲)	
	1907 Hassert	141 f.				▲						●	●	●	●		▲	
	1909 Hanslik	427	▲									▲		(▲)	(▲)			
	1910 Hassinger	844										▲	▲		▲		▲	
	1914 Gradmann	275	●			▲	▲		▲			▲					▲	
	1916 Gradmann	11	●			▲	▲		●									
	1923 Wagner	6	▲			▲	▲		(▲)			▲	●					
III	1920 Geisler	153				(▲)	(▲)	●				▲	▲					
	1924 Geisler	215		▲		▲				▲		▲	▲					
	1925 Dörries	89		▲														
	1926 Carlberg	6				▲			●			▲	▲		▲			
IV	1927 Bobek	456		▲		▲			●			▲	▲					
	1938 Bobek	315		▲		▲				▲		▲	▲					▲
	1943 Mayer	3 f.		▲					▲	▲		▲	▲	▲				●
	1957 Klöpper	175			▲				▲	▲	▲	▲	▲	▲				●
	1961 Schwarz											▲	▲					▲
	1967 Schöller																	
	1969 Hofmeister																	

● dominantes Merkmal
▲ nicht besonders hervorgehobenes Merkmal
(▲) im Kontext genanntes Merkmal
} zur Definition herangezogen

Quelle: Denecke (1973, S. 35)

der materiellen und kulturellen Bedarfsdeckung der Stadtbewohner, ggf. auch der Bewohner eines weiteren Hinterlandes dienen" (*Bobek* 1938, S. 89). Seit *Klöpper*s u. a. an *Christaller*s zentralörtlicher Stufung anknüpfender Stadtdefinition aus dem Jahre 1956/57 wird dann mit Ausnahme eines Falles zusätzlich zum städtischen Leben, obgleich definitionsgemäß bereits in diesem enthalten, noch das Merkmal ‚Zentralität' gefordert, und zwar mindestens mittlerer Bedeutungsstufe (S. 459/460). Allerdings ist die Zentralität als funktionale Zentralität bereits bei *Gradmann* (1916 bzw. auch schon 1914), als Lagezentralität sogar schon bei *Ratzel* (1903) als konstitutiv für die Stadt impliziert, wenngleich nicht explizit genannt.

Ähnlich wie hinsichtlich der funktionalen verhält es sich bezüglich der strukturellen Dimension. Zwar ist die Anzahl der Fehlanzeigen hierzu geringfügig größer. Doch ist die strukturelle Dimension immerhin seit *v. Richthofen* (1908) mit dann nur noch vier Ausnahmen besetzt. Im Kern variieren dabei praktisch alle geforderten Ausprägungen der Struktur den Aspekt der inneren Differenzierung. So wird die Stadt als ein in sich differenziertes, heterogenes, vielfältig geprägtes Raumsystem, daneben als ein Raumsystem mit bestimmten räumlichen Ordnungsstrukturen gesehen. Dabei wird die Forderung nach innerer Differenziertheit jedoch auf sehr unterschiedliche Sachaspekte bezogen, so auf den funktionalen, den physiognomischen, den räumlichen, den sozialen, den topographischen wie den ökonomischen Aspekt. In bezug auf die räumlichen Organisationsprinzipien werden vor allem die Viertelsbildung, die Zentripetalität, verschiedene Zentrum-Peripherie-Gradienten (baulich, funktional, Dichte) als typisch für die Stadt angesprochen. Während die geforderte innere Differenzierung bis *Bobek* (1927) in ihren jeweiligen Konkretisierungen je einzeln aufgeführt wird, werden hierfür, ähnlich der funktionalen Dimension, ab *Mayer* (1943) vorwiegend generalisierende, übergeordnete Termini verwendet, so außer ‚innere Differenzierung' selbst weiterhin ‚inhomogene' und ‚heterogene Struktur' sowie ‚Gefüge'.

Ein in deutschsprachigen geographischen Stadtdefinitionen weiterhin häufig und bereits seit *Ratzel* (1891) mit allerdings regelmäßig auftretenden Unterbrechungen (9) gefordertes Merkmal ist das der ‚räumlichen Dichte'. Diese bezieht sich fast ausnahmslos auf die Bebauung und die Bevölkerung, die ihrerseits oberhalb bestimmter Dichtewerte dann zur ‚Geschlossenheit der städtischen Ortsform' führen. In diesem Sinn wird die geforderte Dichte seit *Gradmann* (1914) fast ausschließlich durch das Prädikat ‚geschlossen/Geschlossenheit' ausgedrückt; in der Zeit davor dominieren die Äquivalente ‚Konzentration/Zusammendrängung/Verdichtung/Enge'. Soweit die geforderte Mindestdichte durch regional allerdings unterschiedliche Schwellenwerte festgelegt wird, fordert *Klöpper* (1956/57, S. 458) für die Bundesrepublik Deutschland eine Bevölkerungsdichte von mindestens 1000 E/km^2 der städtisch bebauten Fläche (vgl. dagegen Indien: 390; Frankreich: 500; USA: 800; Großbritannien: 2500). Weniger häufig, gleichfalls jedoch bereits seit *Ratzel* (1891) periodisch auftretend, wird die Stadt auch durch eine ‚gewisse Größe' definiert. Wenngleich in einer Reihe von Definitionen, allenfalls geringfügig modifiziert, auf die bereits seit der zweiten Hälfte des 19. Jahrhunderts festgelegte statistische Stadt-Land-Grenze von 2000 Einwohnern Bezug genommen wird, besteht umgekehrt in eben denselben Definitionen doch Einigkeit darüber, „daß es für den Geographen keine allgemein gültige quantitativ erfaßbare Untergrenze für Städte geben kann", daß diese vielmehr „immer nur regional" festgelegt werden kann (*Klöpper* 1956/57, S. 454) (so 200 E in Dänemark, Finnland und Schweden, 10 000 E in Griechenland, Spanien, Senegal und der Schweiz, 20 000 E in Italien, 30 000 E in Japan; zu den Dichte- und Größenschwellenwerten vgl. im einzelnen *Beaujeu-Garnier/Chabot* 1963, S. 28–35; *Cadwallader* 1985, S. 19–23; *Chabot* 1948, S. 7–16; *Clark* 1982, S. 25–37; *Herbert/Thomas* 1982, S. 6–11; *Klöpper* 1956/57, S. 446–460; *Mayer* 1969; *Schwarz* 1970, S. 151–156; *Simmons/Bourne* 1978; *Thomlinson* 1969, S. 37–42). Als begründet und notwendig wird eine Mindestgröße jedoch insofern angesehen, als sich „erst beträchtlich oberhalb einer immer nur regional festzulegenden Untergrenze ... die notwendigen Eigenschaften und der sich daraus ergebende Gesamtcharakter einer Stadt im geographischen Sinne allgemein gültig umreißen" lassen (*Klöpper* 1956/57, S. 454; vgl. auch *Hofmeister* 1980.2, S. 13; *Schöller* 1967, S. 3).

Als letzte noch erwähnenswerte Merkmalsdimension tritt schließlich die ‚Lage' auf, allerdings nur bis *Hassinger* (1933) und auch bis dahin nur in der Hälfte der hier analysierten Definitionen. Gefordert wird dabei eine Kern-/Mittelpunkt-/Knotenlage der Stadt. Daß diese nach *Hassinger* (1933) nicht mehr explizit erwähnt wird, ist folgerichtig; denn seit *Bobek* (1938) bzw. *Klöpper* (1956/57) ist sie ja Bestandteil der Merkmale ‚städtisches Leben' bzw. ‚Zentralität', wenngleich dann nicht mehr als in erster Linie räumliche, sondern als funktionale Mittelpunktlage.

Wie diese Untersuchungen des Verfassers nun zeigen, ist für die geographische Stadtdefinition im deutschsprachigen Schrifttum von Beginn an bis in die jüngste Zeit weniger ein durch stets neu hinzukommende Sichtweisen bedingter Phasenwandel als vielmehr eine durchgängige Parallelität mehrerer Merkmalsdimensionen, eine Mehrdimensionalität des Begriffsinhalts also kennzeichnend (vgl. auch Kap. 1.2). Als konstitutiv können danach die folgenden Merkmale gelten: tertiärwirtschaftliche Funktion, Mindestzentralität (sofern nicht ohnehin schon in der tertiärwirtschaftlichen Funktion enthalten), differenzierte Struktur, Mindestdichte, Mindestgröße. Eine Definition, die diese Merkmale verknüpft, findet man u. a. bei *Schwarz* (^{3}1966, S. 36; nicht jedoch in ^{4}1988): Danach ist eine Stadt *„eine Siedlung von gewisser Größe und geschlossener Ortsform ..., die eine beachtliche Differenzierung des Ortsbildes aufweist, in der städtisches Leben in ausreichender Breite entfaltet ist und der eine ausgesprochene Zentralität eigen ist"*.

Folgt man *Kolb* (1987, S. 62), so stellt der durch diese Merkmale konstituierte geographische Stadtbegriff eine Definition dar, „welche unseren heutigen Vorstellungen des Phänomens Stadt entspricht und Kriterien aufweist, die der Siedlungsstruktur aller Epochen gerecht zu werden vermögen" und nach *Hofmeister* (1984, S. 204) global anwendbar sind (vgl. auch *Brinkmann* et al. 1956; *Dickinson* 1947, S. 21; *Lichtenberger* 1986, S. 36).

2.1.2 Funktional- und sozialräumliche Strukturen

2.1.2.1 Viertelsbildung als universales Prinzip

Baustein wie Grundprinzip der (funktional- wie sozial-)räumlichen Ordnung in der Stadt ist die Viertelsbildung. *Hofmeister* (1980.2, S. 9–13) zufolge stellt sie ein universales Anlageprinzip der Stadt dar (vgl. auch *Mumford* 1961 (^{2}1980); *Kolb* 1987; *Schultze* 1956). Dabei rührt der Begriff ‚Viertel' (vgl. auch quarter (engl.), quartier (frz.), quartieri (ital.) etc.) von der Vierteilung des Stadtgebietes durch ein zentrales Achsenkreuz her, wie sie durch die ägyptische Hieroglyphe für Stadt symbolisiert ist, für das antike Rom typisch war und über Jahrhunderte hin bis in das Hochmittelalter übertragen wurde. Während diese Vierteilung ursprünglich wohl kosmologisch-mythisch motiviert war und dazu diente, Harmonie mit dem All durch Schaffung entsprechender Abbilder des Kosmos auf der Erde (hier: die vier Haupthimmelsrichtungen mit den dementsprechenden Straßen und Stadtvierteln) herzustellen, war für die keltischen und germanischen Völker des Hochmittelalters wohl das Bestreben maßgeblich, ihre Verhältnisse, und so auch ihre Städte, im Viererrhythmus zu ordnen. Vor allem aber war die Vierteilung bis in die Neuzeit hinein schutz-, verteidigungs- und verwaltungstechnisch begründet, letzteres dann u. a. im Rahmen der quadratischen Landvermessung bei der Kolonisierung der Neuen Welt. Wenngleich sich die Anzahl der so entstandenen Viertel mit der Zeit vergrößerte und der Bezug zur ursprünglichen Vierteilung des Stadtgebietes somit verlorenging, wurde die Bezeichnung ‚Viertel' jedoch beibehalten.

Raumbegrifflich sind Viertel klassenlogische Konstrukte und als solche Gebiete mit in sich gleicher (= ‚Areal') oder gleichartig abgewandelter (= ‚Feld') Merkmalsausprägung; bei räumlicher Deckung mindestens zweier Areale oder Felder handelt es sich um Viertel vom Typ ‚Region'. Hinsichtlich ihrer geometrischen Form variieren innerstädtische Viertel nahezu beliebig: So nehmen sie einerseits regelmäßige Formen an wie etwa Dreiecks-, Quadrat-, Kreis-, Kreisring-, Sektor-, Band-, Zonenform o. ä.; andererseits sind sie jedoch auch ganz unregelmäßig geformt. Entscheidend für die Bezeichnung eines Stadtgebietes als Viertel ist demnach nicht die dem Viertel eines zugehörigen Ganzen entsprechende

Größe und Form, sondern der Tatbestand räumlicher Kontingenz, d. h. der Lokalisation merkmalsgleicher/-ähnlicher Sachverhalte in einem annähernd geschlossenen und daher nach außen abgrenzbaren Gebiet.

In ihrem Ausprägungsgrad korreliert die Viertelsbildung mit der Größe der Stadt. Entsprechend sind Viertelstypen und Viertel je Typ um so zahlreicher und spezialisierter, je größer die Stadt ist (*Grötzbach* 1963, S. 82–102; *Hofmeister* 1980.1, S. 50; 1980.2, S. 13–17; 1982, S. 482).

Sieht man in Arbeitsteilung, Spezialisierung und Trennung von Wohn- und Arbeitsstätten einerseits sowie in der sozialstrukturellen Heterogenität der (Stadt-)Bevölkerung andererseits die Voraussetzungen für die funktional- wie sozialräumliche Viertelsbildung innerhalb der Stadt (vgl. *Hofmeister* 1980.2, S. 14), so liegt die Ursache hierfür letztlich in den durch je bestimmte Wertvorstellungen bedingten Präferenzstrukturen der jeweiligen Raumverfüger und Raumnutzer einerseits sowie in den Möglichkeiten, die jeweiligen Präferenzen im Rahmen der innerstädtischen Standortkonkurrenz zu realisieren (vgl. *Rushton* 1971). Da die Standortpräferenzen und Durchsetzungsmöglichkeiten funktional oder sozialstrukturell ähnlicher Raumverfüger oder Raumnutzer aber ähnlich, diejenigen funktional oder sozialstrukturell unterschiedlicher Raumverfüger oder Raumnutzer dagegen verschieden sind (vgl. auch *Herbert/Thomas* 1982, S. 220), kommt es (statt zur beliebigen Durchmischung) an ganz unterschiedlichen Stellen des Stadtgebietes zur räumlichen Vergesellschaftung jeweils merkmalsgleicher/-ähnlicher funktionaler oder sozialstruktureller Raumnutzungen. Da sich sowohl die funktionalen wie die sozialen Strukturen als auch die jeweiligen Wertvorstellungen und Präferenzstrukturen wie Durchsetzungsmöglichkeiten raumzeitlich ändern, ändern sich dementsprechend auch die jeweiligen Standortvergesellschaftungen und mithin die durch diese gebildeten stadträumlichen Strukturen.

In Abhängigkeit davon, ob die Verfügung über den städtischen Boden in ‚privater‘ oder ‚öffentlicher‘ Hand liegt oder eine gemischte Verfügung vorliegt, erfolgen Viertelsbildung und innerstädtische Differenzierung bald im freien Wettbewerb, bald durch administrative Festlegung, bald durch Mischung beider Prinzipien. Im Falle des freien Wettbewerbs bilden die Immobilienkosten, früher auch noch die Verkehrstechnologien und -kosten, das wichtigste Instrument zur Realisierung der jeweiligen Standortpräferenz; im Falle der staatlichen Festlegung der Bodennutzung ist es die an Wirtschaftlichkeit/Effektivität/Rentierlichkeit (Investitionseffektivität) orientierte Kosten-Nutzen-Rechnung sowie deren politische Bewertung, die zur Festlegung der räumlichen Verteilung der einzelnen Bodennutzungen führt; im Falle der Durchmischung beider Prinzipien ergänzen diese sich entsprechend (vgl. *Albers* 1972, S. 31/32; *Dawson* 1971, S. 104–107, 112; *Giese* 1977, S. 119–122; *Hamilton* 1979, S. 218, 223–225; *Herbert/Thomas* 1982, S. 220; *Hofmeister* 1980.2, S. 34; 1982, S. 483; *Lichtenberger* 1972.1, S. 7–9, 22/23; *Matthwes* 1979, S. 105–107; *Reiner/Wilson* 1979, S. 50, 54/55; *Romero* 1979, S. 423–427).

Wie die Einzelstandorte selbst, so sind auch die einzelnen Viertel nicht beliebig über den Stadtraum verteilt; wie jene durch ihr je spezifisches räumliches Zueinander klassenlogische Einheiten in Gestalt der Viertel bilden, so bilden diese durch ihr je spezifisches räumliches Zueinander relationslogische Einheiten in Gestalt räumlicher Strukturen. Welche dies im einzelnen sind und worauf sie zurückzuführen sind, wird in den folgenden Kapiteln dargestellt (in 2.1.2.2 bis 2.1.2.4 analytisch, in 2.1.2.5 synthetisch).

2.1.2.2 Tertiärwirtschaftliche Raumstrukturen

Den konzeptionellen Schlüssel zum Verständnis der tertiärwirtschaftlichen (hier stets i.w.S., d.h. einschließlich des vielfach gesondert behandelten ‚quartären‘ Sektors) Raumorganisation der Stadt lieferte *Carol* (1959; 1960; bzw. bereits 1957 in drei Folgen in der Neuen Züricher Zeitung), indem er als erster *Christaller*s für die Stadt-Umland-Beziehung entworfene Theorie der zentralen Orte (vgl. Kap. 2.2 und 3.2) auf die Situation innerhalb der Stadt übertrug. Danach sind die tertiärwirtschaftlichen Viertel der Stadt als innerstädtische Zentren (‚zentrale Orte‘) zu verstehen, und zwar sowohl funktional als auch räumlich.

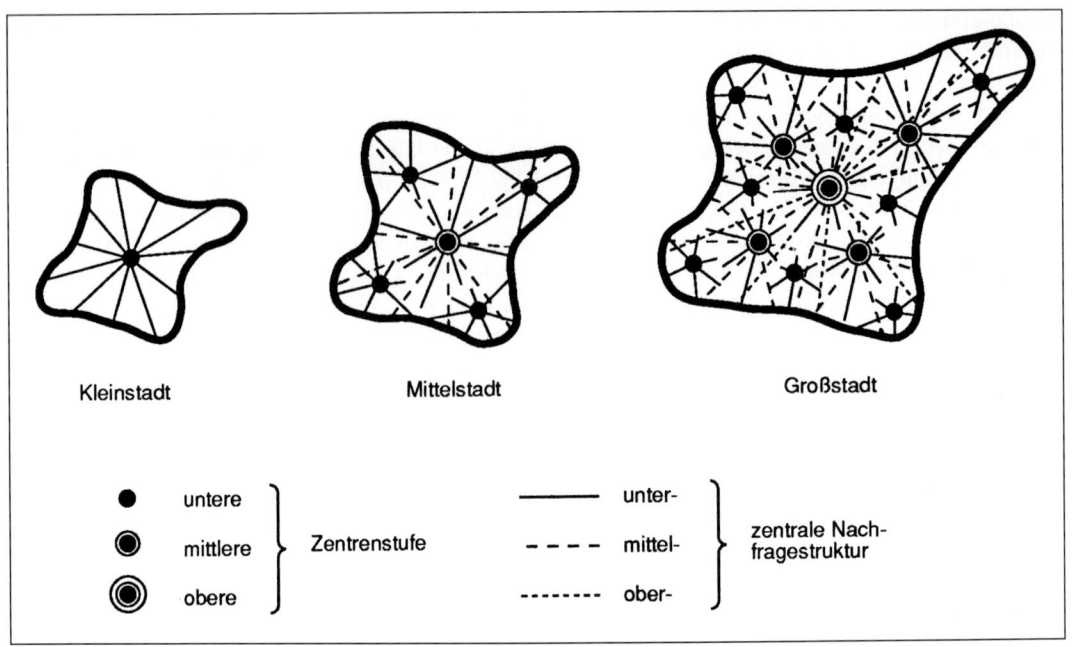

Abb. 2.1/1
Räumliche Organisation der innerstädtischen Zentren- und Nachfragestruktur
Entwurf: H. Köck

Je nach ihrer Größe sind die Städte dabei mono- bis polyzentrisch organisiert (Abb. 2.1/1). Während in der Kleinstadt mit i.d.R. nur einem Zentrum entsprechend auch nur eine Rangstufe ausgebildet ist, weist die Mittelstadt außer dem Hauptzentrum bereits ein oder mehrere Subzentren, mithin mindestens zwei Rangstufen auf. Größenklassenaufwärts nimmt die Anzahl der Rangstufen wie der Zentren je Rangstufe entsprechend weiter zu. Dabei ist die Anzahl der Zentren je Rangstufe um so größer, je niedriger die Rangstufe ist. Einige Beispiele empirisch ermittelter Rangstufen mögen diese allgemeinen Beziehungen belegen (vgl. auch die Synopsen bei *Borcherdt/Schneider* 1977, S. 4 sowie *Heinritz* 1979, S. 43):

- *Bökemann* (1967; Karlsruhe):
  I (1), II (4), III (12), IV (16), V (65), VI (250);
- *Carol* (1959; 1960; Zürich):
  Hauptzentrum, Nebenzentren, Quartierzentren, Ladengruppen bzw. Central business district, regional business district, neighborhood business district, local business district;
- *Berry* (1963; Chicago):
  Metropolitan central business district, Regional shopping centers, Community business centers, Neighborhood business centers, Streetcorner developments;
- *Johnston* (1966; Melbourne Metropolitan Area):
  Central business Area; Zentren 1. (11), 2. (52), 3. (28), 4. (61), 5. (36), 6. (61), 7. (157), 8. (312) Ordnung;
- *Henkel* (1985; Lusaka):
  Stadtzentrum (CBD), Großes Geschäftszentrum, Märkte der Stadtverwaltung, Großer Markt, Kleines Geschäftszentrum, Kleiner Markt.

Außer von der Größe der Stadt hängt die Anzahl der Rangstufen wie Zentren je Rangstufe allerdings auch vom wirtschaftlichen Entwicklungsstand (z.B. Industrie- oder Entwicklungsland) sowie vom jeweiligen sozioökonomischen Systemtyp (z. B. marktwirtschaftliches oder planwirtschaftliches System) des zugehörigen Staates ab.

In ihrer Ausstattung unterscheiden sich die Zentren der einzelnen Rangstufen vor allem nach Anzahl und Spezialisierungsgrad der angebotenen Güter und Dienste. Beide sind um so höher, je höher der Zentrenrang ist. Dies verdeutlicht beispielhaft Tabelle 2.1/2, allerdings ohne Berücksichtigung der

Tab. 2.1/2: Ausstattung von Geschäftszentren unterschiedlicher Rangstufe (Stuttgart, ohne City)

Bedarfsstufen \ Zentrenrangstufen	Typ I: Ladengruppe	Typ II: Nachbarschaftszentrum	Typ III: Viertelszentrum	Typ IV: Großes Viertelszentrum	Typ V: Stadtteilzentrum	Typ VI: Großes Stadtteilzentrum
Allgemeinbedarf I						
Lebensmittel	1	2	2	6	6	8
Bäckerei	1	1	1	2	6	10
Metzgerei	1	1	1	2	2	6
Drogerie		1	1	3	3	3
Bank		1	4	6	5	9
Allgemeinbedarf II						
Friseur	1	1		5	8	9
Reinigung		1	2	6	8	8
Schreib-/Spielwaren			3	2	3	9
Blumen/Obst			1		3	5
Postamt		1	1	1	1	2
Bekleidung		1	2	5	15	22
Elektrogeräte			1	2	7	6
Möbel/Einrichtung				2	6	10
Apotheke			1	2	3	5
Schuhe	1		1	2	3	6
Haushaltswaren				1	3	4
Uhren/Schmuck				1	3	4
Tabak/Zeitungen				2	1	5
Spezialbedarf						
Foto/Optik			1	2	4	6
Feinkost						1
Boutique				1		1
Reformhaus					1	2
Buchhandlung						1
Büromaschinen					1	
Lederwaren			1		2	3
Spirituosen			1		1	2
Sportartikel						
Reisebüro						1
Summe	5	10	24	53	95	148

Beispiel zu Typ
 I: Mönchfeld I
 II: Steinhaldenfeld
 III: Fasanenhof I
 IV: Stammheim
 V: Untertürkheim I
 VI: Zuffenhausen I
 VII: City: nicht berücksichtigt

Quelle: Borcherdt/Schneider 1976, S. 19, verändert; weithin entsprechend auch die weiterführende Untersuchung von *Dietsche* 1984, pass.

Dienstleistungen (außer in einigen Fällen) sowie der City als ranghöchstem Zentrum (für die u.a. Teppich-, Pelz-, Mode-, Schmuck-, orthopädische Geschäfte, vor allem aber Warenhäuser typisch sind).

Wie die Handelsfunktionen und -einrichtungen, so nehmen auch die Dienstleistungsfunktionen und -einrichtungen rangstufenaufwärts an Anzahl und Spezialisierung zu. So stellte *Carol* (1959, S. 132/133; 1960, S. 424) am Beispiel Zürichs hinsichtlich der Ausstattung mit Ärzten fest, daß im Quartierzentrum lediglich einige Allgemeinärzte praktizieren; im Nebenzentrum kommen dagegen zur größeren Zahl an Allgemeinärzten einige Spezialärzte hinzu, während in der unmittelbaren Umgebung des Hauptzentrums 80% aller Spezialärzte tätig sind. Speziell in der City konzentrieren sich im allgemeinen weiterhin Versicherungen, Unternehmenshauptverwaltungen, Behörden und Gebietskörperschaften (inzwischen allerdings vielfach außerhalb der City), Reisebüros wie Büros von Fluggesellschaften, Rechtsanwälte, Steuerberater, Theater, Hotels etc.

Indem die Zentren somit um so komplexer ausgestattet sind, je höher ihr Rang ist, konstituieren sie eine funktionale Hierarchie. Stufenbildend und somit stufentypisch sind dabei jedoch nur diejenigen Funktionen und Einrichtungen, die auf der betreffenden Stufe hierarchieaufwärts erstmals regelhaft auftreten (Güter/Dienste etwa der unteren, mittleren, oberen Bedarfsstufe typisch für Zentren der unteren, mittleren, oberen Rangstufe). Die Güter der jeweils rangniedrigeren Stufen werden in den jeweils ranghöheren Zentrenstufen dagegen i.d.R. mitangeboten, allerdings meist in rangstufenentsprechender Spezialisierung. Aufgrund dieser Ausstattungsstruktur sind Zentren und zugehörige Einzugsgebiete, in denen bestimmte Bedarfsstufen nicht gedeckt werden können, auf entsprechend ranghöhere Zentren angewiesen. Parallel zu dieser unterschiedlichen funktionalen Ausstattung der Zentren der einzelnen Rangstufen ändern sich allerdings zahlreiche weitere Merkmale, so etwa Auswahl und Preis(-spanne) je Gut, Höhen- und Intensitätsindex der Gebäude, Größe der Verkaufsfläche, Schaufenstergröße/-index, Fassadengestaltung etc. (*Aust* 1970, S. 20–41; *Berry* 1963, S. 361; *Berry/Horton* 1970, S. 456; *Bökemann* 1967, S. 21/22; *Borcherdt/Schneider* 1976, S. 18–26; *Carol* 1959, S. 132–135, 138, 140; 1960, S. 423–429; *Dietsche* 1984, S. 22–50, 81–84; *Hofmeister* 1980.1, S. 71, 73/74; 1980.2, S. 37/38; *Lichtenberger* 1972.2, S. 248–255; *Neef* 1963, S. 446–449; *Northam* 1975, S. 222–240; *Schrader* 1978, S. 207–213; *Seger* 1979, S. 122–128).

Eine besondere Stellung nimmt unter den innerstädtischen Zentren die City ein. Allerdings ist sie in der Regel erst ab Großstadtgröße ausgebildet, weshalb die Haupt-/Zentren von Klein- und Mittelstädten auch nicht, wie z.B. durch *Wienke* (1973) erfolgt, als City bezeichnet werden sollten. Als allgemeine Merkmale der City gelten dabei vor allem (nach *Hofmeister* [2]1980.1, S. 69–76): physiognomisch: Gebäudeüberhöhung, großzügiger Grundstückszuschnitt, Sacharchitektur, durchgehende Laden-/Schaufensterfront mindestens im Erdgeschoß, Passagen, Fußgängerzonen, räumliche Geschlossenheit und Kompaktheit, u.a.m.; funktional: Konzentration der Funktionen höchster Spezialisierung und Reichweite, cityinterne Viertelsbildung/Gliederung (Banken-, Versicherungs-, Geschäfts-, Verwaltungsviertel etc. oder City-Kern, City-Mantel/-Rand etc.), höchstes Verkehrs- und Passantenaufkommen, weitgehende bis vollständige Verdrängung der Wohn-/Nachtbevölkerung, hohe Tagbevölkerung, höchste Bodenpreise u.a.m. (hierzu weiterhin *Aust* 1970, S. 7–12; *Carol* 1959, S. 136–144; 1960, S. 430–436; *Duckert* 1968; *Hartenstein/Staack* 1967; *Herbert/Thomas* 1982, S. 200–215; *Hofmeister* 1962, S. 45–51; *Johnson* [2]1972, S. 111–128; *Lichtenberger* 1972.2, S. 219–248; *Murphy* 1971; *Niemeyer* 1969.1; *Scargill* 1979, S. 82–103). Speziell in sozialistisch geprägten Städten kommt in der City den öffentlichen Einrichtungen (Verwaltung, Kultur, Erziehung, Unterhaltung) wie auch deren Repräsentations- und politischen Funktion eine besondere Bedeutung zu (*Reiner/Wilson* 1979, S. 66/67). Der Central Business District (CBD) US-amerikanischer Städte (als Teil von Downtown) dagegen entspricht streng genommen nicht voll der City, da der Komplex der Dienstleistungen dort im wesentlichen ausgeklammert ist.

Mit dieser hierarchischen innerstädtischen Zentrenstruktur korrespondieren nun entsprechende Nachfragepotentiale/-strukturen einerseits sowie Reichweiten/Einzugsbereiche und räumliche Verteilungen andererseits. Dabei gilt generell die Beziehung: Je rangniedriger die einzelnen Zentren sind, von desto mehr Menschen (prozentual) und desto häufiger je Individuum werden sie aufgesucht, desto kleiner sind folglich das für den Markteintritt je einzelner Einrichtung erforderliche Bevölkerungspotential (aus dem sich dann das jeweils notwendige Nachfragepotential rekrutiert) sowie die räumliche Reichweite bzw. der Einzugsbereich, und entsprechend dichter sind die Zentren der betreffenden Rangstufen über das Stadtgebiet verteilt (vgl. auch Abb. 2.1/1). Entsprechend werden die rangniedrigeren Zentren in erster Linie von der Bevölkerung ihrer näheren Umgebung in Anspruch genommen; rangaufwärts dehnt sich der Einzugsbereich auf zunehmend größere Teile der Stadt bis schießlich auf das gesamte Stadtgebiet sowie auch auf zunehmend größere Teile des Umlandes aus. In diesem Sinn ermittelte *Carol* (1959, S. 133–135; 1960, S. 425–427) am Beispiel Zürichs, daß sich die Nachfrage beispielsweise des Uhren- und Schmuckgeschäfts in einem Quartierzentrum zu 80% aus dem betreffenden Quartier selbst rekrutiert und zu 20% aus dem unmittelbar benachbarten suburbanen Umland, diejenige des spezialisierten Schmuckgeschäftes in einem Nebenzentrum dagegen nur zu 50% aus dem betreffenden Stadtgebiet selbst, jedoch zu 30% aus den drei angrenzenden Quartieren und zu 20% aus über 25 Gemeinden des suburban-ländlichen Umlandes. Die Nachfrage des hochspezialisierten Schmuckgeschäftes im Hauptzentrum stammt demgegenüber aus ganz Zürich, der östlichen Schweiz und, tourismusbedingt, ganz Europa sowie auch aus dem außereuropäischen Ausland (vgl. hierzu *Bökemann* 1967, S. 16–20; *Borcherdt/Schneider* 1976, S. 20–26; *v. Böventer* 1975, S. 25–27; *Dietsche* 1984, S. 81/82; *Schrader* 1978, S. 218–225; *Sedlacek* 1973, S. 40–49).

Vor dem Hintergrund dieser strukturellen Analogie zwischen innerstädtischen und zwischenstädtischen Zentrensystemen liegt es auf der Hand, auch kausal eine entsprechende Analogie herzustellen. Danach tritt ein Anbieter nur dann in den Markt ein (bzw. wieder aus), wenn die für seine Existenz erforderliche Mindestnachfrage gesichert (bzw. nicht mehr gesichert) ist. Je nach Funktion fallen Mindestnachfrage, -bevölkerung und -reichweite aber unterschiedlich hoch aus; und zwar sind sie um so größer, je ranghöher die betreffende Funktion ist. Folglich treten je Funktion um so weniger Anbieter in den Markt ein, je ranghöher sie ist. Entsprechend sind die Standorte derselben Funktion dann um so weiter über das Stadtgebiet verteilt, je ranghöher die betreffende Funktion ist. Letztlich jedoch verteilen sich die Standorte je Funktion nach Maßgabe der tatsächlichen (inhomogenen) Bevölkerungs- und damit Nachfrageverteilung. Nun haben aber je bestimmte Gruppen von Funktionen ähnliche Mindestreichweiten (innere Reichweiten); umgekehrt werden bestimmte äußere Reichweiten je Funktion nicht überschritten. Zudem haben zahlreiche Funktionen komplementären Charakter. Schließlich ist die tatsächliche Nachfrage (aufgrund des Mitnahme-/Koppelungseffektes) um so größer, je größer die Mitnahme- und Koppelungsmöglichkeit ist. Aus diesen und ähnlichen weiteren Gründen lassen sich Funktionen vergleichbarer Reichweite in räumlicher Nachbarschaft nieder, bilden sie somit innerstädtische Zentren.

Da sich die Mindestnachfrage nun aber um so weiter über das Stadtgebiet verteilt und zu um so größeren Anteilen aus dem Umland der Stadt rekrutiert, je ranghöher die Funktion ist, und da die Stadtmitte der für die Stadt- wie die Umlandbevölkerung gleichermaßen zentral gelegene Standort ist, konzentrieren sich die ranghöchsten Funktionen, und mithin das ranghöchste Zentrum, in der Mitte der Stadt. In analoger Weise verteilen sich die rangniedrigeren Funktionen bzw. Zentren so über das Stadtgebiet, daß ihre jeweilige Mindestnachfrage gesichert ist und keine potentielle Kaufkraft bzw. Nachfrage unabgeschöpft bzw. ungedeckt bleibt (*Berry* 1963, S. 362–363; *Bökemann* 1967, S. 15, 21–27, 98–105; *Borcherdt/Schneider* 1976, S. 30–32; *v. Böventer* 1975, S. 29–31; *Cadwallader* 1985, S. 87–95; *Carol* 1959, S. 134, 138; 1960, S. 420–421, 427–431; *Johnson* [2]1972, S. 113–115; *Scargill* 1979, S. 82–85, 109–121).

Nun ist allerdings offenkundig, daß diese der zentralörtlichen Theorie analoge rein ökonomische sowie verhaltenstheoretische Erklärung des innerstädtischen Zentrensystems nicht hinreicht. Vielmehr muß sie um einige Faktoren ergänzt werden. Dies sind vor allem:

- der Immobilienpreis: Daß sich die ökonomisch bestimmten ranghöchsten tertiärwirtschaftlichen Funktionen in der Stadtmitte konzentrieren, ist ganz wesentlich auch eine Funktion des dort höchsten Immobilienpreises (Grundstück, Miete), der nur von den gewinnträchtigen hochspezialisierten Einrichtungen in Kauf genommen wird und erwirtschaftet werden kann bzw. umgekehrt von diesen als Instrument zur Standortdurchsetzung benutzt wird. Analog befinden sich auch die Zentren der nachgeordneten Rangstufen vielfach dort, wo sekundäre Boden-/Mietpreismaxima bestehen (vgl. auch Abb. 2.1/4) (*Alonso* 1964; *Berry* 1963, S. 365; *Smith* 1961, S. 335–337).
- die politisch-administrative Zweckmäßigkeit: Daß andererseits vielfach auch administrativ bestimmte höchste Funktionen in oder nahe der City lokalisiert sind, ergibt sich zum einen aus politisch-administrativer Zweckmäßigkeit (vgl. ‚Verwaltungsprinzip'), zum anderen aus deren Dispens vom marktwirtschaftlich-ökonomischen Kalkül, darüber hinaus allerdings auch aus historischen Gründen.
- der planerische Einfluß: In ehemals oder noch vorhandenen planwirtschaftlichen Ländern sind mehr oder weniger sämtliche innerstädtischen Zentren planerisch festgelegt. Wirtschaftlichkeits- und Bedarfsberechnungen finden allerdings gleichwohl statt, was zur Folge hat, daß die innerstädtischen Zentrensysteme in ihrer hierarchischen Organisation wiederum derjenigen marktwirtschaftlicher Systeme ähnlich sind (vgl. *Heineberg* 1977, S. 107–116, 143–151; *Korcelli* 1975, S. 104–107; *Kreis/Müller* 1978, S. 303–306; *Reiner/Wilson* 1979, S. 60/61, 66; *Schöller* 1987, S. 457–460). In marktwirtschaftlichen Ländern sind es dagegen vor allem die in Stadterweiterungsgebieten ausgewiesenen Geschäftszentren, die Shopping Center (s. später) sowie die aus den Versorgungskernen früherer Stadterweiterungsgebiete hervorgegangenen Geschäftszentren, die auf planerische Festlegung zurückgehen (vgl. auch *Berry* 1963, S. 361/362; *Koch* 1978, S. 214–216).
- die überkommenen Strukturen: Hierzu rechnen insbesondere ehemals selbständige Gemeinden (Städte, Dörfer) sowie Verkehrslinien. Entsprechend sind heutige innerstädtische Zentren, und gerade auch die City, einerseits vielfach das Ergebnis einer genetischen Entwicklungssequenz der Kerne/Zentren ehemals selbständiger Gemeinden. Andererseits induzieren die Verkehrslinien, und insbesondere Kreuzungs- und Platzbereiche, Zentrenbildung (vgl. ‚Verkehrsprinzip'), die dann jedoch keineswegs immer mit dem jeweiligen Bevölkerungsschwerpunkt zusammenfällt (*Berry* 1963, S. 363/364; *Bökemann* 1967, S. 103, 105; *Borcherdt/Schneider* 1976, S. 18–26; *Koch* 1978, S. 213/214; *Neef* 1963, S. 444–446; *Scargill* 1979, S. 99–103).
- die spiralige Höherentwicklung: Die heutigen tertiärwirtschaftlichen Einrichtungen/Funktionen wie die durch sie konstituierten Zentren haben sich erst in einem spiraligen Prozeß der vor allem wachstums- und lebensstandardbedingten kontinuierlichen Spezialisierung auf das jetzige Niveau hin entwickelt (vom Kolonialwarengeschäft zum Feinkostladen, vom Textilgeschäft zum Modeladen, etc.) (*Agergård* et al. 1970, S. 61–82; *Allpass* et al. 1967; *Neef* 1963, S. 442–444).

Allerdings wird die Wirkung der ökonomischen Prinzipien der zentralörtlichen Theorie durch diese und eventuelle weitere Faktoren lediglich modifiziert und ergänzt, nicht jedoch außer Kraft gesetzt.

Eine Sonderstellung nehmen im Rahmen der innerstädtischen Zentren die sog. Selbstbedienungs(SB)- sowie Shopping Center (Einkaufszentren) ein. Während erstere räumliche Konzentrationen verschiedenartiger Selbstbedienungsläden wie Supermärkte, Discountläden, Verbrauchermärkte darstellen, sind letztere als Einheit geplante, errichtete und verwaltete Standortgemeinschaften von (Fach-)Einzelhandels- und Dienstleistungsbetrieben.

Im Unterschied zu den bereits um 1850 entstandenen Warenhäusern (Massengüter verschiedenster Branchen unter einem Dach) wie auch den Kaufhäusern, die vorwiegend im Stadtzentrum lokalisiert sind, sind vor allem die Selbstbedienungszentren zum überwiegenden Teil in verkehrs- und parkplatzgünstigen Stadtrandlagen angesiedelt. Ökonomisch möglich wie notwendig wird dies durch die Breite des Güterangebots (Koppelungs-, Großbesorgungen) wie auch die verkehrstechnisch gute Erreichbarkeit, wodurch auch weitere als zur reinen Bedarfsdeckung je Einzelgut erforderliche Wege ermöglicht werden (vgl. auch 2.1.3.3). Gespalten ist die räumliche Lage dagegen hinsichtlich der seit dem frühen 20. Jahrhundert in den USA, im Gefolge davon dann seit Ende der 40er/Anfang der 50er Jahre und vor allem dann seit den 60er Jahren auch in europäischen Ländern entstandenen Shopping Center: Während diese in Nordamerika und anfangs auch in Europa vorwiegend in verkehrsgünstiger, autobahn(kreuz)- und schnellstraßennaher Lage entstanden sind, werden sie in Europa und speziell in der Bundesrepublik in jüngerer Zeit zunehmend mehr integriert, also im City- bzw. Cityrandbereich angesiedelt. Grundsatzentscheidungen für die Erhaltung gewachsener Stadtstrukturen und -zentren und dementsprechende planerische Einflüsse sind hierbei von entscheidender Bedeutung (*Agergård* et al. 1970, S. 75–82; *Falk* 1980; *Mayr* 1980).

Auf den Ausbau unterirdischer Zentrensysteme, der allerdings erst ab Metropolenrang häufiger auftritt und in Japan wohl am weitesten entwickelt ist (überhohe Bodenpreise, räumliche Enge/Platzmangel, Verkehrsüberlastung etc.) (vgl. *Schöller* 1976), kann hier nur verwiesen werden.

2.1.2.3 Sekundärwirtschaftliche Raumstrukturen

Die heutige sekundärwirtschaftliche Standortverteilung vor allem in den Städten der industrialisierten Länder wird am ehesten durch eine synchrone Betrachtung der räumlichen und zeitlichen Entwicklung plausibel (*Berry/Horton* 1970, S. 459). Nach *Stewig* (1983, S. 141–143) lassen sich sechs genetische industrielle Standorttypen innerhalb der Stadt unterscheiden (vgl. auch die entsprechenden Ziffern in Abb. 2.1/2; andere, weniger plausible und vor allem auf *Pred* 1964 zurückgehende Standorttypisierungen findet man bei *Berry/Horton* 1970, 467–468; *Cadwallader* 1985, S. 151–153; *Carter* 1980, S. 347–352):

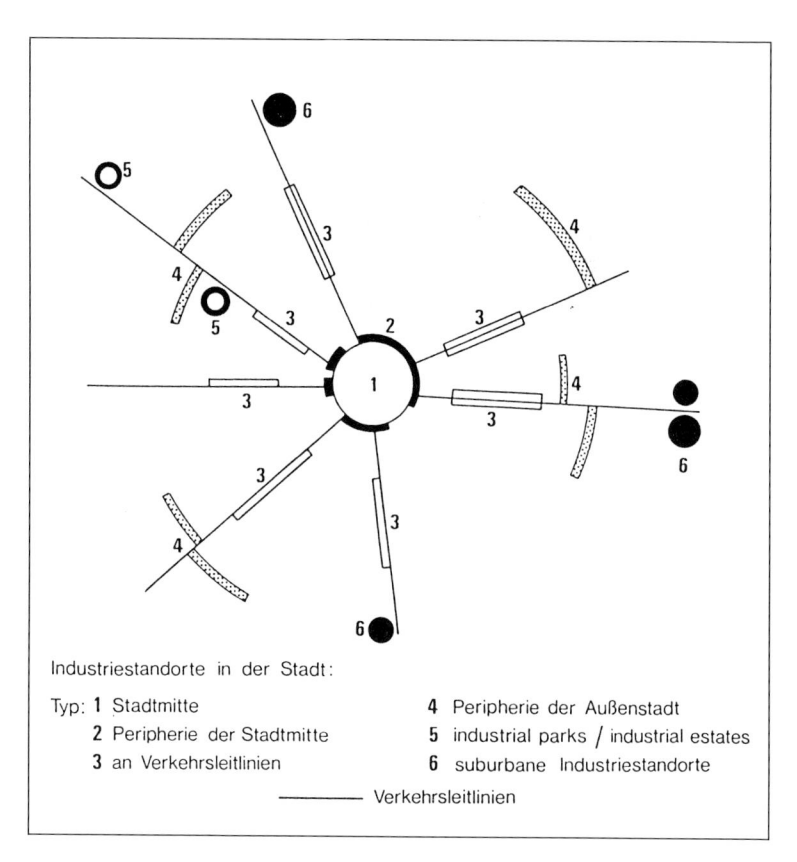

Abb. 2.1/2
Genetische Standorttypen der Industrie in der Stadt (Industrieländer)
Quelle: Stewig 1983, S. 142

Industriestandorte in der Stadt:

Typ: **1** Stadtmitte **4** Peripherie der Außenstadt
2 Peripherie der Stadtmitte **5** industrial parks / industrial estates
3 an Verkehrsleitlinien **6** suburbane Industriestandorte
——— Verkehrsleitlinien

Typ 1: frühe Durchsetzung des Siedlungs- bzw. Stadtkerns mit Industrie, die später – bei eventueller Entwicklung der Stadt zur Großstadt – aus der Stadtmitte verdrängt wird;
Typ 2: frühe Niederlassung von Industriebetrieben an der (alten) Peripherie der noch kleinen Siedlung oder Stadt, eventuell ringförmige Anordnung des sekundären Sektors;
Typ 3: Industriebetriebe an radialen Verkehrsleitlinien, Kanälen, Eisenbahnen, Ausfallstraßen;
Typ 4: Industriebetriebe an jüngeren Peripherien der Stadt, eventuell in ringförmiger Anordnung oder in Ansätzen dazu;
Typ 5: Industriebetriebe in planmäßig angelegten industrial parks/industrial estates in der Innenstadt, am Stadtrand oder in Vororten;
Type 6: suburbane Industriestandorte.

Danach sind für die Frühphase der Industrialisierung (ausgehendes 18./frühes 19. Jahrhundert) zwei innerstädtische Standorte kennzeichnend: das Zentrum bzw. vor allem die Zentrumsnähe (Typ 1) einerseits, die Peripherie der damaligen Stadt (Typ 2) andererseits.

Während das Zentrum selbst im wesentlichen durch Handel und Dienstleistungen, Handwerk und Wohnen genutzt wurde, vereinzelt jedoch auch mit Industriebetrieben durchsetzt war, bildete sich vor allem um das Zentrum herum eine ringförmige Konzentration von Fabriken, vielfach noch in Wohnhäusern oder Wohnhausanbauten untergebracht und dementsprechend klein. Vor allem Fabriken, die engere funktionale Verflechtungen mit Innenstadteinrichtungen wie Großhandel, Waren-/Kaufhäusern, Verlagen etc. aufwiesen, aber auch die Stadt selbst zum Markt hatten (Bekleidungs-, Büromaschinen-, Maschinenfabriken, Druckereien etc.), befanden sich in dieser Zone.

Die Stadtrandlage wurde dagegen von solchen Fabriken aufgesucht, die aus Gründen des Flächen- und Energiebedarfs sowie der Transportabhängigkeit (sperrige Rohstoffe, Brennstoffe, Produkte) in der ohnehin schon überfüllten Innenstadt/-nähe keinen geeigneten Standort fanden (z. B. metallverarbeitende Betriebe, chemische Werke etc.) oder die aufgrund ihres Wachstums die Innenstadt verlassen mußten. Während der Flächenbedarf am Stadtrand gedeckt werden konnte, zudem zu günstigeren Grundstückspreisen, regelten sich Energie- und Transportfragen durch Ansiedlung an Wasserstraßen, zunächst Flüssen, später auch Kanälen. Entsprechend war für diese Phase die Wasserstraßenorientierung kennzeichnend. Später wurde die Ansiedlung in der Stadtrandlage noch verstärkt durch das Aufkommen der Eisenbahn.

In heutigen Städten, vor allem Großstädten, entsprechen diese frühindustriellen Standorttypen der zentrumsnahen (inneren) bzw. zentralen Industrie- und Gewerbezone *Northams* (1975, S. 310). Fabriken, die sich heute in dieser Zone befinden, beanspruchen weniger Raum pro Arbeitskraft, haben hohe Grundstücks- oder Mietkosten, müssen entsprechend hochwertige Güter herstellen und eine hohe Arbeitsproduktivität erreichen, benötigen kaum sperrige Rohstoffe bzw. stellen keine sperrigen Produkte her, nutzen den Raum intensiv, unterhalten vielfach funktionale Beziehungen zu anderen innerstädtischen Unternehmen, suchen die Nähe zu Besuchern, Abnehmern, Einkäufern, Lieferanten etc. Typische Branchen dieser Zone sind die Elektro-, Instrumenten-, Bekleidungs-, Nahrungs-, Getränkeindustrie, Druckgewerbe etc., im wesentlichen also Zweige der Leichtindustrie.

Während des weiteren 19. Jahrhunderts nahmen die Industriebetriebe an Zahl und Größe zu; zudem entstand als weiteres Verkehrsliniensystem das Eisenbahnnetz. Da im Zuge dieses industriellen Wachstums die wasserorientierten Standorte knapp und teuer wurden, und da die Eisenbahn sich zunehmend zum allgemeinen Transportmittel für Rohstoffe wie Fertigprodukte entwickelte, trat neben die wasserorientierte zunehmend mehr und später vorherrschend die schienenorientierte Standortbildung. Da zudem größere Flächen benötigt wurden und diese nur in großem Abstand von der Innenstadt preisgünstig zu haben waren, entstanden die Industriebetriebe dieser Zeit in größerer Entfernung zur Innenstadt. Da weiterhin mehrere Bahnlinien in der Stadt zusammenliefen und an jeder Hauptlinie ein band-/streifenartiges Industriegebiet entstand, bildeten sich in einem gewissen Abstand um den ehemaligen Stadtrand nach und nach bahn- wie weiterhin auch wasserorientierte dislozierte radial-sektorale Industriegebiete heraus (vgl. Typ 3).

In *Northam*s (1975, S. 310) Stadtgliederung entspricht diese damals periphere bis vorgelagerte Standortzone der heutigen intermediären Zone, in der zahlreiche dislozierte, funktional/branchenmäßig meist spezialisierte und somit in sich weithin homogene Industrieareale einander mit Wohn-, Geschäfts- und Mischgebieten abwechseln. Große Flächen (für größere Betriebe, Lager, Parkplätze etc.), niedrigere Grundstückspreise, weniger Nutzungskonflikte, gute Anbindung an die Hauptverkehrs- und vor allem Ausfallstraßen, gleichwohl innenstadtnahe Lage etc. machen diesen intermediären Bereich zu einem attraktiven Standortgürtel. Die hier vertretenen Branchen sind überwiegend arbeitsintensiv und vielfach ähnlich denen in der zentralen Zone; hinzu kommen aber auch metallverarbeitende Betriebe, Maschinenfabriken, Herstellung von Installations- und Haushaltsgeräten sowie Elektroausstattung etc.

Seit dem frühen 20. Jahrhundert tritt mit zunehmender Intensität das Kraftfahrzeug als weiterer Verkehrsträger auf. Entsprechend dominiert nun, nach Wasserstraßen- und Schienennetz, das Straßennetz als industriestandortbildendes Leitsystem. Gefördert wird die Loslösung von Wasser- und Schienenweg weiterhin durch die Elektrizität als Energiequelle. Diese Standortflexibilität zusammen mit zunehmend größeren und nur peripheriewärts vorhandenen, zudem preiswerten Betriebsflächen (ebenerdige Bauweise), Verkehrsenge der Innenstadt, Expansion innenstädtischer Betriebe, planerischer Festlegung der Flächennutzung, Umweltaspekten etc. führt nun ganz allgemein zu industriellen Standortbildungen an und weit vor der jüngeren Peripherie (vgl. Typen 4–6) der Stadt.

Dies entspricht dann der äußeren Zone *Northam*s (1975, S. 310) (Industriesuburbanisierung). Dabei sind diese Industrieareale ebenfalls wieder räumlich disloziert, funktional weitgehend homogen und spezialisiert und durchweg kapitalintensiv. Während sich die Schwerindustrie straßen-/autobahnorientiert, aber auch schienen- und flußorientiert an der Peripherie der Städte ansiedelt und vielfach ringförmige Areale bildet, entstehen Leichtindustrieareale vermehrt in den weniger dicht genutzten, landschaftlich attraktiveren Standorten im suburbanen Raum (*Cadwallader* 1985, S. 153–155; *Carlberg* 1978, S. 67/68; *Carter* 1980, S. 341; *Herbert/Thomas* 1982, S. 194–197; *Johnson* [2]1972, S. 158–169; *Johnston* 1980, S. 225–232; *Kresse* 1977, S. 116–121; *Northam* 1975, S. 301–315).

Wie diese raumzeitliche Entwicklung nun zeigt, ist die Standortverteilung der Industrie in der Stadt einerseits durch eine stadtwachstumsparallele Randwanderung, unter weitgehender Beibehaltung, wenn auch struktureller Transformation der jeweils früheren Randstandorte, andererseits durch eine mit dieser Randwanderung einhergehenden zunehmenden Dezentralisierung und Dislozierung gekennzeichnet. Das dabei entstandene Verteilungsmuster weist sowohl ringförmig-konzentrische als auch radial-sektorale wie auch mehrkernige Strukturelemente auf, letztere insbesondere im Zusammenhang mit eingemeindeten Vororten und deren Industrieaarealen. Zudem stehen diese Standortmuster in einem Entwicklungszusammenhang zueinander.

Zu den bereits erwähnten phasen- und zonenspezifischen Standortfaktoren kommen als generell wirksame und insbesondere areal-/viertelsbildende Faktoren einerseits die Agglomerations- und Fühlungseffekte hinzu, die Vorteile gemeinsamer Nutzung, Planung, Koordination, Investition bei verwandten, aber auch branchenverschiedenen Betrieben also. Andererseits ist gerade im Blick auf Arealbildung auch die planerische Standtortfestlegung von zunehmender Bedeutung, ganz im Unterschied zur frühindustriellen Viertelsbildung, in der Industriegebiete unkontrolliert, unkoordiniert und ungeplant entstanden. Insbesondere bei der Gründung von Industrieparks, Technologiezentren, Gewerbehöfen/-parks ist die Planung von grundlegender standortbildender wie auch koordinierender Bedeutung (*Cadwallader* 1985, S. 155–157; *Hofmeister* 1980.1, S. 102–104; *Kresse* 1970, S. 120; *Northam* 1975, S. 305–309, 313; *Stewig* 1983, S. 143).

Die hier für die Stadt vor allem der Industrieländer charakterisierten industriellen Standortstrukturen sind hinsichtlich der Entwicklungsländer nach *Stewig* (1983, S. 149) wie folgt zu modifizieren: Während die Standorttypen 1 und 2 in Abbildung 2.1/2 in der Regel entfallen, sind die Typen 3 und 4 dagegen als gängige Standorte zu betrachten. Typ 6 entfällt – von Ausnahmen abgesehen – wiederum aufgrund nicht vorhandener siedlungsstruktureller Voraussetzungen; Typ 5 ist dagegen vereinzelt anzutreffen.

2.1.2.4 Sozialräumliche Strukturen

Die Merkmalsdimensionen, die sozialräumlichen Vierteln zugrunde liegen, sind vor allem Beruf, Einkommen, Bildung, Familienstand, Alter, Rasse, Ethnie, Nationalität, Konfession etc. Sind solche oder ähnliche Merkmalsdimensionen, einzeln (analytisch) oder kombiniert (synthetisch), gebietsweise mehr oder weniger gleichartig ausgeprägt, so sind die betreffenden Gebiete sozialräumlich homogen, stellen sie mithin sozialräumliche Viertel dar.

Beispiele entsprechender sozialstruktureller Typologien und damit korrespondierender Viertel sind etwa:

Jaschke (1974, S. 244; Reinbek):
Arbeiter, einfache Angestellte und Beamte, mittlere Angestellte und Beamte, höhere Angestellte und Beamte, kleine Selbständige, Unternehmer und Freiberufe;

Niemeier (1969.2, S. 196/197; Braunschweig):
Unterschicht, untere Übergangsschicht, untere Mittelschicht (Kleinbürger), mittlere Übergangsschicht, mittlere Mittelschicht, obere Übergangsschicht, obere Mittelschicht, Oberschicht;

Grisser (1969, S. 113; Wien):
Arbeiter, niedrige Angestellte und Beamte, kleine Selbständige, mittlere Angestellte und Beamte, Oberschicht oder obere Mittelschicht;

Holzner (1972, S. 156-158; USA und speziell Milwaukee):
Unterschicht (lower class), untere Mittelschicht (lower middle class), mittlere und obere Mittelschicht (middle and upper middle class), Oberschicht (upper class);

Bähr/Mertins (1981, S. 16; Lateinamerika):
Bevölkerung der Elends-/Hüttenviertel, Unter- und untere Mittelschicht, Mittel- und obere Mittelschicht, Oberschicht.

Mit solchen und ähnlichen Sozialstrukturtypen/-vierteln korrelieren dann in der Regel entsprechende bau- und siedlungsstrukturelle Viertelstypen (*Haubrich* 1971, S. 72; *Jaschke* 1974, S. 242, 244; *Matthews* 1979, S. 108/109, 113-117; *Schaffer/Poschwatta* 1977, S. 8-9, 14-15). So ermittelt *Jaschke* (1974, S. 243-244) am Beispiel Reinbeks, allerdings unterschiedlich eindeutig, vorherrschende Beziehungen zwischen Arbeitern und Traufenhaus, einfachen Angestellten und Beamten und Traufenhaus sowie Wohnblock, höheren Angestellten und Beamten und Landhaus sowie Bungalow, kleineren Selbständigen und Giebeltraufenhaus, Kastenhaus sowie Landhaus und Bungalow, Unternehmern und freien Berufen und Villa sowie Landhaus und Bungalow, während bei den mittleren Angestellten und Beamten zu keinem Gebäudetyp eine dominante Korrelation besteht. Eine wohnstandardorientierte Korrelation zwischen Sozial- und Siedlungsstruktur stellt *Holzner* (1972, S. 156-158) für die USA bzw. Milwaukee fest: So wohnen die Angehörigen der Unterschicht in den „unerfreulichsten ärmsten Wohnungen in den ältesten und verkommenen Wohnvierteln"; die Angehörigen der unteren Mittelschicht besitzen in der Regel eigene Wohnhäuser, „jedoch meist von geringerer Qualität und von kleinen Grundstücken umgeben"; die Wohnhäuser der mittleren und oberen Mittelschicht sind dagegen „größer und aufwendiger, umgeben von relativ großen Grundstücken" (vielfach villenartig); Oberschichtangehörige schließlich wohnen „in z. T. palastartigen Häusern auf riesigen parkähnlichen Grundstücken". Weitere Korrelationen zwischen Sozial- und Siedlungsstruktur ermitteln beispielsweise *Ganser* (1964: München), *Fischer* (1963: Stuttgart), *Stäblein/Valenta* (1974: Würzburg), *Haubrich* (1971: Koblenz), *Braun* (1968: Hamburg), *Bourne/Murdie* (1972: Toronto).

Die solchermaßen sozial- wie siedlungsstrukturell homogenen Stadtviertel werden je nach Erkenntnisinteresse unterschiedlich bezeichnet. So geht der Begriff ‚natural areas' auf die sozialökologische Betrachtung der Stadt durch die sog. Chicagoer Schule zurück (vgl. etwa *Park/Burgess/McKenzie* Hg. 1925), die die sowohl physisch als auch sozial homogenen natural areas als Ausdruck einer gewissermaßen natürlichen Ordnung der Stadtbevölkerung im Kampf um den günstigsten Wohnstandort ansah. Diesem darwinistisch-deterministisch orientierten Begriff steht der auf *Shevky/Williams* (1949) sowie *Shevky/Bell* (1955) zurückgehende Begriff der ‚social areas' gegenüber. Hierbei wird die sozialräumliche Gliederung der Stadt als Spiegelbild der Gesellschaftsstruktur betrachtet. Während der Begriff ‚natural areas' jedoch sachlich inadäquat ist, beschreibt der Begriff ‚social area' (‚social space') bzw. ‚Sozialraum' den Sachverhalt, um den es hier geht, dagegen treffend (vgl. auch *Knox* [2]1987, S. 120–126).

Den Zustand wie auch den Prozeß dieser gebietsweisen sozial- und siedlungsstrukturellen räumlichen Trennung der Bevölkerung bezeichnet man als Segregation (*Mik* 1983, S. 74). Selbst in sozialistisch geprägten Städten, in denen es Klassenunterschiede offiziell nicht gab oder gibt, ist die Segregation nachgewiesen, wenngleich schwächer ausgeprägt als in ‚westlichen' Städten und bezogen vor allem auf die Merkmale Beruf, Bildung, Funktion, Familienstatus, Alter (*Dangschat* 1985; *French* 1987, S. 313–315; *Hamilton/Burnett* 1979, S. 283–285, 290; *Matthews* 1979, S. 108/109; *Romero* 1979; *Szelenyi* 1987). Dabei zeigen einige Merkmalsdimensionen, vor allem Beruf, Sozialstatus und Alter, typische U-förmige Verteilungen der Segregationsintensität, d.h. vor allem die oberen und unteren Bereiche der jeweiligen Skala (hohe und niedrige berufliche Ränge, hoher und niedriger Sozialstatus etc.) weisen eine stark ausgeprägte, die mittleren Skalenbereiche dagegen eine schwächer ausgeprägte Segregation auf (*Dangschat* 1985, S. 91, 100; *Eichler/Jüngst* 1979, S. 15–18; *Güssefeldt* 1983, S. 344–346; *Herlyn* 1974.1, S. 94; 1974.2, S. 28–29; 1976, S. 83).

Daß die Stadtbevölkerung nun überhaupt sozialräumlich segregiert ist, wird auf eine Reihe von Gründen zurückgeführt. Diese lassen sich auf hauptsächlich zwei Grunddimensionen reduzieren, und zwar:

– Sozialverhalten: Nimmt man die innere sozialstrukturelle Ungleichheit von Gesellschaften und die damit korrespondierende Orientierung an gruppenspezifischen Werten, Normen etc. einmal als gegeben hin, so tendieren die Menschen dazu, die Nähe zu jeweils Gleichgestellten/-gesinnten zu suchen. Dies ermöglicht eine Befriedigung der sozialen Interaktionsinteressen. Andererseits vermittelt es Verhaltenssicherheit, insofern das Verhalten anderer aus dem eigenen Verhalten abgeschätzt werden und letzteres sich dann an den gewohnten gruppenspezifischen Normen, Werten, Mustern etc. orientieren kann. Schließlich werden die bei Statusinkonsistenz auftretenden Spannungen, Barrieren, Imageeinbußen etc. vermieden.

Dem Streben nach Gruppenkonsistenz auf der einen Seite entspricht das Bestreben nach Abgrenzung gegen andere Gruppen auf der anderen Seite. Dabei richtet sich die Abgrenzung vor allem gegen diejenige Sozialgruppe, die man für die statusmäßig nächstniedrigere hält. Entsprechend ist man der imagebeeinträchtigenden Rückwirkungen wegen versucht, eine Vermischung mit Mitgliedern rangniedrigerer Gruppen zu vermeiden. Umgekehrt zieht man, etwa bei beruflichem Aufstieg, in ein sozialstrukturell adäquates ranghöheres Viertel um, um daraus Prestigevorteile zu ziehen, zumal gerade in sozial höheren Schichten Adresse, Wohnhaus etc. als Prestige- und Statussymbol dienen.

Eine dritte Komponente im Sozialverhalten besteht schließlich darin, die eigenen Wohninteressen und -ansprüche auch tatsächlich durchzusetzen. Insofern hat das Konstrukt des Wettbewerbs, der Konkurrenz der sozialökologischen Theorie seine spezifische Berechtigung, allerdings ohne seinen darwinistisch-deterministischen Hintergrund (vgl. *Dangschat* 1985, S. 81, 91–103; *Friedrichs* [2]1981, S. 24–37; *v. Frieling* 1979, S. 305–306, 309–310, 313–316; *Fürst* 1977, S. 21/22; *Herlyn* 1974.1, S. 98–104; 1974.2, S. 27–29; 1976, S. 85; *Holzner* 1972, S. 164–166; *Johnston* 1980, S. 184; *Kehnen* 1975, S. 80–82; *Lichtenberger* 1972.1, S. 13/14; *Mik* 1983, S. 81/82; *O'Loughlin/Glebe* 1980, S. 24–38; *Poschwatta* 1977, S. 67–71; *Romero* 1979, S. 440–446; *Schaffer/Poschwatta* 1977, S. 31–32).

– Immobilienmarkt: Instrument zur Durchsetzung der schichtenspezifischen Wohnpräferenzen ist in marktwirtschaftlichen Gesellschaften der Immobilienmarkt. Grundstücke und Gebäude/Wohnungen werden dabei als Ware betrachtet und entsprechend gehandelt. Da das Angebot an Grundstükken, Gebäuden/Wohnungen i.d.R. knapper als die Nachfrage ist, und da umgekehrt niemand auf eine Wohnung verzichten kann, ist der Absatz der Immobilien gesichert, desgleichen eine entsprechende Rendite.

Entsprechend der unterschiedlichen Zahlungsfähigkeit der potentiellen Nachfrager ist das Immobilienangebot qualitativ wie preislich abgestuft. Segregationsverstärkend wirkt dabei noch, daß qualitativ und preislich vergleichbare Immobilien meist räumlich benachbart sind, teils aufgrund von Bebauungsvorschriften, teils aufgrund standardisierter Bauweise durch die jeweiligen Bauherren, teils aufgrund sozialgruppenspezifischer Leitbilder (soweit die Bewohner auch die Besitzer sind), etc.

Die Wohnstandortentscheidung auf der Nachfragerseite hängt nun außer von den jeweiligen Ansprüchen, Bedürfnissen und Präferenzen auch von den finanziellen Möglichkeiten ab. Dem Ziel der Gewinnmaximierung auf der Anbieterseite steht dabei das der Nutzenmaximierung auf der Nachfragerseite gegenüber. Da das Einkommen nun ein sozial differenzierendes Merkmal ist, und da vergleichbare Einkommensgruppen qualitativ wie finanziell vergleichbare Immobilien erwerben/mieten, wird die sozialräumliche Segregation letztlich über den Immobilienmarkt herbeigeführt. Dieser segregierende Mechanismus wird auch durch staatliche Eingriffe nicht außer Kraft gesetzt: Denn auch Bodenrichtwerte beispielsweise weisen unterschiedliche Höhen auf; andererseits erfolgt staatlich geförderter Wohnungsbau hauptsächlich auf billigerem Baugrund; zudem weisen auch Flächennutzungs- und Bebauungspläne unterschiedlich wertige Wohngebiete aus; etc. Lediglich in ehemaligen oder heutigen sozialistischen Ländern bestand bzw. besteht kein Immobilienmarkt im westlichen Sinn; jedoch wurde bzw. wird er durch entsprechende städtebauliche Kalkulationen und effektivitätsorientierte Wirtschaftlichkeitsberechnungen, durch die diesen (neben anderen Parametern) zugrundeliegenden (wenngleich geringen) Bodenpreisunterschiede, durch bedarfsbezogene Wohnungszuteilung, Umzüge und Wohnungstausch zumindest ansatzweise kompensiert (*Alonso* 1964; *Dangschat* 1985, S. 92–103; *Eichler/Jüngst* 1979, S. 22–60; *French* 1987, S. 313–315; *v. Frieling* 1979, S. 306–308, 311/312; *Fürst* 1977, S. 22; *Hamilton* 1979, S. 219; *Herlyn* 1974.1, S. 95/96; 1974.2, S. 24/25; *Hofmeister* 1980.2, S. 30/31; *Johnston* 1980, S. 184–209; *Lichtenberger* 1972.1, S. 13/14; *O'Loughlin/Glebe* 1980, S. 16–21, 41–42; *Romero* 1979, S. 440–446).

– Ergänzende Erklärungsfaktoren sind u.a.: die verordnete Segregation, vor allem im Mittelalter (*Herlyn* 1974.2, S. 20; 1976, S. 82); die Segregation durch Niederlassung der Industriearbeiter in der Nähe ihrer Fabrik im 19. Jahrhundert (*Holzner* 1972, S. 164); die Stellung und Rolle einer Stadt im nationalen Städtesystem (*Güssefeldt* 1983, pass., v.a. S. 151/152, 337, 364).

Hinsichtlich der räumlichen Strukturen nun, die durch die Verteilung der sozialräumlichen Viertel über das Stadtgebiet gebildet werden, gilt zumindest für die größeren Städte der entwickelten, industrialisierten Länder, daß die drei Strukturprinzipien ‚konzentrisch', ‚sektoral' und ‚mehrkernig' einander ergänzen, wobei jedes dann einen speziellen Aspekt der sozialräumlichen Differenzierung in der Stadt beschreibt (*Cadwallader* 1985, S. 137/138; *Murdie* 1969, S. 283; Abb. 2.1/3).

So wird der Familienstatus weithin übereinstimmend mit einer konzentrischen Verteilung (entsprechend *Burgess*) assoziiert. Danach sind die zentrumsnahen Ringe durch sehr junge oder sehr alte kleine Familien, oft Einpersonenhaushalte, mit entsprechend kleinen Wohnungen, gekennzeichnet. Peripheriewärts nimmt die Größe der Familien und entsprechend auch (mit Ausnahme der Großwohnsiedlungen) die Wohnungs- und Grundstücksgröße zu, wobei der Haushaltsvorstand dann meist mittleren Alters ist. Diese ringzonale Ordnung ist auf eine generelle peripheriewärtige Wanderungsbewegung zurückzuführen, wobei dann der jeweilige Familienstatus (über die dementsprechenden Ansprüche hinsichtlich Wohnbedarf, Nachbarschaft etc.) die Wohnstandortverteilung bedingt und synchron zum Lebenszyklus teilweise regelrechte gebietsweise Umschichtungen stattfinden.

Demgegenüber weist die sozioökonomische Differenzierung der Stadtbevölkerung, insbesondere aufgrund der Unterschiede in Beruf, Einkommen und Bildung, in typischer Weise ein sektorales Ordnungsmuster (entsprechend *Hoyt*) auf. Dies ist vor allem darauf zurückzuführen, daß sich einmal

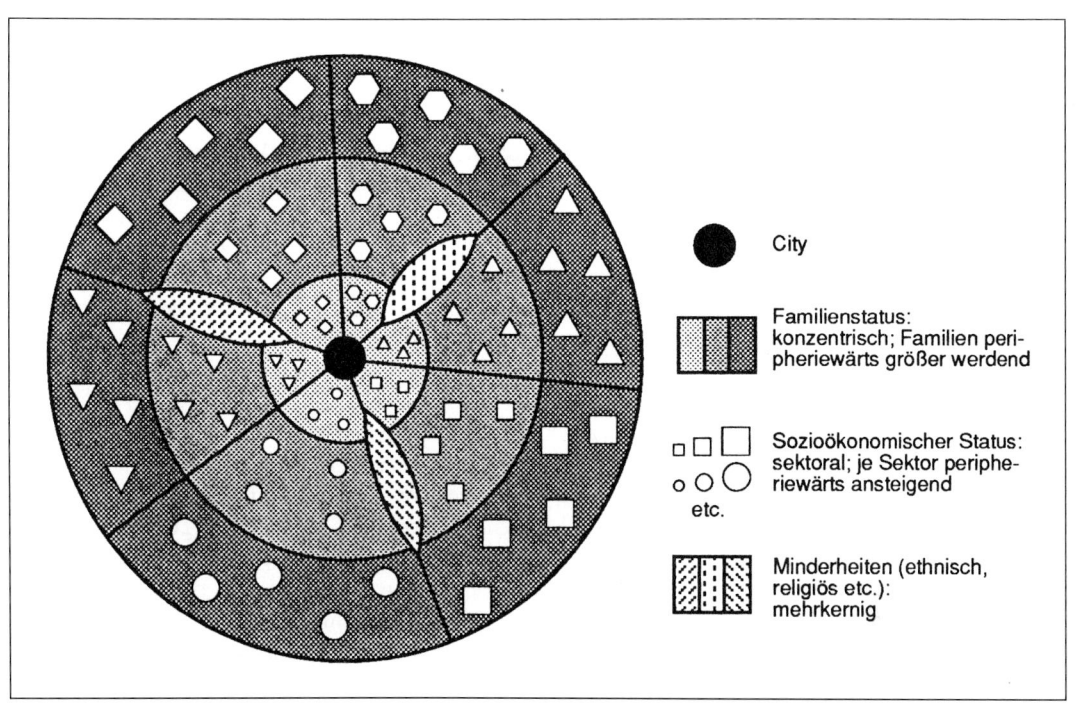

Abb. 2.1/3
Sozialräumliche Struktur der Stadt
Entwurf: H. Köck (auf der Grundlage von Murdie 1969, S. 286 sowie der hierzu im Text verarbeiteten Literatur)

vorhandene innenstädtische Wohnviertel parallel zum Wachstum der Stadt peripheriewärts erweitert haben bzw. erweitern. Dabei weisen die Sektoren, vor allem in den größeren Städten, in sich allerdings zonale Differenzierungen auf, wobei je Sektor die statusniedrigsten Gruppen im wesentlichen zentrumsnahe, die statushöchsten dagegen zunehmend zentrumsferner wohnen. Auch hierbei spielen, entsprechend dem steigenden Status, Zentrum-Peripherie-Wanderungen eine bedeutende Rolle. Bei stetig weiterwachsender Stadt wandert die jeweils statushöchste Gruppe allerdings nicht in jedem Fall peripheriewärts weiter, so daß oft Mittelschichtangehörige die Peripherie einnehmen. Weitere Abweichungen von diesem in die Sektorengliederung integrierten Peripherie-Zentrum-Gefälle des Sozialstatus findet man im Fortbestehen des früheren Zentrum-Peripherie-Gradienten etwa in den Klein- und Mittelstädten Lateinamerikas oder partiell auch in südeuropäischen Städten, in jüngeren Rückwanderungen von Wohlhabenden in die Innenstadt (im Gefolge von Sanierung) oder in der Konzentration von Beamtenschaft und Intelligenz in der Innenstadt sozialistischer Städte.

Dieses flächendeckende konzentrisch-sektorale Muster mit integriertem Gradienten wird, vor allem in Innenstadtnähe, unterbrochen durch isolierte Areale, die dem Mehrkern-Modell (entsprechend *Harris/Ullman*) nahekommen und in denen religiöse, rassische, ethnische o. ä. Minderheiten wohnen. Für diese vielfach diskriminierten Minderheiten ist das zudem preisgünstige Wohnen in innenstädtischen Enklaven/Ghettos weithin existentiell notwendig, wobei die bestehenden soziokulturellen Gemeinsamkeiten und Bindungen entscheidende Existenzhilfen darstellen. In der Regel weisen diese Minoritätenviertel, im Unterschied zu den Sektoren/Zonen, allerdings keine Sukzessionen auf, sondern haben vielfach auch nach Abklingen der Diskriminierungen noch Bestand und stellen als solche eine Art Mikrokosmos des Ganzen dar (*Bähr* 1976, S. 126; *Berry/Horton* 1970, S. 309–311; *Cadwallader* 1985, S. 136/137; *Hofmeister* 1982, S. 484; *Holzner* 1972, S. 162–164; *Johnston* 1971, S. 109/110,

182–184, 239–241, 291/292, 343–349; *Knox* ²1987, S. 126–139; *Lichtenberger* 1972.1, S. 14/15; *Matthews* 1979, S. 111–113; *Poschwatta* 1977, S. 88; *Romero* 1979, S. 443/444).
Nun ist das hier charakterisierte sozialräumliche Gefüge der Stadt in mancher Hinsicht allerdings geradezu die Umkehrung früherer Strukturen.
So war für die nachmittelalterliche/vorindustrielle Stadt eine Zweiteilung kennzeichnend: Um den geschäftlich-politisch-administrativen Kern der Stadt siedelte die Oberschicht (Inhaber politischer, kirchlicher und wirtschaftlicher Macht); um diese herum befand sich das Bürgertum, in sich getrennt zunächst nach Kaufleuten/Händlern einerseits und Handwerkern andererseits, und innerhalb dieser beiden Hauptgruppen wieder nach bestimmten Gewerbearten straßen-/gassenweise segregiert. Speziell in der europäischen Stadt kommt allerdings noch eine kleinere Unterschicht (niedere Bedienstete, sozial Deklassierte) hinzu, die nahe oder jenseits der Mauer angesiedelt war. Somit war die vorindustrielle Stadt aus sozialräumlicher Sicht konzentrisch strukturiert, mit eindeutigem Zentrum-Peripherie-Gefälle und Bildung kleiner Viertel innerhalb der Ringe (*Herlyn* 1974.1, S. 91/92; 1974.2, S. 19; *Hofmeister* 1973, S. 149–152; *Johnson* ²1972, S. 182–184; *Johnston* 1971, S. 185; 1972, S. 110/111; 1980, S. 219; *Northam* 1975, S. 254–258; *Stewig* 1983, S. 64–72, 217/218).
Erst mit zunehmender Industrialisierung setzte die sukzessive Herausbildung des heute typischen peripher-zentralen Sozialgradienten ein. Anstoß hierzu war vor allem die Tatsache, daß im weiteren Verlauf des 19. Jahrhunderts die Wohnbedingungen in der zunehmend überfüllten und industriedurchsetzten Innenstadt zunehmend schlechter wurden. Dies sowie die Tatsache, daß die Kosten für die neuen Verkehrsmittel (Pferde-, elektrische Straßen-, Eisenbahn) zunächst nur von der Oberschicht aufgebracht werden konnten, ermöglichten es zunächst nur der Oberschicht, ab etwa der Mitte des 19. Jahrhunderts den Wohnstandort Innenstadt aufzugeben und an den Stadtrand zu ziehen. Die von der Oberschicht aufgegebene Innenstadtlage wurde vor allem von der Mittelschicht übernommen. Phasenversetzt gegenüber der Oberschicht, etwa ab dem ausgehenden 19./beginnenden 20. Jahrhundert, dabei in den USA deutlich früher als in Westeuropa und vor allem den Entwicklungsländern (soweit hier überhaupt schon eine Mittelschicht besteht), setzte dann die Suburbanisierung auch der stark anwachsenden Mittelschicht ein. Wie bei der Oberschicht, stellten auch hier die sich verschlechternden innenstädtischen Wohnverhältnisse, dazu auch die Einfamilienhausmentalität, die Hauptgründe dar. Speziell die Gartenvorstädte wie auch die vor allem in den USA und in England weit ausufernde Einfamilienhausbesetzung sind eine kennzeichnende Siedlungsform dieser Mittelschichtsuburbanisierung. Zurück blieben in der Innenstadt die sozial schwächeren Schichten, in veralteter und zum Teil verkommener Bausubstanz; verstärkt wurde diese Innenstadtdegradation durch den Einzug von Unterschichtgruppen (Neger in den USA, Emigranten in England, Gastarbeiter in Deutschland etc.) in die von der Mittelschicht verlassenen Wohngebiete. In sozialistischen Ländern fand/findet diese sozialstrukturelle Umschichtung dagegen praktisch nicht statt. Zudem entstanden hier im suburbanen Raum, wie vielfach allerdings auch in westlichen Ländern (vgl. die Großwohnsiedlungen z. B. in Deutschland, Frankreich; *Fangohr* 1988), riesige Wohnkomplexe statt vorwiegend lockere Einfamilienhausbebauung (*Johnston* 1971, S. 184–187; 1972, S. 110–115; 1980, S. 219–221; *Northam* 1975, S. 256–259; *Spiegel* 1977, S. 9; *Stewig* 1983, S. 205–208, 211–213, 216–218).

2.1.2.5 Die gesamtstädtische räumliche Ordnung

Die auf dem Grundprinzip der Viertelsbildung (2.1.2.1) aufbauende analytische Darstellung der mit den Hauptnutzungen in der Stadt korrespondierenden räumlichen Strukturen in den Kapiteln 2.1.2.2 bis 2.1.2.4 verlangt nun eine synthetische Gesamtschau (vgl. auch *Carlberg* 1978, S. 77; *Hofmeister* 1982, S. 484/485). Dabei ergibt sich in Anlehnung an *Berry* (1963, S. 364/365), *Dubin/Sung* (1987), *Johnson* (²1972, S. 177–182) und *Lichtenberger* (1986.2, S. 127–130) folgendes Bild: Der höchste Grad an stadtkonstitutiver Signifikanz ist wohl dem Prinzip der Zentriertheit zuzusprechen. Dessen Ausprägung variiert zwischen der Monozentriertheit der Kleinstadt und der hierarchisch gestuften

Polyzentriertheit ab etwa der Großstadt. Die Zentriertheit ihrerseits korrespondiert mit der Gradientstruktur, und zwar hinsichtlich Bebauungshöhe/-dichte, Bevölkerungsdichte (außer Bevölkerungskrater im Zentrum), Verkehrs-/Passantenaufkommen, Bodenpreisen u.a.m. Dabei variiert diese zwischen einem annähernd linearen Zentrum-Peripherie-Gefälle in der monozentrischen Kleinstadt und einem von peripheriewärts niedriger werdenden Zwischenhochs unterbrochenen wellenförmigen Gradienten ab etwa der polyzentrischen Großstadt (Abb. 2.1/4). Integriert in dieses peripheriewärtige Gefälle tritt, mit zunehmender Stadtgröße um so ausgeprägter, weiterhin ein zirkum- sowie konzentrisches Gefälle auf, insofern die betreffenden Merkmale rund um das Zentrum nicht gleich ausgeprägt sind, sondern entlang von Radialen höhere und dazwischen niedrigere Werte aufweisen. Aus der räumlichen Verknüpfung dieses doppelten Gradientensystems resultieren dann radial wie konzentrisch verlaufende/angeordnete Rücken, Gipfel und Mulden. Alles zusammen konstituiert eine ein- bis vielgipflige Zeltstruktur (Gebirgsstruktur), wobei die Zahl der Gipfelniveaus und Gipfel je Niveau sowie die Intensitätsunterschiede zwischen und innerhalb der einzelnen Niveaus um so größer sind, je größer die Stadt ist. Während dabei die radialen Rücken meist mit entsprechenden Ausfallstraßen und die konzentrischen Rücken mit entsprechenden Ringstraßen zusammenfallen, befinden sich an den Gipfelstellen meist innerstädtische Zentren. Diese durch Zentriertheit und Gradientprinzip, im wesentlichen also durch quantitative Merkmalsvariationen konstituierte Zelt-/Gebirgsstruktur der Stadt ist nun unterlegt von ihrer durch vor allem qualitative Merkmalsvariationen konstituierten Mosaikstruktur. Auf dieser Ebene sind dann die verschiedenen im Zusammenhang mit den betreffenden Hauptnutzungen besprochenen Ordnungsprinzipien wie das ringzonale, das konzentrische, das sektorale, das mehrkernige etc. anzusiedeln.

Diese letztlich dreidimensionale Gesamtstruktur der Stadt nun durch eine einzige und umfassende Theorie zu erklären, ist, jedenfalls auf der Ebene der Einzelstandorte, allerdings unmöglich; denn das „Konzept des optimalen Standortes läßt sich nur schwer für eine gewachsene Stadt verwenden, da die besten Standorte möglicherweise bereits belegt sind und aufgrund der Trägheit und Stabilität bei der Belegung des städtischen Bodens eine suboptimale Verwendung des Bodens die Regel ist. . . . Ganz allgemein gilt, . . . daß es für jede Nutzung mehr als einen einzigen gleich guten Standort innerhalb der Stadt gibt" (*Richardson* 1971, S. 74, 75).

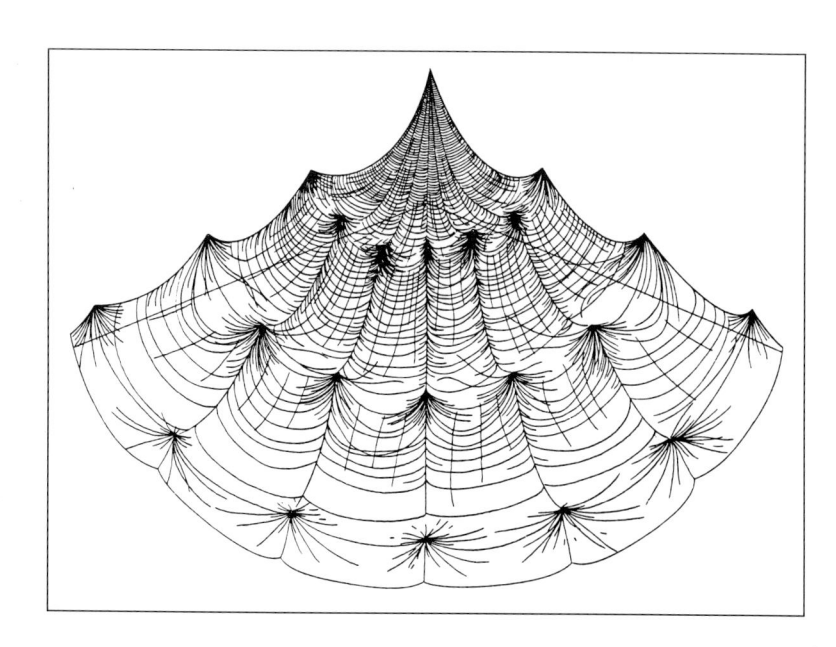

Abb. 2.1/4
Polyzentriertheit und multiple Gradientstruktur der Großstadt
Quelle: Berry 1963, S. 364

Jedoch ist es möglich, die Einzelfaktoren, die für die Erklärung der Einzelstandorte bzw. dann der gesamtstädtischen räumlichen Ordnung in je bestimmter Kombination heranzuziehen sind, synoptisch zusammenzustellen. Dies geschieht nachfolgend in bezug auf die in 2.1.2.2 bis 2.1.2.4 behandelten Hauptnutzungen in der Stadt nach dem Zweck/Ziel-Mittel-Schema. Entsprechend werden zunächst solche Faktoren genannt, die die nutzungsspezifischen Standortanforderungen/-präferenzen, mithin die nutzungsspezifischen standörtlichen Ziele darstellen. Daneben werden diejenigen Faktoren aufgeführt, die als Mittel/Instrumente zur Realisierung dieser standörtlichen Ziele dienen. Ergänzend folgen dann noch solche Faktoren, die die Standortwahl nur mittelbar beeinflussen, insofern sie nur Rand- oder Rahmenbedingungen darstellen. Danach ergibt sich folgende Gruppierung der Erklärungsfaktoren:

Ziele/Zwecke (Standortanforderungen, -präferenzen)	Mittel (Instrumente zur Realisierung der Ziele) (jeweils T, S, W)	Rand-/Rahmenbedingungen (mittelbar standortbeeinflussende Gegebenheiten) (jeweils T, S, W)
Nachfrage (T)	Immobilienpreis	Überkommene wie rezente Stadtstrukturen
Reichweite (T)	Immobilienmarkt	Alter, Größe, Wachstum der Stadt
Erreichbarkeit (T)	Zahlungsfähigkeit	Bautechnologie/-stil
Gewinnmaximierung (T, S)	Verdrängung/	Verkehrstechnologie
Fühlungsvorteile (T, S)	Konkurrenz	Siedlungssystemtyp
Flächenbedarf (T, S)	Planung	Rolle der Stadt im Siedlungssystem
Umweltverträglichkeit (S)	u.a.m.	Sozialstrukturelle Differenzierung von Gesellschaft und Stadt (hier nur W)
Verkehrsanbindung (S)		
Sozialstrukturelle Homogenität (W)		Politischer, wirtschaftlicher Systemtyp
		Wirtschaftliche Entwicklungsstufe
Umweltqualität (W)		Normen, Werte
Nutzungsmaximierung (W)		Mental map der Raumnutzer/-verfüger
Wohnungsbedarf (W)		u.a.m.
Wohnwert (W)		
u.a.m.		

T = tertiärwirtschaftliche Nutzung
S = sekundärwirtschaftliche Nutzung
W = Wohnnutzung

Eine nähere Beschreibung der Wirkungsweise dieser und weiterer Faktoren ist an dieser Stelle allerdings nicht mehr oder noch nicht erforderlich, da dies ja bereits in den entsprechenden Sachzusammenhängen geschah bzw. noch geschieht. Über die an den dortigen Stellen jeweils genannte Literatur hinaus stützt sich diese Zusammenstellung der Erklärungsfaktoren weiterhin auf *Alonso* (1960; 1964), *Carlberg* (1978, S. 73–78, 96, 104–111), *Dawson* (1971, S. 104–107, 112/113), *Giese* (1978), *Gotthold* (1978, S. 73–75), *Güssefeldt* (1983, S. 2–14), *Hamilton* (1979, S. 201–214), *Klingbeil* (1974), *Korcelli* (1975, S. 104–107, 121–123), *Lichtenberger* (1986.2, S. 130–133, 153–241), *Mai* (1975), *Richardson* (1971).

2.1.3 Räumliche Dynamik

Auf der Grundlage von Momentaufnahmen sind Städte und stadträumliche Strukturen durch Persistenz und Statik gekennzeichnet, bedingt vor allem durch die Standortfestigkeit der Gebäude und

Infrastruktureinrichtungen wie auch die hohen Kosten ihrer Veränderung. Vergrößert man jedoch den Betrachtungszeitraum, so weist die Stadt semipermanent sich vollziehende Standortveränderungen auf, fungiert sie als prozessuales System. Bei erneut vergrößertem Betrachtungszeitraum rückt das Wachstum des Stadtkörpers insgesamt ins Blickfeld, erscheint die Stadt als ein periodisch wachsendes Raumsystem. Integriert hierin vollzieht sich das aktionsräumliche Verhalten der Stadtbewohner (und -besucher). Letztlich also befindet sich die Stadt(Struktur) „in nahezu permanenter Dynamik" (*Köck* 1976.1, S. 227).

Außer durch Intervallunterschiede unterscheiden sich diese Formen innerstädtischer Dynamik auch durch ihre unterschiedliche Raumwirksamkeit. Den höchsten Grad weist dabei wohl das Stadtwachstum auf, insofern dadurch gänzlich neue Standorte geschaffen werden. Einige Grade schwächer wirken die standortverändernden Prozesse, insofern hierbei bereits vorhandene Standorte lediglich verlagert oder anderweitig genutzt werden. Den geringsten Grad an Raumwirksamkeit zeigt das aktionsräumliche Verhalten; denn hierdurch werden Standorte weder geschaffen noch verändert, sondern lediglich in Anspruch genommen.

Im folgenden wird die innere Dynamik der Stadt(Struktur) entsprechend ihrem abnehmenden Grad an Raumwirksamkeit behandelt.

2.1.3.1 Räumliches Wachstum

Parallel zum Bevölkerungswachstum, insbesondere seit und im Gefolge der industriellen Revolution und der u. a. hierdurch ausgelösten Land-Stadt-Wanderung sowie ganz besonders nach Erschöpfung der Freilandreserven innerhalb der Stadtmauern und der Entfestigung der Stadt im 19. Jahrhundert, haben die Städte auch räumlich ein bald kontinuierliches, bald explosives Wachstum erfahren. Dieses stand in engem Zusammenhang mit dem jeweils bestimmenden Verkehrsmittel. Insofern liegt es nahe, Stadtentwicklungsphasen korrespondierend zu dem jeweils dominanten Verkehrsmittel auszugliedern. So kann man seit dem Übergang von der vorindustriellen zur industriellen Stadt Anfang/Mitte des 19. Jahrhunderts grob die Phasen ‚Pferdebahnstadt', ‚Straßenbahnstadt' und ‚Autostadt' unterscheiden. Während Abfolge und Merkmale dieser Phasen zumindest in den entwickelten Ländern weithin vergleichbar sind, weist deren zeitliche Datierung in Abhängigkeit vor allem von Beginn und Verlauf der Industrialisierung wie eben aber auch der verkehrstechnologischen Innovationen allerdings Phasenverschiebungen von 10 bis 20 Jahren auf. Für die westeuropäischen Länder beispielsweise kann, wenngleich wiederum nicht einheitlich, etwa folgende Entwicklung als typisch gelten:

Zur Zeit der Pferdebahnstadt, die bis etwa 1900 dauert, ist die kompakte historische Stadt noch das alleinige Zentrum und wird von ebenfalls dicht bebauten Vorstädten umschlossen. Die Stadtentwicklung wird maßgeblich durch die Eisenbahn bestimmt, Stadterweiterungen können durch Eingemeindungen vorgenommen werden. Von grundlegender Bedeutung ist hierbei das Schleifen der Befestigungsanlagen. Denn während die bauliche Stadterweiterung in Gestalt der Vorstädte bis dahin erst jenseits des der Befestigungsanlage vorgelagerten, von jeglicher Bebauung freizuhaltenden Glacis (Schußfeld) erfolgen konnte, wurde nun, nach Entfestigung der Stadt, auch das Glacis für die Stadterweiterung genutzt und, zwischen Altstadt und Vorstädten, nach und nach aufgefüllt (anfangs vor allem durch Wohnbebauung, später verstärkt durch Grünanlagen, im letzten Drittel des 19. Jahrhunderts durch Eisenbahnlinien und Ringstraßen sowie Repräsentationsbauten).

In der Phase der Straßenbahnstadt, die bis etwa 1950 dauert, entwickeln sich in den Vorstädten allmählich Nebenzentren. Die bauliche Entwicklung der Stadt folgt den Landstraßen sowie den Straßenbahnlinien, wodurch zugleich die Kompaktheit der Stadt aufgebrochen wird. Eingemeindungen erfolgen jetzt vielfach erst im nachhinein, nachdem ihnen die bauliche Entwicklung bereits vorausgeeilt war und die geordnete Flächennutzung sie unausweichlich machte.

Kennzeichnend für die um etwa 1950 beginnende und bis heute andauernde Phase der Autostadt ist zunächst, daß die bauliche Erweiterung nicht mehr so sehr in geschlossenen Baugebieten als vielmehr stark aufgesplittert erfolgt, wobei selbst Eingemeindungen vielfach nicht mehr ausreichen, die dadurch entstehenden Nutzungs- und Verwaltungsprobleme zu lösen, statt dessen häufig regionale Planungsgemeinschaften unterschiedlichster Art gebildet werden. Das Auto als ubiquitäres Verkehrsmittel erschließt den Raum nun flächig statt, wie Straßenbahn, U-Bahn und Bus, linienhaft (*Friedrichs* et al. 1978, S. 28–31, 307–309; *Gaebe* 1987, S. 54, 56; *Akademie für Raumforschung* etc. ²1970, III, Sp. 3118–3121; *Hofmeister* 1980.1, S. 31–37; *Lichtenberger* 1986.2, S. 101/102; *Nelson* 1969, S. 76/77).

Von erheblicher Bedeutung sind im Rahmen dieses Bevölkerungs- wie Flächenwachstums die bereits erwähnten Eingemeindungen (vgl. *Fehre* 1950, S. 337–339; *Friedrichs* et al. 1978, S. 308/309; *Gaebe* 1987, S. 48–58; *Köck* 1976.1, S. 224–227). So entfiel z. B. in Deutschland Ende des 19. Jahrhunderts durchschnittlich knapp ein Viertel der Bevölkerungszunahme in den 37 Großstädten auf Eingemeindungen. Prozentual noch größer fallen vielfach die hiermit verbundenen Gebietsvergrößerungen aus (z. B. Leipzig von 1890 bis 1938 um 124 km², Berlin 1920 um 814 km², Budapest 1872 um 194 und 1980 um 525 km², Moskau 1917 um 228 und 1980 um 886 km², Nairobi 1906 um 8 und 1969 um 681 km²). Vielfach allerdings eilte diesen Eingemeindungen die tatsächliche Siedlungsentwicklung voraus.

Vor dem Hintergrund sowohl des geographischen wie vor allem auch des administrativen Stadtwachstums gewinnt das Prinzip des zyklischen bzw. wellenförmigen Wachstums (*Fehre* 1950; ähnlich *Lichtenberger* 1986.2, S. 99–106) an Plausibilität. Danach wachsen Einwohnerzahl und Fläche der Stadt nicht regellos, sondern weisen „ein sich wiederholendes Auf- und Abwogen des Wachstumstempos" auf. Entsprechend lassen sich Zyklen (Wellen/Perioden/Etappen) stärkeren von solchen schwächeren Zuwachses unterscheiden. Verstärkt wird die Wellenamplitude speziell für die Bevölkerungsentwicklung, insofern hier, was bei der Gebietsentwicklung eine seltene Ausnahme ist, Zeiten des Bevölkerungsgewinns auch solche des Bevölkerungsverlustes gegenüberstehen.

Diese zyklische zeitliche Struktur des Stadtwachstums kann sich allerdings in ganz unterschiedlichen räumlichen Strukturen niederschlagen. Die weitreichendste Analogie hierzu weist von den drei klassischen Wachstumsmodellen der Stadt (vgl. dazu Kap. 3.1.1.2 einschl. der dortigen Abbildungen) das Modell des konzentrischen Wachstums auf (*Burgess*). Hiernach wächst die Stadt von innen nach außen in konzentrisch sich umeinanderlagernden ringförmigen Zonen, verbunden mit einem Wachstum auch der je einzelnen Zonen und deren Übergreifen in die jeweils nächste Zone. Dem Sektorenmodell (*Hoyt*) zufolge wachsen Städte dagegen vor allem entlang den radial aus der Stadt herausführenden Straßen und bilden so Sektoren aus. Gegenüber diesen beiden von einer monozentrischen Stadt ausgehenden Modellen trägt das Mehrkernmodell (*Harris* und *Ullman*) der Tatsache Rechnung, daß das Wachstum der Stadt nicht von einem einzigen Kern ausgeht, sondern an weiteren, räumlich voneinander getrennten Kernen ansetzt und zu deren Zusammenwachsen führt (vgl. hierzu weiterhin *Burns/Harmann* 1971, S. 9–15; *Friedrichs* ²1981, S. 101–120; *Kehnen* 1975, S. 81–85; *Nelson* 1969, S. 78–80; *Northam* 1975, S. 254–258 sowie auch die normativen Stadtentwicklungsmodelle in Kap. 2.1.6.3).

Nun hat aber die jüngere stadtgeographische Forschung ergeben, daß diese drei Wachstumsprinzipien eher kombiniert denn gesondert verwirklicht sind. Gerade das Beispiel Chicago, an dem *Burgess* ja sein konzentrisches Modell entwickelte, macht dies deutlich (vgl. Abb. 2.1/5). So wächst Chicago anfangs, zumal angesichts seiner noch bestehenden Einkernigkeit und bei noch unzureichender Verkehrstechnologie, zwar konzentrisch. Mit zunehmender räumlicher Mobilität zeigt sich jedoch zunächst ein radiales Wachstum entlang von Ausfallstraßen, während sich außerhalb der kompakten Stadt bereits neue Siedlungskerne bilden oder solche bereits vorhanden sind. In einer weiteren Phase füllt sich der zwischen diesen Siedlungskernen wie auch der zwischen diesen und der Kernstadt verbliebene Freiraum durch Kern- wie Kernstadtwachstum radial und der zwischen diesen Wachstumsstrahlen gelegene Freiraum durch konzentrisches Kernstadtwachstum allmählich auf. In der Folgezeit wiederholt sich dieser zweiphasige und alle drei Wachstumsprinzipien integrierende Zyklus mehrfach.

Abb. 2.1/5
Räumliches Wachstum
von Chicago
Quelle: Berry/Horton
1970, S. 445

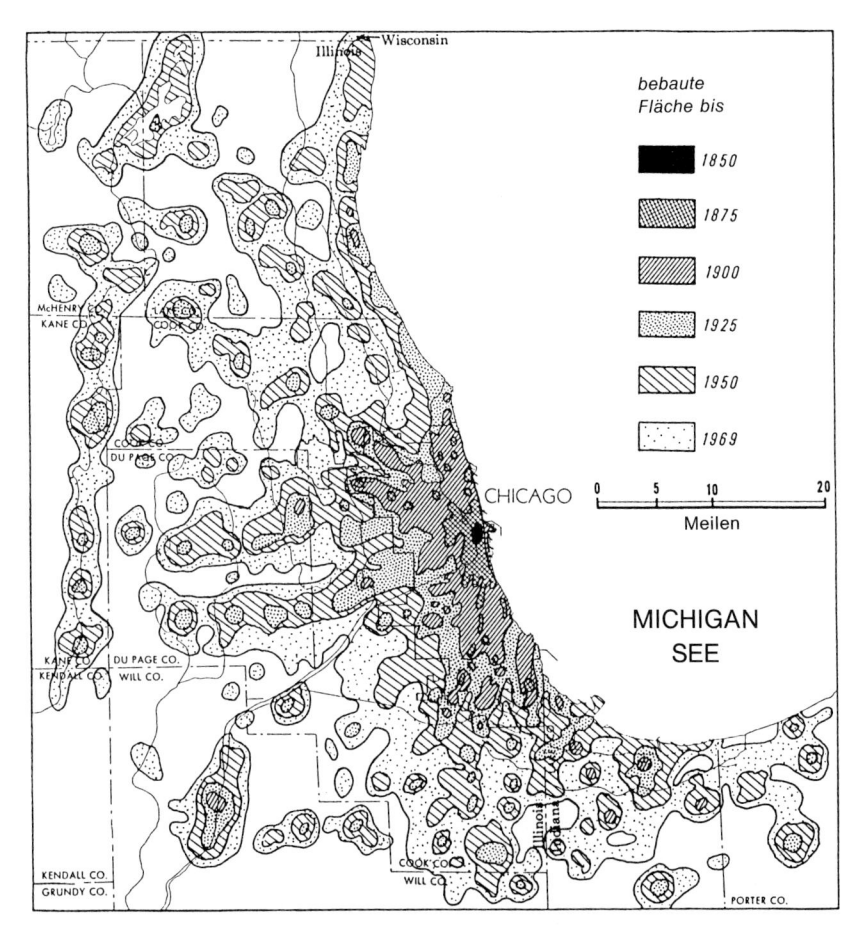

bebaute
Fläche bis

■ 1850
▨ 1875
▨ 1900
▨ 1925
▨ 1950
⋯ 1969

MICHIGAN
SEE

Daß die Stadt nun überhaupt in die Breite statt in die Höhe wächst (was sie partiell ja ebenfalls tut), folgt aus dem Zusammenwirken von Faktoren wie vor allem großer Flächenbedarf, peripheriewärtiges Fallen der Bodenpreise, hoher Kostenaufwand eventueller Umstrukturierungen im Inneren der Stadt, relativ unbegrenzte räumliche Mobilität, Ansprüche an die wohnräumliche Lebensqualität.

2.1.3.2 Standortverändernde Prozesse

Sukzession, Migration, Segregation, Suburbanisierung, Kern-Rand-Wanderung, Viertelsbildung, Tertiärisierung, Verdrängung, Verlagerung, Citybildung, Ghettoisierung, Cityerweiterung, Nutzungsänderung, Kommerzialisierung, Filtering down – diese bei weitem nicht vollständige Aufzählung vermittelt einen Eindruck von der Vielzahl innerstädtischer standortverändernder Prozesse. Bei grober Systematisierung lassen diese sich zu den Prozeßklassen Viertelsbildung, Sukzession, Migration und Suburbanisierung zusammenfassen. Während Viertelsbildung und Suburbanisierung an anderen Stellen behandelt werden (2.1.2.1 bzw. 2.3/3.3), werden Sukzession und Migration nachfolgend dargestellt.

a. Sukzession

Der Begriff ‚Sukzession' wurde von *Burgess* (1925) aus der Pflanzenökologie in die Stadtgeographie bzw. deren speziell sozialökologische Interpretation übertragen. Im Kontext des konzentrischen

Stadtwachstums (vgl. 2.1.3.1) bezeichnete *Burgess* damit „the tendency of each inner zone to extend its area by the invasion of the next outer zone" (S. 50). Wie in der Pflanzensoziologie, wo die Sukzession die Aufeinanderfolge verschiedener Pflanzengesellschaften auf demselben Biotop meint, ist demnach auch in der Stadtgeographie die Aufeinanderfolge nicht einzelner Elemente auf derselben Raumstelle, sondern je bestimmter Klassen von Elementen auf demselben Areal gemeint (ähnlich auch *Friedrichs* ²1981, S. 153; *Hofmeister* 1980.2, S. 23).

Ob die als Wettbewerb um den besten Standort zu interpretierenden gebietsweisen Nutzungsänderungen dabei, wie in der Pflanzenökologie und teilweise auch in der sozialökologischen Stadtgeographie der Chikagoer Schule so gesehen, in bestimmten Zyklen, also gerichtet erfolgen, kann zumindest teilweise als zutreffend gelten. So verdrängt nach *Stallony* (1973; ref. bei *Hofmeister* 1980.2, S. 37) „die Komplexbebauung die Solitärbebauung, die geschlossene die offene Bebauung, der Hochbau den Flachbau, ... tertiärwirtschaftliche Aktivitäten das Wohnen, dieses seinerseits den Sekundärsektor oder das produzierende Gewerbe, dieses wiederum primärwirtschaftliche Aktivität wie Land- und Forstwirtschaft".

Im folgenden wird auf zwei Sukzessionstypen näher eingegangen, und zwar auf den ‚Filtering down'-Prozeß als Beispiel für den Sukzessionstyp ‚Wohnbevölkerung-Wohnbevölkerung', auf die mit diesem vielfach verbundene ‚Cityerweiterung' als Beispiel für den Sukzessionstyp ‚Tertiärisierung' bzw. ‚Wohnnutzung-Tertiärnutzung'.

Voraussetzung für den Filtering down-Prozeß ist das Vorhandensein von nach Alter, Qualität und Preis unterschiedlichen Klassen von Wohnungen/Häusern sowie von nach ihrem Einkommen bzw. Sozialstatus unterschiedlichen Bevölkerungsklassen. Im Kern besteht der Filtering down-Prozeß nun darin, daß die jeweils statushöheren Bevölkerungsgruppen nach und nach in neue oder freiwerdende höherwertige Wohnungen/Häuser umziehen und die hierdurch freiwerdenden Wohnungen/Häuser sukzessive von jeweils statusniedrigeren Bevölkerungsgruppen eingenommen werden. Für letztere stellt dies eine Verbesserung ihres Wohnstandards dar; die Häuser dagegen wandern (,filtern') sukzessive die soziale Skala hinunter. Finanziell erschwinglich wird der Einzug statusniedrigerer Gruppen in statushöhere Wohnungen/Häuser durch den Markt-/Wertverlust der betreffenden Gebäude, der seinerseits eine Folge u.a. des nun größeren Wohnungsangebots sowie auch des Einzugs der ersten statusniedrigeren Bewohner selbst ist. Sofern Grundstücks- und Mietpreise, etwa spekulationsbedingt, dagegen steigen, ermöglicht die Überbelegung der betreffenden Häuser eine erschwingliche pro-Kopf-Belastung.

Hat der Anteil der statusniedrigen Bewohner in einem Wohngebiet (,Invasoren') einen Wert von etwa 10% und dabei zugleich eine als solche wahrnehmbare räumliche Konzentration erreicht, so verstärkt dies den Filtering down-Prozeß. Denn die statushöhere Bevölkerung sieht hierdurch den Wohnwert gemindert, weshalb sie in zunehmendem Maße ihr bisheriges Wohngebiet verläßt. Als Folge davon rückt dann verstärkt weitere statusniedrigere Bevölkerung nach, was wiederum den Auszug der statushöheren Bewohner beschleunigt, usw.

Vor allem in den Vereinigten Staaten findet dieser Prozeß verbreitet statt, zum einen rassisch-ethnisch bedingt, zum anderen verstärkt dadurch, daß Wohnungsmarkt und Wohnungsangebot dort, anders als etwa in europäischen und vor allem sozialistischen Ländern, kaum staatlich beeinflußt werden. Jedoch zeigen auch europäische Städte typische Filtering-Effekte, in Großbritannien und Frankreich z.B. verstärkt im Zusammenhang mit den Immigranten aus Übersee und vor allem aus ehemaligen Kolonialländern, in der Bundesrepublik dagegen vor allem in Verbindung mit Gastarbeitern. Auch die weltweite Umkehr des innerstädtischen Sozialgradienten seit etwa der zweiten Hälfte des 19. Jahrhunderts (vom Zentrum-Peripherie- zum Peripherie-Zentrum-Gefälle) kann als ein kontinuierlicher Filtering-Prozeß verstanden werden, der in den jüngeren Sukzessionen seine Fortsetzung hat.

Eine häufig belegte Folge des Filtering down-Prozesses ist das Entstehen von Slums, Sanierungsgebieten, eventuell auch Tertiärisierung. Denn für die Unterhaltung der Wohnung/des Hauses reicht das Einkommen der statusniedrigen Bewohner in der Regel nicht aus, und der Hausbesitzer seinerseits ist

kaum daran interessiert, in die Unterhaltung des Hauses zu investieren. Vielmehr erzielt er aufgrund der Überbelegung, bei unterbleibenden Instandhaltungskosten, vorübergehend erhebliche Reingewinne, spekuliert auf künftig eventuell noch höheren Gewinn infolge möglicher Tertiärisierung und läßt das Haus vor diesem spekulativen Hintergrund vorsätzlich bis zur Abbruchreife verfallen (vgl. auch unter Cityerweiterung) (*Cadwallader* 1985, S. 122–124; *Carlberg* 1978, S. 43–47; *Friedrichs* ²1981, S. 149–150, 153–161; *Johnston* 1971, S. 87–88, 96–98; *Smith* 1964; *Westphal* 1979, S. 41–58).
Gesamtwirtschaftlicher Hintergrund für die durch die Cityerweiterung (vermehrt seit den 60er Jahren) verursachte Sukzession ist das Wachsen des tertiären zu Lasten des sekundären Wirtschaftssektors. Hierdurch entsteht eine erhöhte Nachfrage nach Standorten für tertiärwirtschaftliche Einrichtungen. Soweit diese auf Nähe zu den Kunden angewiesen sind, und da die City der i.d.R. allseits zentral gelegene und dadurch besterreichbare, zudem imageträchtigste wie auch im Blick auf Agglomerations-/Fühlungsvorteile ergiebigste Standort ist, richtet sich diese zusätzliche Nachfrage nach tertiärwirtschaftlichen Standorten folgerichtig auf die City. Wenn diese keine freien Kapazitäten mehr aufweist, sind die Nachfrager bestrebt, Standorte in unmittelbarer Nachbarschaft der City zu finden, wo sich in der Regel verdichtete Wohn-, gelegentlich auch Gewerbegebiete befinden.
Um sich hier nun ansiedeln zu können, verdrängen die finanzkräftigen Cityfunktionen die meist finanzschwächeren, statusniedrigeren citynahen Bevölkerungsgruppen, ggf. auch gewerblichen Betriebe. Als ökonomischer Hebel wird dabei, zumindest in marktwirtschaftlichen Ländern, weithin der Grundstücks- und Mietpreis angesetzt, und zwar vor allem, wenn, etwa aufgrund entsprechender Planungen, erkennbar wird, daß ein bisheriges Wohngebiet in tertiäre Nutzung umgewandelt werden soll. Bodenspekulation, Mietpreiserhöhung zum Zweck der Vertreibung der augenblicklichen Bewohner, vorübergehende gewinnträchtige Überbelegung mit einkommensschwächeren Mietern (Filtering down) bei gleichzeitigem Unterlassen von Erhaltungsinvestitionen bzw. geplantem Verfall von Wohnhäusern etc. sind häufig die konkreten Maßnahmen. Durch diese wird allmählich die Sanierungsbedürftigkeit der Wohnhäuser herbeigeführt, was dann im wesentlichen Abriß und Neubau zum Zweck der tertiärwirtschaftlichen Nutzung bedeutet.
Das spektakulärste Beispiel dieser Art ist in der Bundesrepublik Deutschland das Frankfurter Westend, wo die weitgehende Umwandlung eines ehemaligen Villengebietes zu einem Cityerweiterungsgebiet stattfand. Einen weniger spektakulären Fall stellt Hamburg dar, wohl deshalb, weil vor allem die Ausweisung und Errichtung der ‚City Nord' den Überdruck auf die alte City sowie deren Randzone in Grenzen hielt. Frühe Beispiele dieser Sukzession ‚Wohnnutzung-Tertiärnutzung' reichen allerdings weit in das 19. Jahrhundert zurück (London um 1820, Paris um 1860, in deutschen Großstädten um 1870, speziell München 1895–1905) (*Friedrichs* ²1981, S. 161–168; *Giese* 1977; *Hofmeister* 1980.1, S. 67–69; 1980.2, S. 23; *Kehnen* 1975, S. 87–92; *Meier* 1985; *v. Rohr* 1972; *Tharun* 1986, S. 193–200).

b. Migration

Migration bezeichnet ganz allgemein Wohnstandortveränderungen/-wechsel (*Friedrichs* ²1981, S. 142; *Gans* 1979, S. 103; *Popp* 1976, S. 38/39). Insofern stellt auch der unter a) behandelte Filtering-Prozeß eine Form von Migration dar. Während dort jedoch die gebietsweise Bevölkerungssukzession im Vordergrund stand, geht es hier um den individuellen (allerdings nur intraurbanen) Wohnstandortwechsel. Dieser tritt in beachtlicher Zahl auf. So berichtet *Moore* (1972, S. 25), daß innerhalb der metropolitanen Gebiete der USA jährlich durchschnittlich 25% der Bevölkerung ihren Wohnsitz ändern; vergleichbare Werte nennen *Boyce* (1969, S. 340/341) und *Johnston* (1971, S. 295). *Miodek* (1986, S. 110/111) ermittelt am Beispiel Mannheims jährliche Umzugsquoten von rd. 7 bis 10% der Stadtbevölkerung (1969–1983). Im einzelnen fällt die Migrationshäufigkeit allerdings sehr unterschiedlich aus: So liegt sie in der Innenstadt höher als im suburbanen Raum (ausgenommen Großwohnsiedlungen), bei statusniedrigeren Bevölkerungsgruppen höher als bei statushöheren, bei Mietern höher als bei Eigentümern, in Einpersonenhaushalten höher als in Mehrpersonenhaushalten etc.

(*Boyce* 1969, S. 340; *Ganser* 1967, S. 203, 207, 209; *Johnston* 1971, S. 313/314; *Moore* 1972, S. 11/12, 25, 30–33; *Popp* 1976, S. 67/68, 74; *Poschwatta* 1977, S. 86; *Schaffer* 1967, S. 140–143).
Die entscheidenden die innerstädtische Umzugshäufigkeit variierenden wie vor allem auch umzugverursachenden Faktoren sind jedoch Lebensalter und, damit verbunden, Lebenszyklus. Denn korrespondierend zum lebenszyklisch sich ändernden Familienstand ändern sich auch die Wohnbedürfnisse und -ansprüche insbesondere hinsichtlich Raum-/Flächenbedarf, sozialer wie räumlicher Umgebung, Kontaktfeld etc. und können sie vielfach nur durch Umzug befriedigt werden (*Cadwallader* 1982, S. 466–471; *Friedrichs* ^{2}1981, S. 142–146; *Moore* 1972, S. 10/11; *Schaffer* 1967, S. 143–147; *Simmons* 1968, S. 399–400). Dabei weisen die 20–35jährigen (ausgehende Jugend, frühe und mittlere Ehe) die weitaus größten Umzugshäufigkeiten und -raten auf (*Friedrichs* ^{2}1981, S. 142–145; *Ganser* 1967, S. 205, 209; *Nipper* 1978, S. 294–296). Weitere umzugverursachende Faktoren sind als Push-Faktoren vor allem Kündigung, steigender Mietpreis, Einkommenseinbußen, unzureichende Qualität und Ausstattung der Wohnung, ungünstige Lage, Unzufriedenheit mit der sozialen oder räumlichen Umgebung etc., als Pull-Faktoren dagegen der Wunsch nach statusadäquaten Wohnbedingungen vor allem im Falle sozialen oder ökonomischen Aufstiegs (soziale Mobilität), nach größerer Teilhabe am Innenstadtleben, nach mehr Kommunikation, nach einem Haus im Grünen etc. Während etwa ⅕ bis ¼ der Umzüge erzwungen werden, findet der weitaus größte Teil dagegen aufgrund freier Entscheidung statt (*Boyce* 1969, S. 339–341; *Gans* 1979, S. 103/104; *Johnston* 1971, S. 293–295; *Knox* ^{2}1987, S. 178–183; *Miodek* 1986, S. 8–13, 133–140; *Moore* 1972, S. 3–9; *Popp* 1976, S. 40–41; *Simmons* 1968, S. 400–403).
Allerdings führen im letzteren Fall – im Unterschied zum erzwungenen Umzug – auch die gegebenenfalls vorhandenen abstoßenden oder anziehenden Bedingungen nicht schon zwangsläufig zum Umzug. Vielmehr hängt dies vor allem davon ab, ob der bisherige Standortnutzen in seiner fortlaufenden Wahrnehmung und Bewertung einen kritischen Wert unterschreitet und der Such- und Bewertungsprozeß hinsichtlich eines möglichen neuen Wohnstandortes zu einem entsprechend höheren Standortnutzen führt (vgl. dazu u. a. *Adams* 1969, S. 303–312; *Brown/Moore* 1970; *Höllhuber* 1976; *Knox* ^{2}1987, S. 183–191; *Miodek* 1986, S. 14–18, 37–49; *Moore* 1972, S. 3–19; *Popp* 1976, S. 80–85, 129–131).
Leitende Kriterien für die Suche nach einer und ggf. Entscheidung für eine neue/-n Wohnung sind dabei vor allem:

– sozioökonomisch-kulturelle Adäquanz: Gesucht wird vor dem Hintergrund schichtenspezifischer Leitbilder, Wertvorstellungen und Lebensstile eine Wohnung in einem Gebiet, das in seiner sozioökonomisch-kulturellen Struktur dem Herkunftsgebiet ähnlich ist bzw. dem Status, den der Migrant hat oder künftig haben wird, entspricht, und zwar um so ausgeprägter, je höher der Status des Herkunftsgebietes ist.
– lebenszyklische Adäquanz: Zielwohnung und -gebiet müssen den aus dem jeweiligen Familienstand/Lebensabschnitt resultierenden Bedürfnissen und Ansprüchen entsprechen.
– hinreichender Standortnutzen: Die subjektive Bewertung von Zielwohnung und -gebiet muß insgesamt einen Standortnutzen ergeben, der den subjektiven Schwellenwert erreicht oder überschreitet.
– zufriedenstellende/angenehme räumlich-physische Umgebung: Der Zielstandort muß durch Industrieferne, fehlenden Verkehrslärm, gute Luftqualität, Nähe zu Grünflächen, Freiraum etc. gekennzeichnet sein.

Daß trotz allem nicht immer der optimale Wohnstandort gefunden wird, ergibt sich u. a. aus Randbedingungen wie begrenzte und selektive Wahrnehmung, als Folge davon begrenzter Wahrnehmungs-, Kenntnis-, Kontakt-, Aktions- und Suchraum etc. (mit typischer feldförmiger Abnahme der Intensität vom Standort des jeweiligen Subjekts aus), Immobilienmarkt mit möglicherweise qualitativ wie finanziell nicht geeigneten Angeboten, etc. (*Adams* 1969, S. 309/310; *Cadwallader* 1982, S. 466–471; *Gans* 1979, S. 103/104; *Höllhuber* 1976, S. 4–9, 21–40; 1978, S. 96/97; *Johnston* 1971, S. 312/313,

321–325; *Miodek* 1986, S. 43–79, 148–193; *Moore* 1972, S. 13–18; *Nipper* 1978, S. 292, 302; *O'Loughlin/Glebe* 1984.2, S. 3–7, 16/17; *Popp* 1976, S. 76; *Simmons* 1968, S. 400/401, 404–407).

Das räumliche Muster der innerstädtischen Migration nun wird geprägt von der deutlichen Vorherrschaft der Umzüge innerhalb desselben Stadtteils (25% und mehr). Allerdings schwankt der Anteil stadtteilinterner Umzüge in Abhängigkeit von vor allem Sozialstatus (statusabwärts steigt die Quote), Familienstand und Alter (z. B. Verheiratete häufiger als Verwitwete, ältere Menschen häufiger als jüngere) sowie Qualität des betreffenden Gebietes (besonders hoch in ausgesprochen guten sowie ausgesprochen schlechten Wohngebieten). Mit Zunahme der Entfernung vom Herkunftsgebiet fällt die jeweilige Umzugshäufigkeit, allerdings nicht stetig, sondern eher treppenförmig ab. Zu erklären sind diese beiden räumlichen Migrationsmerkmale vor allem durch den Wunsch nach sozioökonomisch-kultureller Ähnlichkeit von Herkunfts- und Zielgebiet und die damit gewährleistete Vertrautheit, ‚Familiarität', Verhaltenssicherheit sowie durch die distanzabhängig abnehmende Intensität von Wahrnehmung und Kontakt-/Informationsfeld. Kennzeichnend ist weiterhin eine Symmetrie, d. h. Wechselseitigkeit der Wanderungsbewegungen zwischen verschiedenen Stadtteilen mit räumlich begrenzten und nach außen relativ abgeschlossenen „Wanderungsverbundsystemen" (*Weichhart* 1985, S. 185). Diese sind vor allem darauf zurückzuführen, daß Migranten in ihren Zielstadtteilen eine auf ihre Herkunftsstadtteile gerichtete Erweiterung des Informationsfeldes dortiger potentieller Migranten bewirken. Die Migrationsrichtung selbst ist bald mehr sektoral, bald mehr ringförmig-peripheriewärtig (*Boyce* 1969, S. 339–342; *Clark/Avery* 1978, S. 139, 154–157; *Friedrichs* ²1981, S. 146; *Gans* 1979, S. 106–112; *Höllhuber* 1978, S. 95/96, 98/99; *Knox* ²1987, S. 175–179; *Miodek* 1986, S. 112–128; *Nipper* 1978, S. 302–305; *O'Loughlin-Glebe* 1984.2, S. 2–4, 15/16; *Simmons* 1968, S. 405/406; *Weichhart* 1985, S. 183–190).

2.1.3.3 Aktionsräumliches Verhalten

Träger der innerstädtischen räumlichen Dynamik sind auf dieser Ebene die Stadtbewohner selbst. Pauschal betrachtet, befindet sich die Stadtbevölkerung in nahezu permanenter Bewegung im und zum Stadtraum. „It is movement, the daily ebb and flow of people and traffic, that knits the social areas and functional zones of the metropolis into an integrated whole" (*Berry/Horton* 1970, S. 512). Bei differenzierter Betrachtung setzt sich dieses dynamische System aus raumzeitlich teils differierenden, teils koinzidierenden Bewegungsmustern von Individuen und Gruppen zusammen. Die Gesamtheit aller Standorte, mit denen ein Individuum/eine Gruppe dabei in unmittelbarem räumlichen Kontakt steht, konstituiert den ‚Aktionsraum' (*Dürr* 1972, S. 74), gelegentlich auch als ‚Aktionsbereich' (*Kuttler* 1973, S. 74) oder ‚Aktivitätsraum'/‚activity space' (*Horton/Reynolds* 1971.1, S. 37; 1971.2, S. 86) bezeichnet. Entsprechend meint der Terminus ‚aktionsräumliches Verhalten' dann das Verhalten von Individuen oder Gruppen in ihren jeweiligen Aktionsräumen.

Für den sukzessiven Aufbau des jeweiligen Aktionsraumes wie auch das konkrete Verhalten darin spielen außer dem objektiven Stadtraum selbst vor allem dessen Wahrnehmungsraum und Mental map eine zentrale Rolle. Weitere Faktoren hierbei sowie natürlich auch bei dem Aufbau der Mental map selbst sind: Sozialstatus, Beruf, Standort der Arbeitsstätten, jeweils ausgeübte Rolle, Familienstand, Ausbildung, Alter und Stand im Lebenszyklus, Art und Anzahl der jeweiligen Aktivitäten im Stadtraum, Lage und Standard von Wohnstandort und Wohngebiet, benutzte Verkehrsmittel etc. (vgl. *Cadwallader* 1975, S. 339–340; *Friedrichs* ²1981, S. 307–313, 324–327; *Horton/Reynolds* 1971.1, S. 37–41; 1971.2, S. 87–90; *Hurst* 1974, S. 494–500).

Je nach Häufigkeit und Intensität der Kontakte zu den einzelnen Standorten des Aktionsraumes kommt diesen ebenso wie den Wegen zu und zwischen ihnen ein je unterschiedlicher Rang zu. Entsprechend wird das jeweilige aktionsräumliche Verhaltensmuster außer durch eine horizontale (räumliche) auch durch eine vertikale (intensitätsgestufte) Struktur charakterisiert (Abb. 2.1/6) (vgl. *Horton/Reynolds* 1971.1, S. 37, 43–47; 1971.2, S. 90–97). Während einige Komponenten des jeweili-

Aktivitätsmuster: Verbindungen und Knoten

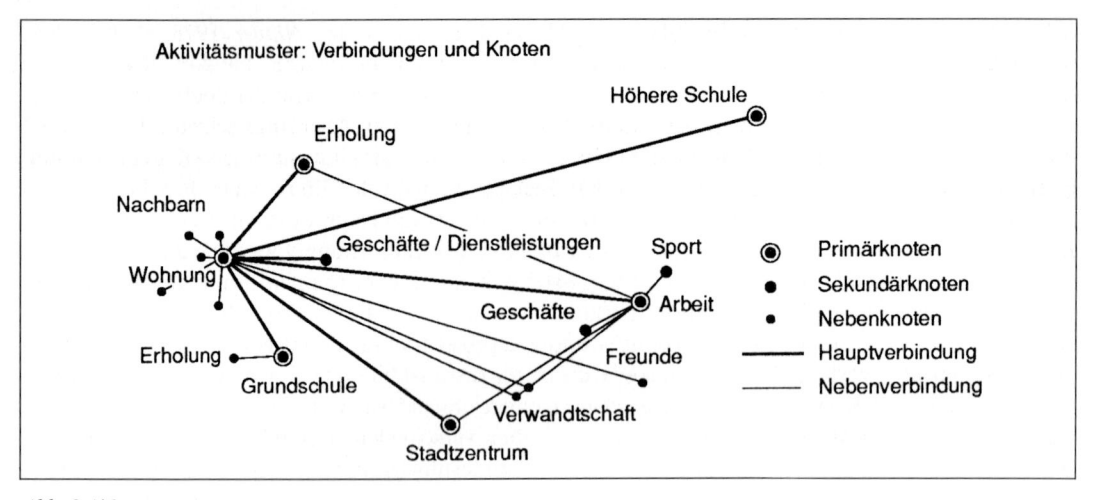

- ◉ Primärknoten
- ● Sekundärknoten
- • Nebenknoten
- ⎯⎯ Hauptverbindung
- ⎯ Nebenverbindung

Knoten: Wohnung, Nachbarn, Erholung, Geschäfte/Dienstleistungen, Höhere Schule, Sport, Arbeit, Geschäfte, Freunde, Erholung, Grundschule, Verwandtschaft, Stadtzentrum

Abb. 2.1/6
Innerstädtisches aktionsräumliches Strukturmuster
Quelle: Herbert/Thomas 1982, S. 370

gen Aktionsmusters dabei räumlich mehr oder weniger fixiert sind (Weg von/zur Arbeitsstätte, Schule etc.), sind andere variabel (Aktivitäten der Erholung, Freizeit, Versorgung etc.).
Mit den jeweiligen räumlichen Mustern korrespondieren bestimmte zeitliche Rhythmen, so daß aktionsräumliche Verhaltensmuster im Sinne der Zeitgeographie (Time geography) immer zugleich auch raumzeitliche Muster darstellen. Dabei kommt der Zeit einerseits der Status einer intervenierenden Variablen zu; andererseits spielt sie jedoch auch die Rolle einer unabhängigen, verursachenden Variablen. Besonders deutlich wird dies bei räumlichen Aktivitäten, die interindividuell denselben zeitlichen Rhythmus haben (Wege von/zu Schule, Arbeitsstätten, Geschäften etc.); denn erst hierdurch, und nicht schon durch das Raumverhalten an sich, entstehen zahlreiche stadträumliche Probleme (z. B. Rush hour, Emissions-/Immissionshöhepunkte, Überbeanspruchung innerstädtischer Freizeit- und Erholungseinrichtungen, abendliche/nächtliche Öde sowie Bevölkerungskrater in den Innenstädten, etc.) (vgl. auch *Herbert/Thomas* 1982, S. 364–367; *Kuttler* 1973, S. 72/73, 78).
Systematisiert man die Aktionsräume und aktionsräumlichen Verhaltensmuster nun z. B. entsprechend den grundlegenden Lebensfunktionen, so erhält man für die Stadtbevölkerung insgesamt wie für jedes Individuum/jede Gruppe je spezifische arbeits-, versorgungs-, erholungs-, kommunikations-, verkehrsräumliche etc. Verhaltensmuster. Für städtisches Leben am bedeutungsvollsten sind davon die versorgungsräumlichen Muster, weshalb auf diese nachfolgend näher eingegangen wird.
In Analogie zur ‚homo oeconomicus'-Annahme der zentralörtlichen Theorie spielt auch in der Theorie des innerstädtischen Versorgungsverhaltens das Aufwandminimierungskonzept (hinsichtlich Distanz, damit auch Zeit und Kosten) eine zentrale Rolle. Demnach müßten Versorgungseinrichtungen in größerer Nähe zur Wohnung generell häufiger frequentiert werden als solche in größerer Entfernung. Im tatsächlichen Versorgungsverhalten scheint dies jedoch nicht durchgehend der Fall zu sein. So ergab z. B. eine Untersuchung in einer Londoner New Town, daß Nahrungsmittel nur zu 37% im zugehörigen und für fast alle Befragten nächstgelegenen Nachbarschaftszentrum, dagegen von 59,1% im zugehörigen, entfernteren Stadtzentrum, und Bekleidung zu nur 36% im zugehörigen Stadtzentrum, dagegen zum verbleibenden größeren Teil in entfernteren ranghöheren Zentren erworben werden. In Christchurch (Neuseeland) wurde ermittelt, daß Güter des täglichen Bedarfs zu nur 50–60% im nächstgelegenen Angebotsstandort erworben werden. Ein ähnlicher Wert (55%) ergab sich in Chicago im Blick auf den Arztbesuch (*Bacon* 1971; *Cadwallader* 1975, S. 339/340; *Day* 1973, S. 79, 81, 83/84; *Herbert/Thomas* 1982, S. 249/250; *Kuttler* 1973, S. 80; *Meyer* 1978, S. 99).

Das heißt allerdings nicht, daß die Distanz, jedenfalls oberhalb eines nach Sozialschicht, Alter, beruflicher Einspannung etc. freilich unterschiedlichen Schwellenwertes, im innerstädtischen räumlichen Versorgungsverhalten keine Rolle spielt. Vielmehr hängt es von einer ganzen Reihe weiterer Variablen ab, in welchem Maße sie die räumliche Verhaltensorientierung bestimmt. Dazu zählen beispielsweise auf der Ebene des täglichen Bedarfs die Erreichbarkeit des Angebotsstandortes (bei günstiger Erreichbarkeit höhere Distanzbereitschaft), die Verkehrsmittel (Distanzbereitschaft bei Fußweg und öffentlichen Verkehrsmitteln geringer als bei Personenkraftwagen), Sozialstatus (Abnahme der Distanzbereitschaft mit zunehmender Höhe des Sozialstatus), die Berufsgruppe (geringere Distanzbereitschaft bei Beamten und kaufmännischen Berufen, höhere bei Arbeitern) u.a.m. (*Kreth* 1979, S. 277–280).

Soweit die Distanz nun aber verhaltensbestimmend zur Geltung kommt, ist es vor allem die subjektive, weniger dagegen die objektive (Raum-/Zeit-)Distanz als Bestandteil des Wahrnehmungsraumes bzw. der Mental map. Diese stimmt mit der objektiven Distanz jedoch meist nicht überein; vielmehr wird sie in Abhängigkeit vor allem von der Häufigkeit ihrer Überwindung, vom Grad der Sympathie für bestimmte Routen und Standorte, von der Richtung (nach Hause oder weg von zu Hause) etc. in je unterschiedlichem Maße bald unterschätzt, bald überschätzt. Außer der Distanz verzerrt die je individuelle oder gruppenspezifische Mental map allerdings auch weitere Merkmale der jeweiligen Angebotsstandorte wie Lage, Richtung, Größe, Image, Attraktivität etc. und beeinflußt sie das tatsächliche Versorgungsverhalten auch diesbezüglich mehr als die jeweiligen objektiven Merkmalsausprägungen (*Cadwallader* 1975, S. 340–342; 1985, S. 170–193; *Meyer* 1978, S. 185–197, 206/207).

Von grundlegender Bedeutung sind für das innerstädtische räumliche Versorgungsverhalten weiterhin das Koppelungsprinzip sowie die Attraktivität des jeweiligen Standortes/Zentrums.

Dem Koppelungsprinzip zufolge zielt das Versorgungsverhalten darauf ab, mit demselben Versorgungsgang mehrere Besorgungen zu erledigen und entsprechend unterschiedliche Standorte aufzusuchen. Dazu ist es dann allerdings erforderlich, weitere Wege zu entsprechend ausgestatteten Zentren in Kauf zu nehmen. Da durch die Koppelung verschiedener Besorgungen aber die Anzahl der Besorgungsgänge/-fahrten insgesamt minimiert wird, und da auch innerhalb des jeweiligen Koppelungsweges die Distanz minimiert werden kann, ist selbst bei weiteren Wegen je einzelnem (Koppelungs-)Besorgungsgang die raumzeitliche Gesamtdistanz dennoch meistens minimiert. Entsprechend ist das Versorgungsverhalten zwar in erster Linie ein ‚satisficer-Verhalten' (aufgrund des Koppelungsprinzips); verbunden damit wird jedoch vielfach auch ein ‚optimizer-Verhalten' realisiert, insofern der distanzielle Aufwand insgesamt gerade wegen der Koppelung reduziert wird. Die Koppelung mit Fahrten von und zur Arbeitsstätte spielt speziell im innerstädtischen Versorgungsverhalten allerdings eine geringere Rolle als im zentralörtlichen Zusammenhang (*Bucklin* 1967, S. 37, 41; *Day* 1973, S. 81/82; *Herbert/Thomas* 1982, S. 250).

Nun setzt die Realisierung des Koppelungsprinzips aber eine entsprechende Ausstattung bzw. Attraktivität der jeweiligen Zentren voraus; denn nur bei entsprechender Angebotsbreite und -spezialisierung, Preis-Leistungs-Qualitäts-Relation etc. kann ein dem satisficer- und ggf. auch optimizer-Prinzip genügender Versorgungsnutzen erreicht werden. Dieser ist unterhalb einer kritischen (d. h. zu großen) Zentrumsgröße um so höher, je größer das Zentrum bzw. je breiter das Angebot ist. Bei Gelegenheitssowie sehr speziellen Besorgungen stagniert der Versorgungsnutzen dagegen ab einer bestimmten Zentrumsgröße/Angebotsbreite bzw. nimmt er sogar wieder ab. Vor diesem Hintergrund erhält das sonst in der zentralörtlichen Forschung vielfach angewandte Gravitationsmodell auch für das innerstädtische Versorgungsverhalten, insbesondere die Koppelungsbesorgungen, Relevanz. Allerdings muß das klassische Gravitationsmodell dazu auf die innerstädtische Situation transformiert werden. Dabei sind nach *Bucklin* (1967, S. 37), bezogen auf das Einkaufsverhalten, die Faktoren Einkaufsnutzen, Kosten zur Erreichung des betreffenden Standortes und die Kraft/Stärke der in Betracht kommenden konkurrierenden Zentren zu verrechnen. *Cadwallader* (1975, S. 343; 1985, S. 220/221) modifiziert das klassische Gravitationsmodell dagegen dahingehend, daß er die Variable ‚Information'

(über entsprechende Standorte) hinzufügt und sowohl die Masse (Attraktivität) als auch die Distanz nicht als objektive, sondern als subjektive Größen zugrundelegt, weshalb die Distanz dann auch nicht, wie üblich, exponentiell, sondern linear verrechnet wird (*Cadwallader* 1975, S. 342–347; 1985, S. 220–227; *Bucklin* 1967, S. 37, 41; *Day* 1973, S. 83; *Herbert/Thomas* 1982, S. 251–253).
Entscheidend für das tatsächliche versorgungsräumliche Verhalten ist nun, daß keiner dieser hauptsächlich bestimmenden ebenso wie der nur modifizierenden Faktoren (außer den bereits erwähnten weiterhin z. B. Bedarfsstufe, Mobilitätsbereitschaft, Parkmöglichkeiten etc.) (*Bucklin* 1967, S. 38–40; *Davies* 1969; *Day* 1973, S. 81–84; *Herbert/Thomas* 1982, S. 254–262) allein und isoliert zum Tragen kommt, sondern mit je bestimmten anderen Faktoren zusammenwirkt. Entsprechend ist das je konkrete räumliche Versorgungsverhalten dann eine Funktion eines multifaktoriellen interdependenten Entscheidungsprozesses (*Kreth* 1979, S. 277; vgl. auch *Huff* 1960; *Meyer* 1978, S. 207/208).

2.1.4 Raumsystemare Beziehungen

2.1.4.1 Die Stadt als raumfunktionales Verflechtungssystem

Zwischen den Elementen, Strukturen und Prozessen in der Stadt bestehen vielfältige ein- oder wechselseitige raumzeitliche Beziehungen. Da das hierdurch konstituierte innerstädtische Beziehungsgefüge eine größere Vernetzungsdichte aufweist als dasjenige zwischen der Stadt und ihrer Außenwelt, markiert dieser Unterschied in der Vernetzungsdichte zugleich die Grenze zwischen der Stadt und ihrer Außenwelt. Umgekehrt konstituieren die unterschiedlich dichten Vernetzungsgefüge diesseits und jenseits dieser (Dichte-)Grenze zwei unterschiedliche Systeme: die Stadt einerseits, die Außenwelt andererseits. Somit kann die Stadt als System im Sinne der Systemtheorie verstanden werden, bestehend aus einer Menge/Gesamtheit von Elementen und zwischen diesen bestehenden (Wechsel-)Beziehungen. Da das System ‚Stadt' aber über Input- und Output-Relationen (Aufnahme bzw. Abgabe von Masse, Energie und Informationen) mit dem System ‚Außenwelt' vernetzt ist, stellt die Stadt, wie letztlich jedes System, ein offenes System dar und ist sie nur so funktions- und (über-)lebensfähig. In sich weist die Stadt unterschiedlich dichte Vernetzungen auf und kann sie entsprechend in Subsysteme unterschiedlichen Niveaus untergliedert werden. Mithin stellt die Stadt letztlich ein hierarchisch aufgebautes System von Systemen von Systemen ... dar (*Andrews* 1977, S. 3–6, 20–23; *Beaujeu-Garnier* 1980, S. 25–39; 1984, S. 68–70; *Berry* 1964, S. 158–161; *Köck* 1976.1, S. 227, 230; *Laurini* 1982/83, S. 24–26) (Abb. 2.1/7).
Da alle Elemente wie auch Subsysteme innerhalb der Stadt außer Sachmerkmalen auch Raummerkmale (-bezüge) aufweisen, und da auch alle Relationen zwischen den Elementen und Subsystemen räumlich codierbar sind (vgl. auch *Laschinger/Lötscher* 1978.2, S. 119–121), ist die Stadt mithin ein horizontal wie vertikal integriertes raumfunktionales Verflechtungssystem. Besondere Bedeutung kommt innerhalb dieses Verflechtungssystems den komplexen Beziehungs-Rückbeziehungs-Sequenzen (wie auch deren handlungs- und planungsbezogen zutreffender Antizipation) zu. Dabei bewirkt negative Rückkoppelung Stabilität, positive Rückkoppelung dagegen Instabilität des Systems (*Andrews* 1977, S. 72/73; *Laurini* 1982/83, S. 19).
Im folgenden werden diese allgemeinen Aussagen zu systemaren Wechselbeziehungen in der Stadt an je einem geoökologischen wie sozioökonomischen Beispiel konkretisiert.

2.1.4.2 Geoökologische Systembeziehungen (Beispiel: Stadtklima)

Geoökologische Systembeziehungen werden hier am Beispiel stadtklimatischer Wechselwirkungen dargestellt. Dabei geht es einerseits um die Outputs, die der Stadtkörper an die Stadtatmosphäre abgibt und die für diese die Funktion von Inputs haben. Andererseits stellt sich die Frage, wie diese Inputs Struktur und Verhalten der Stadtatmosphäre verändern und welche Rückwirkungen daraus wiederum resultieren.

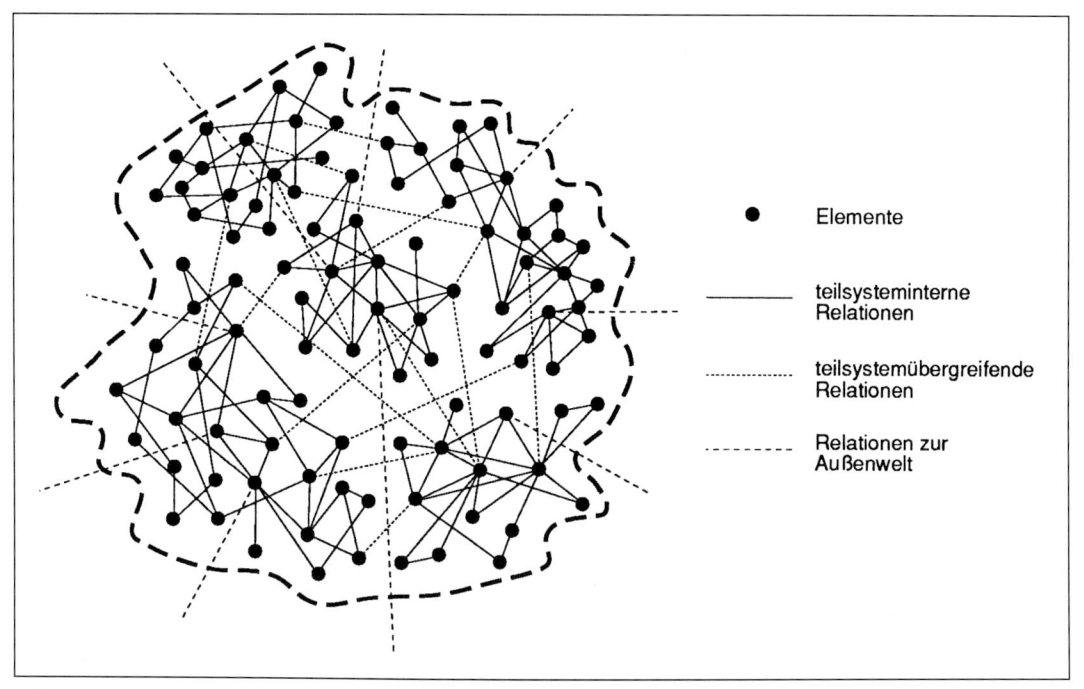

Abb. 2.1/7
Die Stadt als raumfunktionales Verflechtungssystem
Entwurf: H. Köck

Als Outputs des Stadtkörpers sind im wesentlichen die stadtspezifischen Aerosole sowie die städtische Eigenwärme zu nennen.

Zwar treten Aerosole generell in der Luft auf, zumal soweit sie natürlichen (kosmischen wie irdischen) Ursprungs sind. Jedoch enthält die Atmosphäre über der Stadt mindestens 10mal, bei Berücksichtigung nur der Kondensationskerne unter den Aerosolen sogar bis zu 100mal mehr Partikel als die Luft über Freiland. In der Hauptsache entstammen die stadtbedingten Aerosole den Verbrennungsprozessen in Industrie, Verkehr und Haushalten, jedoch auch sonstigen industriellen Verarbeitungsprozessen, Reifen- und Straßenbelagabrieb etc., und gelangen außer durch die hohen Schornsteine durch aufsteigende Luftbewegung in die Stadtatmosphäre.

Der stadtbedingte Wärmeinput in die Atmosphäre hat im wesentlichen drei Hauptquellen: den städtischen Baukörper, die städtische Wärmeerzeugung sowie die gegenüber dem Umland geringere Abkühlungswirkung infolge (geringerer) Verdunstung. In Abhängigkeit von der in der Regel guten, wenngleich unterschiedlich ausgeprägten Wärmeleitfähigkeit der Baumaterialien wie auch des Belags von Straßen, Plätzen, Innenhofflächen etc. absorbiert die städtische Baumasse die erhaltene Strahlungsenergie in wesentlich höherem Maße als das Umland, speichert sie diese und gibt sie sie verzögert bis in die Nacht hinein über die Aussstrahlung wieder an die Atmosphäre ab. Die Eigenproduktion der Wärme in der Stadt resultiert insbesondere aus den Verbrennungsprozessen sowie der Abwärmeproduktion in Verkehr, Industrie und Haushalten und nimmt vielfach Werte zwischen 20 und 50% der strahlungsbedingten Energiemenge an. Eine weitere indirekte Wärmequelle besitzt die Stadt insofern, als ihre Niederschläge relativ schnell durch die Kanalisation abfließen und Vegetation größeren Ausmaßes in ihr fehlt, so daß die Verdunstung eine geringe Rolle spielt und die dabei normalerweise entstehende Abkühlung gegenüber dem Freiland folglich geringer ausfällt.

Was nun die durch die stadtbedingten Aerosole ausgelöste Wirkungskette betrifft, so führt die erhöhte Konzentration der Aerosole in der Stadtatmosphäre zunächst zur Bildung der sogenannten Dunst-

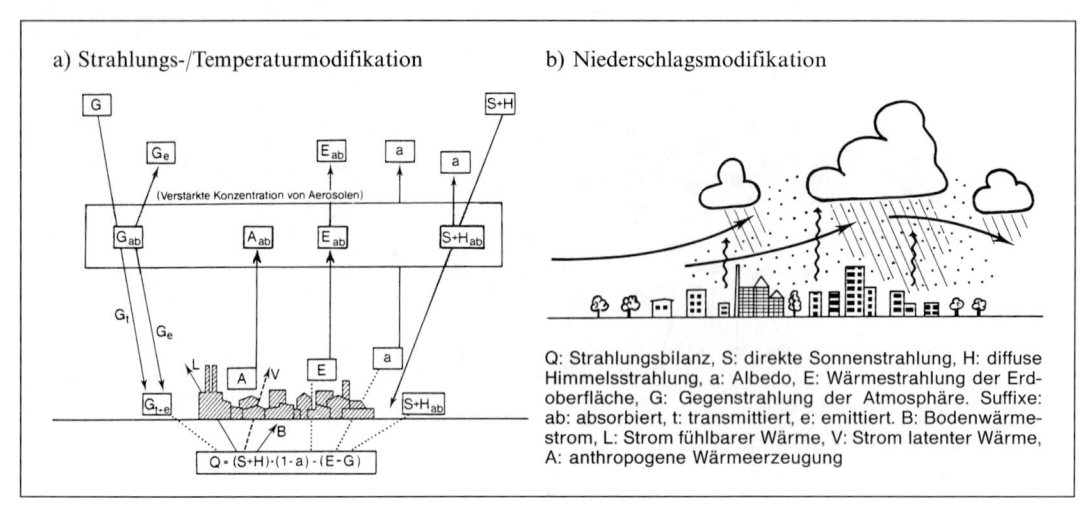

Abb. 2.1/8
Wechselwirkungen zwischen Stadtkörper und Stadtatmosphäre
Quelle: *Eriksen* 1985, S. 2, 7

haube/-glocke (vgl. Abb. 2.1/8). Da mit zunehmender Aerosolkonzentration aber auch die Menge der darin enthaltenen Kondensationskerne wächst, bildet sich, jedenfalls über größeren Städten, eine gegenüber der ländlichen Umgebung um 5 bis 10% höhere Bewölkung aus. Allerdings ist hierfür weiterhin die über Städten infolge Staueffekt und höherer Temperatur aufwärts gerichtete Luftbewegung mitverantwortlich, wodurch Wasserdampf und Kondensationskerne in höhere und damit kühlere Luftschichten gelangen und bei gesättigter Luftfeuchtigkeit Kondensation eintritt, die in verunreinigter Luft bekanntlich bereits unter 100% relativer Luftfeuchtigkeit eintreten kann.

Dunstglocke und Wolkenschicht ihrerseits absorbieren nun im Durchschnitt 10 bis 20%, in Einzelfällen bis zu 30% der kurzwelligen und bis zu 90% der UV-Strahlung mit der Folge der Verringerung von Sonnenscheindauer und -intensität, Lichtschwächungen in Extremfällen bis zu 50% und Abschwächung des Stadt-Land-Temperaturgefälles. Desgleichen absorbieren sie die vom Stadtkörper langwellig abgestrahlte Eigenwärme, reflektieren davon, insbesondere bei Windstille und in der Nacht, entsprechend dem Treibhauseffekt jedoch wieder den größten Teil (= atmosphärische Gegenstrahlung), der dann für den Stadtkörper wiederum einen Energiegewinn darstellt. Im Gefolge der erhöhten Kondensation/Bewölkung bewirken Dunstglocke und verstärkte Bewölkung schließlich eine gegenüber dem Umland um etwa 5–10% höhere Niederschlagshäufigkeit und -menge, desgleichen erhöhte Nebelbildung.

Der Wärmeinput des Stadtkörpers bewirkt demgegenüber eine Erhöhung der rein strahlungsbedingten Temperatur der Stadtatmosphäre, und zwar in der Hauptsache durch die direkte langwellige Eigenstrahlung, zu einem geringeren Anteil jedoch auch durch deren Reflexion an der städtischen Dunstglocke/Wolkenschicht (= Gegenstrahlung). So weist das Stadtgebiet gegenüber dem Freiland im Jahresdurchschnitt eine um 0,5 bis 1,5 °C höhere Temperatur auf. In Abhängigkeit von stadtspezifischen (z. B. Größe, Verkehrsdichte, aerosolbedingter Bewölkungsgrad etc.) sowie nichtstadtspezifischen Einflußfaktoren (wie meteorologischer Bewölkungsgrad, Klimazone, topographische wie geographische Lage, Tages- und Jahresgang etc.) variiert diese Temperaturdifferenz jedoch erheblich und kann in Extremfällen auf über 10 °C ansteigen. Insgesamt resultiert aus dieser thermischen Begünstigung der Stadt das Phämonen der städtischen Wärmeinsel (Abb. 2.1/9). In Abhängigkeit von Größe und innerer räumlicher Differenzierung der Stadt weist diese in der Regel jedoch nicht nur ein Maximum (im Zentrum, mit peripheriewärtigem Gefälle), sondern mehrere Maxima auf, weshalb sie dann, im Unterschied zur einkernigen, mehrkernige Wärmeinsel genannt wird.

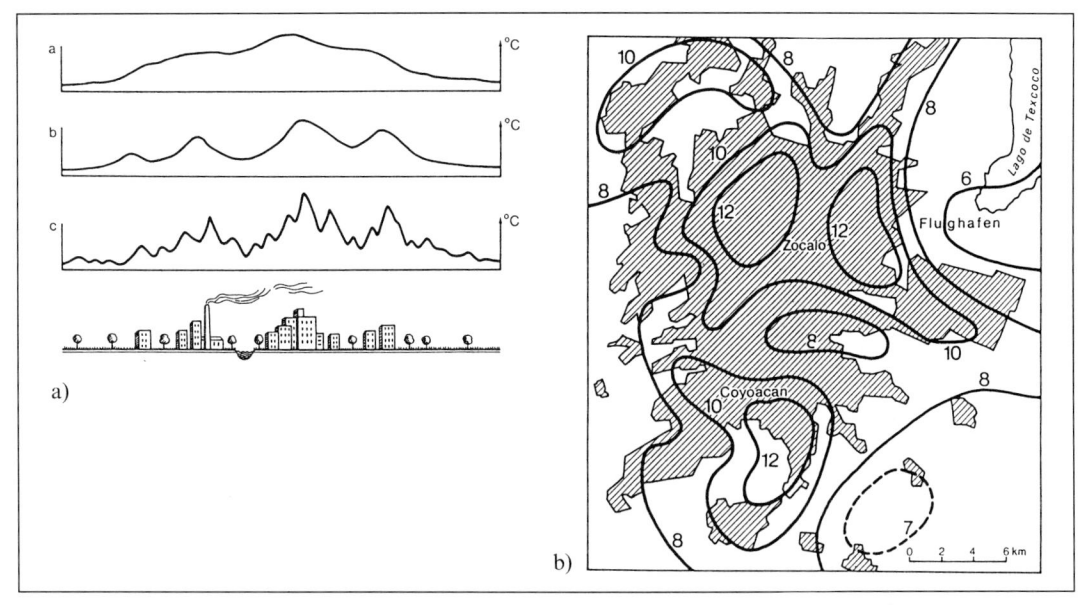

Abb. 2.1/9
Städtische Wärmeinsel: a) Querprofil: fortschreitende thermische Differenzierung, schematisch; b) Draufsicht: mittlere Tiefsttemperaturen, Juli, Mexiko-Stadt
Quelle: Eriksen 1976, S. 369

Unmittelbare oder mittelbare Folgewirkungen dieser Temperaturbegünstigung der Stadt sind nun vor allem:

- milde Winter mit geringerer Frosthäufigkeit und -intensität sowie gegenüber dem Freiland um 5 bis 10% niedrigerer Schneefallhäufigkeit und vor allem kürzerer Schneedeckendauer;
- stadteigene Luftzirkulation, insofern infolge des thermisch bedingten niedrigeren Luftdrucks in der Stadt (bei generell bremsender Wirkung des Stadtkörpers) Luft aus dem Stadtrandbereich sowie vor allem dem Stadtumland in die Stadt strömt (Flurwind) und sich vielfach mit der aufsteigenden Stadtluft zu einem Kreislauf verbindet (mit Divergenz in der Höhe und nachfolgendem Absinken sowie Rückstrom); integriert in diese übergeordnete Zirkulation sind, als Folge entsprechender innerstädtischer Temperatur- und Druckunterschiede sowie baulicher Strukturen, vielfältige Kleinzirkulationen mit Stau-, Verwirbelungs- und Düseneffekten etc.;
- Reduktion der relativen Luftfeuchtigkeit, verstärkt noch durch das ohnehin geringere Verdunstungspotential in der Stadt (s. o.), und zwar in enger Korrespondenz zum innerstädtischen Temperaturfeld;
- Abschwächung der in der Stadt sonst größeren Neigung zur Nebelbildung (s. o.), und zwar wiederum korrespondierend zur inneren Temperaturdifferenz;
- u.a.m.

In ihrer Gesamtheit konstituieren diese und weitere durch die klimarelevante Wechselwirkung zwischen Stadtkörper und Stadtatmosphäre bedingten Änderungen des durchschnittlichen Zustands der Stadtatmosphäre dann das ‚Stadtklima' (*Adam* 1984, S. 34–43; 1985, S. 217; 1988, S. 36–42, 49–59; *Douglas* 1983, S. 33–57; *Eriksen* 1975, S. 40–47, 52–77; 1976; 1983, S. 7–13; 1985; *Lowry* 1967; *Misterek* 1987, S. 77–107; *Neuwirth* 1974, S. 215–229). Auf der Grundlage durchschnittlicher Werte ergeben sich hierfür die folgenden typischen Unterschiede zur ländlichen Umgebung:

Tab. 2.1/3: Stadtklimatische Werte im Vergleich zur ländlichen Umgebung (letztere = 100)

Strahlung		Temperatur	
Gesamtstrahlung auf horizontaler Oberfläche	80	Jahresmittel	0,5–1 Kelvin höher
		Winterminima	1–3 Kelvin höher
Gegenstrahlung (L)	110	maximale Temperaturunterschiede	3–10 Kelvin
Ultraviolett im Winter	30 (im Extremfall 0)		
Ultraviolett im Sommer	70–90	Verdunstung	
		Gesamtbetrag	40–70
Beleuchtung		Relative Feuchtigkeit	
Sichtbares Licht im Winter	85	Jahresmittel	94
Sichtbares Licht im Sommer	95	Wintermittel	98
		Sommermittel	92
Bewölkung			
Wolken	110	Windgeschwindigkeit	
Nebel im Winter	200	Jahresmittel	75
Nebel im Sommer	130	Spitzenböen	85
		Windstillen	113
Niederschlag			
Gesamtbetrag	110		
Tage mit mindestens 5 mm Niederschlag	110		
Gewitterhäufigkeit	115		
Tau-Niederschlag	35		
Schneefall	95		
Dauer der winterlichen Frostperiode	75	*Quelle: Adam* (1985, S. 217; 1988, S. 32/33; gekürzt)	
Anzahl von Frost- und Eistagen	55		

2.1.4.3 Sozioökonomische Systembeziehungen (Beispiel: Raumnutzer-Raumverfüger-Beziehung)

Wie die stadtklimatischen Wechselwirkungen für die geoökologischen, so sind die Beziehungen zwischen Raumnutzer und Raumverfüger für die sozioökonomischen Verflechtungen in der Stadt von grundlegender Bedeutung. Daher bietet es sich an, sozioökonomische Systembeziehungen in der Stadt am Beispiel der Raumnutzer-Raumverfüger-Beziehung zu behandeln.

Diesbezüglich gehen *Laschinger/Lötscher* (1975; 1978.1, S. 16–56; 1978.2, S. 119–121), im Unterschied zur klassischen sozialgeographischen Theorie, davon aus, daß Verfüger über und Nutzer von Raumstellen in der Regel nicht identisch sind. Dabei wird zunächst zwischen räumlichen und sozialen Einheiten unterschieden. Im Sinne der Systemtheorie werden diese als Elemente von räumlichen bzw. sozialen System verstanden. Eine soziale Gruppe (als Element des sozialen Systems) übt dann auf einem Standort oder Gebiet (als Element des räumlichen Systems) Tätigkeiten aus, die sich nach Funktionen gliedern und zusammenfassen lassen. Entsprechend den jeweiligen Funktionen werden die Standorte, an denen jene jeweils ausgeübt werden, dann Funktionsstellen genannt, die sie ausübenden Gruppen entsprechend Funktionsgruppen. Die zwischen den beiden Systemen ‚Funktionsgruppen' und ‚Funktionsstellen' bestehenden Relationen werden durch die jeweiligen Funktionen konstituiert.

Systematisiert man die Funktionen nun entsprechend den Daseinsgrundfunktionen, so können die im sozialen System jeweils tätigen Gruppen als Daseinsgrundfunktionsgruppen (= Nutzer des Raumes = Nutzergruppen), die betreffenden Standorte der Nutzung im räumlichen System als Daseinsgrundfunktionsstellen und die zwischen beiden bestehenden Relationen eben als Daseinsgrundfunktionen bezeichnet werden.

Nun wird ein Standort – entsprechend der Gespaltenheit von Nutzer und Verfüger – allerdings nicht nur als Daseinsgrundfunktionsstelle der Daseinsgrundfunktionsgruppe genutzt, sondern auch als Quelle von Rendite (Gewinn), und zwar für denjenigen, der über den Standort verfügt (= Verfüger/ -Gruppe). Indem der Verfüger aber auf dem Standort eine Renditefunktion ausübt, ist der jeweilige Standort nicht nur Daseinsgrundfunktionsstelle, sondern zugleich auch Renditefunktionsstelle.

Wenn Verfüger und Nutzer nun in der Regel aber nicht identisch sind, kann, da direkt – wenngleich eingeschränkt – raumwirksam ja nur der Verfüger ist, der Nutzer insoweit als Funktion des Verfügers betrachtet werden. Dies gilt auch für Funktionen, die in Distanzüberwindung bestehen oder diese zur Voraussetzung haben, wie etwa Versorgung, Verkehr, Arbeit, Erholung. Denn die einzelnen Funktionsstellen des je individuellen oder gruppenspezifischen Aktions- bzw. Funktionsraumes sind ja ebenfalls von je bestimmten Verfügern/Verfügergruppen geschaffen. Entspricht die Rendite aus einer Rendite- (sowie Daseinsgrundfunktions-)Stelle nun nicht mehr den Erwartungen des Verfügers, bzw. lassen andere Nutzungen eine höhere Rendite erwarten, so wird der Verfüger bestrebt sein, die aktuelle Nutzung, z. B. die Wohnfunktion, zu verdrängen und durch die betreffende renditeträchtigere Funktion, z. B. eine Erwerbsfunktion, die Wohnstelle also durch eine Erwerbsstelle zu ersetzen.

Wie die Verfüger auf die Nutzer, so wirken umgekehrt allerdings auch die Nutzer auf die Verfüger ein und können die Verfüger insoweit als Funktion der Nutzer betrachtet werden. So können die Nutzer die Verfüger veranlassen, eine Funktionsstelle zu verlagern, sie durch eine andere zu ersetzen oder sie ganz aufzugeben, z. B. durch Auszug aus einer Wohnfunktionsstelle oder durch Aufsuchen anderer Versorgungsstellen, was dann ebenfalls einen Verdrängungsprozeß auslöst. In diesem Fall sind dann die Nutzer raumwirksam, wenngleich nur indirekt. Jedoch sind – nun allerdings über *Laschinger/Lötscher* hinausgehend – die Verfüger darüber hinaus noch in einem sehr viel weiteren Sinn von den Nutzern und deren raumbezogenen Ansprüchen abhängig. Denn nur vor dem Hintergrund bekannter oder zu erwartender Raumansprüche bestimmter Nutzer/-Gruppen bietet sich den jeweiligen Verfügern überhaupt erst die Gelegenheit, entsprechende Funktionsstellen und damit zugleich auch Renditefunktionsstellen einzurichten. Dem widerspricht auch nicht die bekannte Tatsache, daß vielfach erst die Einrichtung bestimmter Raumfunktionsstellen entsprechende Raumansprüche seitens der Nutzer hervorruft (z. B. Errichtung eines Cafés im Stadtpark und daraufhin entsprechende Nutzung durch Spaziergänger).

Besonders evident ist die Verfüger-Nutzer-Dichotomie in Ländern, in denen der Boden vergesellschaftet ist und der Nutzer nur in Ausnahmefällen zugleich auch der Verfüger ist. Doch auch in Ländern, in denen der Boden im wesentlichen Privateigentum ist, ist die Dichotomie weithin ausgeprägt. Am offenkundigsten zeigt sich dies im Wohnsektor und darin vor allem im Nichteigenheimbereich mit den Großwohnanlagen als den Extremfällen. Während in staatswirtschaftlichen Ländern jedoch die Nutzer-Verfüger-Beziehung im wesentlichen eine einseitige Beziehung ist (nämlich vom Verfüger auf den Nutzer gerichtet), ist sie in marktwirtschaftlichen Ländern in wesentlich größerem Anteil eine Wechselwirkungsbeziehung.

2.1.5 Raumstrukturelle Probleme

2.1.5.1 Probleme (in) der Stadt – unvermeidlich und immanent

Es ist nahezu unausweichlich, daß das mehr oder weniger verdichtete und massierte räumliche Neben-, Über-, Unter-, Mit- und Gegeneinander von Objekten, Subjekten, Handlungen, Interessen bzw. Elementen, Strukturen, Prozessen in Städten außer den epochalen technisch-kulturell-zivilisatorischen Fortschritten und Umbrüchen (*Spiegel* 1977, S. 7) immer auch Probleme induzierte, und zwar um so mehr und um so größere, je größer und vielfach auch je älter die Städte sind (*Herbert/Thomas* 1982, S. 383, 392). Entsprechend verwundert es auch nicht, wenn sich Klagen über die Unzulänglichkeiten der Stadt wie auch Vorschläge zu deren Behebung „über Jahrhunderte, wenn nicht gar über Jahrtausende zurückverfolgen" lassen und vermutlich so alt sind wie die Stadt selbst, allenfalls, im Gefolge vor allem des stürmischen Wachstums der Städte während und seit der industriellen Revolution, an Schärfe zugenommen haben (*Albers/Papageorgiou-Venetas* 1984, I, S. 3, 4).

Einen eindrucksvollen Beleg etwa für verkehrsräumliche Probleme der antiken wie der frühindustriellen Stadt stellt die folgende, als Erwiderung *Spiegels* (1977, S. 8) auf die Klagen über die Verkehrsprobleme der heutigen Stadt gedachte Beschreibung der Situation im antiken Rom und in London um

1800 dar: „Im kaiserlichen Rom war ein großer Teil der Straßen während der ersten zehn Stunden des Tages für alle Wagen und Karren gesperrt, weil weder für die Sänften der Senatoren noch für die Wagen der Vestalischen Jungfrauen – die von dieser Regelung ausgenommen wurden – noch ein Durchkommen war. Und im Jahr 1800 wird aus London berichtet, daß man in der Regel volle fünf Minuten warten müsse, bevor man ohne Gefahr für Leib und Leben die von Kutschen, Karren, Pferden überquellenden Straßen der Innenstadt überqueren könne." Zahlreiche weitere Belege für die Probleme der Stadt früherer Zeiten findet man etwa bei *Mumford* (^{2}1980).

Verständlich sind vor diesem Hintergrund mahnende Ausrufe und apokalyptische Prophezeiungen wie beispielsweise: „Es sind die Städte und insbesondere die Hauptstädte, wo die Sitten verfallen und das Menschengeschlecht zugrunde geht" (um 1760, Große Enzyklopädie), oder: „Europa wird krank an der Größe seiner Städte" (1851, *W. H. Riehl*) oder: „Das Rad des Schicksals rollt dem Ende zu; die Geburt der Stadt zieht ihren Tod nach sich" (1923, *O. Spengler*) (zit. bei *Spiegel* 1977, S. 7).

Dennoch, so läßt sich mit *Mitscherlich* (1971, S. 95) sagen: „Es ist ein geringer Trost zu wissen, daß man in den alten Städten bis zu den Knöcheln im Schmutz versank, daß die Häuser der engen Gassen auch kein idealer Wohnplatz waren." Doch trägt dieses Wissen dazu bei, die Probleme der Stadt der Gegenwart zu relativieren, wenngleich nicht zu verharmlosen, und Formen und Wendungen wie „Die Unwirtlichkeit unserer Städte" (*Mitscherlich* ^{15}1980), „urban collaps" (*Doxiadis* 1967; zit. bei *Palen* 1975, S. 430), „Vom Elend der Städte" (*Ragon* 1972), „Das programmierte Chaos" (zit. bei *Spiegel* 1977, S. 7), „Rettet unsere Städte jetzt!" (Deutscher Städtetag 1971; zit. bei *Albers* 1972, S. 7) u.ä.m. als pädagogisch-politisch zwar wirkungsvoll, von der Sache her jedoch allenfalls partiell (Innenstädte, Slums, Squattersiedlungen, Megalopolen, Umweltprobleme) begründet einzuschätzen.

Vor dem Hintergrund solcher Dramatisierungen kommt *Spiegel* (1977, S. 7) denn auch nicht um die Feststellung herum: „... – wer sich aus historischer Perspektive mit dem Bild der Stadt in der zeitgenössischen Literatur und Nicht-Literatur beschäftigte, der müßte zu dem Schluß kommen, im letzten Drittel des zwanzigsten Jahrhunderts sei eine Lebensform, die das Geschick der Menschheit über Jahrtausende hinweg geprägt hat, endgültig zusammengebrochen – oder jedenfalls in tödliche Gefahr geraten."

Im folgenden werden die raumbezogenen Probleme der gegenwärtigen Stadt untergliedert in geoökologische einerseits und sozioökonomische andererseits dargestellt (vgl. auch *Herbert* 1979, S. 4–7; *Herbert/Thomas* 1982, S. 383–445).

2.1.5.2 Geoökologische Probleme

Die i.e.S. geoökologischen Probleme der Stadt sind durchweg menschverursacht. Denn stets handelt es sich um anthropogen induzierte Materie- oder/und Energieinputs, die aufgrund ihrer Art oder/und Größe die Belastungstoleranz und damit Selbstregulierungsfähigkeit des Ökosystems Stadt überschreiten und es in seiner Struktur oder/und seinem Verhalten beeinträchtigen.

In ihrer Wirkung auf den Menschen wie auch auf Fauna und Flora am folgenreichsten ist dabei wohl die Luftverschmutzung. Diese wird in der Hauptsache durch die Emission gasförmiger Partikel wie Schwefeldioxid, Stickoxid, Ozon, Kohlenmonoxid, Kohlendioxid, Kohlenwasserstoffverbindungen etc. verursacht; daneben spielen jedoch auch die Aerosole (Stäube), häufig in Verbindung mit an ihnen haftenden Schwermetallen (z. B. Cadmium, Blei, Arsen) und halogenierten Kohlenwasserstoffen, eine bedeutende Rolle.

Wenngleich Art und Konzentration der innerstädtischen Luftverschmutzung in Abhängigkeit vor allem vom jeweiligen wirtschaftlichen und technologischen Entwicklungsstand, vom Stand der Umweltschutzgesetzgebung bzw. von den konkreten Umweltschutzmaßnahmen, von der Größe der Städte und der tatsächlichen Anzahl an Emittenten etc. erheblich variieren, so mögen die folgenden Zahlen doch einen, wenngleich relativen Orientierungswert über das Maß ergeben, in dem die Stadt gegenüber ihrer ländlichen Umgebung mit Schadstoffen belastet wird: Wenn für die ländliche Umgebung jeweils der Wert 100 gilt, dann ergeben sich für die Stadt die folgenden Werte: Aerosole 1000, Schwefeldioxid 500, Kohlenmonoxid 2500, Kohlendioxid 1000, Stickoxide 700, Schwermetalle 1500. Dabei weist der Verschmutzungsgrad zumindest generell ein Zentrum-Peripherie-Gefälle auf, in das allerdings sekundäre Maxima eingebettet sind.

Hauptverursacher dieser Luftverschmutzung sind die Verbrennungsprozesse in Motoren, Heizungen, Industriebetrieben, Abfallverbrennungsanlagen etc. Die schädigenden Wirkungen betreffen außer der Stadtluft selbst vor allem Menschen, Flora und Fauna, zunehmend mehr jedoch auch den Gebäudebestand der Stadt (saurer Regen, Trockendeposition), darüber hinaus allerdings auch das nähere Umland sowie sogar entferntere Regionen (Wind, hohe Schornsteine). Ihren gesundheitlich gefährlichsten Wirkungsgrad erreicht die Luftverschmutzung bei Smog. Dieser entsteht (außer photochemisch; vgl. Los Angeles-Smog) dann, wenn, begünstigt durch Talkessel-/Muldenlage, infolge Temperaturinversion kein vertikaler Luftaustausch stattfindet und die Schadstoffe sich somit in niedriger Höhe bzw. gar in Bodennähe konzentrieren (*Adam* 1984, S. 43–46; 1985, S. 217; 1988, S. 32–35; *Douglas* 1983, S. 77–83; *Eriksen* 1975, S. 27–39; 1983, S. 13–18; *Global 2000* [12]1981, S. 523–524; *Herbert/Thomas* 1982, S. 404/405; *Hiller* 1978; *McDermott* 1961, S. 132–135; *Neuwirth* 1974, S. 232–236; *Williams* et al. 1983, S. 36).

Wie die Luft, sind auch die Böden in der Stadt vielfach ökologisch beeinträchtigt. Weit verbreitet ist die Humusarmut, verursacht durch weitgehendes Fehlen oder/und Beseitigen des wichtigsten Humusbildners Laub. Verbunden hiermit sind Feinerdearmut und Verdichtung mit der Folge mangelnder Wasser- und Sauerstoffzufuhr. Vor allem der Schadstoffeintrag aus der Luft über Regen und Tau, aber auch durch Trockendeposition, mindert die ökologische Wertigkeit der städtischen Böden. Insbesondere Schwermetalle, allen voran Blei, werden in Stadtböden in deutlich höheren und die Toleranzgrenzen weit übersteigenden Konzentrationen nachgewiesen als in Böden des Stadtumlandes. So wurden z. B. in der Umgebung Marburgs in 15–25 cm Bodentiefe und im Abstand von 10 m zur Straße bei 15 000 Kfz/24 h 68, in der Kernstadt Marburgs unter gleichen Bedingungen bei allerdings 16 200 Kfz/24 h dagegen 314 parts per million gemessen. In Proben aus anderen Innenstädten wurden sogar Werte von bis zu 800 ppm ermittelt.

Ein weiteres Bodenproblem ergibt sich aus der Reduzierung von Boden und Freiland überhaupt infolge Bebauung, Betonierung und Asphaltierung, insofern hierdurch ökologisch wertvoller Ausgleichsraum verlorengeht. Vor allem für kleinere und dicht besiedelte Länder (Niederlande, Bundesrepublik Deutschland, Japan) und speziell deren Ballungsräume ist dies von erheblichem Gewicht. So sind z. B. in der Bundesrepublik Deutschland und dabei zum weitaus größten Teil in den Ballungsgebieten zwischen 1970 und 1978 mehr als 300 000 ha Freiland durch Betonierung und Asphaltierung verlorengegangen. 1982 lag das Ausmaß der Siedlungsbebauung landwirtschaftlich genutzter Flächen in der Bundesrepublik Deutschland bei 160 ha täglich (*Adam* 1984, S. 49, 56–58; 1985, S. 217, 221; 1988, S. 82–90; *Eriksen* 1983, S. 19–21).

Luft- und Bodenverschmutzung wie Bodenversiegelung ihrerseits beeinträchtigen nun den Wasserhaushalt der Stadt. Denn zunächst gelangen die in der Luft sowie in und auf dem überbauten wie nichtüberbauten Boden wie auch die in Industrieabwässern, Mülldeponien, Altlasten enthaltenen bzw. abgelagerten Schadstoffe vor allem mit dem versickernden Niederschlag in das Grundwasser. Schwermetalle wie Blei, Cadmium, Chrom, Nickel, weiter Reifen-, Bremsen- und Straßenbelagabrieb, Ölverluste, halogenierte Kohlenwasserstoffe, Rückstände aus Dünge- und Pflanzenschutzmitteln, aus der Luft ausgewaschene Phosphor-, Schwefel-, Stickstoff- und Chlorverbindungen etc. sind dabei die wichtigsten Schadstoffe.

Weiterhin ist die Absenkung des Grundwasserspiegels zu nennen, und zwar sogar in den Randgebieten zumindest von Ballungsräumen. Außer auf die hohe Wasserentnahme, besonders auch durch die Industrie, ist dies auf die hochgradige Bodenversiegelung zurückzuführen. Diese läßt das Niederschlagswasser großenteils oberflächig bzw. kanalisiert abfließen und mindert so dessen natürliche Versickerung. Als Folge davon findet kaum noch Grundwasserneubildung statt, sinkt der Grundwasserspiegel ab und muß die Wasserversorgung zunehmend aus regionalen bis überregionalen Einzugsgebieten sichergestellt werden.

Folgeprobleme von Grundwasserverschmutzung und Grundwasserspiegelabsenkung sind: Schwierigkeiten der Trinkwasseraufbereitung, Schädigung der Stadtvegetation, Gebäude-, Brücken-, Leitungsschäden (Setzung, Risse, Statikänderung) u.a.m. (*Adam* 1984, S. 49–53, 67; 1985, S. 217–220; 1988, S. 91–96; *Douglas* 1983, S. 54–57; *Eriksen* 1983, S. 21–24; *Global 2000* [12]1981, S. 521/522; *Herbert/ Thomas* 1982, S. 405).

Alle diese und weitere geoökologischen Belastungen der Stadt wirken in Gestalt humanökologischer Beeinträchtigungen auf den Menschen als Verursacher zurück. Dazu rechnen zunächst die gesundheitlichen Gefährdungen insbesondere infolge der Luftverschmutzung, wie Erkrankungen der Atemwege (Schwefel- und Stickoxide), Bluthochdruck (Blei), Blockierung der Sauerstoffaufnahme (Kohlenmonoxid), krebserregende Wirkung (Benzpyrene), Lungenerkrankungen (Aerosole mit an ihnen haftenden Schwermetallen und halogenierten Kohlenwasserstoffen), im Extremfall sogar Todesfolge (so im Gefolge der Smog-Katastrophe von London 1952: Erhöhung der Zahl der Sterbefälle gegenüber Vergleichszeiträumen um 3000 bis 4000; analog in New York 1963 um rund 400).

In engem Zusammenhang hiermit stehen die gesundheitlichen Beeinträchtigungen, die allenthalben unter dem Begriff ‚Hitzestreß' zusammengefaßt und durch den Wärmeinsel-Effekt der Stadt verstärkt werden. Da der Mensch sich nur in einem bestimmten Temperatur-Feuchte-Milieu behaglich fühlt, ist die zu große, d. h. die Wärmeabstrahlung des Körpers übersteigende Wärmezufuhr ($>49\,°C$ Äquivalenttemperatur) ebenso belastend wie zu großer Wärmeentzug. Wärmestauung und Schwülegefühl und im Extremfall Hitzschlag sind die Folge.

Was schließlich die Wirkung des Lärms betrifft, so fühlen sich heute weit mehr als 60% aller Stadtbewohner vor allem durch den Verkehrslärm, die bei weitem größte Lärmquelle, beeinträchtigt. Dabei treten Schlafstörungen bereits bei 40–50 dB(A) auf; bei Werten zwischen 60 und 90 dB(A) wird das vegetative Nervensystem zunehmend belastet (ab 85 Gehörschutz erforderlich); im Bereich zwischen 90 und 120 dB(A) wird das Nervensystem erheblich beeinträchtigt verbunden mit zum Teil irreversiblen Schädigungen des Hörapparates. In Köln beispielsweise wurden (1967) in über 54% der Straßen Tageswerte zwischen 60–75 dB(A) und in 45% der Straßen sogar Werte zwischen 75 und 87 dB(A) gemessen; in Stuttgart wiesen 1983 über 50% aller Straßen einen Mittelungspegel von 65 dB(A) und 11% einen solchen von 75 dB(A) auf. Zusätzlich zur Schädigung des Gehörs erhöht der Lärm das Risiko für Herz-, Kreislauf- und Blutdruckerkrankungen.

Sicher kann bei diesen und weiteren humanökologischen Beeinträchtigungen aufgrund des Zusammenwirkens jeweils mehrerer Faktoren (so auch sozioökonomischer Rahmenbedingungen) nicht von linearen Ursache-Wirkungs-Beziehungen ausgegangen werden und sind die Zusammenhänge zwischen geoökologischen und humanökologischen Schädigungen folglich häufig nur statistisch, nicht hingegen kausal nachgewiesen. Gleichwohl verliert das humanökologische (Selbst-)Gefährdungspotential dadurch nichts von seiner Bedrohlichkeit (*Adam* 1984, S. 39–41, 43–46, 62–64; 1988, S. 60–65, 96–103; *Douglas* 1983, S. 72–75, 166–177; *Eriksen* 1983, S. 29–32; *Herbert/Thomas* 1982, S. 405–407; *Kürer* 1985, S. 69–71; *McDermott* 1961, S. 135–140; *Neuwirth* 1974, S. 215, 227–229; *Schlipköter/Beyen* 1985).

2.1.5.3 Sozioökonomische Probleme

Mehr noch als die geoökologischen sind die sozioökonomischen Probleme in erster Linie Probleme der Großstadt. Zwar ist Größe an sich kein problemverursachender Faktor. Doch wächst mit der Größe der Stadt auch deren funktional-strukturelle Komplexität und hiermit zwangsläufig das Potential an Konflikten, Unverträglichkeiten, Unausgewogenheiten, Defiziten etc.

Da absolute Stadtbevölkerung und Verstädterungsgrad in den weniger entwickelten Ländern wesentlich schneller (wenngleich von niedrigeren Ausgangswerten aus) zunehmen als in den entwickelten

Ländern, und da deren ökonomisch-technisches Potential zudem kaum hinreicht, das rasante Stadtwachstum, insbesondere in den Metropolen, zu bewältigen, sind die sozioökonomischen Probleme der Stadt zugleich in erster Linie die Probleme der Stadt in den weniger entwickelten Ländern.

Im folgenden wird auf die Marginalität sowie den Verfall/die Verödung der Innenstädte näher eingegangen.

Ursprünglich mit der räumlichen Randlage lateinamerikanischer Hütten- und Barackensiedlungen verbunden, meint der um 1960 in Lateinamerika aufgekommene Begriff der Marginalität heute die sozioökonomische wie auch politische Randexistenz innerstädtischer Bevölkerung. Dabei ist es unerheblich, ob die betreffende Marginalbevölkerung in in der Regel peripher gelegenen Squattersiedlungen oder in zentral gelegenen Slums lebt.

Sozioökonomisch sind für die Marginalität folgende Merkmale kennzeichnend (*Nickel* 1975, S. 19/20): Mangel an regelmäßigem und ausreichendem Einkommen; behelfsmäßige Behausung; Abdrängung auf minderwertige Siedlungs- oder Wohnfläche; Rechtsunsicherheit bei Konflikten; fehlende oder unzulängliche Nutzungsmöglichkeit der sozialen und ökonomischen Infrastruktur; Mangel an Chancen politischer Partizipation; soziale Anomie.

Raumstrukturell manifestiert sich Marginalität in Slums einerseits, in Squattersiedlungen andererseits. Den Unterschied zwischen beiden beschreiben *Williams* et al. (1983, S. 32) wie folgt: „*Slums* are areas of authorized, usually older housing which are deteriorating or decaying in the sense that they are underserviced, overcrowded, and dilapidated. Slums are usually located on valuable land adjacent to the central business district (i.e., near the center of cities) . . . . *Squatter settlements*, on the other hand, contain makeshift dwellings erected without official permission . . . . They are usually located on the periphery instead of near the center of cities. . . . The dwellings are constructed of any available materials such as cardboard, tin, straw mats, or sacks. There are no minimum sanitation standards, the construction is primarily uncontrolled, and the areas tend to lack the essential services of an urban environment such as sewage, water, and lighting." Je nach Land werden speziell die Squattersiedlungen unterschiedlich bezeichnet, so als barriadas in Peru, favelas in Brasilien, bidonvilles in Algerien und Marokko, gecekondus in der Türkei, bustees in Indien.

Die Entstehung innerstädtischer Slums wird vielfach durch den ‚filtering down'-Prozeß erklärt, d. h. durch Einzug sukzessive statusniedrigerer nach Auszug jeweils statushöherer Bevölkerungsgruppen (vgl. dazu 2.1.3.2). Squattersiedlungen sind dagegen überwiegend eine Folge der Landflucht bzw. Land-Stadt-Wanderung: Die Not auf dem Land (als push-Faktor) in Verbindung mit dem vor allem medienvermittelten ‚Glitzerbild' der Stadt und der hierdurch geweckten Hoffnung auf dortige bessere Lebensbedingungen (als pull-Faktor; halo-Effekt) treibt bzw. zieht die Landbevölkerung in Massen in die Stadt. Eine erste Bleibe bieten dann vorhandene (in diesem Fall vielfach bereits in die Stadt abgewanderte und schon teilurbanisierte Verwandte oder Freunde) oder gleichsam über Nacht errichtete Squattersiedlungen, ggf. auch Altstadtslums. Im optimalen Fall (dann ‚Slums of hope') werden die Behelfsunterkünfte mit der Zeit durch Bauten aus Stein und vorfabrizierten Teilen ersetzt; es folgen Infrastruktureinrichtungen und in einer weiteren Phase eventuell mehrstöckige Gebäude mit Wohnungen, Geschäften, Versorgungs- und Verwaltungseinrichtungen etc. Andererseits kann der Weg aus der Hüttensiedlung in staatlich geförderte Wohnungen und danach eventuell in Eigentumswohnungen oder Eigenheime führen. Doch sind solche Entwicklungssequenzen eher die Ausnahme, so daß ein dauerhaftes oder zumindest langanhaltendes Verbleiben in Squattersiedlungen die Regel ist (dann ‚Slums of despair').

Wie dramatisch das Problem der Marginalität, insbesondere in den weniger entwickelten Ländern und speziell deren Metropolen ist und mehr noch werden wird, zeigen einige Prozentanteile der Stadtbevölkerung in Marginalsiedlungen (um 1980): Algier 34, Nairobi (Agglom.) 48, Accra (Agglom.) 53, Casablanca 68, Addis Abeba 78, Bombay (Agglom.) 36, Colombo 54, Jakarta 63, Rio de Janeiro (Agglom.) 32, Caracas (Agglom.) 46, Mexico City (Agglom.) 55. In naher Zukunft dürfte der durchschnittliche Wert in Großstädten der Dritten Welt bei 50 bis 60% liegen (*Mertins* 1984, S. 436), wobei sich die Einwohnerzahlen wilder Siedlungen jüngeren Schätzungen zufolge etwa alle 5 bis 7 Jahre verdoppeln (*Borsdorf* 1978, S. 311/312; *Fürst* 1977, S. 22–23; *Global 2000* [12]1981, S. 521; *Mertins* 1984; *Mountjoy* 1976; *Nickel* 1973; 1975; *Lindauer* 1974, S. 346–348; *Williams* et al. 1983, S. 32).

Teils mit Marginalität zusammenhängend (Slums), teils eigenständiger Art ist das Problem des Verfalls/der Verödung der Innenstädte, vor allem in westlichen Ländern und dort besonders stark in Großbritannien und den Vereinigten Staaten. Ein wesentlicher Aspekt dabei ist zunächst der Verlust an Wohnbevölkerung seit den 60er Jahren, insbesondere in Großstädten und stärker noch in Ballungsräumen. So verzeichnen beispielsweise die Innenstädte von Liverpool und Manchester Bevölkerungsverluste von 22 bzw. 18% (jeweils 1966–1976), diejenigen von Detroit, Cleveland, St. Louis und Minneapolis solche von 11,8, 14,9, 15,6 und 13,0% (jeweils 1970–1975). Dabei sind es vor allem sozial aufgestiegene Bewohner sowie jüngere Familien mit Kindern, die die Innenstadt verlassen und sich im suburbanen Raum ansiedeln (Kern-Rand-Wanderung). Vielfach verliert die Innenstadt jedoch auch die zurückbleibende, sozial schwächere (einschließlich der älteren) oder die in die freiwerdenden Wohnungen nachrückende statusniedrigere Bevölkerung (vgl. filtering down), und zwar durch Verdrängung im Zuge der Tertiärisierung der Innenstadt (Cityerweiterung; vgl. dazu 2.1.3.2). Im Falle von Wohnsanierung, statt Tertiärisierung, bleibt der Innenstadt die Wohnbevölkerung jedoch erhalten; allerdings ist dies dann, infolge der sanierungsbedingt gestiegenen Mietpreise, vielfach nicht mehr die ursprüngliche, sondern eine neue, finanzkräftigere Sozialschicht (sog. Luxussanierung, Gentrifizierung).

Verbunden mit dem Auszug sozial aufsteigender bzw. dem Einzug sozial schwächerer Wohnbevölkerung (Farbige, ethnische Minoritäten, Gastarbeiter, Einwanderer vor allem aus weniger entwickelten Ländern wie auch aus ehemaligen Kolonialgebieten, ältere Bevölkerung etc.) sind außer dem sozialstrukturellen Niedergang der Innenstadt vielfach Ghettoisierung, ethnische Konflikte, Diskriminierung, Kriminalität, niedrige Lebensqualität u.ä.m.

Synchron hierzu, allerdings auch infolge der generellen tertiärwirtschaftlichen Suburbanisierung, erfährt die Innenstadt, soweit nicht Tertiärisierung und Sanierung dies verhindern, vielfach einen auch ökonomischen Niedergang durch Auszug von Geschäften, Dienstleistungs- und Handelsbetrieben. Verödung der Innenstädte, Mangel an städtischem Leben sowie Beschäftigungsmöglichkeiten, Finanzkraftverlust, Minderung der Versorgungsqualität u.ä.m. sind die Folgen. Verschärft wird diese Innenstadtproblematik noch dadurch, daß die sozialen, infrastrukturellen, kulturellen Leistungen der Stadt ja gleichwohl aufrechterhalten bleiben müssen bzw. sogar noch steigen, insofern die sozial schwächere Innenstadtbevölkerung in erhöhtem Maße der Unterstützung bedarf und für die in den suburbanen Raum ausziehende Bevölkerung die entsprechende Versorgungsinfrastruktur vielfach erst noch geschaffen und finanziert werden muß.

Versteht man die (hier behandelten wie aber auch weitere, hier nicht behandelte) sozioökonomischen Probleme der Stadt als Manifestationen innerstädtischer Disparitäten/Dichotomien, so stellt die Stadt ein in Abhängigkeit vor allem von Größe, Gesellschaftssystem und wirtschaftlichem Entwicklungsstand allerdings unterschiedlich stark ausgeprägtes disparitäres/dichotomisches sozioökonomisches System dar (*Fürst* 1977, S. 18–30; *Gotthold* 1978, S. 56–65; *Herbert/Thomas* 1982, S. 384–399, 413–421, 424–445; *Ley* 1986; *Schaffer* 1978, S. 164–166; *Wiessner* 1988; *Williams* et al. 1983, S. 30–35).

2.1.6 Raumplanerische Beeinflussung der Stadt

2.1.6.1 Aufgabe, Anfänge und Entwicklung der Stadtplanung

Zwar wurden bereits in der Antike Städte geplant angelegt (Milet, Rhodos, Athen, Alexandria, Florenz). Ebenso entstanden etwa im Rahmen der neuzeitlichen Kolonisierung geplant angelegte Städte (Buenos Aires, Mendoza, Washington D.C., Philadelphia). Vor allem die absolutistischen

Stadtgründungen der Renaissance (Karlsruhe, Mannheim, Versailles) sind Musterexemplare geplanter Städte. Doch ist es ja nicht, wenngleich auch, die geplante Neugründung von Städten, um die es im folgenden geht, sondern die planerische Beeinflussung bereits bestehender Städte und stadträumlicher Verhältnisse.

Entsprechend ist es Ziel und Aufgabe der Stadtplanung, „sachlich richtige, inhaltlich ausgewogene und organisatorisch aufeinander abgestimmte Maßnahmen vorzubereiten, die geeignet sind, die Stadt für ihre Bewohner wie für auswärtige Besucher und Benutzer entsprechend den jeweiligen Erfordernissen, Vorstellungen und Möglichkeiten weiterzuentwickeln. Zu solchen Maßnahmen gehören nicht allein der Bau neuer Gebäude, Anlagen und Einrichtungen, sondern vor allem auch die Erhaltung, die Verbesserung, die Umgestaltung und die Erneuerung von bestehenden Elementen und Strukturen" (*Braam* 1987, S. 1).

So verstandene Stadtplanung wurzelt allerdings erst im beginnenden 19. Jahrhundert, konkret in der sozialen Not, die in den Städten vor allem des industrialisierten Europa im Gefolge der Industrialisierung und speziell des u. a. hierdurch bedingten gewaltigen Zuzugs in die Städte entstanden war und die mit Stichworten wie Wohnungsnot, dichte Bebauung, fehlende Freiflächen, soziales Elend, unhygienische Verhältnisse, Umweltverschmutzung, Lärmbelästigung etc. andeutungsweise gekennzeichnet ist. Angesichts dieses Elends begann sich die Erkenntnis durchzusetzen, daß die räumliche wie sozioökonomische Entwicklung der Städte nicht mehr, wie es zur Zeit des im ausgehenden 18. Jahrhundert aufkommenden Liberalismus der Fall war, dem freien, einzig vom Gewinnstreben geleiteten Spiel der Kräfte überlassen bleiben könne, sondern des planerischen Korrektivs bedürfe. Gelegentlich wurden hygienisch-städtebauliche Gründe für planerische Eingriffe allerdings auch nur vorgeschoben, während eigentlich politisch-strategische Interessen leitend waren, so etwa bei den großen Straßendurchbrüchen *Haussmann*s um 1850 in Paris (zur besseren Verteidigung gegen die Aufstände der Arbeiter).

Daß die ersten Ansätze so entstandener und zunächst vor allem die Wohnungsnot betreffender planerischer Einflußnahme in England und Frankreich, bereits um 1820 und 1840, früher auftraten als etwa in Deutschland (ab etwa 1860) und Nordamerika (um 1890), entspricht der dementsprechenden Phasenverschiebung hinsichtlich der Industrialisierung bzw. der u. a. hierdurch bedingten Not in den Städten. Die erste gesetzliche Grundlage hierzu hatte dagegen Italien (1865).

Ein Wandel von grundsätzlicher Bedeutung fand um die Jahrhundertwende statt, insofern die planerische Einflußnahme jetzt begann, zu einer strukturellen Planung der Gesamtstadt und speziell auch der Nutzungsstruktur vorzudringen statt sich, wie bisher, in einer Reihe von nebeneinander und unabhängig voneinander unternommenen Einflußnahmen etwa baupolizeilicher, technisch-hygienischer, sozialreformerischer und architektonischer Art zu verlieren. Von grundsätzlicher Bedeutung war hierbei *Howard*s Buch „To-Morrow" (1898), dem es zwar auch um die Gartenstadt ging, dessen eigentliches Anliegen jedoch „die planmäßige Entwicklung neuer Städte [war] mit allen erforderlichen Arbeitsplätzen und zentralen Einrichtungen, groß genug, um ein eigenständiges städtisches Leben zu ermöglichen, aber klein genug, um überschaubar und in allen Teilen für den Fußgänger erreichbar zu sein – um wiederum die Vorteile von Stadt und Land zu vereinen" (*Albers* 1972, S. 20).

Eine weitere wichtige Station in der Entwicklung der Stadtplanung war vor allem die im Jahre 1933 von den ‚Internationalen Kongressen für Neues Bauen' erarbeitete ‚Charta von Athen', in der die „systematische[ ] Aufgliederung der Stadt in räumlich klar getrennte Funktionsbereiche und die Differenzierung der Wohngebiete in ‚Einheiten angemessener Größenordnung'" (*Albers* 1972, S. 25) eine zentrale Rolle spielten und an die die Planungen nach dem Zweiten Weltkrieg wieder anknüpften (*Albers* 1967, S. 193; 1972, S. 13–28; 1988, S. 21–61, 110–116, 236–239; *Benevolo* 1971, S. 9; *Clark* 1982, S. 182–188; *Encyclopedia of Urban Planning* 1974, S. XVII–XX, 38–79, 863–866 sowie die einzelnen Länderartikel darin; *Herlyn* 1974.1, S. 93; *Kolb* 1987, S. 66–68).

Vor diesem Hintergrund mag die folgende Chronik der wichtigsten rechtlichen Grundlagen und damit Entwicklungsstationen der Stadtplanung speziell in Deutschland exemplarischen Charakter haben (vgl. *Albers* 1967; 1972, S. 17–28; 1988, S. 44–50, 240–242; *Albers/Papageorgiou-Venetas* 1984, I, S. 253–254; *Encyclopedia of Urban Planning* 1974, S. 459–483; *Akademie für Raumforschung* etc. Hg. ²1970, III, Sp. 3127–3133; *Köck* 1979.2, S. 5–8):

- um 1860: Bebauungspläne
 Aufgabe, das Wachstum der Städte in geordnete Bahnen zu lenken; tatsächlich jedoch lediglich Straßenpläne, da über die Bebauung selbst nichts aussagend.
- um/ab 1870: Fluchtliniengesetze
 Aufgabe der Differenzierung des Gemeindegebietes in Flächen für Verkehr und Versorgung (öffentliche Flächen) einerseits sowie Bauzwecke (private Flächen) andererseits durch gebietsweise Festlegung der Fluchtlinien (Baugrenzen, Baulinien), ohne jedoch Art und Ausmaß der Grundstücksnutzung jenseits der Fluchtlinien vorzuschreiben.
- um/ab 1890: Staffelbauordnungen, Bauzonenpläne
 Aufgabe, die Mißstände, die sich aus dem Durcheinander der verschiedenen Nutzungsarten ergaben, durch Abgrenzung/Festlegung von Gebieten/Zonen je bestimmter Nutzung sowie durch Festlegung von Bauweise, Grenzabständen und Umfang der zulässigen Bebauung des Hinterlandes, mithin durch Festlegungen nun sowohl der formalen als auch der funktionalen Grundstruktur zu beseitigen.
- um/ab 1900 und speziell etwa 1930: Generalbebauungspläne, Flächennutzungs-/Aufteilungspläne, Wirtschaftspläne
 Aufgabe, Nutzung und Bebauung von Teilgebieten der Stadt im Hinblick auf die und in Einklang mit der Nutzungs- und Bebauungsstruktur der Gesamtstadt, mithin im Hinblick auf eine strukturelle Gesamtordnung der Stadt zu planen; und zwar zunächst noch im wesentlichen durch die Bebauungspläne, später dann zweistufig durch vorbereitende Flächennutzungsplanung und darauf aufbauende spezielle Bebauungsplanung.
- um 1950: Aufbaugesetze der Länder
 Aufgabe, Wiederaufbau, aber auch Umgestaltung und Erweiterung der kriegszerstörten Städte durch Aufbau- und Flächennutzungs- wie auch Bebauungspläne zu regeln.
- 1960: Bundesbaugesetz (damit zugleich Außerkraftsetzung der Aufbaugesetze der Länder) bzw. ab 1987: Baugesetzbuch (vgl. dazu 2.1.6.2).
- 1971: Städtebauförderungsgesetz bzw. ab 1987: Baugesetzbuch (vgl. dazu 2.1.6.2).
- 1987: Baugesetzbuch (i.w. die Zusammenfassung von Bundesbau- und Städtebauförderungsgesetz).

Wie diese Stationen beispielhaft zeigen, hat die Stadtplanung eine kontinuierliche Weiterentwicklung erfahren von elementarer zu zunehmend komplexerer, von formaler zu vorwiegend funktionaler, von noch stark willkürlicher zu strukturell begründeter, von intrakommunaler zu (übrigens schon vor dem Ersten Weltkrieg) interkommunaler wie (bereits seit den 20er Jahren) schließlich auch regional integrierter Planung.

2.1.6.2 Instrumente und rechtliche Grundlagen der Stadtplanung heute
(Beispiel: Bundesrepublik Deutschland)

Wenngleich die Instrumente und gesetzlichen Grundlagen der Stadtplanung von Staatenblock zu Staatenblock, von Land zu Land wie auch innerhalb der Länder verschieden sind, so können sie als solche ebenso wie die planerisch zu beeinflussenden Sachverhalte doch als weithin allgemeingültig und vergleichbar angesehen werden (vgl. *Bundesminister für Raumordnung* etc. 1978; *Encyclopedia of Urban Planning* 1974, S. XIX, 656 sowie die einzelnen Länderartikel). Ein prinzipieller Unterschied besteht allenfalls insofern, als in marktwirtschaftlich organisierten Ländern die Bodennutzung durch Planung in einer permanenten Spannung zur und Auseinandersetzung mit der marktgesteuerten Bodennutzung steht, mithin „zwei dem Wesen nach widersprüchliche Systeme nebeneinander bestehen" (*Albers* 1972, S. 31/32) und die Wirkung der Planung mithin schwächer ist. In ehemals oder weiterhin planwirtschaftlich organisierten Ländern dagegen liegen unter der Bedingung „der Vergesellschaftung aller raumbildenden Faktoren" „investitions-, bevölkerungspolitische und stadtplanerische Entscheidungen in einer Hand", so daß Stadtplanung „als integraler Bestandteil der Handlungseinheit von Entstehung und Ausführung ... sowohl instrumentell als auch bestimmend" ist; „sie ist gleichzeitig Instrument eines ökonomischen Prinzips und aktive umweltgestaltende Kraft". Im übrigen aber bestimmen die „ökonomischen Gesetzmäßigkeiten des Haushaltens mit knappen Mitteln ... im planwirtschaftlichen System ebenso stadträumliche Entwicklungsprozesse, wie im Kapitalismus" (*Romero* 1979, S. 410, 411; vgl. auch *Bater* 1977, S. 177/178; *Encyclopedia of Urban Planning* 1974, S. 656; *French* 1987, S. 317/318).

Vor diesem Hintergrund wie aber auch mit Blick auf die Quellenlage bietet es sich an, die Planungsinstrumente und -grundlagen am Beispiel eines Staates, und zwar der Bundesrepublik Deutschland, darzustellen. Danach stehen in der Bundesrepublik die folgenden Planungsinstrumente zur Verfügung (vgl. *Albers* 1972, S. 28–32; 1988, S. 90–102, 116–166, 242–264; *Benzing* et al. 1978, S. 401–415; *Braam* 1987, S. 19–168; *Bundesminister für Raumordnung* etc. 1976, S. 31–40; 1987, S. 9–16, 44–57, 72–84; *Carlberg* 1978, S. 131–143; *Dittrich* Hg. 1972, S. 18–41; *Dyong* 1974; *Akademie für Raumforschung* etc. Hg. 1970, III, Sp. 3131–3136; *Köck* 1979.2, S. 9–14):

a) Bauleitplanung: Flächennutzungs- und Bebauungsplanung
Aufgabe der Bauleitplanung ist es, die bauliche und sonstige Nutzung der Grundstücke im Hinblick auf eine geordnete städtebauliche Entwicklung durch Flächennutzungspläne vorzubereiten und durch auf diesen aufbauende Bebauungspläne zu leiten. Hierzu müssen die Bauleitpläne einerseits mit ggf. vorliegenden Stadtentwicklungsplänen sowie den Planungen benachbarter Gemeinden abgestimmt werden. Andererseits müssen sie an die verbindlichen Vorgaben übergeordneter Planungsebenen wie der Regional-, Landes- und Bundesebene etwa hinsichtlich Verkehrs-, Umweltschutz- und Denkmalsfragen etc. angepaßt sein bzw. werden.

Bei der Flächennutzungsplanung als der vorbereitenden Bauleitplanung geht es darum, für das gesamte Stadtgebiet die sich aus der beabsichtigten städtebaulichen Entwicklung sowie aus den zu erwartenden kommunalen Bedürfnissen ergebende Art der Bodennutzung in ihren Grundzügen festzulegen. Dabei können folgende Hauptnutzungen ausgewiesen werden: Bau-, Verkehrs-, Versorgungs-, Grün- bzw. Erholungsflächen, Flächen für Nutzungsbeschränkungen, Wasser- und Hochwasserschutz, Öd- und Unlandflächen, land- und forstwirtschaftliche Flächen. Speziell hinsichtlich der zu bebauenden Flächen ist es der Gemeinde freigestellt, ob sie lediglich die jeweiligen Nutzungsarten ausweist (Wohn-, gemischte, gewerbliche Bauflächen) oder ob sie diese detaillierter festlegt (z. B. reine oder allgemeine Wohngebiete; Gewerbegebiete oder Industriegebiete).

Gegenüber der Flächennutzungsplanung regelt die Bebauungsplanung als verbindliche Bauleitplanung Art und Maß der baulichen Nutzung der Grundstücke für jeweils bestimmte Teilgebiete rechtsverbindlich. Da die Festlegungen im Flächennutzungsplan nur in den Grundzügen erfolgen, besteht bei den Bebauungsplänen ein gewisser gestalterischer Spielraum. Im einzelnen kann dabei u. a. folgendes abschließend festgelegt werden: Art und Maß der baulichen Nutzung; überbaubare und nicht überbaubare Grundstücksflächen; Mindestgröße-, -breite und -tiefe der Baugrundstücke; Bauweise; Stellung der baulichen Anlagen; Verkehrsflächen; Versorgungsflächen; Führung von Versorgungsanlagen und -leitungen; öffentliche und private Grünflächen.

Gesetzliche Grundlage dieser in der Zuständigkeit und Verantwortung der jeweiligen Stadt liegenden Bauleitplanung war bis 1987 das ‚Bundesbaugesetz' aus dem Jahre 1960 bzw. ist seitdem das ‚Baugesetzbuch' aus dem Jahre 1987, in dem das ehemalige Bundesbaugesetz und das ‚Städtebauförderungsgesetz' (s. später) zusammengefaßt und weiterentwickelt sind. Allerdings ist das Bundesbaugesetz/ Baugesetzbuch in Verbindung mit der Baunutzungsverordnung aus dem Jahre 1962 zu sehen, in der genauere Vorschriften über Art und Maß der baulichen Nutzung, über die Bauweise sowie die überbaubare Grundstücksfläche gemacht werden. Bundesbaugesetz/Baugesetzbuch und Baunutzungsverordnung werden ihrerseits wiederum durch das raumstrukturell allerdings kaum relevante Bauordnungsrecht ergänzt.

b) Sanierung und Entwicklung

Ziel von Sanierungsmaßnahmen ist es, durch Beseitigung baulicher Anlagen und Neubebauung oder durch Modernisierung von Gebäuden städtebauliche Mißstände zu beheben bzw. entsprechende Stadtgebiete zu diesem Zweck durch die genannten Maßnahmen zu verbessern und umzugestalten. Solche städtebaulichen Mißstände liegen dann vor, wenn die Wohn- und Arbeitsverhältnisse oder die Sicherheit nicht mehr den allgemeinen Anforderungen entsprechen oder wenn die Funktionsfähigkeit eines Gebietes nicht mehr gewährleistet ist. Zielt die Sanierung auf die Verbesserung der Gebäudesubstanz, so spricht man von Substanzsanierung. Dieser dient dann die Objektsanierung durch Umbau, Modernisierung und Instandsetzung der betreffenden Gebäude. Geht es dagegen in erster Linie um die Verbesserung vor allem der Siedlungs-, Wirtschafts-, Verkehrs- und Infrastruktur, so handelt es sich um Funktionsschwächesanierung. Als Maßnahme korrespondiert hiermit die Flächensanierung durch flächendeckende Beseitigung von Gebäuden und Neubebauung des Sanierungsgebietes. Eine Zwischenstellung nimmt die partielle Sanierung ein. Hier genügen bauliche Substanz und städtebauliche Ordnung teilweise noch den Anforderungen, so daß kein flächendeckender Abbruch notwendig ist, sondern einzelne Gebäude oder Gebäudeteile instandgesetzt, modernisiert oder abgebrochen und erneuert, Innenhöfe entkernt, gewerbliche Betriebe verlegt werden u.ä.m.

Im Unterschied zur Sanierung geht es der Entwicklung darum, vorhandene Siedlungsbereiche entsprechend den siedlungsstrukturellen, raumordnerischen und landesplanerischen Vorgaben auszudehnen bzw. völlig neue Siedlungsbereiche anzulegen. Dazu können neue Orte geschaffen oder vorhandene Orte zu neuen Siedlungseinheiten entwickelt bzw. um neue Ortsteile erweitert werden.

Auch für die Sanierungs- und Entwicklungsplanung liegt die Zuständigkeit bei der treffenden Gemeinde. Gesetzliche Grundlage hierfür war bis 1987 das ‚Städtebauförderungsgesetz' aus dem Jahre 1971 bzw. ist auch hier seit 1987 das ‚Baugesetzbuch' (s.o.). Jedoch sind die Bestimmungen für Sanierung und Entwicklung räumlich wie zeitlich begrenzt: räumlich insofern, als sie nur für diejenigen Gebiete gelten, die förmlich als Sanierungs- oder Entwicklungsgebiete festgelegt sind; zeitlich insofern, als sie nur für die Dauer der Durchführung der jeweiligen Sanierungs- und Entwicklungsmaßnahmen Anwendung finden; im übrigen gelten (dann wieder) die Bestimmungen der Bauleitplanung.

2.1.6.3 Planungsbereiche und räumliche Konzepte

Als sachbestimmte Planungsbereiche mit den jeweils zugehörigen raumwirksamen Konzepten sind für diesen Zusammenhang allgemein von Bedeutung: Bebauung, Infrastruktur, funktionale Ordnung, räumliche Entwicklung, Sanierung und Umweltschutz. Auf die vier letztgenannten Planungsbereiche wird im folgenden näher eingegangen.

a) Funktionale Ordnung und räumliche Entwicklung

Die planerischen Vorstellungen (Leitbilder) darüber, wie die städtischen Funktionen einander räumlich zuzuordnen seien, sind in Abhängigkeit von vor allem zeitlich, aber auch räumlich unterschiedlichen gesellschaftspolitischen Wertvorstellungen sowie ökonomisch-technischen Möglichkeiten und Notwendigkeiten eher durch Polarisierung denn durch kontinuierliche Weiterentwicklung gekennzeichnet (vgl. *Albers* 1972, S. 78–84, 110/111; 1974, S. 8–34; 1988, S. 208–219; *Albers-Papageorgiou-Venetas* 1984, I, S. 115–146; *Albrecht* o.J., S. 104–112; *Bundesminister für Raumordnung* etc. 1976, S. 54–61; *Charta von Athen* 1933; *Goldzamt* ^{2}1975, S. 151–189, 201–212; *Gotthold* 1978, S. 81–83;

Akademie für Raumforschung etc. Hg. ²1970, II, Sp. 398–403; III, Sp. 3130–3132, 3139–3143; *Moewes* 1982, S. 514–518; *Pfeil* ²1972, S. 326–341).
So pendeln die Vorstellungen zunächst zwischen räumlicher Trennung und räumlicher Mischung der Funktionen. Die Forderung nach räumlicher Trennung kam bereits zu Beginn des 20. Jahrhunderts auf, und zwar als Reaktion auf die hygienisch wie medizinisch und funktionell bedenkliche Funktionsmischung in der frühindustriellen Stadt. Zum fast überall beachteten Planungsprinzip wurde sie jedoch erst im Gefolge des städtebaulichen Manifestes der *Charta von Athen* (1933, veröffentlicht erstmals 1935). In dieser wurde gefordert, die Struktur der den vier Schlüsselfunktionen Wohnung (als Keimzelle der Städteplanung), Arbeit, Erholung und Verkehr dienenden Gebiete zu bestimmen, deren „Einordnung in die Gesamtheit des Stadtkomplexes" festzulegen und durch „Reform und Abstimmung der Zoneneinteilung" den „harmonischen Ausgleich der Schlüsselfunktionen" herbeizuführen. Insbesondere die vielfach konsequente bis übertriebene Anwendung des Prinzips der räumlichen Funktionstrennung mit den dadurch bedingten Problemen wie Monotonie, mangelndes städtisches Leben, höheres Verkehrsaufkommen, längere Verkehrswege, Verödung der Innenstädte etc. ließ das Pendel seit den 60er Jahren bis in die Gegenwart zum gegenteiligen Leitbild, dem der Funktionsmischung, zurückschlagen. Ansatzweise trifft dies auch für die planwirtschaftlichen Länder zu, die sonst bis in die jüngste Zeit eher das Konzept der Funktionstrennung (Wohnen, Arbeiten, Erholung) praktizierten.
Eine weitere Polarisierung besteht zwischen den Leitbildern einer aufgelockerten Nutzung und Bebauung einerseits und deren Verdichtung andererseits. Während erstere entsprechend dem Grundsatz, daß an „alle Dinge und Verhältnisse der Stadt ... der Maßstab des Menschlichen anzulegen" ist, durch die *Charta von Athen* propagiert wurde und ausreichend Licht, Luft, Sonne und Freiraum zum Ziel hatte, wurde seit Beginn der 60er Jahre wiederum die Verdichtung zum Leitbild. Begründet wurde dies vor allem mit dem hohen Boden- und Infrastrukturbedarf bei aufgelockerter Bebauung, mit der Möglichkeit vielfältigeren und kostengünstigeren Angebots infrastruktureller und kultureller Einrichtungen, mit der Förderung sozialer Beziehungen, mit der Notwendigkeit, die Zersiedlung der Landschaft einzuschränken, etc. Wiederum in die Gegenrichtung schlägt das Pendel in jüngerer Zeit unter dem städtebaulichen Stichwort „Stadt-Land-Verbund" (*Moewes* 1982, S. 514–518) bzw. auch ‚Regionalstadt' (dazu weiter unten). Ziel dieser Strategie ist es, „die typischen Vorzüge des Städtischen zu erhalten und mit denen des Ländlichen ... zu verbinden". Dazu ist dann wiederum die aufgelockerte Stadtstruktur, eben der Stadt-Land-Verbund, erforderlich. Hierbei öffnet „sich die Stadt systematisch dem ländlichen Raum", zieht „sie diesen mit breiten Bändern in sich hinein[ ]", durchdringt sie sich „mit einem System von Wiesen, Wald und Gehölz, Gewässern, Land- und Gartenbauflächen, spezifischen Biotopen und Parkanlagen" etc. Umgekehrt „greift die Stadt mit Bändern und Zellen angenäherter oder aufgelockerter Bebauung weit in das Umland hinaus" (*Moewes* 1982, S. 515).
Schließlich kann ein Leitbildwandel in dem Wechsel von der monozentrischen Stadt der 60er Jahre zur polyzentrischen bzw. dezentral verdichteten Stadt (Regionalstadt) seit etwa den 70er Jahren gesehen werden. Während die monozentrische Stadt dabei mit der verdichteten Stadt, ggf. ergänzt durch Trabantenstädte, korrespondiert, sind für die polyzentrische Stadt die Entlastung der City/Kernstadt sowie die Lösung der Verkehrsprobleme durch Integration in regionale Verkehrssysteme die wichtigsten Begründungen.
Diesen leitenden Planungsprinzipien stehen nun bestimmte Modellvorstellungen von der anzustrebenden funktionalräumlichen Struktur der Städte gegenüber. Da diese aber zugleich auch die räumliche Entwicklung miteinbeziehen, können sie sowohl als funktionalräumliche als auch als räumliche Stadtentwicklungsmodelle betrachtet werden. Dabei lassen sich im wesentlichen drei Grundmodelle unterscheiden, nämlich die punktförmige, die bandartige und die flächenhafte Struktur. Durch Kombination oder aber Wiederholung dieser Grundmodelle entstehen dann je nach dominantem Merkmal bestimmte zusammengesetzte Typen wie die Stern-, Ring-, Kettenstruktur oder auch die polyzentrische Regionalstadt (Abb. 2.1/10).

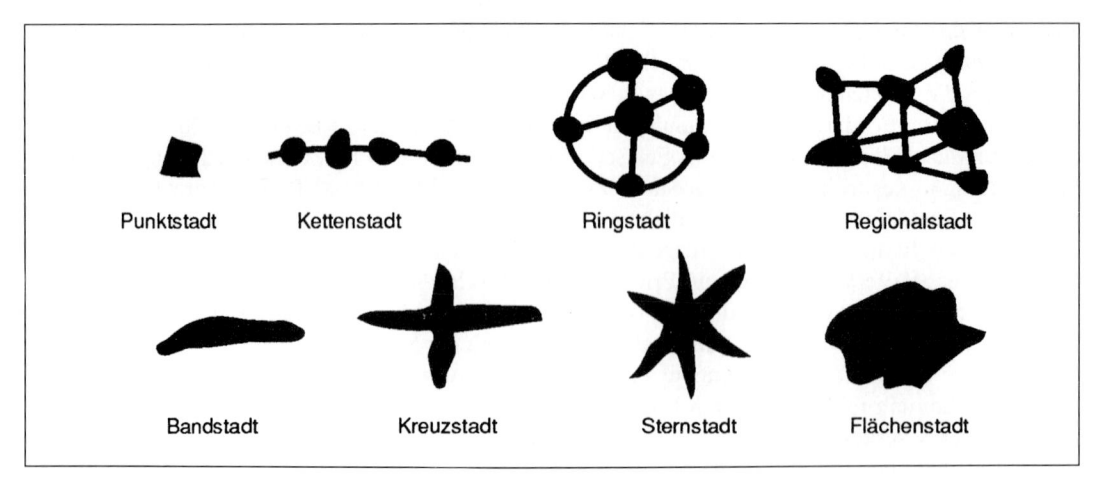

Punktstadt	Kettenstadt	Ringstadt	Regionalstadt
Bandstadt	Kreuzstadt	Sternstadt	Flächenstadt

Abb. 2.1/10
Planungsmodelle zur funktionalräumlichen Ordnung und Entwicklung der Stadt
Entwurf: H. Köck (auf der Grundlage der hierzu im Text verarbeiteten Literatur)

Was speziell die heute allgemein favorisierte Regionalstadt betrifft, so zielt diese auf die optimale Dezentralisierung von Wachstum und Funktion ab, und zwar in Gestalt mehrerer dislozierter Teilstädte. Dabei gewährleistet die Dezentralisation Flexibilität und Überschaubarkeit der einzelnen Teile und sichert innerstädtische Freiräume wie auch großräumige Planung; die gleichzeitige Konzentration ermöglicht dagegen die vollwertige infrastrukturelle, kulturelle und wirtschaftliche Ausstattung und Versorgung. Die Stadtzellen außerhalb der Kernstadt können dabei sowohl aus bestehenden Gemeinden entwickelt als auch gänzlich neu geschaffen werden. Als jüngere Variante dieser Regionalstadt kann der weiter oben dargestellte Stadt-Land-Verbund gelten.

Ein eigenständiges Konzept stellen im Rahmen der funktionalräumlichen und Stadtentwicklungsplanung die ‚Neuen Städte' (New Towns, Villes Nouvelles etc.) dar (*Albrecht* o.J., S. 132–168; *Erdmann* 1983; *Falkenberg* 1987; *Mose* 1986; *Nebel* 1986; *Niemz* 1986; *Pietsch* 1983; *Zimmermann* 1984). Außer daß diese natürlich neu im chronologischen Sinn sind (entweder vollständig neu geplant und gegründet oder durch geplante Weiterentwicklung bereits vorhandener Orte/Ansätze entstanden), sind für sie vor allem die folgenden Merkmale gefordert, wenngleich nicht immer vollständig und genau so verwirklicht wie zudem im Laufe der Zeit mehrfach modifiziert (v. a. nach *Niemz*):

– einheitliche Gesamtplanung: insbesondere hinsichtlich Flächennutzung, Verkehrsführung, Gestaltung der einzelnen Viertel, Infrastruktur, Finanzierung;
– Funktionalismus-Prinzip: räumliche Trennung der Funktionen, zunächst in strenger, später in abgeschwächter Form mit Ansätzen zur Funktionsmischung;
– Radburn-System: nach der Stadt Radburn (New Yersey) benanntes Verkehrswegesystem mit Trennung und Hierarchisierung der Verkehrswege, Ersetzung von Kreuzungen durch Einmündungen oder Über-/Unterführungen, Wohnstichstraßen/Sackgassen etc.;
– Nachbarschaftsprinzip: Grundordnungsprinzip der Wohnbebauung, bestimmt v. a. durch die fußläufige Reichweite der gemeinschaftlichen (Versorgungs-)Einrichtungen;
– Verdichtung und Grünflächen: erstere zur Sicherung der Mindestnachfrage für die gemeinschaftlichen Einrichtungen;
– Pluralismus: hinsichtlich Bebauung, Sozialstruktur etc.;
– Kommunal- und wirtschaftspolitische Selbständigkeit: in vielen Städten allerdings nicht oder nur in gewissem Maße gegeben.

Sieht man von Sonderkonstellationen ab wie etwa Erschließung unbesiedelter Räume (z. B. Sowjetunion, Kanada, Israel) oder Lokalisation nationaler Wachstumsindustrien, so liegt der Hauptgrund für die mittlerweile weltweite Planung und Errichtung Neuer Städte (z. B. Skandinavien, Großbritannien, USA, Frankreich, Bundesrepublik Deutschland, ehemalige DDR, UdSSR, Ägypten) einerseits in der Überlastung der Großstädte/Ballungsräume (wie London, Paris, Kairo) infolge Zuzugs der Bevölkerung aus anderen Landesteilen, andererseits in dem Auszug von Wohnbevölkerung aus der Kernstadt (Kern-Rand-Wanderung, Bevölkerungssuburbanisierung) infolge Überalterung, Sanierung, Tertiärisierung etc. der Innenstädte. Entsprechend liegt das raumordnerische Ziel der Errichtung Neuer Städte denn auch in der Entlastung der Großstädte/Ballungen durch Bremsung ihrer weiteren Verdichtung und ringstadtähnliche Dezentralisierung ihrer räumlichen Entwicklung.

Vor diesem Hintergrund überrascht es nicht, wenn die ersten Neuen Städte in Großbritannien, dem am frühesten hochindustrialisierten und hochverstädterten Land (1901: 77%, 1931: 80% städtische Bevölkerung), und speziell hier um London herum geplant und errichtet wurden. Da die nach dem Zweiten Weltkrieg im Londoner Ring errichteten New Towns die ersten echten New Towns sind, stellen sie „sozusagen den locus typicus dar" (*Niemz* 1986, S. 2).

b) Sanierung und Erneuerung

Entsprechend den Ausführungen in Kapitel 2.1.6.2 betrifft die Sanierung bzw., umfassender, die Erneuerung oder der Stadtumbau, sowohl die Gebäudestruktur als auch die Stadtstruktur. Der ältere dieser beiden Ansätze ist der Stadtstrukturansatz. Frühe Beispiele hierzu sind die außer aus verkehrstechnischen u. a. aus strategischen Gründen vorgenommenen großen Straßendurchbrüche (Boulevards) in Paris zwischen etwa 1850 und 1870, ebenso das Schleifen der mittelalterlichen Festungsanlagen in deutschen Städten. Allerdings setzte auch die auf die Gebäudestruktur und speziell die Wohngebäude zielende Sanierung früh ein, und zwar zuerst in England nach 1875, bedingt durch die frühe und hohe Verstädterung und die dadurch verursachten sozial-hygienischen Wohnprobleme insbesondere in den Arbeitervierteln. Auch in Deutschland fanden bereits im letzten Viertel des 19. Jahrhunderts Gebäudesanierungen, verbunden mit Straßendurchbrüchen, statt (z. B. Frankfurt, Hamburg, Köln, Stuttgart). Die jüngere Sanierungspolitik aufgrund entsprechender Gesetzgebung setzte, bedingt durch den dort größeren Verfall vor allem der Innenstädte, in England (1936) und den USA (1949) wesentlich früher ein als in der Bundesrepublik Deutschland (1971).

In der Sanierungskonzeption hat sich in jüngerer Zeit ein genereller Wandel vollzogen: Während zunächst noch die Flächensanierung als geeignetes Konzept galt, zielen die Planungen mittlerweile zunehmend auf die erhaltende Sanierung/Erneuerung in Verbindung mit denkmalpflegerischen Aspekten. Dabei geht es einerseits „um die Wahrung der historischen Kontinuität in der Stadtstruktur" (*Albers/Papageorgiou-Venetas* 1984, I, S. 114), andererseits um die Erhaltung einzelner besonders wertvoller Baudenkmäler, und als Folge von beidem um Identitätsstiftung. Diesem Gedanken werden auch die verkehrsplanerischen Neuerungen untergeordnet, insofern statt radikaler Änderungen, etwa in Gestalt der früheren Straßendurchbrüche, eher die angepaßte Neuordnung und Umgestaltung des Verkehrsnetzes angestrebt wird. Hier haben außer dem planerischen Umdenken selbst wohl auch die zunehmend kritischere Einstellung und Partizipation der Bevölkerung wie auch die zu hohen Kosten ihre Wirkung gezeigt (vgl. *Albers* 1988, S. 240–247; *Bundesminister für Raumordnung* etc. 1976, S. 49–54; *Akademie für Raumforschung* etc. Hg. ²1970, III, Sp. 2789–2793; *Albers/Papageorgiou-Venetas* 1984, I, S. 113–114; *Kreis/Müller* 1978, S. 306–309, 311; *Pfeil* ²1972, S. 359–370; *Schöller* 1987, S. 453–457, 462; *Tiggemann* 1988; *Westphal* 1979, S. 7–33, 135–142, 160–176; *Wiessner* 1988, S. 19).

c) Ökologie/Umweltschutz

Wenn, wie in Kapitel 2.1.4 dargelegt, auch die Stadt als ein Wechselwirkungssystem zu verstehen ist und entsprechend in jüngerer Zeit vielfach als Ökosystem interpretiert wird (vgl. z. B. *Adam* 1985;

1988; *Douglas* 1981; *Eriksen* 1983), dann ist es nur konsequent, den ökologischen Gedanken auch auf die Stadtplanung zu übertragen. Die ökologisch orientierte Stadtplanung kann dann zwar auch den Status einer Fachplanung haben; treffender jedoch ist sie als Planungsprinzip zu verstehen. In diesem Sinne ist sie zunächst in jeder einzelnen Planungsart und in jedem Planungsbereich zu realisieren ('Ökologisierung der Fachplanungen'). Sodann aber geht sie über die einzelnen Planungsarten und Fachplanungen hinaus, insofern sie diese unter ökologischem Aspekt integriert. „Ökologische Planung ist in diesem Sinne integrierte Planung und verfolgt das Ziel, durch bewußtes Verknüpfen aller fachplanerischen Einzelmaßnahmen nicht nur deren Umsetzung im Detail zu optimieren, sondern durch diese Verknüpfung, die die Vernetzung innerhalb des vorhandenen Ökosystems widerspiegelt, auch den jeweils spezifischen Beitrag zur Verbesserung der Umwelt erst wirksam umzusetzen" (*Grohé/ Tiggemann* 1985, S. 234; vgl. auch *Adam* 1988, S. 154–168; *Grohé* 1982, S. 802–804; 1984, S. 187). Zahlreich sind die planerischen Möglichkeiten, ökologisch verträgliche(re) Stadtstrukturen zu initiieren. Zu nennen sind etwa:

– Einschränkung der Inanspruchnahme von Land für bauliche u.ä. Nutzung durch Nutzung noch vorhandenen Potentials (Baulücken, Flächenrecycling, Sanierung erhaltenswerter Bausubstanz etc.); Wirkung: Einschränkung von Zersiedlung und Betonierung der Landschaft, Erhaltung natürlicher/naturnaher Bedingungen;
– Durchgrünung der Baugebiete mit Grünflächen, Bepflanzung, land- oder forstwirtschaftlicher Nutzung etc.; Wirkung: Dämpfung/Reduzierung der Strahlungs-, Temperatur-, Luftfeuchtigkeits-, Wind-, Aerosolwerte;
– Ausweisung von Biotopen, Schutzgebieten etc.; Wirkung: Grünflächeneffekt (s. o.), Erhaltung von Naturhaushalt, Landschaft, Tier- und Pflanzenwelt, Erholungsraum etc.;
– Anlage von Luftleitbahnen/Frischluftschneisen; Wirkung: Einströmen von Flurwinden mit Frischluft;
– Meidung ausgesprochener Muldenlagen mit Neigung zur Bildung von Inversion und Kaltluftseen; Wirkung: Reduzierung der Smoggefahr;
– Errichtung abgasintensiver Industrien am im Jahresmittel leeseitigen Stadtrand; Wirkung: Vermeidung industriebedingter Immissionen in der Stadt (nicht allerdings im Umland);
– Begrünung der Gebäude (Dächer, Balkone, Fassaden); Wirkung: Reduzierung der Luftverschmutzung durch erhöhte Schadstoffabsorption, Senkung der Oberflächentemperatur infolge höherer Wärmespeicherfähigkeit und Transpiration, Erhöhung der relativen Luftfeuchtigkeit, Verringerung des Wärmeflusses von außen nach innen und umgekehrt durch Reduzierung der oberflächennahen Windgeschwindigkeit sowie Luftpolster zwischen Pflanzen und Hauswand, etc.;
– albedointensive farbliche/materialmäßige Gestaltung der Gebäudefassaden/-dächer; Wirkung: Reduzierung der Oberflächentemperatur infolge Reflexion;
– vertikale und horizontale Differenzierung der Nutzung innerhalb von Baugebieten; Wirkung: Schutz immissionsempfindlicher Nutzungen (Wohnungen, Büros, Praxen, Schulen) durch größeren vertikalen oder horizontalen Abstand bzw. umgekehrt größere Nähe weniger immissionsempfindlicher Anlagen (z. B. Geschäfte, Handwerksbetriebe, nichtemittierende Fabriken) zu den Emissionsquellen (Straßen, Fabriken);
– Errichtung von Wällen, Wänden, Trögen etc.; Wirkung: Schutz vor Lärm;
– weiterhin u.a. Schutz und naturnahe Anlage von Gewässern, Festsetzung von Wasserschutzgebieten, Überschwemmungsgebieten; immissionsbezogene Staffelung der Bebauungshöhe; Planung von Kleingarten-, Sport- und Freizeitanlagen; Sicherung einer geordneten Abwasserentsorgung, Abfallbeseitigung (verbunden mit Recycling); energiesparende Bauweise, sonnenorientierte Gebäudeanordnung; Wohnumfeldverbesserung, Verkehrsberuhigung u.a.m.

Es ist einsichtig, daß die Persistenz städtischer Strukturen hier die optimalen und großen Lösungen in der Regel nicht zuläßt, vielmehr im wesentlichen nur kleine Lösungen erlaubt, und durchkonstruierte Lösungen letztlich nur bei Neubebauung/Neugründung möglich sind. Da Totalabriß und ökologisch orientierter Neuaufbau jedoch nicht möglich sind, und da auch nicht sämtliche beeinträchtigenden Faktoren gleichsam von heute auf morgen beseitigt werden können, sind diese kleinen Lösungen, die vielfach zwangsläufig dem Kurieren an Symptomen näherstehen als dem Beseitigen der Ursachen, letztlich besser als gar keine; dies um so mehr, als zahlreiche Untersuchungen belegen, daß auch kleine Lösungen beachtliche Verbesserungen der ökologischen Qualität von Städten bewirken. Daß insbesondere in den weniger entwickelten Ländern angesichts des vielfach nackten Überlebenskampfes selbst solche kleinen Lösungen weithin nicht möglich sind (*Williams* et al. 1983, S. 36) bzw. daß diese, auch soweit sie im Prinzip möglich sind, dennoch unterbleiben (wie vor allem in sozialistisch geprägten Ländern), dürfte langfristig allerdings zu irreversiblen Schäden führen (vgl. *Adam* 1984, passim; 1988, S. 119–153; *Braam* 1987, S. 169–199, 276–292; *Budde/Stock* 1984; *Bundesminister für Raumordnung* etc. 1976, S. 103–110; *Eriksen* 1985, S. 7–9; *Grohé* 1982, S. 804–810; 1984; *Grohé/Tiggemann* 1985; *Kürer* 1985, S. 66–71; *Kuttler* 1985, S. 232–233; *Misterek* 1987, S. 107–110; *Sukopp* 1983, S. 167–170).

2.2 Stadt und Umland

Stadt-Umland-Beziehungen sind nicht nur ein geradezu klassisches, sondern auch ein außerordentlich vielseitiges und komplexes Thema in der Geographie. Schon *Gradmann* hatte es 1916 als den ‚Hauptberuf' einer Stadt bezeichnet, Mittelpunkt ihrer ländlichen Umgebung und deren Vermittlerin mit der Außenwelt zu sein. Auch wenn die Umgebung heute keineswegs mehr so „ländlich" ist, wie dies zu Zeiten Gradmanns der Fall war, so bleiben Umlandbeziehungen für Städte auch heute noch ein aktuelles und bedeutsames Thema.

Mit der Sammelbezeichnung ‚Stadt-Umland-Beziehungen' sind freilich sehr unterschiedliche Verbindungen zwischen der Stadt und ihrem Umland angesprochen, ‚Ströme', die teilweise auf die Stadt gerichtet sind (z. B. Zustrom von Trinkwasser, Arbeitskräften, Migranten, Kapital), teilweise von der Stadt ins Umland fließen (z. B. Ströme von Schadstoffemissionen, Naherholungssuchenden), teilweise aber auch in beiden Richtungen verlaufen (z. B. Pendlerströme, Migrantenströme). Als gleichsam ‚Prototyp' der Stadt-Umland-Beziehungen können in der Stadtgeographie die ‚zentralörtlich bestimmten' Beziehungen gelten. Diese werden denn auch als erste behandelt (2.2.1); anschließend werden als weitere wichtige Stadt-Umland-Beziehungen die Pendlerverflechtungen (2.2.2), die Wanderungsbeziehungen (2.2.3) und die Naherholungsbeziehungen (2.2.4) dargestellt.

2.2.1 Zentralörtliche Stadt-Umland-Beziehungen *(Günter Heinritz)*

Die zentralörtlichen Beziehungen, die sich aus der Funktion der Städte bei der Versorgung ihrer Umlandbevölkerung ergeben, sind als Teilmenge der Stadt-Umland-Beziehungen nicht nur in zahllosen Studien empirisch untersucht, sondern auch als erste theoretisch erschlossen worden. Die Theorie der zentralen Orte ist mit dem Namen *Walter Christaller* verbunden. In seiner Dissertation hat *Christaller* auf der Suche nach Gesetzmäßigkeiten, die für Zahl, Größe und Verteilung städtischer Siedlungen bestimmend sind, ökonomisch-theoretische Grundlagen der Stadtgeographie entwickelt. Im folgenden soll die von *Christaller* entwickelte Theorie kurz referiert werden, um daran anschließend sowohl die Ergebnisse der empirischen Zentralitätsforschung als auch Versuche zur Umsetzung dieser Theorie in Raumordnungskonzepte detaillierter darzustellen (vgl. auch 3.2.2).

2.2.1.1 Die Grundgedanken Christallers

Mit der Einführung des Eigenschaftswortes „zentral" eröffnet *Christaller* den theoretischen Teil seiner Arbeit. Er will mit ihm die Eigenschaft einer Siedlung bezeichnen, „Mittelpunkt eines Gebietes zu sein" (1933, S. 23). Das ist freilich nicht im geometrischen Sinn, sondern als Metapher gemeint: Angesprochen ist vor allem ein funktionaler Zusammenhang vom Typ einer Punkt-Gebiets-Beziehung.

Christaller versucht, diesen Begriffsinhalt des Wortes „zentral" durch eine zweite Definition abzusichern, indem er hinzufügt, zentral bezeichne die Eigenschaft einer Siedlung, einen Bedeutungsüberschuß zu besitzen. Diesen Bedeutungsüberschuß nennt er „Zentralität". Ihm entspricht ein Bedeutungsdefizit des die Stadt umgebenden Gebietes. Ob man nun „zentral" definiert als „Eigenschaft, Mittelpunkt zu sein" („absoluter" Zentralitätsbegriff) oder als „Bedeutungsüberschuß zu haben" („relativer" Zentralitätsbegriff): beide Definitionen bereiten Schwierigkeiten, wenn es gilt, den Begriff zu operationalisieren, d. h. entsprechende Meßanweisungen zu formulieren: Beide Definitionen implizieren ja, daß das dem zentralen Ort zugehörige Gebiet vorab bestimmt sein muß.

Ein wichtiger Unterschied liegt allerdings darin, daß bei einem Verständnis im Sinne von „Bedeutungsüberschuß besitzend" die jeweilige Eigenbedeutung des zentralen Ortes gemessen werden muß, was eine eindeutige Abgrenzung von seinem Umland erfordert. Eine solche Abgrenzung bot zur Zeit der Untersuchung *Christaller*s in Süddeutschland sicher kaum Schwierigkeiten, wird aber um so problematischer, je mehr sich im Zuge der Industrialisierung die Siedlungsstrukturen verändert und Verdichtungsräume ausgebildet haben. Das hat etwa *Bobek* dazu veranlaßt, die Vorstellung vom Bedeutungsüberschuß als obsolet gewordenes Konzept zu bezeichnen und zu fordern, zentral nicht mehr als relativen, sondern als absoluten Begriff zu verwenden. Nach seinem Vorschlag sollte unter Zentralität also die Gesamtbedeutung aller an einem Standort versammelten Einrichtungen des teritären Wirtschaftssektors verstanden werden. Da andere Autoren nach wie vor am Konzept des Bedeutungsüberschusses festhalten, haben wir hinzunehmen, daß der Terminus „zentral" zur Bezeichnung unterschiedlicher Zentralitätskonzepte dient.

Ungeachtet solcher Unterschiede ähneln sich die von Anhängern der beiden Konzepte zusammengestellten Kataloge zentraler Einrichtungen und Dienste doch sehr stark. Sie umfassen regelmäßig sowohl Einrichtungen der öffentlichen Daseinsvorsorge als auch wirtschaftliche Dienstleitungseinrichtungen privater Träger. Zur erstgenannten Gruppe rechnen Institutionen der allgemeinen Verwaltung, des Bildungs-, Gesundheits- und Sicherheitsbereiches (z. B. Finanzämter, Gymnasien, Krankenhäuser oder Rettungswachen), die von *Bobek* als „gesetzte Dienste" bezeichnet werden, weil ihr Standort auf Grund einer politischen Entscheidung an bestimmte Orte gesetzt und ihnen ein bestimmter Zuständigkeitsbereich (Sprengel) wie (damit) auch eine bestimmte Größe zugewiesen worden sind. Die Nutzer solcher Einrichtungen können dort mit einem Rechtsanspruch auf Leistung auftreten. Ganz anders ist dies bei den Einrichtungen, die *Bobek* als „spontan angereicherte Dienste" bezeichnet hat. Von deren Angebot kann nur Gebrauch machen, wer bereit ist, den jeweils geforderten Preis (incl. Transportaufwand) zu bezahlen, d. h. die Nutzer solcher Einrichtungen sind vor allem zu sehen als Objekte der Ertragserwartungen, die mit den betreffenden Unternehmungen verbunden sind. Deren Standorte sind daher auch stets das Resultat einer freien unternehmerischen Entscheidung, die vor dem Hintergrund des bestehenden Wettbewerbs mit Konkurrenten getroffen werden mußte.

Jeder zentralen Einrichtung schreibt *Christaller* eine bestimmte äußere Reichweite zu. Darunter versteht er jene Distanz, die ein Konsument gerade noch zurückzulegen bereit ist, um einen bestimmten Angebotsstandort aufzusuchen. Der Reichweitenbegriff spielt, wie gleich zu zeigen ist, bei der Ableitung des für die zentralörtliche Raumorganisation in allen Maßstabsbereichen gültigen hierarchischen Prinzips die entscheidende Rolle.

Um dies nachvollziehen zu können, müssen wir zunächst einige Prämissen zur Kenntnis nehmen, die zum einen die Raumbeschaffenheit und zum anderen das Verhalten von Konsument und Anbieter betreffen. Diese Annahmen sind zweifellos haarsträubend unrealistisch – was wohl ein wichtiger Grund dafür gewesen war, daß *Christaller*s Arbeit in der deutschen Geographie der dreißiger bis fünfziger Jahre, die, entgegen den Prämissen *Christaller*s, gerade an räumlichen Unterschieden interessiert war, bei weitem nicht jene Anerkennung gefunden hat, welche ihr später die auf „pattern and order" orientierte angelsächsische Geographie gezollt hat – doch kann dies selbstverständlich die Gültigkeit der von *Christaller* geleisteten Deduktionen nicht tangieren. Um ungestört von natur- bzw. kulturgeographischen Ausstattungsunterschieden des Raumes zeigen zu können, zu welchen räumlichen Strukturen die getroffenen Verhaltensannahmen führen, abstrahiert *Christaller* nämlich von allen räumlichen Unterschieden, die z. B. hinsichtlich der Verteilung der Bevölkerung bzw. ihrer Kaufkraft oder der Erreichbarkeit eines Ortes bestehen mögen. Entsprechend sind auch die Transportkosten innerhalb dieses idealen Raumes, der ohne Grenzen gedacht wird, direkt proportional zur Entfernung zwischen zwei Punkten.

Die Annahmen über das Verhalten der Wirtschaftssubjekte unterstellen sowohl den Konsumenten wie den Anbietern ein ausschließlich ökonomisch-rationales Handeln. Als homo oeconomicus versucht zunächst der Konsument, seine Transportaufwendungen zu minimieren, d. h. er sucht also stets den ihm jeweils nächstgelegenen Angebotsstandort auf. Da Kaufkraftunterschiede ausgeschlossen sind, hat jedermann zur Besorgung eines bestimmten Gutes die gleichen finanziellen Mittel zur Verfügung. Je weiter entfernt nun ein Verbraucher vom Angebotsstandort wohnt, um so höher werden die ihm entstehenden Transportkosten. Die äußere Reichweite eines Angebotsstandorts endet demnach dort, wo die Summe aus Preis der Ware plus Transportkosten gleich ist dem für den Erwerb des betreffenden Gutes zur Verfügung stehenden Betrag.

Der Anbieter ist als homo oeconomicus dagegen auf die Maximierung seiner Gewinne bedacht. Da die Gewinne um so höher sind, je größer die Nachfrage ist, die Nachfrager aber räumlich gleich verteilt sind und stets den nächstgelegenen Angebotsstandort aufsuchen (s. oben), muß jeder Anbieter bestrebt sein, ein möglichst großes Absatzgebiet zu gewinnen, d. h. die Abstände zu seinem Konkurrenten zu maximieren. Da sich alle Konkurrenten ebenso verhalten, ordnen sich ihre Standorte so an, daß „sie auf den Ecken gleichseitiger Dreiecke liegen, die sich ohne weiteres zu Sechsecken gruppieren" (*Christaller* 1933, S. 69).

Als homo oeconomicus muß aber jeder Anbieter, der nicht mindestens soviel einnimmt, daß seine Kosten gedeckt sind, aus dem Markt ausscheiden. Weil nach den getroffenen Annahmen jedoch kein Anbieter besondere Kostenvor- oder -nachteile hat, heißt dies, daß jeder Betrieb schließen muß, der sich nicht ein ausreichend großes Marktgebiet sichern kann. Ausreichend groß aber ist ein Marktgebiet dann, wenn das jeweils angebotene Gut mindestens so weit reicht bzw. bis zu mindestens einer solchen Entfernung nachgefragt wird, daß der für das betreffende Gut bzw. dessen Angebot erforderliche Mindestumsatz erzielt wird. Diese Mindestreichweite nennt *Christaller* „innere Reichweite". Ihr entspricht zugleich ein Mindestabstand zwischen dem betreffenden Anbieter und seinem nächsten Konkurrenten. Entsprechend dem mit dieser inneren Reichweite korrespondierenden Mindestumsatz wird die innere Reichweite in der angelsächsischen Geographie auch „threshold" (Umsatzschwelle) genannt, im Unterschied zu „range" für die äußere Reichweite.

Zusammenfassend ist festzuhalten, daß die Ausgangsbedingungen *Christaller*s so gewählt sind, daß außer den Kosten zur Distanzüberwindung keine anderen Variablen mehr eine Rolle spielen.

2.2.1.2 Das System der zentralen Orte nach dem Versorgungsprinzip

Von diesen Grundannahmen ausgehend, hat *Christaller* ein System der zentralen Orte abgeleitet, dessen räumliche Struktur vom „Markt- bzw. Versorgungsprinzip" bestimmt wird. Andere Strukturen zentralörtlicher Systeme hat *Christaller* nach dem „Verwaltungsprinzip" sowie nach dem „Verkehrsprinzip" entwickelt. Da die bei weitem größte Bedeutung jedoch dem nach dem „Versorgungsprinzip" strukturierten System zugemessen wurde, soll das zentralörtliche System auch hier allein nach dem Versorgungsprinzip vorgestellt werden.

Soll die räumliche Verteilung von Angebotsstandorten so organisiert sein, daß innerhalb eines größeren Raumes keine Gebiete unversorgt bleiben, zugleich aber die Zahl der Angebotsstandorte so gering wie möglich ist, dann dürfen die Abstände zwischen ihnen nicht gleich dem Doppelten der Reichweite

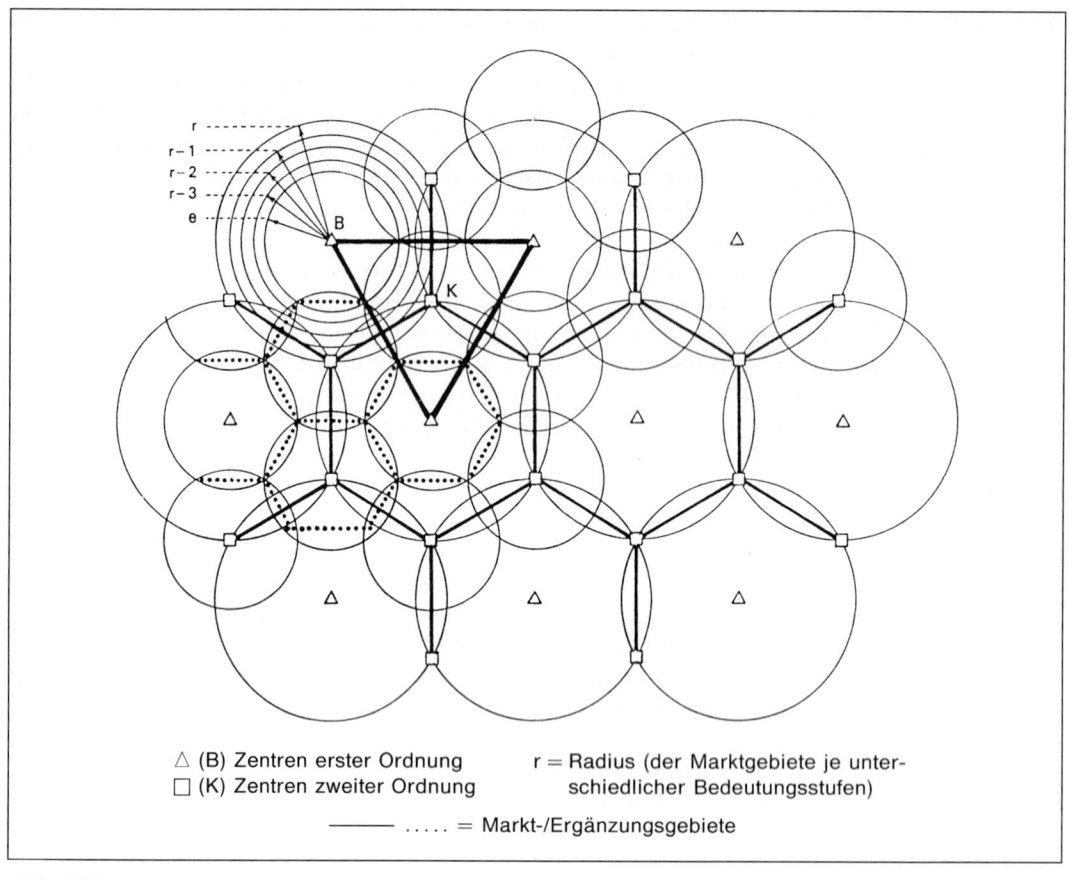

△ (B) Zentren erster Ordnung
□ (K) Zentren zweiter Ordnung
r = Radius (der Marktgebiete je unter-schiedlicher Bedeutungsstufen)
——— ..... = Markt-/Ergänzungsgebiete

Abb. 2.2/1
Zentrale Orte und Marktgebiete in einem zweistufigen System (Ableitungsbeispiel)
Quelle: Herbert/Thomas 1982, S. 109

r sein, sondern nur $r \cdot \sqrt{3}$ betragen (Abb. 2.2/1). Die Marktgebiete um die einzelnen Standorte sind dann nicht mehr kreisförmig, sondern nehmen die Form eines Sechseckes an (da die Konsumenten, die im Überschneidungsgebiet zweier Marktgebiete wohnen, gemäß der getroffenen Verhaltensannahme das jeweils nächstgelegene Zentrum besuchen). Es entsteht also ein Netz von Angebotsstandorten und Marktgebieten, dessen Abbild das berühmte Wabenmuster zeigt.

Um dieses Netz zum System zentraler Orte zu entwickeln, bedarf es der Einführung eines zweiten Gutes mit anderer, zum Beispiel kleinerer Reichweite (bei Wahl eines zweiten Gutes mit größerer Reichweite läßt sich das System selbstverständlich ebenso ableiten, wofür die Darstellung von *Deiters* 1982 ein gut verständliches Beispiel gibt).

Für die Anbieter dieses Gutes liegt es nahe, sich in jenen Standorten niederzulassen, an denen bereits die Anbieter von Gut Nr. 1 agieren. Da die Reichweite des neuen Gutes aber kleiner ist und keine unversorgten Gebiete auftreten dürfen, muß die Zahl der Angebotsstandorte vermehrt werden. Die zusätzlichen Standorte liegen – dem Bestreben der Anbieter zur Maximierung ihrer Abstände zu den Konkurrenten entsprechend – im Mittelpunkt der gleichseitigen Dreiecke, deren Eckpunkte die Angebotsstandorte für Gut 1 sind.

Diese neuen zentralen Orte sind nun deshalb rangniedriger, weil sie nur für Angebote mit einer Reichweite, die kleiner als r ist, benötigt werden. Die Anbieter des zweiten Gutes $r-1$, die sich in der ersten Garnitur ranghöherer zentraler Orte niedergelassen haben, können freilich nicht das gleiche Marktgebiet in Anspruch nehmen, das dort die Anbieter des Gutes r besitzen. Der Abstand zu ihren Konkurrenten beträgt ja nunmehr r, so daß sich der Radius ihrer Marktgebiete nur noch auf $r:\sqrt{3}$ beläuft. Damit ist zugleich auch die Untergrenze der Reichweite angegeben, bis zu der durch die zweite Garnitur zentraler Orte die flächendeckende Versorgung des Raumes gewährleistet ist.

Für Güter, deren Reichweite noch kleiner ist, müßte eine dritte, wiederum rangniedrigere Garnitur zentraler Orte geschaffen werden, deren Marktgebiet nunmehr einen Radius von $\frac{1}{3}r$ aufweist. Jede Garnitur von zentralen Orten entspricht also einer bestimmten Rangstufe, für die ein ganz bestimmtes Spektrum von Gütern charakteristisch ist, deren Reichweite stufenspezifisch nach oben und unten begrenzt ist. In unserem Beispiel gehören alle Güter mit einer Reichweite kleiner r bis größer $r:\sqrt{3}$ stufenspezifisch zur zweiten Stufe und alle Güter mit einer Reichweite kleiner $r:\sqrt{3}$ bis größer $\frac{1}{3}r$ stufenspezifisch zur dritten Stufe (vgl. Tab. 2.2/1).

Tab. 2.2/1: Zentrale Orte, Reichweiten und Abstände in einem 5stufigen zentralörtlichen System ($k=3$)

Stufe	Anzahl der Orte	Reichweite	Abstand
1. (= höchster Rang)	a	r	$r \cdot \sqrt{3}$
2.	$3a$	$\frac{1}{\sqrt{3}}r$	r
3.	$9a$	$\frac{1}{3}r$	$\frac{1}{\sqrt{3}}r$
4.	$27a$	$\frac{1}{3\sqrt{3}}r$	$\frac{1}{3}r$
5.	$81a$	$\frac{1}{9}r$	$\frac{1}{3\sqrt{3}}r$

Quelle: Heinritz 1979, S. 32

Das System zentraler Orte erweist sich demnach als eine Menge von zentralen Orten verschiedener Rangstufen, deren räumliche Lage ebenso regelhaft bestimmt ist wie ihre zahlenmäßige Relation (Abb. 2.2/2).

Bei der Deduktion des hierarchischen Prinzips, das in jedem zentralörtlichen System waltet, hatte die Reichweite, wie wir gesehen haben, eine Schlüsselrolle gespielt. Lange Zeit ist in der auf *Christaller* folgenden Literatur übersehen worden, daß diese das System beherrschende Determinante nicht als eine feste Größe, sondern als eine hochgradig reagible und konstellationsbedingte Variable konzipiert war. Dabei sind es nicht nur objektive Faktoren, wie Größe des zentralen Ortes, Bevölkerungsverteilung oder Art, Menge und Preis der zentralen Güter, auf die die Reichweite empfindlich reagiert, sondern im großen Umfang auch subjektive Größen, wie die Preiswilligkeit der Käufer und ihre Bewertung des Aufwandes, der für die zum Aufsuchen des zentralen Ortes erforderliche Distanzüberwindung erforderlich ist. Mag eine solche subjektive Bewertung, welche die Reichweite als Grenzwerte einer Zeit-Kosten-Mühe-Relation bestimmt, zweifellos nur schwer nachvollziehbar sein, wird man *Christaller* jedenfalls nicht vorwerfen können, er habe die Veränderlichkeit von Reichweite – und damit letztlich die Wandelbarkeit der Bedeutung eines zentralen Ortes – nicht gesehen.

Für die auf *Christaller* folgende empirische Zentralitätsforschung standen freilich nicht die Frage des Bedeutungswandels eines zentralen Ortes bzw. eines zentralörtlichen Systems, sondern die methodischen Probleme der Zentralitätsmessung im Vordergrund. Wir wollen deshalb die Darstellung der wichtigsten Ergebnisse der empirischen Zentralitätsforschung mit der Diskussion von Vorzügen und Schwächen einiger ausgewählter Verfahren der Zentralitätsmessung beginnen und daran anschließend

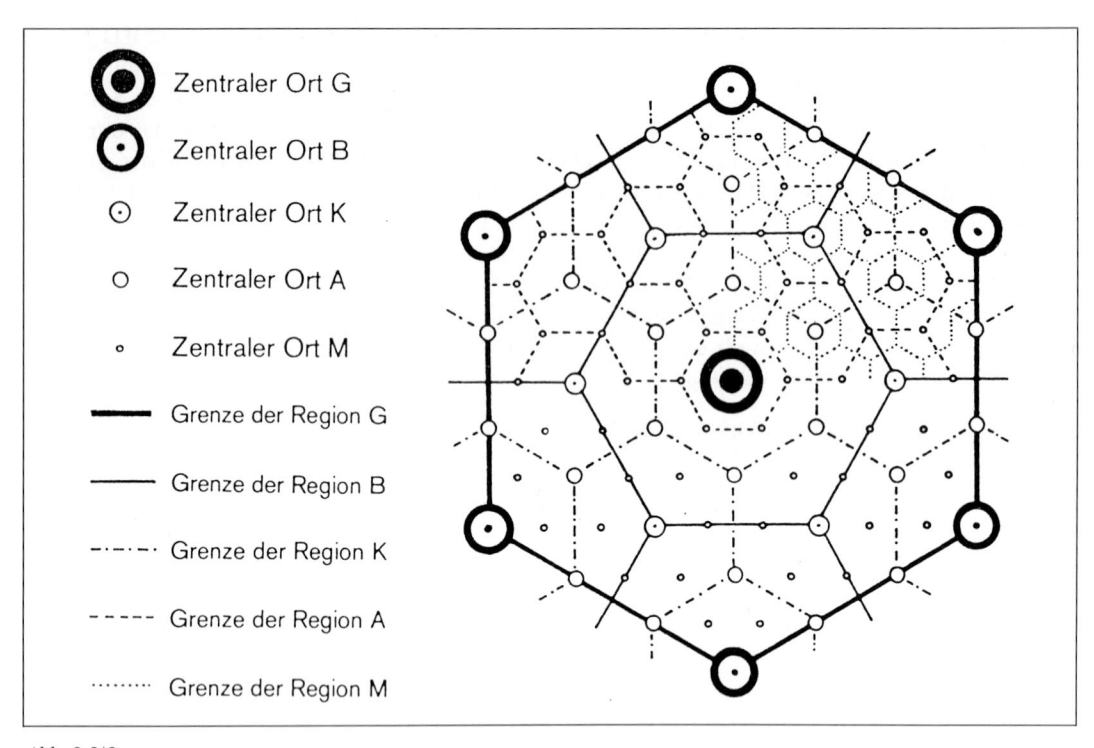

- ◉ Zentraler Ort G
- ⦿ Zentraler Ort B
- ⊙ Zentraler Ort K
- ○ Zentraler Ort A
- ∘ Zentraler Ort M
- ▬▬ Grenze der Region G
- ―― Grenze der Region B
- –·–· Grenze der Region K
- – – – Grenze der Region A
- ······ Grenze der Region M

Abb. 2.2/2
Das System der zentralen Orte nach Christaller (Versorgungsprinzip, k = 3)
Quelle: Carter (Vetter) 1980, S. 117

einige neuere, insbesondere aus der verhaltenswissenschaftlich orientierten Geographie stammende Ansätze in der Zentralitätsforschung vorstellen.

2.2.1.3 Empirische Zentralitätsforschung

a) Verfahren der Zentralitätsmessung

Will man nun die Zentralität eines Ortes messen, so steht man grundsätzlich vor der Schwierigkeit, einen vieldimensionalen Sachverhalt auf einer in der Regel eindimensionalen Skala abbilden zu müssen.

Schon *Christaller* versuchte dies mit Hilfe eines Indikators zu lösen. Als dafür geeignet hielt er die Zahl der Telefonanschlüsse pro Einwohner. Betrachtet man seinen Vorschlag (und alle anderen vorgeschlagenen Verfahren zur relativen Zentralitätsmessung) kritisch, wird schnell deutlich, daß die eingangs gezeigten Differenzen in der Definition des Begriffes „zentral" keineswegs nur „Bauchschmerzen von Theoretikern" waren, sondern wichtige praktische Konsequenzen haben. Eine mit dem relativen Zentralitätsbegriff verbundene methodische Schwierigkeit liegt nämlich darin, daß sie die Abgrenzung des dem zentralen Ort zugehörigen Gebietes nach außen und gegenüber dem zentralen Ort zur Voraussetzung hat. Wäre eine solche Abgrenzung möglich, so könnte für jeden ausgewählten Indikator dem gegebenen Besatz eines zentralen Ortes mit zentralen Einrichtungen (als Ist-Wert) ein Soll-Wert gegenübergestellt werden. Als Soll-Wert hätte dabei jener Anteil zu gelten, der bei völliger Gleichverteilung des gewählten Indikators im gesamten Untersuchungsraum auf den betreffenden Ort entfallen würde. Die Differenz zwischen Ist- und Soll-Wert entspräche genau jenem „Bedeutungsüberschuß", der definitionsgemäß die Zentralität des betreffenden Ortes ausmacht.

Schon *Christaller* aber hatte die Soll-Werte für den von ihm gewählten Indikator Telefonanschluß nicht eigens für jedes Ergänzungsgebiet ermittelt, sondern sich damit beholfen, sie mit einem allgemeinen Durchschnittswert für das gesamte Untersuchungsgebiet gleichzusetzen.

Nachdem der von *Christaller* herangezogene Indikator seine Anzeigekraft bald verloren hatte, galt es, neue Indikatoren aufzuspüren. An Vorschlägen hat es nicht gemangelt. Sie reichen von der Zahl bzw. der Fläche zentraler Einrichtungen über die Zahl der im tertiären Sektor Beschäftigten bis hin zur Wertschöpfung bzw. zu Umsatzgrößen des Dienstleistungsbereiches. Soweit an dem relativen Zentralitätsbegriff festgehalten worden ist, blieb es bei dem schon von *Christaller* zitierten Verfahren, die Soll-Werte nicht empirisch für das jeweilige Gebiet zu ermitteln, sondern sie normativ vorzugeben.

Auf die eben erwähnten Indikatoren konnten aber auch jene zurückgreifen, die den Zentralitätsbegriff absolut verstehen. Sie bevorzugten vor allem Kataloge zentraler Einrichtungen, deren Tradition schon *Christaller* 1950 begonnen hat und die in modifizierter Form bei der Einstufung der zentralen Orte durch die Landesplanungen eingesetzt worden sind.

Solche Kataloge geben stets ein hierarchisches System zentraler Orte a priori vor, das auf eine bestimmte Stufenzahl festgelegt ist. Zentralitätsmessungen mit Hilfe solcher Kataloge können also nicht dazu verwandt werden, das hierarchische System selbst zu bestimmen. Das gilt auch für die sog. Umlandmethode, d. h. den Versuch, durch Befragung der Wohnbevölkerung eines größeren Gebietes jene Orte zu ermitteln, die für verschiedene Bedarfsstufen aufgesucht werden.

Seit den 60er Jahren versucht man im Rahmen der absoluten Zentralitätsbestimmung allerdings, den Grad der Zentralität auch mehrdimensional zu ermitteln. Hierzu reduziert man die zahlreichen zentralörtlich bedeutsamen Einzelvariablen/-funktionen auf einige wenige, diesen zugrundeliegenden ‚Faktoren' (daher ‚Faktorenanalyse') und berechnet anschließend die Werte (‚Faktorenwerte') der einzelnen zentralen Orte auf diesen Faktoren. Der Vorteil dieser ‚multivariaten' Zentralitätsbestimmung liegt darin, daß die einzelnen jeweils vorhandenen zentralen Einrichtungen und Funktionen nicht quasi ‚additiv' verrechnet (aufsummiert) werden, sondern die zwischen ihnen bestehenden (statistischen wie räumlichen) Vergesellschaftungen (Korrelationen) ausschlaggebend sind.

b) Einzugsgebiete und Zentrenorientierung

Ein wichtiges Resultat von im Umland durchgeführten empirischen Untersuchungen ist die Feststellung einer oft sehr differenzierten Zentrenausrichtung der Wohnbevölkerung. Nach *Ittermann* (1975) ist hierbei zwischen einer gruppenspezifischen und einer güterspezifischen Polyorientierung zu unterscheiden. Gruppenspezifisch besagt, daß verschiedene soziale Gruppen eines Wohnortes ein und dasselbe Gut in verschiedenen zentralen Ortes besorgen; güterspezifisch meint die Tatsache, daß verschiedene zentrale Funktionen gleichen Ranges, z. B. Theater, Spezialklinik, Hochschule, aus ein und derselben Wohngemeinde in verschiedenen zentralen Orten nachgefragt werden. Hinzuzufügen bleibt die von *Hommel* (1974) beschriebene spezialisierte Aufspaltung der Zentrenbeziehung, ein Verhalten, das besonders beim Einkauf hochwertiger Güter, aber auch beim Großeinkauf von täglichem Bedarf zu beobachten ist, wenn um einer bestimmten, z. B. besonders billigen Einkaufsstätte willen ein zentraler Ort aufgesucht wird, der auf dieser Bedarfsstufe vom jeweiligen Konsumenten ansonsten nicht in Betracht gezogen wird.

Wenngleich die Umlandmethode, d. h. die Befragung der Wohnbevölkerung, es damit durchaus ermöglicht hat, wichtige Unterschiede im Versorgungsverhalten herauszufinden (s. auch *Klöpper* 1953 und *Müller-Neidhardt* 1972), so konnte es, da üblicherweise nur nach dem Normalverhalten des Konsumenten gefragt wird, auf diese Weise dennoch nicht gelingen, die Versorgungsbeziehungen in ihren Intensitäten (z. B. in ihren Häufigkeiten) quantitativ zu messen. Das wird erst möglich durch Erhebungen, welche die auf den zentralen Ort gerichteten Interaktionen dort selbst zu erfassen suchen.

Zu den Resultaten solcher, freilich mit einem erheblichen Aufwand verbundenen Erhebungen am Funktionsstandort gehört nicht zuletzt die Feststellung, daß der Einzugsbereich zentraler Einrichtungen bzw. zentraler Orte nicht festgefügt und fixiert ist, sondern erheblichen Schwankungen unterworfen ist, die sich unregelmäßig oder regelmäßig, kurz- oder langfristig einstellen können (*Meschede* 1971).

Einzugsbereiche zentraler Einrichtungen bzw. zentralörtliche Bereiche müssen also unter dynamischen Aspekten in ihrer Veränderlichkeit gesehen werden. Diese Veränderlichkeit war nach der Theorie der zentralen Orte durchaus zu erwarten, deren Schlüsselbegriff „Reichweite eines Gutes" ja als eine hochgradig reagible Größe konzipiert war (s. 2.2.1.2). Erst in den siebziger Jahren gewann mit dem Interesse an den Zentrenbeziehungen der Bevölkerung auch das Thema ‚Versorgungsverhalten' an Bedeutung. Damit wurde insbesondere die Nearest-Center-Hypothese obsolet; die Beobachtung, daß ein und dasselbe Gut von verschiedenen Konsumenten desselben Wohnortes in verschieden weit vom Wohnort gelegenen Zentren erworben wird, legte es vielmehr nahe, verhaltenswissenschaftliche Ansätze in die Zentralitätsforschung einzubeziehen.

Verhaltensunterschiede zwischen Haushalten mit hohem bzw. geringem Einkommen, zwischen PKW-Besitzern und solchen, die über kein eigenes Fahrzeug für ihre Versorgungsaktivitäten verfügen können, oder zwischen jüngeren und älteren Konsumenten wurden dabei zunächst überwiegend deskriptiv erfaßt. Für Versuche, zu Erklärungen solcher Verhaltensunterschiede vorzudringen, erwies sich insbesondere der aktionsräumliche Ansatz als fruchtbar. Er stellt die Frage, inwieweit die zeiträumlich ausgeprägten Tätigkeitsmuster von Konsumenten beeinflußt werden durch extern einwirkende zeiträumliche Handlungsbegrenzungen (z. B. Öffnungszeiten, Fahrpläne etc.) in Verbindung mit der jeweiligen individuellen Verfügung über Handlungsmittel.

Wenn hier von Mitteln die Rede ist, so sind damit nicht nur finanzielle und technische, sondern vor allem auch zeitliche Möglichkeiten angesprochen, die für die einzelnen Besorgungsaktivitäten und die hierfür evtl. erforderliche Distanzüberwindung gegeben sein müssen. Den daraus resultierenden Begrenzungen des Handlungsspielraumes läßt sich begegnen durch Zeitersparnisse, wie sie die Bündelung von Besorgungsaktivitäten (zu multifinalen Ausgängen) ermöglicht, für die sich der Begriff „Kopplung" eingebürgert hat.

Das Phänomen der Kopplung spielt für die Zentralitätsforschung vor allem deshalb eine so große Rolle, weil die Entwicklungschancen – wie *Lange* in seiner Arbeit zur Dynamik zentralörtlicher Systeme gezeigt hat – ganz wesentlich von dem jeweiligen Kopplungspotential eines Zentrums abhängig sind. So kann *Lange* etwa nachweisen, daß es unter bestimmten Bedingungen für den Konsumenten ökonomisch rationaler ist, nicht den nächstgelegenen zentralen Ort, sondern ein weiter entfernt gelegenes, aber besser ausgestattetes Zentrum aufzusuchen. Da diese Alternative mit steigendem Einkommen an Bedeutung gewinnt, läßt sich folgern, daß ein allgemeines Einkommenswachstum größere Zentren stets zu Lasten kleinerer Zentren begünstigt.

2.2.1.4 Zentrale Orte als Planungskonzept

Christaller hatte sein zentralörtliches System bekanntlich in erster Linie nach dem Versorgungsprinzip entwickelt (vgl. 2.2.1.2), d. h. er suchte nach jener hierarchisch strukturierten räumlichen Verteilung von zentralen Orten, mit der bei einer möglichst geringen Zahl von Orten eine lückenlose Versorgung der Bevölkerung eines bestimmtes Gebietes gewährleistet werden konnte.

Gerade dieser normative Aspekt ließ die Theorie der zentralen Orte sehr geeignet zur Anwendung durch Planer erscheinen. Erste Versuche zu einer solchen Anwendung für die europäischen Ostgebiete, die das Hitlerregime zur Erweiterung des deutschen Lebensraumes erobern zu müssen glaubte, erfolgten noch durch *Christaller* selbst. Der Faszination der geometrisch konstruierten Netze auf zentrale Orte erlagen in der Folgezeit viele Planer, vor allem jene, die für Neuland ein Siedlungssystem zu entwerfen hatten. Die schematische Übernahme des *Christaller*schen Modells – etwa bei der Planung der Siedlungsstruktur neuer Poldergebiete in den Niederlanden oder im Zusammenhang mit der israelischen new-town-Politik – war regelmäßig zum Scheitern verurteilt, weil die Notwendigkeit einer Anpassung an wichtige Randbedingungen entweder überhaupt nicht erkannt oder falsch eingeschätzt worden war. Die geplanten Zentren wurden in beiden Fällen von ihrer Umlandbevölkerung nicht angenommen und blieben daher in ihrer Entwicklung stecken.

Auch in die Regional- und Landesplanung der Bundesrepublik fand das Konzept der zentralen Orte Eingang. Mit dem 1965 in Kraft getretenen Raumordnungsgesetz wurden die zentralen Orte zum Instrument einer Raumordnungspolitik, deren Ziel es war, in allen Teilen der Bundesrepublik Deutschland gleichwertige Lebensbedingungen zu schaffen. 1968 stellte die Ministerkonferenz für Raumordnung in einer Entschließung Leitsätze für die Entwicklung zentraler Orte und ihrer Verflechtungsbereiche auf, die eine vierstufige Hierarchie für zentrale Orte (Klein-, Unter-, Mittel- und Oberzentrum), dagegen eine nur dreistufige für die Verflechtungsbereiche (Nah-, Mittel- und Oberbereich) festlegen.

Die Konkretisierung dieser Politik, insbesondere die Auswahl der Städte, die als zentrale Orte eines bestimmtes Ranges ausgewiesen werden sollten, blieb den Bundesländern vorbehalten. Kontroversen resultieren insbesondere aus der Frage, wie groß die Zahl der auszuweisenden Orte sein sollte. Diese Frage ist in der Tat von den einzelnen Ländern sehr unterschiedlich beantwortet worden. Bei den jeweiligen Auseinandersetzungen ließ sich überall ein ‚Basisdruck' auf die höheren Planungsebenen beobachten, der auf eine möglichst große Zahl von zentralen Orten hingewirkt hat. Wenngleich der Feststellung, daß die Entwicklung von Regionen und Standorten an ein Mindestmaß von Agglomerationsvorteilen gebunden sei, von seiten der praktischen Planung nicht widersprochen werden konnte, erwies sich die Absicht, die Zahl der Zentren nicht zu groß werden zu lassen, doch als politisch nur schwer durchsetzbar. Angesichts konkreter Vorteile, welche die Zuerkennung eines bestimmten zentralörtlichen Status für die einzelne Gemeinde mit sich brachte (vgl. *Ganser* 1977, S. 106), war dies nicht verwunderlich. Will man die Zahl der Zentren gering halten, müssen eben viele Orte zugunsten von wenigen auf eine Anerkennung als zentraler Ort verzichten. Dies war erwartungsgemäß unpopulär, weil ein solcher Verzicht weder von der Praxis der staatlichen Finanzzuweisungen noch vom Wähler honoriert wird.

Mit Kompromissen, etwa der Einführung von Zwischenstufen (z. B. „Unterzentrum mit Teilfunktionen eines Mittelzentrums") und Planungsfällen („mögliches Oberzentrum") usw., konnte man zwar politisch unerwünschten Konflikten mit den betroffenen Kommunen aus dem Wege gehen; doch gerieten damit die mit dem zentralörtlichen Konzept intendierten landesplanerischen Zielsetzungen ins Hintertreffen. Die Auswahlpraxis der Landesplanungen war vielmehr sehr stark am Ist-Zustand orientiert, die dabei angewandten Auswahlmethoden bzw. -kriterien zudem häufig kaum exakt nachprüfbar.

So unterschiedlich die zentralörtlichen Systeme, die auf diese Weise in den einzelnen Bundesländern bestimmt worden sind, im einzelnen auch sein mögen, so gleichen sie sich doch darin, daß sie sämtlich unflexibel angelegt sind, so daß ihre Anpassung an sich ändernde Rahmenbedingungen – z. B. an einen Rückgang von Bevölkerung und/oder Arbeitsplätzen – wenig aussichtsreich erscheint. Hinzu kommt, daß die Zentrale-Orte-Politik überall empfindlich unter einem Vollzugsdefizit zu leiden hatte, was seine Ursache insbesondere in der mangelnden Verknüpfung der raumordnerischen Zielsetzungen (die häufig genug nicht hinreichend konkretisiert sind) mit der mittelfristigen Finanzplanung hat. Daher nimmt es nicht wunder, wenn sich, wie *Uhlmann* (1979, S. 23) zu Recht festgestellt hat, längst „eine deutliche Ernüchterung gegenüber der anfänglichen Planungseuphorie eingestellt hat".

2.2.2 Pendlerverflechtungen zwischen Stadt und Umland *(Reinhard Paesler)*

2.2.2.1 Entwicklung und heutige Bedeutung des Pendelverkehrs

Der Pendelverkehr gehört, neben den zentralörtlichen Beziehungen, zu den wichtigsten geographisch relevanten Komponenten des Gesamtkomplexes Stadt-Umland-Verflechtungen. Er wird allgemein als derjenige Teil des Personenverkehrs definiert, der durch den regelmäßig, meist täglich zurückgelegten

Weg zwischen Wohnung und Arbeits- bzw. Ausbildungsstätte verursacht wird. Wegen der dispersen Lage der Wohnungen – überwiegend am Stadtrand und im Umland – und der Konzentration der Arbeitsplätze – vor allem in den Stadtzentren und in industriell geprägten Vororten – liegt es nahe, das Pendeln ebenfalls dem zentralörtlichen Funktionsbereich zuzuordnen. So spricht man gelegentlich von „Arbeitsplatzzentralität" als Teil des gesamten Angebots eines zentralen Ortes an sein Umland. Im Gegensatz zum Ausbildungspendelverkehr, der als Ausdruck der Versorgungsfunktion eines zentralen Ortes im Schul- und Bildungsbereich erklärt werden kann, handelt es sich beim Berufspendelverkehr – und nur auf diesen soll im folgenden Bezug genommen werden –, jedoch um das Ergebnis arbeitsfunktionaler Verflechtungen mit weitgehend anderen Gesetzmäßigkeiten und Erklärungsansätzen.

Der Pendelverkehr als Ergebnis und Ausdruck räumlicher Trennung von Wohnung und Arbeitsplatz gehört zu den geographisch bedeutsamsten Phänomenen in der Folge des Übergangs von der Agrar- zur Industrie- und Dienstleistungsgesellschaft. Er hängt insofern eng mit der zunehmenden zeitlichen, räumlichen und bewußtseinsmäßigen Trennung von Arbeitsleben und Privat- bzw. Freizeitsphäre zusammen. Für die Agrargesellschaft war eine enge räumliche Verbindung der Funktionsstandorte „Arbeiten" und „Wohnen" charakteristisch. Wohnung und Arbeitsplatz waren nicht nur in derselben Gemeinde, sondern weitgehend im selben Haus vereint. Das Leben spielte sich fast ausschließlich an einem räumlich und funktional vom Arbeits- und Berufsleben vorgegebenen Standort ab. Dies galt nicht nur für die agrarisch tätige Bevölkerung, sondern ebenso für die große Mehrheit der Einwohner der Städte in der vor- bis frühindustriellen Epoche, wo in aller Regel Wohnung und Werkstatt, Ladengeschäft und dergl. unter einem Dach vereint waren.

Die erste Lockerung dieser engen Bindung erfolgte im Zeitalter der Industrialisierung. Für die neu entstehende Schicht der Fabrikarbeiter, aber auch für die wachsende Zahl der Beschäftigten in Bergwerken, Handwerksbetrieben, Kaufhäusern und in dem sich rasch ausdehnenden Bereich der öffentlichen Verwaltung wurden Wohnsiedlungen, oft ganze städtische Vororte, neu erbaut. Eine gewisse räumliche Bindung zwischen Wohnung und Arbeitsplatz blieb aber, vor allem aus Gründen der Erreichbarkeit, nach wie vor bestehen, wenn auch nicht immer in der engen Weise wie im Fall vieler Arbeiter- und Bergmannssiedlungen. In den alten englischen Industriegebieten, aber auch im Ruhrkohlenrevier, wurden diese Siedlungen häufig auf dem Betriebsgelände selbst errichtet. Fußläufige Entfernungen zwischen Wohnung und Arbeitsplatz waren aber auch sonst bis weit ins 20. Jahrhundert hinein die Regel; die Einheit von Wohn- und Arbeitsgemeinde wurde nur selten durchbrochen.

Dies änderte sich jedoch mit der Einrichtung leistungsfähiger öffentlicher Nahverkehrsmittel und – in Mittel- und Westeuropa nach dem Zweiten Weltkrieg – mit der sich rasch durchsetzenden privaten Motorisierung. Erst diese erhöhte Mobilität ließ eine stärkere räumliche Trennung von Wohnung und Arbeitsstätte zu, ermöglichte es, daß große Teile der Arbeitsbevölkerung sich unter Beibehaltung des innerstädtischen Arbeitsplatzes am Stadtrand und im Stadtumland niederlassen konnten, und ließ den Pendelverkehr zu seiner heutigen Größenordnung anwachsen. Deutliche räumliche Trennung zwischen Wohnung und Arbeitsplatz ist heute in allen Gemeinden mit überwiegend nichtlandwirtschaftlicher Beschäftigung der Normalfall geworden. So gehörten z. B. nach den Ergebnissen des Mikrozensus 1980 in Bayern, das hier stellvertretend für andere „Flächenstaaten" des Bundesgebiets stehen kann, 79% der Erwerbstätigen zu dieser Gruppe der Arbeitspendler im weitesten Sinn. In den städtischen Siedlungsagglomerationen ist ihr Anteil natürlich noch wesentlich höher.

Nach ersten Ansätzen vor dem Zweiten Weltkrieg (vgl. insbesondere *Hartke* 1938) wurde das Pendlerphänomen erst in den 50er und 60er Jahren intensiver erforscht, auch in seiner geographischen und raumordnerischen Problematik. Man erkannte jedoch vielfach nicht die im Zuge der wirtschaftlichen und gesellschaftlichen Entwicklung liegende Ausdehnung des menschlichen Aktionsraumes, sondern sah den Pendelverkehr weitgehend undifferenziert negativ als eine Fehlentwicklung, die man durch Wohnungsbau am Betriebsstandort beseitigen könne (z. B. *Staubach* 1962). Es wurde dabei übersehen, daß eine derart enge Zuordnung von Wohnung und Arbeitsstätte vom Großteil der Bevölkerung nicht mehr gewünscht wird und daß sie zudem die Freiheit der Arbeitsplatz- und Wohnstandortwahl erheblich einschränken würde. Ein Arbeitsplatzwechsel müßte nach diesen Vorstellungen in der Regel auch einen Wohnungswechsel nach sich ziehen, und umgekehrt.

Heute wird anerkannt, daß es sich beim Arbeitspendeln um eine Folge räumlicher Maßstabsveränderung und geänderter Reichweitensysteme handelt, die mit dem Urbanisierungsprozeß einhergeht. Der Nahbereich eines zentralen Ortes, in eng verflochtenen Agglomerationsräumen vielfach schon die Region, entspricht in seiner Bedeutung für das räumliche Denken und Handeln der heutigen Menschen der Wohngemeinde von gestern. Die Urbanisierung führte zur Ausbildung von Arbeitsmarktbereichen, in denen sich aufgrund stark erweiterter Reichweiten die Wohn- und Arbeitsfunktion in einer Weise entfalten wie in der vor- und frühindustriellen Zeit nur innerhalb eines Ortes. Ein derartiger Bereich wird im Bewußtsein der Bevölkerung bzw. bei ihrem raumwirksamen Handeln als Einheit angesehen. Das Pendeln hat hier in den Überlegungen der Betroffenen das ihm früher anhaftende Negative verloren und ist etwas so Selbstverständliches geworden wie früher die Tatsache, daß Wohn- und Arbeitsort identisch waren (*Paesler* 1976, S. 115). Dementsprechend vermag das Kriterium „Berufspendlerverflechtungen" „wie kaum ein anderes ... eine Aussage über das Maß der funktionalen Verflechtung eines Raumes mit seinem ökonomischen Kerngebiet zu vermitteln" (*Nellner* 1975, S. 8).

Die Bewertung des Pendelns hat sich also stark gewandelt, und insbesondere in den großen Agglomerationen mit intensiven sozio-ökonomischen Verflechtungen zwischen ihren Teilräumen wird heute das intraregionale Pendeln für ebenso „normal" gehalten wie früher der innergemeindliche Weg zur Arbeitsstätte. Einem solchen Umdenken entsprachen vielfach auch die durch die Gemeindegebietsreform der 70er Jahre hervorgerufenen Veränderungen in der Pendlerstatistik. Durch Eingemeindungen von Umlandgemeinden und Gemeindezusammenlegungen im Stadtumland wurde eine große Anzahl von „echten Pendlern" zu „innergemeindlichen" und damit statistisch nicht mehr ausgewiesenen Pendlern gemacht (vgl. *Ruppert/Paesler* 1984). Insbesondere in Nordrhein-Westfalen mit seiner rigoros durchgeführten Eingemeindungspolitik sank dadurch die statistische Pendlerzahl drastisch.

2.2.2.2 Formen und Typen von Pendlerverflechtungen

Auf Formen des Pendelverkehrs, die weitgehend in peripheren ländlichen Räumen ihren Ausgang nehmen – z. B. Wochenend- und Fernpendler –, soll hier nicht eingegangen werden. Ebenso wird auf einige allgemeingültige, d.h. den gesamten Raum betreffende Modellvorstellungen und Erklärungsansätze zum Pendelverkehr (z. B. *Ganser* 1969; *Klingbeil* 1969; *Maier* 1976) nur insoweit zurückgegriffen, als sie die spezielle Situation im Stadtumland erklären.

Geographisch gesehen ist ein Arbeitspendler jede erwerbstätige Person, deren Wohnung und Arbeitsstätte nicht auf demselben Grundstück liegen, die also einen Arbeitsweg zurückzulegen hat. Von der Arbeitsstätte aus betrachtet, spricht man von Einpendler, von der Wohnstätte aus von Auspendler. In der Regel handelt es sich um Tagespendler, d.h. der Arbeitsweg wird werktäglich zweimal, zum Teil auch viermal, zurückgelegt. Die Norm ist hierbei der täglich mit dem gleichen Verkehrsmittel auf der gleichen Strecke stattfindende Verkehrsablauf. Aufgrund der starken Konzentration der innerstädtischen Arbeitsstätten und der Bündelung der Verkehrsvorgänge – insbesondere auf den Hauptausfallstraßen der Städte und auf den radial verlaufenden Linien des öffentlichen Personennahverkehrs – ist der Ausdruck Pendlerstrom zwischen Wohn- und Arbeitsplatz üblich.

Dem geographischen Pendlerbegriff steht der enger gefaßte statistische gegenüber, der aus erhebungs- und auswertungstechnischen Gründen – Totalerfassungen der Pendler erfolgen jeweils nur bei Volkszählungen – auf solche Fälle beschränkt ist, bei denen auf dem Arbeitsweg eine Gemeindegrenze überschritten wird (vgl. *Boustedt* 1970, Sp. 2285 ff; 1975). Innergemeindliche bzw. innerstädtische Pendler zählt also die amtliche Statistik nicht, selbst wenn der einfache Arbeitsweg unter Umständen mehr als eine Stunde Fahrzeit in Anspruch nimmt, wie es in flächenhaft ausgedehnten Großstädten nicht selten der Fall ist. Lediglich bei entsprechendem Interesse der kommunalen Ämter für Statistik und Stadtforschung wurden aus dem Urmaterial der 70er und 87er Volkszählung zum Teil auch innerstädtische Pendlerströme, z. B. zwischen Stadtbezirken, berechnet.

Die Beschränkung auf solche Pendler, deren Wohn- und Arbeitsstätte in verschiedenen politischen Gemeinden liegt, konnte früher, d. h. vor den Gebietsreformen der 70er Jahre mit ihren oben angedeuteten Auswirkungen, in der Regel auch für geographische Arbeiten hingenommen werden, und im Rahmen von Strukturanalysen im Agglomerationsraum und im Stadt-Umland-Bereich wurde bisher auf das entsprechende statistische Zahlenmaterial über die gemeindegrenzüberschreitenden Pendler zurückgegriffen. Insbesondere Ein- und Auspendlersummen bzw. -salden oder Pendlerstromtabellen der amtlichen Statistik wurden häufig geographischen Stadt-Umland-Untersuchungen und Verflechtungsanalysen zugrundegelegt (z. B. *Schöller* 1956; *Uthoff* 1967; *Maier* 1976; *Otto* 1979). Die richtungsspezifische Auspendlerquote auf Gemeindebasis – prozentualer Anteil der aus den Umlandzonen in das Kerngebiet auspendelnden Erwerbspersonen an den Erwerbspersonen bzw. an den Auspendlern insgesamt – wurde auch in das Modell der Stadtregion als Verflechtungsmerkmal zur äußeren Abgrenzung und inneren Gliederung aufgenommen (vgl. *Boustedt* 1970.2; *Nellner* 1975; vgl. auch 2.3.1). Unter den Bedingungen heutiger kommunaler Grenzziehung im Stadtumland ist jedoch für derartige Raumabgrenzungszwecke die Verwendung von Pendlerströmen auf Gemeinde- bzw. Stadtteilbasis unbedingt vorzuziehen. Sie wird daher auch von der Akademie für Raumforschung und Landesplanung für das neu erstellte Agglomerationsraum-Modell gefordert (*Nellner* 1984).

In der Geographie hat sich seit längerem der Begriff „Pendelverkehr" allgemein durchgesetzt, während in Statistik und Raumplanung zum Teil noch der ältere Ausdruck „Pendelwanderung" üblich ist. Aus geographischer Sicht ist dieser Begriff jedoch ein Widerspruch in sich, denn typisch für das Pendeln ist ja gerade die sich regelmäßig wiederholende Verkehrsbewegung. Wanderung ist demgegenüber als – auf relative Dauer angelegte – Standortverlagerung definiert, insbesondere im Bereich des Wohnens (Wanderung an einen neuen Wohnort), aber auch z. B. in Industrie und Gewerbe (Wanderung von Betrieben an neue Standorte).

Für eine Erklärung des Pendelns und eine Typisierung von Arbeitspendlern und Pendlerwohngemeinden im Stadtumland eignet sich insbesondere die gegenseitige Zuordnung von Wohn- und Arbeitsort bzw. die Frage, welcher Standort primär vorhanden war und welcher, von diesem ausgehend, dann gewählt wurde. Eine derartige Typisierung finden wir bereits bei *Nellner* (1956, S. 232 f.); *de Vooys* (1968) baute sie aus und verwandte die Begriffe „autochthoner" und „allochthoner Pendler". Autochthone Pendler haben als Einheimische ihren Wohnsitz in einer Stadtrand- oder Stadtumland-Gemeinde. Sie wurden zu Pendlern, indem sie einen Arbeitsplatz in der Stadt annahmen. Zu dieser Gruppe gehören insbesondere auch ehemalige Landwirte und Nebenerwerbsbauern, die die bisher ausgeübte landwirtschaftliche Tätigkeit völlig oder teilweise aufgaben und sich zur Arbeitsaufnahme im sekundären oder tertiären Sektor der Wirtschaft entschlossen.

Autochthone Pendler bilden vor allem in urbanisierten Dörfern im Stadtumland, aber auch in weiter von der Stadt entfernten, teilweise noch agrarisch strukturierten Dörfern eine starke Schicht. Ihnen stehen die allochthonen Pendler gegenüber, die einen Arbeitsplatz in der Stadt besitzen, ursprünglich auch dort wohnten, dann aber durch die Wahl einer Wohnung im Stadtumland unter Beibehaltung des städtischen Arbeitsplatzes zu Pendlern wurden. Es handelt sich also um die typischen Stadt-Rand-Wanderer, die im Verlauf des Suburbanisierungsprozesses (vgl. 2.2.3.2) die Neubaugebiete der Umlandgemeinden bevölkern. Zu einem hohen Anteil sind es Stadtbewohner, die ihren Wunsch nach einem Eigenheim bzw. nach Wohnen „im Grünen", in ruhiger Lage mit geringerer Immissionsbelastung usw. in der Stadt selbst nicht realisieren können und somit zugunsten besserer Wohnbedingungen bewußt einen längeren Pendelweg in Kauf nehmen. Selbstverständlich gehören zu dieser Gruppe auch solche Pendler, die im Rahmen der interregionalen Wanderung – meist aus arbeitsplatzorientierten Motiven – in einen städtischen Agglomerationsraum ziehen und trotz einer Arbeitsstätte in der Kernstadt von vornherein ihren Wohnsitz im Umland nehmen.

Allochthone Pendler treten besonders in den Gemeinden im Umlandbereich der Agglomerationsräume auf, die vor allem in den 60er und 70er Jahren durch außerordentlich starke Neubautätigkeit und entsprechenden Zuzug eine enorme Erhöhung, häufig Vervielfachung der Einwohnerzahl erfuhren. Sowohl Gemeinden mit überwiegender Hochhaus- und Blockbebauung als auch – meist in den attraktiveren Wohnlagen – solche mit stärker ausgeprägter Einfamilienhausstruktur gehören in diese Gruppe. Häufig sind mehr als 80% der Erwerbstätigen Auspendler, der überwiegende Teil davon in die Kernstadt des Agglomerationsraumes.

Eine weitere Möglichkeit, die Pendlerbeziehungen zwischen Stadt und Umland zu typisieren, ergibt sich durch Berücksichtigung der Richtung der Pendlerströme. Wenn auch die zentripetalen Pendler aus dem Umland in die Stadt nach wie vor zahlenmäßig am bedeutendsten sind, so sind daneben inzwischen weitere Pendelrichtungen getreten, die im Zusammenhang mit Neuansiedlungen von Gewerbebetrieben und Standortverlagerungen von Arbeitsstätten aus der Kernstadt ins Umland stehen. Eine Reihe von Fallstudien belegen das Ausmaß dieser Randwanderung von Industrie und Gewerbe und das damit verbundene Entstehen neuer Einpendlerzentren im Stadtumland (z. B. *Grotz* 1971; *Thürauf* 1975; *Maier* 1976; *Schliebe* 1982; *Decker* 1984).

Mikus (1978, S. 85 ff.) weist ausdrücklich auf diese Standortverlagerungen und -neuentwicklungen hin, und *von Rohr* (1975) gibt eine Analyse dieser vor allem durch das Fehlen geeigneter Flächen in der Stadt verursachten „Industriesuburbanisierung" (vgl. hierzu die entsprechenden Abschnitte in Kap. 2.3). Sie führt dazu, daß neben den älteren Rand-Kern-Beziehungen im Pendelverkehr zunehmend auch zentrifugale Pendlerströme in Rand- und Umlandgemeinden auftreten können, z. B. nach der Verlagerung innerstädtischer Betriebe, deren Beschäftigte überwiegend in der Stadt selbst wohnen. Daneben existieren natürlich auch interne Wohnort-Arbeitsort-Verflechtungen im suburbanen Bereich, dokumentierbar durch Pendlerströme zwischen Umlandgemeinden. Wir können also in den arbeitsfunktionalen Beziehungen zwischen Stadt und Umland die Rand-Kern-, die Kern-Rand-, die Rand-Rand- sowie die Kern-Kern-Pendler unterscheiden, wobei die Stadt-Umland-Beziehung i. e. S. freilich nur durch die beiden erstgenannten Typen realisiert wird.

Die bisherigen Überlegungen beziehen sich weitgehend auf hierarchisch gestufte monozentrische Pendlerräume (Abb. 2.2/3). Dies sind Arbeitsmarkträume mit einem dominanten Kern, meist einer Mittel- oder Großstadt mit umfangreichem Pendlereinzugsgebiet, in deren Umland sich untergeordnete Arbeitsplatzzentren mit eigenen kleineren Pendlereinzugsgebieten befinden, die aber zur Gänze – einschließlich der Zentren selbst – dem übergeordneten Zentrum tributär sind. Entsprechend kann man nach dem Maximalstromprinzip dem an der Spitze der Hierarchie stehenden Zentrum einen relativ großen Raum als Pendlerraum zuordnen und in diesem Raum unter Umständen mehrfach hierarchisch gestufte kleinere Pendlerräume mit entsprechenden Einpendlerzentren feststellen. Beispiele für derart strukturierte Pendlerräume sind die großen monozentrischen Agglomerationsräume wie Hamburg, München oder Stuttgart.

Ihnen stehen die polyzentrischen Pendlerräume gegenüber, unter denen wiederum hierarchisch gestufte von solchen unterschieden werden können, denen eindeutige Über- oder Unterordnungen fehlen (vgl. Abb. 2.2/4). Zu den ersteren zählen insbesondere die Stadtregionen bzw. Agglomerationsräume mit zwei oder mehr, meist eng benachbart liegenden Kernstädten. Sie stellen im Sinne einer Hierarchiebildung als Ganzes zwar ein Einpendlerzentrum für ihren gemeinsamen Einzugsbereich dar, weisen aber andererseits – im Unterschied zu monozentrischen Strukturen – auch untereinander starke Pendlerströme auf. Beispiele für diesen Typ bestehen in der Stadtregion Nürnberg/Fürth/Erlangen oder im Raum der Doppelzentren Mannheim/Ludwigshafen und Mainz/Wiesbaden.

Das Rhein-Main-Gebiet (vgl. auch 3.3.2 und 3.3.3) als Ganzes tendiert dagegen eher zum Typ des polyzentrischen Pendlerraumes ohne eindeutige Hierarchisierung (vgl. *Otto* 1979, S. 196 ff.), wie er besonders im Rhein-Ruhr-Gebiet ausgeprägt ist. Typisch hierfür sind starke Überlagerungen der Pendlereinzugsbereiche relativ nahe gelegener größerer Einpendlerzentren sowie in der Regel auch starke Pendlerströme zwischen diesen Zentren selbst, die durch intensive sozio-ökonomische Verflechtungen gekennzeichnet sind.

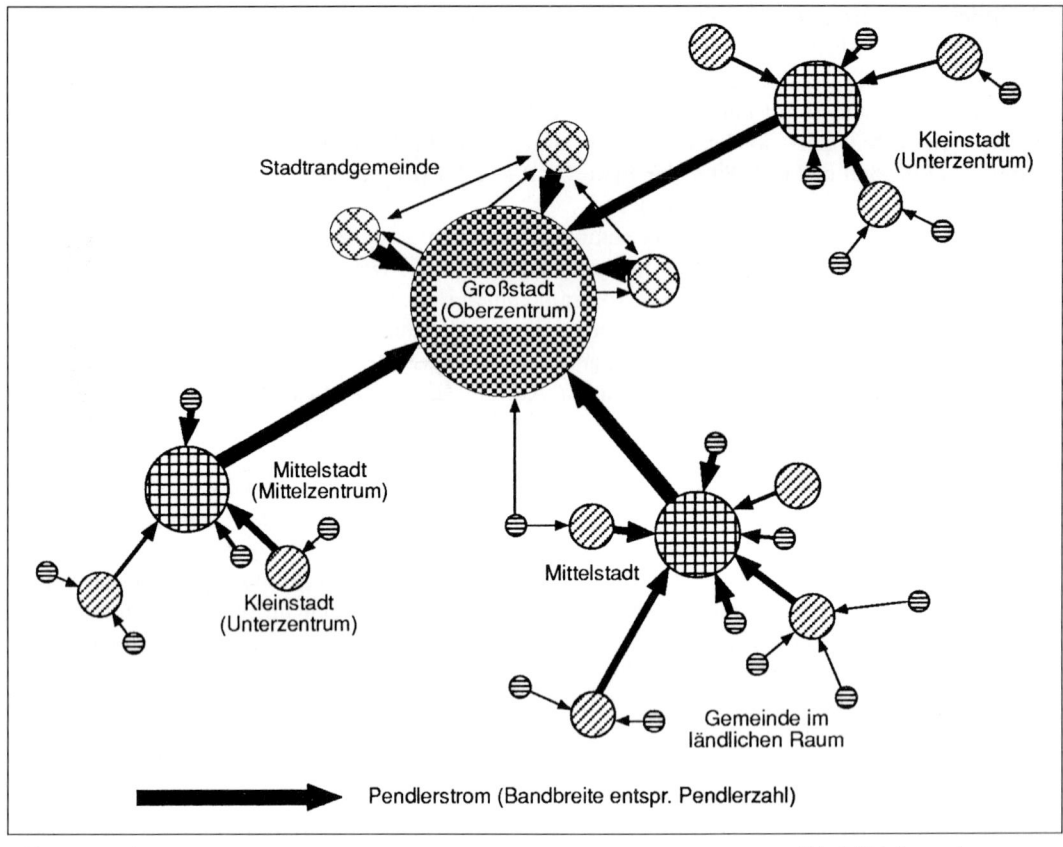

Abb. 2.2/3 (oben)
Hierarchisch gestufter monozentrischer Pendlerraum
Entwurf: R. Paesler

Abb. 2.2/4 (unten)
Polyzentrischer Pendlerraum
Entwurf: R. Paesler

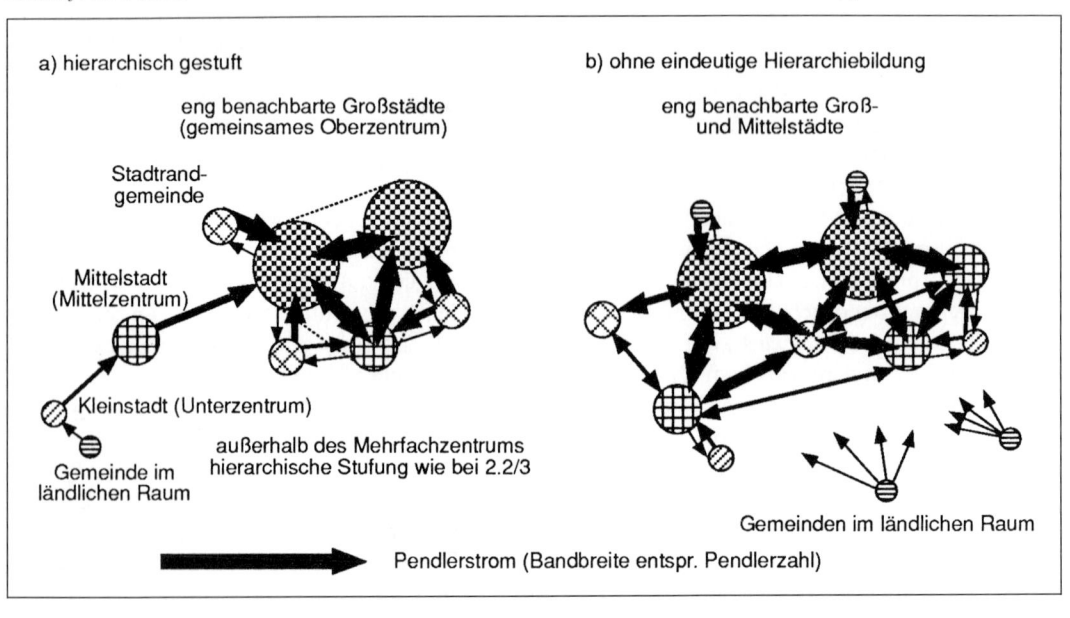

2.2.2.3 Probleme des Pendelverkehrs in Stadt und Umland

Wenn oben betont wurde, daß der Pendelverkehr heute den von der Masse der Bevölkerung akzeptierten Normalfall im arbeitsfunktionalen Bereich darstellt, so soll damit selbstverständlich keinesfalls seine vielfältige Problematik geleugnet werden. Es sollte lediglich ausgedrückt werden, daß es sinnlos wäre, den Pendelverkehr im Stadt-Umland-Bereich mit planerischen Maßnahmen wieder reduzieren zu wollen. Statt dessen muß versucht werden, seine negativen Auswirkungen für das Individuum, die Gemeinschaft und die betroffenen politischen Gemeinden so gering wie möglich zu halten.

Am ehesten ist eine derartige Reduzierung bei der persönlichen Belastung des einzelnen Beschäftigten durch das Pendeln möglich. An Belastungsmomenten sind hier vor allem Geldaufwand, Zeitverlust, Unbequemlichkeit überfüllter öffentlicher Verkehrsmittel sowie Streß und Unfallgefährdung während der Stoßzeiten im Individualverkehr zu nennen. In sehr vielen Fällen könnte die Wahl eines anderen Arbeitsplatzes, einer anderen Wohnung oder eines anderen Verkehrsmittels mehrere dieser Faktoren ausschalten. Jedoch werden sie in aller Regel aus Sachzwängen, sehr häufig aber auch ganz bewußt zugunsten einer bestimmten Wohnorts-, Arbeitsplatz- oder Verkehrsmittelwahl als das kleinere Übel in Kauf genommen. So akzeptiert die große Zahl der freiwilligen Stadt-Rand-Wanderer als allochthone Pendler bewußt den damit verbundenen Zeit- und Geldverlust für den gewünschten Wohnstandort. Es ist auch problematisch, hier mit „zumutbaren Pendelentfernungen" (etwa im Sinn einer 30-Minuten-Isochrone) zu rechnen, da die Grenzen der immer subjektiv empfundenen Unzumutbarkeit individuell, vor allem aber auch sozialgruppenspezifisch sehr variabel sind.

Unter den Belastungen, die der Pendelverkehr der öffentlichen Hand bringt, stehen die Kosten für Verkehrsbauten und Bereitstellung nicht kostendeckend zu betreibender öffentlicher Nahverkehrsmittel an erster Stelle. Insbesondere die Zusammendrängung des Pendelverkehrs auf die morgendlichen und nachmittäglichen Stoßzeiten führt durch die notwendige Bereithaltung von gegenüber dem Tagesdurchschnitt weit überdimensionierten Verkehrsbauten und -mitteln zu beträchtlichen Belastungen. Immerhin haben fast die Hälfte aller Verkehrsvorgänge arbeitsfunktionalen Charakter (*Maier* et al. 1977, S. 56 f.). Zwar betrifft dies auch den innerstädtischen Arbeitsverkehr; doch entstehen die Belastungen besonders durch den Pendelverkehr zwischen Stadt und Umland, da dieser wegen der allgemein größeren Entfernungen und der stärkeren Bündelung auf die hauptsächlich benutzten Pendlerrouten überproportionale Verkehrsausbauten für den Pkw- und den öffentlichen Verkehr fordert (z. B. eigene S-Bahn-Systeme). Eine sinnvolle Steuerung kann hier besonders darin bestehen, den öffentlichen Nahverkehr so attraktiv zu gestalten, daß er von der überwiegenden Zahl der Pendler angenommen wird. In locker überbauten Stadt-Umland-Bereichen mit größeren Entfernungen zu den Haltestellen öffentlicher Verkehrsmittel hat sich auch der Bau von Park-and-Ride-Plätzen bewährt, um die Hauptausfallstraßen und das innerstädtische Straßennetz zu entlasten.

Auf die finanzwirtschaftlichen Stadt-Umland-Probleme, die mit dem Pendelverkehr in Zusammenhang stehen, soll hier nicht näher eingegangen werden, da sie zu den generellen Folgeproblemen der Stadt-Umland-Wanderung (Suburbanisierung) gehören und dort behandelt werden (vgl. 2.2.3.2 und 2.3.4). Sie entstehen dadurch, daß der Pendler seine Arbeitskraft und das damit erzeugte Wirtschaftsergebnis nicht der Wohngemeinde, die hohe Infrastrukturlasten für ihn trägt, zugute kommen läßt, sondern der Arbeitsgemeinde. Durch verschiedene steuerliche Maßnahmen versucht man hier, einen gerechten Ausgleich zu finden (früher Gewerbesteuerausgleich, heute Lohn- und Einkommensteuerzuweisungen für die Wohngemeinde).

In einer Zeit des geschärften Umweltbewußtseins erhalten auch die ökologischen Probleme des Pendelns einen besonderen Stellenwert. Zu nennen sind hier vor allem die Abgas-, aber auch Lärmemissionen des Individualverkehrs. Eine Reduzierung, primär zum Zwecke der Kraftstoffeinsparung, durch Bildung von Fahrgemeinschaften wird seit einiger Zeit propagiert. Am wirkungsvollsten ist selbstverständlich auch hier eine möglichst starke Benutzung öffentlicher Verkehrsmittel.

2.2.3 Die Stadt als Ziel- und Quellgebiet von Wanderungen *(Reinhard Paesler)*

2.2.3.1 Land-Stadt-Wanderung

Bevölkerungsbewegungen aus ländlichen Räumen in die Städte sind eine seit alters bekannte Erscheinung, und stärkeres Bevölkerungswachstum vorindustrieller Städte basierte in der Regel zu einem ganz erheblichen Teil auf Zuwanderung von Landbewohnern (*Stewig* 1983, S. 97). Als Hauptursachen können „push"-Faktoren, wie z. B. Übervölkerung ländlicher Räume mit unzureichenden Erwerbs- und Ernährungsmöglichkeiten, und „pull"-Faktoren, wie z. B. erhoffte rechtliche Besserstellung, Möglichkeiten sozialen Aufstiegs u. ä., angenommen werden. Meistens dürfte die Erklärung in einer Kombination beider Faktorengruppen – ländliche „Abstoßung" und städtische „Anziehung" – zu suchen sein. Obwohl die Zuwanderung in die Städte zu den meisten Zeiten strengen Restriktionen unterlag, die häufig nur nach starken Bevölkerungsverlusten durch Kriege, Seuchen usw. gelockert wurden, muß doch von einer insgesamt relativ starken Land-Stadt-Wanderung in agrargesellschaftlicher Zeit ausgegangen werden.

Eine noch wesentlich wichtigere Rolle spielte die zentripetal auf die Städte gerichtete Wanderung im Zeitalter der Industrialisierung, ja sie gehört zu den bedeutendsten bevölkerungsgeographischen Charakteristika dieser Epoche. Zwei unterschiedliche Entwicklungen treffen hier zusammen: einerseits die hohe Bevölkerungszunahme während dieser Phase, die durch das bekannte Bild von der „Bevölkerungsschere" gekennzeichnet werden kann (vgl. *Mackenroth* 1953, S. 331 ff.). Die noch durch agrargesellschaftliche generative Verhaltensweisen verursachten hohen Geburtenzahlen und die bereits durch Fortschritte der Medizin und Hygiene sowie Verbesserung der Ernährung stark gesunkenen Sterbeziffern führten in dieser Zeit des „demographischen Übergangs" zu einem starken Anwachsen insbesondere der ländlichen Bevölkerung. Andererseits hatten die sich kräftig entwickelnden Industrien, der Bergbau, aber auch das Dienstleistungsgewerbe einen enormen Arbeitskräftebedarf, der unschwer aus den ländlichen Bevölkerungsüberschüssen gedeckt werden konnte.

Durch das Zusammenwirken beider Entwicklungen erlebte Mittel- und Westeuropa vor allem in der 2. Hälfte des 19. Jahrhunderts eine außerordentlich kräftige Land-Stadt-Wanderung. In Deutschland waren es insbesondere die Städte im Ruhrgebiet, aber auch Industriestädte im Rheinland, in Sachsen usw., die eine wahre „Bevölkerungsexplosion" durch die Zuwanderung aus dem näheren Umland und aus weiter entfernten ländlichen Räumen erlebten. So bestand beispielsweise in vielen deutschen Industriegroßstädten die Bevölkerung zu Beginn des 20. Jahrhunderts nur noch zu $\frac{1}{3}$ und weniger aus Ortsansässigen (*Stewig* 1983, S. 99). Es überwogen also bei weitem die Zuwanderer, die ganz überwiegend aus ländlichen Räumen stammten, wenn auch die Anteile von Nah- und Fernwanderern im einzelnen sehr unterschiedlich waren (*Steweg* 1983, S. 100 f.).

Gegenüber jenem Höhepunkt der Land-Stadt-Wanderung, für die häufig auch die allerdings wohl zu stark vereinfachende Bezeichnung „Landflucht" verwendet wird, sind die Mobilität insgesamt und die Zuwanderung in die Städte stark zurückgegangen. So hat sich nach *Schaffer* (1972, S. 129) im großstädtischen Bereich die Mobilität seit der Jahrhundertwende um $\frac{2}{3}$ vermindert, zu einem wesentlichen Teil wegen des geringeren Ausmaßes der Land-Stadt-Wanderung. Nur in den 50er Jahren wurde die Abwanderung aus ländlichen Gebieten in die Groß- und Mittelstädte noch einmal zur wichtigsten Wanderungsbewegung. Ursachen waren nun die Rückwanderung der Evakuierten in die nach den Kriegszerstörungen im Wiederaufbau befindlichen Städte, die Abwanderung der Heimatvertriebenen und Flüchtlinge aus den ländlichen Gebieten, in denen sie aus Gründen der Wohnungs- und Nahrungsversorgung zunächst überwiegend untergebracht worden waren, und die durch den wirtschaftlichen Strukturwandel verursachte starke Abwanderung aus der Landwirtschaft in Industrie und Gewerbe (vgl. *Bähr* 1983, S. 342 f.).

Seit Beginn der 70er und insbesondere in den 80er Jahren hat in der Bundesrepublik Deutschland die Land-Stadt-Wanderung stark an Bedeutung verloren. Sie tritt heute hinter anderen Wanderungsströmen zurück. So nennt der Raumordnungsbericht der Bundesregierung 1982 als Regionen hoher

Binnenwanderungsverluste neben einigen „traditionellen Abwanderungsgebieten" (Emsland, Oberpfalz-Nord, Westpfalz) auch Verdichtungsräume wie das Ruhrgebiet, das Saarland und die Region Braunschweig. Andererseits zählen einige „ausgesprochen ländliche Regionen", wie Schleswig, Lüneburg und das bayerische Alpenvorland, zu den Gebieten mit hohen Binnenwanderungsgewinnen (Raumordnungsbericht 1982, S. 18). Zu den wichtigsten Ursachen für den starken Rückgang der Land-Stadt-Wanderung zählen die Angleichung der generativen Verhaltensweisen von Stadt und Land im Zuge eines starken Urbanisierungsprozesses ländlicher Räume, der die Zeiten des früher üblichen permanenten natürlichen Bevölkerungswachstums in diesen Räumen beendete; ferner ein in weiten Teilen des ländlichen Raumes anzutreffendes Ende des Prozesses der Abwanderung aus der Landwirtschaft; schließlich die starke Zunahme des Pendelverkehrs aufgrund der praktisch erreichten Vollmotorisierung im ländlichen Raum. Hierdurch wurde es möglich, einen Arbeitsplatz in der Stadt anzunehmen, ohne – wie es früher meist notwendig war – den ländlichen Wohnsitz aufzugeben (autochthoner Pendler).

Die hier skizzierten Verhältnisse treffen nur auf die Bundesrepublik Deutschland und die meisten westeuropäischen und nordamerikanischen Industriestaaten zu. Völlig anders ist die Situation dagegen in den Entwicklungsländern. Hier läuft, verstärkt seit den 60er Jahren, eine „Landflucht" bzw. ein Verstädterungsprozeß ab, der in seinem Ausmaß weit über das hinausgeht, was sich während des Zeitalters der Industrialisierung in Europa abspielte (vgl. *Bähr* 1983, S. 350 ff.). So sollen nach UNO-Schätzungen allein in den 70er Jahren rd. 150 Mill. Menschen in der „Dritten Welt" vom Land in die Stadt abgewandert sein. Die Ursachen sind vielfältig, aber im wesentlichen auf einige „Push-" und „Pull-Faktoren" zurückzuführen (vgl. bezüglich Lateinamerika *Wilhelmy* und *Borsdorf* 1984, S. 165 ff.). Zu den Abstoßungskräften des Landes („push-factors") gehören vor allem die ungenügende infrastrukturelle Entwicklung der ländlichen Regionen im Verhältnis zur Stadt, soziale Mißstände und Unterdrückung, Armut, Arbeitslosigkeit usw. Die Anziehungskräfte der Stadt, insbesondere der großen Metropolen („pull-factors"), bestehen zwar vielfach eher in der Vorstellung der Wandernden als in der Realität, vermögen aber gleichwohl laufend große Zahlen meist jüngerer Leute anzulocken: Arbeitsplätze, sozialer Aufstieg, Bildungschancen, Freizeitangebot u. a. Die Unfähigkeit der Städte, die Massen der Zuwanderer zu integrieren, ihnen Wohnungen, Arbeits- und Ausbildungsplätze bieten zu können, führt zum enormen Wachstum der Slums und Elendsviertel, meist in Form primitiver Barackensiedlungen am Rande der Großstädte („shanty towns", „bidonvilles", „favelas", „barriadas"; vgl. 2.1.5.3).

2.2.3.2 Stadt-Rand-Wanderung (Suburbanisierung)

Kennzeichnend vor allem für die Agglomerationsräume u. a. der Bundesrepublik Deutschland sind gegenwärtig Erweiterungstendenzen, verbunden mit Entleerung der Innenstädte bei gleichzeitigem Wachstum der Stadtrandgemeinden bzw. randlich gelegener Wohnvororte der Großstädte. Ursache sind zunächst Wanderungen, häufig aufgrund von Verdrängungseffekten durch City-Ausdehnung oder von unattraktiven Wohnbedingungen. Da die Abwanderung stark selektiv verläuft und vor allem junge deutsche Familien erfaßt und es infolgedessen zu einer Konzentration junger Alleinstehender, älterer Menschen sowie von Ausländern kommt, verstärken hohe Sterbeüberschüsse der deutschen Bevölkerung, verbunden mit überdurchschnittlich hohen Geburtenziffern am Stadtrand, noch den Abwanderungseffekt. Wenngleich dieser Prozeß der Bevölkerungsverschiebung zwischen Stadt und Umland seit Ende der 70er Jahre, vor allem wohl aus konjunkturellen Gründen, abgebremst wurde, so dürfte er gleichwohl auch weiterhin anhalten und erhebliche raumstrukturelle Veränderungen mit sich bringen. Allgemein wird diese Wanderungsbewegung als „Stadt-Rand-Wanderung" oder „Stadt-Umland-Wanderung" und seit Mitte der 70er Jahre – in Anlehnung an entsprechende Prozesse in den USA – zunehmend als „Suburbanisierung" bezeichnet (vgl. *Boustedt* 1975.2). Dieser Begriff wurde u. a. von *Friedrichs/von Rohr* (1975, S. 30) als „intraregionaler Dekonzentrationsprozeß bezogen auf Bevölkerung, Beschäftigung oder auch Flächennutzungskategorien" sowie von *Friedrichs* (1975, S. 40) als „Verlagerung von Nutzungen und Bevölkerung aus der Kernstadt ... in das städtische Umland bei gleichzeitiger Reorganisation der Verteilung von Nutzungen und Bevölkerung in der gesamten Fläche des metropolitanen Gebiets" definiert.

Bei der Übertragung dieses der US-amerikanischen Terminologie („suburbanization") entnommenen Begriffs auf mitteleuropäische Verhältnisse ergeben sich jedoch Schwierigkeiten, auf die z. B. *Boustedt* (1975.2, S. 7) hinweist. Sie sind bedingt durch die Verschiedenheit der Entwicklungen am Rand amerikanischer und mitteleuropäischer Agglomerationen, ihre unterschiedliche Besiedlungsstruktur und die dadurch hervorgerufenen Unterschiede bei Ausdehnungs- und Erweiterungsprozessen von Agglomerationen. In den USA finden wir am Rand der großstädtischen Ballungen weitgehend unbesiedelte Freiräume, in die die Siedlungsgebiete sehr flächenextensiv hineinwuchern („urban sprawl"). In Mitteleuropa dagegen liegt im Großstadt-Umland eine dichte Folge ehemals dörflicher Siedlungen und kleinerer bis mittelgroßer urbaner Kerne. Die Agglomerationserweiterung bzw. -verdichtung geht hier meist in Form der Vergrößerung, der Umwandlung und Umstrukturierung dieser schon bestehenden Siedlungen durch Anlagerung von Wohn- und Arbeitsstätten vor sich und modifiziert eher schon existente Siedlungs-, Wirtschafts- und Bevölkerungsstrukturen als daß sie völlig neue schafft.

Es ist einsichtig, daß sich unter diesen Umständen räumliche Strukturen und Entwicklungsprozesse am Stadtrand in beiden Großräumen stark unterschiedlich darstellen müssen, angefangen von der Morphologie der Siedlungen bis hin zum raumrelevanten Verhalten der Bewohner, die in Mitteleuropa ja – sehen wir einmal von den wenigen Ausnahmefällen echter Neusiedlungen ab – in ihrer statistischen Gesamtheit eine Mischung aus autochthoner und allochthoner Bevölkerung unterschiedlich langer Anwesenheit am Ort und ungleich stärkerer sozialer Differenzierung als in den USA darstellen. Dementsprechend tauchen Verhaltensweisen und soziale Probleme, die die US-amerikanischen „suburbs" kennzeichnen, bei uns höchstens in Extremfällen auf, und *Schäfers* (1975, S. 92 f.) weist ganz richtig darauf hin, daß es bei uns „nur in sehr bedingtem Maße sinnvoll" sei, vom „Suburbaniten" als „eigenem Verhaltenstyp" zu sprechen. Aus diesem Grund ist es unter Umständen eindeutiger, den Gebrauch des Begriffs „Suburbanisierung" auf die Kennzeichnung der amerikanischen Situation und tatsächliche Parallelen in anderen Ländern zu beschränken, ihn aber nicht generell auf alle Formen von Stadt-Rand-Wanderungen und Standortverlagerungen in das Stadtumland auszudehnen.

Auf Ursachen und Folgeprobleme der Randwanderung städtischer Bevölkerung (vgl. auch die Übersicht bei *Bähr* 1983, S. 359 f.) wird detailliert im Rahmen des Kapitels 2.3 (Verdichtungsräume), v. a. der dortigen Abschnitte zur Bevölkerungssuburbanisierung, eingegangen. So genügt an dieser Stelle deren stichwortartige Auflistung:

– Ursachen:
  Wunsch nach Wohnen ‚im Grünen', v. a. im Einfamilienhaus und möglichst im Eigenheim; unattraktives Wohnumfeld; Umweltbelastung; Mangel an Erholungs- und Freiflächen; hoher Ausländeranteil; zu kleine Wohnung; genügend große und preiswerte Wohnungen in zudem guter Lage in der Kernstadt kaum vorhanden; räumliche Enge der Großstädte; Verdrängung der Wohnbevölkerung aus City-Erweiterungsgebieten; u. a. m.

  Allerdings zeigt sich immer wieder, daß Aussagen über die Motive der Stadt-Rand-Wanderung sowie das gegenseitige Verhältnis von ‚push'- und ‚pull'-Faktoren nicht allzusehr verallgemeinert werden sollten, da sie einerseits schwer erfaßbar sind, andererseits regional und sozialgruppenspezifisch stark differieren.

– Folgen/Probleme:
  Zersiedlung des Stadtumlandes; Schwierigkeit der Gemeinden am Stadtrand, den zusätzlichen Bedarf an kommunalen Infrastruktureinrichtungen zu decken; Mangel im Angebot privater

Dienstleistungen; Verkehrsprobleme infolge wachsenden Pendelverkehrs; unzureichender Ausbau öffentlicher Nahverkehrssysteme; u. a. m.

Folgeprobleme in den abgebenden Städten selbst: Verlust an Steuereinnahmen; unrentable Auslastung vorhandener Infrastruktureinrichtungen; diskrepante und damit unwirtschaftliche Belastung innerstädtischer Ver- und Entsorgungssysteme (Überlastung am Tage, unzureichende Auslastung in der Nacht); Überalterung der Bevölkerung sowie Absinken des Sozialstatus („shifting down'); Wertminderung der Bausubstanz; u. a. m.

Jedoch sollten, trotz dieser negativen Begleiterscheinungen der Stadt-Rand-Wanderung, auch nicht die Chancen eines Bevölkerungsrückganges in den Städten übersehen werden, die in der durchaus erwünschten Herabsetzung vielfach weit überhöhter Bevölkerungsdichten innerstädtischer Wohngebiete liegen. Wohl in allen betroffenen Großstädten des Bundesgebietes laufen zur Zeit Sanierungsmaßnahmen mit dem Ziel, die Wohnqualität der Innenstädte so weit anzuheben, daß sie auch für deutsche Familien mit Kindern wieder attraktiv werden. In einigen Städten zeigen sich bereits erste Erfolge in Form neuerlichen Zuzugs in sanierte innerstädtische Wohnbereiche (vgl. *Poschwatta* 1977).

2.2.4 Stadt-Umland-Beziehungen im Naherholungsverkehr *(Reinhard Paesler)*

Verglichen mit den Stadt-Umland-Beziehungen im Bereich Wohnen (Wanderungsverflechtungen), Arbeiten (Pendlerverflechtungen) und Versorgung (zentralörtliche Beziehungen) haben diejenigen im Bereich der Freizeitfunktion, zusammengefaßt unter dem Begriff „Naherholung", erst relativ spät größere Bedeutung als kulturlandschaftsprägender Faktor erlangt, da sie stark von der Entwicklung der Motorisierung und der arbeitsfreien Zeit (freier Samstag) abhängig waren. Wir haben es bei der Naherholung mit einer Verkehrsbewegung zu tun, die ganz überwiegend zentrifugal – von der Stadt in die umgebenden Naherholungsgebiete – ausgerichtet ist, wenn auch die Bedeutung innerstädtischer Erholungseinrichtungen und Sehenswürdigkeiten für Naherholungsaktivitäten der Umlandbewohner nicht unterschätzt werden darf (vgl. *Maier* 1975).

Innerhalb der Vielzahl geographisch relevanter Freizeitaktivitäten werden im allgemeinen diejenigen als Naherholungsverkehr zusammengefaßt, die räumlich und zeitlich zwischen dem Freizeitverhalten im Wohnumfeld und dem längerfristigen Reiseverkehr (Urlaubsreiseverkehr) liegen (vgl. *Ruppert* 1975, S. 3). Dementsprechend kann Naherholung als Freizeitverhalten außer Haus definiert werden, das sich von der mehrstündigen und halbtägigen Aktivität (Wandern, Spaziergang oder -fahrt, Sportausübung, Besichtigung u. ä.) bis zum Wochenendausflug erstreckt. Hierbei wird schon deutlich, daß „nah" mehr zeitlich als räumlich zu verstehen ist. Tatsächlich findet ein größerer Teil der Naherholung in Gebieten statt, die nicht mehr dem Umland des Quellgebiets, etwa einer Großstadt, zuzurechnen sind. Für das gesamte Bundesgebiet zeigen *Olschowy* und *Mrass* (1976) die zum Teil sehr großen Reichweiten im Wochenendverkehr aus den Verdichtungsräumen (Karte abgedruckt bei *Ruppert* 1980, S. 183).

In einem neueren Beispiel können *Ruppert, Gräf* und *Lintner* (1983, S. 149) anhand von Ergebnissen einer Repräsentativbefragung im Rahmen des Mikrozensus nachweisen, daß immerhin 38% der Naherholer aus München regelmäßig Ziele in einer Entfernung über 100 km aufsuchen. Dieses Ergebnis ist zwar wesentlich durch die regionale Situation bedingt (hohe Attraktivität des Alpenraums zu allen Jahreszeiten); jedoch zeigen auch neuere Untersuchungen aus anderen großstädtischen Agglomerationen (z. B. *Becker* 1983), daß sich regelmäßig ein wesentlicher Teil des Naherholungsverkehrs auf Zielgebiete außerhalb des eigentlichen Umlands richtet. Insgesamt befinden sich jedoch, schon aus Zeit- und Kostengründen, selbstverständlich die meistbesuchten Naherholungsgebiete im engeren Umland der Städte, insbesondere wenn sich dort von Natur aus attraktive (Wälder, Seen u. ä.) oder durch Freizeitinfrastruktur ausgestattete Räume befinden. Auch die Stadt- und Regionalplanung favorisiert im allgemeinen den Ausbau attraktiver Naherholungsgebiete in starker Streuung, geringerer Entfernung von den wichtigsten städtischen Quellgebieten, in günstiger Zuordnung zu ihnen und in guter Erreichbarkeit. Hierdurch sollen Zeitaufwand und Fahrtkosten für die Erholungsuchenden vermindert, aber auch der Überlastung einzelner besonders anziehender Räume entgegengewirkt werden.

Da die Kosten für Errichtung und Unterhalt derartiger Naherholungsgebiete und ihrer Infrastruktur (z. B. Badeseen mit Liegeflächen, Erholungsparks und -wälder mit Parkplätzen, Sporteinrichtungen usw.) im allgemeinen wesentlich höher sind als eventuelle Einnahmen der betreffenden Gemeinden, haben sich seit den 60er Jahren in vielen Großstadtregionen der Bundesrepublik Deutschland Zweckverbände, kommunale Vereine und ähnliche Rechtskonstruktionen gebildet mit dem Ziel, die städtischen und am Stadtrand gelegenen Wohngemeinden der Naherholungsuchenden an der Finanzierung zu beteiligen. Beispielgebend für derartige gemeindliche Vereine zum Ausbau und Unterhalt stadtnah gelegener Erholungsgebiete wurden etwa der „Verein zur Sicherstellung überörtlicher Erholungsgebiete in den Landkreisen um München e. V." (vgl. *Maier* und *Ruppert* 1974), dem 1983 außer der bayerischen Landeshauptstadt 50 kommunale Gebietskörperschaften in ihrem Umland angehörten, oder der „Verein Naherholung im Umland Hamburg e.V.", der außer der Hansestadt 7 Umland-Kreise als Mitglieder besitzt (vgl. *Bahr* 1983). Diese Vereine gehören zu den Fällen wirkungsvoller und funktionierender übergemeindlicher Zusammenarbeit im Stadtumland, wie sie im Bereich des öffentlichen Personennahverkehrs nur teilweise vorhanden sind (Verkehrsverbünde), dagegen im Bereich der Bauleitplanung und des Infrastrukturausbaues noch überwiegend fehlen.

2.3 Verdichtungsräume

2.3.1 Merkmale der Verdichtungsräume *(Wolf Gaebe)*

Es gibt keine allgemein anerkannte Definition großstädtischer Agglomerationen. In jedem Land werden diese Räume von Politikern, Statistikern und Wissenschaftlern anders genannt, abgegrenzt und gegliedert, z. B. in Deutschland ‚Verdichtungsräume', ‚Stadtregionen', ‚Agglomerationsräume', und ‚Ballungsgebiete', in der Schweiz ‚Städtische Agglomerationen', in den USA ‚Metropolitan Statistical Areas' (MSA), in Kanada ‚Census Metropolitan Areas' (CMA), in Großbritannien ‚Conurbations'.

Als ‚Megalopolis' bezeichnete *Gottmann* (1961) große zusammenhängende Siedlungssysteme, z. B. das Siedlungsband Boston-New York-Washington (Bosnywash: 1920/21: 23,3 Mio., 1975/76: 44,1 Mio. Einwohner, *Yeates* 1980, S. 26), San Francisco-San Diego (San-San) oder Tokyo-Osaka (Tokaido Megalopolis). Die Megalopolis hat jedoch für die Stadtforschung keine analytische Bedeutung, da sie lediglich durch Größenmerkmale bestimmt ist.

Tabelle 2.3/1 nennt die größten Verdichtungsräume (‚städtische Agglomerationen') der Erde mit der Gesamtbevölkerung, der Bevölkerung der größten Stadt (Kernstadt) sowie der Bevölkerungszu- bzw. -abnahme von 1970 bis 1980.

Die erste Abgrenzung großstädtischer Agglomerationen in Deutschland erfolgte 1912 durch den Statistiker *Schott*. Als „Agglomeration" bezeichnete er „eine Großstadtgemeinde nebst der von dieser in ihrer sozialen und ökonomischen Bevölkerungsstruktur entscheidend beeinflußten Umgebung ... Solche Maßstäbe sind etwa das Vordringen der städtischen Bau- und Wohnweise, die Beziehung zwischen Arbeits- und Wohnort, ... die Ausdehnung des Vorortbahnnetzes" (*Schott* 1912, S. 5). Von den seither in Deutschland vorgeschlagenen Abgrenzungen sind die bekanntesten die „Stadtregionen" und „Verdichtungsräume" nach Daten der amtlichen Statistik (vgl. Abb. 2.3/1).

Die Abgrenzung der „Stadtregionen" 1950, 1961 und 1970 geht auf Arbeiten von *Boustedt* zurück. Sie sollte den Verstädterungsprozeß und die Beziehungen zwischen Kerngebiet und Umland erfassen, 1950 und 1961 durch Agrarquote, Bevölkerungsdichte und Auspendler, 1970 durch Agrarquote, Einwohner-Arbeitsplatzdichte und Auspendler.

Tab. 2.3/1: Die größten Verdichtungsräume der Erde um 1980

	Jahr	Stadtgebiet (Kernstadt) in 1000	Verdichtungsraum (=städt. Agglomeration)	
			abs. in 1000	Zu-/Abnahme 1970–1980 in %
1. Kairo	1980	5 500	14 200	.
2. Mexiko-Stadt	1980	.	13 937	63
3. São Paulo	1980	8 491	12 578	110 [1]
4. Shanghai	1982	5 540	11 860	.
5. Tokyo	1980	8 349	11 615	2
6. Buenos Aires	1980	2 985	10 070	14
7. Beijing	1982	3 630	9 230	.
8. Kalkutta	1981	3 292	9 166	30 [2]
9. New York	1980	7 071	9 120	−20
10. Rio de Janeiro	1980	5 093	9 019	.
11. Paris	1982	2 183	8 510	−12 [3]
12. Moskau	1983	8 202	8 396	13 [4]
13. Tientsin	1982	2 620	7 760	.
14. Los Angeles	1980	2 967	7 478	6
15. Chicago	1980	3 005	7 102	1
16. London	1982	.	6 765	− 8 [3]

Quelle: Statistisches Bundesamt, Wiesbaden
[1] 1974–1980;   [2] 1971–1981;   [3] 1972–1982;   [4] 1973–1983

Die methodisch sehr ähnliche Abgrenzung der ‚Verdichtungsräume' 1968 und 1970 (1968 durch Einwohner-Arbeitsplatzdichte und Zunahme der Bevölkerung oder der Bevölkerungsdichte 1961 bis 1967; 1970 allein durch die Einwohner-Arbeitsplatzdichte) übernahm Vorschläge eines Gutachtens, an dem auch *Boustedt* mitgearbeitet hatte.
Über Merkmale und Methode einer Neuabgrenzung der „Stadtregionen" (Agglomerationsräume) und „Verdichtungsräume" nach Vorlage neuer Erhebungsdaten wird diskutiert (*Kroner* 1985).
Flächen und Einwohnerzahlen der 24 ‚Verdichtungsräume' und 72 ‚Stadtregionen' der Bundesrepublik (1970) streuen weit. Der „Verdichtungsraum Rhein-Ruhr" z. B. enthält fünf Stadtregionen, und zwar „Rhein-Ruhr", „Bonn/Siegburg", „Mönchengladbach/Rheydt/Viersen", „Hamm" und „Lüdenscheid" (vgl. die Abb. in *Gaebe* 1987, S. 182), der „Verdichtungsraum Rhein-Main" die vier Stadtregionen „Frankfurt/Offenbach", „Wiesbaden/Mainz", „Darmstadt" und „Aschaffenburg" (vgl. Abb. 2.3/1.b).
Auch im Ausland werden die Verdichtungsräume nach wenigen Struktur- und/oder Verflechtungsmerkmalen abgegrenzt, z. B. die „Metropolitan Statistical Areas" der USA nach der Bevölkerungszahl, der Bevölkerungsdichte und dem Auspendleranteil in die Kernstädte (Tab. 2.3/2, s. S. 90 oben).
Da internationale Absprachen fehlen, können Verdichtungsräume nur nach nationalen oder regionalen Raummodellen abgegrenzt und gegliedert werden, z. B. New York, London, Paris, das Ruhrgebiet, Tokyo, für die dann meist auch Datenreihen verfügbar sind (Abb. 2.3/2):
– bis 1980 für die New York SMSA („Standard Metropolitan Statistical Area"), seither für die New York („Primary Metropolitan Statistical Area"), untergliedert in die „central city", New York City (A) und den suburbanen Raum, die counties Westchester, Rockland, Putman und Bergen (B);
– für Greater London, untergliedert in Inner London (A) und Outer London (B);
– für die Ile-de-France, untergliedert in das Départment Paris (A) und die Départments der Petite und Grande Couronne (B);

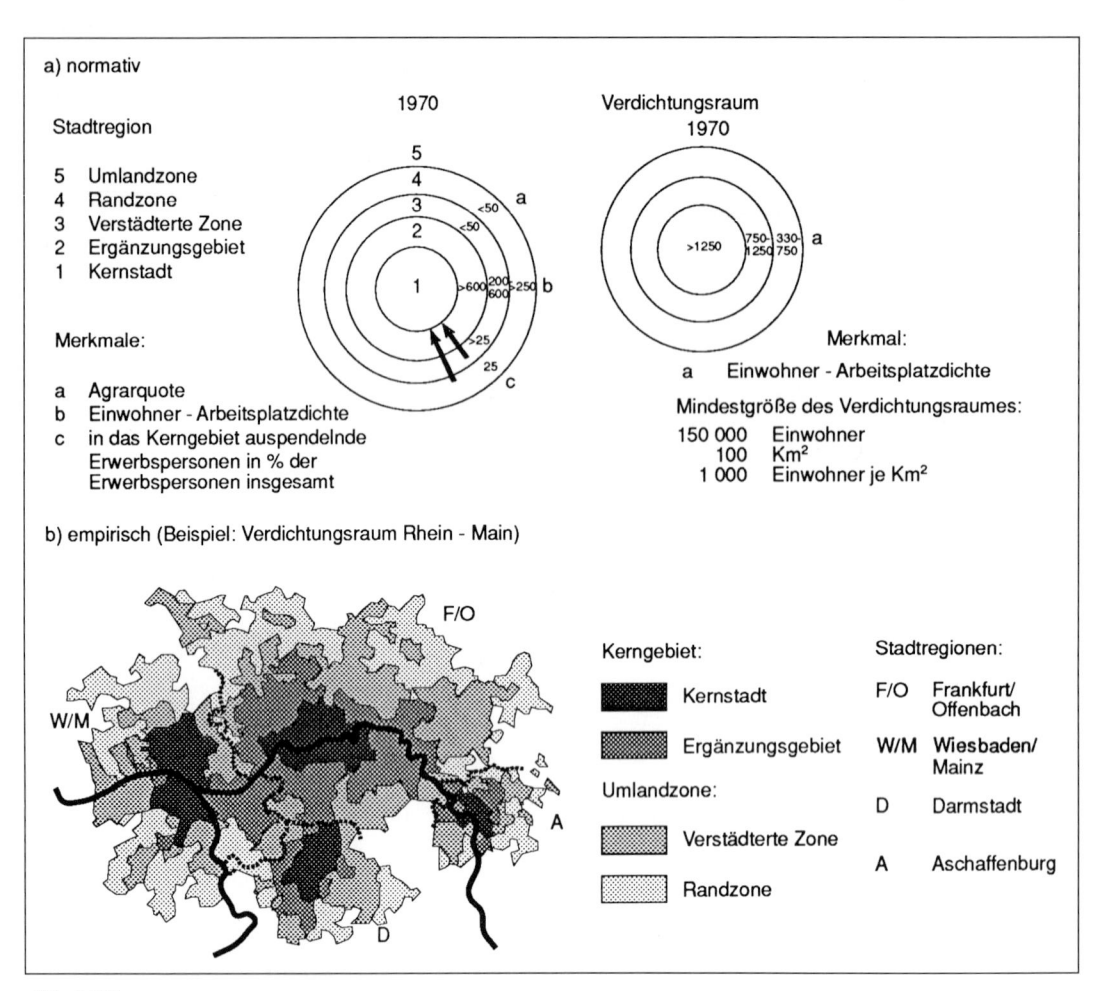

Abb. 2.3/1
Abgrenzung der ‚Stadtregionen' und ‚Verdichtungsräume' in der Bundesrepublik Deutschland 1970
a) normativ
Entwurf: W. Gaebe
b) empirisch (Beispiel: Verdichtungsraum Rhein-Main)
Quelle: Akademie für Raumforschung und Landesplanung 1975

- für das Gebiet des Kommunalverbandes Ruhrgebiet, untergliedert in die Stadtkreise (A) und Landkreise (B);
- für die Präfektur Tokyo, untergliedert in die Stadt Tokyo (A) und den Tama District (B).

In den unterschiedlich großen und abgegrenzten Räumen (Abb. 2.3/2) können die Teilräume A als Kernstädte, die Teilräume B als suburbaner Raum bezeichnet werden. Für jeden Verdichtungsraum gibt es aber noch andere Abgrenzungen, z. B. für London die Region South East, für Paris die Agglomération Paris, für das Ruhrgebiet die Stadtregion Rhein-Ruhr, für Tokyo die Tokyo Metropolitan Region. Auch für diese Räume werden Bevölkerungs- und Beschäftigtendaten veröffentlicht. Hiernach abgegrenzte Kernstädte und suburbane Räume weichen entsprechend von der Abgrenzung in Abbildung 2.3/2 ab, damit auch alle auf sie bezogenen Aussagen zur Urbanisierungs-, Suburbanisierungs- oder Deurbanisierungsphase.

New York PMSA Greater London

Ile - de - France Kommunalverband Ruhrgebiet

Präfektur Tokyo

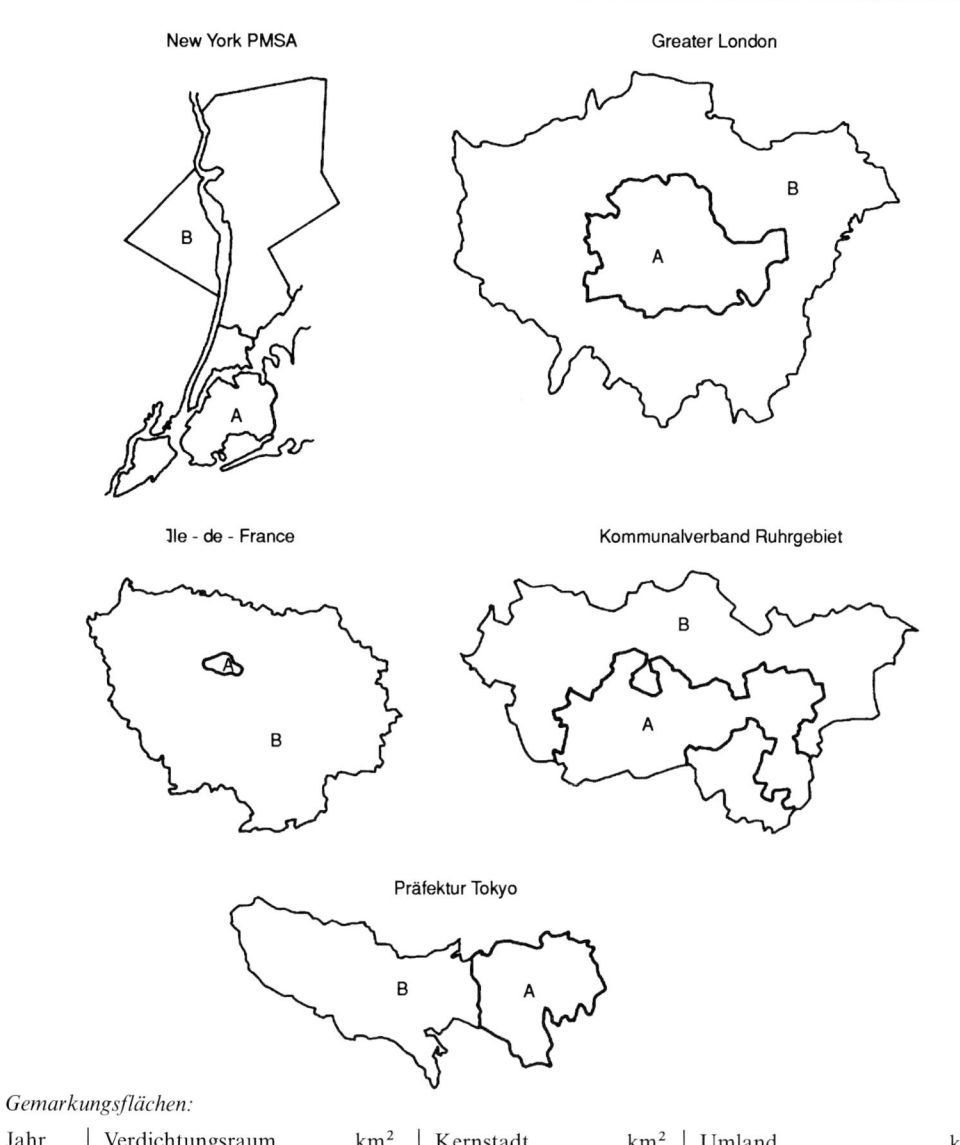

Gemarkungsflächen:

Jahr	Verdichtungsraum	km²	Kernstadt	km²	Umland (suburbaner Raum)	km²
1983	New York PMSA	2 964	New York City	806	Counties	2 158
1980	Greater London	1 580	Inner London	301	Outer London	1 279
1980	Ile-de-France	12 012	Paris	105	Petite und Grande Couronne	11 907
1984	Kommunalverband Ruhrgebiet	4 433	Stadtkreise	1 680	Landkreise	2 753
1980	Präfektur Tokyo	2 145	Tokyo	581	Tama District	1 564

Entwurf: *W. Gaebe*

Abb. 2.3/2
Abgrenzung und Gliederung von fünf ausgewählten Verdichtungsräumen in Kernstadt (A) und suburbanen Raum (B)
Entwurf: W. Gaebe

Tab. 2.3/2: Metropolitan Areas in den USA 1940–1984

Bezogen auf die USA	1940	1950	1960	1970	1980	1984
			in %			
Anteil an der Fläche	7,0	7,0	8,7	11,0	16,0	16,0
Anteil an der Bevölkerung	52,8	56,1	63,0	68,6	74,8	75,9
Zahl der Metropolitan Areas	168	168	212	243	318	277[1]
Bezeichnung der Metropolitan Areas	Metropolitan Districts	Standard Metropolitan Areas (SMA)		Standard Metropolitan Statistical Areas (SMSA)		Metropolitan Statistical Areas (CMSA, MSA, PMSA)

Quelle: US Department of Commerce, Washington

[1]) 257 Metropolitan Statistical Areas (MSA) und 20 Consolidated Metropolitan Statistical Areas (CMSA), darin 71 Primary Metropolitan Statistical Areas (PMSA), Räume mit jeweils mehr als 1 Million Einwohnern

2.3.2 Entwicklungsphasen der Verdichtungsräume *(Wolf Gaebe)*

Obwohl es schon vor mehr als 3000 Jahren Städte mit 100 000 und mehr Einwohnern gab (Theben, Babylon), war bis Anfang des 19. Jahrhunderts der Anteil der Bevölkerung in Städten, insbesondere großen Städten, gering. Im Mittelalter gab es keine den antiken Städten vergleichbare Metropole. Erst vor etwa 200 Jahren begann von Europa ausgehend ein starker Urbanisierungsprozeß. Abbildung 2.3/3 zeigt ein Merkmal dieses Prozesses, die Bevölkerungszunahme großer Städte. Diese begann

- zuerst, etwa um 1780, in Großbritannien (Beispiel London),
- in der ersten Hälfte des 19. Jahrhunderts u.a. in Frankreich, Deutschland und in den USA (Beispiele Paris, Berlin, New York),
- in der zweiten Hälfte des 19. Jahrhunderts in Osteuropa, Nordafrika, Indien, Japan, Australien, Brasilien (Beispiele Warschau, Kairo, Bombay, Tokyo, Sydney, Rio de Janeiro),
- Anfang des 20. Jahrhunderts im Westen der USA, in Mexiko, Venezuela und China (Beispiele Los Angeles, Mexiko City, Caracas, Beijing),
- in den 20er Jahren in Sibirien (Beispiel Novosibirsk), in den 30er Jahren in Singapur,
- in den 50er Jahren in Guatemala (Beispiel Guatemala City), im Irak (Beispiel Bagdad), und in den 60er Jahren in Schwarzafrika (Beispiel Kinshasa).

Abbildung 2.3/3 zeigt nicht nur den unterschiedlichen Beginn starker Bevölkerungszunahme, sondern auch unterschiedliche Wachstumsraten. Je älter und länger der Urbanisierungsprozeß, um so mehr Entwicklungsphasen von Bevölkerung und Beschäftigung können unterschieden werden, z. B. in den nord-, west- und mitteleuropäischen Verdichtungsräumen und in den großen Städten im Nordosten der USA nach einer Urbanisierungs- oder Konzentrationsphase eine Suburbanisierungs- oder Dekonzentrationsphase, schließlich eine Deurbanisierungs- oder Reurbanisierungsphase. Diese Entwicklungsphasen folgen nicht unbedingt aufeinander. In London verbinden sich z. B. Tendenzen der Bevölkerungsdeurbanisierung und -reurbanisierung, in Paris solche der Bevölkerungssuburbanisierung und -reurbanisierung.

2.3.2.1 Urbanisierungs- oder Konzentrationsphase

Ein Merkmal dieser Phase ist die starke Bevölkerungszunahme der Kernstädte, in den Städten der Industrieländer auch die Zunahme der Arbeitsplätze im sekundären und tertiären Sektor (Industrie, Handel, Dienstleistungen). Nach einer Deurbanisierungsphase vom 14. bis 18. Jahrhundert nahm die Bevölkerung der Städte am frühesten in Großbritannien zu. Vor 1800 gab es hier außer London keine

Abb. 2.3/3
Bevölkerungsentwicklung in
ausgewählten Verdichtungsräumen
Entwurf: W. Gaebe

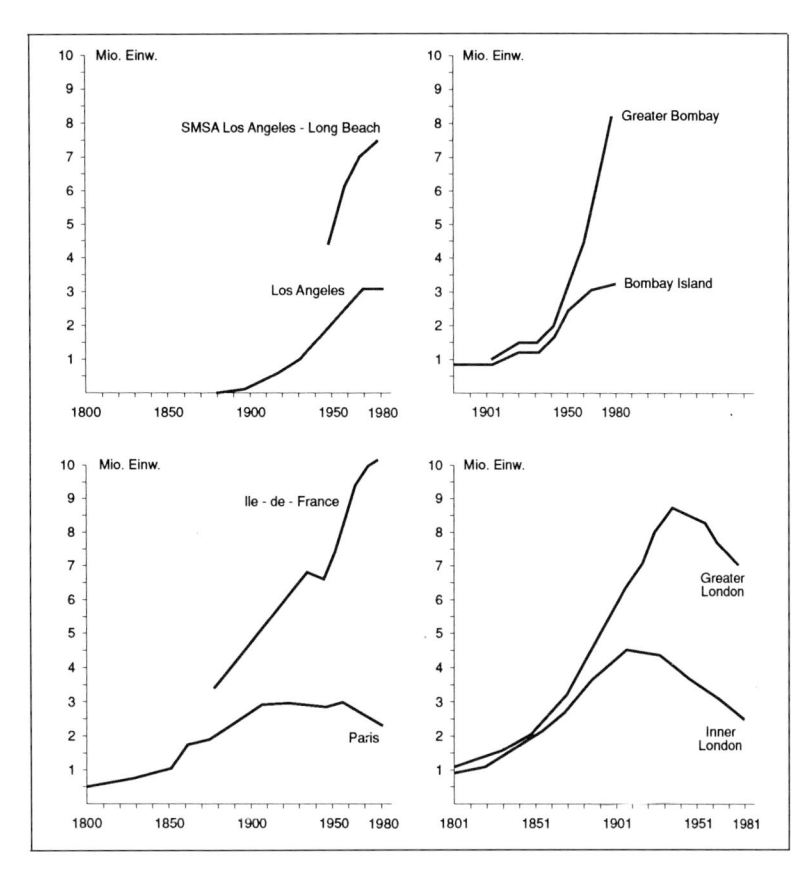

größere städtische Siedlung. Bis 1850 stieg in Großbritannien die Bevölkerung der Städte stärker als in den meisten kontinentaleuropäischen und nordamerikanischen Städten, z. B. in London auf knapp 2 Millionen Einwohner (New York hatte damals etwa 650000 Einwohner, Berlin etwa 435000 und München 90000 Einwohner).

Die starke Bevölkerungszunahme der Städte ist nur ein Merkmal zur Beschreibung der Urbanisierung; andere Merkmale sind der stark steigende Bevölkerungsanteil der Städte (Verstädterungsgrad), die Zunahme der Zahl großer Städte, insbesondere Millionenstädte (1850: 3, 1980: 143 Millionenstädte), und die Ausbreitung städtischer Siedlungs-, Lebens- und Wirtschaftsformen. Das zuletzt genannte Merkmal wird in der deutschsprachigen Literatur häufig zur Unterscheidung von Verstädterung und Urbanisierung verwandt.

Merkmale der Urbanisierungsphase in den Städten selbst sind die Zunahme der Nutzungs- und Funktionsmischung bei gleichzeitiger Ausdifferenzierung der Handels-, Verwaltungs- und Dienstleistungstätigkeiten, die starke Zunahme der Bevölkerungs- und Arbeitsplatzdichte und die räumliche Ausweitung der Siedlungsfläche (sie bleibt aber zunächst noch hinter der Bevölkerungszunahme zurück).

In einer Übergangsphase, etwa seit 1875 in Nord-, West- und Mitteleuropa und im Nordosten der USA, seit 1925 in Lateinamerika, Asien und Australien und seit 1950 in Nordafrika, nimmt zwar weiterhin die Bevölkerung der Kernstädte zu, die Wachstumsrate schwächt sich aber ab. Die Bevölkerung in den angrenzenden Gemeinden wächst nun stärker als die der Kernstadt. Die relative Zunahme der Umlandgemeinden an Bevölkerung, Arbeitsplätzen, Produktions- und Versorgungsleistungen der Verdichtungsräume wird als Suburbanisierung bezeichnet (u. a. *Friedrichs* 1975, S. 31). Die inneregionalen Verschiebungen erfolgen durch Wanderungen und Verlagerungen aus der Kernstadt in den suburbanen Raum, durch unterschiedliche Geburten- und Sterberaten, durch Stillegungen und Ansiedlungen (Zuzüge, Neugründungen, Erweiterungen). Sie sind verbunden

- mit einer Reorganisation der Flächennutzung und Veränderungen der Bevölkerungs- und Tätigkeitsstruktur, d. h. mit
    - einer funktionalen und sozialen Segregation (Aufspaltung und räumliche Trennung von Tätigkeiten und Bevölkerungsgruppen, Verdrängung von Bevölkerung durch tertiäre Tätigkeiten und von niederrangigen durch höherrangige Tätigkeiten),
    - einer Nutzungsdifferenzierung und -spezialisierung (u. a. in Produktion und Distribution, Großhandel, Einzelhandel, Transporte, Banken, Versicherungen, Verwaltung, Kultur),
    - einer Entstehung von Nutzungszonen (u. a. Industrie-, Gewerbe-, Wohn-, Versorgungs-, Verkehrs-, Erholungs-, Freizeitflächen),
- mit einer stärkeren Zunahme der Siedlungsfläche, meist verbunden mit Eingemeindungen, als der Bevölkerung und Beschäftigung,
- mit einer Zunahme und Ausweitung der Stadt-Umland-Beziehungen und
- mit einer Abnahme der Bevölkerungsdichte in der Innenstadt (Ausbildung eines Bevölkerungskraters).

Bereits in der frühindustriellen Urbanisierungsphase mit starker und zunehmender Konzentration von Bevölkerung und Wirtschaft setzten in den USA um 1830, in Europa etwas später, räumlich selektive Dekonzentrationsprozesse in den Verdichtungsräumen ein. Gut verdienende und wohlhabende Haushalte zogen aus der Innenstadt an den bisher räumlich deutlich begrenzten Stadtrand. In den lateinamerikanischen Verdichtungsräumen verließen dagegen erst in den 20er Jahren, verstärkt in den 30er Jahren Oberschichthaushalte die Altstadt und zogen an den Stadtrand, wo sie z.T. bald wieder von der Besiedlung eingeholt wurden (vgl. *Wilhelmy/Borsdorf* 1984, S. 144). Nach starker baulicher Verdichtung und Bevölkerungskonzentration am Rande der Innenstadt verlagerte sich nun die höchste Wohndichte zunehmend zum Stadtrand.

2.3.2.2 Suburbanisierungs- oder Dekonzentrationsphase

In dieser Entwicklungsphase wächst die Bevölkerung der Kernstädte weniger als im suburbanen Raum oder nimmt gar absolut ab. Die Bevölkerung der Verdichtungsräume steigt aber insgesamt noch, z.B. in Paris (Abb. 2.3/3). Hier verliert die Kernstadt Bevölkerung seit den 20er Jahren. Die Suburbanisierungsprozesse werden unterschieden nach den Trägern der Prozesse in Bevölkerungssuburbanisierung, Industriesuburbanisierung und Suburbanisierung des tertiären Sektors, der am spätesten einsetzende Dezentralisierungsproze.

a) Bevölkerungssuburbanisierung

Trotz der räumlich und zeitlich unterschiedlich einsetzenden und ablaufenden Bevölkerungssuburbanisierung gibt es einige allgemeine Merkmale, die vor allem aus Industrieländern belegt sind:

- *Ausweitung der Siedlungsflächen*
  Die starke Siedlungsausweitung ist in der Regel mit einem großen Verlust an landwirtschaftlicher Nutzfläche, Erholungs- und Freifläche verbunden.
- *Demographische, soziale und ökonomische Segregierung*
  In den Kernstädten nimmt der Anteil einkommensschwacher und sozialer Randgruppen zu, u. a. Rentner, Studenten, Lehrlinge, ältere und jüngere Bevölkerungsgruppen sowie Ausländer (Gastarbeiter, Einwanderer, ethnische Minderheiten), Einpersonenhaushalte und Haushalte in der Gründungs- und Auflösungsphase, im suburbanen Raum dagegen der Anteil der Mittel- und Ober-

schichthaushalte, der Erwerbstätigen, Schüler, mittlerer Altersgruppen, der im Lande Geborenen (in den USA der weißen Bevölkerung), der Mehrpersonenhaushalte und der Haushalte in der Wachstums- und Schrumpfungsphase.

- *Unausgewogene Infrastrukturauslastung*
  Die Bevölkerungsumverteilung führt in den Kernstädten zu Überkapazitäten, u. a. in Kindergärten und allgemein bildenden Schulen (aber auch zu Verbesserungen der Versorgung), im suburbanen Raum zu Engpässen und steigendem öffentlichen Investitionsbedarf. Die Bevölkerungsdezentralisierung verteuert den öffentlichen Personenverkehr und den Ausbau und Unterhalt des Straßennetzes.
- *Veränderungen auf dem Wohnungsmarkt*
  In den Kernstädten nimmt die Zahl großer und preiswerter Wohnungen durch Verdrängung und Umwidmung in rentablere Nutzungen ab, im suburbanen Raum erfolgt eine Siedlungsausweitung vor allem durch Einfamilienhäuser (Nordamerika, Australien, Europa, Japan), Mehrfamilienhäuser und Sozialwohnungen (Europa).
- *Zunahme der Pendlerwege, des Verkehrs- und Transportvolumens*
  Wohn-, Arbeits-, Versorgungs- und Naherholungsstandorte fallen mit zunehmender Siedlungsausweitung und privater Motorisierung immer weiter auseinander.
- *Unausgewogene Finanzausstattung*
  Die Kernstädte verlieren, der suburbane Raum gewinnt Wirtschaftskraft, Gewerbe- und Einkommenssteuern und Kaufkraft. In den Kernstädten nimmt der Investitionsspielraum ab, während die Soziallasten, die Ausgaben für die Infrastruktur und die finanzielle Abhängigkeit von der Regional- und Landesregierung zunehmen. Die Kernstädte subventionieren die von der Umlandbevölkerung genutzten Anlagen.

b) Industriesuburbanisierung

In der Urbanisierungsphase war der Stadtkern ein hervorragender Standort der Industrie, umgeben von den Wohngebieten der Arbeitskräfte. Die starke Nutzungsmischung und -verdichtung (Industrie, Handel, Dienstleistungen, Infrastruktur, Wohnungen) führte zunehmend zu Konflikten und bereits im 19. Jahrhundert zu Verlagerungen der Industrie aus der Innenstadt an den Stadtrand. Durch die rasche Bevölkerungszunahme und Siedlungsausweitung gab es häufig auch bald wieder am neuen Standort Nutzungskonflikte mit z. T. erneuter Verlagerung. Der Dekonzentrationsprozeß besteht auch hier aus mehreren Teilprozessen: Stillegungen in der Kernstadt, Neugründungen am Stadtrand, Verlagerungen aller oder einzelner betrieblicher Funktionen (Verwaltung, Produktion, Forschung und Entwicklung, Verkauf) aus der Kernstadt in den suburbanen Raum, den ländlichen Raum oder ins Ausland.

Die Industriesuburbanisierung erfolgt vor allem in Verdichtungsräumen der Industrieländer. In den Entwicklungsländern wurde die Industrie meist schon außerhalb der Innenstadt errichtet. Folgende Merkmale kennzeichnen die Industriesuburbanisierung:

- *Funktions- und Branchensegregierung*
  Mit den Standortverschiebungen ist häufig eine Reorganisation der Unternehmensfunktionen verbunden. Leitungs-, Verwaltungs-, Handelsfunktionen, Forschung und Entwicklung bleiben meist in der Kernstadt, Produktionsbetriebe ertragsstarker Unternehmen gehen in den suburbanen Raum, ertragsschwächerer Unternehmen oder rezessiver Branchen in den ländlichen Raum oder ins Ausland.
  Für industrielle Leitungsfunktionen wird bevorzugt ein Standort in repräsentativer, zentraler Lage gesucht, für Verwaltungs- und Handelsfunktionen mit guter Erreichbarkeit, für Forschung und Entwicklung ein ruhiger Standort in angenehmer Umgebung, für Produktionsbetriebe ein erschlossenes Grundstück mit Erweiterungsmöglichkeit und guter Verkehrsanbindung.

– *Veränderungen der Tätigkeitsbedingungen*
In den Kernstädten nehmen durch Stillegungen, Betriebsverkleinerung und Verlagerung die Nutzungsmischung und die Konflikte mit der Wohnbevölkerung ab, im suburbanen Raum durch Neuansiedlungen zu. Die Verlagerungsfähigkeit ist jedoch stark beschränkt. Vor allem große Betriebe sind durch Kapitalakkumulation und hohe Desinvestitionen an den Standort gebunden (Standortpersistenz).

– *Geringe durchschnittliche Verlagerungsdistanz*
Verlagerungen des gesamten Betriebes erfolgen überwiegend im Nahbereich, im Umkreis von etwa 20 bis 50 km.

c) *Suburbanisierung im tertiären Sektor*

Die Suburbanisierung des tertiären Sektors ist der am spätesten einsetzende Dekonzentrationsprozeß in den Verdichtungsräumen. Reorganisation im tertiären Sektor bedeutet einerseits Konzentration höherrangiger Tätigkeiten in der Innenstadt, andererseits Dekonzentration von Handels-, Dienstleistungs- und Verwaltungstätigkeiten. Die Veränderungsprozesse begannen mit der Citybildung, Professionalisierung und Entstehung von Branchenkonzentrationen im 19. Jahrhundert in Europa und in den USA. Die Tätigkeitsverschiebung aus der Kernstadt in den suburbanen Raum kann aber selbst in den Industrieländern erst nach dem Zweiten Weltkrieg beobachtet werden, zuerst im Einzelhandel, später bei Banken und Versicherungen. In Schwellen- und Entwicklungsländern ist sie erst in Ansätzen erkennbar.

Hauptmerkmale der Suburbanisierung des tertiären Sektors sind:

– *Funktions- und Branchensegregierung*
In den Kernstädten nimmt die Konzentration höher- und höchstrangiger Tätigkeiten im Hauptgeschäftszentrum zu (Leitungs-, Kontroll-, Handels- und Vermittlungsfunktionen, Dienstleistungen). Es sind überwiegend spezialisierte informations-, kontakt-, beratungs- und flächenintensive Tätigkeiten in Hauptverwaltungen, Banken, Versicherungen, Werbeagenturen, Maklerbüros, Rechts- und Wirtschaftsberatung sowie in Waren- und Kaufhäusern und in Fachgeschäften. Durch die Konkurrenz um zentrale Standorte werden niederrangige und renditeschwache Versorgungsfunktionen, Routinetätigkeiten der öffentlichen und Unternehmensverwaltungen, Produktionsbetriebe und Wohnbevölkerung verdrängt, u. a. Handwerks- und Reparaturbetriebe und Haushalte mit niedrigem Einkommen.

Die Ausweitung des Bürosektors erfolgt fast immer in Richtung auf Stadtviertel mit gehobenem und höherem Prestige (gute Wohngebiete)

Im suburbanen Raum nehmen nachfrageorientierte Tätigkeiten geringer Reichweite für den kurz- und mittelfristigen Bedarf zu (Einzelhandel, Bankfilialen, Kfz-Betriebe, persönliche Dienstleistungen), auch flächenextensive Tätigkeiten, u. a. im Großhandel, in Speditionen, Auslieferungslagern, Bauunternehmen, Verlagen, Kundendienststellen und Tätigkeiten mit geringer Besucherfrequenz. Hier werden zunehmend auch Verbrauchermärkte, SB-Warenhäuser und Einkaufszentren mit Warenhäusern, Kaufhäusern, Supermärkten, Fachgeschäften, Bankfilialen und Dienstleistungen errichtet, außer in Japan (Schienenverkehr) auf den Individualverkehr und das Straßennetz orientiert. Die geplanten und ungeplanten Einzelhandelsgroßprojekte erreichen das Angebotsspektrum gewachsener Mittelzentren, in den USA vereinzelt auch des Innenstadtzentrums. Die Funktions- und Branchensegregierung führt innerhalb der Verdichtungsräume zur Verlagerung von Kaufkraft- und Kundenströmen und zur Umverteilung von Arbeitsplätzen im tertiären Sektor, zum relativen Bedeutungsverlust des Innenstadtzentrums und zur Stärkung der Ober- und Mittelzentren im Umland.

– *Unausgewogene öffentliche Leistungen*
Entsprechend den Veränderungen in der Haushalts-, Alters- und Sozialstruktur vergrößert sich das Ungleichgewicht in der Infrastrukturausstattung (Bildungs-, Gesundheits-, Verkehrs-, Sport- und

Freizeiteinrichtungen): Überkapazitäten und Schließung in der Kernstadt, Defizite und Neubau im suburbanen Raum.

2.3.2.3 Deurbanisierungsphase

Die Beobachtung, daß in vielen Verdichtungsräumen der Industrieländer seit den 60er bzw. 70er Jahren Bevölkerung und z.T. auch Beschäftigung insgesamt (Kernstadt und suburbaner Raum) absolut abnehmen, stützt Vermutungen, der Urbanisierungs- und Suburbanisierungsphase (relative Bevölkerungsabnahme in der Kernstadt, -zunahme im suburbanen Raum) könne eine Deurbanisierungsphase folgen. Früher einmal sehr wachstumsstarke Räume, die große Binnen- und in den USA Einwandererströme aufgenommen haben, verlieren Bevölkerung, in Europa z. B. Stockholm, Kopenhagen, London (Abb. 2.3/3), Randstad Holland, Brüssel, Ruhrgebiet, Halle-Leipzig, in den USA große Verdichtungsräume im Nordosten (Boston, New York, Philadelphia, Detroit). Die Bevölkerungsabnahme der Kernstädte ist größer als die Bevölkerungszunahme im suburbanen Raum.

In der Bundesrepublik nahm nach dem Zweiten Weltkrieg die Bevölkerung in den Ruhrgebietsstädten früher und stärker zu als in anderen großen Städten, aber auch früher wieder ab, bereits Ende der 50er, Anfang der 60er Jahre. Seit den 70er Jahren gleicht die Bevölkerungszunahme im suburbanen Raum die Bevölkerungsabnahme der Kernstädte, darunter Hamburg und München, durch Geburtendefizit und Fortzüge vor allem in das Umland nicht mehr aus. Das schon hoch verdichtete Umland der großen Kernstädte verliert an Attraktivität. Nur das weitere ländliche Umland weist noch eine Bevölkerungszunahme auf. Die ‚erweiterte Suburbanisierung' wird auch als ‚Exurbanisierung' bezeichnet, als Verlagerung des Bevölkerungswachstums in den angrenzenden ländlichen Raum (vgl. *Butzin* 1986, S. 11).

In den USA gibt es gegensätzliche Entwicklungstendenzen: im Süden und Südwesten eine starke Bevölkerungszunahme der Kernstädte und der suburbanen Räume, im Nordosten Bevölkerungsabnahme einiger Verdichtungsräume (Deurbanisierung). In den 70er Jahren stiegen die Zuzüge in nicht verdichtete und nicht an Agglomerationen angrenzende Räume, vor allem von Pensionären und nicht erwerbstätigen Personen. Aber nicht nur ältere Menschen, auch jüngere gehen in den ländlichen Raum. Die Wachstumsrate der ländlichen Räume ist zum ersten Mal seit Beginn der Volkszählungen 1790 höher als die der Verdichtungsräume. Auch Industrie geht nun bevorzugt in den ländlichen Raum, nachdem bis Anfang der 70er Jahre vor allem der suburbane Raum Ziel der Industrieansiedlungen war.

Amerikanische Stadtforscher sehen in dieser Entwicklung einen Bruch mit bisherigen Trends. *Berry* etwa nannte sie „counterurbanization". In Europa gibt es trotz der starken Wachstumsabnahme der Verdichtungsräume keinen Hinweis auf eine allgemeine Abkehr von den Städten und auf eine Abschwächung der Suburbanisierungstendenz. Nicht die Zuwanderung in die Städte ist zu Ende, sondern nur die starke Zuwanderung in die größten Verdichtungsräume; die Bevölkerung kleiner und mittlerer Städte, auch der Verdichtungsräume mit hohem Freizeitwert (z.B. des Raumes München), nimmt dagegen z.T. noch zu.

2.3.2.4 Reurbanisierungsphase

Es gibt aber auch gegenläufige Beispiele einer Reurbanisierung, eines verstärkten Zuzugs in die Kernstadt. Als Reaktion auf die anhaltende starke Bevölkerungsabnahme gibt es in Europa und Nordamerika zunehmende private und öffentliche Anstrengungen zur Revitalisierung der Kernstädte, u. a. durch
– die sog. „gentrification", d.h. „Veredelung" (Luxussanierung) von Wohngebieten durch Renovierung und Restaurierung von Wohngebäuden und Wohnungen, sowie durch Neubauten in attraktiver Lage,
– Ausweis von Flächen für Einfamilienhäuser und
– Verringerung von Nutzungskonflikten und Verbesserung der Wirtschaftsstruktur.

In den Industrieländern steigt die Nachfrage nach kernstadtnahen Wohnungen in Häusern mit wenigen Wohnungen in ruhiger, emissionsarmer Lage, sowie nach Wohnungen in infrastrukturell gut ausgestatteten Altbaugebieten. Es ist aber noch nicht erkennbar, ob es sich hier nur um punktuelle Aufwertungen und Verbesserungen oder um eine grundlegende Änderung der Verhaltensweisen und Wohnstandortwahl handelt.

Gegen eine Reurbanisierung im Sinne einer Bevölkerungsverschiebung zurück in die Kernstadt und damit einer Verringerung der Suburbanisierung sprechen eine Reihe von Argumenten. Dazu gehören die anhaltende Dezentralisierung von Industrie und niederrangigen tertiären Tätigkeiten, der noch zunehmende Flächenbedarf, die Zunahme der Ein- und Zweipersonenhaushalte, Haushaltsgründungen der geburtenstarken Jahrgänge und hohe Mieten für modernisierte Wohnungen.

2.3.3 Erklärung der Entwicklungsprozesse *(Wolf Gaebe)*

Nach der Beschreibung der Entwicklungsphasen sollen nun einige von der Stadtforschung genannte Gründe für deren Entstehung und Ablösung genannt werden.

2.3.3.1 Urbanisierungsphase

Es gibt keine ausgearbeitete Theorie der Urbanisierung. Im Vordergrund der Forschung stehen vielmehr Beziehungen zwischen einzelnen ökonomischen, demographischen und politischen Variablen und der Bevölkerungszunahme der Städte:

a) Beziehung zwischen wirtschaftlicher Entwicklung und Bevölkerungszunahme der Städte

In den heutigen Industrieländern war die Bevölkerungszunahme im 19. Jahrhundert mit einer starken Ausweitung der Arbeitsplätze im sekundären und tertiären Sektor verbunden, ermöglicht durch tiefgreifende gesellschaftliche und wirtschaftliche Reformen, u. a. der Agrarbesitzstruktur und Agrarverfassung, der Gewerbe- und Niederlassungsfreiheit und der Ablösung der Zunftordnung. Andere Gründe der starken Bevölkerungszunahme waren technische und organisatorische Innovationen in allen Wirtschaftssektoren und zunehmende Agglomerationsvorteile (aus der Größe der Absatz- und Arbeitsmärkte, dem Güter- und Dienstleistungsangebot).

Im Unterschied zum Urbanisierungsprozeß im 19. Jahrhundert in den höchst entwickelten Ländern nimmt heute die Bevölkerung großer Städte vor allem in Ländern mit sehr niedrigem Entwicklungsstand zu. Freisetzungen in der Landwirtschaft und reale Arbeitsplatzchancen in der sich rasch entwickelnden Industrie veranlaßten im 19. Jahrhundert zu Wanderungen in die Städte; heute dagegen sind es Bevölkerungsdruck, Unterbeschäftigung, Armut und Hoffnung auf Arbeit und bessere Lebensbedingungen. Es fehlt hier ein ähnlich starker frühindustrieller Arbeitskräftebedarf im produzierenden Gewerbe, im Handel und in den Dienstleistungstätigkeiten. Eine Folge der hohen Bevölkerungszunahme der Städte (bis mehr als 5% pro Jahr, in Europa im 19. Jahrhundert etwa um 2%) ohne gleichzeitige starke Zunahme der Arbeitsplätze sind die weitaus geringere wirtschaftliche und soziale Integration vor allem wenig qualifizierter Zuwanderer und die starke Ausweitung der randstädtischen Elendssiedlungen (Hütten).

b) Beziehung zwischen demographischer Entwicklung und Bevölkerungszunahme der Städte

Die Bevölkerungszunahme der Städte wird durch drei miteinander verbundene Größen bestimmt: die natürliche Bevölkerungszunahme (Geburten minus Sterbefälle), Wanderungen (Zuzüge minus Fortzüge) und Eingemeindungen.

Zumindest bis in die zweite Hälfte des 19. Jahrhunderts war ein Geburtenüberschuß der wichtigste Wachstumsfaktor der Städte der Industrieländer (*Weber* 1899, S. 283). *Laux* (1984) vermutet jedoch, daß der Beitrag der natürlichen Bevölkerungszunahme zum Bevölkerungswachstum im 19. Jahrhun-

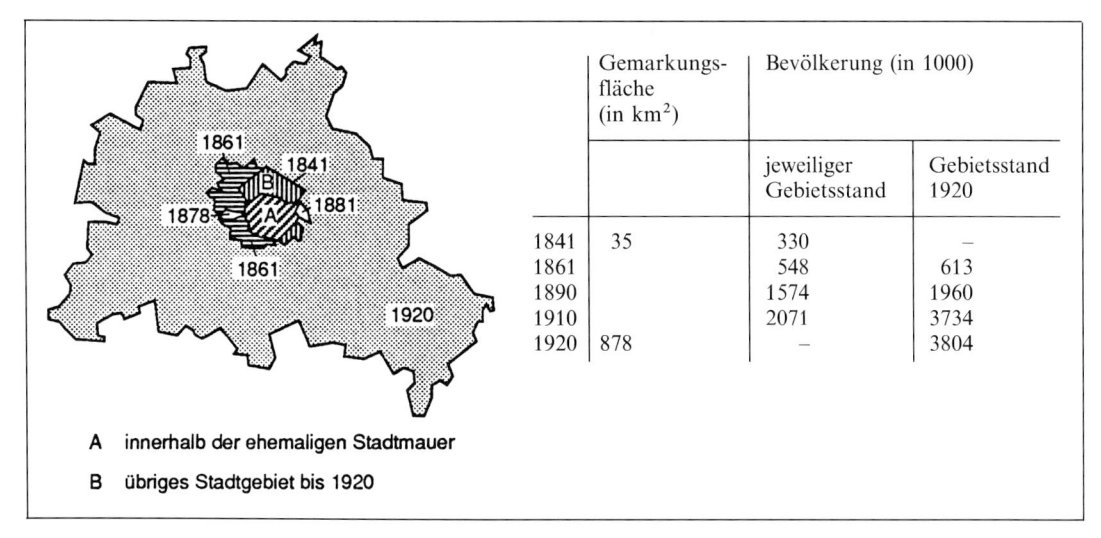

	Gemarkungs-fläche (in km²)	Bevölkerung (in 1000)	
		jeweiliger Gebietsstand	Gebietsstand 1920
1841	35	330	–
1861		548	613
1890		1574	1960
1910		2071	3734
1920	878	–	3804

A innerhalb der ehemaligen Stadtmauer
B übriges Stadtgebiet bis 1920

Abb. 2.3/4
Entwicklung der Gemarkungsfläche von Berlin 1841–1920
Entwurf: W. Gaebe

dert überschätzt wird, da ein erheblicher Teil der Geburten in Städten auf zugewanderte Bevölkerung entfällt und die Wanderungen insgesamt zu niedrig angesetzt sind.
Ende des 19. Jahrhunderts entfiel in Deutschland im Durchschnitt knapp ein Viertel der Bevölkerungszunahme der Großstädte auf Eingemeindungen, in Berlin jedoch nur ein Dreißigstel. Hier erfolgte erst 1920 eine Anpassung der Gemarkungsfläche an die Siedlungsfläche (Abb. 2.3/4).
In den großen Städten der Entwicklungsländer ist der Anteil der Geburten an der Bevölkerungszunahme höher als in Europa in der Urbanisierungsphase im 19. Jahrhundert. Die Geburtenraten sind höher, die Sterberaten niedriger und stärker abnehmend.

c) Beziehung zwischen politischer und kultureller Funktion und Bevölkerungszunahme der Städte
Die Bevölkerungsentwicklung z. B. von London, Paris, Berlin und Wien stützt die Annahme, daß vor allem politische Funktionen ein wichtiger Faktor der Stadtentwicklung sind: London und Paris waren Hauptstädte großer Kolonialreiche, Berlin und Wien starker Territorialstaaten. Repräsentationsbedürfnis und politische Bedeutung zeigen sich im Ausbau der Verwaltungs-, Gesundheits-, Bildungs-, wissenschaftlichen und kulturellen Einrichtungen.
Auch in den Entwicklungsländern wachsen die Hauptstädte, meist Primatstädte, überdurchschnittlich. Die wirtschaftliche Entwicklung, u.a. die Entwicklung der Arbeitsplätze, bleibt jedoch stark hinter der Zunahme von Bevölkerung und Arbeitssuchenden zurück, Elendssiedlungen und Marginalisierung der Bevölkerung nehmen zu. Lage- und Verkehrsgunst sowie Agglomerationsvorteile verstärken die Wachstumsfaktoren, Agglomerationsnachteile mindern sie.

2.3.3.2 Suburbanisierungsphase

a) Bevölkerungssuburbanisierung

Gründe für Fortzüge aus der Kernstadt
– Unzureichendes Wohnungsangebot
  Das Wohnungsangebot der Kernstädte ist unzureichend, gemessen am Wohnungsbedarf (Größe und Ausstattung der Wohnungen, Miethöhe) aufgrund der starken Zunahme der Zahl der Haushalte, insbesondere der Ein- und Zweipersonenhaushalte, der Veränderungen der Einkommens-

und Sozialstruktur und der steigenden Mieten. Fortzüge sind deshalb nicht Ausdruck einer allgemeinen Stadtflucht, sondern eher der Verdrängung von Bevölkerung aus den Kernstädten.
- Mängel der Bausubstanz und der Wohnumwelt
  Auch die Lage der Wohnung, der bauliche Zustand oder die soziale Zusammensetzung des Wohngebietes, z. B. ein hoher Anteil Ausländer oder bestimmter ethnischer Gruppen, können zu einem Fortzug veranlassen.

Gründe für Zuzüge in den suburbanen Raum
- Wohnungsangebot
  Mit staatlicher Hilfe (Bauland, Erschließung, Infrastruktur, zinsverbilligte Darlehen, Abschreibungserleichterungen, Steuernachlässe) sind im suburbanen Raum ausgedehnte Wohnsiedlungen entstanden.
- Einkommensentwicklung
  Die Ausweitung des Standortsystems (Wohnung-Arbeitsplatz-Versorgungseinrichtungen) wird durch Einkommenssteigerungen und private Motorisierung möglich.
- Erhalt räumlicher Bindungen
  Bei einem Umzug in den suburbanen Raum können Raumbeziehungen aufrechterhalten werden, z. B. der Arbeitsplatz und soziale Beziehungen.
- Standortpräferenzen
  In den USA ist „Suburbia" Symbol für familienzentriertes Wohnen in einer sozial homogenen Umwelt, möglichst fern von Konflikten und der Anonymität der Großstadt, sowie für geringere Bebauungs- und Wohndichte.
  Allgemeine Gründe der Abwanderung in den suburbanen Raum sind der Wunsch nach einer Wohnung in landschaftlich reizvoller Lage, in einem Wohngebiet mit hohem Sozialprestige oder in einem Naherholungsgebiet (Ruhe, saubere Luft, geringer Verkehrslärm).

b) Industriesuburbanisierung

Gründe der Stillegungen und Fortzüge der Industrie in der Kernstadt
- Hohe Produktionskosten
  Sie entstehen durch veraltete Gebäude und Produktionsanlagen, durch hohe Löhne und Kommunalabgaben.
- Hohe Grundstückskosten
  Die starke Nutzungskonkurrenz zwischen (flächenintensiven) Handels- und Dienstleistungstätigkeiten und (flächenextensiven) Produktionstätigkeiten beeinflußt den Preis der Gewerbegrundstücke ungünstig. Industriegrundstücke sind knapp und teuer.
- Steigender Flächenbedarf
  Allgemein nimmt der Flächenbedarf je Beschäftigten zu, im Produktionsbereich (beim Ersatz alter Anlagen), im Verkehrs- und im sozialen Bereich (u. a. Parkplätze).
- Verschlechterte Erreichbarkeit
  Eine hohe Verkehrsdichte, enge Straßen und Veränderungen der Verkehrsführung erschweren für Kunden, Lieferanten und Arbeitskräfte die Anfahrt.
- Abnehmender Bedarf an Zentralität
  Durch neue Verkehrs-, Transport- und Kommunikationstechnologien ist der Bedarf an zentralen Standorten gesunken, u. a. durch die elektronische Datenspeicherung, -übertragung und -fernverarbeitung. Einen relativ hohen Bedarf an Zentralität haben kleine Unternehmen und Unternehmen mit nicht standardisierter Fertigung.

- Beschränkungen
 Bau- und Umweltschutzauflagen, Abstandserlasse sowie Änderungen im Flächennutzungsplan, z. B. die Umwidmung von Industrie- in Gewerbeflächen, können Industrieunternehmen zur Standortaufgabe zwingen.
- Nachlassende Wettbewerbsfähigkeit
 Aufgrund binnen- und außenwirtschaftlicher Veränderungen, z. B. Bedarfsverschiebungen, Nachfrageänderungen und Änderungen der Währungs- und Kostenrelationen, werden Betriebe strukturschwacher Branchen, z. B. der Textil- und Bekleidungsindustrie, in Verdichtungsräumen stillgelegt oder in den ländlichen Raum und ins Ausland verlagert, wenn innerbetriebliche Anpassungen nicht ausreichen.

Gründe der Zuzüge in den suburbanen Raum
- Geschlossene und preiswerte Gewerbe- und Industrieflächen
 Flächen für Neuansiedlungen und Erweiterungen werden in infrastrukturell erschlossenen Industrie- und Gewerbeparks am Stadtrand angeboten.
- Nähe zum alten Standort (bei Verlagerungen)
 Um die Raumbeziehungen zu Kunden, Lieferanten, Behörden aufrechterhalten und Stammpersonal weiterbeschäftigen zu können, wird in der Regel ein Standort in der Nähe des alten Standortes bevorzugt.
- Abnehmende Bedeutung der Transportkosten
 Neue Transport- und Kommunikationstechnologien, Produkt- und Prozeßinnovationen und die Ablösung mechanischer durch elektronische Prozesse vergrößern die Standortunabhängigkeit bzw. verringern die Standortbindung.
- Geringere Produktionskosten
 Neubauten ermöglichen die Umstellung, Modernisierung und Rationalisierung der Produktionsprozesse.

c) Suburbanisierung des tertiären Sektors

Gründe der Stillegungen und Fortzüge tertiärer Tätigkeiten aus der Kernstadt
- Fehlende und teuere Flächen
 Flächenextensive Tätigkeiten, z. B. Großhandelsbetriebe, Lagereinrichtungen, werden bei steigenden Grundstückspreisen, Mieten und Pacht durch Tätigkeiten mit höherem Flächenertrag verdrängt wie freie Berufe, Banken und Versicherungen.
- Abnehmendes Kunden- und Kaufkraftpotential
 Durch die Bevölkerungsabnahme verlieren vor allem Anbieter für den kurz- und mittelfristigen Bedarf Nachfrage, u.a. Einzelhandel, Gastronomie und persönliche Dienstleistungen.
- Verschlechterte Erreichbarkeit
 Wie in der Industrie verschlechtern u.a. die hohe Verkehrsdichte und der Mangel an Parkflächen Lage und Erreichbarkeit der Warenhäuser, Fachgeschäfte und Großhandlungen in der Innenstadt für Kunden, Lieferanten und Arbeitskräfte.
- Abnehmender Bedarf an Zentralität
 Auch im tertiären Sektor nimmt mit der Verbesserung der Verkehrs- und Kommunikationsverbindungen die Standortbindung an die Kernstadt ab, die Standortfreiheit bei geringerer Nutzbarkeit von Agglomerationsvorteilen dagegen zu.

– Investitions- und Nutzungsbeschränkungen
  Bauauflagen und Beschränkungen im Maß der Nutzung, z. B. bei historischer Bausubstanz, können Umbau und Erweiterungen sehr verteuern.

Gründe der Ansiedlungen im suburbanen Raum
– Flächenangebot
  Große Grundstücke für flächenextensive Handelsformen, z. B. Verbrauchermärkte und Einkaufszentren, für die räumliche und organisatorische Zusammenfassung verstreuter Standorte, für Erweiterungen, Lagereinrichtungen und Parkflächen sind in der Kernstadt knapp und sehr teuer, im Umland eher und billiger erhältlich.
– Kunden- und Kaufkraftpotential
  Durch die Bevölkerungszunahme verbessert sich die wirtschaftliche Grundlage für Einzelhandel, Gastronomie und persönliche Dienstleistungen.
– Erreichbarkeit
  Der Ausbau des Straßennetzes und des öffentlichen Personenverkehrs hat die Erreichbarkeit im Umland stark verbessert; gut erreichbare Standorte sind an Ausfallstraßen, Schnellstraßen und Haltestellen öffentlicher Verkehrsmittel.
– Neue Angebotsformen
  Großflächige und am Individualverkehr orientierte Angebotsformen im Einzelhandel (Verbrauchermärkte, SB-Warenhäuser, Einkaufszentren) in ebenerdiger Bauweise und mit großen Parkplätzen konnten nur im suburbanen Raum errichtet werden.
– Lage und Umweltqualität
  Bürotätigkeiten, Forschungs- und Entwicklungseinrichtungen bevorzugen Standorte mit geringer Umweltbelastung, lockerer Bebauung und landschaftlich reizvoller Umgebung.

2.3.3.3 Deurbanisierungsphase

– Entwicklung der Verkehrs- und Kommunikationstechnologien
  Neue Informations- und Kontaktmöglichkeiten, Verkehrs- und Kommunikationsmittel erlauben allgemein eine Standortstreuung. Die ökonomischen Bindungen der Bevölkerung und Arbeitsplätze an die Kernstadt nehmen dadurch ab.
– Wirtschaftsstruktur der Verdichtungsräume
  Vor allem Verdichtungsräume mit industrieller Monostruktur (z. B. Bergbau, Montanindustrie) verlieren Bevölkerung und Arbeitsplätze. Es sind meist Räume mit veralteten Produktionsanlagen (z. B. in alten mehrstöckigen Gebäuden), schwach entwickeltem tertiärem Sektor und geringer funktionaler Spezialisierung, altindustrialisierte Räume mit deutlichen Strukturschwächen, Bevölkerungs- und Arbeitsplatzverlusten wie das Ruhrgebiet, das Saargebiet, die Midlands und in den USA der ‚manufacturing belt'.

2.3.3.4 Reurbanisierungsphase

– Verbesserung der Wohnbedingungen und der „mental maps"
  In vielen Städten wurden die Wohnbedingungen durch Maßnahmen der Stadtgestaltung und -erneuerung, u. a. durch Wohnungsneubau und -sanierung, „gentrification", Wohnumfeldverbesserung, neue Grünanlagen und Fußgängerzonen verbessert.
  Innenstadtnahe Wohnungen in ruhiger, emissionsfreier Lage und infrastrukturell gut ausgestatteten Altbaugebieten werden zunehmend gesucht.

- Verbesserungen der Wirtschaftsstruktur
  Die Kernstädte verlieren Arbeitsplätze in der Industrie, im Handel und in Transportdiensten. Sie gewinnen neue Arbeitsplätze in freiberuflichen und Angestelltentätigkeiten.
- Standortbedingungen im suburbanen Raum
  Hohe Verkehrskosten und zeitlicher Aufwand, steigende Umweltbelastungen und eine Verschlechterung des Naherholungswertes sind zunehmende Standortnachteile.

2.3.4 Probleme der Verdichtungsräume *(Elke Tharun)*

Ähnlich anderen Raumkategorien (Altindustriegebiete, monostrukturierte Räume, Entleerungs- bzw. Passivräume etc.) weisen auch die Verdichtungsräume als Aktivräume spezifische Probleme auf. Diese sind einerseits auf die auf Konzentration gerichteten *zentripetalen* Kräfte zurückzuführen, die sich in der Zuwanderung von Arbeitsstätten, Bevölkerung und Kapital in den sich verdichtenden Raum äußern und letztlich zur gesamtwirtschaftlich (vgl. die korrespondierenden Entleerungsräume!) unrentablen Überagglomeration führen. Andererseits gehen sie auf die Wirkung *zentrifugaler*, also auf Dekonzentration/Dezentralisierung gerichteter Kräfte zurück, die einzelne Nutzungen aus dem hochverdichteten Kern abziehen und im Umland Suburbanisierung zur Folge haben (vgl. 2.3.3).

Als Hauptproblem von Verdichtungsräumen (Agglomerationsnachteile) können dabei gelten:

- die hohen Grundstückskosten und Mieten, die durch den Wettbewerb der unterschiedlichen Nutzungen um die am besten erreichbaren Lagen entstehen und durch Grundstücksspekulation z.T. noch erhöht werden;
- die hohe Verkehrsdichte, die zu starken Zeit- und Kostenbelastungen der Verkehrsteilnehmer führt;
- die Umweltprobleme, die durch die starke räumliche Konzentration der Nutzungen hervorgerufen werden. Neben den schwierigen Problemen der Müll- und Abwasserbeseitigung führen die lärm-, gas- und staubförmigen Emissionen von Industrie, Verkehr und Hausbrand zu Gesundheitsrisiken und mesoklimatischen Veränderungen.

Als Folgeprobleme

- sozialer Art gelten die steigende Kriminalitätsrate und der Vandalismus Jugendlicher,
- wirtschaftlicher Art der erhöhte Finanzbedarf der Städte und Gemeinden, die ihren infrastrukturellen Schwächen durch hohe Investitionsausgaben gegenzusteuern versuchen.

Entsprechend der oben getroffenen Unterscheidung zwischen zentripetalen und zentrifugalen Kräften lassen sich zwei Hauptkategorien von Problemgebieten in Verdichtungsräumen unterscheiden: das Kerngebiet und der Umlandbereich (suburbia). Diese beiden Raumkategorien sollen (außer bei den Umweltproblemen) zur Strukturierung der Problemdarstellung, die sich an den oben aufgelisteten Agglomerationsnachteilen orientiert, dienen. Auf die Kriminalität und den Vandalismus als der Geographie ferner liegenden Problemen wird im folgenden jedoch nicht weiter eingegangen.

2.3.4.1 Gesamtraum: Umweltsituation

Das Umweltproblem resultiert weitgehend aus der Tatsache, daß Wasser und Luft als Ubiquitäten, d.h. als überall in gleicher Menge und Qualität zur Verfügung stehend, aufgefaßt wurden. In den Verdichtungsräumen wurde zuerst und am deutlichsten sichtbar, daß bei diesen sog. „freien Gütern" nicht nur Versorgungsprobleme auftreten können, sondern daß sich ihre Qualitätsverschlechterung auch auf die Gesundheit von Menschen und Tieren sowie auf Pflanzen auswirkt. Die „freien Güter" wurden zu knappen Gütern. Dies gilt auch für das dritte, hier kurz anzusprechende Gut, die „Landschaft" oder Freiflächen.

Das *Wasser* wird in mehrerer Hinsicht zum Problem:

- Aufgrund der starken Konzentration und des steigenden Bedarfs der Nutzer (private Haushalte, sekundäre und tertiäre Wirtschaftszweige) reichen die örtlichen Wasservorräte längst nicht mehr aus.
- Die Versorgung ist daher meist nur durch den Ausbau eines überregionalen Wasserverbundnetzes möglich; dies erfordert hohe finanzielle Aufwendungen.
- Zu hohe Fördermengen können zu Grundwasserabsenkungen und damit durch Baugrundsetzung zu Schäden an Gebäuden und zu ökologischen Schäden führen (Absterben bestimmter Vegetationsarten).
- Das gebrauchte, verschmutzte Wasser wird als Abwasser zum größten Problem, da die Schmutzfracht die Selbstreinigungskraft der zur Abwasserbeseitigung genutzten Gewässer übersteigt. Da auch die Klärwerke das Abwasser nicht voll gereinigt abgeben, ergeben sich Beeinträchtigungen bei der Trinkwassergewinnung, die besonders in den Verdichtungsräumen auf Oberflächenwasser zurückgreifen muß.

Externe Kosten verursacht auch die Nutzung der *Luft* als Aufnahmemedium für gas- und staubförmige Emissionen, da diese bei entsprechender Konzentration gesundheitliche Schäden beim Menschen hervorrufen und die Vegetation schädigen.

In engem Zusammenhang damit steht der *Landschaftsverbrauch*, der in Verdichtungsräumen dann zum Problem wird, wenn aus ihm ökologische Veränderungen im Naturhaushalt entstehen und wenn nicht genügend Freiflächen in zumutbarer Entfernung zum Wohnstandort zur Erholung zur Verfügung stehen (vgl. auch die Bedeutung des Wohnumfeldes). Da in der Luft städtischer Gebiete im Vergleich zu ländlichen Bereichen im Durchschnitt eine rd. 10fache Belastung mit festen Bestandteilen (bes. Staub unterschiedlichster Art) und sogar ein 5 bis 25facher Gehalt gasförmiger Beimengungen bei mehr als 300 unterschiedlichen chemischen Verbindungen und physikalischen Stoffen festgestellt wurden, sind Grün- und Waldflächen zur Filter- und Abschirmwirkung notwendig (*Eriksen* 1975, S. 27, 32).

Um diese Funktion erfüllen zu können, bedürfen sie allerdings einer recht großen Ausdehnung. Hinzu kommt die Bedeutung von Freiflächen für die Absicherung des Grundwasserspiegels und als Schneise für Frischluftströme. Eine solche Lufterneuerung ist besonders in den Verdichtungsräumen wichtig, die in Tal- oder Beckenlandschaften liegen (vgl. z. B. Frankfurt, Mannheim/Ludwigshafen, Karlsruhe, Stuttgart), die sich besonders bei Inversionswetterlagen als „‚Fallen' für Luftverunreinigungen" (*Eriksen* 1975, S. 36) erweisen.

2.3.4.2 Kerngebiet

Die einzelnen Agglomerationsvor- und -nachteile werden von den verschiedenen Nutzern nicht nur sehr unterschiedlich wahrgenommen; letztere haben auch unterschiedlich gute (finanzielle) Möglichkeiten, ihre Lageinteressen innerhalb des städtischen und verdichtungsräumlichen Funktionsgefüges durchzusetzen. Diese Konkurrenzsituation der Nutzungen hat bedeutende Auswirkungen auf den ohnehin durch Verknappung gekennzeichneten Bodenmarkt. Da der *Bodenpreis* eines Standortes eine Funktion sowohl seiner Lage als auch seiner Ausnutzungsmöglichkeit (= Erreichbarkeit und Art und Intensität seiner Nutzungsmöglichkeit) ist, wird der Bodenpreis zum wichtigsten Faktor der Funktionsentmischung. Diese Regelungsfunktionen des Bodenpreises kann allerdings durch kommunalplanerische Maßnahmen eingeschränkt werden.

Voraussetzung solcher Maßnahmen ist das Vorliegen von *Bebauungsplänen,* die eine parzellengenaue Nutzung vorschreiben. Solche Bebauungspläne sind allerdings für die altbebauten Kernstädte meist nicht vorhanden. Dies ist zum Teil darauf zurückzuführen, daß die Städte aus Gründen der Wirtschaftsförderung, d.h. im Hinblick auf Gewerbesteuereinnahmen und Arbeitsplatzbeschaffung, für Wirtschaftswachstum und Nutzungsänderungen offen bleiben wollten. Nutzungsart und Nutzungsintensität (Geschoßflächenzahl) regeln sich dann nach der bereits vorhandenen Bebauung (vgl. § 34 BauGB). Sofern nur ein Präzedenzfall vorliegt, ist fast jede Nutzung und Verdichtung bauplanungsrechtlich zulässig.

Soweit in den letzten Jahren Bebauungspläne erstellt wurden, ist ihre Reglungsfunktion auf Um- und Neubauten beschränkt; die bereits bestehende Bebauung wird von ihnen nicht betroffen. Das lange Fehlen dieses bauplanungsrechtlichen Instrumentes erweist sich heute als eines der wichtigsten Probleme in den Kerngebieten der Verdichtungsräume, da die unter den Bedingungen des Wirtschaftswachstums entstandenen Nutzungs- und Sozialstrukturen der Kernstädte heute anders bewertet werden.

a) Wohnungsversorgungsprobleme und ihre Folgen

So wurden die heute besonders in den Verdichtungsraumkernen konstatierbaren Verknappungserscheinungen auf Wohnungsteilmärkten bereits seit Ende der 50er Jahre angelegt. Der bis zu Beginn der 70er Jahre anhaltende *Verdrängungswettbewerb* der Wohnnutzung durch kommerzielle Nutzungen, der zu einer Cityerweiterung führte, betraf besonders die infrastrukturell gut ausgestatteten und verkehrlich gut angebundenen citynahen Wohngebiete: Während die Wohnungen der Umnutzung oder dem Abriß anheimfielen, wanderte die Wohnbevölkerung, z. T. unfreiwillig, da qualitativ vergleichbare Wohnungen auf dem städtischen Wohnungsmarkt zunehmend schwieriger zu bekommen waren, in das Umland ab und trug dort zur Bevölkerungssuburbanisierung bei. Qualitative und quantitative Wohnraumversorgung und Bevölkerungsentwicklung korrelieren also stark miteinander.

Die wirtschaftliche Stagnation seit Beginn der 70er Jahre hat zwar den Prozeß der Umnutzung und Cityerweiterung sehr stark verlangsamt, der Bevölkerungsrückgang in den Kerngebieten wurde damit aber nur wenig abgebremst. Dies ist auf ein Bündel unterschiedlicher Faktoren zurückzuführen: So wirkte sich z. B. die Arbeitsplatzkonzentration in der vergrößerten Innenstadt auch in den weniger unter Umnutzungsdruck und Cityerweiterung leidenden Wohn- und Mischgebieten der Kernstädte aus: Der durch die zunehmende Segregation von Wohn- und Arbeitsstandorten steigende Individualverkehr verursachte Lärm- und Abgasemissionen, denen sich ein Teil der Anwohner der betroffenen Straßen und Stadtbezirke durch Umzug in das weniger belastete Umland zu entziehen versuchte; ein circulus vitiosus von Ursache und Wirkung.

Als weiterer wichtiger Faktor des Bevölkerungsrückgangs kommt der *Wohnflächenerweiterungsbedarf* der einzelnen Haushalte hinzu, der nicht nur als Umzugsmotiv bei der Stadt-Rand-Wanderung auftritt, sondern auch in den städtischen Wohnquartieren deutlich wird. Trotz des geringeren Umnutzungsdrucks und trotz städtischer Maßnahmen des Wohnraumschutzes (vgl. 2.3.5) sinkt daher die Zahl der Wohnbevölkerung bei etwa gleichbleibendem Wohnraumbestand.

In dieselbe Richtung wirken die zunehmende Zahl alleinstehender (verwitweter) alter Menschen, die in ihren angestammten Wohnungen bleiben, und die in den Kernen der Verdichtungsgebiete generell hohe Zahl von Einpersonenhaushalten, die durch Jugendliche, die sich zeitiger selbständig machen, noch vergrößert wird.

Die auf dem Wohnungsmarkt der Kerngebiete ablaufenden und damit auf die Bevölkerungsentwicklung dieser Gebiete einwirkenden Prozesse haben folglich in ihrer ersten Phase (bis zu Beginn der 70er Jahre) zu einer Verknappung qualitativ gut ausgestatteter, großer Wohnungen mit guter Wohnumfeldqualität geführt, während die in der zweiten Phase wirkenden Faktoren auch zu einer Verknappung der billigen Wohnungen beitrugen. Verstärkt wird diese Entwicklung durch die als Gegensteuerungsmaßnahmen gegen die Abwanderung besser verdienender Schichten geförderten Modernisierungsmaßnahmen (vgl. 2.3.5), die durch die Zusammenlegung mehrerer kleiner Wohnungen, gehobene Ausstattung und die Umwandlung in Eigentum das Angebot an billigem Wohnraum weiter verknappen.

Neben der zu Beginn dieses Kapitels angesprochenen funktionalen Segregation läßt sich aufgrund der in den Kerngebieten abgelaufenen sozialräumlichen Prozesse auch eine zunehmende *soziale Segrega-*

tion feststellen: Die wegen der Wohnumfeldverschlechterung abwandernde Bevölkerung unterscheidet sich in der Alterszusammensetzung, dem Stadium im Lebenszyklus und im sozialen Status von der verbleibenden Bevölkerung. Hinsichtlich der Abwanderung besonders mobil erweisen sich die 30–45jährigen, z. T. noch expandierenden und besser verdienenden Personen bzw. Haushalte, während sozial schwächere und ältere Menschen ihren Wohnstandort nicht verlagern (können). Durch den Nachzug von Ausländern in die belasteten Gebiete wurde die Diskrepanz in der Sozialstruktur zwischen dem Kerngebiet und dem Umland zunehmend größer.

In einigen Gebieten der Innenstadt besteht sogar die Gefahr einer zunehmenden Verslumung, da die Hauseigentümer entweder aufgrund eigener Kapitalschwäche und geringer Mieteinnahmen Modernisierungsmaßnahmen nicht finanzieren können oder aber wegen mittelfristiger Umnutzungs- oder Neubauvorhaben an einer Modernisierung nicht interessiert sind und die Wohngebäude sogenannten „Abnutzungsmietern" überlassen.

b) Probleme der Wirtschaftssektoren in den Kerngebieten und ihre Folgen

Nicht nur innerhalb der Wohnbevölkerung lassen sich Abwanderungs- und Segregationstendenzen in den Kernstädten ausmachen; dies gilt auch für die Wirtschaftssektoren. Auch hier regelt sich die Nutzungskonkurrenz weitgehend über den Bodenpreis, der die Lagegunst des jeweiligen Standortes in bezug auf Erreichbarkeit, Absatzmöglichkeit und Umsatzhöhe sowie Kontakt- und Informationsmöglichkeiten widerspiegelt. Die Abhängigkeit der einzelnen wirtschaftlichen Nutzungen von diesen Standortfaktoren, die noch um Quantität und Qualität des Arbeitskräfteangebots erweitert werden können, beeinflußt den Prozeß ihrer Standortfindung.

So konzentrierten sich die stark absatzorientierten Kaufhäuser und hochspezialisierten Einzelhandelsbetriebe ebenso wie publikumsintensive Dienstleistungen zunächst in den von allen Seiten gut erreichbaren Innenstädten. Kontakt- und Informationsmöglichkeiten (z. B. Nähe zur Börse, zu übergeordneten Banken) sowie Imagepflege und hohes Qualifikationsniveau der Mitarbeiter scheinen ebenfalls die Citylage von Banken und Versicherungen mitzubestimmen.

Folge dieser starken Konzentration war nicht nur eine Verödung der Innenstädte aufgrund ihrer Monofunktionalität, sondern auch die große Verkehrsbelastung (Emissionen, Energiekosten, Zeit) insbesondere während der rush-hours. Gerade die durch die starke Arbeitsplatzkonzentration verursachte beschränkte Erreichbarkeit der Innenstädte (mangelhafter ÖPNV bei gleichzeitig beschränktem Parkplatzangebot) hat besonders in den Verdichtungsräumen zur Entstehung von Einkaufszentren („shopping centres") und Verbrauchermärkten „auf der grünen Wiese" geführt, die damit gleichzeitig der Bevölkerungssuburbanisierung folgten. Dem daraus resultierenden Umsatzrückgang des Einzelhandels in den Innenstädten wurde häufig durch den Ausbau des radialen städtischen Straßennetzes gegenzusteuern versucht, um die Erreichbarkeit der innerstädtischen Standorte wieder zu erhöhen.

Die Entwicklungen seit Beginn der 70er Jahre zeigen jedoch, daß nicht nur der Handel und bevölkerungsbezogene Dienstleistungen aus der Kernstadt abwandern, sondern auch Arbeitsstätten des übrigen tertiären Sektors. Der tertiäre Sektor scheint also der Bevölkerung in das Umland zu folgen. Damit ist eine Verringerung der Konzentration der Beschäftigten in den Kernstädten verbunden. Ziel dieser räumlichen Umverteilung ist hauptsächlich das engere Umland der Kernstädte, das damit z. T. auch die Probleme der Kernstadt übernimmt.

Weit weniger starke Konzentrationstendenzen als der tertiäre Sektor weist hingegen seit Jahren schon der sekundäre Sektor auf. Dies ist u. a. auf die sinkende Bedeutung der Transportkosten bei der Standortfindung zurückzuführen. Weit wichtiger sind heute ein ausreichendes Flächenangebot zu relativ günstigen Preisen. Bei notwendig werdenden Betriebserweiterungen oder Kapitalintensivierungen zwingt der hohe Grundstücksbedarf den Industriebetrieb daher häufig zu einer Verlagerung an den Rand des Verdichtungsraumes. Aufgrund der am alten Standort gebundenen Investitionen wird allerdings eine Verlagerung meist erst dann durchgeführt, wenn entweder eine Erweiterung oder der

Verkauf des hochwertigen innerstädtischen Grundstücks betriebswirtschaftlich zwingend notwendig geworden ist. Der meist weiter streuende Absatzmarkt des produzierenden Gewerbes und das geringere Qualifikationsniveau der Arbeitnehmerschaft begünstigen Verlagerungstendenzen. Als push-Faktoren der Industriesuburbanisierung wirken zusätzlich die z. T. bei Erweiterungsanlagen am alten Standort zu erfüllenden Umweltschutzauflagen des Gewerbeamtes, die einer Emissionsverminderung dienen sollen, und die ständig schwieriger werdenden Verkehrsverhältnisse der Kerngebiete.
Die Untersuchung von Industrieverlagerungen ergab bisher noch keine branchentypischen Differenzierungen. Auffällig erscheint aber die Tatsache, daß

- die meisten Verlagerungen – sofern die Ansiedlung nicht durch Genehmigungs- und finanzielle Abgabeverfahren wie z. B. in Frankreich erschwert wird – innerhalb eines Radius von etwa 30 km stattfinden und
- häufig nicht der gesamte Betrieb, sondern nur Teilbereiche verlagert werden (vgl. *v. Rohr* 1975, S. 110 f.).

c) Finanzielle Probleme der Kerngebiete

Seit Beginn der 70er Jahre sehen sich die Kernstädte verstärkt Strukturproblemen der „zweiten Generation" gegenüber: den finanziellen Auswirkungen ihrer eigenen Wirtschaftspolitik bzw. ihrer stadtplanerischen ‚Laissez-faire-Politik'.
Bereits Ende der 60er Jahre gefährdete die starke Konzentration von Arbeitsstätten in den Innenstädten deren Zugänglichkeit. Die durch den Geschäftsverkehr und die täglichen Arbeitspendler überlasteten Straßen ließen die großen Handelsbetriebe (z. B. Kaufhäuser und andere Einzelhandelsgeschäfte) der Innenstadt fürchten, daß ihre Käufer in suburbane Einkaufszentren, die besser erreichbar waren und bessere Parkmöglichkeiten boten, abwanderten. Die Kernstädte machten diese Sorge – aus Gewerbesteuer- und Imagegründen – zu der ihren und waren seither bestrebt, die Zugänglichkeit der Innenstadt durch den Bau von Stadtautobahnen, Straßen und öffentlichen Nahverkehrsmitteln (z. B. U-Bahnen) zu erhalten. Dies erforderte hohe finanzielle Aufwendungen und trug mit zur Verschuldung der großen Kernstädte bei.
Die erhöhte Zugänglichkeit der Innenstadt einerseits und die Belästigungen durch Straßenbau und verbreiterte Straßen andererseits können aber wiederum als Mitverursacher der beschriebenen Abwanderungs- und Segregationsprozesse angesehen werden. Auch diese haben heute finanzielle Auswirkungen auf den städtischen Haushalt. Zunächst verursachen nur die Betriebsverlagerungen Einnahmeverluste durch den Ausfall von Gewerbesteuer, die aber in den 60er Jahren meist durch das Wachstum des tertiären Sektors kompensiert wurden. Nach der Gemeindefinanzreform des Jahres 1969, die die überragende Bedeutung der Gewerbesteuer für den gemeindlichen Haushalt durch Abgaben an das Land und den Bund minderte, dafür aber die Gemeinden an der Einkommensteuer ihrer Einwohner beteiligte, wurde plötzlich auch die Einwohnerentwicklung der Städte für deren Haushalt wichtig: Sinkende Einwohnerzahlen und besonders die Abwanderung besser verdienender Bevölkerungsschichten schmälerten die städtischen Einnahmen, ohne die Infrastrukturkosten zu mindern. Im Gegenteil: vorhandene soziale und kulturelle Infrastruktur mußte weiterhin unterhalten werden, ohne daß sie ausgelastet war; steigende Pendlerzahlen erforderten einen weiteren Ausbau der Verkehrsinfrastruktur.
So ist es verständlich, daß die finanziellen Probleme, denen sich die Kernstädte der Verdichtungsräume gegenübersehen, von diesen gerne auf die anhaltende Suburbanisierung der Arbeitsstätten und besonders der Bevölkerung zurückgeführt werden (*v. Rohr* 1978, S. 101), die ein Vorhalten kommunaler Leistungen trotz rückläufiger Nachfrage notwendig mache. Diese These konnte bisher jedoch weder eindeutig belegt noch widerlegt werden (ibid.; *Baldermann* et al. 1978).
Sicher ist allerdings, daß die Kernstädte der Verdichtungsräume eindeutig die höchsten Pro-Kopf-Verschuldungen (DM/Einwohner) aufweisen; gleichzeitig stehen ihnen aber auch die höchsten Steuerein-

nahmen zur Verfügung. Dennoch übersteigt die Verschuldung häufig das Doppelte der Steuereinnahmen (vgl. dazu das Statist. Jahrb. der Deutschen Gemeinden).

2.3.4.3 Suburbaner Raum

Die Probleme der suburbanen Räume sind zu einem nicht unbeträchtlichen Teil darauf zurückzuführen, daß der starke Zustrom an Bevölkerung und Kapital aus den Kerngebieten und von außerhalb der Verdichtungsräume die Gemeinden z. T. recht unvorbereitet traf und übergeordnete Konzepte der Entwicklung der Verdichtungsräume weitgehend fehlten. Eine Ausnahme in Deutschland bildete allein das altindustrialisierte Ruhrgebiet, in dem mit dem Ruhrsiedlungsverband seit 1920 ein Organ übergeordneter Planung bestand.

Als wichtigste Probleme des suburbanen Raumes sind daher anzusehen:

- das Wachstum des Siedlungsraumes über die administrativen Grenzen der Kernstadt hinaus und das Zusammenwachsen mit umliegenden Gemeinden,
- die dabei auftretende Zersiedlung der Landschaft, die lufthygienischen Erfordernissen und Bedürfnissen der Naherholung zuwiderläuft,
- Engpässe in der öffentlichen und privaten Infrastrukturversorgung der Bevölkerung,
- starke Belastungen des Zeit- und Kostenbudgets des Einzelhaushalts durch lange Pendelwege und Kostenbelastungen der öffentlichen Hand durch die Erstellung zusätzlicher Verkehrswege,
- eine mangelnde soziale Integration der Zuwanderer.

a) Wachstum des Siedlungsraumes

Obgleich man das Phänomen der Suburbanisierung, speziell in der Form der Auslagerung von Residenzen wohlhabender Bürger oder des städtischen Adels in das Umland, in Ansätzen bereits durch die gesamte Geschichte städtischer Siedlungsformen verfolgen kann (vgl. *Mumford* 1961, S. 549 f.), wird es erst im 20. Jahrhundert zu einem der auffälligsten siedlungsstrukturellen Massenphänomene. Es verliert damit seinen strikten schichtenspezifischen Charakter, d. h. die Bindung an die Oberschicht. Dennoch läßt sich auch heute neben der funktionalen Differenzierung durchaus auch eine soziale Differenzierung im suburbanen Raum feststellen.

Während die Suburbanisierung in den USA als Massenphänomen schon um 1910 einsetzte, wurde der in Deutschland in den 30er Jahren einsetzende Prozeß durch den Krieg unterbrochen und fand seinen Höhepunkt erst in den 60er und zu Beginn der 70er Jahre. Bis Ende der 50er Jahre folgte der Prozeß der Suburbanisierung in Deutschland den Eisenbahntrassen als Entwicklungslinien; mit der verstärkten Individualmotorisierung breitete er sich schließlich flächenhaft aus. Dieses Flächenwachstum war durch ein breites Baulandangebot in den Umlandgemeinden möglich, da den Landwirten durch ein reiches Arbeitsplatzangebot in den Kernstädten und hohe Baulandpreise die Aufgabe der Betriebe leicht gemacht wurde.

Dem Eigeninteresse der Gemeindebewohner und der örtlichen Entscheidungsträger am Bevölkerungswachstum kam das Interesse der Kernstadt entgegen, den auf ihr lastenden Bevölkerungsdruck auf das Umland abzuleiten. Dieser Bevölkerungsdruck war nicht nur durch den schon beschriebenen Verdrängungswettbewerb in den zentralen Innenstadtlagen oder höhere Wohnflächenansprüche entstanden, sondern wurde meist auch durch die Wirtschaftspolitik der Kernstädte verstärkt. Aus Gründen des Wirtschaftswachstums und der Wettbewerbsfähigkeit mit anderen Großstädten wurde den Standortwünschen ansiedlungswilliger Betriebe entsprochen und der Wohnungsbau mit Hinweis auf Baulandknappheit vernachlässigt. So wurde nicht nur der private, sondern auch der soziale Wohnungsbau durch die Vergabe städtischer Wohnungsbaumittel an die Umlandgemeinden verwiesen und führte dort zur Bevölkerungssuburbanisierung.

Das dabei zunächst feststellbare räumlich selektive Wachstum des Verdichtungsraumes und die soziale wie altersmäßige Differenzierung, die sich bei der Standortfindung der Wohnbevölkerung ergaben, sind zu einem bedeutenden Teil eine Funktion des Grundstücks- bzw. Mietpreises, des vorhandenen Wohnungsangebots und der vorhandenen Informationen über den Markt. Die „Bedürfnisse" oder „Motive" der Bevölkerung, häufig zur alleinigen Erklärung der Standortwahl herangezogen, unterliegen diesen Restriktionen (vgl. dazu *Schnore* 1957, S. 170). In den topographisch bevorzugten Gebieten, die durch hohe Bodenpreise charakterisiert sind, sind daher vorwiegend gehobene Einkommensklassen ansässig, und Ein- und Zweifamilienhäuser dominieren, während in den anderen Gemeinden die Stärke des Zuwanderungsstromes abhängig vom Wohnungsangebot ist.

Der wichtigste Bestimmungsfaktor des Wohnungsangebotes war die Standortentscheidung der Unternehmen des sozialen Wohnungsbaus, da diese in den stark wachsenden Gemeinden des suburbanen Raumes häufig nahezu die Hälfte des gesamten Wohnungsbaus getragen haben. Aufgrund der durch den Familienzyklus und die kernstädtischen Wohn- und Wohnumfeldverhältnisse bedingten Mobilität ist der Anteil der jungen, noch wachsenden Familien unter den Zuwanderern in diesen Gebieten sehr hoch. Folge des starken Bevölkerungswachstums waren hohe Kosten im Infrastrukturbereich, die die Gemeinden in kurzer Zeit aufzubringen hatten. Da die Finanzierung des Ver- und Entsorgungsnetzes, von Straßen, Schulen, Kindergärten usw. allein durch die Einnahmen aus dem bis 1969 geltenden interkommunalen Finanzausgleich, d.h. den Abgaben von Teilen der Gewerbesteuer der Betriebsgemeinden an die Wohngemeinden, unmöglich war, führte dies zu einem räumlich schädlichen Wettbewerb der Gemeinden, indem die meisten Gemeinden durch die Ausweisung von Gewerbegebieten und durch kommunale Wirtschaftsförderungsmaßnahmen versuchten, selbst Betriebe anzusiedeln.

b) Probleme der Zersiedlung

Häufig wurden bei der Gewerbeansiedlung vermeidbare Nutzungskonflikte geradezu „geplant", da unverträgliche Nutzungen (z. B. lärm-, gas- oder staubemittierende Betriebe neben Wohngebieten) ohne den notwendigen Abstand nebeneinander ausgewiesen wurden. Diese Probleme ergaben sich sowohl innerhalb der Gemeinden als auch zwischen benachbarten Gemeinden, obgleich das Bundesbaugesetz (BauGB) eine Abstimmung der Bauleitplanung benachbarter Gemeinden vorschreibt.

Die Folge war ein flächenhaftes Zusammenwachsen benachbarter Gemeinden mit einer konfliktträchtigen Gemengelage unterschiedlichster Nutzungen ohne funktionalen Bezug, ein Zustand, der häufig mit dem Begriff „Zersiedlung" umschrieben wird. Seine Folge ist der Verlust von Freiflächen, die nicht nur dem schnell – d.h. fußläufig – erreichbaren Erholungsraum verlorengehen, sondern die besonders aus ökologischen und lufthygienischen Gründen für die Bewohner und den Pflanzenwuchs des Verdichtungsraumes von besonderer Bedeutung sind.

Die neuesten Entwicklungen der räumlichen Umverteilung tertiärer Arbeitsstätten, die aus den Kernstädten in das engere Umland abwandern oder bei der Zuwanderung aus anderen Gebieten der Bundesrepublik ihren Standort nicht mehr in der Kernstadt, sondern im engeren Umland suchen, verschärfen die spezifischen Probleme des Umlandes und erweitern den Bereich kernstädtischer Probleme auf den engeren Umlandbereich.

c) Probleme der Infrastrukturversorgung

Der Unterauslastung von Infrastruktureinrichtungen durch die Bevölkerungsabwanderung in den Kerngebieten stand meist eine fehlende Infrastrukturausstattung in den Zuwanderungsgebieten gegenüber. In besonders starkem Maße waren davon die großen Neubausiedlungen der Ergänzungsgebiete betroffen, in denen die Allokation von öffentlicher wie privater Infrastruktur dem Wohnungsbau um Jahre nachhinkte. Dies ist darauf zurückzuführen, daß einerseits zum Zeitpunkt der stärksten Expansion keine übergeordneten Konzepte und Maßnahmemöglichkeiten der Siedlungsentwicklung vorlagen, die eine Gleichzeitigkeit der Realisierung ermöglicht hätten, und andererseits zum Betrieb bestimmter Dienstleistungen das Vorhandensein einer bestimmten Mantelbevölkerung zur Kostendeckung notwendig ist.

Die späte Installierung von Infrastruktur wirkte in vielen Fällen der sozialen Integration der allochthonen Bevölkerung entgegen, da diese ihre infrastrukturellen Bedürfnisse am Arbeitsort, meist der

Kernstadt, befriedigte, und sich diese Beziehungen stabilisierten. Hinzu kommt, daß sowohl die verschiedenen Sozial- als auch Altersschichten von einem infrastrukturellen Defizit unterschiedlich stark betroffen werden (vgl. dazu *Göschel/Herlyn/Krämer* 1979). Angehörige der Mittelschicht können so z. B. einerseits durch höhere Mobilitäsbereitschaft Defizite besser kompensieren, andererseits aber auch durch politische Partizipation schneller zum Defizitabbau beitragen. Wohngebiete der sozialen Grundschicht bedürfen daher ebenso einer besonderen infrastrukturellen Planung, um sozialen Selbstverstärkungsprozessen gegenzusteuern, wie der Freizeitbereich der Jugend, um dem aus Langeweile entstehenden Vandalismus vorzubeugen.

Besondere Probleme schaffen auch die großen, nicht-integrierten Einkaufszentren und Verbrauchermärkte, die aufgrund der Bevölkerungssuburbanisierung im hochverdichteten Umland der Kernstädte entstanden sind. Sie verursachen einen Kaufkraftabzug aus den umliegenden Ortschaften, der den örtlichen Einzelhandel schädigt und zu einem Funktionsverlust der alten Ortschaften beiträgt. Darüber hinaus führen sie einerseits potentiell zu einer Unterversorgung der unmotorisierten, d. h. alten und sozial schwachen Bevölkerung und andererseits zu einer zusätzlichen Verkehrsbelastung und Abhängigkeit von Verkehrsmitteln.

2.3.5 Instrumente der Gegensteuerung *(Elke Tharun)*

Da die Disparitäten zwischen den Verdichtungsräumen und den mit diesen korrespondierenden Entleerungsräumen gesamtwirtschaftlich sehr hohe Kosten verursachen und daher wachstumshemmend wirken, versucht man, dem räumlichen Konzentrationsprozeß (Urbanisierungsprozeß) gegenzusteuern. Dazu wurden in den westlichen Industrienationen unterschiedliche Konzepte erarbeitet, denen aber weitgehend ein konsequenter theoretischer Bezug fehlt. Dies mag daran liegen, daß es keine Raumordnungstheorie gibt, die als durchgängige Handlungsanweisung geeignet wäre. Wichtig erscheint aber, daß zumindest ein integriertes Konzept zur Begrenzung des Wachstums der Verdichtungsgebiete (wie auch zur Förderung der mit diesen korrespondierenden unterentwickelten Gebiete) vorhanden ist. Ein solches siedlungsstrukturelles Gesamtkonzept liegt in der Bundesrepublik mit dem Bundesraumordnungsprogramm (*BROP* 1975) zumindest formal vor, während z. B. Großbritannien und Italien nur Teilkonzepte erarbeitet haben.

2.3.5.1 Arten von Instrumenten

Die Effektivität von Konzepten hängt aber zu einem großen Teil von den Instrumenten zu ihrer Durchsetzung ab. Für die hier interessierende Begrenzung und Steuerung des Wachstums von Verdichtungsräumen stehen folgende Arten von Instrumenten zur Verfügung.
Die am stärksten eingreifenden Maßnahmen sind die sog. *Zwangsmaßnahmen,* die durch Gebote und Verbote die Entwicklung zu steuern versuchen (z. B. Ansiedlungsverbote in der Région Parisienne, Kontrollmaßnahmen für den tertiären Sektor im Londoner Ballungsraum, Verlagerung staatlicher Behörden in den Niederlanden). In der Bundesrepublik stehen auf der übergemeindlichen Planungsebene – evtl. abgesehen von der Bindungswirkung von Regionalplänen – keine Zwangsmittel zur Verfügung. Dies mag sowohl durch das Wirtschaftssystem der Bundesrepublik als auch durch deren föderale Struktur, die eine polyzentrische Entwicklung begünstigt, bedingt sein.
Die besonderen Bedingungen Frankreichs haben dagegen schon sehr zeitig – z. T. seit den 50er Jahren – zu der Schaffung eines konsequenten Instrumentariums in der französischen Raumordnungspolitik, dem „aménagement du territoire" geführt. Um der starken wirtschaftlichen Verdichtung in der Région Parisienne – die zu starken räumlichen Disparitäten in den übrigen Landesteilen führte – gegenzusteuern, wurde die Niederlassungsfreiheit von Industrie und tertiärem Sektor beschränkt. Das zunächst grundsätzliche Verbot, das allerdings Ausnahmegenehmigungen zuließ, wurde schließlich durch die noch heute bestehende gemilderte Form der Genehmigungspflicht und ein Abgabeverfahren für die Ansiedlung und Erweiterung ersetzt (vgl. Abb. 2.3/5).

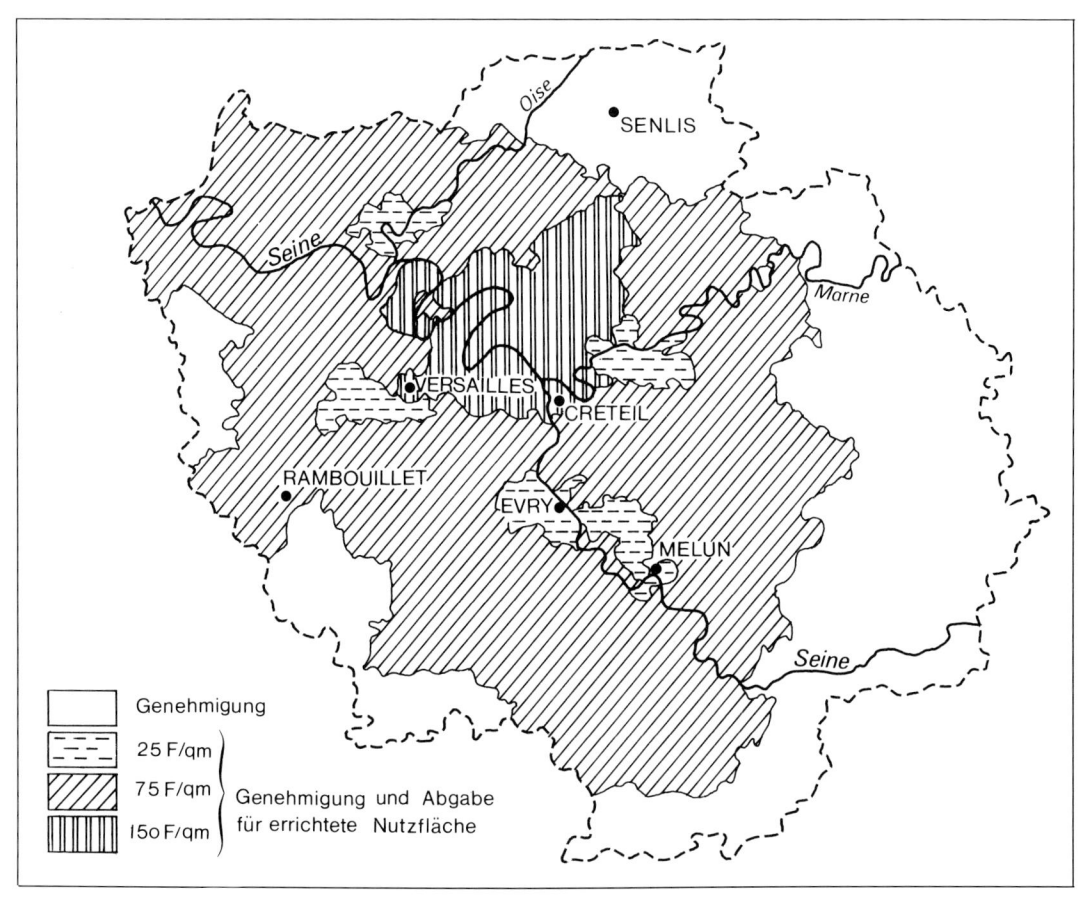

Abb. 2.3/5
Bodennutzungsbeschränkungen in der Region Parisienne für Industrieansiedlungen (Ansiedlungsgenehmigung und Abgabeverfahren)
Quelle: DATAR 1979

Auf städtebaulichem Niveau kennt allerdings auch die deutsche Raumordnungspolitik eine Reihe von Zwangsmaßnahmen, die besonders durch das Bundesbaugesetz (BBauG) und das Städtebauförderungsgesetz (StBauFG) geregelt sind (seit dem 1. 7. 1987 im neuen Baugesetzbuch (BauGB) zusammengefaßt). Das wohl bekannteste raumwirksame Instrument der Gemeinde ist der Bebauungsplan, der als verbindlicher Bauleitplan Art und Maß der Nutzung von Baugrundstücken, Gemeindebedarfsflächen (Schulen, kirchliche Einrichtungen und sozialen, gesundheitlichen und kulturellen Zwecken dienende Gebäude), Verkehrswegen, Grünanlagen etc. (vgl. § 9 BauGB) festlegt und für die einzelnen Bürger und Behörden rechtsverbindlich ist.
Als *Stimulierungsmaßnahmen* (Anreizmittel) kann man Instrumente bezeichnen, die durch finanzielle Anreize bestimmte Nutzer, z. B. Hauseigentümer, Unternehmen und/oder Arbeitskräfte, zu einem raumordnungspolitisch gewünschten Verhalten bewegen sollen. Dabei kann man im regionalen Maßstab zwischen Push- und Pullmaßnahmen unterscheiden.
Aufgrund der spezifischen deutschen Bedingungen war das Problem der Dezentralisierung von überlasteten Verdichtungsräumen in der Bundesrepublik weit weniger dringend und wurde nie im nationalen Maßstab gesehen und angegangen. Das Prinzip der dezentralen Konzentration wurde zwar diskutiert, aber nicht in Dezentralisierungsmaßnahmen umgesetzt. Aufgrund dieser Ausgangslage

spielen auf Dezentralisierung abzielende Push-Maßnahmen in der bundesrepublikanischen Raumordnungspolitik keine Rolle. Anders wiederum in Frankreich: Der französische Staat hat ein recht diversifiziertes Entschädigungssystem für dezentralisierungswillige Betriebe der Région Parisienne installiert, das von der Übernahme eines großen Teiles (in der Regel 60%) der Verlagerungskosten bis zu Umzugshilfen für Angestellte reicht. Das Ergebnis dieser Dezentralisierungsmaßnahmen ist aber weniger der erwartete Disparitätenabbau auf nationalem Niveau, sondern eine Konzentration von etwa ⅔ der dezentralisierten Betriebe in Städten in einem Umkreis von 200 km um Paris.

Typische Pull-Maßnahmen, die Betriebe zur Ansiedlung in unterentwickelten Gebieten veranlassen sollen, sind z. B. das Prämiensystem in Frankreich und die bundesdeutsche Gemeinschaftsaufgabe „Verbesserung der regionalen Wirtschaftsstruktur", die innerhalb der ausgewiesenen Fördergebiete ein gestaffeltes System von Investitionszuschüssen (10–25% der Investitionskosten) vorsieht. Während aber in Frankreich dieses Instrument Teil eines Gesamtkonzeptes ist, die Pull-Maßnahmen also die Push-Instrumente ergänzen, ist das Interesse der Kernstädte und Verdichtungsraumgemeinden der Bundesrepublik an diesem Konzept – zumindest seit Beginn der 70er Jahre – durchaus fraglich. Fraglich ist aber auch, inwieweit durch die Gemeinschaftsaufgabe tatsächlich regionale Umverteilungseffekte bewirkt, d. h. Agglomerationsnachteile der Verdichtungsräume verringert und die Wirtschaftskraft peripherer Räume gesteigert, und nicht das Zentrum-Peripherie-Gefälle durch die Segregation von Verwaltungs- und „Werkbank"-Funktionen verstärkt werden (vgl. dazu z. B. *Ahlers/ Baumhöfer* 1980; *Lauschmann* 1981).

Als besonders in den Kerngebieten der Verdichtungsräume wirkende Stimulierungsmaßnahme kann man die von Bund, jeweiligem Land und jeweiliger Kommune zur Verfügung gestellten Modernisierungsmittel bezeichnen. Diese Finanzmittel sollen Hauseigentümer dazu anreizen, ihren alten, z. T. schlecht ausgestatteten Wohnungsbestand modernen Erfordernissen anzupassen.

Zur Lösung der regionalen Probleme in den Verdichtungsräumen sind in der Bundesrepublik aber Maßnahmen am weitesten verbreitet, die man als *Angebotsmaßnahmen* bezeichnen könnte. Durch solche Maßnahmen, z. B. Schaffung sozialer und kultureller Infrastruktur, Anbindung an den ÖPNV, Straßenausbau und Gewerbeparks, werden Angebote zur Verfügung gestellt, die die gewünschte Entwicklung induzieren sollen; sie beeinflussen das Verhalten der Standortnachfrager aber weniger stark als die bisher beschriebenen Maßnahmen. Ihre Effektivität ist vielmehr in hohem Maße von der Zusammenarbeit der übergemeindlichen Planung (z. B. Regionalplanung) mit der kommunalen Bauleitplanung der Gemeinden des Verdichtungsraumes abhängig.

2.3.5.2 Übergreifende Konzepte zur Verbesserung der Umweltsituation

Diese Gliederung des politischen Instrumentariums kann auch für die Lösung der in 2.3.4.1 angesprochenen Umweltprobleme in den Verdichtungsräumen gelten. Allerdings brauchen die einsetzbaren Instrumente hier nur kurz angesprochen zu werden, da sie bundes- und ländereinheitlich, also nicht speziell verdichtungsraumbezogen sind.

Im allgemeinen kann eine (anlagenbezogene) *Emissionsminderung* durch Gesetze und Verordnungen (z. B. Benzinbleigesetz, Waschmittelgesetz), Abgaben (z. B. das seit 1978 geltende Wasserabgabegesetz), Verwaltungsvorschriften (wie z. B. die „Technische Anleitung zur Reinhaltung der Luft" = TA Luft), staatliche Subvention oder gezielte Technologieforschung angestrebt werden. Da die einzelbetriebliche Emissionsüberwachung, die dem Gewerbeamt obliegt, aus vielerlei Gründen sehr schwierig und teuer ist, versucht man, über den gebietsbezogenen *Immissionsschutz* die Gesamtmenge der Emissionen zu überwachen. Regelungen zum Immissionsschutz finden sich im sog. Bundes-Immissionsschutzgesetz (BImSchG vom 15. 3. 1974) und in der TA Luft.

Nach dem BImSchG (§§ 44–47 in Verbindung mit § 27) werden in jüngster Zeit solche Gebiete als Belastungsgebiete ausgewiesen, in denen häufige und starke Luftverunreinigungen auftreten. Diese sind weitgehend identisch mit den Verdichtungsräumen. Für diese Belastungsgebiete müssen durch die Länder sog. „Emissionskataster" (§ 46 BImSchG) aufgestellt werden, d. h. Datensammlungen, die Aufschluß über Art, Menge, räumliche und zeitliche Verteilung der Luftverunreinigungen geben. Auf ihrer Grundlage werden sog. „Luftreinhaltepläne" (§ 47) aufgestellt, die Art und Umfang der Luftverunreinigungen und deren Umwelteinwirkungen angeben, die Ursachen aufzeigen und Maßnahmen zur Verminderung der Luftverunreinigung enthalten. Diese haben aber keinen Normcharakter. Sie können daher für die Bauleitplanung nicht verbindlich gemacht werden.

Um so größer wird daher die Notwendigkeit, daß die räumlichen Planungen (Stadt- und Regionalplanung) sich das Ziel setzen, den Immissionsschutz zu ergänzen und Landnutzungskonflikte zu vermeiden, indem sie die für bestimmte Nutzungen notwendigen Flächen einander so zuordnen, daß schädliche Umwelteinwirkungen wie Staub-, Gas- und Lärmimmissionen auf Wohngebiete weitgehend vermieden und die meso- und lokalklimatischen Verhältnisse durch eine entsprechende Grünflächenplanung gesichert oder verbessert werden.

2.3.5.3 Konzepte für das Kerngebiet

Das derzeitige Hauptproblem der Kernstädte, die verkürzt als ‚Stadtflucht' bezeichnete Abwanderung der Wohnbevölkerung, wurde von den Städten erst dann als Problem erkannt, als

- der Wanderungsverlust sich im städtischen Haushalt bemerkbar machte; dies war durch das Gemeindefinanzreformgesetz von 1969, das einerseits die Bedeutung der Gewerbesteuer für die kommunalen Einnahmen etwas verringerte, andererseits aber die Gemeinden an der Einkommensteuer der Bewohner beteiligte, möglich geworden;
- die wirtschaftliche Stagnation zu Beginn der 70er Jahre, die die Hoffnung auf Ansiedlung neuer Betriebe zunichte machte,
- die zunehmende Sensibilisierung der Bevölkerung für Fragen der Wohnumfeldqualität zu einem Umdenken in der Planungspolitik der Großstädte beitrugen.

Hinzu kommt, daß die Städte befürchten mußten, daß zunehmend Handels- und Dienstleistungsbetriebe und andere Arbeitsstätten des tertiären Sektors der Bevölkerung in die Suburbia folgen und damit den Dekonzentrationsprozeß verstärken.

Man versucht daher in den Kernstädten, den Ursachen der Bevölkerungsabwanderung gegenzusteuern. So wurden bereits zu Beginn der 70er Jahre in zahlreichen deutschen Städten sog. Zweckentfremdungsverbote als Verordnungen verabschiedet, die die geschäftliche Umnutzung bestehenden Wohnraumes verhindern sollten. Durch diese Zwangsmaßnahmen, die wegen des Fehlens gültiger Bebauungspläne (vgl. 2.3.4.2) notwendig wurden, hoffte man, die Wohnnutzung vor *Verdrängungswettbewerb* zu schützen.

Die sich für die kernstädtischen Haushalte ungünstig auswirkenden *sozialen Segregationserscheinungen* durch Abwanderung der besser verdienenden Schichten sollen durch Konzepte der Wohnumfeldverbesserung, wie z. B. Verkehrsberuhigung, Entkernung und Begrünung von Hinterhöfen, Schaffung von Frei- und Grünflächen und durch Modernisierungsmaßnahmen verhindert werden.

Wohnungsmodernisierungsmaßnahmen, denen als Stimulierungsinstrumente Förderprogramme des Bundes, der Länder und der Kommunen zugrunde liegen, sollen dazu beitragen, daß der Altbaubestand modernen Wohnungsanforderungen angepaßt wird, um so die besser verdienenden Schichten in der Stadt zu halten. Diese Maßnahmen bergen allerdings die Gefahr, daß durch Luxusmodernisierungen die einkommensschwächeren Mieter durch starke Mieterhöhung vertrieben werden und sich der Bestand an billigen Wohnungen ständig verringert. Hinzu kommt, daß die nach Modernisierungen realisierten höheren Wohnflächenansprüche auch weiterhin zu einer Abnahme der Wohnbevölkerung führen werden. Bei gleichbleibendem Wohnungsbestand sehen sich daher viele Städte einem Zielkonflikt gegenüber: Das Fehlen großer, gut ausgestatteter Wohnungen einerseits und die große Nachfrage nach billigen Wohnungen andererseits führen dazu, daß die beiden Wohnungsbedürfnisse nur jeweils auf Kosten der Nachfrager der anderen Sozialschicht befriedigt werden können. Der

Ausweg, entweder Neubaugebiete zur Erstellung von Eigenheimen oder gut ausgestatteten großen Wohnungen auszuweisen oder aber Sozialwohnungen zu bauen, scheitert meist an der Freiflächen- oder Finanzmittelknappheit der Städte.

Die *Verkehrsberuhigung* dient in besonderem Maße der Wohnumfeldverbesserung. Durch sie sollen die innenstadtnahen Wohnquartiere und neuen Wohnfraktionen vom Durchgangsverkehr freigehalten, die Lärm- und Abgasbelästigungen verringert und der Straßenraum einer multifunktionalen Nutzung zugeführt werden. Die Straße soll damit neben dem Anliegerverkehr auch der Nutzung etwa durch Fußgänger und spielende Kinder offenstehen. In den Niederlanden hat man mit diesem Konzept, das in Deutschland erst in der Erprobung ist, seit Jahren gute Erfahrungen gemacht. Um eine – durch das Sperren der ‚Schleichwege' hervorgerufene – Überbelastung der Hauptverkehrsstraßen zu vermeiden, wird ergänzend der Ausbau des öffentlichen Personennahverkehrs (ÖPNV) gefördert, um die Erreichbarkeit der Innenstadt aufrechtzuerhalten.

2.3.5.4 Konzepte für die Suburbia

a) Organisatorische Voraussetzungen

Zur Vermeidung von Zersiedlungstendenzen, Engpässen in der infrastrukturellen Versorgung und langen Pendelwegen muß den einzelgemeindlichen Egoismen und dem Konkurrenzverhalten durch interkommunale bzw. übergemeindliche Konzepte und Strategien gegengesteuert werden. Aus dieser Erkenntnis war in Deutschland bereits 1920 der Siedlungsverband Ruhrkohlenbezirk (SVR) entstanden, und seit Ende der 50er Jahre schlossen sich vermehrt Gemeinden und Landkreise zu regionalen Vereinigungen zusammen, die schließlich als regionale Planungsgemeinschaften im Laufe der 60er Jahre in die staatliche Organisation eingegliedert und der Landesplanung zugeordnet wurden. Inhaltlich steht die Regionalplanung aber zwischen Landesentwicklungsplanung und gemeindlicher Bauleitplanung.

Seit Beginn der 70er Jahre ist die gesamte Bundesrepublik flächendeckend mit Planungsregionen überzogen. Dem föderalistischen Prinzip entsprechend, sind sie aber nicht einheitlich organisiert, sondern unterliegen in fast jedem Bundesland einem anderen Rechtsinstitut (z. B. z. Z. kommunale Verfassung in Baden-Württemberg oder staatliche Organisation wie in Hessen beim Regierungspräsidenten oder Mischformen in Bayern und Nordrhein-Westfalen). Man wird nicht leugnen können, daß die Organisationsform ein Ausdruck der jeweiligen Interessen an der Regionalplanung ist und einen Einfluß auf die Effizienz der Planung hat.

In der Hoffnung auf effektivere Lösungen der Probleme in den Verdichtungsräumen wurden besonders zu Beginn der 70er Jahre eine Reihe weiterer Lösungsmodelle diskutiert. Dabei standen sich zwei Ansätze gegenüber: die Bildung von großen Regionalstädten einerseits und die Schaffung großer übergemeindlicher Organisationseinheiten andererseits.

Für die Regionalstädte, die durch großzügige Eingemeindungen entstehen sollten, sprach, daß das Prinzip der Einheitsgemeinde gewahrt wurde, d. h. daß das grundsätzlich garantierte Selbstverwaltungsprinzip der Gemeinde theoretisch erhalten blieb. Die Identifikationsmöglichkeiten und das politische Engagement des Bürgers für seine (Teil-)Gemeinde sollten durch die Einteilung der Regionalstadt in Bezirke (vgl. z. B. Berlin) oder Ortsteile erhalten bleiben. Diese Lösung hätte aber Städte riesigen Ausmaßes und politischer Bedeutung geschaffen (vgl. Ruhrgebiet!), die eine vollständige Neuordnung der Bundesrepublik erfordert hätten. Man entschied sich daher für die zweite Klasse von Lösungsmodellen: je nach Bundesland unterschiedliche gesetzliche Regelungen über kommunale Zusammenarbeit (z. B. Nachbarschaftsverbände in Baden-Württemberg, Umlandverband Frankfurt in Hessen, Verbände Großraum Braunschweig und Hannover in Niedersachsen, Bezirksverfassungen in Nordrhein-Westfalen, Nachbarschaftsbereiche in Rheinland-Pfalz, Stadtverband Saarbrücken im Saarland, Nachbarschaftsausschüsse in Schleswig-Holstein), die ihrer Kompetenz nach von einfachen Beratungs- und Koordinierungsgremien bis zur öffentlichen Körperschaft mit fest umrissenen Aufgabenbereichen reichen.

b) Planungskonzepte

Die Planungskonzepte für Verdichtungsräume waren von Anfang an darauf ausgerichtet, das *Wachstum* zu kanalisieren und zu lenken. Wie das Beispiel des um die Jahrhundertwende in England entstandenen Gartenstadtkonzeptes von *Howard* (1902), das bereits die Entlastung von überbevölkerten Großstädten zum Ziel hatte, zeigt, geht dieses Planungskonzept sogar der Schaffung von überkommunalen Planungsorganisationen voraus. In England wurde aus der Gartenstadtidee nach dem Zweiten Weltkrieg das Konzept der „New Towns" (vgl. New Towns Act 1946) entwickelt und als Instrument der Raumordnungspolitik, besonders zur Entlastung Londons, eingesetzt. Ein vergleichbares raumordnerisches Konzept stellen auch die „Villes Nouvelles" zur Entlastung von Paris dar oder die im Ruhrgebiet erbauten „Neuen Städte" Marl und Wulfen.

Im einzelnen wurden zur Kanalisierung und Lenkung des Wachstums der Verdichtungsräume als wichtigste Maßnahmen geplant:

- kleinräumige Siedlungsachsen, die das Wachstum des Verdichtungsraumes auf Gebiete, die schnell durch den öffentlichen Personennahverkehr zu erreichen sind (S-Bahnen), beschränken sollen und zum Schutz von Freiräumen von einer Bündelung der Bandinfrastruktur (z. B. Ver- und Entsorgungsleitungen, Straßen) ausgehen;
- Entwicklungszentren oder Siedlungsschwerpunkte, die entweder entlang der Achsen als Gliederungselemente (sog. punkt-axiales System in der Bundesrepublik) oder aber in mittlerer Entfernung vom Verdichtungskern liegen (Beispiel London und Paris). Sie sollen durch eine Bündelung zentralörtlicher Einrichtungen des unter- und mittelzentralen Bereichs der Entlastung des Kerngebietes dienen und durch ihre verdichtete Bebauung fußläufig von den Haltepunkten des ÖPNV zu erreichen sein;
- Freiflächen, die ökologischen Ausgleichsfunktionen und der Erholung dienen und die Siedlungsfläche gliedern sollen;
- Zentrale Orte verschiedener Hierarchiestufen zur flächendeckenden Versorgung der Bevölkerung mit zentralen Einrichtungen.

Das Greifen solcher Maßnahmen ist davon abhängig, ob Regionalplanung als Entwicklungsplanung durchgeführt werden kann. Dies setzt „neben restriktiven Einwirkungsmöglichkeiten auf die Fachplanungen und die Bauleitplanungen" voraus, daß „auch aktiv durch den gezielten Einsatz von Investitionen Einfluß auf die Entwicklung genommen" (*Dietrich/Geelhaar/Tharun* 1975) werden kann.

Restriktive Einwirkungsmöglichkeiten sind – zumindest formal – dann gegeben, wenn der Regionalplan von der jeweiligen Landesregierung festgestellt ist. Die Einhaltung des Planes ist aber davon abhängig, wie die Genehmigungsbehörden (z. B. Regierungspräsident) ihren Ermessensspielraum gebrauchen.

Aktive Einwirkungsmöglichkeiten sind der Regionalplanung hingegen nicht gegeben, da sie keinen Einfluß auf die Vergabe raumwirksamer Finanzmittel (z. B. zur Förderung von Siedlungsschwerpunkten) durch das Land hat. Aufgrund ihrer institutionellen Schwächen kann daher die Regionalplanung weder die Regionalpläne noch die darin zusammengefaßten und aufeinander bezogenen Maßnahmen im Sinne der vorne getroffenen Unterscheidung von Zwangs-, Stimulierungs- und Angebotsmaßnahmen selbst einsetzen. Es bleibt der Exekutive der Gebietskörperschaften vorbehalten, den Planungen durch Finanzmittelausstattung einen eigenen Instrumentencharakter zu verleihen.

Die Schwierigkeiten bei der Durchsetzung der regionalplanerischen Konzepte sind daher groß:

- So lagen festgestellte, d. h. durch die Landesregierung genehmigte Regionalpläne häufig erst zu einem so späten Zeitpunkt vor, daß die Planungsmaßnahmen, die auf Wachstumslenkung ausgelegt waren, mit dem zur Verfügung stehenden geringen Entwicklungspotential nicht mehr im Einklang standen.

- Die häufig späte Installierung des S-Bahn-Systems konnte das ringförmige Wachstum des Verdichtungsraumes nicht mehr umlenken.
- Ähnliche räumliche Auswirkungen hatte die Tatsache, daß die Konzeption des verdichteten Wohnens nicht den Wertvorstellungen der Bevölkerung entsprach, die – unterstützt durch die staatliche Förderung des Wohnungseigentums – das Wohnen im Eigenheim anstrebte. So wurden auch die Gebiete zwischen den ausgewiesenen Achsen besiedelt.
- Raumwirksame Konflikte ergaben sich auch aus der Konkurrenzsituation zwischen ÖPNV, der auf Energieeinsparung und Umweltschutz angelegt ist, und der Individualmotorisierung, deren Einsatz im Berufsverkehr durch km-Geld-Pauschalen und Straßenbau attraktiv gehalten wurde.
- Die Konzepte der staatlichen wie kommunalen Wohnungsbaupolitik waren meist nicht mit der Regionalplanung abgestimmt.

Zu diesen z. T. politischen Zielkonflikten kommt hinzu, daß sich die Gemeinden unter dem Eindruck hoher Bevölkerungsprognosewerte meist noch vor Installierung der Regionalplanung mit sehr weit bemessenen Bebauungsplänen ausgestattet hatten, deren Rechtsgültigkeit dann nicht mehr antastbar war.

Unter den seit Beginn der 70er Jahre veränderten Rahmenbedingungen geringeren Wirtschafts- und Bevölkerungswachstums und einer veränderten Werthaltung der Bevölkerung haben sich auch die Ziele der Regionalplanung verändert: Jetzt stehen nicht mehr Entwicklungs-, sondern Ordnungsmaßnahmen im Vordergrund, und der Umweltschutz gewinnt aufgrund der Sensibilisierung der Bevölkerung für diese Fragen eine größere Bedeutung. So wird heute

- ein verstärkter Wert auf die Ausweisung regionaler Grünzüge, die Freiraumplanung und die Integration der Landschaftsrahmenpläne in die Regionalplanung gelegt;
- auch von den Gemeinden stärker eine Auslastung bestehender Infrastruktur durch Arrondierung bestehender Siedlungsteile favorisiert als ein weiteres flächenhaftes Wachstum. Dies trägt zu einer Reduzierung der Konflikte mit der Regionalplanung bei.

Die trotz der institutionellen Schwäche der Regionalplanung und ihrer mangelnden Unterstützung durch die politische Exekutive konstatierbaren Erfolge der Regionalplanung sind hauptsächlich auf den informativen und persuasiven Einsatz der Planer zurückzuführen. Information und Kommunikation kommen daher – bei gleichbleibenden Rahmenbedingungen – bei dem Erkennen, Bewerten und evtl. Beeinflussen räumlicher Prozesse eine immer größere Bedeutung zu.

2.4 Regionale und nationale Städtesysteme (*Hans H. Blotevogel und Holger Möller*)

2.4.1 Fragestellung und Forschungsschwerpunkte

Die zunehmende Verflochtenheit der Städte untereinander und die wachsende Komplexität der räumlichen Organisation von Gesellschaften auf postindustriellem Entwicklungsstand lassen auch bei lokalen und regionalen Prozeßanalysen die ‚externen', d. h. in diesem Zusammenhang die großräumigen Einflüsse und Interdependenzen immer wichtiger werden. Gleichwohl sind Untersuchungen, die die Struktur und Entwicklung von Städten im großräumigen Systemzusammenhang betrachten, gerade im deutschen Sprachraum noch verhältnismäßig selten und im wesentlichen auf die letzten beiden Jahrzehnte beschränkt.

Eine wesentliche Anregung zu einer explizit systemanalytischen und speziell großräumigen Stadtbetrachtung ging von dem nordamerikanischen Geographen *Berry* aus, der in seinem nun schon klassischen Aufsatz „Cities as systems within systems of cities" (1964) vorschlug, die bestehenden

Theorieansätze zur inneren Struktur und räumlichen Verteilung von Städten unter dem „Dach" der allgemeinen Systemanalyse miteinander zu verknüpfen und mit deren Methoden weiterzuentwickeln. Seit den sechziger Jahren erschien zunächst im angelsächsischen Sprachraum eine Vielzahl unterschiedlicher Untersuchungen zur makroanalytischen Städtesystemforschung. Die Erforschung des deutschen Städtesystems folgte mit einer erheblichen Phasenverschiebung; einige der ersten Studien stammten von Nicht-Geographen, und erst seit dem Ende der siebziger Jahre wird der makroanalytische Aspekt auch in der deutschsprachigen stadtgeographischen Forschung in stärkerem Maße berücksichtigt.

Gleichwohl konnte die Erforschung regionaler und nationaler Städtesysteme an eine Reihe älterer Forschungsansätze anknüpfen, von denen im folgenden vier kurz genannt werden sollen.

Am weitesten zurückreichen dürfte wohl die Reihe von Arbeiten zum Thema ‚*funktionale Städtetypisierung*', also zur Klassifizierung von Städten nach sozioökonomischen Merkmalen (vgl. *Hettner* 1902; *Gassert* 1917; *Bobek* 1938; *Harris* 1943; *Schöller* 1953 und 1967 sowie die Lehrbuchdarstellungen bei *Schwarz* 1989, S. 581–642 und *Rother* 1980, S. 292–308). Man kann diese Thematik insofern zu den unmittelbaren Vorläufern der Städtesystemforschung rechnen, als hier die ‚Funktion' im Sinne von ‚Aufgabe' oder ‚Tätigkeit' von Städten in einem größeren Ganzen bestimmt werden soll und es sich insofern um einen implizit systemanalytischen Ansatz handelt. Vor allem in den angelsächsischen Ländern wurden funktionale Städteklassifikationen in den letzten Jahrzehnten durch die Anwendung multivariater Analyseverfahren, insbesondere der Faktoren- und Clusteranalyse, weiterentwickelt (*Hadden/Borgatta* 1965; *Smith* 1965.1; 1965.2; *Berry/Smith* 1972); inzwischen liegen auch aus dem deutschsprachigen Raum einige Arbeiten dieser quantitativ orientierten Forschungsrichtung vor (*Forst* 1974; *Schmidt/Margraf* 1976; *Möllers* 1977; *Sitterberg* 1977; *De Lange* 1980).

Eine weitere Forschungslinie bilden die Arbeiten zur sog. ‚*Rang-Größe-Regel*' (rank-size-rule) (*Böventer* 1973; 1979; *Carroll* 1982; *Bähr* 1983, S. 84–89; *Karsch* 1977; *Zipf* 1949). Diese empirisch vielfach beobachtete Regelhaftigkeit hat seit ihrer Entdeckung durch *Auerbach* (1913) zu einer Fülle von wissenschaftlichen Veröffentlichungen geführt, doch ist eine schlüssige theoretische Begründung bis heute umstritten geblieben. In Anbetracht erheblicher Meßprobleme (Einwohnerzahl als Indikator, Abgrenzung von Agglomerationen, Geschlossenheit des Systems) erscheint es auch durchaus fraglich, ob dies überhaupt möglich ist und ob der Rang-Größe-Ansatz überhaupt eine differenzierte Charakterisierung von Städtesystemen erlaubt.

Ein stärker empirisch-statistisches Interesse charakterisiert die Arbeiten von *Haufe* (1936) und *Schlier* (1937), die sich um eine **Beschreibung der Größe und funktionalen Bedeutung** der deutschen Städte in ihrer räumlichen Verteilung und zeitlichen Entwicklung bemühen. Leider fanden diese verdienstvollen Arbeiten keine unmittelbare Fortführung, so daß eine raum-zeitlich vergleichende Gesamtdarstellung des deutschen Städtesystems auf statistischer Basis bis heute fehlt und die relevanten Daten oft nur mühsam zusammenzutragen sind (vgl. für Preußen im 19. Jhdt. *Matzerath* 1985).

Den wohl wichtigsten forschungsgeschichtlichen Entwicklungsstrang bildet die ‚*Theorie der zentralen Orte*' (*Christaller* 1933), die nicht nur als eine Standorttheorie des tertiären Wirtschaftssektors, sondern darüber hinaus auch als eine Theorie zur Erklärung der räumlichen Organisation von Städtesystemen verstanden werden kann (*Schöller* 1972; *Deiters* 1976; *Heinritz* 1979; vgl. Abschnitt 3.2.1). Ihre hohe gedankliche Konsistenz, ihre empirische Fruchtbarkeit und nicht zuletzt ihre Übernahme als normatives Modell in die Raumordnungspraxis haben sie zu einer der wichtigsten Säulen der Stadtgeographie und speziell der Städtesystemforschung werden lassen. Dadurch wird auch erklärlich, daß die Organisation von Städtesystemen von der geographischen Forschung häufig vor allem unter dem Aspekt zentralörtlicher Hierarchien untersucht wurde. Hierbei geht es jedoch nicht in erster Linie darum, die klassische Zentrale-Orte-Theorie verifizieren zu wollen; vielmehr dient das hierarchische Anordnungsprinzip zentraler Orte und ihrer Bereiche wegen der Ausklammerung der Industrie und anderer Faktoren als ein Partial-Modell und für eine umfassende Städtesystemanalyse eher als ein heuristisches Instrument.

Wenn im folgenden regionale und nationale Gruppen von Städten als ‚Systeme' betrachtet werden, so verstehen wir unter Systemen „Gesamtheiten von geordneten, miteinander in Wechselbeziehung stehenden Elementen" (*Zahn* 1972, S. 8, 14). Sieht man die betreffenden Städte als die ‚Elemente' an, so scheint es sinnvoll, zunächst die zwischen den systemangehörigen Städten bestehenden Beziehungen, z. B. nach Art, Richtung, Ursache usw., zu charakterisieren und danach die durch die jeweiligen Beziehungen konstituierten Strukturtypen von Städtesystemen darzustellen.

2.4.2 Arten von Beziehungen zwischen den Elementen eines Städtesystems

In seinem programmatischen Aufsatz „Theorien nationaler Siedlungssysteme" unterscheidet *Bartels* (1979) sechs Arten von Beziehungen, die als Interrelationen und Interaktionen klassifiziert werden:

Arten von Beziehungen innerhalb von Siedlungssystemen (*Bartels* 1979; *Grimm* 1985)
- Interrelationen
  - räumliche Lagebeziehungen
    Distanzen (in Kilometern oder in Zeit-Kosten-Mühe-Relationen), die in allgemeine Lage-Kennzeichnungen wie zum Beispiel Gitternetz-Koordinaten überführt werden können.
  - Größen- oder Teilhabe-Relationen
    Anteile einzelner Siedlungen an der Gesamtbevölkerung bzw. an der Wirtschaftsleistung der betreffenden Region bzw. Nation usw.
  - Struktur-Relationen
    Bei städtischen Siedlungen individuell ausgeprägte ‚strukturelle' Merkmale wie Beschäftigungsstruktur, zentralörtliche Ausstattung usw. im Vergleich zu den entsprechenden Maßzahlen der anderen Städte des Systems.
- Interaktionen
  - Interaktionswege
    Verkehrswege und Informationskanäle, soweit sie Voraussetzung, Möglichkeit oder Potential von Interaktionsströmen oder Machtbeziehungen zwischen Siedlungen darstellen.
  - Interaktionsströme
    Effektive Austausch- und Interaktionsströme jeglicher Art: Personen-, Güter- und Informationsströme, Kapitaltransfers, Innovationsausbreitungen etc.
  - Machtbeziehungen/Beziehungen der Leitung/Organisation
    Ausdrucksformen der gesellschaftlich/organisatorischen Abhängigkeiten einzelner Siedlungselemente voneinander: z. B. politisch-administrative Organisation mit Entscheidungs- und Ausführungsfunktionen in verschiedenen Städten sowie Organisation von Mehrbetriebsunternehmen mit Verwaltungs- und Produktionsbetrieben in verschiedenen Städten.

Außer nach ihrer Art können die ‚Beziehungen' innerhalb von Städtesystemen auch nach ihrer Richtung differenziert werden:

- Vertikale (hierarchische) Interaktionen
  - hierarchieabwärts (von den hochrangigen zu den niederrangigen Städten)
  - hierarchieaufwärts (von den niederrangigen zu den hochrangigen Städten)
- Horizontale Interaktionen (Beziehungen zwischen gleichrangigen Städten).

Die speziell im Modell der Zentralen Orte *Christallers* (1933) auftretenden Interaktionen sind ausschließlich vertikal gerichtet, d. h. hierarchisch organisiert. Da die zentralörtliche Ausstattung von Zentren derselben Rangstufe nach dem Modell immer gleich ist, gibt es keinerlei Leistungsaustausch zwischen diesen Zentren. Dagegen unterscheiden sich Zentren unterschiedlicher Rangstufe ja gerade dadurch, daß in den höherrangigen Zentren Einrichtungen vorhanden sind, die in den niederrangigen Zentren fehlen, so daß die betreffenden Güter und Dienste von den niederrangigen Zentren in den (jeweils nächstgelegenen) höherrangigen Zentren nachgefragt werden. Die dadurch entstehenden vertikalen (hierarchischen) Interaktionen sind sowohl hierarchieabwärts als auch hierarchieaufwärts gerichtet: Den in der Regel hierarchieabwärts gerichteten Strömen von (im höherrangigen Zentrum oder systemextern produzierten) nicht-landwirtschaftlichen Versorgungsgütern entsprechen reziproke Geldströme oder auch landwirtschaftliche Versorgungsgüter, die im Umland der Zentren produziert werden. Das gleiche gilt prinzipiell auch für Informationsströme, Innovationsausbreitungen und Machtbeziehungen, wenngleich gerade die beiden letztgenannten Beispiele für interurbane Interaktionen zeigen, daß zentralörtliche Beziehungen keineswegs immer symmetrisch organisiert sind, sondern häufig auch als räumliches Abbild gesellschaftlicher Abhängigkeiten gelten können.

Ausschließlich vertikale (hierarchische) Beziehungen entstehen in einem Städtesystem allerdings nur unter den strengen Prämissen der zentralörtlichen Theorie. Vor allem *Wärneryd* (1968) und *Pred* (1971; 1973) haben gefordert, für empirische Analysen von Städtesystemen dieses Partialmodell um „Querbeziehungen" (horizontale Interaktionen) zwischen Städten der gleichen Rangstufe zu ergänzen. Diese Erweiterung wird notwendig, sobald die Prämissen der zentralörtlichen Theorie aufgegeben werden und beispielsweise die räumlichen Verflechtungen der Industrie mit in die Betrachtung einbezogen werden.

Auch *Buursink* (1975) hat darauf hingewiesen, daß gerade auf der Ebene der führenden Zentren eines Landes den horizontalen Beziehungen häufig eine besondere Bedeutung zukommt, während das Hierarchiemodell auf der regionalen Maßstabsebene durchaus eine hohe empirische Relevanz besitzt. Beispielhaft erscheint in diesem Zusammenhang das Zentrensystem der Niederlande: Amsterdam, Rotterdam, Den Haag und Utrecht erfüllen zusammen Aufgaben als hochrangige Management- und Entscheidungszentren, die weitreichende Kontroll- und Steuerungsfunktionen in den Bereichen Wirtschaft, Politik und Kultur ausüben. Im Unterschied zum zentralörtlichen Modell, demzufolge die Funktionen in einer Hauptstadt konzentriert sein müßten, sind die hauptstädtischen Funktionen auf die vier Zentren der „Randstad Holland" verteilt: Amsterdam als Finanz- und Kulturmetropole sowie als Parlamentssitz, Rotterdam als internationaler Hafen und als Großhandelszentrum, Den Haag als Regierungssitz und Residenz des Königshauses sowie Utrecht als Universitätsstadt und Verkehrszentrum.

Die überproportionale Konzentration einzelner Funktionen in bestimmten Städten wird als Funktionsspezialisierung bezeichnet. Dabei ist allerdings zu unterscheiden zwischen einer hierarchischen Funktionsspezialisierung, die aus der unterschiedlichen Zentralität von Städten resultiert und zu vertikalen Interaktionen führt, und einer sektoralen Funktionsspezialisierung, die durch die isolierte Standortkonzentration spezieller Funktionen entsteht und die mit überwiegend horizontalen Interaktionen verknüpft ist (vgl. *Dziewonski/Jerczynski* 1978; *Blotevogel* 1983.1). *Schmidt-Renner* (1984, S. 153) benennt drei vorwiegend ökonomische Ursachen und Voraussetzungen für die Tendenz zur Funktionsspezialisierung im Produktions- und Dienstleistungsbereich:

- Erhöhung der Arbeitsproduktivität bzw. Erzielung einer besseren Zeitökonomie mit spezialisierter Verrichtung;
- betriebs- und volkswirtschaftlich höhere Effektivität von Spezialfertigungen durch Serien- und/oder Massenfertigung;
- Entwicklung eines leistungsfähigen Transport- und Beförderungswesens mit der Möglichkeit, an wenigen Standorten spezialisierte Erzeugnisse herzustellen und auch in weit entfernte Absatzgebiete liefern zu können bzw. an wenigen Standorten angebotene Dienstleistungen mit einem vertretbaren zeitlichen und finanziellen Beförderungsaufwand in Anspruch zu nehmen.

Erst ein leistungsfähiges Verkehrswesen ermöglicht somit intensive horizontale Interaktionen zwischen den in bestimmten Funktionsbereichen spezialisierten hochrangigen Zentren eines (nationalen) Städtesystems. Der verstärkte Einsatz moderner Telekommunikationsmittel hat diese Interaktionen noch verstärkt und ausgeweitet.

2.4.3 Indikatoren zur Erfassung von Interaktionen zwischen Städten

In einem Überblick über Konzeptionen, Schwerpunkte und bisherige Ergebnisse der Kommission ‚Nationale Siedlungssysteme' der ‚International Geographical Union' (IGU) bezeichnet *Grimm* (1985, S. 24) besonders die Migration der Bevölkerung sowie unterschiedliche Verkehrsstromdaten als wesentliche Indikatoren zur Abschätzung räumlicher Beziehungen innerhalb von Städtesystemen. *Rykiel* (1984, S. 102 f.) zeigt am Beispiel des polnischen Städtesystems jedoch auf, daß über den Indikator des Wanderungsverhaltens der Bevölkerung ein nur ausgesprochen schwaches Ausmaß an Interaktionen zwischen den höheren Zentren nachgewiesen werden kann. Er kommt vielmehr zu dem Ergebnis, daß die ausgeprägtesten Verflechtungen der Wanderungsbeziehungen nicht zwischen den höchsten Zentren, sondern auf der regionalen Ebene auftreten. Hiernach sind vor allem die dem letzten Wohnort zugeordneten Zentren Ziel der Migration.

Zur Abschätzung der Interaktionen innerhalb des Städtesystems der Bundesrepublik Deutschland verwenden *Blotevogel/Hommel* (1980, S. 159) statt dessen das Straßen- und Schienenverkehrsnetz sowie das Fluggastaufkommen der Verkehrsflughäfen. Das engmaschige Fernstraßensystem deutet in Verbindung mit den zumindest auf den Hauptstrecken in einem stündlichen Rhythmus verkehrenden Inter-City-Zügen der Deutschen Bundesbahn auf ein ausgesprochen hohes Verkehrsaufkommen zwischen den durch sektorale Funktionsspezialisierungen gekennzeichneten Landes- und Regionalmetropolen in der Bundesrepublik Deutschland hin.

Die in diesen Untersuchungen getroffene Indikatorenauswahl erscheint zwar – nicht zuletzt aufgrund der Datenlage – in hohem Maße praktikabel und zur Abschätzung von Interaktionswegen sowie zum Teil auch von Interaktionsströmen geeignet. Machtbeziehungen (*Bartels*) bzw. Verflechtungen der Leitung und Organisation (*Grimm*) hingegen sind über Migrationsdaten und Verkehrsnetze allein nicht zu erfassen. *Schöller* et al. (1984, S. 190) bemängeln in diesem Zusammenhang das Fehlen aussagefähiger Daten vor allem über Kapitaltransfers und Informationsflüsse innerhalb des deutschen Städtesystems.

Speziell zur Abschätzung von Informationsflüssen bilden *Zeitungsverbreitungsgebiete* einen wichtigen Indikator (*Blotevogel* 1984). Sie stellen gewissermaßen „Kommunikationsräume" dar und fungieren als „Räume gleicher selektiver Informationsverbreitung". Die räumliche Organisation der privaten Presse beeinflußt das regionale Informationsangebot und damit über den Wahrnehmungsfilter das Vorstellungsbild der Raumstruktur und die raumwirksamen Handlungen der Menschen. Beispielhaft genannt sei in diesem Zusammenhang die Steuerung des Einkaufsverhaltens durch die Einzelhandelsanzeigen".

Über Migrationen sowie Verkehrs- und Informationsströme hinaus haben besonders nordamerikanische Forscher weitere aussagefähige Parameter zur Erfassung von Interaktionen innerhalb nationaler Städtesysteme entwickelt. Seit Beginn der 80er Jahre werden derartige Ansätze auch in der Bundesrepublik zunehmend aufgenommen und weiterentwickelt. Als Folge der herausragenden Bedeutung des privatwirtschaftlichen Sektors in den USA und in Kanada wie auch in Anbetracht der Tatsache, daß riesige Mehrbranchenunternehmen über ihre Standortentscheidungen in zunehmendem Maße wesentliche Steuerungsfunktionen für die Regionalentwicklung übernehmen, werden die Verflechtungen innerhalb dieser zumeist supranational operierenden Unternehmen in den Blickpunkt gerückt. Über die Erfassung der Standortstruktur und -entwicklung der Hauptverwaltungen derartiger Mehrbranchenunternehmen hinaus sind unterschiedliche Indikatoren zur Ermittlung von Steuerungs- und Kontrollverflechtungen entwickelt worden:

– Anzahl und Wohnstandorte auswärtiger Aufsichtsratsmitglieder von Mehrbranchenunternehmen;
– Anzahl der Beschäftigten in nordamerikanischen Betrieben mit auswärtigen Hauptverwaltungen;
– Umsätze der größten Unternehmen in der Bundesrepublik Deutschland.

Ähnlich wie im privatwirtschaftlichen treten auch im öffentlichen Sektor Steuerungsverflechtungen auf. So kartieren *Peppler* (1977), *Schöller* (1980) und *Ante* (1981) Standorte und Beschäftigungszahlen

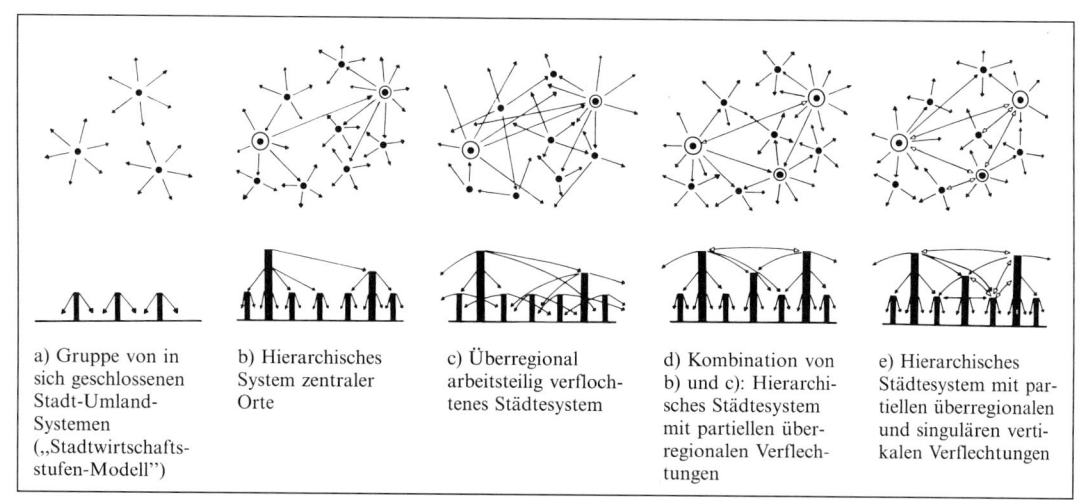

| a) Gruppe von in sich geschlossenen Stadt-Umland-Systemen („Stadtwirtschaftsstufen-Modell") | b) Hierarchisches System zentraler Orte | c) Überregional arbeitsteilig verflochtenes Städtesystem | d) Kombination von b) und c): Hierarchisches Städtesystem mit partiellen überregionalen Verflechtungen | e) Hierarchisches Städtesystem mit partiellen überregionalen und singulären vertikalen Verflechtungen |

Abb. 2.4/1
Grundformen räumlicher Organisation in Städtesystemen
Quelle: Möller 1989, S. 40

von Bundesbehörden. Darüber hinaus können auch kulturelle Einrichtungen wie Theater, Opernhäuser, Hochschulen usw. als Elemente von Städteverflechtungen aufgefaßt werden. *Blotevogel* (1983b, S. 154) beispielsweise wertet die Berufungen von Hochschullehrern an (deutsche) Universitäten und Technische Hochschulen als Indikator für Verflechtungen im Ausbildungsbereich.

Dieser kurze Überblick dürfte die Vielzahl unterschiedlicher Parameter zur Abschätzung von Beziehungen innerhalb von Städtesystemen angedeutet haben. Schwierigkeiten bei der Untersuchung der innerhalb nationaler Städtesysteme auftretenden Interaktionen liegen weniger in der Auswahl und Eignungsprüfung als in der *Verfügbarkeit geeigneter Maßzahlen*.

2.4.4 Hauptstrukturtypen von Städtesystemen

In Abhängigkeit von der räumlichen Organisation der innerhalb von Städtesystemen auftretenden Interaktionen ergeben sich unterschiedliche Organisationsmuster bzw. Strukturtypen von Städtesystemen. *Blotevogel* (1980, S. 55–58) unterscheidet hierbei zunächst drei Grundtypen (vgl. Abb. 2.4/1, a–c):

- Gruppe von in sich selbst geschlossenen Stadt-Umland-Systemen (a)
  (sog. Stadtwirtschaftsstufen-Modell nach *K. Bücher*, vgl. *Kellenbenz* 1965)
  Hierbei sind in jeder einzelnen Stadt alle zentralörtlich wirksamen Funktionen verfügbar. Die Städte bilden mit ihrem unmittelbaren Umland geschlossene Systeme auf der Grundlage gegenseitiger Tauschbeziehungen. Funktionsspezialisierungen einzelner Siedlungen oder gar eine Arbeitsteilung zwischen mehreren Städten sind hierbei nicht vorgesehen. Es bleibt allerdings die Frage, ob man dabei von einem Städtesystem sprechen kann, wenn die ein Städtesystem überhaupt erst konstituierenden Interaktionen oder Beziehungen zwischen den systemzugehörigen Städten gar nicht auftreten.
- Hierarchisches System Zentraler Orte (b)
  Entsprechend dem Modell *Christallers* (1933) verlaufen die Interaktionen hier ausschließlich hierarchisch, und zwar zunächst ‚von oben nach unten'. Denn sämtliche höheren Zentren halten außer den für sie spezifischen auch das komplette Angebot niederer Zentren vor. ‚Von unten nach oben' gerichtete Interaktionen treten in diesem Modell allerdings auch auf, insofern den hierarchieabwärts verlaufenden Güterströmen hierarchieaufwärts gerichtete Geldströme entsprechen.

– Überregional arbeitsteilig verflochtene Städtesysteme (c)
Als Weiterentwicklung des Modells der Zentralen Orte kann der Strukturtyp eines überregional arbeitsteilig verflochtenen Städtesystems mit ausgeprägten Funktionsspezialisierungen gelten. Diese sind besonders auf das regional unterschiedliche Auftreten von Rohstoffen sowie auf Verkehrsspannungen zurückzuführen, die wiederum funktionale Stadttypen wie Industrie-, Handels-, Gewerbe-, Fremdenverkehrs- oder Hafenstädte begründen. Diese erfüllen aufgrund der eingeschränkten Verfügbarkeit ihrer Erzeugnisse bzw. Dienstleistungen wesentliche Funktionen für die übrigen Elemente des Städtesystems. In vielen Fällen fehlen bei den genannten funktionalen Stadttypen bestimmte Angebote vollkommen, weil diese von anderen Zentren erfüllt werden.

Durch Kombination einzelner dieser drei Grundtypen gelangt *Blotevogel* dann jedoch zu weiteren Strukturtypen. So ergibt sich durch die Kombination des hierarchischen Modells der Zentralen Orte (b) mit dem Strukturtyp eines überregional arbeitsteilig verflochtenen Städtesystems (c) ein hierarchisches Städtesystem mit partiellen überregionalen Verflechtungen (d). Darüber hinaus treten auch Interaktionen auf, die von den niederrangigen zu den höheren Zentren gerichtet sind (z. B. Universitätsstädte wie Tübingen und Jena oder Bezirkshauptstädte wie Arnsberg, Ansbach und Koblenz). Aus diesem Grunde wird ein weiterer Strukturtyp vorgeschlagen (e): ein hierarchisches Städtesystem mit partiellen überregionalen und singulären vertikalen Verflechtungen von ‚unten nach oben'. Als Konsequenz speziell der Funktionsspezialisierungen (Typ c) kommt es zu intensiven Austauschbeziehungen und damit häufig auch zu horizontalen Interaktionen zwischen den höchsten, in je unterschiedlichen Bereichen spezialisierten Zentren eines Städtesystems.

Nun korrelieren die funktionalen Ausstattungsunterschiede sowie die hierdurch bedingten Interaktionen zwischen den Städten eines Städtesystems allerdings mehr oder weniger eng mit der unterschiedlichen Größe der systemzugehörigen Städte. Entsprechend lassen sich Strukturtypen von Städtesystemen außer, wie oben geschehen, nach dem Interaktionsmuster, auch nach der jeweils vorliegenden Größenverteilung und dem mit dieser korrespondierenden Polarisierungsgrad bilden (vgl. Abb. 2.4/2).

Abb. 2.4/2
Unterschiede des Polarisierungsgrades von Städtesystemen
Quelle: Blotevogel 1980, S. 56

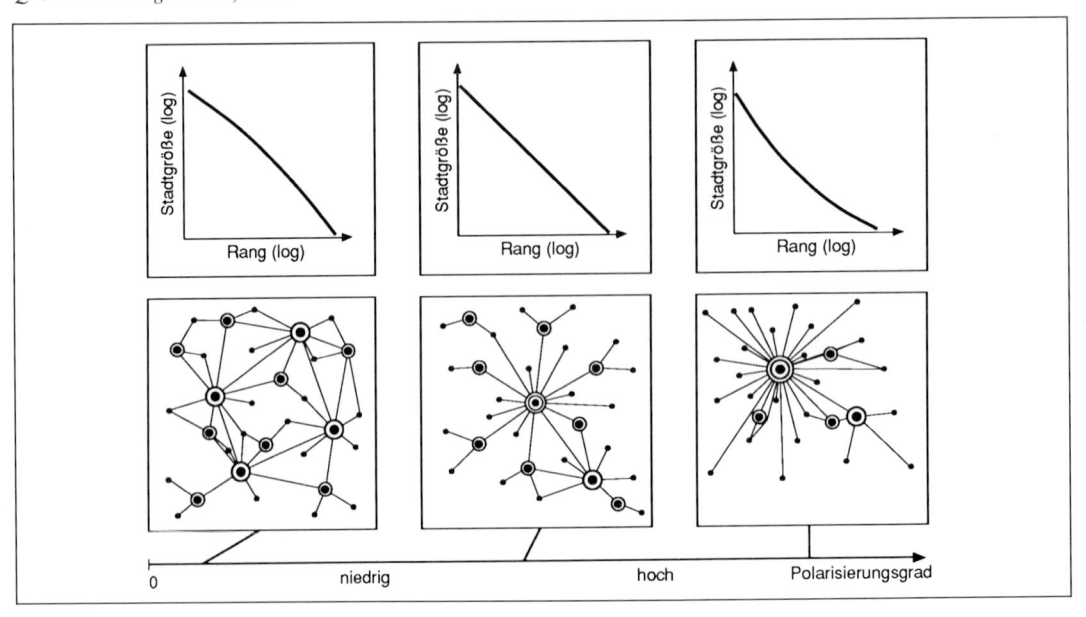

Den relativ geringsten Polarisierungsgrad weist dabei die *hierarchische Größenverteilung* auf. Hierbei gruppieren sich die systemzugehörigen Städte nach ihrer Einwohnerzahl oder ihrem Zentralitätswert so zu unterschiedlichen Größenklassen, daß die maximalen Größenunterschiede innerhalb der einzelnen Klassen im Idealfall kleiner sind als diejenigen zwischen jeweils benachbarten Klassen; denn nur unter dieser Bedingung sind die einer bestimmten Klasse zugehörigen Städte untereinander ähnlicher als zu Städten der jeweils benachbarten Klassen. Hierarchieabwärts nimmt dabei die Anzahl der Städte je Größenklasse zu, die Breite der funktionalen Ausstattung je Stadt dagegen ab. In *Christallers* Modell der zentralörtlichen Hierarchie beispielsweise folgt die Anzahl der Städte je Größenklasse nach dem ‚Versorgungs- bzw. Marktprinzip' (vgl. hierzu 2.2.1.2) hierarchieabwärts je nach Zählweise idealtypisch einer der beiden folgenden Progressionen: $1:2:6:18:54:\ldots$ oder $1:3:9:27:81:\ldots$ (1933, S. 68–72).

Da die Städte je Größenklasse bzw. (zentralörtlicher) Hierarchiestufe hinsichtlich ihrer funktionalen Ausstattung jedoch lediglich ähnlich, nicht aber gleich sind, ergeben sich je Größenklasse beachtliche Variationen. So weisen *Blotevogel/Schöller* (1981, S. 71 f.) darauf hin, daß die Spannbreite beispielsweise der Mittelzentren Nordrhein-Westfalens von einer Kreisstadt im ländlichen Raum (z. B. Monschau mit gerade 25 000 Einwohnern im mittelzentralen Versorgungsbereich) bis zu einer kreisfreien Großstadt im rheinisch-westfälischen Industriegebiet (z. B. Gelsenkirchen mit ca. 350 000 Einwohnern im mittelzentralen Versorgungsbereich) reicht. Vergleichbares gilt auch bei höheren und höchsten Zentren.

Größer als in der hierarchischen Verteilung ist die Polarisierung bei der *Rang-Größe-Regel* (rank-size-rule). Diese liegt dann vor, wenn

$$S_r = \frac{S_1}{r},$$

wobei S für die jeweilige Stadt steht und r (1, 2, ..., n) den Rangplatz der jeweiligen Stadt entsprechend ihrer Einwohnerzahl, ihrem Zentralitätswert o. ä. meint. Demnach entspricht die Größe einer bestimmten Stadt eines Systems von nach ihrer Größe rangmäßig geordneten Städten dem Quotienten aus der Größe der rangersten Stadt und ihrem eigenen Rangplatz. Umgekehrt ausgedrückt: das Produkt aus Größe und Rangplatz der einzelnen Städte ist in etwa konstant und entspricht annähernd der Größe der rangersten Stadt des gegebenen Städtesystems (*Auerbach* 1913; *Zipf* 1941; 1949). Während *Zipf* dabei einen Zusammenhang vermutet zwischen der Rang-Größe-Regel und dem wirtschaftlichen Entwicklungsstand des betreffenden Gebietes und seines Städtesystems, sehen z. B. *Berry* (1961) und *Berry/Horton* (1970) die Rang-Größe-Regel eher als Ausdruck der Tatsache an, daß zahlreiche unterschiedliche, und nicht nur einer oder einige wenige Faktoren für die Bevölkerungsverteilung (auf die Siedlungen/Städte) verantwortlich sind.

Den zweifellos größten Polarisierungsgrad unter den drei Haupt-Größenverteilungsmodellen weist die von *Jefferson* (1939) formulierte *Primat-Verteilung* (primate distribution) auf. Von einer Primat-Verteilung spricht *Jefferson* dabei dann, wenn die rangerste Stadt mindestens doppelt so groß ist wie die rangzweite Stadt. Geht man jedoch davon aus, daß auch in der Rang-Größe-Regel die rangerste Stadt doppelt so groß ist wie die rangzweite Stadt, ohne daß die Rang-Größe-Regel dadurch in ihrer Gesamtstruktur einer Primat-Verteilung entspricht, so muß zweifellos ein größerer Unterschied, als er dem Faktor 2 entspricht, zwischen den beiden rangersten Städten gefordert werden. Entsprechend wird man eher *Berry/Horton* (1970, S. 66) folgen, die dann von einer Primat-Verteilung sprechen, wenn in einem gegebenen Städtesystem eine Schicht kleiner(er) Städte beherrscht wird von einer oder einigen sehr großen Städten (Primat-Stadt) und mittelgroße Städte weniger zahlreich (oder gar nicht, Vf.) vertreten sind, als es der Rang-Größe-Regel entspräche.

Während sich die funktionale Ausstattung der Städte in der Rang-Größe-Regel rangauf- bzw. -abwärts allmählich verändert, besteht in der Primat-Verteilung nach Größe und funktionaler Ausstattung dagegen geradezu ein Hiatus, insofern annähernd alle hochrangigen Funktionen in einer einzigen (ggf. einigen wenigen) Stadt lokalisiert sind und die niederrangigen Städte im Vergleich dazu eher defizitär ausgestattet sind. Beispiele für Primat-Verteilungen und damit hochgradig polarisierte Städtesysteme findet man in zahlreichen Entwicklungsländern, wie z. B. Mexiko, Peru, Thailand, Äthiopien, aber auch in hoch entwickelten Staaten wie etwa Frankreich und Dänemark.

Es liegt auf der Hand, daß die Ausstattung eines Raumes mit Städten der verschiedensten Größenstufen wie auch seine Versorgung mit vor allem den tertiärwirtschaftlichen Gütern und Dienstleistungen der einzelnen zentralörtlichen Versorgungsstufen am gleichmäßigsten bei einer hierarchischen Größenverteilung ist. Voraussetzung ist allerdings, daß hierarchisch strukturierte Städtesysteme auch eine entsprechende räumliche Verteilung aufweisen: Die Städte je Größenklasse müssen also relativ gleichmäßig, und nicht etwa geballt über den Raum verteilt sein, so daß dann vor allem die vertikalen Verflechtungen landesweit vergleichbare Distanzen aufweisen und nicht zu regional ungleichen Belastungen in den Versorgungs- und Verkehrsbeziehungen führen. Die Distanzen horizontaler Verflechtungen werden dabei aufgrund der hierarchieaufwärts abnehmenden Anzahl von Städten je Größenstufe allerdings um so größer, je größer die interagierenden Städte jeweils sind.

2.5 Die Verstädterung der Erde (*Hermann Schrand*)

2.5.1 Problemstellung und Begriffsklärung

Die Begriffe ‚Verstädterung‘ und ‚Urbanisierung‘ werden in der Literatur bald synonym, bald mit unterschiedlichen inhaltlichen Füllungen verwendet. Wenn zwischen beiden unterschieden wird, dann beinhaltet Verstädterung in der Regel die quantitativen, demographisch-statistischen Aspekte und meint den weltweit beobachtbaren Vorgang, daß die Städte nach Zahl, Fläche und Einwohnern sowohl absolut als auch im Verhältnis zu nichtstädtischen Siedlungen immer mehr zunehmen und dementsprechend der städtische Bevölkerungsanteil an der Gesamtbevölkerung, der sog. Verstädterungsgrad, auch Verstädterungsquote bzw. Stadtfaktor genannt, stetig wächst. Der Begriff Urbanisierung umfaßt dann die qualitative, d. h. funktional- und sozialräumliche Dimension dieses Prozesses und meint die Ausbreitung der Urbanität als Lebensform, als „Ausdruck der Gesamtheit aller Faktoren ..., die städtische Lebens-, Wirtschafts- und Verhaltensweise ausmachen" (*Maier/Paesler/ Ruppert/Schaffer* 1977, S. 102).

Da in der folgenden Entwicklungsanalyse vornehmlich die demographisch-statistische Dimension in den Blick genommen wird, soll im folgenden durchgehend von Verstädterung gesprochen werden. Bei der primär quantitativen Analyse wird allerdings davon ausgegangen, daß sich mit dem Erreichen bestimmter Einwohnerzahlen und Dichteziffern in der Regel auch Urbanisierung im oben erläuterten Sinn vollzieht.

Probleme ergeben sich bei dem angestrebten globalen raum-zeitlichen Vergleich dadurch, daß die ermittelten Daten aufgrund unterschiedlicher Abgrenzungskriterien und statistischer Schwellenwerte für städtische Siedlungen nicht immer historisch und überregional vergleichbar sind (vgl. auch 2.1.1). Diese schwanken zwischen 2000 Einwohnern in Deutschland und 50 000 in Japan. Um dennoch internationale Vergleiche möglich zu machen, ist vorgeschlagen worden, die Mindestgrößenschwelle bei 20 000 Einwohnern festzusetzen (vgl. *Heineberg* 1986, S. 3). So soll, soweit möglich, auch hier verfahren werden. Dabei ist folgendes zu bedenken:

– Die idealtypische Unterscheidung zwischen Stadt und Land findet in der Wirklichkeit nur noch selten ihre Entsprechung. Zumindest in den hoch entwickelten Industrieländern gibt es eine Vielzahl von Verflechtungen und graduellen Übergängen, die die Agrargesellschaften kennzeichnende Stadt-Land-Dichotomie zugunsten eines Stadt-Land-Kontinuums aufgelöst haben.
– Die Bedeutung der einzelnen Schwellenwerte ändert sich mit der Zeit. Das ist bei historischen Vergleichen sehr wichtig. Eine Siedlung mit 12 000 Einwohnern war im Mittelalter eine große

Großstadt, während sie bei dem o. a. Vorschlag nicht einmal als Stadt deklariert würde. Auch regionale Besonderheiten werden nicht erfaßt.
– Bei der Festsetzung einer unteren Grenze ist bei statistischen Werten nicht immer zu erkennen, auf welche Bezugseinheit sich die Zahl bezieht. Es kann sich dabei um geschlossene Siedlungen handeln oder auch um Verwaltungseinheiten, die aus mehreren nicht-städtischen Siedlungen bestehen.
– Die statistisch-demographische Festsetzung von unteren Schwellenwerten erfaßt nicht die soziokulturelle Dimension des Urbanisierungsprozesses. So beträgt z. B. in den USA der Anteil der „ruralnonfarm" Bevölkerung, die zwar in statistisch nichtstädtischen Siedlungen lebt, deren Lebensform aber eindeutig durch Urbanität gekennzeichnet ist, etwa 20% der Gesamtbevölkerung (*Hofmeister* 1980, S. 238).

Trotz dieser und weiterer möglicher Einwände wird aus zwei Gründen an statistischen Schwellenwerten festgehalten. Zum einen ist eine gewisse Mindestgröße nach wie vor ein wichtiges Kriterium für die Klassifizierung einer Siedlung als Stadt (vgl. auch 2.1.1). Die Funktionsforschung hat in zahlreichen Untersuchungen nachgewiesen, daß zwischen dem Grad an Urbanität und bestimmten Größenordnungen ein enger Zusammenhang besteht. Zum anderen geht es in der folgenden Analyse um einen weltweiten und epochalen Prozeß, für dessen Fortgang die sich ändernde Verteilung der Bevölkerung auf Siedlungen unterschiedlicher Größe nach wie vor ein wichtiger Indikator ist, auch wenn die 20000-Einwohner-Grenze in dem einen oder anderen regionalen Beispiel fragwürdig sein mag.

2.5.2 Der Verstädterungsprozeß bis etwa 1920

Technische, ökonomische, demographische und gesellschaftliche Veränderungen lösten zu Beginn des 19. Jahrhunderts einen Prozeß aus, der in der Regel als „Industrielle Revolution" bezeichnet wird und mit einem Städtewachstum von bis dahin nicht gekanntem Ausmaß verbunden war, zunächst besonders in Westeuropa und Nordamerika. Verstädterung wurde zu einem Kennzeichen von Industriegesellschaften.

Im Laufe der Siedlungsgschichte hat es immer wieder Perioden gegeben, in denen sich Städte und Urbanität ausbreiteten, und andere, in denen beides stagnierte oder gar zurückging. Die frühgeschichtlichen Ursprünge des Städtewesens und seine Ausbreitung über die Ökumene sind noch nicht bis in alle Details geklärt. Sie reichen sicherlich bis ins 8. Jahrtausend vor Christus zurück, und alle bisherigen Befunde weisen auf den Vorderen Orient als Ursprungsgebiet der Stadtkultur hin. Als älteste Stadt der Erde gilt Jericho im Jordantal (*Narr* 1979). In den Stromoasen von Mesopotamien und Ägypten, wo im Zusammenhang mit hochentwickelten Bewässerungstechniken straff organisierte Agrargesellschaften entstanden, bildeten sich Städte als Herrschaftszentren, als „Tempelstadt und Metropolis" (*von Soden* 1979). Im 3. Jahrtausend vor Christus entwickelte sich eine indische Stadtkultur im Pandschab, im 2. Jahrtausend eine chinesische am Hoangho. Im Mittelmeerraum wurde das erste Städtewesen durch die Minoer auf Kreta entwickelt, die ihre Kultur als erste auf Seeherrschaft gründeten. Ihr Erbe traten die Phönizier an. Sie bauten auf den Inseln und an den Küsten des Mittelmeeres Handelsfaktoreien auf, aus denen sich dann z. T. große Seestädte bzw. Seemächte entwickelten. Das bekannteste Beispiel ist Karthago, 826 v. Chr. auf einer Halbinsel nordöstlich von Tunis gegründet und im 2. Jahrhundert v. Chr. eine Riesenstadt mit mehreren 100 000 Einwohnern. Zwischen 600 und 400 v. Chr. erlebte das Stadtwesen eine einzigartige geistige und materielle Blüte in den griechischen Stadtstaaten. Während des fast 1000jährigen Römischen Weltimperiums war Rom die absolut dominierende Weltstadt mit etwa 700 000 Einwohnern auf dem Höhepunkt der Macht zur Zeit der Kaiser (*Wegner* 1979).

Die stadthistorische Bedeutung des Römischen Imperiums besteht vor allem darin, daß städtische Lebensform sich über den riesigen Herrschaftsbereich ausbreitete und besonders in West- und Mitteleuropa nachhaltig weiterwirkte. Dies war wichtiger als die Persistenz baulicher Reste und Grundrißelemente aus dieser Zeit in vielen europäischen Städten. Durch die Romanisierung Mittel- und

Westeuropas wurde Urbanität als Lebensform in den Raum hineingetragen, von dem in der Neuzeit die meisten Impulse zur Ausweitung und Umgestaltung der städtischen Kultur ausgegangen sind. „Damit aber reichen die Wurzeln städtischer Lebensformen indirekt über die griechisch-hellenistische und etruskische Welt bis in den Orient zurück" (*Niemeier* 1977, S. 149).

Die weitere Entwicklung des mitteleuropäischen Städtewesens ist durch zwei entscheidende Stadtgründungs- bzw. Stadtbildungsepochen gekennzeichnet. Die erste wichtige Stadtgründungsepoche fiel in die Zeit des mittelalterlichen Landesausbaus zwischen dem 12. und 14. Jahrhundert, in der einige vorhandene Städte rasch wuchsen, neue Städte gegründet wurden und eine „intensive Durchdringung Mitteleuropas mit städtischen Lebensformen" stattfand (*Schöller* 1967, S. 5).

Die frühe Neuzeit hatte für die Entwicklung des mitteleuropäischen Städtewesens keine große Bedeutung. Es war die Zeit des sogenannten „Städtetals" (Abb. 2.5/1, *Stoob* 1956). Es wurden zwar vereinzelt Berg-, Festungs-, Flüchtlings- und vor allem Residenzstädte gegründet; aber: „Die 350 Jahre des Städtetals haben zusammen nur halb so viele Städte hervorgebracht, wie die 50 Jahre vor 1300" (*Stoob* 1956, S. 20).

Die zweite und entscheidende Stadtbildungsepoche folgte ab etwa 1800 mit Beginn des Industriezeitalters. Die jetzt einsetzende Verstädterung erfaßte nach und nach alle Kontinente und ist zu einem Strukturmerkmal der Neuzeit geworden. Besonders in der Periode der Hochindustrialisierung zwischen 1850 und 1920 kam es zu so tiefgreifenden Veränderungen im europäischen Städtesystem, wie es sie bis dahin noch nicht gegeben hatte. Das Neue an dieser Entwicklung war und ist, daß nicht mehr territorialpolitische Kräfte die auslösenden Faktoren waren, sondern ökonomische. Die neue Entwicklung im Städtewesen folgte „den neuen Gesetzen wirtschaftlicher Konzentration und Machtverteilung" (*Schöller* 1967, S. 7). Dies soll im folgenden erläutert werden.

Ab 1800 stieg der Anteil der städtischen Bevölkerung in Siedlungen mit über 20 000 Einwohnern stetig an, wie folgende Tabelle zeigt (2.5/1).

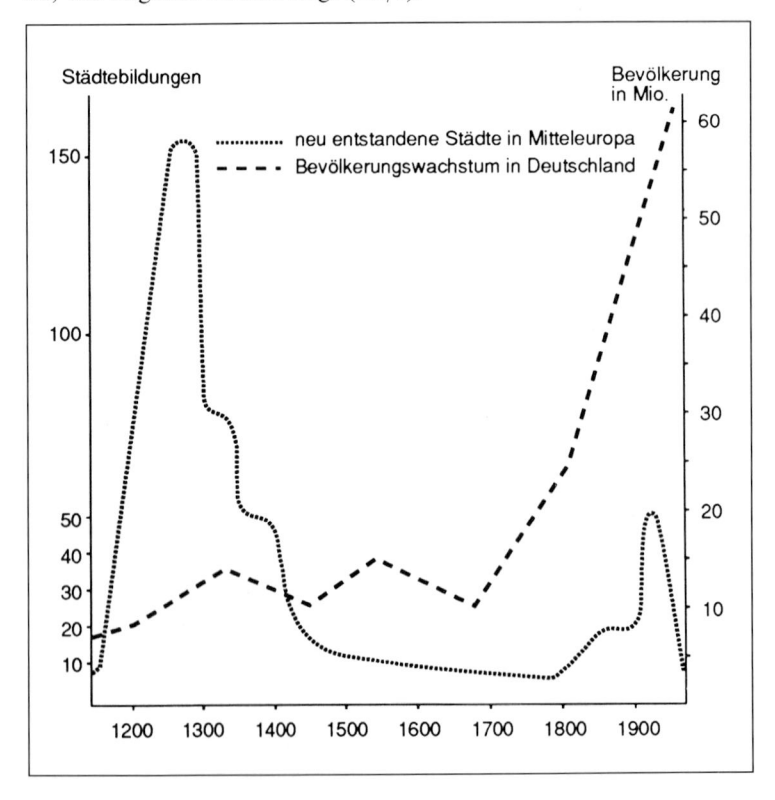

Abb. 2.5/1
Städte- und Bevölkerungswachstum
Quelle: Ehbrecht 1981, S. 162

Tab. 2.5/1: Anteil der Stadtbevölkerung (über 20 000 E) an der Weltbevölkerung 1800–1920

Jahr	Weltbevölkerung (in Mill.)	Stadtbevölkerung	
		(in Mill.)	(in % der Weltbev.)
1800	906	21,7	2,4
1850	1 171	50,4	4,3
1900	1 608	147,9	9,2
1920	1 860	267,0	14,3
1800–1920	+205%	+1230%	+595%

Quellen: *Pfeil* 1972, S. 124; *Schwarz* 1970, S. 164/65

Dabei ist die städtische Bevölkerung von 1800 bis 1920 noch viel schneller gewachsen als die immerhin sich verdoppelnde Gesamtbevölkerung. Nicht deutlich wird in der Zusammenstellung allerdings, daß diese globale Zunahme regional sehr unterschiedlich verlief. Es waren vor allem die früh industrialisierten Staaten, die die mehr als 12fache globale Zunahme der Stadtbevölkerung bewirkten. So betrug z. B. der Verstädterungsgrad 1920 in den besser entwickelten Regionen Europa, Nordamerika, UdSSR, Japan, Australien, Neuseeland und außertropisches Südamerika 29,4%, während er in den weniger entwickelten Regionen Ostasien (ohne Japan), Südasien, Lateinamerika (ohne außertropisches Südamerika), Afrika, Melanesien, Polynesien und Mikronesien lediglich 5,8% ausmachte (*Herold* 1972, S. 87). Auch innerhalb dieser beiden Gruppen gab es 1920 noch große Unterschiede im Verstädterungsgrad. Er reichte bei den entwickelten Staaten von 64% im Vereinigten Königreich bis 7% in Jugoslawien und 10% in der Sowjetunion (*Schwarz* 1970, S. 166).

Die Ursachen für die besonders starke Verstädterung in den am weitesten industrialisierten Ländern sind nicht mit einem monokausalen Erklärungsmodell zu erfassen. Sie stehen in einem sehr komplexen wechselseitigen Bedingungsgefüge, das die tiefgreifenden Veränderungen der sozialen und wirtschaftlichen Verhältnisse in Nordamerika und Europa des 19. Jahrhunderts bewirkte. Bevölkerungswachstum, Industrialisierung und Verstädterung sind entscheidende Knotenpunkte dieses Gefüges. Sie haben sich in vielfältiger Weise wechselseitig bedingt, wie am Beispiel der europäischen Entwicklung gezeigt werden soll.

Die Bevölkerungsentwicklung der vorindustriellen Agrargesellschaften war bis zu Beginn des 19. Jahrhunderts dadurch gekennzeichnet, daß Bevölkerungswachstum und Ernährungsgrundlage in einem labilen Gleichgewicht gehalten wurden. Zwar war aufgrund der geltenden Sozialethik der christlichen Kirchen und aufgrund der familiär ausgerichteten Produktionswirtschaft die innereheliche Fruchtbarkeit und damit die Kinderzahl sehr hoch; doch blieb die Geburtenrate pro Kopf der Bevölkerung relativ gering, weil die Heiratsquote von der jeweiligen Obrigkeit klein gehalten wurde. Nur derjenige durfte heiraten, der über eine entsprechende Ernährungsgrundlage verfügte, d. h. über eine Bauernstelle, eine Meisterstelle im Handwerk, eine Kaufmannstelle oder eine Stelle im Staatsdienst. Grundherren und Berufsverbände (Zünfte, Gilden) regelten die Heiratszulassungen und steuerten damit die natürliche Bevölkerungsbewegung. Obrigkeitliche Heiratshemmnisse waren bis zu Beginn des 19. Jahrhunderts in allen Agrargesellschaften Mittel- und Westeuropas üblich (vgl. *Wrigley* 1969, S. 116ff.). Hinzu kam, daß wegen geringer medizinischer Kenntnisse, unzureichender hygienischer Verhältnisse und schlechter Ernährungslage aufgrund niedriger landwirtschaftlicher Produktivität die Sterblichkeit sehr hoch lag und Mißernten, Seuchen und Kriege immer wieder die Bevölkerung dezimierten und ein schnelles Wachstum verhinderten.

Durch die Lockerung bzw. Auflösung ständischer Ordnungen, die sich zuerst in England, dann in den anderen Ländern West- und Mitteleuropas vollzog, erhöhte sich die Heiratsquote bei gleichzeitiger Senkung des durchschnittlichen Heiratsalters. Dadurch erhöhte sich die durchschnittliche Geburtenrate bei gleichbleibender bzw. sinkender Kinderzahl pro Familie. Zugleich kam es in der Landwirtschaft zu einer Produktivitätssteigerung infolge der Einführung des Fruchtwechsels, der Ausweitung der Futterpflanzung und Verbesserung der Düngung und Geräte. Die mit dieser „Agrarrevolution" (*Bairoch* 1976) verbundene Verbilligung der Lebenshaltung führte zusammen mit Verbesserungen auf dem Gebiete der Medizin und der Hygiene zu einer Senkung der Sterblichkeit mit dem Ergebnis, daß die Bevölkerungsschere sich zu öffnen begann und im ländlichen Raum ein Bevölkerungsdruck entstand, der nach Ventilen suchte.

Diese Ventile fand die überschüssige Bevölkerung in der Auswanderung, besonders nach Nordamerika, und vor allem in der Abwanderung zu den Arbeitsplätzen der Industrie, die ihrerseits zur gleichen Zeit eine revolutionäre Entwicklung erfuhr und immer mehr Familien Arbeit und Lebensgrundlage bot. Um die Mitte des 18. Jahrhunderts in Schottland und England beginnend, erfaßte die Industrialisierung um 1800 Oberschlesien, in der ersten Hälfte des 19. Jahrhunderts den belgisch-französischen Grenzraum, das Ruhrgebiet sowie Teile Sachsens und Thüringens, Nordamerika und später auch Rußland und Japan. Dampfmaschinenkapazitäten und die Roheisenproduktion je Einwohner in verschiedenen Ländern können als ein Indikator für den Fortgang und die regionale Ausbreitung der Industrialisierung gelten (Abb. 2.5/2 und Tab. 2.5/2). Die Auswanderung ging Ende des 19. Jahrhunderts rasch zurück, nachdem zwischen 1800 und 1900 über 5 Millionen Menschen Deutschland verlassen hatten (*Köllmann* 1965).

Auf die verschiedenen Bedingungsfaktoren und Folgen des epochalen Industrialisierungsprozesses kann hier nicht weiter eingegangen werden (vgl. dazu *Henning* 1973; *Pfahlmann* 1983). Wichtig für unseren Fragezusammenhang sind die Beziehungen zwischen Bevölkerungsentwicklung, Industrialisierung und Verstädterung, und diese sind sehr vielfältig. So wurde die rasche Entwicklung der Industrie möglich, weil durch das schnelle Bevölkerungswachstum und durch die Erhöhung der Arbeitsproduktivität auf dem Lande ein Überangebot an Arbeitskräften zur Verfügung stand. Umgekehrt konnte die Bevölkerung unter anderem auch deshalb so schnell wachsen, weil aufgrund des

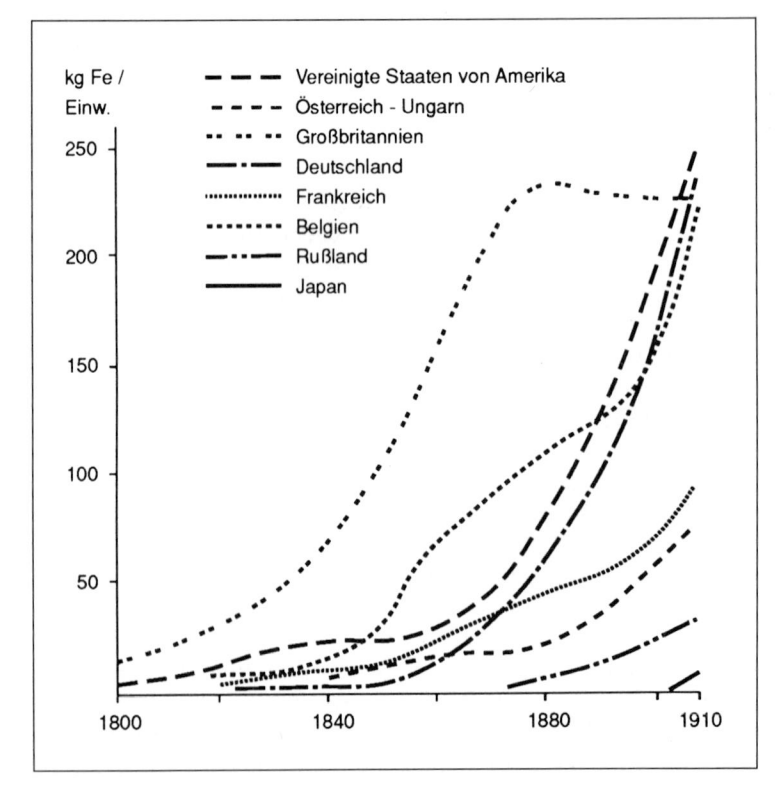

Abb. 2.5/2
Roheisenproduktion
je Einwohner in verschiedenen Ländern
Quelle: *Henning* 1973, S. 153

Tab. 2.5/2: Dampfmaschinenkapazitäten (in 1000 PS)

	1840	1850	1860	1870	1880	1888	1896
Großbritannien	620	1290	2450	4040	7600	9200	13700
Deutschland	40	260	850	2480	5120	6200	8080
Frankreich	90	270	1120	1850	3070	4520	5920
Österreich	20	100	330	800	1560	2150	2520
Belgien	40	70	160	350	610	810	1180
Rußland	20	70	200	920	1740	2240	3100
Italien	10	40	50	330	500	830	1520
Spanien	10	20	100	210	470	740	1180
Schweden	–	–	20	100	220	300	510
Niederlande	–	10	30	130	250	340	600
Europa	860	2240	5540	11570	22000	28630	40300

Quelle: Pfahlmann 1983, S. 103

Strukturwandels in der Landwirtschaft die Ernährungslage verbessert wurde und die Industrie immer mehr Menschen Arbeit und Existenzgrundlage bot.

Daß die vorhandenen und einige wenige neue Städte Standorte der aufkommenden Industrie wurden, hat viele Gründe, die mit der Konzentrationstendenz der Industrie und Agglomerationsvorteilen zusammenhängen. Es können hier nicht die verschiedenen industriewirtschaftlichen Standorttheorien referiert, sondern lediglich ein paar wichtige Aspekte genannt werden, die den industriellen Konzentrations- und Agglomerationsprozeß begünstigten: Kostensenkung durch betriebliche Konzentration, ‚Fühlungsvorteile' durch Nähe zur Konkurrenz, zu den Zulieferern und häufig auch zum Absatzmarkt sowie durch schnellere Information und kurze Wege, Vorleistungen in Form der durch die öffentliche Hand kostenlos vorgehaltenen Ausstattung mit Infrastruktur. Durch ihre großbetriebliche Struktur neigten besonders Bergbau sowie Schwerindustrie und Maschinenbau zur Standortkonzentration. Diese erfolgte in der Regel auf den Rohstoffen, in verkehrsgünstiger Lage in den vorhandenen gewerbereichen Gebieten und in vorhandenen regionalen Zentren. Diesen Leitindustrien folgte bald ein breiter Fächer an verarbeitenden Folgeindustrien, die aus Gründen der Kostenoptimierung die Nähe zur eisenschaffenden Industrie suchten.

Zwar entstanden im Zuge der Industrialisierung auch neue Städte; doch darf die städtebegründende Kraft der Industrie nicht überschätzt werden. Wichtiger war, zumindest in Europa, die „lokal und regional verschiedene Neubewertung des bestehenden Siedlungsgefüges und die unterschiedliche Auslese und Neubelebung im Netz der alten Städte" (*Schöller* 1967, S. 7).

Die Verstädterung vollzog sich in Europa also in einem historisch gewachsenen System von Städten. Dabei wuchsen die großen Städte in der Regel schneller als die kleinen: Die wachsende Bevölkerung bewirkte einen wachsenden Bedarf an Dienstleistungen der verschiedensten Art und schuf damit zusätzliche Erwerbsmöglichkeiten, die ihrerseits wiederum Zuwanderer anlockten. Mit dem Aufbau der Industrie zogen nicht nur gewerblich Tätige in die Städte, sondern auch in der Organisation der Betriebe sowie in Versorgung, Handel, Banken usw. Beschäftigte: Jede neugeschaffene industrielle Stelle brachte eine zweite im Bereich der Versorgung, der Verwaltung und der Dienstleistungen mit sich (*Köllmann* 1974, S. 38, 107). Durch dieses endogene Wirtschaftswachstum kam es zu einer Selbstverstärkung der größeren Städte, d.h. die Städte wuchsen um so stärker, je größer sie ohnehin schon waren. Die Entwicklung im Deutschen Reich zeigt sehr deutlich ein solches Spitzenwachstum. Die Vormachtstellung großer Städte wurde bestätigt bzw. ausgebaut, die großen Zentren erreichten einen noch größeren Vorsprung. Aber auch weltweit wuchsen vor allen Dingen die Großstädte (Tab. 2.5/3).

Große Bedeutung für den Verstädterungsprozeß des 19. Jahrhunderts hatte die Entwicklung leistungsfähiger Massenverkehrsmittel. Eine zentrale Rolle kam dabei der Eisenbahn zu, besonders in

Tab. 2.5/3: Zahlenmäßige Entwicklungen und räumliche Verteilung der Großstädte 1800–1932

	1800	1830	1900	1932
Europa (mit UdSSR)	21	48	147	245
Asien (ohne UdSSR)	40	55	91	172
Afrika	1	2	7	15
Amerika	1	9	50	143
Austr./Ozeanien	–	–	4	12
Erde gesamt	64	114	299	587

Quelle: Zimpel 1980, S. 180

Nordamerika, aber nicht nur dort. Als Abnehmer für Eisen und Stahl war sie ein wichtiger Motor für den raschen Aufbau der Industrie. Sie schuf Arbeitsplätze und vor allen Dingen als Transportmittel für Massengüter und auch Menschen eine der wesentlichen Voraussetzungen für die Versorgung aus größeren Entfernungen mit Gütern und Nahrungsmitteln. Damit ermöglichte sie erst die Konzentration von Betrieben in industriellen Zentren. Darüber hinaus führte die Anlage der Eisenbahn zu einer grundsätzlichen Umlagerung und Neuakzentuierung des Städtesystems. Tiefländer, Buchten, Becken, Täler und vor allem Gebirgsrandwege wurden die bevorzugten Standorte.

Der wichtigste demographische Grund für das schnelle Wachstum der Städte während der Industrialisierung war der Wanderungsgewinn. Überregionale Binnenwanderung und regionale Stadtwanderung orientierten sich zunächst an dem Arbeitsplatzangebot der neuen städtischen Industriestandorte, später kamen außerwirtschaftliche Gründe dazu: das größere Angebot an Unterhaltungs- und Bildungseinrichtungen, bessere Einkaufsmöglichkeiten, kürzere und geregelte Arbeitszeiten und die Hoffnung auf ein ‚freieres', nicht so sehr durch soziale Kontrollen geregeltes Leben. Die Städte profitierten von der Zuwanderung nicht nur direkt, sondern auch indirekt dadurch, daß die Zuwanderer überproportional junge Menschen waren und damit die reproduktionsfähigen Altersklassen relativ stark besetzten. Die Annahme, die Städte könnten nur vom Zustrom vom Lande leben und würden ohne diesen Zustrom abnehmen, trifft für die expandierende Städteentwicklung zur Zeit der Industrialisierung nicht zu und wurde schon von Zeitgenossen als Vorurteil kulturpessimistischer Großstadtkritik der Jahrhundertwende erkannt (*Pfeil* 1972, S. 128). Die zunächst hohe Geburtlichkeit der zugewanderten Landbevölkerung trug dazu bei, daß z. B. das Wachstum der deutschen Großstädte in den letzten Jahrzehnten des 19. Jahrhunderts etwa zur Hälfte aus eigenen Geburtenüberschüssen getragen wurde (*Pfeil* 1972, S. 128). Darüber hinaus ist zu bedenken, daß der immer wieder mit Recht betonten Land-Stadt-Wanderung ein kräftiger Gegenstrom gegenüberstand. So betrug z. B. die gesamte Abwanderung aus den deutschen Groß- und Mittelstädten zwischen 1881–1912 im Durchschnitt 80 % der Zuwanderung. Zwischen 1881–1912 waren schätzungsweise ein Viertel bis ein Drittel der Wohnbevölkerung deutscher Groß- und Mittelstädte jährlich an Wanderungen beteiligt (*Langewiesche* 1977, S. 36), ein eindrucksvoller Beleg für die außerordentliche Mobilität der Bevölkerung zur Zeit der Hochindustrialisierung.

In der natürlichen Bevölkerungsbewegung trat mit zunehmender Verstädterung dadurch ein Wandel ein, daß die Geburtenrate immer mehr zurückging, wie z. B. die Entwicklung in der UdSSR zeigt (Tab. 2.5/4).

Tab. 2.5/4: Verhältnis von Geburtenziffer und Verstädterungsgrad in der UdSSR von 1913–1963

	1913	1937	1949	1955	1960	1963
Verstädterungsgrad (%)	18	28	32	44	49	52
Geburtenziffer (‰)	47,0	38,7	36,5	25,7	24,9	21,3

Quelle: Witthauer 1969, S. 126

Sie paßte sich der sinkenden Sterberate an, und das führte zu einem neuen Gleichgewicht zwischen Geburtlichkeit und Sterblichkeit auf niedrigerem Niveau als vor der Industrialisierung und Urbanisierung. Diese Ablaufphänomene lassen sich weltweit beim Übergang von einer vorindustriell-agrarischen zu einer industriell-städtischen Gesellschaft erkennen und werden häufig als Modell des „demographischen Übergangs" dargestellt.

Die Ursachen für den Rückgang der Sterblichkeit sind leicht zu erkennen, indem man die Faktoren der hohen Sterblichkeit in der vorindustriellen Gesellschaft sozusagen in ihr Gegenteil verkehrt: Fortschritte in Medizin und Hygiene sowie Verbesserung der Ernährungslage durch Erhöhung der landwirtschaftlichen Produktivität, durch verbesserte Transportmöglichkeiten zwischen Überschuß- und Bedarfsgebieten und durch die beginnenden weltwirtschaftlichen Verflechtungen. Die Ursachen für das Abknicken der Geburtenrate sind sehr viel komplexerer Natur, letztlich aber auf den Wandel des Fruchtbarkeitsverhaltens in den städtischen Ehen zurückzuführen (*Kappe* 1968, S. 18 ff.): Erhaltung der Vermögenssubstanz im Besitz- und Bildungsbürgertum, Aufstiegswille der Mittelschicht, Krisenerlebnisse der Arbeiterschaft, Frauenemanzipation, Streben nach höherem Lebensstandard, Wandel der christlichen Sozialethik – dies sind die wichtigsten Stichworte zur Erklärung dieses Wandels. Wichtig ist, daß keine biologischen Faktoren ausschlaggebend waren, nicht „die vermeintlich geschwächte Zeugungs- und Gebärfähigkeit als Folge der Schädigungen durch großstädtische Lebensweise und industrielle Arbeitsbedingungen", sondern „die Rationalisierung menschlichen Verhaltens, auch in der Intimsphäre ... das Moment der individuellen, aber gesellschaftlich geprägten Planung und Entscheidung" (*Kappe* 1968, S. 17, S. 20).

Ein weiterer tiefgreifender demographischer Wandel ergab sich im Verlauf der Verstädterung dadurch, daß sich die Beschäftigtenstruktur grundlegend veränderte: Der Anteil der im primären Sektor Beschäftigten nahm stetig und im gleichen Maße ab wie der Beschäftigtenanteil im sekundären und tertiären Sektor zunahm. Diese Parallele zwischen Städtewachstum und Entwicklung der Beschäftigtenzahlen in den drei Wirtschaftssektoren läßt sich weltweit feststellen und wird als wichtiges Kriterium für Vestädterungsprozesse angesehen. Lange Zeit wurde der Anteil der nicht in der Landwirtschaft Beschäftigten als Unterscheidungskriterium zwischen Stadt- und Landbevölkerung benutzt, ist aber in jüngster Zeit aufgrund der zunehmenden beruflichen Differenzierung durch wesentlich spezifiziertere Einteilungskriterien ersetzt worden (*Lindauer* 1970). Nach *Fourastier* (1969, S. 121) ist die Zeit zwischen 1800 und dem beginnenden 20. Jahrhundert der erste Abschnitt einer epochalen Übergangsperiode zwischen einer primären Agrar-Zivilisation und einer tertiären Dienstleistungs-Zivilisation.

2.5.3 Die weltweite Verstädterung seit 1920

Während die Erdbevölkerung von 1920 bis 1980 um knapp das 2½fache gewachsen ist, hat die Stadtbevölkerung im gleichen Zeitraum um das 5fache zugenommen, also doppelt so stark wie die Gesamtbevölkerung. 1980 lebten 46% der Bevölkerung in Städten mit mehr als 20 000 Einwohnern, im Jahre 2000 werden es 51% sein (s. Tab. 2.5/5 und 2.5/6; vgl. ähnlich auch Tab. 1/1).

Sowohl bezüglich der Entwicklung der Gesamtbevölkerung als auch in bezug auf die Entwicklung der Stadtbevölkerung lassen sich deutliche Unterschiede zwischen den entwickelten und weniger entwickelten Gebieten feststellen (s. Abb. 2.5/3 und Tab. 2.5/5). Zwar ist auch in den entwickelten Gebieten, d.h. in Europa, Nordamerika, UdSSR, Japan, Australien, Neuseeland und im außertropischen Südamerika, die Stadtbevölkerung von 1920 bis 1980 zusammengenommen fast doppelt so schnell gewachsen wie die Gesamtbevölkerung, doch ist dieser Zuwachs wesentlich auf die dynamische Entwicklung in der Sowjetunion zurückzuführen: Hier ist die Stadtbevölkerung in den vergangenen 60 Jahren fast 5mal so schnell gewachsen wie die Gesamtbevölkerung.

Den geringsten prozentualen Zuwachs innerhalb der entwickelten Gebiete hat das altindustrialisierte Europa zu verzeichnen. Auch in Nordamerika ist die Stadtbevölkerung zwar deutlich schneller

Tab. 2.5/5: Weltweite demographische Verstädterung (Verstädterungsquoten in Prozent: Anteile der Bevölkerung in den Städten über 20 000 Einwohner)

Großregionen (Auswahl)	1920	1940	1960	1980	2000 (Schätzungen)
Erde insgesamt	14	19	25	46	51
Stärker entwickelte Gebiete	30	37	46	70	80
Europa	35	40	44	65	71
Nordamerika	41	46	58	81	87
Sowjetunion	10	24	36	68	85
Ozeanien	37	41	53	75	80
Weniger entwickelte Gebiete	7	10	17	32	43
Ostasien	7	12	19	31	40
Südasien	6	8	14	25	35
Lateinamerika	14	20	33	60	80
Afrika	5	7	13	28	39

Quelle: Heineberg 1986; nach Schöller 1983

Tab. 2.5/6: Entwicklung der ländlichen und städtischen Bevölkerung 1800–2000

Jahr	Weltbev. in Mill.	Städt. Bev.		Bev. in Städten ≥ 100 000 Ew.		Bev. in Städten ≥ 1 Mill. Ew.	
		in Mill.	%	in Mill.	%	in Mill.	%
1800	906	29	3,2	16	1,8	–	–
1850	1171	81	6,9	29	2,5	–	–
1900	1608	224	13,9	91	5,7	–	–
1950	2501	724	28,9	408	16,3	186	7,4
1975	3968	1561	39,3	972	24,5	525	13,2
2000	6254	3208	51,3	1902	30,4	1367	21,9

Quelle: Bähr 1983

gewachsen als die Gesamtbevölkerung, doch längst nicht in dem Maße wie in der UdSSR oder in den weniger entwickelten Gebieten. Der Verstädterungsprozeß hat sich in den entwickelten Industriestaaten eindeutig verlangsamt; die größten Wachstumsraten gab es in England schon zwischen 1820 und 1830, in den USA zwischen 1840 und 1850, in Frankreich zwischen 1850 und 1870, im Deutschen Reich zwischen 1871 und 1875 (*Pfeil* 1972, S. 119).

Nicht sichtbar wird in den vorstehenden Tabellen eine Art von Verstädterung, die in den Industriestaaten unabhängig vom Zuwachs an städtischer Bevölkerung verläuft. Durch die Zunahme des Flächenbedarfs pro Kopf der Bevölkerung kam es zu einer starken flächenhaften Ausdehnung der Städte. Diese verstärkte sich in den vergangenen Jahrzehnten dadurch, daß der Flächenbedarf für Siedlungs- und Versorgungsflächen pro Kopf der Bevölkerung immer stärker anstieg, in Deutschland z. B. von 1930 bis 1960 von 80 m^2/E auf 140 m^2/E (*Neuffer* 1973, S. 135; Abb. 2.5/4). In den USA wuchs die Bevölkerung der Urbanized Areas von 1950 bis 1960 um 38%, die Fläche im gleichen Zeitraum aber um 99% (*Hofmeister* 1980, S. 264). Durch die größere Mobilität infolge der technischen Entwicklung der Verkehrsmittel wuchsen die ‚Autostädte' immer mehr in das suburbane Umland. Während sich die Arbeitsplätze des tertiären Sektors und der Industrieverwaltungen in den Städten konzentrierten, wanderten Wohnstandorte und industrielle Arbeitsplätze ins Umland, das dann fortlaufend in die städtischen Gebiete eingemeindet wurde. Auf diese Vorortbildung bzw. Suburbanisierung wird an anderer Stelle dieses Bandes ausführlich eingegangen. (Vergl. auch 4.4.)

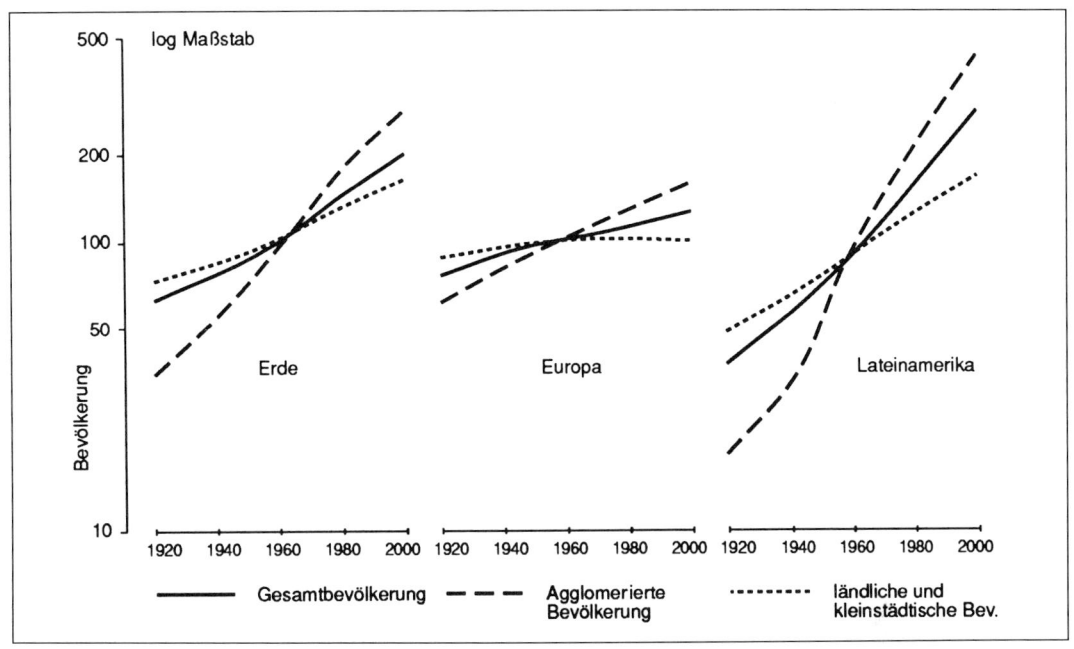

Abb. 2.5/3
Verstädterung in Lateinamerika, Europa und auf der Erde insgesamt von 1920–2000
Quelle: Schwarz 1970

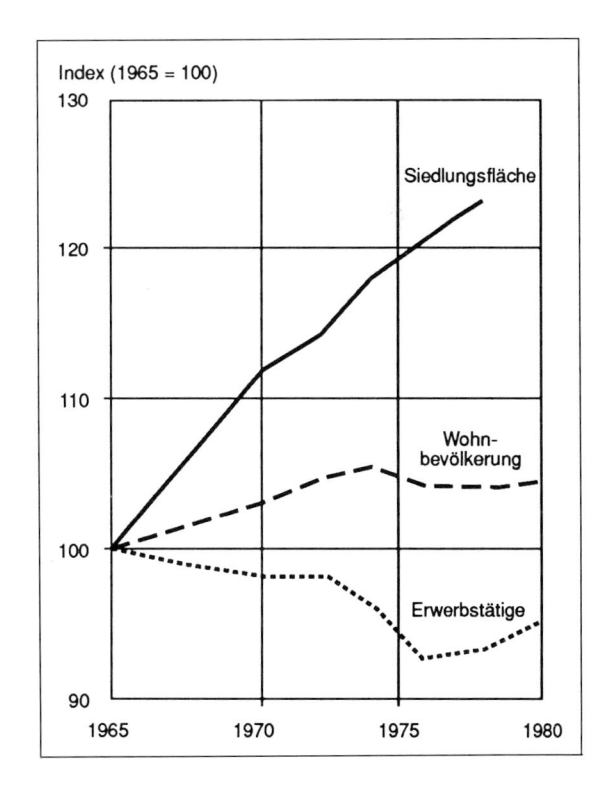

Abb. 2.5/4
Entwicklung der Siedlungsfläche, Wohnbevölkerung und Anzahl der Erwerbstätigen in der Bundesrepublik Deutschland 1965–1980
Quelle: Heineberg 1986, S. 85

Eine weitere wichtige Entwicklung, die nicht aus der tabellarischen Zusammenstellung hervorgeht, vollzog sich in der Beschäftigtenstruktur. Sie ist dadurch gekennzeichnet, daß ab etwa 1920 die Zuwachsrate im sekundären Wirtschaftssektor sinkt bei gleichzeitigem Anstieg der Zuwachsrate im tertiären Sektor. Seit etwa 1945 ist in den meisten Ländern die Wachstumsrate der Dienstleistungsberufe größer als in allen anderen Berufen zusammen, und diese „Dienstleistungsrevolution" (*Hartwell* 1976) vollzieht sich vornehmlich in den Städten. Nach *Mackensen* befinden wir uns zur Zeit in einer Epoche der „tertiären Verstädterung" (*Mackensen* 1970). Sie ist auch dadurch gekennzeichnet, daß das städtische Berufsspektrum immer breiter und differenzierter wird. Anhand des beruflichen Differenzierungsgrades lassen sich sogar Siedlungstypen ausgliedern und abgrenzen und die Grenze zwischen Stadt und Land neu bestimmen (*Lindauer* 1970).

In den weniger entwickelten Gebieten ist die Verstädterung durch eine außerordentliche Dynamik gekennzeichnet. Die schon starke Zunahme der Gesamtbevölkerung von 1920 bis 1980 wird von der Zunahme der Stadtbevölkerung noch um das 3¼fache übertroffen. Wenn der Verstädterungsgrad 1980 mit 32% für die gesamte Gruppe noch relativ niedrig bleibt, dann liegt das daran, daß z. B. Südasien und Afrika erst geringe Werte aufweisen. Auffallend ist die Entwicklung in Lateinamerika, wo trotz relativ hoher Ausgangswerte die Stadtbevölkerung dreimal so schnell gewachsen ist wie die ohnehin schnell wachsende Gesamtbevölkerung. Schon im Jahre 2000 wird Lateinamerika annähernd den gleichen Verstädterungsgrad aufweisen wie Europa. (Vergl. auch 4.5.)

Die Gründe und Folgeprobleme, die hinter dieser dramatischen Entwicklung in den Entwicklungsländern stehen, sind sehr vielfältiger Natur. Demographisch ist die rapide Zunahme der Stadtbevölkerung vor allem auf Wanderungsgewinn zurückzuführen, der durch eine ausgeprägte Land-Stadt-Wanderung zustande kommt. Insofern ist die Situation vergleichbar mit der in Europa zur Zeit der Industrialisierung. Die entscheidenden Unterschiede aber bestehen darin, daß – erstens – der Bevölkerungsdruck aufgrund der höheren Wachstumsraten in den Entwicklungsländern viel stärker ist als in den europäischen Ländern zur Zeit der Industrialisierung und daß – zweitens – die Landflucht in Lateinamerika und anderen weniger entwickelten Regionen nicht einhergeht mit einem Strukturwandel in der Landwirtschaft bei gleichzeitiger Industrialisierung, wie es in Europa im 19. Jahrhundert der Fall war. In den weniger entwickelten Gebieten verläuft die Urbanisierung ab 1930 wesentlich schneller als die Industrialisierung, wie folgende Tabelle zeigt.

Tab. 2.5/7: Verstädterung und Industriebeschäftigung in den weniger entwickelten Gebieten von 1920–1970

	1920	1930	1940	1950	1960	1970
Verstädterungsgrad (%)	6,7	7,8	9,7	12,9	16,7	19,1
Beschäftigte im prod. Großgewerbe (%)	8,5	8,5	8,0	7,5	9,0	10,0

Quelle: Golz 1979, S. 20

Hier ist die Verstädterung also nicht eine Folge der Industrialisierung. Die Städte wachsen schnell, obwohl sie dem Bevölkerungsüberschuß des Landes weder Arbeitsplätze noch Wohnraum anbieten können. Dadurch entstehen am Rande der großen Städte durch illegales Siedeln sog. ‚wilde' bzw. Squatter-Siedlungen, deren Entwicklung kaum kontrollier- und steuerbar ist (vgl. hierzu 2.1.5.3).

Die Ursachen und auslösenden Momente für die rasche Verstädterung in den meisten Entwicklungsländern sind nur schwer faßbar, das Kräfteverhältnis zwischen Push- und Pull-Faktoren ist sehr komplex. Ausschlaggebend ist nach wie vor, daß zwischen Stadt und Land ein großes Entwicklungsgefälle bezüglich der Lebensqualität vorhanden ist oder doch zumindest angenommen wird. Die Erwartungen sind für die Stadtwanderung fast genauso wichtig wie die unmittelbaren ökonomischen Anreize. Solange das Land bestenfalls und mehr schlecht als recht lediglich das Existenzminimum sichert, aber keine Perspektive bietet, bleibt die Stadt die attraktivere Alternative. Und häufig bedeutet ein Leben in den illegalen Siedlungen vor der Stadt tatsächlich einen sozialen und auch wirtschaftlichen Aufstieg gegenüber einem Leben auf dem Lande, das durch geringes Arbeitsplatzangebot, niedriges Realeinkommen, unzureichende Infrastruktur, schlechte medizinisch-hygienische Versorgung und geringe Bildungsangebote gekennzeichnet ist.

Für die Entwicklungsländer trifft in besonderer Weise zu, was wir weltweit als Trend feststellen können: Verstädterung vollzieht sich in erster Linie als Vergroßstädterung. Den größten Zuwachs haben absolut wie anteilmäßig die Städte über 100 000 Einwohner. Besonders sprunghaft ist weltweit die Zahl der Millionenstädte gewachsen. Um die Mitte des vorigen Jahrhunderts gab es erst 4 Millionenstädte, um die Jahrhundertwende 12, 1950 schon 75 und 1978 bereits 178. Für 1985 rechnet die UNO mit 270 Millionenstädten mit über 800 Mill. Menschen, im Jahre 2000 sollen es ca. 400 sein (*Zimpel* 1980, S. 181). Einige werden nach Prognosen der UN eine Größenordnung erreicht haben, die kaum noch überschau- und verwaltbar sein dürfte (s. Tab. 2.5/8; vgl. auch Tab. 2.3/1).

Tab. 2.5/8: Ausgewählte städtische Agglomerationen 1960–2000 (Mill. Einw.)

	1960	1970	1975	2000
Mexiko City	4,9	8,6	10,9	31,6
Kalkutta	5,5	6,9	8,1	19,7
Groß-Bombay	4,1	5,8	7,1	19,1
Seoul	2,4	5,4	7,3	18,7
Djakarta	2,7	4,3	5,6	16,9
Groß-Kairo	3,7	5,7	6,9	16,4
Karatschi	1,8	3,3	4,5	15,9
Teheran	1,9	3,4	4,4	13,8
Delhi	2,3	3,5	4,5	13,2
Manila	2,2	3,5	4,4	12,7
Bogota	1,7	2,6	3,4	9,5
Lagos	0,8	1,4	2,1	9,4

Quelle: Global 2000, S. 520

Alle genannten Städte liegen in Entwicklungsländern. Wenn man sich vorstellt, daß vermutlich mehr als ein Viertel der Bewohner dieser Städte in ‚wilden' Siedlungen leben wird, dann ergibt sich ein fast hoffnungsloses Szenario mit unlösbar erscheinenden Infrastrukturproblemen.

3 Regionalgeographischer Teil

3.1 Raumsystem Stadt (*Lutz Holzner*)

Bevor die innere räumliche Differenzierung der Stadt in ihrer regionalen Ausprägung an ausgewählten Beispielen dargestellt wird, soll zunächst das Konzept erläutert werden, das dieser Darstellung zugrundeliegt; und zwar ist dies das Konzept der ‚Kulturgenetischen Stadttypen' (3.1.0). Diesem Konzept folgend, wird die innere Differenzierung der Stadt dann am Beispiel der US-amerikanischen (3.1.1), der westeuropäischen (3.1.2), der ostmitteleuropäischen sowie sowjetischen (3.1.3), der orientalischen (3.1.4), der südafrikanischen (3.1.5) und der lateinamerikanischen Stadt (3.1.6) dargestellt.

3.1.0 Kulturgenetische Stadttypen als Darstellungskonzept

Städte sind Kulturlandschaft. Wenn der Geograph von Kulturlandschaft spricht, denkt er an die Umformung der ursprünglich von der Natur gegebenen Landschaft durch den Menschen und dessen Tätigkeit.
Die Errichtung von Stacheldrahtzäunen im ‚Wilden Westen' der USA ist ein extremes Beispiel dafür. Systematisch wurden weite Räume von natürlichem Grasland in den Dienst des Menschen genommen und verändert: Die ursprünglichen Wanderwege der ungezähmten Büffelherden wurden unterbrochen, Herden gezähmter Rinder und Pferde an ihrer Stelle kontrolliert eingesetzt. Kulturpflanzen (Weizen, Mais etc.) verdrängten das natürliche Präriegras. Feste menschliche Wohnsitze und Siedlungen wurden errichtet und Eisenbahnen gebaut, um die Siedlungen zu verbinden. Eine junge ländliche Kulturlandschaft war geschaffen worden.
Am extrem anderen Ende dieser Skala steht die Stadt, ohne Übertreibung die weitestgehende Umformung der Naturlandschaft zur Kulturlandschaft. Sie ist das Äußerste, was sich eine Gesellschaft bewußt und unbewußt kulturgeographisch erschaffen kann. Dadurch aber ist die Stadt ein typisches Artefakt und damit ein guter Spiegel eines Volkes, einer Nation, einer Kultur. Zugleich kann man feststellen, daß jede Gesellschaft die Stadt besitzt, die sie verdient: denn sie hat sie sich im großen und ganzen selbst geschaffen. Keine noch so gewaltige Macht kann eine Gesellschaft zwingen, auf die Dauer ihre Städte völlig konträr zu ihren eigenen Vorstellungen zu formen und zu gestalten. Das kann eine Zeitlang unterdrückt werden, etwa in den Städten, die unter fremder Kolonialherrschaft gegründet wurden oder gestanden haben. Wenn die betreffenden Gebiete jedoch einmal unabhängig geworden sind, drängt der eingeborene Geist ihrer eigenen Kultur wieder an die Oberfläche, und die Städte werden ‚afrikanisiert', ‚islamisiert', ‚vietnamisiert' etc.
Die Stadt ist also ein guter Spiegel des Volkes oder der Gesellschaft; denn sie ist das Typischste, was eine Gesellschaft an Kulturlandschaft überhaupt hervorbringen kann. In ihren Städten sehen sich Gesellschaften nicht zuletzt symbolartig repräsentiert und bestätigt. Selbst Regierungen, seien sie noch so autokratisch, können, ja wollen die Stadt kaum wesentlich anders gestalten, als es dem Volk, der Gesellschaft gefällt. Gerade Diktaturen scheinen eher bestrebt, breitenwirksame populäre Thematik in Stadtplanungen auszuführen, wie das etwa in den (nicht ausgeführten) Plänen Hitlers und Speers für Berlin oder in den von der Sowjetregierung für eine idealisierte ‚Zukunftsgesellschaft' gedachten und propagierten Um- und Neugestaltungen der Städte in der Sowjetunion zum Ausdruck kam.
Auch nach dem totalen Zusammenbruch 1945 und der weitgehenden Zerstörung deutscher Städte hat sich das deutsche Volk nicht wesentlich von seinen Vor- und Leitbildern ‚der deutschen Stadt' ablenken lassen. Die deutsche Stadt ist auch heute, nach dem Wiederaufbau, wieder ‚deutsch'. Auch trotz einiger ‚Wolkenkratzer' wird Frankfurt noch lange keine amerikanische Stadt, wenn man es auch im Volksmund manchmal „Mainhattan" nennt. Ein einfaches Bild kann das illustrieren: Man stelle sich vor, daß es möglich wäre, New York nach Hessen zu versetzen mitsamt allen Gebäuden und Straßen, aber auch allen Menschen, die dort wohnen. Frankfurt würde gleichzeitig nach New York

verpflanzt. Es wäre dann zweifellos nicht zu erwarten, daß diese Städte weiter existieren könnten wie bisher. Diese beiden ‚in die Fremde' versetzten Städte müßten sich notgedrungen rasch und gründlich an die jeweilige andere kulturelle Umwelt anpassen, um weiterzuexistieren, wenn das überhaupt in dieser Form möglich wäre. Beide Städte wären entwurzelt und losgelöst in einer fremden Welt, in der sie nur durch tiefgreifende Veränderung ihrer inneren und äußeren Ordnung und Funktionen als lebensfähige Städte weiterbestehen könnten. Und beide sind bekanntlich in kulturell verwandten und technologisch wie auch wirtschaftlich-entwicklungsmäßig sehr ähnlichen Gesellschaften zu Hause. Wieviel mehr gilt dies dann für Städte, die in stark unterschiedlichen Kulturen begründet sind.

Die kulturbedingten oder kultur-genetischen Unterschiede von Städten in der Welt gehen weit über die oberflächlichen ‚exotischen' Sonderheiten von Städten wie etwa architektonischer Stil oder Straßengrundriß hinaus. Es sind durchaus nicht nur die Dome, die Minarette, die Wolkenkratzer oder russische Zwiebeltürme allein, welche die kultur-genetischen Unterschiede von Städten ausmachen. Oft sind solche Elemente nur noch architektonische fossile Überbleibsel vergangener Epochen; man denke nur an den Kreml in Moskau. Auch die andersartigen Stadtgrundrisse allein tun es nicht, wie typisch sie auch sein mögen: etwa das Schachbrettmuster der Straßen in den meisten Städten der USA, dieses spät erschlossenen neueuropäischen Siedlungslandes; oder das irreguläre Gewirr der Straßen mit blind endenden Gassen in islamischen Städten; oder etwa das mit Fahrzeugen verstopfte (oder zu Fußgängerzonen umfunktionierte) mittelalterliche Straßenwirrwarr europäischer Städte mitsamt den meist ähnlich unregelmäßig angelegten Stadtteilen neueren Datums.

Die kultur-genetischen Sonderheiten der Städte der Welt sind viel bedeutungstiefer in der oft sehr verschiedenen Anordnung der Landnutzung, also der inneren Differenzierung der Städte, zu ermessen. Diese ist das Resultat typischer sozialer, wirtschaftlicher und politischer Verhaltensmuster und Wertvorstellungen der jeweiligen Gesellschaft, aus der heraus die Stadt geworden ist und welcher sie dient. Wir können durchaus behaupten, daß die innere Differenzierung von Städten ein wesentlich besserer geographischer Schlüssel für das Verständnis der Besonderheit und Eigenständigkeit einer Kultur und ihrer Städte darstellt als etwa die so oft in Filmen oder Bildern gezeigten äußerlichen architektonischen oder folkloristischen Unterschiede städtischer Kulturlandschaften.

Die kultur-genetischen Sonderheiten der inneren Struktur von Städten, wie sie im folgenden an Hand einiger Regionalbeispiele illustriert werden sollen, stehen jedoch nicht im Widerspruch zu den allgemeinen stadtgeographischen Strukturprinzipien, wie sie im Kapitel 2.1 dargestellt sind. Vielmehr sind die regionalen Sonderheiten der inneren Struktur von Städten als kulturbedingte Modifikationen der universalen stadtgeographischen Strukturprinzipien und Prozesse zu verstehen, welche abstrakt gesehen und im Prinzip überall auf dieser Welt gelten. Gerade von diesem Blickwinkel geben die Modifikationen Einsicht in die kulturgeographischen Besonderheiten der verschiedenen Gesellschaften der Erde, die ja jeweils in mehr oder weniger kollektivem Konsensus auf die universal gültigen Prozesse der Wirtschaft, der Technik, des Handels und Verkehrs sowie der Politik zu einer bestimmten Zeit in ihrer ganz eigenen Weise reagieren. Jede Gesellschaft modifiziert dadurch die regional-geographisch relevanten Ergebnisse dieser universalen Prozesse im räumlichen Nutzungsbereich ihrer eigenen Städte in einer ihr akzeptablen und angemessenen Form. In diesem Sinne gewinnt die anfangs gemachte Bemerkung, daß jede Gesellschaft die Stadt besitzt, die sie verdient, eine fundamental geographisch relevante Bedeutung. Die Frage, ob die Prozesse der Urbanisierung kulturunabhängig, also universal gleichartig sind und somit konvergenzartig zu weltweit gleichartigen Stadtstrukturen führen (Konvergenztheorie), oder ob die Prozesse der Urbanisierung kulturabhängig, d.h. grundsätzlich verschieden sind und nur in den einzelnen Kulturräumen Geltung haben, ist in den letzten 20 Jahren in der stadtgeographischen Literatur mit wachsendem Eifer diskutiert worden. Man kann aber wohl mit Hofmeister die Antwort in der goldenen Mitte suchen und postulieren, daß wir es in der Mehrzahl der Fälle mit global gleichartigen Prozessen zu tun haben, die „bei kulturräumlich unterschiedlichen Gegebenheiten" verschiedene Modifikationen von Stadtstrukturen zur Folge haben (*Hofmeister* 1982, S. 488).

3.1.1 Die US-amerikanische Stadt

3.1.1.1 Das Credo der amerikanischen Stadtgeographie als notwendiger Kontext

Aus dem amerikanischen Bereich stammt zweifellos die größte Zahl stadtgeographischer Arbeiten und Denkanstöße der neuesten Zeit. Unter den führenden amerikanischen Forschern der fünfziger und sechziger Jahre hatte die Überzeugung vorgeherrscht, daß die Stadt in den USA dank der fortgeschrittenen Technik, des allgemeinen Reichtums des Landes und der demokratisch-laissez faire-kapitalistischen Grundordnung die am weitesten entwickelte Stadt auf Erden sei. Es ist in der Euphorie der US-hegemonialen Epoche von Stadtgeographen oft verlautet worden, daß die Städte der Welt, sozusagen am amerikanischen Wesen genesend, früher oder später alle den amerikanischen Städten gleichen würden, wenn auch nicht äußerlich, so doch zumindest ihrer inneren Struktur, Anlage und Ausbreitung nach, sofern die Welt nur genügend Kapital und ‚know-how' durch den nicht aufzuhaltenden ‚spill-over effect' des amerikanischen Wirtschaftsraumes verspüren würde. Diese universale Konvergenzvorstellung spielte in der amerikanischen Stadtgeographie eine sehr große Rolle. Sie wird jedoch heute von ernstzunehmenden amerikanischen Stadtgeographen nur noch selten vertreten. Im nachhinein sollte man sich allerdings daran erinnern, daß von ethnozentrischer Arroganz irregeleitete Wissenschaftsvorstellungen durchaus nicht der amerikanischen Stadtgeographie vorbehalten waren, haben doch Europäer vor dem Zweiten Weltkrieg, und einige gar bis zu dessen Ende, mit noch viel weitgehenderen Vorstellungen auf noch ganz anderen Gebieten Weltentwicklungstendenzen vorhergesagt, ganz zu schweigen von Vorhersagen marxistischer (bzw. sozialistischer) Provenienz.

In den USA kamen zwei wichtige Elemente zusammen, die in der Stadtgeographie den modifizierenden Einfluß von Kulturen auf Städte als unerheblich oder gar irreführend erscheinen ließen. Einmal war dies die Erfahrung, daß Menschen aller Kulturregionen der Welt in den USA zu Amerikanern werden, oder dies zumindest in ihren Kindern immer wieder verwirklicht sehen. Diese Realität und gleichzeitig diese Wunschvorstellung machten es leichter anzunehmen, daß die Kultureinflüsse der jeweiligen Herkunftsregionen in der wissenschaftlichen Stadtgeographie vernachlässigt werden dürften. Zum anderen hat die Stadt in der amerikanischen Erfahrung weder eine besonders wichtige historische noch eine sozial-kulturelle als vielmehr eine vorwiegend ökonomische Rolle gespielt. Die Vorstellung von der Stadt als Wirtschaftsmechanismus machte es Stadtforschern leichter, im Zuge der allgemeinen ‚Vernaturwissenschaftlichung' der 60er Jahre (nach dem Sputnik-Schock) auch der Stadtgeographie den vermeintlichen Mantel der ‚Wissenschaftlichkeit' umzuhängen, indem man meßbare und wiederholbare Daten irgendwelchen ‚weichen' kultur-genetischen Elementen vorzog. Diese neue positivistische Mode war unter Stadtgeographen in den Vereinigten Staaten und später auch in anderen Ländern so beliebt, weil man glaubte, „daß der wissenschaftliche Ansatz und die Methodologie der Naturwissenschaften direkt auf die Stadtgeographie angewendet werden könnten" (*Yeates/ Garner* 1980, S. 5).

Die Suche der positivistischen Stadtgeographen nach universalen Gesetzen, Regeln und Ordnungsprinzipien innerhalb der Struktur räumlicher Erscheinungen wurde zur alles überragenden Aufgabe. Dabei wurden kultur-genetische Variationen als unrelevante ‚Arabesken' abgetan und bewußt vernachlässigt. Die Städte der Welt sind in der positivistischen Vorstellung und in der dabei notwendigen Abstrahierung vor allem anderen wirtschaftsgeographische Mechanismen, die von durch und durch rationalen Bürgern bewohnt werden, welche ihr Leben, ihre Beziehungen zu ihren Mitbürgern, ihre Arbeit, ihr Einkaufs- und Wohnverhalten, ihre Stadtteile (neighborhoods) und ihre täglichen Gänge (daily trips) nach bequemen (nearest neighbor) zentralörtlichen Prinzipien und besonders nach der Profitmaximierung einrichten.

Die wirkliche Stadt ist aber keineswegs so einfach gestaltet. Vor allem kann man auf dieser Basis kaum die wichtigen und interessanten regionalen Unterschiede städtischer Phänomene, die überall auf der Welt existieren, untersuchen oder erklären. Es schien eine Zeitlang aber so einfach und vor allem so verführerisch, angeblich allgemeingültige stadtgeographische Gesetzmäßigkeiten, universale städtische Eigenschaften (properties) und Ordnungsprinzipien – natürlich vorwiegend nach den in den USA konzipierten Stadtmodellen räumlicher Strukturen – überall auf der Welt zu identifizieren und zu verifizieren (*Holzner* 1981, S. 177).

3.1.1.2 Modellvorstellungen zur inneren Struktur der US-amerikanischen Stadt

a) Die ‚klassischen' Stadtmodelle

Vor dem Hintergrund des in 3.1.1.1 entwickelten Kontextes werden im folgenden die auch in der deutschen Literatur bis heute wohlbekannten ‚klassischen' Stadtmodelle von *Ernest Burgess, Homer Hoyt* und *Chauncy Harris/Edward Ullman* betrachtet (Abb. 3.1/1). Vor allem das auf Chicago gegründete Burgess-Modell (*Burgess* 1925) wurde lange Zeit, und wird zum Teil noch heute, als das Strukturmodell der Stadt an sich gewertet und so als für alle Städte der Welt gültig angesehen (a).

Das *Burgess*-Modell besticht durch seine Einfachheit. Die in den zwanziger Jahren so verbreitete Mode, auch human-gesellschaftliche Erscheinungen ökologisch-genetisch zu erklären, brachte den Soziologen der ‚ökologischen' Chicagoer Schule, *Ernest Burgess,* auf die Idee, das Wachstum der Städte mit dem von Bäumen zu vergleichen. So wie diese legten Städte sich fortwährend neue Ringe an, und zwar mit jeweils anderer neuer Landnutzung. Dies sollte allen Städten der Erde mehr oder weniger eigen sein. Abgesehen von der allzu vereinfachenden Darstellungsweise und weiterer konzeptueller Mängel des Modells, müssen wir uns darüber im klaren sein, daß es sich hier um eine wissenschaftlich nicht haltbare Verallgemeinerung handelt. Die Stadt, die *Burgess* als Untersuchungs- und Anschauungsobjekt für sein Modell diente, war das Chicago der zwanziger Jahre. Von dieser

Abb. 3.1/1
Klassische Modelle der US-amerikanischen Stadt
Quelle: Hofmeister [4]1980, S. 54

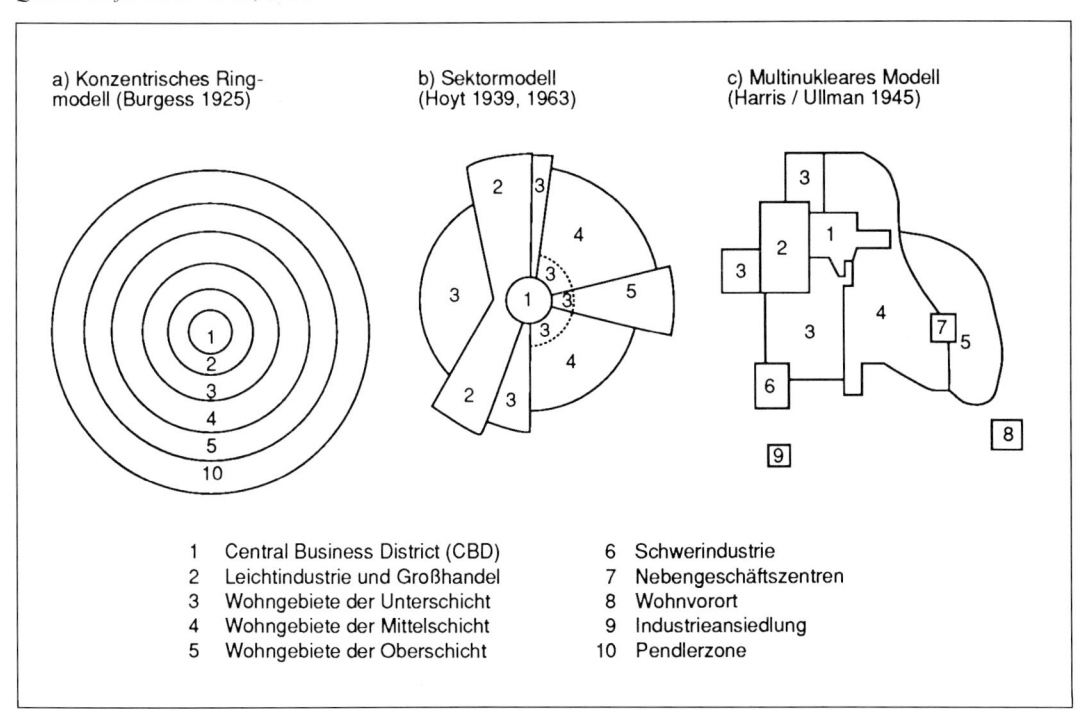

a) Konzentrisches Ringmodell (Burgess 1925)

b) Sektormodell (Hoyt 1939, 1963)

c) Multinukleares Modell (Harris / Ullman 1945)

1 Central Business District (CBD)
2 Leichtindustrie und Großhandel
3 Wohngebiete der Unterschicht
4 Wohngebiete der Mittelschicht
5 Wohngebiete der Oberschicht
6 Schwerindustrie
7 Nebengeschäftszentren
8 Wohnvorort
9 Industrieansiedlung
10 Pendlerzone

stark kultur-genetisch geprägten US-amerikanischen Stadt auf universal gültige Strukturmuster der Stadt schlechthin zu schließen, ist wahrlich unzulässig. So kommt im *Burgess*-Modell z.B. sehr deutlich die Erscheinung der schon damals weit fortgeschrittenen Vervorortung der mittleren und oberen Einkommensschichten der amerikanischen Stadtgesellschaft zum Ausdruck, die selbst heute in den Städten anderer Kulturgebiete nicht in diesem Maße vorkommt. Auch ist es kaum vertretbar, die vor allem amerikanischen Städten eigene ‚zone of transition', also den heruntergekommenen Mischgürtel rings um den Zentralen Geschäftsbezirk (Central Business District oder CBD), als ein überall auf der Welt vorkommendes innerstädtisches Strukturmerkmal zu postulieren.

Das *Burgess*-Modell ist heute in dieser Form nicht einmal mehr der US-amerikanischen Stadt angemessen. Um so weniger eignet es sich, die innere Struktur der Städte in Entwicklungsländern etwa in Lateinamerika, Afrika oder Süd- und Südost-Asien zu illustrieren. Auch die Städte Südafrikas und Australiens, obgleich diese dem ‚amerikanischen' Stadttyp am nächsten kommen, oder gar die Städte der ehemals sozialistischen Länder passen durchaus nicht in das *Burgess*-Schema, ganz zu schweigen von westeuropäischen Städten. Das Modell von *Burgess,* mag es auch immer wieder in der stadtgeographischen Literatur auftauchen, hat keine Allgemeingültigkeit, sondern besitzt nur noch historischen Wert als das erste ‚Partialmodell' der Stadt der US-amerikanischen Industriegesellschaft der zwanziger Jahre dieses Jahrhunderts, und auch das nur bedingt (*Stewig* 1983, S. 235). Das *Burgess*-Modell der konzentrischen Ringe muß man ein für allemal als einen ersten, noch sehr einfachen Schritt zum deskriptiven Schema der inneren Struktur der US-amerikanischen Stadt werten, auch wenn der Autor selbst universale Anwendbarkeit seines Modells postulierte.

Auch die *Burgess* nachfolgenden weiteren Versuche amerikanischer Autoren, die innere Struktur von Städten in programmatischer deskriptiver Modellform darzustellen, waren zunächst als universale Beschreibungs- und Erklärungsmodelle der Stadt an sich verstanden worden. Sie haben jedoch lediglich dem Verständis der inneren Struktur der US-amerikanischen Stadt weitergeholfen, auf deren Grundlage sie ja eigentlich beruhten. *Homer Hoyt* (1939) z.B., ein Schüler von *Burgess,* glaubte nicht an eine einfache ringartige Wachstums- und Nutzungstendenz von Städten. Er postulierte statt dessen, daß auf Grund von unterschiedlichen Preisniveaus auf dem Grundstücksmarkt im Zusammenhang mit Erreichbarkeit und linienhaft-radialen Verkehrsadern entlang von Wachstumsspitzen Zonen ähnlicher Nutzungsart korridor- oder sektorenartig vom Stadtkern in das Umland hinauswachsen.

Hoyt hat für sein Sektormodell, wie vor ihm *Burgess,* immer einen gewissen Generalitätsanspruch geltend gemacht, obwohl er es bescheidener (und wohl berechtigter) unter dem Titel „Die Struktur und das Wachstum von Wohnbezirken in amerikanischen Städten" veröffentlicht hat. *Hoyt*'s Sektormodell beruht ohne Zweifel auf differenzierterer Beobachtung als das *Burgess*-Modell. Es war u.a. auf der vergleichenden Basis zahlreicher amerikanischer Städte entwickelt und getestet worden, beruhte also nicht, wie das *Burgess*-Modell, nur auf einem einzigen Untersuchungsbeispiel. Trotzdem war auch *Hoyt*'s Modell, wie auch dasjenige von *Burgess,* durch und durch kulturspezifisch geprägt und stellte, wenn auch immer noch nicht in gänzlich befriedigender Weise, lediglich die innere Struktur der US-amerikanischen Städte der dreißiger Jahre dar.

Der erste amerikanische Modellversuch zur inneren Struktur von Städten aus geographischer Feder stammt von *Chauncy Harris* und *Edward Ullman* (*Harris* und *Ullman* 1945). Ihr Mehrkern-Modell (multiple nuclei model) beruht auf der grundsätzlich nicht falschen Beobachtung, daß sich innerstädtische Nutzungsarten häufig eher um verschiedene Standorte kernartig konzentrieren, als daß sie sich ringzonal oder sektorenartig anlagern (c). Sie stellten fest, daß gewisse kompatible Nutzungsarten sich anziehen, während andere sich geradezu abstoßen oder meiden, wie z.B. Fabriken und Wohnungen der oberen Einkommensschichten. Das *Harris/Ullman*-Modell war im ganzen gesehen ohne Zweifel sowohl dem *Burgess*- als auch dem *Hoyt*-Modell überlegen, nicht nur, weil „mehr Standorttypen des sekundären und tertiären Sektors berücksichtigt sind als bei den beiden anderen Standortmodellen, sondern auch, weil es Möglichkeiten eröffnet, sich die verschiedenen Kerne ringförmig und/oder sektoral aneinander angelagert vorzustellen" (*Stewig* 1983, S. 237).

Das *Harris/Ullman*-Modell reflektiert vor allem eine weitere Phase der Stadtentwicklung in den Vereinigten Staaten, die sich in den vierziger Jahren abzuzeichnen begann und von *Harris* und *Ullman* geradezu visionär erkannt worden war: Die amerikanische Stadt entwickelte sich nämlich in der Tat immer weiter weg von der relativ kompakten, auf einen zentralen Kern hin orientierten Industriestadt des späten 19. und frühen 20. Jahrhunderts und wurde mehr und mehr zu einer weitgestreuten, diffusen multi-nuklearen Stadtlandschaft. Dieser neue Denkansatz war beim weiteren Studium des sich so rasch und grundlegend ändernden Musters der inneren Struktur amerikanischer Städte sehr wichtig. Er führte zur sogenannten sozial-räumlichen Analyse (social area analysis).

b) Das sozial-räumliche Modell

Zunächst von *Shevky* und *Williams* (1949) als eine Methode vorgeführt, Volkszählungsbezirke (census tracts) räumlich nach sozial-ökonomischen Charakeristiken der Einwohner zu identifizieren, wurde die ‚social area analysis' (sozial-räumliche Analyse) von *Shevky* und *Bell* (1955) als allgemeine Theorie der inneren Struktur von Städten vorgeführt. Diese beruht auf der Beobachtung von drei grundsätzlichen Eigenschaften der modernen amerikanischen Gesellschaft: zum einen der wesentlich erweiterten Reichweite und Intensität sozialer Beziehungen; zum anderen einer immer weiter fortschreitenden Funktionsdifferenzierung (Arbeitsteilung innerhalb der Gesellschaft), und schließlich einer intensiv gesteigerten Komplexität gesellschaftlicher Organisationen. Diese noch anhaltenden Entwicklungen, so argumentierten *Shevky* und *Bell,* rufen grundlegende Veränderungen der wirtschaftlichen und sozialen Beziehungen der Menschen untereinander hervor:

– Auf dem Gebiet der neuen post-industriellen Wirtschaftsordnung mit den veränderten Reichweiten und Intensitäten sozialer Realität wird immer mehr Wert auf den Bildungs- und Ausbildungsstand sowie, damit im engen Zusammenhang, auf den Berufsstand gelegt. Nicht mehr allein, wieviel man verdient oder besitzt, sondern, womit man sein Geld verdient, wird zum ausschlaggebenden Kriterium sozialer Differenzierung.
– Die wachsende Differenzierung der Funktionen der Stadtgesellschaft eröffnet in zunehmendem Maße soziale und wirtschaftliche Entscheidungsmöglichkeiten, die weit über den traditionalen familiengebundenen Lebensrahmen hinausgehen, ja ihn wesentlich sprengen und alternative Formen der Lebens- und Arbeitsgestaltung eröffnen. Ebenso wichtig erschien *Shevky* und *Bell,* daß die ins höchste gesteigerte Mobilität der modernen amerikanischen Gesellschaft ein gesteigertes Aussondern der Menschen nach sozial-ökonomischen, altersmäßigen (demographischen) und ethnisch-rassischen Merkmalen möglich macht.

Darauf aufbauend definierten *Shevky* und *Bell* den innerstädtischen Sozialraum in folgender Weise: „Es leben dort jeweils Personen desselben Lebensstandards, derselben Lebensweise (way of life) und derselben ethnischen oder rassischen Zugehörigkeit. Wir stellen die Hypothese auf, daß Menschen, die in einem bestimmten Sozialraum wohnen, sich hinsichtlich ihrer Wertvorstellungen und ihrer Verhaltensmuster durch und durch von Personen unterscheiden, die innerhalb derselben Stadt in einem anderen Sozialraumtyp ansässig sind" (*Shevky* und *Bell* 1955, S. 20).

In den sechziger und siebziger Jahren haben in den Vereinigten Staaten die alten Kernstädte stark an Bedeutung verloren. Mehr und mehr Menschen, heute fast 60 Prozent aller Amerikaner, leben in den großstädtischen Vororträumen des Landes, wogegen die Einwohner der Kern- oder Zentralstädte selbst nur noch knapp 28 Prozent der Landesbevölkerung ausmachen. In die ‚suburbs' (Vororte) zogen neben den Wohlhabenden (Oberschicht) überwiegend weiße Einwohner der unteren, der mittleren und der oberen Mittelschichten, Leute also, die nicht unbedingt reich sind, jedoch in der Regel einen Beruf ausüben oder Geschäfte betreiben, über ein regelmäßiges Einkommen verfügen, vor allem aber gewisse standesmäßige Wertvorstellungen im Rahmen des ‚American way of life' teilen, allen voran Unabhängigkeit (independence) und Freiheit (freedom). In die freiwerdenden alternden Wohnungen der Kernstädte zogen vorwiegend Angehörige der untersten Einkommensschichten, Menschen mit nimimaler Schulbildung und oft keiner Berufsausbildung, Analphabeten oder solche, die über das Niveau eines Zweitkläßlers nicht hinausgekommen sind (functional illiterates), Wohlfahrtsempfänger und Angehörige von Minderheiten, vor allem Schwarze und in einigen Landesteilen Hispanics (Menschen lateinamerikanischer Abstammung).

Dieser Segregations- oder Aussonderungsprozeß wurde durch ein kontinuierliches Überangebot auf dem in den USA grundsätzlich kapitalistisch freien Wohnungsmarkt beschleunigt. In den Vereinigten Staaten sind etwa 68 Prozent aller nichtlandwirtschaftlichen Wohngebäude Einfamilienhäuser, und weitere 23 Prozent sind Zweifamilienhäuser oder Kondominien (Einfamilienreihenhäuser). Der Wohnungsbauüberschuß lag seit 1945 bis auf die Jahre der Rezession 1979–1981 konstant über der Zahl der jährlich wachsenden Haushalte. Im Zensusjahrzehnt 1970 bis 1980 wurden insgesamt 18 Millionen neue Haushalte gegründet, jedoch fast 25 Millionen neue Wohnungseinheiten fertiggestellt. Es ist klar, daß sich bei einer solchen Marktlage Wohnsegregationen nach Belieben entwickeln können. Das beträchtliche Verkaufs- und Mietangebot von Einfamilienhäusern und Wohnungen in den USA erlaubt eine lebhafte Wohnmobilität praktisch aller Bevölkerungsgruppen.

Dies bringt, allgemein gesehen, eine dreifache Segregationsbewegung oder Wohnviertelsbildung der städtischen Bevölkerung mit sich:

– Es fand nicht nur die angedeutete Flucht der zahlungskräftigeren weißen Familien oder Einzelhaushalte aus den alternden Kern- oder Zentralstädten der Großstadtregionen in die neuen, verwaltungsmäßig selbständigen, daher ‚sicheren' Vororte statt.
– Vielmehr erfolgte auch ganz allgemein eine räumliche Auslese der verschiedenen Berufs- und Einkommensschichten sowohl in den Kernstädten selbst als auch in den Vorortgebieten der Großstadtregionen. Da sich die Zugehörigkeit zu einer bestimmten Berufs- oder Einkommensschicht im Laufe des Lebens ändern kann, also Personen während ihrer Berufskarriere höhere oder niedrige Einkommensniveaus erreichen können (man denke nur an die einst gutverdienenden, nun arbeitslosen Fabrikarbeiter), ist dieser räumliche Wohnsegregationsprozeß ein kontinuierlicher.
– Schließlich ist eine gewisse räumliche Auslese oder Wohnsegregation der Haushalte nach den unterschiedlichen Bedürfnissen des jeweiligen Lebensalters zu beobachten. Auch dieser Vorgang ist naturgemäß ein kontinuierlicher, wobei Haushalte ihr Wohnhaus oder ihre Wohnung und die Wohngegend den sich jeweilig ändernden Lebensansprüchen oder -möglichkeiten anzupassen bemüht sind (*Holzner* 1972).

Diese Segregationsvorgänge haben in den US-amerikanischen Städten ein Mosaik von innerstädtischen Sozialregionen (social areas) geschaffen, das der Theorie von *Shevky* und *Bell* sehr nahe kommt. Mit der Bevölkerungssegregation ging dann noch eine verstärkte Verlagerung von Arbeitsstätten, Dienstleistungseinrichtungen und Einzelhandelsgeschäften vor sich sowie eine weitgehende Neuorientierung der verarbeitenden Industrien und der Lagerhausfunktion, die ebenfalls mehr und mehr in die Vororträume abwanderten.

c) Ein deskriptives Modell

Shevky und *Bell* beanspruchten, wie auch die anderen amerikanischen Autoren von Stadtmodellen vor ihnen, für ihre Hypothese der ‚social areas' weltweite (universale) Gültigkeit. Es ist jedoch einem kritischen Betrachter klar, daß dies ebensowenig vertretbar ist wie für die anderen früheren amerikanischen Modelle der inneren Struktur von Städten. *Holzner* (1972, S. 177) hat daher auf Grund eigener kultur-genetisch inspirierter Untersuchungen das *Shevky* und *Bell*-Prinzip auf die US-amerikanische Stadt hin kulturspezifisch ausgewertet und in einem deskriptiven Modell der inneren Struktur der US-amerikanischen Stadt vorgestellt (Abb. 3.1/2). Dieses Modell ist generell ausschließlich auf die US-amerikanische Stadt anzuwenden. Als Grundlage dient ein Schema der Verwaltungsgrenzen der Metropolitan Areas, wobei die Zentralstadt mit dem alten, früher einmal dominierenden Ge-

Abb. 3.1/2
Viertelsbildung amerikanischer Städte
Quelle: Holzner 1972, S. 177

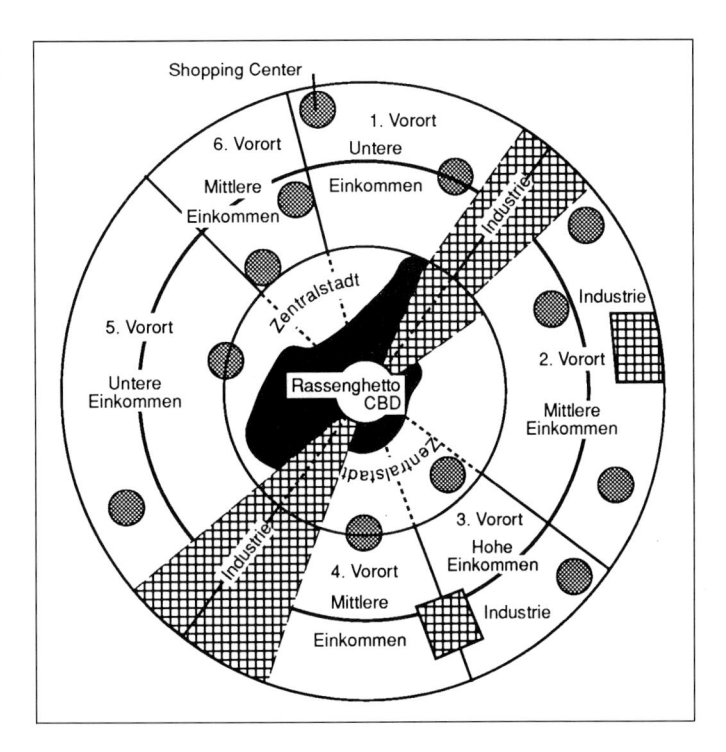

schäftsdistrikt (Central Business District oder CBD) von einem geschlossenen Ring verwaltungsmäßig selbständiger Vororte umgeben ist (Städte und Dörfer, die in der Regel nicht eingemeindet und durchaus nicht nur reine Wohnvororte sind). Typischerweise ziehen sich alte, allmählich sich auflösende Industriesektoren entlang von linearen Verkehrsanlagen (Eisenbahn, Kanal usw.) vom Zentrum der Stadt bis in die äußeren Stadtrandgebiete hin. Die Wohnbevölkerung siedelt nach Sozialgruppen getrennt. Die städtische Unterschicht, in vielen Fällen überdurchschnittlich durch Personen und Haushalte rassischer oder enthnischer Minderheiten repräsentiert, ist, unterstützt durch die räumlichen Auslese- oder Segregationswanderungen vor allem der Mittelschichten in die Randgebiete der Stadt und darüber hinaus in die Vorortgemeinden, in einem mehr oder weniger geschlossenen Ring unmittelbar rings um die alten zentralen Geschäftsdistrikte der Kernstädte konzentriert. Die übrigen Sozialgruppen einschließlich weißer Angehöriger der Unterschichten haben sich in den äußeren Wohnvierteln der Zentralstädte und vor allem in den Vororten ebenfalls in mehr oder weniger sozial homogenen ‚Wohnghettos' voneinander abgesondert. Auf der Grundlage der folgenden vier Kriterien sozialer Unterschiede der verschiedenen Sozialgruppen oder -klassen, nämlich Wohnniveau, Bildung und Ausbildung, Berufsstand und Einkommensniveau, lassen sich in amerikanischen Großstadtregionen Wohnviertel ausgliedern, deren Bevölkerung in der Mehrzahl einer bestimmten Sozialgruppe angehört.

Zahlreiche Untersuchungen haben immer wieder mehr oder weniger übereinstimmend ergeben, daß bis vor kurzem wenigstens, grob gesehen, eine sektorartige Wohnviertelsbildung auf Grund der sozio-ökonomischen Eigenschaften der Bevölkerung vorherrschend war (Schulbildung und Ausbildung, Berufsstand, Einkommen). Dieses Schema entspricht in etwa *Hoyt*'s Sektormodell. Über diesem Sektorschema jedoch liegt eine ringzonale Landnutzung, die von gewissen demographischen Unterschieden der Bevölkerung herrührt, also der bereits erwähnten räumlichen Auslese oder Wohnsegregation der Bevölkerung nach ihren unterschiedlichen Bedürfnissen des jeweiligen Lebensalters (und des Familienstandes). In den Außenbezirken aller Wohnsektoren (untere, mittlere und obere Sozialschichten) leben vorwiegend jüngere Familien mit Kindern. Die Bevölkerungsdichte ist gering, da die einzelnen Grundstücke in der Regel größer sind als näher zum alten Stadtkern hin. Ein beträchtlicher Prozentanteil der erwachsenen Frauen ist nicht berufstätig. In dem zweiten, dem Stadtkern näheren Ring nimmt der relative Wert der Grundstücke gemeinhin zu; daher sind hier die Grundstücke kleiner, oder Zweifamilienhäuser und hin und wieder Mehrfamilienhäuser beginnen, die Vorherrschaft des Einfamilienhauses zu brechen. Die Bevölkerungsdichte ist dementsprechend höher. Das Durchschnittsalter der Bevölkerung ist ebenfalls höher, die Zahl minderjähriger Kinder geringer, und ein größerer Prozentsatz der Frauen ist berufstätig. Schließlich ist in der innersten Zone bis auf den CBD und die großenteils aufgelassene ‚Übergangszone' (zone of transition) die Bevölkerungsdichte am höchsten; Mietwohnweise ist stark verbreitet. Das Durchschnittsalter der Bevölkerung ist in allen Einkommenssektoren hier am höchsten, obwohl in einigen Stadtblocks hier und da junge, meist unverheiratete Städter (Yuppies: Young Urban Professionals) in neuerrichteten Luxuswohnhochhäusern sowie die kinderreichen Familien der rassischen und ethnischen Minderheiten in den inneren Wohngettos dieser Stadtzone das allgemeine Altersbild unterbrechen. Das ringzonale Schema demographischer Unterschiede, das dem sozio-ökonomischen Sektorschema aufgesetzt erscheint, entspricht dem alten konzentrischen Ringmodell von *Burgess* am ehesten.

Letztlich ist dieses zweifache System (Sektorschema und konzentrisch-ringzonales Schema) durchbrochen oder gleichsam überlagert von einem dritten, das man am ehesten mit der ‚mehrfachen Kernstruktur' (multiple nuclei pattern) von *Harris* und *Ullman* vergleichen kann. Dies ist besonders in den späten siebziger und in den achtziger Jahren zum alles überragenden Phänomen in der US-amerikanischen Stadt geworden. Nicht nur werden nahe dem alten Stadtkern (CBD) die Wohnsektoren von der inselartigen Zone der Slums und der Gettos der untersten Schichten mit dem typischen hohen Anteil an Farbigen und Einwanderern unterbrochen, wie oben bereits angedeutet. Vielmehr hat sich in der Stadtlandschaft ganz allgemein, auch in den äußeren Bereichen der Zentralstadt sowie ganz besonders in den Vorortbereichen, eine schon fast unübersehbar gewordene Vielfalt an größeren und kleineren Konzentrationskernen von Einzelhandelsunternehmen (shopping centers), Großhandels- und Lagerhausbetrieben, Dienstleistungseinrichtungen (z. B. privatärztliche Poliklinikkomplexe, Campi der Stadtuniversitäten, Forschungskomplexe) und Industrieparks entwickelt, so daß eine mehrfache Kernstruktur in der amerikanischen Stadt z.Z. zum alles überragenden Merkmal geworden ist. Diese weitgehende Dezentralisierung und Auflösung der alten Ordnung auch auf dem Gebiet der Wohnverteilung der Bevölkerung, vor allem aber im Einzelhandel, Großhandel, der verarbeitenden Industrie, sowie nunmehr äußerst verstärkt auch auf dem Tertiärsektor, läßt es immer weniger opportun erscheinen, das eben beschriebene Modell US-amerikanischer Städte weiterhin unverändert oder zumindest kommentarlos zu propagieren. Eine Neuinterpretation ist für die stets im Fluß befindliche amerikanische Stadt bereits wieder nötig.

3.1.1.3 ‚Stadtland' USA

Die Auflösung der industriellen Stadt in den Vereinigten Staaten begann sich schon vor mehr als 25 Jahren abzuzeichnen. Mehr und mehr Menschen siedelten sich in den Vororten oder suburbs an. Als Folge davon verloren die Stadtkerne oder downtowns ihre Vorrangstellung als Einkaufs- und Arbeitsplatzzentren im großstädtischen Gefüge. Die suburbs zogen gleichzeitig immer zahlreichere Funktionen an sich und wurden zur ‚outer city', zur äußeren Stadt. Dann waren die kleinen Landgemeinden und -städtchen und weite Teile des platten Landes selbst an der Reihe, in überaus lockerer, weitgestreuter Siedlungsweise urbanisiert zu werden (Exurbia). Heute ist die Struktur der Großstädte und der dazwischenliegenden amorph-urbanen polinuklearen Landschaftsgürtel derartig aufgelöst, daß der Geograph *Lewis* dieses Neue mit dem Wort „Galactic Metropolis" benannt hat (1983).

Die Stadtkerne (CBD oder downtown) haben schon seit längerem ihre ehemalig dominante Rolle als Haupteinkaufszentren der Metropolen zugunsten der ca. 18 000 ‚regional shopping centers' in den Außenstädten eingebüßt. Nur noch durchschnittlich 5–7% des Gesamteinzelhandelsumsatzes der

Metropolitan Areas werden in den downtowns getätigt. Die Stadtkerne haben auch schon seit langem ihre führende Stellung als Arbeitsplatz für Pendler verloren. Im Durchschnitt gehen nur noch etwa 12–14% aller Beschäftigten der Metropolitan Areas in den jeweiligen downtowns zur Arbeit. Selbst die Zentralstädte als Ganzes haben durch die Dezentralisierung ihre Vorrangstellung gegenüber den Außenstädten eingebüßt. Schon seit 1973 sind landesweit über die Hälfte aller Arbeitsplätze der Metropolitan Areas außerhalb der Stadtgrenzen in den Außenstadtgemeinden gelegen. Heute arbeiten 72% aller Vorortbewohner, die berufstätig sind, auch in den Vororten.

Das nicht mehr vorwiegend radial auf einen Kern hin ausgerichtete, sondern netzartig ausgelegte Stadtautobahn- und Schnellstraßensystem in den weiten, diffus urbanisierten Zonen des Landes hat den Lokationsvorteil der alten downtowns so gut wie hinfällig gemacht. Jeder beliebige Punkt in diesem neuen ‚Stadtland' ist jetzt genauso erreichbar wie es vor 1960 nur die downtowns waren. Die funktionale und wirtschaftliche Autarkie der Außenstadt von der Zentralstadt liegt vor allem auf der diffusen Verteilung der jeweiligen ‚regionalen' Wachstums- und Konzentrationskerne begründet. Diese darf man durchaus nicht als ‚Subzentren' bezeichnen, da sie keinem anderen Kern untergeordnet sind. Das Auge oder Herz dieser neuen Verdichtungskerne sind in der Regel die ‚regional shopping centers' oder malls (Abb. 3.1/3).

Abb. 3.1/3
Beispiel eines Shopping Centers mit Sekundärfunktionen (Northridge-Milwaukee)
Quelle: Holzner 1985, S. 195

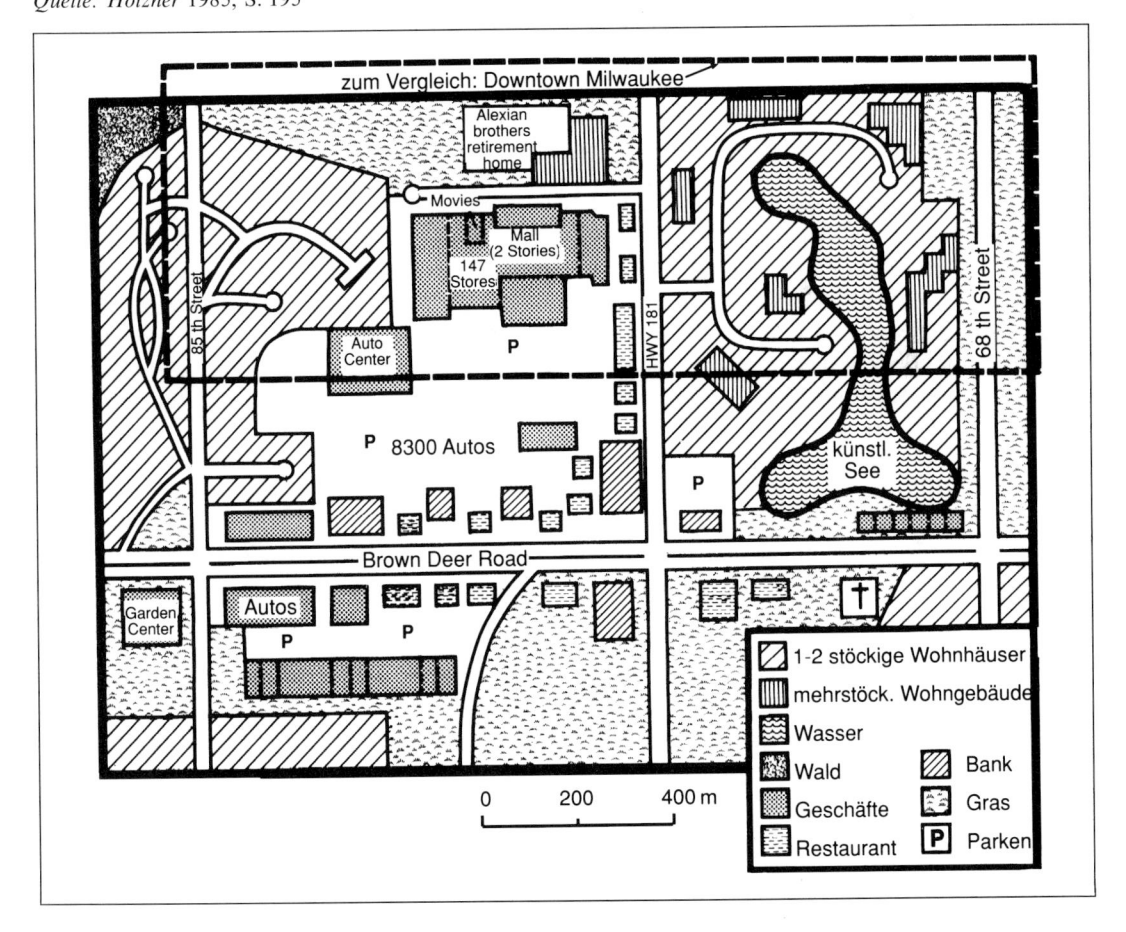

Die malls (überdachte Fußgängerzonen) der ‚regional shopping centers' sind in der Regel durch private Initiative und Kapital erbaut und bestehen aus meist zwei Geschossen. Sie werden jeweils von zwei bis vier Kaufhäusern (department stores) flankiert, durch welche der Käufer in das Innere der vollständig überdachten und klimatisierten Doppelgalerie der Fußgängerzone (mall) selbst gelangt, in welcher gartengestaltende Baum- und Blumenanlagen mit Wasserläufen und Springbrunnen zum Bummeln, Sitzen und Verweilen einladen. Die Zahl der kleineren und größeren individuellen Läden aller Art in diesen malls beträgt zwischen 100 und 250 (Shopping Center Directory 1985). Rings um diesen Komplex dehnt sich die oft riesige Fläche der Parkplätze (parking areas). Mall und Parkfläche der neuen Verdichtungskerne sind jeweils 3- bis 4mal so groß wie die Gesamtfläche von downtown in der jeweiligen Zentralstadt (die gestrichelte Linie in Abb. 3.1/3 z. B. zeigt im gleichen Maßstab die Ausdehnung des inneren Geschäftsbezirks (downtown) von Milwaukee, der Zentralstadt) (siehe auch Karte 3 „Gebäudehöhe und Nutzung in der Innenstadt von Milwaukee" in Seydlitz Weltatlas, 1984, S. 153). Um diesen Kern der mall nun gliedern sich in der Regel sehr rasch zahlreiche andere Funktionen an, wie z.B. Industrieparks, Bürokomplexe, Lagerhallen, Verbrauchermärkte, Hotels und Motels, Kondominium-Reihenwohnsiedlungen gehobener Ansprüche, Mietwohnhochhäuser, Altersheime, Restaurants, Bankfilialen in großer Zahl, Sportanlagen verschiedener Art, Fitneß-Centers, Discotheken, Kinos, Autowerkstätten und Tankstellen, Neu- und Gebrauchtwagenhandlungen, Baumärkte, Gartencenters und vieles mehr. Diese multifunktionalen urbanen Zentren sind also richtige neue Ministädte, von denen viele, jede für sich, downtown in Wirtschaftspotential, Anziehungskraft, Umsatz, Menschenansammlungen sowie Wohnbevölkerung überflügeln.

Das polinukleare neue amerikanische Stadtland ist durch die oben besprochenen Stadtmodellvorstellungen nicht mehr hinreichend illustriert, da sich auch die sozial-ökonomischen und demographischen Verteilungsmuster der Wohnbevölkerung derzeit viel kleingeklammerter oder, besser gesagt, zellenartiger anzuordnen scheinen, als dies in den bisher beschriebenen Modellen dargestellt ist. Lediglich die gettoartigen Konzentrationen der Schwarzen und anderer Minoritäten in den alten Zentralstädten scheinen von Dauer zu sein. Ein neues deskriptives Modell des Stadtlandes USA ist daher angebracht (Abb. 3.1/4). Die amerikanische Ablegerstadt Europas, wie sie zu Anfang nach Amerika verpflanzt wurde, ja selbst die industrielle amerikanische Stadt des 19. und 20. Jahrhunderts ist nicht mehr. An ihre Stelle ist eine Kulturlandschaft getreten, die zwar von urbanen Siedlungselementen und urbanen Funktionen durch und durch erfüllt ist, jedoch nur noch ganz oberflächlich und dann zumeist in der fossilen Bausubstanz an vorhergehende Stadtformen und -funktionen erinnert. Man spricht daher heute in den USA nicht mehr von city, sondern von ‚urban areas' oder sogar ‚urban regions', ja von ‚cityfied scene' oder von urbanen Milchstraßen oder Galaxien. Am treffendsten scheint jedoch im Grunde der Ausdruck vom neuen amerikanischen ‚Stadtland' (urban land USA) zu sein, in dem der Gegensatz von ‚urban' und ‚ländlich' aufgehoben worden ist durch die funktionale und räumlich-geographische Auflösung und Neuordnung der traditionellen kompakten Stadt des amerikanischen Industriezeitalters (*Holzner* 1985).

Das amerikanische Stadtland ist in seiner Ausdehnung gewaltig. Im maßstäblichen Vergleich mit der alten Bundesrepublik Deutschland z.B. wird dies deutlich (Abb. 3.1/5). Eines der größten Areale des Stadtlandes findet sich entlang der nordöstlichen Küste und erstreckt sich von Boston im Norden bis Washington D.C. im Süden, etwa 600 Meilen oder 1000 km lang und bis zu 150 km ins Landesinnere sich ausdehnend. Dieser vom Geographen *Jean Gottmann* schon 1961 „Megalopolis" genannte Teil des Stadtlandes USA wird von einem inzwischen noch größeren megalopolitanen Korridor über 1800 km (1100 Meilen) lang mit den Großen Seen verbunden, der sog. ‚Great Lakes Megalopolis'. Weitere große Stadtland-Areale finden sich entlang der Ostküste Floridas von Jacksonville über Orlando bis Miami, in Teilen von Texas und in Kalifornien. Überfliegt man nachts in großer Höhe das Stadtland USA, so dehnt sich in der Tiefe ein wahrlich galaktisches Lichterfirmament. Der Jetflug von New York nach Chicago z.B. dauert etwa 2½ Stunden bei 500 Meilen Stundengeschwindigkeit. Während der ganzen Zeit, falls der Flug in einer ‚sternklaren' Nacht stattfindet, sieht man über sich

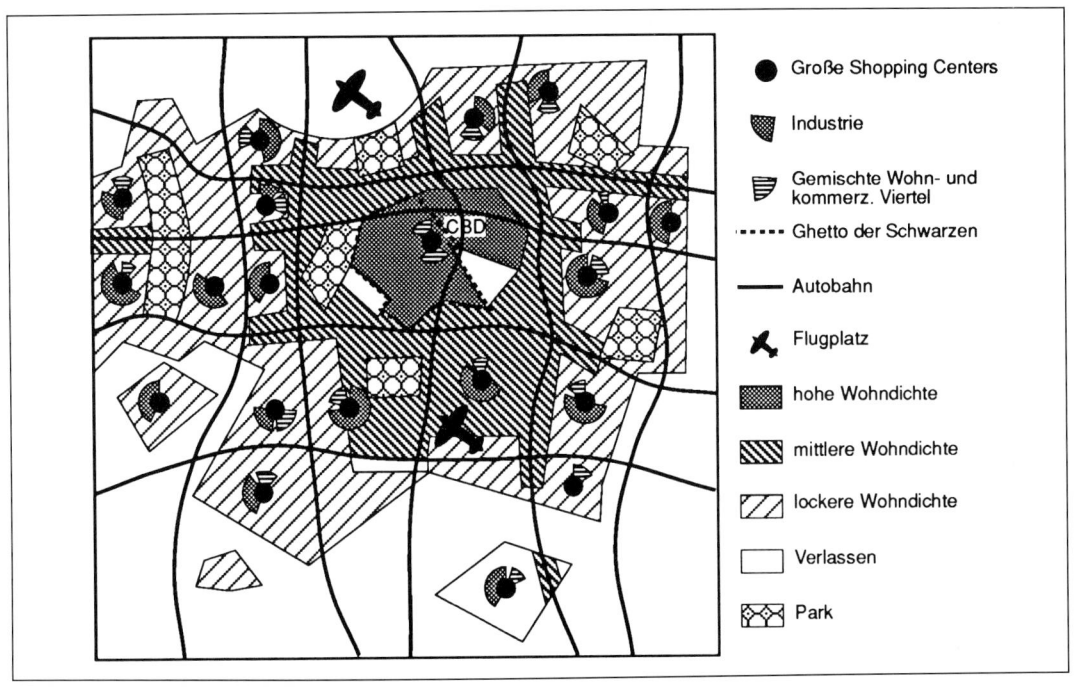

Abb. 3.1/4
Stadtland USA – ein deskriptives Modell
Quelle: Holzner 1985, S. 194

Abb. 3.1/5
Stadtland USA: Ausdehnung im Vergleich mit der alten Bundesrepublik Deutschland
Quelle: Holzner 1985, S. 196

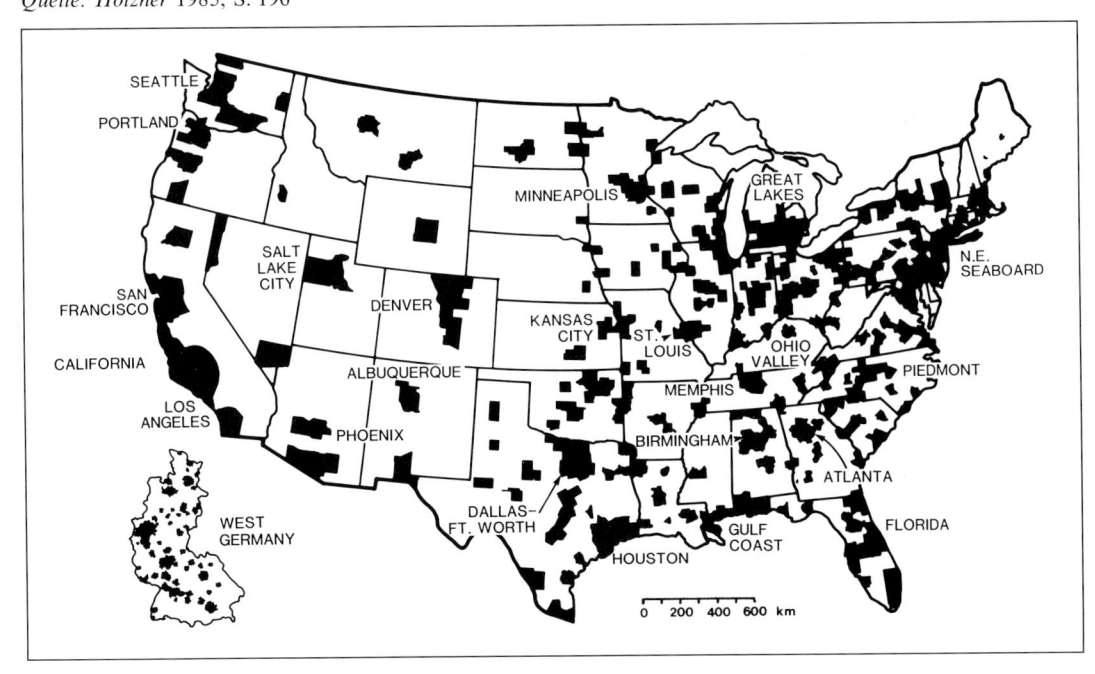

die himmlische und unter sich die amerikanische Galaxie. Am Tage jedoch sieht man viele offene Flächen, Grün- und Ackerland und Wälder. So weitgestreut und aufgelöst ist das Stadtland USA, daß man aus großer Höhe am Tage ohne Lichter nicht mehr erkennen kann, wie durchgreifend urbanisiert das Land tatsächlich ist. Auch von der Erdoberfläche selbst, wenn man etwa auf einer der Interstate Superhighways (US Autobahnen) reist, sieht man quasi vor ‚lauter Bäumen' und Farmland das Stadtland nicht, durch das man sich bewegt. Die rechte Perspektive ist in geringer Höhe vom Flugzeug aus.

Der Kompromiß der amerikanischen Gesellschaft zwischen der bevorzugten ländlichen Wohn- und Lebensweise und der von ihr in dieser nach-industriellen Zeit als notwendiges Übel akzeptierten städtisch-tertiär orientierten und bestimmten Wirtschaftsform hat zu der aufgelösten weitgestreuten multi-nuklearen Kulturlandschaft des Stadtlandes USA geführt. Verdichtete Wohnsiedlungsnester (developments) wechseln mit Industrieparks, offenem Farmland, Ödflächen, Golfplätzen und ‚Countryclubs', Shopping Centers, und ab und zu mit älteren Städten ab, die mit ihren architektonisch überhöhten Stadtkernen noch stark herausragen (burgartige Hochhäuserkomplexe der CBD). Die Ähnlichkeit (Monotonie) von Stadtland USA ist im ganzen Lande außerordentlich. Dieselben Kettenrestaurants, dieselben Shopping Center-Architekturen, dieselben Einzelhäusertypen überall. Wüchsen in Miami nicht Palmen, könnte man dort nicht auf Anhieb sagen, ob man sich nicht bei Milwaukee oder in der Nähe von Baltimore oder Cincinatti befindet.

Die extrem ausgedehnte und aufgelöste amerikanische Stadtlandschaft, die allein in ihren vom Bureau of Census (Volkszählungsamt der US-Regierung) als „dicht urbanisiert" (densely urbanized) definierten Teilen eine Fläche einnimmt, die fast der Gesamtfläche der alten Bundesrepublik Deutschland entspricht, ist aber auch extravagant verschwenderisch und kostenextensiv wie wohl keine andere ‚Stadt' in der Welt. Öffentliche Massenverkehrsmittel lassen sich nur noch in den dichteren Kernen der alten östlichen Städte wie etwa New York, Boston, Philadelphia usw. aufrechterhalten. Im weitgedehnten dünnbesiedelten Stadtland ist das Auto das einzig mögliche Beförderungsmittel. Es gibt heute in den USA bei einer Gesamtbevölkerung von etwa 249 Millionen etwa 180 Millionen Kraftfahrzeuge einschließlich Lkw und Busse. Auch der ‚Ölschock' von 1973/74 hat der Ausdehnung des Stadtlandes keinen Einhalt geboten, keine ‚Zurück in die Stadt'-Bewegung ausgelöst. Trotz der höheren Ölpreise ist das Stadtland USA zwischen 1973 und 1990 ausdehnungsmäßig zweimal so rasch gewachsen wie in den 15 Jahren davor.

Das Heizen und Kühlen all der zahllosen kleinen und größeren freistehenden Wohnhäuser, der flachen ausgedehnten einstöckigen Fabrikanlagen, Lagerhallen und Schulen, der ausgedehnten Shopping Centers und all der anderen in die Landschaft gestreuten Gebäude, Häuser und Buden aller Art, mit denen das amerikanische Stadtland so weitläufig und so unregelmäßig, da weitgehend ungeplant amorph, bestückt ist, verstärkt noch die verschwenderische Lebensweise der städtischen Gesellschaft Amerikas. Dazu gehört auch noch das bedenkenlose Auflassen und Verlassen alter, verwohnter, heruntergekommener Teile der alten Städte. Hier gibt es Distrikte, wie z. B. in der Bronx in New York oder ältere innere Stadtteile von Detroit, die aussehen, als seien sie einem Bürgerkrieg zum Opfer gefallen: menschenleer, glaslose Fensterhöhlen, oft ausgebrannt, verlassen. Ähnlich sieht es in so manchen alten ehemaligen Industriebezirken aus.

In dieser maßlosen Form der Auflösung und Ausdehnung der Stadt, in der dem einzelnen das denkbar höchste Maß an Unabhängigkeit, Selbstverantwortlichkeit und Selbstentfaltung und die Chance des Aufstiegs, aber auch des Mißerfolgs offenstehen, in der der einzelne auf sich gestellt, dem amerikanischen Ideal der demokratischen Gemeinde-Selbstverwaltung und der individuellen Selbständigkeit (independence) nachlebt, ist das Stadtland USA die sichtbare, die geographische Manifestation des ‚American way of life'. Man mag es gutheißen oder ablehnen, gewaltig und eindrucksvoll ist es doch und einmalig amerikanisch, eine urbanländliche Kulturlandschaft ganz eigener Art.

Die beschriebene Auflösung der amerikanischen Stadt ist ein auf z. B. europäischen Verhältnisse gar nicht übertragbares, ausgedehntes, in seiner inneren Struktur scheinbar chaotisches, in Wahrheit jedoch durch die inhärente Logik des amerikanischen Profitgeistes, der technischen Effizienz und des typisch amerikanischen persönlichen Freiheits-, Glücks- und Demokratie-Ideals bestimmtes äußerst wohlorganisiertes Siedlungsgefüge. Das Stadtland USA ist die zweite, endgültige Landnahme Amerikas. Die erste Landnahme hatte eine ländliche Farm- und Weidelandschaft geschaffen, durchsetzt von rasch zusammengezimmerten kompakten städtisch-industriellen Wirtschaftsmaschinen. Die heutige Landnahme hat etwas ganz Neues geschaffen, die großzügige, ja verschwenderisch angelegte Kulturlandschaft der total mobilen, nach-industriellen amerikanischen Gesellschaft, in welcher Lebensqualität (quality of life), Bequemlichkeit (comfort), Chancengleichheit (equal opportunity), aber nicht Gleichmacherei, und das kapitalistische Profitprinzip eine optimale Symbiose eingegangen sind. Das amerikanische Stadtland ist ein ‚way of life‘, also eine Lebensform nach amerikanischer Vorstellung, der einer möglichst großen Anzahl von Bürgern (und Neueinwanderern) das angenehmste, bequemste, freieste und erfolgverheißendste Dasein erlaubt, das man sich anderswo im allgemeinen nur erträumen kann. Es zu kritisieren, weil man es nicht versteht oder weil es etwa nicht in die eigene Weltanschauung paßt, führt zu nichts. Man sollte es dann eben zu Hause auch nicht nachäffen (*Holzner* 1985, S. 204).

3.1.2 Die westeuropäische Stadt

3.1.2.1 Kulturgenetische Eigenständigkeit und räumliche Abgrenzung

Das, was man gemeinhin unter europäischer Kultur versteht, ist am eindrucksvollsten und verdichtetsten in der europäischen Stadt mit den damit verbundenen bürgerlichen, religiös-kirchlichen, aristokratisch-feudalen und proletarisch-sozialistischen urbanen Traditionen verkörpert. Wo und zu welcher Zeit auch immer Europäer in der Welt siedelten, haben sie Städte gegründet, jeweils im Bilde und in der Vorstellung der Stadtwelt, aus der sie kamen. Trotzdem ist nirgendwo anders auf der Welt ein getreues Ebenbild der europäischen Stadt entstanden. Neugründungen in Südamerika, Nordamerika, Afrika oder Australien machten es nötig, sich anderen geographischen, wirtschaftlichen oder politischen Gegebenheiten anzupassen. Oft wurden gewisse Traditionen außerhalb Europas in den neuen europäischen Siedlungsräumen geradezu als Ballast oder Restriktion empfunden und bewußt abgestreift, wie z. B. in den Vereinigten Staaten (vgl. 3.1.1), wo der Anti-Urbanismus eine bewußte Abkehr von der europäischen Stadt- und Gesellschaftsordnung darstellte, eine Voraussetzung für die ganz klar gewollte Betonung des staatsbürgerlichen Individualismus, der staatlichen Dezentralisierung und des liberalen Demokratie-Ideals. In anderen kolonialen Siedlungsländern, wie z. B. in Südafrika (vgl. 3.1.5), sahen sich die Europäer bei der Entwicklung ihrer Städte mehr und mehr als bedrohte Minderheit gegenüber der überwältigenden Zahl der nichteuropäischen Einwohner und kreierten eine weitere Variante der kolonial-europäischen Stadt, die ‚Apartheidsstadt‘ der streng segregierten Rassengettos. Auch in Lateinamerika (vgl. 3.1.6), wo Europäer (vor allem Spanier und Portugiesen) Städte gründeten, wurden direkte und indirekte Vorbilder der west- und südeuropäischen Stadt importiert, jedoch wiederum den unterschiedlichen Gegebenheiten von Kolonial-, Kultur- und Wirtschaftsgeschichte gemäß umgestaltet, was zu ganz eigenen Formen der geographischen Raumordnung und des Lebensstils in den Städten dieses Kulturraumes führte. Die westeuropäische Stadt ist demnach, dank ihrer ureigenen Geschichte und Tradition und der besonderen national-ethnischen, bevölkerungsmäßigen und kulturgeschichtlichen Eigenschaften der europäischen Völkerfamilie, also des klassischen ‚Abendlandes‘, bis heute ein Stadttyp ganz besonderer Art geblieben.

Als westeuropäischer Kulturraum wird hier im weitesten Sinne der gesamte Raum westlich der ehemaligen gesellschafts- und militärisch-machtpolitischen Demarkationslinie des sogenannten ‚Eisernen Vorhangs‘ verstanden, einschließlich Skandinavien, Großbritannien, Irland sowie Portugal, Spanien, Italien und Griechenland. Daß innerhalb dieses weitgefaßten Raumes zahlreiche oft recht unterschiedliche Stadtentwicklungen stattgefunden haben, ist keineswegs zu unterschätzen. Die britische Stadt z. B. hebt sich in ihrer Andersartigkeit besonders hervor, hat sie doch starke Ähnlichkeit mit der US-amerikanischen Stadt, welcher sie ja in gewisser Weise als Vorbild diente. Auch die Städte der mediterranen Länder besitzen ebenfalls genügend eigene Sonderheiten, die es bei detaillierterer Betrachtungsweise durchaus nötig machen würden, sie zumindest als Untergruppe im Rahmen des europäischen Städtewesens gesondert darzustellen. Auch die Städte östlich der ehemaligen europäischen politischen West-Ost-Trennungslinie (vgl. 3.1.3) wie z. B. in der ehemaligen DDR, in Polen, Ungarn, Rumänien, der Tschechoslowakei, ja selbst in der Sowjetunion sind aufgrund jahrundertelanger kultureller Verbundenheit mit der westeuropäischen Stadt verwandt. Sie haben jedoch seit 1945 aufgrund der wesentlich anderen politischen und gesellschaftlichen Grundordnung eine tiefgreifende Überprägung erhalten, welche sie, trotz der vielen kulturellen Gemeinsamkeiten mit dem Westen, heute doch zu einem eigenen Stadttyp werden ließ (Kap. 3.1.3). Die westeuropäischen Städte besitzen, trotz der von Land zu Land und von Nord nach Süd mehr oder weniger stark ausgeprägten eigenen Charakteristiken, dennoch im ganzen gesehen genügend Gemeinsamkeiten, die es erlauben, sie unter dem Sammelbegriff ‚westeuropäische Stadt' zu verstehen und darzustellen (*Burtenshaw* und *Bateman* 1981, S. xi). Die jeweiligen nationalen bzw. regionalen Unterschiede der westeuropäischen Städte verblassen gegenüber ihren grundlegenden Gemeinsamkeiten, vergleicht man sie mit Stadttypen anderer Kulturräume.

3.1.2.2. Individualität

Zu den auffälligsten, ja sichtbaren Merkmalen, die verallgemeinert allen westeuropäischen Städten mehr oder weniger eigen sind, gehört paradoxerweise eine deutliche charakteristische Individualität einer jeden Stadt, d. h. eine jeweilige Eigenständigkeit in der Erscheinung und Atmosphäre als ‚Stadtpersönlichkeit'. Das US-amerikanische Stadtland (vgl. 3.1.1) ist u. a. dadurch gekennzeichnet, daß es sich schematisch überall in dem kontinentgroßen Land von Küste zu Küste in Nord und Süd und Ost und West in langweiliger Ähnlichkeit, ja Monotonie ausgebreitet hat. Wenige Ausnahmen, wie San Francisco, New Orleans oder New York bestätigen nur diese Regel. Die Städte in Westeuropa dagegen, ob klein oder groß, zeigen trotz der übergeordneten kulturgenetischen Ähnlichkeit so starke eigenwillige Züge, daß sie eine klar identifizierbare charakteristische Individualität besitzen. Was Europäern so selbstverständlich ist, wenn sie sich als Pariser, Münchner, Aarhuser, Berliner oder Kitzinger fühlen, ist in den Vereinigten Staaten mit sehr wenigen Ausnahmen ("I love N.Y.", "I lost my heart in San Francisco") unbekannt, ja wegen der stereotypen Ähnlichkeit des Stadtlandes gar nicht möglich.

Mit ein wesentlicher Grund für diese Individualität europäischer Städte, mit der sich ihre Einwohner identifizieren können und die ja so wesentlich dazu beiträgt, daß westeuropäische Städte im allgemeinen auch Reise- und Touristenattraktionen sind, ist ihre lange und wechselvolle Geschichte, welche jeder Stadt ihren charakteristischen Stempel aufgedrückt und ihre Monumente und Landmarken hinterlassen hat. Das kommt vor allem in den historischen Kernen der Städte zum Ausdruck, die in jahrhundertelanger Tradition entstanden und mit großem Eifer und Liebe sowie auch beträchtlichem finanziellen Aufwand erhalten werden bzw. in den vom Zweiten Weltkrieg verwüsteten Ländern wiedererrichtet worden sind. Fragt man Bürger einer europäischen Stadt, woran sie denken, wenn sie in der Fremde z. B. von ihrer Heimatstadt träumen, werden sie wohl nicht zu allererst die monotonen Reihenhaussiedlungen der Vorstädte nennen, in denen sie vielleicht selber ihre Wohnung haben, oder sich gar die oft deprimierenden alten Industrieviertel oder Mietskasernenkomplexe vor Augen führen, sondern sie werden an die Altstadt denken mit ihren einmaligen Gebäuden, Plätzen, Straßen und Monumenten, den Kirchen, dem Dom, dem Rathaus, dem Schloß, dem Flußufer. In der Tat ist es ein beliebtes (und auch lehrreiches) Spiel, an Hand von unbeschrifteten Bildern die Namen der abgebildeten europäischen Städte zu erraten. Das würde in den USA nur in den wenigsten Fällen glücken, es sei denn, man bekäme etwa ein Bild der Freiheitsstatue oder der Golden Gate Brücke vorgelegt. Es ist interessant, daß die Monumente, welche das Baubild der europäischen Innenstädte so charakteristisch erscheinen lassen, nicht nur vorwiegend aus der Vergangenheit stammen, also im geographischen Sinne ‚fossile' städtebauliche Relikte vergangener Regime, Epochen und Generationen darstellen, sondern daß sie auch „nahezu ausschließlich außerwirtschaftlichen Kräften ihr Entstehen" verdanken. „Die Spannweite reicht dabei von den Manifestationen religiöser Werthaltungen, wie Kathedralen, Bischofssitzen, Kirchen und Klöstern, (zu) politischen Organisationsformen wie den Rathäusern der mittelalterlichen Bürgergemeinde und den Schlössern des Landesfürsten der Barockzeit... Ganz zum Unterschied von den nordamerikanischen Städten haben wirtschaftliche Institutionen wie Banken, Versicherungen, Hauptquartiere der großen Industriekonzerne, bis zur Gegenwart herauf nicht die dominante Position im Stadtzentrum erlangen können" (*Lichtenberger* 1972, S. 3–4). Nur ganz ausnahmsweise sind Verwaltungshochhäuser großer Banken, Versicherungsgesellschaften und Firmen als dominierende Landmarken den alten ererbten bei- bzw. aufgesetzt worden, wie das im wiederaufgebauten, dem Handel und der Finanz besonders zugeneigten Frankfurt am Main außerordentlich und daher in Europa fast untypisch zum Tragen kommt.

Wie wichtig die künstlich erhaltene Altstadt für den europäischen Städter jenseits von Ästhetik und gefühlsbetontem Sentiment wirklich ist, etwa in der bequemeren Gestaltung seines täglichen Lebens, seiner Rolle im Wirtschaftsleben der Stadt oder in der Verbesserung der Lebensqualität, die er ganz allgemein genießt oder genießen möchte, ist eine durchaus ungeklärte Frage. Vielleicht ist da mehr Illusion, Wunschdenken und Kulturarroganz als Realität im Spiel. So geben z. B. immer wieder überwältigende Mehrheiten befragter Bürger europäischer Städte als Grund dafür, daß sie sich gerade in ihrer Stadt wohlfühlen, an, ihnen stünde hier z. B. ein großartiges kulturelles Angebot zur Verfügung, und ihre Stadt sei doch so schön. Vergleicht man damit jedoch, wieviele von ihnen tatsächlich regelmäßig in die Oper, ins Theater oder ins Konzert gehen oder die Museen und Galerien besuchen, ja wie oft sie überhaupt in die Altstadt gehen, und bedenkt man, daß die meisten von ihnen in stereotypen Betonneubauten oder unattraktiven alten Mietskasernen in tristen baumlosen Straßenzügen ihr Leben verbringen, so wird klar, daß es sich hier weitgehend um ein selbstreflektiertes Image handelt, ein Image der Urbanität als Wert, den Europäer viel eher geneigt sind, hoch zu schätzen, als z. B. Amerikaner. Dabei ist sich der Europäer oft gar nicht bewußt, daß historisch gewordene Individualität von Städten durchaus nicht die Regel, vielmehr die Ausnahme ist. In Ländern, in denen historische Stadtkerne nicht existieren oder weniger wertbeladen sind, legen Bürger viel mehr Wert auf moderne Bequemlichkeit (Komfort) des täglichen Lebens in ihren Städten, auf das Funktionieren des Individualverkehrs und auf die allgemeine nicht zuletzt auch wirtschaftliche Entfaltung des Menschen in der heutigen Zeit, frei vom Diktat der Historie bzw. des Historizismus. Sich dessen bewußt zu werden, kann dazu beitragen, diese ganz besondere Eigenart der europäischen Stadt (und des zugrunde liegenden historischen Urbanismus als typisches Wertimage der europäischen Kulturgesellschaft) im Vergleich mit Städten anderer Kulturkreise besser zu verstehen.

3.1.2.3 Das multi-funktionale Stadtzentrum

Die im allgemeinen so überaus hochgeschätzte symbolträchtige Wertung des Altstadtkerns in europäischen Städten ist auch der hauptsächliche Grund dafür, daß die europäische Gesellschaft (‚der Staat', ‚die Stadt') in der Regel bereit ist, gewaltige Summen öffentlicher Gelder für dessen Erhaltung und dominierende Rolle als ‚Stadtzentrum' auszugeben. Die Bevölkerung ist aber offenbar nicht nur durchaus einverstanden damit, daß ein beachtlicher Teil ihrer Steuergelder durch die Behörden für die Erhaltung und Präservierung ihrer Stadtzentren ausgegeben wird, sondern sie ist auch anscheinend bereit, beträchtliche Unannehmlichkeiten und Unbequemlichkeiten des täglichen Lebens, ja sogar auch Beschränkungen der Entfaltungsfreiheit auf wirtschaftlichem Gebiet in Kauf zu nehmen, um den Vorrang der Altstadtkerne als Zentren ihrer Stadtregionen zu erhalten. *Lichtenberger* spricht in diesem Zusammenhang gar von einem „allgemein akzeptierten Glaubensbekenntnis" (1972, S. 12). Wo andere Gesellschaften (etwa die US-amerikanische) z. B. überhaupt nicht einsehen würden, einer metropolitanen Dispersion der städtischen Funktionen, etwa des Einzelhandels einschließlich der Waren- oder Kaufhäuser, durch öffentliche Verbote, Baustops oder andere legale Manipulationen entgegenzuwirken, sehen Europäer offenbar nichts Ungewöhnliches darin, daß die öffentliche Hand hier immer wieder dem freien Spiel des Marktes Einhalt gebietet. Das Eingreifen der Behörden wird ganz im Gegenteil von der Mehrheit der europäischen Bevölkerung begrüßt, ja geradezu gefordert: ‚der Staat' oder ‚die Stadt' sollten doch etwas tun, ungeliebte Veränderungen aufzuhalten. Eine ehemals weitverbreitete, durch jahrhundertelange Obrigkeitshörigkeit geprägte Mentalität ist im heutigen Westeuropa allgemein zwar einer Sozial- und Wohlfahrtsabhängigkeitsmentalität gewichen. Diese wie jene ruft jedoch nach Entscheidungen und Maßnahmen der öffentlichen Hand, die zum Wohle der Allgemeinheit konzipiert, dem Bürger in der Regel jedoch sowohl Vorteilhaftes als auch Unvorteilhaftes beschert. Im allgemeinen nimmt dies der Europäer eher hin als z. B. der Amerikaner, für den ‚der Staat' keine gleichsam mystische obrigkeitliche Gloriole trägt (die Ausnahme ist die Institution und manchmal die Person des Präsidenten der Vereinigten Staaten).

Die absolute Dominanz der Innenstadt als Haupteinkaufszentrum, Hauptarbeitsplatz und Verwaltungs-, Kultur- und Vergnügungszentrum der gesamten Stadtregion ist im nach-industriellen Zeitalter in Europa wie in anderen hochentwickelten Ländern der Welt überhaupt nicht mehr automatisch bzw. ‚natürlich' gegeben. Sie ist nur mit gezielten Bau- und Nutzungsplänen und -vorschriften zu erhalten und zu erzwingen. Diese verhindern z. B. ausdrücklich, daß u. a. Wohnhäuser in Citynähe ‚zweckentfremdet' werden, oder sie verbieten, daß etwa leistungsfähige Einkaufszentren (multi-funktionale Shopping Center-Ministädte im amerikanischen Sinne) in Vorortregionen gebaut werden.

Die Erhaltung der traditionellen Vorherrschaft des Stadtkerns in westeuropäischen Städten wäre jedoch vor allem nicht möglich ohne die drastischen Beschneidungen des modernen Individualverkehrs (Automobil) zugunsten der öffentlichen subventionierten Verkehrsmittel. Weil immer wieder bestätigt wird, daß der Stadtkern der Zentralstadt unbedingt und mit allen Mitteln zu erhalten und einem amerikanischen Niedergang des Stadtkerns (City) entgegenzuwirken sei (das allgemein akzeptierte Glaubensbekenntnis), werden gewaltige Summen öffentlicher Mittel aufgewendet, Innenstädte dem Fußgänger zurückzuerobern, die Häufung von Funktionen einschließlich der des Wohnens zu erhalten und den Personenverkehr vertikal zu staffeln sowie aus öffentlicher Hand zu subventionieren, wie dies in so vielen deutschen und anderen westeuropäischen Städten geschehen ist (Frankfurt, Brüssel, Wien, Madrid, Köln, Hannover, Hamburg, Rom usw.). Besonders eindrucksvoll und rigoros ist dies in München durchgeführt worden.

München ist ein gutes Beispiel für die vielen westeuropäischen Städte, die es unter großem Aufwand und hohen Kosten verstanden haben, einen Niedergang ihres Altstadtkerns zu verhindern (*Heinritz/ Lichtenberger* 1986). Nicht allen europäischen Städten ist dies bisher gänzlich gelungen, wie das z. B. in Brüssel oder Amsterdam zu sehen ist. Doch kann im allgemeinen das Beispiel München exemplarisch gelten für das gemeinsame Bemühen der öffentlichen Hand, der Interessengruppen Altstadt-Einzelhandel, Fremdenverkehrsgewerbe (Gaststätten, Hotels etc.) und Mieterschutzvereinigungen unter Zuhilfenahme des heimatstolzen Gefühls der Bürger aller Schichten, die Innenstadt als das Zentrum per excellence zu erhalten. Dürftig gehaltene Angebote auf dem Einzelhandelssektor in den außenliegenden Wohnstadtteilen, oft überfüllte Straßenbahnen und U-Bahnen, restriktive Autoparkvorschriften und dergleichen mehr nehmen die Bürger offensichtlich einem ihnen höherstehenden Wert zuliebe in Kauf. Einem kritischen Betrachter ist klar, daß dies in anderen Gesellschaften durchaus nicht die Norm ist. Freiheit, Bequemlichkeit, Profitstreben, die der europäische Städter zum Teil opfert, sind anderen Gesellschaften wichtiger als die Erhaltung der aus vergangenen Epochen ererbten historischen Altstadt als das Herz der Stadt in dieser Zeit.

Ohne die zahlreichen gezielten gesetzlichen Maßnahmen von einschneidenden Bau- und Nutzungsvorschriften, vor allem aber ohne die großzügig ausgebauten und subventionierten, konzentrisch auf den Stadtkern hin ausgerichteten öffentlichen Verkehrslinien würde auch der Altstadtkern von München den der nach-industriellen Gesellschaft eigenen zentrifugalen Kräften über kurz oder lang zum Opfer gefallen sein. Das öffentliche Verkehrsnetz im Großraum München (Münchner Verkehrs Verbund MVV) ist eine organisatorische Leistung, auf die man mit Recht stolz sein kann, wenn man

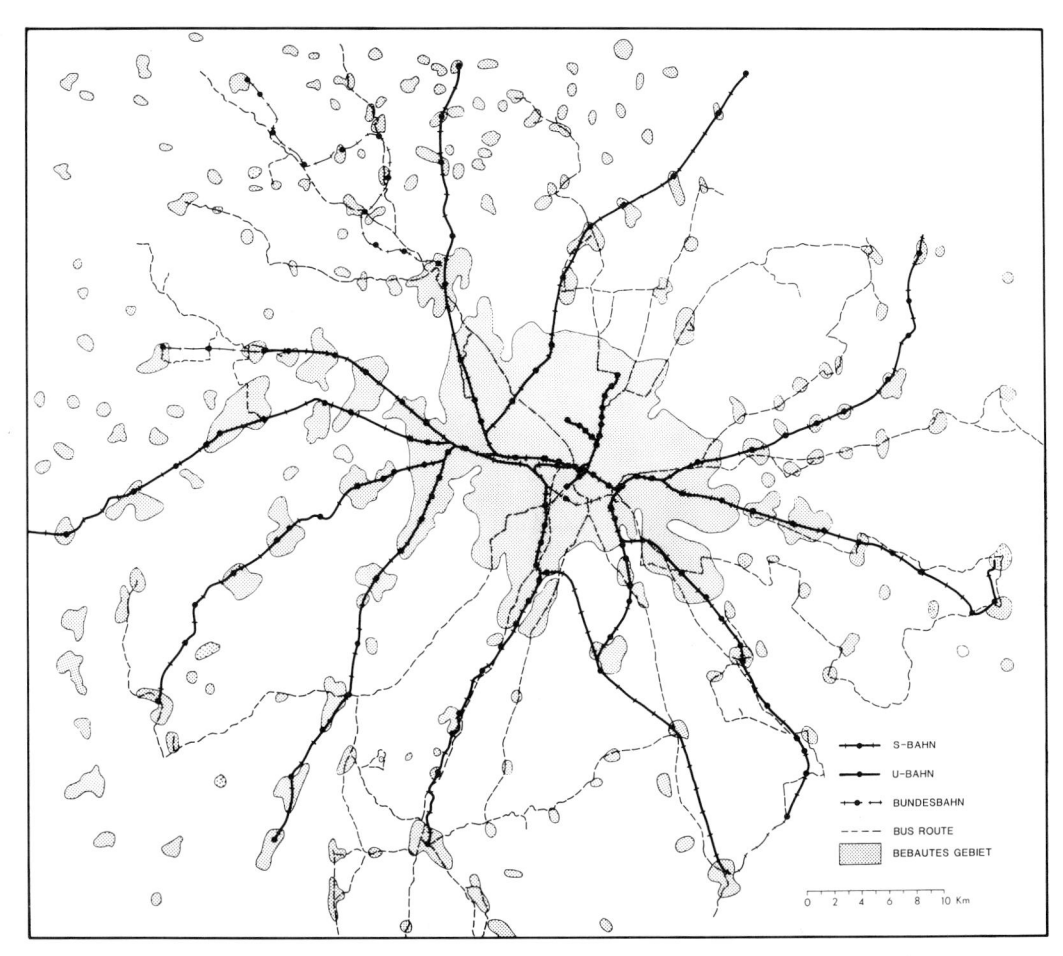

Abb. 3.1/6
München: öffentliches Verkehrssystem
Quelle: Holzner 1980, S. 19

es politisch für erstrebenswert hält, Entwicklungen der Gesellschaft und des Raumes wesentlich der öffentlichen Hand zu überlassen (Abb. 3.1/6).

Behördliche Regelungen und Restriktionen und technische Mittel machen es in Westeuropa möglich, die mittelalterliche Zentralität des Stadtkerns im modernen Stadtverband des späten 20. Jahrhunderts ‚einzufrieren', obwohl dieser an sich starke Dezentralisierungstendenzen aufweist. Das ist teuer, ja in gewisser Hinsicht sogar extravagant. Wichtig ist jedoch, daß die Mehrheit der Gesellschaft darin übereinstimmt, daß sich der Preis dafür lohnt. Die universalen Prozesse der sogenannten ‚Modernisierung' (modernization) und der freien Marktwirtschaft werden in Westeuropa auf diese Weise kulturspezifisch modifiziert, umgebogen, z.T. stark behindert. In diesem Zusammenhang ist noch einmal festzuhalten, daß jede Gesellschaft die Stadt besitzt, die sie verdient, denn nur durch den Konsens der Gesellschaft ist letzten Endes auch die Entwicklungsrichtung ihrer Städte bestimmt (vgl. 3.1.0). Die auf solche Weise erhaltene absolute Vorrangstellung europäischer Innenstädte läßt sich u.a. mit dem extrem zentral orientierten Einzelhandel der Stadt München illustrieren. Die Verkaufsfläche des Münchner Einzelhandels für den täglichen und den gehobenen Bedarf sowie der Kauf- oder Waren-

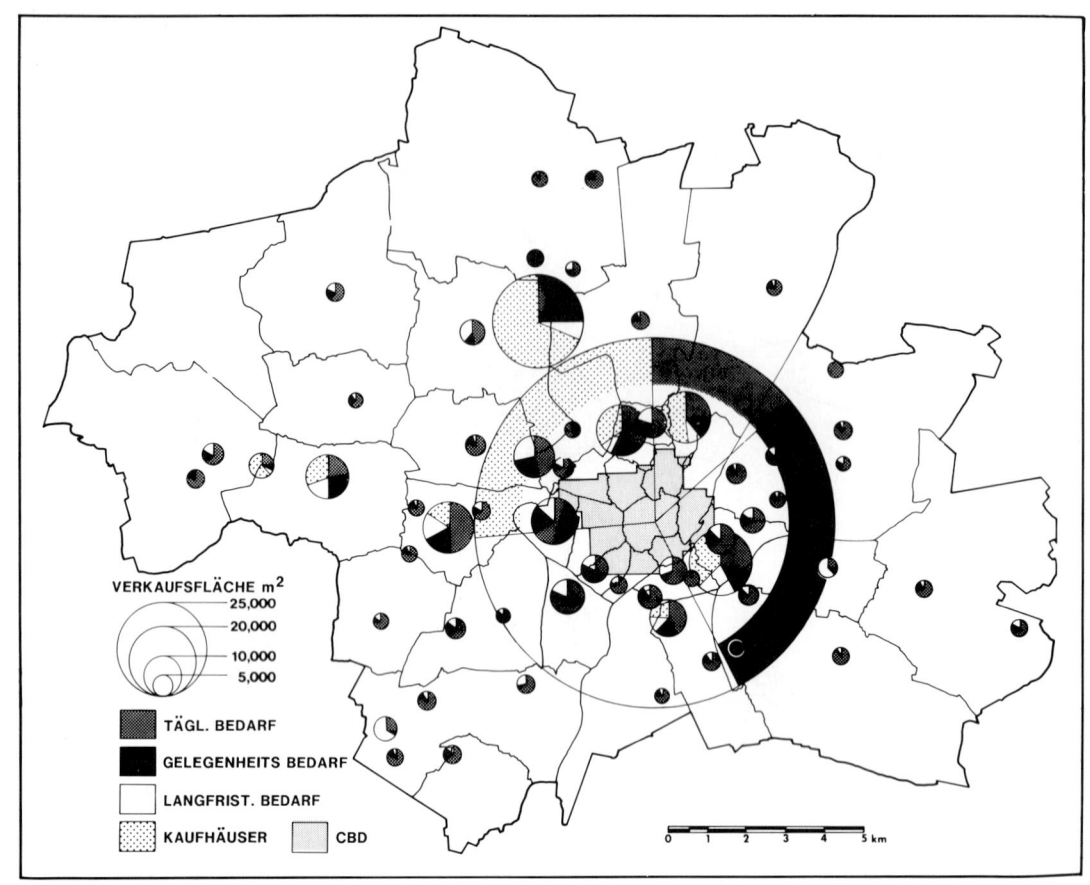

Abb. 3.1/7
Verteilung der Einzelhandelsverkaufsflächen in München
Quelle: Holzner 1980, S. 18

häuser ist in der Münchner Innenstadt im Vergleich zum gesamten übrigen Stadtgebiet absolut dominierend (Abb. 3.1/7).
Auf Grund dieser eigenartigen kultur-genetisch bedingten westeuropäischen innerstädtischen Raumordnung ist es den Einwohnern aller anderen Münchner Stadtteile, aber auch den Bewohnern der zahlreichen Vorortgemeinden im Großraum des Münchner Umlandes auch im ausgehenden 20. Jahrhundert nicht möglich, Artikel des gehobenen Bedarfs, ja selbst solche, die lediglich über den täglichen Bedarf hinausgehen, dort, wo sie wohnen, ebenso günstig und konkurrenzbewußt einzukaufen wie in der fernen Innenstadt, wo ein Geschäft und ein Kaufhaus neben dem anderen liegt, wo mit anderen Worten die einzige echte Auswahl verschiedener Waren im gesamten Großstadtraum zur Verfügung steht.
Die Müncher Innenstadt, zu der man als nördliche Ausdehnung Schwabing hinzurechnen kann, ist aber nicht nur das absolut dominierende Einkaufszentrum der gesamten Stadtregion von ca. 1,8 Millionen Menschen. Sie ist auch mit Abstand das größte Arbeitsplatzzentrum (Abb. 3.1/8).

3.1.2.4 Viertelsbildung in der kompakten Stadt

Westeuropäische Städte sind, mit Ausnahme der englischen, in der die Vervorortung (suburbanization) schon seit Anfang des 19. Jahrhunderts typisch war, auch extrem kompakt geblieben. Wenn in

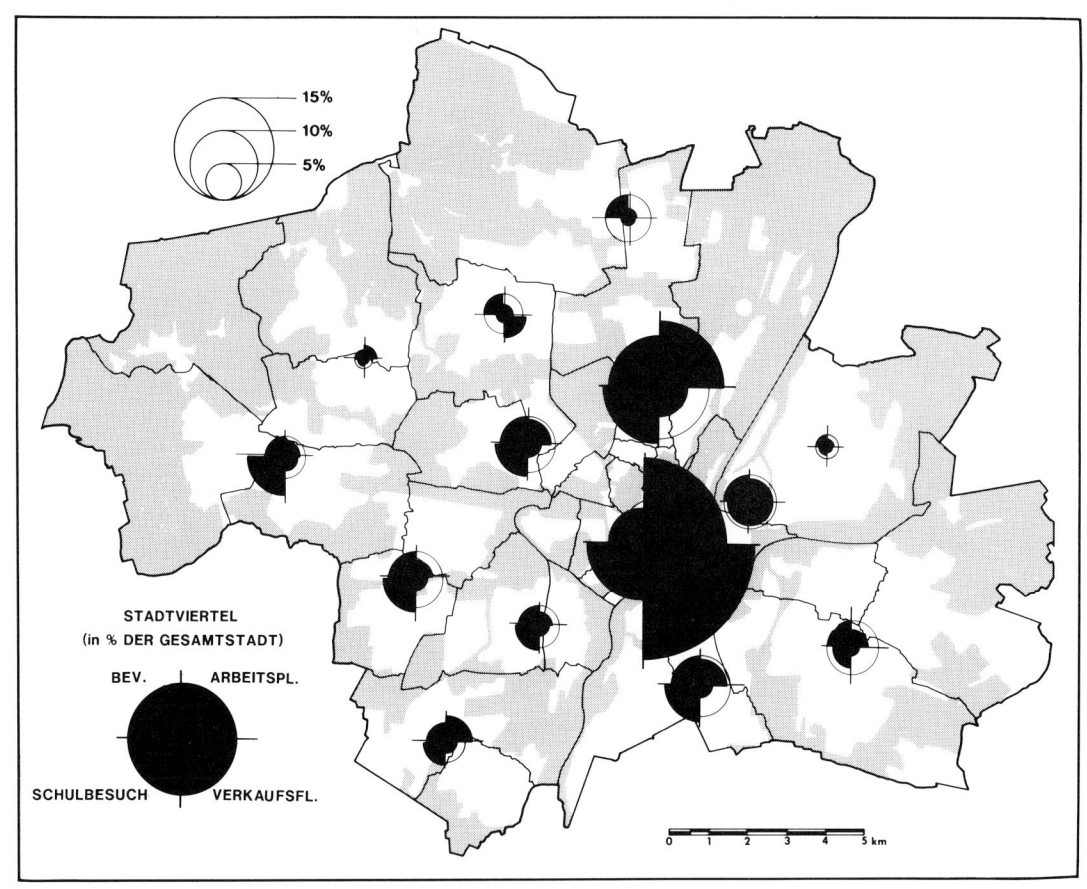

Abb. 3.1/8
Dominierendes Stadtzentrum in München
Quelle: Holzner 1980, S. 17

Kapitel 3.1.1 als Hauptmerkmal der US-amerikanischen Stadt ihre Dezentralisierung und Auflösung zum amorphen Stadtland vermerkt wurde, so darf man bei der Beurteilung der Viertelsbildung in westeuropäischen Städten durchaus nicht deren kompakte Bauweise und begrenzte Ausdehnung vergessen. Was in einer amerikanischen Stadtregion selbst nur mittlerer Größe nicht gelingt, kann man ohne weiteres vom Olympiaturm in München erleben, nämlich ringsumher die Grenzen des bebauten Areals der Stadt ausmachen und ins offene Land hinausschauen, das frei von Gebäuden aller Art der Landwirtschaft und dem Forst vorbehalten ist. Die ‚Vororte' im Umland sind inselartig, ebenfalls extrem kompakt gehalten, klar umrissen auszumachen. Vergleicht man die Ausdehnung einer westeuropäischen Millionenstadt mitsamt ihrem Vorortumland wie München mit einer ähnlich großen in den USA wie etwa Metropolitan Milwaukee, wird ganz deutlich, wie extrem restriktiv und kompakt die durchschnittliche europäische Stadtlandschaft ist. Trotz der sogenannten ‚Ausuferung', auch ‚Vervorortung' oder ‚Zersiedlung' genannt, die im Umland westeuropäischer Städte in den letzten Jahrzehnten zu gewissen Ausbreitungserscheinungen geführt hat (*Heinritz/Lichtenberger* 1986), bleibt die europäische Stadt immer noch äußerst kompakt mit sehr hohen durchschnittlichen Bevölkerungsdichten.

Die 1,8 Millionen Einwohner der Stadtregion München passen in ein Viertel der Fläche des Stadtlandes Milwaukee, in dem insgesamt etwa 1,5 Millionen Menschen leben (Abb. 3.1/9). Dabei ist jedoch noch wichtig zu erwähnen, daß die überwiegende Mehrzahl aller Einwohner europäischer Stadtregio-

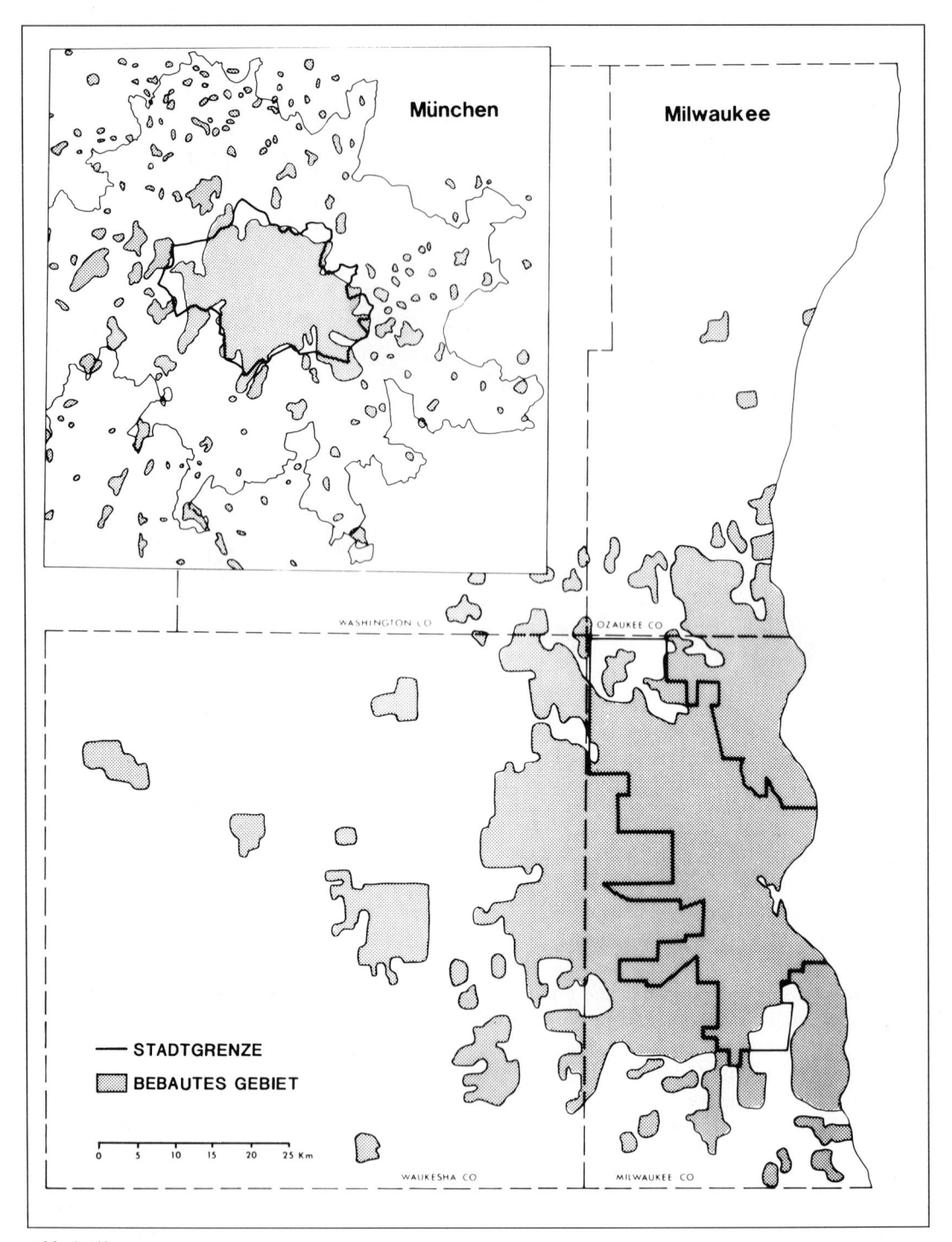

Abb. 3.1/9
Dimensionen verschiedener Flächenausdehnung der einwohnermäßig ähnlich großen Stadtregionen München und Milwaukee im selben Maßstab
Quelle: Holzner 1980, S. 15

nen in der Zentralstadt selbst lebt (im Falle Münchens ca. 1,3 Millionen), während in der Regel weniger als die Hälfte der Einwohner einer amerikanischen metropolitan area in der Zentralstadt wohnt (im Falle Milwaukee etwa 600 000 von 1,5 Millionen).

Es ist nicht schwer einzusehen, daß eine solche kompakt gehaltene Stadt dem freien Spiel der Auslese oder Segregation verschiedener Bevölkerungsgruppen Grenzen setzt. Bauland ist in der Regel sehr teuer und die europäische Hausbauweise ebenfalls, so daß breite Bevölkerungsschichten europäischer Städte keineswegs das in US-amerikanischen Städten so überaus reiche Angebot an Wohnungen (vor allem Einfamilienwohnhäusern) zur Verfügung haben, was einer freien Segregationsauslese entgegenwirkt. Dazu kommt, daß die im Vergleich zu amerikanischen Städten weniger stark ausgeprägten Segregationserscheinungen in westeuropäischen Städten daher rühren, daß europäische Städte in der Regel viel größere Homogenität ihre Bevölkerung im Hinblick auf ihre rassische, ethnische, sprachliche, konfessionelle und gesellschaftliche Zusammensetzung besitzen als etwa US-amerikanische.

Elisabeth Lichtenberger, der wir viel zum Verständnis der inneren Struktur westeuropäischer Städte verdanken, betont, daß in anthropologisch und ethnisch weitgehend einheitlichen Städten wie in Europa Segregationserscheinungen vorwiegend auf sozialschichtenspezifischer Differenzierung beruhen. Die ‚soziale Distanz' nach Rang, Prestige, Macht, Ansehen, Bildung, Einkommen und Aufwand führt daher auch in europäischen Städten zu räumlichen Sonderungen bestimmter Sozialgruppen und damit zur Ausformung von segregierten Wohngebieten mit gewissen charakteristischen sozialen Merkmalen der Bevölkerung. Die städtische Wirklichkeit in Europa ist aber, verglichen mit den extremen Segregationserscheinungen der amerikanischen Stadt, wesentlich homogener und sozial gemischt. Gleichwohl bietet sie auch eine ganze Fülle von sozialräumlichen Mustern an, welche als Niederschlag von historischen Segregationsvorgängen und damit zusammenhängenden Baustrukturen aufgefaßt werden müssen. „Die sozialökologischen Bauprinzipien des europäischen Städtewesens lassen sich eben nicht auf die einfache Formel reduzieren, mit der man das Wesen der Städte Angloamerikas umschreiben kann, wo im großen und ganzen der soziale Gradient von der Peripherie zum Zentrum hin geneigt ist. Diese Vielfalt des Baukörpers beruht auf der Tatsache, daß im historischen Werdegang der europäischen Stadt verschiedene städtebauliche Konzeptionen und damit auch soziale Schemata einander abgelöst und jeweils überprägt haben..." (*Lichtenberger* 1972, S. 14). Die in diesem Sinne bei der Entwicklung der europäischen Stadt wichtigsten historischen Epochen sind nach *Lichtenberger* die Bürgerstadt des feudalen Mittelalters, die Adelsstadt des Absolutismus, die Industriestadt des liberalen Zeitalters und die neue Stadt des sozialen Wohlfahrtsstaates.

Reinhard Stewig betont, daß im Strukturmodell der westeuropäischen Stadt der sekundäre Sektor ringförmig an alten und neuen Stadtperipherien, aber auch linearsektoral an Hauptausfallverkehrslinien und punktuell bis kernförmig in der Stadtmitte und in suburbanen Industriestandorten auftritt (Abb. 3.1/10). „Der tertiäre Sektor ist in Gestalt der City in der Stadtmitte vertreten; daneben gibt es hoch- und niedrigrangige Subzentren des Einzelhandels außerhalb der Stadtmitte, und zwar in Abhängigkeit nicht nur von der Entfernung zur Stadtmitte, sondern auch von dem sozialen Niveau der Nachfrager der (innerstädtischen) Umgebung" (*Stewig* 1983, S. 240). Die räumliche Wohnanordnung der verschiedenen Sozialschichten einschließlich der ethnischen Minoritäten der sogenannten Gastarbeiter ergibt im allgemeinen ein kleingekammertes Mosaik verschiedener Wohnviertel, wobei die Mittel- und Oberschicht mehr an der Peripherie der Stadt anzutreffen ist, eine Entwicklung, die man mit Suburbanisierung bezeichnen kann, obwohl es aber auch in der Innenstadt durchaus noch sozial hochrangige Wohngebiete gibt. Wohnbezirke der sozialen Unterschicht finden sich dementsprechend aber auch in peripheren bis suburbanen Stadtteilen in der Nähe von Industriestandorten.

Die kompakte europäische Stadt ist ohne das Vorherrschen der Mietwohnhausweise nicht denkbar. *Lichtenberger* betont, daß man die europäische Wohnbauentwicklung mit dem Untertitel ‚Auseinandersetzung des Einfamilienhauses mit dem Miethaus' versehen kann. Die begrenzte Ausdehnung der kontinentalen westeuropäischen Stadt läßt sich also durchaus nicht nur mit Raummangel erklären. Vor allem der Vergleich der schon seit der Mitte des vorigen Jahrhunderts ausufernden Städte im auch

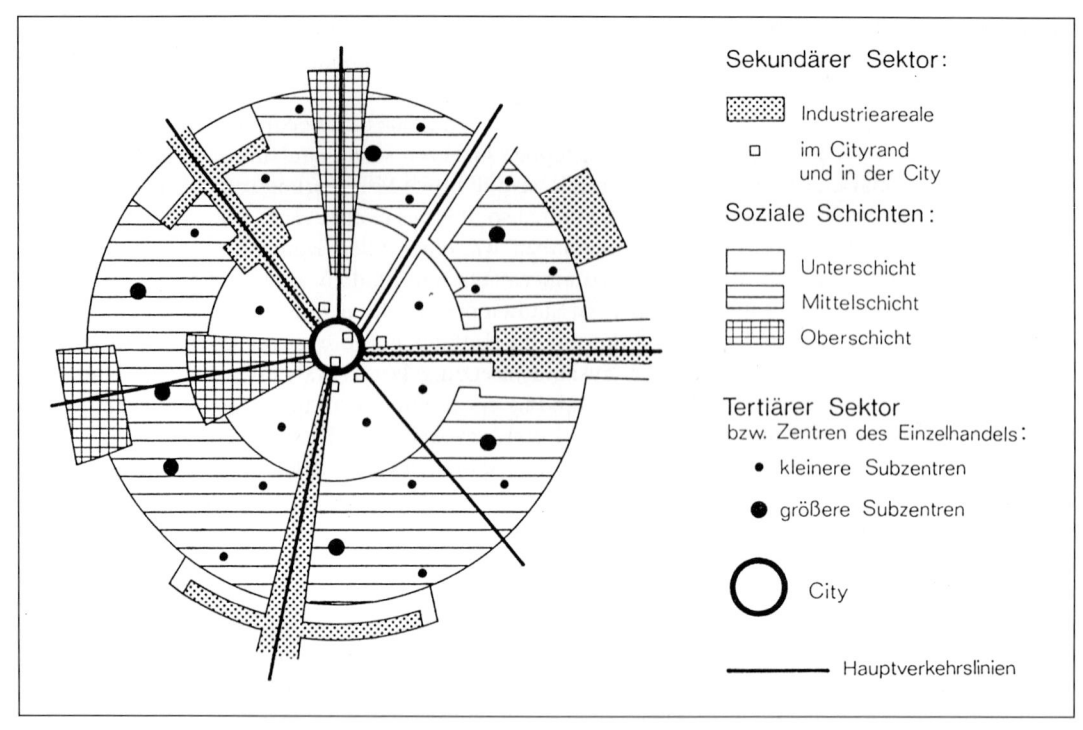

Abb. 3.1/10
Strukturmodell der westeuropäischen Stadt
Quelle: Stewig 1983, S. 239

nicht gerade sehr großen England zeigt dies deutlich. In der kontinental-europäischen Stadt hatte sich bis zum 2. Weltkrieg das Miethaus gegenüber dem Einfamilienhaus durchgesetzt. *Lichtenberger,* die den Ursprung des mehrgeschossigen kontinental-europäischen Miethauses mit seiner breit gegen die Straße hin gelagerten Front dem Italien der Renaissancezeit zuschreibt, erklärt dessen Vorrücken auf Kosten des Einfamilienhauses „zu den tiefgreifenden, auf das gesamte sozialökologische System zurückwirkenden Prozessen der europäischen Stadtgeschichte" (1972, S. 10). Der Bau von Eigenheimen hat in den siebziger Jahren auch im Bereich kontinental-europäischer Städte zugenommen. Diese Entwicklung scheint jedoch zu stagnieren. „Als Resultat der steigenden Bodenpreise, der Schwierigkeiten der Kreditbeschaffung, der hohen Zinssätze, der komplizierten administrativen Prozeduren, des Fehlens eines Stadtautobahnnetzes und nicht zuletzt einer tragenden Großorganisation, ist in der Gegenwart der Gipfel des Eigenheimbaus in Kontinentaleuropa bereits überschritten ... In Europa gehört im großen und ganzen dem Apartmenthaus die Zukunft" (*Lichtenberger* 1972, S. 12).

3.1.3 Die ostmitteleuropäische und sowjetische Stadt

3.1.3.1 Zentralistische Staatsplanung als alles beherrschendes Element

Kann man in der westeuropäischen Stadt (vgl. 3.1.2) viel stärker als in der amerikanischen (vgl. 3.1.1) den Einfluß und die Rolle der öffentlichen Hand erkennen, welche den ‚natürlichen' Kräften des kapitalistischen Marktes und der ungezügelten freien Entfaltung des Individuums zugunsten der Erhaltung öffentlich verkündeter kultureller Werte und der Schaffung sozialer Gerechtigkeit mit Planung, Restriktionen und Regelungen aller Art von oben entgegentritt, so wurde die Rolle der zentralistischen Staatsplanung in den Städten der Sowjetunion seit etwa 1921 und in den ost- und mitteleuropäischen Ländern unter sowjetischer Vorherrschaft seit 1945 zum alles beherrschenden Element. Mit Ausnahme des Gebietes der ehemaligen DDR sind die ostmitteleuropäischen Länder und die Sowjetunion erst relativ spät in den Prozeß moderner Urbanisierung eingetreten. Noch heute liegt der Verstädterungsgrad (wieder mit Ausnahme der DDR) in allen ostmitteleuropäischen Ländern und der Sowjetunion unter demjenigen der meisten westeuropäischen. Die Entwicklung ist jedoch seit 1950, als nur ungefähr 39% der Bevölkerung dieser östlichen Länder in Städten ansässig waren, stark angestiegen. Heute leben fast 67% in Städten. So konnte in dieser Zeit der Verstädterung und des Wiederaufbaus nach dem Zweiten Weltkrieg ein wesentlicher Teil des Wachstums der Städte in diesem Teil Europas unter bewußter sozialistischer Ideologie und Planung vollzogen werden. Ein Großteil des heutigen Stadtkörpers ist daher neu, d.h. ‚sozialistisch', und ist den alten, meist kleinen vorrevolutionären Kernen der Städte (die wenigen großen Städte, vor allem die Primathauptstädte der einzelnen Staaten mit ihren größeren historischen Stadtkernen sind die Ausnahme) hinzugefügt und erscheint dominant. Dazu kommt, daß die meisten Städte Ostmitteleuropas und zumindest der westlichen Sowjetunion durch die Kriegseinwirkungen nahezu völlig zerstört worden waren und der Wiederaufbau auch der älteren Teile der Städte im sozialistischen Sinne vollzogen werden konnte, sofern man nicht aus nationalen Gründen gewisse historische Stadtteile wieder geschichtsgetreu aufbaute (z.B. Alt-Warschau, Leningrad-Petersburg). Auf Grund all dessen kann man es vertreten, den gesamten Raum Ostmitteleuropas und der Sowjetunion im Rahmen einer vergleichenden stadtgeographischen Typisierung durchaus als eigene Einheit anzusehen, obwohl natürlich die darin enthaltenen Nationen (z.B. die deutsche, polnische, ungarische, tschechische, rumänische, russische usw.) innerhalb einer gesamteuropäischen Entwicklung jeweils deutlich unterschiedliche und eigenständige historische Entwicklungen durchgemacht haben, die sich dementsprechend auch heute noch in ihren Städten zumindest architektonisch widerspiegeln (Berlin, Moskau, Kiew, Krakau, Warschau, Budapest, Prag usw.) (*Brunn* und *Williams* 1983, S. 124).

Die ‚sozialistische' Überformung und Ausgestaltung sowjetischer Städte ist besonders durchgreifend seit etwa der Mitte der dreißiger bis Mitte der fünfziger Jahre durchgeführt worden (mit der drastischen Unterbrechung der Kriegsjahre), diejenige der seit Kriegsende unter sowjetischem Einfluß gestandenen ostmitteleuropäischen Städte dementsprechend seit 1945. *Karger* und *Werner* (1982) betonen, daß besonders die in dieser Zeit nach sowjetischem Vorbild auch im sowjetischen Machtbereich Ostmittel- und Südosteuropas gebauten neuen Städte, von denen es außerhalb der UdSSR allerdings nur wenige gibt, und die demgegenüber überall anzutreffenden neuen Stadterweiterungen, tatsächlich einem sehr ausgeprägten Typus angehören, ,,der zwischen Stalinstadt/Fürstenberg an der Oder, Sofia und Vladivostok nur wenig Spielraum für individuelle Entwicklung ließ" (S. 520). Die in dieser Zeit neugebauten oder umgebauten Städte oder Stadtteile sind als ‚stalinzeitlich' bekannt. Ihnen liegen deutliche ,,Rahmenbedingungen" zugrunde: ,,Grund und Boden waren sozialisiert, für den Städtebau also frei verfügbar. Eine straff organisierte Partei lenkte über das System einer sozialistischen Zentralverwaltungswirtschaft und die Organe eines totalitären Staates den Einsatz von Kapital und Arbeit" (*Karger* und *Werner* 1982, S. 520). Neue Stadtgründungen in dieser Zeit sind weitgehend mit der forcierten Industrialisierung in Verbindung zu bringen, wie z.B. Magnitogorsk (Eisen und Stahl) und Celjabinsk (Traktoren) in der Sowjetunion oder Nova Huta in Polen, Dunaujvaros in Ungarn und Eisenhüttenstadt in der ehemaligen DDR.

3.1.3.2 Kollektive Interessen und Stadtstruktur

Mindestens ebenso wichtig wie die Förderung der Industrialisierung und der nationalen Produktion war beim sozialistischen Städtebau aber auch die Rolle der Sozialisierung und ‚Bewußtseinsänderung' der Bevölkerung. Eine Umwelt wurde geschaffen, in welcher kollektive Interessen und Aufgaben denen des Individuums übergeordnet sind. Der enorme Wohnungsbedarf, sowohl durch Kriegszerstörung als durch den ungeheuer anwachsenden Zuzug vom Lande angestiegen, rief im allgemeinen die

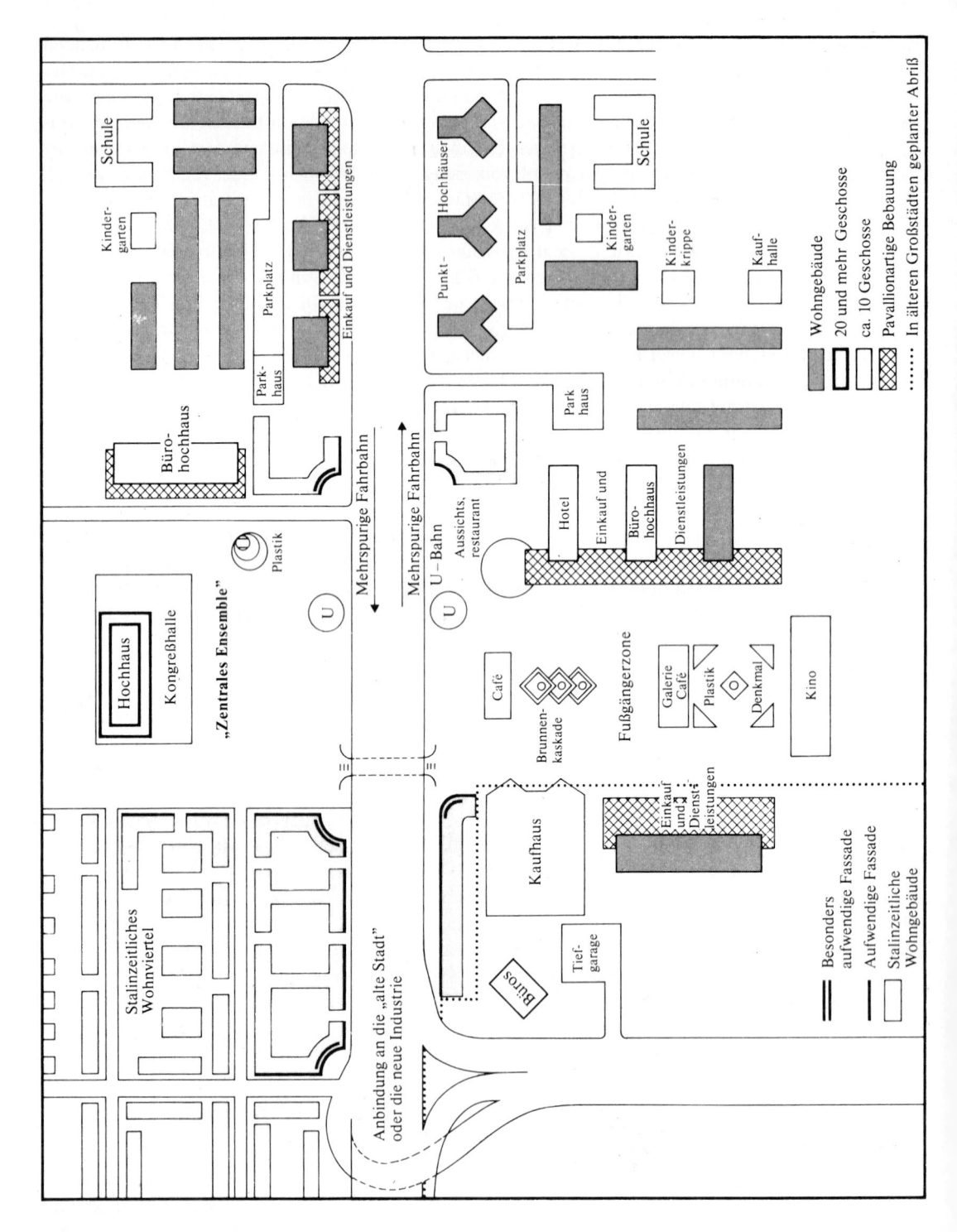

Abb. 3.1/11
Moderne sozialistische Stadt, Zentralbereich (sechziger bis siebziger Jahre)
Quelle: Karger/Werner 1982, S. 526

serienmäßige Errichtung riesiger monotoner, oft aus vorgefertigten Teilen zusammengesetzter Wohnmaschinen sowohl im Inneren der Städte als auch in satellitenartigen Vorortkomplexen hervor. Die Wohnfläche ist dabei in der Regel minimal gehalten und der Komfort im Vergleich zu westlichen Ansprüchen spartanisch. Den als überrangig wichtig erachteten kollektiven Bedürfnissen des neuen sozialistisch-städtischen Menschen wurde demgegenüber jedoch in neuen, durch oft aufwendige Planung und Ausführung auffallenden Stadtzentren Raum gegeben. Dabei liegen die Akzente typischerweise in weiten Straßenachsen („die Magistrale'), die als Aufmarsch-, Parade- und Prachtstraßen gedacht sind, sowie in den oft riesigen zentralen Plätzen, die als politischer Mittelpunkt für das Leben der Bevölkerung konzipiert, von Kulturpalästen, Parteizentralen, Denkmälern und staatlichen Kaufhäusern flankiert sind. Diese Plätze, die in den neuen Städten oft öde und provinziell wirken, in älteren Städten, vor allem in den alten Provinzial- und Landeshauptstädten aber besonders eindrucksvoll in die historisch-nationale Stadtkulisse hineingebaut sind, stellen heute symbolartig das Zentrum der meisten ostmitteleuropäischen und sowjetischen Städte dar. „Die verbindliche Definition von Kultur („der Form nach national, dem Inhalt nach sozialistisch'), der ‚sozialistische Realismus', die wirtschaftlichen Knappheitsverhältnisse, einheitliche Technik, zentrale und oft phantasielose Planung, die generelle Angst der Planer vor ‚Abweichungen' aller Art", das alles führte zu einem Stadttyp, den *Karger* und *Werner* (1982) über mehrere Zeitphasen hinweg in deskriptiver Modellform vorgelegt haben und der hier entsprechend den sechziger und siebziger Jahren (moderne sozialistische Stadt, Zentralbereich) wiedergegeben ist (1982, S. 526; Abb. 3.1/11).

Die bewußt geplante Konzentration staatstragender Funktionen hat dem inneren Kern der ostmitteleuropäischen und sowjetischen Städte die absolute, unangefochtene Zentralität erhalten. Es ist hierbei zu betonen, daß dies der sozialistischen Vorstellung vom Stadtzentrum ausdrücklich entspricht. Es soll nicht nur etwa als Geschäfts- und Handelszentrum, sondern auch, oder vielmehr in erster Linie, als politisches, kulturelles und administratives Zentrum der gesamten Stadtregion fungieren (*Fisher* 1962, S. 253). Ohne Zweifel besitzt das Zentrum der ostmitteleuropäischen und sowjetischen Städte die uneingeschränkt größte und wichtigste Konzentration in Einzelhandelseinrichtungen aller Art. Dabei ist jedoch wichtig, daß Einzelhandel ganz allgemein in sozialistischen Städten viel restriktiver gehalten wurde als z. B. in nicht-kommunistischen, was sich sowohl in der vergleichbar geringeren Verkaufsfläche, dem Umsatz und der Zahl der Angestellten als auch in der Art und Qualität der Geschäfte und ihrer Anzahl pro Einwohner auswirkte. Die staatliche Kontrolle der meisten Einzelhandelseinrichtungen, vor allem der größeren Kaufhäuser, hatte jede echte freiwirtschaftliche Konkurrenz ausgeschaltet, so daß die städtischen Einwohner mit dem vorlieb nehmen mußten, was von staatswegen geboten wurde. Selbst die Bewohner der neuen suburbanen Wohnsatellitenstädte (vgl. Abb. 3.1/12) sehen sich gezwungen, den weiten Weg in die Innenstadt, oft sogar für den täglichen Bedarf, zu machen, weil ihnen in Wohnnähe keine oder nur äußerst dürftige Einkaufsmöglichkeiten zur Verfügung stehen. Einen größeren Gegensatz z. B. zur geographischen Einzelhandelsstruktur US-amerikanischer Stadtregionen kann man sich wohl kaum denken.

3.1.3.3 Sozio-ökonomische Merkmale und Umformungen

Neben dem Einzelhandel sind auch die meisten übrigen tertiären Funktionen (außer dem Gesundheitswesen) vorwiegend in den Stadtzentren konzentriert, so daß letztere auch nicht, wie etwa in den US-amerikanischen Städten, ihre Attraktivität als Wohnplatz für obere Einkommensschichten oder Eliten der Gesellschaft eingebüßt haben. Ganz im Gegenteil hat sich in ostmitteleuropäischen und sowjetischen Städten ein deutliches sozio-ökonomisches Gefälle der Wohnbevölkerung vom Stadtkern zu den Außenbezirken der Stadtregionen erhalten. In einer kürzlichen Untersuchung von Warschau hat *Zaniewski* gezeigt, daß der Anteil der ‚white collar'-Beschäftigten unter der Wohnbevölkerung des Warschauer Stadtzentrums und der unmittelbar zentrumsnahen Bezirke wesentlich höher liegt als derjenige der Wohnbevölkerung der Außenbezirke, in denen nach dem Kriege u. a. die neuen

Abb. 3.1/12
Neue sowjetische Automobilstadt Togliatti (Wohnkomplex)
Quelle: Lydolph 1979, S. 362

Industriewerke gebaut wurden bzw. wohin zerstörte oder obsolete Werke der Innenstadt verlagert wurden, so daß dementsprechend die Wohnbevölkerung in den dazu geplanten und neuerrichteten Wohnvierteln und Stadtteilen vorwiegend dem ‚blue collar'-Typus angehört (*Zaniewski* 1986, S. 25–26). Es ist in diesem Zusammenhang vielleicht noch interessant hinzuzufügen, daß sich, zumindest in Warschau, diese ‚soziale Segregation' unter kommunistischer Herrschaft wesentlich verstärkt hat. So waren von der Wohnbevölkerung des Warschauer Stadtzentrums und der unmittelbar zentrumsnahen Bezirke im Jahre 1960 nur 61% bzw. 42% in white collar-Berufen tätig, im Jahre 1978 dagegen 71% bzw. 57%.
Ganz allgemein ist der Lebensqualitätsindex in sozialistischen Stadtregionen, wenn schon im Vergleich mit westlichen Gesellschaften ganz allgemein geringer, in den Stadtzentren und zentrumsnahen Stadtbezirken deutlich höher als in den Außenbezirken. So kamen z. B. im Jahre 1984 auf 1000 Einwohner der Warschauer Innenstadt 204 Personenwagen, jedoch nur 111 in den Außenbezirken, obwohl man doch annehmen könnte, daß gerade die Haushalte in zentrumsfernen Wohnbezirken die Nutzung von Privatfahrzeugen nötiger hätten, um z. B. zum Einkauf in die Innenstadt zu gelangen. Die Zahl der privaten Telefonanschlüsse pro 1000 Einwohner liegt in der Innenstadt bei 402, jedoch bei nur 51 in den Außenbezirken. Die Anzahl der Personen pro Wohnraum beträgt in der Innenstadt 0,96 bei 17,9 Quadratmeter Wohnfläche pro Person, jedoch 1,12 Personen pro Wohnraum mit 14,8 Quadratmeter pro Person in den Außenbezirken (*Zaniewski* 1986, S. 28).
Die sozialistische staatlich gelenkte Planung in Ostmittel- und Südosteuropa und in der Sowjetunion hat sehr weitgehend die innere Struktur der Städte bestimmt und dabei auch viele überkommene traditionelle Strukturen zerstört. So hat u.a. *Giese* festgestellt, daß die einst zum islamisch-orientalischen Kulturraum gehörenden und von diesem geprägten Städte in Sowjetisch-Zentralasien sehr wesentlich durch die nunmehr schon über ein halbes Jahrhundert dauernde sowjetische ideologische

und politische Herrschaft umgeformt worden sind. „Die islamisch-orientalische Stadt ist in Mittelasien weitgehend zerstört bzw. aufgelöst. Dieses trifft besonders auf die Wirtschafts- und Gesellschaftsstruktur der Stadt zu . . . Der Einfluß des Islam auf die verschiedenen Bereiche des Lebens ist auf ein Minimum reduziert . . ." (*Giese* 1980, S. 47). So ist z. B. die Wohnquartierstruktur der islamischen Stadt Zentralasiens, die typischerweise eine räumliche Segregation der Wohnbevölkerung nach Religions- und Volks- bzw. Rassenzugehörigkeit aufwies, unter sowjetischer Herrschaft weitgehend verschwunden. Auch existiert der Bazar als „traditionelles Steuerungszentrum des feudalistischen, rentenkapitalistischen Wirtschaftssystems" seit der Oktoberrevolution nicht mehr. „Die Funktion des Bazars hat in der sowjetisierten islamischen Stadt in gewissem Sinne der Kolchozmarkt übernommen" (*Giese* 1980, S. 47). Welch wichtige prägende Rolle ideologische Wertmaßstäbe in der Formung bzw. Umformung des inneren Gefüges von Städten spielen können, ist wohl kaum besser und deutlicher ersichtlich als aus diesen bis ins Grundsätzliche reichenden Veränderungen der alten überkommenen Stadtfunktionen, -ordnungen und -strukturen im islamisch-orientalischen Raum der Sowjetunion.

3.1.4 Die orientalische Stadt

Ein großer Kulturkreis mit deutlich eigenem kulturgenetischen Stadttyp ist der orientalische, der oft auch der islamische genannt wird. Er reicht von der marokkanischen Atlantikküste im Westen über den gesamten nordafrikanischen Kontinent (Maghreb) mit Algerien, Libyen und Ägypten bis zur Ostküste der arabischen Halbinsel am Indischen Ozean, ja sogar bis Pakistan im Osten, und erstreckt sich im Norden bis zum Schwarzen Meer mit den Staaten Türkei, Irak, Iran, Syrien, Libanon und Jordanien. Israel, obwohl in diesem Raum gelegen, hat wegen seiner starken Bindung an die USA und Europa eine Sonderstellung. Die israelischen Städte sind nicht ohne weiteres, wenn überhaupt, im Rahmen des orientalischen Kulturkreises zu verstehen.

3.1.4.1 Zur Rolle des Islam bei der Prägung der orientalischen Stadt

Irrtümlicherweise hat man die orientalische Stadt fast ausschließlich mit der Religion des Islam identifiziert, als sei diese allein verantwortlich für die wichtigen kultur-genetischen Elemente der Stadt in diesem Kulturkreis. Neuere Forschungen haben jedoch deutlich gemacht, daß alle hauptsächlichen Elemente der Stadt hier vorislamisch, d. h. also altorientalisch sind (*Hofmeister* 1980, S. 98). Sogar der Basar soll vorislamische Wurzeln haben und in islamischer Zeit lediglich zu dem noch heute typischen Handels- und Handwerkszentrum der orientalischen Stadt umgeformt worden sein. Mithin hat diese Kulturleistung des islamischen Mittelalters, als das Zentrum von Handel und Gewerbe, „von allen Einrichtungen der orientalischen Stadt mit dem Islam als Religion wohl am wenigsten zu tun" (*Wirth* 1975, S. 88).
Die Religion des Islam und ihr tiefgreifender Einfluß auf Gesellschaft und Kultur über 1300 Jahre hin ist natürlich ganz allgemein ohne Zweifel ein Hauptmerkmal des orientalischen Kulturkreises. Der Islam durchdringt alle Aspekte des Lebens eines gläubigen Moslems. Ganz deutlich aus diesem Grund ist es im Westen bislang üblich gewesen, auch die Stadt in diesem Raum als direkten Ausdruck religiöser Vorstellungen und Ideale des Islam anzusehen. Man hat sie daher in der Literatur vorwiegend die ‚islamische' oder ‚Moslem'-Stadt genannt. Diese klischee- oder modellartige Vorstellung ist vor allem von europäischen und amerikanischen Orientalisten der ersten Hälfte des 20. Jahrhunderts geprägt worden, die, der Sprachen und der religiösen Lehre durchaus kundig, Islam zwar ganz richtig als den allesbeherrschenden Faktor im Leben der Orientalen erkannten, ihn aber auch maßgeblich für die so typische Stadtlandschaft hielten. Die Städte des Orients wurden daher in der Regel ganz einfach als Manifestationen religiöser Vorstellungen des Islam gedeutet. Nach dieser bekannten Auffassung „reflektiert die Struktur und Morphologie der islamischen Stadt die Religion des Islam schlechthin" (*Brunn* und *Williams* 1983, S. 284). Die bisher populäre Begründung dieser Auffassung ist, daß der Islam eine ‚städtische' Religion sei, da nur in der Stadt oder im städtischen Milieu ein gläubiger

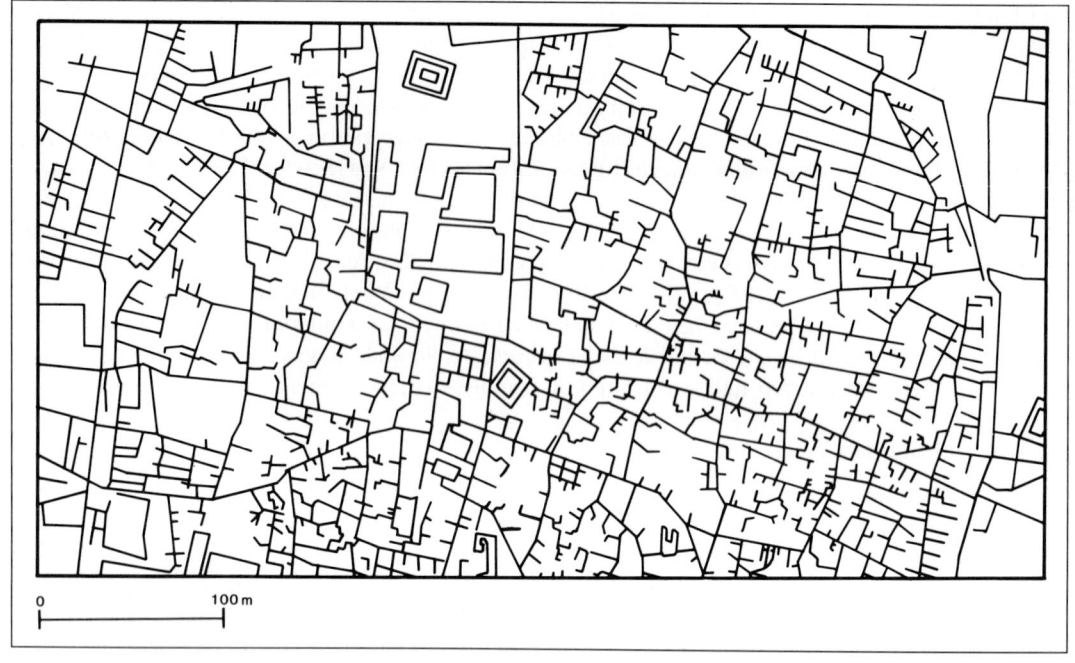

Abb. 3.1/13
Straßengrundriß einer traditionellen orientalischen Stadt
Quelle: Wirth 1975, S. 85

Moslem alle Vorschriften des Koran und die religiösen Gesetze (Shari'a) erfüllen könne. Aus diesem Grunde habe der Islam Stadtentwicklung (und Stadtkultur) hervorrufen müssen. Mit dem Vormarsch des Islam verbreiteten sich auch, so diese Meinung, urbanes Leben und urbane Siedlungen.
Die sogenannte urbane Stadt des Islam ist aber im Vergleich zu anderen kultur-genetischen Stadttypen der Welt ohne besondere übersichtliche Form, daher merkwürdig un-städtisch. Sie ist, vor allem im Straßengrundriß, aber auch in der inneren Struktur der Landnutzung, irregulär bis chaotisch, ein Meer oder eine Masse von Konfusion. Große Teile orientalischer Städte sind z. B. bis heute „durch ein baumartig verzweigtes System von Sackgassen, Knickgassen und überwölbten Tunnelgassen gekennzeichnet. Sie führen in oft unregelmäßig begrenzte und unübersichtlich überbaute Baublöcke hinein, deren innere Häuser anders nicht erreichbar wären" (*Hofmeister* 1980, S. 99) (Abb. 3.1/13). Es ist offensichtlich, daß die Wohnstatt der Familie die Zelle der orientalischen Stadt ist. Das sogenannte islamische Haus ist reine Privatsphäre, und es ist immer angenommen worden, daß dieses fensterlose Innenhofhaus die besonderen Vorkehrungen darstellt, vor allem die moslemische Frau vor der Außenwelt zu verbergen. „Eingänge haben L-Form und liegen sich nicht direkt gegenüber, um den Blick ins Haus zu verwehren; Außenwände zu den Gassen hin sind fensterlos und Galeräume und Wohnquartiere für Männer liegen separat" (*Brunn* und *Williams* 1980, S. 284). Eine weitere Frage ist, warum sich die Innenhofwohnhäuser in orientalischen Städten in der Regel zu ‚Quartieren' oder ‚neighborhoods' gruppieren, die sehr oft jeweils von Angehörigen einer bestimmten ethnischen Gruppe oder einer religiösen Sekte oder Minorität bewohnt werden, wie z. B. Christen, Sunniten, Schiiten, Armenier, etc. Andere Quartiere sind manchmal vorwiegend einem bestimmten Berufsstand oder einer Berufsart (Goldschmiede, Kupferschmiede, Schneider etc.) vorbehalten. Jedes Quartier hat seine eigenen Aktivitäten, Feste und Traditionen, wird meist von einem oder mehreren Vertretern oder Vorstehern repräsentiert und besitzt meist seine eigenen öffentlichen Einrichtungen, wie z. B. Gebets- oder Andachtshäuser der jeweiligen Konfession, ein öffentliches Bad, eine Armenküche und ein

kleines Geschäftszentrum. Diese Zersplitterung der orientalischen Stadt läuft an sich sogar dem islamischen Prinzip von der Gemeinschaft aller Gläubigen zuwider, und anfängliche Versuche des Islam, „in jeder Stadt nur eine einzige Freitagsmoschee zu bauen, (sind) an der Durchschlagskraft dieser Fraktionierung der Wohnbevölkerung und Quartierstruktur gescheitert" (*Hofmeister* 1980, S. 101; *Wirth* 1975). Wir haben es hier offenbar mit älteren vorislamischen Strukturmustern zu tun. Eine Aufgliederung der vorislamischen Stadt im orientalischen Raum in ethnisch-religiöse oder berufliche Quartiere wird in der Tat durch neuere archäologische Funde immer wieder bestätigt. Dies gilt übrigens auch für die in der orientalischen Stadt noch heute so überaus typische Form des Innenhofhauses mit den um einen zentralen offenen Innenhof arrangierten Wohnhäusern bzw. Hausteilen, welche bis mindestens in die Zeit um 3000 vor Christus zurückverfolgt werden kann, was eine bemerkenswerte Kontinuität über fünf Jahrtausende darstellt (*Brunn* und *Williams* 1983, S. 283). Da das so typische orientalische fensterlose Innenhofhaus mit L-förmigem Eingang demnach archäologisch lange vor dem Islam nachgewiesen worden ist, kann es durchaus nicht den sozial-religiösen Sitten oder Regeln des Islam zugeschrieben werden.

Auch die anderen so typischen Einrichtungen der orientalischen Stadt, wie der permanente zentrale Markt (Basar oder Suk), die Moscheen, religiöse Heiligtümer, die öffentlichen Bäder (Hammam), die traditionelle Stadtmauer, die Zitadelle, die Gast- und Absteigehäuser und die kleinen Märkte in den einzelnen Quartieren, wurden bislang dem Islam und den diesem zugrunde liegenden religiösen und sozialen Lebensregeln zugeschrieben. Daß auch diese Vorstellungen der orientalischen als der ‚islamischen' Stadt nicht ganz zutreffen, geht aus den neueren Arbeiten vor allem von *Wirth* (z. B. 1968; 1974/75; 1975), *Stewig* (1977), *Bonine* (1976), *Dettmann* (1970), *Ehlers* (1978), *Seger* (1975) u.a. hervor. *Hofmeister* (1980, S. 98–99) stellt hierzu fest: „Der Sackgassengrundriß und das Innenhofhaus sind mit Sicherheit, die Struktur der ethnischen Wohnquartiere mit großer Wahrscheinlichkeit vor-islamisch, die Suks gehen auf die Kolonnaden, die Karawansereien auf die Basilika, der Hammam (öffentliches Bad) auf die Thermen der antiken Stadt im Mittelmeerraum zurück." Darüber hinaus sind öffentliche Bäder, Zitadellen (befestigte Stadtteile), Stadtmauern (medina), enge Gassen und ein Wohnquartiersystem nach ethnischen oder religiösen Einwohnergruppen gegliedert auch außerhalb des islamischen Kulturkreises zu finden. Moscheen, moslemische Heiligtümer (Wallfahrtsschreine) und islamische Religionsschulen sind natürlich islamisch und daher kultur-typisch, jedoch ist die geographische Lage und die Bedeutung solcher religiöser Elemente in der Stadt auch in anderen traditionellen Gesellschaften und Kulturen nicht wesentlich anders. Dazu ist der Islam keineswegs eine ausgesprochen ‚städtische' Religion oder in irgendeiner Weise ‚städtischer' als andere Religionen, wenn es so etwas denn überhaupt gibt, sondern ist, wie ja seine ganze Lehre über-kulturell und sowohl städtisch als auch ländlich eklektisch. Der Islam hat von Anfang an von allen zu den Zeiten seines Beginns bestehenden Religionen und kulturellen Traditionen geborgt und auf den bestehenden Verhältnissen bewußt eklektisch aufgebaut. Das schließt sowohl ländliche als auch die bestehenden jahrtausendealten städtischen Traditionen in dem Raume ein, in welchem letztlich ja die ersten Städte der Menschheit entstanden sind: Mesopotamien, Industal und Ägypten sowie die großen Überformungen durch den Hellenismus und das Römische Weltreich. Der Islam hat daher auch nicht zu außergewöhnlich vielen neuen Stadtgründen geführt. Vielmehr sollte man die Moslem-Gesellschaft im Zusammenhang mit ihren jahrtausendealten Traditionen der Kulturen in diesem Raum ganz allgemein sehen, wobei die Städte und deren innere Struktur diese mannigfachen Wurzeln widerspiegeln (*Brunn* und *Williams* 1983, S. 287). Der Islam als Religion hat also die orientalische Stadt nicht wesentlich geprägt, aber die mit dem Islam verbundene Rechts- und Sozialordnung hat ganz sicherlich dazu beigetragen, „die Erscheinungsformen der Stadt, wie sie sich im Alten Orient herausgebildet haben, in der ganzen vom Islam beherrschten Welt zu verbreiten" (*Wirth* 1975, S. 88).

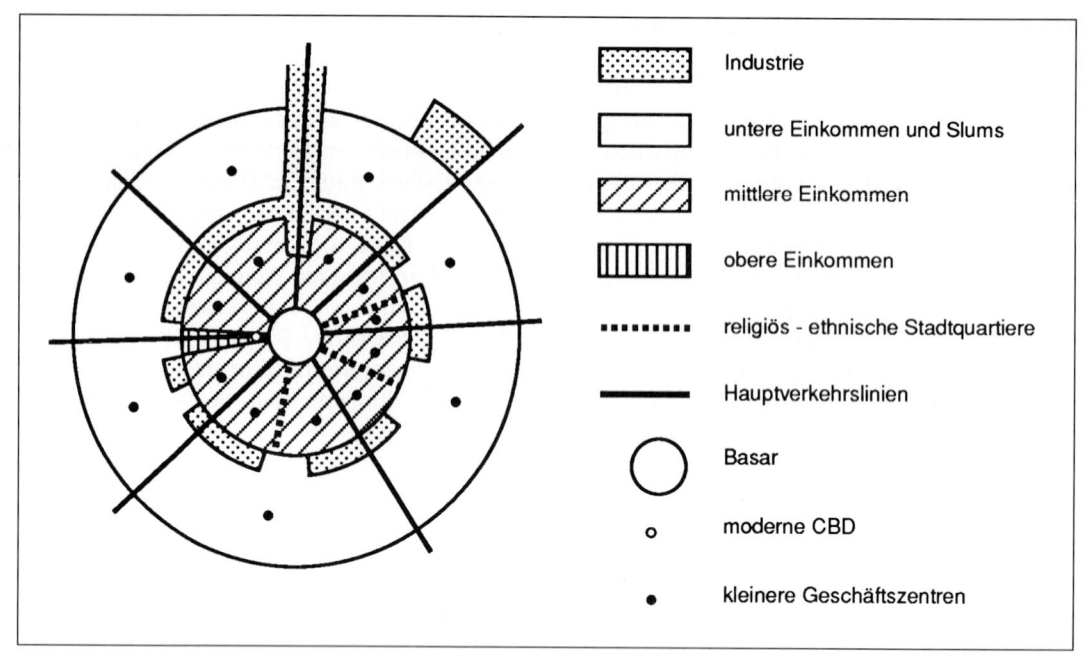

Abb. 3.1/14
Modell der Orientalischen Stadt
Quelle: Stewig 1983, S. 247

3.1.4.2 Die innere Struktur der orientalischen Stadt

Die innere Struktur der orientalischen Stadt ist im wesentlichen noch die einer vor-industriellen Stadt, wie sie ähnlich, mit kulturbedingten Unterschieden, auch in anderen Kulturräumen, so etwa im vorindustriellen Indien oder Japan, vorkommen oder vorgekommen sind. Erst in den letzten Jahrzehnten hat sich diesem vor-industriellen orientalischen Stadtkörper die moderne Zeit in Form von diversen Industrieansiedlungen vorwiegend linear-sektoral entlang von Hauptausfallverkehrslinien, aber auch im sich ausdehnenden Stadtbereich selbst, sowie in der Ausbildung eines westlichen neuen tertiären Distrikts (Banken, Hotels, Geschäfte etc.) in Zentrumsnähe dem Basar größerer Städte beigesellt.

Das hier nach *Stewig* (1983) und *Seger* (1975) wiedergegebene Modell der orientalischen Stadt zeigt nicht nur die Lage des traditionellen Geschäftszentrums, des Basars, mitsamt dem ‚zweiten Pol' des auf die Oberschicht orientierten ‚modernen' tertiären Stadtdistrikts in der Stadtmitte als tertiäres Herz der Stadt (Abb. 3.1/14). Es wird auch der, besonders für die großen Primatstädte in diesem Kulturraum der orientalischen Entwicklungsländer typische, breite Wohnring der Landflüchtigen deutlich. Diese hausen, oft noch bis in die zweite Generation weder soziologisch noch ökonomisch in die Urbanisierung aufgenommen, als ‚squatters' (wilde Ansiedler) in ‚bidon villes', also aus Blech und Abfall zusammengezimmerten Hüttenstädten. Hier und da erheben sich dazwischen klotz- oder kasernenartige Sozialwohnbauten im Meer dieser Hüttenstädte. Jedoch ist die Sozialsegregation vor allem im dargestellten Wohnring der Mittelschicht nicht so klar und eindeutig gegeben, wie es das vorliegende Modell darstellt. Hier leben vielmehr oft krasse Armut und Wohlstand Wand an Wand. So sind dort oft ehemals leer stehende Areale, verkommene Parks oder aufgelassene Plätze oder Kasernen von Landflüchtigen okkupiert worden.

Abb. 3.1/15
Innere Struktur von Kairo
Quelle: El-Shaks 1971, S. 243

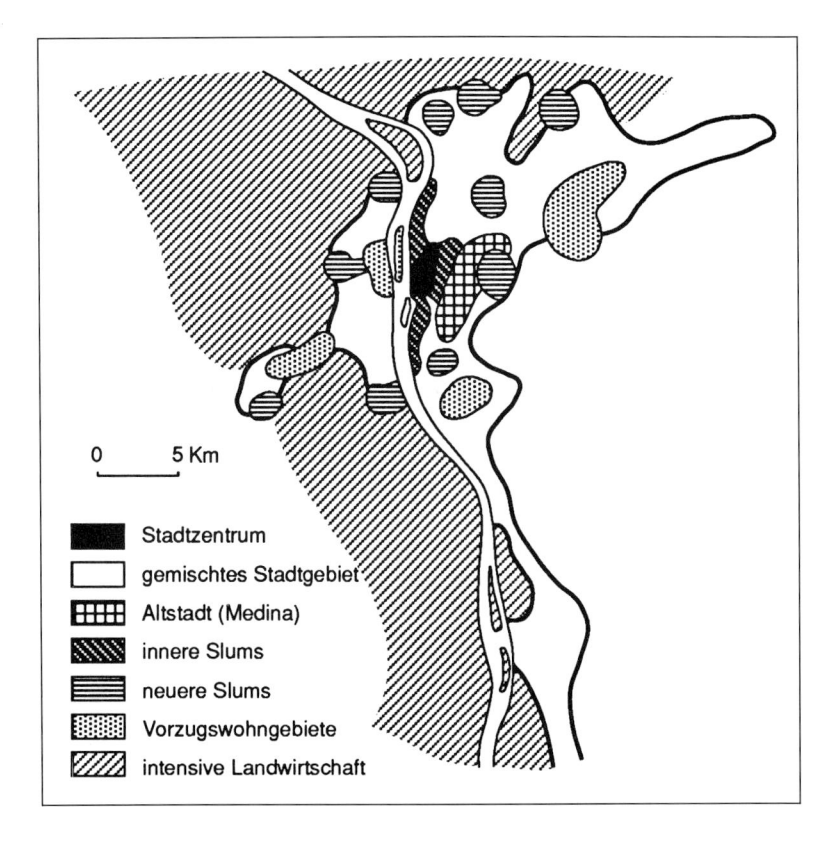

- Stadtzentrum
- gemischtes Stadtgebiet
- Altstadt (Medina)
- innere Slums
- neuere Slums
- Vorzugswohngebiete
- intensive Landwirtschaft

Eine detailliertere Karte der Wohnsegregation von Kairo zeigt, wie sich tatsächlich höhere, mittlere und untere Einkommensgruppen sowie ‚Slums' im Stadtkörper oft inselartig miteinander ablösen (Abb. 3.1/15). Der zentrale Geschäftsbezirk (CBD) am östlichen Nilufer mit den teuersten Bodenpreisen von ganz Kairo, dort, wo sich das Cairo Hilton, die ausländischen Botschaften und exklusive Wohnhochhäuser befinden, ist von der historischen Stadt der alten Medina durch einen inneren alten Slum-Bezirk getrennt, welcher sich nördlich und südlich des CBD am Fluß entlang fortsetzt. Auch die Altstadt selbst ist vorwiegend von unteren Einkommensschichten bewohnt, obwohl man sie nicht als Slum bezeichnen kann. Gleich gegenüber dem CBD, nur durch einen Streifen Wasser getrennt, auf den Flußinseln Rawdah und Gezirah sowie auf dem gegenüberliegenden Westufer, liegen Bezirke, die den oberen und obersten Einkommensschichten sowie Europäern vorbehalten sind. Weitere exklusive Wohngegenden sind in Heliopolis im nordöstlichen und in der Nähe der Pyramiden im südwestlichen Stadtbezirk. Ausgesprochene bidon ville-Slums neueren Datums liegen im peripheren Bereich inselartig und unregelmäßig im übrigen Stadtkörper verstreut, welcher, hier durch ‚gemischtes Stadtgebiet' gekennzeichnet, eine weite, ausgeuferte Mischzone, von mittleren und unteren Einkommensschichten bewohnt, darstellt und hie und da von gewerblichen und industriellen Arealen durchsetzt ist (*El-Shakhs* 1971, S. 243; *Brunn* und *Williams* 1983, S. 295).

Die so typische Invasion der Landflüchtigen in die wichtigen orientalischen Städte, vor allem in die Primat-Hauptstädte und größeren Provinzialhauptstädte der einzelnen Staaten, ist nirgends deutlicher und drastischer zu beobachten als in Kairo, das im Jahre 1917 nur 800 000 Einwohner zählte, von denen immerhin 10% oder 80 000 Europäer waren, die das Leben und die Wirtschaft der Stadt damals noch dominierten. Im Jahre 1947 hatte Kairo bereits 2 Millionen Einwohner, was eine jährliche Wachstumsrate von fast 5% ausmacht. Bis zu diesem Zeitpunkt konnte der Zustrom vom Lande noch innerhalb der bestehenden Stadt selbst aufgenommen werden, obwohl dies schon damals zu beträchtlich hohen Bevölkerungsdichten in den meisten alten Stadtbezirken geführt hat. Das änderte sich jedoch in den Jahren danach ganz wesentlich. Im Jahre 1960 lebten bereits 3,5 Millionen Menschen in Kairo, davon jedoch nur noch ein Drittel in der alten Stadt selbst. Die Wohnungsmisere und das soziale Elend, die beide heute in der ägyptischen Hauptstadt herrschen, stehen exemplarisch für die meisten großen Städte der orientalischen Entwicklungsländer. Mit seinen heute über 9 Millionen Einwohnern liegt die durchschnittliche Einwohnerdichte in Kairo bei über 25 000 Menschen pro Quadratkilometer; das ist wesentlich höher als in New York, obwohl die durchschnittliche Höhe der Wohnapartmenthäuser in Kairo nicht über vier bis fünf Stockwerken liegt. In der Medina und anderen älteren Stadtbezirken ist die Wohndichte bis über 100 000 Personen pro Quadratkilometer angestiegen. Die durchschnittliche Belegung pro Wohnraum liegt in Kairo bei 3,5 Personen. Auch solche Zahlen werden der entsetzlichen Armut noch lange nicht gerecht. Man muß sich dazu noch vor Augen halten, daß Hunderttausende von Landflüchtigen in den sogenannten Totenstädten am Ostrand der Stadt hausen, in den Grabstädten und Grabkammern ehemaliger Könige, Adliger und reicher Bürgerfamilien, sowie in den Gemeinschaftsgruften für Handwerksinnungen. In der Stadt selbst leben fast 800 000 Menschen auf den Flachdächern der Apartmenthäuser. Solange die Hütten, die sie dort oben errichten, nicht aus dauerhaftem Material sind, wie z. B. Ziegelsteinen, schreiten die Behörden nicht ein. Diese Menschen halten sich auch zahlreiche Kleintiere auf den Dächern von Kairo. Die schlimmsten elendigen Slums finden sich jedoch in den alten Industriedistrikten am Hafen und den Güterbahnhöfen (*Brunn* und *Williams* 1983, S. 290–294).

3.1.5 Die südafrikanische Stadt

3.1.5.1 Rassenvielfalt und Rassentrennung (Apartheid)

Die heutige Stadt in Südafrika ist ein interessantes Beispiel für den wirtschaftlich gelungenen Übergang von der in Afrika ursprünglich rein ausbeuterisch konzipierten europäischen Kolonialstadt des 19. und frühen 20. Jahrhunderts zu einer modernen vollwertigen Stadt eines im Rahmen Afrikas vergleichsweise außerordentlich erfolgreichen Entwicklungslandes. Das ist zweifellos vor allem der Tatsache zu verdanken, daß in Südafrika eine zahlenmäßig beträchtlich große autochthone weiße Bevölkerung zu Hause ist, deren Vorfahren seit dem Ende des Burenkrieges (1902), verstärkt dann aber seit dem Ersten Weltkrieg, in den ehemaligen Kolonialstädten Fuß faßten und diese zu ihrer echten permanenten afrikanisch-städtischen Heimat gestalteten. Die weiße Bevölkerung der Republik Südafrika ist heute insgesamt größer (knapp 5 Millionen), als es die europäische Bevölkerung in ganz Afrika während der zwanziger und dreißiger Jahre dieses Jahrhunderts, dem Höhepunkt europäischer Kolonialherrschaft auf diesem Kontinent, gewesen war.

Die Präsenz einer zahlenmäßig so starken autochthonen weißen Minderheit in Südafrika hat jedoch wesentlich weniger progressive Auswirkungen auf gesellschaftspolitischem und bürgerrechtlichem Gebiet mit sich gebracht. Die weiße Bevölkerung der Republik Südafrika, die zu etwa 45% aus Afrikanern (Abkömmlingen der sogenannten Buren), zu etwa 30% aus Anglo-Afrikanern (Abkömmlingen englischer, irischer und schottischer Einwanderer) und zu etwa 25% aus anderen Europäern besteht (vor allem Deutschen, Österreichern, Juden, Italienern und Portugiesen), hat es bisher verstanden, eine spätkoloniale bürgerrechtliche, politische und wirtschaftliche Vormachtstellung gegenüber den nichteuropäischen Einwohnern, allen voran den schwarz-afrikanischen Bantu, aufrechtzuerhalten. So ist eine ‚Entkolonialisierung' im politischen Sinne, d. h. die im übrigen Afrika seit dem Ende des Zweiten Weltkrieges so typische Übernahme der Staatsmacht durch die schwarz-afrikanische Bevölkerung, in der Republik Südafrika bisher (1990) noch nicht vollzogen worden. Die weiße Minderheit wird seit 1982 durch eine politische Koalition mit der indischen Minderheit (ca. 800 000) und den Cape Coloureds (etwa 2,5 Millionen Mischlingsabkömmlinge malayischer und madagassischer Sklaven, Europäer und heute ausgestorbener Hottentotten) in ihrer Beharrung auf Vorherrschaft und ‚getrennter Entwicklung der Rassen' (Apartheid) unterstützt. Das anachronistische Ras-

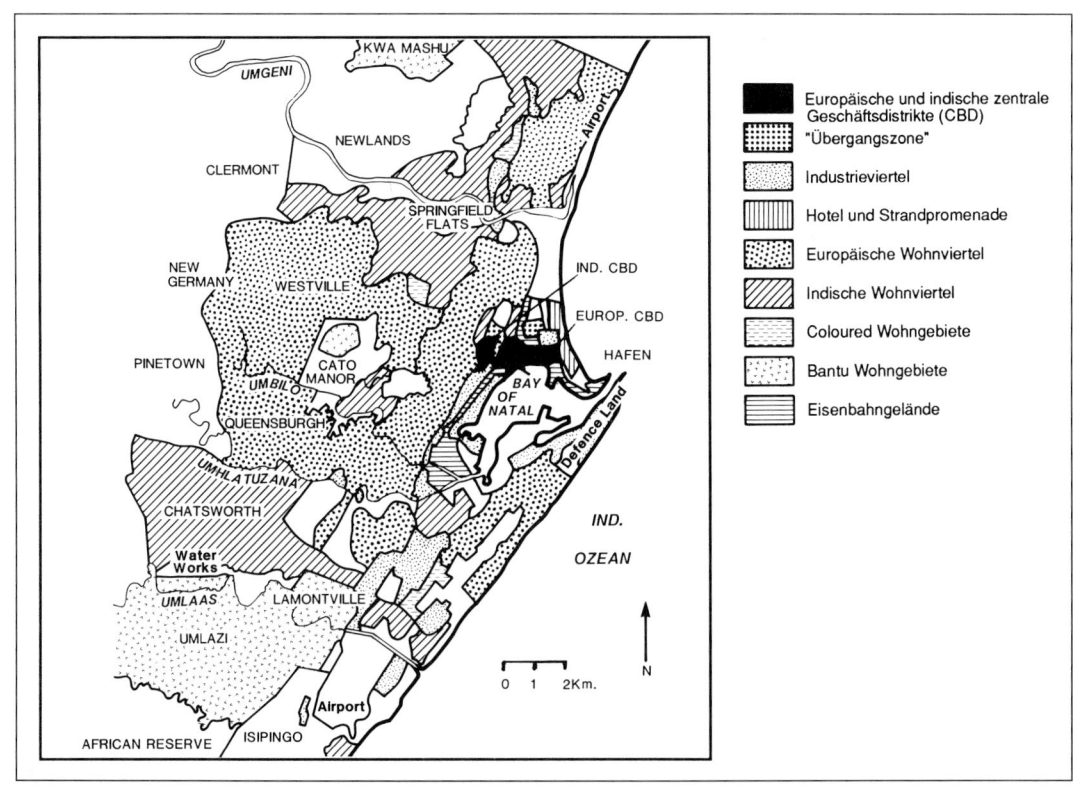

Abb. 3.1/16
Viertelsbildung in Durban (Apartheidstadt)
Entwurf: L. Holzner

sentrennungsregime der Republik Südafrika hat sich so trotz wachsender Proteste der Weltöffentlichkeit bisher behaupten können. Die schwarz-afrikanische Bevölkerung, zahlenmäßig in der Mehrheit (ca. 18 Millionen), wegen ihrer stark diversen nationalethnischen Unterschiede jedoch uneins, zumindest untereinander mißtrauisch, bietet dem herrschenden Regime seit einigen Jahren wachsenden, meist passiven, immer öfter aber auch gewaltsamen Widerstand. Sie fügt sich aber z. Z. noch selbst größeren Schaden zu als dem herrschenden Regime, wie etwa durch die grausamen öffentlichen Exekutionen von ‚Kollaborateuren'. In der Regel vergreifen sich dabei Angehörige eines Bantu Volkes, wie z. B. Zulu, an denen anderer Völker, wie z. B. Xhosa oder Nguni.

Eine unmittelbare, geographisch relevante Folge der Apartheid-Gesetzgebung in den Städten ist die strenge Wohnsegregation der Rassen. Obwohl Wohnsegregation verschiedener ethnischer oder rassischer Bevölkerungsgruppen durchaus nicht auf südafrikanische Städte beschränkt ist (man denke nur an die Rassengettos in den US-amerikanischen Städten), ist doch die Rassensegregation in Südafrika insoweit eine Anomalität als sie die letzte in der Welt ist, die nicht nur de facto, sondern de jure besteht. Die südafrikanische Stadt wurde so zu einer geplanten ‚Apartheidsstadt' (*Davies* 1981, bes. S. 69). Das Gesetz des Landes schreibt vor, daß Menschen einer bestimmten Rassenzugehörigkeit in einem dafür ausersehenen ‚definierten' Stadtteil (defined group area) residieren müssen und auch nur dort Besitzrechte erwerben können (*Holzner* 1970, S. 86ff.) (Abb. 3.1/16).

Apartheid in Südafrika und der ihr zugrunde liegende Rassismus (Überheblichkeitsdünkel auf Grund rassischer Zugehörigkeit) bringen eine geographische Beschreibung und Analyse der inneren Struktur südafrikanischer Städte in die unangenehme Nähe weltanschaulicher Emotionen. Im folgenden soll dies vermieden werden und die politisch-weltanschaulichen Wertungen der derzeitigen südafrikanischen Wirklichkeit dem einzelnen Leser überlassen bleiben. Dem Geographen steht es an, räumliche Strukturen zu erkennen, zu beschreiben und zu erklären, nicht jedoch moralisch Partei zu ergreifen und das vermeintlich Gute vom Bösen zu scheiden.

3.1.5.2 Geschichtliche Entwicklung

Städte sind im Afrika südlich der Sahara, mit Ausnahme der Agrostädte der Yoruba im heutigen Nigeria und der städtischen Siedlungen in Äthiopien, erst von Europäern angelegt worden, sind also kulturgeographisch gesehen aufgesetzte Fremdkörper. Die erste permanente europäische Siedlung im heutigen Südafrika war Kapstadt, welches 1657 von der Niederländischen Ostindiengesellschaft gegründet und lange von dieser als Stützpunkt für ihre Schiffsverbindungen mit dem Mutterland benutzt wurde. Weitere Hafensiedlungen waren später Port Elizabeth (1820), Durban, der Hafen von Natal (1824) und East London (1845). Im Landesinneren kam es zu städtischen Siedlungen, als die Buren dort eigene Republiken gründeten, z.B. Potchefstroom (1838), Bloomfontein (1846) und Pretoria (1846), bzw. als die Engländer begannen, das südliche Afrika in ihr Weltreich zu integrieren und Militär- und Verwaltungsorte gründeten, wie z.B. Grahamstown (1820), Bathurst (1820) und Adelaide (1834), sowie bergbauliche Ausbeutung zu betreiben, z. B. Kimberley (Diamanten 1867) und Johannesburg (Gold 1886). Alle diese neuen Städte waren in der Regel einseitig kolonial orientiert (unifunktional), d.h. sie waren entweder reine Bergbau- bzw. Hafenstädte oder Militär- und Verwaltungsorte.

Die südafrikanischen Städte haben erst durch die während und nach dem Ersten Weltkrieg einsetzende Industrialisierung einen vollstädtischen, d.h. multifunktionalen Charakter erhalten. Die entstehende Industrie belebte den Einzel- und Großhandel und förderte handwerkliche Betriebe aller Art. Das Schul- und Hochschulwesen blühte auf, und Dienstleistungen aller Art, vor allem auch im Bank- und Versicherungswesen, modernisierten das Wirtschaftsleben in den südafrikanischen Städten (*Klimm, Schneider* und *Wiese* 1980, bes. S. 153–176 und S. 177–208). Nach dem Zweiten Weltkrieg ist die Bedeutung des Tertiärsektors vor allem in den großen Städten Südafrikas weiterhin stark gestiegen (Johannesburg, Pretoria, Kapstadt, Durban). Vorwiegend unter der weißen Bevölkerung hat diese Vielgestaltigkeit der städtischen Wirtschaft allmählich zu einer ähnlich mehrschichtigen und im Siedlungsgefüge manifestierten Klassenstruktur geführt, wie sie besonders in den Städten der Vereinigten Staaten anzutreffen ist. Auch hier bildeten sich in den weit ausschwärmenden Wohnvororten aufgrund selektiver, meist auf Einkommens- und Berufsunterschieden beruhender Segregation der verschiedenen Klassen ausgeprägte soziale Viertel heraus (*Davies* 1964). Eine gewisse ethnische Segregation überlagert diese sozioökonomische Wohnsegregation insofern, als die Anglo-Südafrikaner, die afrikanischen Südafrikaner (Buren), die Juden und die neueingewanderten Europäer, z.B. aus Mozambique, Portugal, Spanien, Italien und Mitteleuropa, jeweils zu gewissen Berufen hinzutendieren scheinen und somit hier eine sowohl ethnische als auch sozialökonomische Arbeitsteilung der weißen städtischen Gesellschaft in der Wohnviertelsbildung ihren Ausdruck findet.

In den Zentren der größeren Städte entwickelten sich mit der Zeit ausgeprägte zentrale Geschäftsbezirke, sogenannte Central Business Districts (CBD), die heute, ganz wie in US-amerikanischen Städten, dichte Hochhausbebauung aufweisen. Hier stehen, wie z.B. in Johannesburg, die eindrucksvollen schimmernden ‚Towers' der Banken und Versicherungsgesellschaften, die Luxushotels und, am höchsten und luxuriösesten von allen, die Verwaltungshochhäuser der großen Bergwerksgesellschaften Südafrikas, wie z.B. der Anglo-Transvaal und der halbstaatlichen und staatlichen Gesellschaften wie ISCOR (Eisen und Stahl), ESCOM (Elektrizität), SAA (South African Airlines) und SAR (South African Railways).

Die südafrikanischen Innenstädte haben bis heute, anders als die US-amerikanischen, einen ausgesprochen multifunktionalen Charakter beibehalten, einschließlich der Wohnfunktion (Abb. 3.1/17).

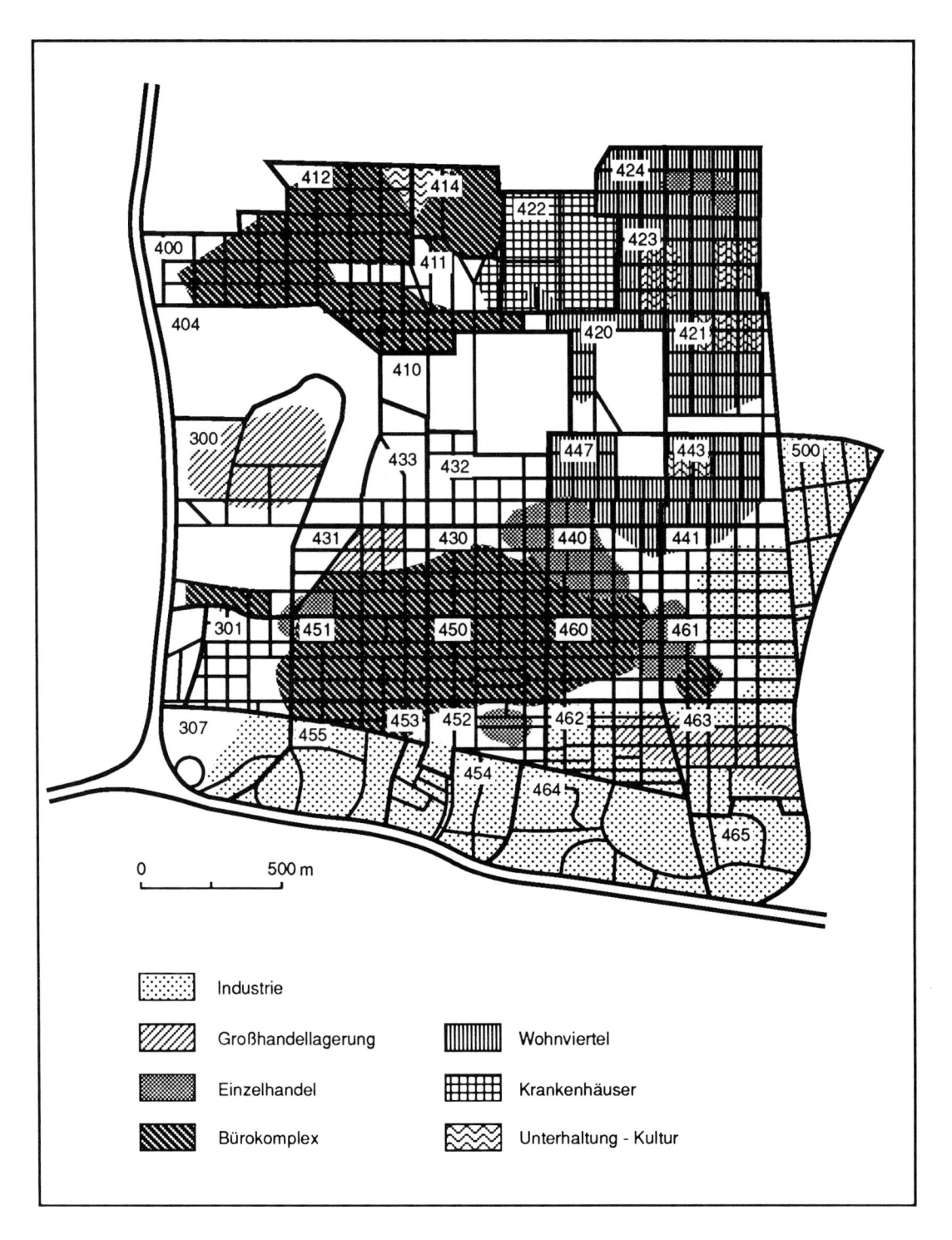

Abb. 3.1/17
Multifunktionales Stadtzentrum Johannesburg
Entwurf: L. Holzner

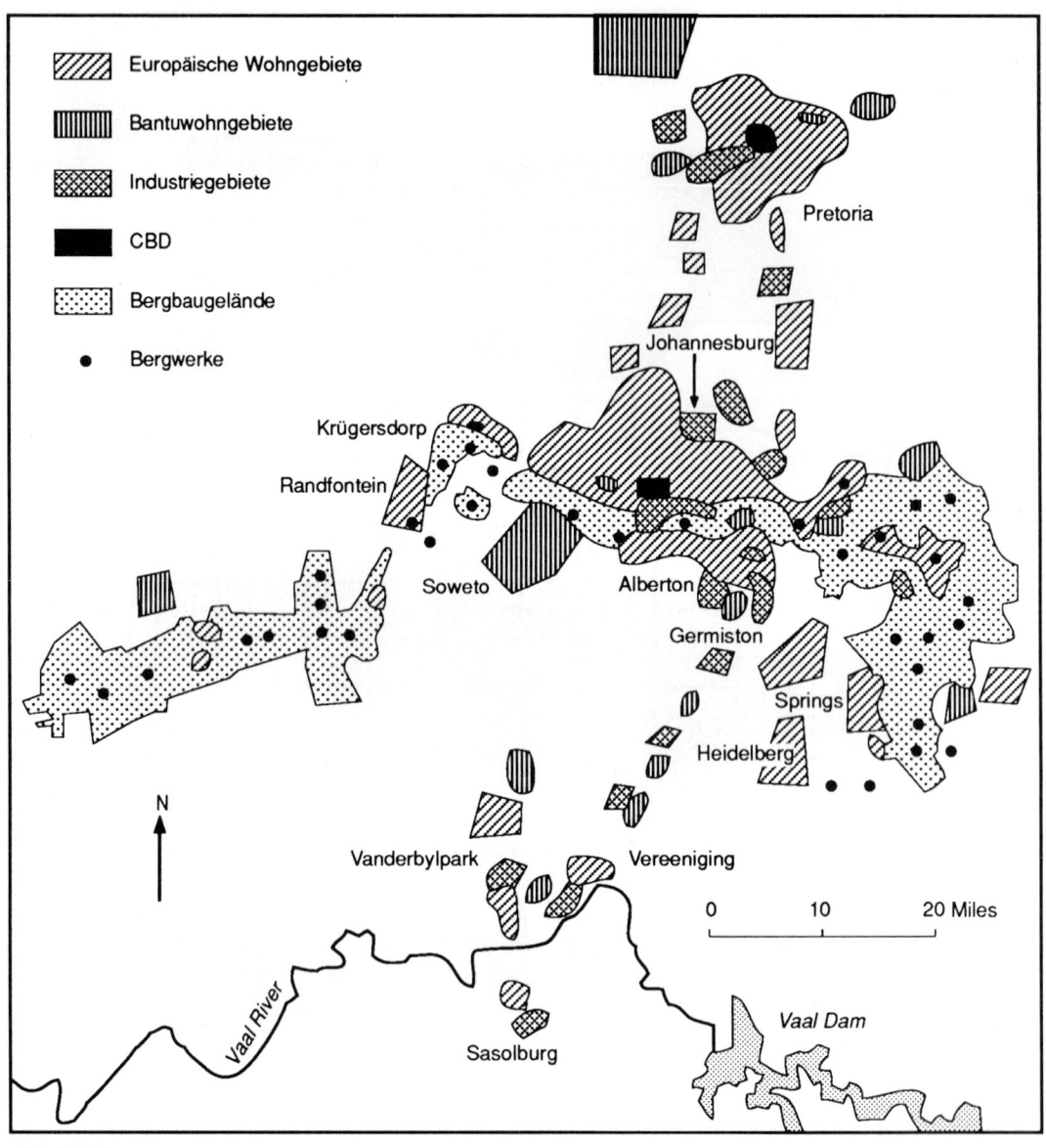

Abb. 3.1/18
Funktionale Zonen der Pretoria Witwatersrand Vereeniging-Konurbation
Entwurf: L. Holzner

Wie die westeuropäischen Stadtzentren haben die südafrikanischen Innenstädte aber auch ihre Vorherrschaft als Arbeitsplatz- und Einkaufszentren im Rahmen der metropolitanen Stadtregionen erhalten können. Mehr als die Hälfte aller im Großraum Johannesburg-Witwatersrand Beschäftigten z. B. arbeiten in der Johannesburger Innenstadt. Mehr als 60% des Einzelhandelsumsatzes der Großstadtregion Johannesburg-Witwatersrand wird in der Innenstadt von Johannesburg getätigt, wo dementsprechend auch die bei weitem größte Einzelhandels-Verkaufsfläche zur Verfügung steht.

3.1.5.3 Die Pretoria Witwatersrand Vereeniging-Konurbation

Die Pretoria Witwatersrand Vereeniging-Konurbation (PWV-Komplex) ist mit über 6 Millionen Einwohnern die größte Stadtregion im ganzen südlichen Afrika (Witwatersrand-Johannesburg einschließlich Soweto 4,8 Millionen, Pretoria 800000, Vereeniging-Vanderbijlpark-Sasolburg 550000) (Abb. 3.1/18). PWV ist darüber hinaus die bedeutendste westlich entwickelte industrielle, bergbauliche und tertiärwirtschaftliche Stadt-Agglomeration auf dem gesamten afrikanischen Kontinent. Hier werden fast 60% des tertiären Bruttosozialprodukts der Republik Südafrika erstellt (*Schneider* und *Wiese* 1983, S. 30ff.). Hier befindet sich auch die insgesamt größte Ansammlung an verarbeitenden Industrieunternehmen auf dem afrikanischen Kontinent (über 50% der Industrieproduktion der Republik Südafrika).

Die verarbeitende Industrie entwickelte sich nach dem Ersten Weltkrieg im allgemeinen in denjenigen Städten des Witwatersrand, in welchen der Goldbergbau langsam zum Erliegen kam. Damit wurde gezielt die Umstellung auf andere Wirtschaftsbereiche eingeleitet. Die zentral-staatliche Planung hat dabei eine maßgebliche Rolle gespielt. Dabei ist Johannesburg jedoch, trotz seiner überragenden bevölkerungsmäßigen und wirtschaftlichen Stellung (über 1,7 Mill. Einwohner), heute nicht der Hauptstandort für Industrie im PWV Komplex. Vielmehr hat sich Johannesburg nach dem Schließen der meisten seiner Goldbergwerke zum Handels- und Verwaltungszentrum und zur bevorzugten Wohn- und Einkaufsstadt innerhalb der gesamten Konurbation entwickelt (*Holzner* 1983). Die meisten und wichtigsten Industriebetriebe siedelten sich in den kleineren Städten außerhalb von Johannesburg an. Dies liegt z.T. daran, daß die Industrie auf günstige Verkehrsverbindungen zur Herbeischaffung benötigter Rohstoffe sowie auf billiges ungenutztes und möglichst flaches Ansiedlungsland achten mußte, welches in Johannesburg nicht im Überfluß vorhanden war. Die Industrie fand diese Voraussetzungen südlich der Bergwerkszone, die selbst, wegen der Unterhöhlung, keine Bebauung erlaubt und heute die Trassen der neuen Stadtautobahnen trägt. Industrie findet sich vor allem südöstlich von Johannesburg, dort, wo eine natürliche Depression den relativ steilen Rücken des Witwatersrand unterbricht, nämlich bei den Städten Germiston, Alberton (1905) und Kempton Park (1935). Hier, und nicht in Johannesburg, trafen auch von Anfang an die beiden wichtigsten Eisenbahnlinien und Fernstraßen des Witwatersrand zusammen. Die nord-südlich verlaufende Eisenbahnlinie, welche Kapstadt mit dem Witwatersrand und mit der Hauptstadt Pretoria sowie Botswana und Simbabwe (früher Rhodesien) verbindet, kreuzt sich bei Germiston mit der Eisenbahnlinie, die zu den Kohlegruben des östlichen Tansvaal bei Witbank und nach Durban führt. In einem Land, dessen Regierung seit der Zeit nach dem Ersten Weltkrieg die Beförderung von Gütern mit der staatlichen Eisenbahn subventioniert und z.T. sogar vorschreibt, ist es nicht verwunderlich, daß sich ebenfalls durch die Regierung geförderte Industriebetriebe an einem solchen Eisenbahnknotenpunkt niederließen, zu dem sich Germiston schon relativ früh entwickelt hatte. Germiston ist heute eine der wichtigsten Industriestädte der Republik Südafrika.

In den Städten des sogenannten Ostrand und Westrand sind die Goldbergwerke noch heute fündig und spielen dementsprechend noch eine bedeutende Rolle im Wirtschaftsleben. Im Norden der Konurbation, seit etwa 1980 nun tatsächlich fast vollständig mit Johannesburg zusammengewachsen, hat sich die Hauptstadt Pretoria dank vorhandenen Geländes und gezielter Planungs- und Investitionsmaßnahmen der Regierung ebenfalls zu einem wichtigen Industriestandort entwickelt, obwohl die Stadt natürlich vor allem Regierungs- und Verwaltungszentrum der Republik ist. Im Süden der PWV Konurbation, nahe den großen Elektrizitätswerken des Vaal Dammes und um die Kohlegruben von Vereeniging, entstanden weitere neue industrielle Zentren: Vanderbijlpark (1942) und Sasolburg (1954), vor allem bekannt durch die synthetischen Benzin- und Gummiwerke.

So haben in dieser großen Konurbation, welche in der Form eines großen Kreuzes mit geschwungenem ost-westlichen Querbalken angelegt ist, die einzelnen städtischen Kernräume spezielle Funktionen übernommen, gleichsam im Sinne einer inter-, nicht nur einer innerstädtischen Viertelsbildung und Arbeitsteilung, wobei die Industriegebiete meist dezentralisiert in den äußeren Zonen vorzufinden sind. Dies ist neben den oben angeführten historischen und standörtlichen Gründen auch noch auf die bewußte Planung der Regierung im Zusammenhang mit der Apartheid-Doktrin zurückzuführen. Verarbeitende Industrien stützen sich sehr stark auf die billige Arbeitskraft der schwarz-afrikanischen Bevölkerung. Diese muß jedoch in den ihnen zugewiesenen Wohngettos, auch Locations oder Townships genannt und meist in größerem Abstand von den Städten selbst gelegen, wohnen. Wenn Industrien nahebei angelegt werden, können die Schwarzafrikaner dorthin zur Arbeit pendeln, ohne in die ‚weißen' Städte zu müssen. Das gleiche gilt für die sogenannten Grenzindustrien (border industries), die in der Regel zwischen größeren ‚weißen' Städten und nahegelegenen Bantu ‚Homelands' errichtet wurden, so z. B. westlich von Pretoria, wohin die schwarzen Arbeiter aus den riesigen Wohnstädten Garan Kuwa und Mabopane von jenseits der ‚Grenze' in Bophutatswana pendeln müssen (*Holzner* 1972).

Obwohl die verarbeitende Industrie in der Viertelsbildung südafrikanischer Städte relativ weite Flächen einnimmt (moderne Industrien bevorzugen bekanntlich horizontale Bauweise), ist ihre Ausdehnung mit derjenigen des Bergbaugeländes in keiner Weise zu vergleichen. Die PWV Konurbation ist zwar insgesamt der größte Standort verarbeitender Industrie in Südafrika; trotzdem fällt diese sowohl im Aufriß als auch in der Viertelsbildung selbst viel weniger auf als die Bergwerke mit ihren Fördertürmen und vor allem den charakteristischen riesigen, in grellem Gelb, Rot und Weiß leuchtenden Abraumhalden oder ‚mine dumps', Wahrzeichen des Witwatersrand, durch welchen sie sich quer von West nach Ost in einem breiten Band hinziehen, unmittelbar südlich des zentralen Geschäftsbezirks (CBD) von Johannesburg selbst vorbei (vgl. Abb. 3.1/18).

Flächenmäßig an zweiter Stelle nach dem Bergwerksgelände stehen in der Bodennutzung der PWV Konurbation die für Wohnzwecke genutzten Gebiete. Da PWV eine beträchtliche Zahl verwaltungsmäßig selbständiger Städte enthält (daher ja auch der Begriff Konurbation), sind auch die Wohngebiete nicht zusammenhängend oder kontinuierlich angelegt. Die bewußte geographische ‚Separierung' der für die verschiedenen Rassen vorgeschriebenen Bezirke (Apartheidsstadt) tut ihr übriges, ein vielseitiges Mosaik unterschiedlicher Wohnareale zu schaffen. Die mit Abstand größte Wohnstadt der Europäer im PWV ist die Stadtgemeinde Johannesburg, die mit einer Gesamtbevölkerung von über 1,7 Millionen überhaupt die volkreichste im Lande ist. Das größte geschlossene ‚weiße' Wohngebiet in Johannesburg liegt nördlich der Innenstadt. Hier, in den sogenannten Northern Suburbs, wohnen fast 600 000 Weiße. Es ist, wenn man so will, die größte ‚Nur-Europäer-Stadt' (All-European-Town) auf dem afrikanischen Kontinent.

Die vorwiegende Hausform der Weißen ist das englische Einfamilienhaus, und daher ist die Wohndichte mit etwa 6000 Personen pro km^2 recht gering. Obwohl in den meisten Städten Südafrikas natürlich auch noch schwarze Afrikaner leben, so z.B. in den beiden letzten noch nicht gänzlich beseitigten südafrikanischen Bantu Slums (Alexandra in Johannesburg und Crossroads in Kapstadt), wohnen die meisten städtischen Bantu in von den eigentlichen Städten geographisch separaten und in der Regel auch verwaltungsmäßig ausgegliederten ‚Townships', früher auch ‚Locations' genannt. Die größte aller Bantu Townships in ganz Südafrika heißt Soweto (eine Abkürzung für South-Western-Townships) und liegt südwestlich von Johannesburg.

3.1.5.4 Soweto

Soweto ist seit 1982 offiziell eine eigene Verwaltungseinheit mit Selbstverwaltung der Schwarzen. Hier, auf 68 km^2, leben heute etwa 1,5 Millionen Menschen. Das ergibt eine enorm hohe mittlere Bevölkerungsdichte, und zwar von etwa 22 000 Personen pro km^2. Die vorwiegende Wohnweise ist auch hier, wie in den Wohngettos der Weißen, der Inder und der Coloureds in Südafrika ganz allgemein, das Einfamilienhaus (Abb. 3.1/19).

In den Bantu-‚Townships' sind die Grundstücksparzellen in der Regel sehr klein und die einzelnen Wohnungseinheiten überbelegt. Die sehr hohe durchschnittliche Wohndichte wird auch noch durch

Abb. 3.1/19
Wohnhäuser für Bantu in Soweto
Foto: L. Holzner

die ‚Hostels' erhöht, in denen alleinstehende männliche Arbeiter kasernenartig untergebracht sind. Diese sind meist ‚Gastarbeiter' aus dem Ausland, wie z. B. Botswana, Lesotho oder Simbabwe.
Die schwarzen Einwohner der Townships wurden, wenn möglich, entsprechend ihrer volksmäßigen Herkunft, getrennt angesiedelt, d. h. Angehörige der Nguni, Sotho, Zulu, Shangan, Venda Nation usw. leben jeweils in bestimmten Stadtteilen (Bantu bevorzugen den Begriff ‚nation', da ‚tribes', also Stämme, lediglich Untergruppen eines Bantuvolkes sind) (Abb. 3.1/20).
Die getrennte Ansiedlung nach Volkszugehörigkeit entspricht weniger dem ausdrücklichen Wunsch der Bantu als vielmehr dem Plan der südafrikanischen Regierung, möglichst die alten Sprach-, Stammes- und Volksunterschiede der Bantu aufrechtzuerhalten, damit sich, wenn möglich, keine einheitliche städtisch assimilierte Bantugesellschaft entwickeln kann. Im Erscheinungsbild auffälliger ist die ebenfalls von den Regierungsbehörden bewußt angestrebte Wohntrennung der verschiedenen Sozialklassen der Bantubevölkerung. In den Bantu-Townships wurden in verschiedenen Vierteln Wohnhäuser unterschiedlicher Qualität errichtet und die Mieten bzw. Kaufpreise entsprechend gestaffelt. Die Mehrzahl der städtischen Bantu sind entweder ungelernte Arbeiter (ca. 30–40%), gelernte Arbeiter (ca. 20–30%) oder Arbeitslose (ca. 20–30%). Dementsprechend sind auch in der Regel die meisten der von der Regierung errichteten Wohnhäuser von einfacher bis einfachster Qualität und kosten nur niedrige Mieten bzw. können heute relativ billig von den Bewohnern käuflich erworben werden, wenn schon der Grund und Boden derzeit lediglich in Erbpacht mitgeht. Es muß an dieser Stelle festgehalten werden, daß selbst die einfachsten Wohnhäuser in südafrikanischen Bantu-Townships von besserer Qualität sind als etwa die Hütten und Buden in den sogenannten ‚Squatter Settlements' am Rande der meisten größeren Städte im übrigen Afrika. Dem südafrikani-

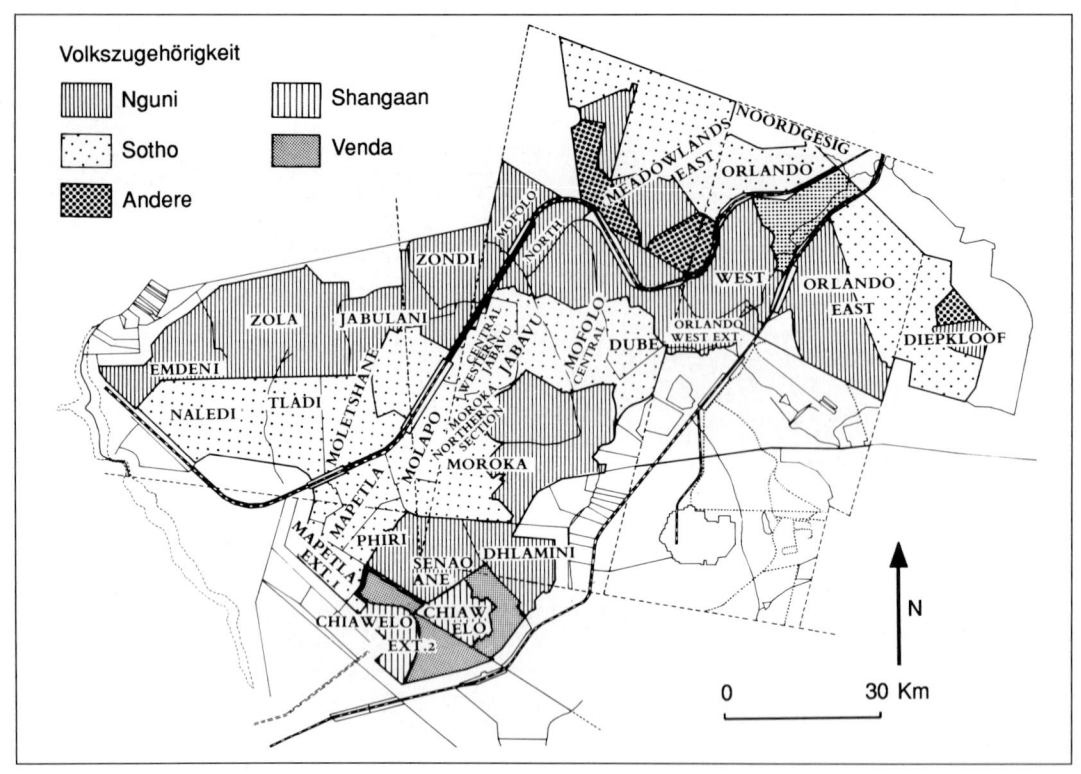

Abb. 3.1/20
Getrennte Ansiedlungen verschiedener Bantuvölker in Soweto (Teilansicht)
Entwurf: L. Holzner

schen Apartheid-Regime liegt ja viel an einer ‚kontrollierten' und ‚ordentlichen' Unterbringung der schwarzen städtischen Bevölkerung. Südafrikanische Bantu sprechen daher auch von ihrem ‚vergoldeten Käfig' (guilded cage).

Dies gilt vor allem für die professionalen Berufsangehörigen unter den Afrikanern, wie z. B. Ärzte, Lehrer, Rechtsanwälte, Ingenieure, Universitätsprofessoren usw. (etwa 6–8% der berufstätigen städtischen Bantubevölkerung) und Angehörige anderer sogenannter ‚white collar'-Berufe (Verwaltungsangestellte, Zeichner, Verkäufer usw., heute etwa 12–15%). Sie verfügen über Einkommen, die es erlauben, z. T. auffallend schöne und aufwendige Häuser zu errichten oder zu erwerben. Doch auch diese müssen laut Gesetz in Townships konzentriert sein. In solchen wohlhabenden Vierteln sind die Villen in der Regel mit hohen Mauern zum Schutz gegen Einbrecher oder Vandalismus umgeben, nicht anders als die Häuser wohlhabender Weißer in ihren eigenen Wohngettos.

Soweto hat eine junge Bevölkerungsstruktur: über 60% sind unter 16 Jahre. Über 300 weitläufige Schulen aller Art gibt es, die in der inneren Struktur von Soweto dementsprechend auch ein herausragendes Element darstellen (Abb. 3.1/21). Soweto ist, wie auch die übrigen Bantu-Townships in Süd-afrika und nicht anders als die segregierten weißen, indischen und Coloured Wohnbezirke oder ‚suburbs', vorwiegend Schlafwohnort. Während etwa 72% der US-amerikanischen Vorortbewohner auch außerhalb der Zentralstädte arbeiten, finden nur etwa 12% der beschäftigten Vorortbewohner in Südafrika auch Arbeitsplätze in den Vororten. Vor allem in den Bantu-Townships wie Soweto fehlt fast jede wirtschaftliche Grundlage. Es gibt einige Lebensmittelläden und Gemüsemärkte, Bierhallen, Drogerien, Apotheken und Autoreparaturwerkstätten (Abb. 3.1/21 verzeichnet diese unter dem Symbol ‚Läden'). Sie können jedoch nur etwa die Hälfte des Bedarfs der Bevölkerung auf diesen Gebieten

Abb. 3.1/21
Typische Landnutzung in Soweto (Teilansicht)
Entwurf: L. Holzner

decken. Die andere Hälfte wird in Johannesburg eingekauft. Die Einkaufszentren oder ‚Shopping Centers' in den Bantu-Townships sind in der Regel so klein und unzureichend, daß viele Lebensmittel, besonders selbstgezogenes Gemüse und Obst, von Privatpersonen an Straßenecken, Bushaltestellen und Bahnhöfen ‚verhökert' werden. Alles übrige muß in Johannesburg eingekauft werden, vor allem Kleidung, Möbel, Eisen- und Haushaltsgegenstände, Autos, Reifen, Fahrräder, Radio- und Fernsehapparate.

Die überwiegende Mehrzahl der arbeitenden Bevölkerung von Soweto pendelt täglich nach Johannesburg, Springs, Benoni, Germiston oder anderen Städten im PWV zur Arbeit. Während eines Arbeitstages sind die Straßen von Soweto fast menschenleer, nur während der Schulpausen wimmelt es von Hunderttausenden von Schulkindern, als sei dies eine Kinderstadt. Erst am Abend, wenn die Väter und Mütter von der Arbeit zurückkommen, füllen sich die Straßen auch wieder mit Erwachsenen. Es ist dann durchaus nicht verwunderlich, daß es vor allem diese meist auf sich gestellten Kinder und Jugendlichen sind, die sich in letzter Zeit am Tage zu Protestdemonstrationen gegen ‚Apartheit' zusammenrotten. Die Revolte der südafrikanischen Bantu in den Städten ist vorwiegend die Sache der Jugend.

Nur etwa 40% aller Haushalte in Soweto besitzen ein eigenes Auto oder Motorrad. Die Entfernung zur Arbeit in den Städten ist aber meist zu groß, um entweder zu Fuß oder mit dem Fahrrad bewältigt werden zu können. So sind die meisten Einwohner der Bantu Townships auf öffentliche Transportmittel angewiesen. Am wichtigsten ist die staatliche Eisenbahn, die etwa 70% des täglichen Berufsverkehrs in Südafrika bewältigt. Innerhalb der PWV-Konurbation allein registriert die South African Railways etwa 1,4 Millionen Passagiere pro Tag. 60% dieser Massen werden in den Stoßzeiten am Morgen, Mittag, Abend und an Samstagen (beliebter Einkaufstag) gezählt. Die Züge sind dann in der Regel überfüllt, und Raub und Diebstahl sind an der Tagesordnung.

Die Bantustädte werden von der weißen Gesellschaft immer noch im wesentlichen als provisorische, nur geduldete Arbeitercamps angesehen. Unter dem Druck der Weltöffentlichkeit hat man wohl der Mehrheit der schwarzen städtischen Bevölkerung Dauerwohnrecht eingeräumt. Sie können jetzt auch Häuser käuflich erwerben, was unter der früheren Apartheid-Gesetzgebung nicht möglich war. Dennoch ist es der weißen Bevölkerung noch nicht ganz klar geworden, daß der schwarze Mitbürger nicht mehr nur geduldet werden will. Es geht diesem schon längst nicht mehr um ‚Verbesserungen' seines Daseins, sondern um volle bürgerrechtliche Gleichberechtigung.

3.1.5.5 Ein südafrikanisches Stadtmodell

Zum Abschluß soll auch für die südafrikanische Stadt mit einem schematisierten Landnutzungsmodell der Versuch unternommen werden, die oben vor allem am Beispiel Witwatersrand bzw. PWV-Konurbation beschriebene Viertelsbildung vereinfacht darzustellen (Abb. 3.1/22) (siehe auch *Schneider* und *Wiese* 1983, S. 163; *Hofmeister* 1983).

Es sollte bei der Betrachtung dieses Modells berücksichtigt werden, daß ein gewisser Unterschied zwischen den südafrikanischen Binnenstädten und den an der Küste gelegenen städtischen Verdichtungsräumen (Hafenstädte) besteht. Man sollte sich daher beim vorliegenden Modell im letzteren Fall das Bergbaugelände durch das Hafengelände ersetzt denken und dazu eventuell die Karte ,,Viertelsbildung in Durban (Apartheidsstadt)" (Abb. 3.1/16) zu Hilfe nehmen.

Das vorliegende Modell der südafrikanischen Binnenstadt zeigt deutlich, wie wesentlich die innere Struktur der Stadt in Südafrika wegen der in diesem Lande vorherrschenden kulturgenetischen, in diesem Falle vor allem historischen, gesellschaftspolitischen und ethnisch-rassischen Besonderheiten dieses nachkolonialen Landes in Afrika von anderen kulturgenetischen Stadttypen abweicht.

3.1.6 Die lateinamerikanische Stadt
3.1.6.1 Zur Orientierung

Die lateinamerikanische Stadt ist trotz ihrer gut 400jährigen Geschichte, die in der Eroberung, Unterwerfung und Kolonisierung der ‚Neuen Welt' von Mexico bis Feuerland durch die Spanier und Portugiesen wurzelt, im großen und ganzen neuer und ‚heutiger' als selbst die US-amerikanische Stadt. Straßengrundriß der Innenstädte, Prachtbauten der säkularen und sakralen Autoritäten, in den spanisch-lateinamerikanischen Städten typischerweise um die zentrale Plaza herum plaziert, oder die Bürgerhäuser des 18. und 19. Jahrhunderts sind architektonische Reste vergangener Epochen. Die riesigen Städte von heute mit ihren schimmernden Hochhäusern und breiten Boulevards, den eleganten Strandhotels und supermodernen Regierungsgebäuden, aber vor allem mit den weit ins Land, über Hügel und Berghänge sich ausdehnenden Elendsvierteln der Wildsiedler-Vororte, in der englischen Literatur ‚squatter settlements', in Lateinamerika ‚Favelas' oder ‚Barrios' genannt, sind Ausdruck der heutigen Sozial- und Wirtschaftsstruktur eines Erdkreises, der unterentwickelt ist, sich aber auch nicht in allgemeiner ‚Entwicklung' befindet.

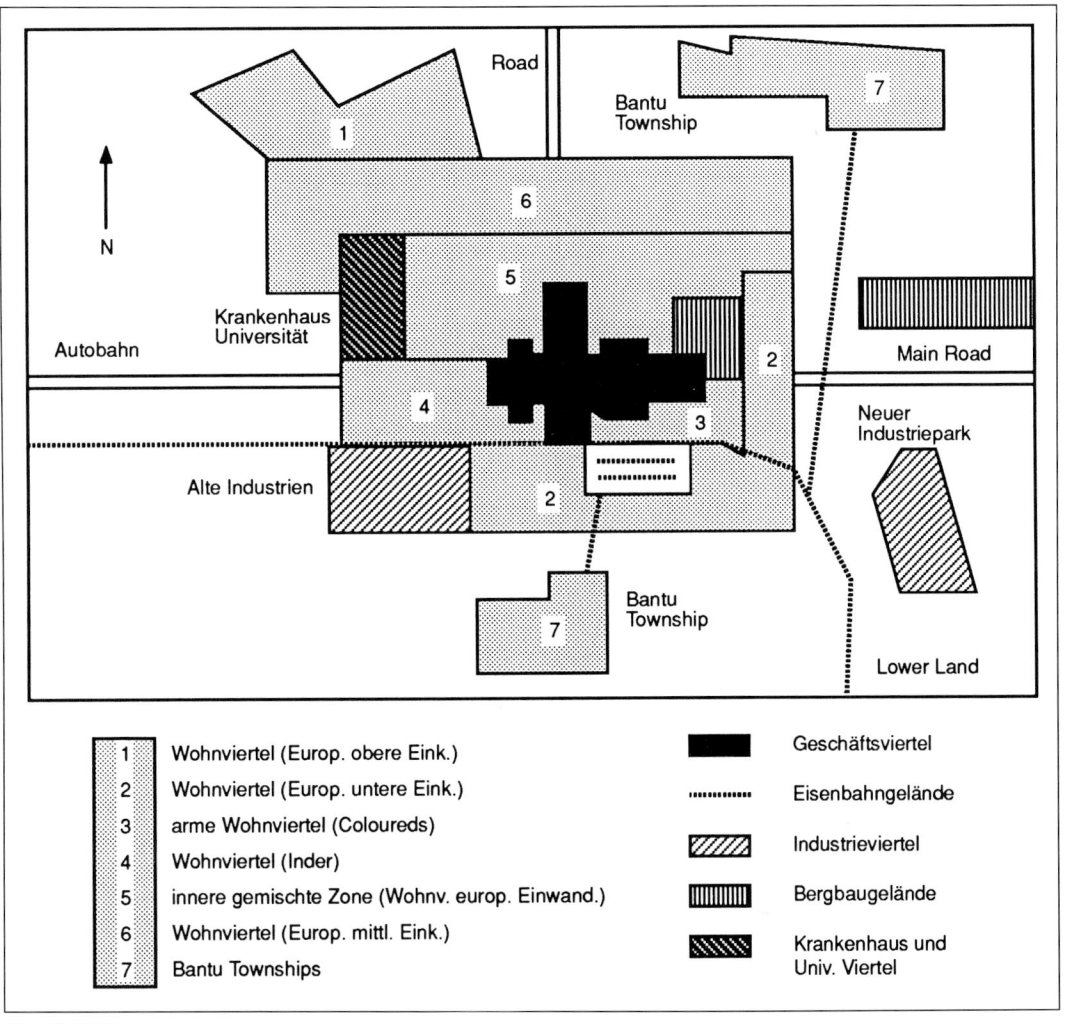

Abb. 3.1/22
Schematisches idealisiertes Landnutzungsmodell der südafrikanischen Binnenstadt
Entwurf: L. Holzner 1986 (in Anlehnung an *Schneider/Wiese* 1983, u. *Hofmeister*)

Es ist in der stadtgeographischen und soziologischen Literatur noch in den sechziger Jahren immer wieder optimistisch angenommen worden, daß Urbanisierung unweigerlich zu ‚Modernisierung' führt und daß die derzeitigen Probleme der lateinamerikanischen Städte, wie sie sich schon damals (übrigens auch in der restlichen unterentwickelten Welt) abzuzeichnen begannen, nur eine Übergangsphase darstellen. Ja man sah die Stadt nicht mehr als abhängige Variable, d. h. als Ausdruck und Ergebnis sozialer, wirtschaftlicher und demographischer Prozesse der Gesellschaft und Kultur, sondern als unabhängige Variable: die Stadt als der große Moderator und Katalysator des Wandels und der Verbesserung der Verhältnisse durch Modernisierung. Rasche Verstädterung der Bevölkerung in unterentwickelten Ländern sei nötig und zu begrüßen, da nur in der Atmosphäre und im Wirtschaftsleben wachsender Städte die illiteraten, vorindustriellen Menschen des armen Hinterlandes zu modernen, ‚urbanisierten' produktiven Gliedern der sich entwickelnden Gesellschaft werden könnten (*Butterworth* und *Chance* 1981, S. 198–199). Während der siebziger Jahre ist es immer mehr zum Ausdruck gekommen, daß dies durchaus nicht stimmt. Gerade in Lateinamerika hat sich gezeigt, daß

Urbanisierung nicht gleichbedeutend ist mit ‚nationaler Entwicklung'. Im Gegenteil haben sich hier, wie auch in anderen unterentwickelten, aber urbanisierenden Ländern, neue Formen der Unterentwicklung, der Ungleichheit und der Abhängigkeit herausgebildet. Lateinamerika ist eine Welt der Bevölkerungsexplosion, der Hoffnungslosigkeit vieler Millionen auf dem Lande, die ihr Heil in den großen Städten suchen, dort aber in diese neuen Formen von Abhängigkeit geraten, nämlich die der Ausweglosigkeit, der hoffnungslosen Armut und der erniedrigenden wirtschaftlichen wie politischen Machtlosigkeit.

3.1.6.2 Push und Pull: Landflucht und das Locken der Stadt

Gerade wegen der allgemeinen Armut, der chronischen wirtschaftlichen Rückständigkeit und der ungleich verteilten Ressourcen ist Lateinamerika heute einer der am meisten verstädterten Kulturkreise der Erde. Dies geschah gleichsam über Nacht und aus Not und hat die Städte und die Gesellschaft als Ganzes überfordert. Unglaublicher Luxus für wenige und für westliche Verhältnisse unbeschreibliches, ja unfaßbares Elend für die meisten stehen sich in allen Städten unmittelbar gegenüber. Die Armen auf dem Lande hatten wenigstens nicht chronische Hungersnot zu erleiden, konnte man doch in der Regel im ländlichen Milieu immerhin mehr oder weniger regelmäßig durch Tausch oder Sammeln oder Kleinanbau Nahrung beschaffen. Auch war dort, trotz primitiver medizinischer Verhältnisse, das Leben der meisten nicht ständig von Massenepidemien durch das Zusammenpferchen von Hunderttausenden oder gar Millionen auf engstem Raum bedroht. Dies ist in den großen Elendsvierteln der Favelas, dieser Blechhüttensiedlungen, ständig der Fall. Die Bevölkerungsdichte in den Barrios mit ihren meist einfachen Hütten ist oft doppelt so hoch wie in den älteren, auch nicht gerade feudalen Wohnvierteln näher zur Stadtmitte hin, in denen die Mehrzahl der Wohngebäude vier bis fünf Geschosse besitzt. Die ‚squatter'-Siedlungen bieten meist keine sanitären Einrichtungen wie Wasser- und Abwasserleitungen und kein elektrisches Licht. Die Arbeitslosigkeit wird oft auf 30 bis 40% geschätzt; genaue Angaben liegen meist nicht vor. Von denen, die Arbeit finden, verdienen die meisten nur Mindestlöhne, die oft nicht einmal ausreichen, die vielköpfige Familie mit Nahrung zu versorgen.

Doch immer mehr Menschen kommen hinzu. Sie ziehen mit ihrer ganzen Familie in die winzige Bude zu ihren Verwandten, die diese für sich selbst und ihre eigene Familie gebaut haben. Die Hoffnungslosigkeit des Lebens auf dem Lande treibt alle fort. Es gibt keine Zukunft, am wenigsten noch für die Kinder, keine Arbeit auf den Feldern, die zudem meist noch anderen gehören, oft keine Schulen. Vor allem aber gibt es auch keine Abwechslung, Freude, Feste. All das, dazu die Überbevölkerung überhaupt, treibt die Menschen von zu Hause fort, was man mit ‚Push'- oder Austreib-Faktor bezeichnet hat. Und die Städte winken: mit Bildern und Tönen der blinkenden Straßen und Läden und strahlenden Gebäuden, den Autos und neuen Kleidern, mit spektakulären Erfolgsgeschichten von ehemaligen Favela-Bewohnern, die es schafften, ganz groß zu werden, wie Pele; mit Musik, Reklame, suggestiven Worten und Bildern, die übers Radio und Fernsehen aus den großen Städten aufs Land ausgestrahlt werden. Dies nennt man den ‚Pull'- oder Lock-Faktor.

Im Jahre 1925 lebten noch fast 70% der lateinamerikanischen Gesamtbevölkerung auf dem Lande. Das knappe Drittel der in den Städten Lebenden verteilte sich auf größere und kleinere Städte, obwohl schon damals ein wachsender Trend zu den großen ‚Primatstädten' hin zu verzeichnen war (*Jefferson* 1939). Noch im Jahre 1950 lebten erst knapp über 40% der lateinamerikanischen Bevölkerung in Städten. Jedoch 25 Jahre später, im Jahre 1975, waren es bereits 60%. In der ausgehenden Phase der achtziger Jahre haben über drei Viertel aller Menschen in Lateinamerika in den Städten ihren Wohnsitz (1989). Der Drang in die Primatstädte hat sich in den letzten 30 Jahren ins „Unglaubliche" gesteigert (*Griffin* und *Ford* 1983, S. 199). 1950 gab es lediglich 66 lateinamerikanische Städte mit mehr als 100000 Einwohnern. Keine Stadt hatte mehr als 5 Millionen. 1980 dagegen gab es 245 Städte mit einer Bevölkerung von mindestens 100000, von denen 25 über 1 Million und 5 über 5 Millionen Menschen zählten.

Mexico City ist heute mit schätzungsweise 22 Millionen Einwohnern die volkreichste Stadt der Erde. Buenes Aires, Rio de Janeiro und São Paulo gehören zu den zehn größten Städten der Welt. São Paulo überrundete 1950 Rio als größte Stadt Brasiliens. Im Jahre 1970 wurden in São Paulo über 8 Millionen Einwohner gezählt. In nur 15 Jahren, bis 1985, wuchs die Bevölkerungszahl dieser Stadt auf 16,5 Millionen, also auf mehr als das Doppelte. Solche absoluten Zahlen sagen viel mehr aus, als prozentuale Wachstumsraten das tun können. Was sich in Lateinamerika hinsichtlich des Bevölkerungswachstums im allgemeinen und in den Städten, vorab in den Haupt- und Primatstädten, im besonderen abgespielt hat und sich noch abspielt, ist kaum vorstellbar. Zwischen 1925 und 1950 wuchs die Anzahl der in Städten Ansässigen noch um 40 Millionen auf etwa 67 Millionen (von ca. 30% auf ca. 40% der Gesamtbevölkerung). In den darauffolgenden 25 Jahren jedoch wuchs die städtische Bevölkerung um mehr als 125 Millionen, also mehr als dreimal so viel wie in den vorhergehenden 25 Jahren. In den 10 Jahren zwischen 1975 bis 1985 gar kamen noch einmal über 60 Millionen Menschen in die Städte, soviel wie die gesamte Bevölkerung der alten Bundesrepublik Deutschland. Es wird angenommen, daß heute 245 bis 260 Millionen Menschen in den lateinamerikanischen Städten leben, mehr also als die gesamte Bevölkerung der USA, und mehr, als die gesamte ländliche und städtische Bevölkerung zusammen in ganz Lateinamerika im Jahre 1960 betrug (*Brunn* und *Williams* 1983, S. 199).

3.1.6.3 Entwicklungsphasen

Eine Stadt, die sich aus kolonialen vorindustriellen Anfängen zu der gigantischen metropolitanen Primatstadt von heute entwickelt hat, muß derzeit naturgemäß eine wesentlich andere innere Struktur aufweisen als in den Anfangs- und Übergangsepochen ihrer Entwicklung. Die stadtgeographische Forschung im lateinamerikanischen Raum hat in den letzten zehn Jahren besonders durch Beiträge deutscher Geographen große Fortschritte erzielt. Schon 1976 legten *Bähr* und, unabhängig davon, *Borsdorf* (1976 bzw. 1978) Strukturmodelle der lateinamerikanischen Stadt vor. *Mertins* (1980) und die Amerikaner *Griffin* und *Ford* (1980) brachten weitere Modellvorschläge ein. Für die Berücksichti-

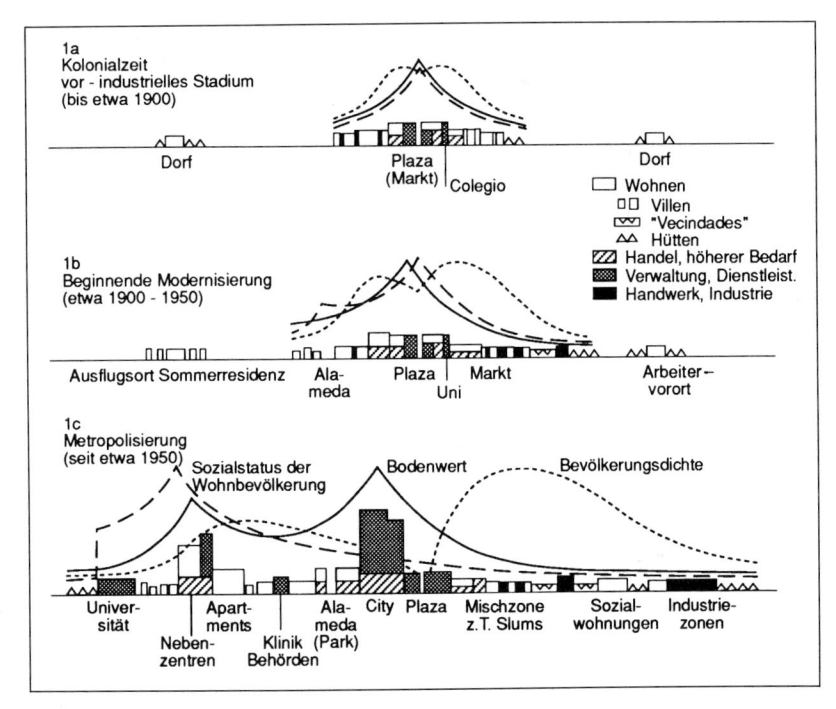

Abb. 3.1/23
Historische Querschnitte der spanisch-amerikanischen Stadt
Quelle: Gormsen 1981, S. 291

gung der genetischen Prozesse in den Entwicklungsphasen der lateinamerikanischen Stadt sind auch vor allem die Beiträge von *Gormsen* (1981) und von *Borsdorf* (1982) wichtig. *Gormsen* legte ein noch heute sehr instruktives zeit-räumliches Entwicklungsmodell vor, das die wichtigsten sich gegenseitig beeinflussenden Strukturelemente der spanisch-amerikanischen Stadt mit Hilfe von drei historischen Querschnitten sichtbar macht (*Gormsen* 1981, S. 292) (Abb. 3.1/23).

Das *Gormsen*-Modell ermöglicht vor allem die graphische Verdeutlichung des direkten Zusammenhangs zwischen physiognomischen und sozio-ökonomischen Aspekten. Die Darstellung basiert auf der ‚Baumasse‘ der Stadt, die das Modell nach den Hauptnutzungsarten differenziert. Darüber eingezeichnete Kurven illustrieren die mit dem jeweiligen Standort zusammenhängende und sich von Epoche zu Epoche verändernde relative Höhe des Bodenwertes, des Sozialstatus sowie der Bevölkerungsdichte. *Gormsens* zeit-räumliches Entwicklungsmodell gibt drei Entwicklungsphasen an: die vorindustrielle Kolonialzeit von den Anfängen um 1550 bis etwa 1900, die beginnende Modernisierung bis etwa 1950 sowie die explosive und revolutionäre „Metropolisierung seit etwa 1950". Das *Gormsen*-Modell macht die wichtigsten Strukturelemente der spanisch-amerikanischen Stadt und ihre Veränderungen mit Hilfe dieser historischen Querschnitte deutlich. *Borsdorf* (1982) hat in einem „Zwischenbericht zur Diskussion um ein Modell" *Gormsens* Modell als wichtigen Fortschritt „auf der Suche nach einem Strukturschema der Städte Lateinamerikas" erachtet, zugleich aber auch gewisse kritische Anmerkungen gemacht. So glaubt er, daß man vier, nicht nur drei Entwicklungsphasen

Abb. 3.1/24
Modell der spanisch-amerikanischen Stadtentwicklung
Quelle: Borsdorf 1982, S. 500

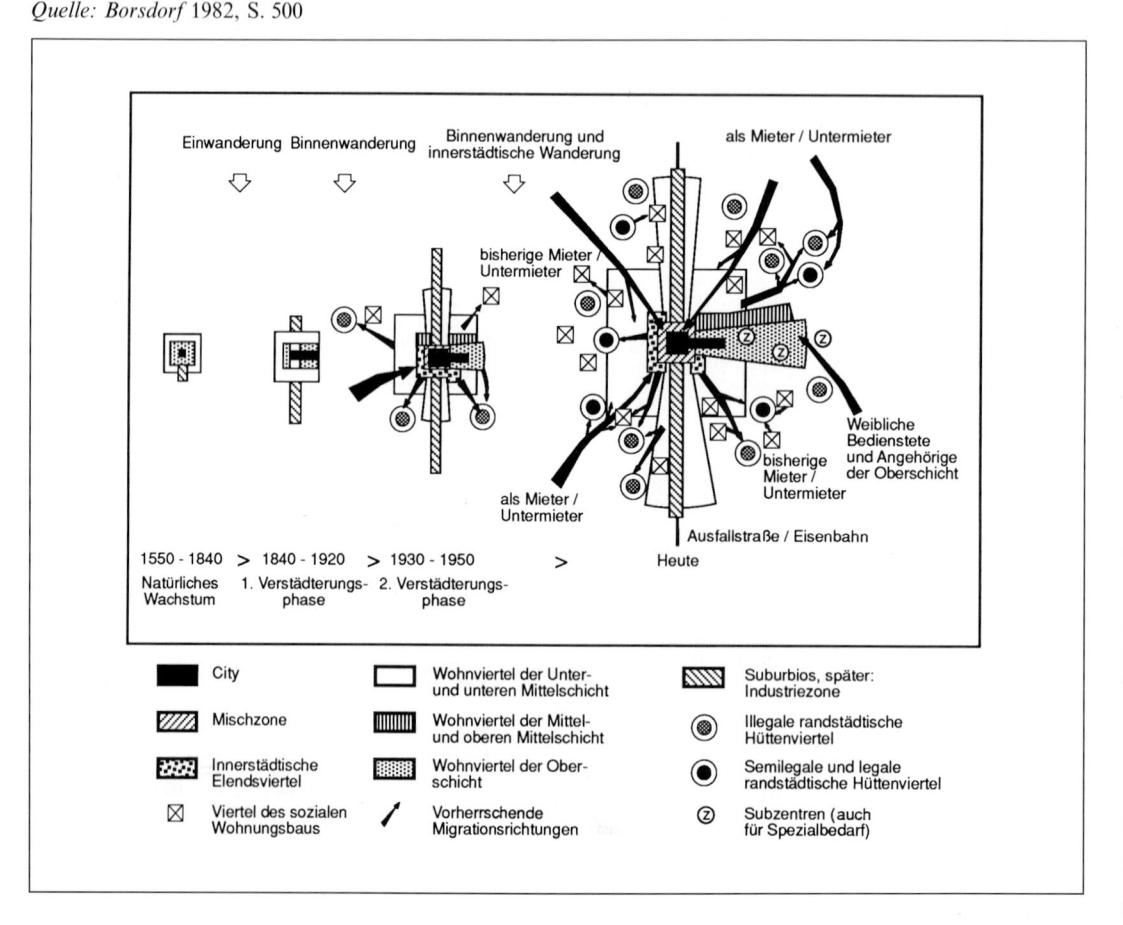

identifizieren sollte: die Phase der Kolonialstadt (1550–1840), die erste Verstädterungsphase (1840–1920), die zweite Verstädterungsphase (1930–1950), die Metropolisierung (seit 1950). Auch sei durch die Aufrißdarstellung nur ein Teil der räumlichen Wirklichkeit wiedergegeben, u. a. die Wanderungsbewegungen. *Borsdorf* hat als Synthese aller wesentlichen vorliegenden Modellversuche eine Graphik vorgestellt, die er „Modell der spanisch-amerikanischen Stadtentwicklung" nennt (1982, S. 500) (Abb. 3.1/24).

Strukturbestimmendes Merkmal des *Borsdorf*-Modells ist die rechtwinkelige Anlage der Stadt in Lateinamerika, die auf Grund der frühen spanisch-kolonialen Pläne (Generalinstruktion) maßgebend war und dementsprechend bis heute die Wachstumsformen der Metropolisierung beeinflußt hat. Das Modell unterscheidet auch zwischen vier urbanen Entwicklungsphasen; es zeigt Zuwanderungsströme und innerstädtische Migrationen, welche durch Pfeile sichtbar gemacht werden. Letztlich und wesentlich werden die relativen räumlichen Ausmaße der jeweiligen Strukturelemente in der (spanisch-) lateinamerikanischen Stadt deutlich gemacht (z. B. Ausbreitung der Wohnviertel der Unter-, Mittel- und Oberschicht).

3.1.6.4 *Ein vereinfachtes beschreibendes Modell*

Die Prozesse des Wachstums und der Modernisierung haben alle wichtigen Städte Lateinamerikas verändert. Suburbanisierung nach außen und Wolkenkratzerskyline im Zentrum haben diese Städte rein äußerlich, wenn auch nur oberflächlich, der nordamerikanischen Stadt näher gebracht. Die innere Struktur der Städte Lateinamerikas und die Vorstellungen der Gesellschaft von Stadt und Stadtleben, ihre architektonischen ästhetischen Ideale und die politische, soziale und wirtschaftliche Wirklichkeit jedoch sind ganz deutlich kulturspezifisch anders. Planungsautorität und -maßnahmen, Bauvorschriften, finanzielle Manipulation, die Rolle der Regierung im Wohnungsmarkt und in der Bereitstellung (oder Nichtbereitstellung) von städtischen Dienstleistungen sowie ererbte kulturelle Eigenheiten und Vorurteile haben der inneren Struktur der modernen lateinamerikanischen Stadt ein deutlich eigenes kultur-genetisches Gepräge gegeben. Es erscheint an dieser Stelle angebracht, auch das Kapitel über die lateinamerikanische Stadt mit einem vereinfachten, die wichtigsten inneren Strukturelemente beschreibenden Modell abzurunden. Es ist eine modifizierte Version des Modells von *Griffin* und *Ford* (1980; 1983) (Abb. 3.1/25).

Abb. 3.1/25
Vereinfachtes beschreibendes Modell der lateinamerikanischen Stadt
Entwurf: L. Holzner (in Anlehnung an *Griffin/Ford* 1980, S. 406)

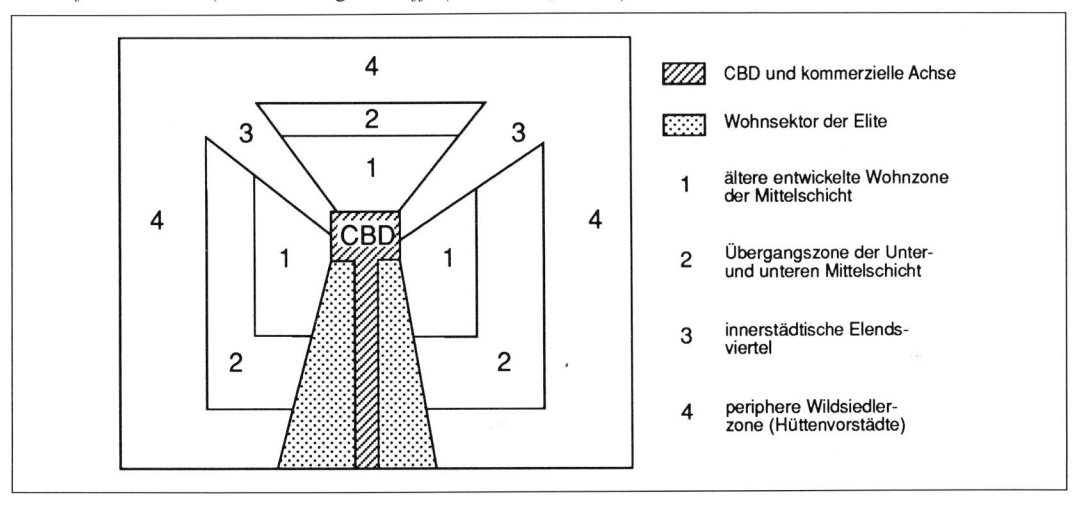

Generell und vereinfacht gesehen wird die lateinamerikanische Stadt, und hier ist bewußt auch die brasilianische miteingeschlossen, von den folgenden Komponenten beherrscht: ein vielseitiges dominierendes Stadtzentrum (CBD) mit einer meist in eine, manchmal zwei Richtungen nach außen linear verlaufenden kommerziellen Achse, die in der Regel von einem Wohnsektor der Elite begleitet wird; mehrere Sektoren von Elendsvierteln, die sich auf für andere Zwecke meist unbrauchbarem Terrain (Berghänge, Sumpfgebiete, Talschluchten) von der Innenstadt nach außen erstrecken; konzentrische Wohnzonen mit von innen nach außen abnehmendem Sozialgefälle.

Das Stadtzentrum der typischen lateinamerikanischen Stadt ist hochspezialisiert, dynamisch, voll Leben und Aktivität aller Art. Im Gegensatz zu der US-amerikanischen CBD ist das lateinamerikanische Stadtzentrum nicht nur noch immer, sondern in steigendem Maße Hauptbeschäftigungs- und Haupthandelszentrum der Metropole. Ohne Zweifel ist es auch das alles übertreffende Zentrum von Kultur und Unterhaltung. Die vom Stadtinneren nach außen sich entwickelnde kommerzielle Achse ist neueren Datums, ist aber allen lateinamerikanischen Großstädten eigen. Es ist in der Regel ein enorm breiter geplanter baumbestandener Prachtboulevard, flankiert von den Villen und Wohnapartments der Elite und der ausländischen Diplomaten; hier finden sich die Golf- und Tennisanlagen, die besten Theater und Museen, elegante Restaurants und neue Büro- und Verwaltungsgebäude der Regierung. Die sozioökonomische Elite, die hier lebt, agiert und sich vergnügt, oft nur 5% der städtischen Bevölkerung, nimmt mit diesem Sektor einen unverhältnismäßig großen Anteil an dem Gesamtareal der Stadt, oft 25 bis 30%, in Anspruch.

Die konzentrischen Wohnzonen mit von innen nach außen abnehmendem Sozialgradienten schließen eine in Innenstadtnähe beginnende ältere entwickelte Wohnzone der Mittelschicht ein (1). Sie enthält die ‚besseren' Wohnquartiere und -häuser der Stadt, z.T. mit älteren Häusern aus den früheren Wachstumsphasen, z.T. mit verbesserten selbstgebauten Häusern der frühen Metropolisierungsphase. Die zweite Zone (2) ist eine Übergangszone und beherbergt in der Regel die Unterschicht und die untere Mittelschicht. Sie enthält ältere ‚verbesserte' sowie in zunehmendem Maße auch erst kürzlich und billig errichtete primitive Wohnstätten von Neuhinzugezogenen. Die Sektoren der innerstädtischen Elendsviertel (3), die nach außen in die Zone der Wildsiedler-(squatter-)Randgebiete (4) einmünden, beherbergen die Massen der Armen und der Neuhinzugezogenen, der ‚Favellados', die mit ihren Hütten und Buden, Zelten und abgewrackten Autos die Hänge, Hügel und Täler der lateinamerikanischen Stadtrandgebiete überziehen. Hier und da wird dieses Hüttenmeer des Elends von höheren Betonbauten des sozialen Wohnungsbaus inselartig unterbrochen.

3.1.6.5 Ein Beispiel: Mexiko Stadt

Das beschreibende Modell der lateinamerikanischen Stadt (Abb. 3.1/25) kann, mit gewissen Einschränkungen natürlich, fast jeder größeren lateinamerikanischen Stadt, vor allem in Spanisch-Lateinamerika, als vereinfachendes und verallgemeinerndes Erklärungsmodell dienen. Hier sei als illustratives Beispiel Mexiko Stadt (oder im allgemeinen Sprachgebrauch: Mexico City) angeführt (Abb. 3.1/26).

Mexiko Stadt ist sowohl die gegenwärtig größte als auch die älteste aller Städte Lateinamerikas. Als die Spanier die Hauptstadt Tenochtitlàn des Aztekenreiches erreichten, fanden sie eine schöne geschäftige Großstadt von etwa 100 000 Einwohnern vor, die in einem flachen See im Zentralplateau von Mexiko auf einer Anzahl von rechteckigen oder manchmal rechtwinkligen, höchstwahrscheinlich künstlich angelegten Inseln gelegen war. Die Spanier zerstörten diese Stadt der heidnischen Pyramiden und Tempel und bauten eine neue ‚christliche' Stadt, nach altrömischen Planungsvorstellungen, mit rechtwinkligem Straßengrundriß und einem großen zentralen Hauptplatz, dem Zòcalo, als Stadtzentrum. Der Zòcalo (heute Plaza de la Constituciòn) war als Parade- und Repräsentationsplatz gedacht und ist umstanden von den noch heute wenigstens symbolisch wichtigsten Gebäuden der ganzen Stadt, ja des ganzen Landes: der Kathedrale, dem Nationalpalast (Palacio Nacional), wichtigen Regierungsgebäuden, dem mexikanischen Obersten Gerichtshof (Suprema Corte de Justicia) und Museen.

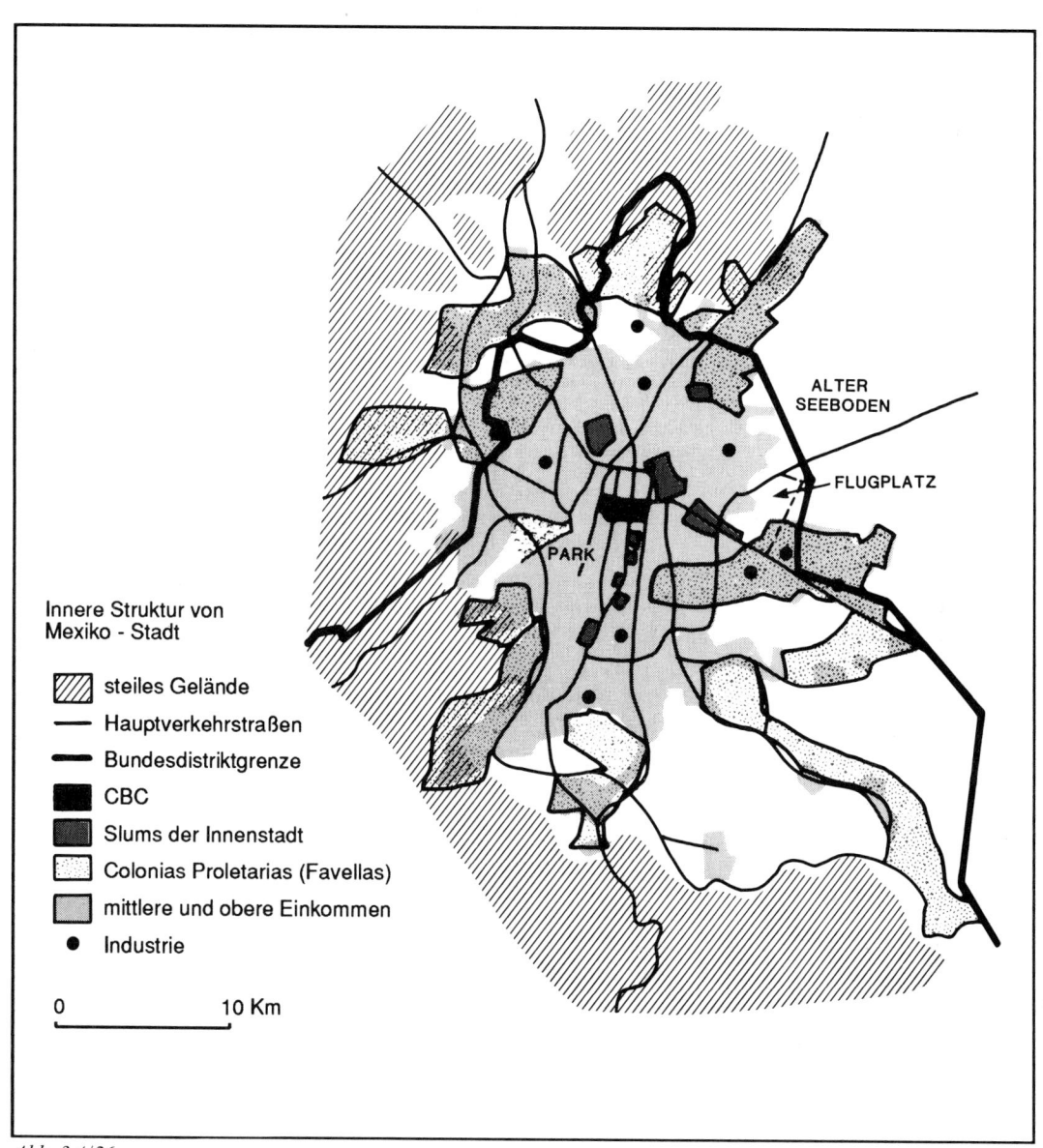

Abb. 3.1/26
Innere Struktur von Mexiko-Stadt
Entwurf: L. Holzner (in Anlehnung an *Brunn/Williams* 1983, S. 220)

Daß dieser koloniale Zòcalo fast 500 Jahre nach seiner Anlage durch die Spanier nahezu unverändert fortbesteht, schreibt man dem Umstand zu, daß neuere zentralstädtische Entwicklungen und Ausdehnungen mehr in westlicher Richtung auf höher gelegenen, besser drainierten Grund vorstießen, was verhinderte, daß man die Altstadt neueren Anforderungen zuliebe umbaute. *Griffin* und *Ford* (1980, S. 397–422), deren Forschungen diese kurze Darstellung von Mexico City weitgehend folgt, betonen, daß sich das Stadtzentrum bereits im 19. Jahrhundert ganz typisch für lateinamerikanische Städte linear von der ersten kolonialen Hauptplaza (Zòcalo), in diesem Fall in westlicher Richtung, ausgedehnt hat bis jenseit seines Alameda genannten, ehemals bewaldeten Areals zu den Hügeln von Chapultepec, in Abbildung 3.1/26 als ‚Park' eingezeichnet.

In den drei Regierungsjahren (1864–1867) des Kaisers Maximilian wurde ein über 3 km langer Prachtboulevard, der heute Paseo de la Reforma genannt wird, angelegt, und zwar tangential zum alten Stadtzentrum von Nordosten nach Südwesten bis zum Chapultepec Park, heute eine ‚Grüne Lunge' von Mexiko Stadt, dem Central Park von New York vergleichbar, wo auch die alte Festung Castillo de Chapultepec (heute Museum für Naturgeschichte) gelegen ist. Das alte koloniale Stadtzentrum (Zòcalo) ist, nur wenig östlich davon entfernt, über die ebenfalls recht breiten Avenida Juarez und Avenida Madero mit der Paseo de la Reforma verbunden.

Diese Achse Zentralplatz (Plaza de la Constitucion oder Zòcalo) – Avenida Madero – Avenida Juarez – die achtbahnige, baumbestandene Prachtstraße Paseo de la Reforma, ist ganz typisch im Sinne der lateinamerikanischen Stadt das glitzernde, geschäftige, elegante ‚Rückgrat' der ganzen Stadt. Hier liegt in Mexiko Stadt der im verallgemeinerten lateinamerikanischen Modell (Abb. 3.1/25) dargestellte Korridor der „kommerziellen Achse" mit dem Wohnsektor der Elite, der Ausländer, der Diplomaten. Ein „Zona Rosa" genanntes Viertel enthält elegante Cafes und Geschäfte. Es hält durchaus einem Vergleich mit den elegantesten Vierteln dieser Art in Rom, Mailand, Paris, London oder Los Angeles stand. Es wird in Mexiko daher auch oft als das Beverly Hills von Mexico City bezeichnet. Entlang dieser Achse finden sich die Luxus-Hotels, architektonisch wunderschöne Verwaltungsgebäude, teure Restaurants und Bars und immer wieder Luxus-Apartmentkomplexe (Condominia) sowie Villen der Reichen und Einflußreichen. Dies ist es, was Besucher der Stadt Mexiko meist sehen. Fast alles, was von Wichtigkeit in dieser Riesenstadt vor sich geht, passiert hier im CBD, der hier in Mexiko Stadt, wie in den allermeisten lateinamerikanischen Großstädten, aus der Achse der kolonialen Altstadt, dem alten CBD, und dem entlang einer neueren Prachtstraße entwickelten linearen Korridor besteht.

Das Häusermeer der übrigen Stadt, das, wie in europäischen Städten, meist aus vier- oder fünfgeschossigen Gebäuden besteht, und das Hüttenmeer der in den Randgebieten bis auf die steilen Hänge der das Mexikanische Hochplateau umgebenden meist vulkanischen Bergzüge sich ausdehnenden Favellas oder Colonias Proletarias, auch ‚Verlorene Städte' (Ciudades Perdidas) genannt, bilden das andere Mexico City. Hier leben die vielen Millionen Unterprivilegierten und diejenigen, welche vielleicht gerade noch mit Mühe über der Armutsgrenze existieren. Diese wird derzeit in Mexiko Stadt mit etwa $ US 4.00 je vierköpfige Familie und Tag angesetzt. Dies schließt nicht Zuwendungen durch die öffentliche Hand mit ein, wie z. B. öffentliche Krankenpflege, subventionierte öffentliche Verkehrsmittel, kostenlose Schulbildung, und andere sporadische Zuwendungen für ‚die Armen' einschließlich des öffentlichen Wohnungsbaus. Ein relativ erfolgreicher ‚informeller' Sektor der Wirtschaft in Mexiko Stadt, wie in allen Städten Lateinamerikas, hat erstaunlich vielen Menschen dieser Colonias Proletarias, vor allem Frauen und Kindern, eine Möglichkeit besseren Einkommens verschafft, und zwar durch Heimindustrie wie z. B. die Herstellung von Kleidungsstücken, Schuhen, touristischen Artikeln und dergleichen, die andere Familienmitglieder auf den Straßen der Innenstadt und am Flughafen zu ‚verhökern' versuchen.

Die Mehrzahl der Einwohner von Favelas (den sog. Ciudades Perdidas oder Colonias Proletarias) sind nicht Bewohner von Slums. Dieser Begriff (Slum) ist soziologisch mehr auf die älteren innerstädtischen Armutsinseln (in Abb. 3.1/26 als ‚Slums der Innenstadt' identifizierte Viertel) konzentriert und meint Zentren der Verzweiflung (‚Centers of Despair'), in denen die Bewohner die Hoffnung auf eine bessere Zukunft meist bereits aufgegeben haben. In den Favellas hingegen besteht diese Hoffnung auf Erfolg in der Stadt für die meist gerade erst Angekommenen, oder wenigstens für deren Kinder, noch weitgehend, so daß allgemein zu sagen ist, daß hier in den sogenannten Colonias Proletarias ein erstaunliches Maß an Konservativismus (auch politisch gesehen) und an Hoffnung für die Zukunft weiterbesteht.

Die große Stadt in Lateinamerika (hier Mexiko Stadt) muß trotz allem immer noch eine große Hoffnung ausstrahlen auf die vielen Menschen im Lande; denn sie zieht, ganz so wie die anderen Primatstädte Lateinamerikas, nach wie vor Millionen weiterer hoffnungsvoller Landbewohner an. Im

Jahre 1950 hatte Mexiko Stadt etwa 2 Millionen Einwohner. Bis 1970, also in 20 Jahren, waren weitere 5 Millionen Menschen hinzugezogen. 20 Jahre später, also im Jahre 1990, sollen schätzungsweise 22 Millionen Menschen in dieser Riesenstadt leben. Man hat ernsthafte Vorhersagen gemacht, daß die Stadt Mexiko zur Jahrhundertwende (2000) 40 bis 50 Millionen Einwohner haben könte, weit mehr als der gesamte Staat Mexiko im Jahre 1950 (ca. 32 Millionen). Solche Prognosen sind durchaus nicht utopisch zu nehmen, wenn man bedenkt, daß die Bevölkerung der Stadt Mexiko seit geraumer Zeit jeden Tag durchschnittlich um etwa 1700 Zuwanderer aus dem ländlichen Umland sowie um etwa 1000 Neugeborene anwächst. Diese tägliche Zuwachsrate entspricht einer jährlichen Bevölkerungszuwachsrate von etwa einer Million Menschen.

Ebenso wichtig für die obige Prognose der exzessiven Bevölkerungszunahme ist die Tatsache, daß derzeitig knapp über die Hälfte aller Einwohner von Mexiko Stadt weniger als 18 Jahre alt ist. Selbst wenn sich über Nacht alle Menschen in Lateinamerika für eine Bevölkerungspolitik des ‚Nullwachstums' (d.h. nur ein Nachkomme pro Kopf) entscheiden würden, könnte man die Explosion der Bevölkerung bis in die Mitte des nächsten Jahrhunderts nicht unter Kontrolle bringen, da ja eine solch junge Bevölkerung viele Jahre Seite an Seite mit der sie ersetzenden neuen Generation lebt, was auf diese Weise selbst bei Nullwachstum die Gesamtbevölkerung erst einmal verdoppelt.

Wie kann man solche Massen überhaupt versorgen? Mit Wasser, Lebensmitteln, Wohnungen? Wie kann man die Abwässer beseitigen? Wie so viele Menschen beschäftigen? Es gibt etwa 135 000 Fabriken meist kleiner oder mittlerer Größe, die ohne besondere räumliche Ordnung im Stadtgebiet von Mexico City verstreut sind. Sie sind jedoch in keiner Weise in der Lage, den ungezählten Arbeitslosen dieser Riesenstadt Arbeit und Einkommen zu bieten. Millionen bewegen sich täglich durch die Stadt, morgens, mittags und abends im kriechenden Stoßverkehr. Alte oder schlecht unterhaltene Autos (über 3 Millionen) und Diesel-Busse (etwa 7500) sowie Lastwagen aller Art erzeugen in dieser Stadt im Kessel des Hochtales jeden Tag überdurchschnittliche Luftverschmutzungswerte von mindestens dem 100fachen des von Gesundheitsexperten für Menschen als erträglich festgesetzten Niveaus. An besonders schlimmen ‚smog'-Tagen sind laut Berichten schon bis zu 1000 Menschen in Mexiko Stadt gestorben.

Mexiko Stadt, trotz all des Glanzes und der Eleganz der Innenstadt, ist keine Lösung der sozialen und demographischen Probleme Mexikos durch ‚Modernisierung' und ‚Verstädterung'. In der Tat haben sich hier in krassester Weise, wie zu Anfang dieses Kapitels über die lateinamerikanische Stadt angemerkt, neue Formen der Unterentwicklung, der Ungleichheit und der Abhängigkeit herausgebildet: Ausweglosigkeit, hoffnungslose Armut und Übervölkerung und erniedrigende wirtschaftliche wie politische Machtlosigkeit der überwältigenden Mehrheit der Menschen. Sollte die Entwicklung dieser Stadt, wie vorhergesagt, tatsächlich auf eine Bevölkerungszahl von 40 oder 50 Millionen zusteuern, ist eine sozial-politische Katastrophe nicht auszuschließen.

3.2 Stadt und Umland (*Manfred Hommel* und *Stefan Waluga*)

Die im Kapitel 2.2.1 dargestellten theoretischen Grundlagen und methodischen Aspekte der Zentrale Orte-Theorie haben bereits erkennen lassen, daß die Diskussion und die Erforschung zentralörtlicher Phänomene insbesondere unter den Bedingungen hochindustrialisierter Gesellschaften (*Köck* 1975, S. 1) noch längst nicht abgeschlossen ist.

Verschiedene theoretische Entwicklungsrichtungen und methodische Ansätze als Folge einer notwendigen Weiterentwicklung des *Christaller*schen Grundgedankens haben in den letzten drei Jahrzehnten zu einer nicht mehr überschaubaren Anzahl von methodischen und regionalen Arbeiten zur Zentralitätsforschung geführt. Im Mittelpunkt der weitaus meisten Arbeiten standen immer wieder die beiden wichtigsten Elemente der Zentrale Orte-Theorie, nämlich der zentrale Ort und sein zentralörtlicher Bereich. Im Vordergrund der verschiedenen Ansätze zur Zentralitätsbestimmung (vgl. dazu

Kap. 2.2.1.3) stand dagegen die Diskussion um die absolute bzw. relative Auffassung von Zentralität sowie die dementsprechenden Meßverfahren. Daneben spielte die Frage nach den jeweils verwendeten Zentralitätsindikatoren eine bedeutende Rolle. Wichtige Grundlagen sind dabei die Beschäftigtenstruktur, die Ausstattung und die Inanspruchnahme zentraler Einrichtungen. Diesem Gliederungsschema folgen auch die hier ausgewählten Raumbeispiele des ersten Teils.

Neben die Versuche, die Bedeutung zentraler Orte zu ermitteln sowie ihre Lage und Verteilung im Raum zu beschreiben und zu erklären, ist in jüngster Zeit, nicht zuletzt unter dem Einfluß der Adaption zentralörtlicher Theorien als Raumplanungsinstrument (Kap. 2.2.1.4), die Forderung nach einer sinnvollen Abgrenzung zentralörtlicher Bereiche getreten. Über die Beschreibung eines statischen zentralörtlichen Systems hinaus zielt diese Forschungsrichtung darauf ab, zentralörtliche Einzugsbereiche mit ihren Grenzen und Übergangssäumen aufzuzeigen, um so zu einer stärker funktionalräumlichen Gliederung (*Kluckza* 1970, S. 14) zu gelangen. Die Messung von Zentralität und eine daraus abgeleitete hierarchische Abstufung zentraler Orte, die Feststellung der Reichweiten zentraler Güter zur Definition und Abgrenzung von Einzugsbereichen reichten methodisch und inhaltlich nicht mehr aus, um die reale zentralörtliche Struktur insbesondere in industriellen Verdichtungsräumen abzubilden oder gar die dynamischen Prozesse und die sie auslösenden und steuernden Faktoren aufzuzeigen. Denn die Inanspruchnahme von Zentren in mehrkernigen Verdichtungsräumen hängt nicht mehr vornehmlich von der spezifischen Reichweite der angebotenen Güter ab, der beherrschenden Determinante des Systems von *Christaller*. Es gibt vielmehr – abweichend von der den meisten Theorien zugrundeliegenden Annahme, der Mensch handele als Homo oeconomicus (vgl. Kap. 2.2.1.3) – eine Reihe von Gründen, warum Haushalte offenbar bereit sind, zur Besorgung zentraler Güter gleicher Rangstufen unterschiedlich weite Besorgungswege auf sich zu nehmen (*Müller/Neidhardt* 1972). Diese Erkenntnis hatte eine seit den sechziger Jahren ständig wachsende Ausrichtung der Zentralitätsforschung auf nachfrageorientierte wirtschafts- und sozialgeographische Fragestellungen zur Folge. Im zweiten Teil werden regionale Beispiele zu diesem Themenkomplex vorgestellt.

Zunehmende Beachtung findet unter dem Stichwort „Persistenz von Zentren- und Siedlungssystemen" auch die Frage nach der historischen Entwicklung zentraler Orte und zentralörtlicher Bereiche. Wenn die Forschung hier auch erst punktuell angesetzt hat, so sind die Ergebnisse für das Verständnis der gegenwärtigen Zentrenstruktur doch von hoher Bedeutung. In engem Zusammenhang zu Zentralitätsphänomenen stehen schließlich auch Fragen der Stadt-Umland-Wanderung und der Naherholung. Im letzten Teil des regionalen Stadt-Umland-Kapitels werden diese Themen an jeweils einem räumlichen Beispiel näher erläutert.

3.2.1 Stadt und Umland in vorindustrieller Zeit, dargestellt am Beispiel des Raumes Schaffhausen

Zu allen Zeiten hoben sich Städte durch ihren besonderen Charakter, ihre Funktionen und ihre Bedeutung von den sie umgebenden agrarischen Siedlungen ab. Als Zentren weltlicher oder kirchlicher Macht, als Umschlagsplätze des Fernhandels und als Ausgangspunkt rechtlicher, sozialer, kultureller oder technischer Innovationen, nicht zuletzt aber auch als städtischer Zentral- oder grundherrlicher Sammelmarkt erfüllten sie wichtige Funktionen für das Umland. Dieser hervorgehobenen Stellung der Stadt wurde im allgemeinen durch eine Reihe von Privilegien und einen besonderen Rechtscharakter Rechnung getragen.

War bis zum frühen 11. Jahrhundert häufig der Fernmarkt für die Stadtgenese und wirtschaftliche Prosperität von besonderer Bedeutung, so setzte mit der sich entfaltenden Stadtwirtschaft im 12. und 13. Jahrhundert ein neuer Abschnitt der überwiegend agrarisch strukturierten Gesellschaft ein (*Borchardt* 1978, S. 19), indem durch die Zunahme gewerblicher Spezialisierung die Städte vermehrt auf die Zufuhr von Lebens- und Produktionsmitteln angewiesen waren (*Rutishauser* 1984, S. 23). Das Umland der mittelalterlichen Stadt war agrarisches Ergänzungsgebiet, Rohstofflieferant und Arbeitskräftereservoir, zugleich aber auch Abnehmer der Erzeugnisse von städtischem Handwerk und Gewerbe (*Hofmeister* 1976, S. 93). Die Zentralfunktion des Nahmarktes bildete die sicherste und solideste Basis städtischen Lebens und garantierte im allgemeinen stärker die Siedlungskontinuität als irgendeine andere Funktion (*Schöller* 1962, S. 87).

Die Beziehungen zwischen Stadt und Umland verliefen durchaus nicht einseitig, sondern Stadt und Umland bedingten einander. Einer gesicherten Versorgungspolitik diente die Bannmeile, deren Größe davon abhing, wie weit die Stadt ihren Einfluß auf das Umland geltend machen konnte. Kleinere Städte und Marktorte dürften einen Bereich mit einem Radius von etwa 10 km gehabt haben, große und mächtige Städte wie Augsburg oder Nürnberg dehnten ihren Einflußbereich auf einen Radius von 45 bzw. 60 km aus (*Rutishauser* 1984, S. 24). Die Reichweite der Wirtschaftsbeziehungen kleinerer Marktorte wurde durch die Tagesreiseleistung der bäuerlichen Bevölkerung bestimmt, so daß sich in agrarisch-dispers strukturierten Räumen eine Siedlungsstruktur entwickelte, „bei der die kleinsten Städte untereinander Abstände von einer Tagesreise aufwiesen" (*Heinze/Drutschmann* 1977, S. 35).

In Anlehnung an die Arbeit von *Amman* (1948) hat *Schöller* (1962) den Versuch unternommen, eine räumliche Vorstellung des spätmittelalterlichen Zentrengefüges im Raum Schaffhausen zu vermitteln (Abb. 3.2/1). Die Abbildung zeigt eine kleinteilige, differenzierte Zentrenstruktur von ca. 20 kleineren und größeren Marktorten, die ein eng begrenztes Umland von ca. 10 km Durchmesser aufwiesen und sich innerhalb des Verbreitungsbereichs (ca. 50 km Durchmesser) des Schaffhauser Getreidemaßes befanden. Durch den Nahhandel mit rund 20 Städten und Kleinstädten und einem Vielfachen an Dörfern „besorgte Schaffhausen für sie alle ganz oder gemeinsam mit anderen größeren Städten die

Abb. 3.2/1
Zentrale Orte um Schaffhausen im Spätmittelalter (nach *H. Ammann* 1948)
Quelle: Schöller 1962, S. 91

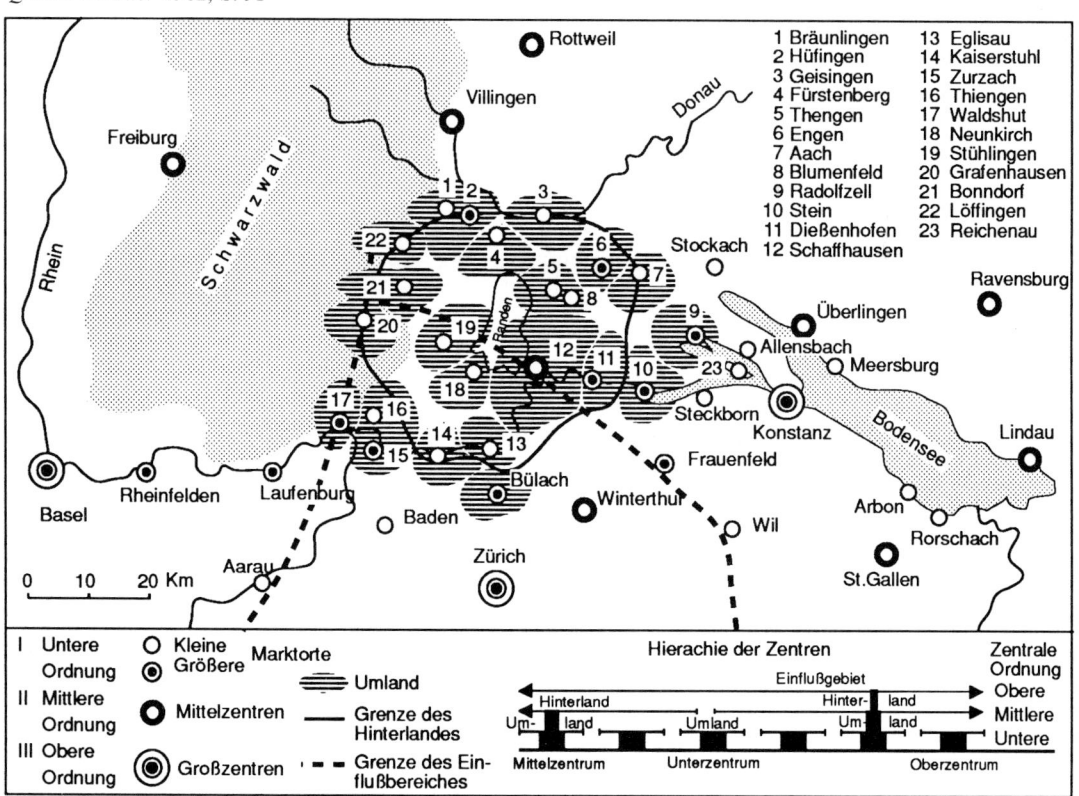

Verbindung mit der großen Wirtschaft. Dagegen war der Verkehr Schaffhausens mit den benachbarten ansehnlichen Wirtschaftsplätzen bereits ein richtiges Stück Außenhandel. Dazu gehörte vor allem Konstanz, der erste Platz in Südwestdeutschland, der für weite Landschaften der gegebene Vermittler mit der Wirtschaft der weiten Welt war. Zürich bot eine zweite Möglichkeit zum Anschluß an die internationale Wirtschaft und zur Ergänzung der eigenen Wirtschaft. Die dritte Stadt in größerer Entfernung war Basel" (*Amman* 1948, zit. n. *Schöller* 1962, S. 90). Entsprechend der damaligen zentralörtlichen Bedeutung und der jeweiligen Funktion hat *Schöller* (1962, S. 88) den Versorgungsbereich der Kleinzentren und Marktorte als ‚Umland', den Versorgungs- und Austauschbereich Schauffhausens als ‚Hinterland' und den höherstufigen funktionalen Wirkungsbereich der Großzentren Basel, Zürich und Konstanz als ‚Einflußbereich' bezeichnet.

Das vorliegende historische Beispiel zeigt, daß es in einem agrarischen Umfeld bei der Ausbildung von Zentren nach dem Versorgungsprinzip (vgl. Kap. 2.2.1.2) zu einer klaren hierarchischen Gliederung kommt. Mit wachsender Funktionsvielfalt und -dichte nimmt die Zahl der entsprechenden höherrangigen zentralen Orte ab und die Größe des Einzugsbereichs zu. Jedem zentralen Ort ist ein zentralörtlicher Bereich zugeordnet, der je nach Bedeutung des Zentrums größenmäßig und funktional differenziert werden muß.

3.2.2 Das Subsystem Nürnberg als Beispiel eines zentralörtlichen Systems nach *W. Christaller* (1933)

Der Nachweis eines regelhaften hierarchischen Prinzips der Verteilung von Siedlungen war eines der wichtigsten Ergebnisse der Arbeit *Christallers* (1933). Auf der Grundlage der von ihm theoretisch ermittelten Grenzreichweiten (vgl. Kap. 2.2.1.1) eines zentralen Gutes entwickelte er eine zehnstufige Hierarchie (Tab. 3.2/1; vgl. auch Abb. 2.2/2):

Tab. 3.2/1: Zentralörtliche Hierarchie nach *Christaller*

Hierarchiestufe		Bevölkerung in 1000		Radius in km	Fläche in km^2	Anzahl der Gebiete
		Ort	Gebiet			
Landeszentrale	(L)	500	3 500	108	32 400	1
Provinzhauptort	(P)	100	1 000	62	10 800	2
Gaubezirksort	(G)	30	350	36	3 600	6
Bezirkshauptort	(B)	10	100	21	1 200	18
Kreisort	(K)	4	35	12	400	54
Amtsort	(A)	2	11	7	133	162
Marktort	(M)	1	3,5	4	44	486
Hilfszentr. Ort	(H)	0,8				

Quelle: Christaller 1933, S. 72

Die regelhafte räumliche Anordnung und die ebenso regelhaft bestimmte zahlenmäßige Relation dieser verschiedenrangigen zentralen Orte um einen systembildenden zentralen Ort (L-Ort) definiert *Christaller* (1933, S. 162) als das System von zentralen Orten.

In dem dritten, weniger bekannten regionalen Teil seiner Arbeit beschreibt *Christaller* die zentralörtlichen Systeme Süddeutschlands um die systembildenden L-Orte München, Nürnberg, Stuttgart, Straßburg und Frankfurt. Am Beispiel des L-Systems Nürnberg soll im folgenden *Christaller*s Versuch der regionalen Verifizierung seiner Theorie verdeutlicht werden (Abb. 3.2/2).

„Das L-System Nürnberg bringt noch deutlicher als das L-System München die Gesetzmäßigkeit der Verteilung und Größe der zentralen Orte zum Ausdruck" (*Christaller* 1933, S. 197ff). Es kann in 11 Gebiete mit G-Systemen eingeteilt werden, deren Reihenfolge nach Größe und wirtschaftlicher Bedeutung er folgendermaßen beschreibt:

1. Nürnberg	4. Coburg-Sonneberg	7. Schweinfurth
2. Würzburg	5. Bamberg	8. Amberg
3. Regensburg	6. Bayreuth	9. Weiden

„Dieser Reihenfolge entspricht aber wiederum fast genau die Reihenfolge nach der Zentralität der betreffenden Orte. Ein G-Ort (Erlangen) tritt nicht systembildend auf, zwei weitere (Sonneberg und Weiden) bilden mit anderen G-Orten gemeinsame bzw. verbundene Systeme" (1933, S. 198).

Weiterhin weist Christaller im L-System Nürnberg 23 B-Orte (u.a. Kulmbach, Kitzingen, Bad Kissingen, Bad Mergentheim, Lichtenfels, Nördlingen, Rothenburg, Cham, Wertheim, Forchheim, Weißenburg, Eichstätt, Neustadt), 60 K-Orte (u.a. Wunsiedel, Eisfeld, Tauberbischofsheim, Dinkelsbühl, Haßfurt, Lauf, Gerolzhofen, Ochsenfurt, Feuchtwangen, Gemünden, Marktheidenfeld, Kelheim, Marktbreit), 105 Amtsorte (u.a. Feucht, Dietfurt, Monheim, Weikersheim, Boxberg, Bischofsheim, Wiesentheid, Herzogenaurach, Burgkunstadt), 222 Marktorte (u.a. Eschenau, Freystadt, Heidenheim, Iphofen, Veitshöchheim, Prichsenstadt) und 240 H-Orte nach.

Christaller selbst hat auf die Abgrenzung der den zentralen Orten zugeordneten Ergänzungsgebiete verzichtet, da er sich der methodischen Schwierigkeiten bewußt war; denn die Abgrenzung zentralört-

Abb. 3.2/2
Das System der zentralen Orte in Süddeutschland
Quelle: Christaller 1933; Nachdruck 1980, S. 337/338

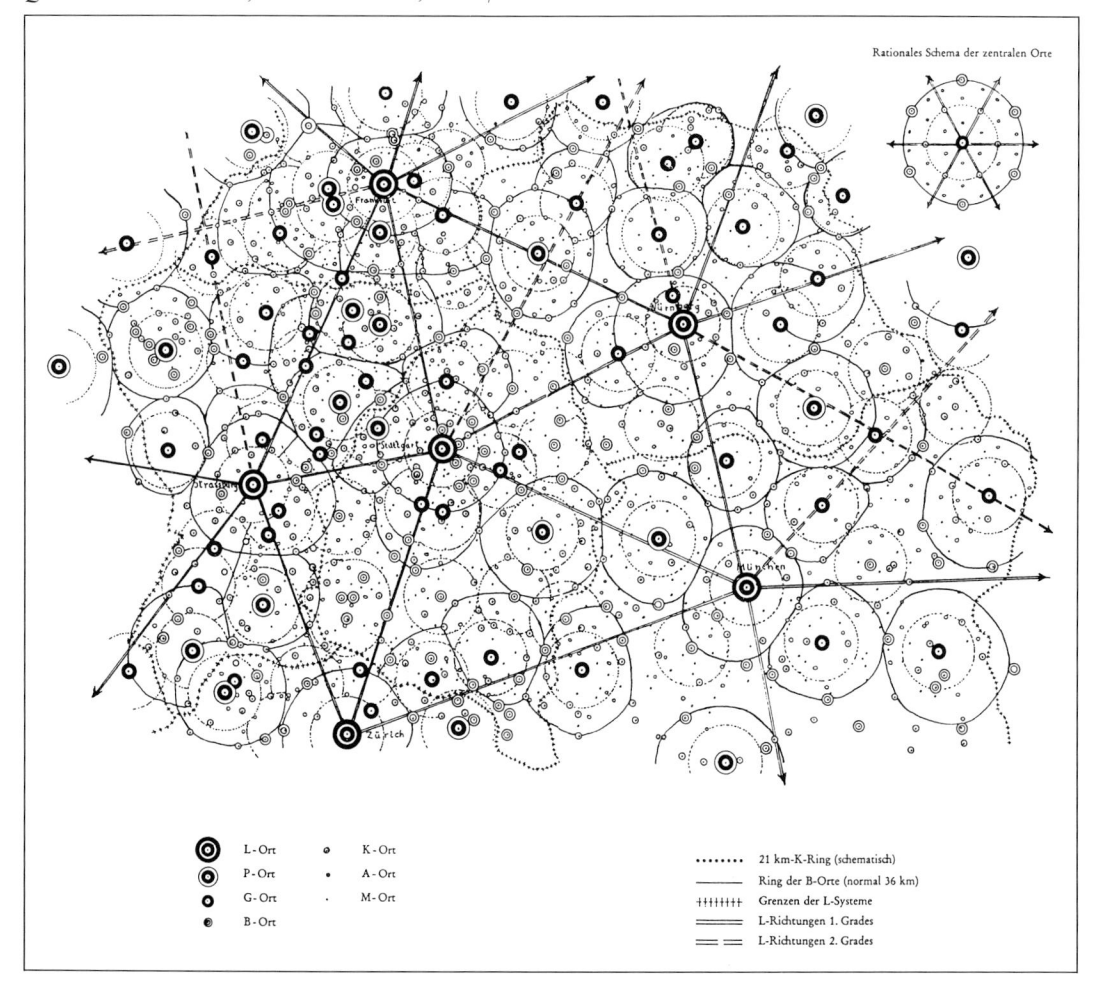

licher Bereiche mittleren und niedrigen Ranges läßt sich nicht auf die spezielle Reichweite einzelner Güter zurückführen, sondern nur auf die Kombination mehrerer Güter und Dienstleistungen (vgl. Kap. 2.2.1.3).

Nicht verzichtet hat *Christaller* aber auf die Zuordnung bestimmter Funktions- und Ausstattungskriterien zu den jeweiligen zentralen Orten:

M-Ort:
Wochenmarkt, Polizei, Arzt, Zahnarzt, Standesamt, Genossenschaft, Darlehenskasse, Bezirkssparkassenfiliale, Gasthof, Handwerker, Reparaturwerkstätten, Läden

A-Ort:
Amtsgericht, Bürgerschule, Volksbibliothek, lokale Zeitung, lokale Vereine, Apotheke, Tierarzt, Kino, Spezialgeschäfte, Spar- und Darlehenskasse

K-Ort:
Kreisarzt und Kreistierarzt, Sparkasse, Innungen und Verbände, Finanzamt, höhere Schulen, Bankfiliale, Schlachthäuser, z. T. Schnellzughaltepunkte

B-Ort:
Arbeitsamt, höhere Lehranstalten, tägliche Kinoprogramme und Zeitungen, kleinere Warenhäuser, Spezialgeschäfte und Handwerker

G-Ort:
Landgericht, Industrie- und Handelskammer, Theater, Ladengeschäfte höherer Ordnung, Warenhäuser, z. T. Universitäten

P-Ort:
Straßenbahnen, Schlachthof, Gaswerk, höhere Handelsschule, höhere Spezialgeschäfte, Banken, Post- und Bahnbezirksdirektionen.

Der Vergleich der empirischen Wirklichkeit mit dem Modell der zentralen Orte zeigt zwar Tendenzen einer generellen Übereinstimmung, weist aber auch erhebliche Abweichungen auf. *Christaller* selbst wies darauf hin, daß einige spezialisierte Zentren wie Bergbau- und Grenzstädte vom allgemeinen Muster abweichen, glaubte jedoch, zugunsten der Geschlossenheit seiner Theorie, auf die Einbeziehung solcher Fälle verzichten zu können. Die realen räumlichen Inhomogenitäten bedingen jedoch, vor allem auf der Ebene höherer Zentren, z. T. aber auch in industrialisierten Verdichtungsräumen auf mittlerer Ebene, erhebliche Abweichungen vom idealen System der Verteilung und Größenstruktur von zentralen Orten, wie etwa *Blotevogel* und *Hommel* (1980) für die höheren Zentren der Bundesrepublik oder *Borcherdt* (1977) für den Verdichtungsraum Stuttgart nachgewiesen haben. Neben methodischen Kriterien führten aber gerade die restriktiven Bedingungen seines Modells, vor allem das Homo oeconomicus-Postulat und die Annahme eines homogenen Raumes, zur kritischen Auseinandersetzung mit seiner Theorie.

3.2.3 Zentrale Orte und Zentralitätsindikatoren

3.2.3.1 Zentralörtliches System und tertiäre Ausstattung in der Region Karlsruhe

Vor allem die Kritik an der Methode *Christallers* hat schon früh dazu geführt, daß zur Quantifizierung der Bedeutung eines zentralen Ortes von zahlreichen Autoren (u.a. *Schlier* 1937; *Arnhold* 1951) die Beschäftigtenzahlen inbesondere des tertiären Sektors als verfügbare Ausgangsdaten herangezogen wurden. Trotz der mit der amtlichen Statistik als Datenbasis verbundenen Probleme bieten diese Verfahren den Vorteil, auf verhältnismäßig einfache Weise und mit relativ leicht zugänglichem Material die Zentralität eines Ortes zu bestimmen. In der Regel werden dabei die herangezogenen Beschäftigtenzahlen nicht absolut verwendet, sondern entweder auf die Einwohnerzahl des betreffenden Ortes oder auf die Zahl seiner Beschäftigten insgesamt bezogen (*Heinritz* 1979, S. 50; *Blotevogel* 1983, S. 76).

Linde (1979) hat als Grundmaß bzw. ersten Indikator der Zentralität bei seiner Untersuchung in der Region Karlsruhe den Besatz an Beschäftigten im Dienstleistungsbereich auf 1000 Einwohner gewählt und diesen der im Rahmen der landeskundlichen Bestandsaufnahme 1967 ermittelten zentralörtlichen Einstufung gegenübergestellt (Tab. 3.2/2). Unter tertiären Dienstleistungen im engeren Sinne versteht Linde (1979, S. 7) die Wirtschaftsabteilungen:
- Handel
- Verkehr und Nachrichtenübermittlung
- Kreditinstitute und Versicherungsgewerbe
- Dienstleistungen von Unternehmen und freien Berufen.

Von diesen unterscheidet er die quartären Wirtschaftsabteilungen:
- Organisationen ohne Erwerbscharakter
  (z. B. Kirchen, Stiftungen, Vereinigungen, Verbände, Gewerkschaften)
- Gebietskörperschaften
  (Bund, Länder und Gemeinden, Sozialversicherung).

Für die Gemeinden der Stadtregion Karlsruhe mit mehr als 3000 Einwohnern und die Gemeinden mit mittelzentralem Rang im Gebiet des Regionalverbandes Mittlerer Oberrhein ermittelte Linde folgende Besatzziffern:

Tab. 3.2/2: Zentralörtliche Stufe und tertiärer Beschäftigtenbesatz in der Region Karlsruhe

Gemeinde	Einwohner 1970 in 1000	Besatz mit tertiär Beschäftigten auf 1000 Einwohner	zentralörtliche Einstufung
Karlsruhe	259,0	260	Oberzentrum
Baden-Baden	38,5	280	Mittelzentrum
Rastatt	29,9	150	Mittelzentrum
Bruchsal	27,3	160	Mittelzentrum
Ettlingen	21,5	190	Mittelzentrum
Gaggenau	21,1	100	Mittelzentrum
Bretten	11,7	160	Mittelzentrum
Bühl	10,0	210	Mittelzentrum
Malsch	8,6	100	Mittelpunktgemeinde
Weingarten	8,5	60	Selbstversorgerort
Forchheim	7,6	70	–
Gernsbach	7,5	k. A.	Mittelzentrum
Mörsch	7,4	40	Selbstversorgerort
Blankenloch	6,1	60	Selbstversorgerort
Berghausen	5,4	80	Selbstversorgerort
Linkenheim	5,4	50	Selbstversorgerort
Langensteinbach	4,6	40	Mittelpunktgemeinde
Graben	4,0	70	Mittelpunktgemeinde
Reichenbach	3,7	50	–
Jöhlingen	3,7	40	Selbstversorgerort
Wössingen	3,4	40	–
Leopoldshafen	3,3	100	–
Liedolsheim	3,3	50	Selbstversorgerort

Quelle: Linde 1979, S. 28/29

Der in dieser Tabelle wiedergegebene Beschäftigtenbesatz läßt deutlich eine Trennung des Niveaus im tertiären Funktionsbereich bei den Gemeinden erkennen, die auch auf der Basis der vom Institut für deutsche Landeskunde durchgeführten empirischen Umlandmethode als Ober- bzw. Mittelzentren ausgewiesen wurden. Der durchschnittliche Besatz der Mittelzentren macht in etwa das Doppelte des Besatzes der Mittelpunktgemeinden und Selbstversorgerorte aus. Allerdings geben die Beschäftigtenbesatzziffern unterhalb der Ebene der Mittelzentren keinen Aufschluß mehr über weitere Bedeutungsstufen, denn weder zwischen den Mittelpunktgemeinden (50 tertiär Beschäftigte auf 1000 Einwohner) noch zwischen den nicht als zentral qualifizierten Gemeinden bei gleicher Gemeindegrößenklasse zwischen 3000 und 8000 Einwohnern (54 tertiär Beschäftigte auf 1000 Einwohner) sind signifikante Unterschiede auszumachen (*Linde* 1977, S. 17).

Für eine weitere Differenzierung gerade dieser im Funktionsbereich der Grundbedarfsdeckung wichtigen Zentren (Klein-, Unter- oder Grundzentren) zieht Linde dann als zusätzlichen Indikator den Zusammenhang zwischen Einwohnerzahl und der absoluten Zahl der tertiären Arbeitsstätten bzw. der tertiär Beschäftigten heran:

Tab. 3.2/3: Die Beschäftigten des tertiären Sektors in der Region Karlsruhe nach Gemeindegrößenklassen 1970

Gemeindegrößenklasse	Tertiär Beschäftigte 1970		
	mittl. Anzahl (absolut)	auf 1000 Einwohner	je Betrieb
bis 1 000 Ew.	30	30	2,8
um 2 000 Ew.	75	38	2,5
um 3 000 Ew.	150	48	2,9
um 4 000 Ew.	200	50	3,1
um 5 000 Ew.	260	52	3,3
um 6 000 Ew.	380	63	2,7
um 7 000 Ew.	440	63	3,1
um 8 000 Ew.	500	63	3,6
um 9 000 Ew.	850	94	5,2
um 20 000 Ew.	4 000	229	9,4
um 260 000 Ew.	67 000	258	9,1

Quelle: Linde 1977, S. 27

Während bei den auf 1000 Einwohner bezogenen Besatzziffern in den unteren Größenklassen nur geringe Unterschiede festzustellen sind, ist die Steigerungsrate der im tertiären Sektor Beschäftigten gegenüber der hier als Größenklasse festgelegten Einwohnerzahl stärker.

Insgesamt faßt Linde die zentralörtlichen Verhältnisse in einem großstädtischen Verdichtungsraum folgendermaßen zusammen:

– Im großstädtischen Verdichtungsraum liegen große, grundbedarfsunabhängige Gemeinden (sog. Selbstversorgerorte) ohne eigenes Umland, die sich nicht ohne weiteres in die klassische Theorie des Systems der zentralen Orte einordnen lassen.
– Vor allem die zentralörtliche Positionsbestimmung und Differenzierung von Selbstversorgerorten, Klein- und Unterzentren sowie Mittelpunktsgemeinden und die Abgrenzung der unteren von der mittleren zentralen Ebene ist mit erheblichen faktischen und methodischen Problemen verbunden, die in großstadtfernen Gebieten in dieser Weise nicht auftreten.
– Generell läßt sich ein Defizit an Handelsbeschäftigten auf 1000 Einwohner gegenüber dem schwächer besetzten Hinterland von Mittelzentren feststellen, sowie ein Unterbesatz an tertiär Beschäftigten der großstadtnahen Mittelzentren gegenüber den großstadtfernen Mittelzentren.

Das Beispiel von *Linde* dokumentiert eine Reihe von Problemen, die sich aus der Verwendung von Beschäftigtendaten als Zentralitätsindikator ergeben:
Die undifferenzierte Zusammenfassung aller tertiär Beschäftigten überdeckt die qualitativen Unterschiede, die zwischen und innerhalb einzelner Wirtschaftsabteilungen hinsichtlich ihrer ökonomischen und vor allem ihrer zentralitätswirksamen Bedeutung für eine Stadt oder eine Region bestehen. Zwar kann Linde nachweisen, daß die Analyse der Beschäftigungsstruktur (Anteil der tertiär Beschäftigten bezogen auf alle Beschäftigten) geeignet ist, hinreichend realitätsnah die Bedeutung eines zentralen Ortes zu ermitteln; die ausschließliche Verwendung seines primären Indikators (tertiär Beschäftigte auf 1000 Einwohner) führt aber – wie das Beispiel Baden-Baden zeigt – zu einer zentralörtlichen Überbewertung von Gemeinden, die aufgrund anderer Faktoren (z.B. Fremdenverkehr, Heilbäder, singuläre höhere Verwaltungsfunktionen usw.) einen relativ hohen Besatz an tertiär Beschäftigten aufweisen, ohne entsprechende Funktionen für das Umland wahrzunehmen.
Bei der ausschließlich statistischen Zentralitätsbestimmung wird der Aspekt der funktionalen Bedeutung eines zentralen Ortes für sein Umland oder innerhalb einer Region nicht genügend berücksichtigt. Ergänzungs- und Entlastungsaufgaben sowie Sonderfunktionen, die die zentralörtliche Position aufwerten oder auch relativieren, können häufig nicht oder nur indirekt über den Beschäftigtenbesatz ermittelt werden.
Die auf der Basis der Volkszählung 1970 ausgewählten Daten auf gemeindlicher Ebene sind in der Regel veraltet oder lassen aufgrund kommunaler Neugliederungen oder ausschließlichen Bezugs auf die Wohnbevölkerung eine wirklichkeitsnahe Zentralitätsbestimmung nur unvollkommen zu.
Wegen der anfangs genannten Vorteile (leichte Datenzugänglichkeit und -vergleichbarkeit, einfache Quantifizierungsverfahren) werden Versuche, Zentralitätsbestimmungen über den Beschäftigtenbesatz durchzuführen, jedoch auch weiterhin ihren Wert behalten.

3.2.3.2 Ein praxisorientierter Ansatz am Beispiel Nordrhein-Westfalens

Einen ebenfalls auf den zentralitätswirksam Beschäftigten basierenden, jedoch wesentlich differenzierteren Ansatz als *Linde* (3.2.3.1) hat *Blotevogel* (1981; 1983) vorgestellt, wobei er die Verwendung von Beschäftigtenzahlen des tertiären Sektors zur Zentralitätsbestimmung zwar nicht als ideal, wohl aber als eine relativ geeignete Lösung bezeichnet, sofern umfangreiche Primärerhebungen ausscheiden (1981, S. 84).
Blotevogel benutzt die in der amtlichen Statistik ausgewiesenen Beschäftigtenzahlen der Wirtschaftsabteilungen
– Handel (4)
– Kreditinstitute und Versicherungswesen (6)
– Private Dienstleistungen (7)
– Organisationen ohne Erwerbscharakter (8)
– Gebietskörperschaften (9).

Er weist darauf hin, daß zwar auch in den Wirtschaftsabteilungen 1 bis 3 zentralitätswirksame Versorgungsleistungen enthalten sind, wie etwa die Handelsaktivitäten von Industrieunternehmen oder Handwerksbetrieben mit ihrer charakteristischen Verknüpfung von Produktion, Handel und Dienstleistung (S. 85), daß diese aber nicht aus der amtlichen Statistik isoliert werden können (S. 85). Fernerhin betont er, daß die absoluten Beschäftigtenzahlen in den genannten Wirtschaftsbereichen als Zentralitätsindex kaum brauchbar sind, da die qualitativen Zentralitätsunterschiede hierdurch teilweise verdeckt werden. Bei Industriegemeinden mit hoher Einwohnerzahl, aber geringer zentralörtlicher Bedeutung für das Umland etwa entfällt ein relativ großer Anteil der im tertiären Sektor Beschäftigten auf die Grundversorgung, während bei einwohnerschwächeren Städten mit hoher zentralörtlicher Bedeutung für das Umland sehr viel weniger Beschäftigte zur Deckung der eigenen Grundversorgung benötigt werden.

Daher dürfte die Differenz zwischen der für die eigene Grundversorgung tätigen Beschäftigtenzahl und der jeweiligen Gesamtbeschäftigtenzahl in den 5 ausgewählten Wirtschaftsabteilungen die realen Zentralitätsunterschiede sehr viel besser widerspiegeln als die absolute Anzahl der zentralitätswirksam Beschäftigten. Als Konsequenz aus dieser Annahme kann folgende horizontale Aufgliederung der Gesamtbeschäftigtenzahl und ihrer Gesamtversorgungsleistung in rangstufenspezifische Teilmengen vorgenommen werden:

– die ubiquitäre Versorgungsleistung $\quad(B_{ubiq}) - 63{,}2$
– die unterzentrale Versorgungsleistung $(B_{uz}) - 21{,}7$
– die mittelzentrale Versorgungsleistung $(B_{mz}) - 40{,}9$ $\quad\varnothing$ Besch. je 1000 E. in den Wirtschafts-
– die oberzentrale Versorgungsleistung $\quad(B_{oz}) - 17{,}9$ $\quad$ abteilungen 4 und 6 bis 9
– die großzentrale Versorgungsleistung $\quad(B_{gz}) - 12{,}7$

Unter der Annahme einer im ganzen Bundesland gleichmäßigen ubiquitären Versorgungsleistung kann die zugehörige Beschäftigtenzahl als eine lineare Funktion der Einwohnerzahl angenommen werden:

$$B_{(ubiq)} = 1/1000 \cdot a \cdot Ew.$$

Der Parameter a gibt also den ubiquitären Besatz der Beschäftigten der Wirtschaftsabteilungen 4 und 6–9 pro 1000 Einwohner im landesweiten Durchschnitt an. Da aber weder für diesen ubiquitären Versorgungsbesatz noch für denjenigen der übrigen Zentralitätsniveaus eine amtliche Konstante vorliegt, berechnet *Blotevogel* diese je Versorgungsniveau mit Hilfe der oben genannten Formel auf der Grundlage einer Stichprobe typischer Zentren je Niveaustufe. Dabei erhält er dann als durchschnittlichen stufenspezifischen Besatz mit Beschäftigten in den Wirtschaftsabteilungen 4 und 6–9 je Tausend Einwohner die oben neben den einzelnen stufenspezifischen Versorgungsleistungen angegebenen Werte.

Für die spezifischen zentralen Orte lassen sich auf der Basis dieser Durchschnittswerte die Beschäftigten für die jeweils zentralitätswirksamen Versorgungsleistungen bestimmen:

Beispiel *Düsseldorf*

Einwohner im Stadtgebiet	712 000
Einwohner im Unterbereich	712 000
Einwohner im Mittelbereich	740 000
Einwohner im Oberbereich	1 192 000
Beschäftigte der Stadt in den Wirtschaftsabteilungen 4 u. 6–9	229 350

$B_{(ubiq)} = 1/1000 \times 63{,}2 \times 712\,000 = 44\,998{,}4 \quad\quad 45\,000$
$B_{(uz)} = 1/1000 \times 21{,}7 \times 712\,000 = 15\,450{,}4 \quad\quad 15\,500$
$B_{(mz)} = 1/1000 \times 40{,}9 \times 740\,000 = 30\,266{,}0 \quad\quad 30\,300$
$B_{(oz)} = 1/1000 \times 17{,}9 \times 1\,192\,000 = 21\,336{,}8 \quad\quad \underline{21\,300}$
$\phantom{B_{(oz)} = 1/1000 \times 17,9 \times 1192000 = 21336,8 \quad\quad} 112\,100$

Für die durchschnittliche Versorgungsleistung der Stadt Düsseldorf werden also 112 100 Beschäftigte benötigt. Aus der Differenz zwischen den in den 5 ausgewählten Sektoren tatsächlich Beschäftigten (229 350) und den zur Versorgung des Oberbereichs durchschnittlich notwendigen Beschäftigten (112 100) ermittelt *Blotevogel* einen Indikator (117 300), der die großzentral bzw. überregional wirksam Beschäftigten in den Wirtschaftsabteilungen 4 und 6–9 angibt. Für das oberzentral wirksame Versorgungsniveau Düsseldorfs ergibt sich entsprechend eine um 31 300 auf 138 600 erhöhte Beschäftigtenzahl. Für die nordrhein-westfälische Versorgungsleistung oberhalb der mittelzentralen Ebene hat *Blotevogel* (1981, S. 94) auf der Grundlage der Volkszählung 1970 nach dem Gebietsstand von 1975 folgende oberzentral wirksamen Beschäftigtenzahlen ermittelt (Tab. 3.2/4):

Tab. 3.2/4: Oberzentral wirksam Beschäftigte (NRW, 1970/75)

Düsseldorf	138 600		Neuß	3 400
Köln	131 700		Recklinghausen	3 200
Bonn	60 100		Iserlohn	3 100
Essen	46 700		Minden	2 900
Münster	39 900		Detmold	2 700
Dortmund	36 000		Remscheid	2 700
Aachen	27 100		Siegen	2 500
Wuppertal	23 600		Lippstadt	2 400
Bielefeld	20 100		Soest	2 300
Bochum	17 000		Düren	2 100
Krefeld	11 000		Arnsberg	1 900
Hagen	10 800		Oberhausen	1 700
Gelsenkirchen	8 900		Witten	1 300
Duisburg	7 100		Leverkusen	1 300
Gütersloh	5 600		Hamm	1 000
Mülheim	5 000		Wesel	800
M'gladbach	4 700		Viersen	700
Solingen	3 800		Paderborn	600

Quelle: Blotevogel 1981, S. 94

In dieser Rangfolge wird zunächst der Zentralitätsvorsprung der Landeshauptstadt Düsseldorf vor Köln deutlich, obwohl die Gesamtbeschäftigtenanzahl in den fünf ausgewählten Wirtschaftsabteilungen in Köln 262 000 und in Düsseldorf nur 229 00 beträgt. „Davon entfällt jedoch in Köln ein höherer Anteil auf die niederrangige Versorgung der Bevölkerung der eigenen Stadt sowie des Nahbereichs, so daß sich auf der höheren Ebene ein deutliches Übergewicht Düsseldorfs ergibt. Abgesehen vom Sonderfall Bonn folgen dann mit Essen, Münster, Dortmund, Aachen, Wuppertal, Bielefeld, Bochum, Krefeld und Hagen die großen nordrhein-westfälischen Oberzentren in durchaus wohl erwarteter Folge" (*Blotevogel* 1981, S. 94/95).
Die Besatzziffern zeigen jedoch auch, wie fließend der Übergang zwischen den Mittel- und Oberzentren in der Realität ist. Die Bestimmung einer Übergangsschwelle ist schwierig und nicht ohne subjektive Wertung lösbar. *Blotevogel* (1981, S. 96) schlägt vor, diese Schwelle etwa bei 9000–10000 Beschäftigten anzusetzen.
Für die zehn großzentral- bzw. überregional wirksamen Zentren in Nordrhein-Westfalen ermittelt *Blotevogel* folgende Beschäftigtenzahlen oberhalb der oberzentralen Ebene:

Düsseldorf	117 300	Aachen	14 500	Bochum	5 200
Köln	88 100	Essen	10 300	Krefeld	3 800
Bonn	49 300	Wuppertal	9 000	Dortmund	3 400
Münster	20 500				

Noch prägnanter als bei der vorigen Rangfolge wird hier der Unterschied zwischen Düsseldorf und Köln deutlich. Die Vergrößerung des Düsseldorfer Vorsprungs ergibt sich aus der unterschiedlichen Größe der Einzugsbereiche. Während der Düsseldorfer Oberbereich – eingeengt durch die angrenzenden Oberbereiche von Köln, Mönchengladbach, Krefeld, Duisburg, Oberhausen und Wuppertal – nur eine Einwohnerzahl von 1,2 Mill aufweist, wird der vor allem im Westen und Osten weit ausgreifende Kölner Oberbereich von nahezu 2,4 Mill. Menschen bevölkert. „Für die speziell oberzentrale Versorgung dieses Bereichs sind erheblich mehr Beschäftigte zu veranschlagen als in Düsseldorf (ca. 43 600 gegenüber ca. 21 300), so daß in Düsseldorf eine erheblich höhere Beschäftigtenzahl für die über die oberzentrale Ebene hinausgehende Versorgungsleistung verbleibt" (S. 99).

Eine Modifikation dieses Ansatzes zur Bestimmung der Zentralität der höheren Zentren in Nordrhein-Westfalen hat *Blotevogel* nun auf der Grundlage der sozialversicherungspflichtig Beschäftigten im tertiären Sektor vorgenommen. Dazu ermittelte er in analoger Weise zu dem im vorhergehenden Abschnitt dargestellten Verfahren den durchschnittlichen mittelzentralen Beschäftigtenbesatz, differenziert nach der Beschäftigtenstruktur entsprechend den Abteilungen des tertiären Sektors. Als durchschnittlicher mittelzentraler Beschäftigtenbesatz ergaben sich die folgenden Werte (1981):

Werte (1981):

- Handel: 34,42
- Verkehr: 8,77
- Kredite u. Versicherungsgew.: 5,77
- Tertiärer Sektor insgesamt: 109,04
- Dienstleistungen: 40,31
- Gebeitskörperschaften, Sozialvers., Organisat. ohne Erwerbscharakter: 19,78

Mit Hilfe des im vorigen Abschnitt dargestellten Schätzparameters ermittelt *Blotevogel* nun die mittelzentrale Selbstversorgung der höheren Zentren Nordrhein-Westfalens. Dieses Verfahren soll am Beispiel der in etwa gleich großen, aber qualitativ sehr unterschiedlichen Zentren Münster und Gelsenkirchen näher erläutert werden.

Die Basisdaten bilden die Beschäftigten im tertiären Sektor sowie die Einwohnerzahlen:

	Münster	Gelsenkirchen
Einwohnerzahl	271 810	301 397
Beschäftigte im tertiären Sektor	75 106	39 405
durchschnittlicher mittelzentraler Beschäftigtenbesatz	109,04	109,04

Nach der oben beschriebenen Formel ergibt sich
für Münster:

$1/1000 \times 109,04 \times 271\,810 = 29\,638$

$75\,106 - 29\,638 = 45\,468$

und für Gelsenkirchen:

$1/1000 \times 109,04 \times 301\,397 = 32\,865$

$39\,405 - 32\,865 = 6\,540$.

Für die Zentralität von Münster können 45 468 sozialversicherungspflichtig Beschäftigte als Indikator gewertet werden, für Gelsenkirchen lediglich 6540. Diese Differenz wird dem tatsächlich bestehenden Zentralitätsunterschied sehr viel besser gerecht, als dies die absolute Beschäftigtenzahl erkennen läßt. Differenziert nach den jeweiligen Wirtschaftsabteilungen ermittelt *Blotevogel* für die Zentralitätsmaße der höheren Zentren in NRW folgende Werte (Tab. 3.2/5).
Wiederum bilden Düsseldorf und Köln als Metropolen die höchstzentralen Orte (mit je ca. 150 000 oberzentral wirksam Beschäftigten) in Nordrhein-Westfalen (Abb. 3.2/3). Die funktionsspezifischen Beschäftigtenziffern lassen jedoch eine klare Funktionsteilung der fast gleichrangigen Zentren erkennen. Während in Köln das Versicherungsgewerbe und vor allem die Bereiche Kunst, Wissenschaft und Publizistik bei den allgemeinen Dienstleistungen dominieren, liegen die Stärken der Düsseldorfer metropolitanen Funktionen eindeutig auf dem Sektor Handel, Rechts- und Wirtschaftsberatung sowie den Gebietskörperschaften und Organisationen ohne Erwerbscharakter.
Die zweite Gruppe mit einer Masse von jeweils 40 000 – 70 000 oberzentral wirksam Beschäftigten bilden die Regionalmetropolen Essen, Bonn, Dortmund und Münster. Auch diese lassen sich wie-

Tab. 3.2/5: Zentralitätsmaße der höherrangigen Zentren in Nordrhein-Westfalen 1981 (nur die 15 größten Zentren: >14000 tertiär Beschäftigte)

	Großhandel, Handelsvermittlung	Einzelhandel	Handel insgesamt	Verkehr	Kreditinstitute	Versicherungsgewerbe	Kreditinstitute und Versicherungsgewerbe	Wissenschaft, Bildung, Kunst und Publizistik	Rechts- und Wirtschaftsberatung	Dienstleistungen von Unternehmen u. freien Berufen insg.	Organisationen ohne Erwerbscharakter	Gebietskörperschaften	Sozialversicherung	Gebietskörperschaften, Sozialversicherung u. Organisat. o. Erw. insg.	Tertiärer Sektor insgesamt
1. Düsseldorf	27713	15360	43073	17298	14652	9093	23745	8745	17512	46768	6566	11201	4841	22608	153492
2. Köln	21579	13608	35187	20552	7819	20556	28375	20123	14176	51587	7090	4993	1319	13402	149103
3. Essen	7791	10600	18391	7026	1877	2387	4264	7181	12270	28097	4079	−2185	1011	2905	60683
4. Bonn	293	4041	4334	1780	1830	1771	3601	7156	3088	20688	10633	15868	839	27340	57743
5. Dortmund	5554	9306	14860	6674	1479	5087	6566	5024	5852	17297	1550	−992	765	1323	46720
6. Münster	4050	3596	7646	2690	3454	4916	8370	5525	2323	14854	4169	5341	2399	11909	45469
7. Bielefeld	9169	4238	13407	2853	1428	1610	3038	4620	1850	13738	1027	208	321	1556	34592
8. Aachen	2457	4641	7098	2743	1296	2151	3447	5889	2348	13276	1682	1604	529	3815	30379
9. Duisburg	3121	3809	6930	14024	550	689	1239	1009	794	6054	805	−2355	341	−1209	27038
10. Wuppertal	4229	3819	8048	4495	1159	1995	3154	1546	1236	4514	1324	−275	2361	3410	23621
11. Bochum	2803	4395	7198	1823	482	450	932	4152	997	6309	677	905	2486	4068	20330
12. Krefeld	2830	2997	5827	3439	731	471	1202	1048	1390	4244	1415	664	363	2442	17154
13. Hagen	2791	1817	4608	5062	359	378	737	1922	831	4218	799	−561	256	494	15119
14. Mönchengladb.	2479	3226	5705	1348	576	466	1042	319	573	3298	−31	2497	283	2749	14142
15. Siegen	—	—	4760	1251	—	—	1041	657	—	3467	579	2583	369	3531	14050
... 40.															

— = Zahlenwert unbekannt
Quelle: Blotevogel 1983, S. 82

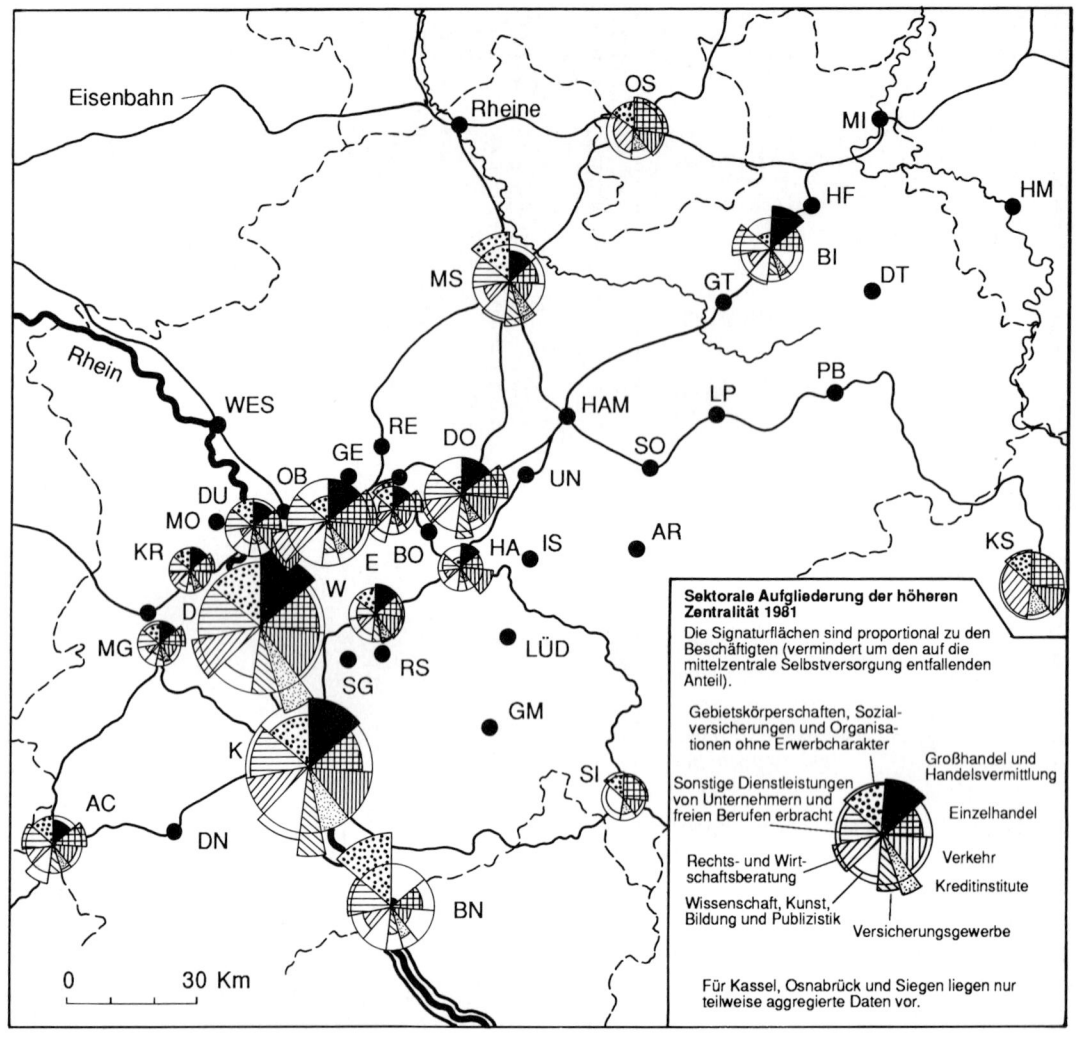

Abb. 3.2/3
Höhere Zentren in Nordrhein-Westfalen 1981
Quelle: Blotevogel 1983, S. 83

derum deutlich nach ihren Funktionsschwerpunkten differenzieren. Während in den traditionellen Industriestädten Essen und Dortmund vor allem die Wirtschaftsabteilungen Handel und Dienstleistungen dominieren, liegen die Funktionsschwerpunkte von Münster und Bonn eindeutig auf dem Verwaltungssektor. Vor allem die Bundeshauptstadt Bonn wird durch den hohen Anteil der Beschäftigten bei den Gebietskörperschaften sowie den Organisationen ohne Erwerbscharakter rechnerisch als Regionalmetropole aufgewertet, während in den meisten anderen Teilzentralitäten nur eine Besatzziffer erreicht wird, die derjenigen kleinerer bis mittlerer Oberzentren entspricht.

Die dritte Gruppe bilden die Oberzentren Aachen, Bielefeld, Bochum, Duisburg, Hagen, Krefeld, Mönchengladbach, Siegen und Wuppertal. Trotz einzelner Funktionsdefizite erreichen sie im allgemeinen eine zentralitätswirksame Beschäftigtenziffer von 14 000 – 35 000, die eine Einordnung als Oberzentrum zuläßt.

Zwar ist der zahlenmäßige Einschnitt zu den darunterliegenden starken Mittelzentren deutlich (unter 10 000 oberzentral wirksamen Beschäftigten); jedoch sollte er nicht überbewertet werden (*Blotevogel* 1983, S. 86). Paderborn, Düren, Minden, Mülheim, Neuss und Recklinghausen erfüllen für ihr Umland durchaus Funktionen, die über die mittelzentrale Ebene hinausgehen, „ohne daß man sie den Oberzentren zuordnen könnte" (S. 86). Sie sind deshalb als Mittelzentren mit Teilfunktionen eines Oberzentrums zu charakterisieren.

Eine erhebliche Gefährdung für das innere Gleichgewicht des Gesamtsystems der höheren Zentralität in Nordrhein-Westfalen sieht *Blotevogel* (S. 87) in der starken Konzentration der beiden rheinischen Metropolen Köln und Düsseldorf, die durch die beiden Regionalmetropolen des Ruhrgebiets, Essen und Dortmund, sowie Münster nicht kompensiert werden kann. Nicht nur bei der Versorgung mit höchstrangigen Gütern ist daher der westfälische Teil benachteiligt, vor allem unter dem Aspekt wirtschaftlicher Entwicklung entsteht ein Ungleichgewicht zugunsten der Rheinschiene. Hier kann nur eine dezentral orientierte Landesentwicklungsplanung zu einer räumlich ausgewogenen Entwicklung beitragen.

Wenn *Blotevogel* auch zu einer sehr viel differenzierten Analyse und Zentralitätsbestimmung gelangt als etwa *Linde,* so sind die grundsätzlichen methodischen Probleme jedoch auch in seinem Beispiel nicht völlig gelöst.

3.2.4 Zentrale Orte und zentralörtliche Bereiche

3.2.4.1 Die empirische Umlandmethode am Beispiel Nordrhein-Westfalens

Aus der Erkenntnis, daß Ausstattung eines Ortes und Umlandbedeutung nicht immer gleichzusetzen sind, vollzog sich allmählich ein Wandel in der Schwerpunktsetzung der Zentralitätsforschung. Galt das Hauptinteresse zunächst nur den zentralen Orten, „so erkannte man nun in immer stärkerem Maße die auf gegenseitiger Abhängigkeit beruhende Funktionseinheit von Zentrum und Bereich und damit die Notwendigkeit, letzterem in gleicher, wenn nicht hervorgehobener Weise sein Augenmerk zu schenken" (*Kluczka* 1970, S. 12). So geht die empirische Umlandmethode (Kap. 2.2.1.3) zunächst nicht vom zentralen Ort und seiner Ausstattung aus; sondern entscheidendes Kriterium ist neben der absoluten Stellung und Bedeutung eines zentralen Ortes vor allem dessen Inanspruchnahme durch die Bevölkerung des Umlandes. Ihr ist weniger eine zentralörtliche als eine funktional-räumliche Gliederung angelegt (*Kluczka* 1970, S. 14).

Die in den Jahren 1964–1968 für die gesamte Bundesrepublik Deutschland durchgeführte landeskundliche Bestandsaufnahme erbrachte als wesentlichstes Ergebnis eine erste, die gesamte Bundesrepublik abdeckende Karte der zentralen Orte und ihrer zentralörtlichen Bereiche mittlerer und höherer Stufe (*Heinritz* 1979, S. 73). Inhaltliche Schwerpunkte dieser Untersuchung waren

– die Ermittlung zentraler Orte und eines mehr oder weniger großen Umlandes ausschließlich nach ihrer tatsächlichen Inanspruchnahme durch die Bevökerung,
– die flächendeckende Abgrenzung verschiedener Einzugsbereiche sowie Überschneidungsgebiete,
– die Aussonderung sogenannter „Selbstversorgerorte", Orte also, die ihrer Ausstattung nach zentrale Orte sein könnten, die aber dennoch aus ihrer Nachbarschaft nur in geringem Umfang in Anspruch genommen werden.

Als wichtigste methodische Kritikansätze führt *Heinritz* (1979, S. 73) u.a. die nicht eindeutige Zuordnung der im Fragebogen angeführten Einrichtungen zu bestimmten Rangstufen sowie das überwiegend angewandte Verfahren der Befragung von mutmaßlichen Kennern des Versorgungsverhaltens (Lehrer, Bürgermeister o.ä.) an.

Trotz dieser sicherlich berechtigten methodischen Kritik an der empirischen Umlandmethode initiierte sie jedoch in starkem Maße die Hinwendung zu stärker bereichsorientierten Untersuchungen und ist sie auch heute noch von Bedeutung, da sie in zahlreichen Bundesländern die Grundlage kommunaler Neugliederungsmaßnahmen bildete und ebenfalls zur Aufstellung von Landesentwicklungsplänen herangezogen wurde.

Am Beispiel ausgewählter Mittelbereiche in Nordrhein-Westfalen sollen Inhalt und Wert ihrer Ergebnisse verdeutlicht werden. Die Auswertung der empirischen Ergebnisse für das Zentralitätsgefüge Nordrhein-Westfalens reproduzierte zunächst die folgende, a priori vorgenommene Einteilung in ein vierstufiges Hierarchiesystem mit drei Zwischenstufen, ohne aber zu einer Überprüfung der tatsächlichen Existenz einer solchen vorgegebenen Hierarchieskala wesentlich beizutragen:

Zentrale Orte unterer Stufe
Orte zur Deckung des allgemeinen täglichen oder kurzfristigen Bedarfs

Zentrale Orte unterer Stufe mit Teilfunktionen eines zentralen Ortes mittlerer Stufe
Orte zur Deckung des allgemeinen täglichen oder kurzfristigen Bedarfs mit einzelnen Einrichtungen eines zentralen Ortes mittlerer Stufe wie z. B. Höhere Schulen oder Fachkrankenhaus

Zentrale Orte mittlerer Stufe
Orte zur Deckung des allgemeinen periodischen und des normalen gehobenen Bedarfs

Zentrale Orte mittlerer Stufe mit Teilfunktionen eines zentralen Ortes höherer Stufe
Orte zur Deckung des allgemeinen periodischen und des normalen gehobenen Bedarfs mit einzelnen Einrichtungen eines zentralen Ortes höherer Stufe wie z. B. Hochschule oder Großwarenhaus

Zentrale Orte höherer Stufe
Orte zur Deckung des allgemeinen episodischen und des spezifischen Bedarfs

Zentrale Orte höherer Stufe mit Teilfunktionen eines zentralen Ortes höchster Stufe
Orte zur Deckung des allgemeinen episodischen und des spezifischen Bedarfs mit Sonderausstattung eines zentralen Ortes höchster Stufe

Zentrale Orte höchster Stufe
Überregionale Verwaltungs-, Wirtschafts- und Kulturzentren im Range von Metropolen

Ausstattungskriterien der zentralen Orte *unterer Stufe*:
Verwaltungsbehörden niederen Ranges, Postamt, Kirchen, Mittelpunkt- und eventuell Realschule, Kino, mehrere Geschäfte verschiedener Grundbranchen, Apotheken, praktische Ärzte und Zahnarzt, häufig ein kleines Krankenhaus, Sparkassenzweigstellen und je nach der Struktur des Umlandes eine bäuerliche Bezugs- bzw. Absatzgenossenschaft

Ausstattungskriterien der zentralen Orte *mittlerer Stufe*:
Einkaufsstraße mit wichtigen Fachgeschäften, voll ausgebaute höhere Schulen und Krankenhaus mit Fachabteilungen, wichtige untere Behörden, Organisationen von Handel, Handwerk und Landwirtschaft, Banken, Sparkassen, berufsbildende Schulen, Theatersaal oder Mehrzweckhalle, Fachärzte, Rechtsanwälte, Notare und Steuerberater

Ausstattungskriterien der zentralen Orte *höherer Stufe*:
Einkaufsstraßen mit größeren Waren- und Kaufhäusern sowie Spezialgeschäften, Theater, Museen und Galerien, mittlere Behörden und Wirtschaftsverbände, Hoch- und Fachschulen, Spezialkliniken sowie größere Sport- und Vergnügungsstätten

Ausstattungskriterien der zentralen Orte *höchster Stufe*:
Verwaltungen und Behörden mit regionalen und überregionalen Funktionen, hochrangige Institutionen des Wirtschafts-, Kultur- und Nachrichtenwesens

In Nordrhein-Westfalen finden sich die zentralen Orte unterer Stufe in regelmäßiger Verbreitung vorwiegend in den ländlichen Gebieten, häufig in Rand- oder Grenzlagen. Während die Verteilung und die Bereichsform in Rand- oder Grenzlagen eher unregelmäßig ist, zeigt die Anordnung der Unterzentren im offenen und durchgängigen Münsterland eine eng mit der Siedlungsstruktur verbundene Regelhaftigkeit. Diese besteht darin, daß die im Münsterland weitgehend aus Streusiedlungsgebieten und relativ verdichtetem Hauptort bestehenden Gemeinden häufig zugleich geschlossene funktionalräumliche Einheiten unterer Stufe bilden (*Kluczka* 1970, S. 21).

Die Zentren mittlerer Stufe sind für die Versorgung der Bevölkerung von entscheidender Bedeutung, da sie über ein spezifisch städtisches Dienstleistungs- und Versorgungsangebot verfügen. Zugleich bieten sie vielfältige industrielle Arbeitsmöglichkeiten, oft die einzigen ihres Bereichs (*Kluczka* 1970, S. 21–22). So fallen die meisten der bergbaulich-industriell geprägten Zentren in der Emscherzone des Ruhrgebietes unter diese Gruppe, die innerhalb weniger Jahrzehnte aus Agrargemeinden ohne zentralörtliche Bedeutung zu Mittelzentren herangewachsen sind. Die Kette dieser Zentren reicht von Oberhausen über Bottrop, Gladbeck und Herne bis Castrop Rauxel. Darüber hinaus zählen insbesondere auf Grund ihrer Verwaltungsfunktionen und des damit verbundenen Dienstleistungsangebots viele Kreisstädte und kreisfreie Städte zur Kerngruppe der Mittelzentren.

Die zentralen Orte höherer und höchster Stufe haben für ihr stufenspezifisches Umland überwiegend Bedeutung als Einkaufsstädte für größere und einmalige Anschaffungen und werden auf dieser Versorgungsstufe dementsprechend seltener aufgesucht.

Von entscheidender Bedeutung für die Versorgungslage der Bevölkerung ist der Zuschnitt der Mittelbereiche, die in den hier dargestellten Beispielen durch eine unregelmäßige Vielfalt in Form und Größe gekennzeichnet sind. Sie sind wichtige funktionalräumliche Einheiten, die von natur- und kulturlandschaftlichen Grundzügen, der unterschiedlichen Wirtschafts- und Verkehrsentwicklung sowie einer davon direkt abhängigen Bevölkerungsentwicklung und -verteilung beeinflußt werden (*Kluczka* 1970, S. 20).

Ihre räumliche Erstreckung kann ausgesprochen linear sein, wie der Mittelbereich von Emmerich, der durch zwei nur schwer zu überschreitende Strukturlinien, die Staatsgrenze und den Rhein mit dem starken Mittelzentrum Kleve auf der anderen Rheinseite, eingeengt ist, oder fast vollständig kreisförmig, wie der in einer offenen Durchgangslandschaft liegende Mittelbereich Warendorf. Der zentrale Ort kann zugleich auch räumlicher Mittelpunkt seines Einflußbereiches sein (Münster, Warendorf), er kann aber auch in einer extrem peripheren Lage innerhalb seines Mittelbereichs liegen (Emmerich, Mönchengladbach, Krefeld).

Auch die Größe der Mittelbereiche differiert erheblich. Während die Verdichtungsräume mit einem engmaschigen, z. T. kleinräumigen Netz zentraler Orte und Bereiche überzogen sind, stehen diesen gut versorgten Räumen stärker agrarisch strukturierte Gebiete gegenüber, in denen die Zentren breit gestreut sind und ihre Einzugsbereiche weit ausgreifen.

Häufig findet man eine differenzierte Zentrenorientierung mit zwei oder drei Zielen. Hier handelt es sich entweder um echte Konkurrenzgebiete mit zwei oder mehr gleichwertig ausgestatteten Mittelzentren oder um solche Gebiete, in denen man auf den Besuch verschiedener, unterschiedlich ausgestatteter Zentren angewiesen ist (*Kluczka* 1970, S. 20). Gerade das Phänomen der Mehrfachausrichtung aber löste eine Reihe von neuen Fragestellungen aus, die der Zentralitätsforschung wesentliche Impulse gaben.

3.2.4.2 Zentrale Versorgungsorte, -bereiche und -orientierung in Nordwürttemberg

Ausgehend von den in der Karte „Zentrale Orte und zentralörtliche Bereiche mittlerer und höherer Stufe" festgelegten Ergebnissen wurde vom Geographischen Institut der Universität Stuttgart die Frage nach der Motivation von Versorgungsbeziehungen in einer breiter angelegten Untersuchung am Beispielsraum Nordwürttemberg vertiefend behandelt. In 36 Gemeinden wurde nach einem systematischen Auswahlverfahren ein Fragebogen mit 63 Fragen in 8 Gruppen erhoben. Inhalt des Fragebogens waren:

– Merkmale zur Sozialstruktur
– Versorgungsverhalten
– Orientierung der Einkaufsbeziehungen
– Ansprüche an den Einkaufsort
– Kombination von freiwilligen und Zwangsbeziehungen
– nicht zentralörtlich gebundene Versorgungsbeziehungen
– subjektive Wertung der Unterversorgung
– Überprüfung der Brauchbarkeit seither benutzter Kriterien zur Einstufung der oberen zentralen Orte

(*Borcherdt* 1977, S. 152).

Ergänzt wurde dieser Fragenkatalog durch umfangreiche Erhebungen des Geschäfts- und Dienstleistungsbesatzes.

Das zentralörtliche System in Nordwürttemberg läßt sich folgendermaßen charakterisieren: Während unter Einbeziehung aller, vor allem der zentralen Orte unterer Rangfolge (Selbstversorgerorte und Mittelpunktsgemeinden) weder ein Schema nach *Christaller* noch irgendeine andere regelmäßige Einfachstruktur erkennbar ist (*Borcherdt* 1977, S. 164), weil regionale oder lokale Besonderheiten, „die auf topographische, historische, wirtschaftliche oder kommunalpolitische Ursachen zurückgehen", sich häufig als zufällig für die Lage eines unteren zentralen Ortes erweisen, zeigt die Verteilung der Versorgungsorte mittlerer Stufe in Nordwürttemberg sehr regelmäßige Züge (Abb. 3.2/4).

Deutlich fallen die unterschiedlichen Abstände auf, die zwischen den Städten im nördlichen und östlichen Teilraum am größten sind, während sie sich zum Verdichtungsraum hin verkürzen. „Die mittleren Abstände von einem Versorgungsort mittlerer Stufe zu seinem Nachbarn gemessen, betragen in Ostwürttemberg, auf der Schwäbischen Alb, in Hohenlohe und im Heilbronner Raum 26–34 Straßenkilometer. Eine Ausnahme bildet Bad Mergentheim, das im Durchschnitt 39,5 km vom benachbarten Versorgungsort derselben Stufe entfernt liegt. Im Verdichtungsraum Stuttgart betragen die Abstandsmittel nur noch 14–23 km, wobei die Übergänge zwischen Verdichtungsraum und ländlichem Raum fließend sind." (*Borcherdt* 1977, S. 165).

Vor allem am Rande der Verdichtungsräume, in deren Kernzonen Zentren höherer Stufe liegen, profitieren die unteren Zentren in ihrer Entwicklung von der Expansion der Kernzone, wie etwa Weil der Stadt, Welzheim, Murrhardt und Gaildorf vom Verdichtungsraum Stuttgart oder Brakkenheim und Blaubeuren von der Verdichtungszone um Heilbronn und Ulm (S. 165). Ihre Entwicklungschancen sind allerdings an einen Abstand von mindestens 15 Straßenkilometern zu anderen höherrangigen Zentren gekoppelt, während *Borcherdt* Zentren im direkten Schatten der Verdichtungskerne keine Entwicklungschancen einräumt (S. 166). Im ländlichen Raum hingegen weist das System mittelzentraler Versorgungsorte zwischen Bad Mergentheim, Künzelsau, Crailsheim und Rothenburg eine äußerst große Maschenweite auf, die zu einem hohen Distanzüberwindungsaufwand für die Bewohner dieser Region bei der höherwertigen Versorgung führt.

Verdichtungsräume unterscheiden sich durch ihre ungleich größere Zahl von Angebotsstandorten (*Heinritz* 1979, S. 115) und durch ihr größeres, differenzierteres Angebot erheblich von dem Angebot ländlicher Räume (Abb. 3.2/4). In ihrer Untersuchung über Einkaufsorientierungen im Raum Stuttgart ermittelten *Müller* und *Neidhardt* (1972) im Umkreis von 20 km bei sechs beispielhaft ausgewählten Wohngemeinden bis zu 60 Versorgerorte der kurz- und mittelfristigen Bedarfsstufen. Dennoch richten sich die überwiegenden Einkaufsbeziehungen der von ihnen befragten Haushalte auf wenige, i.d.R. höherrangige Zentren. *Müller* und *Neidhardt* versuchen diese Reduktion von vielen in Frage kommenden Angebotsstandorten auf nur wenige tatsächlich in Anspruch genommene Standorte dadurch zu erklären, daß die Nachfrager gewisse Mindestanforderungen an das Angebot in bezug auf

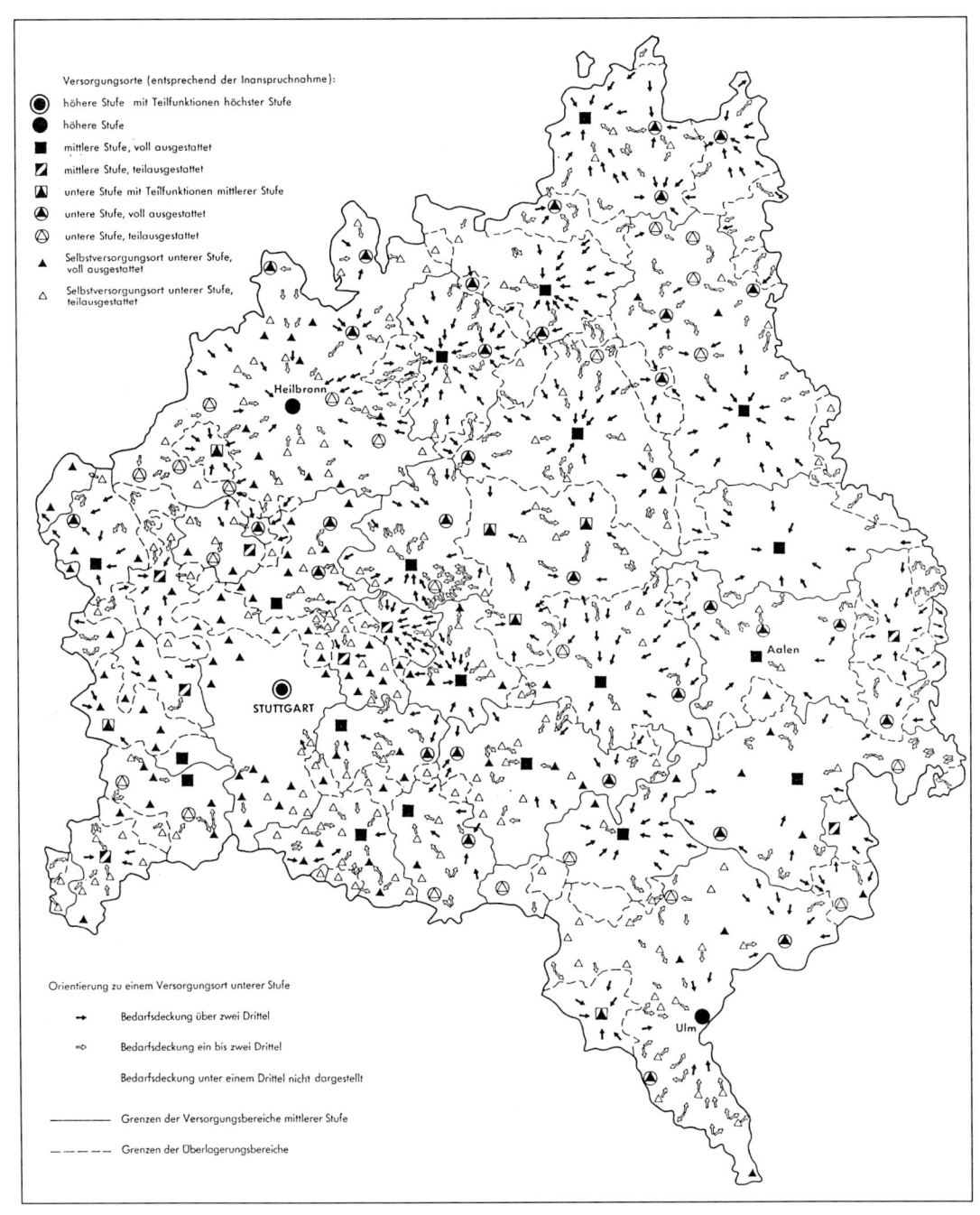

Abb. 3.2/4
Versorgungsbeziehungen unterer Stufe in Nordwürttemberg
Quelle: Borcherdt 1977, Karte 2 (Anhang)

Auswahl und Preis des Gutes stellen und dieses an einem Ort erwerben wollen, an dem sie möglichst viele zusätzliche Besorgungen (Kopplungsgeschäfte) erledigen können (1972, S. 40).

Für die zurückgelegten Besorgungswege der einzelnen Haushalte ermitteln sie bezüglich der Güter aller drei von ihnen unterschiedenen Rangstufen (kurz-, mittel- und langfristig) vier unterschiedliche Distanzzonen: eigener Ort, bis 5 km, 5 km–15 km, 15 km und mehr.

Für die von ihnen untersuchten Unterzentren können sie einen Zusammenhang zwischen der Reichweite zentraler Güter und der Reichweite der Einkaufsorientierungen nachweisen. Bei Gütern des kurzfristigen Bedarfs ist der Anteil der Nachfrager, die diese Güter in großer Distanz einkaufen, gering, während bei mittel- und langfristigen Gütern der Anteil der größere Distanzen in Kauf nehmenden Kunden entsprechend höher ist (S. 35).

Wenig überraschend ist der bestehende Zusammenhang zwischen der Bedarfsstufe eines zentralen Gutes (gemessen an der Fristigkeit des Bedarfs) und der Distanz und Häufigkeit des Besorgungsweges; schon beachtenswerter ist hingegen die Tatsache, daß Güter gleicher Art von den Konsumenten keineswegs über gleiche Distanzen oder im gleichen zentralen Ort nachgefragt werden. „Während der eine Haushalt Güter mittelfristigen Bedarfs in einem nahe gelegenen Unterzentrum einkauft, kauft der andere Haushalt Güter mittelfristigen Bedarfs in eben diesem Mittelzentrum ein, Güter längerfristigen Bedarfs jedoch in einer erheblich weiter entfernten Großstadt (Oberzentrum)" (1972, S. 60). Die unterschiedlichen Distanzen, die Haushalte beim Einkauf von Gütern gleicher Art zurückzulegen bereit sind, können als ein wichtiger Indikator der Aktionsreichweiten von Haushalten gewertet werden. Unterschiedliche Aktionsreichweiten ergeben sich aus einem unterschiedlichen Anspruchsniveau und unterschiedlichen Möglichkeiten der Anspruchsrealisierung. In Abhängigkeit von der Ausstattung und auch von der Attraktivität der jeweiligen Angebotsstandorte versuchen *Müller* und *Neidhardt* als Erklärung der unterschiedlichen Aktionsreichweiten soziale Variablen (sozialer Status, Kraftfahrzeugverfügbarkeit, Arbeitsort, Wohndauer u.ä.) heranzuziehen.

Zu ganz ähnlichen Ergebnissen gelangt auch die Studie von *Borcherdt* und Mitarbeitern. Am Beispiel der Verteilung der Nachfrage aus Beihingen und Großingersheim belegen sie eine vom Einkommen abhängige differenzierte Zentrenorientierung und fassen folgendermaßen zusammen (S. 198):

– Die Aktionsreichweite verschiedener Einkommensgruppen ist je nach Art des nachgefragten Gutes verschieden. Dies entspricht der vom Anbieter her gesehenen Reichweite von Waren.
– Die Aktionsreichweite höherer Einkommen ist weiter als diejenige niedrigerer. Sie ist nach oben kaum begrenzt, sie reicht in der Regel aus, zusätzlich zum nächstgelegenen auch noch attraktivere oder höherrangige Zentren aufzusuchen.
– Die Aktionsreichweite niedriger Einkommensgruppen reicht maximal 15–20 Straßenkilometer. Ist die Distanz zu den Versorgungsorten mittlerer Stufen größer, so muß ein beachtlicher Prozentsatz mittelfristiger Güter in einem näherliegenden Versorgungsort unterer Stufe gedeckt werden.

Neben diesen sozialen Variablen führen auch angebotsspezifische Faktoren zur variablen Zentrenorientierung. So ergab die Befragung nach Motiven des differenzierten Versorgungsverhaltens „die große Bedeutung von Kombinationsmöglichkeiten von Besorgungen besonders bezüglich der Mittelzentren" (S. 271). Vor allem im ländlichen Raum erzwingen die Konzentration von Versorgungsstandorten, weitere Wege und seltenere Möglichkeiten die Kombination von Einkauf und Inanspruchnahme von Dienstleistungen, wie Tabelle 3.2/6 zeigt.

Während in ländlichen Räumen eine Zentrenausrichtung über größere Distanzen häufig durch den Zwang zur Kopplung und mangelnde Angebotsstandorte hervorgerufen wird, spielen in Verdichtungsräumen zunehmend Variablen wie die Attraktivität von Zentren und der Erlebniswert beim Einkaufen eine wichtige Rolle für eine variable Zentrenorientierung der Bevölkerung.

3.2.4.3 Zentrenattraktivität und Zentrenausrichtung im östlichen Ruhrgebiet

Hommel (1974) hat nachgewiesen, daß in Verdichtungsräumen die Ausrichtung der Bevölkerung auf ein Zentrum vor allem von dessen Attraktivität abhängig ist und daß die Größe der zurückgelegten

Tab. 3.2/6: Kombination von Einkauf und anderen Erledigungen

Kombinationsart	Versorgungsbereich (in %)	
	Heilbronn	Ellwangen
Einkauf/Behörde: meist	15	30
oft	14	8
Behörde mehr als 2mal jährlich	50	60
Einkauf/Krankenbesuch	10	18
Einkauf/Facharztbesuch	12	25
Einkauf am Arbeitsort	12	11

Quelle: Borcherdt 1977, S. 271

Entfernung nur in Relation zur Attraktivität eines Zentrums zu sehen ist. Die Attraktivität eines Zentrums leitet er aus Präferenzen derjenigen Konsumenten ab, die beim Kauf von Gütern des alltäglichen Bedarfs nicht den nächsten Versorgungsstandort, sondern ein weiter entferntes Zentrum aufsuchen. Als Gründe dafür nennt er:

- die Preisgünstigkeit des Angebotes
- ein umfassendes und differenziertes Angebot
- die neuesten Modetrends
- die Möglichkeit sozialer Kontakte
- die Erfahrung städtischen Lebens.

„Das alles ist um so besser möglich, je größer und vielfältiger ausgestattet, je attraktiver ein Zentrum ist" (*Hommel* 1974, S. 122).

Die tatsächliche Zentrenausrichtung der Bevölkerung läßt sich nur dann einigermaßen real abbilden, wenn sie im Zusammenhang mit der Verteilung aller Angebotsstandorte im Raum betrachtet wird. Um gerade in Verdichtungsräumen zu sinnvollen Aussagen über die Zentrenorientierung der Bevölkerung zu gelangen, reicht es nicht, das Angebot auf der Aggregationsstufe einer Gemeinde zu untersuchen, sondern ist es notwendig, das Angebot auf einer kleinräumigeren als der kommunalen Ebene in seiner Verbreitung und Qualität darzustellen und zu analysieren.

Die folgenden Ausführungen kennzeichnen die räumliche Verteilung des Angebotes – aggregiert auf Ortsteilebene – in ausgewählten Gemeinden des östlichen Ruhrgebiets (*Waluga* 1988). Als Indikatoren für die Attraktivität und Leistungsfähigkeit eines Angebotsstandortes wurden die Zahl der Einzelhandelsbetriebe und die Verkaufsfläche, differenziert nach Bedarfsstufen, zugrundegelegt. Gesondert wurde das Angebot der Hauptgeschäftsbereiche erfaßt, da es sich in seiner Zusammensetzung wesentlich vom Angebot peripherer Ortsteile unterscheidet. Denn gerade die Hauptgeschäftsbereiche sind Angebotsstandorte von höchster Attraktivität und üben damit primär Einfluß auf die Zentrenausrichtung aus.

Die Zusammensetzung und der Umfang des Angebotes ähneln sich in den vier Mittelzentren Lünen, Kamen, Unna und Schwerte sehr, lediglich Bergkamen weist im Verhältnis zu seinem Versorgungspotential (Abb. 3.2/5) ein deutliches Defizit auf. Ein solches Defizit ist auch für Lünen-Mitte feststellbar, wird aber durch die relativ gute Ausstattung der Ortsteile Lünen-Brambauer und Lünen-Süd kompensiert.

Unter Berücksichtigung weiterer Faktoren und subjektiver Eindrücke, wie Ausgestaltung der Fußgängerzone, ergänzender zentraler Funktionen, qualitativer Einschätzungen von Preis und Art des Angebotes sowie Auswahl und Vergleichsmöglichkeiten bei Gütern und Dienstleistungen aller Bedarfsstufen, ergibt sich für das Zentrengefüge im östlichen Ruhrgebiet folgende qualitative Reihenfolge der zentralen Standorte:

Zentren hoher Attraktivität
Beispiel: Die Innenstadt von Dortmund
Solche Zentren weisen einen geschlossenen Hauptgeschäftsbereich aus, d. h. sie verfügen über eine flächenhafte Fußgängerzone. Die Wohnfunktion ist im Hauptgeschäftsbereich stark eingeschränkt, andere zentrale Einrichtungen (Banken, Versicherungen, Ärzte, Anwälte und Dienstleistungen aller Art) ergänzen die Einkaufsfunktion. Im Hauptgeschäftszentrum befinden sich mehrere große Kauf- und Warenhäuser. Das Angebot weist eine große Sortimentsbreite auf, zur Auswahl stehen mehrere Geschäfte gleichen Sortiments zur Verfügung. Der Spezialisierungsgrad einzelner Geschäfte ist überdurchschnittlich hoch.

Zentren mittlerer bis hoher Attraktivität
Beispiel: Innenstadt von Hamm
Diese Zentren verfügen über einen geschlossenen Hauptgeschäftsbereich mit Fußgängerzone sowie 3–5 größeren Kauf- und Warenhäusern. Sie halten eine gute Sortimentsbreite bei gutem bis mittlerem Spezialisierungsgrad und ausreichenden Auswahlmöglichkeiten vor.

Zentren mittlerer Attraktivität
Beispiele: Innenstädte von Kamen, Lünen, Schwerte und Unna
Zentren dieser Kategorie verfügen über einen geschlossenen Hauptgeschäftsbereich (Fußgängerzone, eine Hauptstraße mit kleineren Seitenstraßen), 1–2 größere Warenhäuser, ausreichende Sortimentsbreite und -tiefe. Die Auswahlmöglichkeiten, insbesondere bei seltener nachgefragten Waren, sind beschränkt.

Zentren mit mittlerer bis geringer Attraktivität
Beispiel: Bergkamen-Innenstadt
Diese Zentren haben keinen geschlossenen Hauptgeschäftsbereich mehr. Das Angebot ist in ausreichender Sortimentsbreite, aber in nur unzulänglicher Spezialisierung vorhanden. Auswahlmöglichkeiten sind stark beschränkt, bestimmte Gütergruppen werden nur von einem Einzelhandelsbetrieb angeboten.

Zentrale Standorte mit geringer Attraktivität (Subzentren)
Beispiel: Lünen-Brambauer, Lünen-Süd
Diese Angebotsstandorte weisen keinen geschlossenen Geschäftsbereich mehr auf; Geschäfts- und Wohnbebauung sind durchmischt. Güter des kurzfristigen Bedarfs werden in ausreichendem Umfang vorgehalten, das mittel- und langfristige Angebot weist nur noch eine beschränkte Sortimentsbreite auf.

Sonstige Angebotsstandorte
Die übrigen in Abbildung 3.2/6 dargestellten Angebotsstandorte weisen im engeren Sinne keine zentralitätswirksame Attraktivität mehr auf. Sie haben keinen geschlossenen Geschäftsbereich, die Wohnbebauung überwiegt. Sie verfügen über ausreichende Einzelhandelsbetriebe der kurzfristigen Bedarfsdeckung (SB-Markt) und sind nur mit wenigen Betrieben der mittel- oder langfristigen Bedarfsdeckung ausgestattet.
Beispiele: Bergkamen-Oberaden, Bergkamen-Rünthe, Kamen-Methler, Unna-Massen, Schwerte-Ergste

Wichtiger Indikator der Zentrenausrichtung ist, wie im vorhergehenden Kapitel begründet, das räumliche Versorgungsverhalten. Darunter werden die Einkaufsorientierungen sowie die räumlichen Orientierungen der Inanspruchnahme privater und öffentlicher Dienstleistungen verstanden. Im fol-

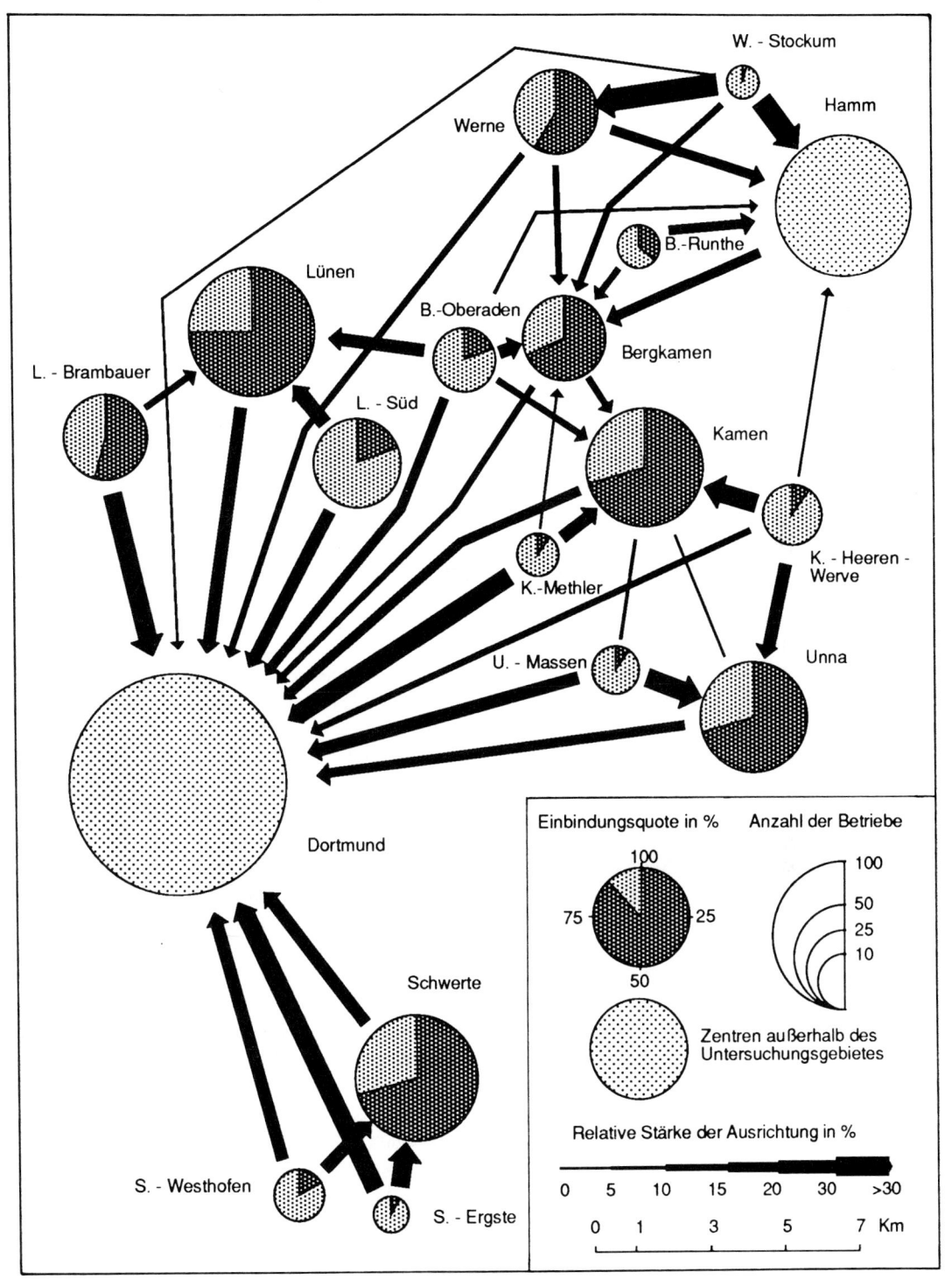

Abb. 3.2/5
Zentrenausrichtung der mittelfristigen Bedarfsdeckung im Kreis Unna 1980
Entwurf: S. Waluga

genden wird das räumliche Einkaufsverhalten, das nach dem Kriterium der zeitlichen Inanspruchnahme in drei Bedarfsdeckungsstufen untergliedert ist, im polyzentrischen Verdichtungsraum des östlichen Ruhrgebiets dargestellt.

Die unter dem Begriff ‚kurzfristiger Einkaufsbedarf' subsumierten Güter (Fleisch, Milch, Brot, Wurst, Gemüse, Tiefkühlkost, Konserven, Bier, Spirituosen, Papier- und Schreibwaren, Drogerie- und Kosmetikartikel sowie Blumen) werden von über 90% der befragten Haushalte innerhalb des eigenen Gemeindegebiets nachgefragt. Dabei weisen die Innenstädte die höchsten Eigenbindungsquoten auf, aber auch die mit Einzelhandelsbetrieben der kurzfristigen Bedarfsstufe gut ausgestatteten Ortsteile erzielen noch beachtliche Bindungsquoten. Aus der hohen gesamtgemeindlichen Eigenbindungsquote ergibt sich, daß die Haushalte der nicht in ausreichemdem Maße ausgestatteten Ortsteile ihren kurzfristigen Bedarf im nächstgelegenen besser ausgestatteten Ortsteil, i.d.R. also in der Innenstadt der eigenen Wohngemeinde decken.

Nennenswerte Ausrichtungen auf Nachbargemeinden gleicher oder höherer zentralörtlicher Stufe sind nicht festzustellen. Lediglich die zu Dortmund nächstgelegenen Siedlungsbereiche Unna-Massen (6,5%), Schwerte-Ergste (10,5%) und Kamen-Methler (11,6%) weisen eine nennenswerte Orientierung nach Dortmund auf, wobei sich ein Großteil der Nachfrager nicht auf die Innenstadt von Dortmund, sondern auf die Subzentren der Ortsteile Dortmund-Brakel und Dortmund-Derne orientiert.

Die unter dem Begriff ‚mittelfristiger Bedarf' (Abb. 3.2./5) subsumierten Güter (Schuhe, Oberbekleidung, Wäsche, Textilien, Kraftfahrzeugzubehör, Bücher, Schallplatten und Cassetten sowie Sportartikel und Hobby- und Heimwerkerbedarf) weisen in ihrer räumlichen Nachfragestruktur eine größere Differenzierung auf als die Güter des kurzfristigen Bedarfs. Es zeigt sich, daß die vorhandene Bereitschaft wie auch Notwendigkeit, beim Einkauf mittelfristiger Bedarfsgüter größere Distanzen zurückzulegen, zu einer ausgeprägten Vielfalt in der Auswahl der Zielorte führt.

Innerhalb der mittelfristigen Bedarfskategorie weist der Distanzüberwindungsaufwand jedoch signifikante artikelspezifische Differenzierungen auf, die den von *Müller* und *Neidhardt* (1972) beschriebenen Zusammenhang zwischen Fristigkeit und Reichweite eines Gutes fraglich erscheinen lassen. Oberbekleidung und Textilien werden von den Haushalten aus Unna, Kamen, Lünen und Schwerte in starkem Maße in der City von Dortmund nachgefragt; Bergkamen weist bei nur geringer bis mittlerer Eigenbindungsquote eine ambivalente Orientierung nach Dortmund und Hamm auf. Das Phänomen der Mehrfachausrichtung läßt sich für nahezu alle untersuchten äußeren Siedlungsbereiche mit niedrigem eigenen Ausstattungsniveau nachweisen. Zum einen kann dies durch die geographische Lage der Ortsteile erklärt werden, die in diesem Verdichtungsraum nahezu alle in gleich geringer Entfernung zu zwei oder mehreren gut ausgestatteten Zentren liegen und somit bei gleichem Distanzüberwindungsaufwand mehrere Alternativen haben; zum anderen spielt aber auch die Tatsache eine Rolle, daß ein benötigtes Gut am Ort nicht angeboten wird und die Größe der zu überwindenden Distanz daher nur von relativer Bedeutung ist. Haushalte, die zum Erwerb bestimmter Güter private oder öffentliche Verkehrsmittel benutzen müssen, sind dann eher bereit, unter dem Aspekt der subjektiven Attraktivität des aufgesuchten Zentrums größere Distanzen in Kauf zu nehmen, als dies unter rein ökonomischen Bedingungen notwendig wäre. Berücksichtigt man, daß einige Haushalte der Innenstädte zur Besorgung mittelfristiger Güter auch größere als nur ökonomisch begründbare Entfernungen zurücklegen, so läßt sich daraus folgern, daß diesem Verhalten nicht nur ökonomisch-geographische Determinanten zugrunde liegen, sondern daß es sich hier im wesentlichen um soziokulturell oder psychologisch zu erklärende Phänomene handeln muß.

Auch die Gütergruppe der langfristigen Bedarfsdeckung (Möbel, Schmuck, Hifi/Video, Küchengroßgeräte) weist ein sehr differenziertes räumliches Nachfragemuster auf. Mit Ausnahme von Kamen und Lünen erzielen die Innenstädte geringere Eigenbindungsquoten als beim mittelfristigen Bedarf, während in den meisten peripheren Siedlungsbereichen – sofern sich dort Anbieter längerfristiger Bedarfsgüter befinden – höhere Eigenbindungsquoten festzustellen sind. Die alternativen Zielorte entsprechen in etwa den Zentren, die auch zur Deckung des mittelfristigen Bedarfs aufgesucht werden. Auch hier ist eine stark güterspezifische Differenzierung festzustellen.

Bei Gütern des mittelfristigen Bedarfs scheinen i.d.R. Auswahlmöglichkeiten und Qualitätsanforderungen für die Inanspruchnahme entfernter Angebotsstandorte entscheidend zu sein, während für die Wahl des Erwerbsortes langfristiger Güter auch Servicegründe mitentscheidend sind. Möbel, die meistens vom Anbieter geliefert werden, werden über sehr große Distanzen nachgefragt, serviceintensive Haushaltsgeräte und Fernsehapparate werden häufiger am Ort oder an nahegelegenen Standorten erworben. Im Durchschnitt ist aber auch bei der langfristigen Bedarfsdeckung festzustellen, daß die in den Innenstädten wohnenden Haushalte außer im eigenen Zentrum nur noch im nächstgelegenen Oberzentrum diese Güter erwerben, während Haushalte der randlichen Ortsteile eine stärker distanz- und damit auch qualitätsdifferenzierte Auswahl der Zielorte treffen.

3.2.5 Das Zentrale Orte-Konzept in Raumordnung und Landesplanung

Wie keine andere raumstrukturierende Theorie hat das Zentrale Orte-Konzept die Raumordnung und Landesplanung in der Bundesrepublik Deutschland beeinflußt (vgl. auch 2.2.1.4). Dabei wurde das ursprüngliche raumwissenschaftliche Erklärungsmodell, mittels dessen *Christaller* versuchte, „Lage, Verteilung, Größe und Bedeutung zentraler Orte nach ökonomisch-organisatorischen Gesetzmäßigkeiten" (*Schöller* 1972, S. IX) zu beschreiben und zu erklären, in ein strategieorientiertes, normatives Planungsmodell transferiert, das neben einer aktuellen Bestandsaufnahme auch die Ziele einer erwünschten und anzustrebenden Entwicklung beinhaltet.

Nachdem in den fünfziger Jahren die Diskussion des *Christaller*schen Grundgedankens wieder auflebte, fand das Zentrale Orte-Konzept als ein – sowohl das ökonomische Gebot der Konzentration beachtendes als auch dem sozialstaatlich geforderten Anspruch einer flächendeckenden Mindestversorgung (*Wahl* 1978, S. 15) gerecht werdendes – theoretisches Modell Eingang in die Raumordnungspolitik des Bundes und in die Landesplanung aller Bundesländer. Diese haben in entsprechenden Entwicklungsplänen flächendeckend ein System zentraler Orte und zentralörtlicher Bereiche verbindlich festgelegt.

In Anlehnung an die ursprüngliche Definition wird ein zentraler Ort dabei als optimaler Standort für zentrale Einrichtungen angesehen. Solche Einrichtungen zur Deckung des allgemeinen und speziellen Bedarfs sind aus sozialen, ökonomischen, technischen und kulturellen Überlegungen heraus an bestimmten Standorten in zumutbarer Entfernung zur Bevölkerung des Einzugsbereichs notwendig. Entsprechend der Entschließung der Ministerkonferenz für Raumordnung (MKRO) vom 8. 2. 1968 über „Zentrale Orte und ihre Verflechtungsbereiche" haben die meisten Bundesländer eine vierstufige Gliederung in *Kleinzentren, Unterzentren, Mittelzentren* und *Oberzentren* vorgenommen, dabei allerdings teilweise andere Bezeichnungen verwendet oder zusätzliche Untergliederungen eingeführt (*Braam* 1986, S. 15).

Den Funktionen entsprechend, die den zentralen Orten verschiedener Stufe zugeordnet werden können, werden die sogenannten Verflechtungsbereiche untergliedert in:

Nahbereiche: Verflechtungsbereiche aller zentralen Orte zur Sicherung der Grundversorgung;
Mittelbereiche: Verflechtungsbereiche von Mittel- und Oberzentren zur Deckung des gehobenen Bedarfs;
Oberbereiche: Verflechtungsbereiche von Oberzentren zur Befriedigung des spezialisierten höheren Bedarfs.

Verbunden mit der Ausweisung zentralörtlicher Funktionen ist in der Regel die finanzielle Förderung der Infrastruktureinrichtungen und -maßnahmen. Sie kann aber auch konkrete Vorgaben beinhalten oder zu Konsequenzen führen, die den Ermessensspielraum der kommunalen Bauleitplanung einschränken, wie etwa die Festlegung neuer Standorte für Infrastruktureinrichtung im Ortskern und nicht in peripheren Bereichen (*Braam* 1986, S. 15).

An den Beispielen Nordrhein-Westfalen und Bayern sollen im folgenden die praktische Anwendung des Zentrale Orte-Konzepts in der räumlichen Entwicklungsplanung und die damit verbundene Problematik verdeutlicht werden.

3.2.5.1. Zentrale Orte-Konzept und kommunale Neugliederung in Nordrhein-Westfalen

Als eines der ersten Bundesländer, welches gleichzeitig auch das Prinzip der Deckungsgleichheit von Nah- bzw. Mittelbereich und kommunaler Verwaltungseinheit am konsequentesten verwirklichte, hat das Land Nordrhein-Westfalen das Zentrale Orte-Konzept als theoretische Basis siedlungsstruktureller Entwicklungsvorstellungen adaptiert. Als Novum in der Bundesrepublik Deutschland wurden bereits 1964 im Landesentwicklungsprogramm (LEP) raumordnungspolitische Grundsätze fixiert, die allgemeine Aussagen und Leitlinien zur zentralörtlichen Gliederung, zu einem System von Entwicklungsschwerpunkten und Entwicklungsachsen sowie zu zukünftigen Bevölkerungsrichtwerten für Versorgungsbereiche enthielten.

Konkretisiert wurden diese Aussagen im Landesentwicklungsplan I (LEP I) von 1964, der das Land Nordrhein-Westfalen in drei Gebietskategorien (Ballungskern, Ballungsrand und ländliche Zone) einteilt, und im LEP II von 1970, der das System der Entwicklungsschwerpunkte und Entwicklungsachsen enthält. Geänderte wirtschaftliche Rahmenbedingungen und Bevölkerungsrichtwerte sowie die mit den Landesentwicklungszielen abgestimmte kommunale Neuordnung von 1975 erforderten schon bald eine Novellierung der LEP I und II. Im Mai 1979 wurde der neue LEP I/II „Raum- und Siedlungsstruktur" rechtskräftig, der nunmehr auf der Grundlage des Landesentwicklungsprogramms die siedlungsstrukturellen Ziele der Raumordnung und Landesplanung in Nordrhein-Westfalen festlegt. Zeichnerisch dargestellt sind:

– die Ballungskerne und Ballungsrandzonen der Verdichtungsgebiete, die solitären Verdichtungsgebiete und die ländlichen Zonen,
– die zentralörtliche Gliederung mit Grund-, Mittel- und Oberzentren sowie Mittel- und Oberbereichen,
– das System der Entwicklungsschwerpunkte und Entwicklungsachsen.

Die zentralörtliche Gliederung des Landes nach dem LEP I/II basiert auf dem Konzept des Bedeutungsüberschusses, und zwar nicht nur im Bereich der Infrastruktur, sondern auch beim Arbeitsplatzangebot. Die Konkretisierung erfolgt in drei Qualitätsebenen: Grundzentren, Mittelzentren und Oberzentren.

Innerhalb dieser dreistufigen Hierarchie treten hinsichtlich der zu versorgenden Bevölkerung (Tragfähigkeit) größere Bandbreiten auf, die zwar nicht die zentralörtliche Grundposition der Gemeinden verändern, die aber von gewissen Größenordnungen an ein Mehrfachangebot von Einrichtungen der gleichen Qualitätsstufen bedingen. Daher wurde innerhalb der zentralörtlichen Stufen jeweils nach Größenordnungen der Einwohnerzahl im Versorgungsbereich unterschieden (Tab. 3.2/7) (Min.blatt für das Land NW, 32. Jg., 1979, Nr. 50, S. 1090).

Die Bedeutung der zentralörtlichen Gliederung für die Landesentwicklung ergibt sich aus den im LEP I/II formulierten Entwicklungszielen für die verschiedenen Gebietskategorien, insbesondere für die ländlichen Zonen. Im einzelnen sollen dort u.a. folgende Ziele verfolgt werden:

– Ausrichtung der Siedlungsstruktur in den Gemeinden auf den Siedlungsschwerpunkt (SSP);
– aufgaben- und bedarfsgerechter Ausbau der Gemeinden mit zentralörtlicher Bedeutung entsprechend der Tragfähigkeit ihrer Versorgungsbereiche;
– Förderung einer ausgewogenen Konzentration von Wohnungen und Arbeitsstätten insbesondere in Entwicklungsschwerpunkten;
– Verbesserung der Verkehrserschließung und -bedienung in Ausrichtung auf die zentralörtliche Gliederung;

- Berücksichtigung des Flächenbedarfs für die Erweiterung und Ansiedlung strukturverbessernder gewerblicher Betriebe vor allem in Entwicklungsschwerpunkten

(Min.blatt für das Land NW, 32. Jg., 1979, S. 1089–91).

Tab. 3.2/7: Zahl und Anteil der Zentren und der Bevölkerung im Nahbereich in Nordrhein-Westfalen 1978

Zahl der Gemeinden	Zentralörtliche Einstufung	Einwohner im Bereich	in % von NW
71	GZ mit weniger als 10 000 Ew.	505 079	3,0
80	GZ mit 10 000– 25 000 Ew.	985 063	5,8
40	GZ mit 25 000– 50 000 Ew.	647 835	3,8
106	MZ mit 25 000– 50 000 Ew.	2 835 444	16,7
52	MZ mit 50 000–100 000 Ew.	2 307 290	13,8
22	MZ mit 100 000–150 000 Ew.	1 816 495	10,7
9	MZ mit mehr als 150 000 Ew.	1 650 413	9,7
6	OZ mit 0,50–0,75 Mio. Ew.	1 334 404	7,8
3	OZ mit 0,75–1,00 Mio. Ew.	923 605	5,4
3	OZ mit 1,00–2,00 Mio. Ew.	1 147 679	6,7
4	OZ mit mehr als 2 Mio. Ew.	2 856 894	16,8
396 Gemeinden		17 010 201	100,0

Quelle: Min.blatt für das Land NW, 32. Jg., 1979, S. 1091

Das Zentrale Orte-Konzept in der nordrhein-westfälischen Landesplanung hat nicht nur die Einsicht in die enge Verflechtung von zentralem Ort als Versorgungskern und den Gemeinden und Wohnplätzen des Nahbereichs wesentlich gefördert. Es ist auch selbst zur wichtigsten Leitlinie der kommunalen Neugliederung geworden. Mit wenigen Ausnahmen ist gegenwärtig in Nordrhein-Westfalen, das das zentralörtliche Prinzip am konsequentesten verwirklichte, die unterste raumordnerische Einheit des Nahbereiches mit der verwaltungsmäßigen Gliederung identisch. Inzwischen konzentriert sich – 12 Jahre nach dem Abschluß der Neugliederung – das landesplanerische Interesse auf die Mittelzentren und – unter dem Aspekt der ausgeglichenen Funktionsräume – auf die Oberzentren und deren Bereiche.

3.2.5.2 Das Zentrale Orte-Konzept in der bayerischen Landesplanung

Ausgangspunkt für die Anwendung des Konzepts der zentralen Orte in der bayerischen Landesplanung war die Überlegung, auch in den weniger dicht besiedelten Gebieten des Flächenstaates in einer zumutbaren Entfernung für Bevölkerung und Wirtschaft überörtliche Versorgungseinrichtungen bereitzustellen. Das landesplanerische Konzept der Schaffung wertgleicher Lebensbedingungen im gesamten Flächenland besteht insbesondere in der Festlegung und Förderung eines Netzes leistungsfähiger zentraler Orte. Gemäß den von der Ministerkonferenz für Raumordnung (MKRO) 1968 festgelegten Stufen und Verflechtungsbereichen werden in Bayern folgende zentralen Orte ausgewiesen: Kleinzentren, Unterzentren, Mittelzentren, Oberzentren.

Als Oberzentren wurden alle Großstädte Bayerns ausgewiesen, auf eine Schwellenwertbestimmung wurde verzichtet. Entscheidend für die Ausweisung als zentrale Orte unterer und mittlerer Stufe waren wahrgenommene überörtliche Funktionen, die indirekt über folgende Indikatoren (Mindestwerte) bestimmt wurden:

Indikator	Unterzentren	Mittelzentren
Zahl der Einwohner (VZ 1970)	2 000	7 500
Einwohner im Bereich (VZ 1970)	10 000	30 000
Zahl der Arbeitsplätze im verarbeitenden Gewerbe (VZ 1970)	900	2 500
Berufseinpendler (VZ 1970)	80	2 500
Einzelhandelsumsatz (HGZ 1967/68)	7,7 Mio	20,0 Mio
Ausstattung mit zentralitätstypischen Einrichtungen	10	10

In den *Kleinzentren* soll die allgemeine Grundversorgung der Bevölkerung wahrgenommen werden. Folgende Einrichtungen bzw. Kriterien sind i.d.R. vorzuhalten bzw. zu erfüllen:

- Kindergarten, Hauptschule, Möglichkeiten der Erwachsenenbildung, Arzt und Apotheke, Zahnarzt, Geschäfte für den täglichen Bedarf, Gasthaus, Handwerksbetriebe, Einrichtungen für Freizeit und Erholung;
- 1000 Einwohner am Ort und mehr als 5000 Einwohner im Nahbereich;
- gute Erreichbarkeit und zumutbare Entfernung (max. 10–15 Straßenkilometer);
- Anbindung an das überörtliche Straßennetz und Anschluß zentraler Orte höherer Stufe durch öffentliche Verkehrsmittel.

Unterzentren dienen gleichfalls der Grundversorgung, sollen jedoch besser ausgestattet sein. Einrichtung und Kriterien der Unterzentren sind:

- ein breiteres Angebot an häufig in Anspruch genommenen Einrichtungen des Gesundheitswesens, mehrere und größere Einzelhandelsgeschäfte und Gastwirtschaften, vielfältige Handwerksbetriebe, Zweigstellen von Banken und Sparkassen sowie bei entsprechend großem Einzugsbereich auch weiterführende Schulen;
- ein vielfältiges Arbeitsplatzangebot als Standorte kleinerer und mittlerer Industrie- und Gewerbebetriebe;
- mindestens 2000 Einwohner am Ort und mehr als 10 000 im Nahbereich;
- ca. 15 km Distanz zu jedem Wohnort.

In den *Mittelzentren* sollen zentrale Einrichtungen zur Deckung des gehobenen, seltener auftretenden Bedarfs für die umliegenden Wohnplätze und zentralen Orte unterer Stufe vorgehalten werden. Einrichtungen der Mittelzentren sind:

- Schulen, die zur Hochschulreife führen, Berufs- und berufsbildende Schulen, Sonderschulen, differenzierte Einrichtungen der Erwachsenenbildung, allgemeine Krankenhäuser, Fachärzte, größere Sport- und Freizeitanlagen;
- Einkaufsmöglichkeiten in Einkaufszentren, Kauf- oder Warenhäusern und Fachgeschäften, Kreditinstitute und handwerkliche und sonstige private Dienstleistungen für den gehobenen Bedarf;
- mindestens 7500 Einwohner am Ort und 30 000 im Mittelbereich;
- Erreichbarkeit mit öffentlichen Verkehrsmitteln in max. einer Stunde, zumutbare Entfernung max. 30 Straßenkilometer;
- Anschluß an Bundesfernstraßennetz, Eisenbahnanbindung.

Die *Oberzentren* versorgen ihren Verflechtungsbereich mit qualifizierten und spezialisierten Waren und Dienstleistungen des gehobenen und höchsten Niveaus. Kriterien sind:

- Sitz oberer und oberster Behörden des Staates und der Gerichtsbarkeit;
- Handelszentren, Sitz von Banken, Wirtschaftsverwaltungen sowie regionalen und überregionalen Tageszeitungen;
- Theater, Orchester, Bibliotheken, Museen, Spezialkliniken und Hochschulen;
- Verflechtungsbereich von mehr als 200 000 Einwohnern.

Rund 300 zentrale Orte sind im Landesentwicklungsprogramm Bayern (1984) festgelegt. Weitere 300 Kleinzentren, die in den Regionalplänen zu bestimmen sind, sollen das zentralörtliche System vervollständigen. 85% der Industriebeschäftigten und 75% der Handwerksbeschäftigten arbeiten heute in zentralen Orten, 95% der Ärzte und 90% der Apotheker praktizieren dort. Weiterhin werden 90% der Einzelhandelsumsätze getätigt; Banken, Handelsorganisationen oder Betriebe mit dichtem Kundennetz haben in jüngster Zeit bei Änderungen ihrer Filial- oder Verteilerstruktur die zentralörtliche Gliederung zur Grundlage ihrer Planungen gemacht.

3.2.6 Wanderungen und Pendlerströme zwischen Stadt und Umland

Im Kapitel 3.2.1 wurde ausführlich erläutert, daß – aus historischer Perspektive – Wachstumskraft und Bedeutung von Städten in entscheidendem Maße von ihrem Umland abhängen. Wenn auch gegenwärtig überregionale, z.T. sogar internationale Wirtschaftsfaktoren sowie die nationale Konjunkturentwicklung die wesentlichsten Impulse und Kräfte der Stadtentwicklung bilden, so zeigt sich zugleich aber auch, etwa bei den Overspilleffekten der süddeutschen Metropolen, daß gerade in der Gegenwart die Stadt mehr als je zuvor in vielen Funktionszusammenhängen mit dem sie umgebenden Raum verbunden ist. Diese Zusammenhänge schlagen sich in ‚Strömen' nieder, die besonders zwischen einem hochrangigen, wirtschaftsdynamischen Zentrum und seinem Umland in beiden Richtungen fließen (*Heinritz* 1987, S. 141/142).

Stadt-Umland-Wanderungsbewegungen nehmen für Großstädte im Rahmen des gesamten Wanderungsprozesses ohne Zweifel eine besondere Rolle ein, vor allem wenn sie durch einen hohen negativen Wanderungssaldo nicht nur erhebliche finanzielle Verluste und zusätzliche, vor allem verkehrsmäßige Infrastrukturleistungen bedingen, sondern angesichts des hohen Wanderungsvolumens durchaus auch mit strukturverändernden Wirkungen zu rechnen ist (S. 142).

3.2.6.1 Wanderungs- und Pendlerverflechtungen in der Region München

Am Beispiel von München hat *Heinritz* (1987, S. 141 ff.) die räumlichen Wirkungen solcher Ströme dokumentiert.

Tab. 3.2/8: Wanderungsvolumen der Jahre 1975 bis 1983 in der Region München

	großer Verdicht.-raum München	engere Verdichtungszone	äußere Verdichtungszone
Umlandwanderer	147 156	126 515	20 641
Stadtwanderer	106 249	90 290	15 959
positiver Saldo f.d. Umland	40 907	36 225	4 682

Quelle: Heinritz 1987, S. 142

Tabelle 3.2/8 zeigt deutlich die Konzentration der Stadt-Umland-Wanderungsbewegungen auf die engere Verdichtungszone, der nahezu 89% der durch die Randwanderung bedingten Bevölkerungszunahme im Umland von München zugute kommen.

Hinsichtlich der Altersstruktur und Haushaltsgröße der Wandernden werden durchaus erwartete Ergebnisse bestätigt. Der weitaus überwiegende Teil der Wanderer (zwei Drittel) sind junge und jüngere Menschen zwischen 18 und 40 Jahren, wobei der Anteil der Jugendlichen (15–20 Jahre) an den Stadtwanderern mit einem Drittel bemerkenswert ist. Überraschend ist auch nicht die insgesamt geringe Haushaltsgröße der Wandernden, die für die Umlandwanderer 1,44 und die Stadtwanderer 1,27 Personen beträgt. Während die Gemeinden des großen Verdichtungsraumes also überwiegend Haushalte aller Größenklassen hinzugewinnen konnten, haben sie vor allem Einpersonen-Haushalte an die Stadt abgegeben (*Heinritz* 1987, S. 143/144). Damit wird der bundesweit festzustellende Trend

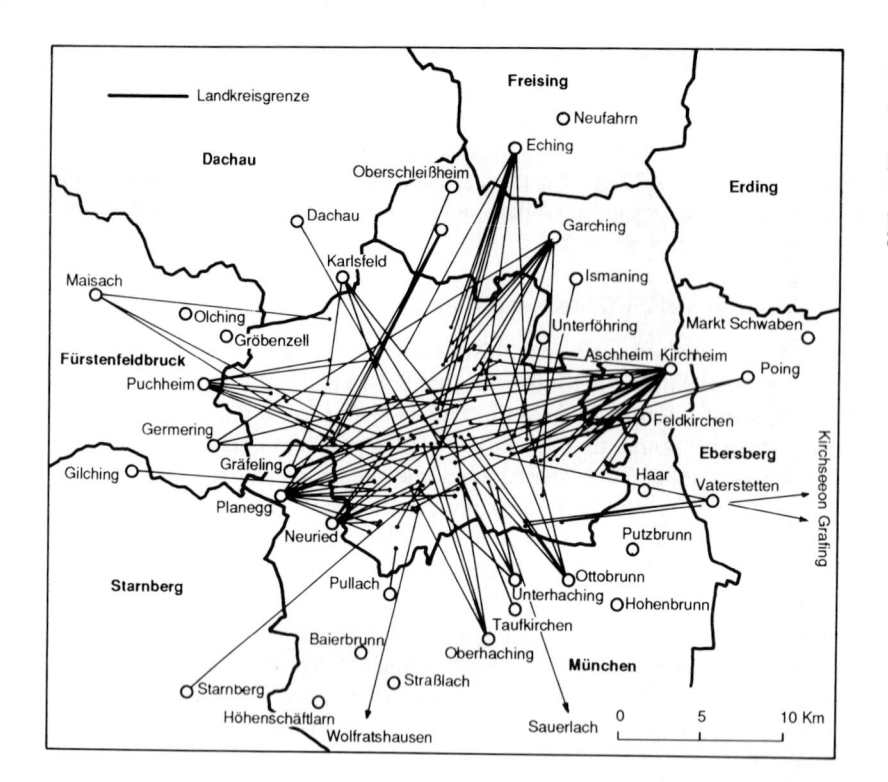

Abb. 3.2/6
Verlagerung von Gewerbebetrieben aus der Kernstadt in das Umland von München 1976–1981
Quelle: Heinritz 1987, S. 145

zu Einpersonen-Haushalten insbesondere in Großstädten verstärkt, der langfristig zu erheblichen sozial-strukturellen Umschichtungen innerhalb einer Großstadt führen kann.

Neben den Wanderungssalden der Wohnbevölkerung spielen vor allem Standortverlagerungen gewerblicher Betriebe eine wichtige Rolle in den Stadt-Umland-Beziehungen. Zwischen 1968 und 1975 wurden von den Umlandgemeinden Münchens erhebliche Gewerbeflächen ausgewiesen. Für den Zeitraum von 1960 bis 1981 hat *Klingbeil* 403 verlagerte Betriebe (über 20 Beschäftigte) mit insgesamt ca. 33 000 Beschäftigten (Stand 1981) gezählt. Es überrascht nicht, daß vor allem flächenintensive Betriebe abgewandert sind, die im Umland ihre Betriebsfläche im Durchschnitt verdreifacht haben.

Da die Kunden dieser Betriebe weiterhin in München sitzen, trägt die Betriebsabwanderung zu einem spürbaren zusätzlichen Warenverkehrsaufkommen in der Stadt und im Umland bei. Dieser Effekt schlägt sich auch in den Zahlen der Fuhrparkgrößen im Umland neu gegründeter oder ins Umland abgewanderter Betriebe nieder. In seiner Studie zur Gewerbesuburbanisierung im Raum München hat *Klingbeil* für 237 neu gegründete Betriebe durchschnittlich je neun, hingegen für 418 verlagerte Betriebe durchschnittlich über 15 betriebseigene KFZ ermittelt (zit. n. *Heinritz* 1987, S. 148).

Abbildung 3.2/6 illustriert nicht nur die insgesamt geringen Distanzen, sondern auch die hohe Richtungskonstanz, die aus dem Bestreben der Betriebe resultiert, trotz Auslagerung die Distanz zu den Kunden nicht zu groß werden zu lassen und den bisherigen Stamm qualifizierter Mitarbeiter zu halten. Dabei verlagern sich Betriebe mit hohem Bürobeschäftigtenanteil eher über kurze Distanzen an Standorte in Stadtrandgemeinden, während Betriebe, deren Schwerpunkte im Produktions- sowie Transport- und Lagerbereich liegen, schon eher größere Distanzen bei der Verlagerung zugunsten größerer Flächen in Kauf nehmen (*Klingbeil* 1986, n. *Heinritz* 1987, S. 147).

Bevölkerungsbewegung und Arbeitsstättenverlagerungen haben in erheblichem Maße dazu beigetragen, daß die Arbeitsmarktverflechtungen einer Kernstadt mit ihrem Umland komplexer und vielfältiger geworden sind. Zu diesen Verflechtungen gehören auch die Pendlerströme, deren Grundlagendaten (VZ 1970) allerdings so veraltet sind, daß sie allenfalls ausreichen, „um einige Prinzipien der Struktur der Arbeitsmarktverflechtungen des Umlandes zu illustrieren" (*Heinritz* 1987, S. 147). Charakteristisch ist die starke Ausrichtung der Auspendler einer inneren Zone auf die Kernstadt (Abb. 3.2/6). Das gilt vor allem für die Stadtrandgemeinden um München sowie die an dem sternförmigen S-Bahn-Netz gelegenen Orte und die weiter entfernten Zentren und Kreisstädte, u.a. Mainburg, Pfaffenhofen, Landshut, Rosenheim, Miesbach, Bad Tölz und Weilheim. Insbesondere die Kreisstädte sind wiederum Einpendlerzentren für ein regionales Umland. Nicht zuletzt aufgrund der oben beschriebenen Auslagerung von Betrieben ins Umland scheint in den vergangenen Jahren auch die Zahl der Auspendler aus München angewachsen zu sein. *Heinritz* gibt den Anteil der in München wohnenden Beschäftigten der im Umland neugegründeten oder ausgelagerten Betriebe mit über einem Fünftel an (S. 147). Als aktuelleres Beispiel führt *Heinritz* die Gemeinde Eching im Landkreis Freising an, für die aufgrund einer 1979 durchgeführten Erhebung relativ neue Daten verfügbar sind. Von den 5000 in den Echinger Betrieben Beschäftigten wohnt nur ein Viertel (ca. 1250) in Eching selbst, die wiederum aber nur knapp ein Drittel der wohnhaften Erwerbstätigen ausmachen. Für Eching ergibt sich daher eine Einpendlerquote von 75% und eine Auspendlerquote von rund 70% (*Heinritz* 1987, S. 147). Dieses Beispiel mag verdeutlichen, in welch erheblichem Maße funktionale Arbeitsmarktverflechtungen zwischen Kernstadt und Umland bestehen. Bei dem bestehenden Wirtschaftswachstum Münchens ist von einer weiteren Zunahme der Verflechtungsintensität auszugehen.

3.2.6.2 Pendlerverflechtungen am Beispiel des Verdichtungsraumes Rhein-Main

Die hohe Arbeitsplatzkonzentration in den Kerngebieten der Verdichtungsräume in Verbindung mit der stetigen Abwanderung der Bevölkerung in die Umlandzonen hat in den vergangenen Jahrzehnten zu einer zunehmenden räumlichen Trennung von Wohnung und Arbeitsstätte geführt.

War zu Beginn der Industrialisierung die räumliche Nähe von Wohn- und Arbeitsstätte aufgrund fehlender oder zu teurer Verkehrsmittel die Regel, so setzte durch den Ausbau der Eisenbahn zunächst eine lineare, später durch den aufkommenden flächendeckenden öffentlichen Personen-Nahverkehr und insbesondere durch die Motorisierung breiter Bevölkerungsschichten eine flächenhafte Aufsiedlung ein, durch die die ehemals enge Bindung von Wohnen und Arbeiten immer stärker aufgelöst wurde. Der steigende Lebensstandard und die damit verbundenen Raum-, Wohnwert- und Freizeitansprüche führten in den Ballungsrandgebieten und in den ländlichen Zonen zu aufgelockerten, großflächigen Wohnsiedlungen, deren Bewohner jedoch überwiegend von den Arbeitsplätzen im Kerngebiet abhängig waren. Die Folge war eine ungleiche regionale Entwicklung von Wohnungen und Arbeitsplätzen. Der zur Arbeitsstätte pendelnde Beschäftigte ist zum „Normaltyp der Erwerbstätigen" geworden. Industrialisierung, Agglomerationsprozesse, Siedlungsstrukturentwicklung und die Pendelbeziehungen stehen somit in einem engen „ursächlichen und wechselseitigen Verhältnis zueinander" (*Boustedt*, zit. n. *Otto* 1979, S. 29).

Die hohe Arbeitsplatzkonzentration im Kerngebiet des Verdichtungsraumes Rhein-Main hat im südlichen Hessen einen ausgedehnten Pendlerraum entstehen lassen, den *Otto* (1979) untersucht hat.

Tab. 3.2/9: Berufseinpendler ausgewählter Gemeinden im südlichen Hessen

Gemeinde	1950	1961	1970
Frankfurt	70 564	134 473	187 752
Darmstadt	20 709	32 838	43 618
Rüsselsheim	14 794	26 402	21 459
Hanau	12 856	21 941	25 385
Wiesbaden	10 656	22 764	30 200
Offenbach	8 757	15 335	18 849

Quelle: Otto 1979, S. 134–139

Tab. 3.2/9 zeigt, daß besonders Frankfurt mit seinem attraktiven und differenzierten Arbeitsplatzangebot eine hervorgehobene Stellung im Rhein-Main-Gebiet einnimmt. Sein Arbeitsplatzbereich überlappt diejenigen nahezu aller anderen Arbeitsplatzzentren der Region wie Hanau, Offenbach und Rüsselsheim und überschneidet sich mit den Arbeitsmarktbereichen von Wiesbaden und Mainz. In den Jahren 1950–1960 sind dabei vor allem die Pendelbeziehungen mit Gemeinden aus den Landkreisen Main-Taunus, Friedberg, Groß-Gerau, Obertaunus, Hanau und Offenbach sowie mit der Stadt Offenbach weiter ausgebaut worden. Insgesamt kommen mehr als drei Viertel aller Berufspendler (1950: 77,3%, 1961: 76,5%; 1970: 76,7%) aus diesen Gemeinden. Der Rest der in Frankfurt nicht wohnhaften Erwerbstätigen pendelt aus den Gemeinden in den weiter entfernt liegenden Landkreisen Büdingen, Schlüchtern, Gelnhausen, Limburg, Untertaunus, Usingen, Darmstadt und Dieburg sowie aus den kreisfreien Städten Hanau, Darmstadt und Wiesbaden und aus außerhalb der Landesgrenze liegenden Gemeinden im Raum Aschaffenburg und Mainz ein. Im Vergleich mit den Pendlerdaten von 1950 und 1961 haben sich bis 1970 bestehende Pendlerbeziehungen nicht nur verdichtet, sondern das Einzugsgebiet hat sich auch erweitert (*Otto* 1979, S. 203).

Die Folgen einer solchen – hier statistisch dokumentierten – Entwicklung im Verdichtungsraum sind allgemein bekannt (vgl. dazu Kap. 2.3.4 und 3.3.2).

Insgesamt kommt *Otto* (1979, S. 229) zu dem Ergebnis, daß der alltägliche Pendelverkehr und die damit verbundenen Folgeerscheinungen inzwischen ein derartiges Ausmaß angenommen haben, daß eine weitere Anpassung in Form von zunehmenden Verkehrsbeziehungen zwischen Arbeits- und Wohnstätten nicht mehr möglich ist. Staatliche Eingriffe in die Siedlungsstruktur, in das Verkehrswesen (insbesondere hinsichtlich des Verhältnisses von öffentlichem und Individualverkehr) sowie in den Arbeitsmarkt erscheinen in Zukunft notwendig, um zu größerer regionaler Ausgewogenheit zwischen den Daseinsfunktionen Wohnen, Arbeiten und sich Versorgen zu gelangen (vgl. auch Kap. 2.3.5 und 3.3.3).

3.3 Verdichtungsräume

An zwei Beispielen, und zwar den Verdichtungsräumen Tokyo und Rhein-Main, sollen die allgemeinen Aussagen über Verdichtungsräume (vgl. Kap. 2.3) regional konkretisiert werden. Während die räumliche Struktur und Entwicklung von Verdichtungsräumen (vgl. 2.3.1 bis 2.3.3) dabei am Beispiel des Verdichtungsraumes Tokyo dargestellt werden (3.3.1), werden die Probleme und Gegensteuerungsstrategien (vgl. 2.3.4 und 2.3.5) am Beispiel des Verdichtungsraumes ‚Rhein-Main' behandelt (3.3.2, 3.3.3).

3.3.1 Entwicklung des Verdichtungsraumes Tokyo (*Wolf Gaebe*)

3.3.1.1 Bevölkerungs- und Siedlungsentwicklung

Die Bevölkerungszunahme der japanischen Verdichtungsräume ist höher als im Landesdurchschnitt. Zwischen den Räumen Tokyo, Nagoya und Osaka entstand eine bandartige Siedlungsverdichtung. Tokyo umfaßt etwa zwei Drittel der Fläche des Ruhrgebietes und besteht aus den 23 Bezirken der Stadt Tokyo sowie einer westlichen Außenzone mit mehr als 40 Städten und Dörfern (Abb. 3.3/1b wie auch 2.3/2). In diesem Raum leben etwa 11,6 Millionen Menschen mit einer durchschnittlichen Dichte von etwa 5400 Einwohnern je km² (im Ruhrgebiet dagegen etwa 5 Millionen Menschen mit einer Bevölkerungsdichte von etwa 1500 Einwohnern je km²), in der Stadt Tokyo allein etwa 8,3 Millionen (Bevölkerungsdichte 14370 Einwohner je km²). Die Tokyo Metropolitan Region (Präfekturen Tokyo, Kanagawa, Saitama und Chiba) hat insgesamt 28,7 Millionen Einwohner (Tab. 3.3/1).

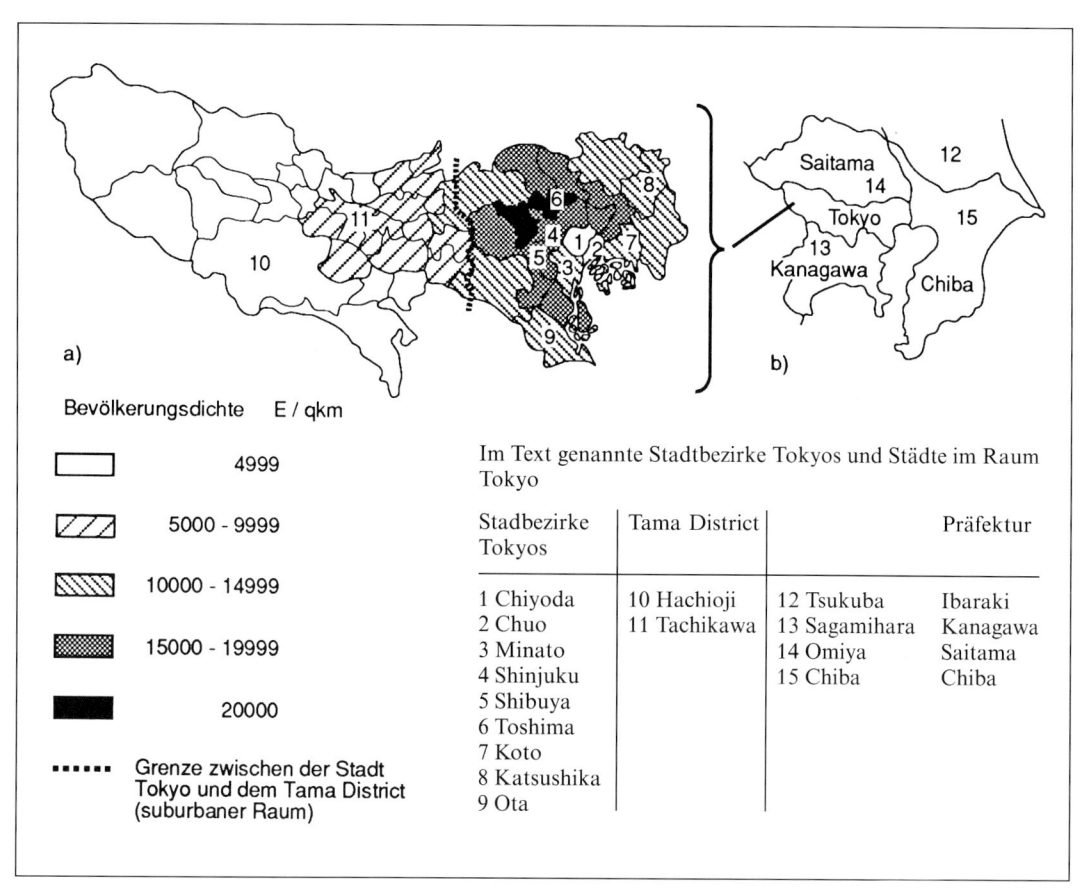

Abb. 3.3/1
Bevölkerungsdichte im Raum Tokyo
a) Präfektur Tokyo (Stadt Tokyo + Tama District)
b) Tokyo Metropolitan Region (= Keinhin)
Quelle: Stadt Tokyo

Tokyo, bis 1868 Edo genannt, war von 1603 bis 1868 Sitz der Regierung unter dem Shogunat Tokugawa. Seither ist Tokyo administrative und durch den Umzug des Kaisers (Tenno) von Kyoto auch imperiale Hauptstadt Japans.

Die Stadt ist mehrfach durch Brände zerstört worden, 1923 durch ein Erdbeben (300 000 zerstörte Häuser), 1944–45 durch Bomben (etwa 900 000 zerstörte Häuser) mit jeweils hohen Menschenverlusten.

Da ein Sachverständigenrat nach 1945 eine maximale Bevölkerung von nur noch etwa 3,5 Millionen voraussagte (1940: 6,8 Millionen), wurde die Stadt ungeplant wiederaufgebaut. Neben traditionellen japanischen Holzhäusern sind zunehmend Gebäude im westlichen Baustil errichtet worden. 1963 wurde die wegen der Erdbebengefahr auf 31 m festgesetzte Höhenbegrenzung aufgegeben. Im Ringzentrum Shinjuku (Abb. 3.3/5) mit 1985 10 Hochhäusern entstand 1971 das erste Hochhaus (Höhe 170 m).

Der Urbanisierungs-Suburbanisierungsprozeß verlief im Raum Tokyo ähnlich dem in anderen Verdichtungsräumen, obwohl es auch deutliche Unterschiede gibt, z. B. das Fehlen ethnischer Konflikte. Übereinstimmende Merkmale sind die Bevölkerungsumverteilung innerhalb des Verdichtungsraumes, verbunden mit einer starken Siedlungsausweitung und demographischer und sozioökonomischer

Tab. 3.3/1: Bevölkerungsentwicklung im Raum Tokyo 1920–1980

a)	in 1000	1920	1940	1950	1960	1970	1980	1955–1980 (%)
1	Stadt Tokyo (581 km²)	3 358	6 779	5 385	8 310	8 841	8 349	120
2	Außenzone = Tama District (1 564 km²)	336	568	907	1 374	2 567	3 266	305
1+2	Präfektur Tokyo (2 145 km²)	3 694	7 347	6 292	9 684	11 408	11 615	144
3	Tokyo Metropolitan Region = Präfekturen Tokyo, Kanagawa, Saitama und Chiba (= Keihin) (13 450 km²)	–	–	–	17 864	24 113	28 700	186
4	Nationale Hauptstadtregion = Keihin + Präfekturen Yamanashi, Gumma, Tochigi und Ibaraki	–	–	–	23 002	29 495	34 893	
b)	in %							
1	Stadt Tokyo	91	92	86	86	77	72	
2	Außenzone	9	8	14	14	23	28	
1+2	Präfektur Tokyo	100	100	100	100	100	100	

Quelle: Stadt Tokyo

Segregation, die starke Flächennutzungskonkurrenz, große Mängel der Infrastruktur und eine hohe Umweltbelastung.

– Bevölkerungsentwicklung
Während die Bevölkerung des Tama Districts und der angrenzenden Präfekturen der Tokyo Metropolitan Region (= Keihin) weiter zunimmt, vor allem im 40–50 km-Radius um den Stadtkern Tokyo, sinkt die Bevölkerung im engeren Verdichtungsraum (Präfektur Tokyo) seit Ende der 70er

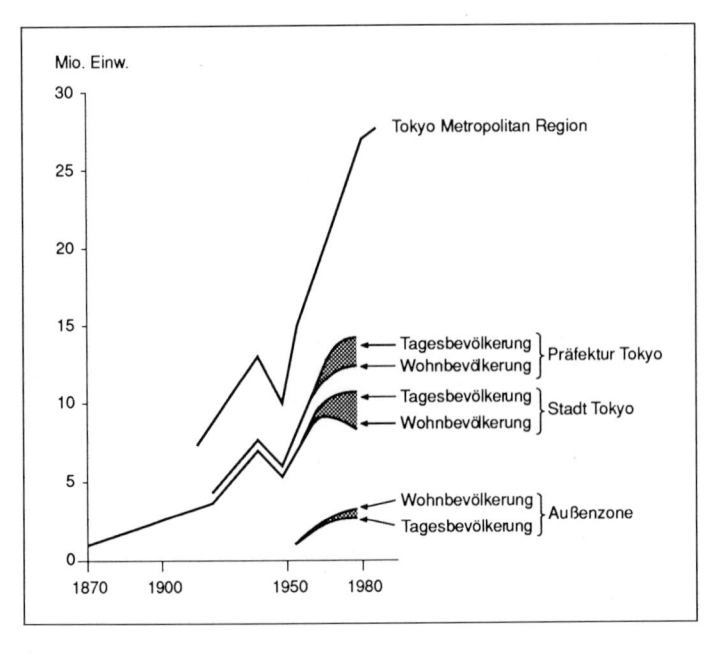

Abb. 3.3/2
Bevölkerungsentwicklung
im Raum Tokyo
Quelle: Stadt Tokyo

Jahre, in der Stadt Tokyo seit Ende der 60er Jahre, im Zentrum bereits früher (in Chiyoda (1 in Abb. 3.3/1a) seit Ende der 50er und in Chuo (2) seit Anfang der 60er Jahre).

1920 betrug der Bevölkerungsanteil der Kernstadt (Stadt Tokyo) an der Präfektur Tokyo 91%, 1980 nur noch 72% (Tab. 3.3/1, Abb. 3.3/2). Die Bevölkerungsentwicklung des Verdichtungsraumes Tokyo beruhte bis in die 70er Jahre primär auf Zuwanderungen, heute überwiegend auf Geburten und Sterbefällen. Zu den wichtigsten Zuwanderungsmotiven gehören Arbeitsplätze, sozialer Aufstieg und die Lebens- und Versorgungsmöglichkeiten in der Haupt- und Weltstadt (*Flüchter* 1985).

– *Siedlungsausweitung*

Abbildung 3.3/3 belegt die starke Siedlungsausweitung im Raum Tokyo trotz der verglichen mit anderen Verdichtungsräumen sehr geringen Wohn- und Frei- bzw. Grünflächen. Die Wohnfläche je Einwohner beträgt hier nur etwa ein Drittel der Wohnfläche in deutschen Großstädten, im Schnitt 10,5 qm. In Tokyo kommen statistisch 2 qm Grünfläche auf einen Einwohner, in New York 20, in London 30 qm.

Aufgrund der traditionellen Lebensformen und Wohnpräferenzen werden im Umland überwiegend Einfamilienhäuser auf Kleinstgrundstücken gebaut, finanziert durch Kredite und Altersabfindungen. Sie sind kaum größer als die Grundflächen. 1979 hatten z.B. im Stadtbezirk Koto (7 in Abb. 3.3/1a) mehr als die Hälfte der Grundeigentümer weniger als 100 m² große Grundstücke, in Tachikawa (11) 20 bis 30% (*Sasaki* 1981).

– *Demographische und sozioökonomische Segregation*

In der Kernstadt Tokyo nimmt der Anteil sowohl jüngerer als auch älterer Personen zu, desgleichen die Differenz zwischen Sterbefällen und Geburten. Hier steigt der Anteil der Einpersonenhaushalte, der Studenten, der Berufsanfänger und der wirtschaftlich und sozial schwachen Haushalte, im suburbanen Raum dagegen der Anteil der Kinder, der Personen mittleren Alters, der Geburtenüberschuß, der Anteil der Mehrpersonenhaushalte und der Mittel- und Oberschichthaushalte. Steigende Einkommen ermöglichen insbesondere älteren Menschen, den auch in Tokyo stärker wahrgenommenen Umweltbelastungen und den, verglichen mit anderen Industrieländern, weit höheren Bodenkosten (selbst 20 km vom Stadtkern entfernt noch mehr als 1500 DM je m²) auszuweichen und in das Umland zu ziehen.

– *Flächennutzungskonkurrenz*

Durch die Verdrängung der Wohnnutzung ins Umland nehmen in Tokyo die Flächen für Handels-, Dienstleistungs- und Verwaltungstätigkeiten zu, und innerhalb des sekundären und tertiären Sektors die Standortdifferenzierung nach dem Flächenertrag bzw. der Wertschöpfung und der Reichweite der Raumbeziehungen.

– *Mängel der Infrastruktur*

Mängel weist insbesondere die soziale und technische Infrastruktur auf, u.a. das Kanalisationsnetz. 1979 hatten in der Stadt Tokyo noch 30% der Haushalte keinen Kanalisationsanschluß, im Umland 60% der Haushalte. Die Straßendichte ist in Tokyo erheblich geringer als in anderen Verdichtungsräumen, sie beträgt nur ein Drittel der Straßendichte von New York und die Hälfte der Straßendichte von London und Paris. Es gibt in Tokyo zu wenig Wohnsammel- und Zufahrtsstraßen in Wohngebiete. Im gesamten Verdichtungsraum fehlen Freizeit- und Erholungseinrichtungen sowie allgemein Einrichtungen für Kinder, Jugendliche und ältere Menschen.

– *Hohe Umweltbelastung*

Die hohe Grundwasserentnahme führte zu starken Bodensenkungen (seit den 50er Jahren bis zu 4,50 m auf einer Fläche von 3000 km²) und Überflutungen der Küstenzone bei Taifunen sowie zu Wasserverknappung und -verunreinigung.

Stadtplanung als systematische Siedlungs- und Nutzungssteuerung gibt es in Japan erst seit den 70er Jahren. Zu den Steuerungsansätzen der Siedlungsentwicklung in Tokyo gehört vor allem die Errich-

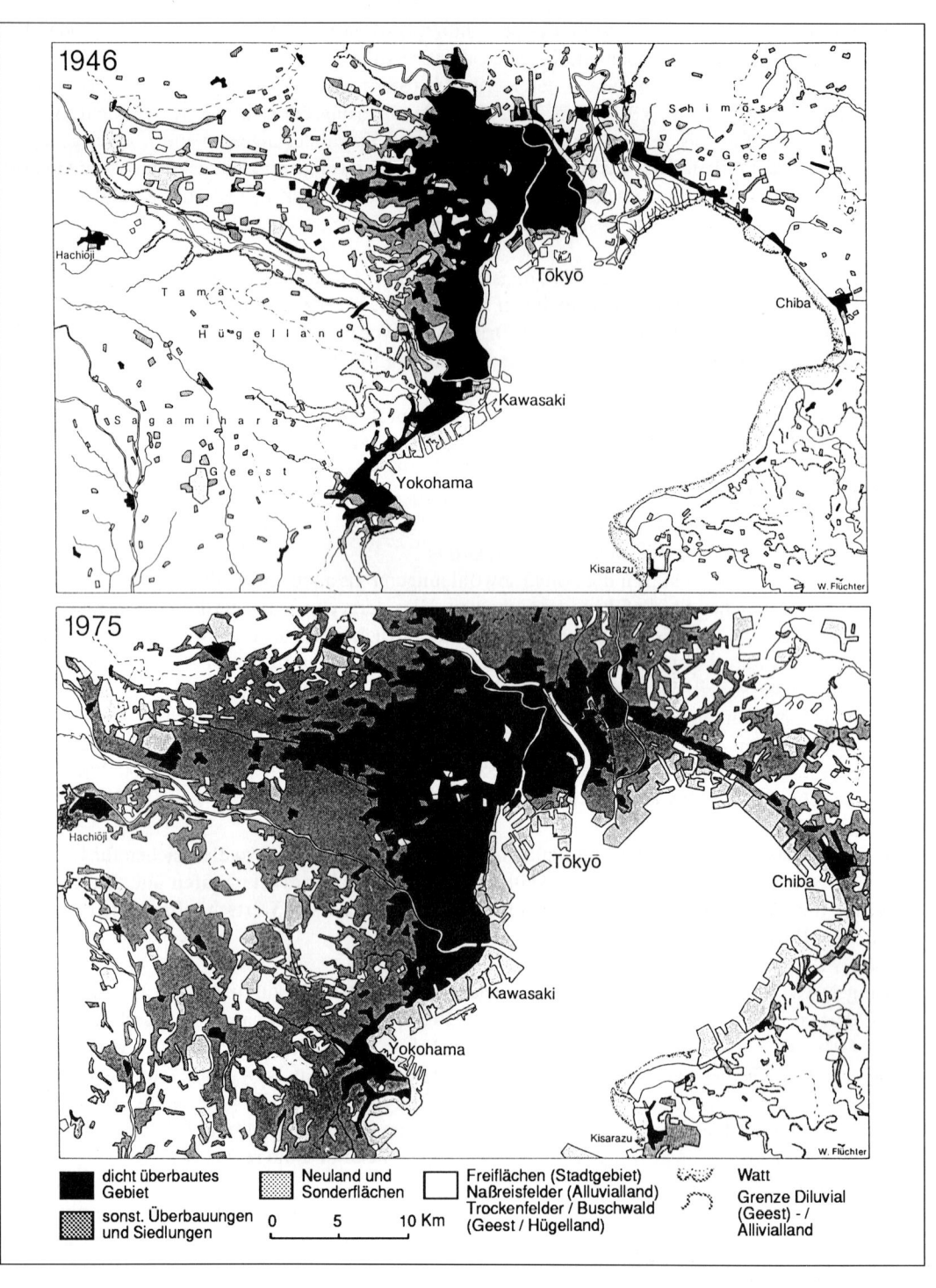

Abb. 3.3/3
Siedlungsflächenentwicklung im Raum Tokyo 1946–1975
Quelle: Flüchter 1985, S. 11

tung neuer Städte. Ein Beispiel ist die Satellitenstadt Sagamihara ((13) in Abb. 3.3/1b), etwa 40 km von der Innenstadt entfernt, mit 1980 432 000 Einwohnern (1954: 80 000) eine wirtschaftlich weitgehend eigenständige Siedlung mit Wohnungen, Arbeits- und Versorgungsstätten. Ein weiterer Steuerungsansatz sollte ein Grüngürtel ähnlich dem Groß-London-Plan sein. Die Verwirklichung wurde aber durch die Errichtung neuer Städte und eine planlose Zersiedlung im Umland mehr und mehr unmöglich. Es fehlt eine wirksame Flächensicherung. Die Planung beschränkt sich auf den Ausweis von Grün- und Freiflächen, jedoch ohne sie zu sichern. Der Bevölkerungsdruck führte zu einer starken Abnahme der Freiflächen. Diese dienen in Tokyo mehr dem Lärm- und Katastrophenschutz als der Klimaverbesserung, Erholung und Freizeit.

Leitlinie der Siedlungsentwicklung ist der privatwirtschaftlich ausgebaute Schienenverkehr. Er hatte bisher eindeutig Vorrang vor dem Ausbau des Straßennetzes, insbesondere wegen seiner hohen Leistungsfähigkeit, seines geringen Flächenverbrauchs und der relativ geringen Bodenkosten, der punktuellen Nutzungsverdichtung um die Bahnhöfe sowie der hohen Kapazitätsauslastung. Diese wird erreicht durch die gegenläufigen Verkehrsströme von Schülern und Berufstätigen sowie durch gleitende Arbeits-, Ladenöffnungs- und -schlußzeiten. Seit 1907 gibt es in Tokyo eine U-Bahn. Sie hat heute eine Länge von etwa 170 km und in der Kernstadt eine sehr hohe Fahrtdichte (etwa alle 2–3 Minuten). Da der Ausbau der Massenverkehrsmittel jedoch nicht mit der Wohnungs- und Verkehrsplanung koordiniert ist, fördert er die Zersiedlung. Die Pendlereinzugsgebiete wurden durch die Verkürzung der Fahrzeiten größer, ebenso die Differenz zwischen Tages- und Nachtbevölkerung (vgl. Abb. 3.3/2).

3.3.1.2 Entwicklung der Industrie

Auch die Veränderungen der Industrietätigkeit sind ähnlich denen in anderen Verdichtungsräumen, zeigen aber auch landesspezifische Unterschiede:

- *Rückgang der Industrietätigkeit*
  In der Stadt Tokyo nimmt die Zahl der Industriebeschäftigten seit Ende der 60er Jahre ab, in der Außenzone seit Ende der 70er Jahre, in der weiteren Umlandzone seit Anfang der 70er Jahre (Tab. 3.3/2). Die Arbeitsplatzverluste werden nicht durch eine Zunahme im Umland ausgeglichen. Gründe dafür sind Verschlechterungen der Tätigkeitsbedingungen, u.a. zunehmende Agglomerationsnachteile (hohe Grundstückspreise, Verkehrsdichte, verschlechterte Erreichbarkeit, Investitionsauflagen).

- *Überdurchschnittlich hoher Anteil der Leichtindustrie in Tokyo, hoher Anteil sehr kleiner Betriebe*
  Fast die Hälfte der Beschäftigten ist in Betrieben mit weniger als 10 Arbeitskräften tätig (im Durchschnitt Japans nur etwa 15%), vor allem in Betrieben der Konsumgüterindustrie (Druckereien, Möbel-, Lederwaren-, Bekleidungs-, Spielwarenfabriken, Zulieferer großer Unternehmen, u.a. der Metall- und Elektroindustrie). Stadtteile mit einer hohen und anhaltenden Konzentration kleiner Betriebe sind z.B. Katsushika (8 in Abb. 3.3/1a) im Nordwesten Tokyos, wo überwiegend Güter des täglichen Bedarfs hergestellt werden, und Ota (9 in Abb. 3.3/1a) im Süden Tokyos mit Zulieferbetrieben des Maschinenbaus.

- *Ansiedlungen auf Aufschüttungsebenen (Neuland)*
  Auf Neuland sind in der Bucht von Tokyo insgesamt etwa 260 000 Arbeitsplätze in Industrie und Gewerbe entstanden, davon im Küstenabschnitt Tokyo etwa 55 000, trotz bereits hoher Umweltbelastung. Fast die Hälfte der neuen Arbeitsplätze entfällt auf größere und große Industriebetriebe, u.a. der Eisen- und Stahlindustrie. Da die Neulandgebiete bis 1972 von einem Neuansiedlungs- und Erweiterungsverbot für Betriebe von mehr als 1000 qm (1972 mehr als 500 qm) im Kern des Verdichtungsraums Tokyo ausgenommen waren, konnten sich Großbetriebe hier ansiedeln. Agglomerationsvorteile für die Industrie im Raum Tokyo sind die Größe und Differenzierung der Märkte, die hohe Kontakt- und Informationsdichte, die starke staatliche Funktionszentralisierung

und die für Japan typische Verflechtung von Politik, Verwaltung und Wirtschaft. Die staatlichen Verlagerungsanreize werden bisher als unzureichend angesehen, obwohl die Boden- und Wasserpreise stark steigen und die Ansiedlungsbeschränkungen zunehmen (*Flüchter* 1985).

Tab. 3.3/2: Industrieentwicklung im Raum Tokyo 1955–1980 (in %)

		1955	1960	1965	1970	1975	1980	1955–1980
a)	*Betriebe in 1000*							
1	Stadt Tokyo	43,1	49,4	70,4	82,1	89,7	88,0	204
2	Außenzone	4,1	4,6	6,0	7,3	8,7	9,0	220
1+2	Präfektur Tokyo	47,2	54,0	76,4	89,4	98,4	97,0	206
	Tokyo Metropolitan Region	72,8	84,8	114,3	140,8	141,8	167,7	230
b)	*Beschäftigte in 1000*							
1	Stadt Tokyo	701	1133	1220	1148	920	811	116
2	Außenzone	63	124	185	235	228	217	343
1+2	Präfektur Tokyo	764	1257	1405	1383	1148	1028	134
	Tokyo Metropolitan Region	1206	2037	2569	2911	2490	2516	209

Quelle: Stadt Tokyo

Instrumente zur Beeinflussung der Standortverteilung der Industrie in Tokyo sind u.a. Verlagerungshilfen (kostenlose Beratung, günstige Kredite, erheblich verbilligte Grundstücke in Industrie- und Gewerbeparks). Die Stadt Tokyo kauft die alten Grundstücke auf und widmet sie für Wohn- und Gewerbezwecke (Büros) sowie Infrastruktur um.

Etwa ein Sechstel der 1200 bis 1980 in der Satellitenstadt Sagamihara (13 in Abb. 3.3/1b) errichteten Industriebetriebe sind verlagerte Betriebe. Die geringe Ansiedlungssteuerung und der Wunsch der Unternehmen nach großen, preiswerten und gut erreichbaren Grundstücken begünstigt die Zersiedlung. Das Angebot an Gewerbe- und Industrieflächen beruht nur selten auf einer längerfristigen Stadtentwicklungsplanung. Häufig bestimmen zufällig vorhandene Flächen die Ansiedlung. Zwar bemühen sich Regierung und Kommunen um räumlich konzentrierte Gewerbe- und Industrieansiedlungen, doch werden Flächen meist nur an der Peripherie gefunden. Auch die starke Stellung großer Unternehmen gegenüber den Kommunen beim Bau von Werkswohnungen erschwert eine geordnete Flächennutzung. Dezentralisierung ohne Standort- und Umweltplanung im Rahmen regionaler Entwicklungspläne überträgt jedoch nur Probleme der Kernstadt ins Umland. Standorte und Bedeutung kleiner Industrie- und Gewerbebetriebe für die Stadtteilentwicklung werden deshalb seit einigen Jahren differenzierter gesehen.

Es gibt in Tokyo räumlich eng verflochtene mehrstufige Liefer- und Standortsysteme (Abb. 3.3/4) (*Takeuchi* 1980). In Ota (9 in Abb. 3.3/1a) werden z. B. bezogen auf den Maschinenbau (Zusammenbau und Teileherstellung) Stanz- und Gußteile, Getriebe, Federn hergestellt, Metall bearbeitet, gehärtet, überzogen und lackiert, nicht nur für einen oder wenige Maschinenbaubetriebe, sondern als „Basisindustrien" für verschiedenste Weiterverarbeitungsbetriebe. Fast alle großen Maschinenbauunternehmen begannen in diesem Teil Tokyos.

Eingehende Untersuchungen der sehr dicht genutzten, industriebestimmten Stadtbezirke (Wohnungen, Produktions-, Handels-, Dienstleistungsbetriebe, Infrastruktur) faßt *Takeuchi* wie folgt zusammen:

– In allen Stadtbezirken sind Fabriken die Haupterwerbsgrundlage der Bewohner.
– Es sind überwiegend kleine Betriebe mit geringem Flächenbedarf (weniger als 20 Beschäftigte).
– Die Betriebe sind älter als die Wohngebiete.

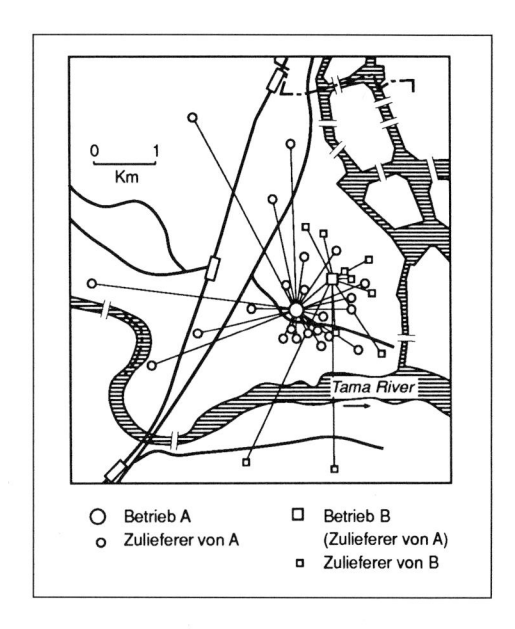

Abb. 3.3/4
Produktionsverflechtungen im Stadtbezirk Ota 1974
Quelle: Takeuchi 1980, S. 51

○ Betrieb A	□ Betrieb B
o Zulieferer von A	(Zulieferer von A)
	▫ Zulieferer von B

- Produktion und Distribution beziehen sich auf eine sehr kleine Fläche. Transportmengen und Verkehrsdichte sind relativ gering.
- Die meisten Unternehmer wohnen im Betriebsgebäude, die Arbeitskräfte meist in der Nähe, nicht selten arbeiten Familienangehörige mit. Tages- und Nachtbevölkerung sind aufgrund der Nähe von Wohnungen und Arbeitsstätten fast identisch, die Pendlerwege kurz.
- Weder die Betriebe noch die Bewohner wünschen in der Regel eine Verlagerung, sie möchten in diesen Stadtbezirken bleiben.

Diese Stadtteile hoher Industrie- und Wohndichte unterscheiden sich grundlegend von den küstennahen Industrieflächen mit hoher Tages- und geringer Nachtbevölkerung, hohem Transportumschlag, hohen Emissionen. Sie sollen deshalb behutsam weiterentwickelt und ihre Nutzungskonflikte lokal gelöst werden.
Die starke Standortbindung trifft z. B. auch für den Stadtbezirk Koto (7 in Abb. 3.3/1a) im Deltagebiet zu, standort- und produktionsspezifische Probleme machten hier Umsiedlungen und Nutzungsumwidmungen notwendig.
In Koto ist im Gefolge größerer Unternehmen ein eng verflochtenes Standortsystem von Klein- und Mittelbetrieben entstanden. Diesen Stadtbezirk kennzeichnen eine starke Funktionsmischung, eine hohe Bebauungsdichte von fast 90%, sehr schlechte Verkehrsverhältnisse mit hohen Unfallraten und große Umweltschäden durch Lärm, Erschütterungen und Abgase. Ein besonderes Problem sind hier die erheblichen Landsenkungen der 50er und 60er Jahre. Große Teile liegen unter dem Meeresspiegel und sind bei einem Erdbeben durch Überflutungen und Großbrände gefährdet.
Auf Küstenneuland wurden u.a. Holzverarbeitungs- und Handelsbetriebe umgesiedelt. Bei fast 300 Jahren Standortkontinuität und angesichts der engen Verbindung von Wohn- und Arbeitsplatz in Koto bedurfte es besonderer Verlagerungsanreize durch die Stadt Tokyo. Sie kaufte z. B. die Grundstücke in Koto für etwa 1000 DM je qm auf, während die neuen Ansiedlungsflächen nur etwa 250–300 DM je qm kosteten, und gab günstige öffentliche Umsiedlungskredite (*Flüchter* 1985).
Widerstände gegen umweltbelastende Betriebe nehmen zu. Wie in fast allen Industrieländern werden Umweltbelastung und -verschmutzung erst seit Ende der 60er Jahre stärker wahrgenommen und beachtet. Bereits vorher gab es Vergiftungen des Trinkwassers durch Industrieabwässer und -müll. Doch ebenso wie Meldungen über gesundheitsgefährdende Industrieabgase und Fischsterben in Seen

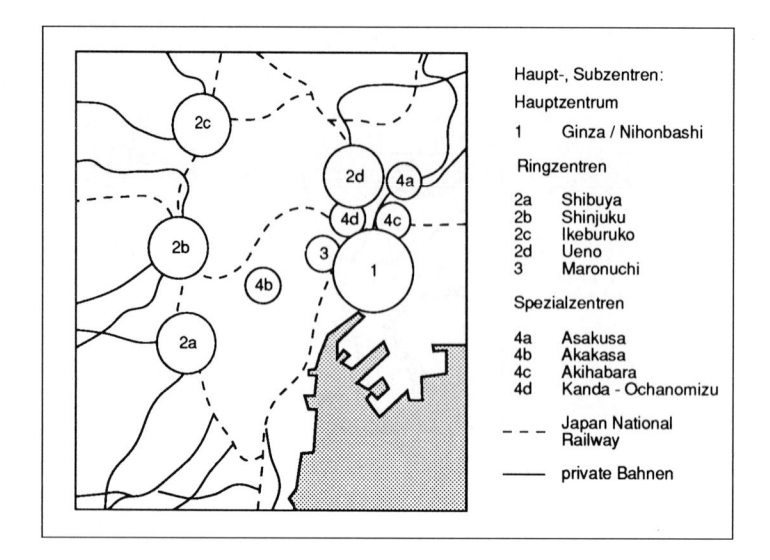

Abb. 3.3/5
Zentrensystem in der Innenstadt Tokyo
Quelle: Stadt Tokyo

Haupt-, Subzentren:
Hauptzentrum
1   Ginza / Nihonbashi

Ringzentren
2a Shibuya
2b Shinjuku
2c Ikeburuko
2d Ueno
3   Maronuchi

Spezialzentren
4a Asakusa
4b Akakasa
4c Akihabara
4d Kanda - Ochanomizu

- - -   Japan National Railway
———   private Bahnen

und Küstengewässern wurden sie lange als lokale Störungen und Gefährdungen hingenommen. Die Ökonomie hatte auch hier Vorrang vor der Ökologie.

3.3.1.3 Entwicklung des Versorgungsangebotes

Ökonomische Gründe, aber auch das spezifische Freizeit- und Sozialverhalten der Japaner verursachten die zunehmende Trennung der Wohn-, Arbeits-, Versorgungs- und Freizeitstandorte. Durch den Ausbau des schienengebundenen Personenverkehrssystems und die ausgreifende Bevölkerungssuburbanisierung kam es zu Verschiebungen innerhalb des Zentrensystems. Tendenzen der Zentrenentwicklung sind (vgl. Abb. 3.3/5):

– Stärkung des kernstädtischen Hauptzentrums (Ginza/Nihombashi-Viertel) und der vier Ringzentren. Die Ringzentren reihen sich halbkreisförmig von Südwesten nach Nordosten entlang der innerstädtischen staatlichen Ringbahn, der Yamanote-Linie (Shibuya, Shinjuku, Ikebukuro, Ueno), und sind gleichzeitig Endbahnhöfe der von dieser Ringbahn radial abgehenden privaten Vorortlinien mit einem weiten Einzugsgebiet, sowie hochrangige kommerzielle Zentren (vgl. Tab. 3.3/3). Für den Handel sind sie als Knotenpunkte des Massenverkehrs hervorragende Standorte. Je größer der Strom der Aus-, Ein- und Umsteigenden, um so attraktiver sind die Bahnhofsviertel für Geschäfte, Restaurants, Freizeit- und Vergnügungseinrichtungen. In Shinjuku gab es z. B. 1980 neben 5 Warenhäusern etwa 240 Lebensmittelläden, 720 Restaurants, 1100 Kneipen, 40 Theater und Clubs. Innerhalb der Yamanote-Linie beträgt die Tagesbevölkerung etwa 2,2 Millionen, die Nachtbevölkerung dagegen nur ein Siebtel davon.

Warenhäuser gibt es in Japan nur in den höchstrangigen Zentren, überwiegend in Millionenstädten, insgesamt etwa 350 Warenhausfilialen (1980) (in der Bundesrepublik etwa 1500 mit wesentlich geringeren Umsätzen). In Japan bieten Warenhäuser traditionell hochwertige Gebrauchsgüter an, z. T. in Luxusboutiken. Anders als in der Bundesrepublik, hier eher in alteingesessenen Fachgeschäften, bringt der Kauf in einem Warenhaus Prestige, insbesondere der Kauf von Geschenken, nicht nur für die Familie, Freunde und Bekannten, sondern auch für Geschäftspartner zu Jahresende und Jahresmitte. So erklärt es sich, daß rund ein Fünftel des Umsatzes z. B. im Warenhaus Mitsukoshi im Nihombashi-Viertel auf Geschenke entfällt. Warenhäuser sind neben Modehäusern und Boutiken Anbieter der internationalen Mode und Innovationszentren des Handels. Sie haben auch ein breites Dienstleistungs- und Freizeitangebot, z. B. Bankfilialen, Arztpraxen, Restaurants,

Tab. 3.3/3: Tag- und Nachtbevölkerung in Central und Sub-Central Tokyo 1975

Stadtbezirke	Tagbevölkerung in 1000	Nachtbevölkerung in 1000
a) *Central Tokyo*		
Chiyoda [1])	934	62
Chuo	661	90
Minato	674	209
	2269	361
b) *Sub-Central Tokyo*		
Shinjuku	653	367
Shibuya	436	264
Toshima	374	321
	1463	952
a) + b)	3732	1313

Quelle: Stadt Tokyo
[1]) vgl. Abb. 3.3/1

Kindertheater, kulturelle Attraktionen (Galerien, Theater, Wettbewerbe). Die größten deutschen Warenhäuser führten 1980 etwa 250 000, japanische bis 600 000 Artikel auf Verkaufsflächen, an die nur das Berliner KaDeWe-Haus oder Harrods in London heranreichen.

Die Nähe der politischen und wirtschaftlichen Entscheidungszentren, der Ministerien und der Hauptverwaltungen großer japanischer Unternehmen, verstärkt durch eine straff zentralistische Staatsorganisation, fördert die Konzentration von Handel und Dienstleistungen in der Innenstadt Tokyo. Drei Fünftel der 100 größten japanischen Unternehmen und Gesellschaften haben ihren Hauptsitz in Tokyo.

- Eine Reihe stark spezialisierter Zentren der Innenstadt ergänzen das Hauptzentrum und die Ringzentren: z. B. Asakusa, 1–2 km östlich des Ringzentrums Ueno mit Tempel-, Vergnügungs- und Einkaufsstätten, ein Anziehungspunkt für Touristen; Asakasa, ein luxuriöses Vergnügungs- und Restaurant-Viertel nahe dem Regierungsviertel Kasumigaseki, bevorzugt besucht von Personen mit Spesenkonto aus Politik, Verwaltung und Wirtschaft; Akihabara, 2 km nördlich des Bahnhofs Tokyo, ein Spezialzentrum für Elektroartikel; Kanda-Ochanomizu, 2 km nordwestlich, Zentrum für Bücher und Antiquitäten.
- Im Umland nimmt die Bedeutung der Subzentren an den Knotenpunkten des Massenverkehrs zu. Die wohnungsnahe Grundversorgung erfolgt immer mehr durch Lokal- und Nachbarschaftszentren sowie neue Angebotsformen, u.a. Supermärkte, Diskountläden, Gemeinschaftswarenhäuser. Lokalzentren um Bahnhöfe der Vorortlinien umfassen bis etwa 100 kleine Geschäfte und Supermärkte, Restaurants und Schenken in Seitenstraßen. Das Angebot ist breiter als das der Nachbarschaftszentren, die Verkehrsanbindung besser. In Japan ist der tägliche Einkauf zu Fuß oder mit dem Fahrrad noch die Regel. Die meist kleinen, gut erreichbaren Läden führen frische Waren. Das erlaubt eine geringe Vorratshaltung in den sehr kleinen Wohnungen. Die Läden haben keine festen Öffnungszeiten und versorgten 1980 im Schnitt etwa 70 Menschen (in der Bundesrepublik etwa 150).

Im Raum Tokyo nehmen große, aber auch kleine Läden zu, Läden mittlerer Größe ab. Langfristig wird jedoch ein Schrumpfungsprozeß erwartet, da die kleinen Läden kaum Rationalisierungsmöglichkeiten haben, der Umsatz nicht steigt und die Marktstellung neuer Angebotsformen zunimmt. Je höherrangiger das Zentrum, um so stärkere Bedeutung erhalten neben Arbeitsplätzen und Versorgung Freizeittätigkeiten, da ein hoher Prozentsatz der in Tokyo Beschäftigten, vor allem

Angestellte, an 2–3 Tagen in der Woche nach Büroschluß meist noch in dem dem Büro nächstgelegenen Vergnügungs- und Restaurantviertel bleibt. In den Subzentren im Umland und in den Satellitenstädten fehlen Freizeit- und kulturelle Einrichtungen.

Das Zentrensystem in Tokyo hat sich im letzten Jahrzehnt nicht grundlegend verändert, jedoch räumlich ausgeweitet. Die Suburbanisierung des tertiären Sektors hält an, u.a. wegen der guten Erreichbarkeit der Lokal- und Nachbarschaftszentren im Umland, der Verhaltensänderungen sowie der Zunahme wohnungsnaher Einkäufe, die durch den arbeitsfreien Samstag gefördert werden.

Steuerungsansätze der Zentrenentwicklung im Raum Tokyo sind der Ausbau des Straßennetzes, die Verlagerung von Büroflächen aus der Stadt Tokyo, die Begrenzung der Einzelhandelsflächen und lokale Kulturinitiativen:

- Der Straßenbau vollzieht vor allem die Siedlungsentwicklung nach. Durch Herausnahme des Durchgangsverkehrs aus dicht besiedelten Wohngebieten sollen die Wohnbedingungen verbessert werden. Vor allem schwere Fahrzeuge erschüttern die leichten Holzhäuser. Sie sollen deshalb Innenfahrbahnen benutzen. Fahrten mit Massenverkehrsmitteln haben im Raum Tokyo trotz eines ähnlichen Motorisierungsgrads wie in Verdichtungsräumen anderer Industrieländer eindeutig Vorrang. Fahrten mit dem Auto zur Arbeit setzen einen reservierten Parkplatz voraus, sind aber selbst dann wegen des unzureichend ausgebauten Straßennetzes sehr zeitaufwendig und anstrengend. Leistungsfähige Durchgangsstraßen gibt es erst seit den olympischen Sommerspielen 1964. Es fehlen Querverbindungen. Die Ladungen schwerer LKW's müssen deshalb am Stadtrand in kleinere umgeladen werden.
Trotz zähflüssigen Verkehrs und häufiger Stauungen wurde die Luftverschmutzung durch rigorose Abgasvorschriften verringert. Taxis zum Beispiel fahren in Tokyo nur mit Flüssiggas.
- Zur Minderung der räumlichen und ökonomischen Konzentration und zunehmenden Tertiärisierung in der Kernstadt mit Verdrängung der Wohnbevölkerung und der Grundversorgung wird eine Konzentration neuer Büroflächen auf drei Standorte in der Außenzone des Verdichtungsraumes (Hachioji/Tachikawa, Omiya, Chiba in Abb. 3.3/1) und in Yokohama angestrebt. Gründe für die noch geringere Ansiedlungs- und Verlagerungswirkung des Plans zur dezentralen Konzentration zeigt das Beispiel eines Versicherungsunternehmens: Etwa 1500 Arbeitsplätze in der Innenstadt Tokyo wurden 50 km weit verlagert, nur die Hauptverwaltung blieb zurück. Aufgrund von Mängeln der Infrastruktur, insbesondere schwieriger Kommunikation und Kontakterhaltung, wurde die Verlagerung jedoch z.T. rückgängig gemacht.
Auch Forschungs-, Entwicklungs- und Bildungseinrichtungen werden zunehmend dezentralisiert. Ein Beispiel ist Tsukuba, 60 km nordwestlich von Tokyo, ähnlich Akademgorod bei Novosibirsk, ein Standort neuer und verlagerter Forschungs- und Entwicklungseinrichtungen und einer Universität. Bisher wurden die angestrebte Vielfalt städtischen Lebens und der intensive Austausch zwischen den 1980 etwa 50 Forschungs- und Entwicklungsinstituten aber noch nicht erreicht. Beklagt wird die Isolation an diesem peripheren Standort.
- Zur Verhinderung einer weiteren Zunahme der Großbetriebe im Einzelhandel mit negativen Wirkungen auf Raumentwicklung und Wettbewerb bedürfen seit 1979 alle *Neuansiedlungen im Handel* mit mehr als 500 qm Verkaufsfläche einer Sondergenehmigung. In der Stadt Tokyo soll die Verkaufsfläche nicht über 3000 qm hinausgehen, im Umland nicht über 1500 qm. Daß es Ausnahmen gibt, zeigt ein 1981 fertiggestelltes Einkaufszentrum mit 80 000 qm Verkaufsfläche 20 km östlich von Tokyo, das erste dieser Größe in Japan.
- Die Förderung *kommunaler Kulturinitiativen* im Umland soll Identifikationspunkte für die Bevölkerung dieser Gemeinden schaffen. Lange Pendlerwege und arbeitsplatzbezogene Freizeitaktivitäten in der Kernstadt sowie eine hohe Mobilität erschweren den Bezug zum Wohnort.

3.3.1.4 Fehlende Planungskonzepte

Die Entwicklung neuer Städte im Raum Tokyo erfolgt nicht nach einem ausgearbeiteten Raumordnungskonzept. Es fehlt eine die Präfekturgrenzen überschreitende Regionalplanung. Zentralregierung und Präfektur sind Träger des Wohnungsbaus und der Infrastruktur (im wesentlichen Verkehrs-, Bildungs-, technische Einrichtungen), Handel- und Großunternehmen dagegen Träger der kommerziellen Entwicklung. Der Ausbau sozialer und kultureller Einrichtungen bleibt hinter dem Ausbau ökonomischer und technischer Einrichtungen zurück, bedingt durch die Schwäche der kommunalen Selbstverwaltung und Planung in Japan sowie das Fehlen einer starken bürgerlich-städtischen Tradition. Die Gemeindeverwaltungen sind eher administrative Vollzugsorgane als Steuerungselemente der Raumentwicklung. Da es in den Wohngebieten bürgernahe Außenstellen gibt, haben die Rathäuser gewöhnlich kaum Publikumsverkehr und sind wegen der Bodenpreise meist randlich gelegen. Der Gemeindemittelpunkt ist deshalb eher ein verkehrsgünstig gelegenes kommerzielles Zentrum im Umland als ein kommunales (gesellschaftliches) Zentrum. Eine Folge dieser fast ausschließlich kommerziellen Entwicklung, z. T. sogar Überkommerzialisierung der Zentren, ist ein fehlendes Eigenprofil neuer Siedlungen.

Die Anziehung der Kernstädte mit ihren ökonomischen und infrastrukturellen Vorteilen führt bei der Bevorzugung zweistöckiger Einzelhäuser trotz der geringen Grundstücks- und Wohnfläche zu ausgedehnter Zersiedlung. Konkurrenz, Anpassung und soziale Kontakte in Ausbildung und Beruf verbinden vor allem bei Männern die Nachfrage nach Freizeit- und Erholungsmöglichkeiten eher mit dem Berufs- als mit dem räumlich engen familiären Bereich.

Auf der anderen Seite stehen die zahllosen Kleinstläden und Gewerbebetriebe in alten wie neuen Siedlungsgebieten, auch in der Kernstadt, dem Trend zur ökonomischen Konzentration und der Trennung von Wohn- und Arbeitsort entgegen. Sie setzen jedoch kaum über den Nachbarschaftsraum hinausgehende kommunale und kulturelle Aktivitäten frei, die eine umfassendere, nicht nur kommerziell bestimmte Subzentrenbildung fördern könnten.

3.3.2 Probleme des Verdichtungsraumes ‚Rhein-Main' (*Elke Tharun*)

Die im Verdichtungsraum ‚Rhein-Main' mit seinen Stadtregionen ‚Frankfurt/Offenbach', ‚Wiesbaden/Mainz', ‚Darmstadt' und ‚Aschaffenburg' (vgl. auch Abb. 2.3/1 b) auftretenden Probleme/Problemfelder wiederholen sich mit geringfügigen regionalen Abweichungen in allen anderen Verdichtungsräumen der Bundesrepublik Deutschland wie weithin auch anderer Industrieländer. Insofern kann ihre nachfolgende Darstellung, die der Gliederung im Abschnitt 2.3.4 folgt, zugleich als hinreichend repräsentativ gelten.

3.3.2.1 Problemfeld ‚Gesamtraum': Umweltsituation

a) Wasserversorgung

Bedingt durch die frühere Vorstellung von der allgemein freien Verfügbarkeit von Wasser und Luft in privaten und wirtschaftlichen Bereichen beschränkt sich das Problem der Wasserversorgung zwar nicht allein auf die Verdichtungsgebiete. Dennoch ist gerade in diesen Räumen die Problematik der Versorgung mit hygienisch einwandfreiem und in ausreichender Menge zur Verfügung stehendem Trinkwasser besonders relevant. Hier führt aufgrund der starken Konzentration – und dem damit verbundenen starken Wasserverbrauch – privater und wirtschaftlicher Nutzer der steigende Wasserbedarf zur Verknappung der Wasservorräte mit der Folge, daß die örtlichen Förderungsmöglichkeiten nicht mehr ausreichen.

Abbildung 3.3/6 macht diese Situation beispielhaft am Verdichtungsraum Frankfurt deutlich: Danach kann die Versorgung mit ausreichendem Trinkwasser nur durch ein großräumiges Verbundnetz gewährleistet werden, das ständig durch neu erschlossene Grundwassergewinnungsgebiete erweitert werden muß. Der Grund, der zur stetigen Neuerschließung von Trinkwassergewinnungsgebieten

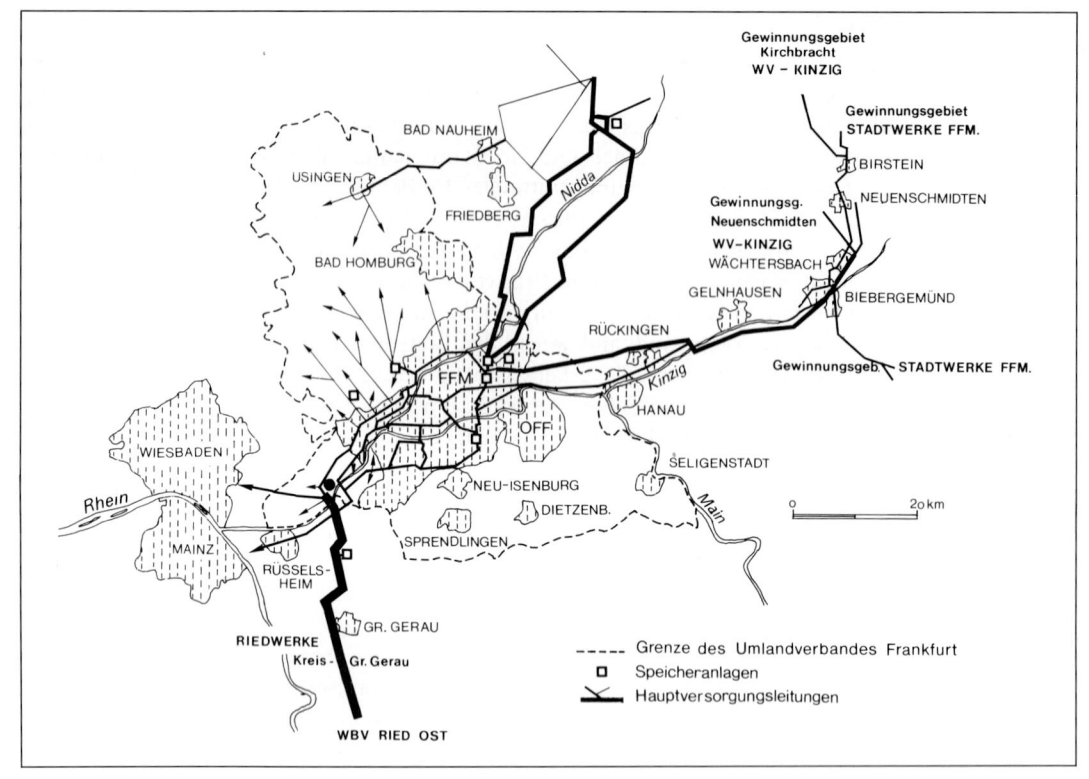

Abb. 3.3/6
Wasserverbundsystem im Raum Frankfurt a. M.
Quelle: Stadtwerke Frankfurt a. M., o. J.

führt, liegt neben dem noch immer leicht steigenden regionalen Verbrauch – in der Kernstadt Frankfurt ist der Verbrauch allerdings seit 1980 leicht rückläufig (Rückgang von Bevölkerung und Industrie, verändertes Verbraucherverhalten) – insbesondere im Absinken der Grundwasserstände durch Übernutzung. Diese liegt dann vor, wenn die Fördermenge die Grundwasserbildungsrate übersteigt. Im Beispielraum Rhein-Main sind von Grundwasserabsenkungen bereits das Hessische Ried, in dem daher bereits seit 1977 Förderbeschränkungen bestehen, und das Vogelsberggebiet betroffen. Im Hessischen Ried ist dafür ein ganzes Faktorenbündel verantwortlich: die bereits seit dem 19. Jahrhundert durchgeführte Begradigung und Kanalisierung des Rheins und seiner Nebenflüsse, Entwässerungsmaßnahmen für den Ackerbau, ‚Versiegelung' des Bodens durch starke Überbauung, Gewinnung von Trinkwasser.

Die Folgen der Grundwasserabsenkung sind starke Schäden an der Vegetation bis zur Vernichtung bestimmter Pflanzengesellschaften, Versiegen von Quellen, Gebäudeschäden durch Absacken des Baugrundes.

Aus diesen Gründen wird auch die Bedeutung des Fremdbezuges von Trinkwasser in den Verdichtungsräumen immer größer. Bei den Stadtwerken Frankfurt verhielt sich z. B. die Eigenförderung zum Fremdbezug 1982 wie 1:1,54; 1984 lag das Verhältnis bereits bei 1:2,27.

b) Luftverschmutzung
Gerade in den Verdichtungsräumen bestehen durch die hohe Emissionsdichte von Verkehr, Industrie und Haushalten besondere Probleme der Luftverunreinigung, deren Auswirkungen auf Mensch, Tier und Vegetation noch längst nicht ausreichend erforscht sind. Im Frankfurter Verdichtungsraum

wurden daher zu Beginn der 70er Jahre von der damals bestehenden Regionalen Planungsgemeinschaft Untermain (RPU) (vgl. dazu auch Abschn. 3.3.3.2,a; Abb. 3.3/11) lufthygienisch-meteorologische Modelluntersuchungen vorgenommen.

Im Rahmen dieser großangelegten Untersuchungen wurden u.a. an 43 Meßstellen der Region Untermain die Konzentrationen von 6 ausgewählten gasförmigen Schadstoffen gemessen. Die gemittelten Ergebnisse des Untersuchungsjahres 1971/72 gibt Abbildung 3.3/7 wieder. Aus ihr lassen sich besonders bei Schwefeldioxid und Stickstoffdioxid, aber auch bei den Chloriden die eindeutig höchsten Konzentrationen in der Innenstadt von Frankfurt ablesen (vgl. dazu *Lahmann* 1972, S. 62). Da SO_2 als Leitemission von Feuerungsanlagen gewertet werden kann, ist seine Konzentration als Korrelat der Verdichtung von Wohngebäuden (Hausbrandemissionen) und Industrie (Emissionen von Großfeuerungsanlagen) anzusehen.

Ähnliches gilt für die Höhe der CO-Emissionen, die vor allem von der Frequenz des Autoverkehrs abhängig ist, der seinerseits in der Innenstadt die höchste Dichte erreicht.

Modifiziert werden die Immissionen durch regional- und lokalklimatische Verhältnisse und deren Beeinflussung durch städtebauliche Parameter (z. B. flächenhafte oder gegliederte Verdichtung, Lage der Straßen zur Hauptwindrichtung usw.). In einem Gebiet wie dem Frankfurt-Offenbacher Verdichtungsgebiet, das aufgrund seiner Beckenlage nicht nur durch Inversionswetterlagen, bei denen es zu einer Anreicherung von emittierten Stoffen in Bodennähe kommt, charakterisiert ist, sondern auch zu den windschwächsten Zonen in Deutschland gehört, ist daher die sachliche und räumliche Kenntnis der Zirkulations- und Temperaturunterschiede von größter Wichtigkeit, um daraus stadt- und regionalplanerische Konsequenzen ziehen zu können. So gelang es, aufgrund der lufthygienisch-meteorologischen Untersuchungen, u.a. mit Hilfe von Wärmebildern (Infrarot-Thermographie), das Vorhandensein und die Bedeutung von Kaltluftströmen, die von Taunus und Vortaunus, aber auch aus der Wetterau und den Waldgebieten südlich des Mains als Frischluft in den Verdichtungsraum einfließen, aufzuzeigen. Die Hänge und besonders die Täler konnten dabei als Leitlinien der Kaltluftzufuhr identifiziert und die Bedeutung von Bauwerken, Dämmen, aber auch Baumbeständen als Hindernisse für die Frischluftzufuhr belegt werden (*Lorenz* 1972, 23 f) (vgl. hierzu auch 3.3.3.2,b).

Diese durch die Frischluftzufuhr verursachte Luftvermischung führt zwar im Ballungskern zu einer Verbesserung der Luftsituation, verursacht aber großräumig notwendigerweise eine Verschlechterung der Luftqualität. Dies läßt sich besonders gut mit Hilfe eines biologischen Indikators, der auf den Gesamtkomplex der Luftschadstoffe reagiert, aufzeigen und zwar des Bewuchses von Bäumen mit Flechten, die nach Frequenz, Deckungsgrad und Vitalität untersucht wurden. Aus den Ergebnissen wurde ein Flechtenindex entwickelt, und Räume mit ähnlichem Index wurden zu Regionen ähnlicher Immissionsbelastung zusammengefaßt. Überhaupt konnten im Rahmen dieser Untersuchung insgesamt nur noch 27 Flechtenarten konstatiert werden, während vor ca. 100 Jahren im gleichen Raum noch über 300 Arten vorkamen. Zudem stellte man fest, daß von den bis zum Untersuchungszeitraum (1971/72) im Untersuchungsgebiet noch existierenden 27 Arten einige bereits im Aussterben begriffen waren (vgl. dazu *Kirschbaum* 1972, S. 76 f).

So wird aus dieser Untersuchung deutlich, daß Frankfurt als Flechtenwüste bezeichnet werden kann und sich somit als höchst belasteter Raum innerhalb des Untersuchungsgebietes (Umlandverband Frankfurt, vgl. dazu 3.3.3.2,a) erweist, während der umliegende Raum abhängig von anthropogener Nutzung, Vegetation und Relief unterschiedlich stark belastet ist. Dies wird auch durch die Ausweisung des in Abbildung 3.3/8 dargestellten Gebietes als ‚Belastungsgebiet' kenntlich gemacht, in dem besondere Gegenmaßnahmen ergriffen werden sollen. Wie diese Abbildung zeigt, gehören im Rhein-Main-Verdichtungsraum nicht nur die Kernstädte Frankfurt und Offenbach zum Belastungsgebiet, sondern auch eine Reihe angrenzender Gemeinden. Ein besonderes Warn- und temporäres Notmaßnahmensystem besteht in den sog. Smog-Gebieten, d.h. Gebieten, in denen die Gefahr des Zusammentreffens von besonderer Luftverschmutzung mit Inversionswetterlagen besonders groß ist. Aus Abbildung 3.3/8 wird deutlich, daß diese einen großen Teil des Verdichtungsraumes umfassen.

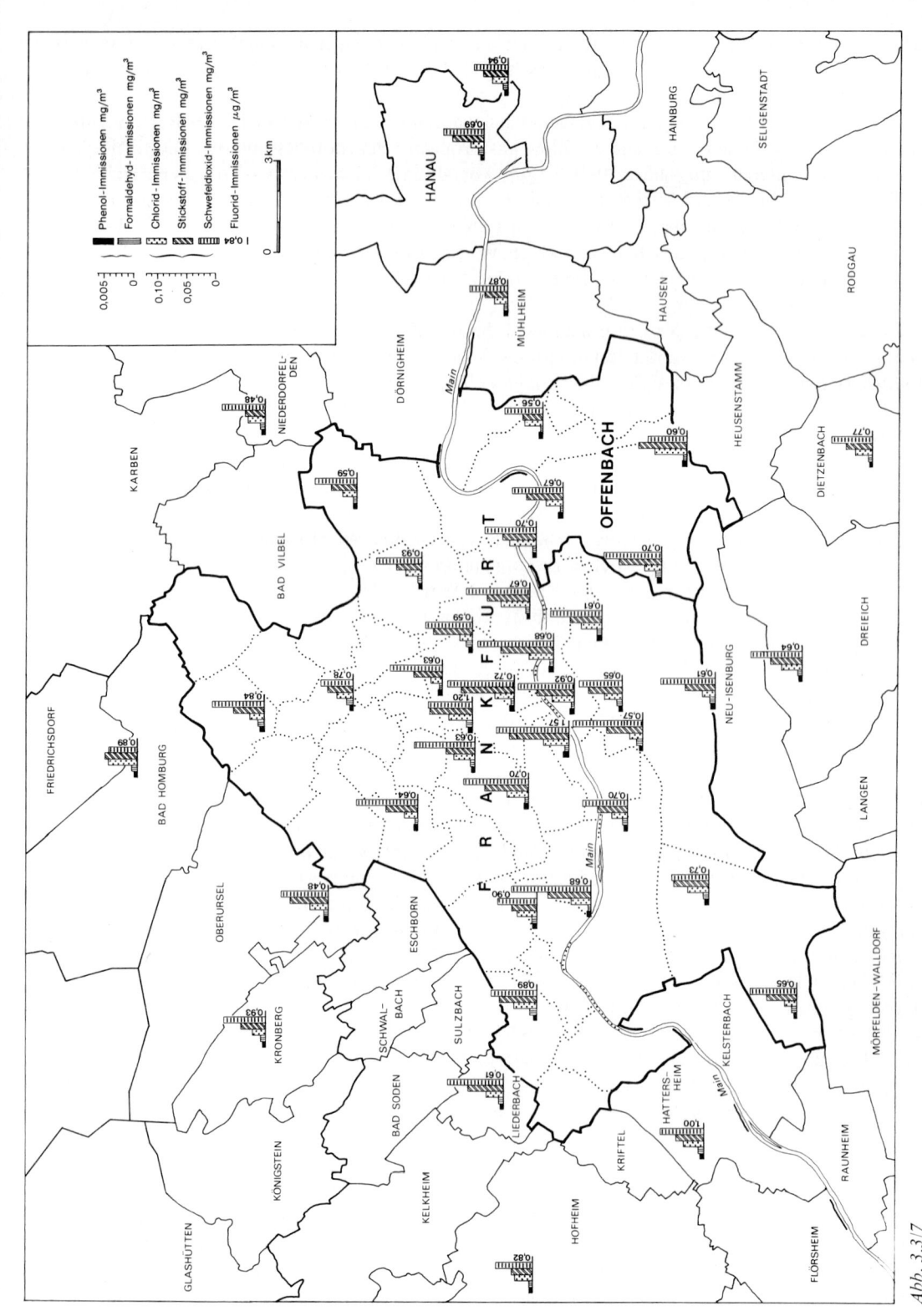

Abb. 3.3/7
Mittlere Schadstoffimmissionen im Gebiet des Verdichtungsraumes Frankfurt/Offenbach 1971/1972
Quelle: Lahmann 1972, S. 65

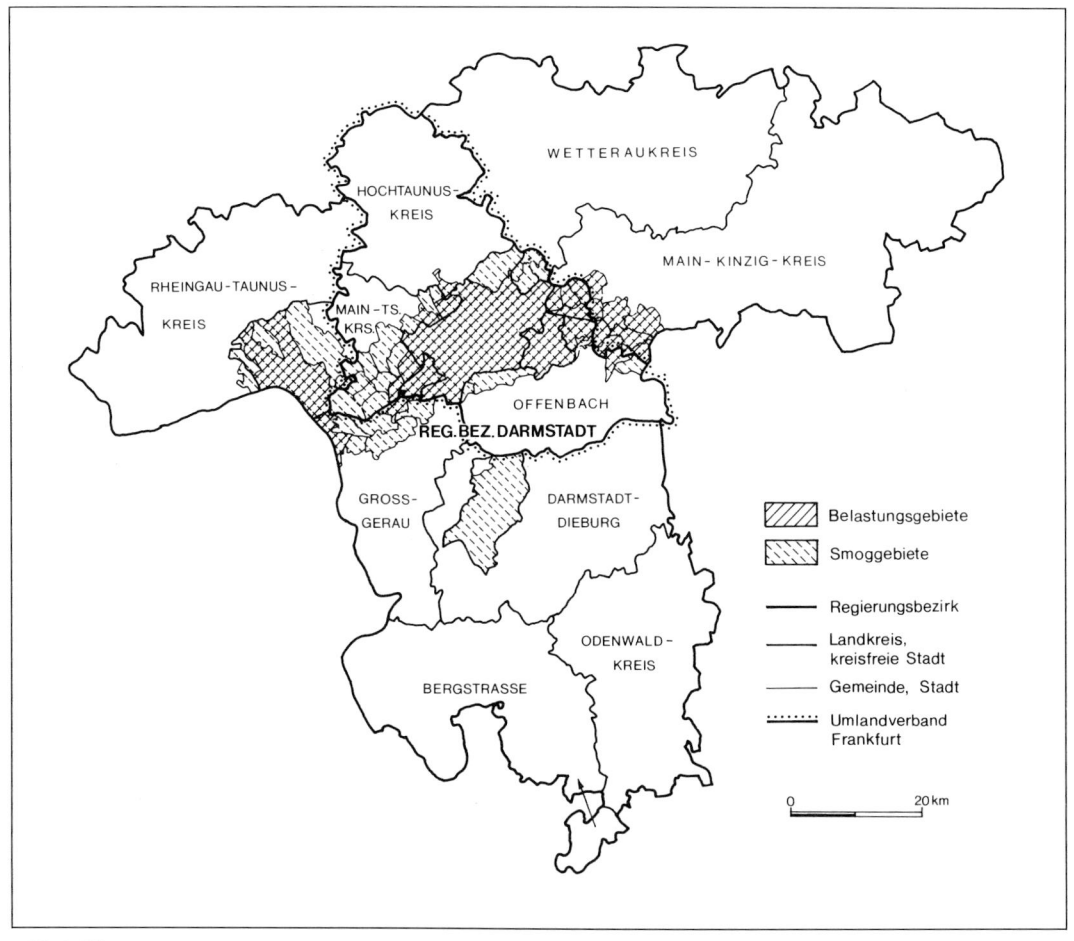

Abb. 3.3/8
Belastungs- und Smoggebiete der Planungsregion Südhessen
Quelle: Planungsregion Südhessen 1985

c) Landschaftsverbrauch

Probleme der Luftverunreinigung wie solche der Trinkwassergewinnung sind teilursächlich auf den in den letzten Jahrzehnten vonstatten gegangenen Landschaftsverbrauch mit seiner zunehmenden Ausdehnung und Verdichtung der besiedelten Fläche – und damit Versiegelung der Erdoberfläche – zurückzuführen (vgl. *Borcherdt/Kuballa* 1985). Abbildung 3.3/9 gibt einen Eindruck von dem expansiven Wachstum des Verdichtungsraumes um Frankfurt und Offenbach. Weiterführende Angaben hierzu finden sich im Zusammenhang mit den Problemen im suburbanen Raum und speziell dessen Wachstum (vgl. 3.3.2.3,a).

3.3.2.2 Problemfeld ‚Kerngebiet'

Wesentlicher Faktor für den höchsten wirtschaftlich erzielbaren Ertrag von Grundstücken ist die Lagebewertung des Grundstückes. Die Bedeutung, die der Lagebewertung bei der Verteilung der unterschiedlichen Nutzungsarten zukommt, läßt sich aus den Bodenpreisen ablesen. Die hohen Bodenpreise vor allem in den Innenstädten sind ein Indikator für das in den meisten Großstädten feststellbare Phänomen der Cityausdehnung in Richtung der gehobenen, infrastrukturell gut ausge-

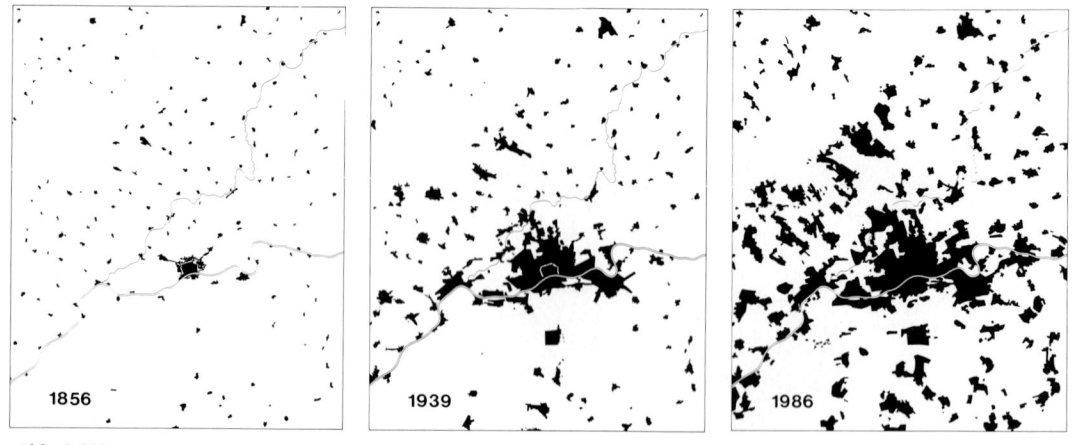

Abb. 3.3/9
Wachstum des Verdichtungsraumes Frankfurt a. M./Offenbach a. M.
Quelle: Umlandverband Frankfurt

statteten Wohnviertel (vgl. *Lichtenberger* 1972; zum Frankfurter Westend vgl. *Kade/Vorlaufer* 1974). Die Gründe für diese Umstrukturierung in Frankfurt waren sowohl das starke Wachstum des tertiären Sektors zu Beginn der 60er Jahre als auch die diese Entwicklung unterstützende Wirtschaftsförderungspolitik der städtischen Gremien.

In den Kerngebieten – und dort besonders in den Innenstadtbereichen – treten aufgrund der Beziehung zwischen Lagebewertung und Bodenpreis sowohl im Bereich des Wohnungsmarktes als auch im Bereich der Wirtschaftssektoren, bedingt durch die unterschiedliche finanzielle Ausstattung der verschiedenen Nutzer, spezifische Probleme auf.

a) Wohnversorgungsprobleme und ihre Folgen

Das Ergebnis des Verdrängungswettbewerbs der kommerziellen Nutzung gegenüber der Wohnnutzung im Frankfurter Westend läßt sich mit folgenden Zahlen belegen (Tab. 3.3./4):

Tab. 3.3/4: Veränderung von Wohnbevölkerungs- und Beschäftigtenzahl in Westend und Innenstadt Frankfurts

	Westend		Innenstadt	
	Wohnbevölkerung	Beschäftigte	Wohnbevölkerung	Beschäftigte
1961	39 882	38 592	12 132	70 150
1970	23 073	53 834	9 015	66 442
1977	18 246	45 577	7 774	56 442
1984	23 216	k. A.	7 185	k. A.

Quelle: Stat. Jahrb. Stadt Frankfurt (versch. Jahrgänge)

Aber nicht nur durch Verdrängung bedingte Umnutzungen haben in Frankfurt zu einem Rückgang der Wohnbevölkerung geführt. Auch dem steigenden KFZ-Verkehr und den damit verbundenen Emissionen (Aerosole, Lärm) kommt eine mitverursachende Bedeutung zu. So hat Frankfurt nicht nur mit 475 KFZ/1000 Einw. die zweithöchste KFZ-Dichte unter den deutschen Großstädten; es strömen täglich auch 740 000 Kraftfahrzeuge in die Stadt ein, und an den Hauptverkehrsstraßen werden Frequenzen von 60 000 bis zu Spitzenwerten von 100 000 KFZ/Tag (Bereich Miquel-, Adickesallee) gezählt (frdl. Auskunft d. Amtes f. Kommunale Gesamtentwicklung u. Stadtplanung, Ffm.).

Der Bevölkerungsrückgang der Kernstadt Frankfurt hatte daher gerade in der Innenstadt und den innenstadtnahen Gebieten bis 1977 noch eine zunehmende Tendenz (vgl. auch die unterschiedliche Länge der beiden Untersuchungszeiträume), während er sich bis 1984 zwar verlangsamte, aber weiterhin anhielt.

Einer der z. Z. wichtigsten Faktoren für den Bevölkerungsrückgang ist aber die Erhöhung der Wohnflächenstandards (Wohnfl. in m^2/E; vgl. *Stadt Frankf.* 1980). Dieser Faktor bewirkt auch in Zeiten geringen Umnutzungsdrucks, d. h. bei konstanter Gesamtwohnfläche, einen Rückgang der Wohnbevölkerung. So nahm die Wohnbevölkerung Frankfurts zwischen 1970 und 1977 (Eingemeindungen nicht berücksichtigt) um 8,1% ab; die durchschnittliche Wohnfläche erhöhte sich dagegen von 24,1 auf 30 m^2/Person. Zwischen 1977 und 1984 ging die Wohnbevölkerung (einschließlich Eingemeindungen) abermals um 3,8% zurück, während sich die durchschnittliche Wohnfläche auf 32,4 m^2/Person erhöhte.

Diese Abwanderung der Bevölkerung kann bei der quartierspezifischen Bau- und Wohnungsstruktur der einzelnen Stadtgebiete zu typischen Segregationserscheinungen in bezug auf Sozialschicht, Alter, Haushaltsgröße und Nationalität führen. So zogen aus den Altbaugebieten mit z. T. kleinen und schlecht ausgestatteten Wohnungen schon zeitig die besser verdienenden und noch wachsenden, d. h. jungen Haushalte aus, um im Umland größere, besser ausgestattete und weniger lärm- und immissionsbelastete Wohnungen zu beziehen und dabei z. T. Wohneigentum zu erwerben. In die freiwerdenden Wohnungen zogen dagegen entweder junge Einpersonenhaushalte, die weiterhin aus Ausbildungs- oder Arbeitsplatzgründen in die Kernstadt zuwandern, oder Ausländer ein. Die Strukturunterschiede zwischen Frankfurt und dem Umland lassen sich aus Tabelle 3.3/5 ablesen:

Tab. 3.3/5: Ausgewählte Strukturunterschiede der Bevölkerung in Frankfurt und seinem Umland

Bevölkerungsstrukturmerkmal	Frankfurt	Umland
% der 15jähr. (1970)	16,1	22,1
% der 65jähr. (1970)	14,4	11,9
% der Einpersonenhaushalte (1976)	34,0	17,9
Haushaltsnettoeinkommen unter DM 800 in % d. Haushalte (1976)	8,3	4,2
Haushaltsnettoeinkommen über DM 2500 in % d. Haushalte (1976)	22,4	37,0
Wohnungseigentümer in % (1976)	12,0	38,7
Ausländeranteil in % (1976)	17,7	9,1

Quelle: Der Magistrat der Stadt Frankfurt (Hrsg. 1977, S. 16, 17, 20, 22)

In Frankfurt selbst ist das auffälligste Segregationsmerkmal der Anteil der Ausländer an der Wohnbevölkerung, der 1984, bei einem Anteil von 21,8% in der Gesamtstadt, in 24 von 114 Stadtbezirken bei über 33% lag. In 8 dieser 24 Stadtbezirke lag der Anteil gar über 50%. Die räumliche Verteilung der hohen Ausländeranteile zeigt deutlich Konzentrationen in der Innenstadt und innenstadtnahen Gebieten sowie in industriell geprägten Stadtbezirken, d. h. in Gebieten, die für die deutsche Bevölkerung zum Wohnen unattraktiv geworden sind.

b) Probleme der Wirtschaftssektoren und ihre Folgen

1970 nahm Frankfurt nach der Zahl seiner Bevölkerung den 6. Rang unter den bundesdeutschen Großstädten (einschließlich Berlin (West)) ein. Gleichzeitig hatte die Stadt aber die höchste Erwerbsdichte (Beschäftigte auf 100 Einwohner), die 1970 bei 80 lag, und – hinter Hamburg – den zweithöchsten prozentualen Anteil an Beschäftigten im tertiären Bereich (61,7%), was ihre traditionelle Funktion als Handels- und Bankenstadt dokumentiert.

In den 60er Jahren haben noch fast alle Ortsteile einen Beschäftigtenzustrom erfahren (insges. 52000); nur in den östlichen, stärker gewerblich geprägten Ortsteilen sowie in der Alt- und Innenstadt traten bereits Dekonzentrationstendenzen auf. Diese wurden bis 1977 zum charakteristischen Phänomen der

City, der hochverdichteten gründerzeitlichen Stadtgebiete und besonders der östlichen altindustrialisierten Ortsteile, so daß in Frankfurt zwischen 1970 und 1977/78 die Anzahl der Beschäftigten von 545 245 auf 505 785, also um 39 460 zurückging; eine Entwicklung, die der der meisten Großstädte der industrialisierten Länder entspricht. Diese Verluste sind ausschließlich auf den Rückgang des sekundären Sektors (produzierendes Gewerbe) zurückzuführen, der in Frankfurt in dem genannten Zeitraum etwa 48 000 Arbeitsplätze verlor. Dessen Rückgang wurde folglich durch ein weiter anhaltendes Wachstum des tertiären Sektors, das sich aber merklich verlangsamte, zumindest teilweise kompensiert.

Dennoch muß besonders in den Kernstädten (Frankfurt, Offenbach) die Entwicklung des tertiären Sektors differenzierter betrachtet werden. Dessen Wachstum beruhte auf der Ausdehnung der öffentlichen Dienstleistungen, während die privaten Dienstleistungen Beschäftigtenverluste aufweisen. Diese sind auf den starken Arbeitsplatzverlust im Handel – allein in Frankfurt gingen hier 12 800 Arbeitsplätze verloren –, der auch durch ein Wachstum der Wirtschaftsabteilungen ‚Verkehr und Nachrichtenübermittelung' oder ‚Kredit- und Versicherungsgewerbe' nicht ausgeglichen werden konnte, zurückzuführen.

Ein Vergleich mit der Entwicklung in den umliegenden Landkreisen läßt auf die Probleme schließen, denen die Wirtschaftsabteilungen in den Kernräumen ausgesetzt sind. Ein Rückgang des sekundären Sektors ist auch in den angrenzenden Landkreisen feststellbar, was sowohl der bundesweiten Entwicklung (Rückgang des sekundären Sektors zwischen 1968 und 1977 um etwa 8,8 Mill. Beschäftigte! vgl. *Uhlmann* 1978, S. 8) als auch der von Fourastié prognostizierten Entwicklung des sekundären Sektors entspricht; dennoch ist er prozentual nur halb so groß wie in den Kernstädten.

Die besondere Wirtschaftsstruktur der Kernstädte wird um so deutlicher, wenn man bedenkt, daß in Frankfurt 1977/78 nur noch 32,0% der Beschäftigten (1970: 38,4%) im produzierenden Gewerbe tätig waren und es sich dabei zu einem großen Prozentsatz nicht um gewerbliche Arbeitnehmer, sondern um Verwaltungsangestellte der Industrie handelt, die aufgrund der Wirtschaftssystematik jedoch dem sekundären Sektor zugerechnet werden.

Der Rückgang der Beschäftigtenzahlen im Sekundärbereich bedeutet indes nicht, daß dieser Wirtschaftssektor in der Frankfurter Wirtschaft nur noch eine unbedeutende Rolle spielt; denn der Rückgang der Beschäftigtenzahlen ist besonders in den Wachstumsindustrien auf Automation und Rationalisierung zurückzuführen, so daß sowohl Produktivität als auch Umsatzzahlen in diesen Bereichen gleichwohl ständig steigen.

Daneben stehen aber Beschäftigtenverluste aufgrund von konjunkturell und strukturell bedingten Konkursen und aufgrund von Verlagerungen aus dem Kernbereich in das Umland (vgl. dazu Abb. 3.3/10).

Während in den Jahren 1945–1966/67 etwa 9000 Beschäftigte des sekundären Sektors in 141 Betrieben aus Frankfurt verlagert wurden (*May* 1968, S. 39/40), waren es in dem wesentlich kürzeren Zeitraum zwischen 1970 und der Arbeitsstättenzahlung 1977/78 allein 8700 Beschäftigte, die dem Mittelbereich Frankfurt, einer raumordnerischen Konstruktion, die die politischen Gemeinden Frankfurt, Bad Vilbel und Maintal umfaßt, durch Verlagerung der Arbeitsstätten verlorengingen (Regionale Planungsgemeinschaft Untermain (RPU)/Umlandverband Frankfurt (UFV) 1980, S. 136). Dennoch kommt den Verlagerungen von Betriebsstätten und Beschäftigten des produzierenden Bereichs keineswegs die große Bedeutung zu, die man ihnen in der Literatur immer zuschreibt. Wichtigste Zielgebiete der Verlagerungen waren seit 1945 der Mittelbereich Offenbach und der Mittelbereich Vortaunus (bzw. Main-Taunus-Kreis). Beides sind Gebiete, die direkt an Frankfurt angrenzen, ausgezeichnet erschlossen sind und die vom sekundären Sektor benötigten großen Flächen für Produktion und Parkraum für Beschäftigte sowie Zu- und Ablaufverkehr in ausreichendem Umfang und zu relativ günstigeren Preisen anbieten können.

Für den Ballungskern weit gravierender sind indes die Verlagerungen des Dienstleistungsbereichs. So gehörten etwa ⅔ aller zwischen 1970 und 1977/78 aus dem Mittelbereich Frankfurt verlagerten

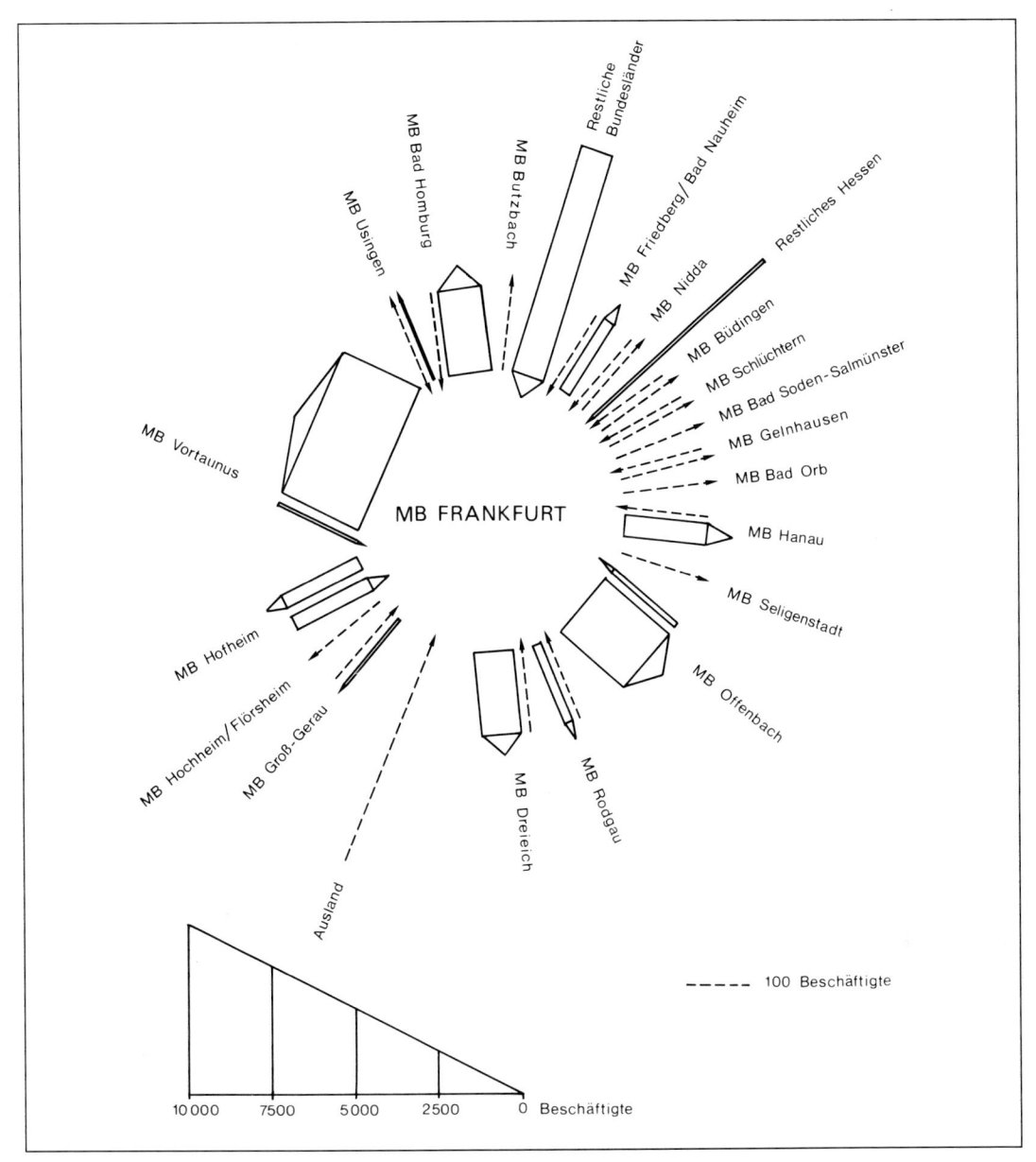

Abb. 3.3/10
Verlagerung von Beschäftigten 1970–1977/78 zwischen dem Mittelbereich Frankfurt und den Mittelbereichen der
Regionalen Planungsgemeinschaft Untermain und dem Umlandverband Frankfurt
Quelle: Regionale Planungsgemeinschaft Untermain/Umlandverband Frankfurt 1980, S. 135

Arbeitsplätze (etwa 16 000) dem tertiären Sektor an (RPU/UVF 1980, S. 136). Damit besteht selbst in den Ballungskernen, den bisher aktivsten Räumen, die Gefahr, daß die Beschäftigungsverluste des sekundären Sektors nicht mehr durch Betriebsvergrößerungen, Neugründungen oder Firmenzuzüge des tertiären Sektors ausgeglichen werden können. Die ökonmischen und sozialen Probleme für die betroffene Bevölkerung und die finanziellen Auswirkungen, d. h. Steuerausfälle und Sozialbelastungen für die Gemeinden (vgl. den nachfolgenden Abschn. C), sind evident. Gleichzeitig befürchtet man den Beginn einer Entwicklung, die in den USA nach dem Zweiten Weltkrieg zu einem enormen Bedeutungsverlust und zum Verfall der Stadtzentren geführt hat (vgl. dazu z.B. *Gonzen* 1983, S. 142f.).

Die wichtigsten Zielgebiete der verlagerten Arbeitsplätze aus dem Mittelbereich Frankfurt waren mit etwa 50% der Mittelbereich Vortaunus und der Mittelbereich Bad-Homburg (15%) (RPU/UVF 1980, S. 136), d.h. wiederum konzentrierte sich die Arbeitsplatzverteilung auf das nächste Umland, dessen bereits bestehende Tertiärisierung somit noch verstärkt wurde.

Da – wie oben ausgeführt – die Beschäftigungsverluste des tertiären Sektors auf die rückläufigen Beschäftigungszahlen im Handel zurückzuführen sind, sollen die Ergebnisse der letzten Handels- und Gaststättenzählung (HGZ) des Jahres 1979 (vgl. Hess. Statist. Landesamt 1982) kurz analysiert werden. In allen drei Wirtschaftsbereichen des Handels, dem Einzelhandel, dem Großhandel und den Handelsvermittlungen, ging sowohl die Zahl der Arbeitsstätten wie auch die der Beschäftigten stark zurück. Die stärksten Beschäftigungsrückgänge mit knapp 25% (von 39 157 auf 29 608 Beschäftigte) hatte der Großhandel zu verzeichnen (*Hildebrand* 1982). Dennoch wird von den Frankfurter Großhandelsarbeitsstätten und -beschäftigten, die noch 22% bzw. 25% der hessischen Zahlen stellen, 40% des hessischen Umsatzes getätigt. Dies belegt die weiterhin bestehende große Bedeutung des Frankfurter Großhandels, die aber durch Berechnungen der Frankfurter Industrie- und Handelskammer (IHK) (*Otto* 1982) relativiert wird: Während sich der Großhandelsumsatz in Frankfurt zwischen 1969 und 1979 verdoppelte, versiebenfachte er sich im Außenbezirk (Main-Taunus- und Hochtaunuskreis) der Kammer (Man beachte allerdings die sehr unterschiedlich großen absoluten Werte, die 1978 bei 22 420 Mill DM bzw. 5.600 Mill DM lagen.), der gleichzeitig ein Anwachsen der Beschäftigtenzahlen um 147% (von 4167 auf 10 279 Beschäftigte) verzeichnen konnte. Auch in diesem Wirtschaftsbereich läßt sich also ein deutliches Wachstum an der Peripherie feststellen.

Ähnliche Entwicklungstendenzen lassen sich auch – wie Tabelle 3.3/6 zeigt – für den Einzelhandel feststellen.

Tab. 3.3/6: Entwicklung des Einzelhandels zwischen den Handels- und Gaststättenzählungen 1968 und 1979

	Veränderung 1968/1979 in %	
	Beschäftigte	Umsatz
Frankfurt	−13,6	+ 92,0
Umlandverband (ohne Frankfurt und Offenbach)	+43,1	+267,1
Umlandverband insgesamt	+ 1,05	+131,8
Hessen	+ 8,2	+157,0

Quelle: Handels- und Gaststättenzählung (1968 und 1979), eigene Berechnungen

c) Finanzielle Probleme

In einer Zeit stagnierender Wirtschaftsentwicklung einerseits und zunehmender Bevölkerungsabwanderung andererseits mußte eine weitere Suburbanisierung von Bevölkerung und Arbeitsstätten den Kernstädten Sorge bereiten.

So wurde für das Beispiel Frankfurt errechnet, daß die Abwanderung eines Arbeitnehmers im Jahr 1977 mit einem gemeinsam veranlagten Einkommen von mindestens 32 000 DM pro Jahr den Einkommensteueranteil der Stadt um rd. 2450 DM verringerte. Hinzu kamen weitere 39 DM pro Kopf der Abwanderungsfamilie geringere Mindestschlüsselzuweisungen (*Tharun* 1977, S. 283). Diese Zahlen addieren sich mit der Zahl der Abwanderungsfälle über mehrere Jahre zu beträchtlichen Summen. Da, wie bereits beschrieben, eine selektive Abwanderung jüngerer und sozial gehobener Bevölkerungsschichten stattfand, sah sich allerdings nicht nur die Kernstadt Frankfurt zunehmend mit verstärkten Problemen im Bereich der Sozialfürsorge und im schulischen Bereich konfrontiert (z.B.

Sozialhilfe, Wohngeld, Altenwohnheime, schulische Einrichtungen für ausländische Kinder). Noch gravierendere Einnahmeeinbußen entstanden für die Stadt jedoch durch die stagnierende Wirtschaftsentwicklung und die Abwanderung von Betrieben aufgrund der beschriebenen Agglomerationsnachteile. Frankfurt versuchte – und Frankfurt steht stellvertretend für andere Großstädte –, durch kostenintensive Investitionen die auf Bevölkerung und Wirtschaftsunternehmen wirkenden Agglomerationsnachteile zu verringern. So wurde versucht, die Zugänglichkeit der Innenstädte durch den Ausbau der in die Stadt führenden Autobahnen und Einfallstraßen sowie des U- und S-Bahn-Systems zu erhöhen, die Attraktivität der Innenstadt für Fußgänger und Kunden durch die Ausweisung und den Ausbau von Fußgängerbereichen zu steigern und das Wohnungsangebot durch auch städtisch finanzierte Wohnungsmodernisierungsmaßnahmen (vgl. 3.3.3.1) zu verbessern, um es auch für die abwanderungsgefährdeten Mittelschichten attraktiv zu gestalten.

Die ‚Möblierung' des Innenstadtraumes und der Ausbau regionaler und überregionaler Kultureinrichtungen sollten das Image der Stadt verbessern und ihre Wettbewerbsfähigkeit im nationalen und internationalen Rahmen stärken.

Dies alles aber kostete Geld und trieb die Verschuldung Jahr um Jahr in die Höhe (vgl. Tab. 3.3/7):

Tab. 3.3/7: Schuldenstand der Stadt Frankfurt am Main (ohne Eigenbetriebe) in 1000 DM

1975	1 592 406	1981	2 106 777
1976	1 657 882	1982	2 997 205
1977	1 667 236	1983	3 285 744
1978	1 676 248	1984	3 359 419
1979	1 692 636	1985	3 498 896
1980	1 710 886		

Quelle: Stat. Jahrb. der Stadt Frankfurt (versch. Jahrgänge)

3.3.2.3 Problemfeld ‚suburbaner Raum'

a) Das Wachstum des Siedlungsraumes

Der expansive Diffusionsprozeß, die ölfleckartige Ausbreitung des besiedelten Raumes um Frankfurt/Offenbach, wurde bereits aus Abbildung 3.3/9 deutlich.

Für das Gebiet des Umlandverbandes Frankfurt (vgl. dazu 3.3.3.2,a und Abb. 3.3/11) liegen für den Zeitraum 1970–1985 Angaben zur Entwicklung des Anteils der Siedlungs- und Verkehrsflächen an der Gesamtfläche vor (Tab. 3.3/8):

Tab. 3.3/8: Anteil der Siedlungs- und Verkehrsfläche an der Gesamtfläche im Gebiet des Umlandverbandes Frankfurt (UVF) 1970–1985

	1970		1980		1985	
	abs. ha	Anteil Gemarkg. %	abs. ha	Anteil Gemarkg. %	abs. ha	Anteil Gemarkg. %
Siedlungs- u. Verkehrsfläche	30 921	21,7	37 110	26,2	39 235	27,5

	Veränderung 1970–80			Veränderung 1980–85		
	absolut ha	%	Durchschn. jährl. ha	absolut ha	%	Durchschn. jährl. ha
Siedlungs- u. Verkehrsfläche	+6 189	+16,7	+619	+2 125	+5,4	+425

Quelle: UVF (unveröff. Unterl.)

Aus dieser Übersicht wird das starke Wachstum des Siedlungsraumes und damit auch der enorme Landschaftsverbrauch (vgl. dazu 3.3.2.1,c) deutlich, der nicht erst durch die Emissionen der verschiedenen Nutzungsarten, sondern allein schon durch die Tatsache der „Versiegelung" des Bodens Auswirkungen auf das Ökosystem hat.

Interessant ist, daß sich das durchschnittliche jährliche Wachstum der Siedlungs- und Verkehrsfläche in den letzten Jahren aufgrund der wirtschaftlichen Rezession insgesamt verlangsamt hat, sich bei einer detaillierten Betrachtung der Nutzungsarten aber herausstellt, daß die Verlangsamung bei dem Wachstum der Verkehrsflächen am geringsten ist. So machte der Anteil des Verkehrsflächenausbaus im Zeitraum 1970/80 noch 22,3% der Gesamtzunahme aus, während er im Zeitraum 80/85 auf 28,9% anstieg.

Diese Zahlen können als Korrelat der flächenhaften Erschließung des Gebietes durch den Individualverkehr und das steigende Pendleraufkommen infolge der Segregation der Nutzungen sowohl innerhalb des suburbanen Raumes als auch zwischen Kernstadt und suburbanem Raum interpretiert werden. So strömen z.B. täglich mehr als 200000 Erwerbstätige aus dem suburbanen Raum nach Frankfurt ein.

Sie sind Ausdruck der seit den 50er Jahren verstärkt einsetzenden Bevölkerungssuburbanisierung im Frankfurt-Offenbacher Raum (vgl. dazu *Krenzlin* 1961), die aufgrund des räumlich differenzierten Boden- und Mietpreisniveaus zu sozialen Segregationserscheinungen innerhalb des suburbanen Raumes geführt hat. So erweist sich der nord-westlich von Frankfurt gelegene Taunushang als bevorzugte Wohnlage gehobener Sozialschichten, während sich die Industriegasse am Main westlich und östlich der Kernstädte und Teile des südöstlich von Offenbach gelegenen Rodgaus noch immer als Arbeiterwohngebiete charakterisieren lassen.

Gleichzeitig läßt sich eine altersmäßige Segregation feststellen: Die Kernstädte sind 1970 von einem Kranz von Gemeinden umgeben, in denen eine junge, in der expansiven Familienphase befindliche Wohnbevölkerung überwiegt (vgl. dazu auch Kap. 3.3.2.3,c). Dabei hat ohne Zweifel der massive Einsatz von öffentlichen Wohnungsbaumitteln in einzelnen Gemeinden die altersmäßige Segregation zumindest mitverursacht, so daß die Träger des sozialen Wohnungsbaus die siedlungsstrukturell bedingten Selbstverstärkungseffekte einzelner Gemeinden im Umland noch unterstützt haben (vgl. dazu *Tharun* 1977). Gleichzeitig wird anhand eines weiteren Indikators die Rolle der Kernstädte beim Suburbanisierungsprozeß deutlich: Die Kernstadt Frankfurt vergab Mittel des sozialen Wohnungsbaus an Umlandgemeinden, da ihr Interesse in den Zeiten wirtschaftlicher Expansion eindeutig bei der Ansiedlung von Wirtschaftsunternehmen lag; im Umland verschaffte sie sich so Belegungsrechte für ihre Bevölkerung.

b) Probleme der Zersiedlung

Das expansive Wachstum des Siedlungsraumes führt zu einem weiteren Problem des suburbanen Raumes, der Zersiedlung, mit der Begleiterscheinung von Nutzungskonflikten.

Daran beteiligt sind einerseits die suburbanen Gemeinden, die entsprechend der Nachfrage nach Einfamilienhäusern große Baugebiete in ihren Randbereichen ausweisen, die die Freiflächen immer stärker begrenzen. Andererseits trugen aber auch die Bewohner der Kernstädte, die als Naherholungssuchende zahlreiche wilde, nicht genehmigte Campingplätze oder Wochenendhausgebiete in landschaftlich schöner Lage entstehen ließen, zur Zersiedlung bei. So entwickelten sich z.B. im Gebiet des heutigen Umlandverbandes Frankfurt (vgl. Abb. 3.3/11) schon in den 50er und 60er Jahren besonders an kleinen Seen im Hintertaunus mehrere Dauercampingplätze, und aus wild entstandenen Wochenendhausgebieten an Taunushängen wurden aufwendige Dauerwohnsitze.

Auf Zersiedlung zurückzuführende Nutzungskonflikte entstehen daher insbesondere in den Bereichen, in denen die vielfältigen Belange des Umweltschutzes tangiert werden, sei es, daß Frischluftschneisen oder Wassergewinnungsgebiete zu schützen sind, sei es, daß Freiflächen oder auch die in die Belange des Amtes für Landwirtschaft fallenden Aussiedlerhöfe gefährdet sind.

So fordern die auf gemeindliche Ausweisung extensiver Einfamilienhausgebiete zurückzuführenden Nutzungskonflikte in der Bauleitplanung insbesondere die Stellungnahme der mit dem Schutz von Umwelt, Land- und Forstwirtschaft betrauten Träger öffentlicher Belange.
Im Konfliktbereich Naherholung/Umwelt- und Freiflächenschutz wird versucht, durch Regionale Raumordnungspläne (vgl. dazu 3.3.3.2) und Landschaftspläne, die allerdings nur eine Bindungswirkung entfalten, wenn sie in die Bauleitplanung aufgenommen sind, steuernd einzugreifen. Die Umkehr einer bereits vonstatten gegangenen Entwicklung ist indes meist nicht mehr möglich.

c) Probleme der Infrastrukturausstattung
Den finanziellen Problemen der Kerngebiete, die auf eine selektive Abwanderung der Wohnbevölkerung bei stagnierender Wirtschaftsentwicklung zurückzuführen sind, entsprechen die stark erhöhten finanziellen Bedürfnisse für die Erstellung von Infrastruktur in den Zuwanderungsgemeinden. Besonderen Anforderungen sahen sich die schnell wachsenden suburbanen Gemeinden besonders im Straßenbau, der Bildungs- und Sozialinfrastruktur und im Bereich der Verwaltung gegenüber.
Diese Gesamtsituation führte Ende der 70er Jahre zu einer intensiven Diskussion der finanziellen Auswirkungen des Suburbanisierungsprozesses (vgl. z. B. Informationen zur Raumentwicklung, H. 2/3 1978) und zu einer empirischen Studie zu dem nur schwierig zu operationalisierenden Problem der Infrastrukturausstattung am Beispiel Stuttgarts und der Region Mittlerer Neckar (*Baldermann* et al. 1978). Da für den Verdichtungsraum Rhein-Main eine vergleichbare Untersuchung oder entsprechendes Datenmaterial jedoch nicht vorliegen, kann hier nur auf diese Untersuchung verwiesen werden. Vor dem Hintergrund des Exemplarischen der darin ermittelten Befunde können dann wiederum entsprechende Rückschlüsse auf den Raum Rhein-Main gezogen werden.

3.3.3 Planerische Gegensteuerung im Verdichtungsraum ‚Rhein-Main' (*Elke Tharun*)

Sollen die planerischen und organisatorischen Gegensteuerungsinstrumente zur Lösung von Verdichtungsraumproblemen einsichtig sein, ist es erforderlich, zunächst die zu lösenden Probleme selbst zu kennen. Umgekehrt scheint es inkonsequent, zwar die Probleme eines Verdichtungsraumes aufzuzeigen, nicht aber die Instrumente zu deren Lösung. Da Verdichtungsraumprobleme und Lösungskonzepte somit eine gewisse Spiegelbildlichkeit besitzen, erscheint es zugleich zweckmäßig, beide Aspekte an demselben Raumbeispiel aufzuzeigen. Da die Verdichtungsraumprobleme am Beispiel des Verdichtungsraumes Rhein-Main behandelt wurden (vgl. 3.3.2), wird entsprechend auch für die Vorstellung von Gegensteuerungsinstrumenten der Verdichtungsraum Rhein-Main zugrunde gelegt.

3.3.3.1 Konzepte für das Kerngebiet

Die Konzepte der Kerngebiete der deutschen Verdichtungsräume sind aufgrund der vorne aufgezeigten Entwicklungen seit Beginn der 70er Jahre auf eine Attraktivitätssteigerung der Kernstädte ausgerichtet. Dies gilt in besonderem Maße für Frankfurt, das nach einer im Jahre 1980 im Auftrag der Stadt durchgeführten Studie des Instituts für Demoskopie Allensbach (1980) zum Image der Stadt Frankfurt bei Fremden „keinen guten Ruf" hat, nur von 5,3% der Befragten als „ideale Großstadt" bezeichnet wurde (S. 78, 79) und damit unter den deutschen Großstädten nur den 6. Rang erhielt. Die von der Stadt eingesetzten Strategien der Attraktivitätssteigerung sind daher sehr unterschiedlich und auf zwei verschiedene Zielgruppen ausgerichtet: Die Maßnahmen zur Schaffung von innerstädtischen Fußgängerbereichen, zur Wohnungsmodernisierung, zur Wohnumfeldverbesserung und Verkehrsberuhigung sind vorwiegend (wenn auch keineswegs ausschließlich) auf die bereits ansässige Bevölkerung und die bereits vorhandenen Einzelhandelsgeschäfte (einschl. Kaufhäuser) und Arbeitsstätten ausgerichtet, während Maßnahmen wie die Neugestaltung der Alten Oper, die Bebauung des Römerberges mit historisierenden Fachwerkhäusern und Kultureinrichtungen (Schirn) und die Ausgestaltung des Museumsufers eher der Attraktivitätssteigerung für Fremde, d. h. besonders potentielle

Investoren und Besucher dienen. So kommt ‚Allensbach' denn auch zu dem Ergebnis, daß sich das Kulturleben gut zu einer Imageverbesserung Frankfurts eignet (1980, S. 107).

Bereits seit den 60er Jahren begannen die Großstädte, in ihren zentral gelegenen Hauptgeschäftsgebieten Fußgängerzonen auszuweisen. Ziel dieser Maßnahmen war die Attraktivitätssteigerung der Innenstädte als zentrale Einkaufsbereiche und als Orte urbaner Aktivitäten (Vielfältigkeit der Nutzung von Arbeits-, Bildungs-, Einkaufs- und Unterhaltungsmöglichkeiten), um dem beginnenden Trend der Suburbanisierung dieser Aktivitäten gegenzusteuern. Parallel zu dieser Attraktivitätssteigerung der Innenstädte verlief der radial auf die Innenstadt zielende Ausbau des öffentlichen Personennahverkehrs (S- und U-Bahn) und der großen Einfallstraßen, um die Erreichbarkeit der City zu gewährleisten.

In Frankfurt sollten beide Maßnahmenbündel außerdem Umsatz- und damit auch Gewerbesteuerrückgänge in der Kernstadt verhindern, die durch den Bau von Einkaufszentren am Stadtrand, wie z. B. das 1964 als (nach Bochum) zweites deutsches reg. Einkaufszentrum errichtete, auf der grünen Wiese vor den Toren der Stadt an der Autobahn nach Wiesbaden gelegene und mit großen Parkplätzen und Fußgängerzonen ausgestattete „Main-Taunus-Zentrum", zu entstehen drohten.

Die dann zu Beginn der 70er Jahre beginnende Wohnungsmodernisierung hatte und hat in allen Großstäden das Ziel, die „Stadtflucht" (besser: „Stadtvertreibung" durch widrige Umwelteinflüsse), besonders der besser verdienenden Bevölkerungsschichten, zu verhindern. Dazu stehen den Städten hauptsächlich drei Instrumente zur Verfügung: die Ausweisung von Modernisierungsschwerpunkten nach dem Wohnungsmodernisierungsgesetz (WoModG; speziell §11) mit finanzieller Förderung durch Bund, Land und Kommune; die Ausweisung von Sanierungsgebieten nach dem Städtebauförderungsgesetz (StBauFG) mit dem dort normierten besonderen Instrumentarium; die Beratung der Eigentümer bei ihrer freifinanzierten Modernisierung.

In Frankfurt ging man davon aus, daß 1974 vor Beginn gezielter Modernisierungsmaßnahmen rund 167000 Wohnungen instandsetzungs- und modernisierungsbedürftig waren; dies entsprach etwa 54% des gesamten Frankfurter Wohnungsbestandes. Um die vorhandenen öffentlichen Förderungsmittel gezielt einsetzen zu können, wies die Stadt Frankfurt in den besonders erneuerungsbedürftigen gründerzeitlichen Stadtvierteln sog. Modernisierungsschwerpunkte aus (so Bockenheim, Gallusviertel und Gutleutviertel im westlichen, Bornheim/Nordend, Ostend und Sachsenhausen-Ost im östlichen innenstadtnahen Bereich), in denen von der Stadt bezahlte Architektenteams Eigentümer und Mieter in Instandsetzungs- und Modernisierungsfragen beraten.

Zwischen 1974 und 1981 wurden etwa 50% des modernisierungsbedürftigen Althausbestandes in Frankfurt modernisiert (vgl. Stadt Frankf. o.J.), davon drei Viertel freifinanziert und ein Viertel mit öffentlichen Geldern. Bei letzteren handelt es sich zu einem großen Teil um Wohnungen gemeinnütziger Wohnungsbaugesellschaften.

Seit Beginn der 80er Jahre werden zunehmend auch Maßnahmen zur Wohnumfeldverbesserung durchgeführt. So werden private Maßnahmen zur Begrünung von Hofflächen durch die Stadt finanziell unterstützt, und derzeit beginnt man, in stärkerem Maße Wohngebiete durch Verkehrsberuhigungsmaßnahmen zu verbessern. Hier reichen die Instrumente von der Ausweisung von Einbahnstraßensystemen, die den Durchgangsverkehr fernhalten sollen, über Aufpflasterungen bis zu Begrünungen der Straßen und sog. „Straßenmöblierungen" (Brunnen, Bänke etc.).

Als Voraussetzung für derartige Maßnahmen hat man in vielen Großstädten, so auch im Frankfurter Verdichtungsraum, ein Verkehrsverbundsystem von verschiedenen Verkehrsträgern (z.B. Bundesbahn, Bundespost, städtischen und privaten Verkehrsbetrieben) geschaffen. Mit einem Fahrschein kann man verschiedene Verkehrsmittel (z.B. S-Bahn, U-Bahn, Straßenbahn und Busse) benutzen. Von der Tarifpolitik und Benutzerfreundlichkeit (Häufigkeit der Verkehrsmittel, Erreichbarkeit und Distanz der Haltestellen, Zugänglichkeit und Sicherheit der Haltestellen (Rolltreppen und Fußgängertunnel in U-Bahnen!), Ausbau des Park-and-Ride-Systems) wird die zukünftige Entwicklung des sog. Modal-Split, d.h. die Aufteilung des Gesamtverkehrs in Öffentlichen Verkehr und Individualver-

kehr, und damit die Durchsetzbarkeit von Verkehrsberuhigungsmaßnahmen in den Städten abhängen.
Es ist evident, daß alle Maßnahmen, die den städtischen Nutzergruppen dienen, auch der Attraktivitätssteigerung der Stadt für Ortfremde zuträglich ist. Dennoch gibt es auch hier eine Reihe von Maßnahmen, auf die hier aber aus Platzgründen nicht mehr detailliert eingegangen werden kann. Sie alle sollen die Wettbewerbsfähigkeit gegenüber den konkurrierenden Großstädten stärken und gezielt potentielle Investoren ansprechen. Hierher gehören nicht nur Maßnahmen zur Imageverbesserung, sondern auch alle Maßnahmen der großräumigen Verkehrserschließung, Wirtschaftsförderungsmaßnahmen wie die Schaffung eines attraktiven Grundstücksangebots in günstigen Verkehrslagen und die Erhöhung des Freizeitwertes.

3.3.3.2 Konzepte für die Surburbia

a) Organisatorische Voraussetzungen

Maßnahmen einzelner Gemeinden zur Gegensteuerung müssen notwendigerweise ineffektiv oder unvollständig bleiben, wenn ein einheitliches, zusammenhängendes Konzept der Allokationssteuerung fehlt. So ist es verständlich, daß die Entwicklung überkommunaler Planungsorganisationen von Verdichtungsräumen ausging. Spezifische Verdichtungsraumprobleme führten bereits 1910 zur Gründung des Zweckverbandes Groß-Berlin und zur Grünflächenkommission im Regierungsbezirk Düsseldorf, der Vorläuferin des 1920 gegründeten „Siedlungsverbandes Ruhrkohlenbezirk" (= Ruhrsiedlungsverband). Allerdings dauerte es bis in die 70er Jahre, bis in der Bundesrepublik Deutschland nicht nur die Verdichtungsräume mit überkommunalen Planungsorganisationen ausgestattet waren, sondern das gesamte Bundesgebiet flächendeckend mit Planungsregionen überzogen war.
In dem schnell wachsenden Frankfurter Verdichtungsraum führte die Einsicht in die Notwendigkeit der Erarbeitung gemeinsamer Strategien bereits im Jahr 1965 zur Gründung der Regionalen Planungsgemeinschaft Untermain (RPU), dem freiwilligen Zusammenschluß der kreisfreien Städte Frankfurt und Offenbach und einiger Landkreise (z. T. nur mit einem Teilbereich) (vgl. Abb. 3.3/11).
Da das Bundesraumordnungsgesetz (BROG) von 1965 für das Bundesgebiet flächendeckend Planungsgemeinschaften vorschrieb, wurde nach der Novellierung des aus dem Jahre 1962 stammenden Hessischen Landesplanungsgesetzes im Jahr 1970 die Gebietsabgrenzung der RPU durch die Hinzunahme weiterer Landkreise verändert.
Die besonderen Probleme im Umland der Kernstädte Frankfurt und Offenbach machten jedoch gezieltere Steuerungsmöglichkeiten, als sie eine Regionale Planungsgemeinschaft hat, notwendig. Durch Landesgesetz wurde daher – nach einer jahrelang kontrovers geführten Diskussion um die allen Beteiligten gerechtwerdende günstigste Organisationsform – zum 1. 1. 1975 der Umlandverband Frankfurt (UVF) gegründet. Er wurde als Zweckverband mit Merkmalen einer Gebietskörperschaft organisiert. Seine wichtigste Aufgabe ist die Aufstellung eines Flächennutzungsplanes für das gesamte Verbandsgebiet, eine Aufgabe, die an sich zu den in Art. 28 GG garantierten Selbstverwaltungsaufgaben der Gemeinden gehört. Daher wurde als ein Organ des Umlandverbandes die „Gemeindekammer" geschaffen, in die jede der verbandsangehörigen Gemeinden einen Vertreter entsendet. Auf diese Weise hat der UVF die Befugnisse eines Planungsverbandes nach § 4 BBauG.
Alle übrigen Aufgaben des Umlandverbandes (vgl. dazu § 3 UFG), wie die Aufstellung eines Landschaftsplanes, eines Generalverkehrsplanes, die Bodenbevorratung, die Wirtschaftsförderung, die Wasserbeschaffung, die Abfallbeseitigung, die Abstimmung energiewirtschaftlicher Interessen, die Mitwirkung bei der Planung des öffentlichen Nahverkehrs, die Abstimmung überörtlicher Aufgaben des Umweltschutzes und der Betrieb von überörtlichen Sport- und Freizeitanlagen, fallen in die Kompetenz des Verbandstages, des von der Bevölkerung des Umlandgebietes direkt gewählten parlamentarischen Organs des Umlandverbandes. Die Exekutive des Verbandes stellt der vom Verbandstag gewählte Verbandsausschuß dar.

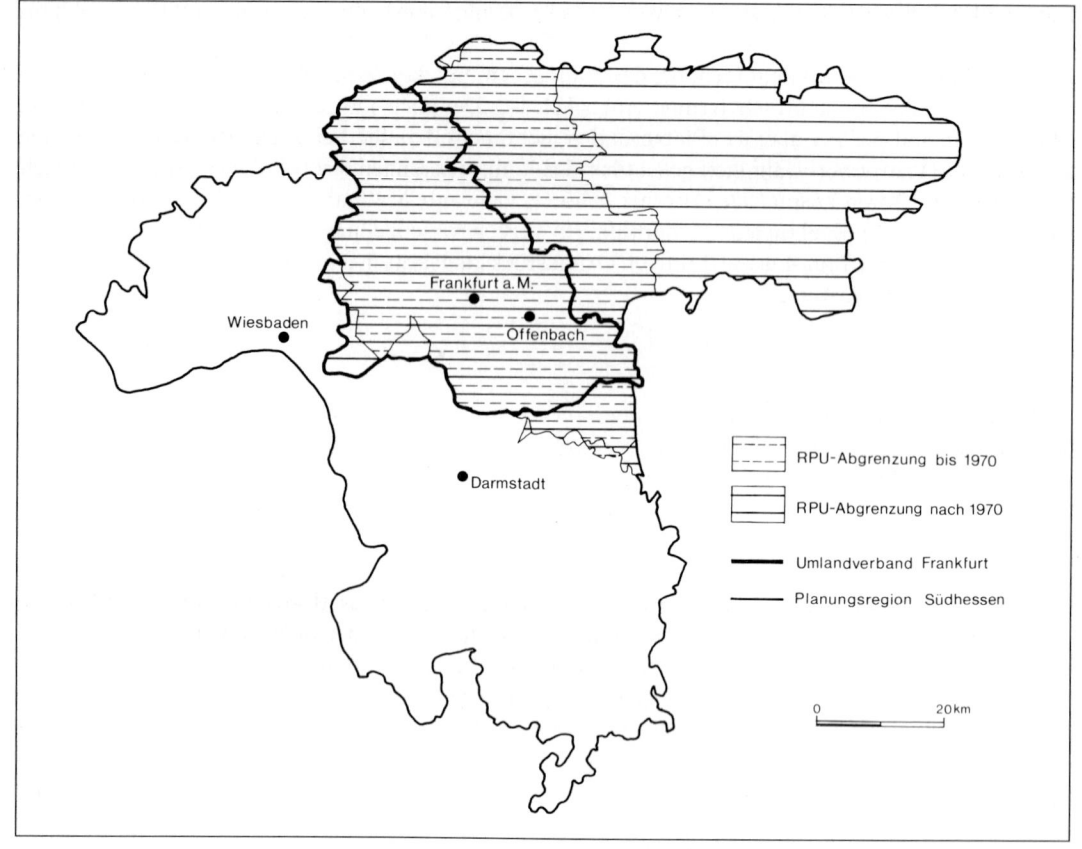

Abb. 3.3/11
Planungsgebiete im Verdichtungsraum Frankfurt a. M.
Entwurf: E. Tharun

Damit ist im Verdichtungsraum Frankfurt der organisatorische Regelaufbau raumordnerischer Planung (Gemeinde – Regionalplanung – Landesplanung) um ein zusätzliches Element mit weitgehend übertragenen Aufgaben erweitert (wobei die Fachplanungen, deren primäres Ziel nicht die Raumordnung ist, hier unberücksichtigt bleiben).

Die den Gemeinden und dem Umlandverband übergeordnete Regionalplanung wurde zu Beginn der 80er Jahre in Hessen ebenfalls neu geordnet. Die bis dahin bestehenden 6 Regionalen Planungsgemeinschaften verloren ihre kommunale Verfassung und wurden den drei Regierungspräsidien (Darmstadt, Gießen, Kassel) eingegliedert. Auf diese Weise wurden die Regionalen Planungsgemeinschaften Untermain, Rhein-Main-Taunus und Starkenburg – mit einigen Gebietsveränderungen zugunsten der Planungsregion (Reg.-Bezirk Gießen) – zur Planungsregion Südhessen zusammengefaßt (vgl. Abb. 3.3/11).

b) Planungskonzepte

Wie für andere überkommunale Planungsgemeinschaften und -konzepte, finden sich auch in dem von der 1965 gegründeten Regionalen Planungsgemeinschaft Untermain 1968 als Entwurf erarbeiteten und durch die Landesregierung 1972 festgestellten – und damit verbindlichen – Regionalen Raumordnungsplan der Region Untermain, der der erste verbindliche RegROPlan in Hessen war, die im Abschnitt 2.3.5.4,b erwähnten Grundelemente der räumlichen Planung in Verdichtungsräumen und speziell deren suburbanen Räumen.

Dieser Plan erfuhr entsprechend den neuen Gebietsabgrenzungen von 1970 (vgl. Abb. 3.3/11) später räumliche Ergänzungen und aufgrund von veränderten sozio-ökonomischen Rahmenbedingungen inhaltliche Veränderungen. Die so entstandene sog. Fortschreibung erhielt 1979 durch die Veröffentlichung im Staatsanzeiger Rechtsverbindlichkeit.

Seit 1986 liegt der Landesregierung ein weiterer Entwurf eines Regionalen Raumordnungsplanes zur Genehmigung vor, der vom Regierungspräsidenten in Darmstadt als Regionalplanungsbehörde für die Planungsregion Südhessen (vgl. Abb. 3.3/11) als Fortschreibung der Regionalen Raumordnungspläne der drei in diese neue Planungsregion integrierten Planungsgemeinschaften erarbeitet wurde. Dieser Plan soll entsprechend der Festlegung von zwei Karten zu „Siedlung und Landschaft" und zu „Verkehr und Versorgung" im Maßstab von 1:100 000 die zukünftige regionale Entwicklung steuern. Aufgrund der veränderten Rahmenbedingungen geringeren Wirtschafts- und Bevölkerungswachstums ist lediglich noch eine Arrondierung bestehender Siedlungsflächen und die Entwicklung gewerblicher Siedlungsschwerpunkte, die die wirtschaftliche Basis von auf Achsen gelegenen Zentralen Orten stärken sollen, vorgesehen. Die derzeitige Ökologiediskussion findet ihren Niederschlag in einer detaillierten Ausweisung unterschiedlicher Flächennutzungen im Bereich „Natur und Landschaft" und „Land- und Forstwirtschaft".

Festgestellte Regionale Raumordnungspläne sind gem. § 1 Abs. 4 BBauG maßgebliche Vorgaben für die Bauleitplanung und damit auch für die Flächennutzungsplanung (= vorbereitende Bauleitplanung) des Umlandverbandes Frankfurt. Folglich finden sich die grundsätzlichen Ziele der Regionalen Raumordnungsplanung in dem detaillierteren Flächennutzungsplan (FNP) des Umlandverbandes, der seit 1985 dem Innenministerium in Wiesbaden zur Genehmigung vorliegt, wieder.

Während sich der Umfang der zu beachtenden Inhalte des FNP nach § 5 BBauG richtet, sind die Quantität und Qualität der Inhalte und ihre räumliche Ausgestaltung und Zuordnung zueinander die eigentliche planerische Aufgabe, die sich nach den Vorgaben des § 1 Abs. 6 und 7 BBauG und den generellen Zielen der angestrebten Raumentwicklung zu richten hat.

Im Flächennutzungsplan des Umlandverbandes finden sich als solche generellen Zielanweisungen (vgl. dazu Umlandverband Frankfurt 1984, S. 28)

– die Beachtung bereits feststellbarer Belastungen des Raumes bei der Ausweisung von Flächen für Wohnen, Arbeiten und Erholung,
– die Vorrangstellung der Auslastung vorhandener Infrastruktur vor der Errichtung neuer Infrastruktur,
– die vorrangige Beachtung der „Erhaltung und Pflege der Wirtschaft als Grundlage für die klimatischen Verhältnisse, die Naherholung und die Gliederung des Siedlungsraumes."

Daneben verfolgt der FNP noch eine Reihe von städtebaulichen Zielsetzungen, wie z. B. die Beachtung der Zentrenstruktur einzelner Gemeinden, die ausgewogene Verteilung der Arbeitsplätze oder die Entlastung von Wohngebieten bei Straßenplanungen.

Eine besondere Bedeutung für den Freiflächenschutz haben die Vorgaben des Regionalen Raumordnungsplanes zur Abgrenzung der Regionalen Grünzüge und der vom Umlandverband erstellte Landschaftsschutzplan, der entsprechend den ausdrücklichen Bestimmungen des § 4 Abs. 2 Hessisches Naturschutzgesetz (HENatG), daß Landschaftspläne als Darstellungen oder Festsetzungen in die Bauleitpläne aufzunehmen sind, in den Flächennutzungsplan des Umlandverbandes übernommen wurde. Durch die Übernahme in den FNP gewinnt der Landschaftsschutzplan auf die gemeindliche Planung die gleiche Wirkung wie der FNP.

Inwieweit sich das Instrument der Flächennutzungsplanung allerdings für die Lösung der Probleme im Verdichtungsraum als angemessen erweist, wird die Zukunft lehren.

3.4 Regionale und nationale Städtesysteme

Die in diesem Kapitel behandelten Städtesysteme sind so ausgewählt, daß einerseits die verschiedenen in Kapitel 2.4 dargestellten Strukturtypen von Städtesystemen zum Tragen kommen, andererseits jedoch auch unterschiedliche Gesellschafts- und Wirtschaftssysteme Berücksichtigung finden. So steht die Bundesrepublik Deutschland (3.4.1) für marktwirtschaftlich organisierte Industrieländer; ihr Städtesystem ist durch Hierarchie und Rang-Größe-Regel gekennzeichnet und wesentlich durch die deutsche Teilung mitgeprägt. Die UdSSR und China (3.4.2), deren Stadtsysteme vergleichend behandelt werden und ebenfalls hierarchische und Rang-Größe-Merkmale zeigen, vertreten dagegen die staatswirtschaftlich-sozialistischen Staaten, wobei die UdSSR jedoch als Industrienation, China dagegen noch bzw. schon als ‚Schwellenland' einzustufen ist. Kenia (3.4.3) schließlich ist als Beispiel aus der Gruppe der Entwicklungsländer ausgewählt und in seinem Städtesystem durch die Primat-Struktur gekennzeichnet.

3.4.1 Struktur und Entwicklung des Städtesystems der Bundesrepublik Deutschland
(Hans H. Blotevogel und Holger Möller)

3.4.1.1 Das System der höchstrangigen Zentren in Deutschland vor dem Zweiten Weltkrieg

Nach der grundlegenden Ausbildung des europäischen Städtesystems während des Mittelalters und der weitreichenden Umwertung von Standortqualitäten während der Industrialisierungsphase kommt der deutschen Teilung und Wiedervereinigung für die aktuelle Standortstruktur eine entscheidende

Abb. 3.4/1
Höhere Zentren im Deutschen Reich 1939
Quelle: Blotevogel 1982, S. 10

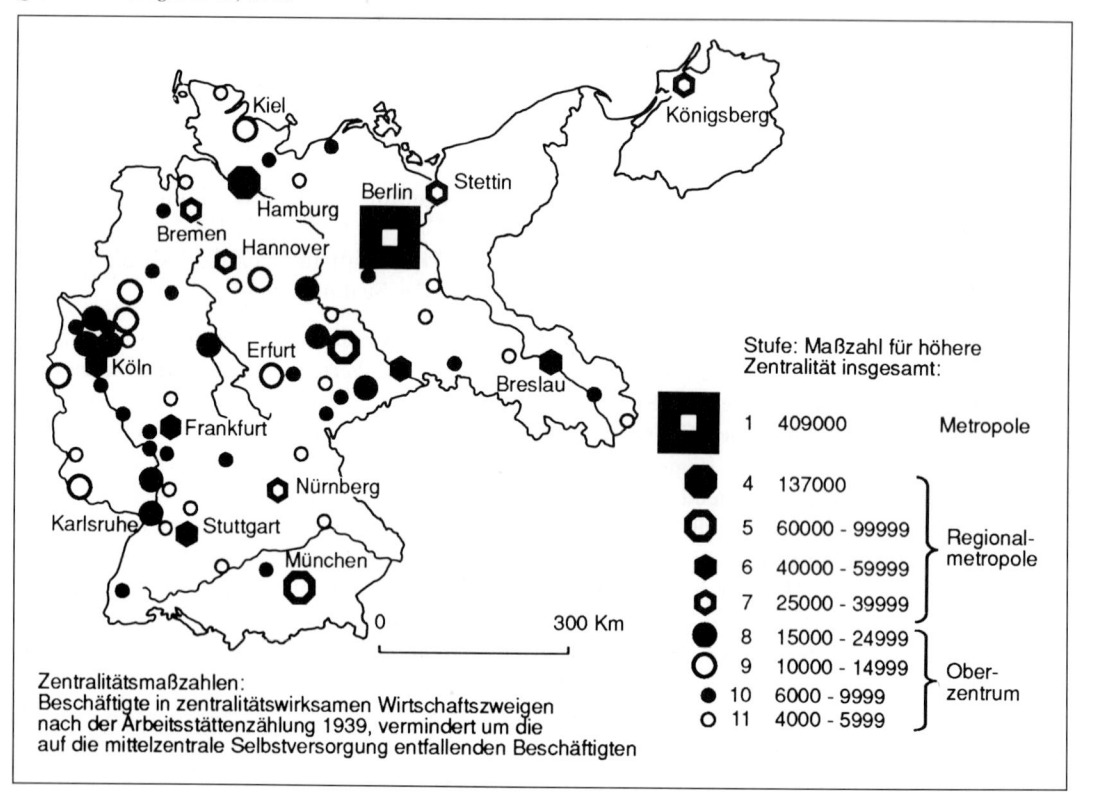

Bedeutung zu. Aus diesem Grunde erscheint es unerläßlich, kurz auf das Städtesystem des Deutschen Reiches vor 1939 einzugehen und darauf aufbauend wesentliche Entwicklungstendenzen des Städtesystems der Bundesrepublik Deutschland herauszuarbeiten.

Bis zum Zweiten Weltkrieg ist Berlin von der preußischen Residenz- und Territorialhauptstadt zur unbestritten führenden Metropole des Deutschen Reiches aufgestiegen (vgl. Abb. 3.4/1). Innerhalb der Zentrenhierarchie ist unterhalb von Berlin eine in den vorangegangenen Jahrzehnten deutlich gewachsene Lücke festzustellen. Hamburg als nächstfolgende große Regionalmetropole erreicht im Hinblick auf die Zentralitätsmaßzahl im Jahre 1939 nur rund ein Drittel des Wertes der dominierenden Reichshauptstadt.

Neben der beherrschenden Stellung Berlins kann die Existenz einer insgesamt 10 Städte umfassenden Gruppe von großen Regionalmetropolen als besonderes Charakteristikum des Systems der höherrangigen Zentren in Deutschland gelten. Im Hinblick auf die funktionalen Stadttypen handelt es sich hierbei einerseits um ehemalige Residenz- und Territorialhauptstädte (München, Dresden, Hannover, Stuttgart sowie Düsseldorf), andererseits aber um Handelsstädte, von denen einige zugleich Freie Reichsstädte waren (Leipzig, Frankfurt am Main, Köln, Magdeburg sowie Bremen). Liegen die Beschäftigungsschwerpunkte der Städte der erstgenannten Gruppe in den Bereichen Verwaltung und Kultur, so tritt bei letzteren der Handel überproportional in den Vordergrund (vgl. hierzu auch *Fehn* 1989).

„Betrachtet man die räumliche Verteilung der höheren Zentren in ihren hierarchischen Abstufungen, so lassen sich zwei extreme Organisationstypen des Zentrensystems unterscheiden: Im rheinischen Deutschland beobachten wir eine dezentrale Struktur mit einer hohen Zentrendichte; im ... Deutschland östlich der Elbe besteht [dagegen] eine polarisierte Struktur mit einem sehr weitmaschigen Zentrennetz. Zwischen diesen beiden Extremtypen liegen einerseits der mitteldeutsche Raum im Bereich der Mittelgebirgsschwelle, dessen Zentrenstruktur mehr dem dezentralen rheinischen Typ ähnelt, andererseits das nordwestdeutsche Tiefland sowie der altbayerische Südosten, deren Zentrenstruktur mehr dem polarisierten ostdeutschen Typ entspricht" (*Blotevogel* 1982, S. 9).

Die Hauptverwaltungen und Entscheidungszentren der meisten hochrangigen Zentralfunktionen in den Bereichen Wirtschaft, öffentliches Leben sowie Kultur und Daseinsvorsorge sind inzwischen in Berlin konzentriert und suchen hierbei die besonderen Fühlungsvorteile der politischen Zentrale des Deutschen Reiches (*Pape* 1987). Über die Textil- und Elektroindustrie hinaus, die in besonderem Maße den herausragenden Ruf Berlins als Industriemetropole begründen, sind es gerade die Aufgabenstellungen und Funktionen, die sich aus der Hauptstadtfunktion ergeben und entscheidende Einflüsse auf die Raumentwicklung ausüben. Neben den ausländischen Botschaften und Konsulaten sind das Versicherungs- und Bankgewerbe sowie zahlreiche Spitzenverbände des wirtschaftlichen, kulturellen und sozialen Lebens zu nennen, die ihre Standorte in unmittelbarer Nähe des politischen Entscheidungszentrums sowie der Zentralverwaltungseinrichtungen suchen. Besonders im Verlauf der zwanziger Jahre unterstreicht Berlin seinen Stellenwert als kulturelles Zentrum des Deutschen Reiches.

3.4.1.2 Die deutsche Teilung als wesentliche Determinante des Städtesystems der Bundesrepublik

Weniger in den ersten Monaten unmittelbar nach Beendigung des Zweiten Weltkrieges als vielmehr aufgrund der Blockade der drei westlichen Sektoren in den Jahren 1948/49 sowie der Gründung der beiden deutschen Staaten verlor Berlin die höchstrangigen, auf das gesamte Deutschland bezogenen zentralen Funktionen. Dies führte dazu, daß nicht eine einzige Stadt, sondern mehrere Zentren Standorte der bis dahin in Berlin lokalisierten hochrangigen Steuerungs- und Dienstleistungsfunktionen sind. „Statt Berlin übernehmen nun – neben Bonn – die großen Regionalmetropolen in einzelnen Sektoren Hauptstadtfunktionen: vor allem Hamburg, Frankfurt und München, daneben aber auch Düsseldorf, Köln, Hannover und Stuttgart. Das heißt nun nicht, daß damit das Städtesystem seine hierarchische Struktur verlöre; nur ist sie jetzt nicht mehr ein-, sondern mehrgipflig. An die Stelle einer übergeordneten Metropole tritt eine Gruppe von etwa 8 bis 10 großen Zentren mit sektoralen Hauptstadtfunktionen" (*Blotevogel* 1983, S. 21). Ausschlaggebende Faktoren bei der Standortwahl dieser aus Berlin wie weiteren mitteldeutschen Städten verlagerten Reichsbehörden waren vor allem (in abnehmender Häufigkeit): bereits vorhandene Einrichtungen, Zusammenarbeit mit anderen Institutionen, Lage im Raum, vorhandene Gebäude, politische Demonstration, Kontakt zu Universitäten und Bibliotheken, politische Opportunität (*Peppler* 1977, S. 34).

Auf der Ebene hochrangiger Funktionsbereiche des deutschen Städtesystems kartiert *Peppler* (1977) Standorte und Mitarbeiterzahlen ausgewählter Bundesbehörden sowie vergleichbarer Reichsbehörden bis 1945. Dabei wird deutlich, daß besonders der Raum Köln/Bonn quantitativ in den Vordergrund tritt. Sekundäre Häufigkeiten ergeben sich darüber hinaus im Großraum Frankfurt sowie in Berlin. Letzteres ist nicht zuletzt auf das Bestreben aller Bundesregierungen seit Adenauer zurückzuführen, die Inselstadt Berlin als wirtschaftlichen und politischen Raum zu stärken und die Bindungen Berlins an das Bundesgebiet durch die Präsenz hochrangiger Bundesbehörden zu demonstrieren. So beschäftigen die 10 in Berlin angesiedelten Bundesbehörden (unter anderem Bundesverwaltungsgericht, Bundesgesundheitsamt, Bundesanstalt für Angestellte, Bundesbauverwaltung, Bundesdruckerei und Umweltbundesamt) im Jahre 1975 insgesamt 8700 Mitarbeiter.

Die Standortstruktur der obersten Bundesbehörden kann in besonderem Maße als Ausdruck des hohen Dezentralisierungsgrades des deutschen Städtesystems gelten. Im Unterschied zu hochgradig zentralistisch organisierten Nationalstaaten wie zum Beispiel Dänemark oder Frankreich, wo annähernd alle hochrangigen Funktionen in den jeweiligen Hauptstädten konzentriert sind, sind neben der Hauptstadt Bonn zahlreiche weitere Städte wie u. a. Frankfurt (Bundesbank, Bundesbahnverwaltung), Wiesbaden (Bundeskriminalamt und Statistisches Bundesamt), München (Deutsches Patentamt), Nürnberg (Bundesanstalt für Arbeit), Kassel (Bundesarbeitsgericht), Flensburg (Bundesverkehrsamt), Bochum (Bundesknappschaft), Dortmund (Bundesanstalt für Arbeitsschutz) Standorte oberster Bundesbehörden.

Über die eigentlichen territorialstaatlich-hoheitlichen Hauptstadtfunktionen hinaus sind es seit Ende der 40er Jahre auch zahlreiche Unternehmen und Verbände des wirtschaftlichen, sozialen und kulturellen Lebens, die – nicht zuletzt ausgelöst durch die unsichere verkehrsmäßige Anbindung Berlins an das Bundesgebiet – ihre vormaligen Standorte in der Reichshauptstadt sukzessive aufgeben und sich in den drei Westzonen und in der späteren Bundesrepublik neu ansiedeln. Darüber hinaus büßt West-Berlin einen beträchtlichen Teil seiner vormaligen Bedeutung als Industrie- und Hauptverwaltungsstandort ein; die Verlagerung des Hauptsitzes des Siemens-Konzerns nach München kann hierbei als ein Beispiel neben zahlreichen anderen gelten.

Von der Abwanderung von Versicherungsunternehmen aus der Reichshauptstadt Berlin profitieren besonders Hamburg, Köln und München, daneben noch Wiesbaden. Für die drei erstgenannten Regionalmetropolen sind dabei folgende herausragende Standortvorteile gegenüber den Mitbewerbern zu nennen:

– „Alle drei sind bereits in der ersten Gründungsphase vor 1870 als Versicherungsstandorte in Erscheinung getreten und haben bereits frühzeitig Standortalternativen zu Berlin geboten;
– alle drei sind Handelsplätze/Güterumschlagplätze mit langer historischer Tradition;
– alle drei sind von der Einwohnerzahl her betrachtet neben Berlin die größten Städte der Bundesrepublik mit jeweils über einer Million Einwohner" (*Krickau-Richter/Olbrich* 1982, S. 115).

Besonders in diesen Regionalmetropolen ergeben sich innerhalb der Versicherungswirtschaft die besten Kontakt- und Austauschmöglichkeiten mit anderen Anbietern (Agglomerations- und Fühlungsvorteile). Darüber hinaus entscheiden sich die Versicherungsunternehmen bei der Standortverlagerung im allgemeinen für solche Gemeinden, in denen das Unternehmen bereits über eine größere Zweigstelle verfügt und in denen Konkurrenzanbieter vertreten sind.

Durchaus vergleichbare Tendenzen der Standortwahl ergeben sich auch im Messe- und Ausstellungswesen. Neben der führenden Ausstellungsstadt im Deutschen Reich, der Reichshauptstadt Berlin, ist gerade die sog. Reichsmessestadt Leipzig in besonderem Maße von derartigen Verlagerungen betroffen. Besonders auffällig erscheint in diesem Bereich die Tatsache, daß Städte im ‚mittleren' Teil der späteren Bundesrepublik eindeutig den Vorzug erhalten gegenüber den nördlichen und südlichen Regionen. So werden in der Zeit von 1947 bis 1952 4 Berliner Fachausstellungen und 14 Branchenschwerpunkte der Leipziger Mustermesse nach Hannover (1), Düsseldorf (5), Köln (2), Wiesbaden (1), Frankfurt (5), Offenbach (1), Pirmasens (1), Nürnberg (1) und München (1) verlagert. Hamburg und Stuttgart partizipieren überhaupt nicht an der Aufteilung des sog. Berliner und Leipziger Erbes im Messe- und Ausstellungswesen. Mit der Deutschen Handwerksmesse erhält München eine einzige Veranstaltung. Neben der Verfügbarkeit ausreichender Ausstellungsflächen, dem wesentlichen Vorteil Hannovers gegenüber den Mitbewerbern, dürfte u. a. der überregionalen Erreichbarkeit eines Messestandortes eine ausschlaggebende Bedeutung zukommen. Zumindest in den ersten Jahren nach Kriegsende bleibt aber die verkehrsmäßige Erreichbarkeit der ‚Flügelstädte' Hamburg, München und Stuttgart deutlich hinter der der zentral im Bundesgebiet gelegenen Regionalmetropolen Köln, Düsseldorf, Frankfurt und mit gewissen Einschränkungen auch Hannover zurück (*Möller* 1989).

3.4.1.3 Hauptstrukturmerkmale des Städtesystems der Bundesrepublik: 1970 als Stichjahr
Da die Ergebnisse der jüngsten Großzählung vom Frühjahr 1987 zum Zeitpunkt der Manuskriptabfassung noch nicht verfügbar sind, wird auf der Ebene des gesamten Bundesgebietes auf die Einwohnerzahlen der letzten Volkszählung (1970) zurückgegriffen. Danach ist das Städtesystem der Bundesrepublik Deutschland im Jahre 1970 durch eine ausgeprägt dezentrale Struktur gekennzeichnet (vgl. *Blotevogel/Hommel* 1980).

- Ausgelöst durch die Abtrennung Mittel- und Ostdeutschlands vom späteren Bundesgebiet und die damit verbundene Teilung der vormaligen Reichshauptstadt Berlin, bleibt die Position der innerhalb des deutschen Städtesystems mit Abstand führenden Stadt unbesetzt. Unter Einbeziehung der drei westlichen Sektoren Berlins in das Städtesystem der Bundesrepublik ist Berlin (West) in der ersten Hälfte der 80er Jahre mit kaum noch zwei Millionen Einwohnern (1983: 1 861 000 E.; 1970: 2 122 000 E.) eher den Regionalmetropolen zuzurechnen und keinesfalls als Primatstadt zu bezeichnen.
- In der großräumigen Verteilung der höchstrangigen Zentren ist das Städtesystem des Bundesgebietes durch eine im ganzen ausgewogene Standortstruktur gekennzeichnet. Zwei städtereiche Großstadtagglomerationen am Nordrand der Mittelgebirgsschwelle sowie im Südwesten werden ergänzt durch drei relativ städtearme Großräume im Norden, im Südosten sowie im Bereich der gesamten Mittelgebirgsschwelle des Rheinischen Schiefergebirges (vgl. hierzu *Blotevogel/Hommel* 1980; *Kilchenmann* 1986 sowie bereits auch *Schöller* 1967).
- Größere Unterschiede in der räumlichen Verteilung der Siedlungsstruktur ergeben sich hingegen auf der Ebene der mittleren und kleineren Städte (20 000–100 000 E. bzw. unter 20 000 E.) (vgl. auch Abb. 3.4/2). Gerade die mittleren und kleinen Städte haben in der Nachkriegszeit relativ am stärksten von dem durch den Wiederaufbau begünstigten Bevölkerungszuwachs profitiert. Räumliche Konzentrationen ergeben sich besonders im Nordwesten sowie im Südwesten. Dies kann sowohl für Klein- und Mittelstädte in unmittelbarer Großstadtnähe als auch für großstadtarme Regionen wie Westfalen sowie das südliche und östliche Württemberg festgestellt werden (vgl. (*Blotevogel/Hommel* 1980, S. 157).
- Im Umland größerer Städte sind im Bundesgebiet häufig Konzentrationen zahlreicher Mittel- und Kleinstädte festzustellen. Letztere sind in der Zeit nach dem Zweiten Weltkrieg in die Größenklasse der Mittelstädte (20 000–100 000) hineingewachsen. Ehemalige Mittelstädte, von denen einige in den letzten vier Jahrzehnten die statistische Großstadtschwelle (100 000 E.) überschritten haben, weisen durchweg lange historische Traditionen auf und erfüllen im allgemeinen komplementäre

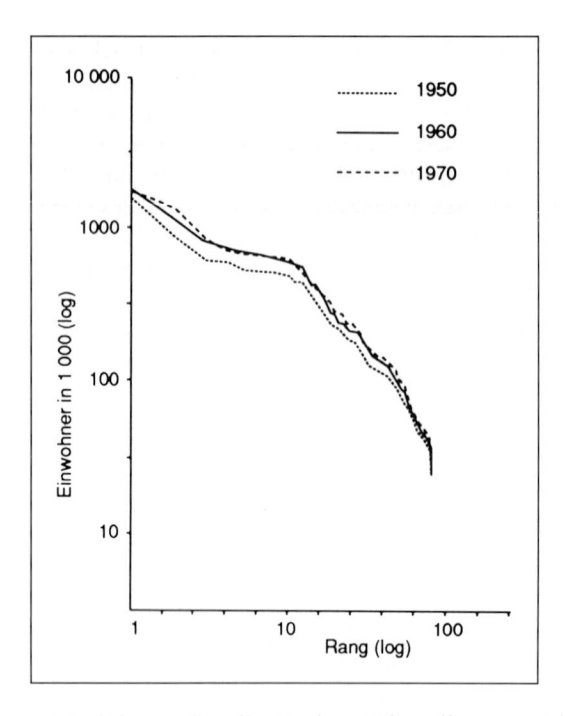

Abb. 3.4/2
Rang-Größen-Darstellung (log) der Städte (>20000 E.) der Bundesrepublik Deutschland 1950/1960/1970
Quelle: *Hall/Hay* 1980, S. 177

Funktionen für die Region. Dies gilt zum Beispiel für den Raum Nürnberg mit den großen Mittelstädten Erlangen (u.a. als Universitätsstadt) und Fürth (Industriestadt). Ähnliches trifft auch für die Nachbarstädte Mannheim und Ludwigshafen zu (vgl. *Schöller/Blotevogel* et al. 1984, S. 184).
- Diese Nachbarstädte stehen in einem auffälligen Gegensatz zu mehreren monozentrischen Ballungsgebieten (neben anderen München und Hamburg), die die Region mit ihren Klein- und wenigen Mittelstädten eindeutig dominieren.
- Eine Sonderstellung nimmt hingegen das Rhein-Ruhr-Gebiet ein. Als polyzentrischer Verdichtungsraum existieren hier zahlreiche urbane Kristallisationskerne, deren aktuelle Struktur und Entwicklung jedoch nur auf der Grundlage einer räumlich und zeitlich differenzierten Analyse nachzuvollziehen ist (vgl. hierzu *Kraus* 1961; *Gaebe* 1976; *Birkenhauer* 1984).

3.4.1.4 Persistenz und Dynamik innerhalb des Städtesystems der Bundesrepublik Deutschland – einige aktuellere empirische Befunde

Bleiben die deutsche Teilung und die damit verbundenen Standortverlagerungen bestimmter Einrichtungen sowie die Wanderungsschübe der Bevölkerung von Mittel- und Ostdeutschland in die drei westlichen Besatzungszonen und das spätere Bundesgebiet auch in besonderem Maße für die aktuelle Struktur ausschlaggebend, so erscheint die großräumige Dynamik innerhalb des Städtesystems der Bundesrepublik vergleichsweise gering (*Blotevogel/Hommel* 1980, S. 156).
Für den Bereich der Standorte von Versicherungshauptverwaltungen weisen *Krickau-Richter/Olbrich* (1982, S. 112) im Zeitraum 1965–1975 insgesamt 27 Wanderungsfälle nach. Ist in zwei Fällen kein eindeutiges Motiv feststellbar, so wird in insgesamt 5 Fällen die Verlagerung von Berlin ins Bundesgebiet abgeschlossen. In 16 Fällen hingegen erfolgt die Standortverlagerung in der Folge von Unternehmenszusammenschlüssen bzw. Rekonzentrationsbestrebungen innerhalb von Versicherungskonzernen.
Durchaus Vergleichbares gilt für das deutsche Messe- und Ausstellungswesen. In den drei seit Mitte der fünfziger Jahre vergangenen Jahrzehnten sind im Bundesgebiet nicht mehr als insgesamt 10

Standortverlagerungen kompletter Veranstaltungen oder einzelner Branchen aus bestehenden Messen und Ausstellungen heraus nachzuweisen (vgl. hierzu *Möller* 1989).
Mit der häufig als zu unübersichtlich empfundenen Hannover-Messe verzeichnet die niedersächsische Landeshauptstadt im Untersuchungszeitraum die größten Verluste, von denen neben Düsseldorf und Frankfurt am Main die bayerische Landeshauptstadt München am stärksten profitiert. Dieser Bedeutungsgewinn Münchens seit Mitte der sechziger Jahre wird in besonderem Maße begünstigt durch erhebliche Infrastrukturinvestitionen im Vorfeld der Olympischen Spiele von 1972. Hierbei kommt der systematischen Schwerpunktbildung des konsequent durchgehaltenen Fachmesseprogramms im Bereich innovativer und expandierender Wirtschaftszweige eine entscheidende Bedeutung zu. In besonderem Maße trifft dies für den Bereich der Elektronik und Elektrotechnik zu.
Trotz erheblicher struktureller Wandlungen in den Rahmenbedingungen und Entwicklungstendenzen des deutschen Städtesystems nach 1945 (unter anderem Integration zahlreicher Flüchtlinge aus Ost- und Mitteldeutschland, Aufnahme einer Vielzahl ausländischer Arbeitnehmer, seit den 70er Jahren zunehmender Trend zu Kleinfamilien und Ein-Personen-Haushalten und nicht zuletzt eine durch die zunehmende Individualmotorisierung ermöglichte Suburbanisierung mit der Folge einer Stagnation des Bevölkerungswachstums der Agglomerationsräume zugunsten zahlreicher Klein- und Mittelstädte in der suburbanisierten Zone) bleibt das System der höchstrangigen Zentren innerhalb des Bundesgebietes in den letzten vierzig Jahren erstaunlich stabil. Innerhalb der Gruppe der im Bundesgebiet führenden Regionalzentren ergeben sich allerdings einige qualitative und quantitative Verschiebungen.
So stellt *Bade* (1987) am Beispiel der 11 größten Agglomerationsräume den großräumigen Strukturwandel und die Veränderungen in den regionalen Schwerpunkten der funktionalen Arbeitsteilung im Bundesgebiet dar. Der Anteil der Agglomerationen an der Gesamtzahl der im Bundesgebiet Beschäftigten ist im Untersuchungszeitraum (1961–1983) dabei geringfügig von 57,55% auf 55,47% zurückgegangen. Im Durchschnitt aller von *Bade* untersuchten Agglomerationen gehen diese Verluste ausschließlich auf Kosten der Ballungskerne, während die Randzonen ihren Bevölkerungsanteil durchweg ausdehnen konnten.
Im Hinblick auf die These des Süd-Nord-Gefälles innerhalb des Bundesgebietes wird deutlich, daß alle südlich der Mainlinie liegenden Agglomerationen Zugewinne aufweisen, während in den nördlichen Regionen ausschließlich relative Verluste auftreten. Am ausgeprägtesten sind diese im Ruhrgebiet, das im Jahre 1961 mit 11% noch den größten Beschäftigungsanteil aller Agglomerationen überhaupt aufweist und schon 1970 von der Rheinschiene überflügelt wird. Liegen die größten Zuwachsraten im Rhein-Main-Gebiet in der Zeit bis etwa 1976, so setzen sich diese positiven Entwicklungen besonders in den Regionen Stuttgart und München auch in der Folgezeit fort.
Die positive Wirtschaftsentwicklung der Bundesländer und Agglomerationen südlich der Mainlinie *allein* auf Standortvoraussetzungen wie die Verfügbarkeit eines qualifizierten Facharbeiterstammes, ein günstigeres Investitions- bzw. Wirtschaftsklima bzw. im ganzen attraktivere Umweltbedingungen sowie einen höheren Freizeit- und Erlebniswert zurückführen zu wollen, erscheint jedoch ebenso verkürzt und entstellend wie auch die weiterhin häufig geäußerte Meinung, das Ruhrgebiet sei ein ausschließlich durch die Krisenbranche Kohle und Stahl geprägtes Industriegebiet, eben der ‚Kohlenpott'. Das im Bundesgebiet offensichtliche Süd-Nord-Gefälle ist vielmehr auf das Zusammenwirken einer Vielzahl von Faktoren zurückzuführen (vgl. hierzu auch *Häussermann/Siebel* 1986).
Zu den nicht nur aus Unternehmersicht durchweg positiv zu beurteilenden Standortvoraussetzungen der südlichen Bundesländer zählen sicherlich ein hoher Landschafts- und Freizeitwert, eine günstige Industrie- und Gewerbestruktur, die vielfach auf Klein- und Mittelbetrieben basiert, das weitgehende Fehlen von Krisenindustrien (zum Beispiel des Kohle- und Stahlbereiches), ein vor allem in Bayern feststellbarer geringerer gewerkschaftlicher Organisationsgrad der abhängig Beschäftigten, eine höhere kulturelle Attraktivität als in den Bundesländern nördlich der Mainlinie, ein hohes Maß an politischer Kontinuität, die sich sowohl in parteipolitischer als auch personeller Kontinuität im

Hinblick auf die Besetzung von Führungspositionen ausdrückt, sowie die Existenz von Standortkonzentrationen im Bereich militärischer Forschung, Entwicklung und Produktion.
Von Bedeutung ist allerdings weiterhin, daß die Regierungsparteien – und diese repräsentiert durch einflußreiche Einzelpersonen wie z. B. die jeweiligen Ministerpräsidenten – das vorhandene endogene Potential durch eine ebenso umfassende wie außerordentlich erfolgreiche Lobbytätigkeit auf allen politischen Ebenen den im ganzen erstaunlichen Aufstieg der südlichen Bundesländer, entscheidend mitgefördert haben (*Kunzmann* 1985, S. 185, 189).
Nach der deutschen Einigung ist mit tiefgreifenden strukturellen Verschiebungen im Städtesystem zu rechnen, die in ihrer Tragweite derzeit noch kaum abschätzbar sind. Dabei ist nicht nur die Frage des Regierungssitzes bedeutsam, sondern vor allem die damit nur teilweise verknüpfte Frage, inwieweit es Berlin gelingen wird, sich wieder zur Metropole Deutschlands zu entwickeln. Darüber hinaus sind auch in der Gruppe der Regionalmetropolen Veränderungen zu erwarten. So dürfte die Hafenstadt Hamburg von dem vergrößerten Hinterland profitieren, während andererseits fraglich ist, ob Leipzig und Dresden ihre Position als Regionalmetropolen infolge der verschärften Standortkonkurrenz halten können. Voraussichtlich werden sich die konkreten Auswirkungen der deutschen Einigung auf die Organisation des Städtesystems erst nach einer mehrjährigen Übergangs- und Anpassungszeit konkret erfassen lassen.

3.4.2 Städtesysteme in der Sowjetunion und in der VR China (*Wolfgang Taubmann*)

Wenn im folgenden die Herausbildung des modernen russisch-sowjetischen bzw. chinesischen Städtesystems vergleichend analysiert wird, so gilt die Aufmerksamkeit vornehmlich der Frage, inwieweit die jeweiligen historischen, politisch-gesellschaftlichen und auch natürlichen Rahmenbedingungen zu abweichenden Ausprägungen des allgemeinen Entwicklungsprozesses von Siedlungs- bzw. Städtesystemen geführt haben, der im wesentlichen aus den drei Phasen vorindustrielles (geringer Urbanisierungsgrad, disperse Standortstruktur), industrielles (hohe Urbanisierung und Siedlungskonzentration, Ballungsräume) und postindustrielles Stadium (Suburbanisierung, Dekonzentration) besteht (vgl. hierzu auch 2.3.2. und 2.3.3).
Immerhin nehmen etliche Autoren an, daß sich das Urbanisierungsmuster bzw. die zentralörtliche Hierarchie und die Größenverteilung der Städte in sozialistischen Ländern mit ihrem machtvollen Einfluß der zentralen politischen und wirtschaftlichen Planung von den Stadtsystemen der marktwirtschaftlich orientierten bzw. kapitalistischen Länder unterscheide, weil diese entweder keine explizite nationale Stadtentwicklungspolitik formuliert haben oder deren Planungsziele nur sehr begrenzt durchsetzbar sind (z. B. *Renaud* 1981, S. 156 ff.).
Bei einem Vergleich beider Länder sind einige Grundtatsachen zu beachten: So betrug die Verstädterungsquote in der Sowjetunion im Jahre 1982 rd. 64%, während Chinas Stadtbevölkerung nach der offiziellen Statistik im selben Jahr nur 20,8% der Gesamtbevölkerung umfaßte (*Andrusz* 1984, S. 24; Stat. Yb. of China 1983, S. 104). Die Sowjetunion zählt nach den Weltentwicklungsberichten der Weltbank zu den planwirtschaftlichen Industrieländern, China als sozialistisches Entwicklungsland dagegen zu den Ländern mit niedrigem Einkommen. Schließlich besteht die real-sozialistische Gesellschaftsordnung in der Sowjetunion seit fast 7 Jahrzehnten, in China dagegen erst seit 37 Jahren.

3.4.2.1 Das vorindustrielle Städtesystem

a) *Sowjetunion*
Zu Beginn des 19. Jahrhunderts war die hierarchische Struktur des russischen Städtesystems bei einem niedrigen Urbanisierungsniveau – 1811 betrug der Anteil der Stadtbevölkerung im europäischen Rußland 6 bis 7%, in ganz Rußland vermutlich 8 bis 9% – relativ ausgereift (*Andrusz* 1984, S. 24; *Rozman* 1976, S. 21).

Nach *Rozman* (1976, S. 41 ff.) hat die Ausbildung des Städtesystems von der Entstehung der ersten isolierten Fernhandelszentren zwischen Nowgorod und Kiew über die Kolonisierung und erste Besiedlung Sibiriens bzw. Ausdehnung nach Süden im 16. und 17. Jahrhundert, die Herausbildung eines mindestens zweistufigen Marktstadtsystems seit dem 16. Jahrhundert bis hin zu einem 7stufigen Zentrensystem in Rußland ca. 900 Jahre gedauert. Ein vergleichbarer Prozeß in China dagegen beanspruchte etwa 1600 Jahre.

Allerdings war das Städtesystem des 19. Jahrhunderts weitgehend auf den europäischen Teil Rußlands beschränkt; der weiten Ausdehnung der politischen Grenzen im Osten – im 18. Jahrhundert hatte Rußland bald die Flächengröße der heutigen UdSSR erreicht – folgte in weiten Teilen Zentralasiens oder Sibiriens keine entsprechende dauerhafte Besiedlung.

Mit der Entstehung des Absolutismus unter Peter dem Großen, der zunehmenden Komplexität der russischen Gesellschaft, der wachsenden Arbeitsteilung, der Ausdehnung des nationalen Marktes und dem Aufkommen der Manufakturen wuchsen die Städte im 18. Jahrhundert rasch. Verstärkt wurde dies durch die sich herausbildende zentrale Industrieregion um Moskau (Waffen, Eisenerzeugung, Tuch und Leinwandwebereien) sowie die Erschließung der Bergbauregionen des Urals, die rasche Fortschritte machte. An den Handelswegen in die angegliederten Räume entstanden neue Städte, ebenso an Transportknoten und an den Küsten, so z. B. die Hafenstädte Odessa und Sewastopol am Schwarzen Meer (*Lappo* 1979, S. 237).

Um 1800 hatte das Städtesystem des russischen Reiches etwa die folgende hierarchische Struktur, die insbesondere für die Kernregionen galt, in denen rund zwei Drittel der Stadtbevölkerung wohnten (vgl. Tab. 3.4/1):

Tab. 3.4/1: Hierarchie des russischen Städtesystems um 1800

Stufe	Rußland insgesamt		4 Kernregionen[1]	
	Anzahl Städte/ Siedlungen	Städt. Einw. (in 1000)	Anzahl Städte/ Siedlungen	Städt. Einw. (in 1000)
1	1	300 (Petersburg)	1	300
2	1	210 (Moskau)	1	210
3	4	130	2	60
4	28	420	18	250
5	210	1050	110	570
6	300	220[2]	180	120[2]
7	(1100)	–	(700)	–
Gesamt	ca. 1650	ca. 2300	ca. 1000	ca. 1500

Quelle: Rozman 1976, S. 149 u. Karte 1

[1] Zentrale Industrieregion um Moskau, Zentrale Schwarzerderegion (Kursk-Tambow), Nord-NW-Region (Nowgorod, Petersburg), Untere u. mittlere Wolga-Region (Astrachan, Kasan).
[2] Auf Stufe 6 zählt ca. die Hälfte der Bevölkerung zur Stadtbevölkerung.

Die Basis dieses Systems bildeten die semiurbanen Siedlungen der Stufe 6, die in ihrer Mehrzahl 2000 oder weniger Einwohner aufwiesen und vor allem Marktfunktionen für das nahe ländliche Umland übernahmen.

Ab Stufe 5 spricht *Rozman* von Städten, deren besonders typische Vertreter ca. 3–10 000 Einwohner hatten, ein relativ differenziertes Handwerk, zwei bis drei Markttage pro Woche und zwischen 50 und 250 Läden aufwiesen. Entscheidend war vor allem, daß sie Verwaltungsfunktionen der unteren Ebene (Uyedz) wahrnahmen. Seit den Verwaltungsreformen der Jahre 1775/85 stimmten Verwaltungsfunktionen und Handelsbedeutung der Städte weitaus besser überein. Pro Guberniya gab es etwa 4 bis 5 Städte mit 3–10 000 Einwohnern, deren regionale Verteilung in Abhängigkeit von der landwirtschaftlichen Bevölkerung jedoch sehr ungleichmäßig war. Zudem wurden zahlreiche neue Städte in Verbindung mit der Verstärkung des staatlichen Durchgriffs nach unten angelegt. Die führende Stadt dieser Stufe war häufig Sitz des Gouverneurs – insgesamt gab es 42 Guberniyas (*Lappo* 1979, S. 238/9). Die rund 28 Städte der Stufe 4 waren Handels- und Verkehrsmittelpunkte ausgedehnter Gebiete. Mit 10 000 bis 30 000 Einwohnern waren sie die Verbindungsglieder zwischen dem nationalen Markt und den regionalen Märkten.

Zu den Städten der Stufe 3 schließlich zählten Riga, Kiew, Astrachan und im Süden an der Wolga noch Saratow.

Daß Moskau (ca. 210 000 Einwohner) und Petersburg (ca. 300 000 Einwohner) als die einzigen Vertreter der Stufen 2 und 1 die 7 bis 10fache Einwohnerzahl der Städte der Stufe 3 aufwiesen, belegt die Dichotomie und damit die Primat-Struktur des Städtesystems in Rußland um 1800. Das gesamte Land war auf die beiden konkurrierenden Zentren Moskau und Petersburg/Leningrad (Hauptstadt vom Beginn des 18. Jahrhunderts bis 1919) hin zentriert, denn dort saß die führende städtische Elite. Der Entwicklungsunterschied zwischen den beiden Metropolen und den Städten der nachfolgenden Stufen muß gewaltig gewesen sein. Die meisten Städte in Rußland hatten auch um 1900 mit ihren weitständigen Holzhäusern, ihrer Durchmischung von landwirtschaftlichen Flächen und Wohngebäuden durchaus noch ländlichen Charakter (*Andrusz* 1984, S. 8).

Im Vergleich zu China ist damit das vorindustrielle Städtesystem Rußlands vor allem durch eine regionale Zentralisierung geprägt. Ein Vergleich beider Länder muß allerdings berücksichtigen, daß um 1800 in Rußland gerade soviel Menschen lebten (39 Mio.) wie in einer einzigen chinesischen Provinz (in ganz China lebten damals ca. 300 Mio. Einwohner).

b) China

Zeigte das russische Städtesystem im Kernraum zwischen Petersburg im Nordwesten, Astrachan im Südosten, Kursk im Südwesten und Archangelsk im Norden relativ homogene Züge, so ist China gekennzeichnet durch eine erhebliche regionale Variation und eine Vielzahl eigenständiger Teilräume. Ungeachtet eines generellen Ost-West-Gefälles bildeten sich in den einzelnen Großregionen nahezu isolierte Stadtsysteme heraus. Kurz vor der gewaltsamen Öffnung der Vertragshäfen waren die wirtschaftlichen Austauschbeziehungen zwischen den Teilregionen des chinesischen Reiches noch zu schwach, um ein integriertes nationales Städtesystem schaffen zu können (*Skinner* 1977, S. 8 f. u. 211 ff.). Erst seit Ende des 19. Jahrhunderts bildete sich dann in Verbindung mit der dominanten wirtschaftlichen Rolle von Shanghai zumindest ansatzweise ein nationaler Markt heraus (vgl. im einzelnen unten).

Das chinesische Städtesystem in der ersten Hälfte des 19. Jahrhunderts unterscheidet sich vom russischen um 1800 vor allem durch den höheren Anteil von Städten niederer Rangordnung (*Susan Mann* 1984, S. 88). Zwischen den Landstädten und Marktorten an der Basis und den großen Städten an der Spitze des Städtesystems sind insbesondere die Städte der Stufe 4 und 5 relativ schwach vertreten (vgl. Tab. 3.4/2).

Die periodischen Märkte der Stufe 7 (standard marketing towns) tragen durchweg dörflichen Charakter; sie sind die Mittelpunkte der mikroökonomischen Kreisläufe.

Erst die Märkte der Stufe 6 mit 500 bis 3000 Einwohnern werden als städtisch eingeschätzt, obwohl nur die Hälfte der Bevölkerung vermutlich nicht-agrarischer Tätigkeit nachging (vgl. *Rozman* 1973, S. 99 ff.). In *Skinners* Terminologie werden sie als „intermediate markets" eingestuft, d.h. im Vergleich zu den Orten der Stufe 7 finden mehr Markttage statt, das Warenangebot ist größer, und zirkulierende Händler machen häufiger Zwischenstation.

Während die Marktorte der Stufe 6 relativ selten zugleich Verwaltungsfunktionen ausüben, sind die sog. „central marketing towns" der Stufe 5 etwa zur Hälfte zugleich Sitze der Kreisverwaltung (xian) oder höherer Verwaltungseinheiten (chou). Die Kreisstadt, in der die nicht-produzierenden Konsumenten überwogen, war die zentrale Sammel- und Verteilstation, auf die das lokale Transportnetz

Tab. 3.4/2: Hierarchie des chinesischen Städtesystems im frühen 19. Jahrhundert

Stufe	Anzahl Städte/Siedlungen	Bevölkerung (in Mio)
1	1	1
2	9	5
3	100	6
4	200	3
5	1 100	5,5
6	6 000	(3)*
7	(24 000)	–
Ges.:	ca. 31 400	ca. 23,5

Quelle: Rozman 1973, S. 102
*) Als städtisch wurde nur die Hälfte der Bevölkerung dieser Stufe gerechnet.

ausgerichtet war. Sie war zugleich das Zwischenglied für die Handelsströme über lange Distanzen bzw. in höherrangige Städte des Systems (*Skinner* 1977, S. 23).
Die meisten Städte der Stufen 3 und 4 sind durch ihre Verwaltungsfunktionen auf Bezirks(fu)- oder Provinz(sheng)-Ebene zu charakterisieren. In den höheren Stufen des Städtesystems ist also eine enge Korrelation zwischen der zentral-örtlichen und der Verwaltungshierarchie zu beobachten.
Auf den Stufen 2 und 1 sind schließlich Regionszentren wie Nanjing, Suzhou, Wuhan, Canton (Guangzhou), Chongqing, Chengdu, Xian bzw. die Hauptstadt Beijing angesiedelt.
Kennzeichnend für das vormoderne Städtesystem Chinas waren seine sehr langsame Ausreifung und, vor allem in der späten Kaiserzeit, das Wachstum der auf der lokalen Handelstätigkeit basierenden Marktorte der unteren Stufe, während administrative und Herrschaftsfunktionen die konstituierenden Elemente in allen Perioden davor waren (*Rozman* 1973, S. 99 ff.).
Die Verdichtung des Siedlungsnetzes an der Basis im 17. und 18. Jahrhundert war nach *Skinner* und *Elvin* also vor allem die Folge zunehmender ländlicher Warenwirtschaft und ländlichen Bevölkerungswachstums, während die Bedeutung der Zentralgewalt und des Außenhandels – jedenfalls bis zur Öffnung durch die imperialistischen Mächte – abnahm und der technische Fortschritt stagnierte (vgl. *Skinner* 1977, S. 29). Die vier größten Städte des Landes – Beijing, Suzhou, Wuhan und Canton – hatten zwischen 575 000 und 850 000 Einwohner und waren kaum größer als die Millionenstädte des chinesischen Mittelalters (Changan, Kaifeng oder Hangzhou).
Das dichotome chinesische Städtesystem war besonders ungeeignet, die Ressourcen des Landes von den unteren zu den oberen Stufen zu befördern (*Rozman* 1976, S. 250); es besaß im Gegensatz zu Rußland mit seiner starken Stellung der Städte der mittleren Stufe nur eine geringe räumlich-organisatorische Effizienz und damit offenbar nur schwache Voraussetzungen für einen erfolgreichen Übergang zum modernen wirtschaftlichen Wachstum.
Zwar war eine Reihe von Städten groß genug, auch überregionale Funktionen auszuüben (Beijing, Suzhou, Canton, Wuhan); aber die Zentralität Beijings reichte nicht aus, um ein integriertes nationales Städtesystem zu schaffen. Ein System dieser Maßstabsgröße war in einer agrarisch bestimmten Gesellschaft ohne ausreichendes Transportsystem noch nicht möglich.

3.4.2.2 Industrielle Veränderung bzw. Transformation

a) Sowjetunion

Um 1830 bis 1840 setzte im zaristischen Rußland eine frühindustrielle Phase ein, die allerdings bis zu einem „take-off" im letzten Jahrzehnt des 19. Jahrhunderts ohne statistisch nachweisbare Auswirkungen auf das Städtesystem blieb. Im Verlaufe des 19. Jahrhunderts wurden zahlreiche Fabrikationsbetriebe und Manufakturen auf dem Lande bzw. außerhalb der offiziellen Städte errichtet; noch 1900 fanden sich rund 50 bis 60% der Fabrikationsbetriebe außerhalb der Städte. Zwar wurde 1861 die

Bauernbefreiung durchgeführt und damit die Stagnation der feudalistischen Epoche überwunden; aber die Bindung der Bauern an die Landgemeinde blieb noch bestehen, und damit war ihre Mobilität gering (im einzelnen *Andrusz* 1984, S. 8/9; *Thiede* 1976, S. 125 f.).

Während viele offizielle Städte, vor allem solche, die Verwaltungsaufgaben der unteren Ebene und Handelsfunktionen wahrnahmen, nicht selten stagnierten, blieben die auf dörflicher Wurzel entstandenen Industriesiedlungen oft über Jahrzehnte ohne städtischen Status, unabhängig davon, wie groß ihre Bevölkerungszahl inzwischen war. Offensichtlich hatten auch die Unternehmer selbst wegen der zusätzlichen Besteuerung der Produktionsanlagen geringes Interesse an dem städtischen Status ihres Standortes (*Thiede* 1976, S. 126).

Die weitere räumliche Expansion des zaristischen Rußland nach Fernost – 1858/60 mußte China Amur und Ussuri als Grenze anerkennen – und die Einverleibung von Kasachstan, Usbekistan und Turkmenistan blieben nicht ohne Folgen für die Ausdehnung des Städtesystems. 1860 wurde beispielsweise Wladiwostok angelegt; der Bau der Transsibirischen Eisenbahn 1891 bis 1904 ermöglichte die raschere, wenn zunächst auch linienhafte Erschließung Sibiriens. Vor allem zwei Großregionen bleiben, wenn man die Städteverteilungen um 1900 und 1960 vergleicht, nahezu städtefrei, nämlich die Taiga- und Tundra-Region Sibiriens sowie der aride und semi-aride Gürtel von Kasachstan.

Obgleich bis 1900 erhebliche Wandlungen, wie z. B. Gründung neuer Städte, Industrialisierung und Verkehrserschließung, stattgefunden hatten, blieb die grundlegende Struktur des russischen Städtesystems noch nahezu unverändert. Verglichen mit Westeuropa war die Industrialisierung noch bescheiden; nur 13% der Beschäftigten waren in Industrie und Handwerk tätig, in Moskau und Petersburg war noch rund ein Fünftel der städtischen Bevölkerung konzentriert, die insgesamt 12,7% der Gesamtbevölkerung ausmachte (*Lewis/Rowland* 1969, S. 780).

Vor dem Ersten Weltkrieg beschleunigte sich das städtische Wachstum; entscheidend war die Zuwanderung vom Lande, zumal die Stolypinschen Reformen von 1906 die Abwanderung der bäuerlichen Unterschichten in die Städte erleichterte (*Bater* 1980, S. 59). Genaue Daten sind ganz offensichtlich schwierig zu rekonstruieren, weil während der zaristischen Zeit nur 1897 eine Volkszählung durchgeführt wurde. Der erste sowjetische Zensus erfolgte 1926.

Eine Korrelation zwischen Industrialisierungs- und Urbanisierungstempo bestand während der ersten beiden Jahrzehnte des 20. Jahrhunderts sicher; sie ist jedoch schwer nachzuweisen, weil die Städte während des Ersten Weltkrieges teilweise erhebliche Bevölkerungsverluste hinnehmen mußten (Rückgang d. städt. Bev. 1913–1922 um 6,5 Mio.; *Khorev/Moiseenko* 1977, S. 658).

Die Oktoberrevolution von 1917 brachte nicht nur die Beseitigung des Privateigentums an Grund und Boden, auch die Diskrepanz zwischen der wirtschaftlichen Rolle vieler Städte und ihrem legalen Status wurde jetzt beseitigt. 182 auf dörflicher Basis entstandene Industriesiedlungen erhielten den städtischen Rechtstitel, während 106 Städte zu Dörfern herabgestuft wurden (*Lappo* 1979, S. 240). Zum Zeitpunkt der Volkszählung 1926 hatte die Sowjetunion nur 737 Städte; angesichts der Flächengröße des Landes eine unzureichende städtische Siedlungsstruktur (*Lappo* ebd.).

Der sowjetische Geograph *Lappo* beschreibt den Prozeß der Stadtgründungen in der Sowjetunion in der Zwischenkriegszeit, in der rund 450 neue Städte entstanden, als

- Bildung eines hierarchischen Netzwerkes von Städten mit entwickelteren städtischen Funktionen: Offensichtlich bezieht sich diese Feststellung auf die „Reaktivierung" von halbstädtischen Siedlungen, die als ehemalige ländliche Distriktzentren oder alte Verwaltungsstädte ihren städtischen Status verloren hatten.
- Neugründung spezialisierter Industriestädte: Auch in diesem Fall sind die Industriestädte ganz überwiegend auf vorstädtischer Wurzel entstanden.

Zu den rasch gewachsenen industriellen städtischen Neugründungen zählten vor allem schwerindustrielle Zentren wie Donezk, Swerdlowsk, Magnitogorsk, Norilsk, Bratsk, Angarsk u. a. (vgl. *Harris* 1972, S. 299).

Von den rund 50 Städten, die zwischen 1926 und 1939 ihre Einwohnerzahl verdreifachten und 1939 mehr als 50 000 Einwohner aufwiesen, lag die Hälfte im Ural, in Sibirien, im Fernen Osten oder in Zentralasien (*Bater* 1980, S. 61).

Die forcierte Industrialisierungs- und Kollektivierungspolitik Stalins in der Zwischenkriegszeit führte also zu einem bis dahin nicht erlebten Urbanisierungstempo in der Sowjetunion. Zwischen 1926 und 1939 nahm die städtische Bevölkerung jährlich um 6,3% zu; während 1926 erst 18% der Einwohner in Städten lebten, so 1939 bereits 33%. Ein solch explosives Wachstum war in der Sowjetunion weder in den vorangegangenen noch in den nachfolgenden Perioden zu verzeichnen. Auch in anderen Ländern gab es vor dem Zweiten Weltkrieg dazu keine Parallele.

Die Verdoppelung der Stadtbevölkerung – 1926 lebten 26 Mio. Einwohner in Städten, 1939 56 Mio. – wurde zu 63% von der Zuwanderung der ländlichen Bevölkerung getragen, zu 19% von der Umklassifizierung ländlicher Siedlungen zu städtischen, und nur zu 18% durch den natürlichen Zuwachs der Stadtbevölkerung selbst. Eine ähnliche Migrationsdynamik zeigte noch die Periode zwischen 1939 und 1959, während seither der Anteil des natürlichen Bevölkerungszuwachses am Gesamtzuwachs der Stadtbevölkerung allmählich auf 50% anstieg (vgl. z. B. *Khorev/Moiseenko* 1977, S. 670).

Die Entwicklung des Städtesystems in der sowjetischen Periode, vor allem in der Zwischenkriegszeit, läßt sich in Grundzügen als

– flächenmäßige Ausdehnung des Siedlungsnetzes,
– Verdichtung des vorhandenen Städtesystems,
– zunehmende Konzentration der größten Städte des Landes zu sog. Agglomerationen (vgl. unten) und
– Entstehung von Städteketten entlang der wichtigsten Entwicklungs- und Verkehrsachsen

umschreiben.

Die Erweiterung und der teilweise Umbau des Städtesystems in Rußland bzw. in der Sowjetunion wurde also ab ca. 1890 von dem Prozeß einer beschleunigten Industrialisierung mit monopolistischen Kapitalstrukturen getragen; dieser Prozeß war aber vorwiegend auf den europäischen Kernraum Rußlands beschränkt. Nach der Revolution war dann der unter erzwungenem Konsumverzicht forcierte schwerindustrielle Aufbau der Motor des Städtewachstums, das auch auf die östlich und südöstlich angrenzenden Räume ausgriff.

b) China

In China dagegen wird die stagnierende Gesellschaft des späten 19. Jahrhunderts nicht von innen, sondern von außen aufgebrochen.

Mitte des 19. Jahrhunderts erzwangen die auswärtigen Mächte nach dem Frieden von Nanking (1842) die Ausweitung des Handels, die Öffnung von zunächst 5 Vertragshäfen und im Verlauf des 19. Jahrhunderts immer weitere Handelsniederlassungen in den küstennahen Gebieten bzw. im Mündungs- und Einzugsbereich der großen Flüsse (z. B. *Weiss* 1981, S. 126 f.).

Fremde Unternehmer und fremdes Kapital konzentrierten sich vornehmlich auf die drei Großregionen Shanghai mit unterem Jangtselauf, Süd-Mandschurei mit Mukden (Shenyang), Fushun und Anshan sowie Canton (Guangzhou)/Hong Kong im Süden (s. dazu *Menzel* 1978, S. 234 f.).

Die Penetration des Landes bzw. seine Aufteilung in britische, französische, russische, japanische und deutsche Einflußsphären mit den Vertragshäfen als Brückenköpfen führte freilich nicht zur Schaffung eines wirklich integrierten nationalen Marktes; vielmehr war das Ergebnis der Öffnung von außen ein „deep dualism" (*Murphey* 1977, S. 225): Das Land zerfiel in einen weltmarktorientierten bzw. -verbundenen und in einen weltmarktabgewandten Teil. Das bestehende Städtesystem wurde vor allem im küstennahen Bereich überformt; dagegen verblieben die Städte und Landstädte des Binnenlandes weitgehend außerhalb des Zugriffs der auswärtigen Wirtschaftsmächte. Betrachtet man das Städtesystem als Ganzes, so läßt sich von einer beschleunigten Urbanisierung erst im 20. Jahrhundert sprechen (*Skinner* 1977, S. 212).

Zur Zeit der gewaltsamen Öffnung Chinas war der Küstenraum bereits stärker urbanisiert als die übrigen Regionen des Landes: Um 1843 lebten am unterlauf des Jangtse bereits 7,4% der Bewohner in Städten, im Südwesten (Yunnan, Guizhou) dagegen nur 4% (*Skinner,* ibid.). Die bereits bestehenden Urbanisierungsunterschiede wurden durch die zunehmende Einbindung der küstennahen Regionen in die Weltwirtschaft und durch den mechanisierten Transport vertieft. Ende des 19. Jahrhunderts waren die drei Küstenregionen im Osten, Südosten und Süden auch mit Abstand die am stärksten verstädterten des Landes; ihr Urbanisierungsgrad lag bei 10,6, 8,7 und 6,4% (Landesdurchschnitt 6,0%, d. h. von 394 Mio. Einwohnern lebten rund 23,5 Mio. in den Städten) (*Skinner,* ibid.).

Shanghai beispielsweise, um 1850 noch Kreissitz und mit vermutlich 300 bis 350 000 Einwohnern zwölftgrößte Stadt des Landes, überschritt bereits 1910 die Millionengrenze und hatte 1934 3,48 Mio. Bewohner (z.B. *Trewartha* 1951, Tabellenanhang). Wenn auch die Bevölkerungsentwicklung in den anderen Vertragshäfen bzw. Städten mit ausländischen Handelsniederlassungen nicht ganz so spektakulär war, gehörten sie Mitte der 30er Jahre doch alle mit Ausnahme von Beijing zu den bevölkerungsreichsten des Landes, so z. B. Wuhan mit 1,35 Mio., Tianjin mit 1,07 Mio. oder Canton mit 1,16 Mio. Einwohnern.

Trotz der politischen und wirtschaftlichen Dominanz Shanghais und der anderen Vertragshäfen waren aber der technologische Wandel und die Durchsetzung moderner Industrie insgesamt eher bescheiden geblieben. Noch 1933 überschritt der Wertschöpfungsanteil der modernen Industrien am gesamten Nettoinlandsprodukt nicht 3 bis 4%. Nimmt man den gesamten modernen Sektor (Bauwesen, „moderner" Handel, Finanzen, mechanisierter Transport, Kommunikation), so lag dessen Anteil am Nettoinlandsprodukt bei 13% (vgl. *Murphey* 1977, S. 222).

Bis weit in die 30er Jahre beruhte also das Städtesystem Chinas noch überwiegend auf dem traditionellen Sektor (neben Landwirtschaft Handwerk, kleine Bergwerke, ländliche Banken und Geldverleiher, herkömmliches Transportwesen). Außerhalb des modernen Einflußbereichs, außerhalb der städtischen Enklaven in dem Küstensaum beruhte das städtische Wachstum mithin noch weitgehend auf endogenen Faktoren, d.h. auf einer zunehmenden innerregionalen Handelsintensität und Marktorientierung.

Neben dem beschriebenen Durchdringungsprozeß von außen sind insbesondere politische Auseinandersetzungen des 20. Jahrhunderts für Wachstum oder Abnahme einzelner Städte und Regionen verantwortlich. Nach dem russisch-japanischen Krieg 1905 leitete Japan in der Süd-Mandschurei eine Industrieentwicklung auf schwerindustrieller Basis ein, die in den 30er Jahren des 20. Jahrhunderts planmäßig forciert und auf den japanischen Rüstungsbedarf ausgerichtet wurde (*Menzel* 1978, S. 203). Im Gefolge dieser Industrialisierungspolitik vervierfachte sich z. B. zwischen 1922 und 1946 die Einwohnerzahl von Mukden (Shenyang) – 1922: 250 000 Einwohner, 1946: 1,12 Mio. – und von Harbin – 1922: 200 000 Einwohner, 1946: 760 000, während die Bevölkerung der Hafenstadt Dalian im selben Zeitraum von 237 000 auf 773 000 anstieg (*Chang Sen-Dou* 1968, S. 131).

Nanjing wuchs besonders rasch, nachdem es 1928 Sitz der nationalistischen Regierung geworden war (1922: 300 000 Einwohner, 1935: 1,0 Mio. Einwohner); die Binnenstädte Kunming und Chongqing – Hauptstadt während der Kriegszeit – oder Xian wurden von der nationalistischen Regierung als Basen gegen die japanische Invasion industrialisiert und wiesen einen raschen Bevölkerungszuwachs auf.

3.4.2.3 Neuere Entwicklung und gegenwärtige Struktur

a) Sowjetunion

In der Verfassung der UdSSR ist das Prinzip verankert, wesentliche Unterschiede zwischen Stadt und Land zu beseitigen, indem städtische Siedlungsformen weiter ausgebreitet, die sog. Siedlungen städti-

schen Typs aktiv entwickelt sowie Industrie und landwirtschaftliche Produktion vereinigt werden sollen (Siedlungsstruktur und Urbanisierung 1981, S. 10 ff.).
Eine weitere Zielsetzung ist die Begrenzung des Großstadtwachstums bzw. die sog. „rationelle Dekonzentration" der Großstädte, die übermäßige Bevölkerungsballungen verhindern soll. Dieses Ziel ist um so bemerkenswerter, als die Sowjetunion bis in jüngste Zeit einen schwerindustriellen Entwicklungspfad verfolgte, der in marktwirtschaftlichen Ländern im Regelfall zur Metropolisierung geführt hat.
Dabei gelten in der Sowjetunion für die Einstufung einer Siedlung als Stadt die Kriterien Bevölkerungszahl und Anteil der nichtagrarischen Bevölkerung an der Gesamteinwohnerzahl einer Siedlung. Da die Merkmale durch die Unionsrepubliken gesetzlich festgelegt werden, können vor allem in den unteren Städteklassen Variationen auftreten. Zwischen ländliche und städtische Siedlungen ist noch die Gruppe der sog. ‚Siedlungen städtischen Typs' geschaltet.

Im einzelnen gelten folgende Einwohnerzahlen:

- Siedlungen städtischen Typs   mind.   500 – 3 000 Einwohner
- Kleinstädte   mind.   5 000 – 12 000 Einwohner
                                bis   20 000 Einwohner
                                        20 000 – 50 000 Einwohner
- Mittelstädte   50 000 – 100 000 Einwohner
- Großstädte   100 000 – 250 000 Einwohner
                                        250 000 – 500 000 Einwohner
                                        500 000 – 1 Mio. Einwohner
                                        > 1 Mio. Einwohner

Das zweite Klassifikationskriterium zeigt eine erhebliche Spannweite, d. h. der Anteil der nicht-agrarischen Bevölkerung als Zensuskennziffer beträgt je nach Unionsrepublik 50 bis 95% der Einwohnerzahl einer Stadt (Siedlungsstruktur und Urbanisierung 1981, S. 10 ff.).
Als weiteres Gliederungskriterium kann die vorherrschende Funktion bzw. die jeweilige Funktionsmischung einer Stadt (Industrie-, Wissenschafts-, Kur-, Verkehrs-, Verwaltungszentrum) verwandt werden. Rund 80% aller städtischen Siedlungen werden als Industriezentren ausgewiesen.
Der für die Zwischenkriegszeit beschriebene rasche Urbanisierungsprozeß hat sich zwar in der jüngsten Zeit etwas vermindert; gleichwohl lag der Zuwachs der städtischen Bevölkerung zwischen 1979 und 1984 mit jährlich 1,5% immer noch über dem der Gesamtbevölkerung mit 0,8% pro Jahr (vgl. auch Tab. 3.4/3). Nach wie vor beträgt der Anteil der Wanderungen knapp 50% an dem gesamten städtischen Bevölkerungswachstum, während rund 14% des Zuwachses Folge der Umklassifikation von Siedlungen sind. So stieg zwischen 1959 und 1977 die Anzahl der Siedlungen städtischen Typs von 2940 auf 3784, die der Städte von 1679 auf 2040 (*Lappo* 1978, Tab. 3).

Tab. 3.4/3: Durchschnittlicher jährlicher Zuwachs der Stadt- und Gesamtbevölkerung in der UdSSR in %

	1959 bis 1970		1970 bis 1979		1979 bis 1984	
	Gesamtbev.	Städt. Bev.	Gesamtbev.	Städt. Bev.	Gesamtbev.	Städt. Bev.
Westliche UdSSR	1,1	2,8	0,6	2,0	0,6	1,5
Östliche UdSSR	1,8	2,7	1,4	2,1	1,5	2,1
Gesamt UdSSR	1,3	2,8	1,0	2,0	0,8	1,5

Quelle: Rowland 1986, S. 162

Vor allem in der sog. Zone des Nordens (im wesentlichen die Zone nördlich 60° n. B.) entstanden im Gefolge der ressourcenorientierten Erschließung zahlreiche neue städtische Siedlungen: Zwischen

1959 und 1977 wurden hier 21 Städte und 91 Siedlungen städtischen Typs neu gegründet, vornehmlich im asiatischen Norden. Beispiele sind Zentren der Erdöl- und Erdgasförderung wie Surgut oder Nischnewartowski, oder der Kohleförderung wie Sussuman (Siedlungsstruktur und Urbanisierung 1981, S. 49). Im Regelfall liegen diese neuen Siedlungen bzw. Siedlungsgruppen sehr isoliert, haben eine geringe Bevölkerungszahl von nur einigen tausend Einwohnern und eine kaum entwickelte Verkehrsanbindung an die eigentlichen Entwicklungsachsen.

Eine solche Entwicklungsachse im Süden Ostsibiriens und des Fernen Ostens ist zweifellos die parallel zur Transsibirischen Eisenbahn errichtete BAM (Baikal-Amur-Magistrale) zwischen Bratsk und Komsomolsk, die eine Anzahl energiewirtschaftlich orientierter Standorte verbinden wird (*Shabad* 1986, S. 117 f.). Beispielsweise hat der Eisenbahnknotenpunkt Tynda an der Kreuzung der 1984 fertiggestellten Ost-West-Linie mit der Nord-Süd verlaufenden sog. kleinen BAM bereits mehr als 50 000 Einwohner.

Zu Beginn der raschen Kollektivierung und Industrialisierung, der sog. neuen ökonomischen Politik in den 20er Jahren, war das Ziel, das Wachstum der größten Städte zu begrenzen, offenbar noch nicht durchzusetzen. Eine Wachstumsbegrenzung war aber in Anknüpfung an Engels Kritik der großen kapitalistischen Städte von Anfang an als notwendig erachtet worden (*Hausladen* 1984, S. 230 f.). 1931 bereits sollte durch Kontrolle der Industrieinvestitionen bzw. der Zuzugsgenehmigungen (propiska) das Wachstum von Moskau und Leningrad eingeschränkt werden (*Andrusz* 1984, S. 228 ff.). 1939 wurden diese Maßnahmen auf Kiew, Charkow, Rostow (am Don), Gorki und Swerdlowsk ausgedehnt.

Nach dem Zweiten Weltkrieg wurde zunächst für weitere 41 Städte der industrielle Ausbau untersagt (1958); später wurde diese Liste nochmals um 23 Städte erweitert. In den späten 60er Jahren wurden industrieller Neubau bzw. Industrieerweiterungen in Städten mit mehr als 250 000 Einwohnern generell verboten (*Hausladen* 1984, S. 33).

Mit der Wachstumsbegrenzung der Großstädte wurde ebenfalls ab 1956 das Konzept der sog. Satellitenstädte verknüpft, die als Entlastungsorte umgelagerte Industriebetriebe und neue Dienstleistungseinrichtungen aufnehmen und damit auch Beschäftigte und Bevölkerung an sich ziehen sollten. Die angestrebte Größe solcher Satellitenstädte lag bei etwa 80 bis 100 000 Einwohnern. Offensichtlich galt (und gilt) eine Stadtgröße von 100 bis 250 000 als optimal.

Seit 1976 wurde das Konzept der Satellitenstädte auf alle Mittel- und Kleinstädte ausgeweitet, der Begriff Satellitenstadt seither nicht mehr offiziell verwendet. Zu Beginn der 80er Jahre wurde erneut und wiederholt die Notwendigkeit betont, das Wachstum der Großstädte vor allem im europäischen Teil des Landes systematisch zu begrenzen und die Entwicklung der Kleinstädte vor allem in Zentralasien und Kasachstan zu fördern, d. h. sie als Standorte für spezialisierte und hochproduktive Zweige der Industrieproduktion auszuwählen (ähnlich auch in einem amtl. Generalsiedlungsprogramm 1982; vgl. *Listengurt* 1985, S. 654).

Jedoch zeigt sich, daß die für industrielle Investitionen vorgesehenen Klein- und Mittelstädte offensichtlich überwiegend in relativer Nähe zu den größeren Zentren mit über 250 000 Einwohnern liegen, daß also das Satellitenstadtkonzept nach wie vor durchscheint.

Überprüft man, soweit Daten vorliegen, das Wachstum der einzelnen Größenklassen (vgl. Tab. 3.4/4), so sind die Ergebnisse durchaus nicht einheitlich. Zwar ist der Anteil der Stadtbevölkerung in der Größenklasse 0,5 bis 1,0 Millionen zwischen 1970 und 1980 leicht zurückgegangen; dafür ist der Anteil der Bevölkerung in den Millionenstädten im selben Zeitraum jedoch ganz erheblich angestiegen. Zurückgegangen ist auch der Bevölkerungsanteil in der von den sowjetischen Stadtplanern als optimal eingeschätzten Größenklasse von 100 bis 250 000, weil das Wachstum in dieser Gruppe zwischen 1970 und 1980 nur unterdurchschnittlich war.

Das dynamischste Wachstum in der Gesamtperiode zwischen 1959 und 1980 zeigen eindeutig die Millionenstädte, die rund 3,6mal so schnell gewachsen sind wie die Städte insgesamt (*Hausladen* 1984, Tab. 7).

Tab. 3.4/4: Stadtbevölkerung in der UdSSR nach Stadtgrößenklassen 1926–1980

Stadtgröße in 1000 Ew.	1926		1939		1959		1970		1980	
	Anzahl Städte	Bev. %	Anzahl Städte	Bev. %	Anzahl Städte	Bev. %	Anzahl Städte	Bev. %	Anzahl Städte	Bev. %
bis 50	1834	48,3	2575	41,2	4315	40,4	5094	34,7	–	31,2
50– 100	60	15,6	98	11,6	156	11,0	188	9,5	221	9,0
100– 250	} 28	} 20,5	} 78	} 26,0	88	12,7	143	16,1	162	14,8
250– 500					35	11,7	47	12,2	66	13,8
500–1000	} 3	} 15,6	9	8,1	22	13,7	24	13,4	26	10,5
1000 u. m.			2	13,1	3	10,5	9	14,1	20	20,7
Gesamt	1925	100,0 (26,3 Mio.)	2762	100,0 (60,4 Mio.)	4619	100,0 (100,0 Mio.)	5505	100,0 (136,0 Mio.)	–	100,0 (166,2 Mio.)

Quelle: Lappo 1979, Tab. 5; *Adrusz* 1984, S. 238; *Khorev/Moissenko* 1977, S. 663; *Hausladen* 1984, S. 238

Bewertet man diese Befunde, so ist die sowjetische Stadtentwicklungspolitik, einerseits die als optimal angesehene Größengruppe zu fördern, andererseits das Wachstum der Großstädte mit mehr als 250 000 Einwohnern zu begrenzen, vor allem im Lichte der zunehmenden Dominanz der Millionenstädte nicht sehr erfolgreich gewesen. Diese Einschätzung steht im Gegensatz etwa zu der Meinung von *Renaud*, die sowjetische Stadtplanungspolitik habe zu einer vergleichsweise geringen Konzentration ihrer urbanen Bevölkerung in den Millionenstädten geführt (*Renaud* 1981, S. 151).
Im übrigen hat das tatsächliche Bevölkerungswachstum in den größten Städten noch jedesmal die offiziellen Prognosen überholt; z. B. erreichte Moskau eine Bevölkerung von 8 Mio. 10 Jahre eher als prognostiziert, lag die tatsächliche Einwohnerzahl, als Omsk die 1-Millionen-Marke überschritt, um das 2,5fache über der vorhergesagten (*Pertsik* 1984, S. 21).
Daß die Wachstumsbeschränkungen nur sehr begrenzte Erfolge zeitigten, liegt selbstverständlich auch an dem Übergewicht der sektoralen Wirtschaftsplanung, die ungeachtet städtischer Planungsvorgaben die Urbanisierungsvorteile größerer Städte (Verwaltung, Wissenschaft und Forschung, Information, Kulturangebote usw.) voll nutzt.
Nach *Andrusz* wird de facto ständig von den aufgestellten Prinzipien abgewichen, weil z. B. das Gefälle zwischen Kleinstädten und größeren Städten bezüglich der Arbeitsbedingungen, des Lebensstandards, des Dienstleistungsangebotes usw. ganz erheblich ist (1984, S. 242). Selbst wenn industrielle Neuinvestitionen überwiegend auf Mittel- und Kleinstädte gelenkt werden, so bedeutet vielfach die Modernisierung bestehender Anlagen in den Großstädten eine fast völlige Neuerrichtung mit entsprechender Vergrößerung des Arbeitsplatzangebotes.
In Wirklichkeit werden also die Absichten der industriellen Investitionslenkung vielfach umgangen, weil die Vorteile der ‚economy of scale' zu evident sind. Auch müssen die Zuwanderungsrestriktionen aufgelockert werden, weil es zu Engpässen auf dem Arbeitsmarkt kommt; zudem sind sog. irrationale – vermutlich ungeplante – Zuwanderungen nicht selten.
Da gegenwärtig rund 40% aller Industrieanlagen in Städten mit 0,5 Mio. und mehr Einwohnern lokalisiert sind und die offizielle Politik vom extensiven auf intensives Wachstum umschwenkt, d. h. zunehmende Verbesserung bestehender Anlagen favorisiert, ist auch in Zukunft eine weitere Zunahme des Bevölkerungsanteils der Großstädte wahrscheinlich (*Listengurt* 1985, S. 656).
Der Agglomerationsbegriff nimmt in der sowjetischen Stadtforschung eine besondere Stellung ein, da durch begrenzte Dezentralisierung innerhalb der Agglomerationen die Verdichtungsnachteile überwunden, gleichzeitig aber die Agglomerationsvorteile ausgeschöpft werden sollen.

Die Agglomerationen gelten als „kompakte Siedlungsgruppen", die durch enge wirtschaftliche, demographische und kulturelle Beziehungen verbunden sind (Siedlungsstruktur und Urbanisierung 1981, S. 33). Als die entwickeltste Form der gruppenförmigen Siedlungen stellen sie die Eckpfeiler des sowjetischen Städtesystems dar. Aktuelle Daten zu ihrer internen Struktur und Abgrenzung gelten als geheim und sind deshalb nicht erhältlich (*Hausladen* 1984, S. 241).
Nach *Lappo* (1979, S. 263) werden die Agglomerationen aufgrund von drei Kriterien definiert:

- Vorhandensein einer Kernstadt (zentrale Stadt) mit mindestens 250 000 Einwohnern,
- wenigstens 5 sog. Satellitenstädte innerhalb einer Erreichbarkeit von 2 Stunden,
- mindestens 10% der Agglomerationseinwohner sollen in der sog. Satellitenstadtzone wohnen (vgl. auch *Polyan* 1982, S. 707 f.).

1970 gab es 63 solcher großen Agglomerationen in der Sowjetunion, 1979 bereits 100 (vgl. entsprechende Atlaskarten). Die Angaben über die Zahl der Agglomerationen schwanken allerdings: *Listengurt* 1985 erwähnt für 1970 68 Große Agglomerationen, für 1979 100; dagegen tauchten bei *Lola* (1983, S. 22, Tab. 2) nur 98 auf. Im Vergleich zum städtischen Gesamtwachstum und vor allem im Vergleich zum gesamten Großstadtwachstum nahm die Einwohnerzahl der sog. zentralen Städte innerhalb der Agglomerationen zwischen 1959 und 1980 nur leicht unterdurchschnittlich zu. Das Wachstum der sog. Satellitenstädte – aus Mangel an genauen Daten wurden alle Mittelstädte innerhalb eines 60 km Radius einbezogen – war allerdings z.T. noch langsamer. *Hausladen*s Schlußfolgerung lautet deshalb, zumindest sei ein Teil des Wachstums innerhalb der Agglomerationen auf die Satellitenstädte umgelenkt worden. Ohne diese Planungsmaßnahmen würde das Wachstum in den Kernstädten der Agglomerationen noch weit höher sein als es gegenwärtig ohnehin ist. Die Region Moskau würde vermutlich ohne planerische Eingriffe rasch von 8 auf 14 bis 16 Mio. Einwohner anwachsen. Gleichwohl lassen sich auch für die Agglomerationen zwei Folgerungen ziehen:

- Solange die sektorale Wirtschaftsplanung dominiert, wird auch die Bevölkerung der größten Städte des Landes weiter zunehmen;
- das Wachstum der Kernstädte steht im deutlichen Gegensatz zu den beobachteten Bevölkerungsverlusten in den Kernstädten westlicher entwickelter Industriestaaten.

Unter Einbezug der Agglomerationen hat *Lola* (1983, S. 22) versucht, eine hierarchische Gliederung des Siedlungssystems der UdSSR aufzustellen (vgl. Tab. 3.4/5). Charakteristisch für diese Hierarchisierung ist einerseits, daß von den in Tabelle 3.4/5 wiedergegebenen sieben Stufen nur drei mit den Verwaltungseinheiten korrespondieren, daß andererseits der Zusammenhang von Hierarchiestufe und Größe der Agglomeration bzw. Stadt nur relativ gering ist, d. h. Agglomerationen mit 0,5 bis 1,0 Mio. Einwohnern können regionale, über die Republiken hinausgehende Aufgaben wahrnehmen, während andererseits Agglomerationen der gleichen Größenordnung nur Funktionen unterhalb der Gebiete (Oblast) ausüben. Diese Situation hängt nicht zuletzt mit dem unterschiedlichen Grad der Ausreifung des Siedlungssystems im europäischen bzw. asiatischen Teil der Sowjetunion und der unterschiedlichen Dichte des Siedlungssystems zusammen. Zentren mit weniger als 0,5 Mio. Einwohnern finden sich vor allem in den sog. Autonomen Sozialistischen Sowjetrepubliken mit ethnischen Besonderheiten.

Untersucht man die Größenstruktur der Städte der Sowjetunion anhand einer einfachen Rang-Größen-Verteilung (vgl. Abb. 3.4/3), so zeigen sich folgende Grundzüge, die sowohl für die 50er Jahre wie auch für die Gegenwart gelten: Moskau und Leningrad setzen sich deutlich von den übrigen Städten ab, gleichwohl hat Moskau nicht die Größe, die aufgrund der Gesamtverteilung der Städte zu erwarten wäre (*Harris* 1972, S. 137 f.). Andererseits hat die Rangfolge der Städte mit über 1 Mio. Einwohnern eine weit schwächere Neigung als nach der sog. Idealverteilung zu vermuten wäre. Eine Erklärung dafür bietet nach *Harris* die enorme Fläche des Landes (22,4 Mio. km^2); d.h. jede Teilregion hat mehr oder minder ein eigenes Städtesystem um die jeweils führende Stadt ausgebildet,

Tab. 3.4/5: Siedlungssystem der UdSSR (1979)

Hierarchiestufe	Anzahl der Systeme	Typen und Größenklassen der Zentren des Systems	Anzahl Zentren	Durchschnittsbev. des Zentrums (1000)
National	1	Moskau[1])	1	11 886
Regional	10	>1,0 Mio.[1])	8	2 250
		0,5 – 1,0 Mio.[1])	2	846
Republik	22	>1,0 Mio.[1])	7	1 590
		0,5 – 1,0 Mio.[1])	7	653
		<0,5 Mio.[1])	2	416
		0,1 – 0,5 Mio.[2])	6	380
Inter-Oblast (Gebiet)	21	>1,0 Mio.[1])	9	1 455
		0,5 – 1,0 Mio.[1])	6	756
		>0,5 Mio.[2])	7	630
Oblast (Gebiet)	101	>1,0 Mio.[1])	4	1 450
		0,5 – 1,0 Mio.[1])	17	660
		<0,5 Mio.[1])	8	480
		>0,5 Mio.[2])	25	–
		0,1 – 0,5 Mio.[2])	36	160
		50 – 100 Tsd.[2])	11	76
Inter-Rayon (Bezirk)	440	0,5 – 1,0 Mio.[1])	10	710
		<0,5 Mio.[1])	15	320
		>100 Tsd.[2])	71	160
		50 – 100 Tsd.[2])	283	75
		< 50 Tsd.[2])	62	41
Rayon (Bezirk)	2 750	>100 Tsd.[2])	6	131
		50 – 100 Tsd.[2])	100	76
		< 50 Tsd.[2])	2 117[3])	21

Quelle: verändert nach *Lola* 1983, S. 22
[1]) Agglomerationen
[2]) sonstige Städte
[3]) 310 Kleinstädte unterhalb der Rayon-Ebene, dafür 520 ländl. Siedlungen auf Rayon-Ebene.

bzw. es bestehen mehrere Subgruppen von Städtesystemen. Diese Struktur ist vermutlich auch der Grund für die vergleichsweise geringe Größe von Moskau, das zwar die Hauptstadt des ganzen Landes ist, gleichzeitig aber auch regionales Zentrum für die europäische RSFSR.

Die jeweilige Dominanz der Regionszentren, die in der Regel auch Hauptstadt einer Sowjetrepublik sind, zeigt Tabelle 3.4/6, die die Relation zwischen größter und zweitgrößter Stadt innerhalb der jeweiligen Republik darstellt.

Die räumliche Anordnung des gegenwärtigen Städtemusters hat *Kudryavtsev* (1983, S. 432) mit Hilfe eines einfachen graphentheoretischen Ansatzes beschrieben, indem er Städte mit über 100 000 bzw. 500 000 Einwohnern als Knoten (Ecken) und die Transportverbindungen zwischen ihnen als Kanten gewählt hat (vgl. Abb. 3.4/4).

Insbesondere die Städte mit mehr als 500 000 Einwohnern sind nicht nur industrielle Zentren mit hoher Produktivität und ausgebildeten Arbeitskräften, sondern sie weisen auch eine Vielzahl weiterer zentraler Funktionen auf. Ihre Cluster sind deshalb gesondert ausgewiesen. Um zusammenhängende Städtegruppen auszugrenzen, soll die maximale Distanz zwischen den Großstädten 300 km nicht überschreiten.

Als Ergebnis stellt sich auf Abbildung 3.4/4 folgendes Strukturmuster dar: Innerhalb der europäischen Sowjetunion schält sich eine Hauptgruppe von Städten heraus, die in einen zentralen Stamm

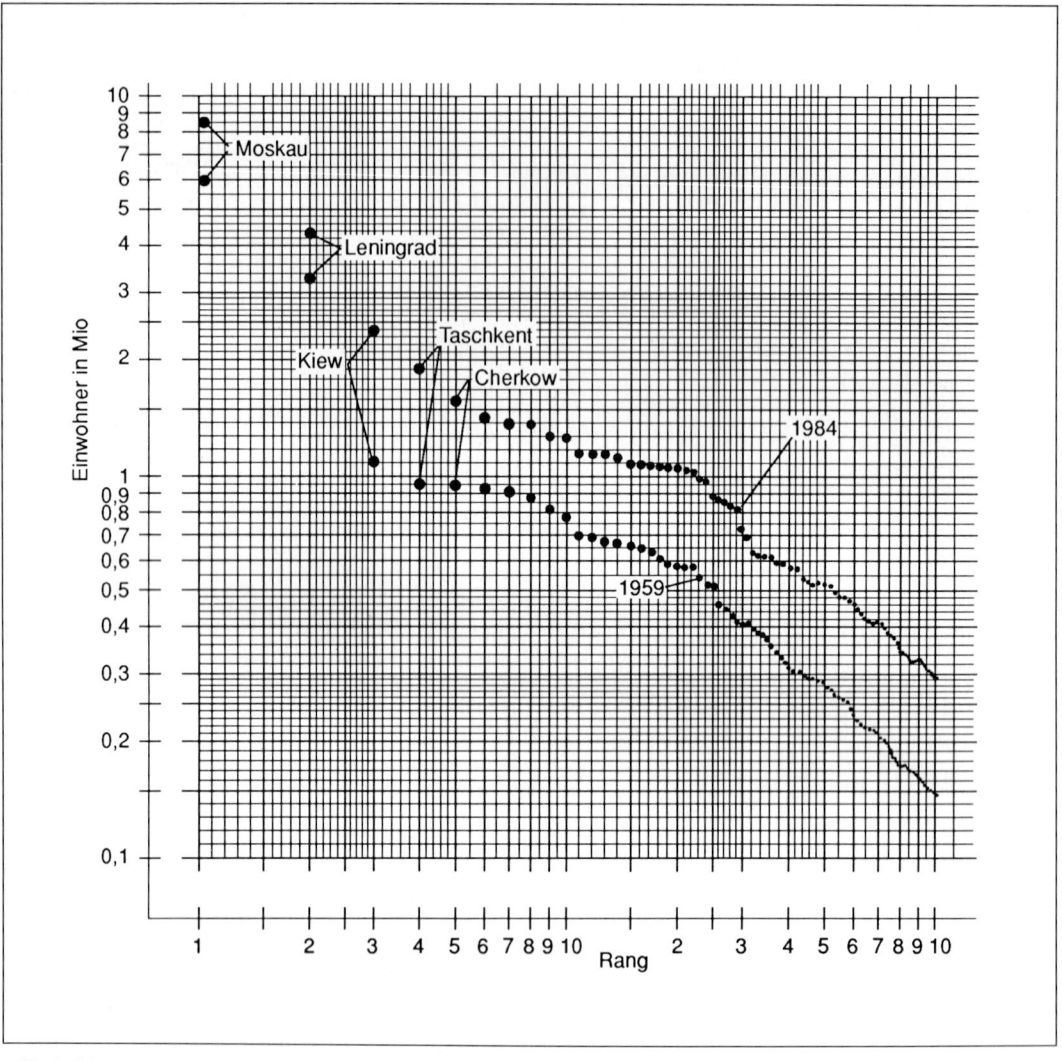

Abb. 3.4/3
Rang-Größe-Verteilung der 100 größten Städte in der UdSSR 1959 und 1984
Entwurf: W. Taubmann (Datenquellen: *Shabad* 1959, Tab. 1; *Third National Population Census* 1982 PR of China; *Harris* 1972, Tab. 27; *Shabad* 1985, Tab. 1-23)

höchster Verdichtung von Moskau bis Donezk, in einen südlichen Flügel um Tiflis-Baku, einen Ostflügel bis Tscheljabinsk und in einen westlichen Teil um Minsk zu gliedern ist. Weiterhin lassen sich zwei kleinere Städtegruppen ausmachen: eine an der Grenze zwischen West- und Ostsibirien (Nowosibirsk – Krasnojarsk – Nowokusnezk), eine zweite innerhalb der zentralasiatischen Wirtschaftsregion (Taschkent – Alma Ata). Innerhalb des Hauptclusters sind 75% aller Städte mit mehr als 100 000 Einwohnern zu finden, noch ausgeprägter ist die Konzentration der Städte mit mehr als 500 000 Einwohnern.
Außerhalb der drei genannten Städtegruppen liegen noch ca. 30 weitere Großstädte. Kleinere Gruppen finden sich um Irkutsk am südwestlichen Ende des Baikal-Sees oder um Wladiwostok im Fernen Osten. Zweiergruppen oder isolierte Großstädte bilden jeweils die Außenposten des städtischen

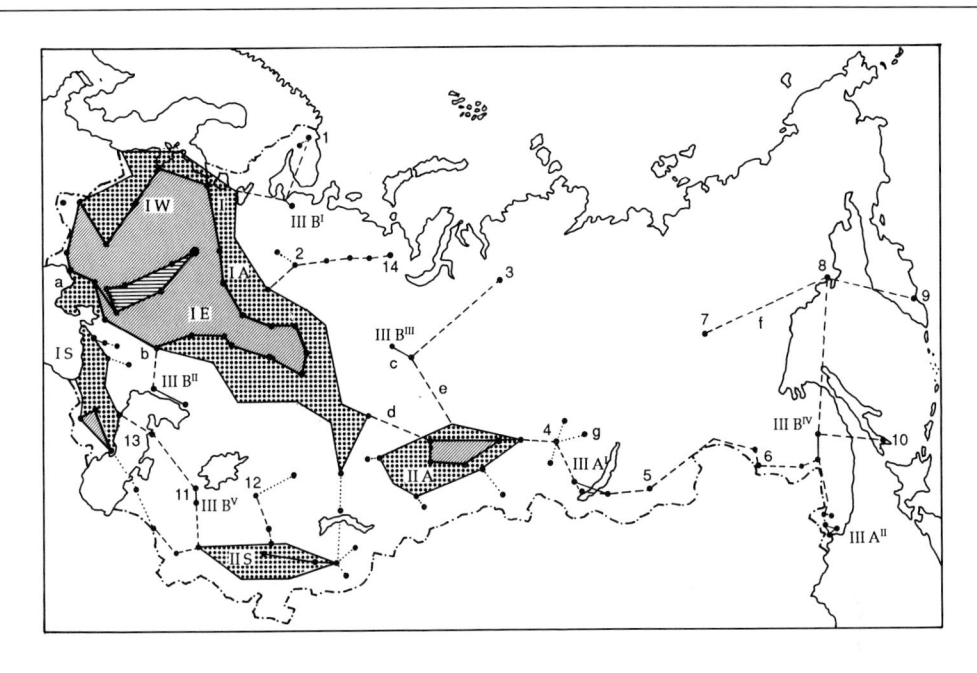

I Haupt-Cluster der großen Städte
  I A – zentraler Stamm
  I W – West
  I E – Ost
  I S – Süd

II Kleinere Cluster
  II A – Sibirien
  II S – Zentralasien

III übriger Raum mit isolierten großen Städten

  III A – kleinere Gruppen von 3 oder 4 Städten
    III A^I – Irkutsk-Gruppe
    III A^{II} – Wladiwostok-Gruppe

  III B – Zwei-Städte-Gruppe
    III B^I – Archangelsk-Sewerodwinsk
    III B^{II} – Astrachan-Gurjew
    III B^{III} – Surgut-Nischnewartowski
    III B^{IV} – Chabarowsk-Komsomolsk
    III B^V – Nukus-Urgentsch

  III C – einzelne Städte
    1 Murmansk
    2 Syktywkar
    3 Norilsk
    4 Bratsk
    5 Tschita
    6 Blagoweschtschensk
    7 Jakutsk
    8 Magadan
    9 Petropawlowsk
    10 Juschno-Sachalinsk
    11 Aschchabad
    12 Ksyl-Orda
    13 Schewtschenko
    14 Workuta

a Grenze von Clustern von Großstädten (100 000 Einw. u. m.)
b Grenze von Clustern von sehr großen Städten (500 000 Einw. u. m.)
c Verbindungen innerhalb kleinerer Gruppen
d Verbindungen zwischen Clustern
e Verbindungen zwischen kleineren Gruppen
f Verbindungen zwischen isolierten Einzelstädten
g mittelgroße Städte (50 000 – 100 000 Einw.) außerhalb der Cluster

Abb. 3.4/4
Rahmenstruktur des Städtesystems in der UdSSR 1979
Quelle: Kudryavtsev 1983, S. 432/433

Tab. 3.4/6: Verstädterungsquoten und „Primacy" der Sowjetrepubliken

	Verstäderungs-quote 1979	Verhältnis größte/zweitgrößte Stadt – 1984	
RSFSR	69,0	Moskau / Leningrad	1,77
Ukrainische SSR	61,3	Kiew / Charkow	1,57
Litauische SSR	60,7	Wilna (Vilnius) / Kaunas	1,33
Lettische SSR	68,5	Riga / Dangavpils	7,11
Estnische SSR	69,7	Tallinn (Reval) / Tartu	4,16
Georgische SSR	51,9	Tiflis / Kutaissi	5,43
Aserbaidschanische SSR	53,1	Baku / Kirowabad	6,46
Armenische SSR	65,8	Jerewan / Leninakan	5,06
Usbekische SSR	41,3	Taschkent / Samarkand	3,77
Kirgisische SSR	38,7	Frunse / Osch	3,04
Tadschikische SSR	34,8	Duschanbe / Leninabad	3,66
Turkmenische SSR	47,9	Aschchabad / Tschardschou	2,23
Kasachische SSR	53,9	Alma-Ata / Karaganda	1,72
Belorussische SSR	55,0	Minsk / Gomel	3,10
Moldauische SSR	39,3	Kischinjow / Tiraspol	3,83

Hauptstadt einer SSR jeweils unterstrichen

Quelle: Bond/Lydolph 1979, 476 f.; *Shabad* 1985, Tab. 1-23

Grundgerüstes. Die Pionierfunktion dieser Außenposten ist auch an der relativ hohen Zahl von Neugründungen abzulesen; beispielsweise liegen alle 4 Neugründungen, die um 1980 über 500 000 Einwohner besaßen, in Westsibirien oder im Fernen Osten.

Zusammenfassend läßt sich festhalten: die städtische Kernregion im europäischen Rußland soll gegenwärtig von einem extensiven auf ein intensives Wachstum übergehen, bei gleichzeitiger Ausdifferenzierung und Spezialisierung des Städtesystems.

In Sibirien und im Fernen Osten beruht die Stadtentwicklung nach wie vor auf dem öl- und gasproduzierenden Industriekomplex in Westsibirien, den elektrische Energie nutzenden Industrien in Zentralsibirien, der Nutzung mineralischer Rohstoffe in der BAM-Zone und schließlich auf dem sog. maritimen Komplex im Fernen Osten. In Zentralasien und dem südlichen Kasachstan wird auch weiterhin die städtische Entwicklung vor allem auf der landwirtschaftsnahen Industrieproduktion basieren (*Listengurt* 1985, S. 661).

b) China

Während in der Sowjetunion mit der Festlegung des schwerindustriellen Kurses Ende der 20er Jahre auch der Weg der Urbanisierung bestimmt war, sind in der Volksrepublik China ähnlich eindeutige entwicklungspolitische Leitlinien nicht auszumachen. Andererseits ist der oft zitierte „Linienkampf" zwischen *Mao* und *Liu Shao-Chi* ebensowenig in den wechselnden Etappen der Stadtentwicklung nachzuweisen. Auch die vielfach beschriebene stadtfeindliche Haltung der maoistischen Linie, die auf der Erfahrung der urbanen Vergangenheit des Landes beruhe, findet in der Stadtentwicklung der 50er und 60er Jahre kaum ihren Niederschlag (vgl. *Peisert* 1985, S. 8 f.).

Schon früh taucht die Forderung Maos auf, die überkommenen „Konsumentenstädte" in „Produzentenstädte" umzubauen. Diese Maxime galt mehr oder minder bis zu Beginn der 80er Jahre, bis sie im Zuge der Modernisierung durch das Konzept der sog. „zentralen" Stadt mit allseitigen Funktionen abgelöst wurde.

Vor allem während des ersten Fünfjahresplans sollten in Anlehnung an das sowetische Industrialisierungsmodell die Konsumentenstädte umgebaut und der Widerspruch zwischen den entwickelten Küstenregionen und dem rückständigen Hinterland überwunden werden (*Menzel* 1978, S. 322 f.). Für

die zentralistische sektorale Wirtschaftsplanung war die Stadt nicht viel mehr als der Standort des industriellen Investbaus – eine deutliche Parallele zur sowjetischen Perspektive.
Der schwerindustrielle Entwicklungsweg löste aber schon am Ende des ersten Fünfjahresplanes einen so erheblichen Zuwanderungsdruck auf die städtischen Industriestandorte aus, daß ihr Bevölkerungswachstum vermindert werden mußte.
Die seit 1980 propagierte Leitlinie „Den Umfang der Großstädte kontrollieren, die Mittelstädte in angemessener Weise entwickeln und aktiv die Kleinstädte fördern" hatte also bereits Ende der 50er Jahre ganz ähnlich klingende Vorläufer. So wurde z. B. 1958 als Urbanisierungspolitik formuliert, das Wachstum und die Neugründung von Mittelstädten sei zu fördern, das Wachstum der Großstädte dagegen zu begrenzen, indem Wanderungsbewegungen zu kontrollieren seien (*Sit* 1985, S. 9). Im Gegensatz zur Politik der Sowjetunion sollte also die weitere Industrialisierung ohne rasches Bevölkerungswachstum vorangetrieben werden. Entsprechende Landverschickungskampagnen lassen sich in ihren Auswirkungen auf das Städtewachstum seit Ende der 50er Jahre nachweisen.
Ähnlich wie in der Sowjetunion wird auch in China nach der administrativen Stellung zwischen zwei Typen von Städten unterschieden, den sog. shi-Städten und den zhen-Städten (Landstädten). Shi-Städte sollen in der Regel 100 000 Einwohner aufweisen, für die zhen-Städte sind die Kriterien mehrfach geändert worden. Seit November 1984 soll die Zahl der nichtagrarischen Einwohner einer Landstadt mindestens 2000 betragen. Noch Ende 1984 gab es aber zahlreiche Landstädte, die nur einige 100 nicht-agrarische Einwohner aufwiesen. Soweit Landkreise der Verwaltungshoheit von shi-Städten unterstehen, sind deren Bewohner in keinem Fall mitgerechnet.
Auch die Definition der „städtischen" Einwohner wechselte: Zwischen 1964 und 1982 – den Zeitpunkten der 2. und 3. Volkszählung – wurden nur die nicht-agrarischen Bewohner als städtisch registriert; vorher dagegen wurden, und seit dem 1. Juni 1982 werden *alle* Einwohner der städtischen und vorstädtischen Verwaltungsbezirke als „städtisch" klassifiziert (auch *Chan/Xu* 1985, S. 586 f.). Für diese neue Definition spricht vor allem die Tatsache, daß viele Bewohner im Haushaltsregister zwar noch als „agrarisch" registriert sind und damit keine staatliche Getreidezuteilung erhalten, längst aber z. B. als Kontraktarbeiter, sog. Arbeiter-Bauern oder Individualgewerbetreibende außerlandwirtschaftlichen Berufen nachgehen (vgl. *Chan/Xu* 1985, S. 586 f.). Anderseits zeigt aber das sprunghafte Ansteigen der Stadtbevölkerung nach der neuen Definition von 201,7 Mio. im Jahre 1981 auf 330,1 Mio. im Jahre 1984, daß durch die Verleihung des shi- oder zhen-Status an kleinere Städte oder Marktorte viele bäuerliche Bewohner ganz offensichtlich durch reine Umklassifikation plötzlich als städtisch eingestuft werden.
In der jüngsten Zeit sind zahlreiche Landstädte oder Kreise zu shi-Städten bzw. zahlreiche Marktorte zu zhen-Städten erhoben worden. Die Zahl der shi-Städte stieg von 169 im Jahre 1964 über 189 im Jahr 1976 auf 324 im Jahr 1985; die Zahl der zhen-Städte lag lange Zeit um 3000, nach der Volkszählung vom Juli 1982 bei 2664, stieg dann aber bis Ende 1984 sprunghaft auf 6211 an (vgl. *Renmin Ribao* v. 14 Juni 1986; SWB-FE 8295/C2/3 v. 26. 6. 86; *Chan/Xu* 1985, S. 574; *Taubmann* 1983, S. 210 und Handbuch der chinesischen Stadtbevölkerung 1985, S. 1). Nach anderen Quellen lag die Zahl der zhen-Städte Ende 1984 bereits bei 7280 (vgl. *Xinhua* v. 23. 1. 1985). Deshalb nahm allein von 1982 bis 1984 die Bevölkerung der zhen-Städte um 117% zu, während im selben Zeitraum die der shi-Städte nur um 32% wuchs.
Wegen der begrenzten Datenlage für die zhen-Städte beschränkt sich die Analyse des räumlichen und größenmäßigen Wachstums auf die shi-Städte, die gegenwärtig rund 60% der gesamten Stadtbevölkerung beherbergen.
Das größenspezifische Städtewachstum über den Gesamtzeitraum seit 1950 einzuschätzen, ist schwierig, weil die amtlichen Daten nur bedingt vergleichbar sind und zudem die Größengliederung der offiziellen Statistik (bis 100 000 Einwohner, 100 000–300 000, 300 000–500 000, 500 000–1,0 Mio., 1,0 Mio.–2,0 Mio., 2,0 Mio. und mehr) nur teilweise mit der von den Stadtforschern benutzten Gruppierung übereinstimmt.

Gesichert ist immerhin – wie Tabelle 3.4/7 zeigt –, daß der jüngste Einwohnerzuwachs der shi-Städte vorwiegend von den agrarischen Einwohnern getragen wurde, und zwar fast ausschließlich in der Städtegruppe mit weniger als 0,5 Mio. Einwohnern.

Tab. 3.4/7: Stadtgrößenklassen nach nicht-agrarischer Bevölkerung und ihre Veränderung 1981 bis 1984

Stadtgrößenklasse nach nicht-agrar. Einw. 1981	Anzahl Shi-Städte		nicht-agrar. Bev.			Agrar. Bev.			Gesamtbev.		
	1981	1984	i. Mio. 1981	Zuwachs 81/84 abs.	%	i. Mio. 1981	Zuwachs 81/84 abs.	%	i. Mio. 1981	Zuwachs 81/84 abs.	%
>1,0 Mio.	18	20	39,03	5,44	13,9	9,26	0,26	2,8	48,29	5,97	12,4
0,5–1,0 Mio.	28	30	20,38	1,75	8,6	8,26	0,40	4,8	28,64	2,15	7,5
<0,5 Mio.	183	245	34,37	9,40	27,3	27,52	35,01	127,2	61,89	44,41	71,8
Ges.	229	295	93,78	16,95	18,1	45,04	35,94	79,8	138,82	52,53	37,8

Berechnet nach: *Statistical Yearbook of China 1981 u. 1985.*

Die Bevölkerung der shi-Städte wuchs zwischen 1981 und 84 um 52 Mio. Menschen; davon waren rund 36 Mio. agrarische Neubürger in Städten mit weniger als 0,5 Mio. Bewohnern. Umgekehrt wuchsen die Städte mit mehr als 0,5 Mio. Einwohnern relativ langsam, der Zuwachs an agrarischen Bewohnern war dort vernachlässigbar.

Für einen langen Zeitraum ist eine solche Trennung in agrarische und nicht-agrarische Einwohner nicht möglich; deshalb werden für den Zeitraum 1952 bis 1982 die Stadtgrößenklassen nach nicht-agrarischen Einwohnern verglichen. Aus Tabelle 3.4/8 ist ersichtlich, daß sich mit Ausnahme der Kleinstädte (unter 200 000 Einwohner) in allen Größenklassen die Einwohnerzahlen seit 1952 mehr als verdoppelt haben. Zwar macht der Zuwachs in den Städten mit über 1,0 Mio. Einwohnern rund 45% des Gesamtzuwachses aus; doch bezogen auf die Ausgangsgröße sind die mittelgroßen Städte mit 0,2 bis 0,5 Mio. Einwohnern am raschesten gewachsen.

Tab. 3.4/8: Nicht-agrarische Shi-Stadtbevölkerung nach Größenklassen 1952 und 1982

Städte nach Größen-klassen Mio. Einw.	Einwohner				Bevölkerungszuwachs	
	1952		1982		1952–1982	
	Mio.	%	Mio.	%	Mio.	% von 1952
>2,0	10,69	23,5	25,19	25,9	14,50	135,6
1,0–2,0	8,01	17,6	16,86	17,4	8,85	110,5
0,5–1,0	8,64	19,0	19,94	20,5	11,30	130,8
0,2–0,5	7,91	17,4	21,72	22,4	13,81	174,6
<0,2	10,24	22,5	13,41	13,8	3,17	31,0
Gesamt	45,49	100,0	97,12	100,0	51,63	113,5

Quelle: Sun Panshou 1984, Tab. 2; *Statistical Yearbook of China* 1983

Noch differenzierter zeigen *Zhou Yixing* und *Yang Qi* (o. J.) den jährlichen Bevölkerungszuwachs nach Größenklassen: Besonders rasch wuchsen danach seit 1964 die Städte mit 40 bis 50 000 bzw. 50 bis 100 000 Einwohnern, aber auch solche mit 0,5 bis 1,0 bzw. 2,0 bis 3,0 Mio. Wenn auch insgesamt die größenspezifischen Wachstumsraten keinen eindeutigen Trend erkennen lassen, so ist doch sicher, daß sich die These nicht halten läßt, vorwiegend metropolitanes Wachstum habe die Urbanisierung in China geprägt.

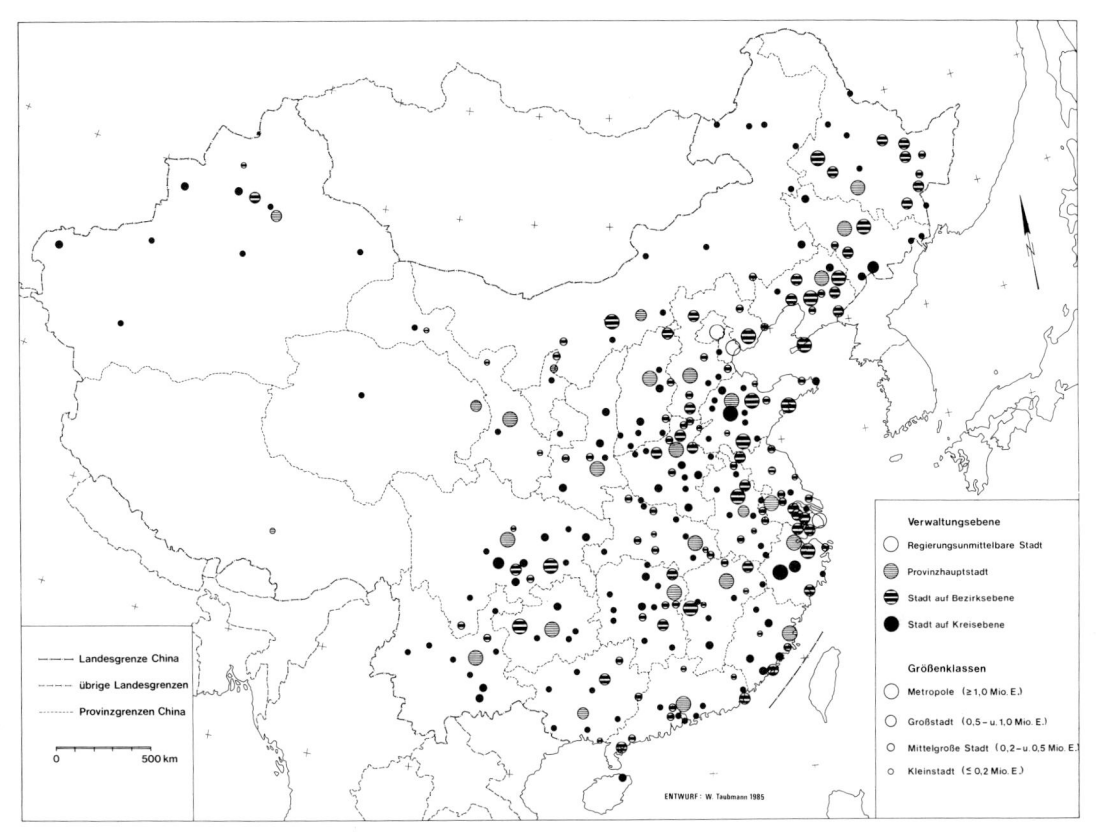

Abb. 3.4/5
Shi-Städte nach Einwohnerzahl und administrativem Status 1982/83
Quelle: Taubmann 1986, S. 120

Die städtische Hierarchie ist gegenwärtig etwas ausgeglichener als zu Beginn der 50er Jahre. Näherungsweise läßt sich das Städtesystem in die folgenden Stufen gliedern (vgl. auch Abb. 3.4/5) (lt. frdl. Mitteilung der Professoren *Hu Zhao-Liang* und *Zhou Yixin,* Dept. of Geography, Peking University, April 1986):

- Städte mit nationaler Bedeutung (Beijing, Shanghai),
- Städte mit provinzübergreifender regionaler Bedeutung (z. B. Tianjin, Shenyang, Chongqing, Wuhan, Guangzhou, Xian),
- Provinzhauptstädte (ca. 20, soweit nicht unter den obigen),
- Provinzabhängige Städte auf Bezirksebene (ca. 120),
- Bezirksabhängige Städte auf Kreisebene (ca. 140),
- Kreisstädte (zhen) als Sitz der Kreisverwaltung (ca. 2000),
- Landstädte unterhalb der Kreisebene (ca. 4000).

Die Rang-Größe-Kurve der chinesischen Städte ähnelt der in der Sowjetunion (vgl. Abb. 3.4/6) (*Pannell* 1981, S. 100). 1953 setzte sich Shang-hai noch deutlich von den übrigen Städten ab, die Anzahl der regionalen Zentren war weit geringer als in der UdSSR 1959. Verschiedene Knicks im Kurvenverlauf sind nach *Pannell* ein Anzeichen dafür, daß das Städtesystem 1953 noch mangelnde räumliche Integration zeigte.

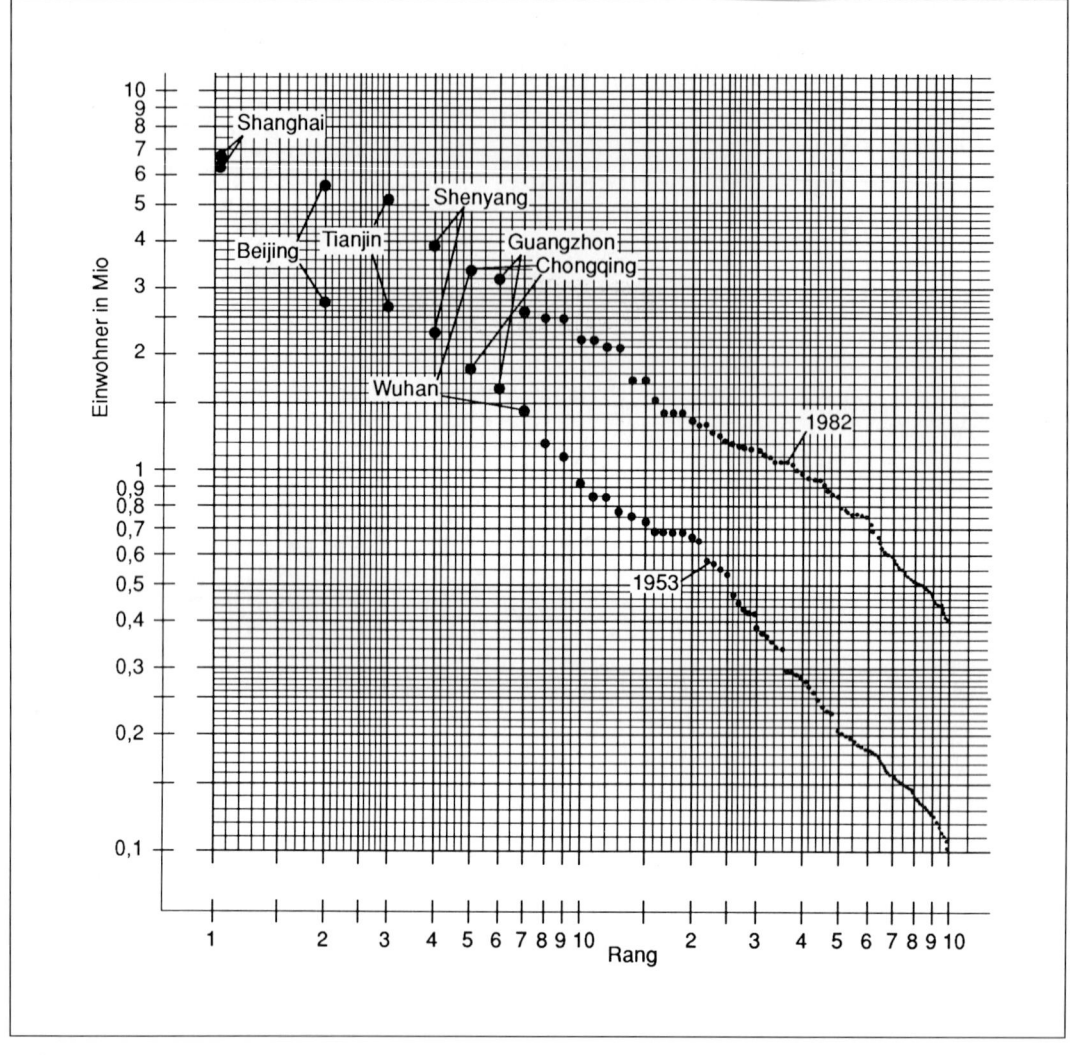

Abb. 3.4/6
Rang-Größe-Verteilung der 100 größten Städte in der VR China 1953 und 1982
Entwurf: W. Taubmann (Datenquellen: *Shabad* 1959, Tab. 1; *Third National Population Census* 1982 PR of China; *Harris* 1972, Tab. 27; *Shabad* 1985, Tab. 1-23)

Im gegenwärtigen China ist die großräumige Verflechtung fortgeschritten, aber das Vorhandensein regionaler städtischer Subsysteme läßt sich ebenfalls deutlich an dem abgeflachten oberen Verlauf der Rang-Größen-Kurve erkennen. Während die „Primacy" von Moskau und Leningrad auch in der Gegenwart erhalten geblieben ist, so ist die von Shanghai weitgehend reduziert.

In China ist auch im Gegensatz zur Sowjetunion das Übergewicht der Regionalzentren, gemessen am Verhältnis der größten zur zweitgrößten Stadt jeder Provinz (ohne die drei regierungsunmittelbaren Städte), weniger ausgeprägt (vgl. dazu auch Tab. 3.4/9). Überdies ist die größte Stadt einer Provinz nicht immer Hauptstadt (vgl. auch *Chiu* 1980, S. 89 f.).

Von besonderer Bedeutung für die weitere Entwicklung des Städtesystems ist seit ca. 1980 die Rückwendung der Regional- und Wirtschaftspolitik zu den alten küstennahen Agglomerationen bzw.

Tab. 3.4/9: Verstädterungsquoten und „Primacy" der chinesischen Provinzen

	Verstädterungs-quote[1]) 1984	Verhältnis größte/zweitgrößte Stadt[2])	–1984
Beijing	66,3	–	
Tianjin	69,1	–	
Hebei	27,5	Shijiazhuang/Tangshan	1,02
Shanxi	55,9	Taiyuan/Datong	2,38
Innere Mongolei	42,5	Baotou / Hohhot	1,56
Liaoning	54,7	Shenyang / Dalian	2,37
Jilin	55,0	Changchun / Jilin	1,16
Heilongjiang	51,4	Harbin / Qiqihar	2,32
Shanghai	61,2	–	
Jiangsu	22,6	Nanjing / Suzhou	2,63
Zhejiang	25,5	Hangzhou / Ningbo	2,31
Anhui	17,9	Huainan / Hefei	1,02
Fujian	37,3	Fuzhou / Xiamen	2,30
Jiangxi	22,2	Nanchang / Pingxiang	2,65
Shandong	48,5	Qingdao / Jinan	1,03
Henan	16,1	Zhengzhou / Luoyang	1,54
Hubei	33,8	Wuhan / Huangshi	7,62
Hunan	23,2	Changsha / Hengyang	2,29
Guangdong	26,0	Guangzhou / Shantou	5,22
Guangxi	37,7	Nanning / Liuzhou	1,13
Sichuan	18,4	Chongqing / Chengdu	1,33
Guizhou	29,1	Guiyang / Liupanshui	2,75
Yunnan	26,1	Kunming / Gejiu	5,00
Tibet	10,2	–	
Shaanxi	37,1	Xian / Baoji	6,05
Gansu	20,6	Lanzhou / Tianshui	9,42
Qinghai	32,1	Xining / Golmud	10,30
Ningxia	28,3	Yinchuan / Shizuishan	1,29
Xinjiang	40,4	Urumqi / Shihezi	3,21

Provinzhauptstadt jeweils unterstrichen

Quelle: Statistical Yearbook of China 1985, S. 188; *China. Urban Statistics* 1985
[1]) Anteil der städtischen Gesamtbevölkerung
[2]) Verhältnis der jeweiligen nicht-agrarischen Stadtbevölkerung

in die Küstenregion insgesamt. Mit der Modernisierung und Öffnung nach außen kamen deren komperative Standortvorteile erneut ins Spiel.

Räumlichen Ausdruck findet diese neue Politik z. B. in der Etablierung von vier Sonderwirtschaftszonen seit 1980: Zhuhai, Shenzhen und Shantou in Guangdong sowie Xiamen in Fujian. Um in größerem Ausmaß Kapital und Technologie aus dem Ausland in die chinesische Wirtschaft zu lenken, beschloß die Regierung im April 1984, 14 Küstenstädte mit ganz unterschiedlichem Potential und Entwicklungsstand für Investitionen zu öffnen (u. a. auch Shanghai, Tianjin und Yantai).

Die Wirtschaftssonderzonen und offenen Küstenstädte werden überlagert von geplanten bzw. im Aufbau befindlichen räumlichen Verbundsystemen um große Agglomerationen, sog. Wirtschaftsregionen.

Noch ist nicht abzusehen, welche Auswirkungen der erneute Wechsel der räumlichen Investitions- und Entwicklungsprioritäten auf die alten Kernräume für das weitere Wachstum des Städtesystems haben wird. Keine Frage ist wohl, daß die Devise des 7. Fünfjahresplanes (1986 bis 1990), die Entwicklung der Küstenregion zu beschleunigen, zu einer Verstärkung der großräumigen Entwicklungsunterschiede führen wird. Wenn es nicht gelingt, gleichzeitig die ca. 10 000 entwicklungsfähigen

Landstädte und Marktorte an der Basis des Städtesystems auszubauen, werden die in der Landwirtschaft freigesetzten Arbeitskräfte – vermutlich mehrere 100 Millionen – in die Großstädte drängen (*Taubmann/Widmer* 1986).

3.4.3 Das Städtesystem in Kenia *(Hans H. Blotevogel/Holger Möller)*

3.4.3.1 Ausmaß und Dynamik der Verstädterung in Kenia

Im Unterschied etwa zu den USA oder zur Bundesrepublik Deutschland, die als in starkem Maße urban geprägte Industrie- und Dienstleistungsgesellschaften gelten können, steht der ostafrikanische Staat Kenia erst am Anfang einer allerdings um so intensiver verlaufenden Verstädterungsphase. Existierten in Kenia nach der dort gebräuchlichen statistischen Stadtdefinition (Siedlungen mit mehr als 2000 Einwohnern) im Jahre 1948 nicht mehr als 17 Städte, so stieg deren Anzahl bis 1962 bzw. 1969 auf 34 bzw. sogar auf 47 an (*Obudho* 1983, S. 66/67). Für 1979 beziffert *Obudho* (1986, S. 177) die Gesamtzahl der Siedlungen mit mehr als 2000 Einwohnern auf insgesamt 90.

Bei einer Zunahme der Gesamtbevölkerung Kenias um durchschnittlich 3,5 – 4% pro Jahr (Statistisches Bundesamt 1987, S. 17) nimmt die in den Städten lebende Bevölkerung zwischen 1962 und 1979 um durchschnittlich 6,9% zu (*Obudho* 1986, S. 177). Somit lebt in den letzten Jahrzehnten auch in Kenia ein stark zunehmender Anteil der Gesamtbevölkerung in den Städten (vgl. Tab. 3.4/10):

Tab. 3.4/10: Die Bevölkerung Kenias differenziert nach Stadt und Land

Stadt/Land	Einheit	1960	1970	1980	1985
in Städten	1 000 Ew.	582	1 150	2 376	3 434
	%	7,4	10,2	14,2	16,7
in Landgemeinden	1 000 Ew.	7 322	10 140	14 390	17 165
	%	92,6	89,8	85,8	83,3

Quelle: Statistisches Bundesamt 1987, S. 21

Die zunehmende Verbreitung der städtischen Lebensweise ist in Kenia in erster Linie auf eine seit Jahrzehnten ungebrochene Migration vom Land in die Stadt zurückzuführen. Bei der Volkszählung des Jahres 1979 gaben von den rd. 800000 Einwohnern der Hauptstadt Nairobi nur 26% an, dort auch geboren zu sein. Von dieser Minderheit befand sich der überwiegende Teil noch im Kindesalter (*O'Connor* 1983, S. 58). Dieser aufschlußreiche Einzelbefund unterstreicht die bislang nur kurze städtische Tradition Kenias. Die außerordentlich großen Zuwachsraten der städtischen Bevölkerung machen andererseits die besondere Dynamik und das hohe Tempo der Urbanisierung Ostafrikas deutlich.

Im Vordergrund der folgenden Ausführungen soll die Frage stehen, welche Städte im historischen Ablauf von dieser durch eine intensive Land-Stadt-Migration bewirkten Urbanisierung Kenias am stärksten profitieren. Darüber hinaus ist zu untersuchen, welche Auswirkungen sich für die Struktur und Funktionsweise des Städtesystems der Republik Kenia ergeben.

3.4.3.2 Die räumliche Verteilung städtischer Siedlungen auf der Makroebene des Städtesystems

In räumlicher Betrachtungsweise ist die Siedlungsverteilung Kenias durch eine nur wenig ausgewogene Struktur gekennzeichnet (vgl. Abb. 3.4/7).

Relativen Städteballungen im Bereich des Victoriasees im Westen (*Henkel* 1979), im zentralen Hochland sowie im unmittelbaren Küstensaum des Indischen Ozeans standen im Jahre 1970 eher städtearme Regionen im übrigen Küstenbereich sowie in den östlichen Highlands gegenüber. Dieser Bereich wird in Abbildung 3.4/7 bezeichnenderweise als „Rest of Kenya" beschrieben. Der Verstädterungs-

Abb. 3.4/7
Stadtgeographische
Regionen Kenias
Quelle: Obudho 1984, S. 62

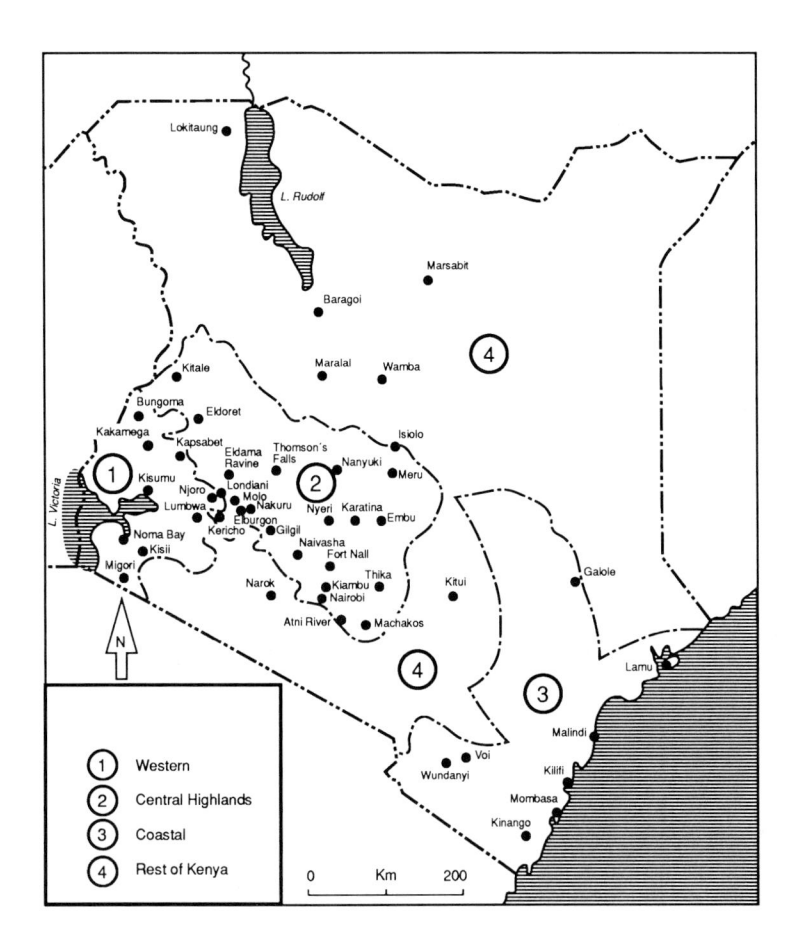

① Western
② Central Highlands
③ Coastal
④ Rest of Kenya

grad der einzelnen Regionen der Republik Kenia bleibt auch weiterhin in besonderem Maße abhängig von der Verfügbarkeit natürlicher Ressourcen (vor allem Wasser und Niederschläge) sowie von der verkehrsmäßigen Erschließung.

In Anlehnung an *Obudho* (1986) können mit Blick auf die historische Entwicklung der Urbanisierung Ostafrikas – wie in zahlreichen weiteren Entwicklungsländern – zumindest drei große Phasen unterschieden werden:

– vorkoloniale Phase (bis zum ersten Auftreten der Briten um 1880),
– koloniale Phase (ca. 1880–1962),
– nachkoloniale Phase (seit 1962).

Im traditionell durch Subsistenzwirtschaft und Viehzucht gekennzeichneten Ostafrika ist die vorkoloniale Phase der Urbanisierung in Kenia durch zentrale Orte gekennzeichnet, die weniger als ständige Einrichtungen als vielmehr durch periodisch genutzte Märkte mit wichtigen Tauschfunktionen für die ländliche Bevölkerung anzusprechen sind. Zur Ausbildung einer städtischen Bevölkerung, die für den Bedarf der Einwohner des ländlichen Umlandes Güter produziert bzw. Dienstleistungen anbietet, ist es hierbei wohl nicht gekommen.

Auf der Basis einer vierstufigen Hierarchie bezeichnet *Taylor* (1978, S. 47) die periodischen Marktzentren der vorkolonialen Phase als „unsichtbare Städte", als „locations where many of the functions of a town are carried, but there are few, if any, permanent structures associated with these functions that observers, used to a western concept of a town, might expect". Bereits seit dem 2. Jahrhundert werden diese periodischen Marktzentren des Binnenlandes ergänzt durch kleinere und größere Handelszentren an der Küste des Indischen Ozeans. Ausgehend von der Küste erfolgt seit der Mitte des 19. Jahrhunderts durch arabische und Swahili-Händler eine Erschließung des Binnenlandes. Häufig in unmittelbarer Nähe zu bestehenden „unsichtbaren Städten" entstehen sog. Karawanen-Städte (*Obudho* 1986, S. 175).

Die nach 1880 einsetzende Kolonialisierung Kenias durch die Briten führt zu Strukturveränderungen in der Wirtschafts- und Sozialstruktur Kenias. Ausgehend von größeren Häfen wie Mombasa, erfolgt eine sukzessive Erschließung Ostafrikas, die in erster Linie von den wirtschaftlichen Interessen der Kolonialherren geleitet ist. Hafenstädte wie Mombasa dienen den Briten einerseits als Einfallstor in den ostafrikanischen Subkontinent, andererseits als Ausfuhrhafen für landwirtschaftliche Produkte. Mit diesem Bedeutungszuwachs Mombasas geht ein Bedeutungsverlust präkolonialer Handelszentren wie Kilifi, Malindi und anderen einher (*Obudho* 1986, S. 175).

Wesentlich einschneidendere Strukturveränderungen ergaben sich hingegen im Binnenland: Häufig in Anlehnung an die Sitze von Stammeshäupten wurden hier Verwaltungssitze („bome") mit ständigen administrativen Einrichtungen etabliert. Besonders in den sog. „White Highlands" wurden diese später durch einen Bazar ergänzt. Folgerichtig sieht *Klichenmann* (1986, S. 16) in der auch in den Kolonien beibehaltenen städtischen Lebensweise der Briten (vor allem Kleinstädte mit Hotel und Pub) die „wichtigsten Impulse für die Städtebildung". Die mit Abstand günstigste Entwicklung verzeichnen hierbei neue Standorte an der Eisenbahnlinie. Zu diesem Typus zählen neben anderen auch Nairobi, Nakuro sowie Kisumi, die zumeist ohne jegliche präkoloniale Städtetradition zu bedeutenden Zentren, ja sogar zur Hauptstadt Kenias aufsteigen (*Manshard* 1977, S. 155–157).

Im Unterschied zu den Sektoren Handel und Verwaltung kommt der Industrieproduktion in Kenia bis heute nur eine nachgeordnete Bedeutung zu: In nicht mehr als sechs Städten sind bislang nennenswerte industrielle Ansätze feststellbar (*Klichenmann* 1986, S. 16; vgl. auch Statistisches Bundesamt 1987, S. 10).

Ausgehend vom Überseehafen Mombasa, spiegelt das von den Briten vordringlich zur Erschließung der „White Highlands" sowie weiter Teile des übrigen Ostafrika geplante Eisenbahnnetz auch heute noch das koloniale Erbe deutlich wider.

3.4.3.3 Struktur und Entwicklung der Siedlungsgrößenverteilung

Henkel (1986, S. 20) und *Obudho* (1984, S. 365) stellen die Größenverteilung städtischer Siedlungen in Kenia für die Stichjahre 1948, 1962, 1969 sowie 1979 dar (vgl. Tab. 3.4/11 und Abb. 3.4/8).

Tab. 3.4/11: Bevölkerungswachstum ausgewählter Städte

	Bevölkerung				jährl. Wachstumsraten		
	1948	1962	1969	1979	1948 –62	1962 –69	1969 –79
Nairobi	118976	266974	509286	827775	5,9	9,7	5,1
Mombasa	84746	179575	247073	341073	5,5	4,5	3,3
Kisumu	10899	23526	32431	152643	5,6	4,7	16,7
Nakuru	17625	38181	47151	92851	5,7	3,1	7,0
Thika	4435	13952	18387	41324	8,7	4,1	8,4
Eldoret	8193	19605	18196	50503	6,4	1,1	10,7
Nanyuki	4090	10448	11624	19115	6,9	1,6	5,1
Kitale	6338	9432	11573	28327	2,8	3,2	9,3
Malindi	3292	5818	10757	23275	4,2	9,3	7,8
Kericho	3218	7692	10144	29603	6,5	4,0	11,5
Nyeri	2705	7857	10004	35753	8,0	3,4	13,7

Quelle: Obudho 1986, S. 173; verändert

Abb. 3.4/8
Rang-Größen-Kurve Kenias
Quelle: Henckel 1986, S. 21

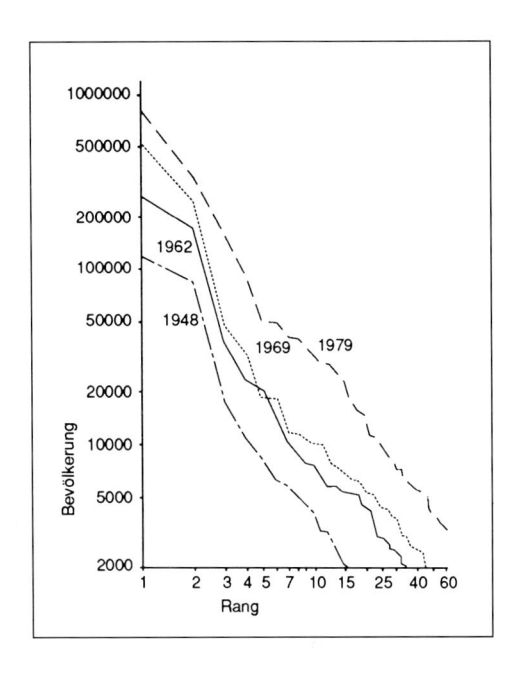

Die für zahlreiche Entwicklungsländer auch nach der staatlichen Unabhängigkeit charakteristische zweigipflige Primat-Struktur mit einer Hauptstadt im Landesinneren (Nairobi) und einer Hafenstadt mit bedeutsamem Überseehafen (Mombasa) besteht in Kenia auch mehr als ein Vierteljahrhundert nach der staatlichen Unabhängigkeit weiterhin fort. Die Bevölkerungszuwächse sind in der Hauptstadt deutlich höher als in der Hafenstadt; in letzterer liegen sie durchweg unterhalb der jährlichen Durchschnittswerte des Bevölkerungszuwachses aller Städte. Nur in den ersten Jahren unmittelbar nach der Unabhängigkeitserklärung (1962–1969) verzeichnet Nairobi überdurchschnittliche Zuwachsraten. Folgerichtig ist der Anteil dieser beiden Städte an der städtischen Gesamtbevölkerung Kenias in den letzten 40 Jahren von erheblich mehr als 70% (1948) auf unter 50% zurückgegangen. Unter Verwendung anderer, im Hinblick auf die Beurteilung von Wirtschaftskraft und Attraktivität einzelner Städte aussagefähigerer Kennziffern wird das eben gezeichnete Bild eines Bedeutungsverlustes der kenianischen Hauptstadt Nairobi allerdings erheblich relativiert (vgl. Tab. 3.4/12):

Tab. 3.4/12: Einige Indikatoren zur Messung des Primatstadttyps des Städtesystems in Kenia

	Anzahl der für Lohn/Gehalt Beschäftigten (in Hundert)		Lohn-/Gehaltseinkommen (Mill. ken. Pfund)		öffentliche Ausgaben (Mill. ken. Pfund)		Anzahl fertiggestellter Privatgebäude (in 1000 m^2)
	1970	1980	1970	1980	1970	1979	1975–1980
alle Städte	3036	5233	111	459	13,4	39,4	2015
Nairobi	1640	2742	74	288	9,1	26,7	1377
Mombasa	571	947	19	74	1,9	4,6	409
Nakuru	143	197	4	15	0,8	2,2	38
Kisumu	130	176	4	12	0,8	1,6	28
Eldoret	94	153	2	9	0,3	1,3	41
Thika	62	140	2	10	0,5	1,0	89

Quelle: O'Connor 1983, S. 251

Die Lücke zwischen Nairobi und den verbleibenden Städten Kenias ist im Hinblick auf die Lohn- und Gehaltseinkommen, die öffentlichen Ausgaben und besonders auch mit Blick auf die private Bautätigkeit durchweg sehr viel größer, als dies durch die Bevölkerungszahlen vermittelt wird. Hiermit wird erneut eindrucksvoll unterstrichen, wie problematisch es immer wieder ist, bei der Analyse von Struktur und Dynamik eines Städtesystems auf die Bevölkerungszahlen städtischer Siedlungen zurückzugreifen.

Bleibt im Hinblick auf die Siedlungsgrößenverteilung zumindest die Position der beiden führenden Städte Kenias stabil, so ergeben sich – besonders in den Jahrzehnten seit der Unabhängigkeit (1962) – einige signifikante Rangplatzverschiebungen auf der Ebene der mittelgroßen Städte. Zwischen 1962 und 1969 verzeichnen Mittelstädte wie Kitale, Namyuki, Nakuru, Naivasha, Nyahururu ein deutlich unterdurchschnittliches Bevölkerungswachstum, Eldoret verliert zwischen 1962 und 1969 sogar 1,1% der Stadtbevölkerung. Bei diesen Städten handelt es sich durchweg um Siedlungen in den sog. „White Highlands" mit einem vorwiegend auf die Nachfrage der weißen Siedler ausgerichteten Waren- und Dienstleistungsangebot.

Mit dem Abstieg einiger Mittelstädte um mehrere Rangplätze geht der Aufstieg kleinerer, meist neugegründeter städtischer Mittelpunktsiedlungen in den vormaligen Eingeborenenreservaten und auf den ehemaligen Großfarmen einher. Diese Siedlungen machen in einigen Fällen mehr als 10 Plätze innerhalb der Ranghierarchie städtischer Siedlungen gut (*Henkel* 1979; 1986). Andererseits gelingt es diesen bis zum Jahre 1979 nicht, trotz eines erheblichen Bevölkerungszuwachses in die Gruppe der 10 führenden Städte Kenias vorzudringen.

Der im Hinblick auf die bisherige Bevölkerungsentwicklung zumindest verzögerte Zuwachs der beiden führenden Städte des Landes, Nairobi und Mombasa, kann als ein wesentliches Ziel der staatlichen Raumordnungspolitik gelten. Vor allem mit der Ausweisung und gezielten Förderung von Wachstumszentren im ländlichen Raum soll die weiterhin starke Migration der Bevölkerung in die Großstädte gebremst werden.

Die Ausweisung dieser Wachstumspole erfolgt nicht unter der Zielsetzung, ein im Hinblick auf die Versorgung der Bevölkerung optimales und annähernd flächendeckendes System zentraler Orte aufzubauen. Vielmehr steht bei der Ausweisung zukünftiger Wachstumszentren die Absicht im Vordergrund, vorrangig den Produktionssektor zu fördern. In der Konsequenz bedeutet dies, daß in dem am stärksten besiedelten Landesteil West-Kenia, wo 40% der Gesamtbevölkerung wohnen, keinerlei Wachstumszentren ausgewiesen werden (*Kilchenmann* 1986, S. 18).

3.5 Die Verstädterung der Erde *(Hermann Schrand)*

Die in Kapitel 2.5 allgemein und unter globalem Bezug dargestellten Merkmale, Verlaufsstrukturen, verursachenden Faktoren etc. der Verstädterung werden im folgenden an Hand dreier Beispiele näher entfaltet; und zwar sind dies Deutschland, die USA sowie Südamerika. Wie schon in 2.5, so steht auch hier die genetisch-prozessuale Betrachtungs- und Darstellungsweise im Vordergrund; es geht also um eine raum-zeitliche Entwicklungsanalyse der Verstädterung. Dabei wird wiederum ein in erster Linie demographisch-statistischer Zugriff gewählt, obwohl auch andere Aspekte berücksichtigt werden.

3.5.1 Der Verstädterungsprozeß in Deutschland

3.5.1.1 Die Entwicklung bis 1800

Bis zu Beginn des 12. Jahrhunderts gab es in Deutschland neben den ländlichen Siedlungen Römerstädte mit Siedlungskontinuität (z. B. Köln, Koblenz, Trier, Mainz, Regensburg), stadtähnliche Wikorte (z. B. Haithabu an der Schlei, Bardowik bei Lüneburg) und Marktorte, häufig bei Klöstern, Pfalzen und Adelssitzen (z. B. Esslingen, Heilbronn, Tübingen, Ulm). Die eigentliche Entwicklung des deutschen Städtewesens aber begann im Hochmittelalter. In der Folgezeit lassen sich deutlich zwei ausgeprägte Gründungsphasen erkennen (s. Abb. 2.5/1). Die erste liegt zwischen 1150 und 1400, die zweite zwischen 1800 und 1900.

Um 1150 gab es in Mitteleuropa zwischen Brügge und Wien, Schleswig und Genf etwa 200 Städte, von denen auf deutschem Gebiet Trier, Augsburg, Nürnberg, Würzburg, Erfurt, Worms, Köln und Braunschweig Stadtzentren von weitreichender Bedeutung waren (*Stoob* 1979, S. 142 ff.). An der Lage dieser Zentren orientierten sich die ersten „Städteketten" (*Stoob*), deren Rückgrat die Rheinlinie mit Duisburg, Köln, Mainz, Worms, Speyer, Straßburg, Basel, Konstanz darstellte. Etwas schwächer besetzt waren die Donaulinie mit Ulm, Augsburg, Regensburg, Passau, Wien, die Hellweglinie mit Dortmund, Soest, Paderborn, Höxter, Hildesheim, Braunschweig, Halberstadt, Magdeburg und eine Kette von Mainz zur Mittelelbe hin über Frankfurt, Fulda, Erfurt, Zwickau, Meißen.

Mit der Stauferzeit setzte dann eine starke Verdichtung ein. Bis etwa zum Jahre 1200 verdreifachte sich die Städtezahl, in der ersten Hälfte des 13. Jahrhunderts trat eine weitere Verdreifachung ein, allerdings räumlich differenziert. Aufgrund kleinräumiger Territorialkämpfe kam es zu einer starken Massierung vorwiegend kleiner und kleinster Städte im alemannischen, im hessisch-westfälischen und im sächsisch-thüringischen Raum.

Die großen Fernverkehrsspinnen Mitteleuropas waren um 1250 Brüssel, Köln, Soest, Braunschweig, Magdeburg, Bautzen, Breslau und Krakau.

Um 1300 gab es in Mitteleuropa etwa 60–70 „Großstädte" mit über 10 000 Einwohnern, etwa 400–450 „Mittelstädte" mit 4–10 000 Einwohnern und eine große Schar von Kleinstädten bzw. Zwerg- und Minderformen. Für 1330/40 nimmt *Stoob* (1979, S. 159) rund 3800 Städte an, von denen allerdings nur gut 500 Groß- und Mittelstädte mit mehr als 4000 Einwohnern waren. Viele als Instrumente landesherrlicher Machtpolitik gegründete Klein- und Zwergstädte verkümmerten in der Folgezeit, weil ihnen ein ausreichendes Ergänzungs- und Einzugsgebiet fehlte. Mitteleuropa war zu Ausgang des Mittelalters „überstädtert."

In der frühen Neuzeit sanken viele Zwerg- und Kleinstädte auf die Stufe von Dörfern zurück. Doch auch größere Städte mit langer Tradition erlebten herbe Rückschläge, wie das Beispiel Dortmund zeigt: Die Einwohnerzahl der alten Reichs- und Hansestadt sank von 8000 bis 10 000 Einwohnern zu Ende des 14. Jahrhunderts auf 6000 bis 7000 im Jahr 1618 und 3000 um 1700 (*Schöller* 1967, S. 10). Neuansätze mit nachhaltigen Folgewirkungen für die Zukunft gab es in dieser Zeit kaum. Die Wehrbauten und Festungsstädte der Renaissance, die neuen Bergbau- und Flüchtlingsstädte und auch die barocken Planstädte sind zwar kulturgeographisch interessante Farbtupfer auf der deutschen Städtekarte, blieben aber singulär und ohne große Wirkung. Die entscheidende Neu- und Umgestaltung des deutschen Städtewesens erfolgte im 19. Jahrhundert.

3.5.1.2 Der Verstädterungsprozeß im 19. Jahrhundert

Anders als im Mittelalter ging der Verstädterungswelle des 19. Jahrhunderts voraus bzw. verlief parallel mit ihr eine Bevölkerungsentwicklung, die als demographische Revolution bezeichnet werden kann (s. Abb. 2.5/1). Bis etwa 1700 war der Bevölkerungszuwachs sehr klein. Auf dem Territorium des späteren Deutschen Reiches mit dem Gebietsstand von 1939 lebten um 1600 ca. 15 Mill. Menschen. 1650 waren es nur noch etwa 10 Mill., weil die Massenkatastrophe des 30jährigen Krieges die Reichsbevölkerung um etwa 35% dezimierte. Um 1700 war die alte Zahl von 15 Mill. wieder erreicht, und von da an erfolgte ein stetiger Anstieg bis 1800 auf 24,5 Mill., von 1800 bis 1900 eine Verdoppelung auf 50,6 Mill.

Bei dem zunächst langsamen Bevölkerungsanstieg ab 1700 bildete Preußen einen Schwerpunkt. Durch Kolonisationen in Ostdeutschland und Meliorationen im Oder-Netze-Warthebruch schuf es für viele neue Familien die Nahrungsgrundlage und konnte die Heiratsquote erhöhen (vgl. dazu Kap. 2.5). Hinzu kamen Einwanderungsströme aus Sachsen, den Sudetenländern und vor allem aus

Südwestdeutschland sowie religiöse Flüchtlinge wie z. B. französische Hugenotten, die durch die Toleranzpolitik der preußischen Könige angelockt wurden. Wichtig für unseren Fragezusammenhang ist, daß es sich bei den Zuwanderern des 18. Jh. noch nicht in erster Linie um städtische Siedler handelte. Nur gut ein Viertel der 284 500 Ansiedler in Preußen zwischen 1740 und 1786 zählte dazu (*Köllmann* 1965, S. 19).

Dies änderte sich im Laufe des 19. Jahrhunderts. Zwar blieb Ostelbien, also das Gebiet des preußischen Landesausbaus, in der ersten Jahrhunderthälfte ein Gebiet mit demographischem Spitzenwachstum; doch hinzu kamen Gebiete gewerblicher Verdichtung als Zuwanderungsgebiete: Mitteldeutschland, das rheinisch-westfälische Gebiet und das Rhein-Main-Gebiet. Hier ergaben sich in der Zeit von 1815 bis 1870 Zunahmen von über 75% (*Köllmann* 1965, S. 21), und dies führte zu den Anfängen der Verstädterungswelle, die ab 1870 voll wirksam wurde.

Erheblichen Anteil an der raschen Bevölkerungszunahme hatte das umfangreiche liberale Reformwerk, das Preußen zu Beginn des 19. Jahrhunderts in Kraft setzte. Besonders durch die Bauernbefreiung und durch die Aufhebung des Zunftzwanges (1807) wurde den Guts- und Grundherren sowie Zünften und Gilden das Recht abgesprochen, Heiratsgenehmigungen oder -verweigerungen auszusprechen. Die Erlaubnis zur Eheschließung und Familiengründung wurde aus institutionell geregelten Bindungen gelöst und in die individuelle Zuständigkeit des einzelnen überführt. Durch diese Liberalisierung erhöhte sich die Heiratsquote und damit die durchschnittliche Geburtenrate selbst bei gleichbleibender oder gar sinkender Kinderzahl. Daß dieser ländliche Bevölkerungsüberschuß, der durch die Erhöhung der Arbeitsproduktivität auf dem Lande verstärkt wurde, vornehmlich im Gewerbe und in der aufkommenden Industrie Arbeit und Einkommen fand, zeigt auch folgende Graphik (Abb. 3.5/1): In den früh industrialisierten Ländern Sachsen und Rheinland-Westfalen stieg die Bevölkerung wesentlich schneller als in den vornehmlich agraren Provinzen Ostdeutschland und Bayern.

Die wichtigsten demographischen Bewegungen zur Zeit der Hochindustrialisierung ab 1870 sollen anhand der in den Tabellen 3.5/1 und 3.5/2 zusammengestellten Werte erläutert werden.

Auffallend ist neben der generellen Zunahme der Stadtbevölkerung die regional unterschiedliche Entwicklung. Die agrarisch geprägten Provinzen Ost- und Westpreußen, Baden und Württemberg lagen schon 1871 in ihrem Verstädterungsgrad deutlich hinter den frühindustrialisierten Gebieten Sachsens und der Rheinprovinz, zu der das westliche Ruhrgebiet, das Bergische Land, die Rheinufer und das Industriegebiet um Aachen gehörten. 1910 gab es drei hochgradig verstädterte Gebiete. Hinzugekommen war Westfalen, das das östliche Ruhrgebiet und das südlich anschließende Kleineisengebiet des märkischen Sauerlandes umfaßte. In diesen stark industrialisierten Gebieten wohnten 1910 etwa zwei Drittel der Bevölkerung in städtischen Siedlungen.

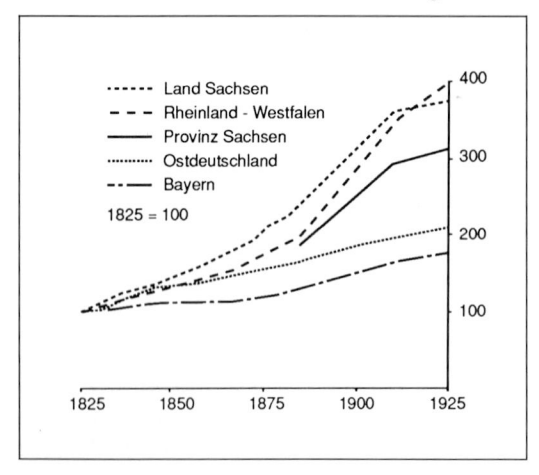

Abb. 3.5/1
Bevölkerungswachstum in verschiedenen Teilen Deutschlands von 1825–1925
Quelle: Henning 1973, S. 18

Tab. 3.5/1: Bevölkerungsentwicklung und Verstädterung in ausgewählten Regionen von 1871 bis 1910

	Gesamtbevölkerung		Realer Zuwachs		Errechn.[1]) natürl. Zuwachs (in Tsd)	Errechn.[1]) Wanderungs- gewinn bzw. -verlust (in Tsd)
	1871	1910	in Tsd	in %		
Ostpreußen	1822,9	2064,2	241,2	13,2	1184,9	− 943,7
Westpreußen	1314,6	1703,5	388,9	29,5	854,4	− 465,5
Kgr. Sachsen	2556,2	4806,7	2250,4	88,2	1661,5	+ 588,9
Westfalen	1775,2	4125,1	2349,9	131,9	1153,9	+1196,0
Rheinprovinz	3579,3	7121,1	3541,8	99,2	2326,5	+1215,3
Baden	1461,6	2142,8	681,3	46,6	950,0	− 268,7
Württemberg	1818,5	2437,6	619,0	34,6	1182,0	− 563,0

	Stadtbevölkerung				Errechn.[1]) natürl. Zuwachs (in Tsd)	Errechn.[1]) Wanderungs- gewinn bzw. -verlust (in Tsd)
	1871		1910			
	in Tsd	in % der Gesamtbev.	in Tsd	in % der Gesamtbev.		
Ostpreußen	217,2	11,9	554,2	26,8	141,8	+ 195,2
Westpreußen	208,8	15,8	533,7	31,3	135,7	+ 189,2
Kgr. Sachsen	832,2	32,5	2902,6	60,3	540,9	+1529,5
Westfalen	373,2	21,0	2617,1	63,4	242,5	+2001,4
Rheinprovinz	1387,4	38,7	4806,7	67,5	901,8	+2517,5
Baden	224,8	15,3	811,3	37,8	146,1	+ 440,4
Württemberg	300,9	16,5	872,2	35,7	195,5	+ 375,8

Quelle: *Köllmann* 1973, S. 246, und eigene Berechnungen nach *Köllmann*

[1]) Bei der Berechnung des natürlichen Zuwachses wurde eine durchschnittliche jährliche Zuwachsrate von 1,3% (*Köllmann* 1965 S. 85) zugrunde gelegt. Der errechnete Wanderungsgewinn bzw. -verlust ergibt sich als Differenz zwischen realem und errechnetem Zuwachs.

Tab. 3.5/2: Prozentualer Anteil der demographischen Faktoren an der Bevölkerungszunahme der Städte in Preußen 1875 bis 1905

Städtetypen	Natürliche Zunahme	Wanderungen
Handels- und Dienstleistungsstädte	27	73
Verwaltungs- und Garnisonsstädte	30	70
Bergbau- und Schwerindustriestädte	41	59
Textilindustriestädte	75	25
Berlin	33	67

Quelle: *Laux* 1984, S. 96

Wichtigster demographischer Grund für die regional unterschiedliche Entwicklung waren, wie die Tabellen deutlich machen, Wanderungsverluste bzw. -gewinne. Die agraren Gebiete gaben den größten Teil des natürlichen Zuwachses an die industrialisierten Gebiete ab, und hier waren es vor allem die Städte, die davon profitierten. Aber auch innerhalb der Agrargebiete wuchsen die Städte schneller, als von ihrem natürlichen Zuwachs her zu erwarten gewesen wäre. Das außerordentlich schnelle Städtewachstum von 1870 bis 1910 lebte also einerseits von der Zuwanderung aus dem näheren und weiteren Umland, andererseits von überregionalen Binnenwanderungen, die sich in Deutschland zur Zeit der Hochindustrialisierung vornehmlich als Ost-West-Wanderungen darstellten (s. Tab. 3.5/3).

Tab. 3.5/3: Herkunftsgebiete der Zuwanderer in den Provinzen Rheinland und Westfalen (in %)

Herkunftsgebiete	Zielgebiete			
	Rheinland		Westfalen	
	1880	1907	1880	1907
Ostdeutschland	12,4	27,3	15,1	44,9
Nordwestdeutschland	7,0	8,8	15,6	12,8
Hessen	19,5	12,4	21,2	8,7
Nachbarprovinzen	37,9	27,1	35,7	21,2

Quelle: Köllmann 1971, S. 368f

Von dieser Wanderung profitierten besonders die Städte des Ruhrgebiets, deren Entwicklung den für diese Zeit typischen engen Zusammenhang von Städtewachstum und industrieller Erschließung besonders deutlich zeigt (vgl. dazu *Steinberg* 1978). Um 1840 war das Gebiet zwischen Ruhr und Lippe noch ein von der Landwirtschaft geprägter Raum mit gewerblich-industriellen Ansätzen und ein paar Städten an Ruhr (Mülheim 8374 E) und am Hellweg (Essen 6672 E, Dortmund 7620 E, Duisburg 8384 E) sowie fast siedlungsleeren Wald- und Heidegebieten im Emscherbruch. Neue technische Verfahren im Kohlebergbau und bei der Eisenverhüttung, die Nordwanderung des Steinkohlebergbaus und die verkehrliche Erschließung des Raumes, besonders der Anschluß an das überregionale Eisenbahnnetz (Köln-Mindener-Eisenbahn 1845–47) führten in den Jahren 1840 bis 70 zu großbetrieblichen Organisationen in Bergbau und eisenschaffender Industrie und damit zu einem großen Bedarf an Arbeitskräften an den Standorten industrieller Konzentration. Dieser wurde zunächst in erster Linie durch regionale Zuwanderung zu diesen Standorten gedeckt, so daß sich die Verstädterung bis 1870 vorwiegend punkthaft vollzog. Erst ab etwa 1870 konnte der Massenbedarf an Arbeitskräften nicht mehr aus dem eigenen Umland gedeckt werden, so daß Arbeitskräfte aus den ländlichen demographischen Überschußgebieten des Ostens angeworben werden mußten. Durch diese starke Zuwanderung aus den Ostgebieten und Polen und durch einen hohen Geburtenüberschuß aufgrund der Altersstruktur der Zuwanderer wuchsen die Städte so stark, daß es zur Ausbildung eines zusammenhängenden Ballungsgebietes kam. In der Zeit von 1870 bis 1913 nahmen die Hellwegstädte absolut, die Emscherstädte relativ am stärksten zu. Die Emscherstädte hatten um die Jahrhundertwende den höchsten Anteil an Zuwanderern aus dem Osten, der im Ruhrgebiet allgemein von Süden zum Norden zunimmt und damit den Gang der industriellen Erschließung widerspiegelt (*Steinberg* 1978, S. 83). Wie eng die Verbindung zwischen Städtewachstum und Industrialisierung im Ruhrgebiet war, zeigt der schwerindustrielle Charakter der Gewerbestruktur der Ruhrgebietsstädte im Jahre 1882 (a.a.O. S. 63).
Die bauliche Entwicklung und siedlungsmäßige Differenzierung des Ruhrgebiets wurde dadurch geprägt, daß die eisenschaffende Industrie mehr zur Konzentration, der Bergbau mehr zur Streuung neigte. Während die eisenschaffende Industrie sich vornehmlich an bestehende Städte anlehnte und deren Einwohnerzahlen stark anwachsen ließ, wurden die bergbaulichen Betriebsanlagen aus abbautechnischen Gründen häufig außerhalb der Siedlungen errichtet und durch Wohnsiedlungen für die Betriebsangehörigen ergänzt. Die Zeche wurde zum Siedlungskern. Die Bergmannskolonien und ihre aus ländlichen Gebieten zugezogene Bevölkerung verliehen dem Siedlungsgefüge in der Emscherzone einen mehr agglomerativ-nichtstädtischen Charakter, während die stärker verdichteten Werkssiedlungen der Eisen- und Stahlindustrie von Anfang an mehr Urbanität besaßen (*Schöller* 1967, S. 60). Dieses

Tab. 3.5/4: Entwicklung der Einwohnerzahlen ausgewählter Städte im Ruhrgebiet

	1816/18	1840/43	1871	1840–71 (%)	1913	1870–1913 (%)	1939
Witten	–	3 444	15 161	340	39 320	159	73 548
Mülheim	5 000	8 374	14 267	70	120 467	744	137 540
Essen	4 500	6 672	51 593	672	319 300	520	666 743
Dortmund	4 300	7 620	44 420	483	241 000	442	542 352
Oberhausen	–	730	12 805	1 754	97 518	659	191 842
Gelsenkirchen	500	653	7 825	1 098	176 111	2 150	317 568
Bottrop	2 200	3 065	5 396	71	63 650	1 079	83 385
Recklinghausen	–	3 501	4 858	39	58 719	1 108	86 313
Marl	–	2 044	1 888	−8	–	–	35 288
Lünen	–	2 250	2 998	33	17 271	476	46 219

	1945	1961	1970	1980	1987	1961–87 %
Witten	56 047	96 462	97 379	105 876	102 132	+ 5,8
Mülheim	92 086	185 708	191 468	181 279	169 101	− 9,0
Essen	310 434	726 550	698 424	647 643	611 443	−15,9
Dortmund	304 130	641 480	639 634	608 297	567 760	−11,5
Oberhausen	103 409	256 773	246 736	228 947	220 988	−14,0
Gelsenkirchen	160 503	382 842	348 292	304 386	282 265	−26,3
Bottrop	53 642	111 478	106 657	114 571	112 454	+ 1,0
Recklinghausen	64 225	130 581	125 237	119 418	116 998	−10,5
Marl	–	71 508	77 182	89 082	87 821	+22,8
Lünen	40 540	73 022	71 568	85 872	84 396	+15,5

Quelle: Steinberg 1978 und eigene Berechnungen nach Stat. Jahrb. NRW

zur Zeit der Hochindustrialisierung im nördlichen Ruhrgebiet entstandene Agglomerationsfeld von Zechen, Kokereien, Fabriken, Dörfern, Adelssitzen, Zechenkolonien und Arbeitersiedlungen brachte für die Verwaltungsgliederung und Raumordnung der 20er Jahre große Probleme mit sich, die bis in die innere Gemeindebildung hineinreichten und bis heute andauern (*Schöller* 1978, S. 103 f.).

Doch nicht nur im Ruhrgebiet, sondern auch in anderen Teilen Deutschlands wird die enge Verbindung von städtischer und industrieller Entwicklung zur Zeit der Industrialisierung deutlich. In Berlin eilte die Industrialisierung der Entwicklung im übrigen Deutschland um etwa ein Jahrzehnt voraus, und so setzt hier das stürmische Wachstum schon ab etwa 1850 ein (*Thienel* 1973, S. 55 ff.). Daß auch hier Wanderungsgewinn die entscheidende Ursache war, zeigt die Tatsache, daß noch 1907 etwa 60% der Einwohner Berlins nicht in Berlin geboren waren (*Köllmann* 1965, S. 88; s. auch Abb. 3.5/2).

Auch Münchens Wachstum und strukturelle Entwicklung hängen eng mit der industriellen Entwicklung zusammen, obwohl in der Stadt selbst die Industrie bis zum Zweiten Weltkrieg eine nur untergeordnete Rolle spielte. Die Epoche des größten Wachstums erlebte auch München in der Gründerzeit mit einer Spitzenzuwachsrate von 41% in den fünf Jahren von 1885 bis 90 (*Breitling* 1978, S. 179). Die gestiegenen Verwaltungs-, Verkehrs- und Dienstleistungsaufgaben waren die wichtigsten endogenen Wachstumsfaktoren. Eine ähnliche Entwicklung erlebten andere Großstädte. Sie waren die größten Wachstumsgewinner (s. Tab. 3.5/5).

Große Probleme bereitete allen Städten die Unterbringung der sprunghaft anwachsenden Bevölkerung. Der große Bedarfsüberhang, der Zwang zur Konzentration aufgrund fehlender Massenverkehrsmittel, eine unzureichende Baugesetzgebung und nicht zuletzt Bodenspekulationen führten in den Gründerjahren zu einer monotonen und streng schematisierten Wohnbebauung, für die Berlin häufig zum Leitbild wurde. Der Berliner Mietskasernentyp mit vielen Klein- und Kleinstwohnungen,

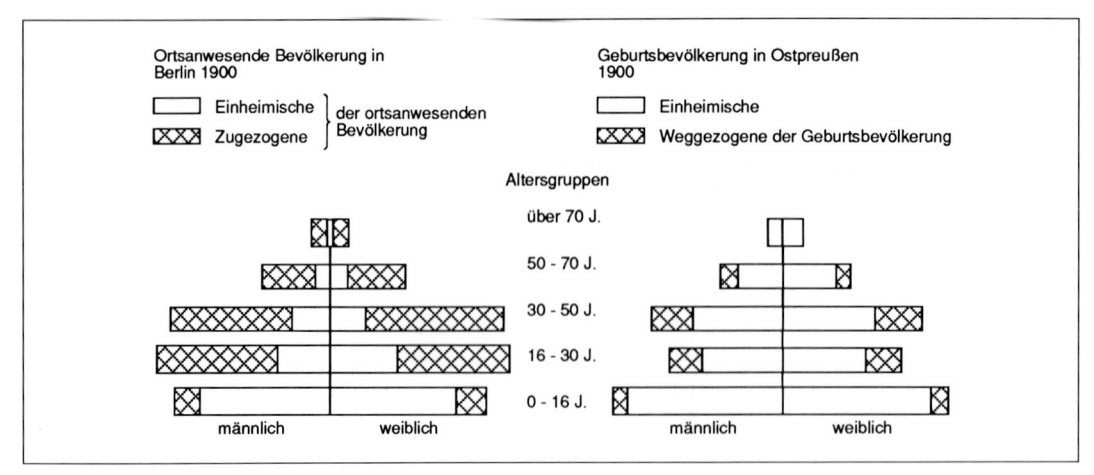

Abb. 3.5/2
Land-Stadt-Wanderung am Beispiel Ostpreußen-Berlin
Entwurf: H. Schrand nach *Zimpel* 1980, S. 174

Tab. 3.5/5: Die Verteilung der Wohnbevölkerung in Deutschland ab 1871 (ab 1954 Bundesrepublik Deutschland) nach Gemeindegrößenklassen in %

Jahr	Landgemeinden −2000 Ew.	Landstädte 2000−5000	Kleinstädte 5000−20000	Mittelstädte 20000−50000	Mittelstädte 50000−100000	Großstädte über 100000
1871	62,6	12,8	11,5	3,8	3,8	5,5
1900	44,0	12,2	13,4	8,1	4,9	17,4
1925	35,6	10,8	13,1	8,0	5,7	26,8
1939	30,4	10,7	13,6	8,2	5,3	31,8
1954	26,1	12,9	16,2	9,3	6,3	29,2
1972	14,2	11,5	21,7	12,6	7,9	32,0
1980	6,0	8,9	25,1	16,6	9,4	34,0
1986	6,1	8,9	25,8	17,2	9,2	32,7

Quelle: Zimpel 1980, S. 178, ergänzt nach Stat. Jahrb. d. Bundesrepublik Deutschland

in Seitenflügeln und Quergebäuden um Hinterhöfe gruppiert, wurde vielfach auf andere Städte übertragen. 1875 waren 53% der Wohnungen in Berlin und 28% der Wohnungen im Ruhrgebiet Einzimmerwohnungen, 25% bzw. 38% waren Zweizimmerwohnungen (*Schöller* 1967, S. 66).
Das Elend in diesen Massenwohnquartieren war groß, und bis heute sind die gründerzeitlichen Arbeiterwohnviertel Problemgebiete geblieben, die den größten Teil der augenblicklichen Sanierungsmaßnahmen in Anspruch nehmen.
Die rasche Verstädterung zur Zeit der Hochindustrialisierung hat die meisten deutschen Städte umgestaltet wie keine Epoche vorher und nachher, sie vollzog sich aber in einem historisch gewachsenen System. Dieses wurde zwar durch Neubelebung oder Stagnation lokal und regional teilweise neu gewichtet und auch verändert; doch festigten die meisten großen städtischen Siedlungen bzw. Zentren ihre Vormachtstellung oder bauten sie sogar aus. Das gilt sowohl für das Ruhrgebiet, wo die alte Hellwegreihe Duisburg – Essen – Dortmund nach wie vor die dominierende Städte- und Wirtschaftsachse darstellt, wie auch für die regionalen Zentren Königsberg, Breslau, Leipzig, Stuttgart, München, Nürnberg, Frankfurt, Köln und Hamburg.

3.5.1.3 Der Verstädterungsprozeß in der Bundesrepublik ab 1950

Nach der mittelalterlichen Stadtgründungsepoche und der industriebedingten Verstädterungswelle des 19. Jahrhunderts erlebte das deutsche Städtewesen ab 1950 eine dritte entscheidende Phase. In der Zeit zwischen den Weltkriegen hatten allgemeiner Geburtenrückgang und Wirtschaftskrisen zu einer Stagnation geführt, und während des Zweiten Weltkrieges war die Bevölkerung der meisten Städte drastisch zurückgegangen, in erster Linie durch Evakuierungen, wie die schnelle Wiederauffüllung der Ruhrgebietsstädte im ersten Nachkriegsjahr 1946 zeigt (*Steinberg* 1978, S. 121 ff.).

Die Rückwanderung in die Städte in den ersten Nachkriegsjahren wurde überlagert von einer Zuwanderungswelle, die durch die Folgen des Zweiten Weltkrieges ausgelöst worden war. Zwischen 1945 und 1961 kamen über 10 Mill. Deutsche aus den ehemals deutschen Ostgebieten und Mitteldeutschland in die Bundesrepublik. Dieser Vertriebenen- und Flüchtlingsstrom wurde zunächst hauptsächlich von den ländlichen Gebieten Schleswig-Holsteins, Niedersachsens und Bayerns aufgenommen, weil in den weitgehend zerstörten Städten nicht genügend Wohnraum zur Verfügung stand. Mit dem Wiederaufbau aber wanderten die meisten Zugezogenen zu den Arbeitsplätzen in den Städten, gefolgt von einem Teil der einheimischen ländlichen Bevölkerung. Damit begann eine Verstädterungsphase, die selektiven Charakter hatte. Denn an der Migration waren überproportional Altersgruppen vertreten, die im Begriff waren, in das Erwerbsleben einzutreten. Das stärkte das demographische und wirtschaftliche Potential der Verdichtungsräume zulasten der peripheren ländlichen Gebiete.

Schon in den 50er Jahren hatten fast alle Städte wieder den Bevölkerungsstand von 1939 erreicht bzw. überschritten. Fast unverändert geblieben war das traditionelle räumliche Verteilungsmuster der Städte: zwei städtereiche Großräume am Mittelgebirgsrand und im Südwesten, drei städtearme Großräume im zentralen Mittelgebirge, im Norden und im Südosten, hier allerdings mit je einer Millionenstadt von höchster Zentralitätsstufe (München, Hamburg).

Die Entwicklung der Gegenwart ist durch folgende Merkmale gekennzeichnet (*Schöller* 1967; *Fuchs* 1977; *Blotevogel/Hommel* 1980):

– Zuwanderung von Ausländern in die Großstädte
– Fernwanderung aus dem Ruhrgebiet und anderen Verdichtungsräumen Nordrhein-Westfalens, Norddeutschlands und des Saarlandes nach Süddeutschland
– Großräumige Urbanisierung der zwischenstädtischen Zonen
– Herausbildung bzw. Verstärkung einer relativ ausgewogenen Zentrenstruktur ohne hierarchische Spitze (Abtrennung Berlins)
– Bestätigung der traditionellen großen Verdichtungsräume als raumplanerische Steuerungszentren und wirtschaftliche Akträume mit höchster Verdichtung von Bevölkerung, Industrie und tertiären Einrichtungen und Selbstverstärkung der angelaufenen Entwicklung
– Selektive Abwanderung aus peripheren ländlichen Gebieten in die großen Verdichtungsräume, allerdings nicht in deren Kernstädte
– Tertiärisierung der Städte, besonders der Kernstädte der großen Verdichtungsräume durch Konzentration ökonomischer und politischer Steuerfunktionen bei gleichzeitiger Auslagerung der industriellen Produktion ins Umland
– Abwanderung von Bevölkerung und industriellen Arbeitsplätzen ins Umland (Suburbanisierung)
– Verdichtung in den Randzonen der Städte durch Zuwanderung aus zwei entgegengesetzten Richtungen („Kernflucht" und „Landflucht")
– Überproportionales Wachstum der Siedlungsfläche (s. Abb. 2.5/4).

3.5.1.4 Der Verstädterungsprozeß in der DDR

Da Städte immer auch Ausdruck gesellschaftlicher Leitbilder, sozioökonomischer Bedingungen, demographischer Entwicklungen sowie wirtschaftlicher und technischer Möglichkeiten sind, verläuft der Verstädterungsprozeß in der DDR anders als in der Bundesrepublik. Bis zum Bau der Berliner

Mauer im Jahre 1961 wurde die Entwicklung in der DDR wesentlich durch fluchtbedingte Wanderungsverluste beeinflußt. Die Flucht von mindestens 3 Mill. Menschen zwischen 1945 und 1961 führte zu einem absoluten Rückgang der Einwohnerzahlen in allen Gemeindegrößenklassen (s. Tab. 3.5/6), in der DDR-Literatur mit „Verringerung der Einwohnerzahl infolge der Abwanderung unter den Bedingungen der offenen Staatsgrenze (bis zum 13. 8. 1961)" umschrieben (*Morgenstern/Röhr/Röhr* 1980, S. 120). Ab 1961 nimmt die Großstadtbevölkerung zwar absolut und anteilmäßig zu, erreicht aber 1977 noch nicht wieder den Vorkriegsstand von 1939. So hatten die fünf Großstädte Berlin (anteilig), Leipzig, Dresden, Magdeburg und Karl-Marx-Stadt 1977 insgesamt 813 200 Einwohner weniger als 1939 (*Morgenstern/Röhr/Röhr* 1980, S. 120). Die Mittelstädte haben gegenüber 1939 deutlich gewonnen, stagnieren allerdings seit 1970. Die Bevölkerung der Landgemeinden sowie der Land- und Kleinstädte geht durch Wanderungsverluste absolut und anteilmäßig zurück. Im ganzen läuft der Verstädterungsprozeß langsamer ab als in der Bundesrepublik. Das Städtesystem der DDR ist nicht durch Wachstum und Verstärkung gekennzeichnet, sondern durch eine „Nivellierung des Spitzenwachstums der großen und führenden Städte und eine gewisse Abschwächung regionaler Disparitäten" (*Schöller* 1974, S. 307).

Tab. 3.5/6: Bevölkerung der DDR nach Gemeindegrößengruppen in 1000 Einw. und in Prozent

Jahr	DDR insgesamt		<2 Landgemeinde		2–5 Landstädte		5–20 Kleinstädte		20–100 Mittelstädte		>100 Großstädte	
	Absolut	%	Absolut	%	Absolut	%	Absolut	%	Absolut	%	Absolut	%
1939	16 745,4	100	4653,4	27,8	2047,6	12,2	2779,3	16,6	2791,0	16,7	4474,1	26,7
1946	18 355,0	100	5940,0	32,3	2424,9	13,2	3374,1	18,4	3130,8	17,1	3485,2	19,0
1950	18 388,2	100	5347,7	29,0	2516,9	13,7	3332,7	18,2	3380,1	18,4	3810,8	20,7
1960	17 188,5	100	4820,8	28,0	2203,2	12,8	3212,7	18,7	3280,4	19,1	3671,4	21,4
1970	17 068,3	100	4476,0	26,3	2058,6	11,8	3059,4	17,9	3772,7	22,1	3746,6	21,9
1977	16 757,9	100	4055,1	24,2	1964,9	11,7	2818,3	16,8	3686,2	22,0	4233,4	25,2
1985	16 640,1	100	3891,9	23,4	1854,2	11,2	2669,7	16,0	3780,4	22,8	4443,9	26,7

Quelle: Morgenstern/Röhr/Röhr 1980, S. 120/121, und Stat. Jahrbuch der Bundesrepublik 1987

Für die Planung in den Agglomerationsräumen wird ein Knoten-Band-Modell zugrundegelegt, wobei die einzelnen Elemente dieses Modells unterschiedlich gefördert werden und sich entsprechend entwickeln, wie das Beispiel des Ballungsgebietes Halle-Leipzig zeigt (*Scholz* 1980, S. 77): Bezüglich der Investitionszuteilungen werden die Siedlungsknoten und die Standorte in den Siedlungsbändern stark bevorzugt. Entsprechend ist bei leicht abnehmender Gesamtbevölkerung ein schwaches Wachstum der Knoten, eine geringe Abnahme in den Siedlungsbändern und eine deutliche Abnahme in den dispersen Siedlungen festzustellen. Für die Ballungsgebiete insgesamt ist die Bevölkerungsentwicklung rückläufig (s. Tab. 3.5/7 und Abb. 3.5/3).

Tab. 3.5/7: Bevölkerungsentwicklung in den Ballungsgebieten der DDR von 1956 bis 1977

Ballungsgebiet	1956	1964	1971	1977
Halle–Leipzig(–Dessau)	2 315 410	2 229 454	2 214 510	2 151 882
K.-M.-Stadt–Zwickau	1 630 169	1 559 755	1 526 792	1 458 342
Dresden	994 393	986 577	980 754	964 405
Berlin	1 624 069	1 548 649	1 569 698	1 602 651
Ballungsgebiete	6 564 041	6 324 435	6 291 754	6 177 280
DDR	17 603 578	17 003 632	17 068 318	16 757 857

Quelle: Scholz 1980

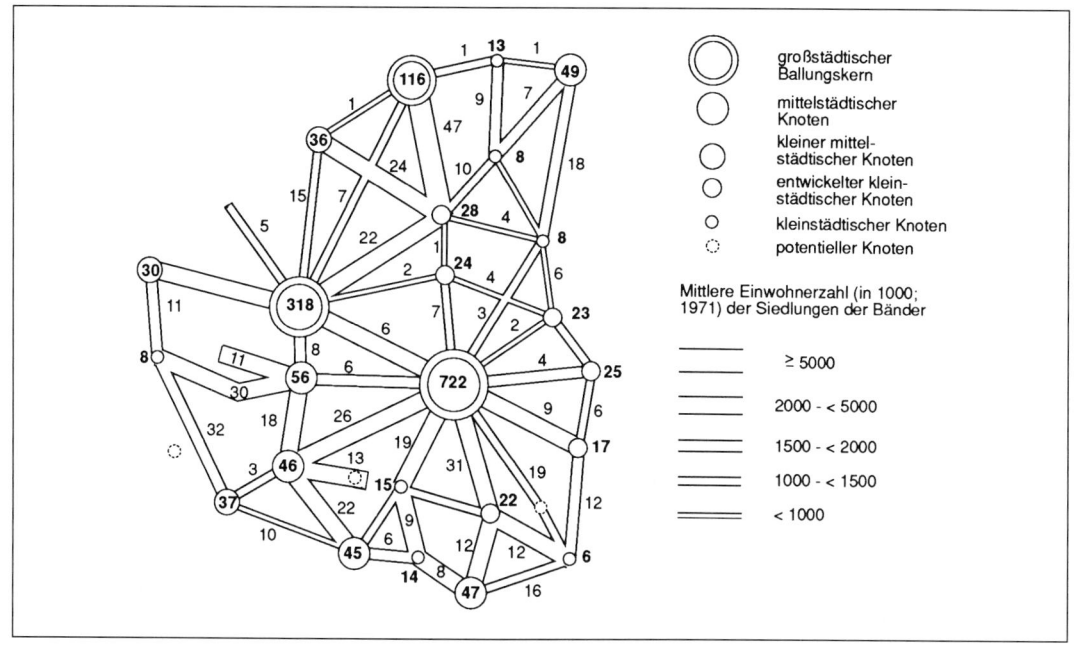

Abb. 3.5/3
Knoten-Band-Struktur des Ballungsraumes Halle-Leipzig
Quelle: Scholz 1980, S. 77

Die gesellschaftlichen und wirtschaftlichen Rahmenbedingungen des Verstädterungsprozesses sind in der DDR ganz anders als in der Bundesrepublik. Denn dort vollzieht sich die Entwicklung unter den Bedingungen und Vorgaben einer sozialistischen Gesellschaft. Das bedeutet:

- zentrale Verfügungsgewalt über die wichtigsten Mittel der Stadtentwicklung, über Grund und Boden, Kapital, Arbeitskraft, Planungs- und Durchsetzungsmechanismen,
- vorrangige Berücksichtigung der kollektiven vor den individuellen Bedürfnissen,
- Verpflichtung zu ideologischer Repräsentation und Demonstration.

Durch diese Vorgaben wird die Entwicklung des DDR-Städtewesens entscheidend geprägt. So werden Wachstumsbedingungen und Funktionszuweisungen nicht durch die freien Kräfte des wirtschaftlichen Wettbewerbs geregelt, sondern durch staatliche Eingriffe und Fördermaßnahmen. Diese berücksichtigen nicht vorrangig den Dienstleistungssektor als primären stadtbildenden Faktor, sondern aus ideologischen Gründen die Standorte der Industrieproduktion. Diese werden durch den staatlich gelenkten und unterstützten Wohnungsbau bevorzugt und so in ihrer Entwicklung gefördert. So sind auch die vier Neustädte Eisenhüttenstadt, Hoyerswerda, Schwedt und Halle-Neustadt ihrer Struktur nach Industrie- und Arbeiterstädte, Ausbaustädte der industriellen Grundstoffproduktion (*Schöller* 1974, S. 313 ff.).

Die weitgehende Ausschaltung des wirtschaftlichen Wettbewerbs hat weitreichende Folgen für das Zentralitätsgefüge. So führte z. B. die Verstaatlichung des Einzelhandels zu gravierenden Funktionsverlusten für alle Städte, besonders aber für die zentralen Orte niederen Ranges, die vornehmlich Marktorte waren. Wie sehr sich großstädtische Zentren in der DDR und in der Bundesrepublik bezüglich ihrer funktionalen Ausstattung unterscheiden, zeigt das Beispiel von Ost- und Westberlin (*Heineberg* 1979). Bei der zentral gelenkten Zuweisung von Partei- und Behördenzentralität an Mittel- und Oberzentren wurden bewußt Umwertungen vorgenommen (*Schöller* 1974, S. 311).

Die Zielvorstellungen des sozialistischen Städtebaus haben auch die Physiognomie vieler Städte verändert. Den Stadtkernen der Neugründungen und der im Krieg stark zerstörten Städte wurden beim Wiederaufbau Repräsentations- und Demonstrationsaufgaben zugewiesen. Die signifikanten städtebaulichen Merkmale sind der große zentrale Platz als festlich repräsentative Kulisse für Kundgebungen und Staatsfeierlichkeiten, die breite Magistrale als Leitlinie des Verkehrs und Aufmarschstraße für Demonstrationen, häufig flankiert von monumentalen, mit neoklassizistischen Formenelementen verzierten öffentlichen Gebäuden. Alles dient der Selbstdarstellung von Staat und Partei.

3.5.2 Der Verstädterungsprozeß in den USA

Die Entwicklung des US-amerikanischen Städtewesens (vgl. auch 3.1.1) verlief und verläuft zwar nicht grundsätzlich anders als in Europa; doch gibt es eine Reihe von bemerkenswerten Unterschieden. Diese sollen im folgenden herausgestellt werden.

3.5.2.1 Die historische Entwicklung

Während Europa auf eine mehr als 3000jährige Stadtgeschichte zurückblicken kann, sind die ältesten Städte Nordamerikas erst gut 350 Jahre alt. In der vorkolumbianischen Zeit gab es in Nordamerika keine Städte, wenn man von den stadtähnlichen großen Wohnstätten der Pueblos mit ihren mehrgeschossigen würfelförmigen Häusern absieht. Das Fehlen einer eigenständigen städtischen Tradition führte während der Kolonisation zur Übernahme europäischer und antiker Vorbilder in Namensgebung und physiognomischer Gestaltung. So beruht die konsequente Anwendung des gleichförmigen, streng nordsüdlich gerichteten Schachbrettgrundrisses, der für die nordamerikanische Stadt als regionalen Typus charakteristisch ist, sicherlich in erster Linie auf der Einpassung der Stadtplanung in das quadratische System der Landvermessung im Zuge der großen Westwärtsbewegung; doch spielte auch die Besinnung auf antike Muster eine große Rolle.
Im mitteleuropäischen Städtesystem der Gegenwart ist das mittelalterliche Verteilungsmuster noch klar erkennbar, und dieses war entscheidend durch grundherrschaftliche Gründungsakte mitgeprägt. Diese fehlen in der nordamerikanischen Stadtgeschichte. Die Stadtentwicklung folgte fast ausschließlich ökonomischen Gesetzmäßigkeiten und Selektionskriterien. So lagen alle 24 Städte, die es 1790 in den USA gab, im atlantischen Küstenbereich, der von Beginn der Kolonisation an durch besondere Lagegunst bevorzugt war: gute Möglichkeiten für die Anlage von Häfen an den Ästuarmündungen der atlantischen Abdachungsflüsse, Einfallstor für die großen Einwanderungsströme aus Europa, gute Verkehrsverbindungen zum Hinterland. Davon profitierte besonders New York, dessen Einwohnerzahl sich innerhalb eines Jahrhunderts von 30 000 im Jahre 1790 auf 3,4 Mio. mehr als verhundertfachte. Noch 1850 waren 4 der 5 Städte mit mehr als 100 000 Einwohnern atlantische Häfen (N. York, Baltimore, Philadelphia, Boston), nur Cincinnati lag im Binnenland. Die atlantische Küstenregion blieb bis heute das wirtschaftliche Steuerungszentrum der USA.
In Nordamerika war der Verkehr von ungleich größerer Bedeutung für die Entwicklung des Städtewesens als in Europa. Bis 1850 waren es vor allem die Binnenschiffahrtswege und westwärts gerichteten großen Straßen wie z. B. die zwischen 1811 und 1840 erbaute Cumberland Road, die als erste Allwetterstraße mit fester Decke über etwa 1300 km von Baltimore bis kurz vor St. Louis führte. In einer zweiten Epoche ab etwa 1850 war es dann die Eisenbahn, die neben der Schwerindustrie für die Erschließung und Verstädterung des Kontinents bedeutend wurde. Bahnanschluß wurde zum entscheidenden städtischen Wachstumsfaktor, Eisenbahnknoten, Eisenbahnwerkstätten, Flußkreuzungen und Ausgangspunkte für Reisegesellschaften wurden zu wichtigen Auslösern städtischer Entwicklung. Chicago ist das herausragende Beispiel: 1830 als Fort Dearborn gegründet, hatte es 1850 erst 30 000 Einwohner, wurde aber zur Drehscheibe und beherrschenden Metropole des Mittelwestens, nachdem 1852 der Bahnanschluß zur Ostküste fertiggestellt und 1869 die erste transkontinentale Bahnverbindung hergestellt worden war. 1890 hatte Chicago bereits 1 Mio. Einwohner, 1910 waren

es schon 2,1 Mio. 1890 lagen von den 17 Großstädten der USA 4 an der Atlantikküste, je eine an der pazifischen Küste (S. Franzisko) und an der Golfküste (N. Orleans), 11 lagen im Landesinneren in verkehrsgünstiger Lage. Ein weiterer Unterschied zur europäischen Stadtentwicklung resultiert daraus, daß in den USA in vielen Fällen die Stadtgründung zeitgleich mit oder gar nach dem Eisenbahnbau erfolgte. Deshalb werden hier Städte häufig zentral von den Bahnanlagen durchschnitten, während sich diese in Mitteleuropa in der Regel tangential an den Altstadtkern anlegen. Auch die Lage ausgedehnter Fabrikviertel in unmittelbarer Nähe zur Innenstadt in vielen nordamerikanischen Städten ist darauf zurückzuführen.

Die in Europa feststellbare enge Verflechtung von Industrialisierung und Verstädterung gilt auch für die Entwicklung in Nordamerika. Der Unterschied besteht aber darin, daß es in Nordamerika zu Beginn der Industrialisierung zwar schon Städte gab, aber kein historisch gewachsenes und vollständig ausgebildetes Städtesystem wie in Mitteleuropa. Dies entwickelte sich erst im Verlauf der Industrialisierung, und zwar fast ausschließlich nach ökonomischen Standortgesichtspunkten und in etwa zeitgleich mit dem Eisenbahnbau, besonders in der Rekonstruktionszeit nach dem Sezessionskrieg von 1861 bis 1865. Aufgrund vielfältiger Standortgunst entstanden zunächst die städtischen Agglomerationen des Manufactoring Belt zwischen der Atlantikküste und Chicago. Zu Beginn des 20. Jahrhunderts erfolgte dann die industrielle Erschließung der Golfküste von Texas-Louisiana sowie der Pazifikküste von Kalifornien.

Wie in Mitteleuropa war der wichtigste demographische Grund für das schnelle Städtewachstum im 19. Jahrhundert der Wanderungsgewinn, der in Nordamerika aber nicht durch Zuwanderung aus der näheren und weiteren Umgebung zustande kam, sondern durch Einwanderung, besonders aus Europa. Im Zeitraum von 1820 bis 1920 waren es fast 30 Mio. Europäer (*Köllmann* 1965), wobei für die Verstädterung die sogenannte Neue Einwanderung von 1880 bis 1920 besonders wichtig war. Während bis 1880 vornehmlich Deutsche, Engländer und Iren einwanderten und sich in erster Linie als Farmer, Handwerker, Facharbeiter in Industrie und Eisenbahnbau niederließen, kamen während der Neuen Einwanderung vor allem Italiener, Polen und Ukrainer, die in der überwiegenden Mehrzahl als ungelernte Arbeiter in die wachsenden Industriestädte zogen (s. Tab. 3.5/8). Es entstanden ethnische Stadtviertel vom Ausmaß europäischer Großstädte. Im Jahre 1900 lebten z.B. in N. York 785 000 Deutsche, 711 000 Irländer, 500 000 Juden und 300 000 Italiener (*Köllmann* 1965, S. 131).

Tab 3.5/8: Anteil ausgewählter Herkunftsländer an der Einwanderung in die USA (in %)

Herkunftsländer	1861–1890	1891–1920
Deutschland	28,5	5,4
Großbritannien	19,0	6,3
Irland	14,7	4,8
Übriges West- u. Nordeuropa	13,8	7,8
Länder der „alten" Einwanderung zusammen	**76,0**	24,3
Italien (+ Spanien, Portugal)	4,1	22,5
Österreich – Ungarn	4,2	20,0
Osteuropa (+ Balkanländer, Griechenland)	3,2	20,8
Länder der „neuen" Einwanderung zusammen	11,5	**63,3**

Quelle: Köllmann 1965, S. 129

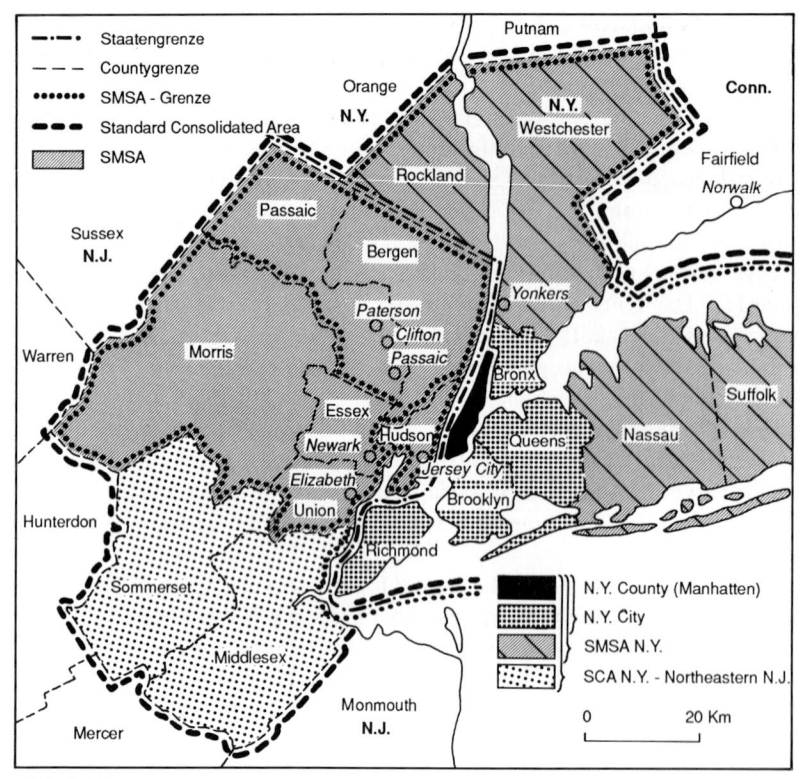

Abb. 3.5/4
Die Verwaltungs- und statistischen Einheiten im Großraum der Standard Consolidated Area New York-Northeastern New Jersey
Quelle: Hofmeister 1976, S. 169

3.5.2.2 Jüngere Entwicklungen

Bezüglich der Verstädterungsprozesse der Gegenwart gibt es viele Gemeinsamkeiten zwischen der Entwicklung in Nordamerika und West- und Mitteleuropa, doch es gibt auch Unterschiede und regionale Besonderheiten. Einige beruhen sicherlich darauf, daß die Entwicklung in Nordamerika schon weiter fortgeschritten ist als in Europa: Es gibt aber auch Unterschiede in der Einstellung der Bevölkerung zur Stadt als Lebens- und Siedlungsform.
Die inhaltliche Füllung stadtgeographischer Begriffe und die Abgrenzung städtischer Raumeinheiten ist anders als in Mitteleuropa. City, Town und Village sind zunächst nichts anderes als administrative Begriffe für eigenständige Gebietskörperschaften mit ganz bestimmtem Verwaltungsstatus und sagen noch nicht viel aus über den tatsächlichen Charakter einer Raumeinheit (*Hofmeister* 1971, S. 7 ff.). Als städtische Raumeinheiten werden nach genau festgelegten, primär sozialökonomischen Kriterien Standard Metropolitan Statistical Areas (SMSAs) ausgewiesen, die gegebenenfalls zu Standard Consolidated Areas zusammengefaßt werden können (s. Abb. 3.5/4 sowie auch Abb. 3.1/5). Das eigentlich städtisch genutzte und überbaute Gebiet der Kernstadt und ihres Randes wird als Urbanized Area bezeichnet, und dieses kommt der Stadtregion im Sinne Boustedts am nächsten (vgl. *Boustedt* 1975, S. 320 ff.). 1975 gab es in den USA 276 SMSAs, in denen 74% der Bevölkerung auf 14% der Staatsfläche wohnten (*Hahn* 1981, S. 53). Seit 1983 werden in der amtlichen Statistik die Standard Metropolitan Statistical Areas durch sog. Metropolitan Statistical Areas (MSAs) ersetzt.

Tab. 3.5/9: Wohnbevölkerung nach Stadt und Land

Stadt/Landgemeinde	1970[1]		1980[1]		1984[2]	
	1000	%	1000	%	1000	%
In Städten (Metropolitan Area)	139,4	68,6	169,4	74,8	179,9	76,2
Schwarze	18,9	74,1	31,4	82,2	–	–
In Landgemeinden (Nonmetropolitan Area)	63,8	31,4	57,1	25,2	56,2	23,8
Schwarze	6,6	25,9	6,8	17,8	–	–

Quelle: Länderbericht Vereinigte Staaten 1986
[1] Volkszählungsergebnis. In SMSA's (standard metropolitan statistical area).
[2] Stand: 1. Juli. In MSA's (metropolitan statistical area) und CMSA's (consolidated metropolitan statistical area).

Der Verstädterungsgrad ist in den USA höher als in Europa und betrug 1984 76,2% (vgl. Tab. 3.5/9). Zählt man die „rural nonfarm" Bevölkerung hinzu, die zwar außerhalb der als städtisch abgegrenzten Räume, aber stadtbezogen lebt und einen städtischen Lebensstil pflegt, dann kommt man auf über 90% (*Hofmeister* 1980, S. 238) Auch in der ‚Tertiärisierung' der Erwerbsstruktur, die als ein Indikator für Urbanisierung gilt, liegen die USA vorn. 1985 waren 68,8% der Erwerbstätigen im tertiären Sektor tätig gegenüber beispielsweise 53,0% in der Bundesrepublik Deutschland. In Fourastiés Übergangsmodell von der Agrar- über die Industrie- zur Dienstleistungsgesellschaft lägen die USA weit an der Spitze. Da der Tertiärsektor bevorzugt Städte aufsucht, ist er, zusammen mit bestimmten Wachstumsindustrien, zum entscheidenden Stadtwachstumsfaktor geworden.

Ausgeprägter als in Mitteleuropa zeichnet sich in Nordamerika eine Entwicklung ab, die als extensive Agglomeration bezeichnet worden ist: Die städtischen Agglomerationen als ganze wachsen zwar, wenngleich eindeutig verlangsamt, weiter; doch die Kernstädte dieser Agglomerationen zeigen z.T. beträchtliche Wanderungsverluste zugunsten der städtischen Randzonen und zwischenstädtischen Gebiete (s. Tab. 3.5/10, vergl. auch 4.4.4).

Tab. 3.5/10: Durchschnittliche jährliche Bevölkerungsveränderung in %

Gebietskategorie	1950–1960	1960–1970	1970–1976
Kernstädte der SMSAs	1,1	0,6	–0,6
Ringe der SMSAs	3,8	2,4	1,6
SMSAs insgesamt	2,3	1,5	0,7
Nicht-metropolitane Geb.	0,5	0,7	1,3

Quelle: Friese/Hofmeister 1980, S. 117

Das Ausufern der Städte (urban sprawl) vollzieht sich häufig entlang großer Verkehrsadern, besonders entlang der Stadtregionen verbindenden Interstate Highways mit Verdichtungen an den Auffahrtsrampen. Es kommt aber auch häufig zu sehr sprunghafter und ungeordneter Bebauung der Außenbezirke, wobei einzelne Flächen aufgesiedelt, andere umgangen werden, sozusagen nach Froschsprungmanier („leapfrogging"). Wenn aufeinanderzuwachsende Stadtregionen sich berühren, entstehen Städtebänder (Strip cities). Zwei solcher Strip cities sind schon mehr oder weniger ausgebildet: zwischen Boston und Washington an der Atlantikküste (s. u.) und zwischen Milwaukee und Chicago am Westufer des Michigansees. Für das Jahr 2000 werden 14 solcher Strip cities erwartet. Für einige sind die entsprechenden Namen bereits gefunden: ‚Boswash' für Boston-Washington, ‚Chipitts' für Chicago-Pittsburg und ‚Sansan' für San Diego – San Franzisko. Schon wird vorgeschlagen, den Begriff „Suburbia" durch „Interurbia" oder „Exurbia" zu ersetzen (*Hofmeister* 1980, S. 263). Die wichtigsten Motoren des „Urban Sprawl" sind der Drang zum Einfamilieneigenheim und eine entsprechende Baupolitik sowie die Ausrichtung auf das private Kraftfahrzeug. Autogerechte Commercial Strips mit ihren diversen Einrichtungen für die autofahrenden Kunden und großflächige monotone Eigenheimsiedlungen in den städtischen Außenzonen sind die räumlichen Indikatoren für diese Entwicklung, der immer noch steigende Pro-Kopf-Verbrauch an Stadtfläche ist eine der gravierenden Folgen. So entsteht eine Siedlungsstruktur, die mit den herkömmlichen Vorstellungen von Stadtmodellen und Stadt-Umland-Beziehungen nicht mehr hinreichend erfaßt werden kann und für die es auch schon neue Begriffe gibt: „Galactis Metropolis" (*Lewis* 1983) oder „Stadtland USA" (*Holzner* 1985) (vgl. auch 3.1.1). Gemeint ist damit eine amorphe urban-ländliche Kulturlandschaft, gekennzeichnet durch „die funktionale und räumlich geographische Auflösung und Neuordnung der traditionellen kompakten Stadt" (*Holzner* S. 196) und „durch eine neue polinukleare Raumordnung ohne ersichtlichen Funktionshauptkern" (ebda S. 195). *Holzner* mißt „der Auflösung und weiträumigen Neuordnung der Stadt in den USA heute eine viel tiefere kultur-immanente Bedeutung zu, als es lediglich der dezentralisierende Einfluß des Automobils und der Stadtautobahn oder auch des Telefons erklären kann". Er sieht darin in erster Linie den Ausdruck traditioneller amerikanischer anti-urbaner Mentalität und die „amerikanische anti-urbane Präferenz zum weitgestreuten individualisierenden Siedeln auch im städtischen Raum". Die Stadt blieb für weite Schichten des amerikanischen Volkes ein Fremdkörper, ein zwar notwendiges, aber ungeliebtes Zugeständnis an das Industriezeitalter. „An der frontier jedoch, damals im Westen, und und heute wieder im neuen Stadtland, da hat das Gute wieder eine Chance" (ebda S. 200).

An der Atlantikküste hat sich eine etwa 700 km lange, fast ununterbrochene Städtezone zwischen Boston und Washington herausgebildet, in der mit etwa 42 Mio. Menschen etwa 20% der US-Bevölkerung auf 2% der Staatsfläche wohnen. In dieser „Megalopolis" (*Gottmann* 1961) hat die Verstädterung ein Maß und Ausmaß erreicht wie sonst nirgends auf der Erde. Dies trifft in besonderer Weise

Tab. 3.5/11: Bevölkerungsveränderung in Snowbelt- und Sunbeltstaaten 1950–1978

	Bevölkerung (in 1000)				Änderung jährlich (in %) zwischen		
	1978	1970	1960	1950	1950–1960	1960–1970	1970–1978
Snowbeltstaaten							
Massachusetts	5774	5706	5160	4691	1	1	0,1
Rhode Island	935	951	855	792	0,8	1,1	−0,2
Connecticut	3099	3041	2544	2007	2,4	1,8	0,2
New York	17748	18268	16838	14830	1,3	0,8	−0,4
New Jersey	7327	7193	6103	4835	2,3	1,7	0,2
Pennsylvania	11750	11813	11329	10498	0,8	0,4	−0,1
Ohio	10749	10664	9734	7946	2,0	0,9	0,1
Indiana	5374	5202	4674	3934	1,7	1,1	0,4
Illinois	11243	11128	10086	8712	1,4	1,0	0,1
Sunbeltstaaten							
Florida	8594	6848	5004	2771	5,9	3,2	2,8
Mississippi	2404	2220	2182	2179	0	0,2	1,0
Texas	13014	11236	9624	7711	2,2	1,6	1,8
Arizona	2354	1792	1321	750	5,7	3,1	3,4
Nevada	660	493	291	160	6,0	5,4	3,6
California	22294	20007	15870	10586	4,0	2,3	1,4
Wyoming	424	334	331	291	1,3	0	3,0
Colorado	2670	2223	2769	1325	2,9	2,3	2,3

Quelle: Hahn 1981, S. 58; verändert

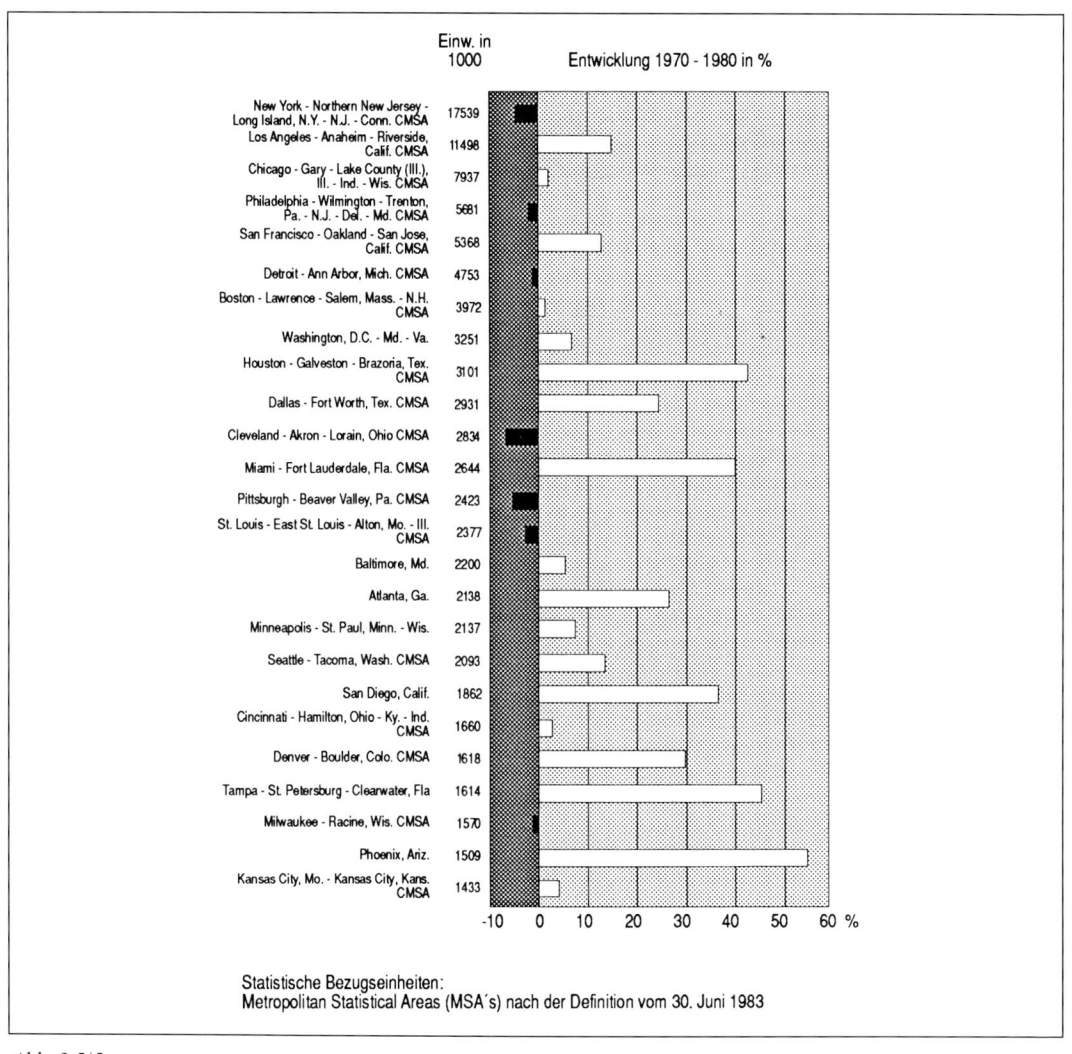

Abb. 3.5/5
Bevölkerungsentwicklung in den 25 größten Metropolitan Statistical Areas der USA 1970 bis 1980
Quelle: Heineberg 1986, S. 92

für N. York City, das Herz- und Nervenzentrum der Region, zu. N. York City ist nach wie vor die dominierende Wirtschaftsmetropole der USA, das überragende tertiärwirtschaftliche Zentrum, das Management Center. In keiner Stadt ist der Anteil des tertiären Sektors so groß wie hier: 1975 waren es 81,5% der knapp 3,3 Mio. Beschäftigten (*Blume* 1979, S. 29), 50 000 davon allein in den beiden 420 m hohen Türmen des Welthandelszentrums. Allein in den beiden Central Business Districts (CBDs) von Manhattan arbeiten über 1 Mio. Menschen und werden täglich 2,3 Mio. Fahrgäste mit öffentlichen Verkehrsmitteln transportiert (a.a.O. S. 24). Doch auch in N. York ist die Kern-Rand-Wanderung sehr ausgeprägt. Nicht nur die Bevölkerungszahlen gehen zurück, sondern auch die Arbeitsplätze. Von 1969 bis 1975 sanken die Beschäftigtenzahlen im sekundären Sektor von 825 000 auf 527 000, im tertiären Sektor von 2 972 000 auf 2 748 000 (a.a.O. S. 30).
In jüngster Zeit ist ein großräumig ablaufender Prozeß der Bevölkerungsdekonzentration, eine sogenannte Counterurbanization (*Berry* 1976) zu beobachten. Davon betroffen sind vor allem die großen

Städte im Nordosten und Mittelwesten, im sogenannten Snowbelt. Wanderungsgewinner sind vor allem der Süden und der Westen, der sogenannte Sunbelt (s. Tab. 3.5/11 und Abb. 3.5/5). Die Region Pacific hatte schon 1970 einen Verstädterungsgrad von 86% mit einem Spitzenwert in Kalifornien mit 90,9%. Teurere Lebenshaltung, geringere Lebensqualität durch Lärm und Luftverschmutzung, größere Kriminalität und höhere Steuern sind die wichtigsten Push-Faktoren, Klimagunst, mehr Sicherheit, verbesserte Kommunikations- und Verkehrsmöglichkeiten sowie ein besseres Investitionsklima aufgrund geringerer Löhne, günstigerer Besteuerung und schwächerer Gewerkschaften die entscheidenden Pull-Faktoren (*Koch* 1979). Diese Push- und Pull-Faktoren bewirken nicht nur eine Wanderung der Bevölkerung, sondern auch der Arbeitsplätze.

Ein besonderes Merkmal der nordamerikanischen Verstädterung ist die ethnische und damit verbundene soziale Segregation und Stadtviertelbildung. Sie wurde grundgelegt durch die stadtgerichteten Einwanderungswellen des 19. und beginnenden 20. Jahrhunderts, sie wurde verstärkt durch die großräumige Binnenwanderung der schwarzen Bevölkerung aus dem Süden in die Städte des Nordens und Westens nach den Einwanderungsbegrenzungen von 1921 und 1924, und sie wird gegenwärtig verschärft durch Bevölkerungsumschichtungen in den kernnahen Innenstadtvierteln. Die gehobenen weißen und neuerdings auch schwarzen Bevölkerungsschichten wandern aus den Innenstadtbezirken in die Außenbezirke, während vor allem die ärmere farbige Bevölkerung in die Innenstadtbezirke nachrückt und weitere Weiße zur Abwanderung veranlaßt. Eine weitere Besonderheit ist der Befund, daß die führenden Städte der USA nicht zugleich Hauptstädte der Bundesstaaten sind und die meisten Hauptstädte wirtschaftlich unbedeutend geblieben sind. Der wichtigste Grund liegt darin, daß sich häufig die periphere Lage von Städten aufgrund besserer zwischenstaatlicher Verkehrs- und Wirtschaftsmöglichkeiten als ökonomisch günstiger erwies als die gewählte zentrale Lage der Hauptstädte. So sind auch die über 100 Hauptstadtverlegungen zwischen 1800 und 1910 zu erklären (*Mahnke* 1970).

3.5.3 Der Verstädterungsprozeß in Südamerika

Um die verschiedenen Formen des weltweiten Verstädterungsprozesses deutlich zu machen, soll nach der Darstellung der Entwicklung in Mitteleuropa und Nordamerika im folgenden die Verstädterung in einem Kulturerdteil erörtert werden, der zur Dritten Welt gezählt wird. Daß Südamerika und nicht Afrika oder Südasien gewählt wurde, hat zwei Gründe. Zum einen ist der Verstädterungsprozeß in Südamerika am weitesten fortgeschritten und zeigt hier die größte Dramatik; zum anderen stellt die Verstädterung hier mehr dar als nur ein Problem unter Problemen: sie gehört zu den „tiefgreifendsten und kompliziertesten Wandlungsprozessen, die sich in diesem Kulturerdteil vollziehen" (*Sandner/ Steger* 1973, S. 62).

Je nach Entwicklungsstand zeigt die Verstädterungsproblematik in den einzelnen Ländern im Detail durchaus unterschiedliche Formen und Konfliktzonen. Aufgrund der sehr ähnlichen historischen Entwicklung gibt es aber eine Reihe von Erscheinungen, die in allen Ländern gleich oder ähnlich auftreten und typisch für den Verstädterungsprozeß in Südamerika sind. Auf diese soll besonders eingegangen werden. Da die gegenwärtige Problematik nur vor dem Hintergrund der spanisch-portugiesischen Kolnialzeit angemessen erörtert werden kann, kommt der historischen Dimension eine besondere Bedeutung zu (vergl. auch 4.5).

Südamerikas Städtewesen ist nicht so alt wie das in Europa, aber wesentlich älter als das von Nordamerika Zwar sind die meisten südamerikanischen Städte von ihrem Ursprung her imperiale Herrschaftszentren der Kolonialzeit. Doch die städtische Kultur und Tradition reicht weit in die vorkolumbianische Zeit zurück (*Wilhelmy* 1952, S. 50 ff.). Bevor sie zur Zeit der Inka eine erste Blüte erlebte, hatte es schon „archaische" Städte wie Túmbez oder Chan-chan mit schätzungsweise 100 000–250 000 Einwohnern gegeben. In den Kultstätten und Residenzen des hochentwickelten und straff organisierten Inkareiches waren städtische Strukturen klar ausgebildet. Die Hauptstadt Cuzco z. B. war politischer, religiöser und kultureller Mittelpunkt des Reiches mit starker Festung, Palästen, Parkanlagen, Bädern, gepflastertem Straßennetz und klarer Viertelsbildung.

Eine Phase umfangreicher Städtegründungen, in den Anden in Anlehnung an ältere Indianerzentren, im Osten meistens „aus wilder Wurzel", erfolgte nach der Eroberung Südamerikas durch die Spanier und Portugiesen. Allein in den 10 Jahren zwischen 1534 und 1544 wurden Quito, Lima, Buenos Aires, Bogota, Santiago de Chile, Valparaiso und Asuncion gegründet, und schon Ende des 16. Jahrhunderts gab es allein im spanischen Kolonialreich etwa 200 städtische Siedlungen, mehr als die Hälfte davon innerhalb des andinen Vizekönigreichs Peru. „Als 1620 die Pilgrim Fathers mit der Mayflower in Massachusetts landeten, besaß Iberoamerika schon eine blühende städtische Kultur" (*Wilhelmy* 1952, S. 48). Die kolonialspanische Kultur war eine städtische Kultur, der letzte Akt eines Konquistadorenzuges war in der Regel die Gründung einer Stadt als Herrschaftszentrum. Hinzu kamen Minenstädte, allen voran Potosi. Etwa 4000 m hoch am Silberberg gelegen, hatte es 1573 schon 120 000 Einwohner und zählte zu Beginn des 17. Jahrhunderts mit etwa 200 000 Einwohnern zu den größten Städten der Welt (a.a.O. S. 48).

Die südamerikanischen Städte sind sowohl in ihrer physiognomischen Gestaltung als auch in ihrer funktionalen Einbindung durch die mediterranen städtebaulichen Muster und durch die Wirtschaftsinteressen ihrer ehemaligen Kolonialmächte geprägt. Schachbrettgrundriß, zentrale Plaza, von repräsentativen öffentlichen Gebäuden umgeben, das Patio-Haus als Hauptwohntyp abseits der monumentalen Kernzone und ein streng zentral-peripheres Gefälle an Wohlstand und Ansehen sind auch heute noch als signifikante Merkmale der südamerikanischen Stadt zu identifizieren, obwohl seit den 20er Jahren durch Hochhausbau und intraurbane Wanderungen ein tiefgreifender Gestalt- und Funktionswandel stattgefunden hat (*Bähr/Mertins* 1981; vgl. hierzu 3.1.6). Bezüglich ihrer Umlandbeziehungen unterschieden sich die südamerikanischen Städte von Anfang an von den Städten in Mittel- bzw. Westeuropa und Nordamerika. Sie waren bis weit in das 19. Jahrhundert hinein geistige und wirtschaftliche Stützpunkte der europäischen Kolonialmächte mit hierarchischer Stufung und vertikal verlaufenden Entscheidungsprozessen, die von Madrid und Lissabon gesteuert wurden. Dadurch wurde der Aufbau intensiver Stadt-Umland-Beziehungen verhindert, und auch Querverbindungen zwischen gleichrangigen Städten kamen kaum zustande. Die Städte blieben Inseln in einem Umland, dem sie weitgehend fremd gegenüberstanden (*Sandner/Steger* 1973, S. 62 ff.).

Die Inselsituation der großen Städte blieb auch nach der politischen Unabhängigkeit der südamerikanischen Staaten erhalten. In der zweiten Hälfte des 19. Jahrhunderts erlebten viele Großstädte durch die verstärkte stadtgerichtete europäische Einwanderung und durch Anschluß an die Weltwirtschaft eine stürmische Entwicklung. Dadurch verschärfte sich der Stadt-Land-Gegensatz mit ausgeprägtem Entwicklungsgefälle noch mehr. Von einem Stadt-Land-Kontinuum, wie es sich in den meisten Industrieländern herausgebildet hat, kann in Südamerika bis heute nicht die Rede sein. Es blieb auch die Abhängigkeit von einem transnationalen ökonomischen System, das von Europa und Nordamerika beherrscht wurde (*Sandner/Steger* 1973, S. 27 ff.). Besonders die Küsten- und Hauptstädte blieben Brückenköpfe und Agenturen eines außengeleiteten Systems mit der Aufgabe, die für die Hegemoniezentren wichtigen Schürf- und Pflanzprodukte einzusammeln und weiterzuleiten. Entsprechend verlief die Verkehrserschließung ganz anders als in Europa und Nordamerika. „Stichbahnen ins Landesinnere wirkten wie Saugarme eines Polypen. So entstand eine Verkehrsinfrastruktur, die aus europäischer oder nordamerikanischer, nicht aber aus lateinamerikanischer Sicht sinnvoll war." (a.a.O. S. 28). Bezüglich der städtischen Gesellschaften, die sich aufgrund dieser Situation entwickelten, hat Sandner in Anlehnung an Vekemans von einer „Herodianisierung" gesprochen: sie lebten zwar physisch in Lateinamerika, intellektuell, kulturell, ökonomisch und politisch aber in den jeweiligen Hegemonialzentren.

Die Bevorzugung der Metropolen hält bis heute an (s. Tab. 3.5/12). In ihnen konzentrieren sich die strategisch wichtigsten Funktionen, Berufszweige und Wirtschaftsbereiche, sie sind die entscheidenden politischen und wirtschaftlichen Steuerungszentren. Diese Metropolisierung verschärft weiter das Struktur- und Entwicklungsgefälle zwischen den Zentren und der Peripherie. Neben den Metropolen haben die Städte über 100 000 Einwohner absolut wie anteilmäßig den größten Zuwachs, wie das

Tab. 3.5/12: Metropolisierungsgrad ausgewählter Länder Südamerikas 1985

Stadt (Agglomeration)	Einwohner Mill.	% d. Bevölkg. d. zugehör. Landes	Nächstgrößere Stadt	Einw. der nächstgrößeren Stadt (Mill.)
Montevideo	1,24	41,8	Salto	0,09
Santiago	4,09	36,1	Valparaiso	0,27
Buenos Aires	10,72	35,0	Cordoba	1,05
Lima	5,00	26,0	Arequipa	0,54
Caracas	3,18	18,3	Maracaibo	1,26

Quelle: UN Demographic Yearbook 1986

Tab. 3.5/13: Städtische und ländliche Bevölkerung sowie städtische Bevölkerung nach Stadtgrößenklassen in Kolumbien 1938–1951–1964–1973/74

	1938			1951		
	Bev. in 1000	% der städt. Bev.	% der Gesamtbev.	Bev. in 1000	% der städt. Bev.	% der Gesamtbev.
Städte über 100 000 Einw.	608	23	7	1 698	38	15
Städte v. 20 000–100 000	490	18	6	880	20	8
Städte v. 1 500–20 000	1 594	59	18	1 890	42	16
städt. Bevölkerung	2 692	100	31	4 468	100	39
ländliche Bevölkerung	6 010		69	7 080		61
Bevölkerung Kolumbiens	8 702		100	11 548		100
	1964			1973/74		
	Bev. in 1000	% der städt. Bev.	% der Gesamtbev.	Bev. in 1000	% der städt. Bev.	% der Gesamtbev.
Städte über 100 000 Einw.	4 656	51	27	7 512	59	36
Städte v. 20 000–100 000	1 664	18	9	2 101	16	10
Städte v. 1 500–20 000	2 773	31	16	3 235	25	15
städt. Bevölkerung	9 093	100	52	12 848	100	61
ländliche Bevölkerung	8 391		48	8 222		39
Bevölkerung Kolumbiens	17 484		100	21 070		100

Quelle: Mertins 1977, S. 67; verändert

Beispiel Kolumbien zeigt (s. Tab. 3.5/13). In Südamerika wird der weltweite Trend bestätigt: Verstädterung vollzieht sich vor allem als Vergroßstädterung. Das größte Wachstum mit jährlichen Raten von über 5% haben zur Zeit die Städte Sao Paulo, Bogota, Lima und Caracas (*Bähr/Mertins* 1981, S. 4). Bezüglich des Beginns und der Intensität der gegenwärtigen Verstädterung gibt es signifikante Unterschiede zwischen den einzelnen Ländern Südamerikas (s. Abb. 3.5/6 u. 3.5/7). Sie resultieren daraus, daß die Veränderungen im natürlichen Bevölkerungswachstum und im Wanderungsverhalten in den einzelnen Ländern phasenverschoben und mit unterschiedlicher Dynamik ablaufen (*Lichtenberger* 1972, S. 34 ff.; *Bähr/Mertins* 1981, S. 5 ff.). So kann man die südamerikanischen Länder in drei Gruppen einteilen. In den Ländern, in denen der demographische Übergang relativ früh einsetzte und

Abb. 3.5/6
Stellung ausgewählter Länder im Modell des demographischen Übergangs im Durchschnitt 1980–1985
Entwurf: H. Schrand (Datenquelle: Inter-American-Development Bank, Economic and Social Progress in Latin America, New York 1988)

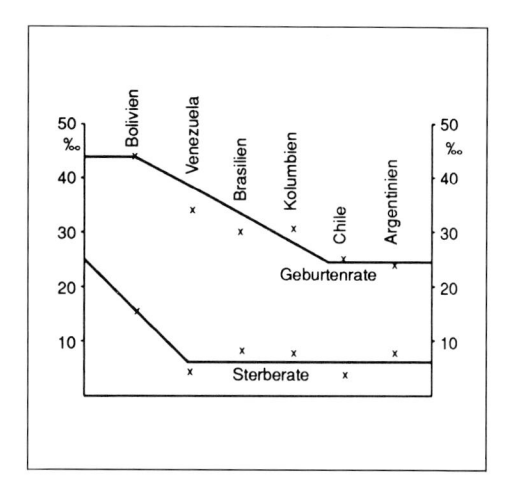

die sich heute in einer entsprechend späten Transformationsphase befinden, begann aufgrund der zunächst hohen Zuwachsraten auch die Phase des schnellen Städtewachstums relativ früh. Es waren vor allem Argentinien, Uruguay und Chile, die Länder mit warmgemäßigt-subtropischem Klima also, die im endenden 19. und beginnenden 20. Jahrhundert bevorzugte Wanderungsziele der europäischen Einwanderer waren. Sie weisen auch heute noch die höchsten Verstädterungsgrade auf. Eine Ausnahme bildet Venezuela, das aufgrund seines Erdölbooms eine Verstädterung erfährt, die in ihrer Rasanz auf der Erde von keinem Land vergleichbarer Größenordnung übertroffen wird. Zu einer zweiten Gruppe kann man die Länder zusammenfassen, die sich im Modell des demographischen Übergangs in einer mittleren Transformationsphase befinden. Es sind dies alle anderen südamerikanischen Länder außer Bolivien. In ihnen setzte ab etwa 1940 ein rapides Städtewachstum ein. Bolivien befindet sich noch in einer frühen Transformationsphase mit hohen Geburten- und relativ hohen Sterbeziffern und hat zugleich den geringsten Verstädterungsgrad (s. Tab. 3.5/14).

Die in den 30er Jahren beginnende und nach dem Zweiten Weltkrieg forcierte Industrialisierung bevorzugte zwar auch, wie in Mittel- und Westeuropa etwa 100 Jahre vorher, die Städte und führte auch in Südamerika zu Wachstum und Differenzierung der städtischen Struktur; doch es gibt entscheidende Unterschiede zwischen der Entwicklung im Europa des 19. Jahrhunderts und der in Südamerika von heute:

Abb. 3.5/7
Verstädterung in ausgewählten Ländern Südamerikas
(Städte über 20 000 Einw.)
Entwurf: H. Schrand (Datenquellen: *Pachener* 1978; *Sandner/Steger* 1973; Länderkurzberichte)

- Aufgrund der großen jährlichen Wachstumsraten von etwa 2,5% ist der Bevölkerungsdruck in Südamerika zur Zeit viel größer als in Europa zur Zeit der Industrialisierung, als hier durchschnittliche Werte von 0,5% die Regel waren.
- In Europa vollzog sich zeitgleich und in ursächlichem Zusammenhang mit der Industrialisierung ein tiefgreifender Strukturwandel in der Landwirtschaft, der in Südamerika fehlt.
- In Europa liefen Industrialisierung und Urbanisierung zeitlich weitgehend parallel, während in Südamerika die Urbanisierung der Industrialisierung vorauseilt.
- Die Industrialisierung in Südamerika verläuft eher personalrestriktiv als personalintensiv. Aufgrund fortgeschrittener Technologien werden heute in der Industrie viel weniger Arbeitsplätze geschaffen als zu Beginn der Industrialisierung. Deshalb können die Städte den Bedarf an Arbeitsplätzen nicht decken. Arbeitslosigkeit, Unterbeschäftigung und die Hypertrophie des Dienstleistungssektors in den Städten Südamerikas sind unter anderem auch darauf zurückzuführen.

Tab. 3.5/14: Prozentualer Anteil und Veränderung der Stadtbevölkerung der südamerikanischen Länder 1960–87

	1960	1970	1980	1987	Veränderung		
					1961–70	1971–80	1981–87
Argentinien	73,6	78,4	83,0	86,3	2,2	2,2	2,0
Bolivien	25,9	38,2	44,7	49,6	6,4	4,2	4,3
Brasilien	45,6	55,9	67,3	72,2	4,9	4,3	3,3
Chile	65,9	75,1	80,2	83,0	3,6	2,3	2,2
Kolumbien	48,1	59,3	66,3	70,8	5,1	3,3	3,1
Ecuador	34,3	39,5	47,1	53,2	4,7	4,8	4,7
Guyana	28,1	23,6	23,5	26,8	0,4	2,0	3,9
Paraguay	34,0	37,0	38,6	40,6	3,7	3,4	3,9
Peru	46,6	58,1	64,2	68,3	5,2	3,8	3,5
Surinam	47,2	58,6	62,5	64,7	4,8	0,1	0,7
Uruguay	76,7	81,9	83,8	85,0	1,7	0,6	0,9
Venezuela	68,0	71,8	75,9	78,5	4,1	4,1	3,3

Quelle: *Inter-American Development Bank* 1988; verändert

Der wichtigste demographische Grund für das rapide Städtewachstum in Südamerika ist, ähnlich wie in Europa im 19. Jahrhundert, die Zuwanderung aus den ländlichen Gebieten. Die Frage nach den Ursachen ist allerdings viel schwerer zu beantworten und mit den bekannten push-and-pull-Vorstellungen nur unzureichend zu erklären. Ein wichtiger Faktor dieses komplexen Bedingungsgefüges ist sicherlich die mangelhafte Besitz- und Produktionsstruktur auf dem Lande, die seit der Konquista die Erwerbs- und Lebensmöglichkeiten radikal einschränkt. Sie verschlechterten sich dadurch, daß seit den 30er Jahren aufgrund sozialtechnischer Errungenschaften auf dem Lande die Bevölkerung sehr stark wuchs, aber ohne den entsprechenden Produktionszuwachs. Deshalb wanderten große Teile der Bevölkerung in die Städte in der Hoffnung, hier Arbeit und Lebensunterhalt zu finden. Die meisten Migranten geben entsprechend auch wirtschaftliche Gründe, besonders die Suche nach einem ersten oder besseren Arbeitsplatz, als wichtigstes Wanderungsmotiv an. Viele Autoren gehen allerdings davon aus, „daß die vordergründig genannten wirtschaftlichen Faktoren die eigentlichen, mehr psychologischen Erwägungen oft überdecken können" (*Lauer* 1976, S. XIII). Die mehr emotionalen Gründe sind empirisch nur schwer zu erfassen: die Hoffnungen auf mehr Teilnahme am modernen Leben, auf mehr Freiheit, Konsum, sozialen Aufstieg, die Faszination durch urbane Lebensformen. Solange das Leben auf dem Lande keine Perspektive bietet, bleibt die Stadt die einzige Hoffnung. Bezeichnend ist, daß die meisten Gegenmaßnahmen sich bislang eher in das Gegenteil von dem verkehrt haben, was sie ursprünglich erreichen wollten. Elektrifizierung und Vorbesserung der Kommunikation mit Hilfe von Fernsehen, Rundfunk und Zeitungen haben das Leben auf den Lande nicht attraktiver gemacht, sondern die traditionellen ruralen Lebensbezüge gelockert und die Bedeutung urbaner Lebensformen in der Werteskala noch gesteigert. Auch großangelegte Versuche, küstenferne Passivräume durch bessere Verkehrsverbindungen an die litoralen Akträume anzubinden und dadurch attraktiver zu machen, verkehrten sich in ihr Gegenteil, wie das brasilianische Beispiel zeigt. Die neuen Verkehrswege, die über die Zwischenstation Brasilia Zentral- und Nordostbrasilien erschließen sollten, „wirkten umgekehrt wie Saugrohre, die Bevölkerung zur Küste abzogen und über die verstärkte Eingriffe der Küstenmetropolen in das Hinterland erfolgten" (*Sandner/Steger* 1973, S. 79). Selbst wenn durchgreifende Strukturverbesserungen auf dem Lande durchgeführt würden, bliebe abzuwarten, ob diese die Massenabwanderungen zu den Städten stoppen oder durch Freisetzung von Arbeitskräften eher beschleunigen würden.

Die schon bestehenden Disparitäten zwischen Stadt und Land werden dadurch vergrößert, daß die Landflucht selektiven Charakter hat. Es ist besonders der junge, dynamische, mit größerer Initiative und relativ besserer Schulbildung ausgestattete Teil der Landbevölkerung, den es in die Städte zieht. Durch diese „soziale Erosion" gehen dem Lande gerade die Kräfte verloren, die für eine wirtschaftliche Aktivierung erforderlich wären.

Kennzeichnend für die Städte Südamerikas sind der Funktionswandel vieler Stadtviertel mit Tendenz zu deutlicher sozioökonomischer Segregation und die zellenartige Auflösung der Stadtrandzone (*Bähr/Mertins* 1981; vgl. hierzu auch 2.1.5.3 und 3.1.6). Die auffälligste Erscheinung ist das ständige Anwachsen der innerstädtischen und randstädtischen Elendsviertel, die in Brasilien favelas, in Chile callampas, in Peru barriadas, in Venezuela ranchos und in Argentinien villas miserias genannt werden und durch mangelhafte Bausubstanz, hohe Wohndichte, unzureichende Wohninfrastruktur und nicht ausreichende öffentliche Infrastruktur gekennzeichnet sind. In ihnen wohnen in vielen südamerikanischen Städten zwischen 25 und 40% der Einwohner. Diese Viertel sind allerdings längst nicht so einheitlich, wie sie dem Außenstehenden erscheinen, sondern sozioökonomisch und rechtlich (illegal, semilegal und legal) und auch von der Qualität der Bausubstanz her durchaus heterogen. Mag die eine oder andere Siedlung aus der Sicht derjenigen, die aus noch armseligeren Hütten auf dem Lande kommen, auch schon als Fortschritt erscheinen, so bleibt doch der größte Teil der Bewohner marginalisiert, d. h. „am Existenzrand angesiedelt, physisch, psychisch und ökologisch", und das bedeutet, daß sich die Städte als „Modernitätsinseln" weiterhin „im sozialen Belagerungszustand" befinden (*Sandner/Steger* 1973, S. 34).

4 Unterrichtspraktischer Teil

4.0 Vorbemerkungen (*Hermann Schrand*)

Da das Schulfach Geographie nicht ein verkleinertes Abbild der Fachwissenschaft Geographie ist, sondern eine eigene Qualität besitzt, kann es nicht Zweck des unterrichtspraktischen Teiles sein, die in den fachwissenschaftlichen Teilen 2 und 3 ausgebreiteten Kenntnis- und Erkenntnisbestände lückenlos in unterrichtliche Arrangements umzusetzen. Der Geographieunterricht hat, wie es im einführenden Teil ausführlich erläutert und begründet wird, die Aufgabe, Schülerinnen und Schüler über „Daseinsaufhellung zum Zwecke der Daseinsbewältigung ... zu kompetentem Handeln und Verhalten im Lebensraum Stadt zu befähigen" (vgl. 1.1). Deshalb sollten nur die stadtgeographischen Gegenstandsfelder Eingang in den Unterricht finden,

– die Bezug zur Lebenswirklichkeit des Schülers haben, womit nicht nur der umittelbar nahräumliche, sondern auch der fernräumlich globale, durch Medien vermittelte Bezug gemeint ist;
– die exemplarischen Charakter haben im Sinne einer aufschließenden Wirkung für größere fachliche und gesellschaftliche Zusammenhänge und Schlüsselprobleme;
– die den „aufrechten Gang", d. h. die Selbstbestimmungs- und Solidaritätsfähigkeit der Schülerinnen und Schüler fördern oder zumindest nicht verhindern.

Vor dem Hintergrund dieser allgemeinen Zielperspektive wurden einige stadtgeographische Problemfelder ausgewählt, didaktisch strukturiert, nach Ziel-/Inhaltsbereichen gegliedert und mit entsprechenden Unterrichtsmaterialien versehen.
Konkret sind dies die folgenden Themenkreise:

– (Groß-)Stadterleben (mit breit gestreutem regionalem Bezug; 4.1);
– Stadtentwicklung und Wohnen (Frankfurt; 4.2);
– Eine Stadt und ihre Funktion (Bonn; 4.3);
– Kern-Rand-Wanderung/Suburbanisierung (Münster, Nordosten der USA, Randstad Holland; 4.4);
– Verstädterung in Industrie- und Entwicklungsländern (4.5).

Während die erste Einheit eine affektiv-emotionale Auseindersetzung mit der Stadt anstrebt und von daher in den Teilen 2 und 3 dieses Bandes naturgemäß keine Entsprechungen hat, korrespondieren die Einheiten 4.2–4.5 dagegen mit je bestimmten Kategorien und Inhalten der Teile 2 und 3: So lassen sich die Einheiten 4.2 und 4.3 mit den Kapiteln 2.1 und 3.1 in Beziehung setzen; die Einheiten 4.4 und 4.5 stehen dagegen in Beziehung vor allem zu den Kapiteln 2.3/3.3 und 2.5/3.5. Aus Gründen des begrenzten Umfangs ist es leider nicht möglich, zu allen in den Teilen 2 und 3 entfalteten Kategorien und Inhalten entsprechende Unterrichtseinheiten zu entwickeln. Eine Beschränkung auf einige ausgewählte Komplexe ist daher unumgänglich.

Bei den folgenden unterrichtlichen Aufarbeitungen handelt es sich nun allerdings nicht um Unterrichtseinheiten im Sinne detailliert durchgeplanter Unterrichtsvorschläge, sondern um didaktische Grobstrukturierungen. Sie falten übergeordnete Zielsetzungen in einzelne Lernziel- und Inhaltsbereiche auf und ordnen sie nach sach- und lernlogischen Kriterien, verbleiben also auf der Ziel-Inhalt-Ebene.
Die methodische Organisation des Unterrichts und das unterrichtliche Arrangement der vorgelegten Arbeitsmaterialien werden ausdrücklich in die Entscheidung der Lehrerinnen und Lehrer vor Ort gestellt. Nur sie können aufgrund der jeweiligen konkreten Lernausgangssituation entscheiden, welche Materialien sie wann und in welchem unterrichtlichen Kontext einsetzen möchten. Deshalb wird

auch keine Zuordnung zu einer bestimmten Klassenstufe vorgenommen. Die Lehrerinnen und Lehrer können und sollen selbst entscheiden, was sie ihren Klassen an Komplexität, Begrifflichkeit und Abstraktionsleistungen zumuten möchten. Sie sollen aus den vorgelegten Materialien die auswählen, die ihnen in ihrer konkreten Unterrichtssituation geeignet erscheinen.

4.1 (Groß-)Stadterleben (*Christoph Leusmann*)

4.1.1 Begründung und Strukturierung

Umweltwahrnehmung wird zunehmend als wichtige räumliche Erschließungsdimension unser aller Lebenswirklichkeit erkannt. Damit rückt auch die Erlebnisfähigkeit der Schülerinnen und Schüler als eine entscheidende Bezugsgröße für die Geographiedidaktik stärker in den Blick.
Stadtgeographische Themenkreise bieten hier vielfältige Möglichkeiten und Ansatzpunkte. Und wenn auch deren schulische Aufbereitung bislang weitgehend strukturalistisch und funktionalistisch angelegt war, so stellt der wahrnehmungsgeographische Zugriff aber gerade in diesem Feld schon seit längerem einen beachtenswerten wissenschaftlichen Forschungsansatz dar.
Die hier vorgelegten Materialien sollen – von unterschiedlichster und ergänzungsbedürftiger Perspektive aus – den subjektiven, erfahrungsbezogenen Zugang der Schülerinnen und Schüler zu stadtgeographischen Fragestellungen ermöglichen. Bilder und literarische Texte stehen dabei im Vordergrund. Ihnen kommt vor allen auch eine wichtige assoziative Funktion bei der Erschließung nachfolgend genannter Themenkomplexe zu. Insofern scheint eine den gängigen lernlogischen Gliederungsschemata entsprechende Strukturierung wenig sinnvoll.
Immerhin werden sehr unterschiedliche, aber eng verwobene Themenkomplexe angesprochen:

Themenkomplexe	Materialien
1. Baukunst?	M 4.1/1–2
2. Soziales	M 4.1/3–5
3. Groß und Klein und Schön und ...	M 4.1/6–9
4. Kinder!	M 4.1/10–12
5. Grüne Werte	M 4.1/13–16
6. Stadtentwicklung?	M 4.1/17–19

Für den unterrichtlichen Einsatz der Materialien bieten sich zumindest drei unterschiedliche Möglichkeiten an:

– In ihrer Gesamtheit könnten die Materialien in Form einer geschlossenen Unterrichtseinheit Verwendung finden. In diesem Fall können die Themenkomplexe linear nacheinander oder (teilweise, etwa 2.–5.) im Rahmen arbeitsteiliger Gruppenarbeit untersucht und besprochen werden. Dabei sollten sinnvollerweise Erleben und Erfahren – so, wie es sich in den Materialien darstellt (vgl. z. B. M 4.1/6), aber auch, wie es den Schülerinnen und Schülern eigen ist – selbst zum Gegenstand unterrichtlicher Reflexion werden.
Didaktisch angezeigt dürfte eine solche komplexe Unterrichtseinheit gegen Ende der Sekundarstufe I oder – etwa als einführendes Teilelement eines Halbjahreskurses ‚Stadtgeographie‘ – in der Sekundarstufe II sein.
– Es bietet sich darüber hinaus an, einzelne Materialien oder Materialblöcke in thematisch besonders akzentuierte Unterrichtseinheiten zu integrieren – in unterschiedlichem Umfang, mit unterschiedlicher Intention, an unterschiedlichem didaktischem Ort; so ließen sich etwa die Materialien M 4.1/1 oder M 4.1/18 – aufgegriffen in der Unterrichtseinheit „Stadtentwicklung und Wohnen – ein Schlaglicht auf Frankfurt a. M." – zu pointierten Akzentsetzungen verwenden.

– Schließlich könnten einzelne Materialien recht gut als Anregung oder Erweiterung eigenen Stadterlebens ‚vor Ort' genutzt werden: Fotografieren, Untersuchen von Problemwahrnehmungen in der Stadt durch verschiedene soziale/politische Gruppen, Auswerten von Ansichtskarten, Analyse von Stadt- und Fremdenverkehrswerbung, Aufarbeiten lokalgeschichtlicher Probleme, Interviews und die Ermittlung von Statusprofilen verschiedener städtischer Räume . . . Da ist nur etwas Phantasie zu entwickeln.

4.1.2 Materialien

M 4.1/1: Verwaltungsgebäude Schweizerische Bankgesellschaft in Werd

Quelle: Merian-Heft. 1/1983: „Zürich". S. 37

M 4.1/2: Das Stadtwappen

> Anfangs war beim babylonischen Turmbau alles in leidlicher Ordnung . . .
> Das Wesentliche des ganzen Unternehmens ist der Gedanke, einen bis in den Himmel reichenden Turm zu bauen. Neben diesem Gedanken ist alles andere nebensächlich. Der Gedanke, einmal in seiner Größe gefaßt, kann nicht mehr verschwinden; solange es Menschen gibt, wird auch der starke Wunsch da sein, den Turm zu Ende zu bauen. In dieser Hinsicht aber muß man wegen der Zukunft keine Sorgen haben, im Gegenteil, das Wissen der Menschheit steigert sich, die Baukunst hat Fortschritte gemacht und wird weitere Fortschritte machen, eine Arbeit, zu der wir ein Jahr brauchen, wird in hundert Jahren vielleicht in einem halben Jahr

geleistet werden und überdies besser, haltbarer. Warum also schon heute sich an die Grenze der Kräfte abmühen? Das hätte nur dann Sinn, wenn man hoffen könnte, den Turm in der Zeit einer Generation aufzubauen. Das aber war auf keine Weise zu erwarten. Eher ließ sich denken, daß die nächste Generation mit ihrem vervollkommneten Wissen die Arbeit der vorigen Generation schlecht finden und das Gebaute niederreißen werde, um von neuem anzufangen.

Solche Gedanken lähmten die Kräfte und mehr als um den Turmbau kümmerte man sich um den Bau der Arbeiterstadt. Jede Landsmannschaft wollte das schönste Quartier haben, dadurch ergaben sich Streitigkeiten, die sich bis zu blutigen Kämpfen steigerten. Diese Kämpfe hörten nicht mehr auf; den Führern waren sie ein neues Argument dafür, daß der Turm auch mangels der nötigen Konzentration sehr langsam oder lieber erst nach allgemeinem Friedensschluß gebaut werden sollte. Doch verbrachte man die Zeit nicht nur mit Kämpfen, in den Pausen verschönerte man die Stadt, wodurch man allerdings neuen Neid und neue Kämpfe hervorrief.

So verging die Zeit der ersten Generation, aber keine der folgenden war anders, nur die Kunstfertigkeit steigerte sich immerfort und damit die Kampfsucht. Dazu kam, daß schon die zweite oder dritte Generation die Sinnlosigkeit des Himmelsturmbaues erkannte, doch war man schon viel zu sehr miteinander verbunden, um die Stadt zu verlassen.

Alles was in dieser Stadt an Sagen und Liedern entstanden ist, ist erfüllt von der Sehnsucht nach einem prophezeiten Tag, an welchem die Stadt von einer Riesenfaust in fünf kurz aufeinanderfolgenden Schlägen zerschmettert werden wird. Deshalb hat auch die Stadt die Faust im Wappen.

Quelle: Kafka, F.: Sämtliche Erzählungen. Frankfurt. 1970, S. 306 f.

M 4.1/3: New York – Gelsenkirchen – Bremen

New York:

Gewiß, das Leben ist teuer. New York hat heute vier soziale Klassen. Die erste ist die der Superreichen. Daß es so viele von ihnen gibt, ist wohl nicht zuletzt ein Resultat der ungeahnten Blüte der Finanzinstitutionen. Man liest nicht nur von Dreißigjährigen, die im Jahr eine Million Dollar nach Hause tragen, sondern man trifft sie gelegentlich. Was sie wohl mit fünfzig tun werden? Vielleicht entdecken sie dann den praktischen Nutzen der Askese. Die zweite Klasse ist die der Bediensteten der Superreichen. Von ihnen kommen mindestens fünf auf jeden Millionär, Concierges und Chauffeure, Putzfrauen und Kellner, Reparaturhandwerker und Sicherheitsleute, und vielleicht sollte man auch Taschendiebe und Straßenräuber in diese Klasse rechnen. Die dritte Klasse ist die der Armen. Von ihnen gibt es viele. Manche gehören zur Stadt wie die Chlochards zu Paris, so die offenbar geistig gestörte, aber körperlich gesunde Frau, die an der Ecke der 64. Straße und der Park Avenue mit Sack und Pack lebt und den ganzen Tag laut vor sich hinredet; nur bei sehr schlechtem Wetter zieht sie sich in die Kirche an der Straßenecke zurück. Die meisten Armen vegetieren in städtischen „Hotels" und finden keinen Weg hinein in die Welt der unbegrenzten Möglichkeiten.

Die vierte Klasse ist dann die der Touristen und Passanten, die Zugvögel, ohne die die Stadt nicht wäre, was sie ist. Sie staunen immer wieder über dieses Gebilde aus Gold und Müll. Ich gehöre dazu.

DIE ZEIT vom 19. 12. 1986

Gelsenkirchen:

Es gibt sehr stille Orte in Deutschland. Zu den stillsten gehört das Treppenhaus jenes Hochhauses. Ein Kasten, sieben Stockwerke hoch, 32 Mietparteien, außen und innen grauer Klinker. Aus jeder Etage starren vier Gucklöcher, und wenn nicht gerade der Aufzug rumpelt, macht eine Stecknadel tatsächlich laut und deutlich „ping".

Die Leute im Haus sagen: Man hat von hier eben gute Sicht auf die Stadt. Aber welche Stadt? Bis zum Horizont dehnt sich bebaute Fläche, ornamentiert von rostenden Zechentürmen, Schornsteinen und Kühltürmen. Sogar ein Gebirge gibt es, eine Halde der Ruhrkohe AG, die wie ein dicker Wal vor dem Horizont liegt. Gelsenkirchen, Ortsteil Buer, Randlage. Hinter dem Haus beginnt bald ein anderer Ortsrand.

Der Hausmeister sagt: „Das ist ein billiges Altenheim." Fünf alte Leute hat er in den letzten fünf Jahren schon „tot den Fahrstuhl heruntergefahren". Jetzt ziehen allerdings wieder junge Leute in die Sozialwohnungen ein, wegen der billigen Mieten. Ein Sozialfall-Haus? Es ist ja alles stets sauber geputzt, keine obszönen Parolen zieren den Fahrstuhl. Eine Wohnung steht zur Vermietung, die Gardinen hängen noch. Hier hat zwanzig Jahre das Ehepaar Franke gelebt, für 380 Mark monatlich plus 100 Mark Fehlbelegungsabgabe. Doktor Franke war Zahnarzt.

DIE ZEIT vom 7. 2. 1986

Bremen:

„Diese Straße", sagt mein Begleiter mit Kennermiene, „ist eindeutig im Besitz von BAT zwo a, C drei und A dreizehn".
Wie bitte?
Es ist eine schöne Straße. Bunt die Häuser, rot, grün und lila gestrichen, die Fenster weiß abgesetzt mit Ornamenten und Schnörkeln. Kein Haus höher als zwei, drei Stockwerke, alle haben kleine Gärten vornedran. Auf den Balkonen und hinter den Fenstern wuchern ganze Dschungel von Palmen, gerahmt von bücherbeladenen Ikea-Regalen. Weiter hinten durchbricht eine postmoderne Fassade mit purem Weiß die Front der Bürgerhäuser. Auf einer Brandmauer marschieren buntgemalte Friedensfreunde der Sonne entgegen.
Mein Begleiter, vormals Dozent an der Bremer Universität, ist ungenau. Nicht alle Häuser sind von den genannten Gehaltsgruppen gekauft, von Lehrern, Pädagogen und Professoren. Gewiß: Für das erste Haus links, das mit den Spitzengardinen im Erdgeschoß und der großen Friedenstaube über der bunten Tür, zeichnen zwei Lehrerpaare im Grundbuch. Drei Häuser weiter regiert, richtig, C 3: Ein Hochschulprofessor, Fachbereich Soziologie. Aber sonst? Im zweiten Haus rechts unten logiert ein Cellist des Bremer Kammerorchesters, oben ein Gerichtspräsident, Sozialdemokrat. Das dritte Haus gehört einer alten Dame, die im Altersheim lebt, hier dröhnt Musik aus dem Fenster, eine Gesamtschüler-Wohngemeinschaft. Das fünfte, das mit dem Frauenzeichen am Briefkasten, ist im Besitz einer Kunstmalerin, sie wohnt dort mit einer Freundin. Dahinter? „Stinknormale Leute", nennt sie mein Begleiter, „Angestellte bei den Stadtwerken, verheiratet, zwei Kinder, im Betriebsrat, Opel Kadett. Eine echte Rarität."
Stimmt. Die meisten parkenden Autos haben solide Sicherheits-Knautschzonen, friedensbeklebte Volvos oder Volvo Kombis mit Kindersitzen. Hin und wieder eine bunte Ente, dazwischen ein Saab Turbo, nicht mehr ganz neu. Der gehört dem Soziologieprofessor, und auch in seinem Fond klebt eine Atomkraft-Neindanke-Sonne. Sie ist verkratzt. „Der hat wahrscheinlich versucht, da mit dem Schraubenzieher dranzugehen", sagt mein Begleiter. „Aber das ist alter Anarcho-Leim, so schnell kriegst du die Vergangenheit nicht ab."

DIE ZEIT vom 15. 11. 1985

M 4.1/4: Die Angst regiert

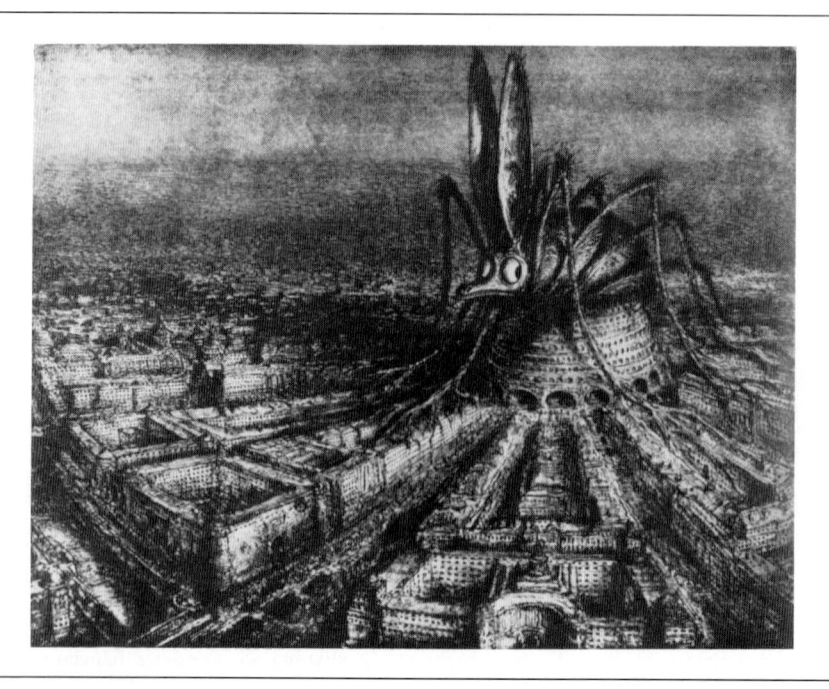

Quelle: Weber, A. P.: 100 Ausschnitte aus Handzeichnungen ... München. 1975. S. 30. © VG Bild-Kunst, Bonn, 1990

M 4.1/5: Augen in der Groß-Stadt

Augen in der Groß-Stadt

Wenn du zur Arbeit gehst
am frühen Morgen,
wenn du am Bahnhof stehst
mit deinen Sorgen:
    da zeigt die Stadt
    dir asphaltglatt
    im Menschentrichter
    Millionen Gesichter:
Zwei fremde Augen, ein kurzer Blick,
die Braue, Pupillen, die Lider –
Was war das? vielleicht dein Lebensglück . . .
vorbei, verweht, nie wieder.

Du gehst dein Leben lang
auf tausend Straßen;
du siehst auf deinem Gang,
die dich vergaßen.
    Ein Auge winkt,
    die Seele klingt;
    du hasts gefunden,
    nur für Sekunden . . .

Zwei fremde Augen, ein kurzer Blick,
Die Braue, Pupillen, die Lider;
Was war das? kein Mensch dreht die Zeit zurück . .
Vorbei, verweht, nie wieder.

Du mußt auf deinem Gang
durch Städte wandern;
siehst einen Pulsschlag lang
den fremden Andern.
    Es kann ein Feind sein,
    es kann ein Freund sein,
    es kann im Kampfe dein
    Genosse sein.
Er sieht hinüber
und zieht vorüber . .

Zwei fremde Augen, ein kurzer Blick,
Die Braue, Pupillen, die Lider,
Was war das?
Von der großen Menschheit ein Stück!
Vorbei, verweht, nie wieder.

Quelle: Tucholsky, K.; aus: GESAMMELTE WERKE Band III, S. 379. Reinbek. 1960

M 4.1/6: New York

New York

[...] Das große Manhattan, wie es sich in den Dunst des Morgens reckt – eine Theaterdekoration aus Stahl, Zement, Glas und auch altem Mauerstein – läßt an Kartenhäuser denken und an Stürme, die sich wohl über Wüsten und Meeren schon zusammenbrauen. Unter den höchsten Dächern ducken sich andere, die niedriger wirken, als sie sind – einfache Schuppen scheinen es zu sein, ebenerdige Baracken fast; sie ziehen die Giganten zu sich herab, wollen sie gleichmachen, und alles dünkt vorläufig und willkürlich, wenn auch nach einer leicht zu begreifenden Ordnung hingestellt zu sein, wie von einem spielenden, hochstapelnden, doch nicht sehr phantasiebegabten Kind. Aber New York zählt mehr Kirchen als Rom, mehr Tauben als Venedig, es hat mehr jüdische Einwohner als Tel Aviv oder Jerusalem, mehr italienische als Palermo; es ist eine der volkreichsten deutschen, schwedischen, englischen, polnischen, tschechoslowakischen Siedlungen; seine Chinesen, seine Japaner, die Mexikaner, die Puerto-Ricaner sind Hunderttausende, und es gibt keine größere Negerstadt auf der Welt.
Setzt man den Fuß an Land, braust schon flammenrot, mit kreisendem Sirenenschall, ein Feuerwehrzug vorbei. Gewaltige Katastrophen scheinen in der Luft zu liegen. Die Atmosphäre knistert gewitterig. Versagt der elektrische Strom, so erstickt die Untergrundbahn, stehen die Fahrstühle still, erlöschen die Straßenampeln, dann bricht das Chaos herein, und New York ist vom Tode bedroht. Doch wie riecht Manhattan? Hier noch nach Meer, nach Schiffen, nach einem Hauch der Niederlande; man ahnt die Kolonie Neu-Amsterdam. Aber wie duftet der Erdteil Amerika? Erst am Abend mit dem aufkommenden Landwind bietet er sich an, der Geruch nach Gras, nach blühender oder verdorrter Prärie, nach dem sauber geschorenen Rasen um die Heime der Amerikaner; doch die Stadt selbst riecht auch versengt, nach überhitztem Dampf, nach den weißen flockigen Schwaden, die unaufhörlich durch den Straßenbelag dringen, unter den Reifen der Automobile schweben, die Beine der Fußgänger in Nebel hüllen und sie wie allegorische Gestalten über Wolken gehen lassen. Später erfährt der Besucher, der Dunst sei die Ausströmung unterirdischer Heizanlagen; doch für den ersten Augenblick scheint sich New York auf vulkanischem Boden zu erheben, und Bordstein und Asphalt und Mauerwerk hindern mühsam noch einen gefährlichen Ausbruch. [...]
Der Blick aus dem Hotelfenster bietet ein wahrhaft überwältigendes Bild. Die Wolkenkratzerstadt reckt sich im Glanz der Mittagssonne, glitzert, blinkt, löst sich im Licht auf und formt sich wieder zu einem phantastischen Gebirge. Wie Türme und Burgen aus Stahl, Aluminium, Beton und funkelndem Glas wachsen die

Hochäuser überall aus einem von den Straßen rechteckig zerschnittenen Gewirr anderer, verhältnismäßig erstaunlich niedriger Dächer, und sie, die Großen, die stolz zum Himmel ragen, scheinen einander über die Firste der Kleinen hinweg zu grüßen. Es ist ein fortwährendes lustiges Blitzen und Winken in der Luft. [...] Der Abend kommt mit goldenem Licht. Manhattan offenbart sich als Insel und scheint auf humaner Strömung zu schwimmen. Jeder Weg führt zum Wasser. Man ahnt es links, man sieht es rechts. Ein verklärter Widerschein der Sonne vergoldet die Welt! Im Wind vermählt sich New York venezianisch mit dem Meer und amerikanisch mit der Weite der Prärien. Aus den Büros fluten die Angestellten nach des Tages Arbeit wie Tanzende, stürzen wie Falterschwärme über die Autobusse, verlaufen sich wie Ameisen schwarz und wimmelnd in den Schächten der Untergrundbahn. [...]

Quelle: Koeppen, W.; aus: Das kleine Kursbuch. München/Ahrbeck 1961

M 4.1/7: Kleine Stadt (1914)

Kleine Stadt (1924)

Hier ist alles still, atmet nur noch kurz. Das blühende Land, mit Bauern, reicht vergebens in den Ort herein. Wenige leben gern in kleineren Städten, diese selbst leben kaum mehr. Und werden völlig trostlos, wenn der Herbst kommt.
Die leeren Straßen, nicht einmal der Wind fühlt sich darin wohl. Eine alte Tram klappert vom Bahnhof zum Marktplatz; ihr inneres Licht beleuchtet müde Gesichter, die nicht heiterer werden, weil sie sich alle kennen. Armselige Läden sind mit Töpfen, billigen Kleidern, Abfall aus der Großstadt überfüllt; viel zu viel Konserven altern dazwischen. Das Papiergeschäft – bald wird Christbaumwatte in der Auslage liegen, drei Kerzen, Briefpapier mit Tannengrün, etwas Stanniol. . . .
Eine unsägliche Traurigkeit durchsetzt mit dem Herbst, den schlecht beleuchteten Abenden die kleine Stadt; fruchtlos erbittert macht sie die Menschen, die darin interniert sind. Der Sommer hielt das Bild noch so weit, Geruch von Bergen und Wiesen drang herein, der Himmel war hoch. Aber der Herbst wirkt genau so einengend wie der Abend in der Eisenbahn, wenn man keine Landschaft mehr sieht, bloß noch die paar Gesichter im Kupee unter der Lampe. Es gibt gewiß Ausnahmen, kleine Städte mit Menschen, die sich eingerichtet haben, die im Wein die Wahrheit und im Kino die große Welt finden. Aber die meisten Krähwinkel sind heute so gehässig, tot und konventionell wie eine unglückliche Ehe. Hier ist frühes Altern und so wenig Platz, daß es nicht einmal rechte Leere gibt, außer der inwendigen, die sich der Handwerker, der Angestellte, der Chef in geschiedenen Verbänden, geeintem Brustgefühl vertreiben.

Quelle: Bloch, E.: Das Gesamtwerk. Frankfurt. 1973, S. 36

M 4.1/8: Kleinstadtsonntag

Kleinstadtsonntag

Gehn wir mal hin?
Ja, wir gehn mal hin.
Ist hier was los?
Nein, es ist nichts los.
Leer ist es hier.
Der Sommer ist kalt.
Man wird auch alt.
Bei Rose gabs Kalb.
Jetzt isses schon halb.
Jetzt gehn wir mal hin.
Ja, wir gehn mal hin.
Ist er schon drin?
Er ist schon drin.
Gehn wir mal rein?
Na gehn wir mal rein.

Siehst du heut fern?
Ja, ich sehe heut fern.
Spielen sie was?
Ja, sie spielen was.
Hast du noch Geld?
Ja, ich habe noch Geld.
Trinken wir ein'?
Ja, einen klein'.
Gehn wir mal hin?
Ja, gehn wir mal hin.
Siehst du heut fern?

Ja ich sehe heut fern.

Quelle: Biermann, W.: Nachlaß 1. Köln. 1977

M 4.1/9: Die schöne Stadt

Die schöne Stadt

Alte Plätze sonnig schweigen.
Tief in Blau und Gold versponnen
traumhaft hasten sanfte Nonnen
unter schwüler Buchen Schweigen.

Aus den braun erhellten Kirchen
schaun des Todes reine Bilder,
großer Fürsten schöne Schilder,
Kronen schimmern in den Kirchen.

Rösser tauchen aus dem Brunnen.
Blütenkrallen drohn aus Bäumen.
Knaben spielen wirr von Träumen
abends leise dort am Brunnen.

Mädchen stehen an den Toren,
schauen scheu ins farbige Leben.
Ihre feuchten Lippen beben,
und sie warten an den Toren.

Zitternd flattern Glockenklänge,
Marschtakt hallt und Wacherufen.
Fremde lauschen auf den Stufen.
Hoch im Blau sind Orgelklänge.

Helle Instrumente singen.
Durch der Gärten Blätterrahmen
schwirrt das Lachen schöner Damen.
Leise junger Mütter singen.

Heimlich haucht an blumigen Fenstern
Duft von Weihrauch, Teer und Flieder.
Silbern flimmern müde Lider
durch die Blumen an den Fenstern.

Quelle: Trakl, G.: aus: Lesebuch A Gymnasien. 9. Schuljahr. Stuttgart. 1980. S. 140

M 4.1/10: Ein ruhiges Haus

Ein ruhiges Haus, sagen Sie? Ja, jetzt ist es ein ruhiges Haus. Aber noch vor kurzem war es die Hölle. Über uns und unter uns Familien mit kleinen Kindern, stellen Sie sich das vor. Das Geheul und Geschrei, die Streitereien, das Trampeln und Scharren der kleine zornigen Füße. Zuerst haben wir nur den Besenstiel gegen den Fußboden und gegen die Decke gestoßen. Als das nichts half, hat mein Mann telefoniert. Ja, entschuldigen Sie, haben die Eltern gesagt, die Kleine zahnt, oder die Zwillinge lernen gerade laufen. Natürlich haben wir uns mit solchen Ausreden nicht zufriedengegeben. Mein Mann hat sich beim Hauswirt beschwert, jede Woche einmal, dann war das Maß voll. Der Hauswirt hat den Leuten oben und den Leuten unten Briefe geschrieben und ihnen mit der fristlosen Kündigung gedroht. Danach ist es gleich besser geworden. Die Wohnungen hier sind nicht allzu teuer und diese jungen Ehepaare haben gar nicht das Geld, umzuziehen. Wie sie die Kinder zum Schweigen gebracht haben? Ja, genau weiß ich das nicht. Ich glaube, sie binden sie jetzt an den Bettpfosten fest, so daß sie nur kriechen können. Das macht weniger Lärm. Wahrscheinlich bekommen sie starke Beruhigungsmittel. Sie schreien und juchzen nicht mehr, sondern plappern nur noch vor sich hin, ganz leise, wie im Schlaf. Jetzt grüßen wir die Eltern wieder, wenn wir ihnen auf der Treppe begegnen. Wie geht es den Kindern, fragen wir sogar. Gut, sagen die Eltern. Warum sie dabei Tränen in den Augen haben, weiß ich nicht.

Quelle: Kaschnitz, M. L.: Steht noch dahin. Frankfurt. 1970. S. 253 f.

M 4.1/11: Lärmschutzwand

Lärmschutzwand für Spielplatz, Göttingen (AP). In Wohngebieten dürfen keine Abenteuerspielplätze errichtet werden, weil von ihnen zuviel Lärm ausgeht. Mit dieser Begründung hat jetzt das Verwaltungsgericht Braunschweig einen Spielplatz in Göttingen nachträglich für illegal erklärt. Wegen der Verhältnismäßigkeit der Mittel hat das Gericht darauf verzichtet, den Spielplatz abreißen zu lassen. Die Stadt wurde aber dazu verpflichtet, eine Lärmschutzwand zu bauen (2 VG A 98/84)

Quelle: Stadtgesichter. D.I.F.F. Tübingen. 1988. S. 107

M 4.1/12: Großstadtkinder dürfen im Hof spielen

Großstadtkinder haben es heutzutage schwer. Die Straßen und Plätze, auf denen sich ihre Eltern noch austoben konnten, sind längst vom fließenden und parkenden Verkehr okkupiert. Deshalb ist eine Entscheidung des Landgerichts Berlin begrüßenswert, die Kindern das Spiel auf den Innenhöfen der Mietskasernen auch dann gestattet, wenn deren Benutzung ursprünglich verboten war. Können Kinder einen Spielplatz in der Nähe der elterlichen Wohnung nicht gefahrlos erreichen, dann gehört der Hof eines Mietshauses zum vertragsgemäßen Gebrauch der Mietsache und Eltern dürfen ihre Kinder dort spielen lassen, hieß es in der Urteilsbegründung.
Der umstrittene Hof des innerstädtischen Mietshauses ist geteert und war nur zum Abstellen von Fahrrädern vorgesehen. Da sich dort zudem Mülltonnen, Kellerschächte und Kellertreppen befänden, sei es nicht nur unzweckmäßig, sondern auch stets verboten gewesen, diesen Raum als Spielplatz zu benutzen, argumentierte der Vermieter.
Dagegen das Gericht: die Entwicklung, die den Lebensraum von Großstadtkindern einschränkt, zwingt dazu, zum Spielen geeignete Flächen den Kindern nicht länger vorzuenthalten. Allerdings müssen die Eltern – so das Gericht – dafür sorgen, daß auf dem neuen Spielplatz vermeidbarer Lärm vermieden und nur mit Schaumgummibällen gespielt wird. (Landgericht Berlin 61 S 288/85). ja

Quelle: SÜDWEST PRESSE. 9. 8. 1986

M 4.1/13: Achtung, Gefahr für Bäume

Streusalz

Streusalz ist ein Pflanzengift. Ein Baum ist eine Pflanze. Salz tötet Bäume!
Gießen Sie mal Ihre Pflanzen mit Salzwasser – ein Versuch mit traurigem Ende.

Bodenverdichtung

Autos und Baumaschinen pressen den Boden so dicht, daß Luft und Regen keine Chance haben, zu den Wurzeln zu gelangen.
Stampfen Sie mal in Ihrem Blumenkasten die Erde schön fest, und warten Sie, was passiert!

Grundwasserabsenkung

Immer mehr Grundwasser wird für Haushalt und Industrie aus der Erde gepumpt. Zusätzlich wird in der Stadt auf Großbaustellen das Grundwasser abgesenkt. Und Regen hat in der Stadt kaum eine Chance, zu den Wurzeln zu gelangen.
Wie sollen Wurzeln da zu Wasser kommen? Was macht Ihre Pflanze mit trockenen Wurzeln?

Öl, Benzin, Chemie

Ein einziger Liter Öl oder Benzin kann Millionen Liter Trinkwasser ungenießbar machen. Unter Bäumen stehen parkende Autos und verlieren Öl, das direkt ins Trinkwasser der Bäume übergeht. Waschmittel kommen hinzu, auch mal ein bißchen Batteriesäure.
Versuchen Sie das nicht mit Ihrem Gummibaum!

Unkrautbekämpfungsmittel

Die Natur kennt kein „Unkraut", sie kennt nur kleine und große Pflanzen, die alle auf die gleiche Art leben. Mittel, die die kleinen Pflanzen töten, schaden in größerer Menge oder auf Dauer auch den großen, den Bäumen: logisch, nicht?!

„Versiegelung"

Asphaltieren, Betonieren, Plattenlegen „versiegelt" den Boden: Regen und Luft haben keinen Zutritt mehr, die Wurzeln vertrocknen und ersticken!
„Versiegeln" Sie mal Ihren Blumenkasten – kein vernünftiger Mensch käme auf die Idee.

Schäden im Wurzelraum

Wir machen uns zu selten klar, daß bei vielen Bäumen der Wurzelraum der Krone entspricht und daß die äußersten, feinsten Wurzeln die wichtigsten sind.
Fundamentieren, Abgraben und Aufschütten sind die Hauptsünden, die – meist aus Unwissenheit – begangen werden.

Wunden an Stamm und Krone

Wunden bieten für Mensch und Baum Gefahren: der Nährstofftransport wird erschwert, Körperflüssigkeit geht verloren, Pilze und Bakterien können eindringen, große Anstrengung erfordert das Schließen der Wunde. Bei größeren Schäden in der Baumkrone werden zudem das Gleichgewicht empfindlich gestört und dem Sturm Angriffspunkte geöffnet.

Gefahr Stadt

Viele Gefahren entstehen für unsere Bäume durch den Standort Stadt: Durch überdeckte Flächen und Leitungsschächte wird die Durchfeuchtung des Bodens behindert, die Luft in den Straßen ist heißer und trockener als im Umland. Hinzu kommen die Schadstoffe in der Luft: wenn wir davon Bronchitis bekommen, soll das an einem Baum – einem anderen Lebewesen – spurlos vorübergehen?
Diese Stadtbelastung führt leider auch dazu, daß Stadtbäume anfälliger gegenüber Schädlingen und Krankheiten sind – wie wir ja auch manchmal . . .

Bäume erst machen Leben möglich – machen wir den Bäumen das Leben möglich!

Probleme mit Bäumen? Fragen zu Bäumen? Baum in Not? Rufen Sie das Gartenbauamt, Telefon 1 33 29 79 an!

Quelle: Broschüre „Baumschutzverordnung". Gartenbauamt Karlsruhe. 1980

M 4.1/14: Anwohner müssen weiter mit drei Bäumen leben

Das Grünflächenamt der Stadt Mannheim braucht drei Bäume, die es vor acht Jahren auf einem Gehweg gepflanzt hat, nicht zu fällen. Es genügt, wenn die städtischen Gärtner dafür sorgen, daß die Wurzeln der drei Scheinakazien (Robinien) den Gemüsegarten eines anliegenden Hauses nicht durchwachsen. So entschied der Baden-Württembergische Verwaltungsgerichtshof in Mannheim in einem jetzt veröffentlichten Urteil. Die Gartenbesitzer hatten die Beseitigung der drei Bäume gefordert, weil sie sich durch die immer weiter um sich greifenden Baumwurzeln in der Bearbeitung ihres Hausgartens beeinträchtigt fühlten. Es sei für sie unzumutbar, so meinten sie, in ihrem Gemüsegarten die Ausläufer städtischer Bäume dulden zu müssen.
Die Richter stellten in der Urteilsbegründung fest, daß die drei Bäume den Klägern keineswegs Licht oder Luft abschneiden. Nur die Wurzeln könnten eventuell eine Störung bedeuten. Da sich die Stadt jedoch bereit erklärt hat, aus dem Boden hervortretendes Wurzelwerk im Garten zu entfernen, sei dem Rechtsschutzinteresse der Kläger Genüge getan. Tiefer im Gartenboden verlaufende Baumwurzeln müßten die Kläger tolerieren. Denn, so wörtlich, „wenn das Wurzelwerk nicht erkennbar ist, dann kann es auch keine unzumutbare Beeinträchtigung verursachen". (Aktenzeichen: 5 S 3094/84)

Quelle: SÜDWEST PRESSE. 10. 4. 1985

M 4.1/15: Technogrün für eine Stadt

ZEIT: Sie planen ein neues Forschungsprojekt „Technogrün". Was wollen Sie damit?
Lenzer: Ziel ist, die mögliche Einheit von moderner Technologie und Natur zu demonstrieren. Das Wort „Technogrün" soll die mögliche und wünschenswerte Harmonie von Technik und Umwelt symbolisieren.
ZEIT: Wie sollte das Projekt konkret aussehen?
Lenzer: Meine Vorstellung ist, an zwei Stadtregionen aufzuzeigen, wie die staädtischen Probleme auf vielen Gebieten mit neuen Techniken gelöst werden können. Dabei sollen die bestehenden Interdependenzen zwischen Wohnen, Verkehr, Energieversorgung, Umwelt, Naherholung und so weiter berücksichtigt werden. Bei dem Projekt geht es nicht darum, Einzelbereiche zu optimieren und zu sanieren, sondern für das Gesamtgebilde Stadt ein Optimum dessen zu erreichen.
Das Projekt wäre zugleich ein Beitrag, soziale Konflikte zu überwinden, die auf dem vermeintlichen Gegensatz beruhen, daß es einerseits sogenannte „grüne Werte" wie Umweltqualität, Ressourcenschonung oder naturnäheres Leben gibt, andererseits die sogenannten „ökonomisch-technischen Realitäten", die sich in Wohlstand, Sicherheit und Konsum widerspiegeln.
ZEIT: Welche Techniken kommen für das Projekt in Frage?
Lenzer: Es gibt dafür einen ganzen Katalog – zum Beispiel ein sicheres komfortables Verkehrssystem, das gute Umweltbedingungen schafft, das auch ein bedarfsgerechtes Wohnen ermöglicht. Rationellere Energieverwendung oder die Verbesserung der Gesundheitsvorsorge, der kommunalen Kommunikation, der Bildungs- und Kulturangebote sind weitere Beispiele.
ZEIT: Was könnte man denn im Nahverkehrsbereich oder bei der Energieversorgung anders machen?
Lenzer: Im Nahverkehr gibt es eine Menge Ideen und intelligente Konzepte: Etwa die Kombination von automatischen Kabinenbahnen, Omnibussen, Ruftaxen für Zeiten geringen Verkehrsaufkommens oder selbst zu fahrende langsame Elektrotaxen. Dezentrale Energieboxen wie etwa die Wärme-Kraft-Kopplung könnten die Energieversorgung verbessern. Ein anderes Kapitel ist die Schonung unserer Wasserressourcen. Die herkömmlichen Toiletten verschwenden sehr viel Wasser, das vielleicht durch den Einsatz moderner biologischer Toiletten gespart werden könnte.
ZEIT: Das ist alles ja gar nichts Neues, was also soll's?
Lenzer: Das ist richtig, aber hier geht es ja um etwas anderes. Die Techniken sollen konzentriert in einem integrierten Projekt eingesetzt werden. Man könnte das mit einer Weltausstellung vergleichen, nur werden hier nicht einzelne Länder jeweils ein Projekt demonstrieren, hier werden Techniken gezeigt, die unsere Lebensbedingungen verbessern. ...

Quelle: DIE ZEIT vom 13. 9. 1985

M 4.1/16: Vorsicht – Naturgarten!

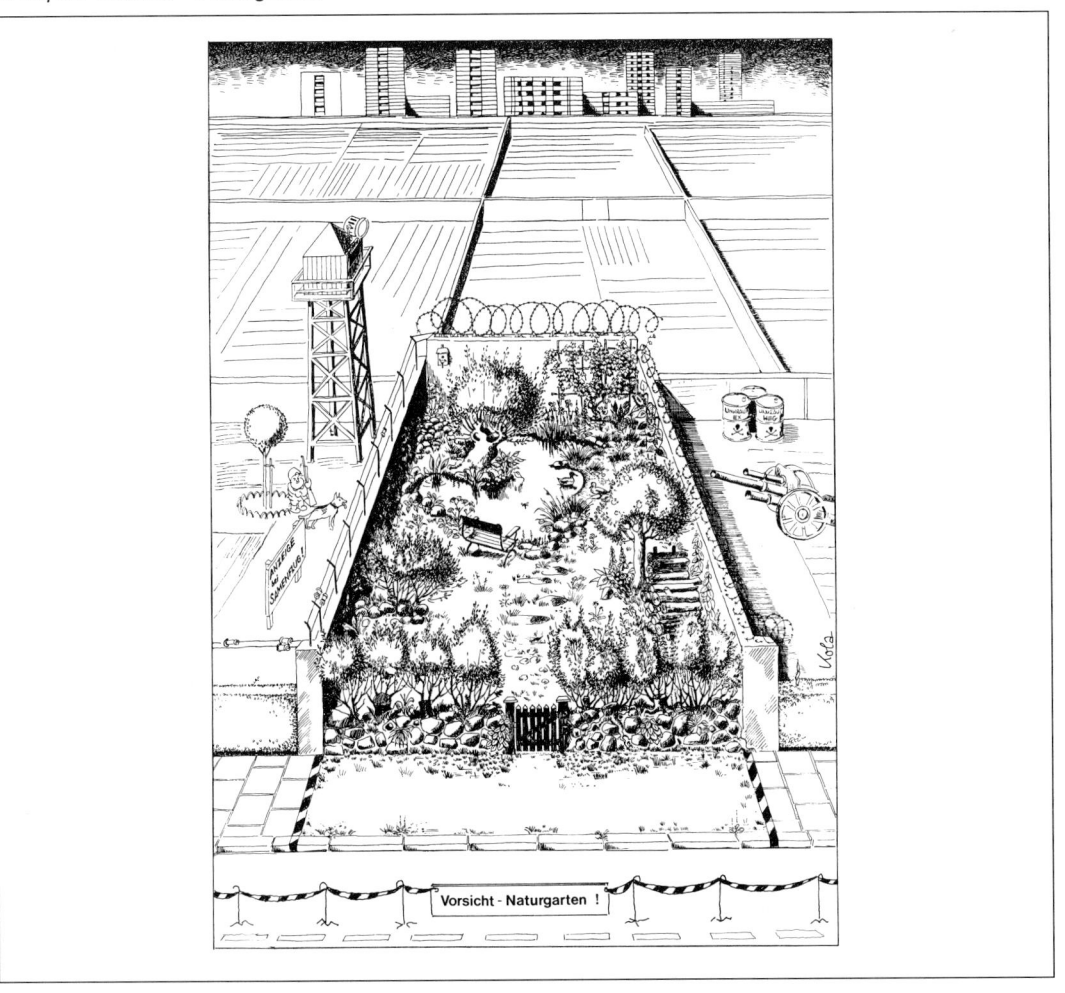

Quelle: Stadtgesichter. D.I.F.F. Tübingen. 1988. S. 128, E. A. Kolaczinski

M 4.1/17: Die irdischen Trabanten. Wie ein Ost-Berliner Wohnpark wuchs

> Nach vorn raus: Der Kranwagen rattert die ganze Nacht. Die Betonplatten der Baustraße werden weggeräumt.
> Nach hinten raus: Scheppern, Rasseln, Kreischen. Die Dumper und Planierraupen. Eine Pyramide aus lehmigem Sand. Weit hinten fressen sich Bagger in brachliegende Felder. Die Gruben werden gefüllt. Mit Beton. Darauf wachsen: Großplattenhäuser. Die verschiedensten Definitionen: Wohnsilos, Wohnmaschinen, Arbeiterregale. Mit Komfort und Hobbyraum. Bald halten auch die Möbelwagen. Den Kindern der neuen Mieter wird man in der neuen Schule die drei Definitionen auszureden versuchen. Die neuen Mieter werden hören: Rasseln, Kreischen, Scheppern. Nach hinten raus. Und die ganze Nacht. Der Sandberg wird sich um ein Plateau erhöht haben. Nach vorn raus: Kräne. Die Menschen werden warten. Wir warten dann schon etwas länger. Warten auf die Straße.
> Sie hat schon einen Namen. Nichtexistentes ist bekannt. Es soll Zukünftiges werden. Aber der Tiefbau. Der Tiefbau ist in Verzug. Er kann das Tempo nicht halten. Das Tempo des Hochbaus.
> Wir wohnen in einer Straße. Die Straße hat einen Namen. Nur die Straße kennen wir nicht. Unser Weg führt durch Schlamm. Tagtäglich mindestens zweimal. Oder durch Staubwolken in Sandkornstärke. Je nach Wetterlage. Und die Jahreszeit hat inzwischen gewechselt.

Irgendwann wird die Straße ins Grau des Betons führen. Wenn die über- und nebeneinander gestapelten Balkons auf Fünfmeterzweiundachzig Länge schon buntschreiende Laubenpiepersehnsucht in die Fassaden spiegeln, blechverkleidet. Und die andere Hoffnung: Vielleicht wird die Erdpyramide wirklich ein Park (noch weist das Modell es so aus).

Aber die Frage verstärkt sich. Die Frage tönt durch Betonklötze. Echohallend. Frage: Was ist ein Baum?

*

Ein offener Bauplatz. Mittendrin, grauer Beton, gelbgestrichene Balkons, mitten in dieser Mondlandschaft, wenn der Bauschutt nicht wäre, mitten im Chaos aus Schlamm und Schutt steht der elfgeschossige Neubau. Zehn Hausnummern, ein Straßenname. Aber die Straße fehlt. Sie wird noch länger fehlen, ist nicht eingeplant.

Der neue Mieter kann das nur als Schlamperei bezeichnen. Die anderen Mieter nennen den Zustand nicht anders. Es muß etwas geschehen. Also beschließt der Mieter in seiner Komfortinsel, eine Unterschriftensammlung zu machen, will aber sichergehen, klopft an diversen Türen seines Aufgangs, klopft, denn die Klingeln funktionieren schon seit Wochen nicht; die Heizung ist nicht in Ordnung, der Müllschlucker unbenutzbar, Warmwasser gibt es nur unregelmäßig – das versteht man also unter dem Begriff „Einheit von Bauen und Wohnen". Vor allem aber die Straße.

...

Aber da gibt es eine gewählte HGL (Hausgemeinschaftsleitung), auch die will sich einsetzen für die Belange der Mieter, wozu sonst sei sie schließlich gewählt worden. Aber den offiziellen Weg bitte! Eine Unterschriftensammlung, das muß doch nicht gleich sein, wo leben wir denn, wir leben in einem sozialistischen Staat, was soll der Bürgermeister denken, nein, in dieser Form sind wir dagegen. Die HGL mache da jedenfalls nicht mit, es müsse sogar erwogen werden, ob man am Roten Brett die Mieter dringend auffordern solle, nicht zu unterschreiben.

...

Die dunklen Zeiten der lichtlosen Hinterhof-Ökonomie sind vorbei. Oder in einem anderen Stadtteil.
Der freie Blick von meinem Balkon gestattet: die Sicht bis zu den Sternen. Zwischen ihnen ziehen sehr irdische Trabanten ihre punkthellen Bahnen. Ein Viertel des Himmelsgewölbes meines Planeten ist überschaubar. Von meinem Balkon und mit bloßem Auge. Ich kann sie zählen, ich kann am nächtlichen Himmel die Sterne zählen. Und sie beantworten, die Kinderliedfrage: Weißt du, wieviel Sternlein stehen ...
In horizontaler Blickrichtung von meinem Balkon, die Augen wandern im Bogenmaß von einhundertachzig Grad: die Fenster zu zählen, fühle ich mich überfordert. In diesem Stadtteil, in dieser Zeit.

Quelle: Nagel, J. – In: Frankfurter Rundschau. 25. 3. 1985

M 4.1/18: Parole an die Bewohner großer Städte

Parole an die Bewohner großer Städte

Werft die letzten Bäume hinaus
und schließt die Parks mit den Springbrunnen.
Gegen das offene Land
errichtet eine Mauer.
Nichts soll bleiben als diese Stahl- und Beton-
konstruktionen. Die Leuchtreklamen
und der Himmel ohne Gestirne.

Das ist die kahle Begegnung
zwischen Mensch und Gott;
in dem lärmenden Kreuz
zweier Straßen.
Irgendwo liegt eine Handgranate bereit.

Quelle: Mader, H. – In: Lippenstift für die Seele.
München. S. 29

M 4.1/19: Züri brännt

Quelle: Merian-Heft. 1/1983: „Zürich". S. 46

4.2 Stadtentwicklung und Wohnen – ein Schlaglicht auf Frankfurt a. M. (*Christoph Leusmann*)

4.2.1 Begründung

Die Wohnungs- und Bodenspekulation vor allem in den großen Städten der Bundesrepublik ist seit vielen Jahren ein gleichermaßen aktuelles, brisantes und hinsichtlich der Beseitigung mißständiger räumlicher und sozialer Folgeerscheinungen offenbar unlösbares Problem. Daß an dieser Situation der Gesetzgeber und die Auffassungen oberster Bundesgerichte in der letzten Zeit nicht unwesentlich beteiligt sind, sei nur am Rande vermerkt; wenn in München seit 1980 weit mehr als 42 000 Miet- in Eigentumswohnungen umgewandelt worden sind, die Mieten dort in den vergangenen fünf Jahren doppelt so schnell gestiegen sind wie die Einkommen, wenn sich in Frankfurt-Bockenheim innerhalb von 10 Jahren der Wert eines Wohnhauses verzehnfacht hat (vgl. M 4.2/13–14) und Banken und Mineralölfirmen mittels Geheimverträgen und Schadenersatzdrohungen Hochhausprojekte mit einem Investitionsvolumen in fast Milliardenhöhe politisch durchsetzen können (M 4.2/6–7) – dann bedarf es um so mehr einer kritischen Öffentlichkeit.

In diesem Sinne möchte die Unterrichtseinheit Anstöße geben. Und daß sie dabei den Betroffenheitsapekt und den Gesichtspunkt politischer Bildung deutlicher wohl als gewöhnlich herausstellt, hat seinen Grund auch darin, daß ‚Stadtentwicklung' und ‚Wohnen' durchaus gängige Themenkomplexe im Rahmen stadtgeographischer Unterrichtsarbeit sind, leider aber aus der hier gewählten Perspektive eben im allgemeinen nicht aufgearbeitet werden.

Frankfurt a. M. – den Schülerinnen und Schülern weitgehend sicherlich bekannt als Bankenstadt, als Dominante der Rhein-Main-Region (vgl. auch 3.3.2 und 3.3.3) – bietet sich als Raumbeispiel exemplarischen Charakters an:

- aus Gründen der Aktualität (z. b. Hochhausprojekte);
- wegen der günstigen Materiallage (‚aufgearbeitete' wissenschaftliche Grundlagen; aktuelle Zeitungsberichterstattung; zentral verwendbare Atlaskarten); einzelne der Materialien können jedoch für sich genommen durchaus im Unterricht der Sekundarstufe I eingesetzt werden. Hier sind sie allerdings (s. u.) insgesamt zu einer Unterrichtseinheit für die Sekundarstufe II strukturiert worden;
- aber auch aus stadtgeschichtlichen Gründen (Nachkriegsentwicklung im Westend; mittelalterlich und frühneuzeitlich angelegte und weiter ausgeprägte Raummuster).

Ein Vorschlag zur Strukturierung dieser Einheit ist nachfolgender Übersicht zu entnehmen. Bei ihrer Umsetzung sollten die Aussagen der rot-grünen Koalition in Frankfurt zu diesen Themenkomplexen (im Wortlaut der Koalitionsvereinbarung abgedruckt in **„Frankfurter Rundschau"** vom 8. 4. 89) möglichst als weiteres, gewissermaßen zentrales Unterrichtsmaterial herangezogen werden; einmal im Sinne einer programmatischen Notiz zu stadtplanerischen Zielvorstellungen bzw. raumbezogenen Handlungsspielräumen, zum anderen als Folie für die Diskussion und die Beurteilung der in den übrigen Materialien aufgegriffenen konkreten Fälle.

4.2.2 Mögliche Verlaufsstruktur

Themenschwerpunkte und ihre inhaltliche Akzentuierung	Materialien
Stadtentwicklung	
Räumliche Gesamtentwicklung	Abb. 3.3/9
Innenstadt und Altstadt in der Entwicklung	M 4.2/1–2
– Bauliche Kontraste und Veränderungen, Entwicklung der Wohnbevölkerung	Praxis Geographie (1/1990): Folienbeilage
– Flächennutzung, Cityerweiterung, Landnutzungskonflikte im Westend der 60er Jahre	M 4.2/3–5, 9
City und Cityrand	
– Flächennutzung und funktionale Differenzierung	Diercke (1988), S. 39 ②
– Verteilung und Konzentration spezieller Funktionselemente	Praxis Geographie
– Verkehrsinfrastruktur	(1/1990): Folienbeilage M 4.2/1, 3–5
Elemente des Funktionsgefüges der Stadt Frankfurt	
– Veränderungen von Bevölkerungs- und Arbeitsplatzdichte (Dienstleistungen)	M 4.2/2, 9–10
– Industriebranchen in Frankfurt	Diercke (1988)
– Verkehrsinfrakstruktur	S. 38 ①, 39 ①

Hochhauspolitik in der Praxis
- Lage, Konstruktion, Bauherren der geplanten Hochhäuser   M 4.2/1, 6–8
- Funktion und städtebauliche Passung   Diercke (1988), S. 39 ②
- Selbstverständnis und Einflußmöglichkeiten von Politikern,   Praxis Geographie (1/1990):
  Banken, Gutachtern, Bürgern   Folienbeilage
- Koalitionsvereinbarungen auf dem Prüfstand

Wohnen

Wohnbevölkerung in der Frankfurter City   M 4.2/2, 9–10
   Diercke (1988), S. 39 ①

Sozialverträgliches Wohnen in City und Cityrand?
- Schließen von Baulücken, Bauboom   M 4.2/11–12, 17
- Miet- und Immobilienpreisentwicklung
- Spekulation in Bockenheim
  - Sanierung, Umwandlungsspekulation, Mietpreiswucher,   M 4.2/13–15
    Wohnraumzweckentfremdung   Diercke (1988), S. 39 ②
  - Einflußmöglichkeiten von Mieterinitiativen
  - soziale Folgeprobleme
  - Koalitionsvereinbarung, Wahlversprechen:
    Möglichkeiten und Grenzen politisch-planerischer
    Einwirkung
  - 1985–1989: Versäumnisse und Zwangsläufigkeiten
- Erhaltungssatzung für das Westend   M 4.2/16–17

4.2.3 Materialien

M 4.2/1: Luftbild Dom – Römer

a) 1929

Mit Genehmigung des Stadtvermessungsamtes Frankfurt a. M.

b) 1978

Luftaufnahme Aero-Lux, Frankfurt/M., frei Reg.-Präs. Darmstadt-Nr. 338/78

Quelle: Vorlaufer, K.: Die Frankfurter City. – In: Frankfurter Beiträge zur Didaktik der Geographie. Bd. 4. Frankfurt 1981. S. 110/111

M 4.2/2: Die Entwicklung der Wohnbevölkerung in den Ortsteilen der Frankfurter City von 1871–1979

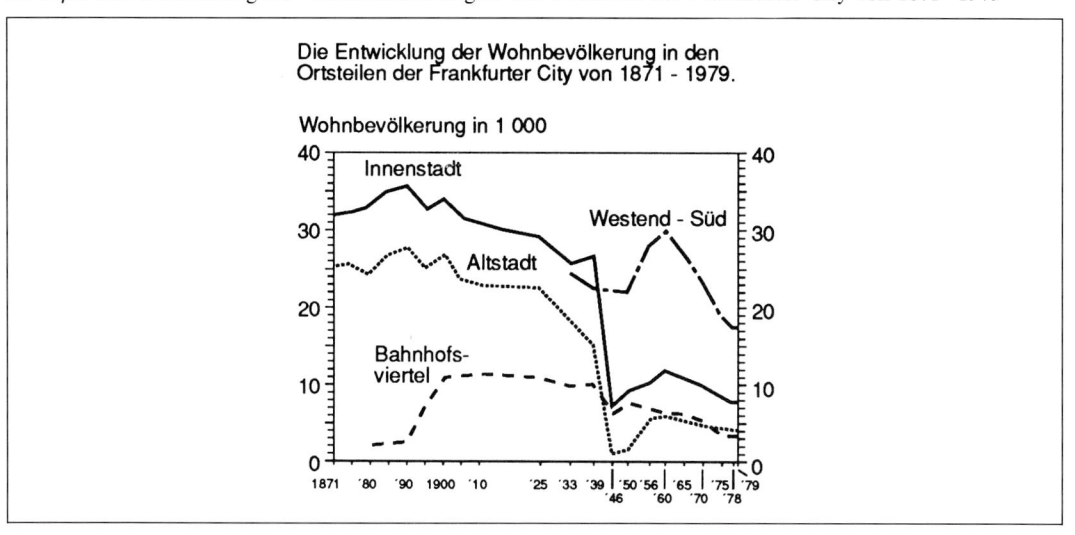

Die Entwicklung der Wohnbevölkerung in den Ortsteilen der Frankfurter City von 1871 - 1979.

Quelle: Vorlaufer, K.: a.a.O., S. 114

M 4.2/3: Das Westend: Landnutzungskonflikte in einem City-Erweiterungsgebiet

Das Westend stellt ein spektakuläres Beispiel für die Umwandlung eines citynahen Wohnquartiers zu einem Standortbereich gewerblicher Einrichtungen und für die mit diesem Nutzungswandel verbundenen sozioökonomischen und politischen Implikationen dar (u. a. Bodenspekulation, Wohnraumvernichtung, Hausbesetzung, Demonstrationen).
Obwohl an der Bockenheimer Landstraße schon vor 1939 einige gewerbliche Nutzungen ihren Standort besaßen, vollzog sich die Umwandlung dieses Viertels zu einem City-Erweiterungsgebiet im wesentlichen ab 1960, verstärkt zudem erst ab 1967. Die Expansion der City im W wurde durch folgende Faktoren begünstigt:
– Durch die günstige Verkehrslage des Westends (Nähe zum Hauptbahnhof, zu Straßenbahnhaltestellen, zu den zukünftigen U-Bahnhöfen und zum S-Bahnhof Taunusanlage, zum Messegelände; gute Anbindung an die westlichen Autobahnanschlüsse und zum Flughafen Rhein-Main).
– Durch die Nähe des Bankenviertels bieten sich für zahlreiche Einrichtungen des tertiären Sektors bei einer Standortwahl im Westend wesentliche Agglomerations-Vorteile.

Vor allem begünstigten die spezifische Struktur und das traditionell gute Image des Westends die Entwicklung dieses Viertels zu einem Standortbereich gewerblicher Nutzungen. So erlaubten z. B. in der ersten Phase des Strukturwandels die großen Geschoßwohnungen eine Nutzungsänderung ohne die Notwendigkeit von (behördlich zu genehmigenden) Baumaßnahmen.
Vor allem auch um die so bereits faktisch eingesetzte „schleichende" Umwandlung des Westends kontrollieren, den starken Büroflächenbedarf des in den 60er Jahren stürmisch wachsenden tertiären Sektors befriedigen und die Stellung Frankfurts als Handels- und Finanzzentrum ausbauen zu können, förderte der Magistrat den Strukturwandel, indem er – abweichend von den rechtsgültigen Bebauungsplänen, die das Westend als Allgemeines Wohngebiet mit maximal 4 Vollgeschossen und einer Geschoßflächenzahl (GFZ) von höchstens 1,1 auswiesen – einen (nicht rechtsverbindlichen) sog. Fingerplan der Entwicklung zugrunde legte, der gewerbliche Standortzonen mit hoher baulicher Ausnutzung (GFZ bis zu 3,0) entlang den großen Verkehrslinien Kettenhofweg, Bockenheimer Landstraße und Mainzer Landstraße auswies. Zudem abgesichert durch die vom Stadtparlament 1968 verabschiedeten „Grundsätze der Planung", die auf dem Fingerplan basierten und zudem u. a. allen Bauinteressenten eine GFZ von 3,0 zubilligten, wenn das Baugrundstück eine Mindestgröße von 2000 qm aufwies, setzte nach der Rezession 1966/67 ein massives Eindringen ökonomischer Standortinteressen ein. Das für den Umstrukturierungsprozeß typische spekulative Moment wurde dadurch gefördert, daß den einzelnen Bauherren von der Stadtplanung – nicht nur abweichend vom Bebauungsplan, sondern auch über die im Fingerplan genannten Werte hinausgehend – eine GFZ zwischen 3,0–5,0, häufig sogar zwischen 5,0 und 8,0 zugestanden wurde. Für Gruppen mit hohen Kapitalverwertungsinteressen bedeutete dies, daß – neben der durch den günstigen Standort gegebenen hohen Lagerente – zudem eine optimale Intensitätsrente zu erwarten war.

Ziel der Bauinteressenten mußte es demnach sein, möglichst große zusammenhängende Flächen, d. h. mehrere benachbarte der in der Regel jeweils zwischen 400–500 qm großen Grundstücke aufzukaufen, um von der Stadt über Ausnahmegenehmigungen eine hohe GFZ gewährt zu bekommen. Hierdurch erhielten Alteigentümer, die selbst nicht bereit oder fähig waren, der aufgewerteten Standortqualität des Westends adäquate Investitionen vorzunehmen, insbesondere dann eine starke Position, wenn sie etwa über den fehlenden Rest der benötigten 2000 qm verfügten: in Erwartung einer hohen Ausnutzungsmöglichkeit vollzog sich eine explosionsartige Entwicklung der Bodenpreise.

Kennzeichnend für den Prozeß der Umstrukturierung und für die Praktiken der Bodenkäufer war es, daß die bereits aufgekauften Gebäude häufig in einen gezielten Verslumungsprozeß einbezogen wurden (etwa Überbelegung mit Gastarbeitern ohne Tätigung von Investitionen, Wohnraumvernichtung durch Herausreißen der Installationen usw.), um so Alteigentümer zum Verkauf benachbarter Wohngebäude „anzuregen" und von der Stadt die Genehmigung zur Beseitigung der „Slumnester" und zur Errichtung von Bürohochhäusern zu erhalten.

Innerhalb von wenigen Jahren, insbesondere im Zeitraum 1967/69, gelang es einer kleinen Zahl von Immobilienkaufleuten unter Einsatz großer Kapitalien (und so in enger Allianz mit den Banken) und eines aggressiven Auftretens am Bodenmarkt große Teile des Westendes aufzukaufen und zahlreiche Gebäudekomplexe abzureißen, an deren Stelle Hochhäuser errichtet wurden.

Quelle: Vorlaufer, K.: a.a.O., S. 116–119

M 4.2/4: Wachstums- und Funktionsschema der Frankfurter City

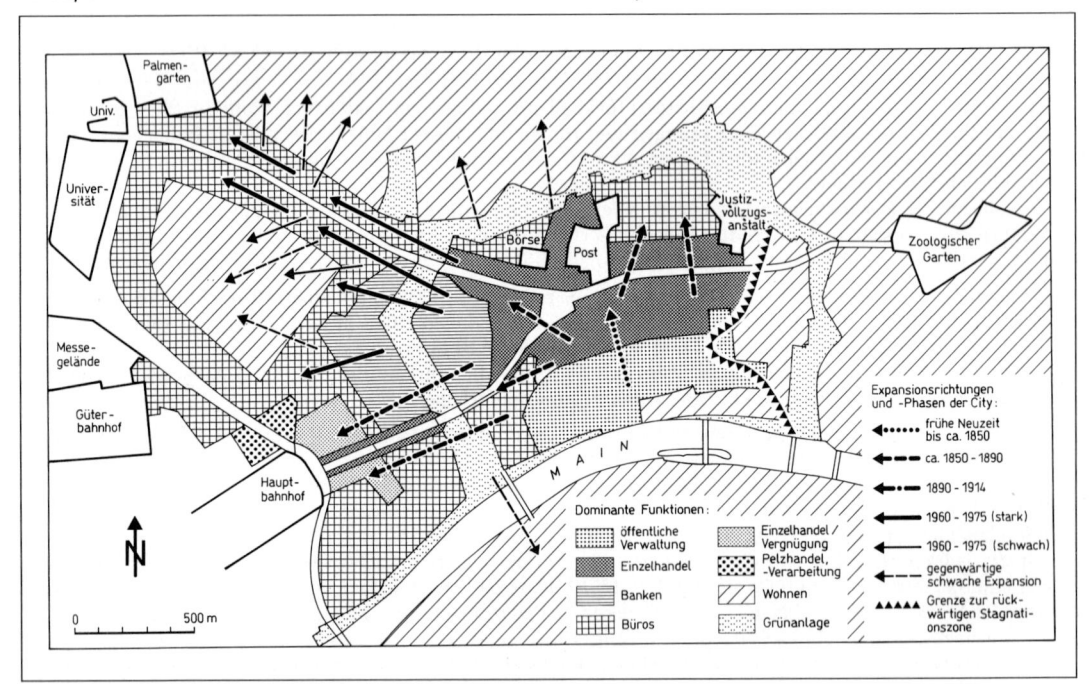

Quelle: Vorlaufer, K.: a.a.O., S. 117

M 4.2/5: Die Flächennutzung in der Alt- und Innenstadt von Frankfurt am Main

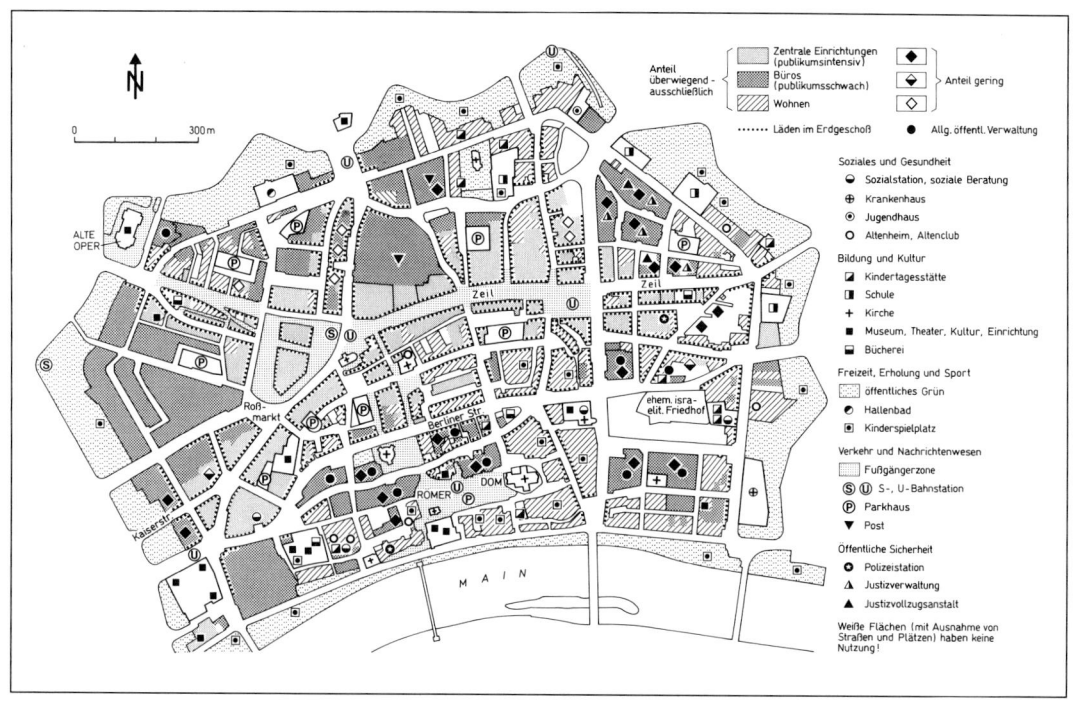

Quelle: Vorlaufer, K.: a.a.O., S. 118

M 4.2/6: „Geheimvertrag" im Zusammenhang mit Westend-Hochhäusern

Empörung bei der SPD, Verunsicherung und Mißtrauen auf seiten der Grünen: Offenbar hinter dem Rücken der rot-grünen Magistratsmitglieder hat Stadtkämmerer Ernst Gerhardt (CDU) einen vertraulichen Vertrag geschlossen, der das umstrittene Hochhaus der DG-Bank am Platz der Republik dem Bau wieder ein Stück näher bringt. Am 2. Juli, also 17 Tage nach dem Amtsantritt der rot-grünen Stadtregierung, unterzeichnete der Kämmerer einen Kontrakt mit dem Mineralölkonzern Esso AG. Darin verpflichtet sich die Stadt, der Esso für neun Millionen Mark Steuergeld drei neue Tankstellen an der Autobahn nach Wiesbaden und an der Hanauer Landstraße zu bauen. Im Gegenzug gibt die Esso ihre heutigen Zapfsäulen vor dem Parkhaus am Platz der Republik auf – dort soll das Hochhaus der DG-Bank entstehen.
Rechtsdezernent Andreas von Schoeler (SPD) und Planungsdezernent Martin Wentz (SPD) beteuerten jetzt übereinstimmend, der Vertag sei ihnen unbekannt. Oberbürgermeister Volker Hauff konnte nicht befragt werden, er wandert in den Dolomiten. Gerhardt selbst verwies auf den Aufsichtsrat der Frankfurter Aufbau AG (FAAG), der die Verhandlungen mit der Esso AG führte und dem auch Sozialdemokraten angehören. Dort sei über das Papier informiert worden.
...
Bei den Grünen herrschte nach Bekanntwerden des vertraulichen Vertrages große Verunsicherung. Den Stadträtinnen und Stadträten der Partei sei über das Papier nichts bekannt gewesen, hieß es.
...
Sikorski, der Fraktionsgeschäftsführer der Grünen, sagte weiter, der Magistrat müsse jetzt erklären, wie es denn möglich sei, daß von Gerhardt alleine ein Vertrag unterschrieben werde, der den politischen Interessen der rot-grünen Koalition zuwiderlaufe. Er sei, so Sikorski, „erstaunt", daß der Magistrat immer noch Fakten schaffe, die Zielen der alten CDU-Politik entsprächen.
Der Kämmerer selbst sagte ausweichend, er sei zu dem Kontrakt im Magistrat „nicht aussagepflichtig" gewesen. Im übrigen fühle er sich, so Gerhardt, durch den rot-grünen Koalitionsvertrag politisch nicht gebunden. Der Kämmerer ließ auch seine Überzeugung durchblicken, daß die Hochhäuser der DG-Bank und der BfG von der rot-grünen Koalition nicht mehr verhindert werden könnten: „Das Problem ist abgehakt".

Gerhardt hatte die Stadt bereits Ende 1987 in einem Vertrag mit den Investoren des Hochhauses der DG-Bank verpflichtet, das Baugrundstück „lastenfrei" zu übergeben, also frei von allen Miet- und Pachtverhältnissen. Letztes Hindernis ist bisher noch die Großtankstelle der Esso AG, die größte und umsatzstärkste Tankstelle des Mineralölkonzerns in Frankfurt mit einem Pachtvertrag bis ins nächste Jahrtausend, noch dazu mit einer Konzession für Betrieb rund um die Uhr.

Die zähen Verhandlungen des alten CDU-Magistrats mit der Esso über einen Vertrag zur Aufgabe der Tankstelle zogen sich Monate hin und gerieten nach der Kommunalwahl in Vergessenheit. Jetzt bestätigte Thomas Uckert, Sprecher der Esso AG in Hamburg, daß seine Firma am 2. Juli endlich handelseinig mit der Stadt geworden sei.

Die Bedingungen, die Kämmerer Gerhardt aushandelte, sind eine erhebliche Belastung für den Steuerzahler. Genau neun Millionen Mark muß die Stadt aufbringen, um die alten Esso-Tankstellen rechts und links der Autobahn nach Wiesbaden in Höhe der Zufahrt zum Rebstockgelände abbrechen und neue Gebäude und Zapfsäulen aufbauen zu lassen. Eine dritte, völlig neue Großtankstelle auf städtische Kosten an der Ecke der Hanauer Landstraße/Schwedlerstraße ist schon in Bau. Erst wenn alle drei Projekte abgeschlossen sind, so bestätigte Esso-Sprecher Uckert, wird seine Firma ihre Tankstelle am Platz der Republik räumen. ...

Der Aufsichtsrat der FAAG ist noch immer so besetzt wie vor der Kommunalwahl im März 1989 – mit einer CDU-Mehrheit. Vorsitzender des Aufsichtsrates ist nach wie vor der längst abgewählte CDU-Oberbürgermeister Wolfram Brück, sein Stellvertreter ist Kämmerer Gerhardt. ...

Quelle: Frankfurter Rundschau. 17. 8. 1989

M 4.2/7: Westend-Hochhäuser sind anscheinend unvermeidbar

Nach wochenlanger interner Diskussion und zahlreichen langwierigen Koalitionsrunden ist die Entscheidung grundsätzlich gefallen: Der Römer wird grünes Licht für den Bau der beiden umstrittenen Hochhausprojekte an der Mainzer Landstraße geben. Es zeichnet sich ab, daß SPD und Grüne unmittelbar vor einem Kompromiß stehen. Offen ist noch, welchen „Preis" die Sozialdemokraten dem kleineren Koalitionspartner für das Einlenken zahlen. Auch bei den Rathaus-Grünen hat sich offensichtlich die Erkenntnis durchgesetzt, daß sowohl das DG-Haus am Platz der Republik als auch der Büroturm der Bank für Gemeinwirtschaft mit vertretbaren Mitteln nicht mehr zu verhindern sind.

In den letzten Wochen sind die Koalitionsparteien unter immer stärkeren Druck geraten, nachdem Volker Hauff schon für Ende August einen gemeinsamen Bericht der Stadträte Wentz und von Schoeler (beide SPD) und Koenigs (Grüne) angekündigt hatte. Die Dezernenten sollten unter anderem darlegen, ob die Stadt Frankfurt Chancen hat, die beiden Bauvorhaben mit rechlichen Mitteln noch zu verhindern, obwohl der alte, CDU-geführte Magistrat schon Teilbaugenehmigung erteilt hatte. Die Grünen hatten ein eigenes Juristenteam aufgeboten, um sich ein Bild zu machen.

Während Volker Hauff und die Sozialdemokraten schon seit langem der Ansicht sind, daß die Christdemokraten den Investoren des DG-Hauses so weitreichende Zusagen gemacht haben, daß die Stadt mit weiteren Millionenverlusten rechnen muß, wenn sie den Bau noch stoppen will, hielten viele Grüne das Prozeßrisiko für vertretbar und wären bereit gewesen, 20 oder 30 Millionen Mark der Stadtkasse zu zahlen, wenn damit das Projekt hatte zu Fall gebracht werden können. Die Investoren hatten die Stadt indessen schon „vorsorglich" und unverhohlen drohend darauf hingewiesen, daß sie Schadenersatz bis zu 250 Millionen Mark verlangen werden, wenn das Hochhaus nicht gebaut werden kann.
...

Umweltdezernent Koenigs wolle offensichtlich den „Campanile" als Preis, auch wenn er die Koalition gefährde. Der Campanile, Frankfurts größtes Hochhausprojekt, für 400 Millionen Mark neben dem Hauptbahnhof geplant, wird von den Grünen ebenfalls abgelehnt. Während die SPD die beiden Hochhäuser in der Mainzer Landstraße zähneknirschend akzeptieren will, findet der 260-Meter-Turm am Hauptbahnhof ihre Zustimmung.
...

Zur Zeit prüft ein wissenschaftlicher Gutachter im gemeinsamen Auftrag von SPD und Grünen die Akten. Stellt der Rechtsprofessor gravierende Mängel beim Genehmigungsverfahren fest, „wird kein neues Baurecht für den Campanile geschaffen". So steht es in der Koalitionsvereinbarung. Die Grünen setzen bei diesem Projekt aber auch auf Hannelore Kraus, die Hauseigentümerin, die trotz aller Millionenangebote der Investoren ihre nachbarrechtliche Zustimmung verweigert und das Projekt erst einmal auf Eis gelegt hat.
...

Quelle: Frankfurter Rundschau. 12. 9. 1989

M 4.2/8: Campanile

a) Kampf um den Campanile. Nach dem Bauverbot rechnet die Stadt jetzt mit Klage

Ungeachtet der ablehnenden Haltung der rot-grünen Koalition im Römer hat die Mannheimer Immobiliengruppe Fay der städtischen Bauaufsicht offiziell angezeigt, daß sie mit den Arbeiten für das 300 Meter hoch geplante Campanile-Hochhaus beginnen wird. Nur Stunden später kündigte die Stadt ein Bauverbot für das Projekt an, das notfalls mit Unterstützung der Polizei durchgesetzt werde.
Zugleich gab sich auch zum ersten Mal der wahre Investor des über 500 Millionen Mark teuren Projekts zu erkennen – die Degi, eine Tochtergesellschaft der Dresdner Bank.
Mit der offiziellen Baubeginnsanzeige und dem dagegen gerichteten Bauverbot der Stadt ist der Weg für die lang erwarteten juristischen Auseinandersetzungen offen. Die Campanile-Investoren können das Bauverbot vor dem Verwaltungsgericht anfechten. Im Römer wurde damit gerechnet, daß die Fay-Gruppe nun die Klage bekanntgeben wird. Das Mannheimer Immobilien-Unternehmen will außerdem ein Gutachten des Frankfurter Baurechtlers Giselher Rüpke präsentieren, demzufolge die noch vom alten CDU-Magistrat gegebene erste Teilbaugenehmigung für den Campanile rechtmäßig ist. Vor Wochenfrist hatte eine Expertise des Baurechtlers Werner Hoppe aus Münster im Auftrag des rot-grünen Magistrats genau das Gegenteil zum Ergebnis.
Hinter der Fay-Gruppe steht als tatsächlicher Investor die Deutsche Gesellschaft für Immobilienfonds (Degi), eine Tochter der Dresdner Bank. Degi-Geschäftsführer Günter Süberling machte deutlich, daß sich sein Unternehmen auch durch zähe juristische Auseinandersetzungen nicht von dem Projekt Campanile abbringen lassen will.
...

b) „Campanile" bleibt hochfliegender Plan. Stadtrat trennt sich von Hochhausprojekt in Frankfurt
...

Das geplante „Campanile"-Hochhaus am Frankfurter Hauptbahnhof, erdacht als Turm-Ergänzung zur „stählernen Bahnhofskathedrale", ist zum Symbol politischer Entschlossenheit und des Widerstands gegen Architektur-Gigantomanie geworden.
Anwohner und Kommunalpolitiker versuchten an dem 550-Millionen-Mark-Projekt vorzuexerzieren, daß auch die Macht von millionenschweren Hochhaus-Investoren nicht grenzenlos ist – mit Erfolg: Am Freitag erklärte der Frankfurter Stadtrat die im März dieses Jahres zwei Tage vor der Kommunalwahl vom früheren CDU-Magistrat erteilte Teilbaugenehmigung für rechtswidrig. Damit ist das Schicksal des mit 265 Meter als höchstes Hochhaus Europas geplanten Bauwerks besiegelt. ...
Ein Gutachter im Auftrag des rot-grünen Magistrats hatte am Donnerstag, wie berichtet, in den Genehmigungsakten für den „Campanile" ... gleich ein halbes Dutzend Fehler entdeckt. Sie reichten aus, so stellte der Münsteraner Rechtsprofessor Werner Hoppe fest, die Vorabgenehmigung für den Büroturm ruhigen Gewissens für rechtswidrig erklären zu können.
Das Bauvorhaben überschreite „beträchtlich" Baulinien und Baugrenzen, sagte Hoppe. Abweichungen bei den Auto-Stellplätzen (statt 450 sollten 650 eingerichtet werden) und bei der mit 100 000 Quadratmeter angegebenen Nutzfläche, die um 1139 Quadratmeter überschritten wird, sind weitere Punkte. Es fehlen Untersuchungen über die Auswirkungen des 265 Meter hohen Wolkenkratzers auf die Umgebung durch Luftwirbelungen oder Verkehrsbelastung. Diese existieren lediglich für ein 200 Meter hohes Projekt.
Eine neue Genehmigung für den Wolkenkratzer will die Stadt auf keinen Fall erteilen. Frankfurts Rechtsdezernent Andreas von Schoeler fürchtet auch die bereits von der Mannheimer Bauherrengruppe Fay und Ernst angekündigte Schadenersatzklage in Höhe von mehr als 160 Millionen Mark nicht: Die Hessische Bauordnung sehe beim Widerruf rechtswidrig erteilter Baugenehmigungen Ansprüche der betroffenen Bauherren nicht vor.
Möglichen Ansprüchen der Investoren sieht der Magistrat schon allein deswegen gelassen entgegen, weil – anders als bei zwei anderen Hochhausprojekten in der Stadt – mit dem geplanten Bau noch nicht begonnen worden war. Allerdings ist dies nicht das Verdienst der Kommunalpolitiker, sondern einer eher unscheinbaren 49jährigen Frau: Hannelore Kraus. Die gebürtige Frankfurterin setzte der jahrelangen Hochhaus-Euphorie in der Stadt ihre Charakterstärke entgegen.
Die Anwohnerin des geplanten Hochhauses erwies sich als standhafte Gegenerin des Projekts. Während Nachbarn sich für sechsstellige Beträge von der Mannheimer Investorengruppe umstimmen ließen, blieb sie standhaft. Ob sie ihr 1,2 Millionen oder drei Millionen Mark boten oder ihr gar den Bau eines nach ihr benannten Nachbarschaftszentrums versprachen – Hannelore Kraus lehnte dankend ab und verhinderte so schon Monate vor dem endgültigen „Aus" den geplanten Baubeginn.

Quelle: Frankfurter Rundschau. 30. 12. 1989 (a); Kölner Stadt-Anzeiger. 31. 12. 1989 (b)

M 4.2/9: Die Wanderungsintensität der Wohnbevölkerung im City-Kern von Frankfurt/Main von 1955–1979

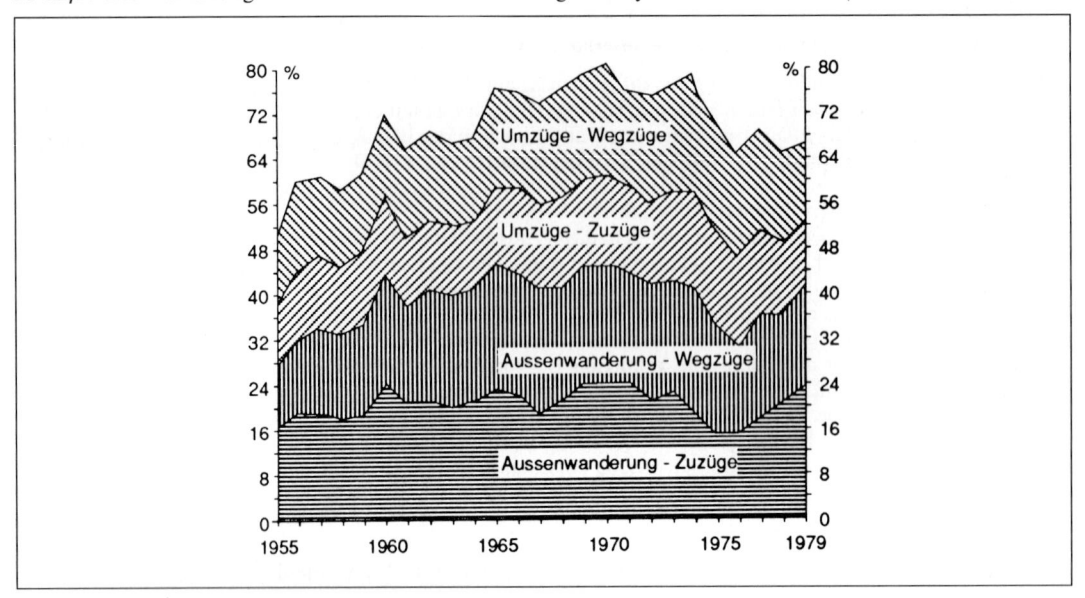

Quelle: Vorlaufer, K.: a.a.O., S. 134

M 4.2/10: Die Altersgliederung der Wohnbevölkerung in den Ortsteilen des Frankfurter City-Kerns im Vergleich zu Frankfurt-Gesamt 1978

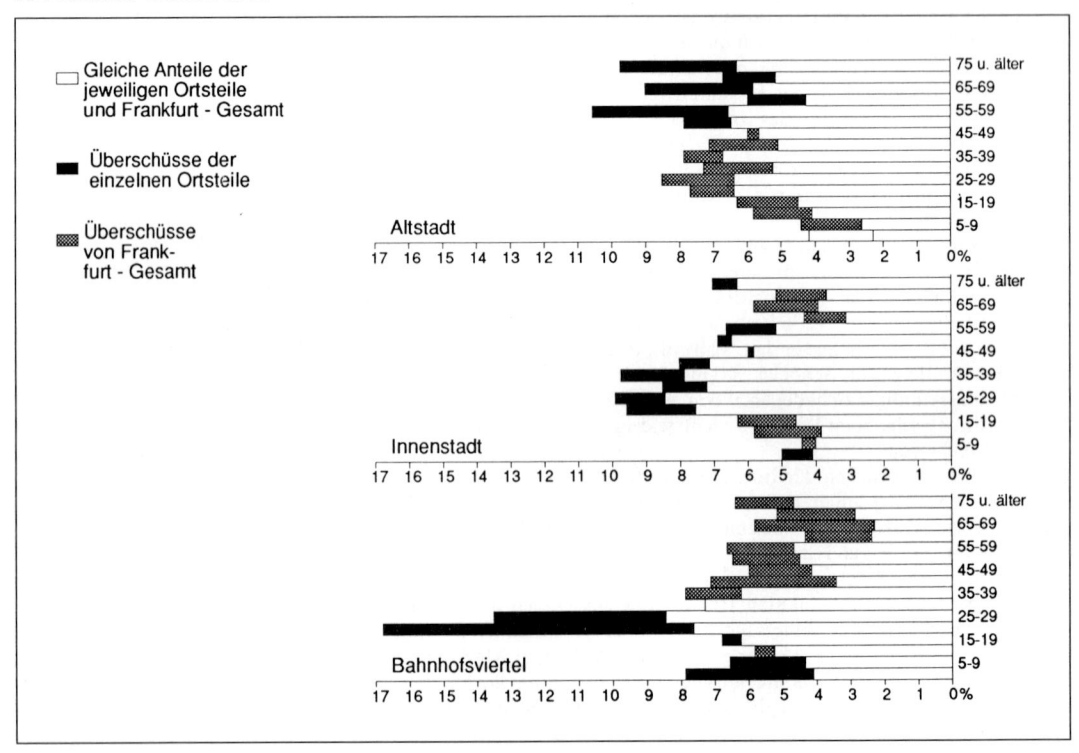

Quelle: Vorlaufer, K.: a.a.O., S. 135

M 4.2/11: Wohnungsbau in der City?

„Ich will sie alle in der Innenstadt haben", schwärmt Lutz Sikorski: Groß- und Kleinbürger, Banker und Arbeiter, „Yuppies und auch die Leute, die hier früher mal gewohnt haben", sollen nach den Vorstellungen des Geschäftsführers der Römer-Grünen nebeneinander in der Frankfurter City wohnen. Eine „bunte Mischung" sozialer Schichten unter den Bewohnern der citynahen Stadtteile wünscht sich auch Egon Müller, Mitarbeiter der SPD im Römer, für die Zukunft. Der für die Innenstadt zuständige Ortsbeirat 1 will sie jetzt beim Wort nehmen: mit einem umfangreichen Antrags-Paket handfester Vorschläge begannen die Stadtteil-Politiker jetzt, die Formel der Koalitions-Vereinbarungen von der „Stärkung des Wohnens" in der „urbanen City" mit Leben zu füllen.

„Es ist Zeit, der Entvölkerung der Frankfurter Innenstadt, wenigstens von seiten der Stadt selbst, entgegenzuwirken." Hans Heilmann von der SPD im Ortsbeirat faßte in seiner Antrags-Begründung präzise die Ambitionen der Stadtteil-Politiker zusammen. Mit Nachdruck will der Beirat ab sofort „die Stellen in unserem Stadtgebiet aufzeigen, an denen es jetzt möglich ist, Baulücken zu schließen", bekräftigte der SPD-Fraktionssprecher.

Beispiel „Schöne Aussicht", Hausnummer 14 – nur: Dort steht kein Haus. Ein Trümmergrundstück, seit mehr als 40 Jahren brachliegend – „trotz der Wohnungsknappheit in dieser Stadt", wie die CDU zu ihrem Antrag bemerkt. Ihr Vorschlag, ... den privaten Eigentümer per Gesetzbuch zu einem „Baugebot" zu bewegen, findet auch im Römer Anklang: Eugen Müller hält es für möglich, daß die Stadt den Eigentümer bei einem sozialen Wohnungsbau-Projekt unterstützt oder das Grundstück selbst erwirbt. ...

Beispiel Domstraße 7/Braubachstraße 10: Gleich mit zwei Anträgen wollten SPD und Grüne Wohnungen im geplanten „Wiederaufbau" der letzten Kriegsruine in der Altstadt festschreiben. ...

Die Einzelfälle summieren sich. Sozialer Wohnungsbau auf der Freifläche in der Rechneigrabenstraße 16–18; das von der Stadt aufgekaufte, aber immer noch verwahrloste Haus Ecke Mainlust- und Gutleutstraße im Bahnhofsviertel; und auch in den leerstehenden Wohnungen im „Sanierungsgebiet Günderrodestraße" im Gallus, aus denen viele Mieter vor dem Druck des bevorzugten Großgewerbes flohen, könnten nach Vorstellung des Ortsbeirats zumindest zeitweilig wieder Menschen leben.

Ob dann tatsächlich „sie alle" nebeneinander in der City und Umgebung zu erschwinglichen Preisen wohnen können – das blieb in der Diskussion weitgehend ausgespart. Ulrich Baier von den Grünen will auf eine stärkere städtische Beteiligung am Mietpreisspiegel drängen, auch Entsprechendes für die Bodenpreise: schließlich eine teilweise Beibehaltung der Mietpreis-Bindung im sozialen Wohnungsbau.

Zweifel klangen dennoch in der Bitte eines City-Bewohners in der Bürgerfragestunde mit: Der Beirat solle bei allen Vorschlägen künftig „im Auge behalten, daß Wohnen in der Innenstadt ein sozial verträgliches Wohnen ist".

Quelle: Frankfurter Rundschau. 28. 4. 1985

M 4.2/12: Die Immobilienpreise in Frankfurt steigen stetig

Der Preis für ein freistehendes Einfamilienhaus wird in guten Frankfurter Lagen bald die Ein-Millionen-Mark-Grenze erreicht haben. Dies läßt sich aus dem neuesten Marktbericht der Frankfurter Immobilienbörse schließen, ... 800 000 bis 900 000 Mark werden derzeit schon für diese Objekte bezahlt. Eine gute Nachfrage besteht laut IHK auch für „Villaanwesen im hohen Preisbereich". Die Gesamttendenz im Frankfurter Immobilienmarkt: „Eine starke Aufwärtsbewegung".

Stärker noch als bisher werden Reihen- und Doppelhäuser gesucht, die zwischen 500 000 und 600 000 Mark kosten. Auch Eigentumswohnungen sind teurer geworden. Die Nachfrage zielt vor allem auf kleine Anlagen in guten Lagen. Während die Preise für Wohnungsneubauten in Frankfurt bei 4000 bis 6000 Mark je Quadratmeter liegen, kosten gebrauchte zwischen 2500 und 4500. Für eine 100-Quadratmeter-Eigentumswohnung sind also zwischen 250 000 und 450 000 Mark zu bezahlen. Gelegentlich – etwa im Westend oder ähnlichen Lagen – wird auch mal eine halbe Million auf den Tisch gelegt. Am Stadtrand und im Vordertaunus sind Eigentumswohnungen für Quadratmeterpreise zwischen 2000 und 4000 Mark zu haben, im übrigen näheren Umland für 1500 bis 3000 Mark.

Auch der Markt für Mietwohnungen steht weiter im Zeichen einer ungebrochenen Nachfrage. Bis zu 18 Mark je Quadratmeter werden bei Wohnungen zwischen 80 und 100 Quadratmetern monatlich bezahlt. „Spitzenobjekte" mit 100 Quadratmetern Wohnfläche kosten bis zu 2400 Mark im Monat. Für Wohnungen in mittlerer Lage hat die IHK Mieten zwischen neun und 13 Mark je Quadratmeter ermittelt. Im Umland müssen noch sieben bis 12 Mark bezahlt werden.

Entsprechend steigen auch die Preise bei Grundstücken. Von 350 Mark je Quadratmeter Bauland in weniger attraktiven Vororten bis zu 900 Mark in ruhigen Wohnlagen reicht die Preisspanne.

...

> In der Innenstadt hat die Nachfrage bei Büros weiter zugenommen. Dort werden zwischen 20 bis 50 Mark Monatsmiete für den Quadratmeter verlangt.
> „Die Nachfrage im letzten halben Jahr hat sich in allen Marktsegmenten erheblich verstärkt", teilt die IHK mit. Dem stehe ein abgeschwächtes Angebot entgegen, folglich entwickelten sich die Preise weiter nach oben.
> ...

Quelle: Frankfurter Rundschau. 22. 7. 1989

M 4.2/13: Spekulanten entdecken Stadtteil

> Wo es sich gut wohnen läßt, kann der Geschäftsmann auch gut Geld verdienen. Zum Beispiel mit einer „attraktiven Stadtwohnung, Penthouse, 140 Quadratmeter mit Dachterrasse". Die Wohnung, hieß es in einer Anzeige, würde derzeit „total saniert", Veränderungswünsche könnten noch berücksichtigt werden. Der Preis für die Traumwohnung: 450 000 Mark. Anna Gröbert wäre bestimmt der Schreck in die Glieder gefahren, hätte sie gewußt, daß es da um ihre Wohnung geht. Die 75jährige Rentnerin bewohnt einen Teil des Dachgeschosses in der Falkstraße 51 für 300 Mark Kaltmiete. Sie denkt nicht daran auszuziehen, was ihr schon viel Ärger eingebracht hat. In der Nachbarschaft kann sie auch beobachten, daß sie mit ihren Wohnungssorgen nicht allein ist. Immer mal ziehen Mieter aus, deren Wohnungen dann zum Kauf angeboten werden. Besorgte Bewohner, die sich in der „Mieterinitiative Falkstraße" zusammengeschlossen haben, warnen inzwischen vor einer „neuen Spekulationswelle" in Bockenheim.
> Im ehemaligen Mietshaus Falkstraße 51 sind sechs von neun Wohnungen bereits verkauft. Eine Mieterin im dritten Stock, die sich ebenfalls gegen den Auszug wehrt, hat von ihren neuen Nachbarn erfahren, daß die Etagenwohnungen für 2500 bis 3500 Mark im Angebot waren. Diesen Preis wollte oder konnte keiner der alten Mieter bezahlen.
> ...
> Die Falkstraße: ein ruhiges Wohnquartier ohne Durchgangsverkehr, mit der Kneipe an der Ecke, mit grünen Hinterhöfen und einfachen Mietshäusern. Arbeiter des nahen VDO-Werks wohnten hier, seit ein paar Jahren auch Studenten. Nun drängen kapitalkräftigere Bewohner in das Viertel und heben den bescheidenen Standard der Wohnungen gehörig an.
> Das Haus Nummer 32 ist bereits komplett in Eigentumswohnungen umgewandelt, wie die Mieterinitiative registrierte. Nebenan, Nummer 34 und 36, steht alles leer. In der Nummer 50 sind seit dem 1. Mai neue Eigentümer im Grundbuch eingetragen.
> ...
> Einer der drei neuen Eigentümer ... will ... beruhigen: „Sicher möchte ich irgendwann selber da einziehen, aber einen genauen Fahrplan habe ich noch nicht." Alteingesessene Mieter sind für ihn „absolut tabu", bei anderen „wird man sich einigen können".
> In der Falkstraße 58 herrscht eine Zeitlang helle Aufregung. Bewohner des Hauses berichteten der Mieterinitiative, das Haus solle zum „Studentenwohnheim" umfunktioniert werden, mit Ein-Zimmer-Appartements statt Familienwohnungen. Im Dachgeschoß hatte man sogar schon mit dem Ausbau angefangen, bis die Bauaufsicht den Umbau stoppte, weil keine Genehmigung vorlag.
> „Im Dachgeschoß hab ich Fehler gemacht, gibt der neue Besitzer zu, ... Doch von einem Studentenwohnheim könne nicht die Rede sein. Es handle sich um ein „krisensicheres Anlageobjekt, das immer eine gute Kapitalverzinsung gewährleistet".
>
> Aus Miet- werden Eigentumswohnungen
>
> Gleich um die Ecke, in der Konrad-Broßwitz-Straße 52, verwandeln sich seit einem Jahr Miet- in Eigentumswohnungen. „Anfangs wollten wir Mieter uns noch gemeinsam wehren", berichtet einer, der standhaft geblieben ist. Dann „winkten die Makler mit Scheinen", und für 2000 bis 3000 Mark Abfindung räumten die Bewohner das Feld. Der Mieter: „Keiner wohnt mehr in Bockenheim."
> Das Kommen und Gehen „spielt sich hinter den Kulissen ab", berichtet der Mitarbeiter eines Architekturbüros, das im Auftrag der Stadt bei Modernisierungen Rat und Hilfe gibt. „Doch der Trend nimmt zu."
> ...
> „Das ist eine neue Generation von Spekulanten, die hier reindrängt", sagt Hans-Jürgen Hammelmann, für die Grünen in der Mieterinitiative tätig, und die hätten eine einfache Rechnung aufgemacht: ein paar Fußminuten von der Falkstraße entfernt würde die Leipziger Straße zur attraktiven Einkaufszone „aufgemotzt"; bald komme der U-Bahn-Anschluß – „Bockenheim wird attraktiv", also lohne es sich, zu spekulieren.
> Dem Ortsbeirat 2 erscheint es auch bereits „dringend erforderlich, einer Vertreibung der Wohnbevölkerung rechtzeitig mit energischen Maßnahmen entgegenzutreten" wie es in einer Anregung an die Stadtverordne-

tenversammlung heißt. Die Stadtteilpolitiker bitten den Magistrat um Informationen darüber, wo im Einzelfall Umwandlungsspekulation bekannt ist. Sie drängen darauf, politisch einen Riegel vorzuschieben. „Wir wissen bisher nur, daß die Spekulation hier gerade anfängt", sagt Ortsvorsteher Bernd Scherf (SPD). Das Thema hat wohl Zukunft in Bockenheim.

Quelle: Frankfurter Rundschau. 28. 5. 1985

M 4.2/14: Zunehmende Mietervertreibung in Bockenheim. Rendite auf Kosten der Bewohner

In Bockenheim geht es um die Existenz. Rund um das Sanierungsgebiet wird Haus nach Haus verkauft, verlieren Mieter ihre Zuhause, werden Menschen zu Sozialfällen, weil sich für den verlorenen Wohnraum ohne staatliche Hilfe kein Ersatz mehr findet. Bockenheim wird zu einem Prüfstein für die rot-grüne Stadtregierung: Es steht das Versprechen im politischen Raum, von Vertreibung bedrohten Mietern auch durch den Kauf ihrer Häuser zu helfen. Schon werden aus der Bockenheimer Markgrafenstraße 13, wo fünf Bewohnerparteien um das Bleiben kämpfen, eine Menge drängender Fragen an den neuen Magistrat gerichtet.
Das 1890 eingemeindete Bockenheim ist eine Stadt für sich, immer noch. Aber wer das vielgeliebte Quartier länger kennt, der sieht: das Milieu ist schon beschädigt. „Musik, Gespräche, Leute, Leben" – das ist nur noch die Erinnerung einer der letzten Mieterinnen des in Eigentumswohnungen umgewandelten Hauses Falkstraße 51 an den Blick aus ihrem Fenster. Seit einiger Zeit versucht sie sich mit „typisch deutscher Stille" abzufinden.
...
Bockenheim, der ehemalige Stadtteil der Arbeiter, Handwerker und kleinen Angestellten, ist heiß begehrt. Zumal die City durch die U-Bahn-Verbindung in greifbarer Nähe liegt. Insbesondere, weil Wohnungen innerhalb der Stadtgrenzen wieder jeder sucht, der Wohnungsmarkt aber kaum etwas zu bieten hat. „Maisonette in Bockenheim", „Feinstes Bockenheim" locken die Makler in ihren Annoncen – nicht erst, seitdem die Zeitschrift „Capital" das Viertel als „kommende Lage" ausgeschellt hat und Aufkäufern wie Anlegern dort in den nächsten fünf Jahren eine Rendite von 30 bis 40 Prozent versprach, was nahezu „doppeltes Geld in Zehn Jahren bedeutet".
...
Haus für Haus läßt sich beispielsweise in der Falkstraße der Auszug der angestammten Mieter über die Jahre zurückverfolgen. Anfang der 80er Jahre hat es begonnen. Als ob der Keim für den Umbruch der Straße von einem Bazillus in die Häuser getragen worden wäre, waren besonders die fünfziger Nummern betroffen: 50, 51, 54, 56, 58 ... Monat um Monat setzten Möbelwagen die Zeichen für das Ende einer jahrzehntelangen Nachbarschaft. So spektakulär die Folge für die Existenz der eingesessenen Familien waren, so vergleichsweise unauffällig war der Zuschnitt der Aufkäufer: Selbstnutzer und Kleinspekulanten. Keineswegs ist bisher allenthalben das große Geld geflossen; ... das gesamte soziale Gefüge der Stadt wird durch den Bockenheimer Prozeß schwer erschüttert: Weil die neuen Bewohner stets massig Wohnraum beanspruchen, geht, aufs Ganze gerechnet, massig Wohnfläche verloren. So wohnen an der Hausnummer 54, die von fünf Lehrer-Paaren erworben wurde, heute 11 statt früher 40 Menschen.
Und mit der Wohnfläche schwindet die Zahl der erschwinglichen Wohnungen, verlängert sich die lange Reihe derer, die vom Staat versorgt werden müssen: Ein Großteil der Mieter, die in jenen Gebäuden außergewöhnlich billig wohnen konnten, waren nach ihrem Auszug aus der Falkstraße nur noch in Sozialwohnungen unterzubringen. ...
Die einen werden ärmer, die anderen stoßen sich gesund ...
Die Falkstraße ist nur ein Beispiel, kein Einzelfall: Konrad-Broßwitz-Straße, Wurmbachstraße, Markgrafenstraße sind ebenso gesuchte Adressen.
Was aus den alten Bockenheimer Häusern herauszuholen ist, läßt sich am Beispiel der Falkstraße 51 vorführen: Erster Verkauf 1978 für 350 000 Mark, zweiter Verkauf 1983 für 750 000 Mark, letzter Verkauf (als Eigentumswohnungen) für zusammengenommen rund 2,25 Millionen Mark. Ähnlich sieht die Rechnung für das Gebäude Konrad-Broßwitz-Straße 38 aus: Die Summe, die vor zehn Jahren noch für das ganze alte Haus hingeblättert wurde, bringt jetzt eine der Eigentumswohnungen ein.
...
So scheut derzeit die Mietergemeinschaft Markgrafenstraße 13 keinen Weg, um ihr Zuhause, das kürzlich in den Besitz zweier Gewerbemakler überging, für sich zu bewahren.
Die streitbaren Bewohner haben eine Reihe von Versprechen der SPD im Wahlkampf ausgegraben, die zum Beispiel propagierte: „Die Stadt hat (...) die Möglichkeit, unter anderem durch die Ausübung ihres gesetzlichen Vorkaufsrechts, Mietraum dort zu erhalten, wo durch die gehäufte Umwandlung in Wohnungseigentum das soziale Gefüge eines Wohngebiets nachhaltig gestört wird. Von dieser Möglichkeit werden wir Gebrauch machen."

Also werden derzeit die fünf Mietparteien beharrlich reihum in parlamentarischen Gremien, bei Ämtern und Politikern vorstellig, um herauszufinden, „unter welchen Bedingungen wir gekauft werden von der Stadt". Den Ortsbeirat haben sie schon hinter sich. Ihr Antrieb ist die „Vorstellung, daß die Stadt aus unserem alten, modernisierungsbedürftigen und -würdigen Haus durch Ankauf bezahlbare mietpreisgebundene Wohnungen machen könnte."
...
Was aber die konkreten Schritte zum Kauf von Liegenschaften durch die Stadt angeht, ist bei manchem Theoretiker, der jetzt die ersten Schritte in praktischer Regierungsarbeit gehen muß, das Zögern deutlich spürbar: „Der Eigentümer", so Dezernent Martin Wentz, „wird einen Reibach machen wollen."

Quelle: Frankfurter Rundschau. 12. 7. 1989

M 4.2/15: Bürger fürchten höhere Mieten. Diskussion über soziale Folgen der Sanierung Bockenheims

Soziale Folgen der Sanierung in Bockenheim: Über dieses Thema diskutierten knapp 100 Politiker, Anwälte, Architekten, Sanierungsexperten und Bürger bei einem städtebaulichen Kolloquium im Technischen Rathaus. Das dreistündige Forum stellt den Auftakt zu einer Reihe von Veranstaltungen dar, auf denen sich nach dem Willen von Stadtrat Martin Wentz (SPD) eine breite Öffentlichkeit mit planerischen Fragen befassen soll.
Zu Beginn stellte Beatrice Kustor ihre Studie über die „Sozialverträglichkeit des Sozialplans" vor. Die Soziologin zog eine positive Bilanz. Befragt hatte sie im Auftrag des Stadtplanungsamtes 120 von jenen 489 Mietern, die zwischen 1979 und 1987 von der Sanierung betroffen waren. 61 Prozent stehen der Modernisierung demnach zustimmend gegenüber. Bemerkenswert: Der Anteil der Bürger, die ihre Mieten als angemessen oder preiswert empfinden, ist durch die Sanierung von 67 auf 79 Prozent gestiegen.
Die Wissenschaftlerin sieht die Wurzeln für die Zustimmung in der finanziellen Unterstützung bei Umzügen und der Mietpreisobergrenze. Kritisiert wurde von Frau Kustor die faktisch eingeschränkte Einbeziehung ausländischer Bewohner in den Informationsfluß zwischen Bürgern und Verwaltung.
Während auf dem Podium das positive Urteil gestützt wurde, wandten sich viele Publikums-Redner in der offenen Diskussion gegen eine „euphorische Beurteilung". Was passiert, wurde gefragt, wenn nach zwölf Jahren die Mietpreisbindungen auslaufen und dann die Mieten alle drei Jahre um 30 Prozent steigen können? Zweiter Hauptkritikpunkt des Publikums: Die Kontrollinstrumente erfaßten nicht jene Mieter, die jenseits der Sanierungsgrenzen wohnten. Da die Sanierung jedoch einen Entwicklungsimpuls für den gesamten Stadtteil gebe, seien diese von Mietsteigerungen betroffen. mic

Quelle: Frankfurter Rundschau. 11. 12. 1989

M 4.2/16: Später Schutz für das Westend

„Der Schutz kommt spät, aber nicht zu spät": Planungsdezernent Martin Wentz (SPD) hat am Montag die städtische Erhaltungssatzung für das Westend präsentiert. Zersiedlung, Wohnraumzweckentfremdung und Luxusmodernisierung, unter denen das Quartier seit vielen Jahren leidet, will der rot-grüne Magistrat künftig mit diesem Rechtsinstrument entscheidend eindämmen. Wichtig ist die Anwendung des sogenannten „Übermaß-Verbotes" aus dem Baugesetzbuch: Neue Büros, Geschäfte, Handwerksbetriebe und Restaurants werden soweit als möglich verhindert – weil das Westend zum Teil schon mehr als genug aufweist. Und wer künftig noch alte Wohnhäuser aufwendig umbauen will – mit neuem Eingang, Aufzug, Loggia oder größerem Wohnungszuschnitt, kann mit einer städtischen Genehmigung nicht mehr rechnen. Jeder beantragte Neubau, jeder geplante Abbruch muß mit den Zielen der Satzung vereinbar sein – sonst gibt es die Erlaubnis nicht.
Keinen Schutz freilich bietet die Erhaltungssatzung auch künftig gegen den Verkauf eines Hauses oder gegen kräftige Mieterhöhungen zur Vertreibung der Betroffenen. Planungsdezernent Wentz beklagte gestern vehement, daß die Bundesregierung seit 1983 Mietsteigerungen von 30 Prozent innerhalb von drei Jahren zuläßt: „Eine Katastrophe für Frankfurt, die schwerwiegende Veränderungen der Bevölkerungsstruktur zuläßt." Um so mehr sieht es Wentz als notwendig an, für die gesamte Frankfurter Innenstadt innerhalb des Anlagenrings und das Gallusviertel dazu langfristig Erhaltungssatzungen zu erlassen.
...
Die Vorarbeiten für die Erhaltungssatzung begannen noch zu Zeiten des alten CDU-Magistrats. Von Juli 1988 bis Mai 1989 untersuchte ein privates Planungsbüro im Auftrag der Stadt die Situation im Westend und verfaßte schließlich ein 130 Seiten umfassendes Gutachten.
...
Mit Zahlen untermauert das Papier, wie schlecht es um das Wohnen seit langem im Westend bestellt ist. Alleine in den Jahren zwischen 1970 und 1987 sank die Wohnbevölkerung demzufolge von 28 900 auf 21 200 Menschen.

Um in Zukunft das „Übermaß-Verbot" des Baugesetzbuches anwenden zu können, geht die Erhaltungssatzung davon aus, daß die „Versorgungseinrichtungen" für diese verbliebenen Bewohner des Westends mindestens ausreichend sind. Bei den „Geschäften für den täglichen Bedarf" könnten dies die Menschen im Quartier selbst freilich anders sehen – immer wieder einmal hat es Klagen gegeben in jüngerer Vergangenheit über fehlende Lebensmittelläden etwa.
...
Ähnlich sieht der Magistrat die Situation bei Dienstleistungen und Handwerksbetrieben. Arztpraxen und Anwaltskanzleien gebe es dagegen „zahlreicher, als es für die Bedarfsdeckung im Viertel erforderlich wäre". Diese Tatsache sei „unerfreulich" besonders im Hinblick auf die Wohnungen, die „für diese Nutzungen beansprucht" worden seien.
...
In einigen Teilen des Viertels ... liege der Umfang der Praxen und Kanzleien „bereits über der Grenze der Vorschriften der Baunutzungsverordnung".
...
Der Magistrat kommt weiter zu dem Urteil, „Gaststätten und Restaurants dürften den Bedarf der Westendbewohner ausreichend decken". Die Kundschaft komme tatsächlich oft „von außerhalb des Westends". Auch hier werden städtische Genehmigungen für neue Lokale nicht mehr so leicht zu bekommen sein.
Ein Defizit im Westend sieht der Magistrat hingegen insbesondere bei Kindergärten und Spielplätzen für Kleinkinder. Für größere Kinder bestehe die Möglichkeit, im nahen Rothschildpark oder im Grüneburgpark zu spielen.
Wechseln Grundstücke im Westend den Besitzer, hat die Stadt grundsätzlich ein Vorkaufsrecht im Geltungsbereich der Erhaltungssatzung.
...

Quelle: Frankfurter Rundschau. 20. 12. 1989

M 4.2/17: Familien gibt es nicht mehr. 23 Prozent höhere Mieten

Eine Erhaltungssatzung macht nur Sinn, wenn es noch etwas zu erhalten gibt. Daß das Wohnviertel Westend trotz zwei Jahrzehnten Drucks der Investoren aus dem Dienstleistungsgewerbe nicht völlig verloren ist, hat das private Planungsbüro Grösel in seiner Vorarbeit für die Erhaltungssatzung dokumentiert.
Etwa die Straßenblöcke nördlich der Bockenheimer Landstraße, die im Urteil der Planer „in weiten Teilen verschont" geblieben sind. Oder die Bereiche beidseits der Niedenau zwischen Zimmerweg und Kettenhofweg. Und schließlich die Gründerzeit-Villen rund um den Beethovenplatz. Den Rest des südlichen Westends kann man laut Gutachten als Wohnort vergessen. In der Sprache der Planer heißt das, er sei „stark durchmischt" – hier herrschen Büros und Hochhäuser vor.
Und wer kann es sich noch leisten, im Westend zu wohnen? Die Mieten im südlichen Teil liegen 23 Prozent über dem städtischen Durchschnitt, im nördlichen Westend sind sie immer noch 18 Prozent teurer. Auffallend dominieren die Ein-Personen-Haushalte mit einem Anteil von 80 Prozent. In weiteren 14 Prozent der Wohnungen leben zwei Menschen, Familien mit drei und mehr Mitgliedern fallen statistisch nicht mehr ins Gewicht. Das Gutachten nennt keine Zahl.
Der Ausländeranteil im Westend ist mit 25 Prozent um vier Prozent höher als der städtische Durchschnitt. Genau 59 Prozent dieser Ausländer stammen freilich laut Untersuchung „nicht aus den für Frankfurt traditionellen Herkunftsländern". Nicht Türken, Marokkaner und Italiener wohnen also vorrangig im Westend, sondern Japaner, Amerikaner, Briten und Franzosen.
Nein, eine Erhebung über die Berufe dieser Westend-Bewohner gibt es nicht. Aber die Gutachter stellen die Verbindung her zu den nahen „internationalen Firmen-Repräsentanzen". Der Rückschluß ist wohl zulässig.
jg

Quelle: Frankfurter Rundschau. 20. 12. 1989

4.3 Eine Stadt und ihre Funktion – das Beispiel Bonn (*Christoph Leusmann*)

4.3.1 Leitende Ideen

Die seinerzeitige Wahl Bonns zur Bundeshauptstadt kann für die Entwicklung der Stadt und ihres Umlandes nicht hoch genug eingeschätzt werden. Die ehemalige Universitäts-, Rentner- und Gewerbestadt erhielt vielfältigste starke Wachstumsimpulse und konnte einen großen Schritt aus dem

Schatten den nahen Köln tun; sie wuchs innerhalb weniger Jahrzehnte mit dem gesamten Umraum einschließlich Bad Godesberg und Beuel zu einer wirklichen Großstadt und zum Zentrum der heutigen Rhein-Sieg-Region zusammen.

Dabei wollte – und konnte – Bonn nie große Metropole sein, gefällt sich aber als ‚liebenswerte Hauptstadt' und wird mittlerweile allgemein auch so akzeptiert. Und auch die neue Hauptstadtdiskussion im Zuge der deutsch-deutschen Einheit macht sehr wohl deutlich, daß das Provisorium, als das Bonn lange Jahre gegolten hat, sich längst – allemal in der Funktion des Regierungssitzes – zu einer echten Alternative zu Berlin entwickelt hat.

Implikationen dieses letzten Punktes – mögliche Funktionsverlagerungen nach Berlin – sollen explizit nicht Gegenstand dieser Unterrichtsreihe sein, wenngleich sie sich letztlich auf diese Frage und die mit einer solchen Verlagerung verbundenen Probleme zuspitzt. Aber das Beispiel Bonn läßt allemal eindringlich und exemplarisch deutlich werden, was zentraler Funktionsgewinn und eventueller Funktionsverlust für eine Stadt, ihre Bevölkerung und Wirtschaft, für eine ganze Region aus unterschiedlichster Perspektive betrachtet, bedeuten kann.

Dazu ist hier Material zusammengestellt, welches – im Sinne eines Fallbeispiels – den ‚Ausbau' Bonns selbst, wichtige damit verbundene Probleme sowie die Brauchbarkeit und Akzeptanz von Konzepten zu deren Lösung zu bearbeiten erlaubt. Notwendige Detailkenntnisse und konkretes, hauptstadtbezogenes Hintergundwissen kann ebenfalls erworben werden – nicht als Spezial- oder Einzelwissen, sondern eben als wichtige Folie zur Problembeurteilung; gleichzeitig läßt sich gerade an den verwendeten ‚Alltagsmedien' mit vorwiegend durchaus authentischem Charakter die enge Verzahnung von sachlich Wichtigem und Bedeutungslosem, von lokalen Besonderheiten und Übertragbarem verdeutlichen und didaktisch positiv wenden.

Das nachfolgend zu einer Unterrichtseinheit strukturierte Material ist natürlich auch als ‚Steinbruch' verwendbar; auch Teileinheiten oder einzelne Phasen können herausgegriffen und sinnvoll in anderen Zusammenhängen verwendet werden. In der nachfolgenden Übersicht ist die mögliche Struktur dieser Unterrichtsreihe dargestellt.

4.3.2 Ein Vorschlag zur Strukturierung

Themenschwerpunkte und ihre inhaltliche Akzentuierung	Materialien
Geschichtliche Fakten	
Vom Römerlager zur Bundeshauptstadt	
– Geschichtliche Daten, Ereignisse, Persönlichkeiten	M 4.3/1–2
– Anlage, Befestigung, Ausbau der Stadt Bonn	M 4.3/2–7
– Funktionswandel	
Die Bundeshauptstadt	
Das Provisorium	
– Regierungsviertel	M 4.3/8, Dierke (1988),
– Bauliche Entwicklung	S. 16 ①
– Die Hauptstadtfrage: Hintergründe und Entwicklungen	M 4.3/7–11
Großraum Bonn	
– Lagesituation/Raumstruktur	M 4.3/12–13
– Flächennutzung und funktionale Differenzierung	Diercke (1988),
– Hauptstädtische Funktionen in ihrer räumlichen Verteilung	S. 16 ① mit Interpretation
– Verkehrsinfrastruktur	(s. Diercke Handbuch)

Ausbau zur ‚liebenswerten Hauptstadt'?
- Erklärungen; veränderte Rahmenbedingungen — M 4.3/9, 14–15
- Planung im Regierungsviertel: Konzepte oder Phantasien für einen ‚Central-Administration-District'? — M 4.3/8, 16–18
- Planungsschwerpunkt: Regierungsallee
  - Vorhaben, Projekte — M 4.3/18–21
  - Denkmalschutz versus öffentliches Interesse — Diercke (1988), S. 16 ①
  - Champs-Elysées en miniature?
  - Büros statt Wohnraum

Die ‚neue' Hauptstadt-Diskussion
- Der dritte Bonn-Vertrag — M 4.3/9, 14, 22–24
- Argumentationen, Meinungen
- Die Entscheidung — M 4.3/25–28

4.3.3 Materialien

M 4.3/1: Bonn: Grunddaten

Geschichte		darunter	
Gründung des Legionslagers Castra Bonnensia	etwa 37 n. Chr.	bebaute Fläche	16,3 (38,9) km²
Bestätigung der Stadtrechte durch d. Erzbischof von Köln	1244	Straßen, Wege, Parkplätze ... Landwirtschaftl. genutzte	6,1 (15,1) km²
Verlegung der Kurkölnischen Residenz nach Bonn	1601	Fläche	13,3 (33,1) km²
		Wald	24,5 (39,7) km²
Belagerung und Zerstörung der Stadt im Pfälzischen Krieg	1689	Wasserfläche	1,7 (5,8) km²
Residenzausbau durch Kurfürst Clemens-August	1723–1761	Parks, Grünanlagen, Freibäder, Sportanlagen	2,2 (7,4) km²
...		**Einwohner**	
Gründung der Universität durch den König von Preußen	1818	insgesamt *davon:*	142 860 (291 836)
Bonn wird kreisfreie Stadt	1. 10. 1887	weiblich	52,7 (52,8) %
Einweihung der ersten Rheinbrücke	17. 12. 1898	männlich ...	47,3 (47,2) %
Eingemeindung der Vororte Poppelsdorf, Endenich, Kessenich und Dottendorf	1. 4. 1904	Ausländer ... unter 6 Jahre	10,5 (9,9) % 4,6 (4,7) %
Schwerster Luftangriff auf Bonn im 2. Weltkrieg	18. 10. 1944	6 bis 18 Jahre 19 bis unter 60 Jahre	9,9 (10,7) % 66,3 (64,0) %
Bonn wird vorläufige Hauptstadt	3. 11. 1949	60 bis unter 65 Jahre 65 Jahre und älter	4,8 (5,4) % 14,4 (15,2) %
Zusammenschluß von 11 Städten und Gemeinden zur neuen Stadt Bonn	1. 8. 1969	Dichte (Einwohner/qkm) Haushalte Personen je Haushalt	2229 (2065) 67 702 (134 669) 2,11 (2,24)
Vereinbarung zum Hauptstadtausbau zwischen Bund, Land und Stadt	11. 9. 1975	**Angehörige des dipl. Corps** Botschaften	1950 (7150) 36 (122)
Stadtgebiet		**Wirtschaft**	
Gesamtfläche¹	64,1 (141,3) km²	Arbeitsplätze Produzierendes Gewerbe Handel und Verkehr Verwaltung und Dienstleistung Land- und Forstwirtschaft	96 900 (156 000) 19,0 % 17,2 % 63,7 % 0,1 %

¹ Klammerwerte für die gesamte Stadt Bonn
Quelle: Informationsamt der Stadt Bonn. 1987

M 4.3/2: ‚Daten' zur Geschichte Bonns

30 v. Chr.
Nach Cäsars Ermordung an den Iden des März 44 v. Chr. ließ der spätere Kaiser Augustus im ehemaligen Gebiet der Eburonen rechtsrheinische Ubier ansiedeln. Vor wenigen Jahren brachten Grabungen des Rheinischen Landesmuseums den archäologischen Nachweis, daß die Ubier um 30 v. Chr. im Kern der Stadt Bonn auf dem hochwasserfreien Gebeit zwischen Universität, Kennedybrücke und Friedensplatz eine vom Rhein und der Gumme natürlich und im Süden durch einen Wall geschützte Siedlung anlegten. Es ist ihre bisher archäologisch frühest nachgewiesene Siedlung, älter als die Kölner *Ara Ubiorum*. Mit dieser ubischen Siedlung verbindet sich der erstmals von den römischen Schriftstellern Florus und Tacitus überlieferte Namen *Bonna*.
...

753
Castrum Bonna. Pippin, der Begründer des karolingischen Königshauses, zwei Jahre zuvor vom Hl. Bonifatius zum fränkischen König gesalbt, kehrt von einem Feldzug gegen die heidnischen Sachsen an den Rhein zurück. Es ist der erste der 37 mittelalterlichen Herrscherbesuche Bonns. Schon im 6. Jahrhundert hatte der merowingische König Theudebert in Bonn Goldmünzen schlagen lassen. Bis zur Eroberung des Sachsenlandes durch Pippins Sohn Karl den Großen bildeten der Mittel- und Niederrhein die Ostgrenze des Frankenreichs, Bonn war solange Grenzort. 21 der insgesamt 46 älteren Siedlungsnamen der Stadt Bonn werden im folgenden Jahrhundert erstmals in schriftlichen Quellen genannt.
...

881
Bonn. Von ihrem festen Lager in Asselt bei Roermond an der Maas fallen englische und dänische Wikinger mordend, brennend und plündernd in Köln und Bonn ein und zerstören die dortigen Kirchen und Gebäude. Zwar stehen die Mauern des ehemaligen Römerlagers noch, doch bieten sie offenbar keinen Schutz mehr, da die Geistlichkeit mit ihren Kirchenschätzen und heiligen Reliquien nach Mainz flieht, wo – anders als in Bonn – die römische Stadtmauer fieberhaft instandgesetzt worden ist. Der Normannensturm ist eine der größten Katastrophen des Niederrheins seit der Römerzeit. ...
892 erscheinen erneut normannische Truppen vor Bonn und besetzen, nachdem sie von dort abgezogen sind, Lannesdorf.
... doch verlassen die Wikinger aus Furcht vor einem nächtlichen Angriff das Dorf ...
Nur noch zweimal wird Bonn völlig zerstört: In den Jahren 1689 und 1944.

1244
Köln. (1244, 19. März) Konrad von Hochstaden, seit 1238 Erzbischof von Köln, gewährte gestern unserer Stadt das Stadtrecht.
Nach seiner Meinung ist Bonn geeignet, Mittelpunkt eines angestrebten erzstiftischen Staates zu werden. Bekanntlich residiert Konrad sehr oft in Bonn. Mit der Verleihung des Stadtrechtes ist die Pflicht verbunden, die Stadt mit Mauer und Gräben zu umgeben. Daß dies auch für Bonn zutrifft, kommt den Bürgern sehr gelegen. Unsere Stadt hatte mehrfach – zuletzt 1239 durch den Einfall des Herzogs Heinrich von Brabant – bittere Kriegserfahrungen machen müssen. In Zukunft soll die Mauer die Stadt vor weiteren Angriffen schützen. Jedoch muß die Bürgerschaft den Bau selbst übernehmen. Nicht nur das, auch der Unterhalt und die Bewachung der Mauer geht zu Lasten der Bürger.
...

Mit der Verleihung des Mauerbauprivilegs und der sich daraus ergebenden Folgerungen tritt Bonn als Stadt in das Licht der Geschichte. Letztlich aber nur formalrechtlich, denn das urbane Leben, das hier pulsiert, weist Bonn schon lange als ein gewachsenes Gemeinwesen mit städtischem Charakter aus. Obwohl die von Konradt zugebilligten Privilegien ein großer Schritt vorwärts sind, bleibt die starke Abhängigkeit vom Erzbischof.

Quelle: General-Anzeiger. Beilage: 2000-Jahr-Feier. 31. 12. 1988. S. 3 ff.

M 4.3/3 Bonn im 12. und 13. Jahrhundert

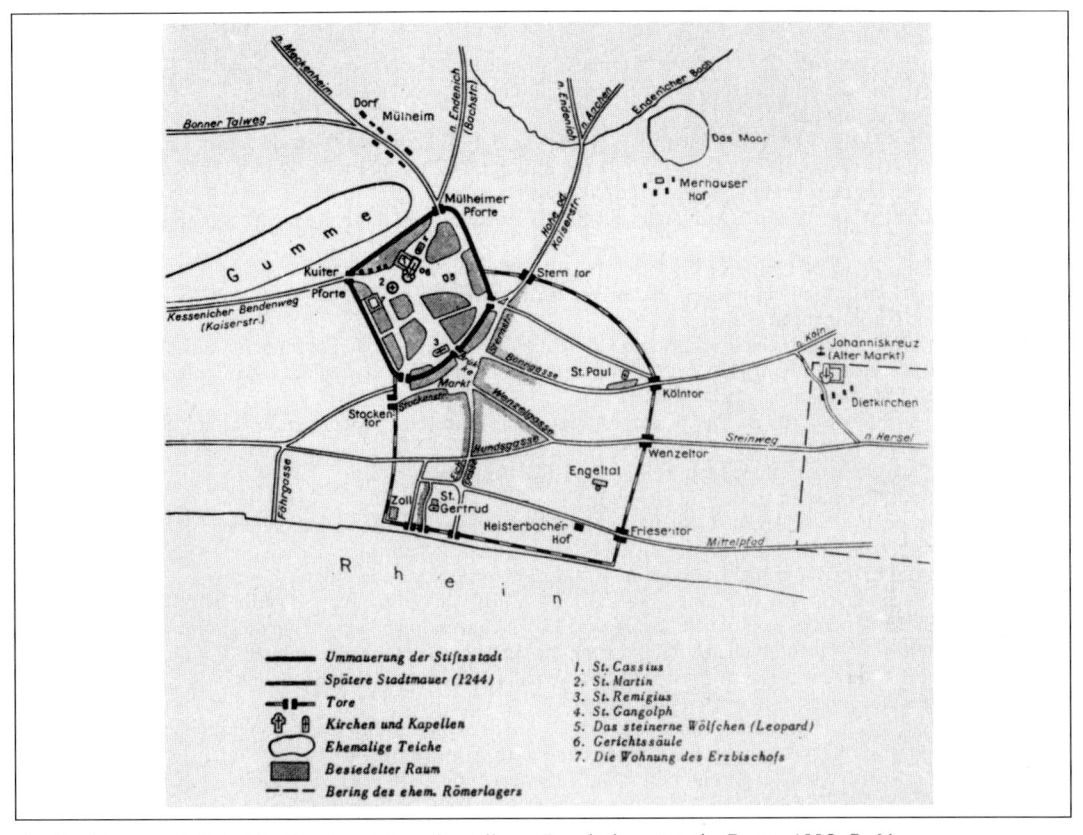

Quelle: Ennen, E./ Höroldt, D.: Vom Römerkastell zur Bundeshauptstadt. Bonn. 1985. S. 64

M 4.3/4 Bonn wäre niemals Bundeshauptstadt, wenn . . . . . . wenn die Kölner die Schlacht bei Worringen nicht gewonnen hätten

> Bonn. Weit über Köln hinaus erregte die stadtgeschichtliche Ausstellung „Der Name der Freiheit 1288–1988" Aufsehen . . . Veranstaltet in der Kölner Kunsthalle eingedenk der Schlacht bei Worringen (heute ein Kölner Stadtteil) vor genau 700 Jahren.
> . . . Ihre Bedeutung prägte maßgeblich die folgenden Jahrhunderte am Rhein. Wie wichtig sie auch für Bonn war, darüber interviewte Prof. Dr. Hannes Schmidt (Bad Godesberg) den stellvertretenden Leiter des Bonner Stadtarchivs, Dr. Manfred van Rey . . .
>
> **H. S.** Worum ging es, Herr von Rey, bei Worringen?
> **M. v. R.** Immer wieder, erstmalig schon 1074, hatten die Kölner Bürger den Aufstand erprobt gegen ihre erzbischöflichen Stadtherren, mehr oder weniger erfolgreich. Dann kam es am 12. Juni 1288 zur blutigen Entscheidungsschlacht auf der Fühlinger Heide bei Worringen. . . .
> **H. S.** Und der aktuelle Anlaß . . .
> **M. v. R.** . . . war wieder einmal ein Erbfolgestreit . . .
> **H. S.** Wer kämpfte gegen wen?
> **M. v. R.** Einerseits der Kölner Erzbischof Siegfried von Westerburg, verbündet mit den Grafen Heinrich von Luxemburg und Reinald von Geldern. Auf der anderen Seite Herzog Johann I. (Jan) von Brabant, unterstützt durch die Grafen von Berg und Jülich, verstärkt durch Bergische Bauern und Kölner Bürger, die um ihre wenigen mühsam errungenen bürgerlichen Freiheiten fürchteten.
> **H. S.** Galt Köln mit seinen Stadtmauern nicht als uneinnehmbar?
> **M. v. R.** Gewiß. Doch die Kölner hatten heimlich Herzog Johann ihre Mauern geöffnet, indem sie ihr Abkommen mit dem Erzbischof brachen.

H. S. Der Brabanter und die Kölner siegten, Siegfried verlor. Köln wurde faktisch freie Reichsstadt. Von jetzt an verblieben den Erzbischöfen, obwohl nominell immer noch Oberhaupt der Metropole, nur noch geistige Funktionen in Köln.

M. v. R. Ja, fortan war die erzbischöfliche Vormacht am ganzen Niederrhein gebrochen. Die Kirchenfürsten wichen nach Bonn aus, erwählten es notgedrungen zu ihrer bevorzugten Residenz.

H. S. Wie sah Bonn damals aus?

M. v. R. Nach Köln war sie mit seinem St. Cassius- und Florentinus-Stift sowie seiner Lage wegen die territorial-politisch wichtigste Stadt im Erzbistum, strategisch eine (ebenfalls ummauerte) „Groß-Burg". Hier hat der Herzog von Brabant sogar Münzen prägen lassen.

H. S. Hatte nicht schon 1262 der Vorgänger Siegfrieds, allzusehr auf die Kölner Steuereinnahmen erpicht, nach Bonn fliehen müssen?

M. v. R. Richtig. Es war Erzbischof Engelbert II von Falkenburg ...

H. S. Darf ich einmal ihre Phantasie als Historiker strapazieren? Was wäre wohl aus Bonn geworden, wenn der Erzbischof bei Worringen gesiegt hätte?

M. v. R. Es wäre vermutlich eine kurkölnische Landstadt geblieben, ein Nebenzentrum neben der Kapitale Köln, etwa wie Neuss. ... Übrigens wäre Bonn dann wahrscheinlich auch nicht zum Zentrum der beiden kurkölnischen Reformationsversuche geworden.

H. S. Die geschichtsbewußten Bonner wissen es: später im Jahre 1583, eroberten die Bayern die Godesburg und verwüsteten Poppelsdorf.

M. v. R. 1597 wurde Bonn offiziell zur Haupt- und Residenzstadt erklärt.

H. S. Wäre das unterblieben ...

M. v. R. ... wäre Bonn vielleicht doch nur eine mittelalterlich geprägte, gewerbefleißige Stadt geblieben, allein bürgerlich bestimmt, etwa von der Größenordnung und Bedeutung zwischen Neuss und Andernach.

H. S. Hatten die Erzbischöfe nicht ... die erste Bonner Universität gegründet?

M. v. R. Ja, sie bestand zwar nur von 1786 bis 1794. Aber ohne diese Vorgängerin hätte Preußenkönig Friedrich Wilhelm III. 1818 wohl kaum die Universitäts-Neugründung ausgerechnet in Bonn veranlaßt, das mit den leerstehenden Kurfürstlichen Schlössern im übrigen geeignete Gebäude anbieten konnte. Die Universität legte den Grundstein für den wirtschaftlichen Wiederaufstieg im 19. Jahrhundert.

H. S. Bonn gewann hohes Ansehen in Europa ...

M. v. R. ... wurde schließlich reich. Der wachsende Ruhm der Universität, das Bildungsangebot in der Stadt schufen ein geistiges Klima, machten aus Bonn eine gute Adresse. Reiche Leute bauten hier und in der Umgebung ihre großen Häuser, darunter die Villa Hammerschmidt, das Palais Schaumburg, die Deichmanns Aue. Nicht nur wegen des Gebäudes der Pädagogischen Akademie als Sitz des Bundestages konnte schließlich 1948 Hermann Wandersleb das auch architektonisch ansehnliche Bonn als Bundeshauptstadt vorschlagen – und durchsetzen.

H. S. Verstehe ich Sie richtig, Herr van Rey, Bonn wäre also nach Ihrer Meinung ohne die Folgen von Worringen heute nicht Bundeshauptstadt?

M. v. R. Ich meine, das kann und darf man mit Fug und Recht behaupten.

Quelle: Bonner Anzeigenblatt. 9. 3. 1988

M 4.3/6: Kaiserzeit

Auf die Frage, was denn von der Euphorie der Gründerjahre in Bonn zu spüren gewesen sei, muß man sagen: Die Industrie war in Bonn ein ungeliebtes Kind. So gut man konnte, ignorierte man sie. Nicht wie im Ruhrgebiet opferte man ihr den Boden und den Himmel. Man wollte die Luft und die Herzen rein halten; die Luft von dem üblen Ruß und Gestank und die Herzen rein vom „Gift" des Sozialismus und der „trügerischen Hoffnung" der gewerkschaftlichen Solidarität.

Wenn heute gut 8 Prozent der Einwohnerzahl der Industriearbeiterschaft zuzurechnen sind, so ist das eine schmale Basis für die Zukunft. Oder rechnet man etwa damit, daß Bonn eine überdimensionale Dienstleistungszentrale vielleicht für das ganze Reich werden könnte? Immer noch ist der Ausspruch des ehemaligen Oberbürgermeisters Kaufmann gültig, daß Bonn eine „Garten- und Luxusstadt" ist und als solche zu erhalten sei.

Die „Garten- und Luxusstadt" findet man wohl vornehmlich entlang der Koblenzer Straße. Hier und an den Seitenstraßen liegen die Villen von nicht weniger als 22 der 32 Bonner Multimillionäre. Sogar unser gütiger Kaiser Wilhelm II. geruhte vier Semester seiner Studienzeit von 1877 bis 1879 an unserer Universität zu verbringen.

In dieser Zeit wohnte er im Kaiserlichen Palais an der Wörtherstraße. Auch seine Söhne wohnten dort während ihres Studiums nach 1901. Ganz in der Nachbarschaft liegt die Villa Hammerschmidt, die von der Familie Koenig errichtet wurde, und gleich nebenan residierte Prinzessin Viktoria, die Schwester des Kaisers, im Palais Schaumburg. Der reichste Bonner war bis zu seinem Tode 1909 der Kommerzienrat Gustav Selve, Inhaber der größten privaten Firma in der Metallbranche. Mit 29 Millionen Mark gehörte er zu den zehn wohlhabendsten Steuerzahlern der Rheinprovinz. Ein böswilliger Mensch könnte behaupten, die Anziehungskraft der Stadt Bonn auf zuziehende Millionäre sei in erster Linie von der geringeren Steuerlast ausgegangen, die hier zu entrichten war. Die Einkommensteuern wurden häufig am Wohnsitz des Unternehmers und nicht am Standort seiner Firma entrichtet. In den meisten Städten wurde ein Zuschlag auf die Einkommensteuer des Reiches in Höhe von mehr als 200 Prozent als Kommunalsteuer erhoben, doch in Bonn schwankte dieser Satz nur zwischen 100 und 130 Prozent in den Jahren von 1907 bis heute (1914). Im Norden der Stadt hatte man weitgehend andere Sorgen. Hier scheiterte 1878 der Versuch, eine Fabrik zur Erzeugung schwefelsaurer Tonerde an der Bornheimer Straße zu errichten. Die Argumentation gegen die Industrie war die gleiche wie bei dem Vorgehen gegen die Chemische Fabrik Marquart, welche zur Verlagerung nach Beuel gezwungen worden war. In einem Einspruch, dem vier Seiten Unterschriften beigefügt waren, hies es: „Der nördliche Theil unserer Stadt, die als Luxusstadt industrielle Anlagen eher zu scheuen als zu begünstigen hat, begann in den letzten Jahren sich durch ... viele Neubauten immer mehr und mehr auszudehnen." Dennoch, ganz verhindert hat man die Industrie hier bei uns nicht; und eines Tages wird man sicherlich froh sein, daß man neben dem Diesntleistungsbereich auch einen Bereich strukturell notwendiger Güterproduktion vorzuweisen hat.

Quelle: General-Anzeiger. Beilage: 2000-Jahr-Feier. 31. 12. 1988. S. 137

M 4.3/5 Bonn im 17. Jahrhundert

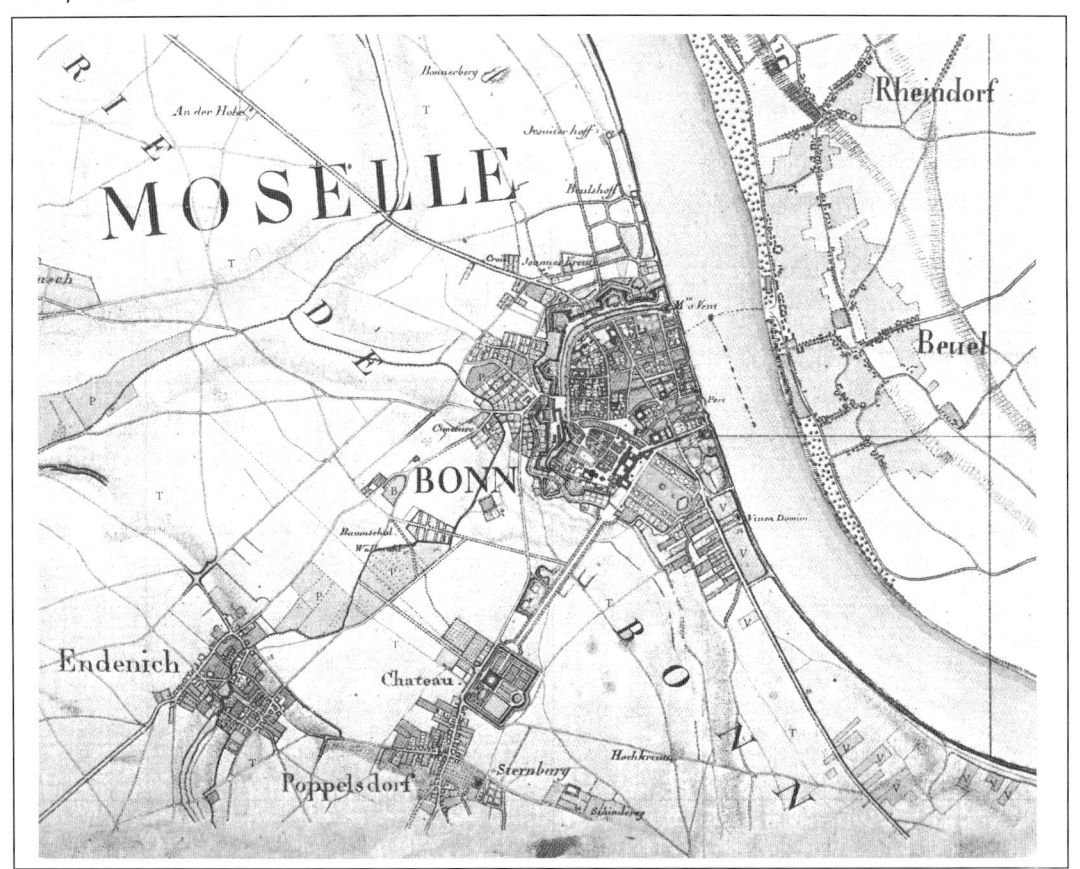

Quelle: Tranchot/v. Müffling, Verkleinerter Ausschnitt aus der Historischen Karte 1 : 25 000 TM, vervielfältigt mit Genehmigung des Landesvermessungsamtes Nordrhein-Westfalen vom 2. 8. 1991, Nr. 378/91. – *Rheinischer Städteatlas,* Tafel 6. ²1978, Bonn

M 4.3/7: Provisorische Bundeshauptstadt

Bonn–Frankfurt: Städteringkampf im Freistil

(1949, 3. November) Es steht fest: Bonn ist provisorische Bundeshauptstadt. Dieser Schlußpunkt, den der Bundestag endgültig unter eine lange Serie von Diskussionen, heftigen Auseinandersetzungen und Abstimmungen setzt, rückt Bonn mit einem Male ins politische Rampenlicht.

Quelle: Bonner Geschichtsblätter. Bd. 26. Bonn. 1974. S. 51

M 4.3/8: ‚Regierungsviertel'

Quelle: Aufnahme: Deutsche Luftbild GmbH, Hamburg, Nr. 8/56 456

M 4.3/9: Ende des Provisoriums?

1973

Bonn. Bundeskanzler Willy Brandt erkennt in seiner Regierungserklärung zum Siebten Deutschen Bundestag Bonn als endgültige Hauptstadt der Bundesrepublik an. Die Erklärung Konrad Adenauers von 1948 Hermann Wandersleb (Bonnifatius) gegenüber: „Wenn sich Bonn als Sitz des Parlamentarischen Rates bewährt, ist es nicht ausgeschlossen, daß wir dann auch die ganze Bundesregierung und den Bundestag dorthin bekommen", hatte sich weit vorausschauend erfüllt.

Vorhergegangen waren Mitte der 50er Jahre für Bonn schwere Zeiten, als der schlagkräftige Slogan „Jede Mark für Bonn ist Verrat an Berlin" seine volle Wirkung erreichte. Nachdem der Bund jahrelang selbst gebaut hatte, verbot der Bundestag der Bundesregierung, Bauten von der öffentlichen Hand errichten zu lassen, so daß sich die dennoch notwendige Bautätigkeit auf private Unternehmen verlagerte. Als elf Jahre später das Bauverbot aufgehoben wurde, entstand zunächst das Abgeordnetenhochhaus, im Volksmund „Langer Eugen" genannt, das bis heute einzige wirkliche Hochhaus Bonns und sein höchstes Gebäude überhaupt. Der politisch gewollte Charakter des Provisoriums und die bis 1969 ausgebliebene notwendige kommunale Neugliederung des Bonner Raums sowie das Bauverbot hatten jahrzehntelang eine gemeinsame Planung von Bund, Land und Stadt verhindert und erklären die zum Teil willkürlich und planlos erscheinende städtebauliche Ausgestaltung der Bundeshauptstadt.

Der sozialliberalen Koalition unter Willy Brand blieb es dann vorbehalten, den „Bonn-Vertrag" über den Ausbau der Bundeshauptstadt zwischen dem Bund, dem Land und der Stadt zu schließen. In seiner Regierungserklärung vom Mai 1983 hat dann der jetzige christdemokratische Bundeskanzler Helmut Kohl den Willen der Bundesregierung bekräftigt, binnen eines Jahrzehnts Bauinvestitionen in einem bisher nicht dagewesenen Umfang zu tätigen, nicht nur, um das bauliche Provisorium Bonn zu beenden, sondern auch, und das ist neu, um in Bonn die Bundesrepublik repräsentativ darzustellen. Bonn als Schaufenster der Bundesrepublik, das ist es, was unsere Stadt heute auszeichnet.

Quelle: General-Anzeiger. Beilage: 2000-Jahr-Feier. 31. 12. 1988. S. 8

M 4.3/10: Blick auf Tulpenfeld und Bundeshaus 1956 und 1973

Quelle: Bonner Geschichtsblätter: a.a.O., Anhang. Abb. 20 und 21

M 4.3/11: Bonn als Bundeshauptstadt

Neben Bonn hatten sich Frankfurt, Kassel und Stuttgart beworben. Eine Kommission besichtigte alle in Frage kommenden Städte und stellte in einem Abschlußbericht das Für und Wider zusammen, ohne politische Gründe einzubeziehen. Man kam zu dem Ergebnis, daß Bonn vor allem finanziell die günstigste Lösung bot. Gegen Kassel sprach die exponierte Lage an der Zonengrenze und die Schwierigkeit, die Besatzungsmächte in erreichbarer Nähe unterzubringen, gegen Stuttgart die hohe Belastung mit jährlich 1 Million DM für Mieten und gegen Frankfurt die schwierige Beschaffung von Büros und Unterkunftsmöglichkeiten sowie die Frage, ob die Amerikaner für den Bundessitz ihr Hauptquartier verlegen würden, denn die neue Hauptstadt sollte besatzungsfrei sein. Das gleiche Problem tauchte während der Berichtszeit für Bonn auf, als Ende 1948 das belgische Hauptquartier von Lüdenscheid nach Bonn verlegt wurde; doch ließen die Alliierten durchblicken, daß bei einem positiven Beschluß für Bonn die Stadt geräumt werde.
In der Zwischenzeit hatte sich die Öffentlichkeit mit Leidenschaft der Frage angenommen, wo die Bundesregierung ihren Sitz haben würde. In der Diskussion sprach sich besonders die Presse gegen Bonn und für Frankfurt aus; die beiden anderen Kandidaturen waren, nachdem jede der beiden großen Parteien, die CDU für Bonn, die SPD für Frankfurt, „Partei" genommen hatte, gegenstandslos geworden. Gegenüber den oft wenig sachlichen Argumenten gab der in dieser Sache stark engagierte Bonner Oberstadtdirektor die Parole aus: „Auf Watte beißen lassen!" Man ließ sich nicht auf eine gefühlsbetonte Diskussion ein, sondern Hermann Wandersleb versuchte vielmehr in seinen anschaulichen Denk- und Streitschriften, die Mitglieder des Parlamentarischen Rates mit sachlichen Argumenten von der Eignung Bonns zu überzeugen. Am 10. Mai 1949 stimmte der Parlamentarische Rat ab: 33 Stimmen für Bonn, 29 für Frankfurt.
Die Freude über dieses unerwartet günstige Ergebnis war verfrüht, denn die Abstimmung wurde von mehreren Seiten mit dem Argument angegriffen, den Bundessitz könne nur der neugewählte Bundestag festsetzen. Obwohl die Alliierten die Entscheidung für Bonn anerkannten und alle Maßnahmen – u.a. Räumung der Stadt von der Besatzung – einleiteten, legte der als Überleitungsorgan gebildete Hauptausschuß in den „Schlangenbader Empfehlungen" am 6. Juli 1949 fest, daß der Bundestag zwar in Bonn zusammentreten solle, ihm aber die letzte Entscheidung über den Bundessitz zustehe. Es kam zu einem wenig erfreulichen Hin und Her und erheblichen publizistischen Kämpfen. Am 7. September 1949 begann in Bonn der Bundestag, wenige Tage später die unter Konrad Adenauer gebildete Bunderegierung ihre Arbeit; der Start war voll geglückt. Als es am 3. November 1949 im Bundestag noch einmal über die Hauptstadtfrage zur Abstimmung kam, stimmten für den Antrag der SPD, der Sitz der leitenden Bundesorgane sei Frankfurt am Main, nur 179 Abgeordnete, 200 dagegen. Damit war Bonn zur laut geäußerten Freude seiner Bewohner – sie sollen das Ergebnis recht feucht gefeiert haben – zur vorläufigen Bundeshauptstadt anstelle von Berlin bestimmt.

Quelle: Ennen, E./Höroldt, D.: a.a.O. S. 342f.

M 4.3/12: Schematische Darstellung der Standorte wichtiger städtischer Funktionen in Bonn

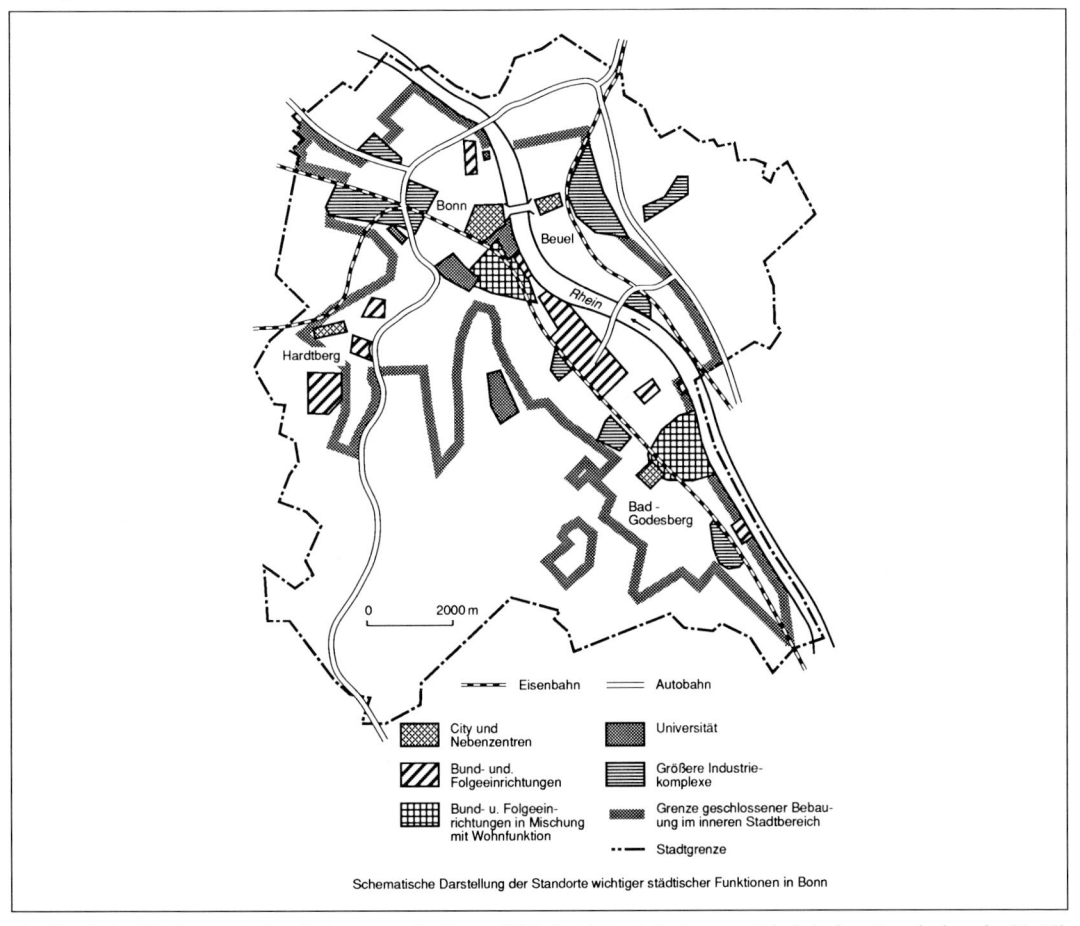

Quelle: Kuls, W.: Bonn als Bundeshauptstadt. Bonn 1989, S. 17 (= Arbeiten zur Rheinischen Landeskunde, H. 58)

M 4.3/13: Standorte hauptstädtischer Funktionen

Zu der im Jahre 1950 anzutreffenden Verteilung der Hauptstadteinrichtungen ist noch zu bemerken, daß damals die Zahl der bei den einzelnen Bundesbehörden Beschäftigten noch vergleichsweise gering war: Nur 5 Ministerien hatten mehr als 500 Mitarbeiter, 1974 waren es dagegen 13, davon 6 mit z. T. weit über 1000 Beschäftigten, woran sich bis zur Mitte der 80er Jahre nicht viel geändert hat. Heute sind rund 23 000 Bundesbedienstete bei den Verfassungsorganen und weitere 16 000 bei den Bundesbehörden im nachgeordneten Bereich beschäftigt. Durch Vergrößerung der einzelnen Behörden und die Einrichtung neuer Dienststellen ist die Zahl der Bürostandorte gegenüber der Anfangszeit zunächst noch erheblich gewachsen, und es gibt (nicht zuletzt wegen des von 1956–65 bestehende Verbots von Bundesbauten) nach wie vor zahlreiche Regierungsdienststellen, die in angemieteten Objekten untergebracht sind. Allein die obersten Bundesbehörden sind auf rund 100 Einzelstandorte verteilt, von denen knapp die Hälfte angemietet ist. Eine noch größere Streuung besteht bei den Behörden in nachgeordneten Bereich.
Trotz der Vielzahl der Einzelstandorte lassen sich jedoch vier Schwerpunkte hauptstädtischer Funktionen innerhalb des heutigen Bonner Stadtgebiets abgrenzen. Es sind dies das um den Bundestag entstandene Regierungsviertel im Süden von Alt-Bonn, das seit einer Reihe von Jahren im Zuge der Erweiterung des Bundeskomplexes in den Norden von Godesberg übergreift, von Bad Godesberg vor allem die dem Rhein zugewandten Ortsteile mit einer großen Zahl diplomatischer Vertretungen, aber auch anderen Hauptstadteinrichtungen, weiterhin Randbereiche von Duisdorf mit dem Sitz mehrerer großer Ministerien und schließlich noch der Komplex von Innen- und Finanzministerium im Bonner Norden zwischen dem ehemaligen

Römerlager und dem seit langem zu Bonn gehörigen Ortsteil Grau-Rheindorf, der in seinem Kern mit der vorhandenen Bausubstanz den dörflichen Charakter bis heute weitgehend bewahrt hat.

Die Entwicklung des westlichen Stadtbezirks *Hardtberg,* dessen Kern die bis 1969 selbständige Gemeinde Duisdorf bildet, hat andere Grundlagen und läßt sich nicht mit der im Regierungsviertel und in Bad Godesberg vergleichen. In Duisdorf standen am Ende des Krieges zwei Kasernen für die Unterbringung von Bundesbehörden kurzfristig zur Verfügung die ehemalige Troilokaserne an der heutigen Rochusstraße und die ehemalige Gallwitzkaserne an der heutigen Villemobler Straße. Hinzugekommen ist dann später auf dem früheren Standortübungsplatz der Hardthöhe oberhalb des alten Duisdorfer Ortskernes der umfangreichen Komplex des Verteidigungsministeriums. Im Bereich dieser drei recht nahe beieinander liegenden Standorte mit der Wirtschaftsministerium, dem Ministerium für Ernährung, Landwirtschaft und Forsten, Teilen des Ministeriums für Arbeit und Sozialordnung und dem Verteidigungsministerium, aus denen als einförmige Neubauten Hochhäuser herausragen, arbeiten rund 9000 Beschäftigte. Hier liegt also eine noch stärkere Konzentration von Bundesbediensteten als im Regierungsviertel vor, wobei die Verkehrssituation allerdings durch das Vorhandensein von Autobahnanschlüssen wenigstens in Richtung Süden (Zubringer zur Autobahn Köln-Koblenz) und Norden (Anschluß an die links- und rechtsrheinischen Autobahnen in Richtung Köln) weniger prekär ist.

Von dem in der näheren Umgebung vorhandenen Bestand an Wohnbauten aus der Vorkriegszeit konnte nur wenig für die Unterbringung der in den Ministerien Beschäftigten genutzt werden. Es gab kein nennenswertes Angebot an Mietswohnungen, die Bevölkerungszusammensetzung unterschied sich 1950 durch einen relativ hohen Anteil von Erwerbstätigen im sekundären und auch noch im primären Sektor deutlich von der anderer Teile des heutigen Stadtgebiets. Deshalb war ein Neubau von Wohnraum hier besonders dringlich, und es entstanden schon bald nach dem Kriege größere Siedlungen in der Nachbarschaft der Ministerien, z. T. mit der ausschließlichen Bestimmung als Wohnraum für Bundesbedienstete. Die damit verbundene außerordentlich starke Bevölkerungszunahme, die in jüngster Zeit fast ausschließlich auf das Neubaugebiet „Brüser Berg" auf der Hochfläche rund 100 m oberhalb der Innenstadt entfällt (heute wohnen im Bezirk Hardtberg 25000 Menschen gegenüber etwa 7000 im Jahre 1950), hat entscheidend dazu beigetragen, daß sich der Kern von Duisdorf zu einem leistungsfähigen, teilweise neugestalteten Nebenzentrum entwickelt hat, in dem die Wohnbevölkerung weit mehr als den täglichen Bedarf zu decken vermag und das auch aus benachbarten Siedlungen aufgesucht wird.

Anders sieht es wiederum im Bereich Grau-Rheindorfs aus. Dort konnte bei der Gründung der Bunderepublik ebenfalls eine Kaserne für die Unterbringung von Ministerien Verwendung finden. Durch zusätzliche Bauten erweitert, dient der ehemalige Kasernenbereich heute dem Innen- und dem größten Teil des Finanzministerium mit zusammen etwa 2600 Beschäftigten. Hier sind große, nach dem Kriege errichtete Wohnsiedlungen nicht in unmittelbarer Nähe vorhanden, und es haben sich kaum stärkere Auswirkungen auf den nahegelegenen Ortskern von Grau-Rheindorf ergeben. So handelt es sich um einen weitgehend isolierten Bürostandort, in dessen Nachbarschaft eher durch die Pädagogische Akademie (Neubau 1957/65, heute Teil der Universität) und einen größeren neuen Wohnkomplex südlich davon am Rhein weiterreichende Strukturveränderungen zu verzeichnen sind.

Quelle: Kuls, W.: a.a.O., S. 9ff.

M 4.3/14: Interview mit Bundeskanzler Helmut Schmidt

Herr Bundeskanzler, in ihrer Regierungserklärung vom 16. Dezember 1976 haben Sie gesagt: „Wir sind verpflichtet, das Gesicht der Bundeshauptstadt im Hinblick auf ihre Zukunft mitzuprägen!" Dieser Satz ist damals in der Öffentlichkeit dankbar als ein Signal aufgefaßt worden. Aber insgesamt gesehen herrscht immer noch große Unklarheit über Grundzüge der Bundeshauptstadtentwicklung.
...
Das Bild muß ja so sein aufgrund der Bundeshauptstadt-Vorgeschichte. Es kann ja nicht klar sein. Es ist ja auch niemand da, der mit einer klaren überzeugenden Vorstellung von einer bundeshauptstädtischen Gesamtkonzeption hervorgetreten ist.
Wie sollte nach ihrer Meinung, Herr Bundeskanzler, unsere Stadt als Bundeshauptstadt aussehen? Wie und wo sehen Sie Grundzüge der Hauptstadtplanung und -entwicklung?
Nun, keine Hauptstadt in Europa ist in einer einzigen Generation erbaut worden. Manche ist in Jahrtausenden organisch gewachsen – das gilt für Rom; andere haben viele Jahrhunderte gebraucht – das gilt für London oder für Paris, sind später in langen Wachstumsprozessen zum Teil grundlegend umgestaltet worden, wie etwa Paris zur Zeit des Barons Hausmann. Wieder andere, wie etwa Washington oder Canberra in Australien, sind auf grüner Wiese von weitvorausschauenden Persönlichkeiten geplant worden.
...

Bonn ist in Jahrhunderten gewachsen, hat Stadtgeschichte ...
Natürlich ist es für eine Stadt wie Bonn, die sich im Laufe von fast zwei Jahrtausenden entwickelt hat, eine schwierige Angelegenheit, nachträglich eine Hauptstadt zu werden. Schwierig wäre es selbst dann gewesen, wenn die Hauptstadt von vornherein hätte funktionsgerecht geplant werden können und nicht als Provisorium bloß ertragen worden wäre. Denn ertragen worden ist diese Hauptstadtfunktion Bonns sowohl von den Bonnern selbst als auch von denen, die hier hauptsächliche Funktionen im Bundestag und in der Bundesregierung auszuüben hatten. Niemand hatte sich eigentlich das ganze 50er Jahrzehnt über so recht mit der Vorstellung einer dauerhaften Hauptstadtfunktion auseinandersetzen wollen. Das wird nun Gott sei Dank anders.
Zunächst: Die politisch-psychologische Situation, in der man über die weitere Ausgestaltung, das weitere Wachstum der Stadt Bonn sprechen kann, hat sich im Laufe der letzten Jahre geöffnet. Die im Bundestag vertretenen politischen Parteien haben zu erkennen gegeben, daß sie sich hier auf Dauer einrichten. – Zweitens: Die Diskussion über die Bundeshauptstadtentwicklung ist aber auch leichter deshalb, weil die Zusammenschlüsse von Bonn, Godesberg, Beuel und anderen Gemeinden die Perspektiven auf eine bundeshauptstädtische Gesamtentwicklung geöffnet haben. Alles das war vorher wegen der ausgesprochenen Betonung des Provisoriums schwierig.
Bund, Stadt- und Landesregierung, gegenwärtig und künftig ihre Nachfolgerinnen – sie alle drei müssen zusammenwirken. In Anpassung an das geschichtlich Gewachsene müssen sie vermeiden, in allzu großspurige Pläne zu verfallen. Also weg von den riesenhaften, einfühlungs- und phantasielosen Betonklötzen für Bundesbehörden; weg aber auch von der beschränkten Betrachtungsweise, die da glaubt, Bonn spiele sich lediglich ab zwischen Poppelsdorfer Schloß und Kennedybrücke.
...
Aber eine Bundeshauptstadt-Gesamtkonzeption, eine Rahmenkonzeption für das Regierungs-Viertel mit gewissen Zielvorstellungen des Bundes, auch hinsichtlich größerer Komplementäreinrichtungen, steht immer noch aus. Es müßte doch eine Gesamtkonzeption möglich sein, in die sich heute oder später alles das, was baulich zur Bundeshauptstadt gehören muß und sie voll funktionsfähig macht, einfügen läßt ...
Ich glaube, daß die Bundesbehörden, auch der Bundestag für seinen Bereich, schon auf mehrfache Weise Raumprogramme für ihren künftigen Bedarf aufgestellt haben. Ich bin allerdings gar nicht so unglücklich darüber, daß dies noch nicht zu einem kohärenten, zusammenhängenden Konzept eines Regierungs-Viertels verdichtet worden ist, weil ich der Vorstellung eines Regierungs-Viertels einstweilen ein wenig mißtraue. Tatsächlich sind ja – und das wird auch in Zukunft so bleiben – Teile der Regierungsfunktion über die Stadt verstreut ...
Ich bin auch skeptisch gegenüber der manchmal in Bonn geäußerten Idee, eine Regierungsallee herzustellen, die links und rechts alles aufreiht, was künftig „Bundeshauptstadt" heißt. Ich glaube vielmehr, daß die Regierungsfunktionen nicht notwendigerweise an einem Ort konzentriert sein müssen, sondern daß die Hauptstadtfunktionen eingebettet sein müssen in eine Gesamtvorstellung der Großstadt Bonn.
... Ein Konzept, das heute entwickelt wird, muß ... bis weit in das nächste Jahrhundert hineinreichen, vielleicht noch weiter, ohne daß wir wissen, ob im Laufe des nächsten Jahrhunderts wirklich Bonn noch Hauptstadt eines deutschen Teilstaates sein wird.
...

Quelle: Deutscher Rat für Landespflege: Entwicklung Großraum Bonn. 1977. Heft 28. S. 521

M 4.3/15: Ausbau der Bundeshauptstadt Bonn

Die Stadt legt keinen Wert auf das große Wachstum: nicht jede nachgeordnete Bundesbehörde muß ihren Platz in Bonn haben. Wohnungen sind der Stadt lieber als Arbeitsplätze, da erstere fehlen und letztere schon heute überreichlich vorhanden sind. Wald und Wiesen, Plätze und Freiräume sind der Stadt mindestens so wichtig wie Gebautes. Der Oberbürgermeister von Bonn drückt das etwa so aus: „Die Bescheidenheit und freundliche Überschaubarkeit dieser Stadt ist eine eigensinnig gewordene Qualität, die zu erhalten sich lohnt. Bonn wird nie die große Metropole sein können und will dies auch nicht. Bonns Chance ist nicht die große, sondern die liebenswerte Hauptstadt."

Quelle: Deutscher Rat für Landespflege: a. a. O., S. 503

M 4.3/16: Planungsentwürfe Regierungsviertel

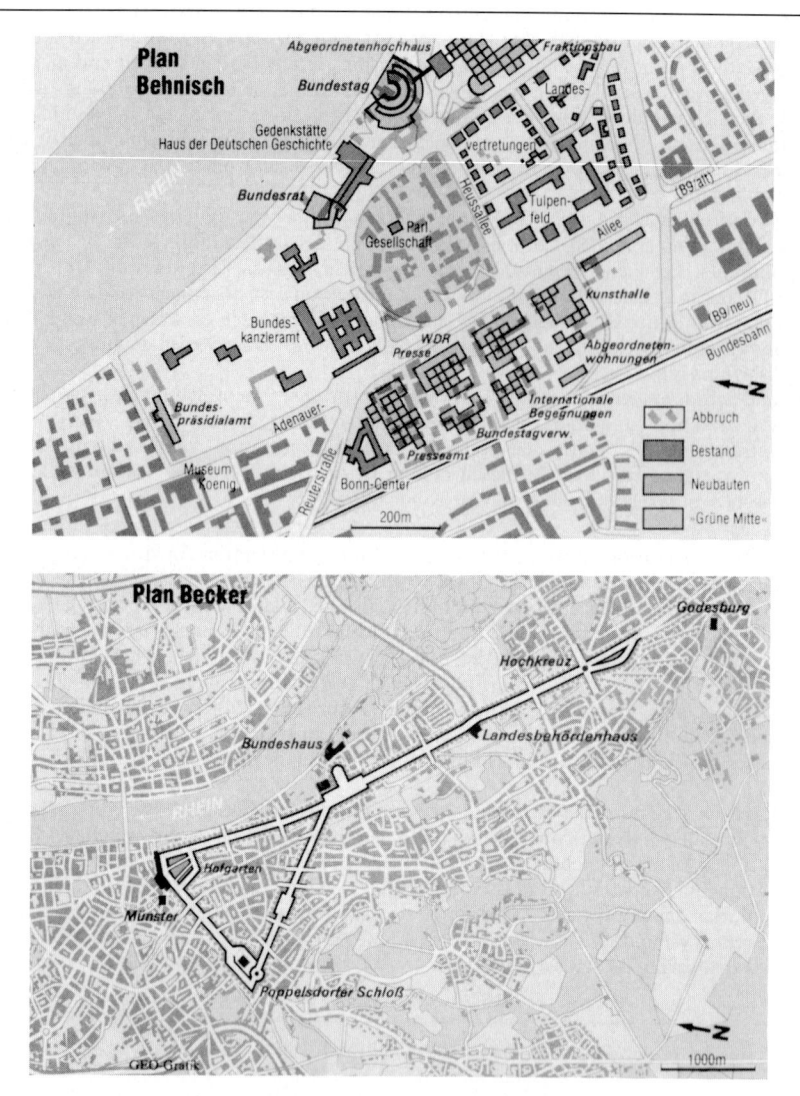

Drei optische Ausrufezeichen hat die Macht am Rhein: das Bonn-Center im Vordergrund, den „Langen Eugen" am Fluß, das Hochhaus „Am Tulpenfeld". Planern, die nach der imperialen Attitüde suchen, war und ist das zuwenig. So schlug, 1978, der Architekt Behnisch vor, einen Großteil der Niedrigbauten zwischen den Türmen einer „Grünen Mitte" zu opfern. Und das Büro Becker stellt sich die Politik gar in einem barocken Dreiecksverhältnis zwischen Münster, Godesburg und Popelsdorfer Schloß vor.

Quelle: Geo-Spezial Nr. 5: Bundeshauptstadt Bonn. 1985

M 4.3/17: Kreuzbauten

Mit der Errichtung der „Kreuzbauten" fiel der Startschuß für die Gestaltung des Bereichs „Godesberg-Nord", auf dem sich inzwischen drei weitere Ministerien etabliert haben; in Kürze entsteht dort auch ein Konferenzzentrum.

Quelle: General-Anzeiger, Beilage: 2000-Jahr-Feier. 31. 12. 1988. S. 28. Foto: Jürgen Eis, Freigegeben Reg.-Präs. Düsseldorf, Nr. 81C6

M 4.3/18: Bauboom an der künftigen Regierungsallee von Bonn

„Das Provisorium Bonn ist zu Ende." Diese Auffassung vertritt Gerd Nieke, der die bauliche Entwicklung der Bundeshauptstadt aus dem Effeff kennt. Seit 19 Jahren ist er städtischer Planungsdezernent; Ende Juni geht er in Ruhestand. „In den letzten zwei, drei Jahren gab es einen enormen Schub nach vorne. Der Bund richtet sich hier auf Dauer ein und bei Verbänden setzt sich die Erkenntnis durch, daß man in der Bundeshauptstadt vertreten sein muß" Die meisten Bau-Aktivitäten finden im Parlaments- und Regierungsviertel statt." Dort gibt's bereits 26 000 Arbeitsplätze; bis zum Jahr 2000 werden es 35 000 sein, und die Kapazität – einschließlich des rechtsrheinischen Parlaments-Distrikts – ist auf 50 000 ausgelegt. Einen besonderen Akzent will die Stadt auf den Ausbau der B 9 als „Regierungsallee" legen.
Nieke erinnert daran, daß bei Bonn-Umfragen der Bahnhofsbereich und die B 9 stets negativ beurteilt wurden. „Beides bekommen wir in den Griff", gibt er sich optimistisch und verweist auf das laufende Verfahren in den Ratsgremien zum Bahnhofs-Areal. Spätestens Mitte der neunziger Jahre könne dann der Ausbau des drei Kilometer langen B 9-Abschnitts zwischen Bundeskanzleramt und Wurzerstraße in Angriff genommen werden.
...
Gestaltungsschwerpunkte sind für die Verwaltung: der Bundeskanzlerplatz, der Trajekt-Knotenpunkt im Bereich der neuen Kunst- und Ausstellungshalle des Bundes sowie der Knotenpunkt Autobahn/Südtangente/ B 9 in Godesberg-Nord; für den letztgenannten Abschnitt erarbeitet der israelische Künstler Dani Karavan derzeit ein Konzept. Der drei Kilometer lange Straßenzug soll auf beiden Seiten einen 7,50 Meter breiten

Bürgersteig für Fußgänger und Radfahrer erhalten und von je zwei Baumreihen begleitet werden. Dazu wäre es notwendig, in einigen Bereichen Haltestellen und Gleise zu verlegen.
...
Entlang der künftigen „Regierungsallee" werden in den kommenden Monaten und Jahren Kräne wie Spargelstangen in den Himmel ragen; Nieke spricht von einer „zweiten Bauphase": „Jetzt geht nach jahrelangem Planen die Saat auf."
...
Friedrich Busmann hält die Schaffung eines „Central Administration Districts", eines zentralen Distrikts für Bürogebäude im Parlaments- und Regierungsviertel, für ideal. Dieser sollte sich auf den Bereich entlang der künftigen Regierungsallee beschränken „und darf auf keinen Fall in die angrenzenden Ortsteile Kessenich, Dottendorf, Friesdorf und Johanniterviertel reinsickern. Diese Stadtteile müssen wir bewahren und die dortige Wohnfunktion stärken."
Gerd Nieke hofft, daß dieser Bauboom an der B 9 eine Eigendynamik in Gang setzt: „Wenn die neuen Gebäude stehen, werden die Eigentümer der angrenzenden Häuser ihre Bauten hoffentlich verschönern oder sanieren. Dann kann dieser Straßenzug eine Regierungsallee werden, auf die wir stolz sein können."

Quelle: General-Anzeiger. 21. 5. 1988

M 4.3/19: Denkmalschutz

In Sachen Denkmalschutz hat sich der Bauherr Bund bisher wahrlich nicht mit Ruhm bekleckert. Erst war es das Hotel Petersberg, das Stück für Stück abgerissen wurde, dann folgte der Plenarsaal, der der Spitzhacke zum Opfer fiel, und nun sind es drei historische Bauten an der Adenauerallee, die Platz machen sollen fürs Auswärtige Amt.
In allen drei Fällen wurden mit dem „überwiegend öffentlichen Interesse" argumentiert, das nach dem nordrhein-westfälischen Denkmalschutz den Abriß eines Denkmals legitimiert. Kein Zweifel: Wenn der Bund ein Gästehaus, einen neuen Sitzungssaal für das Parlament oder einen AA-Neubau realisiert, liegt jeweils ein öffentliches Interesse vor. Diese Ausnahmeregelung darf aber kein Freibrief sein – auch wenn der Gesetzestext so interpretiert werden könnte.
Gerade die öffentliche Hand sollte, was Denkmalschutz anbelangt, äußerste Sensibilität an den Tag legen. Wie will man denn dem Eigentümer eines in der Denkmalliste eingetragenen Hauses plausibel machen, daß er nur mit Zustimmung der Denkmalschutzbehörde neue Fenster, neue Treppen oder eine neue Heizungsanlage einbauen darf, wenn von derselben Behörde der Abriß kompletter Gebäude genehmigt oder doch zumindest stillschweigend geduldet wird? Den Besitzern von Süd- oder Innenstadt-Häusern, denen Ausbaupläne mit Hinweis auf den Denkmalschutz abgelehnt werden, muß doch angesichts der aktuellen Diskussion um die Villen an der B 9 die Zornesröte ins Gesicht steigen.
Man darf gespannt sein, wie der Bund die „Denkpause" in puncto AA-Neubau nutzt. Dient diese Phase nur der Beschwichtigung kritischer Bürger oder ist man ernsthaft bereit, dem Denkmalschutz den ihm zustehenden Stellenwert einzuräumen?

Quelle: General-Anzeiger. 26. 5. 1988

M 4.3/20: 2400 Bäume sollen die Regierungsallee zieren

Seit über zehn Jahren gibt's Überlegungen, die B 9 zwischen Bundeskanzleramt und Hochkreuz zu einer Regierungsallee auszubauen – jetzt wird es konkret: Die Verwaltung legt dem Planungsausschuß am kommenden Mittwoch einen Vorentwurf für diese Maßnahme vor, die 69,5 Millionen Mark kosten soll und frühestens Mitte der neunziger Jahre fertig ist.
Etwa 70 Meter breit ist die B 9 in diesem Abschnitt und damit nur zehn Meter schmäler als die Champs Elysées. Und so soll die Regierungsallee ausgebaut werden: Auf beiden Seiten je 15 Meter Vorgärten, daneben zwei Baumreihen (drei Meter), je ein Radweg (1,5 Meter) und ein Fußweg (2,5 Meter), je zwei Fahrspuren (6,5 Meter) und in der Mitte die Stadtbahntrasse (zwölf Meter), die ebenfalls von zwei Baumreihen eingefaßt wird. Insgesamt werden in dem drei Kilometer breiten Abschnitt 24000 Bäume – Platanen, Linden, Eichen und Kastanien – stehen.
...
Der Ausbau der Straße zwischen Kanzleramt und Hochkreuz kostet 33,5 Millionen Mark, wobei u. a. vorgesehen ist, in der Fahrbahnmitte zwischen Heussallee und Trajekt einen Weiher anzulegen.
Ende kommenden Jahres, so schätzt Baudezernent Bernhard Wimmer und Planungsamts-Leiter Paul

Epping, ist die Arbeit an der Detailplanung abgeschlossen. Wimmer: „Ich rechne dann mit einer Bauzeit von mindestens fünf Jahren." Wegen der Finanzierung hat er bereits Kontakt zu Bund und Land aufgenommen: „Das Gesamtprojekt ist dort sehr positiv aufgenommen worden."

Quelle: General-Anzeiger. 25. 9. 1989

M 4.3/21: „Rettet Bonn vor seinen Stadtplanern"

Nun hat es die Stadt Bonn also doch geschafft: Die drei Mietshäuser (22 Wohnungen) an der Friedrich-Ebert-Allee zwischen Langenbach- und Friedrich-Wilhelm-Straße, die bis vor kurzem der städtischen Wohnungsbaugesellschaft VeBoWaG gehörten, werden abgerissen. Die Proteste und der Widerspruch der Bewohner und der Bürgerinitiative „Schutz des Wohngebiets Johanniter-Viertel" konnten daran nichts ändern.
Die Stadt hat keine Mühen und Ideen gescheut, um die Häuser möglichst schnell leerzubekommen. Einige Mieter legten Widerspruch gegen die Kündigung ein; doch als die Stadt Angehörige einer an diesem Ort sicher schwer zu integrierenden ethnischen Minderheit in zwei inzwischen freigewordene Wohnungen schickte und es Probleme mit den Mitbewohnern gab, entschlossen sich mit der Zeit immer mehr Mieter zum Auszug. Nun, da sich bereits die Bagger in die Häuser hineinfressen, befindet sich noch eine ältere Dame mit Sohn und Schwiegertochter in einem der Häuser.
Sind schon die hier angewandten Methoden fragwürdig, so ist es der Zweck noch viel mehr. Auf den betreffenden Grundstücken sollen Bürogebäude errichtet werden; dies alles im Rahmen einer „repräsentativen Regierungsallee". Repräsentativ sind die immer zahlreicher werdenden Bürobauten an der B 9 allerdings nur für die Gedankenlosigkeit der zuständigen Planer. An der B 9 im Bereich Godesberg-Nord z. B., wo die Hochburgen der architektonischen Einfalt einander abwechseln, ist nicht nur der Hund begraben, sondern auch die lebendige Städtebaukultur. Fehlplanungen haben in Bonn schon Schlimmes bewirkt. Ändert sich hier nichts, hilft nur ein Appell: Rettet Bonn vor seinen Stadtplanern.

Quelle: General-Anzeiger. 5. 8. 1989 (Leserbrief)

M 4.3/22: „Ich erweise der Stadt einen guten Dienst" Kohl unterschrieb den Bonn-Vertrag '90 – 1,3 Milliarden Mark Zuschüsse bis 1999

„Ich unterschreibe die Bonn-Vereinbarung in der festen Überzeugung, ein gutes Werk zu tun, der Stadt einen guten Dienst zu erweisen und auch ein Stück Dankbarkeit für die Bürger dieser Stadt deutlich werden zu lassen", sagte Kohl.
Oberbürgermeister Hans Daniels wertete es als „besonderes Zeichen der Verbundenheit", daß Kohl als erster Kanzler persönlich den Vertrag – es ist der dritte dieser Art – unterzeichne. Daniels betonte, dem Vertrag komme „in einer Zeit atemberaubender Entwicklungen besondere Bedeutung zu". Bonn habe nie einen Zweifel daran gelassen, daß es an dem in der Präambel des Grundgesetzes festgelegten Ziel festhalte, die Einheit und Freiheit Deutschlands zu vollenden.
Niemand könne seriös voraussagen, ob und wann die Einheit Deutschlands in einer Form zustandekomme, in der die beiden Staaten nicht mehr als selbständige Teileinheiten bestehen und die Bundesrepublik keine Hauptstadt Bonn mehr brauche. Daniels: „Da aber nicht auszuschließen ist, daß Bonn in Zukunft auch andere Aufgaben übernehmen soll, ist es um so wichtiger, die Stadt mit hochwertiger Infrastruktur optimal auszustatten."
Dies gelte auch für den Anschluß Bonns an das ICE-Schnellbahnnetz: „Wir müssen attraktiv genug sein für den Fall, daß Bonn einmal andere Aufgaben wahrzunehmen hat."
Kohl dankte den Bonnerinnen und Bonnern „für die Art und Weise, wie sie die Pflichten der Bundeshauptstadt übernommen haben".
...
Bislang mußte die Stadt bei jeder einzelnen Maßnahme nachweisen, ob sie hauptstadtbedingt ist. Demnächst soll die Stadt vom Bund eine pauschale Zuweisung von 92 Millionen Mark (zwei Millionen Mark mehr als ursprünglich vom Bund geplant) pro Jahr erhalten, die jährlich um drei Prozent steigen soll. Daniels: „Die Pauschalierung der Zuschüsse ermöglicht es dem Rat, die Schwerpunkte selbst zu setzen."
...
Neben den jährlichen Zuwendungen von 92 Millionen Mark zu den laufenden Aufwendungen für Maßnahmen, die erforderlich sind, „damit Bonn seine Aufgabe als Hauptstadt der Bundesrepublik Deutschland erfüllen kann", soll die Stadt vom Bund für hauptstadtrelevante Projekte Investitionszuschüsse von bis zu 50 Prozent erhalten.

Quelle: General-Anzeiger. 13. 9. 1989 bzw. 14. 12. 1989

M 4.3/23: Dregger: Hauptstadtcharakter Bonns ist nur vorläufig

Bonn. (ly) Der Vorsitzende der CDU/CSU-Bundestagsfraktion, Alfred Dregger, hat gestern den nur vorläufigen Hauptstadtcharakter Bonns unterstrichen. Dregger unterstützte ausdrücklich eine entsprechende Äußerung des Bonner Oberbürgermeisters Hans Daniels, der bei einem Empfang für den sowjetischen Generalsekretär Michail Gorbatschow am Dienstag im Rathaus betont hatte, Bonn könne und wolle stellvertretend für Berlin Hauptstadt nur bis zum Tage einer Wiedervereinigung Deutschlands in Frieden und Freiheit sein.

Quelle: General-Anzeiger. 15. 6. 1989

M 4.3/24: Boysen: Bonn soll Hauptstadt bleiben

„Wenn die Bundesregierung nach Berlin geht, wird Bonn zur Geisterstadt." Diese Vermutung äußerte gestern der Bewerber um das Bonner CDU-Bundestags-Mandat, Sigurd Boysen. Er forderte „alle politischen Kräfte in der Stadt Bonn" auf, sich für einen „Verbleib der Hauptstadtfunktion" einzusetzen. Er selbst setze sich dafür ein, daß „Bonn auch die Hauptstadt eines zusammenwachsenden Deutschlands bleibt."
Boysen widersprach der Ansicht von Oberbürgermeister Hans Daniels, wonach Bonn Standort europäischer Institutionen werden könne, falls die Stadt nicht mehr Hauptstadt wäre: „Dieser Ankündigung wird kein Glauben geschenkt. Nach geltender Übung werden europäische Institutionen gleichmäßig auf alle EG-Mitgliedsländer verteilt. Kein Franzose, kein Engländer und kein Italiener wird zustimmen, daß Deutschland überplanmäßig mehr europäische Institutionen deshalb erhält, nur weil die Stadt Bonn gerade Platz hat."
Zugleich warf er Daniels vor, einen „falschen Kurs" zu steuern: „Wenn der Oberbürgermeister davon spricht, Bonn müsse einmal andere Aufgaben übernehmen, schadet er den Interessen der Stadt. Die Hurra-Stimmung für Berlin findet in der Bonner Bevölkerung keine Zustimmung. Im Grundgesetz steht nicht, daß die Hauptstadt Deutschlands Berlin sein müsse."
In der vergangenen Woche hatte Boysen vorgeschlagen, Daniels solle einen „Zehn-Punkte-Zukunftsplan für die Stadt Bonn" erarbeiten lassen: „Wir müssen in der Frage der Zukunft Bonns die Initiative ergreifen."

Quelle: General-Anzeiger. 20. 12. 1989

M 4.3/25: Ein Schlag ins Gesicht

„Denn Hauptstadt meint nicht ausschließlich Verwaltungs- oder Regierungssitz, sondern Hauptstadt meint auch geistig-kulturelles Zentrum." Mit dieser Aussage traf Eberhard Diepgen 1987 den Nagel auf den Kopf. Der damalige und jetzige Bürgermeister von Berlin sprach das aus, was man als vernünftige Lösung im Regierungssitzstreit aufnehmen sollte. Wir haben mit Bonn einen funktionierenden Regierungs- und Parlamentssitz und mit Berlin eine Metropole, die an Attraktivität stark gewonnen hat. Warum also die Regierung und das Parlament auch noch verlegen?
Als Eberhard Diepgen 1987 diesen Satz aussprach, konnte er und alle anderen Politiker nicht damit rechnen, daß bereits vier Jahre später die deutsche Einheit Wirklichkeit ist. So ging es allen. 40 Jahre lang wurde die deutsche Einheit und damit verbunden Berlin als Hauptstadt beschworen, ohne daß sich jemand konkret vorstellen konnte, was nach der Wiedervereinigung mit Bonn passieren würde. Das immer wiederkehrende Bekenntnis zu Berlin hatte zwei Zielaspekte zum Inhalt: Erstens war es ein Rückhalt für die tapfere Berliner Bevölkerung, die unter dem kalten Krieg am meisten zu leiden hatte, und zweitens war es ein Signal an die Sieger des Zweiten Weltkrieges, vor allen Dingen ein Zeichen an die Sowjetunion, daß die Bundesrepublik Deutschland an der Wiedervereinigung festhielt. Kaum ein Politiker, der das Bekenntnis aussprach, rechnete mit der Einheit noch in diesem Jahrhundert. Die Devise hieß: Ich sags halt, erleben werde ich das sowieso nie. Nach mir die Sintflut.
Nun hat die Sintflut die Politiker und uns eingeholt. Alternativpläne für die Stadt Bonn existieren nicht, falls der Bund geht und bis dahin sich etwas Neues angesiedelt hat, vergehen mehrere Jahre. In der Zwischenzeit dürfte in der Stadt und im Raum Bonn ein Abschwung und Zersetzungsprozeß stattfinden, denn mit der Regierung gehen Verbände, Journalisten, Dienstleistungsbetriebe, Handel. Die Folge: Arbeitslosigkeit und sozialer Abstieg. Dann haben wir neben den Problemstandorten im Osten Deutschlands noch einen im Westen.
Das Argument der Berlin-Befürworter, eine Entscheidung gegen Berlin sei eine Absage an den Osten, kann angesichts des milliardenschweren Programmes Aufschwung Ost, dem Fonds Deutsche Einheit sowie Hilfsprogramme aller gesellschaftlichen Kräfte nur als Verhöhnung und Panikmache aufgefaßt werden. Anstatt alle Kräfte versuchen, die Probleme in Ostdeutschland gemeinsam zu lösen, wollen einige Mitbürger in

diesem unserem Lande eine neue „Totalhauptstadt" heraufbeschwören. Dabei war Berlin Hauptstadt und Regierungssitz des Deutschen Reiches. Ein Reich, das von Aachen bis Memel, das heutige Klaipeda, und von Süddänemark bis in das oberschlesische Kohlerevier reichte. Nun heißt aber unser wiedervereinigter Staat Bundesrepublik Deutschland, und ich als Jahrgang 1967 denke dabei an Bonn, wenn es um die hohe Politik geht. Kanzleramt, Villa Hammerschmidt, das Wasserwerk, das Bonner Rathaus mit seinen vielen Staatsempfängen – das ist für mich die Bundesrepublik, mein Staat. Berlin war für mich immer die Stadt der Freiheit und der ungezwungenen Lebensart, mitten im „Roten Meer" des Kommunismus: Eine Stadt, die auch ohne den Regierungssitz leben kann. Eine Stadt, die, wenn sie Olympia austragen sollte, im Jahre 2000 genug Auftrieb erhalten wird. Sollte Berlin dann auch noch Regierungssitz sein, wird die Stadt viel von ihrem liberalen Flair verlieren. Dann werden ganze Hundertschaften Polizei, Bundesgrenzschutz und Sicherheitskräfte Berlin in Beschlag nehmen, und auch manchem alteingesessenen Berliner wird das nicht mehr behagen. Es ist auffallend, daß gerade viele ältere Politiker sich für Berlin, auch als Regierungssitz, aussprechen. Der eine verbindet mit Berlin Erinnerungen an seine Jugendzeit, der andere will sich unbedingt an das halten, was er über 40 Jahre lang gepredigt hat, auch wenn dieses Versprechen für den Steuerzahler verdammt teuer werden wird. Der Dritte sehnt sich einfach zurück nach dem geborgenen Überwachungsstaat, der einst von Berlin aus die Welt das Fürchten lehrte und dann in Ost-Berlin seine schreckliche Wiederauferstehung erlebte.
Auf jeden Fall ist es ein Schlag ins Gesicht der jungen Generation, die mit Bonn aufwuchs und als Hinterlassenschaft sich womöglich mit Berlin, auch als Regierungssitz, auseinandersetzen muß. Die alten Herren der deutschen Politik müssen in erster Linie auf die Jugend achten, anstatt sich ihre alten Träume zu verwirklichen. In Bonn wurde und wird immer eine an rationalen Maßstäben gemessene Politik gemacht. Eine Politik, die ohne Pomp, Größenwahn auskam. So soll es auch in Zukunft bleiben. Wir werden noch genug Milliarden Deutsche Mark aufwenden müssen, um die Hinterlassenschaft der kommunistischen Diktatur zu beheben.

Quelle: Leserbrief. General-Anzeiger vom 19. 6. 91

M 4.3/26: Umzug der Prominenz

Quelle: General-Anzeiger vom 21. 6. 1991, Zeichnung Burkhardt Mohr

M 4.3/27: Berlin-Antrag: Vollendung der Einheit Deutschlands

In Einlösung seiner Beschlüsse, in denen der Deutsche Bundestag seinen politischen Willen vielfach bekundet hat, daß nach der Herstellung der Deutschen Einheit Parlament und Regierung wieder in der deutschen Hauptstadt Berlin sein sollen, wolle der Deutsche Bundestag beschließen:
1. Sitz des Deutschen Bundestages ist Berlin.
2. Die Bundesregierung wird beauftragt, gemeinsam mit der Verwaltung des Deutschen Bundestages und dem Senat von Berlin bis zum 31. 12. 1991 ein Konzept zur Verwirklichung dieser Entscheidung zu erarbeiten. Dabei soll mit der Herrichtung der notwendigen Kapazitäten für Tagungen des Deutschen Bundestages, seiner Fraktionen, Gruppen und Ausschüsse in Berlin schnell begonnen werden. Die Arbeitsfähigkeit soll in vier Jahren hergestellt sein. Bis dahin finden in der Bundeshauptstadt Plenarsitzungen des Deutschen Bundestages nur auf Beschluß des Ältestenrates in besonderen Fällen statt. Die volle Funktionsfähigkeit Berlins als Parlaments- und Regierungssitz soll in spätestens 10 bis 12 Jahren erreicht sein.
3. Der Deutsche Bundestag erwartet, daß die Bundesregierung geeignete Maßnahmen trifft, um ihrer Verantwortung gegenüber dem Parlament in Berlin nachzukommen und in entsprechender Weise in Berlin ihre politische Präsenz dadurch sichert, daß der Kernbereich der Regierungsfunktionen in Berlin angesiedelt wird.
4. Zwischen Berlin und Bonn soll eine faire Arbeitsteilung vereinbart werden, so daß Bonn auch nach dem Umzug des Parlaments nach Berlin Verwaltungszentrum der Bundesrepublik Deutschland bleibt, indem insbesondere die Bereiche in den Ministerien und die Teile der Regierung, die primär verwaltenden Charakter haben, ihren Sitz in Bonn behalten; dadurch bleibt der größte Teil der Arbeitsplätze in Bonn erhalten. Darüber hinaus werden für die Region Bonn – von der Bundesregierung bzw. von einer unabhängigen Kommission – unter Mitwirkung der Länder Nordrhein-Westfalen und Rheinland-Pfalz sowie der Stadt Bonn Vorschläge erarbeitet, die als Ausgleich für den Verlust des Parlamentssitzes und von Regierungsfunktionen die Übernahme und Ansiedlung neuer Funktionen und Institutionen von nationaler und internationaler Bedeutung im politischen, wissenschaftlichen und kulturellen Bereich zum Ziel haben.
5. Der Hauptstadtvertrag zwischen der Bundesregierung und der Stadt Bonn soll zu einem Bonn-Vertrag fortentwickelt werden zum Ausgleich der finanziellen Sonderbelastungen Bonns und der Region durch die Funktionsänderungen.
6. Die Bundestagspräsidentin wird gebeten, eine Kommission aus Vertretern aller Verfassungsorgane, der obersten Bundesbehörden und von weiteren unabhängigen Persönlichkeiten zu berufen. Diese Kommission soll – als unabhängige Föderalismuskommission – Vorschläge zur Verteilung nationaler und internationaler Institutionen erarbeiten, die der Stärkung des Förderalismus in Deutschland auch dadurch dienen soll, daß insbesondere die neuen Bundesländer Berücksichtigung finden mit dem Ziel, daß in jedem der neuen Bundesländer Institutionen des Bundes ihren Standort finden. Auch vorhandene Institutionen des Bundes in Berlin stehen dafür zur Disposition.
7. Die Ergebnisse dieser Arbeiten sollen von der Bundesregierung und der Kommission dem Deutschen Bundestag so rechtzeitig zugeleitet werden, daß er bis zum 30. Juni 1992 dazu Beschlüsse fassen kann.
8. Der Deutsche Bundestag geht davon aus, daß der Bundespräsident seinen 1. Sitz in Berlin nimmt.
9. Der Deutsche Bundestag empfiehlt dem Bundesrat, in Wahrnehmung seiner föderalen Tradition seinen Sitz in Bonn zu belassen.

Quelle: General-Anzeiger vom 21. 6. 1991

M 4.3/28: Resolution des Rates der Stadt Bonn vom 21. Juni 1991

1. Der Rat der Stadt Bonn nimmt den Beschluß des Deutschen Bundestages vom 20. 6. 1991, Berlin als Sitz des Deutschen Bundestages und der Kernbereiche der Regierungsfunktionen zu bestimmen, mit großem Bedauern und tiefer Enttäuschung zur Kenntnis. Diese Entscheidung bedeutet für die Region Bonn einen dramatischen Eingriff. Viele Menschen sind unmittelbar wirtschaftlich, sozial und häufig existentiell betroffen. Bei allen eigenen Bemühungen werden für die künftige Entwicklung der Bonner Region außergewöhnliche Ausgleichsleistungen, insbesondere durch den Bund erforderlich. Was Berlin über 40 Jahre an großzügiger Hilfe erfahren hat, erwartet nunmehr auch die Region Bonn in angemessener Weise.
2. Der Rat respektiert die für die Stadt Bonn und die Region negative Entscheidung des Deutschen Bundestages. Er erwartet aber, daß die im Beschluß des Deutschen Bundestages enthaltenen Zusagen eingehalten und unverzüglich umgesetzt werden. Dazu gehört insbesondere, daß
– lediglich die Kernbereiche der Ministerien in Berlin angesiedelt werden und die übrigen Aufgabenbereiche in Bonn verbleiben (sh. Ziffer 3 und 4 des Beschlusses),
– die finanziellen Sonderbelastungen Bonns und der Region von der Bundesregierung durch einen Bonn-Vertrag ausgeglichen werden (sh. Ziffer 5 des Beschlusses).

– die Empfehlung des Deutschen Bundestages (sh. Ziffer 9 des Beschlusses), den Bundesrat „in Wahrnehmung seiner föderalen Tradition in Bonn zu belassen", realisiert wird und insbesondere die Unterstützung des Landes Berlin findet.
Darüber hinaus geht er davon aus, daß die sich im Bau befindlichen Hochbaumaßnahmen des Bundes in Bonn fertiggestellt werden.
3. Die Verwaltung wird beauftragt, in enger Zusammenarbeit mit der Landesregierung NW Verhandlungen mit der Bundesregierung vorzubereiten, die sich insbesondere auf folgende zusätzliche Ausgleichsmaßnahmen erstrecken sollen:
– Verabschiedung eines besonderen Gesamtkonzepts für die Region Bonn, um den Strukturwandel und die Schaffung neuer Arbeitsplätze zu ermöglichen,
– Unterstützung der Ansiedlung hervorragender Einrichtungen und Unternehmen,
– Bereitstellung der bebauten und unbebauten Liegenschaften, die für Bundeszwecke nicht mehr benötigt werden, zu Sonderkonditionen,
– Ausbau der Verkehrsinfrastruktur,
– Zusage über den weiteren Verbleib aller vorhandenen nicht obersten Bundesbehörden und Bundesunternehmen in Bonn,
– Fertigstellung der Entwicklungsmaßnahme Parlaments- und Regierungsviertel.
4. Der Rat der Stadt Bonn dankt allen Bürgerinnen und Bürgern in Bonn und der Region, der Landesregierung NW und allen nordrhein-westfälischen Parteien, Persönlichkeiten sowie allen Organisationen und Verbänden, die sich für den Erhalt des Parlaments- und Regierungssitzes in Bonn in besonderer Weise eingesetzt haben.
5. Der Rat der Stadt Bonn ist besonders dankbar für die enge und vertrauensvolle Zusammenarbeit in der gesamten Region. Da die Region bei der Bewältigung der anstehenden Probleme aufeinander angewiesen ist, sollte die jetzt gezeigte Verbundenheit fortentwickelt werden.

Quelle: General-Anzeiger vom 22./23. 6. 1991

4.4 Kern-Rand-Wanderung/Bevölkerungssuburbanisierung (*Hermann Schrand*)

4.4.1 Allgemeine Zielorientierung

In der Entwicklung des Städtewesens hat es immer wieder Konzentrations- und Dekonzentrationsphasen gegeben (vergl. 2.3, 2.5). In der gegenwärtigen spät- bzw. postindustriellen Phase ist die Verstädterung in den Industrieländern und z.T. auch schon in den Schwellenländern durch eine Entwicklung gekennzeichnet, die als Kern-Rand-Wanderung bzw. ab Mitte der 70er Jahre zunehmend als Suburbanisierung bezeichnet wird. Gemeint ist damit allgemein eine Ausdehnung der Städte in ihr jeweiliges Umland. Entsprechend wird zwischen Bevölkerungssuburbanisierung, Industriesuburbanisierung und Suburbanisierung des tertiären Sektors unterschieden, wenngleich die inhaltliche Füllung des Suburbanisierungsbegriffes nicht einheitlich ist und sich bei der Übertragung dieses der nordamerikanischen Terminologie entlehnten Begriffes auf mitteleuropäische Verhältnisse durchaus Schwierigkeiten ergeben (vergl. 2.2.3, 2.3.2, 2.3.3).
Die folgende didaktische Aufbereitung beschränkt sich auf die Kern-Rand-Wanderung der Bevölkerung (Bevölkerungssuburbanisierung),

– weil sie ein zentrales Problemfeld der gegenwärtigen Stadtentwicklungsplanung darstellt und damit exemplarischen Charakter für einen großen Bereich hat,
– weil sie sowohl für die Kernstädte als auch für das Umland in physiognomischer und sozio-ökonomischer Hinsicht am folgenreichsten ist,
– weil, und das ist entscheidend, viele Schülerinnen und Schüler durch eigene Umzugserfahrungen und/oder tägliches Pendeln vom Rand in die Kernstadt oder Wohnen in einem Neubauviertel am Stadtrand bzw. – als Oberstufenschüler – in einem der altstädtischen „Junge-Leute-Viertel" direkt betroffen sind.

In der folgenden didaktischen Aufbereitung geht es also darum, Schülerinnen und Schülern durch Einsichten in Merkmale, Ursachen, Folgen und Lösungsmöglichkeiten der Kern-Rand-Wanderung raumbezogene Erschließungshilfen verfügbar zu machen und sie damit zu kompetentem Handeln und Verhalten im Lebensraum Stadt zu befähigen.

4.4.2 Didaktische Strukturierung

Bezüglich der methodischen Organisation sowie des konkreten unterrichtlichen Einsatzes der unter didaktischen Kriterien zusammengestellten Unterrichtsmaterialien wird auf die Erläuterungen und Begründungen in 4.0 verwiesen. Als didaktische Grobstrukturierung wird vorgeschlagen, von einem relativ leicht überschaubaren Fallbeispiel auszugehen, die daran gewonnenen Kenntnisse und Erkenntnisse auf andere Beispielräume anzuwenden und schließlich zu einer mehr abstrahierenden modellhaften Darstellung fortzuschreiten. Speziell bei den Beispielräumen Tokyo und Rhein-Main kann auf die Kapitel 3.3.1 und 3.3.2 zurückgegriffen werden.

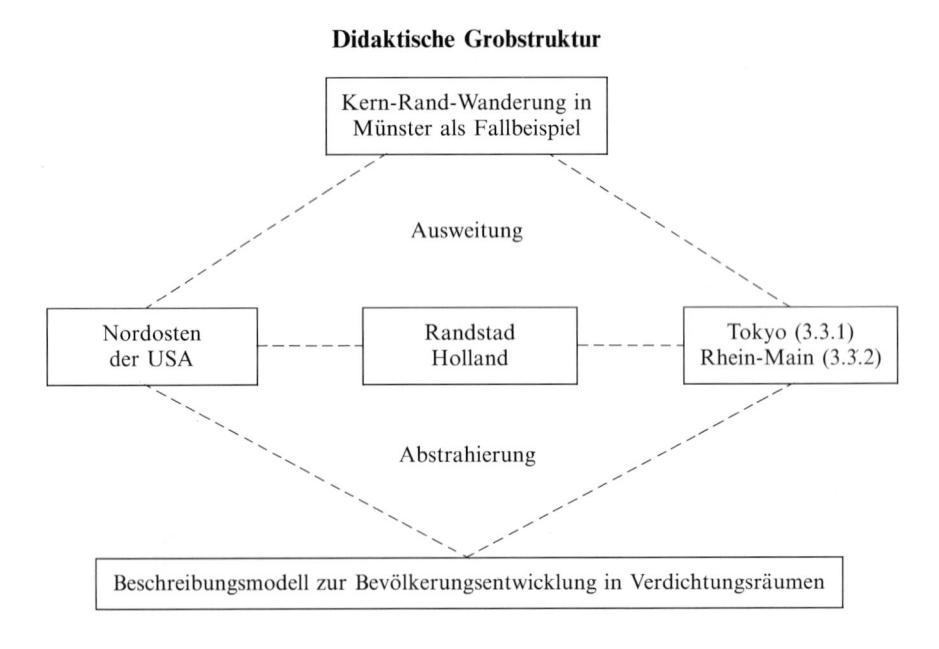

Didaktische Grobstruktur

```
              Kern-Rand-Wanderung in
              Münster als Fallbeispiel
                   /    |    \
                  /  Ausweitung \
                 /      |        \
       Nordosten --- Randstad --- Tokyo (3.3.1)
       der USA       Holland      Rhein-Main (3.3.2)
                 \      |        /
                  \ Abstrahierung /
                   \    |    /
       Beschreibungsmodell zur Bevölkerungsentwicklung in Verdichtungsräumen
```

4.4.3 Kern-Rand-Wanderung am Beispiel Münster

Das ausführlich dargestellte Fallbeispiel Münster ist folgendermaßen strukturiert:

Lernlogische Struktur	*Sachlogische Struktur*
Motivation/Problemstellung	Die Kern-Rand-Wanderung als Problem
↓	↓
Erarbeitung I	Merkmale
↓	↓
Erarbeitung II	Ursachen
↓	↓
Erarbeitung III	Folgen
↓	↓
Problemlösung/Anwendung	Lösungsversuch

Anhand der Entwicklung der relativ leicht überschaubaren Solitärstadt Münster können beispielhaft Einsichten in Merkmale, Ursachen, Folgen von und Maßnahmen gegen Kern-Rand-Wanderung gewonnen werden. Im einzelnen sollen als *Merkmale* herausgearbeitet werden, daß

- im 1975 erweiterten Stadtgebiet ein Kranz von ehemaligen Dörfern das ursprüngliche, geschlossene Stadtgebiet umgibt (M 4.4/1)
- in Münster, statistisch gesehen, fast jeder 10. Bewohner jährlich umzieht (20 000 bis 25 000 Umzugsbewegungen bei etwa 270 000 Einwohnern, M 4.4/2)
- die Umzugsbewegungen sehr stark nach Altersgruppen differieren und fast jeder zweite der innerhalb Münsters Umziehenden zwischen 18 und 30 Jahre und nur jeder achte über 45 Jahre alt ist (M 4.4/3)
- bei leichtem Bevölkerungswachstum der Gesamtstadt der Stadtbezirk Mitte Bevölkerung verliert, während die Außenbezirke gewinnen (M 4.4/4)
- diese Bevölkerungsentwicklung in erster Linie wanderungsbedingt ist (M 4.4/5)
- der Stadtbezirk Mitte bei der Außenwanderung gewinnt, bei der Binnenwanderung aber große Verluste zu verzeichnen hat (M 4.4/5)
- der Stadtbezirk Mitte zu einer Art Drehscheibe im Wanderungsgeschehen geworden ist (M 4.4/6).

Bezüglich der *Ursachen* soll erkannt werden, daß

- ein wichtiger Grund für die Abwanderung aus der Innenstadt die Verdrängung der Wohnfunktion durch tertiäre Funktionen ist
- bei den Wanderungsgründen die wohnungsorientierten Beweggründe (Lage und Ausstattung der Wohnung) eindeutig dominieren (M 4.4/7)
- bei den Wohnwünschen das eigene Haus am Stadtrand besonders bevorzugt wird (M 4.4/8)
- auf dem Wohnungs- und Baulandmarkt große Unterschiede zwischen dem Stadtbezirk Mitte und den Außenbezirken bestehen

Bezüglich der *Folgen* der Kern-Rand-Wanderung soll deutlich werden, daß

- die Kern-Rand-Wanderung den Altersaufbau der Bevölkerung nachhaltig verändert (M 4.4/9)
- sich bezüglich der Haushaltsgröße ein starkes Rand-Kern-Gefälle herausbildet
- die Kern-Rand-Wanderung zu einer sozialen Segregation und damit zu einer stadtstrukturellen Zweigliederung führt (M 4.4/10)
- die Randbezirke der Stadt stark zersiedelt werden (M 4.4/11, Beispiel Mecklenbeck)
- an den Einfahrtstraßen die Verkehrsbelastung durch Pendelverkehr immer größer wird
- die Kern-Rand-Wanderung zu einer unausgeglichenen Infrastrukturauslastung führt (Überkapazitäten im Stadtbezirk Mitte; Engpässe in Außenbezirken, z. B. bei Kindergärten)
- dies wiederum zu Problemen für den städtischen Haushalt führt, weil in den Außenbezirken Geld für Neuinvestitionen zur Verfügung gestellt werden muß, während sich in der Innenstadt auch bei geringerer Auslastung die Kosten aufgrund hoher Fixkostenanteile nicht entsprechend verringern
- bei einer Wanderung über die Stadtgrenze hinaus die Stadt Gewerbe- und Einkommensteuern sowie Kaufkraft verliert, während das Umland entsprechend gewinnt
- die Stadt einen Teil ihrer auch von der Umlandbevölkerung genutzten zentralen Einrichtungen letztendlich subventioniert.

Bei den *Lösungsversuchen* sollte herausgestellt werden, daß

- die Stadt Münster mit dem Innenstadtprogramm zur Verbesserung der Wohnqualität Gegenmaßnahmen eingeleitet und dafür beträchtliche Finanzmittel zur Verfügung gestellt hat (M 4.4/12)

– durch Sperrung für den Durchgangsverkehr, Aufpflasterung der Fahrbahn, Straßenschwellen, wechselseitige Anordnung der Parkplätze, Straßenmöblierung, Anpflanzen von Bäumen, Gestaltung kleiner Plätze, Neugestaltung von Blockinnenbereichen mit Spielplätzen und Tiefgarage, Erneuerung der Fassaden, Verbesserung des Wohnungsgrundrisses und andere Maßnahmen einzelne Stadtviertel des citynahen Wohngürtels wieder für Wohnen attraktiv gemacht werden sollen.

4.4.4 Suburbanisierung im Nordosten der USA

Die Suburbanisierungsprozesse verlaufen im Nordosten der USA z. T. anders als bei mitteleuropäischen Städten. Denn in den USA ist die Auflösung der traditionellen kompakten Stadt in urban areas bzw. urban regions aufgund der Zersiedlung des ländlichen Raums (urban sprawl) inzwischen weit fortgeschritten, und Städte zerfallen als physiognomische Einheiten (vergl. 3.1.1, 3.5.2). Deshalb sollte bei der unterrichtlichen Erarbeitung deutlich werden, daß

– sich schon seit Beginn des Jahrhunderts die Zone des höchsten Bevölkerungswachstums wellenförmig vom Stadtkern zur Peripherie bewegt und dadurch der Bevölkerungskrater im Stadtkern immer größer wird (M 4.4/13–14)
– bei US-amerikanischen Städten die Randzonen vor der Suburbanisierung in der Regel unbesiedelt, die mitteleuropäischen Städte aber von alten Dörfern bzw. kleinen Landstädten umgeben waren (vergl. Beispiel Münster, ferner M 4.4/15–16; Abb. 3.1/4, 3.1/9)
– deshalb am Stadtrand US-amerikanischer Städte ganz neue Siedlungsstrukturen entstehen, während bei mitteleuropäischen Städten häufig ältere Siedlungen ausgeweitet und überformt werden (M 4.4/15–16)
– in den Suburbs US-amerikanischer Städte inzwischen mehr als die Hälfte der Bevölkerung der USA lebt und für den größten Teil der familienorientierten Mittelschicht das Wohnen in einer sozial homogenen Umwelt von Suburbia nach wie vor höchste Priorität besitzt
– die Wanderungen im Nordosten der USA zu einer tiefgreifenden sozialen, demographischen und ethnischen Segregation führen und diese schon weit fortgeschritten ist (M 4.4/16–18)
– es aufgrund der Suburbanisierungsprozesse zu Verfallserscheinungen (Blights) in den Kernstädten kommt und diese sich gegenwärtig auch auf jüngere Stadträume und auf schwer nutzbare marginale Teile des ländlichen Raumes (Sozialbrache) ausdehnen (M 4.4/19)
– Verfall der Wohnbausubstanz und Slumbildung in den Kernstädten im Nordosten der USA inzwischen zu den flächenbestimmenden Phänomenen zählen (M 4.4/19–20)
– die Suburbs sozioökonomisch nach wie vor eine bevorzugte Sonderstellung sowohl gegenüber den Kernstädten als auch gegenüber den Kleinstädten einnehmen (M 4.4/21).

4.4.5 Randstad Holland

Die Randstad (=Ringstadt) Holland unterscheidet sich von den anderen großen west- bzw. mitteleuropäischen Verdichtungsräumen (Paris, London, Ruhrgebiet, Rhein-Main) dadurch, daß

– die Städte ein ländliches Kerngebiet umlagern, nicht umgekehrt
– es ein polyzentrischer Verdichtungsraum mit mehreren selbständigen Kernen ist, die ihr je eigenes Gesicht und Image bewahrt haben und auch behalten sollen
– es innerhalb der vier großen Städte (Amsterdam, Rotterdam, Den Haag, Utrecht) keine hierarchische Stufung gibt, auch nicht im Bewußtsein der Bewohner, wohl aber eine funktionale Arbeitsteilung. Den Haag ist Regierungssitz und Standort nationaler Verwaltungsfunktionen, Großhandel, Schiffsbau, Großindustrien und Hafenfunktionen kennzeichnen Rotterdam; Amsterdam ist Hauptstadt und kulturelles Zentrum der Niederlande, Utrecht Verkehrsknoten sowie Messe- und Kongreßzentrum.

Der Begriff Randstad bezeichnet im engeren Sinne einen hufeisenförmigen Städtering, den man in einen Nordflügel (Haarlem – Amsterdam – Hilversum – Utrecht) und einen Südflügel (Leiden – Den Haag – Rotterdam – Dordrecht) gliedern kann. Im weiteren Sinn versteht man unter Randstad Holland den Städtering und seine unmittelbaren Außengebiete sowie das durch diesen Ring umschlossene Mittelgebiet, das grüne Herz. Dieser Verdichtungsraum ist auch als „Greenheart Metropolis" bezeichnet worden. Er umfaßt den größten Teil der drei niederländischen Provinzen Nordholland, Südholland und Utrecht mit etwa 45% der niederländischen Bevölkerung auf ca. 20% der Landfläche der Niederlande.

Für viele Stadtplaner gilt die Randstad Holland als erstrebenswertes Modell eines Verdichtungsraumes, weil hier stadtnahe Erholung in freier Natur und ein „gewisses Gleichgewicht zwischen offener Landschaft und städtischer Überbauung beibehalten werden kann. Andererseits ist dieses grüne Herz besonders anfällig für Suburbanisierungstendenzen, die meist zu einer Zersiedelung der Landschaft führen, wodurch eine unübersehbare Stadtlandschaft entstehen würde. Diese Entwicklung zu verhindern betrachtet man als eine der Hauptaufgaben der Raumordnung im Randstadgebiet" (*Borchert/ van Ginkel* 1979, S. 18).

Bei der Darstellung der Suburbanisierungsprozesse in der Randstad Holland sollte deutlich werden, daß

- sich die ring- bzw. hufeisenförmige Ausbildung des Städteringes schon relativ früh abzeichnet (M 4.4/23; *Dierke* 1988, S. 85.1)
- der größte Teil der Randstad unter dem Meeresspiegel liegt und die Anordnung der Städte mit dem Vorkommen höher gelegener Gebiete zusammenhängt (M 4.4/23): Dünen im Westen, Geest im Osten, Uferwälle entlang der großen Ströme im Norden und Süden
- die Bevölkerungsentwicklung der Kernstädte relativ spät beginnt, im 17. Jahrhundert (Goldenes Zeitalter) und 19. Jahrhundert (Industrielle Revolution) entscheidende Impulse und in den 70er Jahren dramatische Einbrüche erfährt (M 4.4/24–25)
- der Städtering zwischen 1960 und 1985 deutlich Bevölkerung verliert, während Außen- und Mittelgebiete sowie die Randstad insgesamt ebenso deutlich Bevölkerung gewinnen (M 4.4/26–27)
- die vier großen Städte Suburbanisierungsfelder bis ungefähr 20–25 km Distanz vom Stadtzentrum ausgebildet haben (M 4.4/28)
- die Suburbanisierung große Pendlerströme ausgelöst und zu schwerwiegenden Verkehrsproblemen geführt hat (M 4.4/29–30)
- in den Kernstädten nur die City und die Wohnviertel des 19. und frühen 20. Jahrhunderts von drastischen Bevölkerungsverlusten betroffen sind (M 4.4/31)
- der Altersaufbau der Bevölkerung sich entsprechend verändert hat (altermäßige Segregation) (M 4.4/32)
- die Suburbanisierung auch zu einer ethnischen Segregation in den Kernstädten geführt hat und beispielsweise in Amsterdam vor allem die besonders sanierungsbedürftigen Wohnviertel des 19. Jahrhunderts sowie die hoch verdichtete neue Wohnsiedlung Bijlmermeer hohe Ausländeranteile aufweisen (M 4.4/33)
- durch Stärkung und Förderung der Wohnfunktion in den Kernstädten deren Bevölkerungsrückgang gestoppt werden soll (M 4.4/34).

4.4.6 Beschreibungsmodell der Bevölkerungsentwicklung in Verdichtungsräumen

Die jüngste Entwicklung zeigt, daß in einigen traditionellen Verdichtungsräumen die Bevölkerungszunahme im Umland die Bevölkerungsabnahme in der Kernstadt nicht mehr ausgleichen kann und diese Verdichtungsräume also absolut Bevölkerung und Arbeitsplätze verlieren. Ob man aber deshalb schon von Deurbanisierung (Entstädterung) bzw. Counterurbanisation (Gegenverstädterung) als allgemeinen neuen Trends sprechen kann oder ob es sich nur um eine auf größere Räume bezogene

Suburbanisierung handelt, bei der sich der Bevölkerungsschwerpunkt immer mehr nach außen an den Rand des Verdichtungsraumes verschiebt, soll hier nicht diskutiert werden. Es sei nur darauf verwiesen, daß der neue Trend im wesentlichen auf die sehr stark verstädterten Industrieländer beschränkt ist, während in den Entwicklungsländern gerade die Metropolen und Großstädte rasant weiterwachsen; und generell gilt auch – noch – für die Industrieländer: „Bevölkerungs- und Arbeitsplatzsuburbanisierung halten ungebrochen an, relativ unabhängig von konjunkturellen Schwankungen. Eine Umkehr dieses seit dem 19. Jahrhundert in den USA und in Europa belegten säkularen Trends ist nicht erkennbar, auch wenn die Entwicklungsdynamik nachläßt" (*Gaebe* 1987, S. 152).

Trotz der Zweifel an der grundsätzlichen Umkehr des schon lange anhaltenden Suburbanisierungsprozesses ist es interessant, die jüngste Entwicklung mit den historischen Erfahrungen zu vergleichen und dies modellhaft verallgemeinernd darzustellen. Dann kommt man nämlich zu einem Beschreibungsmodell, das einen zyklischen Verlauf der Bevölkerungs- und Beschäftigtenentwicklung in Verdichtungsräumen zeigt (M 4.4/35–36). Dabei ist allerdings zu bedenken, daß

- die vier Entwicklungsphasen nicht unbedingt aufeinander folgen müssen, sondern in einem Land durchaus mehrere Phasen zeitgleich auftreten können, wie das Beispiel USA zeigt
- die modellhafte Darstellung im prospektiven Teil auf Hypothesen beruht und es schwer ist, in ihnen zukünftige „staatliche und kommunale Politik, wirtschaftliche und technologische Veränderungen, Veränderungen der Lebensweise und der gesellschaftlichen Präferenzen" (*Gaebe* 1987, S. 160) mit zu erfassen
- modellhaft verallgemeinernde Darstellungen räumlich differenzierende Untersuchungen nicht ersetzen können
- sehr vielfältige Gründe und begründete Vermutungen für Deurbanisierung aufgeführt werden können (vgl. dazu 2.3.3.3).

4.4.7 Materialien

M 4.4/1: Gliederung der Stadt Münster nach Stadtbezirken/statistischen Bezirken

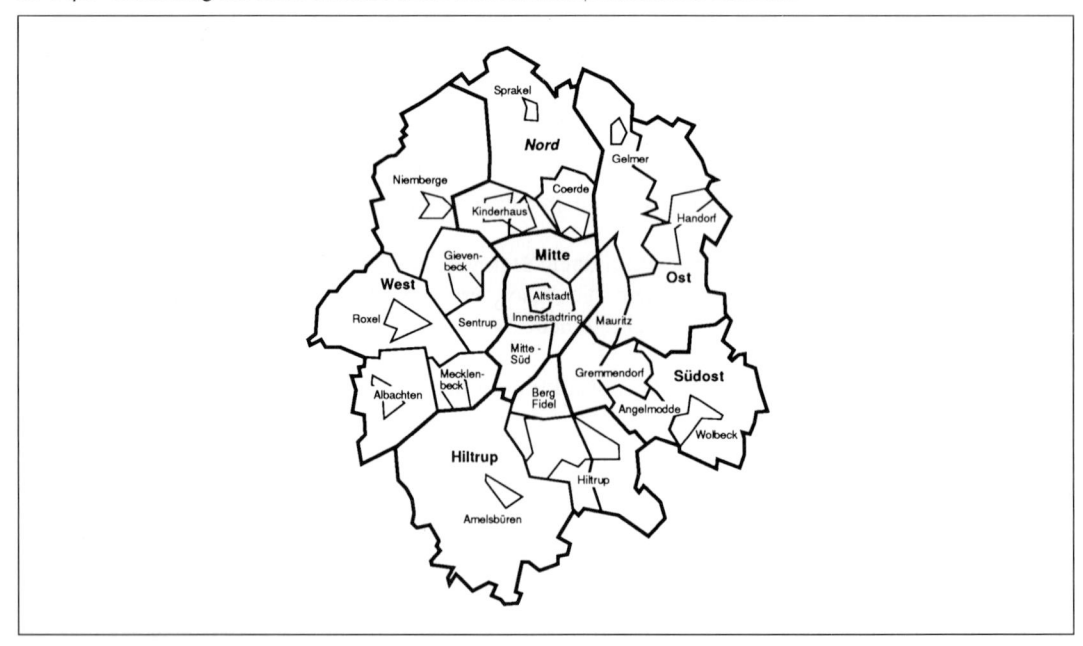

Quelle: Schrand 1987, S. 1)

M 4.4/2: Umzugsbewegungen in Münster von 1978 bis 1984

Jahr	Zuzüge nach Münster	Fortzüge aus Münster	Umzüge in Münster
1978	16 873	15 353	22 774
1979	16 262	14 822	21 505
1980	16 009	14 832	21 463
1981	16 213	13 522	21 288
1982	15 476	13 924	21 782
1983	16 551	15 543	25 010
1984	15 707	14 542	25 917

Quelle: Schrand 1987, S. 21

M 4.4/3: Altersstruktur der innerhalb des Stadtgebietes 1979 umgezogenen Personen

Altersgruppe von ... bis unter ... Jahre	absolut	in %	Umzüge in Münster 1000 E *)	Altersstruktur der Gesamtbevölkerung 1979 in %
(1)	(2)	(3)	(4)	(5)
0– 3	603	2,8	180	2,5
3– 6	585	2,7	182	2,4
6–10	676	3,1	132	3,8
10–16	1 084	5,0	95	8,5
16–18	352	1,6	88	3,0
18–21	1 819	8,5	235	5,8
21–25	5 088	23,7	368	10,3
25–30	4 207	19,6	288	10,9
30–45	4 461	20,7	165	20,2
45–65	1 670	7,8	65	19,1
65 u. ä.	960	4,5	54	13,4
insgesamt	21 505	100,0	161	100,0

*) bezogen auf die Einwohnerzahl der gleichen Altersgruppe der Stadt 1979

Quelle: Schrand 1987, S. 21

M 4.4/4: Bevölkerungsentwicklung von Münster nach Stadtbezirken 1970–1984, Gebietsstand 1. 1. 1975

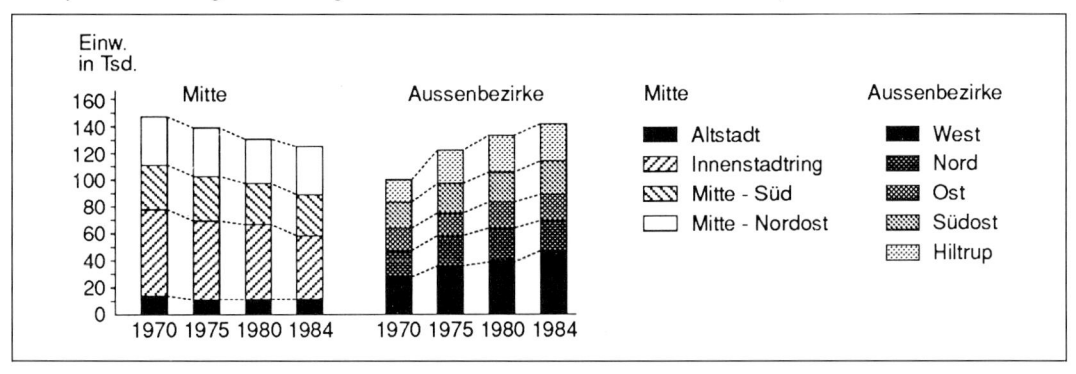

Quelle: Schrand 1987, S. 2

M 4.4/5: Bevölkerungsbewegungen in Münster 1975–1979 und 1980–1984

Teilbereiche/ Stadtbezirke	Wohnbevölkerung			Außenwanderung		Binnenwanderung	
	01.01.1975	31.12.1979	31.12.1984	75–79	80–84	75–79	80–84
Altstadt	10 976	10 421	10 127	+ 715	+ 609	−1 038	− 638
Innenstadtring	58 575	55 130	53 972	+1 202	+1 223	−3 905	−1 827
Mitte-Nord	17 356	16 463	15 914	− 78	− 214	− 535	− 421
Mitte-Ost	19 263	18 288	17 504	+ 321	+ 111	− 792	− 294
Mitte-Süd	34 016	31 898	30 655	+ 361	− 89	−1 980	− 815
Mitte	140 186	132 200	128 172	+2 521	+1 640	−8 250	−3 995
West	33 244	37 872	44 002	+2 073	+3 608	+1 803	+1 754
Nord	22 412	24 509	25 373	− 65	− 208	+1 333	+ 266
Ost	19 993	20 989	20 331	+ 150	− 670	+ 809	− 21
Südost	21 724	22 788	23 482	+ 81	− 21	+ 752	+ 382
Hiltrup	25 008	29 120	31 266	+ 238	+ 97	+3 553	+1 614
Außenbezirke	122 381	135 278	144 454	+2 477	+2 806	+8 250	+3 995
Stadt Münster	262 567	267 478	272 626	+5 098	+4 446	–	–

Teilbereiche/ Stadtbezirke	Wanderung Gesamt (abs.)		Wanderung Gesamt (%)		Natürliche Bevölkerungsbewegung		Gesamtveränderung	
	75–79	80–84	75–79	80–84	75–79	80–84	75–79	80–84
Altstadt	− 323	− 29	− 2,9	− 0,2	− 232	− 265	− 555	− 294
Innenstadtring	− 2 703	− 604	− 4,6	− 1,0	− 742	− 554	− 3 445	−1 158
Mitte-Nord	− 613	− 635	− 3,5	− 3,8	− 326	− 149	− 939	− 549
Mitte-Ost	− 450	− 183	− 2,4	− 1,0	− 479	− 366	− 929	− 784
Mitte-Süd	− 1 619	− 904	− 4,7	− 2,8	− 499	− 339	− 2 118	−1 243
Mitte	− 5 708	−2 355	− 4,1	− 1,7	−2 278	−1 673	− 7 986	−4 028
West	+ 3 876	+5 362	+11,6	+14,1	+ 752	+ 768	+ 4 628	+6 130
Nord	+ 1 268	+ 58	+ 5,6	+ 0,2	+ 829	+ 807	+ 2 097	+ 864
Ost	+ 959	− 691	+ 4,9	− 3,2	+ 37	+ 33	+ 996	− 658
Südost	+ 833	+ 361	+ 3,8	+ 1,5	+ 231	+ 333	+ 1 064	+ 694
Hiltrup	+ 3 791	+1 711	+15,1	+ 5,8	+ 321	+ 435	+ 4 112	+2 146
Außenbezirke	+10 727	+6 809	+ 8,7	+ 5,0	+2 170	+2 375	+12 897	+9 176
Stadt Münster	–	–	–	–	− 108	+ 702	+ 4 911	+5 148

Quelle: Schrand 1987, S. 18/19; verändert

M 4.4/6: Wanderungsbewegungen in Münster 1975–1984 (Schematische Darstellung)

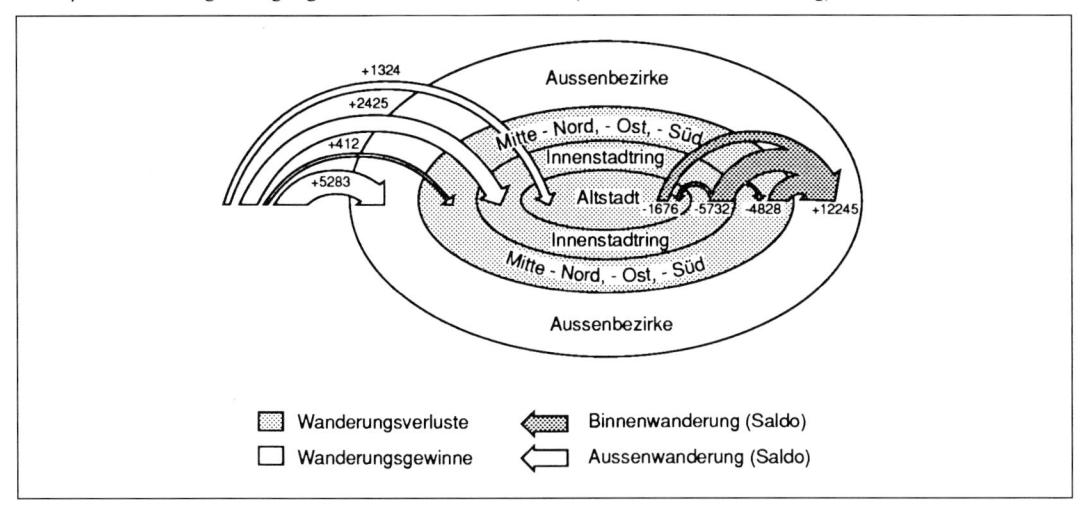

Quelle: Schrand 1987, S. 8

M 4.4/7: Wichtigster Wanderungsgrund 1981

Wichtigster Wanderungsgrund	Anteil der Nennungen in %
Berufliche Gründe	3,1
Wohnung zu teuer	7,4
Kündigung druch Vermieter	4,8
Umzug ins Eigenheim	8,8
Bessere Lage der Wohnung	13,9
Bessere Wohnung	16,8
Heirat/Scheidung	9,3
Begründung eigener Wohnung	9,6
Umzug zu Freunden/Wohngemeinschaft	7,0
Vergrößerung des Haushalts	5,1
Verkleinerung des Haushalts	1,0
Gesundheitliche Gründe	2,8
Andere Gründe	9,7

Quelle: Schrand 1987, S. 3; verändert

M 4.4/8: Wohnwünsche in Münster 1981 (in %)

Rechtsverhältnis				Wohnstandort				Gebäudeart		
Miete	Eigenes Haus	Eigentumswohng.	Gleichgültig	Zentrumsnah	Stadtrand	Außerhalb	Gleichgültig	Altbau	Neubau	Gleichgültig
26,9	52,9	9,3	11,1	39,6	48,5	9,0	2,9	25,1	43,9	31,0

Quelle: Schrand 1987, S. 21

M 4.4/9: Bevölkerungsaufbau im Stadtbezirk Mitte und in den Außenbezirken 1984

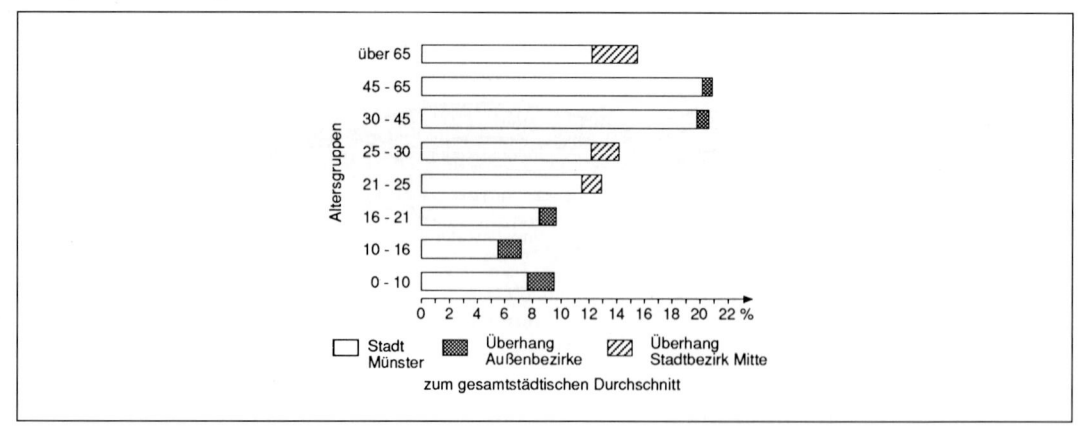

Quelle: Statist. Jahrbuch 1984

M 4.4/10: Strukturdaten zum Wohngebiet Alter Schützenhof (Stat. Bezirk 33)

Indikatoren / Gebiete	Erwerbstätigkeit (%) (27. 5. 1970)			
	Land-/Forst- wirtschaft	Produz. Gewerbe	Handel/ Verkehr	Dienstleistungen
Alter Schützenhof	0,3	28,9	25,6	45,2
Stadtbezirk Mitte	0,9	21,2	22,8	55,7
Gesamtstadt	2,9	23,8	22,0	51,4

Indikatoren / Gebiete	Höchster Schulabschluß (%) (27. 5. 1970)					Altersgruppen (%) (31. 12. 1984)				
	Volks- schule	Mittl. Reife	Abi- tur	Berufs-/ Fach- schule	Hoch- schule	0–16	16–30	30–45	45–65	über 65
Alter Schützenhof	77,1	12,4	2,3	9,7	3,8	11,8	34,9	19,2	20,1	14,1
Stadtbezirk Mitte	62,5	14,4	3,7	12,3	7,0	9,5	35,0	19,5	20,2	15,9
Gesamtstadt	64,4	13,0	3,4	12,4	6,7	13,2	33,2	20,3	20,8	12,6

Quelle: Schrand 1987, S. 25

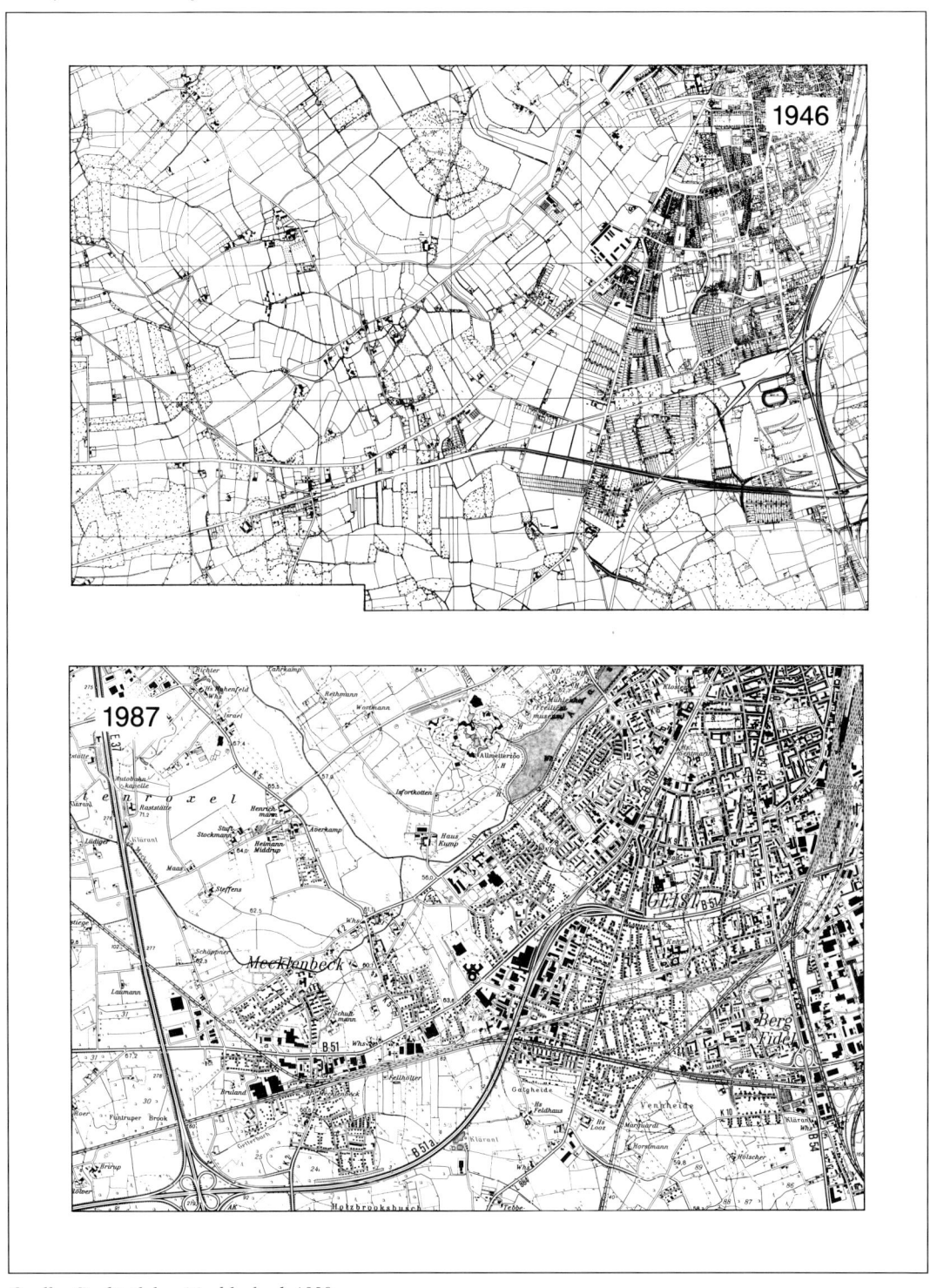

M 4.4/11: Entwicklung des Stadtteils Mecklenbeck 1946–1987

Quelle: Stadtteilplan Mecklenbeck 1988

M 4.4/12: Innenstadtprogramm zur Verbesserung der Wohnqualität

Innenstadtprogramm zur Verbesserung der Wohnqualität,
vom Rat der Stadt Münster am 1. 3. 1978 beschlossen (Auszug)

Ziele

Ziel dieses Programms ist es, in den innerstädtischen Wohngebieten sowohl im engeren Stadtkern wie Hörster-, Überwasser-, Martini-, Aegidii- und Kuhviertel als auch zwischen Promenade und 2. Tangentensystem (Ringe), Nordviertel, Wolbecker Viertel, Südviertel etc. – die Wohnqualität zu erhalten und zu verbessern. Diese Aufgabe hat neben der Ausweisung neuer Baugebiete höchste Priorität und bildet einen Schwerpunkt der Stadtentwicklung in den nächsten Jahren.

Von folgenden Grundsätzen und Zielen soll ausgegangen werden:

1. Die Wohnnutzung soll erhalten und möglichst nicht durch Ausdehnung anderer Nutzungen wie Gewerbe-, Verkehrs- oder Verwaltungsnutzungen verdrängt werden.
2. Die Wohnnutzung soll nicht über ausgedehnte Flächensanierung, sondern durch kleinteilige Erhaltungs- und Modernisierungsmaßnahmen verbessert werden. Dabei ist besonderes Augenmerk darauf zu richten, daß Wohnungen erhalten oder geschaffen werden, die preiswert und groß genug sind, auch Familien mit zwei oder mehr Kindern aufzunehmen.
3. Wegen der gegenseitigen Beeinflussung sollen Wohnungsqualität und Wohnumfeldqualität gemeinsam und aufeinander abgestimmt verbessert und damit die Attraktivität innerstädtischer Wohngebiete erhöht werden.
4. Dabei kommt es entscheidend darauf an, durch geeignete Maßnahmen die Privatinitiative bei der Instandhaltung und Modernisierung von Wohngebäuden anzuregen und zu unterstützen.

Maßnahmen

1. Verkehrsmaßnahmen
   – Vollendung des II. Tangentenringes
   – Beruhigung der Wohnstraßen
   – Beseitigung der Parkraumnot
2. Verbesserung der Wohnumgebung
   – Entdichtung
   – Schaffung von Grünanlagen
   – Umgestaltung von Blockinnenbereichen

3. Verbesserung der Wohnqualität
   – Information über Förderungsmöglichkeiten
   – Architektenwettbewerb
   – Förderungsprogramme von Land und Bund
   – Finanzierungshilfen
   – Beratungs- und Betreuungstätigkeit

Organisation

Die Verbesserung der Wohnqualität in der Innenstadt ist eine dezernatsübergreifende Stadtentwicklungsaufgabe. Der Oberstadtdirektor trifft die erforderlichen Maßnahmen, um die vielfältigen Koordinationsaufgaben ohne Reibungsverluste und Zeitverzug zu lösen.

Um Rang und Dringlichkeit dieser Stadtentwicklungsaufgabe, die Wohnqualität in der Innenstadt zu erhöhen, deutlich zu machen, berichtet der Oberstadtdirektor dem Rat in regelmäßigen Abständen.

Investitionen der Stadt Münster für Maßnahmen der Stadterneuerung (in Mio. DM)	1978–84	geplant für 1985–88
1. Grunderwerb für Stadterneuerungs- und Modernisierungsmaßnahmen	25,0	3,0
2. Förderung von Privatinitiativen = städtisches Förderungsprogramm (Wohnungsmodernisierung, Wohnumfeldverbesserung, Stadtbildpflege und Denkmalschutz)	8,7	1,2
3. Baumaßnahmen der Stadt (große und kleinere Verkehrsberuhigungsmaßnahmen, Schaffung und Erweiterung von Spielplätzen, Grünflächen etc.)	6,3	14,4
4. Mitwirkung verwaltungsexterner Fachleute an der Stadterneuerung (Realnutzungskartierung ..., Strukturplan ...)		derzeit nicht geplant

5. Bürgerberatung	0,1	0,3
6. Betriebsverlagerung/Sonstiges	4,4	
Gesamt-Investitionen	45,9	18,9
Landeszuschüsse zur Stadterneuerung 1978–1988		
Insgesamt	13,3 Mio. DM	

Quelle: Schrand 1987, S. 26/27; verändert

M 4.4/13: Bevölkerungsverschiebung im Raum New York 1910–1930

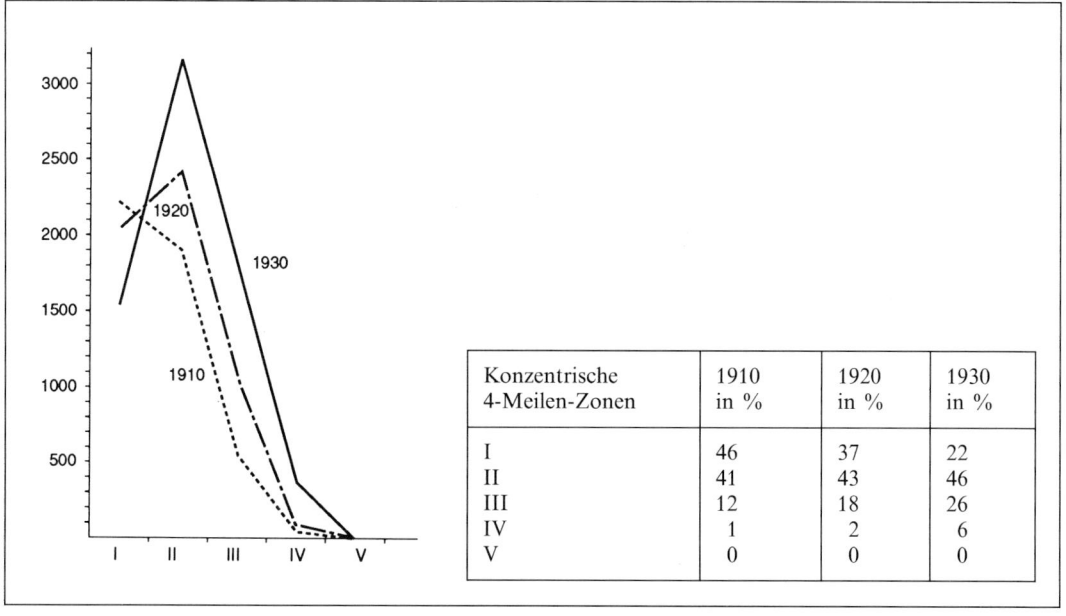

Konzentrische 4-Meilen-Zonen	1910 in %	1920 in %	1930 in %
I	46	37	22
II	41	43	46
III	12	18	26
IV	1	2	6
V	0	0	0

Quelle: Gaebe 1987, S. 82

M 4.4/14: Bevölkerungsentwicklung in den größten Verdichtungsräumen der USA 1950–1984 (1)

	Kernstädte				Umland				Anteil des Umlands	
	1950–1960	1960–1970	1970–1980	1980–1984	1950–1960	1960–1970	1970–1980	1980–1984	1960	1984
	in %									
New York	5	−4	−10	1	47	32	−1	1	18	14
Los Angeles-Long Beach	32	9	−5	5	91	34	7	7	59	52
Chicago	−10	−7	−11	−1	43	63	14	3	43	48
Philadelphia	−8	−13	−13	−2	28	39	5	3	54	62
Detroit	−26	−10	−21	−9	32	54	8	2	58	69
San Francisco-Oakland	2	−5	−6	6	57	49	10	6	–	59
Washington	4	3	−16	−1	163	125	13	8	63	75
Dallas-Fort Worth	43	37	4	10	163	227	48	19	73	45

(1) 1950–1980 SMSAs, 1980–1984 PMSAs

Quelle: Gaebe 1987, S. 83

M 4.4/15: Idealtypische Struktur der Metropolitan Area

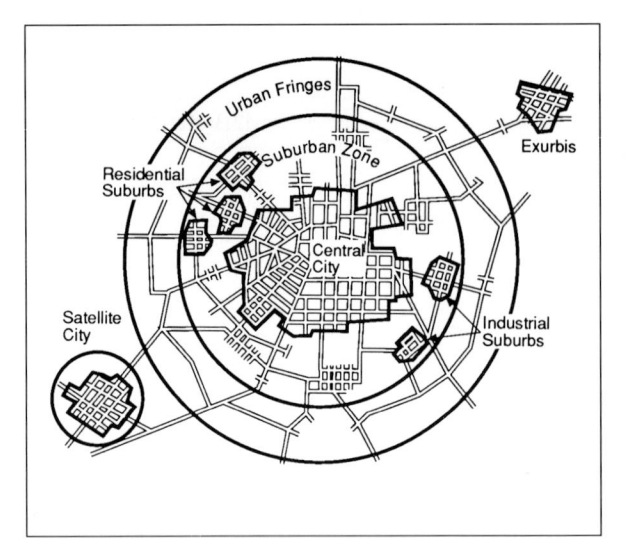

M 4.4/16: Die sozialräumliche Differenzierung der Metropolitan Area von Chicago

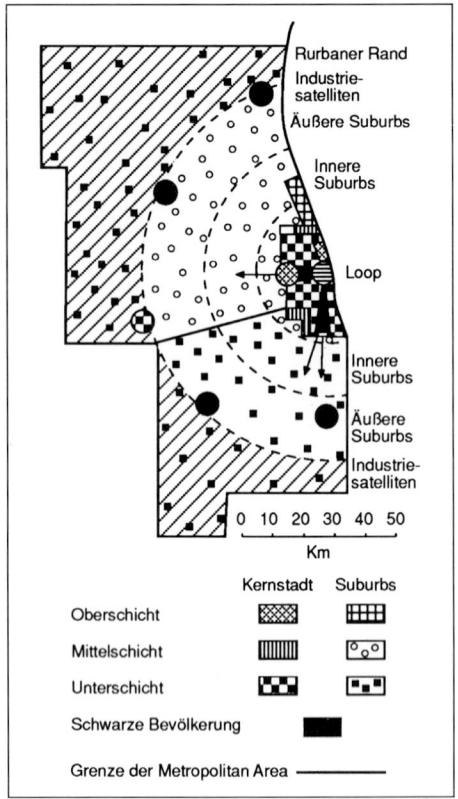

Quelle: Lichtenberger 1986, S. 49

Quelle: Lichtenberger 1986, S. 79

M 4.4/17: Ethnische, demographische und sozioökonomische Segregation in vier Verdichtungsräumen der USA 1980

SMSA		Ethnische Verteilung (3)			Haushaltseinkommen pro Jahr			Altersverteilung	
		Weiße	Schwarze	hispanischer Herkunft	unter 7500 $	mehr als 50 000 $	im Durchschnitt (1000 $)	unter 14 Jahre	mehr als 60 Jahre
		in %							
New York	(1)	61	25	20	29	4	18,2	19	18
	(2)	89	8	4	13	12	29,0	18	17
Los Angeles	(1)	61	17	28	24	7	21,7	19	15
–Long Beach	(2)	72	10	28	18	7	23,1	24	14
Detroit	(1)	34	63	2	37	3	17,1	23	17
	(2)	94	4	1	16	7	25,4	21	13
Washington	(1)	27	70	3	23	8	22,0	16	16
	(2)	78	16	3	8	12	29,6	21	9

(1) Kernstadt (New York, Los Angeles, Chicago, Detroit, Washington DC, Dallas)
(2) Umland (SMSA – Kernstadt)
(3) Mehrfachzählung

Quelle: Gaebe 1987, S. 84

M 4.4/18: Entwicklung der weißen und schwarzen Bevölkerung in den metropolitan areas 1900–1975

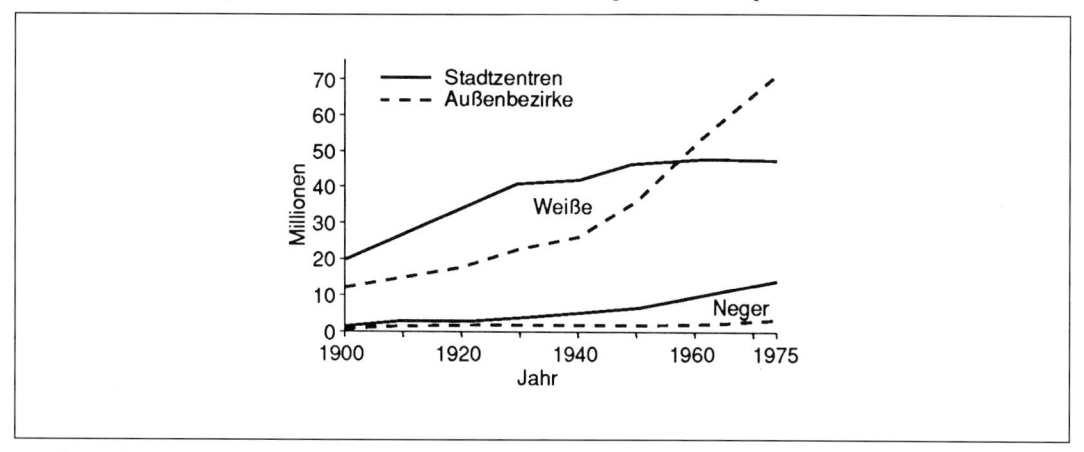

Quelle: Hofmeister/Friese 1980, S. 103

M 4.4/19: Verfallende Wohngebiete in Philadelphia

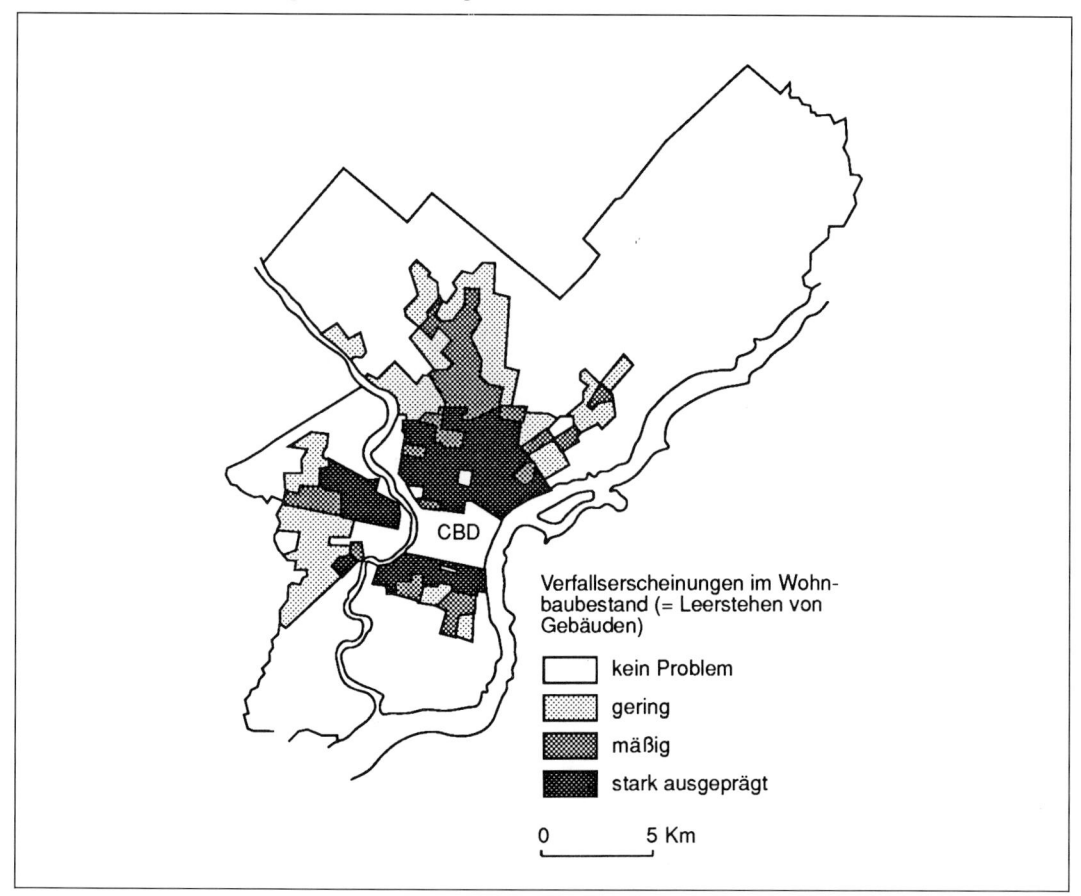

Quelle: Lichtenberger 1986, S. 246

M 4.4/20: Slumbildung

Verfall der Wohnbausubstanz und *Slumbildung* zählen in der Mehrzahl der Metropolitan Areas, vor allem im Nordosten der Vereinigten Staaten, zu den flächenbestimmenden Phänomenen. Bereits 1950 betrug die Ausdehnung der Slums in Chicago 22 Quadratmeilen, in San Francisco und San Louis 13, in Detroit sogar 88 (!). Gegenwertig werden bereits rund 10 Millionen Wohneinheiten als von Ratten invadiert geschätzt; die Bodenpreise sind in innerstädtischen Wüstungsgebieten auf Null gesunken, und trotz der staatlichen Initiierung einer „Frontierbewegung", welche Interessenten für die Gebühr von einem Dollar den Besitztitel an einem leerstehenden Objekt zuerkennt, schreitet der Verfall in den Wohngebieten um den CBD weiter fort

Quelle: Lichtenberger 1986, S. 245/46

M 4.4/21: Die sozioökonomische Dimension im nordamerikanischen Städtesystem

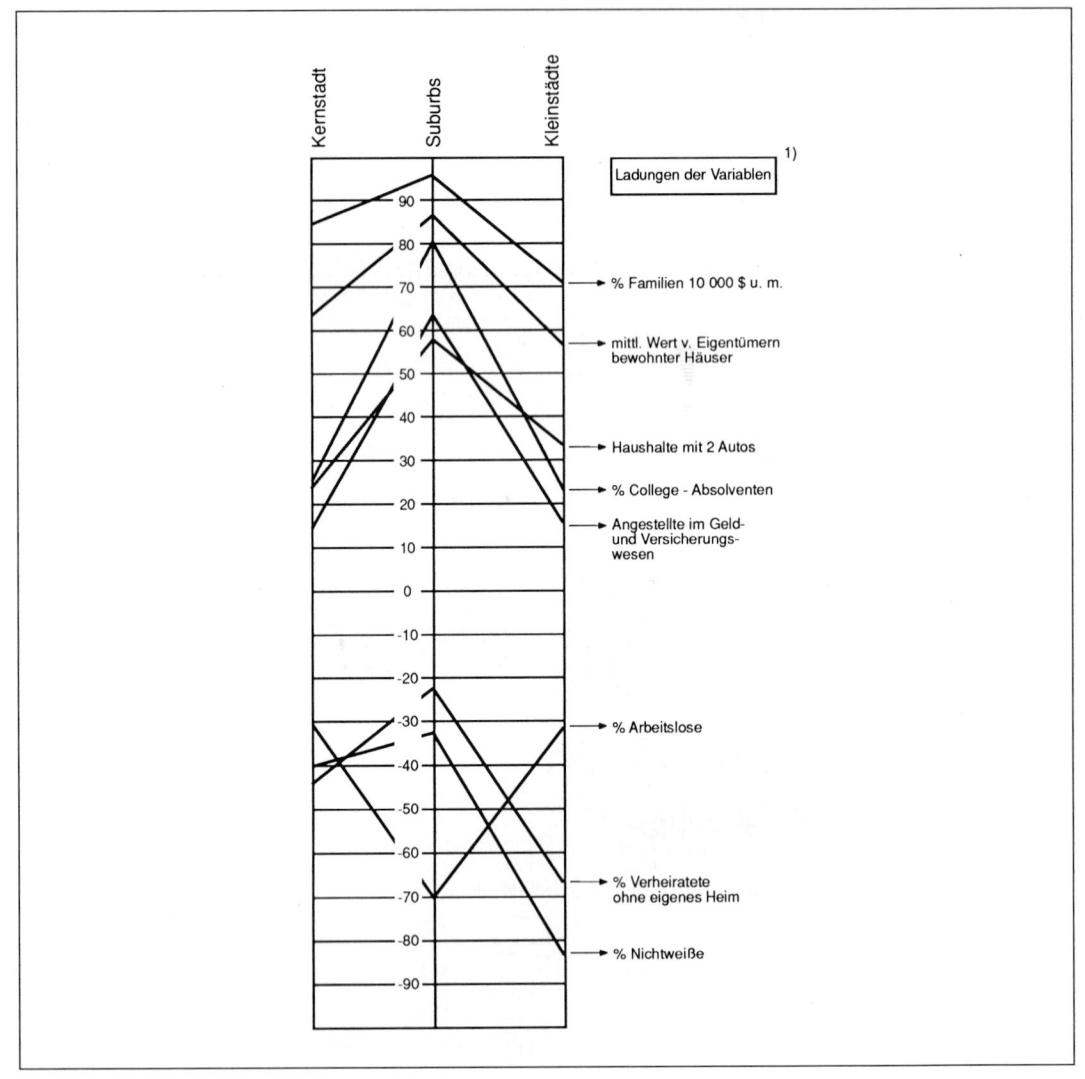

[1] Ladungen der Variablen (Merkmalsdimensionen) sind Korrelationen der einzelnen erfaßten Variablen mit dem diesen Variablen zugrundeliegenden, gemeinsamen Faktor, in diesem Fall die ‚sozioökonomische Dimension', und können Werte von +1 bis −1 annehmen; + = positive, − = negative Korrelation.

Quelle: Lichtenberger 1986, S. 251

M 4.4/22: Randstad Holland 1850 und 1984

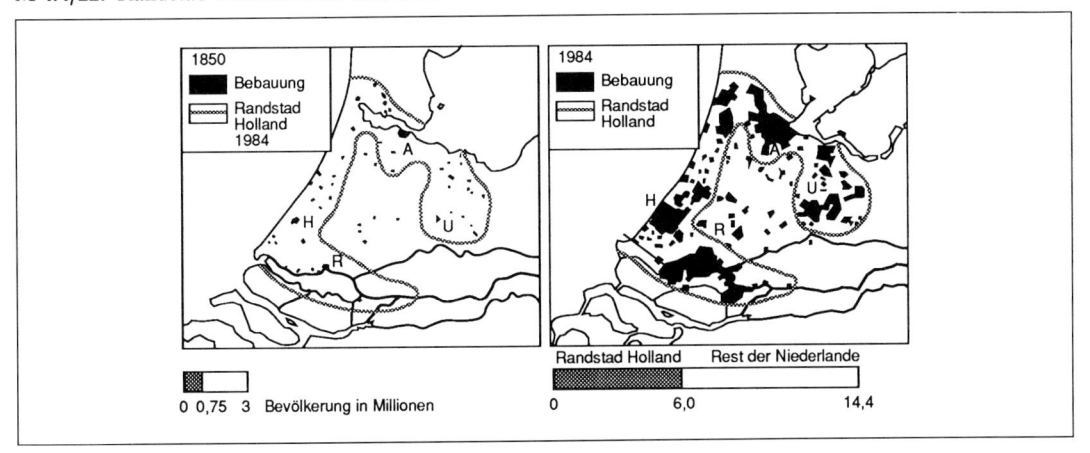

Quelle: IDG 1986, S. 23

M 4.4/23: Physisch-geographische Struktur des Randstadgebiets

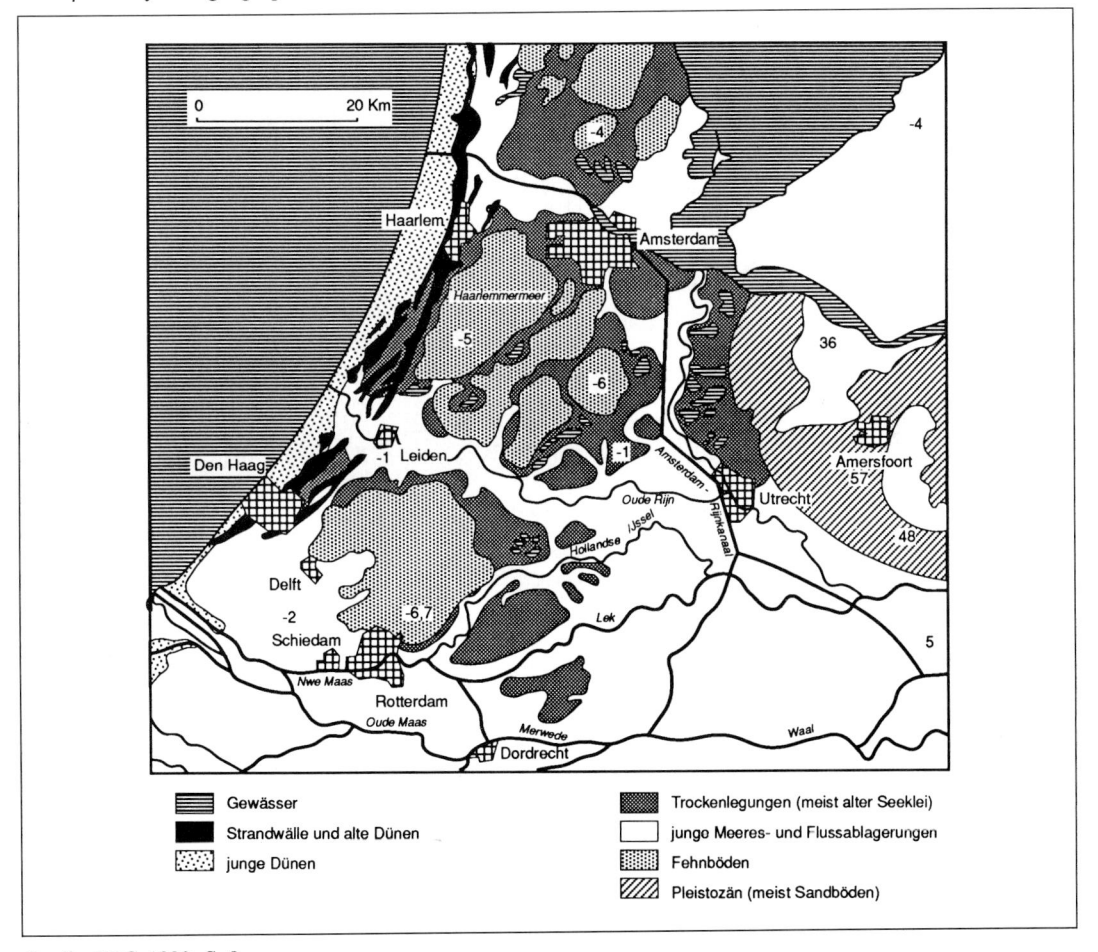

Quelle: IDG 1980, S. 9

M 4.4/24: Entwicklung der 4 großen Randstad-Kernstädte (Einw. in 1000)

	1564	1632	1795	1899	1940	1969	1979	Abnahme 1969–1979 %
Amsterdam	32	120	221	511	801	845,8	718,6	−15,0
Rotterdam	?	30	57	320	680	699,2	582,4	−16,7
Den Haag	?	17	38	206	504	563,6	458,2	−18,7
Utrecht	37	?	31	102	165	276,3	236,1	−14,5

Quelle: Borchert/van Ginkel 1979, S. 39; IDG 1980, S. 22

M 4.4/25: Bevölkerungsentwicklung in den vier größten Städten 1950–1985 (Einw. in 1000)

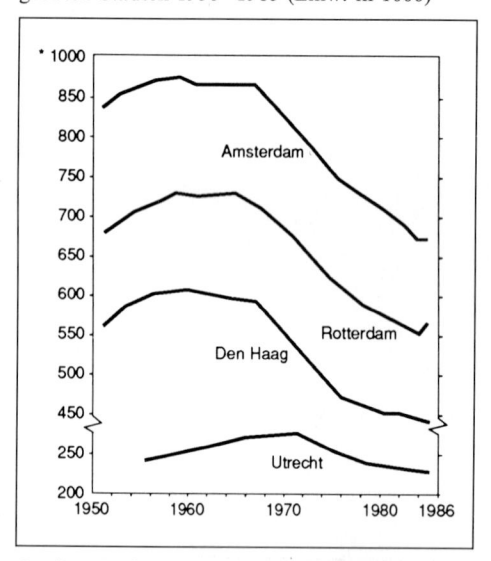

Quellen: IDG 1986.1, S. 20; Meijer 1988, S. 7

M 4.4/26: Abgrenzung und Einteilung der Randstad

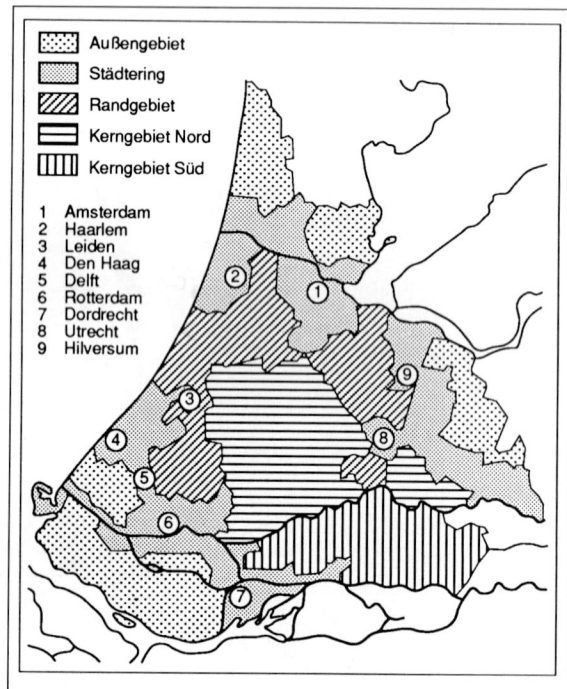

Außengebiet
Städtering
Randgebiet
Kerngebiet Nord
Kerngebiet Süd

1 Amsterdam
2 Haarlem
3 Leiden
4 Den Haag
5 Delft
6 Rotterdam
7 Dordrecht
8 Utrecht
9 Hilversum

Quellen: IDG 1986.1, S. 20; Meijer 1988, S. 7

M 4.4/27: Bevölkerungsentwicklung in der Randstad 1960–1985

	Bevölkerung (in 1000) 1.1.1960	1.1.1985	Zunahme/Abnahme 1960–1985 (in %)
Städtering	4032	3865	− 4,1
– dessen vier größte Städte	2460	1920	−21,9
Außengebiet	444	838	+88,7
Mittelgebiet	747	1346	+80,2
Randstad	5223	6049	+15,8
Niederlande insg.	11417	14454	+26,6

Quellen: IDG 1986.1, S. 20; Meijer 1988, S. 6

M 4.4/28: Suburbanisierungsfelder der vier größten Städte

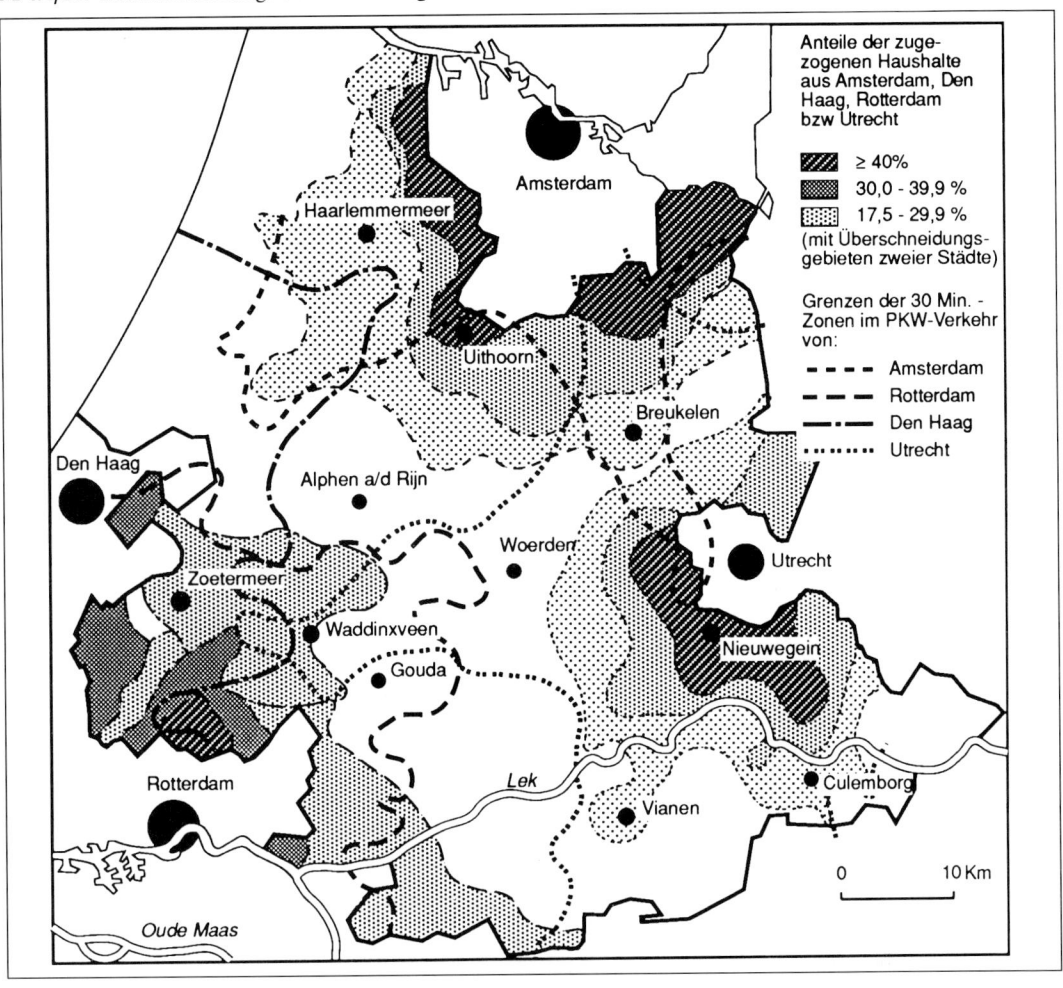

Quelle: Borchert/van Ginkel 1979, S. 108

M 4.4/29: Pendlerströme zwischen den 4 größten Städten

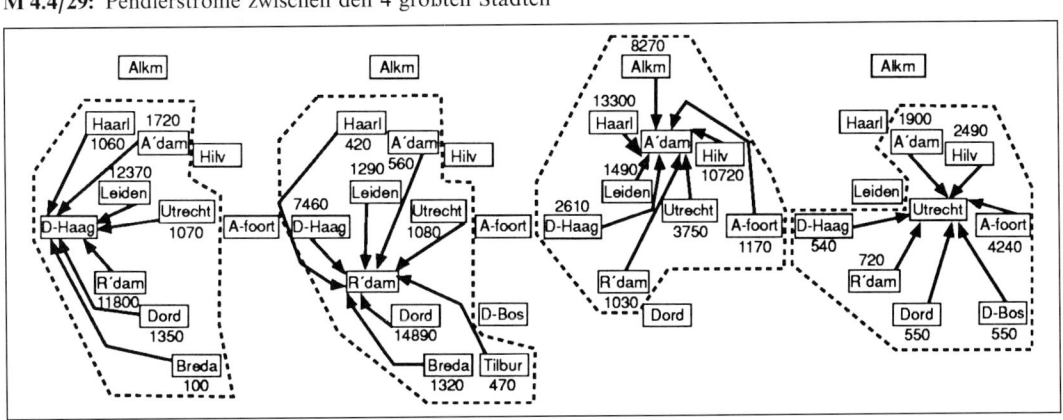

Quelle: IDG 1986.1, S. 31

M 4.4/30: Straßennetz und Straßenverkehr in der Randstad

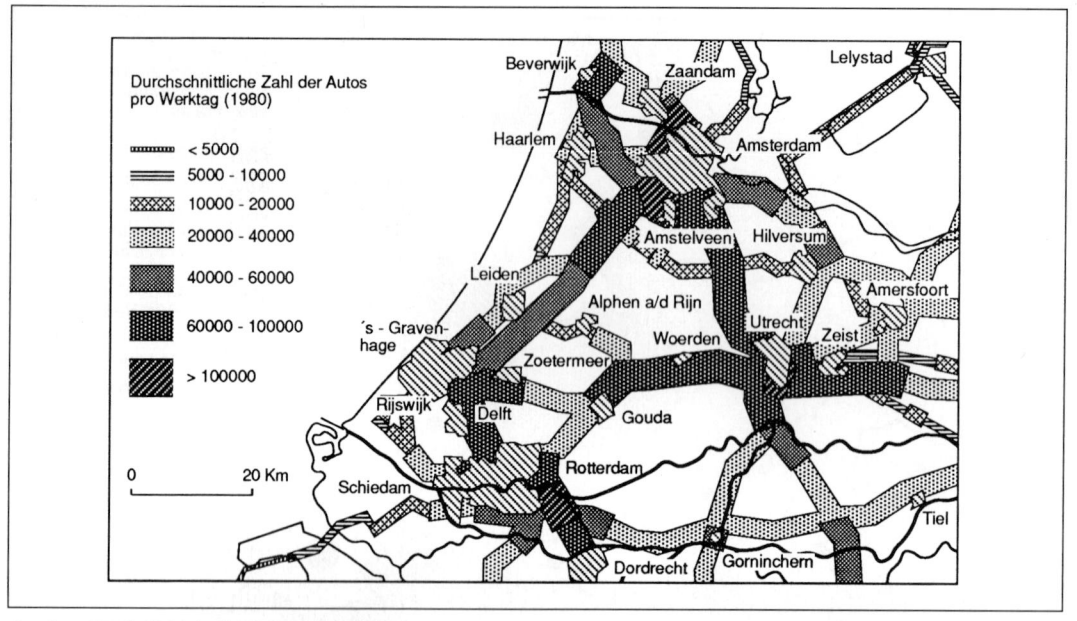

Quellen: IDG 1986.1, S. 32; *Meijer* 1988, S. 5

M 4.4/31: Die Bevölkerung Amsterdams in vier Stadtvierteln seit 1850

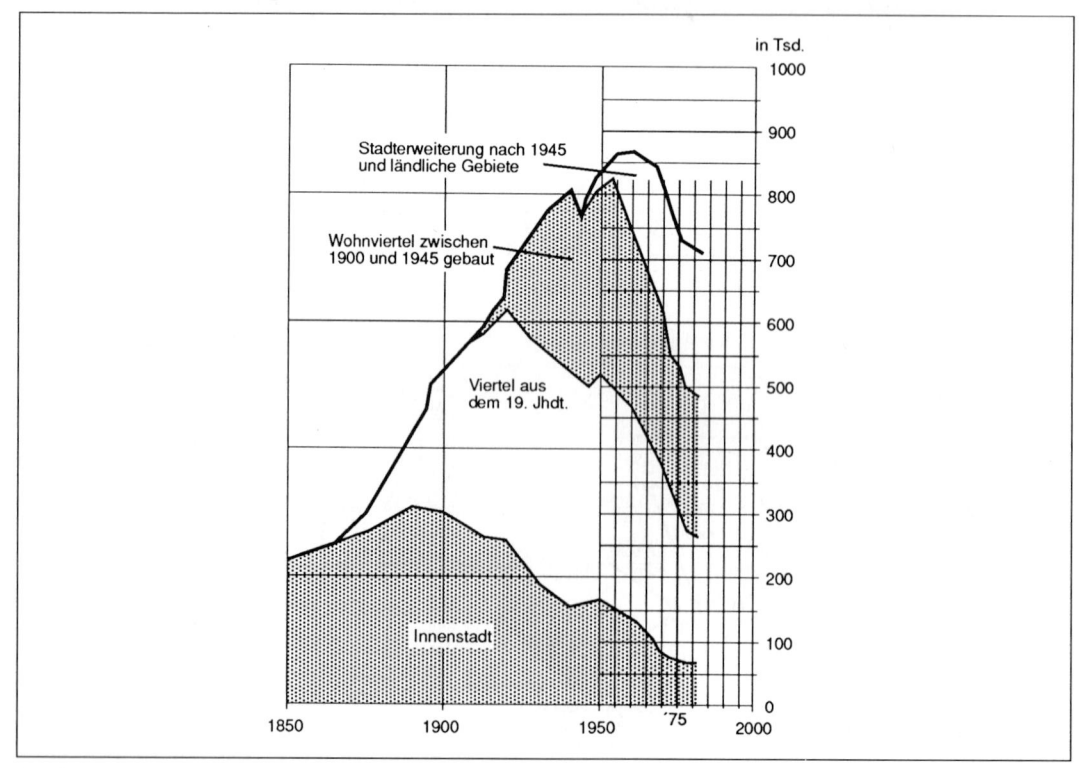

Quelle: Exkursionsführer 1987

M 4.4/32: Altersstruktur der Bevölkerung Amsterdams in vier Stadtvierteln 1947 und 1979

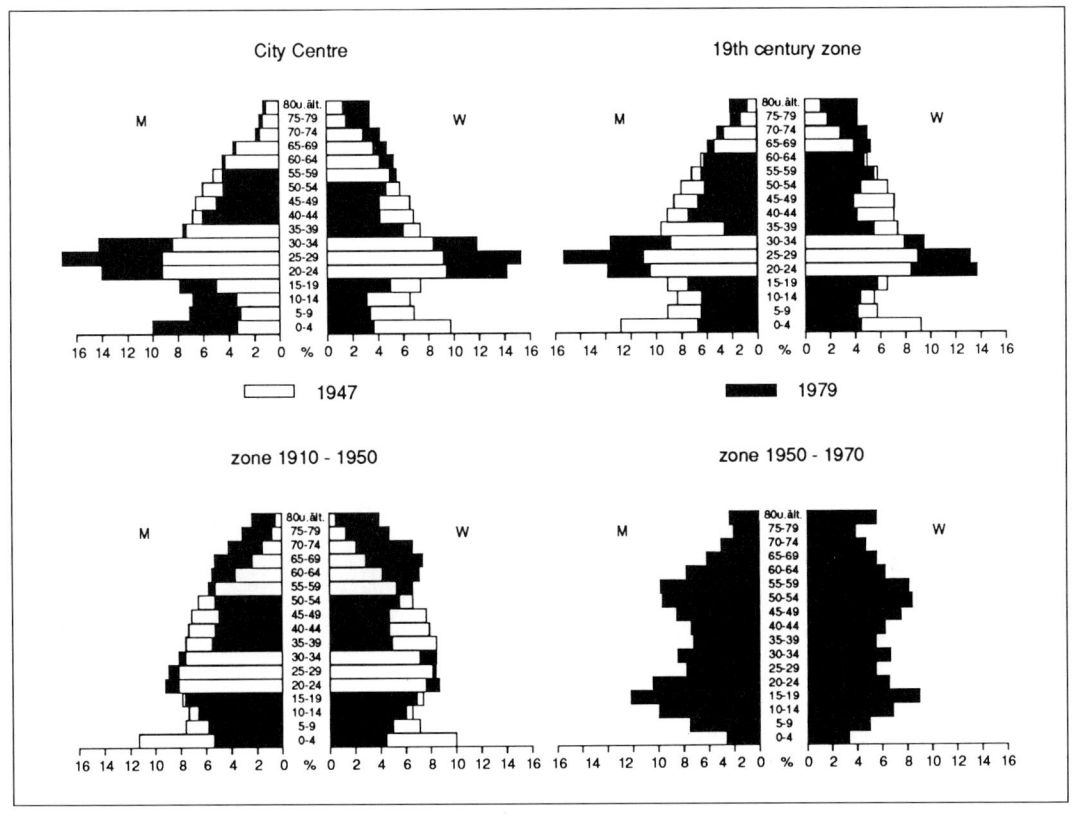

Quelle: Exkursionsführer 1987

M 4.4/33: Ausländeranteile in den Stadtteilen von Amsterdam am 1. Januar 1983

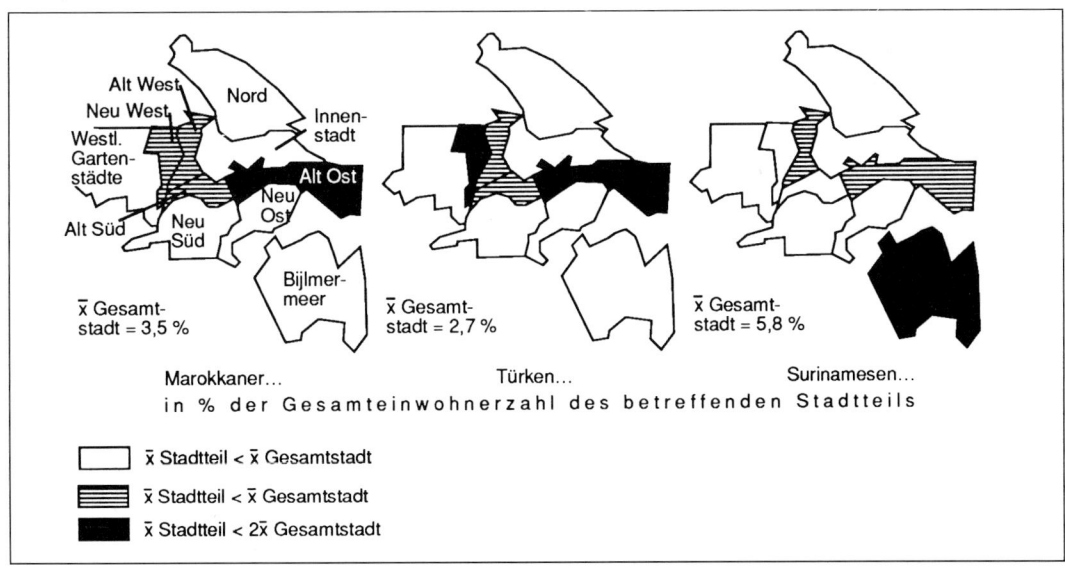

Quelle: Exkursionsführer 1987; verändert

M 4.4/34: Stadterneuerung und Wohnungsbau in den Großstädten

Priorität erhält die Stadterneuerung in den Großstädten, wobei der vorhandene Raum so gut wie möglich genutzt werden soll. Daher liegen die Richtzahlen für den Wohnungsbau in den vier großen Städten in dieser Strukturskizze wesentlich höher als im Verstädterungsbericht

Zahl der geplanten Neubauwohnungen nach dem Verstädterungsbericht 1976 und der Strukturskizze Städtische Gebiete (1984)

	Verstädterungsbericht	Strukturskizze 1984
Amsterdam	9 000	mindestens 25 000
Rotterdam	6 500	mindestens 20 000
Den Haag	4 000	mindestens 8 000
Utrecht	2 000	mindestens 6 500

Der Raum für diese Neubauprojekte muß auf kleinen, noch unbebauten Grundstücken, auf ehemaligem Industrie-, Eisenbahn- und Kasernengelände und auf Gelände im Umkreis alter, für die Schiffahrt nicht mehr gebrauchter Häfen – die teilweise erst zugeschüttet werden müssen – gefunden werden. Interessante Beispiele dafür gibt es vor allem in Amsterdam und Rotterdam. In Rotterdam handelt es sich meist um Neubauprojekte, in Amsterdam auch um den Umbau früherer Lagerhäuser

Zu Wohnhäusern umgebaute Lagerhäuser am Entrepotok in Amsterdam

Quelle: IDG 1986.1, S. 27/28

M 4.4/36: Bevölkerungsdichtefeld in verschiedenen Phasen der Stadtentwicklung

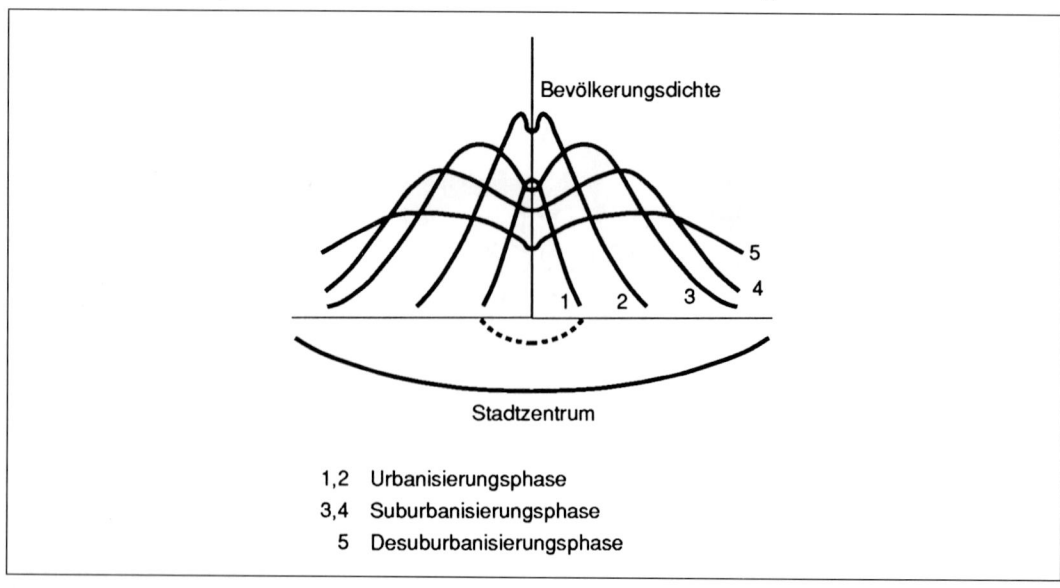

1,2 Urbanisierungsphase
3,4 Suburbanisierungsphase
5 Desuburbanisierungsphase

Quelle: Gaebe 1987, S. 143

M 4.4/35: Stadtentwicklungsphasen im Modell und in Wirklichkeit

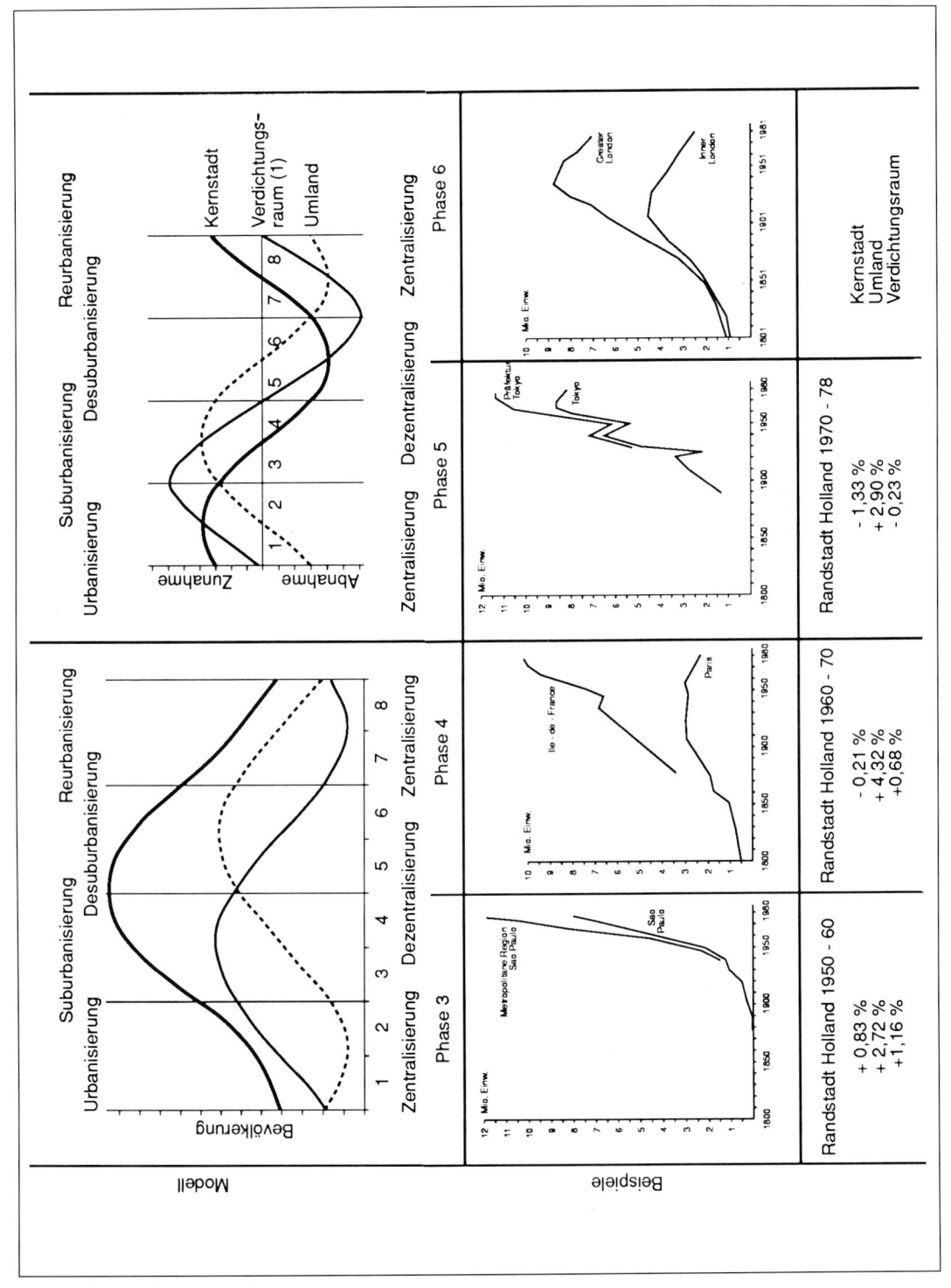

Quelle: Gaebe 1987, S. 160 ff.; verändert

4.5 Verstädterung in Industrie- und Entwicklungsländern (*Hermann Schrand*)

4.5.1 Allgemeine Zielorientierung

Die didaktische Relevanz des Themas „Verstädterung in Industrie- und Entwicklungsländern" leuchtet unmittelbar ein. Denn bei dieser Fragestellung handelt es sich offensichtlich um eines jener globalen Schlüsselprobleme, von deren Verschärfung oder Lösung die Zukunft der Menschheit entscheidend mitgeprägt sein wird. „Wir sind Zeitzeugen einer teilweise atemberaubenden Zunahme der Stadtbevölkerung; Prognosen für Mexiko-City sagen eine Einwohnerzahl von mehr als 30 Mio. im Jahre 2000 voraus, d. h. 50 mal Frankfurt oder weit mehr als die Hälfte der Menschen, die dann in der Bundesrepublik leben werden" (*Taubmann* 1985, S. 2). Die erschütternden Bilder von innerstädtischen Slums und endlosen Hüttensiedlungen am Rande der Großstädte gehören zur fast täglich über Medien vermittelten Lebenswirklichkeit unserer Schülerinnen und Schüler und werden damit zur Herausforderung für einen Geographieunterricht, der sich raumbezogener Wirklichkeitserschließung und -gestaltung verpflichtet weiß. Ihre besondere Dramatik bekommt die weltweite Verstädterung durch die Tatsache, daß sich die Situation in den Entwicklungsländern immer mehr zuspitzt. Denn hier werden die Probleme der Verstädterung durch andere Entwicklungsprobleme vielfältig überlagert und verstärkt, so daß die in den Industrieländern gewonnen Erfahrungen und Lösungsstrategien nicht mehr greifen. Die zur Zeit in den Entwicklungsländern ablaufenden Prozesse sind nur begrenzt mit den früheren Entwicklungen in den Industrieländern vergleichbar und insofern nicht Ausdruck gleichartiger, nur zeitlich versetzter Vorgänge, sonden strukturell verschieden, und dies soll in der folgenden Unterrichtseinheit herausgearbeitet werden.

4.5.2 Didaktische Strukturierung

Als didaktische Grobstrukturierung wird vorgeschlagen, zunächst die weltweite Verstädterung als globales Schlüsselproblem in den Fragehorizont der Schülerinnen und Schüler zu rücken, um dann die Zuspitzung der Problemsituation durch die ungleiche Entwicklung in den Industrie- und Entwicklungsländern zum eigentlichen Thema zu machen. Dieses Thema kann dann in dem klassischen Dreischritt Wie sind die Fakten? Worin liegen die Ursachen? Was sind die Folgen? erarbeitet und mit einer Diskussion der entwicklungstheoretischen Erklärungs- und Lösungsansätze in seinen entwicklungspolitischen Kontext eingeordnet werden.

Strukturskizze

Lernlogische Struktur	*Sachlogische Struktur*
Motivation/Problemstellung	Die weltweite Verstädterung
↓	↓
Erarbeitung I	Der Verlauf der Verstädterung in EL und IL
↓	↓
Erarbeitung II	Die Ursachen der Verstädterung in EL und IL
↓	↓
Erarbeitung III	Die Folgen der Verstädterung in EL und IL
↓	↓
Problemlösungsansätze	Die entwicklungstheoretischen Erklärungs- und Lösungsansätze

4.5.3 Ziel-/Inhaltsbereiche

Ziel-/Inhaltsbereich „Weltweite Verstädterung"

Im ersten Lernschritt geht es darum, die Verstädterungsproblematik als zentralen Teil des globalen Bevölkerungsproblems zu erkennen, z. B. über die Einsicht, daß
- die Erdbevölkerung exponentiell wächst (Tab. 2.5/6)
- die Stadtbevölkerung prozentual schneller wächst als die Gesamtbevölkerung (Tab. 2.5/6)
- der Verstädterungsgrad (= Anteil der Stadtbevölkerung an der Gesamtbevölkerung) noch sehr unterschiedlich ist, im ganzen aber immer größer wird (M 4.5/1, Tab. 1.1, 2.5/5, 2.5/6).

Ziel-/Inhaltsbereich „Verlauf der Verstädterung in Industrie- und Entwicklungsländern"

Im zweiten Lernschritt sollen als Unterschiede im Verlauf der Verstädterung in den beiden Ländergruppen herausgearbeitet werden, daß
- die Bevölkerung in den Entwicklungsländern viel schneller wächst als in den Industrieländern (Tab. 2.5/6; M 4.5/2)
- in den Entwicklungsländern auch die ländliche Bevölkerung stark wächst, während sie in den Industrieländern abnimmt (M 4.5/2)
- innerhalb der Entwicklungsländer die Stadtbevölkerung aber noch schneller wächst als die Landbevölkerung
- der Verstädterungsgrad in den Industrieländern noch deutlich höher liegt als in den Entwicklungsländern (M 4.5/1, 3, 5)
- die Verstädterungsrate (= Wachstumsrate der Stadtbevölkerung) aber in den Entwicklungsländern viel größer ist als in den Industrieländern (Tab. 2.5/6; M 4.5/2, 4)
- die Verstädterungsrate in den Entwicklungsländern z. Zt. auch viel höher liegt als in den Industrieländern zur Zeit der Industrialisierung in der zweiten Hälfte des 19. Jahrhunderts (M 4.5/6–7)
- sich die Verstädterungskurve in den Industrieländern deutlich abschwächt und einen S-förmigen Verlauf nimmt (M 4.5/5, 7; Abb. 1/1)
- die Verstädterung in den Entwicklungsländern vor allem als Metropolisierung verläuft, während die Verstädterung in den Industrieländern zur Zeit der Industrialisierung auch den Klein- und Mittelstädten zugute kam und hier die Bevölkerung der Metropolen sogar rückläufig ist (M 4.5/8–9; Tab. 3.5/5, 3.5/12)
- der Verstädterungsgrad innerhalb der Entwicklungsländer sehr unterschiedlich ist und man zwischen Ostasien, Südasien und Afrika auf der einen und Lateinamerika auf der anderen Seite unterscheiden muß (M 4.5/; Tab. 1.1, Tab. 2.5/5)
- auch die Verstädterungsrate innerhalb der Entwicklungsländer unterschiedlich verläuft (M 4.5/6).

Ziel-/Inhaltsbereich „Ursachen der Verstädterung in Industrie- und Entwicklungsländern"

In diesem Lernschritt geht es darum, den generellen Zusammenhang zwischen Verstädterung und Industrialisierung herauszustellen, zugleich aber den völlig verschiedenen historischen Kontext der Industrialisierung in beiden Ländergruppen herauszuarbeiten. Dabei geht es im einzelnen darum, daß
- in den Industrieländern im 19. Jhdt. die Industrialisierung der Verstädterung vorausging bzw. sich parallel zu ihr entwickelte, während in den Entwicklungsländern die Verstädterung der Industrialisierung vorauseilt (M 4.5/10–12)
- die Industrialisierung in den Industrieländern eine eigenständige Entwicklung war, in den Entwicklungsländern aber von Anfang an in vielen Bereichen fremdbestimmt
- während der frühen arbeitsintensiven Industrialisierung in den wachsenden Städten der Industrieländer ein Überhang an Arbeitsplätzen geschaffen wurde, während bei der modernen kapitalintensiven Industrialisierung in den Entwicklungsländern viel weniger Arbeitsplätze zur Verfügung gestellt werden

- die rasche Verstädterung in den Industrieländern vor allem auf Wanderungsgewinn der Städte zurückzuführen ist, während beim Städtewachstum in den Entwicklungsländern neben dem Wanderungsgewinn der natürliche Zuwachs eine große Rolle spielt (Tab. 3.5/1; M 4.5/7, 13, 14)
- bei der Verstädterung in den Industrieländern zur Zeit der Industrialisierung das Arbeitsplatzangebot in den Städten als pull-Faktor viel wichtiger war als die Armut auf dem Lande als push-Faktor und daß es bei der Verstädterung in den Entwicklungsländern eher umgekehrt ist.

Ziel-/Inhaltsbereich „Folgen der Verstädterung in Industrie- und Entwicklungsländern"

Die Folgen der Verstädterung sind für Industrie- und Entwicklungsländer verschieden. Das betrifft sowohl die Beziehungen zwischen Stadt und ländlichem Raum als auch die Stadtökonomie sowie die funktionale Gliederung und Physiognomie der Städte. Das wird darin deutlich, daß

- von den städtischen Zentren in den Industrieländern vielfältige Ausbreitungs- und Innovationseffekte ausgehen, während in den Entwicklungsländern die Städte, vor allem die Metropolen, häufig engere Beziehungen zu den Industrieländern haben als zu dem traditionellen Wirtschaftssystem des ländlichen Umlandes
- sich in den Industrieländern durch Suburbanisierung der Stadt-Land-Gegensatz aufgelöst und sich zu einem Stadt-Land-Kontinuum entwickelt hat, besonders im Stadtland USA (3.1.1.3, Abb. 3.1/5), während in vielen Entwicklungsländern die großen Städte aufgrund der historischen Entwicklung (Kolonialzeit) und der dualen Wirtschaftsstruktur in Insellage verharren und nur über den informellen Sektor Beziehungen zum agrarwirtschaftlich geprägten Hinterland unterhalten (vergl. 3.5.3)
- sich in vielen Entwicklungsländern innerhalb der städtischen Wirtschaft ein formeller, d. h. exportorientierter, kapitalintensiver, durch Arbeitsverträge, Tarife und Lizenzen geregelter Sektor und ein durch ungelernte Händler, Straßenverkäufer, Handwerker, Hausdiener, Türwächter, Touristenguides u. a. geprägter informeller Sektor herausgebildet hat, während sich in den Städten der Industrieländer eine „nivellierte Mittelstandsgesellschaft" entwickelt hat (M 4.5/15 – 16)
- sich aufgrund der stadtökonomischen Gegebenheiten in den Städten der Entwicklungsländer eine duale bauliche Stadtstruktur entwickelt hat: auf der einen Seite die moderne, funktionsentmischte Großstadtbebauung des formellen Sektors mit Hochhäusern und gehobenen Wohnvierteln und Industriegebieten, auf der anderen Seite die Elendsviertel und Spontansiedlungen mit Hütten, mobilen Ständen und Straßenmärkten (Abb. 3.1/14, 3.1/15, 3.1/23, 3.1/25, 3.1/26; M 4.5/17)
- in vielen Metropolen der Entwicklungsländer über die Hälfte der Bevölkerung in Marginalsiedlungen lebt, die durch hohe Wohndichte, mangelhafte Bausubstanz, unzureichende Infrastruktur und geringes, häufig unregelmäßiges Einkommen der Bewohner gekennzeichnet sind (M 4.5/18)
- Marginalität nicht nur Randständigkeit im räumlichen und wirtschaftlichen, sondern auch im rechtlichen und politischen Sinn meint: Die Bewohner dieser Siedlungen sind an den wichtigen gesellschaftlich-politischen Entscheidungen nicht beteiligt
- man bei den großstädtischen Marginalsiedlungen zwischen Slums und randständischen bzw. innerstädtischen Hüttensiedlungen unterscheiden kann (vgl. 2.1.5.3)

Ziel-/Inhaltsbereich „Entwicklungstheoretische Erklärungs- und Lösungsansätze"

In einem letzten Lernschritt soll deutlich werden, daß die Beurteilung der weltweiten Verstädterung sehr unterschiedlich ist und daß die Erklärungs- und Lösungsansätze entsprechend kontrovers diskutiert werden.
Dies äußert sich darin, daß z. B.

- die Verstädterung in den Entwicklungsländern sowohl dependenztheoretisch als auch im Sinne der Modernisierungstheorien erklärt wird (M 4.5/19 – 21)

- die Verstädterung in den Entwicklungsländern bald als Übergangsphase im Zuge einer nachholenden Entwicklung und als grundsätzlich begrüßenswerter Prozeß gesehen wird, bald als Glied in der Kette eines urbanen Systems weltweiter Ausbeutungs- und Abhängigkeitsbeziehungen, die dem Abzug von Ressourcen aus dem ländlichen Raum der Dritten Welt in die Erste Welt dienen (*Bohle* 1984, S. 462)
- die Lösungsmöglichkeiten des globalen Verstädterungsproblems vorwiegend skeptisch gesehen werden (M 4.5/22).

4.5.4 Resümee

Es ist deutlich geworden, daß das Verstädterungsproblem vor allem ein Problem der Entwicklungsländer ist und deshalb in der Regel auch dem Themenzusammenhang Entwicklungsländer-Probleme zugeordnet werden sollte. „Zwar mögen manche Stadtprobleme in den Metropolen von Industrie- und Entwicklungsländern ähnlich sein. Ein nationales Entwicklungsproblem aber bedeutet der Metropolisierungs-Prozeß gegenwärtig für die Länder der Dritten Welt, und dieses Problem wird sich, berücksichtigt man die Bevölkerungs- und Migrations-Prognosen, in der Zukunft noch verschärfen.... Daß die großen Lebensprobleme der Menschen in den Entwicklungsländern (gegenwärtig und noch viel mehr in der Zukunft) Probleme der Stadtbevölkerung sind – das gilt es deutlicher als bisher herauszustellen" (*Bünstorf* 1989, S. 22).

4.5.5 Materialien

M 4.5/1: Verstädterung der Erde

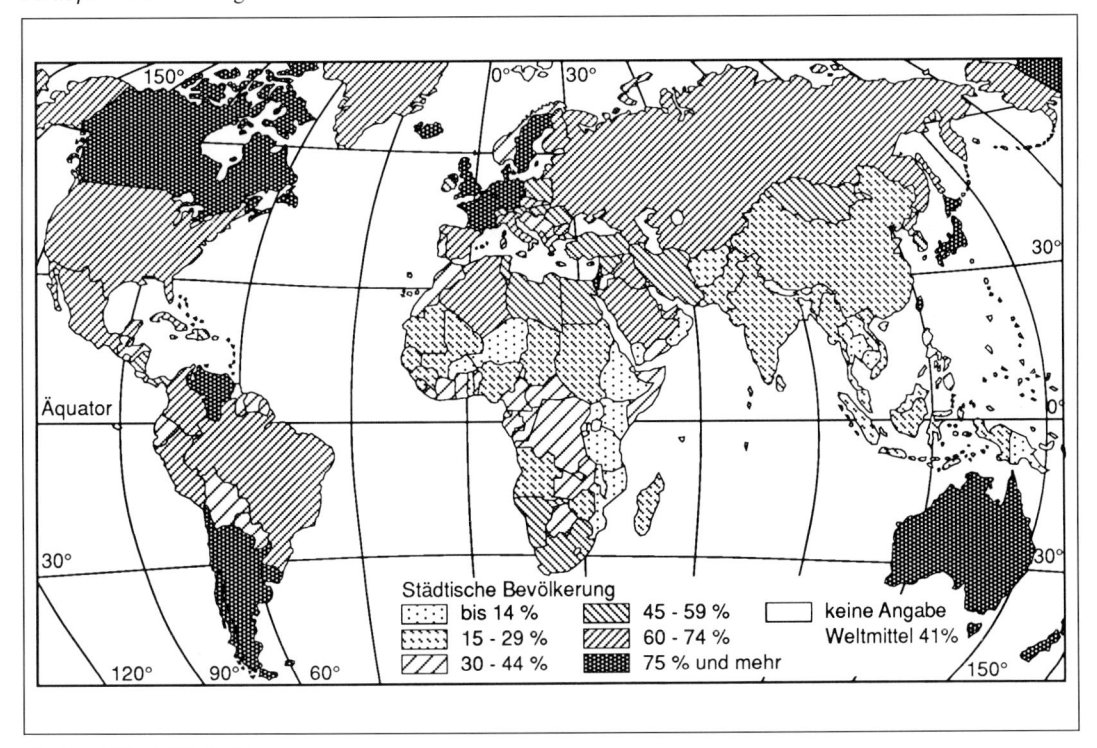

Quelle: Bähr 1983, S. 76

M 4.5/2: Entwicklung der Stadt- und Landbevölkerung in Industrie- und Entwicklungsländern von 1920–2000

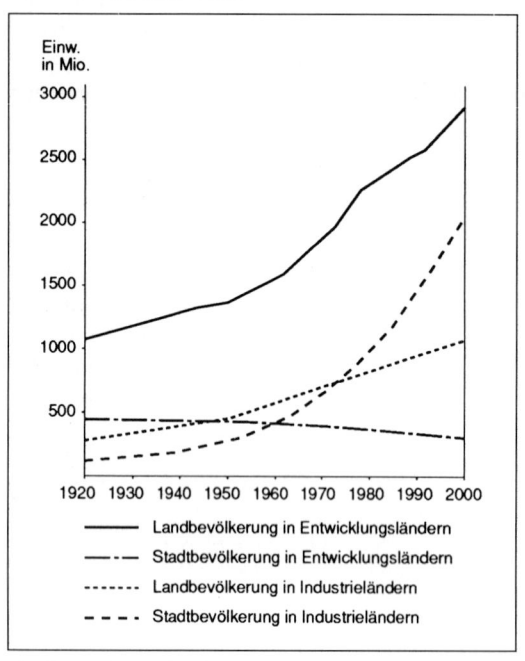

— Landbevölkerung in Entwicklungsländern
—·— Stadtbevölkerung in Entwicklungsländern
······ Landbevölkerung in Industrieländern
- - - Stadtbevölkerung in Industrieländern

Quelle: Dahm/Schöpke 1988, S. 78; verändert

M 4.5/3: Verstädterungsgrad nach Häufigkeit um 1980

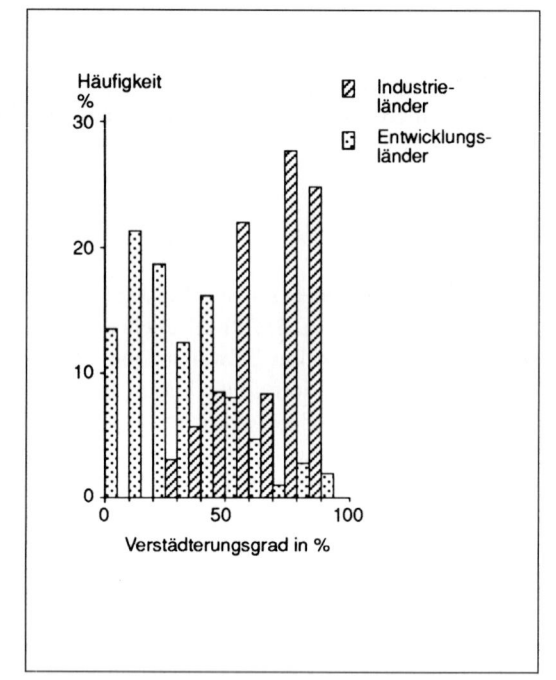

Quelle: Bähr 1983, S. 78

M 4.5/4: Wachstumsrate der städtischen Bevölkerung nach Häufigkeit 1970–1975

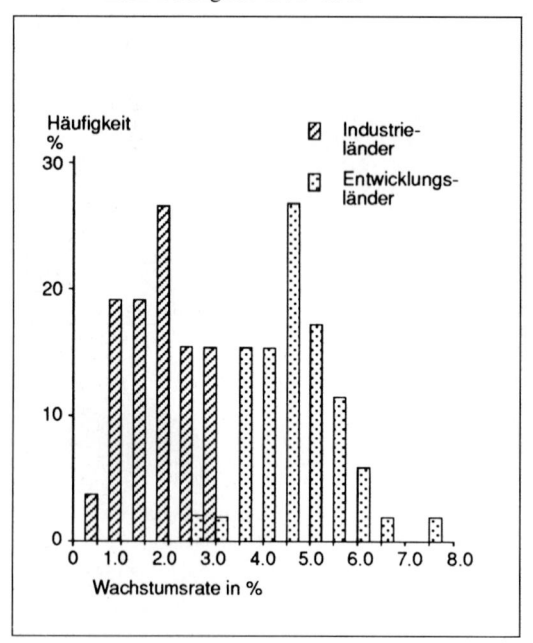

Quelle: Bähr 1983, S. 78

M 4.5/5: Entwicklung des Verstädterungsgrades einzelner Länder

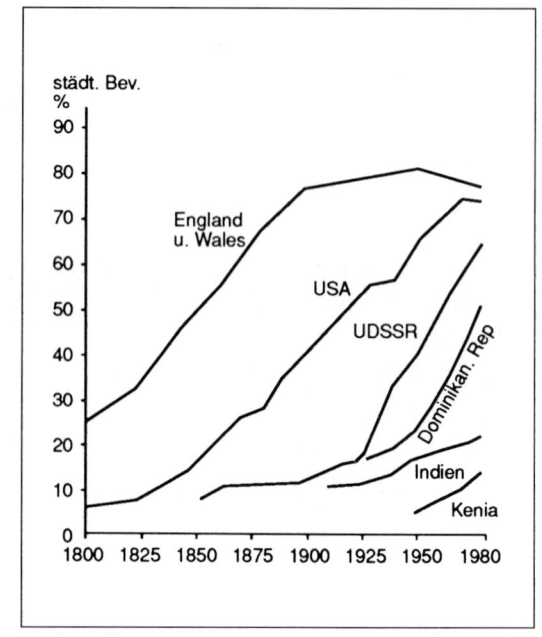

Quelle: Bähr 1983, S. 78

M 4.5/6: Bevölkerungswachstum für einzelne Länder und Zeiträume

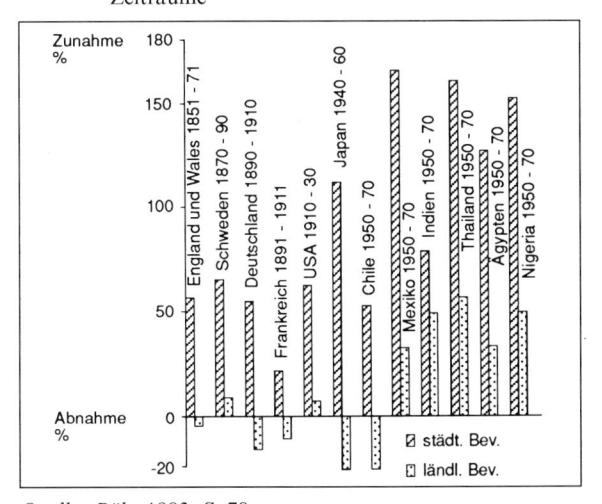

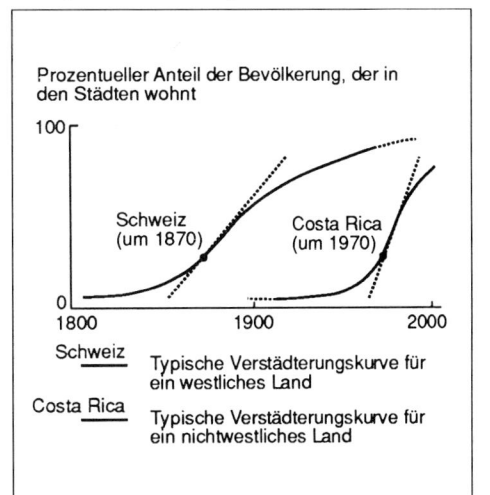

Quelle: Bähr 1983, S. 78

M 4.5/7: Verstädterungskurven im Zeitverlauf

Quelle: Haggett 1983, S. 415; verändert

M 4.5/8: Metropolisierung der Erde nach Großregionen 1940–2000

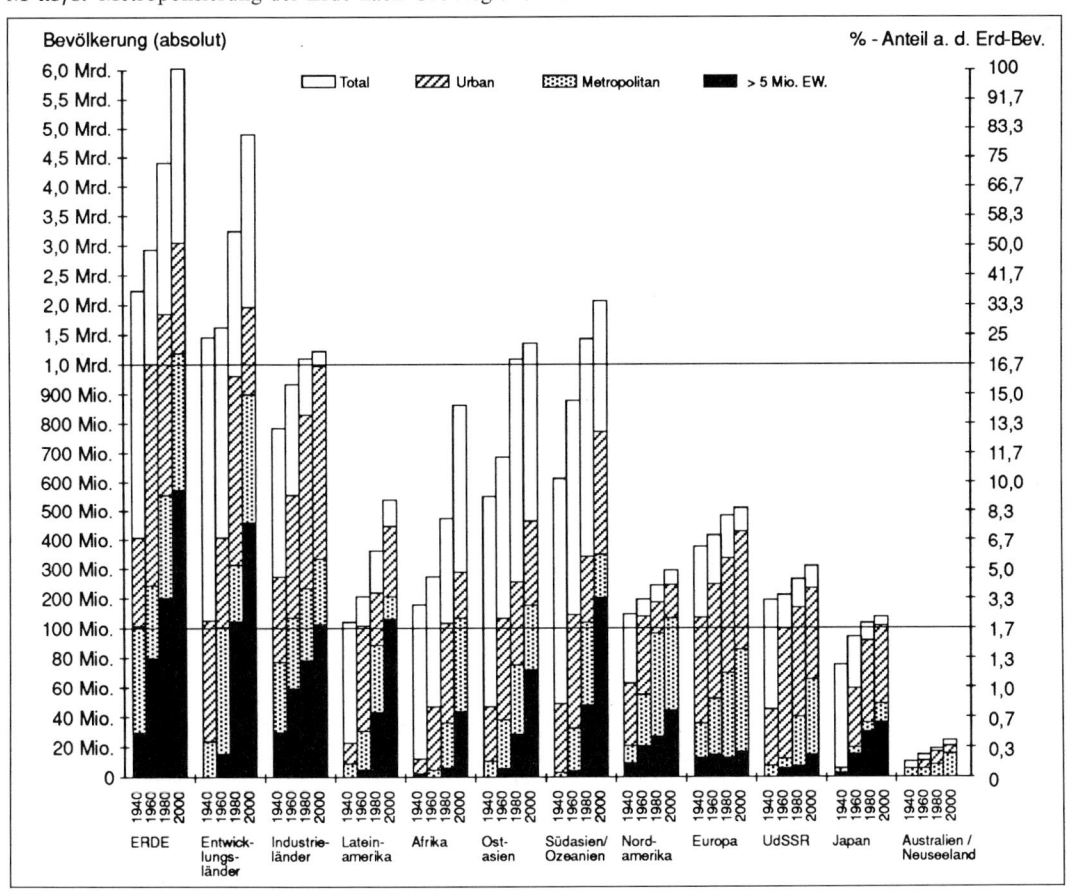

Quelle: Bronger 1989, S. 5

M 4.5/9: Wachstumsmuster metropolitaner Kerngebiete 1900–1980. Industrieländer/Entwicklungsländer/Schwellenländer

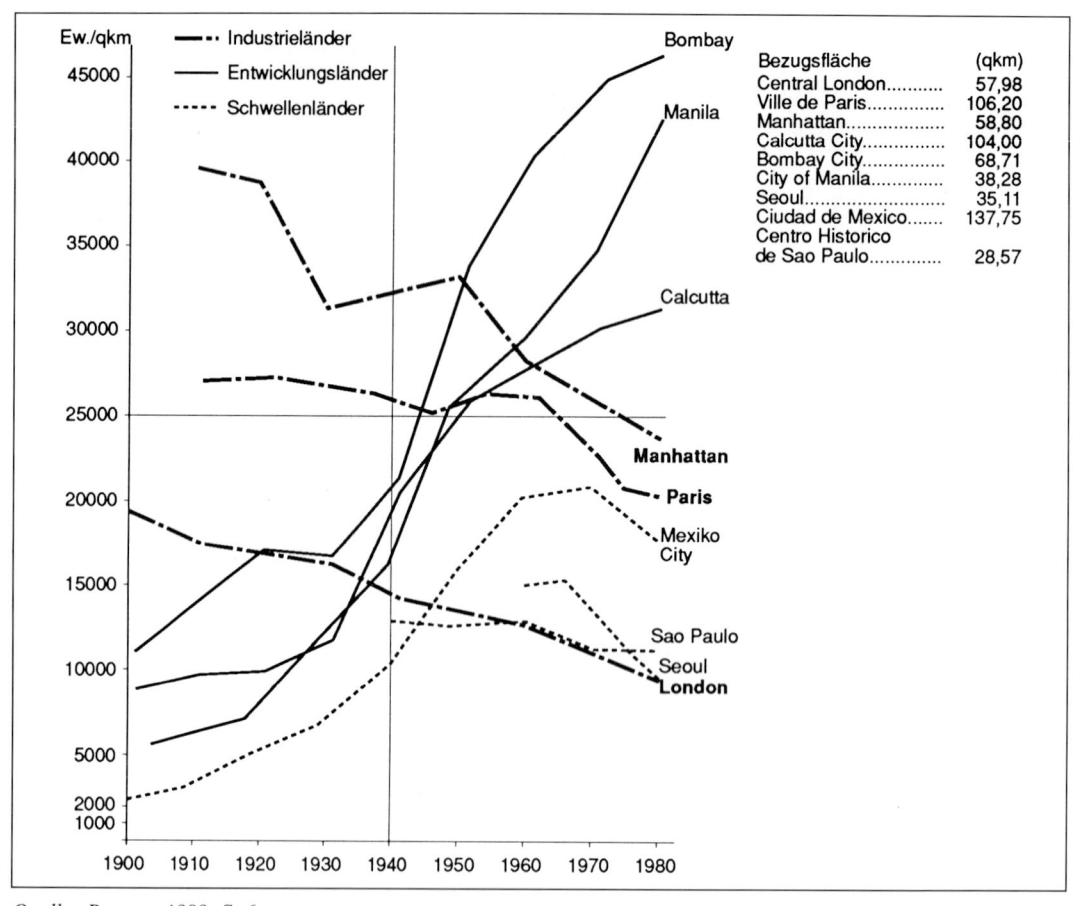

Bezugsfläche	(qkm)
Central London	57,98
Ville de Paris	106,20
Manhattan	58,80
Calcutta City	104,00
Bombay City	68,71
City of Manila	38,28
Seoul	35,11
Ciudad de Mexico	137,75
Centro Historico de Sao Paulo	28,57

Quelle: Bronger 1989, S. 6

M 4.5/10: Bevölkerungsentwicklung – Industrialisierung – Verstädterung

Zwischen Bevölkerungsentwicklung, Industrialisierung und Verstädterung bestand Mitte des 19. Jahrhunderts in Mitteleuropa ein sehr enger zeitlicher und kausaler Zusammenhang:
Auf der einen Seite entstand zu Beginn des 19. Jahrhunderts auf dem Lande eine relative Überschußbevölkerung auf Grund tiefgreifender gesellschaftlicher und wirtschaftlicher Veränderungen. So erhöhte sich durch die Lockerung bzw. Auflösung ständischer und obrigkeitlicher Heiratshemmnisse die Heiratsquote und dadurch die durchschnittliche Geburtenrate bei gleichzeitiger Senkung der Sterblichkeit aufgrund verbesserter Hygiene und medizinischer Fortschritte. Dadurch kam es zu einer raschen Bevölkerungszunahme. In der Landwirtschaft kam es aufgrund der Einführung des Fruchtwechsels, der Ausweitung der Futterpflanzung und Verbesserung der Düngung und der Geräte zu einer Steigerung der Arbeitsproduktivität und damit zu einer Freisetzung von Arbeitskräften.
Auf der anderen Seite wurden zur gleichen Zeit immer mehr Gebiete von einer sich rasch entwickelnden Industrialisierung erfaßt, die immer mehr Familien Arbeit und Lebensgrundlage bot. Diese konnte sich ihrerseits unter anderem nur deshalb so rasch entwickeln, weil ein Überangebot an Arbeitskräften zur Verfügung stand und in die Städte strömte, in denen die Industrie aufgrund von Agglomerationsvorteilen ihre bevorzugten Standorte fand. Dies führte zu einer schnellen Verstädterung in der zweiten Hälfte des 19. Jahrhunderts.

Quelle: Schrand

M 4.5/11: Bevölkerungsentwicklung in Manchester und São Paulo im Verhältnis zur Industrialisierung

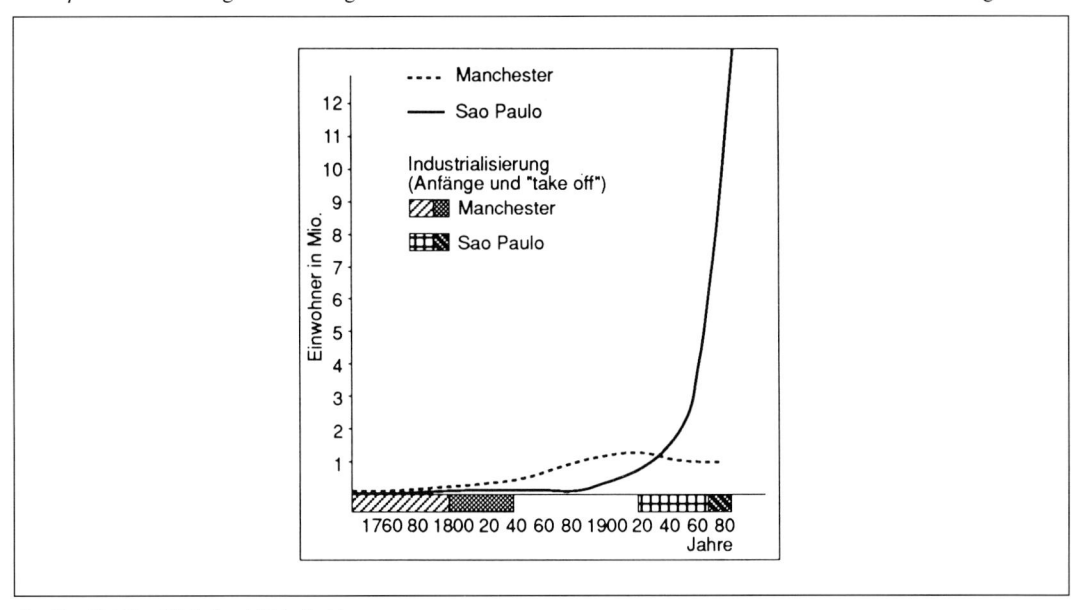

Quelle: Frieling/Schulze 1984, S. 11

M 4.5/12: Verstädterung und Industrialisierung

Im Europa des 19. Jahrhunderts wurde die Verstädterung in erster Linie durch den Strukturwandel in der Landwirtschaft und die Ansiedlung von Industrie in alten und neuen städtischen Zentren ausgelöst. Obwohl viele Teilaspekte des Urbanisierungsprozesses in Lateinamerika noch nicht genügend intensiv durchleuchtet sind, besteht doch kein Zweifel daran, daß diese Impulse hier weder auslösend noch steuernd wirkten. Die Problematik des raschen Verstädterungsprozesses in Lateinamerika liegt gerade darin, daß sie weder von einem nennenswerten Strukturwandel oder einer Modernisierung im agraren Raum noch vom Bedarf oder von einem erhöhten Angebot der Städte ausging.

Es ergibt sich für viele Entwicklungsländer heute eine doppelte Schwierigkeit. Einerseits nimmt die Zahl der auf dem Lande und von einer landwirtschaftlichen Tätigkeit lebenden Menschen noch immer sehr schnell zu, und die Ernährungsbasis der dort wohnenden Familien wird dadurch weiter eingeschränkt; andererseits können die Städte den vom Lande Abgewanderten keine Alternative bieten, da mit den hohen Wachstumsraten im allgemeinen keine entsprechende Zunahme neuer Arbeitsplätze, insbesondere im industriellen Sektor, einhergeht. Dieses Ungleichgewicht zwischen dem Verstädterungsgrad eines Landes und seiner wirtschaftlichen bzw. industriellen Entwicklung ist auch als *hyperurbanization* oder *overurbanization* bezeichnet worden.

Quellen: Sandner/Steger 1973, S. 68; Bähr 1983, S. 83

M 4.5/13: Ausmaß und Ursachen des Bevölkerungswachstums von 28 Metropolen der „Dritten Welt"

Metropole	Zeitperiode	Bev.wachstum/Jahr	geschätztes metropolitanes Wachstums/Jahr (%)			
			natürl. Bev. wachstum	Migration	Total	Anteil der Migrationsgewinne a. d. Gesamtwachstum
Afrika						
Accra	1960–70	2,4	2,7	3,7	6,4	57,8
Algier	1956–66	2,4	2,7	1,2	3,9	31,1
Kapstadt	1960–70	2,6	2,5	0,6	3,1	20,6
Johannesburg	1960–70	2,6	2,0	0,0	2,0	0,4
Asien						
Hong Kong	1961–71	2,6	2,2	0,4	2,6	14,8
Seoul	1960–70	2,5	2,6	5,9	8,5	69,4
Bangkok	1960–70	3,0	2,1	2,1	4,2	49,8
Djakarta	1961–71	2,3	2,5	2,1	4,6	45,6
Metro Manila	1960–70	3,0	2,6	2,3	4,9	46,9
Singapore	1960–70	2,4	2,5	−0,1	2,4	−4,0
Bombay	1971–81	2,2	1,0	2,3	3,3	69,4
Calcutta	1971–81	2,2	1,6	1,1	2,7	39,8
Delhi	1971–81	2,2	1,4	3,3	4,7	71,5
Damaskus	1960–70	3,2	3,2	1,4	4,6	31,1
Tehran	1966–76	2,9	2,4	2,6	5,1	51,7
Lateinamerika						
Belo Horizonte	1960–70	2,9	3,0	3,2	6,2	51,9
Porto Alegre	1960–70	2,9	2,1	1,9	4,0	48,4
Recife	1960–70	2,9	3,0	0,8	3,8	21,6
Rio de Janeiro	1960–70	2,9	2,0	1,5	3,5	42,2
São Paulo	1960–70	2,9	2,2	3,3	5,5	59,6
Buenos Aires	1960–70	1,4	1,2	1,1	2,3	43,8
Santiago	1960–70	2,1	1,9	1,6	3,5	47,0
Lima	1961–71	2,8	2,7	2,7	5,4	50,1
Bogota	1964–74	3,0	2,7	3,1	5,8	52,9
Caracas	1961–71	3,4	2,9	2,7	5,6	48,2
Mexico City	1960–70	3,3	3,2	1,9	5,1	37,3
Guadalajara	1960–70	3,3	3,4	2,2	5,6	39,3
Monterrey	1960–70	3,3	3,4	2,1	5,5	38,6
Mittelwert[1])		2,8	2,6	2,4	5,0	47,4

[1]) ohne Hong Kong, Singapore, Indien u. Südafrika

Quelle: Bronger 1989, S. 7

M 4.5/14: Schematische Darstellung des Wanderungsablaufs am Beispiel Peru

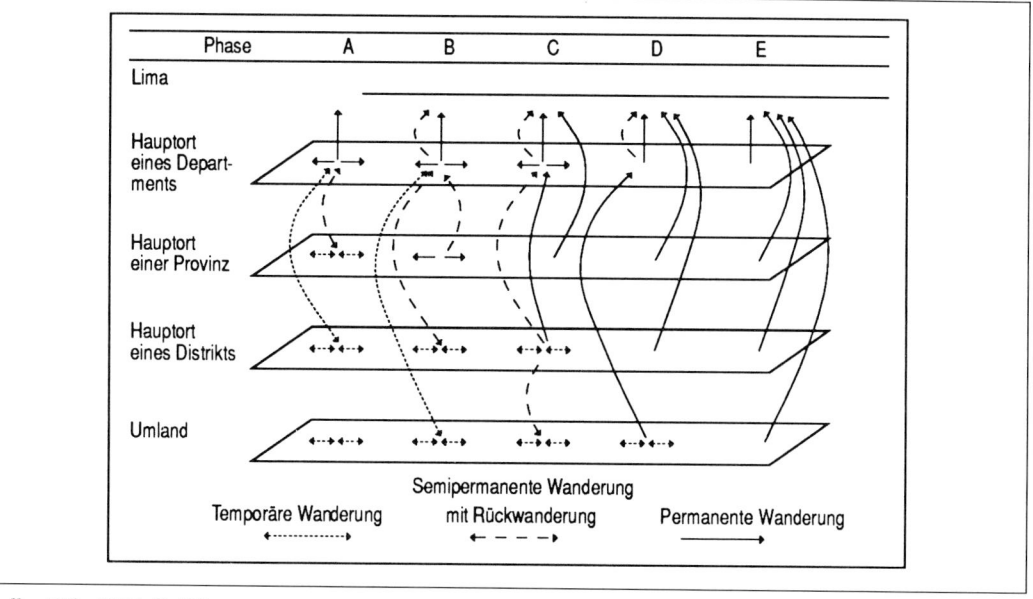

Quelle: Bähr 1987, S. 133

M 4.5/15: Anteil der Beschäftigten im informellen Sektor

Stadt	Prozent an allen Beschäftigten
Nairobi (Kenya)	ca. 20
Abidjan (Elfenbeinküste)	ca. 31
Lagos (Nigeria)	ca. 30–40
Kalkutta (Indien)	ca. 30–40
Jakarta (Indonesien)	ca. 50
Colombo (Sri Lanka)	ca. 20
São Paulo (Brasilien)	ca. 35–43
Cordoba (Argentinien)	ca. 38

Quelle: Taubmann 1985, S. 7

M 4.5/16: Stadtökonomie in Entwicklungsländern

Moderne kapitalistische Unternehmen machen nur einen kleinen Teil der städtischen Wirtschaft aus. Die Unternehmen im Transport- und Dienstleistungssektor sowie die Rohstoffe extrahierende, die exportorientierte oder importsubstituierende Industrie verwandeln nur wenige Arbeitskräfte in Lohnarbeiter. Darüber hinaus induzieren sie, wenn überhaupt, ein Wachstum in höchst bescheidenem Ausmaß (Entwicklung im Schneckentempo). Infolgedessen bleibt die Mehrzahl der in den Städten konzentrierten Arbeitskräfte überflüssig und unnütz („dysfunktional" für die Marktwirtschaft), taugt allenfalls dazu, die Löhne ungelernter Industriearbeiter weiter unter das Existenzminimum zu drücken und die Arbeitsanforderungen und die Arbeitszeit auszudehnen. Diese Arbeitsuchenden sind auf einen Wirtschaftsbereich verwiesen, der *„informeller Sektor"*, Subsistenzproduktion, „lower circuit" genannt wird.
Er besteht aus einer Vielzahl von Selbständigen und Kleinstunternehmern, die als Straßenhändler, Essenverkäufer, Müllsammler, Hemdennäher, Bauarbeiter, Hausbedienstete oder tourist guide Kleinproduktion, Kleinhandel oder Dienstleistungsgeschäfte betreiben. Besteht das „Unternehmen" aus mehr als einer Person, so arbeiten häufig Familienangehörige, Kinder und Verwandte mit . . . .

Die in der Regel niedrigen und unsicheren Einkommen bzw. Löhne machen zum Überleben nicht selten zwei und mehr Jobs zur gleichen Zeit notwendig. Fehlende staatliche soziale Sicherung und hohes Beschäftigungsrisiko erfordern Beziehungen, verwandtschaftliche oder ethnische, und die Rückversicherung auf dem Lande bei Krankheit und Alter.

Quelle: Frieling 1984, S. 7/8; gekürzt

M 4.5/17: Gliederung von Kalkutta

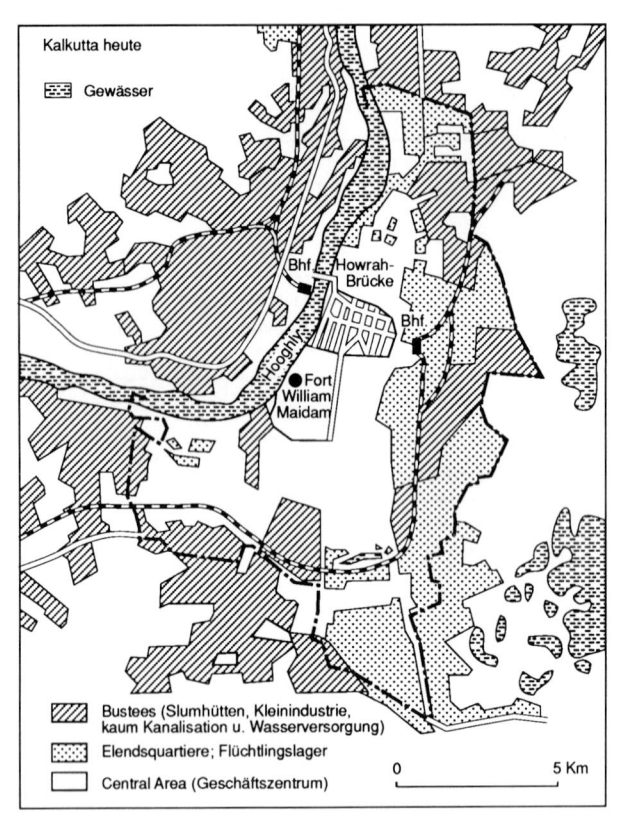

Kalkutta heute. Die Agglomeration Groß-Kalkutta umfaßt rd. 1300 km^2, die City selbst rund 100 km^2 (zum Vergleich Hamburg: Die Gesamtfläche beträgt 755 km^2, die City ist 2,10 km^2 groß). In der City von Kalkutta leben rund drei Millionen Menschen (in Hamburg nur 3700!), allerdings steigt die Bevölkerungszahl hier seit 1961 kaum noch an. Die durchschnittliche Dichte beträgt rund 31 000 Ew./km^2, steigt aber in den nördlichen Stadtteilen auf über 78 000 Ew./km^2!
Die hohen Zuwachsraten verteilen sich auf die außerhalb der City gelegenen Stadtteile. Sie betragen für Groß-Kalkutta 2,1%. Ungefähr die Hälfte davon ist durch Zuwanderer bedingt. Die Zuwachsraten liegen jedoch noch unter denen anderer Millionenstädte wie Bombay (8,2 Mio. Ew.), Delhi (5,3 Mio. Ew.) oder Madras (4,3 Mio. Ew.) mit jährlichen Zuwachsraten von 3–4%.
Indische Bevölkerungswissenschaftler haben bis zum Jahr 2000 für Kalkutta 20 Millionen Menschen errechnet, die Stadtplaner gehen von 15–16 Mio. aus.
Die 3000 Slums, in Kalkutta „Bustees" genannt, verteilen sich über die ganze Stadt. Es gibt keine größere Fabrik oder einen Wohnkomplex, der nicht von Bustees umgeben ist. Die meisten Bustees sind weder an die Kanalisation noch an die Müllabfuhr angeschlossen. Eine zusätzliche Belastung stellen die jährlichen Monsunüberschwemmungen dar, so daß die Bustees dauernde Krankheitsherde für Cholera, Magen-Darm-Erkrankungen und Malaria sind, die nicht nur die Slumbewohner, sondern die ganze Stadt bedrohen.

Quelle: Fischer 1985, S. 40/41

M 4.5/18: Bevölkerung, Wachstumsraten und Anteil der Bevölkerung in Marginalsiedlungen in ausgewählten Großstädten/Agglomerationen (über 500 000 E.) der Dritten Welt

	Einwohner (Mio.) der Großstädte/ Agglomerationen ca.				Bev.-Anteil in Marginal-siedlungen ca. 1980 (%)	Wachstumsrate/Jahr (%) der Großstädte/ Agglomerationen		
	1950	1960	1970	1980		1950–1960	1960–1970	1970–1980
Afrika								
Accra (x)	0,14	0,39	0,74	0,96	53	8,9	6,6	2,0
Addis Abeba	0,40	0,45	0,80	1,28	78	1,3	5,9	5,4
Algier	0,32	0,88	0,94	1,75	34	10,7	1,1	5,3
Casablanca	0,68	0,97	1,40	2,50	68	4,5	3,7	4,6
Dakar (x)	0,23	0,37	0,58	0,98	60	8,3	5,8	5,4
Dar es Salaam	0,10	0,13	0,34	0,76	35	5,4	7,7	10,6
Ibadan	0,34	0,63	0,75	0,85	62	4,2	2,5	2,5
Kairo	2,10	3,35	4,96	5,07	37	3,7	4,0	0,4
Kinshasa	0,21	1,00	1,29	2,44	60	11,8	5,2	9,5
Lagos	0,27	0,67	0,90	1,06	51	9,5	3,8	4,2
Lusaka (x)	–	0,10	0,24	0,64	48	–	15,7	9,3
Nairobi (x)	0,22	0,31	0,51	0,84	48	7,1	7,4	5,1
Rabat	0,16	0,23	0,44	0,84	60	4,6	6,1	5,5
S-/Se-Asien								
Ahmedabad (x)	0,79	1,21	1,74	2,52	40	4,4	3,7	3,8
Bangalore (x)	0,92	1,21	1,65	2,91	20	2,8	3,2	5,8
Bombay (x)	2,84	4,15	5,97	8,20	36	3,9	3,7	3,2
Colombo	0,43	0,51	0,58	0,59	54	1,7	1,9	0,2
Delhi (x)	1,38	2,36	3,65	5,23	28	5,5	4,5	3,7
Hyderabad (x)	1,09	1,25	1,80	2,57	20	1,4	3,7	3,6
Jakarta	1,45	2,91	4,58	6,50	63	7,2	4,6	3,6
Kalkuta (x)	5,15	6,14	7,35	9,17	40	1,8	1,8	2,2
Kanpur (x)	0,71	0,97	1,28	1,69	39	3,2	2,8	2,8
Karachi	1,01	1,91	3,50	5,10	38	6,6	5,7	4,3
Kuala Lumpur	0,21	0,32	0,45	1,08	37	6,2	2,7	9,2
Madras (x)	1,70	2,09	3,17	4,28	39	2,1	4,3	3,1
Manila (x)	1,78	2,70	4,10	5,90	35	4,3	4,3	3,7
Poona (x)	0,59	0,74	1,14	1,69	12	2,3	4,4	4,0
Bangkok (x)	0,89	1,33	2,10	4,90	30	4,1	4,7	8,8
Lateinamerika								
Arequipa (x)	0,10	0,16	0,31	0,46	43	4,4	6,2	5,1
Bogotá	0,67	1,19	2,84	4,07	49	6,6	6,9	6,2
Cali (x)	0,25	0,59	0,97	1,29	34	10,0	3,9	4,9
Caracas (x)	0,70	1,59	2,18	3,30	46	6,0	4,6	5,3
Guayaquil	0,26	0,45	0,82	1,20	58	5,6	4,4	6,6
Lima/Callao (x)	0,86	1,63	3,13	4,70	40	3,3	6,7	7,0
Maracaibo	0,24	0,41	0,65	0,83	50	5,5	4,3	2,8
Mexico-City (x)	3,17	5,23	8,82	14,75	55	5,1	5,4	5,9
Recife (x)	0,69	1,12	1,79	2,35	50	5,0	4,8	2,8
Rio de Janeiro (x)	3,05	4,69	7,08	9,02	32	4,4	4,2	2,5
Santiago (x)	1,44	2,06	2,82	4,30	27	3,7	3,2	4,3
Sto. Domingo	0,18	0,37	0,67	1,24	35	7,5	6,1	6,4
São Paulo	2,45	4,54	8,14	12,59	31	6,4	6,0	4,5

Anmerkungen: Zusammengestellt nach verschiedenen Quellen; x – Agglomerationen, Großraum

Quelle: Mertins 1984, S. 436; gekürzt

M 4.5/19: Modernisierungstheoretische Erklärungsansätze

> „Aus der geschichtlichen Erfahrung der IL, die ein ähnlich unausgeglichenes Wachstum in ihrer frühen Verstädterungsphase durchgemacht haben, könnte geschlossen werden, daß eine zeitweilige abnormale Blähung großstädtischer Zentren eine unvermeidbare Entwicklungsstufe ist. Sie sollte daher auch in den gegenwärtigen unterentwickelten Ländern eher als die natürliche „schwangerschaftliche Leibesausdehnung" verstanden werden, die der Geburt vorausgeht, und nicht als das krankhafte, krebsartige Wachstum, als das sie gewöhnlich bezeichnet wird." (zit. b. *Hagemüller*, 1972)
>
> Soweit die Entwicklungsländer demographisch, ökonomisch und, was die sozialen Verhältnisse angeht, Erscheinungsformen der Transition zur Industriegesellschaft erkennen lassen, so haben diese Verhältnisse in der Vergangenheit der Industrieländer eine Entsprechung, als dort die Transition zur Industriegesellschaft einsetzte; mit einem in den einzelnen Ländern unterschiedlichen zeitlichen Rückstand, einem Phasenverzug, vollziehen die Entwicklungsländer bei der Transition zur Industriegesellschaft – in groben Zügen – Entwicklungen nach, die sich in den Industrieländern zuvor in ähnlicher Weise abgespielt haben.

Quellen: Scholz 1979, S. 343; Stewig 1983, S. 323

M 4.5/20: Dependenztheoretische Erklärungsansätze

> „Die Stadt, und insbesondere die Stadt in armen Ländern, ist nichts weiter als ein Glied in der Kette eines weltweiten Systems urbaner Ausbeutung, ein bloßer Kanal für die Überführung materieller, physischer und geistiger Energie vom Land in die Metropole, aus den armen in die reichen Länder, aus der Dritten Welt in die hochindustrialisierte Welt ...".
>
> Die Industrialisierung der EL ist also nicht die Wiederholung dessen, was im 19. Jh. in den IL stattfand. Sie ist vielmehr die Folge der widersprüchlichen Entwicklung der bestehenden „alten" Agglomerationen in den IL. Industrialisierung und dadurch zu einem weiten Teil die Urbanisierung in EL ist bestimmt durch die Unterordnung unter die wechselnden Erfordernisse der Akkumulation im Weltmaßstab (*Fröbel* 1980), ist *abhängige Entwicklung*, abhängig von der Art und dem Verlauf der Widersprüche in „alten" Ballungsräumen, was gegenwärtig bedeutet, daß teilweise „nur" Verwaltung, Forschung und Entwicklung in IL lokalisiert sind und von dort eine hoch automatisierte Warenproduktion in EL-Städten gesteuert wird. Die „primate cities" in den EL sind Zusatzstandorte für weltweit operierende Industriekonzerne, *lohnende Außenstationen der IL*.

Quellen: Scholz 1979, S. 343; Frieling 1984, S. 5/6

M 4.5/21: Zusammenfassung

> Für die Modernisierungstheoretiker sind die Städte die Motoren des Fortschritts, des wirtschaftlichen und sozialen Wandels. Die Städte gelten als die Zentren, in denen sich die Modernisierung zuerst durchgesetzt, d. h. hohe soziale Mobilität, neue Organisationsstrukturen, neues generatives Verhalten, industrielle und technische Neuerungen oder der Übergang zum sekundären und tertiären Sektor.
> Grundsätzlich wird damit die Rolle der Urbanisierung in Industrie- und Entwicklungsländern als vergleichbar eingeschätzt. Als Beleg dient immer wieder der statistische Zusammenhang zwischen Urbanisierungsgrad und Höhe des Pro-Kopf-Einkommens bzw. des Bruttosozialprodukts.
>
> Im Gegensatz dazu verstehen Vertreter der zweiten Position den Verstädterungsprozeß in der Dritten Welt als Ausdruck einer abhängigen Entwicklung dieser Länder. Der Urbanisierungsprozeß wird in diesem Sinne als ein von außen her vermittelter Vorgang aufgefaßt, in dessen Verlauf die Wirtschafts- und Siedlungsstrukturen der Länder der Dritten Welt auf die Bedürfnisse der dominierenden Länder der Ersten Welt ausgerichtet und dabei deformiert worden seien (*Frank*, 1969, 1973).

Quelle: Bohle 1984, S. 462; Taubmann 1985, S. 6

M 4.5/22: Lösungsmöglichkeiten

Alle bisherigen Programme zur Schaffung und Verbesserung von Wohnraum für großstädtische Marginalschichten haben zweierlei gemeinsam: sie sind einerseits ingesamt quantitativ unzureichend und können andererseits als Versuche des „Kurierens an Symptomen" bezeichnet werden, da gleichzeitig Maßnahmen fehlen, die Ursachen der Zuwanderung sowie der Arbeitslosigkeit und Unterbeschäftigung im ländlichen wie städtischen Bereich zu bekämpfen.

Die praktizierten Problemlösungsansätze erscheinen eher als ein Kurieren an den Symptomen denn als ein Herangehen an die eigentlichen Ursachen der Probleme. Die Slums in der Dritten Welt können daher, um die eingangs zitierten Analogien aus der Medizin wieder aufzugreifen, keineswegs als kurzfristige pathologische Übergangserscheinungen aufgefaßt werden. Es handelt sich vielmehr um Symptome einer tiefgreifenden Krankheit des gesamten Systems. Vor diesem Hintergrund müssen wir mit *Rösel* (1984, S. 35) davon ausgehen, daß bis zum Ende des 20. Jh. in Indien und anderswo in der Dritten Welt Städte entstanden sein werden, die weder in ihrer riesigen Größe noch im Elend der vorherrschenden Lebensformen Parallelen in der bisherigen Geschichte der Stadtentwicklung aufweisen.

Obwohl tiefe Skepsis angebracht ist, daß sich für die gewaltigen Probleme der Metropolen in der Dritten Welt noch Lösungsmöglichkeiten bieten, soll doch zum Abschluß noch eine Übersicht über häufig vorgeschlagene Strategien einer städtischen bzw. regionalen Entwicklungspolitik gegeben werden.
- Familienplanung und Bevölkerungspolitik gelten nach wie vor als Rahmenmaßnahmen jeder Entwicklungspolitik.
- Die Entwicklung der ländlichen Regionen durch Veränderungen der Agrarstruktur, Umverteilung des Bodens zugunsten der Kleinbauern, Pachtreformen, neue Techniken und Produktionseinrichtungen, Vermarktungseinrichtungen usw. gelten als Strategien zur Eindämmung der Landflucht. Allerdings sind die weit unterschiedlichen Realisierungschancen solcher Strategien zu bedenken.
- Als Alternative zu dem metropolitanen Wachstum gilt die Förderung von ländlichen Kleinzentren und mittleren Provinzstädten, die zugleich die Funktion als Regionalentwicklungszentren übernehmen sollen.
- Kleinere und mittlere Städte könnten auch als Standorte einer arbeitsintensiven Produktion zur Bekämpfung von Arbeitslosigkeit und Unterbeschäftigung beitragen und damit den Entwicklungsrückstand der ländlichen Regionen gegenüber den Metropolen begrenzen oder abbauen.

Quellen: Bohle 1984, S. 469; *Mertins* 1984, S. 442; *Taubmann* 1985, S. 8

5 Literatur

zu 1 und 2.1:

Adam, K. (1984): Das Ökosystem Stadt. – In: *Adam, K./Grohé, T.* (Hrsg., 1984). S. 29–78.
– (1985): Die Stadt als Ökosystem. – In: Geographische Rundschau. S. 214–225.
– (1988): Stadtökologie in Stichworten. Unterägeri.
– */Grohé, T.* (Hrsg., 1984): Ökologie und Stadtplanung. Köln u. a.
Adams, J. S. (1969): Directional Bias in Intra-Urban Migration. – In: Economic Geography. S. 302–323.
Agergård, E./Olsen, P. A./Allpass, J. (1970): Die Beziehungen zwischen Einzelhandel und städtischer Zentrenstruktur: Die Theorie der Spiralbewegung. – In: *Heinritz, G.* (Hrsg., 1985): Standorte und Einzugsbereiche tertiärer Einrichtungen. Darmstadt. S. 55–85.
Agnew, J. A./Mercer, J./Sopher, D. E. (Hrsg., 1984): The city in cultural context. Boston u. a.
Akademie für Raumforschung und Landesplanung (Hrsg., ²1970): Handwörterbuch der Raumforschung und Raumordnung. I–III. Hannover.
Aktuelle JRO Landkarte (3/1982): Verstädterung der Dritten Welt.
Albers, G. (1967): Vom Fluchtlinienplan zum Stadtentwicklungsplan. – In: Archiv für Kommunalwissenschaften. 2. Hbd. S. 192–211.
– (1972): Was wird aus der Stadt? Aktuelle Fragen der Stadtplanung. München.
– (1974): Modellvorstellungen zur Siedlungsstruktur in ihrer geschichtlichen Entwicklung. – In: Akademie für Raumforschung und Landesplanung (Hrsg., 1974): Zur Ordnung der Siedlungsstruktur. Hannover. S. 1–34.
– (1988): Stadtplanung. Darmstadt.
– */Papageorgiou-Venetas, A.* (1984): Stadtplanung. Entwicklungslinien 1945–1980. 2 Bde. Tübingen.
Albrecht, H. (o.J.): Das programmierte Chaos. Städteplanung in der Sackgasse. Bremen.
Alexandersson, G. (1956): The Industrial Structure of American Cities. Lincoln.
Allen, P. M./Engelen, G./Sanglier, M. (1985): Auf dem Weg zu einem allgemeinen Modell der räumlichen Entwicklung städtischer Systeme. Karlsruhe. (Deutsche Übersetzung: A. Kilchenmann et al.)
Allpass, J./Agergård, E./Harvest, J. (1967): Urban Centres and Changes in the Centre Structure. – In: *Brill, E. J.* (Hrsg., 1967). S. 103–117.
Alonso, W. (1960): A Theory of the Urban Land Market. – In: Papers and Proceedings of the Regional Science Association. S. 149–157.
– (1964): Location and Land Use. Toward a General Theory of Land Rent. Cambridge.
Andrews, R. B. (1977): The Urban System. Wisconsin-Madison.
Aust, B. (1970): Stadtgeographie ausgewählter Sekundärzentren in Berlin (West). Berlin.
Bacon, R. W. (1971): An Approach to the Theory of Consumer Shopping Behaviour. – In: Urban Studies. S. 55–64.
Bähr, J. (1976): s. 3.1.
– */Mertins, G.* (1981): Idealschema der sozialräumlichen Differenzierung lateinamerikanischer Großstädte. – In: Geographische Zeitschrift. S. 1–33.
Bahrenberg, G./Taubmann, W. (Hrsg., 1978): Quantitative Modelle in der Geographie und Raumplanung. Bremen.
Bailly, A. S. (²1978): L'Organisation Urbaine. Paris.
Basislehrplan (1980): Basislehrplan „Geographie" für die Sekundarstufe I. – In: Geographische Rundschau. S. 548–556.
Bastié, J./Dézert, B. (1980): L'Espace Urbain. Paris u. a.
Bater, J. H. (1977): Soviet Town Planning: Theory and Practice in the 1970s. – In: Progress in Human Geography. S. 177–207.
Beaujeu-Garnier, J. (1980): Géographie Urbaine. Paris.
– (1984): Essai sur le „Système Urbain" – In: L'Information Géographique. S. 64–70.
– */Chabot, G.* (1963): Traité de Géographie Urbaine. Paris.
Becker, F. J. E./Schrand, H. (1978): Stadtgeographie. Grundlagen für den Unterricht. Düsseldorf.
Beiheft Geographische Rundschau: 1 (1978): Stadt und Umland im Geographieunterricht.
Benevolo, L. (1971): Die sozialen Ursprünge des modernen Städtebaus. Gütersloh.
Benzing, A./Gaentzsch, G./Mäding, E. et al. (1978): Verwaltungsgeographie. Köln u. a.
Berry, B. J. L. (1963): General Features of Urban Commercial Structure. – In: *Bourne, L. S.* (Hrsg., 1971). S. 361–367.
– (1964): s. 2.4.
– (1976): Introduction: On Urbanization and Counterurbanization. – In: Berry, B. J. L. (Hrsg., 1976): Urbanization and Counterurbanization. Beverly Hills u. a. S. 7–14.

- (1978): The Counterurbanization Process: How General? – In: *Hansen, N. M.* (Hrsg. 1978): Human Settlement Systems. International Perspectives on Structure, Change and Public Policy. Cambridge (Mass.). S. 25–49.
- (1980): Urbanization and Counterurbanization: The Future of World Metropolitan Areas in the 1980s. – In: *Cullen, M./Woolery, S.* (Hrsg., 1982): World Congress on Land Policy, 1980. Proceedings. Lexington (Mass.), Toronto. S. 73–85.
- /*Horton, F. E.* (1970): s. 2.4.
- /*Simmons, J. W./Tennant, R. J.* (1963): Urban Population Densities. – In: The Geographical Review. S. 389–405.

Birkenhauer, J./Haubrich, H. (1971): Das geographische Curriculum in der Sekundarstufe I. Kritische Analysen der Erdkunde-Richtlinien der Bundesländer als Vorbereitung zu einer Reform. Düsseldorf.

Blenk, J. (1974): Stadtsanierung. – In: Geographische Rundschau. S. 93–99.

Bobek, H. (1927): Grundfragen der Stadtgeographie. – In: Geographischer Anzeiger. S. 213–224.
- (1938): s. 2.4.
- (1957): Gedanken über das logische System der Geographie. – In: Mitteilungen der Geographischen Gesellschaft Wien. S. 122–145.

Bökemann, D. (1967): Das innerstädtische Zentralitätsgefüge, dargestellt am Beispiel der Stadt Karlsruhe. Karlsruhe.

Borcherdt, Ch./Schneider, H. (1976): Innerstädtische Geschäftszentren in Stuttgart. – In: *Borcherdt, Ch.* (Hrsg., 1976): Beiträge zur Landeskunde Südwestdeutschlands. Stuttgart. S. 1–38.

Borsdorf, A. (1978): s. 3.1.

Bourne, L. S. (Hrsg., 1971): Internal Structure of the City. New York u. a.
- (1975): Urban Systems. Oxford.
- (1976): Urban Structure and Land Use Decisions. – In: Annals of the Association of American Geographers. S. 531–547.
- /*Murdie, R. A.* (1972): Interrelationships of Social and Physical Space in the City: A Multivariate Analysis of Metropolitan Toronto. – In: Canadian Geographer. S. 211–229.
- /*Simmons, J. W.* (Hrsg., 1978): Systems of Cities. New York.

Böventer, E. v. (1975): Die Raumstruktur von Stadtgebieten: Zur Theorie der Subzentren. – In: Gesellschaft für Regionalforschung (Hrsg., 1975): Seminarberichte. Heidelberg. S. 19–33.

Boyce, R. R. (1969): Residential Mobility and its Implications for Urban Spatial Change. – In: *Bourne, L. S.* (Hrsg., 1971). S. 338–343

Braam, W. (1987): Stadtplanung. Aufgabenbereiche, Planungsmethodik, Rechtsgrundlagen. Düsseldorf.

Bratzel, P. (1981): Stadträumliche Organisation in einem komplexen Faktorensystem. Dargestellt am Beispiel der Sozial- und Wirtschaftsraumstruktur von Karlsruhe. Karlsruhe.

Braun, P. (1968): Die sozialräumliche Gliederung Hamburgs. Göttingen.

Brill, E. J. (Hrsg., 1967): Urban Core and Inner City. Leiden.

Brinkmann, C./Heichelheim, F. M./Ennen, E. et al. (1956): Stadt. – In: Handwörterbuch der Sozialwissenschaften. Bd. 9. Stuttgart u. a. S. 772–800.

Brockmann, A. D. (1976): Stadtleben im Unterricht. – In: *Beck, J./Boehncke, H.* (Hrsg. 1976): Jahrbuch für Lehrer 1977. Hilfen für die Unterrichtsarbeit. Reinbek. S. 346–365.

Brown, L. A./Moore, E. G. (1970): The Intra-Urban Migration Process. – In: Geografiska Annaler. B. S. 1–13.

Brueckner, J. (1977): The Determinants of Residential Succession. – In: Journal of Urban Economics. 4. S. 45–59.

Brunn, St. D./Williams, J. F. (Hrsg., 1983): s. 3.1.

Bucklin, L. P. (1967): The Concept of Mass in Intra-Urban Shopping. – In: Journal of Marketing. 4. S. 37–42.

Budde, R./Stock, P. (1984): Ökologische, insbesondere klimatologische Aspekte in der Stadtentwicklungs- und Bauleitplanung – Beispiele aus dem Ruhrgebiet. – In: *Adam, K./Grohé, T.* (Hrsg., 1984). S. 121–131.

Bundesminister für Raumordnung, Bauwesen und Städtebau (1976): Habitat. Nationalbericht für die UN-Konferenz „Menschliche Siedlungen". Bonn-Bad Godesberg.
- (1978): Bericht über Habitat. Weltkonferenz der Vereinten Nationen über menschliche Siedlungen. Bonn-Bad Godesberg.
- (1987): Planen, Bauen, Erneuern. Bürgerinformation zum Baugesetzbuch. Bonn-Bad Godesberg.

Bünstorf, J. (1975): Stadtgeographie im Unterricht. – In: Zeitschrift für Stadtgeschichte, Stadtsoziologie und Denkmalpflege 2. S. 110–133.

Burgess, E. W. (1925): s. 3.1.
- (1927): The Determination of Gradients in the Growth of the City. – In: Publications of the American Sociological Society. S. 178–184.

Burns, L. S./Harmann, A. J. (1971): Die räumliche Organisation der Großstadt. Bonn. (Deutsche Übersetzung: D. und U. Wullkopf)

Cadwallader, M. (1975): A Behavioral Model of Consumer Spatial Decision Making. – In: Economic Geography. S. 339–349.

Cadwallader, M. (1982): Urban Residential Mobility. – In: Transaction of the Institute of British Geographers. S. 458–473.
– (1985): Analytical Urban Geography. Englewood Cliffs.
Carlberg, B. (1926): Stadtgeographie. – In: Geographischer Anzeiger. S. 148–153.
Carlberg, M. (1978): Stadtökonomie. Göttingen.
Carol, H. (1959): Die Geschäftszentren der Großstadt – dargestellt am Beispiel der Stadt Zürich. – In: Berichte zur Landesforschung und Landesplanung. Wien. S. 132–144.
– (1960): The Hierarchy of Central Functions within the City. – In: Annals of the Association of American Geographers. S. 419–438.
Carter, H. (1980): Einführung in die Stadtgeographie. Berlin u.a. (Deutsche Übersetzung: F. Vetter)
Ceisig, J./Knübel, H. (1974): Der 14. Deutsche Schulgeographentag 1974 in Berlin. Ein Tagungsbericht. – In: Geographische Rundschau. S. 441–445.
Chabot, G. (1948): Les Villes. Paris.
Charta von Athen (1933).
Clark, D. (1982): Urban Geography. London u.a.
Dahm, C./Schöpke, H. (1988): s. 4.5.
Dangschat, J. (1985): Residentielle Segregation der Altersgruppen in Warschau. – In: Geographische Zeitschrift. S. 81–105.
Davies, R.L. (1969): Effects of Consumer Income Differences on Shopping Movement Behavior. – In: Tijdschrift voor Economische en Sociale Geografie. S. 111–121.
Davies, W.K.D. (1970): Approaches to Urban Geography: An Overview. – In: *Carter, M./Davies, W.K.D.* (Hrsg., 1970): Urban Essays. Studies in the Geography of Wales. London. S. 1–21.
Dawson, A.H. (1971): Warsaw. An Example of City Structure in Free-Market and Planned Socialist Environments. – In: Tijdschrift voor Economische en Sociale Geografie. S. 104–113.
Day, R.A. (1973): Consumer Shopping Behaviour in a Planned Urban Environment. – In: Tijdschrift voor Economische en Sociale Geografie. S. 77–85.
Denecke, D. (1973): Der geographische Stadtbegriff und die räumlich-funktionale Betrachtungsweise bei Siedlungstypen mit zentraler Bedeutung in Anwendung auf historische Siedlungsepochen. – In: *Jankuhn, H./Schlesinger, W./Steuer, H.* (Hrsg., 1973): Vor- und Frühformen der europäischen Stadt im Mittelalter. Teil I. Göttingen. S. 33–55.
Dickinson, R.E. (1947): City Region and Regionalism. London.
– (1964): City and Region. A Geographical Interpretation. London.
Dietsche, H. (1984): Geschäftszentren in Stuttgart. Stuttgart.
Dittrich, G.G. (Hrsg., 1972): Stadtplanung – interdisziplinär! Stuttgart.
Dörries, H. (1930): Der gegenwärtige Stand der Stadtgeographie. – In: *Hermann Wagner* Gedächtnisschrift. Ergebnisse und Aufgaben geographischer Forschung. Gotha. S. 310–325. (Ergänzungsheft Nr. 209 zu „Petermanns Mitteilungen")
– (1940): Siedlungs- und Bevölkerungsgeographie (1908–38). – In: Geographisches Jahrbuch 55. 1. Halbband. S. 3–380.
Douglas, I. (1981): The City as an Ecosystem. – In: Progress in Physical Geography. S. 315–367.
– (1983): The Urban Environment. London.
Drakakis-Smith, D. (Hrsg., 1986): Urbanisation in the Developing World. London u.a.
Dubin, R.A./Sung, C.-H. (1987): Spatial Variation in the Price of Housing: Rent Gradients in Non-Monocentric Cities. – In: Urban Studies. S. 193–204.
Duckert, W. (1968): Die Stadtmitte als Stadtzentrum und Stadtkern. Funktionale und physionomische Aspekte ihrer Nutzung am Beispiel von Darmstadt. – In: Die Erde. S. 209–235.
Dürr, H. (1972): Empirische Untersuchungen zum Problem der sozialgeographischen Gruppe. – In: Münchner Studien zur Sozial- und Wirtschaftsgeographie. Bd. 8. S. 71–80 (plus 7 Abb.).
Dwyer, D.J. (1979): Urban Geography and the Urban Future. – In: Geography. S. 86–95.
Dyong, H. (1974): Städtebaurecht. – In: *Pehnt, W.* (Hrsg., 1974). S. 361–384.
Eichler, G./Jüngst, P. (1979): Soziale Segregation und Bodenpreise in der Universitätsstadt Marburg/Lahn. – In: *Jüngst, P./Schulze-Göbel, H.-J./Wenzel, H.-J.* (Hrsg., 1979). S. 1–63.
Encyclopedia of Urban Planning (1974). New York u.a.
Erdmann, C. (1983): Von der Gartenstadt zum Regionalzentrum. Entwicklungsphasen der New Towns in Schottland. – In: Geographische Rundschau. S. 434–438, 457–458.
Eriksen, W. (1975): Probleme der Stadt- und Geländeklimatologie. Darmstadt.
– (1976): Die städtische Wärmeinsel. – In: Geographische Rundschau. S. 368–373.
– (1983): Die Stadt als urbanes Ökosystem. Paderborn u.a.

– (1985): Grundlagen, bioklimatische und planungsrelevante Aspekte des Stadtklimas. – In: Geographie und Schule. H. 36. S. 1–9.
– /Arnold, A. (Hrsg., 1978): Hannover und sein Umland. Festschrift zur Feier des 100jährigen Bestehens der Geographischen Gesellschaft zu Hannover. Hannover.
Falk, B. R. (1980): Zur gegenwärtigen Situation und künftigen Entwicklung der Shopping-Center in den westeuropäischen Ländern. – In: *Heineberg, H.* (Hrsg., 1980). S. 47–61.
Falkenberg, G. (1987): Die 5 Villes Nouvelles im Raum Paris. – In: Geographische Rundschau. S. 682–687.
Fangohr, H. (1988): Großwohnsiedlungen in der Diskussion. – In: Geographische Rundschau. S. 26–32.
Fehre, H. (1950): Zyklisches Wachstum der Großstädte. – In: Berichte zur deutschen Landeskunde. Bd. 2. S. 332–339.
Fischer, H. (1963): Viertelsbildung und sozial bestimmte Stadteinheiten, untersucht am Beispiel der inneren Stadtbezirke der Großstadt Stuttgart. – In: Berichte zur deutschen Landeskunde. Bd. 30. S. 101–120.
Förster, H. (1968): Die funktionale und sozialgeographische Gliederung der Mainzer Innenstadt. Paderborn.
French, R. A. (1987): Changing Spatial Patterns in Soviet cities – Planning or Pragmatism? – In: Urban Geography. S. 309–320.
– /Hamilton F. E. I. (Hrsg., 1979): The Socialist City. Chichester u. a.
Friedrich, E. (1908): Die Fortschritte in der Anthropogeographie (1891–1907). – In: Geographisches Jahrbuch 31. S. 285–461.
Friedrichs, J. (Hrsg., 1978): Stadtentwicklungen in kapitalistischen und sozialistischen Ländern. Reinbek.
– (^{2}1981): Stadtanalyse. Opladen.
Frieling, H. D. v. (1979): Kritik der Theorien urbaner Segregation. – In: *Schramke, W./Strassel, J.* (Hrsg., 1979): Wohnen und Stadtentwicklung. 2 Bde. Oldenburg. S. 293–325.
Fürst, D. (Hrsg., 1977): Stadtökonomie. Stuttgart u. a.
– (1977): Die Problemfelder der Stadt. – In: *Fürst, D.* (Hrsg., 1977). S. 1–37.
Gaebe, W. (1987): s. 2.3.1.
Gans, P. (1979): Das Entropiekonzept zur Ermittlung räumlicher Eigenschaften von innerstädtischen Wanderungsverflechtungen am Beispiel Ludwigshafen/Rhein. – In: Erdkunde. S. 103–113.
– (1984): Innerstädtische Wohnungswechsel und Veränderungen in der Verteilung der ausländischen Bevölkerung in Ludwigshafen/Rhein. – In: Geographische Zeitschrift. S. 81–98.
Ganser, K. (1964): Eine sozialgeographische Gliederung der Stadt München nach Wahlergebnissen. Kallmünz.
– (1967): Mobility, a Feature of the Residential Function of the Inner City. – In: *Brill, E. J.* (Hrsg., 1967). S. 201–212.
Garner, B. J. (1967): Models of Urban Geography and Settlement Location. – In: *Chorley, R. J./Haggett, P.* (Hrsg., 1967): Models in Geography. London. S. 303–360.
Geiger, M. (1979): Schüler bewerten ihre Stadt – zugleich ein Beitrag zur selbständigen Entwicklung thematischer Karten. – In: Hefte zur Fachdidaktik der Geographie. H. 1. S. 24–37.
Geipel, R. (1957): Heimatkunde in der Großstadt. – In: Geographische Rundschau. S. 102–109, 116.
– (1960): Erdkunde – Sozialgeographie – Sozialkunde. Ein Beitrag zur Überwindung der Fächertrennung. Frankfurt u.a.
– (1969): Stadtgeographie im Schulunterricht. Einleitung. – In: Verhandlungen Deutscher Geographentag 36. Wiesbaden. S. 251–253.
Geisler, W. (1920): Beiträge zur Stadtgeographie. – In: Zeitschrift der Gesellschaft für Erdkunde zu Berlin 8–10. S. 274–296.
– (1924): Die deutsche Stadt. Ein Beitrag zur Morphologie der Kulturlandschaft. Stuttgart.
Geissler, C. (1967): Zum Zusammenhang von Hochschulplanung und Stadtentwicklungsplanung. Hannover.
Geographie heute: 32 (1985): Verstädterung in der Dritten Welt; 59 (1988): Alte Städte – Altstädte; 60 (1988): Stadtökologie.
Geographie und Schule: 18 (1982): Urbanisierung; 36 (1985): Stadtklima; 42 (1986): Neue Städte; 56 (1988): Regionalplanung in Ballungsräumen; 61 (1989): Metropolisierung.
George, P. (1952): La Ville. Le Fait Urbain à Travers le Monde. Paris.
Gerlach, S. (1967): Die Großstadt als Thema eines fächerübergreifenden Erdkundeunterrichts. Stuttgart.
Giese, E. (1977): Der Einfluß der Bauleitplanung auf die wirtschaftliche Nutzung des Bodens sowie den Boden- und Baumarkt in Großstädten der Bundesrepublik, dargestellt am Beispiel der Frankfurter Innenstadtplanung. – In: Geographische Zeitschrift. S. 109–123.
– (1978): Weiterentwicklung und Operationalisierung der Standort- und Landnutzungstheorie von Alonso für städtische Unternehmen. – In: *Bahrenberg, G./Taubmann, W.* (Hrsg., 1978). S. 63–79.
Gisser, R. (1969): Ökologische Segregation der Berufsschichten in Großstädten. – In: *Herlyn, U.* (Hrsg., 1974). S. 107–132.
Global 2000 (^{12}1981): Der Bericht an den Präsidenten. Frankfurt.

Goldzamt, E. (²1975): Städtebau sozialistischer Länder. Berlin (Ost).
Gorki, H. F. (1974): Städte und „Städte" in der Bundesrepublik Deutschland. – In: Geographische Zeitschrift. S. 29–52.
Gotthold, J. (1978): Stadtentwicklung zwischen Krise und Planung. Köln.
Gradmann, R. (1914): Die städtischen Siedlungen des Königreichs Württemberg. Stuttgart.
– (1916): Schwäbische Städte. – In: Zeitschrift der Gesellschaft für Erdkunde zu Berlin. S. 425–457.
Greer-Wotten, B. (1972): Chainging Social Areas and the Intra-Urban Migration Process. – In: La Revue de Géographie de Montreal. S. 271–292.
Grimm, F. (1982): Tendenzen und Probleme der Urbanisierung. – In: Zeitschrift für den Erdkundeunterricht. S. 311–326.
Grohé, T. (1982): Stadtökologie, Stadtgrün und integrierte Planung. – In: Informationen zur Raumentwicklung. S. 791–811.
– (1984): Ökologie und Stadtplanung. – In: *Adam, K./Grohé, T.* (Hrsg., 1984). S. 179–199.
– /*Tiggemann, R.* (1985): Ökologische Planung und Stadterneuerung. Dargestellt am Beispiel von Maßnahmen zur Wohnumfeldverbesserung in Bochum. – In: Geographische Rundschau. S. 234–239.
Grötzbach, E. (1963): Geographische Untersuchung über die Kleinstadt der Gegenwart in Süddeutschland. Kallmünz.
Güssefeldt, J. (1983): Die gegenseitige Abhängigkeit innerurbaner Strukturmuster und Rollen der Städte im nationalen Städtesystem. Das Beispiel der sozialräumlichen Organisation innerhalb irischer Städte. Freiburg.
Hagel, J./Rother, L./Schultz, J./Zimpel, H.-G. (1980): Sozial- und Wirtschaftsgeographie 1. Bevölkerung und Ökumene – Ländliche und städtische Siedlungen – Zentrale Orte. München.
Hahn, R. (1976): Stadt – Vorzugsraum oder Krisengebiet? Stuttgart.
Hamilton, F. E. I. (1979): Spatial Structure in East European Cities. – In: *French, R. A./Hamilton, F. E. I.* (Hrsg., 1979). S. 195–261.
– /*Burnett, A. D.* (1979): Social Process and Residential Structure. – In: *French, R. A./Hamilton, F. E. I.* (Hrsg., 1979). S. 263–304.
Harris, Ch. D./Ullman, E. L. (1945): s. 3.1.
Harris, R. (1984): Residential Segregation and Class Formation in Canadian Cities. – In: Canadian Geographer. S. 186–196.
Hartenstein, W./Staack, G. (1967): Land Use in the Urban Core. – In: *Brill, E. J.* (Hrsg., 1967). S. 35–52.
Hasch, R. (1968): Stadtgeographie im Gemeinschaftskundeunterricht veranschaulicht am Beispiel von München. München.
Hassert, K. (1907): Die Städte geographisch betrachtet. Leipzig.
Hassinger, H. (1910): Über Aufgaben der Städtekunde. – In: Petermanns geographische Mitteilungen. S. 289–294.
– (1933): Die Geographie des Menschen. – In: Klute, F. (Hrsg., 1933): Allgemeine Geographie. Zweiter Teil. Das Leben auf der Erde. S. 167–542. Potsdam.
Haubrich, H. (1971): Zur Parallelität von Siedlungs- und Sozialstruktur. – In: Politik und Soziologie. S. 55–79.
– (1973): Leben in der Stadt. Schülerarbeitsheft zur Sendereihe des wdr/Westdeutsches Schulfernsehen. Bad Honnef u.a.
Heide, U. a.d. (1979): Entwicklung, Tendenzen und Perspektiven stadtgeographischer Forschung. – In: Zeitschrift für Wirtschaftsgeographie. S. 73–79.
Heineberg, H. (1977): Zentren in West- und Ost-Berlin. Paderborn.
– (1979): West-Ost-Vergleich großstädtischer Zentrenausstattungen am Beispiel Berlins. – In: Geographische Rundschau. S. 434–443.
– (Hrsg., 2. Aufl. 1989): Einkaufszentren in Deutschland. Paderborn.
– (Bearb., u. a.): Stadtgeographie. Paderborn u. a.
– (Hrsg., 1987): Innerstädtische Differenzierung und Prozesse im 19. und 20. Jahrhundert. Köln u. a.
– (1987): Innerstädtische Differenzierung und Prozesse im 19. und 20. Jahrhundert. – In: *Heineberg, H.* (Hrsg., 1987). S. 1–17.
– (1988): Stadtgeographie. Entwicklung und Forschungsschwerpunkte. – In: Geographische Rundschau 11/88, S. 6–12, mit Literaturverzeichnis auf S. 50–53.
Heinritz, G. (1979): s. 2.2.1.
– (Hrsg., 1985): s. 2.2.1.
Henkel, R. (1985): Innerstädtische Zentralorte in einer Stadt der Dritten Welt – das Beispiel Lusaka (Zambia). – In: Zeitschrift für Wirtschaftsgeographie. S. 19–37.
Herbert, D. T. (1983): The Spatial Dimension: Geographers and Urban Studies. – In: *Pons, V./Francis, R.* (Hrsg., 1983): Urban Social Research. London u. a. S. 171–194.
– /*Johnston, R. J.* (Hrsg., 1978): Geography and the Urban Environment. Chichester u.a.
– /*Smith, D. M.* (Hrsg., 1979): Social Problems and the City. Geographical Perspectives. Oxford.

- /*Thomas, C. J.* (1982): Urban Geography. Chichester u. a.
Herlyn, U. (Hrsg., 1974): Stadt- und Sozialstruktur. München.
- (1974.1): Soziale Segregation. – In: *Pehnt, W.* (Hrsg., 1974). S. 89–106.
- (1974.2): Einleitung: Wohnquartier und soziale Schicht. – In: *Herlyn, U.* (Hrsg., 1974). S. 16–41.
- (1976): Soziale Sortierung in der Stadt in ihren Konsequenzen für soziale Randgruppen. – In: Zeitschrift für Stadtgeschichte, Stadtsoziologie und Denkmalpflege. S. 81–94.
Herold, D. (1972): s. 2.5.
Hettner, A. (1895): Die Lage der menschlichen Ansiedelungen. – In: Geographische Zeitschrift. S. 361–375.
- (1947): Allgemeine Geographie des Menschen. Bd. I: Die Menschheit. Grundlegung der Geographie des Menschen. Stuttgart. (Nachdruck Darmstadt 1977)
Hoffmann, G. (1964): Die Stadtregion und ihre innere Gliederung. Grundlagen für ein wichtiges Thema der politischen Erziehung. – In: Geographische Rundschau. S. 383–394.
Hofmeister, B. (1962): Das Problem der Nebencitys in Berlin. – In: Berichte zur deutschen Landeskunde. Bd. 28. S. 45–69.
- (1973): Das Gefüge der Stadt im raumzeitlichen Wandel. – In: Humanismus und Technik. S. 145–163.
- (^{4}1980.1): Stadtgeographie. Braunschweig.
- (1980.2): Die Stadtstruktur. Darmstadt.
- (1982): Die Stadtstruktur im interkulturellen Vergleich. – In: Geographische Rundschau. S. 482–488.
- (1984): Der Stadtbegriff des 20. Jahrhunderts aus der Sicht der Geographie. – In: Die Alte Stadt. S. 197–213.
Höllhuber, D. (1976): Wahrnehmungswissenschaftliche Konzepte in der Erforschung innerstädtischen Umzugsverhaltens. Karlsruhe.
- (1978): Sozialgruppentypische Wohnstandortspräferenzen und innerstädtische Wohnstandortswahl. – In: *Bahrenberg, G./Taubmann, W.* (Hrsg., 1978). S. 95–105.
Holzner, L. (1972): s. 3.1.
Horton, F. E./Reynolds, D. R. (1971.1): Effects of Urban Spatial Structure on Individual Behavior. – In: Economic Geography. S. 36–47.
- (1971.2): Action-Space Differentials in Cities. – In: *McConnell, H./Yaseen, D. W.* (Hrsg., 1971): Perspectives in Geography 1. Models of Spatial Variation. S. 84–102.
Howard, E. (1898): To-Morrow. A Peaceful Path to Real Reform. London. (Zweite Auflage unter dem Titel: Garden Cities of To-Morrow)
Hoyt, H. (1939): s. 3.1.
Huff, D. L. (1960): A topographical Model of Consumer Space Preferences. – In: Papers and Proceedings of the Regional Science Association. S. 159–173.
Hurst, M. E. E. (1974): Micromovement and the Urban Dweller. – In: *Hurst, M. E. E.* (Hrsg., 1974): Transportation Geography. New York u. a. S. 482–509.
Jäger, H. (1969): Gestalt und Funktion der Stadt als Problem des Erdkundeunterrichtes. – In: Verhandlungen Deutscher Geographentag 36. Wiesbaden. S. 255–273.
Jaschke, D. (1974): Sozial- und Siedlungsstruktur. – In: Erdkunde. S. 241–246.
- (1981): Zur Entwicklung monozentrischer Stadtregionen. – In: Zeitschrift für Wirtschaftsgeographie. S. 129–138.
Johnson, J. H. (^{2}1972): Urban Geography. Oxford u. a.
Johnston, R. J. (1966): The Distribution of an Intra-Metropolitan Central Place Hierarchy. – In: Australian Geographical Studies. S. 19–33.
- (1971): Urban Residential Patterns. London.
- (1972): Towards a General Model of Intra-Urban Residential Patterns. – In: Progress in Geography. S. 83–124.
- (1980/84): City and Society. An Outline for Urban Geography. London u. a.
- (1983): From description to explanation in Urban Geography. – In: Geography. S. 11–15.
Jones, P. N. (1983): Ethnic Population Succession in a West German City 1974–80: The Case of Nüremberg. – In: Geography. S. 121–132.
Jones, R. (1973): Trends in Urban Geography in the United Kingdom and Ireland 1945–1972. A Quantitative Review. – In: *Schöller, P.* (Hrsg., 1973.2). S. 9–18.
Jüngst, P./Schulze-Goebel, H.-J./Wenzel, H.-J. (Hrsg., 1979): Stadt und Gesellschaft. Sozioökonomische Aspekte von Stadtentwicklung. Kassel.
Kammermeier, A. (1979): Wahrnehmung städtischer Umwelt. Dargestellt am Beispiel der Umstrukturierungsprozesse im Innenstadtrandgebiet von München. – In: Der Erdkundeunterricht 30. S. 34–56.
Kehnen, P. (1975): Stadtwachstum aus der Sicht der ökologischen Theorie. – In: Zeitschrift für Stadtgeschichte, Stadtsoziologie und Denkmalpflege. S. 80–92.
Kemper, F.-J. (1980): Aktionsräumliche Analyse der Sozialkontakte einer städtischen Bevölkerung. – In: Geographische Zeitschrift. S. 199–222.

Kiuchi, S./Masai, Y. (1973): Recent Trends of Urban Geography in Japanese Language. – In: *Schöller, P.* (Hrsg., 1973.2). S. 65–72.
Klingbeil, D. (1974): Stadtstruktur und Bodenordnung. – In: Politische Bildung. 3. S. 34–49.
Klöpper, R. (1956/57): Der geographische Stadtbegriff. – In: Geographisches Taschenbuch. S. 453–461.
Knox, P. (^{2}1987): Urban Social Geography. New York.
Knübel, H. (1978): Zum Unterrichtsthema Stadt und Umland. Eine Einführung. – In: Beiheft Geographische Rundschau 8. H. 1, S. 2.
Koch, F. (1978): Stadtteilzentren in Augsburg. – In: Geographische Rundschau. S. 211–217.
Köck, H. (1976.1.): Implikationen der jüngsten Kommunalreform für das geographische Verständnis der Stadt. – In: Zeitschrift für Wirtschaftsgeographie. S. 223–230.
– (1976.2): Stadtgeographische Modelle für den Geographieunterricht in der Sekundarstufe I. – In: Geographie im Unterricht. S. 249–258, 271–278.
– (1979.1): Geographische Modellbildung konkret. Dokumentation und Analyse eines unterrichtspraktischen Versuchs in der Orientierungsstufe. – In: Geographie und ihre Didaktik. S. 58–92.
– (1979.2): Der Gesetzgeber als raumprägende Kraft in der Stadt. – Habilitationsvortrag vom 25. 6. 1979. Münster. Unveröff. Manuskript.
Kohl, J.G. (1841): Der Verkehr und die Ansiedelungen der Menschen in ihrer Abhängigkeit von der Gestaltung der Erdoberfläche. Dresden u.a.
– (1874): Die geographische Lage der Hauptstädte Europas. Leipzig.
Kolb, F. (1987): Die Stadt in der Antike. – In: Spektrum der Wissenschaft. H. 11. S. 62–74.
König, R. (1974): Definitionen der Stadt. – In: *Pehnt, W.* (Hrsg., 1974). S. 9–25.
Korcelli, P. (1975): Theory of Intra-Urban Structure. – In: Geographia Polonica. S. 99–131.
Krämer, R. (1968): Die Stadt – Behandlung ausgewählter Beispiele an verschiedenen Altersstufen. – In: Zeitnahe Schularbeit. S. 193–236.
Kreibich, B. (1977): Stadtplanungsprobleme aus Schülersicht. Eine Untersuchung zur Sozialisation der Umweltwahrnehmung im städtischen Wohnumfeld als Vorarbeit für ein Raumwissenschaftliches Curriculum-Forschungsprojekt. Stuttgart.
Kreis, B./Müller, R. (1978): Stadtplanung in der Sowjetunion. – In: Archiv für Kommunalwissenschaften. S. 299–316.
Kresse, J.-M. (1977): Die Industriestandorte in mitteleuropäischen Großstädten. Berlin.
Kreth, R. (1977): Sozialräumliche Gliederung von Mainz. – In: Geographische Rundschau. S. 142–149.
– (1979): Raumzeitliche Aspekte des Einkaufsverhaltens. – In: Geographische Zeitschrift. S. 266–281.
Kürer, R. (1985): Lärmbelästigung in Städten und Möglichkeiten zur Minderung. – In: *Strubelt, W.* (Hrsg., 1985). S. 63–82.
Kutter, E. (1973): Aktionsbereiche des Stadtbewohners. – In: Archiv für Kommunalwissenschaften. S. 69–85.
Kuttler, W. (1985): Stadtklima. Struktur und Möglichkeiten zu seiner Verbesserung. – In: Geographische Rundschau. S. 226–233.
Laschinger, W./Lötscher, L. (1975): Urbaner Lebensraum. Ein systemtheoretischer Ansatz zu aktualgeographischer Forschung. – In: Geographica Helvetica. S. 119–132.
– (1978.1): Basel als urbaner Lebensraum. Prozesse und Dynamik eines urbanen Systems . . .. Basel.
– (1978.2): Systemtheoretischer Forschungsansatz der Human-Geographie dargestellt am urbanen Lebensraum Basel. – In: *Bahrenberg, G./Taubmann, W.* (Hrsg., 1978). S. 117–127.
Laurini, R. (1982/83): Introduction à L'Analyse des Systemes Urbains. – In: Cahiers Géographiques de Rouen. S. 17–33.
Lavedan, P. (1959): Géographie des Villes. Paris.
Ley, D. (1986): Alternative Explanations for Inner-City Gentrification: A Canadian Assessment. – In: Annals of the Association of American Geographers. S. 521–535.
Lichtenberger, E. (1969). Die Differenzierung des Geschäftslebens im zentralörtlichen System am Beispiel der österreichischen Städte. – In: Verhandlungen des Deutschen Geographentages. Bd. 36. Wiesbaden. S. 229–242.
– (1972.1): s. 3.1.
– (1972.2): Ökonomische und nichtökonomische Variablen kontinentaleuropäischer Citybildung. – In: Die Erde. S. 216–262.
– (1980): Perspektiven der Stadtgeographie. – In: Verhandlungen Deutscher Geographentag. 42. Wiesbaden. S. 103–128.
– (1981/1983): Perspektiven der Stadtentwicklung. – In: Geographischer Jahresbericht aus Österreich. S. 7–49.
– (1986.1): Stadtgeographie – Perspektiven. – In: Geographische Rundschau. S. 388–394.
– (1986.2): Stadtgeographie. Bd. 1. Stuttgart.
Lienau, C. (1975): Siedlungsgeographie, Sozialgeographie und Kulturgeographie. – In: *Fricke, W./Wolf, K.* (Hrsg., 1975): Neue Wege in der geographischen Erforschung städtischer und ländlicher Siedlungen. Festschrift für Anneliese Krenzlin. Frankfurt. S. 263–275.

Lindauer, G. (1974): Stadttypen in Indien. – In: Geographische Rundschau. S. 344–349.
Lowry, W. P. (1967): The Climate of Cities. – In: Cities. Their Origin, Growth and Human Impact. San Francisco. 1973. S. 141–150.
Mai, U. (1975): Städtische Bodenwerte und ökonomische Raumstrukturen. – In: Geographische Rundschau. S. 293–302.
– (1981): Stadtstruktur/Stadtplanung. Stuttgart.
Matthews, M. (1979): Social Dimensions in Soviet Urban Housing. – In: *French, R. A./Hamilton, F. E. I.* (Hrsg., 1979). S. 105–118.
Mayer, H. M. (1965): A Survey of Urban Geography. – In: *Hauser, Ph. M./Schnore, L. F.* (Hrsg., 1965): The Study of Urbanization. New York u. a. S. 81–113.
– (1969): Cities and Urban Geography. – In: *Putnam, R. G./Taylor, F. J./Kettle, Ph. G.* (Hrsg., 1970). S. 10–24.
Mayer, R. (1943): Der geographische Stadtbegriff. – In: Zeitschrift für Erdkunde. S. 446–457.
Mayr, A. (1980): Entwicklung, Bedeutung und planungsrechtliche Problematik der Shopping-Center in der Bundesrepublik Deutschland. – In: *Heineberg, H.* (Hrsg., 1980). S. 9–46.
McDermott, W. (1961): Air Pollution and Public Health. – In: Cities. Their Origin, Growth and Human Impact. San Francisco. 1973. S. 132–140.
Meier, O. (1985): Die Expansion des zentralen Geschäftsbezirks (CBD) in Hamburg zwischen 1964 und 1979. – In: Geographische Zeitschrift. S. 25–45.
Mertins, G. (1984): s. 4.5.
Meyer, G. (1978): Junge Wandlungen im Erlanger Geschäftsviertel. Erlangen.
Mik, G. (1983): Residential Segregation in Rotterdam. – In: Tijdschrift voor Economische en Sociale Geografie. S. 74–86.
Miodek, W. (1986). Innerstädtische Umzüge und Stadtentwicklung in Mannheim 1977–1983. Mannheim.
Misterek, D. (1987): Innerstädtische Klimadifferenzierung von Marburg/Lahn. Marburg/Lahn.
Mitscherlich, A. (^{4}1974): Thesen zur Stadt der Zukunft. Frankfurt.
– (^{15}1980): Die Unwirtlichkeit unserer Städte. Frankfurt.
Mittelstädt, F.-G. (1978): Stadtgeographie als Unterrichtsthema im Wandel (fach-)didaktischer Konzeptionen. – In: Geographie und ihre Didaktik. S. 25–37.
Moewes, W. (1982): Was soll aus unseren großen Städten werden? – In: Geographische Rundschau. S. 502–518.
Moore, E. G. (1972): Residential Mobility in the City. Washington D.C.
Mose, I. (1986): Generationen der New Town in Großbritannien. – In: Geographie und Schule. 42. S. 24–35.
Mountjoy, A. B. (1976): Urbanization, the Squatter, and Development in the Third World. – In: *Bourne, L. S./Simmons, J. W.* (Hrsg., 1978). S. 480–488.
– (1986): The progress of world urbanisation. – In: Geography. S. 246–248.
Müller, N. L. (1973): Trends in Urban Geography in the Portuguese Language Area (1945–1970). – In: *Schöller, P.* (Hrsg., 1973.2). S. 53–61.
Mumford, L. (^{2}1980): s. 2.5.
Murdie, R. A. (1969): The Social Geography of the City. – In: *Bourne, L. S.* (Hrsg., 1971). S. 279–290.
Murphy, R. E. (1971): The Central Business District. London.
Nebel, J. (1986): Die Villes Nouvelles im Großraum Paris. – In: Geographie und Schule. 42. S. 18–23.
Neef, E. (1963): Nebenzentren des Geschäftslebens im Großstadtraum (Dresden als Beispiel). – In: Mitteilung der österreichischen Geographischen Gesellschaft. S. 441–462 (plus 3 Abb.).
Nelson, H. J. (1969): The Form and Structure of Cities. – In: *Bourne, L. S.* (Hrsg., 1971). S. 75–83.
Neuwirth, R. (1974): Bioklima. – In: *Pehnt, W.* (Hrsg., 1974). S. 214–237.
Nickel, H. J. (1973): Unterentwicklung als Marginalität in Lateinamerika. München.
– (1975): s. 3.5.3.
Niemeier, G. (1969.1): Citykern und City. – In: Erdkunde. S. 290–306.
– (1969.2): Braunschweig. Soziale Schichtung und sozialräumliche Gliederung einer Großstadt. – In: Raumforschung und Raumordnung. S. 193–209.
Niemz, G. (1986): Neue Städte. – In: Geographie und Schule. 42. S. 2–17.
Nipper, J. (1978): Zum intraurbanen Umzugsverhalten älterer Menschen. – In: Geographische Zeitschrift. S. 289–311.
Northam, R. M. (1975): Urban Geography. New York u. a.
O'Loughlin, J. V./Glebe, G. (1980): Faktorökologie der Stadt Düsseldorf – Ein Beitrag zur urbanen Sozialraumanalyse. Düsseldorf.
– (1984.1): Residential Segregation of Foreigners in German Cities. – In: Tijdschrift voor Economische en Sociale Geografie. S. 273–284.
– (1984.2): Intraurban Migration in West German Cities. – In: The Geographical Review. S. 1–23.

Osnabrücker Projektgruppe „Interdisziplinäres Curriculum" (1976): „Stadt" im Unterricht. Werkstattbericht über ein curriculares Entwicklungsvorhaben der Fächer Geographie, Geschichte, Politische Wissenschaft. Stuttgart.
Palen, J.J. (1975): The Urban World. New York u.a.
Park, R.E./Burgess, E.W./McKenzie, R.D. (Hrsg., 1925): The City. Chicago u.a. (Nachdruck 1967)
Peach, C. (Hrsg., 1975): Urban Social Segregation. London u.a.
Pehnt, W. (Hrsg., 1974): s. 3.5.1.
Perry, R./Dean, K./Brown, B. (1986): Counterurbanization: international case studies of socio-economic change in rural areas. Norwich.
Pfeil, E. (^{2}1972): Großstadtforschung. Hannover.
Pletsch, A. (1983): Die „Villes Nouvelles" in Frankreich. – In: Geographische Rundschau. S. 425–432.
Popp, H. (1976): Die Altstadt von Erlangen. Erlangen.
Poschwatta, W. (1977): Wohnen in der Innenstadt. Strukturen, neue Entwicklungen, Verhaltensweisen dargestellt am Beispiel der Stadt Augsburg. Neusäß.
– (1978): Verhaltensorientierte Wohnumfelder. Versuch einer Typisierung am Beispiel der Augsburger Innenstadt. – In: Geographische Rundschau. S. 198–205.
Praxis Geographie: 5 (1979): Stadtsanierung; 5 (1984): Städte in Entwicklungsländern; 9 (1984): Weltstädte; 3 (1985): Stadterkundung; 3 (1987): Stadt und Umland.
Pröckl, W. (1976): Stadtplanung. Gesellschaftsentwicklung und Großstadtmisere. Möglichkeiten und Grenzen einer bürgernahen Stadtgestaltung. Frankfurt/M.
Putnam, R.G./Taylor, F.J./Kettle, P.G. (Hrsg., 1970): A Geography of Urban Places. Toronto u.a.
Ragon, M. (1963(1970)): Wo leben wir morgen? Mensch und Umwelt – Die Stadt der Zukunft. München. (Deutsche Übersetzung: J. Sellenriek)
– (1972): Die großen Irrtümer. Vom Elend der Städte. München. (Deutsche Übersetzung: W.L.C. Matthaei)
Raster, B. (1980): Die Stadt als Lebensraum. München.
Ratzel, F. (1981): Anthropogeographie. Zweiter Teil. Stuttgart.
– (1903): Die geographische Lage der großen Städte. – In: Jahrbuch der Gehe-Stiftung zu Dresden. IX. Dresden. S. 33–72.
Reiner, T.A./Wilson, R.H. (1979): Planning and Decision-Making in the Soviet City. – In: *French, R.A./Hamilton, F.E.I.* (Hrsg., 1979). S. 49–71.
Richardson, H.W. (1977): Standortverhalten, Bodenpreise und Raumstruktur. – In: *Fürst, D.* (Hrsg., 1977). S. 68–87.
Richter, D. (1974): s. 3.5.1.
Richthofen, F.v. (1908): Vorlesungen über Allgemeine Siedlungs- und Verkehrsgeographie. Bearbeitet und herausgegeben von *O. Schlüter.* Berlin.
Rohr, H.-G.v. (1972): Die Tertiärisierung citynaher Gewerbegebiete. Verdrängung sekundärer Funktionen aus der inneren Stadt Hamburgs. – In: Berichte zur deutschen Landeskunde. Bd. 46. S. 29–48.
Romero, A. (1979): Zur strukturellen Planung der Stadt im Sozialismus – am Beispiel der Verteilungsmuster von Wohnfunktionen in Warschau. – In: Jüngst, P./Schulze-Goebel, H.-J./Wenzel, H.-J. (Hrsg., 1979). S. 410–457.
Rushton, G. (1971): Behavioral Correlates of Urban Spatial Structure. – In: Economic Geography. S. 49–58.
Scargill, D.I. (1979): The Form of Cities. London.
Schaffer, F. (1969): Neue Wohnsiedlungen – Mobilitätsprozesse und sozialgeographische Entwicklungen in neuen Großwohngebieten der Stadt Ulm. – In: Verhandlungen des Deutschen Geographentages. Bd. 36. Wiesbaden. S. 139–154.
– (1978): Wohnstandorte, Mobilität und Stadtentwicklung. Folgerungen aus Wanderungsverhalten und Verkehrsmittelwahl im Großraum Augsburg. – In: Geographische Rundschau. S. 162–168.
– */Poschwatta, W.* (1977): Die Wohnfunktion – Ansätze einer sozialgeographischen Typisierung. – In: Hefte zur Fachdidaktik der Geographie. 4. S. 3–37.
Schlipköter, H.-W./Beyen, K. (1985): Luftbelastung in Städten und gesundheitliche Folgen. – In: *Strubelt, W.* (Hrsg., 1985). S. 39–52.
Schlüter, O. (1899): Bemerkungen zur Siedelungsgeographie. – In: Geographische Zeitschrift. S. 65–84.
Schmidt, H. (Hrsg.): Erziehungswissenschaftliche Dokumentation. Bibliographische Berichte der Duisburger Lehrerbücherei:
Reihe A: Bibliographie zur Besonderen Unterrichtslehre. Bd. 8: Politische Bildung, Geschichte, Erdkunde, Heimatkunde. Weinheim u.a. 1970.
Reihe B: Materialien zur Besonderen Unterrichtslehre. Bd. 8: Politische Bildung, Geschichte, Erdkunde, Heimatkunde. Weinheim u.a. 1974.
Reihe C: Pädagogischer Jahresbericht. Bde. 1968–1982. Weinheim u.a.
Schneider, H. (1977): Segregation and Ghettobildung in der modernen Großstadt. – In: Zeitschrift für Stadtgeschichte, Stadtsoziologie und Denkmalpflege. S. 327–350.

Schöller, P. (1953): Aufgaben und Probleme der Stadtgeographie. – In: Erdkunde. S. 161–184.
– (1967): s. 3.4.1.
– (1968): Einleitung. Zum Forschungsweg der Stadtgeographie. – In: *Schöller, P.* (Hrsg., 1969): Allgemeine Stadtgeographie. Darmstadt. S. VII–XIII.
– (Hrsg., 1969): Allgemeine Stadtgeographie. Darmstadt.
– (Hrsg., 1972): s. 2.2.1.
– (1973.1) Tendenzen der stadtgeographischen Forschung in der Bundesrepublik Deutschland. Grundlinien zu einer Forschungsbilanz der Kommission Processes and Pattern of Urbanization der International Geographical Union. – In: Erdkunde, S. 26–34.
– (Hrsg. 1973.2): Trends in Urban Geography. Paderborn.
– (1973.3): Trends in Urban Geography in the German Language Area 1952–1970. – In: *Schöller, P.* (Hrsg., 1973.2). S. 31–41.
– /*Blotevogel, H.H./Buchholz, H.J./Hommel, M.* (1973): Bibliographie zur Stadtgeographie. Deutschsprachige Literatur 1952–1970. Paderborn.
– (1976): Unterirdischer Zentrenausbau in japanischen Städten. – In: Erdkunde. S. 108–125.
– (1987): Stadtumbau und Stadterhaltung in der DDR. – In: Heineberg, H. (Hrsg., 1987). S. 439–471.
Schrader, M. (1978): Subzentren in Hannover. – In: *Eriksen, W./Arnold, A.* (Hrsg., 1978). S. 202–230.
Schramke, W./Strassel, J. (Hrsg., 1979): s. 4.2.
Schultze, J. (1956): Die Stadtviertel. Ein städtegeschichtliches Problem. – In: Blätter für Deutsche Landesgeschichte. S. 18–39.
Schwarz, G. (^{3}1966/^{4}1988): Allgemeine Siedlungsgeographie. Berlin.
Schwarz, K. (1970): s. 2.5.
Sedlacek, P. (1973): Zum Problem intraurbaner Zentralorte – dargestellt am Beispiel der Stadt Münster. Münster.
Seger, M. (1979): Das System der Geschäftsstraßen und die innerstädtische Differenzierung in der orientalischen Stadt. Fallstudie Teheran. – In: Erdkunde. S. 113–129.
Shevky, E./Bell, W. (1955): s. 3.1.
– /*Williams, M.* (1949): s. 3.1.
Short, J.R. (1984): An Introduction to Urban Geography. London u.a.
Simmons, J.W. (1967): Urban Geography in Canada. – In: Canadian Geographer. S. 341–356.
– /*Bourne, L.S.* (1978): Defining Urban Places. – In: *Bourne, L.S./Simmons, J.W.* (Hrsg., 1978). S. 28–41.
Smailes, A.E. (1953): The Geography of Towns. London.
Smith, L. (1961): Space for CBD's Functions. – In: *Bourne, L.S.* (Hrsg., 1971). S. 352–360.
Spiegel, E. (1977): Stadtforschung und Stadtplanung. Einleitung. – In: Stadtforschung und Stadtplanung. Opladen. S. 7–12.
Sprengel, U. (1978): Zur sozialräumlichen Differenzierung Hannovers. – In: *Eriksen, W./Arnold, A.* (Hrsg., 1978). S. 125–147.
Stäblein, G./Valenta, P. (1974): Faktorenanalytische Bestimmung von Wohnbereichstypen am Beispiel der Stadt Würzburg. – In: Berichte zur Deutschen Landeskunde. Bd. 48. S. 219–238.
Stapleton Concord, C.M. (1984.1): Intraurban Residential Mobility of the Aged. – In: Geografiska Annaler. B. S. 99–109.
– (1984.2): A Mover/Stayer Approach to Residential Mobility of the Aged. – In: Tijdschrift voor Economische en Sociale Geografie. S. 249–262.
Stewig, R. (1974): Vergleichende Untersuchung der Einzelhandelsstrukturen der Städte Bursa, Kiel und London/Ontario. – In: Erdkunde. S. 18–30.
– (1983): Die Stadt in Industrie- und Entwicklungsländern. Paderborn u.a.
Strand, S. (1973): Urban Geography 1950–70. A Comprehensive Bibliography of Urbanism. Monticello (Ill.)
Strubelt, W. (Hrsg., 1985): Stadt und Umwelt. Bonn.
Sukopp, H. (1983): Städtebauliche Ordnung aus der Sicht der Ökologie. – In: VDI-Berichte Nr. 477. S. 163–172.
Szelenyi, I. (1987): Housing inequalities and occupational segregation in state socialist cities. – In: International Journal of Urban and Regional Research. S. 1–8.
Taubmann, W. (1975): Unterrichtsmodelle zur Stadtgeographie – Sekundarstufe I. Einleitung. – In: *Altmann, J./Jansen, U./Kroß, E./Taubmann, W./Wagenhoff, E.* (1975): Unterrichtsmodelle zur Stadtgeographie – Sekundarstufe I. Stuttgart. S. 3–6.
– (1985): s. 4.5.
Taylor, G. (1949): Urban Geography. A Study of Site, Evolution, Pattern and Classification in Villages, Towns and Cities. London.
Temlitz, K. (1985): Stadt und Stadtregion. Braunschweig.
Teuteberg, H.J. (Hrsg., 1983): Urbanisierung im 19. und 20. Jahrhundert. Köln, Wien.

Tharun, E. (1986): „Geplantes" Konfliktpotential in der Stadt – Überlegungen am Beispiel der Sanierungsgebiete Frankfurt-Bockenheim. – In: Geographische Zeitschrift. S. 193–207.
Thomlinson, R. (1969): Urban Structure. New York.
Tiggemann, R. (1988): Erhaltende Stadterneuerung in Nordrhein-Westfalen. – In: Geographische Rundschau. S. 40–46.
Toynbee, A. (1975): Die Großstädte und die Zukunft unserer Gesellschaft. – In: Universitas. S. 785–790.
Uhlig, H. (1970): Organisationsplan und System der Geographie. – In: Geoforum. S. 19–52.
United Nations. Department of Economic and Social Affairs (1976): Global Review of Human Settlements: A Support Paper for Habitat: United Nations Conference on Human Settlements. (Teil A) Statistical Annex. (Teil B). Oxford u.a.
Voßhage, H.-D. (1978): Die Behandlung der Stadt im Geographieunterricht der Sekundarstufe I. – In: Beiheft Geographische Rundschau. H. 1, S. 3–8.
Wallert, W. (1974): Sozialistischer Städtebau in der DDR. – In: Geographische Rundschau. S. 177–182.
Weichhart, P. (o.J.): Die innerstädtische Wanderungsbewegung in Salzburg im Spannungsfeld zwischen Wohnraumverfügbarkeit und Wohnstandortpräferenz. – In: Festschrift zum 60. Geburtstag von o. Universitätsprofessor Dr. Elisabeth Lichtenberger. Klagenfurt. S. 171–195.
Westphal, H. (1979): Wachstum und Verfall der Städte. Frankfurt u.a.
Wienke, H.-M. (1973): Citystrukturen und ihre Ursachen. – In: Zeitschrift für Wirtschaftsgeographie. S. 149–157.
Wiessner, R. (1988): Probleme der Stadterneuerung und jüngerer Wohnungsmodernisierung in Altbauquartieren aus sozialgeographischer Sicht. – In: Geographische Rundschau. S. 18–25.
Williams, J.F./Brunn, S.D./Darden, J.T. (1983): World Urban Development. – In: *Brunn, S.D./Williams, J.F.* (Hrsg., 1983): Cities of the World. New York u.a. S. 3–42.
Zimmermann, J.J. (1984): Neue Städte in Ägypten. – In: Geographische Rundschau. S. 230–235.
Zimmermann, K. (1977): Umweltprobleme der Verstädterung. – In: *Fürst, D.* (Hrsg., 1977). S. 140–154.

zu 2.2.1:

Allen, P.M. (1985): Ein dynamisches Wachstumsmodell in einem Zentrale-Orte-System. Karlsruhe. (=Karlsruher Manuskripte zur Wirtschafts- und Sozialgeographie 76).
Beavon, K.S.O. (1977): Central Place Theory: A Reinterpretation. London.
Berry, B.J.L./Garrison, W.L. (1958): Recent Developments of Central Place Theory. – In: Papers and Proceedings of the Regional Science Association 4. S. 107–120.
Bird, J. (1977): Centrality and Cities. London.
Blotevogel, H.H. (1973): Die Theorie der Zentralen Orte und ihre Bedeutung für Volkskunde und Kulturraumforschung. – In: Stadt-Land-Beziehungen. Verhandlungen des 19. Deutschen Volkskundekongresses in Hamburg vom 1.–7. 10. 1973. Göttingen. S. 1–20.
– (1975): Zentrale Orte und Raumbeziehungen in Westfalen vor der Industrialisierung (1780–1850). Paderborn. (=Bochumer Geographische Arbeiten 18).
– (1982): Entwicklung und Struktur der höherrangigen Zentren in der Bundesrepublik Deutschland. – In: Bundesforschungsanstalt für Landeskunde und Raumordnung (Hrsg., 1982): Entwicklungsprobleme der Agglomerationsräume. Bonn. S. 3–34. (=Seminare, Symposien, Arbeitspapiere 5).
Bobek, H. (1969): Die Theorie der zentralen Orte im Industriezeitalter. – In: Deutscher Geographentag Bad Godesberg 1967. Tagungsbericht und wiss. Abhandlungen. Wiesbaden. S. 199–213.
Borcherdt, Ch. (1970): Zentrale Orte und zentralörtliche Bereiche. – In: Geographische Rundschau 22. S. 473–483.
Borcherdt, Ch. et al. (1977): s. 3.2.
Christaller, W. (1933): Die zentralen Orte in Süddeutschland. Eine ökonomisch-geographische Untersuchung über die Gesetzmäßigkeit der Verbreitung und Entwicklung der Siedlungen mit städtischen Funktionen. Jena. (Zitiert nach 2. Auflage Darmstadt 1968).
Deiters, J. (1978): Zur empirischen Überprüfbarkeit der Theorie der zentralen Orte. Fallstudie Westerwald. Bonn. (=Arbeiten zur Rheinischen Landeskunde 44).
Gormsen, E. (1971): Zur Ausbildung zentralörtlicher Systeme beim Übergang von der semiautarken zur arbeitsteiligen Gesellschaft. – In: Erdkunde 25. S. 108–118.
Güssefeldt, J. (1980): Die Veränderung der theoretischen Grundlagen für Konzepte zur Entwicklung der Siedlungsstruktur in der Bundesrepublik Deutschland. – In: Zeitschrift für Wirtschaftsgeographie 24. S. 22–33.
Heineberg, H./Mayr, A. (1984): Shopping-Center im Zentrensystem des Ruhrgebietes. – In: Erdkunde 38. S. 98–114.
Heineberg, H./Lange, N.de/Meschede, W. (1985): Kundenverhalten im System konkurrierender Zentren. Münster. (=Westfälische Geographische Studien 41).

Heinritz, G. (1977): Einzugsgebiete und zentralörtliche Bereiche – Methodische Probleme der empirischen Zentralitätsforschung. – In: Münchener Geographische Hefte 39. S. 9–43.
– (1979): Zentralität und zentrale Orte. Eine Einführung. Stuttgart. (= Teubner Studienbücher der Geographie)
– (Hrsg., 1985): Standorte und Einzugsbereiche tertiärer Einrichtungen. Beiträge zu einer Geographie des tertiären Sektors. Darmstadt. (= Wege der Forschung 591).
– (1989): Beobachtungen zur Ortszentrenplanung und Entwicklung suburbaner Gemeinden in der Region München. – In: Wissenschaftliche Beiträge der Martin-Luther-Universität, Kongreß- und Tagungsberichte, Reihe Q, (im Druck).
Hommel, M. (1974): s. 3.2.
King, L.J. (1984): Central Place Theory. Beverly Hills. (= Scientific Geography Series 1).
Klingbeil, D. (1977): Aktionsräumliche Analyse und Zentralitätsforschung – Überlegungen zur konzeptionellen Erweiterung der zentralörtlichen Theorie. – In: Münchener Geographische Hefte 39. S. 45–74.
Klöpper, R. (1953): Der Einzugsbereich einer Kleinstadt. – In: Raumforschung und Raumordnung 11. S. 73–81.
Kluczka, G. (1970): s. 3.2.
Köck, H. (1975): Das zentralörtliche System von Rheinland-Pfalz. o.O. (Bonn-Bad Godesberg). (= Forschungen zur Raumentwicklung 2).
Lange, S. (1972): Die Verteilung von Geschäftszentren im Verdichtungsraum. Ein Beitrag zur Dynamisierung der Theorie der zentralen Orte. – In: Zentralörtliche Funktionen in Verdichtungsräumen. Hannover. S. 7–48. (= Forschungs- und Sitzungsberichte der Akademie für Raumforschung und Landesplanung 72).
Linde, H. (1977): s. 3.2.
Mitterauer, M. (1971): Das Problem der zentralen Orte als sozial- und wirtschaftshistorische Forschungsaufgabe. – In: Vierteljahresschriften für Sozial- und Wirtschaftsgeschichte 58. S. 433–467.
Müller, U./Neidhardt, J. (1972): s. 3.2.
Neef, E. (1950): Das Problem der zentralen Orte. In: Petermanns Geographische Mitteilungen 94. 6–17.
Neidhardt, J. (1972): s. 3.2.
Olsson, G. (1970): Zentralörtliche Systeme, räumliche Interaktionen und stochastische Prozesse. – In: *Bartels, D.* (Hrsg., 1970): Wirtschafts- und Sozialgeographie. Köln, Berlin. S. 141–178.
Popp, H. (1977): Kleinstädte als zentrale Orte im ländlichen Raum. – In: Münchener Geographische Hefte 39. S. 163–189.
Schöller, P. (1969): Veränderungen im Zentralitätsgefüge deutscher Städte. Ein Vergleich der Entwicklungstendenzen in West und Ost. – In: Deutscher Geographentag Bad Godesberg 1967. Tagungsbericht und wissenschaftliche Abhandlungen. Wiesbaden. S. 243–249.
– (Hrsg., 1972): Zentralitätsforschung. Darmstadt.
– (1976): Die Bedeutung historisch-geographischer Zentralitätsforschung für eine gegenwartsbezogene Raumwissenschaft. – In: Mensch und Erde. Festschrift für W. Müller-Wille. Münster. 1976. S. 237–249. (= Westfälische Geographische Studien 33).
Storbeck, J.E. (1988): The Spatial Structuring of Central Places. – In: Geographical Analysis 2. S. 93–110.

zu 2.2.2–2.2.4:

Bähr, J. (1983): s. 2.5.
Bahr, G. (1983): Zehn Jahre „Verein Naherholung im Umland Hamburg e.V." – In: Raumforschung und Raumordnung 41, S. 163–165.
Becker, Chr. (1970): Die Darstellung großräumiger Bevölkerungswanderungen in der Bundesrepublik Deutschland mit Hilfe des Bevölkerungsschwerpunkts. – In: Informationen (Inst. f. Raumordnung) 20. S. 675–692.
– (1983): Freizeitverhalten im Großraum Frankfurt. – In: Raumforschung und Raumordnung 41. S. 131–140.
Boustedt, O. (1970.1): Pendelverkehr. – In: Handwörterbuch der Raumforschung und Raumordnung. 2. Aufl. Band II. Hannover. Sp. 2282–2314.
– (1970.2): Stadtregionen. – In: Handwörterbuch der Raumforschung und Raumordnung. 2. Aufl., Band III. Hannover, Sp. 3207–3237.
– (1975.1): Grundriß der empirischen Regionalforschung, Teil II: Bevölkerungsstrukturen. Hannover. (Taschenbücher zur Raumplanung 7).
– (1975.2): Gedanken und Beobachtungen zum Phänomen der Suburbanisierung. – In: Beiträge zum Problem der Suburbanisierung. Hannover. S. 1–23. (Forschungs- und Sitzungsberichte der Akademie für Raumforschung und Landesplanung 102).
Bundesminister für Raumordnung, Bauwesen und Städtebau (Hrsg., 1983): Raumordnungsbericht 1982. Bonn.
Decker, H. (1984): Standortverlagerungen der Industrie in der Region München. Kallmünz. (Münchner Studien zur Sozial- und Wirtschaftsgeographie 25).

Friedrichs, J. (1975): Soziologische Analyse der Bevölkerungs-Suburbanisierung. – In: Beiträge zum Problem der Suburbanisierung. Hannover. S. 39–80. (Forschungs- und Sitzungsberichte der Akademie für Raumforschung und Landesplanung 102).
– /*von Rohr, H.-G.* (1975): Ein Konzept der Suburbanisierung. – In: Beiträge zum Problem der Suburbanisierung. Hannover. S. 25–37. (Forschungs- und Sitzungsberichte der Akademie für Raumforschung und Landesplanung 102).
Ganser, K. (1969): Pendelwanderung in Rheinland-Pfalz. Mainz.
Grotz, R. (1971): Entwicklung, Struktur und Dynamik der Industrie im Wirtschaftsraum Stuttgart. Stuttgart. (Stuttgarter Geographische Studien 82).
Hartke, W. (1938): Das Arbeits- und Wohnortsgebiet im Rhein-Mainischen Lebensraum. Frankfurt/Main. (Rhein-Mainische Forschungen 18).
Klingbeil, D. (1969): Zur sozialgeographischen Theorie und Erfassung des täglichen Berufspendelns. – In: Geographische Zeitschrift 57. S. 108–131.
Mackenroth, G. (1953): Bevölkerungslehre. Berlin.
Maier, J. (1975): Die Stadt als Freizeitraum. – In: Geographische Rundschau 27. S. 7–17.
– (1976): Zur Geographie verkehrsräumlicher Aktivitäten. Kallmünz. (Münchner Studien zur Sozial- und Wirtschaftsgeographie 17).
– /*Paesler, R.*/*Ruppert, K.*/*Schaffer, F.* (1977): Sozialgeographie. Braunschweig.
– /*Ruppert, K.* (1974): Geographische Aspekte kommunaler Initiativen im Freizeitraum. Kallmünz. (Münchner Studien zur Sozial- und Wirtschaftsgeographie 9).
Mikus, W. (1978): Industriegeographie. Darmstadt. (Erträge der Forschung 104).
Nellner, W. (1956): Die Pendelwanderung in der Bundesrepublik Deutschland, ihre statistische Erfassung und kartographische Darstellung. – In: Berichte zur deutschen Landeskunde 17. S. 229–253.
– (1975): s. 2.3.
– (1984): Ein neues Modell für die Erfassung von Agglomerationsräumen. – In: Agglomerationsräume in der Bundesrepublik Deutschland. Hannover. S. 11–29. (Forschungs- und Sitzungsbericht der Akademie für Raumforschung und Landesplanung 157).
Olschowy, G./*Mrass, W.* (1976): Zur Ermittlung aktueller und potentieller Erholungsgebiete in der Bundesrepublik Deutschland. – In: Berichte über Landwirtschaft 54. S. 171–194.
Otto, H.-J. (1979): Die Trennung von Wohn- und Arbeitsstätte als empirisches Problem und ihre Auswirkungen im raumordnungspolitischen Bereich. Frankfurt/Main. (Rhein-Mainische Forschungen 89).
Paesler, R. (1976): Urbanisierung als sozialgeographischer Prozeß. Kallmünz. (Münchner Studien zur Sozial- und Wirtschaftsgeographie 12).
Poschwatta, W. (1977): s. 2.1.
von Rohr, H.-G. (1975): s. 2.3.
Ruppert, K. (1975): Zur Stellung und Gliederung einer Allgemeinen Geographie des Freizeitverhaltens. – In: Geographische Rundschau 27. S. 7–17.
– (1980): Grundtendenzen freizeitorientierter Raumstruktur. – In: Geographische Rundschau 32. S. 178–187.
– /*Gräf, P.*/*Lintner, P.* (1983): Persistenz und Wandel im Naherholungsverhalten. – In: Raumforschung und Raumordnung 41. S. 147–153.
– /*Paesler, R.* (1984): Raumorganisation in Bayern. München. (WGI-Berichte zur Regionalforschung 16).
Schäfers, B. (1975): Über einige Zusammenhänge zwischen der Entwicklung suburbaner Räume, gesellschaftlichen Prozessen und Sozialverhalten. – In: Beiträge zum Problem der Suburbanisierung. Hannover. S. 81–94. (Forschungs- und Sitzungsberichte der Akademie für Raumforschung und Landesplanung 102).
Schaffer, F. (1972): Tendenzen städtischer Wanderungen. – In: Mitteilungen der Geographischen Gesellschaft in München 57. S. 127–158.
Schliebe, K. (1982): Industrieansiedlungen. Bonn. (Forschungen zur Raumentwicklung 11).
Schöller, P. (1956): Die Pendelwanderung als geographisches Problem. – In: Berichte zur deutschen Landeskunde 17. S. 254–265.
Staubach, H. (1962): Pendelwanderung und Raumordnung. Köln/Opladen.
Stewig, R. (1983): s. 2.1.
Thürauf, G. (1975): Industriestandorte in der Region München. Kallmünz. (Münchner Studien zur Sozial- und Wirtschaftsgeographie 16).
Uthoff, D. (1967): Der Pendelverkehr im Raum um Hildesheim. Göttingen. (Göttinger Geographische Abhandlungen 39).
Vooys, A. de (1968): Die Pendelwanderung, Typologie und Analyse. – In: Zum Standort der Sozialgeographie. Kallmünz. S. 99–107 (Münchner Studien zur Sozial- und Wirtschaftsgeographie).
Wilhelmy, H./*Borsdorf, A.* (1984): s. 2.3.

zu 2.3.1–2.3.3:

Akademie für Raumforschung und Landesplanung (Hrsg., 1975): Stadtregionen in der Bundesrepublik Deutschland 1970. Hannover. (Forschungs- und Sitzungsberichte Bd. 103).
Berry, B. J. L. (Hrsg., 1970): Urbanization and Counterurbanization. London. (Urban Affairs Annual Reviews 11).
Butzin, B. (1986): Zentrum und Peripherie im Wandel. Erscheinungsformen und Determinanten der „Counterurbanization" in Nordeuropa und Kanada. Paderborn. (Münstersche Geographische Arbeiten H. 23).
Friedrichs, J. (1978): Steuerungsmaßnahmen und Theorie der Suburbanisierung. – In: Beiträge zum Problem der Suburbanisierung (2. Teil). Hannover. (Forschungs- und Sitzungsberichte Bd. 125). S. 15–34.
Gaebe, W. (1987): Verdichtungsräume. Strukturen und Prozesse in weltweiten Vergleichen. Stuttgart. (Teubner Studienbücher Geographie).
Goldberg, M. A./Mercer, J. (1980): Canadian and US Cities: Basic Differences, Possible Explanations, and their Meaning for Public Policy. – In: Papers of the Regional Science Association 45. S. 159–183.
Gormsen, E. (1981): s. 3.1.
Gottmann, J. (1961): Megalopolis. The Urbanized Northeastern Seaboard of the United States. New York.
Hofmeister, B. (1982): s. 2.1.
Kroner, G. (1974): Das Untersuchungskonzept der Bundesforschungsanstalt für Landeskunde und Raumordnung zur Neuabgrenzung der Verdichtungsräume. – In: Informationen zur Raumentwicklung H. 4. S. 151–156.
– (1984): Sozio-ökonomische Agglomerationsräume und planungs-/problemorientierte Verdichtungsräume. Gemeinsamkeiten und Unterschiede zweier Modellansätze. – In: Agglomerationsräume in der Bundesrepublik Deutschland. Ein Modell zur Abgrenzung und Gliederung. Hannover. (Forschungs- und Sitzungsberichte Bd. 175). S. 125–137.
Kroner, G. u.a. (1974): Fortschreibung der Verdichtungsräume. – In: Informationen zur Raumentwicklung H.10/11. S. 389–394.
Laux, H.-D. (1984): s. 3.5.1.
Nellner, W. (1975): Das Konzept der Stadtregionen und ihre Neuabgrenzung 1970. – In: Zum Konzept der Stadtregionen Hannover. (Forschungs- und Sitzungsberichte Bd. 103). S. 1–26.
Ruppert, K. (1981): Urbanisierung und Industrialisierung. Räumliche Strukturen und Prozeßmuster in den Ländern Südosteuropas. – In: Industrialisierung und Urbanisierung in den sozialistischen Staaten Südosteuropas. München. (Münchner Studien zur Sozial- und Wirtschaftsgeographie Bd. 21). S. 9–18.
Schliebe, K. (1985): Raumordnung und Raumplanung in Stichworten. Unterägeri. (Hirt's Stichwortbücher).
Schott, S. (1912): Die großstädtischen Agglomerationen des Deutschen Reiches 1871–1910. Breslau. (Schriften des Verbandes deutscher Städtestatistiker H. 1).
Tönnies, G. (1981): Die Verdichtungsräume in der Bundesrepublik Deutschland. Entwicklung, Neuabgrenzung und regionale Belastungsanalyse. Frankfurt/Main. (Europäische Hochschulschriften Reihe 5 Bd. 340).
Walker, R. A. (1981): A Theory of Suburbanzation: Capitalism and the Construction of Urban Space in the United States. – In: M. Dear/A. J. Scott (Hrsg.): Urbanization and Urban Planning in Capitalist Society. London, New York. S. 383–429.
Weber, A. F. (1899): The Growth of Cities in the Nineteenth Century. A Study in Statistics. Ithaka, New York. (Cornell University Press. 2. Nachdruck 1965).
Wilhelmy, H., Borsdorf, A. (1984): Die Städte Südamerikas. Teil 1. Wesen und Wandel. Berlin, Stuttgart. (Urbanisierung der Erde Bd. 3/1).

zu 2.3.4–2.3.5:

Bundesminister f. Raumordnung, Bauwesen u. Städtebau (Hrsg., 1975): Raumordnungsprogramm für die großräumige Entwicklung des Bundesgebietes (Bundesraumordnungsprogramm). Bonn. (=Schriftenreihe des Bundesministers für Raumordnung, Bauwesen und Städtebau „Raumordnung", H. 6002).
Dietrich, R./Geelhaar, F./Tharun, E. (1975): Zur Situation der Regionalplanung im Agglomerationsraum Frankfurt. – In: Stadtbauwelt. H. 47/1975. S. 178–182.
Eriksen, W. (1975): s. 2.1.
Göschel, A. u.a. (1979): Soziale Infrastruktur und Bevölkerungsverteilung in Großstädten der BRD. Bd. 1–3. Göttingen.
Hellmer, J. (1975): Jugendkriminalität. Neuwied, Berlin.
– (1981): Beiträge zur Kriminalgeographie. Berlin.
Herlyn, U. (Hrsg., 1980): Großstadtstrukturen und ungleiche Lebensbedingungen in der BRD. Frankfurt a. M., New York.
Lichtenberger, E. (1972): s. 2.1.

Müller, H.W. (1981): Städtebau und Kriminalität. Eine empirische Untersuchung. Weinheim, Basel. (= Beltz Forschungsberichte).
Mumford, L. (1961): s. 2.5.
11. Rahmenplan der Gemeinschaftsaufgabe „Verbesserung der regionalen Wirtschaftsstruktur" für den Zeitraum 1982–1985. Bonn. (= Bundestagsdrucksache 9/1642).
Rohr, H.-G. von (1975): Der Prozeß der Industriesuburbanisierung – Ausprägung, Ursachen und Wirkung auf die Entwicklung des suburbanen Raumes. – In: Veröff. der Akademie f. Raumforschung u. Landesplanung, Forschungs- und Sitzungsberichte. Bd. 102. S. 95–121.
– (1978): Änderungen des Finanzbedarfs zwischen Kernstadt und Umlandgemeinden bei anhaltender Suburbanisierung. – In: Informationen zur Raumentwicklung. Heft 2/3. S. 93–103.
Schnore, L.F. (1957): Metropolitan growth and decentralization. – In: American Journal of Sociology. Vol. 63. S. 171–180.
– (1957): The growth of metropolitan suburbs. – In: American Sociological Review. Vol. 22. S. 165–173.
Tesdorpf, J.C. (1984): Landschaftsverbrauch. Begriffsbestimmung, Ursachenanalyse und Vorschläge zur Eindämmung. Berlin.

zu 2.4:

Ante, U. (1981): Politische Geographie. Braunschweig.
Auerbach, F. (1913): Das Gesetz der Bevölkerungskonzentration. – In: Petermanns Geographische Mitteilungen 59. S. 74–76.
Bähr, J. (1983): s. 2.5.
Bartels, D. (1979): Theorien nationaler Siedlungssysteme. – In: Geographische Zeitschrift 67. S. 110–146.
Berry, B.J.L. (1961): City size distributions and economic development. – In: Economic Development and Cultural Change 9. S. 573–588.
– (1964): Cities as systems within systems of cities. – In: Regional Science Association, Papers and Proceedings 13. S. 147–163.
– /*Horton, F.E.* (Hrsg., 1970): Geographic Perspectives on urban systems, with integrated readings. Englewood Cliffs.
– /*Smith, K.B.* (1972): City Classification Handbook. Methods and Applications. New York.
Blotevogel, H.H. (1979): Methodische Probleme der Erfassung städtischer Funktionen und funktionaler Stadttypen anhand quantitativer Analysen der Berufsstatistik 1907. – In: *Ehbrecht, W.* (Hrsg., 1979): Voraussetzungen und Methoden geschichtlicher Städteforschung. (= Städteforschung A7). S. 217–269.
– (1980): s. 3.4.1.
– (1982): s. 3.4.1.
– (1983.1): S. 3.2.
– (1983.2): Kulturelle Stadtfunktionen und Urbanisierung: Interdependente Beziehungen im Rahmen der Entwicklung des deutschen Städtesystems im Industriezeitalter. – In: *Teuteberg, H.J.* (Hrsg., 1983): Urbanisierung im 19. und 20. Jahrhundert. (= Städteforschung A 16). S. 143–185.
– (1984): Zeitungsregionen in der Bundesrepublik Deutschland. Zur räumlichen Organisation der Tagespresse und ihren Zusammenhängen mit dem Siedlungssystem. – In: Erdkunde 38. S. 79–83.
– /*Hommel, M.* (1980): s. 3.4.1.
– /*Schöller, P.* (1981): Zur Anwendung des Zentralitätskonzepts in der Landesplanung, insbesondere im nordrheinwestfälischen Landesentwicklungsplan I/II. – In: Tendenzen und Probleme der Wohnbevölkerung, Siedlungszentralität und Infrastruktur in Nordrhein-Westfalen. (= Akademie für Raumforschung und Landesplanung, Forschungs- und Sitzungsberichte 137). S. 71–76.
Bobek, H. (1938): Über einige funktionelle Stadttypen und ihre Beziehungen zum Lande. – In: Comptes Rendus du Congrès International de Géographie Amsterdam 1938. Tome II. Sect. IIIa, Leiden. S. 88–102.
Böventer, E.v. (1973): City Size Systems: Theoretical Issues, Empirical Regularities and Planning Guides. – In: Urban Studies 10. S. 145–163.
– (1979): Standortentscheidung und Raumstruktur. Hannover (= Veröffentlichungen der Akademie für Raumforschung und Landesplanung – Abhandlungen 76).
Buursink, J. (1975): Hierarchy. A Concept between Theoretical and Applied Geography. – In: Tijdschrift voor Economische en Sociale Geografie 66. S. 194–203.
Carroll, G.R. (1982): National City-Size Distributions: What do We know after 67 Years of Research? – In: Progress in Human Geography 6. S. 1–43.
Christaller, W. (1933): s. 2.2.1.
Deiters, J. (1976): Christallers Theorie der zentralen Orte. – In: *Engel, J.* (Hrsg., 1976): Von der Erdkunde zur raumwissenschaftlichen Bildung. Theorie und Praxis des Geographieunterrichts. Bad Heilbrunn. S. 104–115.

De Lange, N. (1980): Städtetypisierung in Nordrhein-Westfalen im raum-zeitlichen Vergleich 1961 und 1970 mit Hilfe multivariater Methoden – eine empirische Städtesystemanalyse. Paderborn (= Münstersche Geographische Arbeiten 8).
Dziewonski, K./Jerczynski, M. (1978): Theory, Methods of Analysis and Historical Development of National Settlement Systems. – In: Geographia Polonica 39. S. 201–209.
Forst, H. T. (1974): Zur Klassifizierung von Städten nach wirtschafts- und sozialstatistischen Strukturmerkmalen. (= Arbeiten zur Angewandten Statistik 17).
Gassert, G. (1917): Die berufliche Struktur der deutschen Großstädte nach der Berufszählung von 1907. Greifswald.
Grimm, F. (1985): Voraussetzungen und Ansatzpunkte zur Erforschung der Struktur und Funktion nationaler Siedlungssysteme. – In: Strukturen und Prozesse im Wirtschafts- und Naturraum. (= Beiträge zur Geographie 32). S. 7–50.
Hadden, J. K./Borgatta, E. F. (1965): American Cities: Their Social Characteristics. Chicago.
Harris, C. D. (1943): A Functional Classification of Cities in the United States. – In: Geographical Review 33. S. 86–99.
Haufe, H. (1936): Die Bevölkerung Europas. Stadt und Land im 19. und 20. Jahrhundert. (= Neue Deutsche Forschungen 7). Berlin.
Heinritz, G. (1979): s. 2.2.1.
Hettner, A. (1902): Die wirtschaftlichen Typen der Ansiedlungen. – In: Geographische Zeitschrift 8. S. 92–100.
Kellenbenz, H. (1965): „Wirtschaftsstufen". – In: Handwörterbuch der Sozialwissenschaften. Bd. 12. S. 260–269.
Matzerath, H. (1985): Urbanisierung in Preußen 1815–1914. (= Schriften des Deutschen Instituts für Urbanistik 72).
Möller, H. (1989): s. 3.4.1.
Möllers, H. (1977): Infrastrukturausstattung und Entwicklung von Städten (= Beiträge zum Siedlungs- und Wohnungswesen und zur Raumplanung 42).
Peppler, G. (1977): s. 3.4.1.
Pred, A. (1971): Large-City Interdependence and the preelectronic diffusion of innovations in the U.S. – In: Geographical Analysis 3. S. 165–181.
– (1973): Urban Growth and the Circulation of Information: the United States System of Cities. Cambridge (Mass.).
Rother, L. (1980): Geographie der städtischen Siedlungen. – In: Sozial- und Wirtschaftsgeographie 1 (= Harms Handbuch der Geographie). München. S. 237–326.
Rykiel, Z. (1984): A Multi-Facetal Concept of Urban Hierarchy: With Special Reference to the Polish Urban System. – In: Geographia Polonica 50. S. 15–24.
Schlier, O. (1937): Die zentralen Orte des Deutschen Reiches – Ein statistischer Beitrag zum Städteproblem. – In: Zeitschrift der Gesellschaft für Erdkunde zu Berlin. S. 161–170.
Schmidt, G./Markgraf, O. (1976): Die Klassifikation von Zentren mittels der Faktorenanalyse und Dendogrammen. – In: Petermanns Geographische Mitteilungen 120. S. 108–115.
Schmidt-Renner, G. (1984): Raumökonomische Grundkategorien. – In: Petermanns Geographische Mitteilungen 128. S. 149–159.
Schöller, P. (1953): s. 2.1.
– (1967): s. 3.4.1.
– (1972): s. 2.2.1.
– (1980): s. 3.4.1.
– */Blotevogel, H. H./Buchholz, H./Hommel, M./Schilling-Kaletsch, J.* (1984): s. 3.4.1.
Schwarz, G. (^{4}1988): s. 2.1.
Smith, R. H. T. (1965.1): Method and Purpose in Functional Town Classification. – In: Annals of the Association of American Geographers 55. S. 539–548.
– (1965.2): The Functions of Australian Towns. – In: Tijdschrift voor Economische en Sociale Geografie 56. S. 81–92.
Wäneryd, O. (1968): Interdependence in Urban Systems. Göteborg.
Zahn, E. (1972): Systemforschung in der Bundesrepublik Deutschland, Göttingen.
Zipf, G. K. (1941): National Unity and Disunity, Bloomington (Ind.)
– (1949): Human Behavior and the Principles of Least Effort. Cambridge. (Mass.)

zu 2.5:

Bähr, J. (1983): Bevölkerungsgeographie. Stuttgart.
Bairoch, B. (1976): Die Landwirtschaft und die Industrielle Revolution 700–1914. – In: *Armengand, A.* et al. (1976): Die industrielle Revolution. Stuttgart, New York.
Böhm, H. (1980): Intensive und extensive Verstädterung im Deutschen Reich zwischen 1870 und 1918. – In: Erdkunde 34. S. 8–16.

Boustedt, O. (1975): Grundriß der Empirischen Regionalforschung. Teil 1–4. Hannover.
Braun, R./Fischer, W./Großkreutz, H./Volkmann, H. (Hrsg., 1973): Gesellschaft in der industriellen Revolution. Köln.
Carter, H. (1980): s. 2.1.
Conzen, M.G. (1978): Zur Morphologie der englischen Stadt im Industriezeitalter. – In: *Jäger, H.* (Hrsg., 1978): Städteforschung. Probleme des Städtewesens im Industriezeitalter. Köln, Wien. S. 1–24.
Fourastié, J. (^{2}1969): Die große Hoffnung des zwanzigsten Jahrhunderts. Köln.
Global 2000 (1980): s. 2.1.
Golz, E. (^{5}1978): Die Verstädterung der Erde. Paderborn.
– (^{5}1978): Wirtschaftswachstum und Verstädterung in den Ländern der Dritten Welt. Paderborn.
Hartog, R. (1962): Stadterweiterungen im 19. Jahrhundert. Stuttgart.
Hartwell, R.M. (1976): Die Dienstleistungsrevolution: Die Expansion des Dienstleistungssektors in der modernen Volkswirtschaft. – In: *Armengand, A.* et al. (1976): Die industrielle Revolution. Stuttgart, New York. S. 233–260.
Heineberg, H. (1986): s. 2.1.
Heller, W. (1973): Zum Begriff der Urbanisierung. – In: Neues Archiv für Niedersachsen. Bd. 22. S. 374–382.
Henning, F.W. (1973): s. 3.5.1.
Herold, D. (1972): Die weltweite Vergroßstädterung. Ihre Ursachen und Folgen aus der Sicht der Politischen Geographie. Berlin.
Hofmeister, B. (1976): s. 2.1.
– (1980): s. 3.5.2.
– (1982): Urbanisierung. Prozesse – Raum-zeitliche Varianten – Theorien. – In: Geographie und Schule. 18. 1982. S. 1–11.
Jones, R. (Hrsg., 1975): Essays on World Urbanisation. London.
Kappe, D. (1968): Bevölkerung und Gesellschaft. Bonn. (Informationen zur politischen Bildung. Folge 130).
Köllmann, W. (1965): s. 3.5.1.
– (1974): Bevölkerung in der industriellen Revolution. Göttingen. (Kritische Studien zur Geschichtswissenschaft 12).
Kuls, W. (1980): Bevölkerungsgeographie. Eine Einführung. Stuttgart.
Langewiesche, D. (1977): s. 3.5.1.
Lichtenberger, E. (1972): s. 3.1.
– (1978): Wachstumsprobleme und Planungsstrategien von europäischen Millionenstädten in der zweiten Hälfte des 19. Jahrhunderts. Das Wiener Beispiel. – In: *Jäger, H.* (Hrsg., 1978): Probleme des Städtewesens im industriellen Zeitalter. Köln, Wien. S. 197–215.
Lindauer, G. (1970): Beiträge zur Erfassung der Verstädterung in ländlichen Räumen. Stuttgart.
Mackensen, R. (1970): Verstädterung. – In: Handwörterbuch der Raumforschung und Raumordnung. Bd. III. Hannover. Sp. 3589–3600.
Maier, J./Paesler, R./Ruppert, K./Schaffer, F. (1977): s. 2.2.
Mumford, L. (^{2}1980): Die Stadt. Geschichte und Ausblick. Bd. 1. München.
Narr, K.J. (1979): Älteste stadtartige Anlagen. – In: *Stoob, H.* (Hrsg., 1979): Die Stadt. Gestalt und Wandel bis zum industriellen Zeitalter. Köln, Wien. S. 1–35.
Neuffer, M. (1973): Entscheidungsfeld Stadt. Stuttgart.
Niemeier, G. (1977): Siedlungsgeographie. Braunschweig.
Northam, R.M. (1975): s. 2.1.
Pelzer, F. (1982): Der globale Verstädterungsprozeß und seine Probleme. Frankfurt.
Pfahlmann, H. (1983): Die Industrielle Revolution. Freiburg.
Pfeil, E. (1972): s. 2.1.
Schöller, P. (1967): s. 3.4.1.
Schwarz, G. (1953): Dichtezentren der Menschheit. Hannover, Darmstadt.
– (^{3}1966): s. 2.1.
Schwarz, K. (1970): Die städtische und die ländliche Weltbevölkerung heute und im Jahr 2000. – In: Akad. f. Raumf. und Landespl. (Hrsg., 1970): Forschungs- und Sitzungsber. 59. Hannover. S. 151–167.
Soden, W. von (1979): Tempelstadt und Metropolis im alten Orient. – In: *Stoob, H.* (Hrsg., 1979): S. 37–82.
Stoob, H. (Hrsg., 1979): s. 3.5.1.
Temlitz, K. (1975): s. 2.1.
Wegner, M. (1979): Zur Anlage griechisch-römischer Städte. – In: *Stoob, H.* (Hrsg., 1979): S. 101–116.
Witthauer, K. (1969): Verteilung und Dynamik der Erdbevölkerung. Gotha.
Zimpel, H.-G. (1980): Bevölkerungsgeographie und Ökomene. – In: Harms Handbuch der Geographie. Sozial- und Wirtschaftsgeographie 1. München. S. 13–207.

zu 3.1:

Bähr, J. (1976): Entwicklungstendenzen lateinamerikanischer Großstädte. – In: Geogr. Rundschau. 28. S. 125–133.
Borsdorf, A. (1976): Valdivia und Osorno. Strukturelle Disparitäten in chilenischen Mittelstädten. – Tübinger Geogr. Studien. Heft 69.
– (1978): Städtische Strukturen und Entwicklungsprozesse in Lateinamerika. Vorschläge zur graphischen Veranschaulichung. – In: Geogr. Rundschau. 30. S. 309–313.
– (1982): Die lateinamerikanische Großstadt. Zwischenbericht zur Diskussion um ein Modell. – In: Geogr. Rundschau. 34. S. 498–501.
Brunn, S./Williams, J. (Hrsg., 1983): Cities of the World – World Regional Urban Development. New York.
Burgess, E. (1925): The Growth of the City. – In: *Park, R./Burgess, E./Mckenzie, R.* (Hrsg., 1925): The City. Chicago. S. 47–62.
Burtenshaw, D./Bateman, M. (1981): The City in West Europe. New York.
Butterworth, D./Chance, J. (1981): Latin American Urbanization. Cambridge.
Chesterton, G. (1985): The Penguin Complete Father Brown. Harmondsworth (Middlesex/England).
Clark, D. (1982): s. 2.1.
Davies, R. (1964): Social Distance and the Distribution of Occupational Categories in Johannesburg and Pretoria. – In: South African Geographical Journal. 46. S. 30–31.
– (1981): The Spatial Formation of the South African City. – In: GeoJournal. Supplement Issue. 21. S. 59–72.
DeBlij, H./Muller, P. (^{4}1985): Geography: Regions and Concepts. New York.
Dettmann, K. (1970): Zur inneren Differenzierung der islamisch-orientalischen Stadt. – In: Tagungsberichte und wissenschaftliche Abhandlungen Deutscher Geographentag Kiel 1969. Wiesbaden. 1970. S. 488–497.
Ehlers, E. (1978): Rentenkapitalismus und Stadtentwicklung im islamischen Orient. – In: Erdkunde. 32. S. 124–142.
El-Shakhs, S. (1971): National Factors in the Development of Cairo. – In: Town Planning Review. 42. S. 235–249.
Fisher, J. (1962): Planning the City of Socialist Man. – In: Journal of the American Institute of Planners. 28. S. 251–265.
Giese, E. (1980): Aufbau, Entwicklung und Genese der Islamisch-Orientalischen Stadt in Sowjet-Mittelasien. – In: Erdkunde. 34. S. 46–60.
Gormsen, E. (1981): Die Städte im Spanischen Amerika. Ein zeiträumliches Entwicklungsmodell der letzten Jahre. – In: Erdkunde. 35. S. 290–303.
Gottmann, J. (1961): s. 2.3.1.
Griffin, E./Ford, L. (1980): A Model of Latin American City Structure. – In: Geographical Review. 70. S. 397–422.
– (1983): Cities of Latin America. – In: Brunn, S./Williams, J. (Hrsg., 1983): S. 199–240.
Harris, C./Ullman, E. (1945): The Nature of Cities. – In: Annals of the American Academy of Political and Social Science. 242. S. 7–17.
Heinritz, G./Lichtenberger, E. (Hrsg., 1986): The Take-off of Suburbia and the Crisis of the Central City. Wiesbaden. (Erdkundliches Wissen Heft 76)
Helmer, S. (1985): Hitler's Berlin. The Speer Plans for Reshaping the Central City. Ann Arbor (Michigan).
Hofmeister, B. (1980): s. 2.1.
– (1982): s. 2.1.
– (1983): Die südafrikanische Stadt. Versuch eines Strukturschemas in der Republik Süd Afrika. – In: Die Erde. 114. S. 256–274.
Holzner, L. (1970.1): The Role of History and Tradition in the Urban Geography of West Germany. – In: Annals AAG. 60. S. 315–339.
– (1970.2): Urbanism in Southern Africa. – In: Geoforum. 4. S. 75–90.
– (1971): Soweto-Johannesburg. Beispiel einer südafrikanischen Bantustadt. – In: Geogr. Rundschau. 23. S. 209–222.
– (1972.1): Sozialsegregation und Wohnviertelsbildung in Amerikanischen Städten: Dargestellt am Beispiel Milwaukee, Wisconsin. – In: *Braun, G.* (Hrsg., 1972): Räumliche und Zeitliche Bewegungen. Würzburg (Würzburger Geographische Arbeiten, 37). S. 153–182.
– (1972.2): Entwicklung, Verteilung und Charakter der Verarbeitenden Industrie in Süd Afrika. – In: Geogr. Zeitschrift. 60. S. 181–218.
– (1980): Containing the Metropolis and Saving Downtown: The Case of Munich. – In: Urbanism Past and Present. 10. S. 12–20.
– (1981): Die kultur-genetische Forschungsrichtung in der Stadtgeographie – eine nicht-positivistische Auffassung. – In: Die Erde. 112. S. 173–184.
– (1983): Thriving Downtown Amidst Sprawl: Johannesburg. – In: Urbanism Past and Present. 8. S. 23–30.
– (1985): Stadtland USA – Zur Auflösung und Neuordnung der US-amerikanischen Stadt. – In: Geogr. Zeitschrift. 75. S. 191–205.

Hoyt, H. (1939): The Structure and Growth of Residential Neighborhoods in American Cities. U.S. Federal Housing Administration. Washington D.C.
Jefferson, M. (1939): The Law of the Primate City. – In: The Geographical Review. 29. S. 226–232.
Karger, A./Werner, F. (1982): Die Sozialistische Stadt. – In: Geographische Rundschau. 34. S. 519–528.
Klimm, E./Schneider, K.-G./Wiese, B. (1980): Das Südliche Afrika. Darmstadt. (Wiss. Länderkunden 17).
Lewis, P. (1983): The Galactic Metropolis. 23–49, – In: *Platt, R./Macinko, G.* (Hrsg., 1983): Beyond the Urban Fringe: Land-Use Issues of Nonmetropolitan America. Minneapolis.
Lichtenberger, E. (1970): The Nature of European Urbanism. – In: Geoforum. 4. S. 45–62.
– (1972): Die Europäische Stadt – Wesen, Modelle, Probleme. – In: Berichte zur Raumforschung und Raumplanung, 16. Wien, New York. S. 3–25.
– (1976): The Changing Nature of European Urbanization. – In: *Berry, B.* (Hrsg., 1976): Urbanization and Counter Urbanization. Beverly Hills. S. 81–167.
Lydolph, P. E. (1979): Geography of the USSR: Topical Analysis. Elkhart Lake (Wisconsin).
Mertins, G. (1980): Typen inner- und randstädtischer Elendsviertel in Großstädten des andinen Südamerika. – In: Lateinamerikanische Studien. 7. S. 269–295.
Schneider, K.-G./Wiese, B. (1983): Die Städte des südlichen Afrika, Berlin, Stuttgart.
Seger, M. (1975): Strukturelemente der Stadt Teheran und das Modell der modernen orientalischen Stadt. – In: Erdkunde. 29. S. 21–38.
Shevky, E./Bell, W. (1955): Social Area Analysis. Stanford.
Shevky, E./Williams, M. (1949): The Social Areas of Los Angeles. Los Angeles.
Shopping Centers in the United States Directory (1985). 4 Bde., The National Research Bureau. Chicago.
Stewig, R. (1977): Der Orient als Geosystem. Opladen (Schriften des Deutschen Orientinstituts)
– (1983): s. 2.1.
Transvaal Local Government Commission (1921): Report TPI 1922.
Wirth, E. (1968): Strukturwandlungen und Entwicklungstendenzen der orientalischen Stadt. – In: Erdkunde. 22. S. 101–128.
– (1974/75): Zum Problem des Bazars (suq, carsi). – In: Der Islam. 51. S. 203–260 und 52. S. 6–46.
– (1975): Die Orientalische Stadt. Ein Überblick aufgrund jüngerer Forschungen zur materiellen Kultur. – In: Saeculum. XXVI/1. S. 45–94.
Yeates, M./Garner, B. (1980): The North American City. San Francisco.
Zaniewski, K. (1986): Change in the Inner City: The Case of Warsaw, Poland. – In: Geographical Perspectives. 57. S. 19–31.

zu 3.2:

Amman, H. (1948): Schauffhauser Wirtschaft im Mittelalter. Thayngen.
Arnold, H. (1951): Das System der zentralen Orte in Mitteldeutschland. – In: Berichte zur deutschen Landeskunde 9. S. 353–362.
Blotevogel, H. H. (1981): Ein praxisorientierter Ansatz zur Zentralitätsbestimmung der Nordrhein-Westfälischen Oberzentren. – In: Akademie für Raumforschung und Landesplanung (Hrsg., 1981): Tendenzen und Probleme der Entwicklung von Bevölkerung, Siedlungszentralität und Infrastruktur in Nordrhein-Westfalen. Hannover, S. 77–145. (Forschungs- und Sitzungsberichte 137).
– (1983): Das Städtesystem in Nordrhein-Westfalen. – In: *Weber, P./Schreiber, K.-F.* (Hrsg., 1983): Westfalen und angrenzende Regionen. Paderborn. S. 71–103. (Münstersche Geographische Arbeiten 15).
– /*Hommel, M.* (1980): s. 3.4.1.
Borchardt, K. (1978): Grundriß der deutschen Wirtschaftsgeschichte. Göttingen.
Borcherdt, Ch. et al. (1977): Versorgungsorte und Versorgungsbereiche – Zentralitätsforschungen in Nordwürttemberg. Stuttgart. (Stuttgarter Geographische Studien 92).
– (1987): s. 2.1.
Christaller, W. (1933): s. 2.2.1.
Heinritz, G. (1979): s. 2.2.1.
– (1987): Münchens Umlandbeziehungen. – In: *Geipel, R./Heinritz, G.* (Hrsg., 1987): München. Ein sozialgeographischer Exkursionsführer. Kallmünz/Regensburg. S. 141–163. (Münchner Geographische Hefte Nr. 55/56).
Heinze, G. W./Drutschmann, H. M. (1977): Raum, Verkehr und Siedlungen als System dargestellt am Beispiel der deutschen Stadt des Mittelalters. Göttingen.
Hofmeister, B. (1976): Stadtgeographie. Braunschweig.
Hommel, M. (1974): Zentrenausrichtung in mehrkernigen Verdichtungsräumen an Beispielen aus dem rheinisch-westfälischen Industriegebiet. Paderborn. (Bochumer Geographische Arbeiten 17).

Klingbeil, D. (1986): Die Gewerbesuburbanisierung in der Region München. München (masch. Manuskript).
Kluczka, G. (Hauptbearb., 1970): Nordrhein-Westfalen in seiner Gliederung nach zentralörtlichen Bereichen. Eine geographisch-landeskundliche Bestandsaufnahme 1964–1968. Düsseldorf. (= Landesentwicklung 27).
– (1970): Zentrale Orte und zentralörtliche Bereiche mittlerer und höherer Stufe in der Bundesrepublik Deutschland. Bonn-Bad Godesberg. (Forschungen zur deutschen Landeskunde 194).
Köck, H. (1975): Das zentralörtliche System von Rheinland-Pfalz. Bonn-Bad Godesberg. (Forschungen zur Raumentwicklung 2).
Landesentwicklungsprogramm Bayern (1984). München.
Landesentwicklungsprogramm Nordrhein-Westfalen. I. (1964). Düsseldorf.
Landesentwicklungsprogramm Nordrhein-Westfalen. II. (1970). Düsseldorf.
Landesentwicklungsprogramm Nordrhein-Westfalen. I/II. (1979). Düsseldorf.
Linde, H. (1977): Standortorientierung tertiärer Betriebsstätten im großstädtischen Verdichtungsraum (Stadtregion Karlsruhe) – Entwicklung eines Ansatzes zur Reformulierung der Theorie zentraler Orte. Hannover. (Beiträge der Akademie für Raumforschung und Landesplanung 8).
Ministerkonferenz für Raumordnung (1968): Entschließungen, Empfehlungen und zustimmende Kenntnisnahmen. Bonn.
Müller, U./Neidhardt, J. (1972): Einkaufsorientierungen als Kriterium für die Bestimmung von Größenordnung und Struktur kommunaler Funktionsbereiche. Stuttgart. (Stuttgarter Geographische Studien 84).
Otto, H.-J. (1979): Die Trennung von Wohn- und Arbeitsstätte als empirisches Problem und ihre Auswirkungen im raumordnungspolitischen Bereich. Frankfurt a. M. (Rhein-Mainische Forschungen 89).
Rutishauser, P. F. (1984): Funktionale Stadt-Umland-Beziehungen. Untersuchungen ihrer Raumwirksamkeit und ihrer Bestimmungsfaktoren. Zürich.
Schlier, O. (1937): Die zentralen Orte des Deutschen Reiches – Ein statistischer Beitrag zum Städteproblem. – In: Zeitschrift der Gesellschaft für Erdkunde in Berlin. S. 161–170.
Schöller, P. (1962): Der Markt als Zentralitätsphänomen. Das Grundprinzip und seine Umwandlungen in Zeit und Raum. – In: Westfälische Forschungen 15, S. 85–93.
– (1972): Entwicklung und Akzente der Zentralitätsforschung. – In: P. *Schöller* (Hrsg., 1972): Zentralitätsforschung. Darmstadt. S. IX–XXI.
Wahl, D. von (1977): Das Versorgungsverhalten von Erwerbstätigen im Arbeitsumfeld – dargestellt am Beispiel der Münchner Innenstadt. Diplomarbeit TU München 1977 (Masch.schr.).
Wahl, R. (1978): Rechtsfragen der Landesplanung und Landesentwicklung. I. Band: Das Planungssystem der Landesplanung, Grundlagen und Grundlinien. II. Band: Die Konzepte zur Siedlungsstruktur in den Planungssystemen der Länder. Berlin (Schriften z. öff. Recht 341).
Waluga, S. (1989): Zentrenentwicklung und Zentrenorientierung im östlichen Ruhrgebiet. Köln. (Programme Analysen Tatbestände – Schriftenreihe des Kreises Unna 9).

zu 3.3.1:

Flüchter, W. (1980): Zentrenausrichtung im Raum Tokyo. Charakteristika und Probleme aus zentralörtlicher und raumplanerischer Sicht. – In: Erdkunde 34. S. 120–134.
– (1985): Die Bucht von Tokyo. Neulandausbau, Strukturwandel, Raumordnungsprobleme. Wiesbaden. (Schriften des Instituts für Asienkunde in Hamburg Bd. 46).
Sasaki, H. (1980): Landnutzungswandel im westlichen Vorortbereich von Tokyo. – In: Erdkunde 34. S. 157–162.
– (1981): Dwelling Structure of Tokyo Metropolitan Region. – In: Annual Report, Institute of Geoscience University Tsukuba 7. S. 15–19.
Takeuchi, A. (1980): The Industrial System of the Tokyo Metropolitan Area. Tokyo. (Paper zum 24. International Geographical Congress 1980). Commission on Industrial Systems.
Watanabe, Y. u.a. (1980): Urban Growth and Landscape Change in The Tokyo Metropolitan Area. – In: Essays in Geography of Tokyo. (Geographical Reports of Tokyo Metropolitan University No. 14/15). S. 1–26.

zu 3.3.2–3.3.3:

Ahlers, E./Baumhöfer, A. (1980): Investitionszulage und Investitionszuschuß als Instrumente der regionalen Wirtschaftspolitik in Ostfriesland. – In: Neues Archiv für Niedersachsen. Bd. 29, S. 229–248.
Ahrens, P. P./Kreibich, V./Schneider, R. (Hrsg., 1981): Stadt-Umland-Wanderungen und Betriebsverlagerungen in Verdichtungsräumen. Dortmund. (=Dortmunder Beiträge zur Raumplanung. Bd. 23).

Amt für Kommunale Gesamtentwicklung und Stadtplanung Frankfurt a. M. (1980): Veränderungen von Wohnflächenstandards und ihre Auswirkungen auf die räumliche Entwicklungsplanung in Frankfurt a. M.
Baldermann, J./Hecking, G./Knauss, E./Seitz, U. (1978): Infrastrukturausstattung und Siedlungsentwicklung. Stuttgart. (=Veröffentlichung der Forschungsgemeinschaft Bauen und Wohnen. Nr. 110).
Boesler, K.-A. (1982): Raumordnung. Darmstadt. (=Erträge der Forschung, Bd. 165).
Borcherdt, Chr./Kuballa, St. (1985): Der „Landverbrauch" – seine Erfassung und Bewertung. Stuttgart. (= Stuttgarter Geographische Studien. Bd. 104).
Brösse, U. (1975): Raumordnungspolitik. Berlin/New York.
Buchwald, K. (1980): Die Zuweisung ökologischer Räume. Chancen einer Realisierung und Restriktionen. – In: Landschaft und Stadt. Jg. 12. H. 1. S. 1–7.
Bundesforschungsanstalt f. Landeskunde u. Raumordnung (Hrsg., 1978): Informationen zur Raumentwicklung. Heft 2/3. Bonn.
Bundesforschungsanstalt f. Landeskunde u. Raumordnung (Hrsg., 1985): Aktuelle Daten und Prognosen zur räumlichen Entwicklung. Umwelt I: Luftbelastung. (=Informationen zur Raumentwicklung. H. 11/12. 1985).
Bundesminister f. Raumordnung, Bauwesen u. Städtebau (Hrsg., 1978): Verkehrsberuhigte Zonen in Kernbereichen. Bonn. (=Schriftenreihe des Bundesministers für Raumordnung, Bauwesen und Städtebau „Städtebauliche Forschung", H. 03.065).
Bundesverband der Deutschen Gas- und Wasserwirtschaft (1980): 91. Wasserstatistik. Berichtsjahr 1979. Frankfurt a. M.
Conzen, M. P. (1983): Amerikanische Städte im Wandel – Die neue Stadtgeographie der 80er Jahre. – In: Geographische Rundschau. S. 142–150.
Datar (1979): Aides au developpement regional. Paris.
Gildemeister, R. (1973): Landesplanung. Braunschweig. (=Das Geographische Seminar).
Haggett, P. (1983): s. 4.4.
Herlyn, U. (Hrsg.), 1980: s. 2.3.4.
Hessisches Statistisches Landesamt (Hrsg., 1982): Handels- und Gastgewerbe 1979. Wiesbaden. (=Beiträge zur Statistik Hessens Nr. 132 NF)
Heuer, H./Schaefer, R. (1978): Stadtflucht. Instrumente zur Erhaltung der städtischen Wohnfunktion und zur Steuerung von Stadt-Umland-Wanderungen. Stuttgart. (=Schriftenreihe des deutschen Instituts für Urbanistik, Bd. 62).
Hildebrand, L.-A. (1982): Das Handels- und Gaststättengewerbe in Frankfurt a. M. – In: Frankfurter Statistische Berichte. H. 1. Frankfurt a. M. S. 5–16.
Howard, E. (1902): s. 2.1.
Institut für Demoskopie Allensbach (Hrsg., 1980): Frankfurt – Nahbild und Fernbild. Demoskopische Daten für die Öffentlichkeitsarbeit. (=Allensbacher Schriften, 11).
Kade, G./Vorlaufer, K. (1974): Grundstücksmobilität und Bauaktivität im Prozeß des Strukturwandels citynaher Wohngebiete. Beispiel: Frankfurt a. M./Westend. Frankfurt a. M. (=Frankfurter Wirtschafts- und Sozialgeographische Schriften, 16).
Kirschbaum, U. (1972): Kartierung des natürlichen Flechtenvorkommens. – In: Regionale Planungsgemeinschaft Untermain (Hrsg.): Lufthygienisch-meteorologische Modelluntersuchung. 4. Arbeitsbericht. Frankfurt a. M. S. 61–63.
Krenzlin, A. (1961): Werden und Gefüge des rhein-mainschen Verstädterungsgebietes. Frankfurt a. M..
Lahmann, E. (1972): Ergebnisse spezieller luftchemischer Untersuchungen in der Region Untermain. – In: Regionale Planungsgemeinschaft Untermain (Hrsg.). Lufthygienisch-meteorologische Modelluntersuchung. 4. Arbeitsbericht. Frankfurt a. M.. S. 61–63.
Lindemann, R. (1983): Stadt-Umland-Wanderungen und kommunale Finanzen. Berlin (=Arbeitshefte des Instituts für Stadt- und Regionalplanung der Technischen Universität Bonn, H. 27).
Lorenz, D. (1972): Untersuchungen zum Verhalten nächtlicher Kaltluftflüsse am Taunus unter Verwendung von Wärmebildern. – In: Regionale Planungsgemeinschaft Untermain (Hrsg.): Lufthygienisch-meteorologische Modelluntersuchung. 3. Arbeitsbericht. Frankfurt a. M.. S. 23–50.
Louda, D. (1981): Die Neuabgrenzung der Fördergebiete – eine bestandene Bewährungsprobe für die Gemeinschaftsaufgabe. – In: IKO. Innere Kolonisation. 30. Jg. S. 134–137.
Der Magistrat der Stadt Frankfurt (Hrsg., 1977): Stadtflucht aus Frankfurt? Frankfurt a. M.
May, H.-D. (1968): Junge Industrialisierungstendenzen im Untermaingebiet unter besonderer Berücksichtigung der Betriebsverlagerungen aus Frankfurt a. M. Frankfurt a. M. (=Rhein-Mainsche Forschungen, Bd. 65).
Otto, H.-J. (1982): Der Großhandel baute seine zentrale Funktion weiter aus. – In: IHK Frankfurt a. M.: Mitteilungen 1.5/1982. Frankfurt a. M.
Regierungspräsident Darmstadt (Hrsg., 1985): Regionaler Raumordnungsplan der Planungsregion Südhessen. Entwurf Mai 1985. Darmstadt.

Regionale Planungsgemeinschaft Untermain (Umlandverband Frankfurt) (1980): Die Entwicklung von Arbeitsstätten und Beschäftigten – Ergebnisse der Arbeitsstättenzählung 1977/78. Frankfurt a. M. (=Arbeitsbericht Nr. 2).
- Lufthygienisch-meteorologische Modelluntersuchung in der Region Untermain. Arbeitsberichte 1–4. 1970–1972. Frankfurt a. M.

Stadt Frankfurt am Main (o.J.): Stadterneuerung und Wohnungsmodernisierung. Frankfurt.

Statistisches Amt und Wahlamt Frankfurt a. M.: Statistisches Jahrbuch Frankfurt a. M.. versch. Jahrgänge.

Statistisches Jahrbuch deutscher Gemeinden: versch. Jahrgänge. Braunschweig.

Tharun, E. (1977): Wohnungsbaudisparitäten in der Verstädterungsregion Untermain. – In: Tagungsbericht und wissenschaftliche Abhandlungen. 41. Deutscher Geographentag Mainz. S. 125–138.

Umlandverband Frankfurt (1984): Erläuterungsbericht zum Flächennutzungsplan 1984: Allgemeine Erläuterungen. Frankfurt a. M.

Umweltbundesamt (Hrsg., 1984): Daten zur Umwelt. Berlin.

zu 3.4.1:

Bade, F.-J. (1987): Regionale Beschäftigungsentwicklung und produktionsorientierte Dienstleistungen. Berlin. (=Deutsches Institut für Wirtschaftsforschung Sonderheft 143).

Birkenhauer, J. (1984): Das Rheinisch-Westfälische Industriegebiet. Paderborn.

Blotevogel, H. H. (1980): Untersuchungen zur Entwicklung des deutschen Städtesystems im Industriezeitalter. Bochum.
- (1982): Zur Entwicklung und Struktur des Systems der höchstrangigen Zentren in der Bundesrepublik Deutschland. – In: Entwicklungsprobleme der Agglomerationsräume. Referate zum 43. Deutschen Geographentag Mannheim 1981 (=Bundesforschungsanstalt für Landeskunde und Raumordnung. Seminare – Symposien – Arbeitspapiere 5). S. 3–34.
- (1983): Westfalen im Rahmen des deutschen Städtesystems. – In: Westfälische Forschungen 33. S. 1–28.
- /*Hommel, M.* (1980): Struktur und Entwicklung des Städtesystems. – In: Geographische Rundschau 32. S. 155–164.

Dann, O. (1983): Die Hauptstadtfrage in Deutschland nach dem 2. Weltkrieg. – In: *Schieder, T./Brunn, G.* (Hrsg., 1983): Hauptstädte in europäischen Nationalstaaten (=Abhandlung der Forschungsabteilung des Historischen Seminars der Universität zu Köln 12). S. 35–60.

Fehn, K. (1989): Hauptstadtfunktionen in der Mitte Europas. Politische, kulturelle und wirtschaftliche Standortveränderungen zwischen 1250 und der Gegenwart. – In: *Baumunk, B.-M./Brunn, G.* (Hrsg., 1989): Hauptstadt: Zentren, Residenzen, Metropolen in der deutschen Geschichte. Katalog zu einer Ausstellung in der Bonner Kunsthalle am August-Macke-Platz 19. 5.–20. 8. 1989. Köln, S. 474–491.

Gaebe, W. (1976): Die Analyse mehrkerniger Verdichtungsräume. Das Beispiel des Rhein-Ruhr-Raumes (=Karlsruher Geographische Hefte 7).

Hall, P./Hay, D. (1980): Growth Centres in the European Urban System, London.

Häussermann, H./Siebel, W. (1986): Die Polarisierung der Großstadtentwicklung im Süd-Nord-Gefälle. – In: *Friedrichs, J./Häussermann, H./Siebel, W.* (Hrsg., 1986): Süd-Nord-Gefälle in der Bundesrepublik, Opladen. S. 70–96.

Iblher, P. (1970): Hauptstadt oder Hauptstädte? Die Machtverteilung zwischen den Hauptstädten der Bundesrepublik Deutschland, Opladen.

Kilchenmann, A. (1986): Entwicklung von Siedlungssystemen (=Karlsruher Manuskripte zur Mathematischen und Theoretischen Wirtschafts- und Sozialgeographie 80).

Kraus, T. (1961): Das rheinisch-westfälische Städtesystem. Alte und neue stadtgeographische Ordnungen zwischen Münster und Köln. – In: Köln und die Rheinlande. Festschrift 33. Deutscher Geographentag Köln 1961, Wiesbaden. S. 1–24.

Krickau-Richter, L./Olbrich, J. (1982): Regionale Strukturpolitik mit Dienstleistungsbetrieben. Möglichkeiten und Grenzen der Standortsteuerung (=Dortmunder Beiträge zur Raumplanung 25).

Kunzmann, K. R. (1985): Military Production and Regional Development in the Federal Republic of Germany. – In: Built Environment 11. S. 181–192.

Möller, H. (1989): Das deutsche Messe- und Ausstellungswesen. Standortstruktur, räumliche Entwicklung seit dem 19. Jahrhundert. Trier. (=Forschungen zur Deutschen Landeskunde 231).

Pape, C. (1987): Berliner Innenstadt um 1938. – In: Topographischer Atlas Berlin. Berlin. S. 30 31.

Peppler, G. (1977): Ursachen sowie politische und wirtschaftliche Folgen der Streuung hauptstädtischer Zentralfunktionen im Raum der Bundesrepublik Deutschland. Frankfurt a. M. (=Frankfurter Wirtschafts- und Sozialgeographische Schriften 27).

Schöller, P. (1967): Die deutschen Städte. Wiesbaden. (=Erdkundliches Wissen 17).
– (1980): Bundesstaatliche Ordnung – Deutsche Länder – Hauptstadtfragen. – In: Geographische Rundschau 32. S. 134–139.
– */Blotevogel, H.H./Buchholz, H./Hommel, M./Schilling-Kaletsch, I.* (1984): The Settlement System of the Federal Republic of Germany. – In: *Bourne, L.S./Sinclair, R./Dziewonski, K.* (1984): Urbanization and Settlement Systems. International Perspectives. Oxford. S. 178–199.

zu 3.4.2:

Andrusz, G.D. (1984): Housing and Urban Development in the USSR. London, Basingstoke.
Bater, J.H. (1980): The Soviet City. Ideal and Reality. London. (=Explorations in Urban Analysis).
Bond, R./Lydolph, P.E. (1979): Soviet Population Change and City Growth 1970–1979: A Preliminary Report. – In: Soviet Geography. Vol. 20. S. 461–488.
Chan Kam Wing/Xueqiang Xu (1985): Urban Population Growth and Urbanization in China since 1949: reconstructing a baseline. – In: China Quarterly 104. S. 583–613.
Chang Sen-Dou (1976): The Changing System of Chinese Cities. – In: The Annals of the AAG. Vol. 66. S. 398–415.
China (1985): Urban Statistics 1985. London.
Chiu, T.N. (1980): Urbanization Processes and National Development. – In: *Leung, C.K./Ginsburg, N.* (Hrsg., 1980). S. 89–107.
Hamm, M.F. (Hrsg., 1976): The City in Russian History, Lexington. Drittes Büro des Amtes für öffentliche Sicherheit der VR China (Hrsg., 1985): Handbuch der chinesischen Stadtbevölkerung (chines.). – Beijing.
Harris, Ch.D. (1972): Cities of the Soviet Union. Washington. (=AAG Monograph Series No. 5).
Hausladen, G. (1984): The Satellite City in Soviet Urban Development. – In: Soviet Geography. Vol. 25. S. 229–247.
Jüngst, P./Peisert, Chr./Schulze-Göbel, H.-J. (Hrsg., 1985): Stadtplanung in der VR China. Entwicklungstrends im Spiegel von Aufsätzen und Gesprächen (1949–1979). Kassel (=Urbs et Regio 35/1984).
Khorev, B.S./Moiseenko, V.M. (1977): Urbanization and Redistribution of the Population of the U.S.S.R. – In: *Goldstein, S./Sly, D.F.* (Hrsg., 1977): Patterns of Urbanization: Comparative Country Studies. Vol. 2. Dolhain. S. 643–720.
Koshizawa, A. (1978): China's Urban Planning: Toward Development Without Urbanization. – In: The Developing Economies, 1. S. 3–33.
Kudryavtsev, O.K. (1982): The Basic Framework of Settlement of the USSR: Origins and Configuration. – In: Soviet Geography. Vol. 24. 1983. S. 430–443 (From: Izvestiya Akademii Nauk SSSR. Seriya Graficheskaya. 1982. No. 2, S. 12–22).
Lappo, G.M. (1979): The Settlement System of the USSR. – In: IGU, Commission on National Settlement Systems, Polish Academy of Sciences, Institute of Geography and Spatial Organization (Hrsg., 1979): The National Settlement Systems, Warsaw. S. 219–312. (Mimeo).
Leung, C.K./Ginsburg, N. (Hrsg., 1980): China: Urbanization and National Development. Chicago. (=Research Paper, Univ. of Chicago, Dept. of Geography, No. 196).
Lewis, R.A./Rowland, R.H. (1969): Urbanization in Russia and the USSR: 1897–1966. – In: Annals of the Ass. of American Geogr., Vol. 59. S. 776–796.
– (1979): Population Redistribution in the USSR. It's Impact on Society, 1897–1977. New York.
Listengurt, F.M. (1985): Ways of Perfecting the Pattern of Settlement in the USSR. – In: Soviet Geography. Vol. 26. No. 9. S. 653–665 (From: Izvestiya Akademii Nauk SSSR, Seriya Graficheskaya 1985, No. 2, 5, S. 68–76).
Lola, A.M. (1983): Existing Systems of Settlement in the USSR and some Research Problems Relating to the Transformation of Systems. – In: Soviet Geography, Vol. 24. S. 18–30 (From: Izvestiya Akademii Nauk SSSR, Seriya Geographicheskaya 1981, No. 1, S. 52–61).
Ma, L.J.C./Hanten, E.W. (Hrsg., 1981): Urban Development in Modern China. Boulder. (=Westview Special Studies on China and East Asia).
Mann, Susan (1984): Urbanization and Historical Change in China. – In: Modern China. Vol. 10. No. 1. S. 79–113.
Menzel, U. (1978): Theorie und Praxis des chinesischen Entwicklungsmodells. Opladen. (=Studien zur Sozialwissenschaft Bd. 38).
Onoye, E. (1970): Regional Distribution of Urban Population in China. – In: The Developing Economies. 1. S. 93–127.
Pannell, C.W. (1981): Recent Growth and Change in China's Urban System. – In: *Ma L.J.C./Hanten, E.W.* (Hrsg., 1981): S. 91–114.

Peisert, Chr. (1985): Notizen zur Stadtplanung in der VR China: Raumkonzeptionelle und bevölkerungspolitische Maßnahmen innerhalb der nationalen Entwicklungsstrategie der 50er und 60er Jahre. – In: *Jüngst, P./Peisert, Chr./Schulze-Göbel, H.-J.* (Hrsg., 1985). S. 1–56.
Pertsik, Ve. N. (1984): Issues in the Growth of Cities of the USSR in Light of the Decisions of the 26th Party Congress. – In: Soviet Geography, Vol. 25. S. 15–23. (From: Vestnik Moskovskogo Universiteta, Geografiya, 1981, No. 6, S. 3–11).
Polyan, P. M. (1982): Large Urban Agglomerations of the Soviet Union. – In: Soviet Geography. Vol. 23. S. 707–718 (From: Izvestiya Vsesoyuznogo Geograficheskogo Obshchestva, 1982, No. 4, S. 305–314).
Rozman, G. (1973): Urban Networks in Ch'ing China and Tokugawa Japan. Princeton (N.J.).
– (1976): Urban Networks in Russia, 1750–1800, and Premodern Periodization. Princeton (N.J.).
– (Hrsg., 1981): The Modernization of China. New York, London.
– (1982): Population and Marketing Settlements in Ch'ing China. Cambridge u.a.
Rowland, R. H. (1986): Regional Population Redistribution in the USSR: 1979–84. – In: Soviet Geography. Vol. 27. No. 3. S. 158–182.
Scharping, Th. (1981): Umsiedlungsprogramme für Chinas Jugend 1955–1980. Hamburg. (= Mitt. des Instituts für Asienkunde Hamburg, N. 120).
Shabad, Th. (1985): Population Trends of Soviet Cities, 1979–1984. – In: Soviet Geography. Vol. 26. No. 2. S. 109–158.
Siedlungsstruktur und Urbanisierung. Probleme ihrer planmäßigen, proportionalen Gestaltung in der entwickelten sozialistischen Gesellschaft. Hrsg. vom Rat zum Studium der Produktivkräfte beim Staatlichen Plankomitee der UdSSR ... Leipzig 1981 (= Erg.-Heft Nr. 280 zu Petermanns Geogr. Mitt.).
Sit, V. F. S. (1985): Introduction: Urbanization and City Development in the People's Republic of China. – In: Sit, V. F. S. (Hrsg., 1985). S. 1–66.
– (Hrsg., 1985): Chinese Cities: The Growth of the Metropolis since 1949. New York, Hong Kong.
Skinner, G. W. (1977): Introduction: Urban Development in Imperial China. – In: Skinner, G. W. (Hrsg., 1977). S. 3–31.
– (1977): Regional Urbanization in Nineteenth-Century China. – In: *Skinner, G. W.* (Hrsg., 1977). S. 213–249.
– (Hrsg., 1977): The City in Late Imperial China. Stanford.
Statistical Yearbook of China 1981, 1983, 1984, 1985, Hong Kong 1982, 1983, 1984, 1985.
Sun Panshou (1984): The Changes of City Size in New China (chines.). – In: Dili Xuebao (Acta Geographica Sinica) 4. S. 345–358.
– */Shunzan, Ye.* (1984): The Structure of the Urban System in the Beijing-Tangshan-Region and Prospects for the Development of Various Types of Cities and Towns (chines.).– In: Jingji Dili (Economic Geography). No. 3. S. 171 ff. (FBIS, CEA v. 26. 11. 1984).
Taubman, W. (1973): Governing Soviet Cities. Bureaucratic Politics and Urban Development in the USSR. New York, Washngton, London.
– (1985): Die Rolle der Klein- und Landstädte im Modernisierungsprozeß der Volksrepublik China. – In: Regensburger Geogr. Schriften, H. 19/20, Regensburg. S. 509–532 (Festschrift für Ingo Schaefer).
– (1986): Stadtentwicklung in der VR China. Verlauf und gegenwärtige Probleme. – In: Geographische Rundschau, 38. S. 114–123.
Thiede, R. L. (1976): Industry and Urbanization in New Russia from 1860 to 1910. – In: *Hamm, M. F.* (Hrsg., 1976). S. 125–138.
Trewartha, G. T. (1951): Chinese Cities. Numbers and Distribution. – In: Annals of the Ass. of Americ. Geogr., Vol. 41. S. 331–347.
Weiss, U. (1981): Staat und Gesellschaft. – In: China. Geschichte – Probleme – Perspektiven. Freiburg, Würzburg. S. 135–157.
Wiethoff, B.: Grundzüge der neueren chinesischen Geschichte. Darmstadt (= Grundzüge, Bd. 31).
Willmott, W. E. (Hrsg., 1972): Economic Organization in Chinese Society. Stanford.
Xu Xue-qiang (1984): Characteristics of Urbanization in China – Changes and Causes of Urban Growth and Distribution. – In: Asian Geographer. Vol. 3, No. 1. S. 15–29.
Xu Xue-qiang et al. (1983): Development and Distribution Characteristics of Cities and Towns in China (chines.). – In: Jingji Dili (Economic Geography). 3, S. 205–212.
Wu Youren (1981): The Question of Socialist Urbanization in China (chines.). – In: Symposium of Chinese Population Science (Institute of Population Economics, Beijing College of Economics). Beijing. S. 96–104.
Zhang Wudong (1983): Über einige Fragen im Zusammenhang mit Städten (chines.). – In: Jingji Dili (Economic Geography). H. 3. S. 220–223.
Zhou Yixin (1983): Regional Disparities in Chinese Urbanization (chines.). – In: Chengshi Guihua (City Planning Review) 2. S. 17–22.
Zhou Yixing, Yang Qi (o. J.): A Review of the Urban-Size Hierarchy of China and the Territorial Types of the Hierarchy on Provincial Level. Ms. Beijing (Dept. of Geography, Peking University).

zu 3.4.3:

Henkel, R. (1979): Central Places in Western Kenya. A Comparative Regional Study using Quantitative Methods. Heidelberg. (=Heidelberger Geographische Arbeiten 54).
– (1986): Nationale Städtesysteme im östlichen und südlichen Afrika. Eine Analyse mit Hilfe der Rang-Größe-Regel. – In: Zeitschrift für Wirtschaftsgeographie 30. S. 14–26.
Kilchenmann, A. (1986): Entwicklung von Siedlungssystemen (=Karlsruher Manuskripte zur Mathematischen und Theoretischen Wirtschafts- und Sozialgeographie 80).
Manshard, W. (1977): Die Städte des tropischen Afrika. Berlin, Stuttgart. (=Urbanisierung der Erde 1).
Obudho, R. A. (1983): Urbanization in Kenya. A Bottom-Up Approach to Development Planning, London.
– (1984): National Urban and Regional Planning Policy in Kenya. – In: Third World Planning Review 6. S. 363–387.
– (1986): The Spatial Structure of Urbanization and Planning in East Africa. – In: Urban Systems in Transition (=Nederlandse Geografische Studies 16). S. 171–193.
O'Connor, A. (1983): The African City. London.
Statistisches Bundesamt (1987): Länderbericht Kenia. Stuttgart, Mainz.
Taylor, D. R. F. (1978): The Concept of Invisible Town and Spatial Organization in Eastern Africa. – In: Comparative Urban Research 5.

zu 3.5.1:

Blotevogel, H. H./Hommel, M. (1980): s. 3.4.1.
Braun, R./Fischer, W./Großkreutz, H./Volkmann, H. (Hrsg., 1973): s. 2.5.
Breitling, P. (1978): Die großstädtische Entwicklung Münchens im 19. Jahrhundert. – In: *Jäger, H.* (Hrsg., 1978): S. 178–196.
Ehbrecht, W. (1981): Stadt und Land. – In: Fischer Funk-Kolleg Geschichte. Bd. 1. Frankfurt. S. 156–188.
Fuchs, G. (1977): Die Bundesrepublik Deutschland, Stuttgart.
Heineberg, H. (1979): West-Ost-Vergleich großstädtischer Zentrenausstattung am Beispiel Berlins. – In: Geogr. Rundschau. S. 434–443.
– (1986): s. 2.1.
Henning, F. W. (1973): Die Industrialisierung in Deutschland 1800–1914, Paderborn.
Jäger, H. (Hrsg., 1978): Probleme des Städtewesens im industriellen Zeitalter. Köln, Wien. S. 99–107.
Köllmann, W. (1965): Bevölkerung und Raum in Neuerer und Neuester Zeit. Würzburg. (Bevölkerungs-Ploetz Bd. 4).
– (1971): Die Bevölkerung Rheinland-Westfalens in der Hochindustrialisierungsperiode, in: Vierteljahresschr. f. Sozial- und Wirtschaftsgeschichte 58, S. 359–388.
– (1972): Zur Bevölkerungsentwicklung ausgewählter deutscher Großstädte in der Hochindustrialisierungsperiode. – In: *Köllmann, W./Marschalck, P.* (Hrsg., 1971): S. 259–274.
– (1973): Der Prozeß der Verstädterung in Deutschland in der Hochindustrialisierungsperiode. – In: *Braun/Fischer/Großkreutz/Volkmann* (Hrsg., 1973): S. 243–258.
– /*Marschaleck, P.* (Hrsg., 1972): Bevölkerungsgeschichte. Köln.
Langewiesche, D. (1977): Wanderungsbewegungen in der Hochindustrialisierungsperiode. Regionale, interstädtische und innerstädtische Mobilität in Deutschland 1800–1914. – In: Vierteljahresschr. f. Sozial- und Wirtschaftsgeschichte 64. S. 1–40.
Laux, H.-D. (1984): Dimensionen und Determinanten der Bevölkerungsentwicklung preußischer Städte in der Periode der Hochindustrialisierung. – In: *Ransch* (Hrsg.): Die Städte Mitteleuropas im 20. Jahrhundert. Linz.
Morgenstern, A./Röhr, F./Röhr, L. (1980): Urbanisierung und Entwicklung der Stadtbevölkerung in der DDR. – In: Petermanns Geogr. Mitteilungen 2. S. 117–126.
Pehnt, W. (Hrsg., 1974): Die Stadt in der Bundesrepublik Deutschland. Lebensbedingung, Aufgaben, Planung. Stuttgart.
Richter, D. (1974): Die sozialistische Großstadt – 25 Jahre Städtebau in der DDR. – In: Geogr. Rundschau. S. 183–191.
Ruppert, H. (1975): Bevölkerungsentwicklung und Mobilität. Braunschweig.
Schöller, P. (1967): s. 3.4.1.
– (1974): Die neuen Städte der DDR im Zusammenhang der Gesamtentwicklung des Städtewesens und der Zentralität. – In: Veröff. der Akad. für Landesplanung, Forschungs- und Sitzungsberichte. Bd. 88. S. 299–324.
– (1978): Grundsätze der Städtebildung in Industriegebieten. – In: *Jäger, H.* (Hrsg.): S. 99–109.

Scholz, D. (1980): Zur Erforschung der Siedlungsstrukturen der Ballungsgebiete der DDR.– In: Geogr. Berichte 95. S. 73–81.
Steinberg, H. G. (1974): Die Bevölkerungsentwicklung der Städte in den beiden Teilen Deutschlands vor und nach dem 2. Weltkrieg. – In: Veröff. der Akad. für Raumforschung und Landesplanung. Forschungs- und Sitzungsberichte. Bd. 88. S. 265–298.
– (1978): Bevölkerungsentwicklung des Ruhrgebietes im 19. und 20. Jahrhundert. Düsseldorf.
Stoob, H. (Hrsg., 1979): Die Stadt. Gestalt und Wandel bis zum industriellen Zeitalter. Köln, Wien.
– (1979): Die hochmittelalterige Städtebildung im Okzident. – In: *Stoob, H.* (Hrsg., 1979): S. 131–156.
– (1979): Stadtformen und Städtisches Leben im späten Mittelalter. – In: *Stoob, H.* (Hrsg., 1979): S. 157–195.
Thienel, I. (1973): Städtewachstum im Industrialisierungsprozeß des 19. Jahrhunderts. Das Berliner Beispiel, Berlin, N. York.
Wallert, W. (1974): Sozialistischer Städtebau in der DDR. – In: Geogr. Rundschau, S. 177–182.
Zimpel, H.-G. (1980): s. 2.5.

zu 3.5.2:

Berry, B. J. L. (Hrsg., 1976): Urbanization and Counterurbanization, Beverly Hills.
Blume, H. (1975/1979): USA. Eine geographische Landeskunde. 2 Bde. Darmstadt.
Boustedt, O. (1975): s. 2.5.
Borchert, J. R. (1967): American metropolitan evolution. – In: Geogr. Review 57. S. 301–332.
Chudacoff, H. P. (1975): The evolution of American urban society. Englewood Cliffs, New York.
Friese, H./Hofmeister, B. (1980): Die USA. Wirtschafts- und sozialgeographische Grundzüge und Probleme. Frankfurt.
Goerlitz, E. (Bearb.; 1977): Zeiten und Menschen. Ausg. B. Bd. 3. Paderborn.
Gottmann, J. (1961): s. 2.3.
Hahn, R. (1981): USA. Stuttgart. Klett Länderprofile.
Hofmeister, B. (1971): Stadt und Kulturraum Angloamerika. Braunschweig.
– (1976): s. 2.1.
– (1980): Nordamerika. Frankfurt. (Fischer Länderkunde. Bd. 6).
– (1986): Die US-amerikanischen Städte in den achtziger Jahren – Probleme und Entwicklungstendenzen. In: Festschrift für E. Lichtenberger (Klagenfurter Geographische Schriften. Heft 6). S. 53–71.
Holzner, L. (1985): s. 3.1.
Koch, R. (1979): Von der Landflucht zur Stadtflucht. Neue Wanderungstrends in den USA. – In: Geogr. Rundschau S. 274–278.
Köllmann, W. (1965): s. 3.5.1.
Mahnke, H.-B. (1970): Die Hauptstädte und die führenden Städte der USA. Stuttgart.
Murphy, R. E. (^{2}1974): The American city. An urban geography. New York.
Voigts, R. (1973): Die Vereinigten Staaten von Amerika. Bonn. (Informationen zur politischen Bildung. Nr. 156).

zu 3.5.3:

Bähr, J. (1979): Chile. Klett Länderprofile. Stuttgart.
– */Mertins, G.* (1981): Idealschema der sozialräumlichen Differenzierung lateinamerikanischer Großstädte. – In: Geogr. Zeitschr. 69. S. 1–33.
Borsdorf, A. (1978): s. 3.1.
Brücher, W./Mertins, G. (1978): Intraurbane Mobilität unterer sozialer Schichten, randstädtische Elendsviertel und sozialer Wohnungsbau in Bogota/Kolumbien. – In: *Mertins, G.* (Hrsg., 1978): S. 1–130.
Diercke Weltstatistik 80/81 (1980), Braunschweig.
Gaigl, K. (1979): Lima – Metropole und Peripherie in einem Entwicklungsland. Paderborn, München (Fragenkreise).
Golz, E. (1979): Wirtschaftswachstum und Verstädterung in den Ländern der Dritten Welt. Fragenkreise, Paderborn u. München.
Gormsen, E. (1981): s. 3.1.
Jülich, V. (1978): Zum Prozeß der Verstädterung in Peru. – In: *Mertins, G.* (Hrsg., 1978): S. 131–167.
– (1979): Verstädterung, Migration und Raumplanung in Peru. – In: Urbs et Regio 13. Kassel. S. 277–321.
Länderkurzberichte. Hrsg. vom Stat. Bundesamt Wiesbaden.
Lauer, W. (1976): Landflucht und Verstädterung in Lateinamerika. – In: *Lauer, W.* (Hrsg., 1976): S. XI–XVII.
– (Hrsg., 1976): Landflucht und Verstädterung in Chile. Wiesbaden. (Erdk. Wissen 42).

Lichtenberger, E. (1972): Die städtische Explosion in Lateinamerika. – In: Zeitschr. f. Lateinamerika 4, S. 33–55.
Mertins, G. (1977): Bevölkerungswachstum, räumliche Mobilität und regionale Disparitäten in Lateinamerika. – In: Geogr. Rundschau 29. S. 66–71.
– (Hrsg., 1978): Zum Verstädterungsprozeß im nördlichen Südamerika (Marburger Geogr. Schriften 77).
Nickel, H. (1975): Marginalität und Urbanisierung in Lateinamerika. – In: Geogr. Zeitschr. 63. S. 13–30.
Pachner, H. (1978): Randliches Wachstum und zunehmende innere Differenzierung venezolanischer Städte. – In: Mertins, G. (Hrsg., 1978): S. 169–202.
Sandner, G./Steger, H. A. (1973): Lateinamerika. Frankfurt. (Fischer Länderkunde Bd. 7)
Wilhelmy, H. (1952): Südamerika im Spiegel seiner Städte. Hamburg.
Zsilincsar, W. (1971): Städtewachstum und unkontrollierte Siedlungen in Lateinamerika. – In: Geogr. Rundschau 23. S. 454–461.

zu 4.1:

Fichtinger, R. et al. (1975): Studien zu einer Geographie der Wahrnehmung. Stuttgart. (Der Erdkundeunterricht. Heft 19).
Hard, G. (1981): Problemwahrnehmung in der Stadt. Studien zum Thema: Umweltwahrnehmung. Osnabrück. (Osnabrücker Studien zur Geographie. Bd. 4).
Hard, G. (1988): Umweltwahrnehmung und mental maps im Geographieunterricht. – In: Praxis Geographie, H. 7–8, S. 14–17.
Hasse, J. (1980): Wahrnehmungsgeographie als Beitrag zur Umwelterziehung. – In: Geographische Rundschau. S. 99–113.
Hassenpflug, W. (1978): Das Bild der Stadt bei Kindern: – In: Frankfurter Beiträge zur Didaktik der Geographie. Bd. 2. Frankfurt. S. 120–132.
Isenberg, W. (Hrsg., 1985): Analyse und Interpretation der Alltagswelt. Osnabrück. Osnabrücker Studien zur Geographie. Bd. 7.
Isenberg, W. (1987): Geographie ohne Geographen. Osnabrück. (Osnabrücker Studien zur Geographie. Bd. 9).
Lynch, K. (1968): Das Bild der Stadt. Gütersloh. (Bauwelt Fundamente 16).
Schulz, H.-D. (1981): Die Stadt als erlebte Umwelt. Ein unterrichtsbezogener Beitrag zu einer verhaltensorientierten Geographie. Osnabrück. (Osnabrücker Studien zur Geographie. Bd. 3).
Sieverts, T. (1966): Stadt-Vorstellungen. – In: Stadtbauwelt. Heft 3. S. 707–713.
Wenzel, H-J. (1982): Raumwahrnehmung/Umweltwahrnehmung. – In: Metzler-Handbuch für den Geographieunterricht. Stuttgart. S. 326–333.

zu 4.2:

Geographie heute, Heft 18 (1983): Wohnen. Seelze.
Hasse, J. (1988): Die räumliche Vergesellschaftung des Menschen in der Postmoderne. Karlsruhe. (Karlsruher Manuskripte. Heft 91).
Meyer, H. (1988): Unterrichtsmethoden. Bd. I. Frankfurt.
Niemz, G. (Hrsg., 1981): Das Rhein-Main-Gebiet. Materialien für den Geographieunterricht. Frankfurt. (Frankfurter Beiträge zur Didaktik der Geographie. Bd. 4).
Prigge, W./Schwarz, H. P. (Hrsg., 1988): Das Neue Frankfurt. Städtebau und Architektur im Modernisierungsprozeß 1925–1988. –Frankfurt.
Schramke, W./Strassel, J. (Hrsg., 1979): Wohnen und Stadtentwicklung. Ein Reader für Lehrer und Planer. Oldenburg. (Geographische Hochschulmanuskripte. Heft 7/1 + 2).
Ude, Chr. (1989): Der ganz legale Wahnsinn. „Entmietung" und Umwandlungsspekulation in München. – In: Neue Gesellschaft/Frankfurter Hefte. Heft 2. S. 134–140.

zu 4.3:

Arbeiten zur Rheinischen Landeskunde, Bd. 58 (1989): Bonn.
Bonner Heimat- und Geschichtsverein (Hrsg., 1974): Bonn 1949–1974, ein Vierteljahrhundert Bundeshauptstadt. Bonner Geschichtsblätter. Bd. 26.
Deutscher Rat für Landschaftspflege (1977): Entwicklung Großraum Bonn. Heft 28.
Ennen, E./Hörold, D. (1985): Vom Römerkastell zur Bundeshauptstadt. Kleine Geschichte der Stadt Bonn. Bonn.

zu 4.4:

Borchert, J.G./van Ginkel, J.A. (1979): Die Randstad Holland. Kiel.
Der Oberstadtdirektor der Stadt Münster: Statistische Berichte und Jahresberichte.
– (1977): Erläuterungsbericht zum Flächennutzungsplan.
–: Planungsatlas, Loseblatt-Ausgabe.
– (1988): Stadtteilplan Mecklenbeck, Münster.
Exkursionsführer zum Niederländisch-Deutschen Symposium zur Didaktik der Geographie vom 9.–12. 6. 1987. Hrsg.: Geografisch en Planologisches Institut der Vrije Universiteit Amsterdam.
Gaebe, W. (1987): s. 2.3.1.
Haggett, P. (1983): Geographie. Eine moderne Synthese. New York.
Heineberg, H. (1983): Münster. Entwicklung und Funktionen der westfälischen Metropole. – In: Geogr. Rundschau. S. 204–210.
– /*de Lange, N.* (1983): Cityentwicklung in Münster und Dortmund seit der Vorkriegszeit – unter besonderer Berücksichtigung des Standortverhaltens quartärer Dienstleistungsgruppen. – In: *Weber, P./Schreiber, K.F.* (Hrsg., 1983): Westfalen und angrenzende Regionen, Paderborn.
Hofmeister, B./Friese, H. (1980): s. 3.5.2.
IDG (Informations- und Dokumentationszentrum für die Geographie der Niederlande) (1980): Randstad Holland, Utrecht
– (1986): Kleine Geographie der Niederlande, 5. Auflage. Utrecht.
– (1986.1): Randstad Holland, 2. Auflage. Utrecht.
Lichtenberger, E. (1986): s. 2.1.
Meijer, H. (1988): Die Randstad Holland – ein einzigartiges Ballungsgebiet. – In: Geographie und Schule. H. 56. S. 2–11.
Schrand, H. (1978): Geographiedidaktische Möglichkeiten einer Stadtexkursion, gezeigt am Beispiel Münsters. – In: *Becker, F.J./Schrand, H.* (1978). Stadtgeographie. Grundlagen für den Unterricht. Düsseldorf.
– (1987): Kern-Rand-Wanderung und Stadterneuerung. Geographie. Konkret am Beispiel der Stadt Münster, Münster.

zu 4.5:

Bähr, J. (1983): s. 2.5.
– (1987): Bevölkerungswachstum und Wanderungsbewegungen in Lateinamerika. – In: *Gormsen, E./Lenz, K.* (Hrsg., 1987): Lateinamerika im Brennpunkt. Berlin. S. 111–154.
Bohle, H.G. (1984): Probleme der Verstädterung in Indien. In: Geogr. Rundschau. S. 461–469.
Bronger, D. (1989): Die Metropolisierung der Erde. Ausmaß–Dynamik–Ursachen. – In: Geographie und Schule. H. 61. S. 2–13.
Bünstorf, J. (1989): Metropolisierung als Gegenstand des Geographieunterrichts. – In: Geographie und Schule. H. 61. S. 19–25.
Dahm, C./Schöpke, H. (1988): Städtische Räume. Köln. (Unterricht Geographie Bd. II).
Fischer, P. (1985): Kalkutta, die größte Stadt Indiens. – In: Geographie heute. H. 32. S. 38–44.
Frieling, H.D.v. (1984): Stadtentwicklung in Industrie- und Entwicklungsländern. – In: Praxis Geographie. H. 5. S. 4–9.
Frieling, H.D.v./Schultze, Chr. (1984): Sao Paulo und Manchester. – In: Praxis Geographie. H. 5. S. 10–18.
Mertins, G. (1984): Marginalsiedlungen in Großstädten der Dritten Welt. – In: Geogr. Rundschau. S. 434–442.
Sander, G./Steger, H.A. (1973): s. 3.5.3.
Scholz, Fr. (1979): Verstädterung in der Dritten Welt. Der Fall Pakistan. – In: *Kreisel, W.* et al. (Hrsg., 1979): Siedlungsgeographische Studien. Berlin. S. 341–385.
Schramke, W. (1985): Bevölkerungsentwicklung in Industrie- und Entwicklungsländern. Stuttgart. (Studienreihe Geographie/Gemeinschaftskunde Bd. 10).
Stewig, R. (1983): s. 2.1.
Taubmann, W. (1985): Verstädterung in der Dritten Welt. – In: Geographie heute. H. 32. S. 2–9.

6 Glossar

Agglomeration: Prozeß oder/und Zustand der räumlichen Verdichtung/Ballung von Bevölkerung, Siedlungen, Wirtschaft auf der Erdoberfläche. → Agglomerationsraum → Verdichtungsraum.
Agglomerationsnachteile: Externe Kosten für Unternehmen und Haushalte aufgrund der Nähe oder Zugehörigkeit zu einer Bevölkerungs- und/oder Tätigkeitsverdichtung, z. B. durch hohe Bodenpreise, steigende Kriminalität, Umweltverschmutzung. → Agglomerationsvorteile.
Agglomerationsraum: Gebiet hoher Verdichtung und Verflechtung von Bevölkerung, Siedlungen, Wirtschaft. → Agglomeration → Stadtregion → Verdichtungsraum.
Agglomerationsvorteile: Externe Ersparnisse für Unternehmen und Haushalte aufgrund der Nähe oder Zugehörigkeit zu einer Bevölkerungs-, Tätigkeits- und/oder Infrastrukturverdichtung, z. B. infolge größerer Nachfrage, differenzierteren Arbeitsmarktes, geringerer Transportkosten, ausgebauter Infrastruktur, Nähe zu Zulieferern, guter Kooperationsmöglichkeiten etc. → Agglomerationsnachteile → Fühlungsvorteile.
Aktionsraum: Gesamtheit aller Standorte, mit denen ein Individuum/eine Gruppe in unmittelbarem räumlichen Kontakt steht; gelegentlich auch ‚Aktionsbereich', ‚Aktivitätsraum'/‚activity space' genannt.
Basar: Zentraler Markt in der orientalischen Stadt; auch Suk genannt.
Bauleitplanung: Vorbereitung und Leitung der baulichen und sonstigen Nutzung der Grundstücke im Hinblick auf eine geordnete städtebauliche Entwicklung durch → Flächennutzungs- und auf dieser aufbauender → Bebauungsplanung.
Bebauungsplan: Sog. ‚verbindliche → Bauleitplanung'; regelt Art und Maß der baulichen Nutzung der Grundstücke für jeweils bestimmte Teilgebiete rechtsverbindlich. → Flächennutzungsplanung.
Bedarfs(deckungs)stufen: Meist dreistufige Fristigkeit der Nachfrage nach → zentralen Gütern und Diensten. Den in der Regel als täglich, periodisch und episodisch oder kurz-, mittel- und langfristig bezeichneten Bedarfsstufen werden im Rahmen der empirischen → Umlandmethode oder der → Katalogmethode entsprechende Güter (z. B. Lebensmittel, Textilien, Schmuck) oder Dienstleistungen (Post, Friseur, Anwalt) zugeordnet.
Bedeutungsüberschuß: Ursprünglich durch *Christaller* geprägte Auffassung der relativen → Zentralität, die im Gegensatz zur absoluten → Zentralität nur die über die Versorgung der Eigenbevölkerung hinausgehende → Zentralität berücksichtigt.
Bevölkerungssuburbanisierung: Innerregionale Dekonzentration der Bevölkerung: Zunahme des Umlandanteils im → Verdichtungsraum und Abnahme des Kernstadtanteils aufgrund von → Stadt-Umland-Wanderungen, interregionalen und internationalen Wanderungen (Binnen- und Außenwanderung) und unterschiedlichen Geburten- und Sterberaten in Kernstadt und → Umland. → Suburbanisierung.
Bindungsquote: Anteil der Orts- und Umlandbevölkerung, der beim Einkauf oder bei der Nachfrage nach Dienstleistungen von → zentralen Clustern oder → zentralen Orten gebunden wird; häufig auch prozentualer Anteil der Kaufkraftbindung eines → Zentrums. → Eigenbindungsquote.
Bodenpreis: Kaufpreis für den auf einem Grundstück höchstmöglich zu erzielenden Ertrag (Grundrente).
Bodenversiegelung: Durch die zunehmende Überbauung weiter Landschaftsteile verursachter Abschluß des Bodens mit umfangreichen ökologischen Folgewirkungen wie z. B. verstärktem Oberflächenabfluß, zunehmender Grundwasserabsenkung, wachsender Grundwasserverschmutzung.
CBD-Intensitätsindex: Quantitatives Merkmal zur Abgrenzung des → Central business district (CBD) vom übrigen Stadtgebiet; entspricht dem Prozentanteil der CBD-typisch genutzten Geschoßfläche an der gesamten Geschoßfläche eines Baublocks.
Central business district (CBD): Hauptgeschäftszentrum nordamerikanischer Großstädte, ohne Dienstleistungsbereich. → City → Down town.
Charta von Athen: 1933 von den ‚Internationalen Kongressen für Neues Bauen' in Athen erarbeitetes Manifest, in dem die Gliederung der Stadt in räumlich klar voneinander getrennte Funktionsbereiche (Wohnen, Arbeiten, Erholen etc.) eine zentrale Rolle spielt.
Chou: Alte Bezeichnung für → hsien (xian) = Landkreis in China.
City: Ranghöchstes Zentrum in Städten ab etwa Großstadtgröße, Einzelhandels- wie Dienstleistungsbereich umfassend. → Central business district → Down town.
Citybildung: Entstehung neuer Citybereiche aufgrund funktionalen Wandels (Wohnfunktion ⇒ Cityfunktion, sekundärwirtschaftliche Funktion ⇒ Cityfunktion, etc.) (Cityerweiterung). → Tertiärisierung.
Citykern: Innerer Teil der → City, in dem die citybildenden Funktionen besonders dicht und ausgeprägt lokalisiert sind. → Citymantel.

Citymantel: Äußerer, den → Citykern umgebender Teil der → City, in dem Dichte und Ausprägungsgrad der citybildenden Funktionen abnehmen und bereits Durchmischungen mit anderen städtischen Funktionen auftreten.
Cluster: Gruppen ähnlicher Elemente; z. B. räumliche Cluster von ähnlich strukturierten Städten.
Counterurbanization: Prozeß vor allem in den hochentwickelten/-industrialisierten und bereits hochverstädterten Ländern und Regionen, wonach hier seit etwa den 70er Jahren die Großstädte und Metropolen, die bis dahin das Hauptwachstum verzeichneten, durch Einwohnerverlust und → Suburbanisierung gekennzeichnet sind, wohingegen nun vor allem die mittelgroßen Städte stärkeren Bevölkerungszuwachs verzeichnen.
De-Urbanisierung: Absolute Bevölkerungsabnahme im → Verdichtungsraum: Bevölkerungsabnahme in der Kernstadt ist größer als die -zunahme im → Umland (im → suburbanen Raum). → Re-Urbanisierung.
Dezentralisierung: Auflösung oder Auflockerung zentralisierter Strukturen und Funktionen in Wirtschaft, Politik oder Siedlungswesen; in der Raumplanung die gesteuerte Verlagerung z. B. von Büros, Industriebetrieben oder Geschäften.
Down town: Ranghöchstes Zentrum in nordamerikanischen Städten, entspricht der → City. → Central business district.
Economy of scale: Kostenvorteile durch Großbetriebsersparnisse; die Durchschnittskosten der Produktion sinken mit wachsender Produktionsmenge.
Eigenbindungsquote: Prozentanteil der Gemeinde- oder Ortsteilbevölkerung, der vom Wohnort oder einem Cluster zentraler Einrichtungen im eigenen Ortsteil bei der Nachfrage nach zentralen Gütern gebunden wird; häufig differenziert nach → Bedarfsdeckungsstufen oder Kaufkraft. → Bindungsquote → zentrales Cluster.
Einflußbereich: Eine von vielen Bezeichnungen für den funktional mit einem → zentralen Ort verbundenen Raum oder Teilraum. → Einzugsbereich → Zentralörtlicher Bereich.
Einzugsbereich: Bereich, aus dem die Nachfrager einzelner oder mehrerer → zentraler Orte bzw. Einrichtungen kommen. → Einflußbereich → Zentralörtlicher Bereich.
Entlastungsort: Erweiterte oder neu errichtete Ortschaft innerhalb eines vom → Verdichtungsraum ausgehenden Verdichtungsbandes, die entsprechend dem sog. ‚punkt-achsialen Prinzip' die Aufgabe hat, die Kernstadt durch die Aufnahme von Wohn- und Arbeitsstätten sowie Versorgungseinrichtungen zu entlasten. → Entwicklungsschwerpunkt.
Entwicklungsachsen: Von den jeweiligen Landesplanungsbehörden ausgewiesene Achsen verschiedener funktionaler Ordnung. Je nach Bedeutung für den regionalen, überregionalen und großräumigen Leistungsaustausch können neben der Mindestausstattung von Straßen und Schienenwegen weitere Elemente der Bandinfrastruktur im Bereich Verkehr und Versorgung hinzutreten, auf die die Entwicklung des Landes ausgerichtet werden soll.
Entwicklungsschwerpunkte: Von den jeweiligen Landesplanungsbehörden ausgewiesene (zentrale) Orte, die die entscheidende raumstrukturelle Grundlage für die im Rahmen einer geordneten Landesentwicklung angestrebte Konzentration von Wohnungen und Arbeitsstätten in Verbindung mit zentralörtlichen Einrichtungen bilden. → Entlastungsort.
Exurbia: Die urbanisierten Landgemeinden bzw. ländlichen Gebiete jenseits der → suburbs.
Filtering down: Sukzessive Wert- bzw. Statusminderung eines Wohngebietes (Gebäudebestandes) dadurch, daß dessen jeweils statushöhere Bevölkerungsgruppen nach und nach in jeweils höherwertigere Häuser/Wohnungen umziehen und die hierdurch jeweils freiwerdenden Wohnungen/Häuser sukzessiv von jeweils statusniedrigeren Bevölkerungsgruppen eingenommen werden. → Sukzession.
Flächennutzungsplanung: Sog. ‚vorbereitende → Bauleitplanung'; legt für das gesamte Stadtgebiet die sich aus der beabsichtigten städtebaulichen Entwicklung sowie aus den zu erwartenden kommunalen Bedürfnissen ergebende Art der Bodennutzung in ihren Grundzügen fest. → Bebauungsplanung.
Fu: Bezirk; früher Verwaltungseinheit zwischen Kreis und Provinz in China.
Fühlungsvorteile: Standortvorteile aufgrund der räumlichen Nähe zu Unternehmen verwandter, aber auch fremder Branchen, zu Zulieferern, Behörden etc. → Agglomerationsvorteile.
Funktionale Stadttypen: Klassen von Städten mit gleichen oder ähnlichen ‚Funktionen', d. h. Aktivitäten bzw. Aufgaben für ein größeres Ganzes (Städtesystem, Land, Wirtschaftsraum). Überproportionale Ausprägungen bestimmter Funktionen bzw. Funktionsgruppen führen zu bestimmten funktionalen Stadttypen wie Bergbau-, Industrie-, Hafen-, Messe-, Fremdenverkehrs- und Universitätsstadt.
Funktionssegregation: Mit der → Industriesuburbanisierung und der → Suburbanisierung des tertiären Sektors häufig verbundene räumliche Trennung der Unternehmensfunktionen: Konzentration der höherrangigen tertiären Funktionen in der Kernstadt (Leistungs-, Kontroll- und Verwaltungsfunktionen), der niederrangigen und flächenextensiven Funktionen dagegen im → Umland (Produktions-, Transport- und Lagerfunktionen). → Tätigkeitssegregation.

Funktionsspezialisierung: Überproportionale Ausprägung einer bestimmten Funktion in einer Stadt im Vergleich zu anderen Städten des → Städtesystems. Man unterscheidet hierarchische Funktionsspezialisierungen (Versorgungs- und Steuerungsfunktionen; vgl. → Theorie der → Zentralen Orte) und sektorale Funktionsspezialisierungen (z. B. Bergbau, Textilindustrie, Häfen, Universitäten).

Gentrification: Aufwendige Sanierung und Modernisierung (sog. Luxussanierung) von Wohngebäuden (Veredelung), verbunden mit der Verdrängung einkommensschwacher Bevölkerung, sozialer Aufwertung des Wohngebiets. → Re-Urbanisierung.

Geschoßflächenzahl (GFZ): Gibt das zulässige Maß der baulichen Nutzung eines Grundstückes an (→ Bebauungsplan), d.h. wieviel Quadratmeter Geschoßfläche je Quadratmeter Grundstücksfläche gebaut werden dürfen.

Ghetto: Räumlich weitgehend geschlossenes und von der Umgebung abgegrenztes Wohnviertel von Minderheiten (ethnisch, religiös, sozioökonomisch), von der Umgebung häufig diskriminiert.

Glacis: Den ursprünglichen Befestigungsanlagen der Städte vorgelagertes, von jeglicher Bebauung freigehaltenes Schußfeld, jenseits dessen erst wieder gebaut werden durfte und das seinerseits erst nach Entfestigung der Städte baulich, durch Verkehrs- sowie Grünanlagen o. ä., genutzt wurde.

Gradient: Gefälle in Gestalt der kontinuierlichen Abnahme der Intensität einer Merkmalsausprägung entlang einer Strecke.

Graph: Definiert durch eine ihm zugehörige Menge von Knotenpunkten und Kanten; Beispiel: ein Netz von ähnlich strukturierten Orten (Knoten) und zwischen diesen bestehenden Verknüpfungen (Kanten).

Gubernyia (Gubérnija): Höchste Einheit der administrativen Einteilung und regionalen Organisation in Rußland, die sich seit dem 18. Jh. unter Peter I. herausgebildet hat; 1924–1929 liquidiert.

Halo-Effekt: Einem Heiligenschein (Halo) vergleichbare anziehende Wirkung der Großstadt auf die verarmte Landbevölkerung v.a. in Entwicklungsländern; bedingt durch die Kunde von den 'großartigen' Lebensmöglichkeiten in der Stadt. → Pull-Faktoren.

Hierarchie: → Zentralörtliche Hierarchie. → Primatverteilung → Rang-Größe-Regel.

Hsien (xian): Landkreis in China.

Industriesuburbanisierung: Innerregionale Dekonzentration der Industrie: Zunahme des Umlandanteils der Industriebeschäftigung oder -arbeitsplätze im → Verdichtungsraum und Abnahme des Kernstadtanteils aufgrund innerbetrieblicher Veränderungen (Erweiterungen, Verkleinerungen) und Standortveränderungen (Ansiedlungen, Stillegungen, Verlagerungen) in Kernstadt und → Umland. → Suburbanisierung.

Infrastruktur: Die Gesamtheit aller materiellen, institutionellen und personellen Einrichtungen eines Raumes, die zur Ausübung der Daseinsgrundfunktionen notwendig sind, wie vor allem Ver- und Entsorgungseinrichtungen, Verkehrsmittel, Wege- und Kommunikationsnetze sowie Einrichtungen der Gesundheit, Bildung und Kultur.

Innere Differenzierung: Soviel wie innerstädtische räumliche Struktur/Ordnung, die sich aus der physiognomischen, funktionalen, sozialen etc. → Segregation in Verbindung mit der jeweils korrespondierenden räumlichen Verteilung ergibt.

Inversionswetterlage: Tritt ein, wenn erdnahe Kaltluftschichten von wärmeren Luftschichten überlagert werden, die einen vertikalen Luftaustausch verhindern. Dies führt zur Anreicherung der bodennahen Luftschicht vor allem auch in städtischen Räumen mit festen, flüssigen und gasförmigen Verunreinigungen.

Katalogmethode: Erfassung ausgewählter, repräsentativer zentraler Einrichtungen, differenziert nach → hierarchischen Zentralitätsstufen.

Konzentrisches Modell: Raumstrukturmodell der Stadt, wonach die unterschiedlichen Raumnutzungen in der Stadt ringförmige Zonen (Gürtel) bilden und einander um einen gemeinsamen Mittelpunkt umlagern; auch ‚concentric zone theory' genannt (Burgess). → Mehrkernmodell → Sektormodell.

Koppelung (-sprinzip): Grundsatz des Versorgungsverhaltens, wonach der Nachfrager bestrebt ist, mit demselben Versorgungsgang mehrere Besorgungen zu erledigen, und zu diesem Zweck verschiedene Standorte aufsucht.

Landflucht: Häufig gebrauchte Bezeichnung für → Land-Stadt-Wanderungen, die durch unzureichende Lebens- und Arbeitsbedingungen im ländlichen Raum verursacht werden. Heute wird der Begriff hauptsächlich in bezug auf Entwicklungsländer verwendet.

Land-Stadt-Wanderung: Die Verlegung des Wohnsitzes aus einer Gemeinde des ländlichen Raumes in eine Stadt oder einen städtischen → Agglomerationsraum, häufig in Zusammenhang mit der Abwanderung aus der Landwirtschaft in städtische Berufe.

Mall: Überdachte, meist zweigeschossige Fußgängerzone US-amerikanischer Städte.

Marginalisierung: Prozeß der sozioökonomischen Verelendung von Menschen und des damit einhergehenden Abdriftens in eine wirtschaftlich-sozial-politische Randexistenz. → Marginalität.

Marginalität: Sozioökonomische und politische Randexistenz innerstädtischer Bevölkerung, und zwar sowohl in den peripher gelegenen → Squattersiedlungen als auch in den zentral gelegenen → Slums. → Marginalisierung.

Medina: Altstadt in der orientalischen Stadt; ursprünglich von einer Mauer umgeben.

Megalopolis: Riesenstadt, Komplex aus zahlreichen Großstädten mit zwischengelagerten kleineren Städten, deren bebaute Flächen weithin aneinanderstoßen und nur noch wenig offenes Land übrig lassen; v. a. in den USA, für deren Nordost-Agglomeration *Gottmann* (1961) diesen Begriff erstmals verwandte. → Stadtland.

Mehrfachausrichtung: Grundsatz differenzierten räumlichen Versorgungsverhaltens der Bevölkerung vornehmlich in mehrkernigen Ballungsgebieten. Zum Erwerb → zentraler Güter gleicher Stufe werden häufig unterschiedliche → zentrale Orte gleichen oder auch verschiedenen Ranges aufgesucht. → Zentrenorientierung.

Mehrkernmodell: Raumstrukturmodell der Stadt, wonach diese aus ursprünglich dislozierten Siedlungskernen nach und nach zu einem geschlossenen Stadtkörper zusammengewachsen und hierdurch in ihrer raumfunktionalen Struktur mitgeprägt ist; auch ‚multiple nuclei theory' genannt (*Harris/Ullman*). → Konzentrisches Modell → Sektormodell.

Metropolis: Größte bzw. Hauptstadt eines Gebietes, meist administrativer und wirtschaftlicher Mittelpunkt.

Metropolitan Area: → Standard Metropolitan Statistical Area.

Metropolitan Statistical Area (MSA): Typus städtischer → Verdichtungsräume in den USA; ersetzt seit 1983 die Abgrenzung der → Standard Metropolitan Statistical Areas (SMSAs) (1969, 1970 und 1980). Metropolitan Statistical Areas mit mehr als einer Million Einwohner werden Primary Metropolitan Statistical Areas (PMSA) genannt.

Migration: Wanderung zum Zwecke des Wohnsitzwechsels.

Modernisierungsschwerpunkt: Ausgewähltes zusammenhängendes Gebiet innerhalb einer Stadt, in dem Modernisierungsmaßnahmen konzentriert angewendet werden.

Natural area: Darwinistisch-deterministisch interpretiertes, physisch wie sozialstrukturell homogenes innerstädtisches Wohnviertel. → Social area.

Neue Städte: New Town, Villes Nouvelles etc.; auf der Grundlage einer einheitlichen Gesamtplanung neu errichtete Städte (vereinzelt auch Weiterentwicklung bereits vorhandener Orte) zum Zwecke der Entlastung der Großstädte/Ballungen.

Oblast: Administrativ-territoriale Einheit in der UdSSR; vor der Revolution etwa wie → Gubernija, seit 1974 Verwaltungsebene unterhalb der Sowjetrepubliken; z. B. hat die Weißruss. SSR 6 Oblasti.

Optimizer-Verhalten: Bestreben, das Versorgungsverhalten zu optimieren durch Minimierung des (Distanz-/Zeit-)Aufwandes und Maximierung der Besorgungen. → Satisficer-Verhalten.

Overspilleffekt: Effekte, die sich aus einem metropolitanen Funktionswachstum ergeben, dessen Begleiterscheinungen (u. a. Wohnraum für Arbeitskräfte, Abfallbeseitigung, Gewerbeflächen) nicht mehr im Stadtgebiet aufgefangen werden können. Führt in der Regel zu Wanderungs- und → Pendlerströmen, zur Verlagerung von Gewerbebetrieben und läßt neue Versorgungs- und Verkehrsverflechtungen entstehen.

Partialmodell: Modell, das nur einen bestimmten Aspekt eines Sachverhalts und nicht dessen gesamte Merkmalsstruktur abbildet, wie z. B. das Modell der konzentrischen Ringe. → Konzentrisches Modell.

Pendler: Person, deren Wohnort nicht mit dem Arbeits- bzw. Ausbildungsort identisch ist und die daher regelmäßig, meist täglich und meist auf dem gleichen Weg und mit dem gleichen Verkehrsmittel, zwischen Wohn- und Arbeits- bzw. Ausbildungsplatz hin- und herfährt: Einpendler: Pendler aus der Sicht der Zielgemeinde; Auspendler: Pendler aus der Sicht der Wohngemeinde.

Pendlereinzugsgebiet, -bereich: Das arbeitsfunktionale Einzugsgebiet eines zentralen Arbeitsortes, d. h. dasjenige Gebiet, aus dem Auspendler diesen Ort aufsuchen. P. verschiedener Einpendlerzentren können sich überlappen. → Pendlerraum.

Pendlerraum: Ein Raum, dessen Grenzen durch das → Pendlereinzugsgebiet eines Arbeitsplatzzentrums bzw. durch die Einzugsgebiete hierarchisch oder polyzentrisch aufgebauter Systeme mehrerer Einpendlerzentren gebildet werden.

Pendlerstrom: Größere Anzahl von → Pendlern mit gleichem Wohn- und Arbeits- bzw. Ausbildungsort, durch die ein regelmäßiger starker Verkehrsvorgang entsteht, vor allem aus Umlandbereichen in die Kernbereiche der → Verdichtungsräume.

Pendlerverflechtung: Funktionale Verflechtung, die durch den → Pendlerverkehr der → Pendler zwischen den Wohn- und Arbeitsorten entsteht.

Pendlerverkehr (Pendel-): Verkehrsvorgang, der dadurch entsteht, daß Erwerbstätige bzw. Schüler und Studenten regelmäßig, meist täglich, zwischen Wohnung und Arbeits- bzw. Ausbildungsstätte hin- und herfahren. In der Statistik wird nur derjenige Teil des Pendlerverkehrs erfaßt, der zwischen verschiedenen Gemeinden stattfindet. → Pendlerverflechtung.

Polyzentrischer Verdichtungsraum: Region, die im Gegensatz zu solitären → Verdichtungsgebieten aus mehreren städtischen Kernen zu einem Ballungsraum zusammengewachsen ist (z. B. Rhein-Ruhr, Rhein-Main).

Primatverteilung (Primate distribution): Strukturtyp eines → Städtesystems, der durch das beherrschende relative Übergewicht der nach Einwohnerzahl, → Zentralitätswert o. ä. größten Stadt (‚Primatstadt') definiert wird, wobei letztere deutlich mehr als doppelt so groß sein muß wie die rangzweite. Häufig wird auch dann von einer Primatverteilung gesprochen, wenn die zwei oder drei größten Städte erheblich größer sind, als nach der → Rang-Größe-Regel im Vergleich zu den nächstfolgenden Städten zu erwarten wäre. → Hierarchie.

Pull-Faktoren: Die die → Land-Stadt-Wanderung mitverursachenden anziehenden Faktoren der Stadt wie Erwerbs-, Versorgungs-, Bildungsmöglichkeiten etc. → Push-Faktoren.

Push-Faktoren: Die die → Land-Stadt-Wanderung mitverursachenden abstoßenden Faktoren des (Um-)Landes wie fehlende Erwerbs-, Versorgungs-, Bildungsmöglichkeiten etc. → Pull-Faktoren.

Rang-Größe-Regel (Rank size rule): Theoretische Größenverteilung eines → Städtesystems, bei der eine Stadt mit dem Größenrangplatz r eine Größe (Einwohnerzahl, → Zentralitätswert o. ä.) besitzt, die dem r-ten Teil der größten Stadt des Systems entspricht. Bei einer Diagrammdarstellung mit doppeltlogarithmischer Skaleneinteilung läßt sich die Rang-Größe-Verteilung durch eine Gerade mit der Steigung −1 beschreiben. → Hierarchie → Primatverteilung.

Rayon (Rajón): Administrativ-territoriale Einheit in sowjetischen Städten mit über 100 000 Einwohnern.

Regionalstadt: Aus mehreren i. d. R. ungeometrisch angeordneten Teilstädten (Kernstadt und Mantelstädte) bestehende, dezentral verdichtete Stadt, die Überschaubarkeit, Freiflächen, vollentwickelte städtische Ausstattung etc. zugleich gewährleistet.

Reichweite: Im → zentralörtlichen Kontext die Entfernung vom Anbieter eines Gutes, bis zu der ein bestimmtes Gut mindestens nachgefragt werden muß, damit der Anbieter überhaupt in den Markt eintritt und existieren kann (innere bzw. Mindestreichweite), bzw. ab derer das betreffende Gut nicht mehr nachgefragt wird, da andere Angebotsstandorte näher liegen (äußere bzw. maximale Reichweite).

Re-Urbanisierung: Wiederzunahme der Kernstadtbevölkerung oder -beschäftigung aufgrund abnehmender Fortzüge sowie aufgrund von Zuzügen und Rückwanderungen aus dem → Umland infolge von Sanierung, Modernisierung und Wiederherstellung von Altbauten und älteren Baustrukturen. → De-Urbanisierung.

Rush-Hour: Durch den werktäglichen → Pendelverkehr in größeren Städten und → Verdichtungsräumen starke räumliche und zeitliche Konzentration des Verkehrsaufkommens während der Arbeitsanfangs- und -schlußzeiten.

Satellitenstadt: Stadt in der Nähe einer Großstadt (als Kernstadt), die vor allem der Wohnfunktion dient („Schlafstadt') und hinsichtlich Versorgungs- und Erwerbsmöglichkeiten weitgehend von der Kernstadt abhängig ist. → Trabantenstadt.

Satsificer-Verhalten: Suboptimales Versorgungsverhalten, insofern einschränkende Bedingungen (mangelnde Information, mangelnde Rationalität, ungünstige räumliche Verteilung o. ä. m.) optimales Versorgungsverhalten verhindern und lediglich eine befriedigende Erledigung der Besorgungen zulassen. → Optimizer-Verhalten.

Segregation: Prozeß der räumlichen Entmischung, Trennung und Abgrenzung von Bevölkerungs-(Sozial-)gruppen (ggf. auch Funktionen etc.) mit der Tendenz zur Bildung sozial homogener Räume; z. B. Viertelsbildung und soziale Zonierung in Städten.

Sektormodell: Raumstrukturmodell der Stadt, wonach die unterschiedlichen Raumnutzungen in der Stadt Sektoren bilden, die sich häufig beidseits von Ausfallstraßen entwickelt haben; auch ‚sector theory' genannt (*Hoyt*). → Konzentrisches Modell → Mehrkernmodell.

Selbstversorgerort: Ort, in dem alle für → zentrale Orte unterer Stufe üblichen Einrichtungen vorhanden sind, für den sich aber dennoch keine Umlandwirksamkeit nachweisen läßt.

Sheng: Provinz in der VR China; gegenwärtig 30 Provinzen bzw. regierungsunmittelbare Städte und autonome Regionen.

Shi: In der Regel Stadt mit über 100 000 nicht-agrarischen Einwohnern in der VR China.

Shopping center: Als Einheit geplante, errichtete und verwaltete Standortgemeinschaft von (Fach-)Einzelhandels- und Dienstleistungsbetrieben, meist peripher gelegen.

Siedlungsschwerpunkt: Randgemeinden im engeren Verflechtungsbereich der Kernstädte, die zukünftige intraregionale Bevölkerungszuwächse aufnehmen sollen.

Slum: Innenstadtnahes bis zentral gelegenes Elendsviertel, bestehend aus baulich verkommenen Gebäuden und → marginaler Bevölkerung. → Squattersiedlung.

Smog: Bei Wetterlagen mit geringem Luftaustausch (→ Inversions- und Hochdrucklagen) zunehmende Luftverschmutzung aus Rauch und Nebel, vor allem über Großstädten und industriellen Ballungsgebieten aufgrund der starken Rauchgasentwicklung, verursacht durch Industrie, Pkw-Verkehr und Hausbrand. Daneben auch photochemisch verursachter Smog (Los Angeles-Typ).

Social area: Sozialstrukturell homogenes innerstädtisches Wohnviertel (Sozialraum). → Natural area.

Squattersiedlung: Peripher gelegenes städtisches Elendsviertel vor allem in Metropolen der Dritten Welt, bestehend aus primitiven, i. d. R. illegal errichteten Hüttensiedlungen und → marginaler Bevölkerung. → Slum.

Stadt als System: Stadt als Gesamtheit von miteinander in (Wechsel-)Beziehung stehenden Elementen. → Städtesystem.

Städtesystem: Menge von Städten, die durch ‚Beziehungen' miteinander in Verbindung stehen und als ‚halboffene' Systeme Subsysteme sowohl des jeweiligen Siedlungssystems als auch des globalen Städtesystems bilden. Im Hinblick auf die ‚Beziehungen' zwischen den Systemelementen unterscheidet man zwischen Interrelationen (Lagebeziehungen, Größe- und Strukturrelationen) und Interaktionen (Verkehrswege, Interaktionsströme, Macht- und Organisationsbeziehungen).

Städtisches Leben: Die Gesamtheit der stadttypischen Einrichtungen und Tätigkeiten vor allem der Bereiche Handel, Dienstleistungen, Verkehr, Kultur etc., die außer der Stadtbevölkerung auch der Umlandbevölkerung zugutekommen.

Stadtklima: Gegenüber dem Umland der Stadt in typischer Weise abweichendes Klima des Stadtgebietes, gekennzeichnet vor allem durch höhere Temperaturen (→ Wärmeinsel), häufigeren Dunst/Nebel, häufigere Niederschläge, thermisch bedingt niedrigeren Luftdruck etc.

Stadtland: In den USA Bezeichnung für die großenteils ununterbrochene → Verstädterung des Landes (‚Stadtland USA'), in der der Gegensatz von ‚urban' und ‚ländlich' aufgehoben ist durch die räumlich-funktionale Auflösung der traditionellen kompakten Stadt bzw. das dadurch bedingte Zusammenwachsen der Stadt zu einer riesigen Stadtlandschaft. → Megalopolis.

Stadt-Land-Dichotomie: Stadt-Land-Gegensatz in bezug auf Physiognomie, Funktionen sowie Bevölkerungs- und Wirtschaftsstruktur, besonders in Agrargesellschaften. → Stadt-Land-Kontinuum.

Stadt-Land-Kontinuum: Annäherung von Stadt und Land durch fließende Übergänge zwischen städtischen und ländlichen Siedlungs-, Wirtschafts- und Lebensformen, besonders in Industrieländern. → Stadt-Land-Dichotomie.

Stadt-Rand-, Stadt-Umland-Wanderung: Die Verlegung des Wohnsitzes aus einer größeren Stadt in eine Gemeinde am Stadtrand oder im Stadt-Umland; führt zur → Suburbanisierung. Der Begriff wird auch für die Verlagerung von Industrie- und Gewerbestandorten verwendet.

Stadtregion: Städtischer → Verdichtungsraumtyp in der Bundesrepublik, korrespondierend zur ehemaligen → Standard Metropolitan Statistical Area (SMSA) der USA. Die S. wird auf der Grundlage bestimmter Struktur- und Verflechtungsmerkmale in sich untergliedert in die Teilräume Kernstadt, Ergänzungsgebiet, verstädterte Zone und Randzone.

Stadtsanierung: Beseitigung städtebaulicher Mißstände bzw. Verbesserung/Umgestaltung entsprechender Stadtgebiete durch Abriß und Neubau oder Modernisierung der betreffenden Gebäude.

Stadt-Umland-Beziehungen: Bezeichnung für die verschiedenen wirtschaftlichen, sozialen und infrastrukturellen Verflechtungen, die zwischen einer größeren Stadt und den Gemeinden in ihrem → Umland bestehen, wie vor allem Berufs- und Ausbildungspendler-, Wanderungs- und Einkaufsverflechtungen sowie erholungsfunktionale Beziehungen.

‚Standard Metropolitan Statistical Area (SMSA): 1930 in den USA eingeführter Verdichtungsraumtyp, bestehend aus ein bis drei Städten von mindestens je 50 000 Einwohnern und städtisch geprägtem Umland. → Metropolitan Area → Metropolitan Statistical Area.

Suburb: Vororte nordamerikanischer Städte, ursprünglich vorwiegend als Wohn- und Schlafsiedlungen, zunehmend mehr jedoch mit Handels- und Dienstleistungsfunktionen versehen (Außenstadt: ‚outer city') → Exurbia.

Suburban: Den Randbereich einer Stadt betreffend. → Suburbanisierung.

Suburbanisierung: Innerregionale Dekonzentration von Bevölkerung und Beschäftigung, erkennbar an der Zunahme des Umlandanteils im → Verdichtungsraum und Abnahme des Kernstadtanteils, unterschieden in die drei Teilprozesse → Bevölkerungssuburbanisierung, → Industriesuburbanisierung und → Suburbanisierung des tertiären Sektors. → suburban.

Suburbanisierung des tertiären Sektors (tertiäre → Suburbanisierung): Innerregionale Dekonzentration des tertiären Sektors: Zunahme des Umlandanteils der Beschäftigung oder Arbeitsplätze und Abnahme des Kernstadtanteils aufgrund innerbetrieblicher Veränderungen (Erweiterungen, Stillegungen bzw. Aufgabe, Verlagerungen) in Kernstadt und → Umland. Die S. ist verbunden mit einer → Tätigkeits- und → Funktionssegregation.

Subzentrum: Innerstädtisches (Geschäfts-/Dienstleistungs-) → Zentrum der zweithöchsten Rangstufe.

Suk: → Basar.

Sukzession: Analog zur Pflanzensoziologie die regelhafte Aufeinanderfolge unterschiedlicher Nutzungen auf demselben Areal (z. B. Mittelschicht ⇒ Unterschicht ⇒ tertiäre Nutzung). → Filtering down.

Tätigkeitssegregation: Mit der → Industriesuburbanisierung und der → Suburbanisierung des tertiären Sektors verbundene räumliche Trennung der Tätigkeiten: Konzentration höherrangiger, kontakt-, beratungs- und flächenintensiver Tätigkeiten in der Kernstadt (u.a. Hauptverwaltungen, größere Bank- und Versicherungsfilialen, Geschäfte mit hochwertigem Güterangebot) und Streuung niederrangiger, flächenextensiver Tätigkeiten im → Umland (u.a. persönliche Dienstleistungen, Großhandel, Speditionen, Geschäfte mit geringwertigem Güterangebot). → Funktionssegregation.

Tertiärisierung: Umwandlung von Wohn-, Gewerbe- oder Industriearealen in tertiärwirtschaftlich genutzte Areale. → Citybildung.

Trabantenstadt: Stadt in der Nähe einer Großstadt (als Kernstadt), die außer der Wohnfunktion auch der Erwerbs- und Versorgungsfunktion dient und daher von der betreffenden Großstadt funktional weniger abhängig ist als die → Satellitenstadt.

Umland: Relativ allgemeine und nicht genau definierte Bezeichnung für den Raum, der einen → zentralen Ort bzw. eine größere Stadt oder städtische → Agglomeration umgibt und relativ enge sozio-ökonomische Verflechtungen mit dem → Zentrum besitzt. → Zentralörtlicher Bereich.

Umlandmethode: Empirische Untersuchungsmethode über die tatsächliche Inanspruchnahme eines → zentralen Ortes durch sein(e) Umland(bevölkerung) hinsichtlich der räumlichen → Reichweite, des → Einzugsbereichs, der Häufigkeit der Inanspruchnahme durch die Bevölkerung und der Art der nachgefragten Güter und Leistungen.

Urbanisierung: Bezeichnet entweder einen bestimmten Zustand der Siedlungsentwicklung durch den Anteil der Stadtbevölkerung an der Gesamtbevölkerung (→ Verstädterungsgrad), einen Wachstumsprozeß durch die Zunahme des Anteils der Stadtbevölkerung an der Gesamtbevölkerung (→ Verstädterungsrate) oder einen Ausbreitungs- oder Diffusionsprozeß städtischer Lebensformen, Tätigkeiten und Verhaltensweisen. Im Unterschied zu U. schließt → Verstädterung nur die demographischen Merkmale ein (Anteil der Stadtbevölkerung an der Gesamtbevölkerung, Bevölkerungszunahme der Städte, Zahl großer Städte).

Uyedez (Uezd): Vor 1917 administrativ-territoriale Einheit; bis 1930 territoriale Einheit mittlerer Größe in der Sowjetunion, Teil einer → Gubérnija.

Verdichtungsraum: Größere räumliche Konzentration von Städten bzw. Einwohnern und Arbeitsplätzen; in der Bundesrepublik in den 60er Jahren für Zwecke der Landesplanung und Raumordnung spezifisch definiert, später modifiziert; vielfach gleichbedeutend mit Ballungsraum verwendet. → Polyzentrischer Verdichtungsraum → Stadtregion → Standard/Metropolitan Statistical Area.

Verkehrsprinzip: Im Rahmen der → zentralörtlichen Theorie ein räumliches Ordnungsprinzip, wonach vor allem die Verkehrswege die räumliche Verteilung der → zentralen Orte bestimmen. → Versorgungsprinzip → Verwaltungsprinzip.

Versorgungs-/Marktprinzip: Im Rahmen der → zentralörtlichen Theorie ein räumliches Ordnungsprinzip, wonach sich die → zentralen Orte entsprechend dem Verhältnis von Angebot und Nachfrage verteilen, so daß mit der denkbar geringsten Anzahl zentraler Orte eine optimale Versorgung des betreffenden Gebiets mit allen zentralen Gütern möglich ist. → Verkehrsprinzip → Verwaltungsprinzip.

Verstädterung: Zunahme der Städte nach Zahl, Fläche und Einwohnern sowohl absolut als auch im Verhältnis zu nichtstädtischen Siedlungen. → Urbanisierung.

Verstädterungsgrad: Anteil der Stadtbevölkerung an der Gesamtbevölkerung. → Verstädterungsrate.

Verstädterungsrate: Zuwachs des Anteils der Stadtbevölkerung an der Gesamtbevölkerung. → Verstädterungsgrad.

Verwaltungsprinzip: Im Rahmen der → zentralörtlichen Theorie ein räumliches Ordnungsprinzip, wonach die räumliche Verteilung der → zentralen Orte von Verwaltungsgesichtspunkten bestimmt ist und eine zentralistische Orientierung aufweist. → Verkehrsprinzip → Versorgungsprinzip.

Viertel: In sich merkmalsgleiches/-ähnliches innerstädtisches Gebiet (Areal, ggf. auch Feld) beliebiger geometrischer Form.

Wärmeinsel: Der Tatbestand, daß die Stadt gegenüber ihrer Umgebung eine höhere Temperatur aufweist und insofern eine Art wärmere Insel in einer kühleren Umgebung darstellt. → Stadtklima.

Wohnumfeld: Durch häufige und regelmäßige Aktivität und soziale Interaktion der Bewohner abgegrenzter Bereich um eine Wohnung.

Zentrale Funktion: Tertiär-/quartiärwirtschaftliche Tätigkeit, die der Versorgung auch des → Umlandes eines Ortes dient und insofern eine funktional wie auch räumlich zentrierende Wirkung hat; in Abhängigkeit von Spezialisierungsgrad und damit Bedarfsstufe i. d. R. zwischen Funktionen des täglichen, periodischen und langfristigen Bedarfs o. ä. unterschieden. → Zentrales Gut.

Zentrale-Orte-Konzept: Adaptierung der → Zentralörtlichen Theorie in das System der Landesplanung aller Flächenländer der Bundesrepublik. Im Rahmen einer angestrebten zentralörtlichen Entwicklung der Siedlungsstruktur soll die Typisierung als Gemeinde mit zentralörtlicher Bedeutung unterschiedlicher Qualitätsebenen Maßstäbe für den aufgaben- und bedarfsgerechten Ausbau liefern.

Zentraler Ort: Ein Ort (i. d. R. Stadt), der durch die in ihm angebotenen Güter und Dienstleistungen außer seinem Eigenbedarf auch den Bedarf seines → Umlandes deckt und insofern für dieses funktional, meist auch räumlich/geometrisch zentral ist bzw. → Zentralität besitzt.

Zentrales Cluster: Standörtliche Vergesellschaftung mehrerer zentraler Einrichtungen.

Zentrales Gut: Nach Art und Menge differenzierte Güter (z. B. Teppiche) oder Dienstleistungen (z. B. ärztliche Behandlung), die zur Versorgung auch der Umlandbevölkerung an → zentralen Orten angeboten werden. → Zentrale Funktion.

Zentralität: Die (Versorgungs-)Bedeutung eines Ortes (i. d. R. Stadt) für sein → Umland einschließlich der hieraus resultierenden funktional-räumlichen Verknüpfung mit diesem.

Zentralitätsmessung: Quantitative Ermittlung der absoluten oder der relativen → Zentralität, bezogen auf ganze Siedlungen als administrative Einheit oder auf → zentrale Orte als Cluster zentraler Einrichtungen. Wichtigste Parameter sind die Beschäftigtenstruktur, die zentralörtliche Ausstattung sowie die Inanspruchnahme durch die Umlandbevölkerung.

Zentralörtliche Hierarchie: Bedeutungsstufung → zentraler Orte (ggf. auch Größenverteilungsmodell von Städten überhaupt), in der diese diskrete Gruppen je ähnlicher → Zentralität bilden und rangstufenabwärts an Bedeutung ab- und an Zahl zunehmen; i. d. R. zwischen Klein-, Unter-, Mittel-, Ober- und Großzentren unterschieden. Dabei üben die jeweils ranghöheren Zentralorte außer den für sie typischen Funktionen auch die Funktionen aller jeweils rangniedrigeren Zentrenstufen aus, während die jeweils rangniedrigeren Zentren hinsichtlich der in ihnen jeweils nicht lokalisierten Funktionen je bestimmte ranghöhere Zentren in Anspruch nehmen müssen.

Zentralörtliche Theorie: In sich geschlossenes ökonomisch-geographisches Aussagensystem zur Beschreibung und Erklärung der Anzahl, Größe und räumlichen Verteilung → zentraler Orte; als solches erstmals von *Christaller* (1933) entwickelt. → Zentrale-Orte-Konzept.

Zentralörtlicher Bereich: Das Gebiet, das durch die in einem → zentralen Ort lokalisierten → zentralen Funktionen mitversorgt wird; auch → Umland, Marktgebiet, Versorgungsbereich, Einzugsbereich genannt; in Abhängigkeit von Versorgungsniveau und damit räumlicher Reichweite i. d. R. zwischen Nah-/Unter-, Mittel- und Oberbereich unterschieden. → Einflußbereich → Einzugsbereich.

Zentralörtliches System: I. e. S. die Gesamtheit der auf einen systembildenden, d. h. (je) ranghöchsten zentralen Ort hin orientierten und mit diesem funktional-räumlich verknüpften rangniedrigeren Zentralorte, einschließlich des systembildenden Zentralortes selbst; i. w. S. die Gesamtheit der in einem gegebenen Gebiet überhaupt vorhandenen Zentralorte.

Zentrenorientierung: Verhalten der Bevölkerung hinsichtlich der Inanspruchnahme bestimmter Zentren zur Deckung des Bedarfs an → zentralen Gütern und Dienstleistungen. → Mehrfachausrichtung.

Zentrum: Räumliche Konzentration von tertiär-/quartärwirtschaftlichen Einrichtungen in einer Stadt, im Falle des Hauptzentrums i. d. R. zugleich zentral gelegen, im Falle rangniedrigerer Zentren dagegen nicht; gelegentlich auch als → zentraler Ort verstanden.

Zersied(e)lung: Unkontrollierte Ausbreitung und flächenhaftes Wachstum von Siedlungen meist am Rande der großen Städte und innerhalb der Verdichtungsregionen, vor allem durch ausgedehnte Wohnbebauung (Einfamilienhäuser) sowie flächenextensive Wirtschaftseinrichtungen.

Zhen: Landstadt mit in der Regel mindestens 2000 nicht-agrarischen Einwohnern in der VR China.

Zone of transition: Im → konzentrischen Modell die gemischt genutzte Zone um den → Central business district als Übergangszone zu den sich peripheriewärts anschließenden Wohngürteln, vor allem in nordamerikanischen Städten; heute großenteils degradiert und aufgelassen.

7 Register

Abgrenzungskriterien 122
Abwanderung 105, 111, 236
Agglomeration 260
Agglomerationsbegriff 259
Agglomerationsnachteile 97, 101, 221, 237
Agglomerationsprozeß 127
Agglomerationsraum 86, 87
Agglomerationsvorteile 97
Agrarrevolution 126
Aktionsraum 45
aktionsräumliches Verhalten 45
Aktionsreichweiten 204
Altstadt 149
Altstadtkern 149
aménagement du territoire 108
Angebotsmaßnahmen 110
Apartheid 167, 172, 174
Apartheidsstadt 147, 172, 176
Arbeitspendler 77
Arbeitsstätten, Verlagerung 234
Aufbaugesetz 60
Ausbreitungseffekte 368
Ausstattungskriterien 190
Ausstellungswesen 248
äußere Reichweite 68
Autostadt 39

Bannmeile 187
Bantu-Townships 173, 174, 175
Barrios 176
Bauernbefreiung 276
Baugesetzbuch 60, 61, 62
Baugesetzgebung 279
Bauland 106
Bauleitplanung 61, 112
Baunutzungsverordnung 61, 323
Bauzonenplan 60
Bazar 161, 163, 164
Bebauungspläne 114
Bebauungsplan 60, 102, 109
Bebauungsplanung 61
Bedarfsdeckungsstufen 208
Bedarfsstufen 205
Beileitplanung 110
Belastungsgebiet 110, 229
Bergbaustadt 275
Bergmannskolonien 278
Beschäftigtenbesatz 191, 194
Beschäftigungsstruktur 129
Beschäftigungszahlen 190, 193
Beschreibungsmodell 348
Bevölkerung-Abwanderung 233
Bevölkerungsdruck 126
Bevölkerungskonzentration 289
Bevölkerungskrater 346
Bevölkerungssuburbanisierung 224, 238
Bevölkerungsurbanisierung 90, 92, 97, 104
Bindungsquoten 208
Boden – beeinträchtigt 55
Bodenpreis 102, 104, 231
Bodenspekulation 279, 309, 313
Bodenversiegelung 55, 238
britische Stadt 147

Bundesbaugesetz 60, 61, 107, 109
Bundesraumordnungsgesetz 242
Bundesraumordnungsprogramm 108
Burgess-Modell 137, 138

callapas 295
CBD 138, 141, 142, 165, 168, 182
Central Business District 26, 138, 141, 142, 168
central marketing towns 252
Charta von Athen 59, 63
chinesische Städtesysteme 252
City 26
Cityerweiterung 43
Commercial Strips 288
Counterurbanization 3, 95, 289, 347

Definition der Stadt 18
Demonstrationsaufgaben 284
Denkmalschutz 338
Dependenztheorie 368
Deurbanisierung 90, 94, 100, 347
deutsche Stadt 134
Dezentralisierung 109
didaktische Aufbereitung 344
Dienstleistungsrevolution 132
Disparitäten 108
Disparitätenabbau 110
Donaulinie 275
Downtown 26
Dritte Welt 290
Dunstglocke 49
Dunsthaube 49

Eigentumswohnungen 320
Einflußbereich 188
Eingemeindung 40, 96, 97
Einkaufsorientierung 202, 207
Einkaufszentren 108
Einkommenssteuer 105
Einzugsbereiche 26, 74
Einzugsgebiete 73
Elendsviertel 295, 368
Emissionskataster 111
Emscherstädte 278
Entkernung 111
Entleerungsräume 108
Entwicklung 62
Entwicklungsachsen 210
Entwicklungsgefälle 132
Entwicklungsländer 132
Entwicklungsländer-Probleme 368
Entwicklungsplanung 113
Entwicklungsschwerpunkte 210
Erhaltungssatzung 322
Erneuerung 65
Erwerbsdichte 233
europäische Stadt 155

Favelas 176, 295
Festungsstadt 275
Filtering down 42
Flächennutzung 315
Flächennutzungsplan 60

417

Flächennutzungsplanung 61, 243
Flächensanierung 62
Flüchtlingsstadt 275
Fluchtliniengesetz 60
Freiflächenschutz 243
frühindustrielle Phase 253
Funktion 4
Funktion, hauptstädtische 333
funktionale Gliederung 368
funktionale Ordnung 62
funktionale Segregation 103
Funktionsspezialisierung 117
Fußgängerbereiche 240

Galactic Metropolis 142
Gartenstadt 59
Gartenstadtkonzept 113
Gemeindefinanzierungsgesetz 111
Gemeindefinanzreform 105
Gemeindschaftsaufgabe 110
Generalbebauungsplan 60
gentrification 95
geographiedidaktisches Schrifttum 5
geographische Stadtforschung 9
geographischer Stadtbegriff 18
geoökologische Probleme 54
gesetzte Dienste 68
Getto 142
Gewerbeparks 110
Gewerbesteuer 105, 240
Gewerbesuburbanisierung 214
Glacis 39
Gradientstruktur 37
Größengliederung 265
Größenklassen der Städte 258
Größenstruktur der Städte 260
Großstadterleben 296
Großstadtregion 140
Gründerjahre 328
Gründungsphasen 275
Grundversorgung 193
Grundwasserstände 228
Grundzentrum 192

Harris/Ullmann-Modell 139
Hauptstadtverlegung 290
Hegemonialzentrum 291
Hellweglinie 275
Hellwegreihe 280
Hellwegstädte 278
Herodianisierung 291
Herrschaftszentrum 291
Hierachisierung 8
Hierarchie 26, 210
hierarchisches Prinzip 68, 71
Hinterland 188
Hitzestreß 56
Hochhäuser 316
höhere Zentren 196
Hoyt's Sektorenmodell 138, 141
humanökologische Beeinträchtigungen 56
Hüttenstadt 164

Image 237, 240
Imageverbesserung 241
Immissionen 229
Immissionsschutz 110, 111

Immobilienpreise 319
Industrialisierung 125, 132, 367
industrielle Standorttypen 29
Industriestädte 254
Industrieurbanisierung 92, 93, 98
informeller Sektor 368
Infrastruktur 107
Inhaltskatalog 7
Innenstadt, Verfall 58
Innenstadt, Verödung 58
innerstädtische Zentren 23
Innovationseffekte 368
interkommunaler Finanzausgleich 107
intermediate markets 252
Islam 162, 163

Karawanen-Städte 272
Kaufkraftabzug 108
Kern-Rand-Wanderung 345
Kerngebiet 104
Kernstadt 86, 88, 89, 93, 94, 95, 97, 98, 99, 139, 227
Kleinstadt 275
Kleinzentrum 192, 209, 212
kommunale Neugliederung 200, 210
Kommunikationsräume 118
Konsumentenstädte 263
Konvergenztheorie 135
Konzentrationsprozeß 127
konzentrisch 34, 40
Koppelung 74, 203
Koppelungspotential 74
Kopplungsprinzip 47
kultur-genetisch 135
Kulturgenetische Stadttypen 134
Kulturlandschaft 134
Kündigung 339

Land-Stadt-Wanderung 57, 82, 128
Landesentwicklungsplanung 112, 199
Landesplanung 211
Landflucht 82
Landnutzungskonflikte 111, 313
Landschaftspläne 243
Landschaftsverbrauch 102, 238
Lärm 56
Lebenswirklichkeit 297
Lernausgangssituation 296
Luftreinhaltepläne 111
Luftverschmutzung 54, 228
Luftverunreinigung 110

Marginalisierung 295
Marginalität 57, 368
Marginalsiedlungen 368
Marktorte 274
Marktstadtsystem 251
Massenwohnquartiere 280
Megalopolis 86, 144, 288
Mehrfachausrichtung 201, 208
Mehrkern 35, 40
Mehrkern-Modell 138
Messewesen 248
Metropole 196, 213, 291
Metropolisierung 291, 367
Metropolitan Area 140, 143
Metropolitan Statistical Areas (MSA) 86, 87, 90, 286
Mieterinitiative 320

Mietskasernentype 279
Migration 43
Millionenstädte 91
Mittelbereich 194, 201, 209
mitteleuropäisches Städtewesen 122
Mittelzentrum 195, 199, 204, 205, 209, 212
Mobilität 128
Modal-Split 241
Modernisierung 103, 111
Modernisierungstheorie 368
Modernitätsinseln 295
Moslem-Stadt 161

Nahbereich 209, 211
Naherholung 85
Naherholungsgebiet 85
Naherholungsverkehr 85
natural areas 32
Neue Städte 64, 113
New Towns 113

Oberbereich 194, 209
Oberzentrum 195, 198, 204, 209, 212
Objektsanierung 62
offene Küstenstädte 269
öffentlicher Personennahverkehr 240
ökologische Stadtplanung 66
ÖPNV 112, 114
orientalische Stadt 162, 163, 165
ostmitteleuropäische Stadt 157, 159

Pendelverkehr 75, 81
Pendler, allochthone 78
Pendler, authochtone 78
Pendlerräume 79
Pendlerströme 79
Pendlerverflechtungen 75, 77, 215
periodische Märkte 252
Pferdebahnstadt 39
Phasen geographieunterrichtlicher Stadtbetrachtung 4
Physiognomie der Städte 368
planerische Leitbilder 62
Planstadt 275
Planungsbereiche, Konzepte 62
Planungsinstrument 61
Polarisierungsgrad 120
positivistische Stadtgeographie 136
Primacy 268
Primat-Struktur 252, 273
Primat-Verteilung 121
Probleme, Sozioökonomische 56
Probleme, Verfall der Innenstädte 58
Produzentenstädte 263

ranchos 295
Randstadt 346
Randwanderung 213
Rang-Größen-Kurve 267
Rang-Größen-Regel 115, 121
range 69
Rassismus 167
räumliche Entwicklung 62
Raumnutzer-Raumverfüger-Beziehung 52
Raumordnung 209
regional shopping center 142, 143, 144
Regionale Planungsgemeinschaft Untermain 229
regionale Planungsgemeinschaften 112

Regionalmetropolen 196, 245
Regionalplanung 110, 111, 112, 113, 114, 227
Regionalstadt 64, 112
Reichweite 26, 74
Reichweite, äußere 69
Reichweite, innere 69
Repräsentationsaufgaben 284
Reurbanisierung 90, 95, 96, 100
Rheinlinie 275
Römerstädte 274
Ruhrgebietsstädte 278

Sanierung 62, 65, 322
Satellitenstädte 258
Schachbrettgrundriß 284
Segregation 33, 104, 110
Segregation, altersmäßig 239
Segregation, demographische 219
Segregation, ethische 290
Segregation, soziale 238, 290
Segregation, sozioökonomische 219, 295
Segregationsprozesse 105, 140
Segregationswanderungen 141
sektoral 34
Sektoren 40
Selbstbedienung 28
Selbstversorgung 199
Selbstversorgungsorte 192, 202
semiurbane Siedlungen 251
Shopping Center 28, 146
shopping centres 104
Siedlungssysteme 116
Siedlungsverband Ruhrkohlenbezirk 112
Slum 57, 142
Smog 55
Snowbelt 290
social areas 33
Sonderwirtschaftszone 269
sowjetische Stadt 157, 159
soziale Erosion 295
soziale Segregation 103, 111
sozialer Wohnungsbau 107
sozialistische Gesellschaft 283
sozialistische Länder 250
sozialistischer Städtebau 284
Sozialraum 33
sozialräumliche Viertel 32
Sozialverträglichkeit 322
Sozialwohnungen 321
sozioökonomische Probleme 56
sozioökonomische Verflechtungen 52
spätmittelalterliches Zentrengefüge 187
spontan angereicherte Dienste 68
Spontansiedlungen 368
sqatter settlements 176
Squattersiedlungen 57
Stadt als System 48
Stadt-Land-Dichotomie 122
Stadt-Land-Gegensatz 291, 368
Stadt-Land-Kontinuum 122, 291, 368
Stadt-Rand-Wanderung 83
Stadt-Umland-Beziehungen 291
Stadt-Umland-Probleme 81
Stadt-Umland-Verflechtungen 75
Stadtbildungsepochen 122
Städte als Systeme 1
Städtebauförderungsgesetz 60, 61, 62, 109

Städteketten 275
Städtemuster 261
Stadtentwicklung 263, 297, 310
Stadtentwicklungsmodelle 63
Stadtentwicklungsphasen 39
Städtesystem 1, 115, 127, 128
Städtetal 124
Städtetypen, funktionell 115
Stadtfaktor 122
Stadtflucht 111, 240
Stadtgeographie 9
Stadtgeographie, Bedeutung 17
Stadtgeographie, disziplinsystematische Stellung 17
Stadtgeographie, Stellung innerhalb der Geographie 16
stadtgeographische Forschung, Ansätze 12
stadtgeographische Forschung, Aspekte 12
stadtgeographisches Schrifttum 15
Stadtgründungen 122
Stadtgründungen, Sowjetunion 254
Stadtkern 150
Stadtklima 48
stadtklimatische Wechselwirkung 48
Stadtkultur 122
Stadtland 143, 144, 153
Stadtland USA 146, 147 288, 368
Stadtmitte 155
Stadtökonomie 368
Stadtplanung 58, 111, 219
Stadtregion 86, 87, 88
Stadtstruktur, duale 368
Staffelbauordnung 60
Standortbindung 223
Standorte 68
Standortkontinuität 223
Standortkonzentration 127
statistische Zentralitätsbestimmung 193
Steuereinnahmen 105
Stimulierungsmaßnahmen 109
Straßenbahnstadt 39
strip cities 287
suburbaner Raum 89, 93, 94, 95, 98, 99, 100
Suburbanisierung 83, 84, 90, 91, 92, 95, 97, 106, 130
Suburbanisierung des tertiären Sektors 92, 94, 99, 226
Suburbanisierungsprozeß 217, 346
Suburbia 346
suburbs 142
Subzentren 155
Süd-Nord-Gefälle 249
südafrikanische Stadt 168, 176
Sukzession 41
Sunbelt 290
System zentraler Orte 69, 70, 71
Systemanalyse 115
systemtheoretische Stadtbetrachtung 1

Teilbaugenehmigung 317
tertiärer Sektor 104
Tertiärisierung 42
Themenkatalog 7
Theorie der zentralen Orte 67, 74
Townships 172, 173, 174
treshold 69

Übergangszone 142
Ubiquitäten 101
Umland 89, 188
Umlandmethode 73, 192, 199

Umlandverband Frankfurt 112
Umsatzsteuer 240
Umwandlungsspekulation 321
Umweltproblem 101
Umweltsituation 227
Umweltwahrnehmung 297
Unterbereich 194
Unterzentrum 192, 204, 209, 212
urban areas 144
urban sprawl 287
Urbanisierung 90, 91, 92, 93, 95, 96, 97, 122, 270
Urbanisierungsprozeß 77, 217
Urbanisierungstempo 255
Urbanisierungsunterschiede 256
Urbanität 122, 149
US-amerikanische Stadt 138, 140

Verbrauchermarkt 104, 108
Verdichtungsgebiete 210
Verdichtungsraum 86, 87, 88, 89, 90, 190, 192, 201, 202, 204, 213
Verdichtungsraum, polyzentrisch 346
Verdichtungsstandorte 246
Verdrängungswettbewerb 103, 111, 232
Verflechtungsbereiche 209
Vergroßstädterung 133, 292
Verkehrsberuhigung 111, 112, 240
Verlagerungsanreize 223
Verödung 104
Verödung der Innenstädte 58
Verschuldung 105
Verslumung 104
Versorgungsbereiche 210
Versorgungsprinzip 69
Versorgungsverhalten 199, 207
Verstädterung 2, 91, 122, 125, 367
Verstädterung, weltweit 366
Verstädterungsgrad 91, 122
Verstädterungsprozeß 83
Verstädterungsquote 122
Verstädterungsrate 367
Verstädterungswelle 276
Viertel 22
Viertelsbildung 22
villas miserias 295
Villes Nouvelles 113
vorindustrielle Städtesysteme 250
Vorort 142, 153

Wachstum 39
Wachstumsfaktoren, endogene 279
Wachstumspole 274
Wanderungsgewinn 128
Wanderungsverluste, fluchtbedingt 282
Wärmeinsel 50
Wasserhaushalt 55
Wasserversorgung 227
way of life 147
westeuropäische Stadt 148
Wettbewerbsfähigkeit 237, 241
Wikorte 274
Wirtschaftsförderung 102, 241
Wirtschaftsplanung 265
Wirtschaftspolitik 106
Wirtschaftssystematik 234
Wohnen 311
Wohnghetto 141, 172

Wohnpark 307
Wohnraumvernichtung 313
Wohnumfeldverbesserung 111, 240, 241
Wohnungsbau 106
Wohnungsbau, sozialer 239
Wohnungsmodernisierung 240
Wohnungsmodernisierungsmaßnahmen 237
Wohnungsspekulation 309
Wohnversorgungsprobleme 103

Zeitungsverbreitungsgebiete 118
zentral-peripheres Gefälle 291
Zentrale Orte 75, 119, 187, 188, 190, 194, 199, 201, 209, 211, 243, 271
Zentrale Orte, Ausstattungskriterien 200
Zentrale Orte, Hierarchie 200
Zentrale Orte, System 69, 70, 71
Zentrale Orte, Theorie 67, 74, 115
Zentrale Orte-Konzept 210, 211
zentraler Geschäftsbezirk 165
Zentralität 68, 72
Zentralitätsbegriff, absoluter 68

Zentralitätsbegriff, relativer 68
Zentralitätsbestimmung 193
Zentralitätsgefüge 283
Zentralitätsmaß 196
zentralörtliche Bereiche 199, 201, 209
zentralörtliche Beziehungen 67
zentralörtliche Gliederung 210, 212
zentralörtliche Hierarchie 200, 210
zentralörtliches System 75, 202
Zentralstadt 139, 140, 141
Zentren 194
Zentrenattraktivität 204
Zentrenausrichtung 204
Zentrenorientierung 73, 201, 204
Zentriertheit 36
zentripedale Kräfte 101
Zentrum 204
Zersiedlung 227, 239
Ziele 5
Zuwanderungswelle 281
Zweckentfremdungsverbot 111
Zwergstadt 275